第2版

战略人力资源管理

理论、实践与前沿

主 编——彭剑锋

副主编——孙利虎

中国人民大学出版社
·北京·

第 2 版前言

《战略人力资源管理：理论、实践与前沿》一书自 2014 年问世以来，深受广大读者喜爱，已成为很多高校商学院本科生、硕士生、博士生的核心教材及企业人力资源管理从业人员的实务手册，这是对作者的最大奖赏和鼓励，也是作者持续修订的动力源泉。

中国企业在近十年里发生了翻天覆地的变化，已完成了量的积累，正进入高质量发展与数字化转型升级的新时代，人力资源管理也有了以华为公司为代表的诸多中国本土企业的最优实践，同时，在百年未有的大变局时期，企业人力资源面临全新的问题需要我们去探索和求解，人力资源新概念、新理论、新方法、新实践和新视角层出不穷，需要我们重新系统思考和厘清。本书的此次修订基于高质量发展与数字化时代对人力资源管理的新视角、新需求、新挑战，基于全球视野与中国本土企业的最优实践案例，基于理论研究与实践探索的双重融合，以及我本人 30 多年来扎根企业，为数百家企业提供人力资源管理咨询服务的经验与感悟。

在新版的教材中，我们对原有体系、内容和体例做了大幅度的调整。第 2 版重视案例的选择和理论的更新，增加了大量中国企业最优实践、全球世界级领先企业的成功经验和数字化时代人力资源管理的最新知识与趋势。特别是深入学习贯彻习近平新时代中国特色社会主义思想，致力于反映新时代的要求，传播中国传统文化、中国理论、中国故事等，扩充了人力资源管理新特点、新趋势。增加了新冠肺炎疫情下人力资源管理面临的挑战、人才效能、培训中的新模型、动态能力观、"新六化"、组织新模式、胜任力模型、人才盘点、大数据在招聘中的应用、标杆管理、事业合伙制、目标一致理论、新生代员工特点、数字化时代人力资源能力建设、人力资源外包新特点、民法典等内容。本次修订对大部分引导案例、即时案例、案例分析进行了替换，补充了"新冠肺炎疫情冲击下的人力资源管理""字节跳动：如何选对人"等具有代表性的案例，增加了华夏基石 e 洞察近三年发布的实时资料。

参加本次修订的人员有：孙利虎、张泽宇、陈其姝、彭雄良、梁荣成。孙利虎负责本书的统稿工作。在本书的修订过程中，参阅了不少国内外相关著作、报刊及网站资料，在此对原作者和案例作者深表感谢。另外，在成书的过程中，得到了中国人民大学出版社的大力支持和帮助，在此一并致谢。

彭剑锋

中国人民大学劳动人事学院教授、博士生导师

第 1 版前言

1983 年，我从中国人民大学国民经济计划专业本科毕业，师从赵履宽教授攻读劳动经济专业硕士学位，那时人力资源管理称为人事管理，还没有从劳动经济学科中独立出来。当时正赶上劳动人事学院成立，招收人事干部专修生，由于专业教师奇缺，我还在读硕士就赶鸭子上架登台讲授"人员功能测评"及"人事管理"这两门课。当时人员素质测评教材主要是参考上海陆红军老师的《人员功能测评》以及我在北师大蹭课时得到的一本油印讲义《心理测量学》而编写的，人事管理教材不是针对企业而更多地是从政府行政管理的角度，针对国家干部管理的原则和方法加以编写的。一晃 30 年过去了，这 30 年是中国社会经济发生巨变的 30 年，是中国企业高速成长壮大的 30 年，也是中国企业人力资源管理理论与实践从无到有的 30 年，我从一名对人力资源管理理论懵懂无知便登台讲课的青年教师变成对人力资源管理理论与实践有自己的思考、感悟与创新探索的步入知天命之年的老教师。在 30 年的人力资源管理咨询实践与教学研究中，我始终认为，管理就是实践，实践是最伟大的老师，人力资源管理作为一门应用科学，来源于实践的创新与总结提炼，回归于对实践的应用与价值创造，实践往往走在理论研究的前面，人力资源管理学科的教师只有面向实践、深入实践去学习与探索，所教授的知识与技能才接地气、有质感、有应用价值。多年来，我始终抱有一个愿望：中国管理学界要走出简单模仿西方管理理念与方法的套路，研究和探索具有原创性的中国式管理理论与最优实践，也一直朝着这一方向在努力、在探索。

正是基于上述愿望，以"全球视野、本土思维、战略架构、系统设计"作为编撰原则，在由我主编的《人力资源管理概论》（复旦大学出版社，2011）的基础上，根据中外企业近年来人力资源管理的最优实践与研究成果，结合多年来自己从事企业咨询工作的经验编写了本书。本书在知识体系、结构编排、内容选取、案例更新等方面都做了许多新的尝试，力求反映中外企业人力资源领域最新、最优实践与研究成果，从管理者人力资源管理理念与责任的角度、从企业战略和人才经营的层面、从中国企业进入人力资源效能管理时代的发展背景来构建人力资源管理的知识框架与技术方法体系。

全书从战略的角度论述了人力资源管理新的理念、技术和流程，特别突出人力资源管理各模块在企业管理操作过程中的内在关系与衔接，从制度、程序和技术等方面构建人力资源管理系统，希望呈现给读者一个全新的视角和全面的知识体系。各章都安排了要点、引导案例、即时案例、小结、关键词、思考题、案例分析等内容，以帮助读者理解当前企业人力资源管理面临的困惑与技术难点，对于中国企业的人力资源管理实践具有很强的针对性和可操作性。

本书适合作为企业高层和人力资源主管的人力资源管理专业知识培训用书，也可作为人力资源管理专业、MBA 及相关经济管理专业的教材。为了更好地体现教师讲授和学生（学员）自学相结合的原则，本书的编写注重结构完整、内容充实、例证丰富、体例活泼、学以致用、方便教学和自学等，具有以下特色：

1. 内容饱满。每一章都对理论体系进行了很好的论证和分析，力求严谨、翔实。

2. 案例鲜活。为了使学生能够学以致用，增加了大量鲜活的管理案例和即时案例，以使课堂教学形式多样化，更好地增进师生的互动。

3. 形式多样。增加了最新人力资源管理热门知识点，补充了相关的数据和图表，以促进读者的思考，进而理解和吸收知识点。

  参加本书编写的人员有：孙利虎、白洁、周禹、潘鹏飞、娄雅婷、薛冬霞、白光林、刘宇、童汝根、尹鹏飞、简富临、杨柳、杨德玲、刘金菊、于慧萍、吕翠、龙忠梁等，孙利虎和白洁博士进行了本书的统稿工作。在本书的编写过程中，参阅了不少国内外相关著作、报刊及网站资料，在此对原作者和案例作者深表感谢。另外，在成书的过程中，得到了中国人民大学出版社的大力支持和帮助，在此一并致谢。

彭剑锋

目 录

第1章　● ● ● 导　论

 本章要点

通过本章内容的学习，应能回答如下问题：

- 什么是人力资源？如何界定人力资源的一些相关概念？
- 什么是人力资源管理？不同学者对人力资源管理的看法存在什么差异？
- 战略人力资源管理的内涵是什么？
- 什么是企业的核心能力？企业的核心能力与企业的竞争优势、可持续发展是什么关系？
- 识别企业核心能力要素的标准是什么？企业核心能力的来源是什么？
- 人力资源管理是如何形成和维持企业的核心能力与竞争优势，从而支持企业的可持续成长与发展的？
- 企业各层各类人员如何实现人力资源管理的责任分担？人力资源部门主要承担什么职责？
- 作为一个优秀的人力资源管理者，应该具备哪些素质？
- 关于人力资源管理的发展历程主要有哪几种理论？
- 企业人力资源管理主要面临哪些挑战？
- 人力资源管理的主要趋势有哪些？

引导案例

碧桂园人才战略与实践

伴随中国经济的腾飞，碧桂园从零起步到 2020 年位列《财富》世界 500 强第 147 位，发展成为为全世界创造美好生活产品的高科技综合性企业。

在碧桂园 28 年的持续高速发展过程中，近十年的发展历程尤为耀眼。随着行业逐步成熟、稳健缓行，企业从资本驱动进入能力驱动、新业务驱动阶段，碧桂园人才战略始终紧随企业发展战略，支撑业务发展。

2010 年，碧桂园为实现可持续性发展，实施组织变革，建立现代企业管理制度，拉开了十年人才战略的序幕。十年逐梦之旅，不同的发展阶段匹配不同的人才发展策略。

集体化阶段（2010—2012 年）：打造人才供应链

2010—2012 年，碧桂园推进三级管控模式，需要大量专业化经理人带领团队，因而确定了"打造人才供应链"的人才战略。人力资源团队聚焦业务发展方向，协助各级管理团队将业务目标与人才管理的过程和效果可视化，确保人才供给的数量和质量符合业务发展需求。同时，启动针对企业高潜人才的"领导力发展计划"、企业内部"导师制"、支撑人才培养体系的"讲师与课程认证项目"和学习平台建设等。通过抓住经营导向、流程制度、关键人才和信息系统四个方面，实现了人才供应的体系化运营。

规范化阶段（2013—2015 年）：聚天下英才共事，集众人智慧而行

一个企业的持续领先，其核心是人才的领先。2013 年，碧桂园布局全国，成功实现千亿目标。随着组织的快速扩展，区域公司做实做强快速承责，碧桂园积极引进各类精英良才，陆续启动"未来领袖计划""锻剑计划""强将计划"等人才引入计划；为实现新经理人与企业的文化融合，持续实施"新经理人软着陆"培养计划。同时，通过"领导力发展项目"持续培养各级人才梯队，通过"人人是老师、人人是学生"的三级培训，实现全员学习。至此，碧桂园逐步形成了集人才培养、人才评价、人才发展、文化融入为一体的人才管理体系。

精细化阶段（2016—2018 年）：打造六支人才队伍

2016—2018 年，碧桂园在完成全国布局的基础上，进一步深耕做实全国市场。为支持下沉三四五线战略，推进四级管控，公司管理层级增多，进入精细化管理阶段，提出"打造六支人才队伍"的要求。通过科学的人才管理，携手区域共同盘点、规划、储备、培养人才，实现关键岗位的人才及时供应，并提炼出"碧桂园优秀人才十大关键素质"，人才评估、选拔机制逐步完善，为下一个阶段的新业务驱动奠定了人才基础。

协作化阶段（2019 年至今）：优秀的人做什么都优秀

如今，碧桂园提出行稳致远战略，开辟建筑机器人、机器人餐厅、现代农业、新零售四大新业务。这一阶段碧桂园推进极简组织、全周期综合竞争力提升，进入协作发展阶段，提出"优秀的人做什么都优秀"的要求。为打破专业条线壁垒和固有组织形态，鼓励支持员工职业生涯跨界发展，持续培养复合型人才，碧桂园启动"新途计划"，向新业务输送优秀核心干部和骨干人才。同时，2020 年开启"高管教练"项目，通过"说给他听，做给他看，让他自己做做看"的方式，启发并激活被教练者内在潜能和改变的意愿，最大限度发挥潜力、贡献价值。碧桂园倡导职业网格的思维方式而非职业阶梯的思维方式（见表 1-1），为人才打造全生命周期发展路径。

表 1-1　职业网格的思维方式与职业阶梯的思维方式的比较

职业网格的思维方式	职业阶梯的思维方式
能升、能降，也能横向发展	按公司职业阶梯升或降
对组织我能贡献什么、如何贡献最重要	提升与官位最重要
同事和我一起解决问题	上司决定一切

续表

职业网格的思维方式	职业阶梯的思维方式
在知识、贡献及绩效方面提高得越多，得到的报酬越多	在公司时间越长报酬越多
我和我的同事对组织的成功负责	公司对自己的成功负责
尽力发现工作的乐趣	即使工作很乏味，也只负责自己的工作
员工要与他人合作，同时对自己的可雇佣性负责	员工的保障和工作满意度依赖公司给予
员工的自我价值来自其独立性、灵活性以及高效地、创造性地与同事合作推动组织实现目标的能力	员工的自我价值源于他人的看法

资料来源：http://www.360doc.com/content/21/0103/22/73220659_955042620.shtml.

从这个案例可以看出，碧桂园人力资源管理系统成功的关键在于，它能够有效地支撑企业的竞争优势，帮助提升企业的核心能力。那么，人力资源管理的基础性内容包括什么？战略人力资源管理能否真正支撑企业的竞争优势？战略视角的人力资源管理系统包括哪些内容？人力资源管理面临的挑战和未来的发展趋势是怎样的？这些都是本章需要解决的主要问题。

第1节 人力资源管理的界定

一、人力资源的界定

现代企业人力资源管理的对象是企业所拥有的人力资源（human resources，HR）。因此，要研究人力资源管理，必须首先对人力资源的概念进行明确界定。对人力资源的概念，可以从其内涵、与人力资本和人才的关系以及涉及的其他相关概念等角度来把握。

（一）人力资源的内涵

从内涵的角度来看，国内外学者大多将人力资源作为一种特殊资源来研究，主要观点如下：

（1）彼得·德鲁克1954年在《管理的实践》一书中引入了"人力资源"这一概念。他指出，人力资源有一种其他资源所没有的特性：具有协调、整合、判断和想象的能力。作为一种资源，人力能为企业所"使用"，然而作为"人"，唯有这个人本身才能充分自我利用，发挥所长。这是人力资源和其他资源最大的区别。[1]

（2）苏珊·杰克逊（Susan E. Jackson）和兰德尔·舒勒（Randall S. Schuler）在《管理人力资源：合作伙伴的责任、定位与分工》一书中指出，人力资源是组织中能够为创建和实现组织的使命、愿景、战略与目标作出潜在贡献的人所具备的可被利用的能力与才干。[2]

（3）罗伯特·马西斯（Robert Mathis）和约翰·杰克逊（John Jackson）在《人力资源管理精要》一书中提出，人力资源是竞争优势的基石，集中体现为了组织的成功而奋斗和作出贡献。[3]

[1] 德鲁克.管理的实践：珍藏版.北京：机械工业出版社，2009：213.
[2] 杰克逊，舒勒.管理人力资源：合作伙伴的责任、定位与分工：第7版.北京：中信出版社，2006：38.
[3] 马西斯，杰克逊.人力资源管理精要.北京：电子工业出版社，2007：1，4.

（4）约翰·布里顿（John Bratton）和杰弗里·高德（Jeffrey Gold）在《人力资源管理——理论与实践》一书中把人力资源定义为人在工作中的特性——智力、态度、承诺、隐含的知识和技能以及继续学习的能力。[①]

（5）魏杰和赵俊超提出人力资源是一个整体性的概念，即人力资源是企业员工整体的劳动素质、生产技能和知识水平等，其培养手段是不断招募优秀员工并对现有员工进行职业技能教育和培训。[②]

（6）滕玉成和俞献忠在《公共部门人力资源管理》一书中提出从数量和质量两个角度来认识人力资源。从数量上看，人力资源是指一个国家或地区内能够推动整个经济和社会发展、具有现实劳动能力和潜在劳动能力的人口的总和。从质量上看，人力资源是指一个国家或地区内的劳动者。[③]

（6）赵曙明主要从生产要素角度对人力资源进行界定，认为人力资源是包含在人体力中的一种生产能力，是表现在劳动者身上的以劳动者的数量和质量为载体的资源。[④]

（7）约翰·米利曼（John Milliman）和玛丽·安·冯格里诺（Mary Ann von Glinow）最早提出人力资源柔性的概念，认为人力资源柔性是组织灵活运用人力资源要素（如人员结构、数量、工作时间等）有效适应和及时应对外部环境变化和组织内部多样化需求（如组织规模和组织结构变化等）的一种能力。国内学者陈坤和杨斌结合人力资源角色模型和中国企业实践，认为人力资源柔性分为四个维度，即员工技能资源柔性、员工行为资源柔性、人力资源实践资源柔性以及人力资源实践协调柔性。四个维度的柔性共同形成了人力资源柔性，应对组织内外部环境变化和不确定性，以提升旨在增强组织运营柔性和战略柔性的回应和先动的能力。[⑤]

（二）人力资源的相关概念及其关系

在探讨人力资源概念时，人力资本和人才往往同时出现，这些概念是人力资源研究领域最根本的概念，正确认识这些概念对于企业管理者来说非常关键。因此，我们对人力资源、人力资本以及人才等相关概念逐一进行梳理，在此基础上分析它们之间的关系。

（1）人力资源。在德鲁克的管理哲学思想中，"人"是一种相对于其他资源具有优势的"资源"，人力资源的素质是人的"特殊资产"。《经济学解说》将"资源"定义为"生产过程中所使用的投入"，结合德鲁克的原意和资源的经济学本质，人力资源是指已经投入和即将投入社会物质财富和精神财富创造过程，具有体力劳动和脑力劳动能力的人的总和，主要由现实的人力资源和潜在的人力资源构成。[⑥]

结合国内外学者对人力资源的研究和定义，归纳总结出人力资源的几大特点：

第一，人力资源是主体性资源或能动性资源。在经济活动中人力资源是起创造作用的重要因素。

第二，人力资源是特殊的资本性资源，符合人力资本收益递增规律。

第三，人力资源是高增值性资源，具有"倍加的增值"性质。

第四，人力资源是再生性资源。

第五，人力资源具有社会性。

（2）人力资本。人力资本的思想渊源，可以追溯到古典经济学时代的经典著作，亚当·斯密在《国富论》中提出：一个国家全体居民所有后天获得的有用能力是资本的主要组成部分，它可以被看作是每个人身上固有的已经实现了的资本。马歇尔则进一步提出：所有资本中最有价值的就是对人本身的投资。人力资本的研究从经济学发展到管理学，源于1960年舒尔茨发表的《人力资本投资》。舒尔茨系统地阐述了人力资本理论，

① 布里顿，高德．人力资源管理：理论与实践．第3版：北京：经济管理出版社，2005：7.
② 魏杰，赵俊超．关于人力资本作为企业制度要素的思考．理论前沿，2001（10）：3－4.
③ 滕玉成，俞宪忠．公共部门人力资源管理．北京：中国人民大学出版社，2003.
④ 赵曙明．国际企业：人力资源管理．南京：南京大学出版社，2010：2.
⑤ 陈坤，杨斌．人力资源柔性构念开发与测量的理论推进．管理学报，2016（5）：689－696.
⑥ 滕玉成，周萍婉．人力资源与人力资本．山东大学学报（哲学社会科学版），2004（6）：82－86.

认为人力资本是体现在劳动者身上，以人的知识与技能来表现的资本。他还指出，人力资本的形成是投资的结果，作为社会进步的决定性因素，存量越大（包括人口受教育程度、科技文化水平、生产能力在内的人力资本质量越高），其国内的人均产出（劳动生产率）就越高。

国内学者对人力资本的概念也有不同的表述，具有代表性的定义有：人力资本为"凝结在人体内，能够物化于商品或服务，增加商品或服务的效用，并以此分享收益的价值"。经济学家魏杰指出，人力资本指的是劳动者投入到企业中的知识、技术、创新概念和管理方法的总称。[①] 具体来说，人力资本仅包括企业中的两类人，一类是掌握核心技术的技术人员即技术创新者，另一类是具有企业家素质的经营者即职业经理人。也有学者从强调存量和增值的角度，提出人力资本是指特定行为主体为增加未来效用或实现价值增值，通过有益投资活动而获得的，存在于人体之中的知识、技术、创新概念和管理方法等综合的价值存量。[②]

结合国内外学者对人力资本的研究和定义，归纳总结出人力资本的几大特点：

第一，人力资本是一种价值存量。

第二，人力资本不是禀赋，而是后天习得的，也就是说一个人拥有的知识、技术、创新概念和体能不是与生俱来的，而是通过后天投入一定的物质资本、心理成本或其他资本获得的。

第三，人力资本必须能够带来未来效用的增加或实现现在及将来的价值增值，不能带来收益的知识、技能和体能是不能被当作人力资本的。

第四，人力资本不是指人本身，而是指一个人具有的知识、技术、创新能力和管理方法等质量因素。但是由于人的知识、技能与其他载体的不可分离性，人们常常把具有一定人力资本含量的人称为人力资本，这个说法是错误的，严格来说他们应该被称作人力资本所有者。

（3）人力资源与人力资本的分析比较。

第一，资源与资本。从资源和资本的本质来看，资源在狭义上指处于原生状态、尚未开发的生产要素和生活资料，在广义上指经济关系所涉及的一切客体，尤其是尚可控制的稀缺品。资本作为一种生产要素更强调价值增值，它是一种经济关系，也是一种价值增值与价值分割的制度。

第二，开发与投入。结合资源与资本的本质，人力资源管理主要通过对员工的激励，开发其内在动力与潜能以提高自身的劳动效率及对物质资源的使用效率。而人力资本理论更关注投资过程与投资后的收益比较，即研究人们为什么进行人力投资、投资数量与产出结果的相关程度等，实际上与其他的投资行为相同，是一个追求价值增值的过程。

第三，整体总量与个体质量。人力资源是一个总量概念，对人力资源进行测算时通常不是以个别劳动力为单位，往往用来表示一个国家和地区总人口所具有的劳动能力，或一个企业和单位劳动者所具有的劳动能力。人力资源同时受到数量和质量两方面的制约。而人力资本是一个个体质量概念，在明确个体的基础上更强调人口质量，即人力资本存量水平的高低。就个体而言，只有当个人拥有了相当高的且具有高度稀缺性的人力资本（知识、技能、诀窍等）时，才有可能在分配中获得除劳动报酬之外的利润分成，这反映了投资与回报之间的正相关关系。

第四，合理配置和倍加增值。作为资源，人力资源强调通过合理配置，使劳动者与生产资料相结合，将其潜在的生产能力转化为现实的生产能力。而人力资本理论认为，人力资本除了与物质资本存在互补的关系，还存在替代关系。例如，在信息社会，高素质、高知识技能的劳动者通过生产信息产品以及知识含量高附加值的产品以增加社会财富，使单纯依靠消耗物质资源的经济增长方式彻底改变。因此，开发人力资源是通过强调对人力资源价值的重视、对员工职业的规划与培训、对员工潜能的开发等实现；人力资本理论则通过对人力资本产权的明晰，力图使人力资本投资者获得人力资本产权合理回报，进一步刺激更大的投资，从而实现人力资本的"倍加的增值"。

---

① 李佑颐，赵曙明，刘洪.人力资源管理研究述评.南京大学学报（哲学·人文科学·社会科学版），2001（4）：128-139.
② 刘冠军.人力资源的人力资本：人力资源与人力资本辨析.中国商界（下半月），2010（1）：197-198.

（4）人才。人才学自 20 世纪 70 年代创立，人才概念的定义不断发生变化，大致经历了三个阶段。[①] 第一阶段是 1979—1982 年，中国人事科学研究院原院长王通讯提出"人才是指对社会发展和人类进步进行了创造性劳动的人"，此时人才概念的定义域较窄，特别强调原创性劳动，人才也主要指少数杰出的政治家、革命英雄、科学家、艺术家、军事家等。第二阶段是 1982—1987 年，华东师范大学教授叶忠海提出"人才是指那些在各种社会实践活动中，具有一定的专门知识、较高的技术和能力，能够以自己创造性劳动，对认识、改造自然和社会，对人类进步作出了某种较大贡献的人"，这一观点受到学术界普遍认可。第三阶段是 1987—2003 年，人才概念的外延得到了进一步的拓展，弱化了原有的概念中的"创造性"，人才是指在对社会有价值的知识、技能和意志方面有超常水平，在一定社会条件下能作出较大贡献的人。

2010 年《国家中长期人才发展规划纲要（2010—2020 年)》（以下简称《规划纲要》）明确指出："人才是指具有一定的专业知识或专门技能，进行创造性劳动并对社会作出贡献的人，是人力资源中能力和素质较高的劳动者。人才是我国经济社会发展的第一资源。"

结合人力资源和人力资本的概念，本书认为人才同时包含资源和资本的属性，人才本身是一种自然资源，与土地、矿山、森林一样，具有先天的差异性，施以同样的开发强度，会得到不同的开发结果。原有的资源优势有利于人力资本的积累，使知识积累和能力生成的劳动时间大幅减少，低于社会必要劳动时间，因而在同等社会劳动时间内，形成更多的知识积累和更佳的能力结构，实现人力资本的更快积累。

因此，所谓人才，就是通过学习与实践，以知识与能力的形式积累了更多的人力资本，能够在同等劳动时间内创造更多社会价值的劳动者。

(三) 人力资本及其相关概念

上一小节中我们已经了解到人力资源与人力资本在学科背景、理论视角、核心要素以及研究内容上都存在差异，并对两者进行了区分。研究中，除了人力资本还会涉及组织资本、客户资本、社会资本、知识资本以及心理资本等相关概念，在此简述如下。

1. 人力资本

以往研究一般认为人力资本是指体现于劳动者身上，通过投资形成并由劳动者的知识、技能和体力所构成的资本[②]，是蕴藏于组织中能够产生价值增值的人力资源所拥有的知识、经验、技能、个性、内驱力、团队意识等各种因素的集合[③]。典型的人力资本主要包括：（1）个人的知识、经验和技能；（2）个性品质、态度、可靠性和组织忠诚感等；（3）内驱力，如分享信息的渴望、对团队的参与和对组织目标的关注；（4）学习力与创造性。

由人力资本主导的创新活动贯穿设计、生产、供应链、研发、营销、服务等各个环节，随着互联网的飞速发展和大数据时代的到来，借助大数据、人工智能等不断迭代的新要素与新技术，人力资本持续积累并释放更大的能量与活力，尤其是人力资本连接金融创新，推动人力资本在中国经济发展过程中尤其是创新驱动方面的贡献度，真正实现了人力资本的价值。

（1）人力资本定价。济南人力资本产业研究院通过区块链和大数据算法，首创四 CAI（即才、彩、采、财）评估模型，采用 400 多项指标、数千个要素，对人才的当前价值、潜在价值和未来价值进行综合预判，并将人的综合信用以"身价"形式呈现，给出身价、金融价值和岗位价值报告，实现"身份变身价，资源变资本"。

（2）人力资本金融价值。基于人才综合信用以"身价"展现与金融创新之间的紧密联系，恒丰银行总、分、支三级银行，借助四 CAI 评估体系，摸索出以人才价值为基础的人力资本与金融业务融合的创新模式，

① 李维平．对人才定义的理论思考．中国人才，2010（23）：64—66.
② 舒尔茨．人力资本投资：教育和研究的作用．北京：商务印书馆，1990：24.
③ Becker G. Human Capital. New York：Columbia University Press，1964.

针对高端创业人才客群，综合汇集人力资本、政务（含社保、不动产等）和征信等多维数据源，构建恒丰特有的"人才身价评估"模型，推出无抵押、无担保的"人才身价贷"线上融资服务产品，"人力资本成为增信依据"，让人才评估价值有效"变现"。

（3）人力资本产业和三价融合体系。2019 年 10 月国家发展改革委发布的《产业结构调整指导目录（2019年本）》鼓励类新增"人力资源与人力资本服务业"，人力资本产业"探索人才和技术资本化评估机制"和"知识产权可作价、成果转化能估价、人才团队有身价"三价融合体系蓬勃发展，中国人民银行、国家发展改革委、工信部等六部委将"银行授信、保险担保、政府补偿、基金支持、配套参与"的人力资本多维金融创新协同机制列入金融科技应用试点项目。

2. 组织资本

在以往的研究中组织资本通常是指依赖特定的组织和社会交往模式，通过长期组织学习和工作实践积累形成的存在于个体、团队和组织之间，企业员工共同创造的编码化或部分编码化的组织共享知识（技术知识、管理知识等）、能力和价值观。[1] 典型的组织资本包括：（1）部分编码化或者全部编码化的组织共享知识、信息和数据；（2）制造流程与方法、分销模式与体系、研发模式体系；（3）组织愿景与核心价值观、组织运行机制、典型人物与案例、报酬与激励系统；（4）与顾客、供应商、合作伙伴、社区、政府以及其他利益相关者之间的关系。

华夏基石管理咨询集团企业研究中心研究员苗兆光认为，组织资本也意味着组织能力，主要由三个要素构成：一是资源；二是结构与流程；三是价值观。

（1）资源是组织能力的基础，包括人、技术、品牌、资金、信息、设备、土地、关系等等，企业的成长过程也是资源积累的过程，资源禀赋会随着企业的成长过程不断改变，战略空间也会不断扩大。同时，组织资源结构也会制约企业转型。

（2）结构与流程规定了资源的组合方式和组织方式，不同的组合方式和组织方式会使相同的资源产生不同的能力。企业的成长过程，需要不断根据外部机会调整业务方向，也必然需要调整资源的组合方式和组织方式，也就是结构追随战略。

（3）价值观体现了决策的优先次序和选择标准，也决定了企业能做什么和不能做什么。一个把控制成本作为优先决策的企业，很难从事高附加值业务；同样一个以高附加值为优先选择的企业，很难立足大众化市场。比如，小米做不了苹果的事，苹果也做不了小米的事。价值观内生于企业从事的业务，当企业成长对业务提出转型要求时，价值观也必须调整。

3. 客户资本

客户资本是企业智力资本的重要组成部分，是指企业与业务往来者之间的组织关系的价值，是企业与客户保持业务往来关系的可能性，一般包括组织以外的联系，如客户忠诚度、商誉和市场营销渠道等经营性资产，是组织市场资产的资本化。其主要特征有：（1）集体共享性，即客户资本是企业与客户在业务往来中形成的经营性无形资产，是企业的整体性资产，属企业整体共同享有；（2）外部倾向性，即客户资本是企业外部关系中所蕴含的价值；（3）实现价值的直接性，即客户资本直接体现在顾客的满意度和营销渠道等方面，直接影响智力资本向企业账面资本的最终转变；（4）难以模仿性。[2]

组织通过知识应用、知识物化服务对象，创造满足客户需求的实体，提供客户满意的服务，与客户建立战略伙伴关系，树立企业优秀品牌价值与负责任公众形象，提升自身核心竞争能力，形成自身的客户服务链。组织在客户服务链创造与实现价值的同时，为企业累积了客户知识，创造了相应的客户关系，发展了新客户，这些都是客户资本的累积与实体表现。因此，客户资本是企业智力资本的要素之一。

当前，互联网、移动互联、云计算、大数据等新技术已成为人类生活和经济商业领域的基础应用，由此

---

① 冯丹龙. 论知识经济时代企业组织资本的增长机制. 管理评论，2006（2）：6.
② 赵晓芳，马良，宋良荣. 企业智力资本管理探讨. 市场周刊：财经论坛，2004（9）：6-8.

带来客户需求和用户场景的根本改变以及对产品服务的全新需求，这些是企业必须面对的创新方向。此时的客户资本也代表了企业的发展思路和系统思考能力，客户资本较高的企业必须基于长期主义的发展思路，通过认真分析客户需求和定义用户场景，依据战略顶层设计规划制定有效的营销战略规划、商业模式规划、核心能力与要素资源规划以及协同机制设计规划，并且依托品牌渠道、数据和信息系统、供应链、技术研发和管理运营流程的支撑，创新性地组织营销队伍和实施营销活动，真正有效地实现通过价值创造满足客户需求的经营活动。[①]

4. 社会资本

社会资本一般是指个人或社会单位形成的关系网络中所蕴藏、提供或衍生的所有实际的与潜在的资源。[②]因此，社会资本包括网络本身以及通过网络动员的资产。社会资本原本就存在于人与人的关系之间，是一项生产性资产，可以促进某些社会行动的形成，但也会抑制某些活动的形成。具体的社会资本包括：（1）密度、联结、层级、可流动的组织等社会结构；（2）信任与可靠、规范与制裁、义务与期望、一致性与认同等社会关系；（3）共享的形象、解释及意义识别的社会概念系统。

对于企业社会资本，可以分成三个特征维度理解，即结构维度、关系维度和认知维度。[③]

企业社会资本的结构维度指企业与外部环境之间的联结模式，具体包括网络联系、网络配置形式等。从企业外部来看，创造知识的企业在一个"开放的系统"中通常需要通过交换知识与外部环境进行交互作用，这些知识可能是创新能力的一种形式，能提高企业的吸收能力。从企业内部来看，与协调能力相关联的组织机制（如跨职能界面等）、与社会化能力相关联的组织机制（如连通性等）都会影响组织效率。

企业社会资本的关系维度指通过关系创造和利用的资产，包括信任、规范、认可等属性。从企业外部来看，合作双方之间的信任关系能提高企业的吸收能力。关系的信任程度越高，各方就越愿意共享和交换信息。从企业内部来看，跨部门（财务、营销和制造部门之间）沟通存在障碍的主要原因之一在于相互不信任。

企业社会资本的认知维度指双方之间可通过通用语言、编码和叙述进行沟通的通用理解、解释和含义系统的资源，具体包括共同语言、相似的价值观等。从企业外部来看，企业之间共享相同的语言到一定程度，可促进信息的获取。从企业内部来看，知识的开发利用需要企业各部门员工之间共享相关知识，促进企业内部的知识获取和转移。[④]

5. 知识资本

知识资本是指为实现企业目标服务的，由企业组织所拥有且一定程度上由组织所控制或能为企业所用，能给企业带来现实价值和潜在价值的知识要素的总和。[⑤]知识资本不仅仅是纯知识形态的知识，还包括相应的智力活动，即知识资本不仅是静态的无形资产，而且是有效利用知识的过程、实现目标的手段。[⑥]

6. 心理资本

心理资本是一个相对较新的概念，指个体一般积极性的核心心理要素，具体表现为符合积极组织行为标准的心理状态，它超出了人力资本和社会资本，能够通过有针对性地投入和开发而使个体获得竞争优势。[⑦]其特点是：（1）拥有付出必要努力、成功完成具有挑战性的任务的自信（自我效能感）；（2）对当前和将来的成功做积极归因（乐观）；（3）认定目标，为了取得成功，在必要时能够重新选择实现目标的路线（希望）；（4）当

① 华夏基石产业服务集团. 以长期价值主义推动企业持续增长：华夏基石"三六九"系统工程. 华夏基石管理评论，2021-05-11.

②③ Nahapiet J，Ghoshal S. Social capital，intellectual capital，and the organization advantage. Academy of Management Review，1998，23（2）：242-266.

④ 韦影. 企业社会资本与技术创新：基于吸收能力的实证研究. 中国工业经济，2007（9）：119-127.

⑤ 冯天学，田金信. 知识资本的概念、结构与特征分析. 哈尔滨工业大学学报，2006（1）：82-86.

⑥ Galbraith J K. The affluent society. Houghton Mifflin Company，1969.

⑦ Luthans F，Avolio B J，Walumbwa F O，Li W. The psychological capital of Chinese workers：exploring the relationship with performance. Management and Organization Review，2005（1）：253.

遇到问题和困境时，能够坚持、很快恢复和采取迂回途径来取得成功。[①]

综合上述观点，本书认为，人力资源是作为要素投入的一种特殊资源，并且体现出人的主观能动性和资本的价值增值性，是企业核心竞争力的源泉，是企业可持续发展的核心要素。

二、人力资源管理的界定

(一) 人力资源管理概念的提出

在彼得·德鲁克于1954年提出人力资源这一概念之后，人力资源管理的概念随之产生。而将人力资源管理作为企业的一种职能性管理活动，最早源于工业关系和社会学家怀特·巴克（E. Wight Bakke）于1958年出版的《人力资源功能》一书。该书首次将人力资源管理作为管理的普通职能来加以讨论。巴克主要从七个方面说明为什么人力资源管理职能超出了人事经理或工业关系经理的工作范围。[②]

(1) 人力资源管理职能必须适应一定的标准，即"理解、保持、开发、雇佣或有效地利用以及使这些资源成为整个工作的一个整体"；

(2) 人力资源管理必须在任何组织活动的开始就加以实施；

(3) 人力资源管理职能的目标是使企业所有员工有效地工作和取得最大的发展机会，并利用他们所有的与工作相关的技能，从而使工作达到更高的效率；

(4) 人力资源管理职能不仅包括与人事劳动相关的薪酬和福利，而且包括企业内部员工之间的工作关系；

(5) 人力资源管理职能和组织中各个层次的人员都息息相关；

(6) 人力资源管理职能必须通过组织中负责监督他人的每一个成员来实现，直线管理者在期望、控制和协调等其他活动方面承担着基本的人力资源职能；

(7) 所有人力资源管理的结果所关注的一定是企业和员工的根本利益的同时实现。

(二) 当代人力资源管理的主流观点

20世纪60年代，当代人力资源管理理论产生。随着理论和实践的不断发展，当代人力资源管理的各种流派不断产生，不同学者从不同角度对人力资源管理给出多种定义，有的侧重于人力资源管理的目的、主体、过程等不同方面，还有的从综合角度出发来给出定义。本书引用近年来人力资源管理学界一些比较具有代表性的观点来阐释人力资源管理的基本内涵和主要特征。

(1) 加里·德斯勒（Gary Dessler）在《人力资源管理》一书中指出：人力资源管理是一个获取、培训、评价员工和向员工支付报酬的过程，同时也是一个关注劳资关系、健康和安全以及公平等方面问题的过程。[③]

(2) 约翰·伊万切维奇（John M. Ivancevich）在《人力资源管理》一书中指出：人力资源管理是与组织中的员工相关的项目，是组织为了更有效地提升员工效率以实现组织和员工目标而进行的管理职能。[④]

(3) 劳伦斯·克雷曼（Lawrence S. Kleiman）在《人力资源管理：获取竞争优势的工具》一书中提出：人力资源管理是注重对组织中的人进行管理的过程，贯穿雇佣周期的各个阶段——挑选前、挑选和挑选后——能够帮助组织有效处理员工事务的实践。[⑤]

(4) 乔恩·沃纳（Jon M. Werner）和兰迪·德西蒙（Randy L. Desimone）在《人力资源开发》一书中将

---

① Luthans F，Youssef C M，Avolio B J. Psychological capital：developing the human competitive edge. New York：Oxford University Press，2007：3.

② Bakke E W. The human resources function. New Haven：Yale Labor Management Center，1958.

③ 德斯勒. 人力资源管理：第12版. 北京：中国人民大学出版社，2012：5.

④ 伊万切维奇，赵曙明，程德俊. 人力资源管理：第11版. 北京：机械工业出版社，2011：4.

⑤ 克雷曼. 人力资源管理：获取竞争优势的工具. 北京：机械工业出版社，2009：2.

人力资源管理定义为：由人力资源专家和直线经理共同分担，有效地甄选和配置员工，从而最出色地实现组织战略目标以及员工的需求和目标的活动。[①]

（5）英国学者德里克·托林顿（Derek Torrington）、劳拉·霍尔（Laura Hall）和史蒂芬·泰勒（Stephen Taylor）在《人力资源管理》一书中将人力资源管理定义为一系列活动，首先确保员工和利用他们能力的组织之间的雇佣关系的内涵和目标达成一致的协议，其次实现上述协议。[②]

（6）皮特·博斯奥（Peter Boxall）、约翰·珀塞尔（John Purcell）和帕特里克·赖特（Patrick Wright）在《人力资源管理牛津手册》一书中提出：人力资源管理是组织为了达到期望的目标而进行的对工作和人的管理活动，这种管理活动的对象是任何组织中受雇佣的人力资源。[③]

（7）苏珊·杰克逊和兰德尔·舒勒在《管理人力资源：合作伙伴的责任、定位与分工》一书中提出：人力资源管理采用一系列管理活动来保证对人力资源进行有效的管理，其目的是实现个人、社会和企业的利益。[④]

（8）乔治·伯兰德（George Bohlander）和斯科特·斯内尔（Scott Snell）在《人力资源管理》一书中提出：人力资源管理的本质是将不同的人组织到一起去达到一个共同的目标。[⑤]

（9）美国人力资源管理专家雷蒙德·诺伊（Raymond A. Noe）等在《人力资源管理：赢得竞争优势》一书中提出：人力资源管理是指对员工的行为、态度以及绩效会产生影响的各种政策、管理实践以及制度的总称。[⑥]

（10）约翰·布里顿和杰弗里·高德在《人力资源管理——理论与实践》一书中把人力资源管理视为管理员工关系的战略方法，强调开发人的潜能对获取持续竞争优势至关重要，通过结合各种员工政策、活动和实践获得这种优势。[⑦]

（11）黄英忠提出：人力资源管理是将组织所有人力资源作最适当的获取、开发、维持和使用，以及为此所规划、执行和统制的过程。[⑧]

（12）赵曙明将人力资源管理界定为：对人力这一特殊的资源进行有效开发、合理利用与科学管理。[⑨]

（13）阿德里安·威尔金森（Adrian Wilkinson）等在《世哲人力资源管理手册》（*The Sage Handbook of Human Resource Management*）一书中提到，人力资源管理聚焦于管理个人和组织之间建立的雇佣关系以及隐性和显性协议。从微观角度看，人力资源管理专注能够通过提高员工的技能、动力和贡献来实现组织绩效的个人实践；从宏观角度看，人力资源管理则关注能够对组织、国家人力资本进行管理的一系列实践。[⑩]

（14）克莉丝汀·沃格特林（Christian Voegtlin）和米歇尔·格林伍德（Michelle Greenwood）将人力资源管理定义为：在多个公共参与者和私人参与者通过网络构成的雇佣关系中，聚焦于人员管理的机构、讨论和实践。[⑪]

（15）彼得·道林（Peter J. Dowling）在《国际人力资源管理》一书中提到，人力资源管理是指组织为有效利用其人力资源所进行的各项活动，至少包括人力资源规划、员工配置、绩效管理、培训与发展、薪酬与

---

① 沃纳，德西蒙. 人力资源开发：第4版. 北京：中国人民大学出版社，2009：7.
② 托林顿，霍尔，泰勒. 人力资源管理：第6版. 北京：经济管理出版社，2008：11.
③ Boxall P, Purcell J, Wright P. Human resource management scope, analysis, and significance. In The Oxford Handbook of Human Resource Management. New York：Oxford University Press，2007：1-14.
④ 杰克逊，舒勒. 管理人力资源：合作伙伴的责任、定位与分工：第7版. 北京：中信出版社，2006：32.
⑤ 伯兰德，斯内尔. 人力资源管理：第13版. 大连：东北财经大学出版社，2006.
⑥ 诺伊，等. 人力资源管理：赢得竞争优势：第5版. 北京：中国人民大学出版社，2005：4.
⑦ 布里顿，高德. 人力资源管理：理论与实践：第3版. 北京：经济管理出版社，2005：6.
⑧ 黄英忠. 人力资源管理概论. 台北：丽文文化事业股份有限公司，2007.
⑨ 赵曙明，马希斯，杰克逊. 人力资源管理：第11版·中国版. 北京：电子工业出版社，2008.
⑩ Wilkinson A, Bacon N A, Snell S A, Lepak D. The Sage handbook of human resource management. Sage Publications Ltd，2019.
⑪ Voegtlin C, Greenwood M. Corporate social responsibility and human resource management：a systematic review and conceptual analysis. Human Resource Management Review，2016，26：181-197.

福利及劳资关系。[1]

综合国内外学者对人力资源管理概念界定的不同观点，本书认为：人力资源管理是根据组织和个人发展的需要，对组织中的人力资源这一特殊的战略性资源进行有效开发、合理利用与科学管理的机制、制度、流程、技术和方法的总和。

第 2 节　战略人力资源管理

一、战略人力资源管理的内涵与本书的结构

（一）战略人力资源管理

战略管理是"企业高层管理者为保证企业的持续生存和发展，通过对企业外部环境与内部条件的分析，对企业全部经营活动所进行的根本性和长远性的规划与指导"[2]。相对于传统人力资源管理，战略人力资源管理（strategic human resources management，SHRM）定位于在支持企业战略管理前提下的人力资源管理活动，不同学者从不同角度给出了定义。

最常用的定义是赖特（Wright）和麦克马汉（McMahan）从功能角度提出的：战略人力资源管理是为企业实现目标所进行和采取的一系列有计划、具有战略意义的人力资源部署和管理行为。[3] 该定义强调了人力资源的目标导向性、系统性、应变性以及战略匹配性等重要特点（1992）。

从能力和行为角度，赖特和斯奈尔（Snell）提出：战略人力资源管理是通过能力获取、使用、保持与替换以及行为控制与协调实现人力资源管理与组织战略的系统整合。[4] 这一定义为人力资源管理与组织战略提供了一个系统构建的框架（1991）。

从特征角度，马特尔（Martell）和卡罗（Carol）提出：战略人力资源管理要符合长期性、匹配性、绩效性和参与性等特征，即首先要有长期的人力资源战略规划、人力资源管理与组织战略匹配、人力资源管理提升组织绩效并且直线主管参与人力资源政策制定（1995）。[5]

从关系角度，查德威克（Chadwick）和卡培里（Cappelli）把战略人力资源管理中的战略定义为"人力资源管理实践和政策与组织输出之间的关系"[6]（1999）。

从实践角度，达乐瑞（Delery）和多提（Doty）提出：战略人力资源管理实践包括七方面的内容，即内部职业机会、正规培训体系、业绩测评、利润分享、就业安全、员工意见投诉机制和工作设计（1996）。[7]

从资源基础论的视角，科尔伯特（Colbert）指出：人力资源管理体系是一个复杂的系统，受制度、情境

① 赵署明，等. 国际人力资源管理：第 5 版. 北京：中国人民大学出版社，2012.

② 安索夫. 战略管理. 北京：机械工业出版社，2010：44－64.

③ Wright P M，McMahan G C. Theoretical perspectives for strategic human resource management. Journal of Management，1992，18（2）：295－320.

④ Wright P M，Snell S A. Toward an integrative view of strategic human resource management. Human Resource Management Review，1991，1（3）：203－225.

⑤ Martell K，Carol S J. How strategic is human resource management？. Human Resource Management，1995，34（2）：253－267.

⑥ Chadwick，Cappelli. Alternatives to generic typologies in SHRM. In Wright，Dyer，Boudreau，Milkovich（eds.）. Research in Personnel and Human Resources Management. Greenwich，CT：JAI Press，1999.

⑦ Delery J E，Doty D H. Modes of theorizing in strategic human resource management：tests of universalistic，contingency，and configurational performance predictions. Academy of Management Journal，1996，39（4）：802－835.

和外部各种因素的影响（2004）。① 企业竞争优势的形成不仅源于组织战略的有效实施，而且是企业在其成长过程中长期积累的结果。

从战略管理与人力资源管理关系角度，艾伦（Allen）和帕特里克·赖特提出：人力资源在企业管理中承担战略角色，使得组织绩效提升成为战略人力资源管理的核心（2007）。② 他们也从资源基础理论角度分析人力资源管理实践对于组织绩效提升的作用，使战略人力资源管理角色在人力资本、社会资本、战略定位和学习型组织方面的研究均有所扩展。

从企业生命周期的角度，伊查克·爱迪思（Ichak Adizes）指出企业是一个生命有机体，而不仅仅是一个组织，企业有不同的生命阶段，即创业期、成长期、成熟期和衰退期，在企业不同生命阶段应全程注重动态管理的思想，不同时期的战略人力资源管理侧重点各有不同。如在创业期，企业各方面均不成熟，企业的目标是求得生存与发展，使企业稳步渡过创业期，战略人力资源的核心是吸引和获取企业所需的关键人才。在成长期，企业经营规模不断扩大，主营业务快速增长，各项规章制度不断建立和健全，企业文化逐渐形成，人力资源管理的重点是确保企业快速发展对人力资源数量和质量的需要。在成熟期，企业的灵活性、成长性及竞争性良好，绩效最高，战略人力资源的重点应放在如何使繁荣期延长并力争使企业进入一个新的增长期。在衰退期，企业市场占有率下降，盈利能力全面下降，企业战略管理的核心是寻求企业重整和再造，使企业获得新生。

从动态能力观的角度，艾森·哈特（Eisen Hardt）和巴特勒（Butler）指出，传统的资源基础理论并不能解释公司怎样在快速变化的、不确定的市场中取得竞争优势，企业应具备应对快速变化的环境的动态能力。动态能力是企业对资源或能力的更新或再造，在保证新的资源或能力匹配的基础上，利用能力对资源进行整合或重新配置，战略人力资源管理的核心就是要保障动态能力的获得和发挥。

综合战略人力资源管理概念界定的各种观点，本书认为：战略人力资源管理是根据组织战略发展和个人职业发展的需要，将人力资源视为组织的核心能力的源泉，通过具有战略意义的人力资源管理相关活动形成组织竞争优势并支撑企业战略目标实现的过程。

（二）人力资源管理战略

一般来说，组织的人力资源管理战略（human resources management strategy，HRMS）是组织整体战略中的一部分，更直接地来源于自身的战略人力资源管理理念，侧重于人力资源管理实践活动的指导策略与具体战术选择。本书引用了人力资源管理学界一些较有代表性的观点帮助大家理解这一概念：

（1）美国人力资源管理学者沃克（Walker）指出，人力资源管理战略是"秩序和活动的集合，它通过人力资源部门和直线管理部门的努力来实现企业的战略目标，并以此来提高企业目前和未来的绩效及维持企业竞争优势"③（1990）。

（2）尤里奇（Ulrich）认为：人力资源管理战略是公司高层管理团队建立的一种策略、组织和行动方案，试图改造人力资源管理功能（1997）。④

（3）科迈斯-麦吉阿（Comez-Mejia）等把人力资源战略定义为：企业慎重地使用人力资源，帮助企业获取和维持其竞争优势，它是组织所采用的一个计划或方法，并通过员工的有效活动来实现组织的目标（1998）。⑤

---

① Colbert B A. The complex resource-based view: implications for theory and practice in strategic human resource management. Academy of Management Review, 2004, 29: 341-358.

② Allen M R, Wright P. Strategic management and HRM. In The Oxford Handbook of Human Resource Management. New York: Oxford University Press, 2007: 88-107.

③ 沃克. 人力资源战略. 北京：中国人民大学出版社，2001.

④ 尤里奇. 高绩效的 HR：未来 HR 的六项修炼. 北京：中国电力出版社，2014.

⑤ 杜伯林. 管理学精要：第 7 版. 北京：电子工业出版社，2010.

（4）兰德尔·舒勒认为：人力资源管理战略实质上是计划和程序，它讨论和解决的是与人力资源管理相关的基础战略问题（1992）。[①]

（5）库克（Cook）认为：人力资源管理战略是指员工发展决策以及对员工具有重要和长期影响的其他决策，它表明了企业人力资源管理的指导思想和发展方向，而这些指导思想和发展方向又给企业的人力资源计划和发展提供了基础，企业人力资源战略是根据企业战略来制定的（1992）。[②]

（6）杨清和刘再炽在《人力资源战略》一书中指出：人力资源管理战略是指由一系列相互联系的决策或因素组成的结构，目的是塑造与引导人们在组织背景下进行人力资源管理（获得、强化与维持）。它直接与企业战略相联系，重点是人力资源活动规范化与一体化，达到组织具有竞争力的目的（2003）。[③]

综合上述观点，本书认为：人力资源管理战略是组织基于所处环境与自身特点，从战略人力资源管理的核心理念出发，为实现组织战略目标而对人力资源相关资源配置活动如何进行所提出的系统性解决方案，以对具体的人力资源管理实践活动进行引领与指导。

（三）战略人力资源管理与人力资源管理战略的异同

在当前的研究与讨论中，人力资源管理战略（HRMS）与战略人力资源管理（SHRM）这两个概念的区别并不是很明显，在实践中往往混用。从字面上来看，这两个概念的落脚点一个在于战略，一个在于管理活动。本书作者基于多年的教学经验认为，这两个概念既存在联系又有所区别。从两者的共性来看，两个概念的基本范畴是一致的：都关注如何将企业战略与人力资源管理的相关方面进行联系，都关注发挥人力资源（管理）的战略性功能、体现人力资源（管理）的战略性价值具有随着环境变化与组织发展而进行调整的开发性与动态性特点。这个共同的战略前提、指向基础和动态协调，使得这两个概念的内涵和本质并没有分歧。虽然 HRMS 与 SHRM 这两个概念的界定方式有差别，但它们之间有密切的逻辑关系。

（1）HRMS 强调战略的含义，指导人力资源管理战略的具体制定与动态调整；SHRM 强调人力资源管理具体内容的构建，侧重人力资源管理活动的具体安排与做法。

（2）HRMS 主要解决以下问题：人力资源管理的战略性命题如何提取？人力资源目标如何确定？如何进行人力资源规划？关于如何决策或规划哪些具体内容，则是 SHRM 主要解决的问题。

（3）HRMS 主要给出制定人力资源战略的思路和方法；SHRM 主要给出制定人力资源战略应包含哪些具体的内容和要素（以及如何实现它们之间有机的逻辑联系）。

（4）HRMS 的界定更强调对人力资源战略的设计和制定，SHRM 更强调人力资源战略的执行意义，因此 HRMS 是指人力资源战略的设计，SHRM 是指人力资源战略的执行。

（四）本书的结构

本书围绕战略人力资源管理这一主题，从理论、实践和前沿三个层面进行阐述，核心主体为本书所提出的战略人力资源管理体系。同时，考虑到现实组织中存在的不同情况，以及客观环境发展对人力资源提出的新命题，本书除了涵盖战略人力资源管理的关键职能模块之外，还创新性引入对相关前沿实践模块的介绍，为组织提供全方位的管理模块选择。由此综合构成本书的结构：第 1 章为导论，作为战略人力资源管理的主题引入；第 2 章为人力资源管理系统设计与构建，为接下来第 3～11 章的分模块阐述做好铺垫；第 3 章聚焦于人力资源战略规划系统这一牵引系统；第 4 章和第 5 章分别为职位管理系统和胜任力系统，这是战略人力资源管理体系的两个基础系统；第 6～11 章为战略人力资源管理的主要职能模块，依次包括人力资源招聘与配置系统、战略绩效管理系统、薪酬设计与管理系统、人力资源再配置与退出系统、培训与开发系统以及员工

[①] 杰克逊，舒勒. 管理人力资源：合作伙伴的责任、定位与分工：第 7 版. 北京：中信出版社，2006.
[②] 杨俊青，等. 我国非国有企业人力资源管理战略与二元经济结构转化. 北京：经济科学出版社，2010：54.
[③] 杨清，刘再炽. 人力资源战略. 北京：对外经济贸易大学出版社，2003：36.

关系管理系统；第12~15章对当代人力资源管理实践中的相关前沿模块进行阐述，包括管理者的人力资源管理、知识管理、人力资源外包以及跨文化人力资源管理。

二、战略人力资源管理的角色与责任

（一）战略人力资源管理在现代企业中的角色定位

随着知识经济时代的到来，人力资源是企业的第一资源、是企业获取竞争优势的根本源泉已成为企业界的共识。这使人力资源管理发生了深刻的变化，逐步从传统的强调专业职能角色的人力资源管理转向基于战略的人力资源管理。要实现这种转变，除了要在理论、技术和方法上解决人力资源管理如何支撑企业战略等问题之外，还需要对人力资源管理在企业中的角色重新进行定位，在企业的日常运营中强化人力资源管理的战略职能，提升人力资源管理在整个运作体系中的位置。目前，国内外有关人力资源管理新的角色定位主要有以下几种观点。

1. 雷蒙德·诺伊等的四角色论

雷蒙德·诺伊等在《人力资源管理：赢得竞争优势》中指出，人力资源管理在现代企业中主要扮演四种角色：战略伙伴、行政专家、员工激励者和变革推动者。[①]

（1）战略伙伴角色：人力资源管理战略与企业的战略保持一致，推动企业战略的执行。

（2）行政专家角色：人力资源管理能够设计和执行效率较高且效果较好的人力资源管理制度、流程以及进行管理实践，其中包括对员工的甄选、培训、开发、评价以及报酬等。

（3）员工激励者角色：人力资源管理承担着对员工的组织承诺和贡献进行管理的任务。

（4）变革推动者角色：人力资源管理能够帮助企业完成转型和变革，以使企业适应新的竞争条件。

2. 美国国际人力资源管理协会的四角色论

在战略人力资源管理理念下，美国国际人力资源管理协会（International Public Management Association for Human Resource，IPMA-HR）也将人力资源管理的定位从单一角色转变成人事管理专家、业务伙伴、领导者和变革推动者这四种角色（见图1-1）。

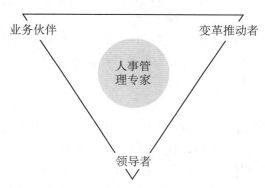

图1-1　IPMA-HR 的人力资源管理四角色模型

（1）人事管理专家角色：人力资源管理要发挥传统的专业职能作用。

（2）业务伙伴角色：人力资源管理流程、活动与业务流程相适应、相匹配，为业务活动提供合适有效的人力资源解决方案。

（3）领导者角色：人力资源管理部门参与制定公司战略，建设与推进企业文化。

（4）变革推动者角色：人力资源管理能够主动参与变革；引导变革中员工的理念和行为；营造变革的文

---

① 诺伊，等. 人力资源管理：赢得竞争优势：第5版. 北京：中国人民大学出版社，2005：7-8.

化氛围；提供变革中人力资源问题的系统解决方案。

3. 戴维·尤里奇的人力资源四角色论

美国密歇根大学罗斯商学院教授、人力资源领域的管理大师戴维·尤里奇首先提出了人力资源的四角色模型。戴维·尤里奇提出，人力资源职能如果想真正创造价值，不能只关注六大模块"活动"，更要关注"成果和产出"。人力资源应该在以下四个方面作出贡献：（1）推动战略执行；（2）助推组织变革；（3）打造敬业员工队伍；（4）提升人力资源职能效率。他还指出，评价人力资源部门的贡献，不是看它做了什么，而是看它带来什么价值。

根据戴维·尤里奇的角色模型，人力资源部应承担四大角色，分别为：

（1）战略伙伴角色：人力资源部应负责制定企业的组织架构，确定企业的基本运作模式，承担组织审查的职责，为组织架构亟须变革之处提供方法，清楚各项工作。

（2）行政专家角色：人力资源部应当考虑通过精简流程和采用新技术，提高工作质量的同时降低工作成本。

（3）员工后盾角色：一方面，人力资源部有责任确保员工对公司的积极投入——让他们对组织有种难以割舍的情结，愿意为之贡献全部力量。另一方面，人力资源部应该在管理层会议上成为员工的代言人，为员工提供个人与职业发展机会，并提供各种资源以帮助员工达到公司对他们的要求

（4）变革推动者角色：人力资源部要帮助组织形成应对变革和利用变革的能力。变革项目可能包括建立高效能的团队、缩短创新周期或者应用新技术，人力资源部要确保这些项目及时得到界定、开发和实施。

4. 六角色论

中国人民大学彭剑锋教授在对本土人力资源管理进行研究的过程中发现，要提高人力资源管理的战略地位，实现人力资源管理与企业经营管理系统的全面对接，有效支撑企业的核心能力，帮助企业在激烈的竞争中获取竞争优势，人力资源管理必须在企业中扮演专家、战略伙伴、业务伙伴、变革推动者、知识管理者与员工服务者六个关键角色（见图1-2）。

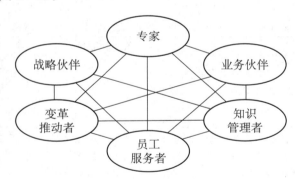

图1-2 人力资源管理六角色模型

（1）专家角色：现代企业中的人力资源管理是"工程师＋销售员"。所谓工程师，意味着人力资源管理首先要专业化，能为企业人力资源问题提供专业化的解决方案，以其人力资源专业知识与技能赢得组织成员的尊重。所谓销售员，意味着人力资源管理要对专业化的解决方案进行推广、宣传，帮助组织上下正确地理解、积极地接受以及有效地应用这些解决方案，从而使其对组织产生实在的效用与价值。

（2）战略伙伴角色：现代企业的人力资源管理要能理解企业的战略，熟悉企业的业务，具有很强的专业能力，能为企业提供系统化的人力资源管理解决方案。具体而言：第一，要能解读企业的战略，理解企业的战略，思考企业战略对人力资源管理提出了什么样的要求。第二，必须熟悉业务，了解企业的员工，甚至要了解客户。第三，必须具有很强的专业能力，能够基于企业战略制定人力资源规划，以及支持企业战略落地。第四，必须能基于客户价值导向，提供人力资源的系统解决方案。

（3）业务伙伴角色：要懂得如何将人力资源管理的职能活动与企业业务系统相衔接，善于与业务部门沟通，能从改善与推进业务的角度，利用专业知识和技能帮助业务经理解决实际问题、履行带队伍的职责、提

高工作绩效。

（4）变革推动者角色：从本质上讲，企业的组织与流程变革是人与文化的变革。如果不能通过人力资源的机制与制度的创新，从深层次上改变人的思维方式和行为习性，组织变革就会流于形式。因此，人力资源管理要主动参与变革，通过相应的人力资源变革方案驱动组织变革。同时，组织在并购重组过程中，在面对危机与突发事件时，需要人力资源管理专业人士提供相应的配套解决方案。

（5）知识管理者角色：企业最大的浪费是知识的浪费，企业最大的价值创造源泉是知识的应用与创新，而人是知识的承载者、应用者、创新者。企业通过有效的知识管理，可以使员工个体所有的知识转化为组织的公共资产，并得到传播、应用。更重要的是，通过知识管理平台的构建，员工借助知识管理系统可以放大个人的能力，提高工作绩效。

（6）员工服务者角色：现代人力资源管理要具有平衡企业各方利益的能力。一方面，要站在股东的角度思考问题，提出解决企业人力资源问题的方案，妥善处理劳资冲突与矛盾；另一方面，要站在员工的角度，让员工获得人性的尊重，维护员工的相关利益，指导员工进行职业生涯设计，将员工当作客户，及时提供员工所需的支持与服务。

（二）人力资源管理的职责分担

现代人力资源管理越来越强调人力资源管理职责承担者的多样性。人力资源管理不仅是人力资源部门的事情，更是各层各类管理者的职责。因此必须对人力资源管理的各类参与者进行明确的界定，并且对其职能进行合理定位，有效地促进企业内部的人力资源管理职责的分担，从而使人力资源管理真正起到企业战略伙伴和人力资源管理产品开发者与提供者的作用。

在企业中，参与人力资源管理的主要责任主体包括：公司的高层管理者、直线管理人员、人力资源部门和公司的每一位员工。关于他们各自在人力资源管理中的角色和职责，本书概括如下（见表1-2）。

表1-2　企业人力资源管理责任主体及其角色和职责

责任主体	角色和职责
高层管理者	● 主持或参与确立人力资源管理的理念并达成共识 ● 主持或参与确定人力资源的发展战略与目标 ● 主持或参与制定人力资源的政策与制度体系 ● 主持或参与组织整体绩效目标与标准的确定 ● 主持或参与绩效述职与绩效面谈，承担本部门或本系统的绩效责任 ● 主持或参与组建各级领导管理团队及核心团队（人才的选拔、配置、使用、开发与激励） ● 对所属员工的成长和发展承担责任（培训、开发、约束、激励） ● 发现并推荐优秀人才 ● 承担人力资源管理责任的组织保障 ● 承担自我超越、自我发展的责任
直线管理人员	● 参与人力资源管理理念与政策的确定 ● 贯彻执行人力资源的理念与战略举措 ● 依据部门业务发展提出部门用人计划 ● 参与部门职位筹划与职位分析 ● 制定本部门（团队）绩效目标与绩效计划，并对绩效的最终结果承担责任，主持本部门绩效考核面谈 ● 当教练，辅导员工制定行动计划，对员工的绩效进行评估 ● 与员工进行有效的沟通，对员工的行为进行指导、约束与激励 ● 配合公司人力资源的各项举措提出本系统、本部门的解决方案 ● 参与员工招募与人才选拔 ● 营造良好的企业团队文化氛围 ● 发现并推荐优秀人才

续表

责任主体	角色和职责
人力资源部门	● 为公司战略及人力资源管理战略方案的制定提供支持 ● 系统规划与构建人力资源战略管理体系并推进实施 ● 为直线管理部门的人力资源管理活动提供咨询答疑等支持 ● 监督人力资源管理政策的具体执行与落地 ● 与业务部门共同对组织的绩效目标负责；使人力资源管理流程、活动与业务流程相适应、相匹配；为业务部门提供合适有效的人力资源解决方案 ● 提供战略化、系统化、专业化的人力资源管理产品和服务 ● 研发设计基于组织与员工需求的创新性人力资源管理产品和服务 ● 主动参与变革；引导变革中员工的理念和行为；营造变革的文化氛围；提供变革中人力资源问题的系统解决方案 ● 做好员工关系管理工作，为员工个人提供心理咨询 ● 推进组织员工职业发展中心建设 ● 推进人力资源管理共享服务平台建设 ● 推进企业内部的知识分享，创建学习型组织 ● 建设企业文化，促进组织内的沟通交流，营造和谐氛围
员工	● 为人力资源管理提供合理的参考建议 ● 保持自我开发与管理，积极做好组织内的职业生涯规划 ● 积极参与团队协同活动 ● 提升个人绩效，支持组织战略目标的实现 ● 根据组织与职位需求，为组织推荐合适的人才 ● 理解、接受并积极参与组织变革 ● 为组织构建和谐人际关系贡献力量 ● 积极参与组织内部的知识分享活动

三、人力资源部门及其职责

(一) 人力资源部门的发展

一般认为，人力资源部门的发展经历了人事管理、人力资源管理和战略人力资源管理三个阶段。三者在理念、地位和目标等方面存在较大的差异性。三者的特点如表 1-3 所示。

表 1-3　人力资源部门三个发展阶段的特点比较

	人事管理	人力资源管理	战略人力资源管理
理念	人是一种工具性资源，服务于其他资源	人是组织的一种重要资源	人是组织的战略资源，是最重要的资产
地位	局限于日常事务，基本不涉及组织的战略决策；与战略规划是一种行政关系或单向执行关系，是单一的执行者和行政者	是组织战略决策的信息提供者；与战略规划是一种双向的关系，是战略的执行者和辅助者	是组织战略决策的重要参与者、制定者；与战略规划是一体化关系，是战略决策制定的参与者、推动者和执行者
职能	参谋职能；行政事务性职能；被动的工作方式	直线职能；战略实施与行政事务性职能；灵活的工作方式	直线职能；战略决策者、实施者，几乎没有行政事务性职能；主动的工作方式
主要工作内容	关注的是劳动协议的条款与条件，提供 HR 服务以及保证法规遵从性，主要从事薪酬结算、养老金管理、出勤监控、员工招聘等，强调 HR 的行政事务性工作	强调 HR 在人才搜寻、报酬与奖励，学习、沟通等方面的创新实践设计，包括 HR 的六大模块，强调 HR 六大模块的运作及有机结合	将 HR 工作与企业的战略或业务目标关联起来，并扩展 HR 实践的关注点；除了最基础的人才方面，还包括对企业文化与领导力的贡献；强调人才，文化和领导力都为企业战略服务
目标	部门绩效导向；短期绩效导向	部门与组织绩效导向；较长期导向	组织绩效导向；长期绩效和竞争优势导向

续表

	人事管理	人力资源管理	战略人力资源管理
HR效能体现	效率的提升，即以更少的资源完成更多的事务，通过完美无瑕的事务处理能力建立起 HR 的信誉	HR 实践的创新和整合；HR 的信誉来自其提供的最佳实践	能够在企业战略与 HR 的行动之间建立起清晰的关联路径；HR 的信誉来自战略制定过程中的参与及贡献

这里主要是从人力资源管理职能重心转变的角度来揭示人力资源部门的演变与发展，结合上一章节对人力资源管理职责分担的讨论，可知由人力资源专业职能人员组成的人力资源部门发挥着至关重要的作用。本书对人力资源部门的职责进行了单独的研究。

（二）人力资源部门的职责

雷蒙德·诺伊等在《人力资源管理：赢得竞争优势》一书中列举了在美国公司中人力资源部门通常履行的职责[①]，具体内容见表1-4。

表1-4　美国学者提出的人力资源部门的职责

雇佣和招募	面试、招募、测试、临时性人员调配
培训与开发	新员工上岗培训、绩效管理技能培训、生产率提高
薪酬	工资与薪金管理、工作描述、高级管理人员薪酬管理、激励工资管理、工作评价
福利	保险、带薪休假、退休计划、利润分享、员工持股计划
员工服务	员工援助计划、员工重新安置、被解雇员工的再就业服务
员工关系与社区关系	员工态度调查、劳工关系管理、公司出版物、劳工法律的遵守、员工纪律关系管理
人事记录	人力资源信息系统、各种人事记录
健康与安全	安全检查、毒品测试、健康、健身
战略规划	国际化人力资源、人力资源预测、人力资源规划、兼并与收购

上述对人力资源部门职责的界定带有较为浓厚的美国色彩，与美国的劳动力市场环境、社会文化、就业立法等具有非常紧密的联系，很多职责并不完全适用于中国企业。应该看到，中国企业正面临人力资源管理转型，我们不仅要研究人力资源部门在现实情况下做什么，更重要的是要研究为了提升企业的核心能力和竞争优势，人力资源部门应该承担什么样的职责。出于这一目的，本书在对中国企业的人力资源管理现状和问题进行研究的基础上，提出了我国企业人力资源部门应该承担的 10 项工作职责，具体内容见表1-5。

表1-5　我国企业人力资源部门应该履行的主要职责

职责	内容
人力资源战略规划	1. 战略解读与分析 2. 人力资源盘点与战略需求差异性分析 3. 行业最佳人力资源实践研究与差异性分析 4. 人力资源市场供给情况分析 5. 人力资源规划的价值取向与依据研究 6. 组织建设规划 7. 人力资源总量与结构规划：人力资本投资发展规划、职位系统规划、胜任力系统规划和人力资源结构规划 8. 核心人才队伍建设规划：核心人才素质能力提升及职业发展通道规划 9. 战略人力资源职能活动规划

---

① 诺伊，等 . 人力资源管理：赢得竞争优势：第 5 版 . 北京：中国人民大学出版社，2005：5.

续表

职责	内容
职位管理系统构建与应用	1. 业务结构、组织结构与流程的深刻认识与理解 2. 职能、职类、职种体系的设计与构建 3. 在职能、职类、职种的基础上设计职位体系
胜任力系统构建与应用	1. 全员通用的胜任力体系（核心胜任力体系）构建 2. 领导者胜任力体系构建 3. 专业领域胜任力体系构建 4. 关键职位胜任力体系构建 5. 团队胜任力体系构建
招募与配置	1. 开辟招聘渠道，广纳人才，建立人才储备库 2. 选择各类人员甄选工具量表 3. 实施人员甄选录用程序，挑选所需的人才 4. 招聘效果评估 5. 岗位分配
绩效管理	1. 绩效指标体系及考核标准的设计 2. 绩效实施、沟通与辅导 3. 绩效考核与反馈 4. 考核结果应用 5. 绩效改进 6. 绩效考核方法的选择
薪酬管理	1. 确定薪酬哲学及薪酬策略 2. 通过外部薪酬调查、行业比较确定薪酬水平 3. 公司内部薪酬结构设计 4. 薪酬水平及薪酬结构调整 5. 日常薪酬管理 6. 福利管理
培训与开发	1. 培训体系建设及培训方案设计 2. 培训预算管理 3. 培训实施与效果评估 4. 管理者能力开发和评价 5. 员工职业生涯规划
再配置与退出	1. 竞聘上岗制度建设与实施 2. 末位淘汰制度建设与实施 3. 人员退出机制建设与实施 4. 通过轮岗等方式提高人岗匹配度
员工关系管理	1. 劳动关系协调、劳动争议、集体协商、对就业立法提出建议 2. 人事申诉处理，员工基本权益保障 3. 员工人事关系日常管理（入离职手续办理、合同签订等） 4. 员工满意度、忠诚度、信任度调查 5. 员工心理健康援助计划
知识与信息管理	1. 个人知识组织化 2. 知识搜集与整合管理 3. 知识应用管理 4. 知识共享管理 5. 知识创新管理

（三）人力资源三支柱体系

职能导向的人力资源管理组织模式的好处是，它可以把每一份 HR 工作做得特别精细，但是相应的缺点就是服务功能比较弱，工作内容对外无法形成价值。人力资源从业者更多地从自己的职能模块或专业来考虑本职工作，而不是为内部客户提供解决方案。面对人力资源部门的低效率，公司管理层会质疑人力资源部门的产品是什么，能为组织和业务部门作出什么样的贡献。为此，企业应从业务发展的角度思考人力资源管理的问题，HR 如何为业务部门提供最为有效的人力资源管理支持，成为业务部门真正的合作伙伴。人力资源部门的专业人才只有摆脱烦琐的事务工作，才有更多的精力思考业务部门对人力资源管理的需要，为业务发展作出贡献和提供支持。由此，人力资源业务伙伴（HR business partner，HRBP）应运而生。许多企业将 HR 的职能分散到各个业务单元，使 HR 从后台走向前台，以便贴近业务、了解业务，及时保证满足业务部门的要求，让 HRBP 能够更好地在业务部门支持相关的工作，提供高效率、高质量的服务。HRBP 角色存在的目的在于针对内部客户需求，贴近业务，提供咨询服务和解决方案，做他们的业务伙伴。

为业务部门提供解决方案意味着需要同时精通业务及 HR 各领域的知识，这对 HR 专业人才的能力有了更高的要求。寻找一批样样精通的人才是很难的，于是就出现了 HR 专业的再细分。

一方面，产生了人力资源专家中心（HR center of expertise，HRCOE）。HRCOE 作为领域专家，借助其精深的专业技能和对领先实践的掌握，负责设计整个公司业务导向、创新的 HR 政策、流程和方案，并为 HRBP 提供技术支持和服务。另一方面，要让 HRBP 和 HRCOE 聚焦在战略性、咨询性的工作上，就必须把他们从事务性工作中解脱出来。而公司员工的很多需求是相对同质的，存在标准化、规模化的可能。于是，出现了人力资源共享服务中心（HR shared service center，HRSSC），它作为 HR 标准服务的提供者，负责解答管理者和员工的问询，帮助 HRBP 和 HRCOE 从事务性工作中解脱出来，并对客户的满意度和卓越运营负责。

戴维·尤里奇在 1997 年提出 HR 三支柱模型，即 COE（专家中心）、HRBP（人力资源业务伙伴）和 SSC（共享服务中心）。以三支柱为支撑的人力资源体系源于公司战略，服务于公司业务，其核心理念是通过组织能力再造，让 HR 更好地为组织创造价值。HR 三支柱模型本质上是基于对企业人力资源组织和管控模式的创新。传统意义上的 HR 的组织架构是按专业职能划分的，包括招聘、培训、薪资福利、绩效、员工关系等重要的职能板块。而三支柱体系则是通过再造组织能力，让人力资源管理为组织创造价值，实现增值，获得成果。

源起于西方的 HR 三支柱模式帮助中国企业管理者、人力资源管理者厘清了三个基本关系：各部门管理者与人力资源管理的关系；HR 三支柱与传统人力资源职能模块的关系；HR 三支柱间的协同互动关系。然而 HR 三支柱模式毕竟诞生于讲理性、重事实，轻关系、弱互惠的西方背景，在被引入比较看重情感的文化背景下的中国企业时出现了"水土不服"。考虑到原有理论与中国企业的匹配不足，国内学者进行了大量本土研究，结合前沿的理论，以及华为、腾讯、阿里巴巴等中国企业在 HR 三支柱方面的实践探索，提出了中国企业 HR 三支柱模式，如图 1-3 所示。

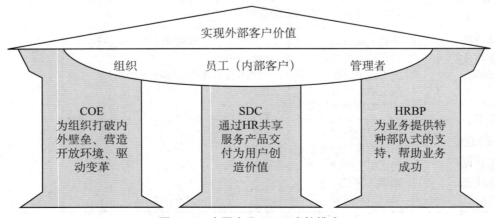

图 1-3 中国企业 HR 三支柱模式

1. 中国企业 HR 三支柱模式的构成（腾讯）

从整体来看，中国企业 HR 三支柱模式是一个房屋："实现外部客户价值"做房顶，"HR 三支柱"做房屋的三根顶梁柱，平台化的 SDC（共享交付平台）托起另外两个支柱作为房屋的底盘。人力资源服务的对象——组织、员工、管理者作为房屋的房梁。HR 三支柱不断与服务对象达成共识，让体系结构更加稳固。

分别看 HR 三支柱，COE 创造战略价值，是人力资源部的"战略指挥部"，为组织打破内外壁垒、营造开放的环境、驱动组织变革；HRBP 创造业务价值，是深入业务的"特种部队"，帮助业务成功；SDC 创造平台价值，是配置作战资源的"后方"，通过人力资源部共享服务、产品交付，为用户创造价值。

HR 三支柱间存在如下互动关系：

（1）COE 与 SDC：COE 作为战略指挥部，在 SDC 的工作中起着引领、指导的作用。SDC 要以 COE 制定的战略、制度、政策为依据和准则，将 COE 的具体工作通过系统化、流程化、精细化的操作落实和细化。同时 SDC 还要积极向 COE 反馈在操作中遇到的问题，协助提高人力资源管理制度的科学性和准确性，提高人力资源管理的效率。

（2）COE 与 HRBP：HRBP 是 COE 制定的公司战略落实到员工（内部客户）的重要中介。COE 根据员工（内部客户）制定出人力资源管理制度后，HRBP 根据业务部门的特点进行本地化处理，使其更符合业务部门的情况，促进员工对政策方针的认同和理解。同时，HRBP 也需要向 COE 积极反馈业务部门的需求，帮助 COE 制定更符合业务部门个性化需求的战略和政策。

（3）HRBP 与 SDC：HRBP 作为深入业务部门的特种部队，需要与业务部门进行人力资源需求管理、员工沟通，以发现最本质的问题，并且提出符合业务部门需求的解决方案。而 SDC 需要做的就是通过信息化技术、资源信息平台为这些解决方案提供技术支持，最终给各个部门交付产品化的服务，满足其需求。

COE、HRBP 和 SDC 构成了资源流动、行为互动、有一定制度规范及联结关系的企业内部网络，COE、HRBP 和 SDC 是该网络中的三个关键节点。西方的 HR 三支柱理论和实践中，重视信息资源的流动，互动频率较低，互惠程度较低，即 HR 三支柱整体呈现弱联系。组织网络权威专家格兰诺维特（Granovetter）指出，弱联系让各节点之间的差异大增，资源多元化程度提高，信息更为丰富。这种策略在西方的工作环境中具有优势。

2. 中国企业如何升级传统的 HR 三支柱

中国企业 HR 三支柱模式的升级体现在以下几个方面：

第一，视角扩展。原来的 HR 三支柱模式仅从组织内部视角强调三个 HR 支柱的组织架构，而中国企业 HR 三支柱不仅从组织内部进行探究，还从人与环境的视角，强调 HR 三支柱与技术、组织变革、人才的互动关系。全新视角的扩展，促进了中国企业 HR 三支柱的突破与创新，为企业组织架构的变革注入了新的活力。

第二，平台支撑。从 SSC 升级为 SDC。传统的 SSC 仅仅是将企业各业务单元中所有与人力资源有关的行政事务性工作集中起来，建立一个服务中心。而 SDC 最突出的特点之一是强调平台化。这里所说的平台化不仅指信息技术的发展提高了 SDC 的产品属性、用户属性、娱乐属性，还强调 SDC 对另外两个支柱的大数据决策的支撑作用，让 COE、HRBP 都接入平台，更好地服务于整个公司的价值创造。

第三，对象清晰。原来的 HR 三支柱模式存在服务对象模糊的问题，导致 HR 三支柱难以发挥应有的作用。而中国企业在实践探索中更加明确了 HR 三支柱服务的对象包括组织、人才（管理者和员工）、业务。

第四，文化内涵。中国企业 HR 三支柱的房屋模型融入了中国传统"家"文化的思想精髓。"家"对中国人有着特殊的意义，从家庭到家族，到国家，到家天下，中国人以"家"为纽带，安身立命、构建社会、管理国家、治理天下，"家"的文化世代传承。时至今日，"家"已不再局限于传统意义上由血缘关系构建起来的家庭，"家"的观念已融入企业管理中。中国企业 HR 三支柱中的"家"文化表现在三个支柱之间相互支持、协同发展，共同构建一个坚不可摧的组织大厦。房屋模型强调了"HR 三支柱"的整体性：三个支柱不是完全独立的分离状态，它们之间既有偏重性地对接组织中的不同层面，同时又相互支持，共同支撑起整个组织大厦，少了任何一个支柱，整个房屋都可能面临崩塌的危险。中国 HR 三支柱模式的升级转变如图 1-4

所示。

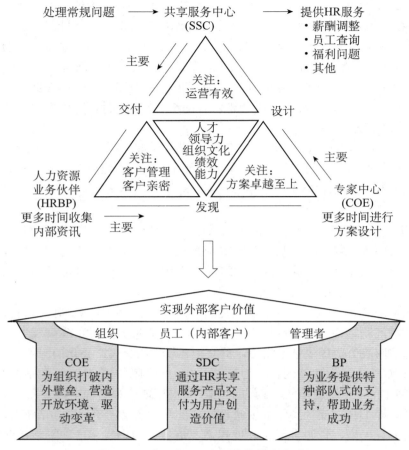

图 1-4 中国企业 HR 三支柱模式的升级

四、人力资源专业职能管理者的胜任力

要同时提高人力资源管理的战略地位和人力资源管理的专业水平，必须确保企业的人力资源管理者具备胜任人力资源管理工作的能力，从而能够有效地结合自身的专业知识与技能，为提高企业人力资源管理的有效性作出贡献。为此，许多学者致力于研究人力资源管理者的胜任力模型（competency model，也称素质模型），以揭示什么样的人力资源管理者能够满足当代企业人力资源管理的要求。

（一）美国密歇根大学罗斯商学院提出的人力资源管理者胜任力模型

在关于人力资源管理者胜任力模型的研究中，美国密歇根大学罗斯商学院的研究成果获得了较为一致的认可。该学院的课题组分别于 1988 年、1992 年、1997 年、2002 年和 2007 年对全球数万名人力资源管理从业者及他们的非人力资源管理同事进行了访问，以期获得人力资源管理者胜任力模型，并了解其随着时代变迁所产生的变化。该学院教授戴维·尤里奇 2007 年首次访华时在清华大学介绍了全球人力资源胜任力研究与实践最新成果，指出人力资源管理者胜任力的六大维度：人才管理者/组织设计者、文化管理者、业务联盟、可信任的积极实践者、战略变革设计者、日常工作的战术家[1]，胜任力模型如图 1-5 所示。

---

[1] 黎婧敏. 成功 HR 的六脉神剑：戴维·尤里奇分享 2007 人力资源胜任力模型. 人力资本，2007（2）：97-99.

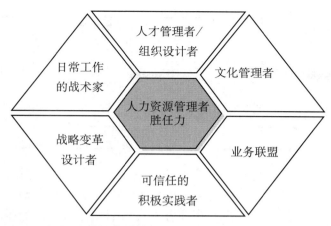

图 1-5 密歇根大学罗斯商学院提出的人力资源管理者胜任力模型

(二) 美国国际人力资源管理协会提出的管理者胜任力模型

美国国际人力资源管理协会（IPMA-HR）将人力资源管理者的素质要求与人力资源管理的四种不同角色相结合，提出了针对 HR 管理者的胜任力模型。该模型共包括 22 个胜任力要项，并认为人力资源管理者的胜任力分别在人事管理专家、业务伙伴、领导者和变革推动者四种角色中发挥作用。每一个胜任力要项可能同时对两种或多种角色产生驱动作用。表 1-6 列出了该模型提出的人力资源管理者的 22 个胜任力要项，以及每个胜任力要项与不同角色之间的关系。

表 1-6 IPMA-HR 提出的人力资源管理者的胜任力要素与角色关系

人力资源管理者的胜任力要素	业务伙伴	变革推动者	领导者	人事管理专家
了解所在组织的使命和经营战略	✓			
了解业务程序，能实施变革以提高效率和效果	✓	✓		
了解客户和企业文化	✓	✓		
了解公立组织的运作环境	✓	✓		
了解团队行为	✓	✓	✓	
具有良好的沟通能力	✓	✓	✓	
具有创新能力，创造可冒风险的环境	✓			
平衡相互竞争的价值		✓	✓	
具有运用组织建设原理的能力	✓			
理解整体性业务系统思维	✓	✓		
在人力资源管理中应用信息技术		✓		
具有分析能力，可进行战略性和创造性思维	✓	✓	✓	
有能力设计并执行变革		✓		
能运用咨询和谈判技巧，有解决争端的能力		✓	✓	
具有建立信任关系的能力	✓	✓		
具有营销及代表能力		✓		
具有建立共识和同盟的能力		✓	✓	

续表

人力资源管理者的胜任力要素	业务伙伴	变革推动者	领导者	人事管理专家
熟悉人力资源法规、政策及人事管理流程				√
将人力资源与组织的使命和服务效果相联系	√			
展示为顾客服务的趋向		√		
理解、重视并促进员工的多元化			√	
为人正直，遵守职业道德			√	

从表1-6中可以看出，只有一项要素与人事管理专家这一角色相联系，其余要素则主要用来支持业务伙伴、变革推动者和领导者这几个角色发挥作用。但这并不意味着作为人力资源管理者是否熟悉人事管理法规、政策和流程不重要，而是因为这一胜任力模型是在西方发达国家的社会背景下提出的。在发达国家中，人力资源管理者职业化素养较高，大多掌握了有关人力资源管理的基本知识和技能，因此，人力资源管理者的绩效水平主要不是取决于其知识和技能，而是取决于是否具备其他方面的潜在素质特征。但在我国，现代企业的人力资源管理还处于起步阶段，人力资源管理者的专业知识和技能尚未得以普及，因此，我国企业人力资源管理者的胜任力模型还需要进一步强调专业知识和技能所发挥的作用，这是西方人力资源管理者胜任力模型在我国加以推广时需要重点修正和强化的部分。

（三）雷蒙德·诺伊等提出的人力资源管理专业人员能力模型

雷蒙德·诺伊等所著的《人力资源管理：赢得竞争优势》一书提出从事战略人力资源管理的专业人员需要具备四项基本能力[①]（见图1-6）。

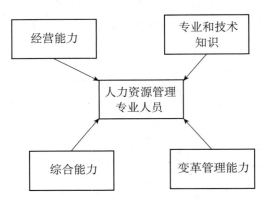

图1-6 人力资源管理专业人员能力模型

如图1-6所示，首先，人力资源管理专业人员必须具备经营能力——了解企业的经营，并且知道企业的经济状况和财务能力。其次，必须具备与人力资源管理实践的最新发展相关的专业和技术知识，这些人力资源管理实践所包括的领域有人员配置、开发、报酬、组织设计以及沟通等。再次，必须掌握较强的变革管理能力，比如诊断问题、实施组织变革以及评价变革结果等。最后，还必须具有综合能力，即综合利用其他三个方面的能力来增加企业的价值。

（四）中国的人力资源社会保障部制定的企业人力资源管理师国家职业技能标准

2019年4月，人力资源社会保障部发布了《企业人力资源管理师国家职业标准（2019年修订）》（以下简

---

① 诺伊，等.人力资源管理：赢得竞争优势：第5版.北京：中国人民大学出版社，2005：5.

称《标准》），对企业人力资源管理师的职业定义进行重新描述，并增加职业编码。《标准》对企业人力资源管理师的职业概况描述如下：

职业定义：从事企业人力资源规划、招聘与配置、培训与开发、绩效管理、薪酬管理、劳动关系管理等工作的管理人员。

职业技能等级：共设四个等级，由低到高分别为四级/中级工、三级/高级工、二级/技师、一级/高级技师。

职业能力特征：具有较强的学习能力、沟通协调能力、信息处理能力、分析综合能力、团队合作能力和客户服务能力，其中客户包括内部客户（各职能部门）和外部客户（劳动管理和社会服务部门），客户服务指提供服务、帮助或与之协同工作。

工作要求：以一级/高级技师为例加以说明，详见表 1-7。

表 1-7 一级/高级技师工作要求

职业功能	工作内容	技能要求	相关知识要求
1. 人力资源规划	1.1 企业人力资源战略发展规划	1.1.1 能够根据企业总体发展战略，制定和实施人力资源战略发展规划 1.1.2 能够调控和修订人力资源战略发展规划	1.1.1 现代企业人力资源管理不同历史发展阶段及其特点，战略人力资源管理的概念与内容 1.1.2 企业战略规划与人力资源战略发展规划的概念与关系
	1.2 企业集团的组织结构设计	1.2.1 能够选择企业集团管控的模式，并确定集团组织结构的类型 1.2.2 能够进行企业集团总部组织结构的系统设计与再造	1.2.1 企业集团的概念与管理体制，企业集团管控的概念、影响因素与管控模式 1.2.2 企业集团组织结构的概念与类型，企业集团总部组织结构设计的内容与要求
	1.3 企业集团人力资本战略管理	1.3.1 能够制定和实施企业集团的人力资本战略 1.3.2 能够评估和控制企业集团的人力资本战略	1.3.1 企业人力资本的概念，企业人力资本管理的对象、人力资本战略管理的主要内容 1.3.2 制定、实施、评估和控制企业集团人力资本战略的内容与基本原则
2. 招聘与配置	2.1 岗位胜任特征模型的构建与应用	2.1.1 能够构建并确立岗位胜任特征模型 2.1.2 能够分析并应用岗位胜任特征模型	2.1.1 岗位胜任特征的概念与分类 2.1.2 岗位胜任特征模型的概念与分类 2.1.3 构建岗位胜任特征模型的意义与作用
	2.2 人才测评技术应用	2.2.1 能够运用角色扮演法与公文筐测试法进行人才测评 2.2.2 能够运用沙盘推演测试法与无领导小组讨论法进行人才测评	2.2.1 人才测评技术的概念，角色扮演法与公文筐测试法的概念与特点 2.2.2 沙盘推演测试法与无领导小组讨论法的概念与特点
	2.3 企业人才的招募与甄选	2.3.1 能够设计基于工作分析的人才招募与甄选的流程 2.3.2 能够设计基于胜任特征的人才招募与甄选的流程 2.3.3 能够防范规避人才招聘风险 2.3.4 能够进行录用决策分析和评估	2.3.1 企业人才的概念与种类 2.3.2 工作岗位分析的概念与内容 2.3.3 基于工作分析和胜任特征的人才招募与甄选的特点与内容 2.3.4 招聘风险的防范，人才录用、结果反馈与招聘评估的概念
	2.4 人力资源优化配置	2.4.1 能够分析评价企业人力资源配置情况 2.4.2 能够提出优化企业人力资源配置的对策	2.4.1 企业人力资源配置的概念与内容 2.4.2 人力资源优化配置的概念与内容 2.4.3 企业员工整体与个体素质的概念

续表

职业功能	工作内容	技能要求	相关知识要求
3. 培训与开发	3.1 企业员工培训与开发体系的设计与运行	3.1.1 能够构建战略导向的企业员工培训与开发体系 3.1.2 能够设计企业员工培训与开发的运行模式	3.1.1 企业员工培训与开发体系的一般构成、战略导向培训与开发体系的基本特征 3.1.2 企业员工培训与开发运行模式的结构、特点与类型
	3.2 企业培训文化与培训成果的转化	3.2.1 能够构建学习型组织，分析影响培训成果转化的因素 3.2.2 能够构建培训成果转化的机制，并提出具体的策略	3.2.1 企业培训文化与学习型组织的基本概念与内容 3.2.2 培训成果转化的概念与促进培训成果转化的组织学习理论
	3.3 创新能力培养与开发	3.3.1 能够组织实施思维创新训练 3.3.2 能够推广应用各种创新技法	3.3.1 创新能力、创新思维的概念与内容，常见思维障碍的概念与内容 3.3.2 各种创新技法的基本概念与内容
	3.4 员工职业生涯规划与管理	3.4.1 能够组织实施员工职业生涯分阶段的管理 3.4.2 能够设计企业各类专业人才职业发展路径 3.4.3 能够评估组织职业生涯发展规划的实施效果 3.4.4 能够构建和完善组织职业生涯规划管理体系	3.4.1 员工职业生涯管理四个阶段的内容、职业锚的基本概念和职业定位的类型 3.4.2 职业生涯路径的概念和内容 3.4.3 职业生涯年度评审的目的和作用 3.4.4 职业生涯管理系统的含义和内容
4. 绩效管理	4.1 绩效管理系统的设计与评估	4.1.1 能够构建战略性绩效管理系统 4.1.2 能够制定绩效管理制度	4.1.1 战略性绩效管理的内涵与特点 4.1.2 战略性绩效管理系统模型
	4.2 绩效管理工具的应用	4.2.1 能够运用目标管理 4.2.2 能够运用标杆管理 4.2.3 能够运用关键绩效指标法 4.2.4 能够运用平衡计分卡 4.2.5 能够运用目标与关键成果法	4.2.1 绩效管理工具的发展 4.2.2 目标管理的概念、原理与特点 4.2.3 标杆管理的概念、原理与特点 4.2.4 关键绩效指标法的概念、原理与特点 4.2.5 平衡计分卡的概念、原理与特点 4.2.6 目标与关键成果法的概念、原理与特点
	4.3 组织绩效与团队绩效的考评	4.3.1 能够开展组织层面绩效考评 4.3.2 能够设计团队绩效考评体系 4.3.3 能够针对不同类型团队开展绩效考评	4.3.1 组织绩效考评体系的内容 4.3.2 组织绩效考评体系的设计要求 4.3.3 团队绩效的内涵
5. 薪酬管理	5.1 战略性薪酬管理	5.1.1 能够构建企业薪酬战略体系 5.1.2 能够确定薪酬策略和薪酬水平 5.1.3 能够设计企业集团薪酬管理制度	5.1.1 薪酬管理的概念与基本内容 5.1.2 薪酬战略的概念、内容与影响因素 5.1.3 工资决定理论 5.1.4 薪酬管理制度的内容
	5.2 薪酬激励模式设计	5.2.1 能够制定团队薪酬方案 5.2.2 能够制定专业技术人员薪酬方案 5.2.3 能够制定奖金激励方案 5.2.4 能够制定年薪制方案 5.2.5 能够制定股票期权、期股方案 5.2.6 能够制订员工持股计划	5.2.1 团队薪酬的概念与内容 5.2.2 专业技术人员薪酬的内容与影响因素 5.2.3 奖金的性质与激励原则 5.2.4 年薪制的概念与内容 5.2.5 股票期权、期股的概念 5.2.6 员工持股计划的概念与内容
	5.3 弹性福利制度设计	5.3.1 能够制定企业福利制度 5.3.2 能够设计弹性福利计划	5.3.1 福利的概念、特点与种类 5.3.2 弹性福利的概念
	5.4 薪酬制度的评价与完善	5.4.1 能够评价薪酬制度的总体效能 5.4.2 能够诊断薪酬制度存在的问题，并提出解决方案	5.4.1 薪酬制度效能的含义 5.4.2 薪酬制度诊断的内容

续表

职业功能	工作内容	技能要求	相关知识要求
6. 劳动关系管理	6.1 集体协商	6.1.1 能够选择集体协商策略 6.1.2 能够应用集体协商策略	6.1.1 集体协商的内容与特点，集体协商范围与效率合约的内容 6.1.2 集体协商谈判策略的基本概念与主要内容
	6.2 重大突发事件管理与劳动争议诉讼	6.2.1 能够处理重大劳动安全事故，并提出具体对策 6.2.2 能够提出重大集体劳动争议的具体对策 6.2.3 能够代表企业参与劳动争议案件诉讼或应诉	6.2.1 国际劳工问题及其特点 6.2.2 突发事件的表现形式和主要特征 6.2.3 劳动争议诉讼的含义及特征，劳动争议诉讼的条件、时效规定，劳动争议的当事人与诉讼请求
	6.3 构建和谐劳动关系	6.3.1 能够构建劳动关系协调机制 6.3.2 能够制订并实施企业内部员工援助计划 6.3.3 能够进行工作压力管理 6.3.4 能够推动履行企业社会责任	6.3.1 工会法、我国工会组织的职能、劳动关系协商和协调、民主管理制度与员工参与管理的内容 6.3.2 员工援助计划的概念与作用 6.3.3 工作压力的概念与影响因素 6.3.4 社会责任标准的概念、国际劳工标准与立法

（五）人力资源管理者的经营者思维

中国人民大学彭剑锋教授提出当代人力资源工作者要具备经营者思维，以生命整体观认识人、经营人，以经营者思维构建人力资源管理系统化解决方案。为什么要将人力资源管理上升到经营层面？什么是人力资源管理的经营者思维？主要从三个方面来理解。

1. 经营企业就是经营客户、经营人才，经营客户最终是经营人才

（1）把人才放到经营的层面去思考，意味着人才是企业经营战略的核心要素，需要长期投入，要有长期价值主义导向，对人才的投入要追求长期回报，而不是短期获利。

（2）企业家就是企业的首席人才官，企业人力资源管理第一责任人是 CEO，是各级管理者。把人才放在经营角度考虑，不仅仅是人力资源专业职能层面的职责。

（3）人力资源管理者要跳出专业层面，尤其是在数字化、智能化时代，人力资源管理不再局限于专业职责，要有人才经营的思维。既要立足于专业知识层面又要跳出专业知识层面，要像企业家一样去思考，对未来趋势有洞见力，对客户需求有洞察力，对人才需求有洞悉力。

（4）人力资源管理的主要方法不是管控，而是激活人的价值创造。组织的核心是激活人，保持活力。一个组织只有持续保持活力，才有真正的市场竞争力，才有真正的价值创造力。

（5）人力资源管理的核心目标是实现成长与价值增值，促进经营增长与人才发展。

2. 人力资源管理对象是有情感和思想的人，是一个生命有机整体，不能脱离人文环境和工作群体来管理和研究

（1）人力资源管理要有整体性和系统的生命观，对人性的认识、对人的需求假设都应有新思维。过去的人力资源管理最大的问题是把人当成物，试图通过对物的标准化管理来实现对人的效能提升。但在以知识型员工为价值创造主体的时代，一定是将人作为生命有机体来看待。

（2）对人性、人的发展规律要有敬畏感。对人才的管理最终还是要回归到对人性的洞悉，对人才需求的深层理解。

（3）人力资源管理既是一门科学又是一门艺术，既要强调理性又要强调直觉。人力资源管理作为一门科学，要强调理性思维，依靠数据、方法和工具；作为一门艺术，要有感知和洞察力，依靠体验、沟通和共情。

3. 经营的核心是价值创造，实现价值增长，人力资源的核心是激发价值创造活力，实现组织与人的价值增值与增长

人力资源管理的核心内容是价值管理循环：全力创造价值，科学评价价值，合理分配。把人力资源管理放在经营层面来思考，就是要实现价值增长，让每一个人成为价值创造者，并有价值、有成效地工作。

第3节　战略人力资源管理与企业核心能力

一、人力资源与企业核心能力

（一）企业竞争优势与企业核心能力

在全球化竞争和知识经济时代，从根本上讲，企业的可持续成长与发展取决于企业的竞争优势，只有具备竞争优势的企业才能在市场中占据先机，在为顾客创造独特价值的过程中找到自身生存和发展的理由和价值。具体而言，企业的竞争优势的获取有两条完全不同的途径（见图1-7）。第一条是外部途径，即企业可以通过准确的行业选择和定位，使企业的成长与发展能够依托一个具有巨大市场空间和高速成长机会的行业平台，并通过对外部行业机会的把握和对外部威胁的防御来使企业具备竞争优势；第二条是内部途径，即企业可以依靠对组织内部资源的整合提升企业的竞争能力，从而建立企业的竞争优势。上述两种不同的路径，在企业的战略理论中体现为外生战略学派和内生战略学派的不同观点。但事实上，企业的可持续成长与发展在实践中必然是外部途径和内部途径的统一，即一方面需要进行理性的外部行业选择和对行业竞争要点进行准确的把握，另一方面又需要依靠不断苦练内功来提升企业的竞争能力，只有两者兼顾的企业才能够在日趋激烈的竞争中脱颖而出。

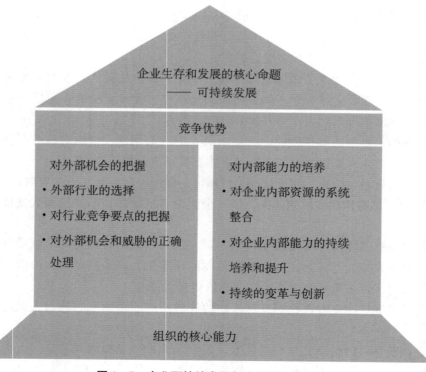

图1-7　企业可持续发展与企业核心能力

改革开放 40 多年来，越来越多的中国企业实现了全球化、集团化经营。新兴产业不断随技术快速发展而诞生，为企业的成长提供了新的产业发展空间。随着全球化所带来的市场的扩展，绝大多数传统行业仍有较大的市场空间和成长潜力，能够为企业的发展提供条件。中国经济发展到今天已经从量的积累到质的改变，进入高质量的品质发展阶段：经济增长目标不再单一追求 GDP 的增长速度，而是要追求有质量的、有效的规模增长；经济发展的驱动力不再来源于低劳动力成本优势、粗放式资源投入及外向出口拉动，创新与人才成为新动能，内需消费升级成为新拉力；经济增长方式不再是漠视环境、破坏生态的掠夺式野蛮增长方式，而是敬畏自然规律、注重环保与人文价值的文明生态型增长方式。

从企业的角度看，就是要回归客户价值和人的价值的创新与重构，回归科技的力量而不仅仅是资本的力量，适应消费升级与供给侧改革的需要，为社会提供安全、可靠、环保、健康、高品质的产品与服务。通过加大技术、人才、管理、品牌、文化等软实力要素的投入与创新，提高产品和服务的品质，提升产品创新附加价值与品牌溢价，推动企业向全球价值链的中高端进发，从而打造中国企业的全球竞争力与可持续发展能力。中国企业不再贪大，而是要提升全球竞争力。与国家高质量发展要求相匹配的是人才的高质量发展，而人才的高质量发展的核心是高品质人才的培养与人力资源的高效能开发与应用，以及人才创新驱动和机制驱动。人力资源管理的重要性愈发凸显，越来越强调人才高质量发展、人才效能的提升和人才长期价值主义。

中国企业大多依靠硬扩张模式完成量的积累，这种硬扩张模式带来的核心问题是企业核心能力的缺失。不得不承认中国企业还处于全球产业链的低端，原创与核心技术还掌控在欧美企业手中。中国企业的产品技术创新含量较低，附加价值小，品牌溢价不足，全球竞争力弱，绝大多数中国企业还没有发展出核心人才和技能，在某些方面仍然受制于人。所以中国企业应当加大对人才、技术、创新等方面的投入，提升企业的核心能力，努力打造一流企业，成为行业领袖或隐形冠军。中国企业需要进行战略思考，通过核心能力为企业打造持续竞争优势，提高产品和服务的品质，提升品牌附加价值，向全球价值链的中高端进发，构建外在生态优势。对内应有核心能力，对外要有生态优势。通过内部能力的提升来构建企业的竞争优势，对中国企业而言往往具有更加现实的意义。[①]

（二）企业核心能力及其特征

核心能力（core competence），又译为核心竞争力，是管理学领域中一个方兴未艾的理念，但是，不同学派的管理学家在如何界定核心能力方面尚未取得完全一致的看法。下面介绍西方管理学者对核心能力的界定。

美国著名战略管理专家加里·哈默尔（Gary Hamel）和普拉哈拉德（C. K. Prahlad）1990 年在《哈佛商业评论》上发表了《公司的核心能力》一文，首次提出了企业的"核心能力"这一概念。他们认为，企业的核心能力是组织中的一种集体学习，尤其是关于如何协调多样化的生产技能以及把众多的技术流一体化的一种组织能力。[②] 1994 年哈默尔和普拉哈拉德又进一步发展了这一概念，将核心能力界定为能够为消费者提供特殊价值的一系列技能和技术的组合。[③] 例如，索尼公司的核心能力是微型设计，因此它率先为消费者创造出便携式的电子产品；联邦快递公司的核心能力是物流管理，它给消费者带来的好处是准时送货。

在哈默尔和普拉哈拉德的经典定义里，强调了以下几点：

（1）核心能力是学识；

（2）核心能力是积累性的；

① 彭剑锋. 人力资源管理概论. 3 版. 上海：复旦大学出版社，2018.

② Hamel G, Prahlad C K. The core competency of the corporation. Harvard Business Review, May-June 1990：79-91.

③ Snell S A, Dean J W. Integrated manufacturing and human resource management：a human capital perspective. Academy of Management Journal, 1992, 35 (3)：467.

（3）核心能力协调不同的生产技能并有机结合多种技术流；

（4）核心能力要求组织整体协同。

这种能够有机结合多种技术流和协调不同生产技能，从而衍生出众多最终产品的能力，就是公司的核心能力。

在哈默尔和普拉哈拉德之后，又有许多管理学家从不同的角度对企业的核心能力进行了诠释和界定。比如，蒂斯（Teece）、皮萨诺（Pisano）和舒恩（Shuen）将核心能力定义为：为企业在特定经营中提供竞争能力和支柱优势基础的一组相异的技能、互补性资产和规则（1990）。[1] 埃里克森（Ericsson）和米克尔森（Mickelson）则从组织资本和社会资本的角度认为核心能力是组织资本和社会资本的有机结合，组织资本反映了协调和组织生产的技术方面，社会资本则显示了社会环境对企业核心能力的重要性。[2]

许多管理咨询公司也对企业的核心能力进行了深入的研究，其中较为典型的是麦肯锡公司对核心能力的界定。麦肯锡公司认为，核心能力是组织内部一系列互补的知识和技能的组合，它具有使企业的一项或多项业务达到世界一流水平的能力。同时，麦肯锡公司认为，核心能力由洞察预见能力和一线执行能力构成。洞察预见能力主要来源于科学技术知识、独有的数据、产品的创造性、卓越的分析和推理能力等。一线执行能力产生于这样一种情形，即最终产品或服务的质量会因一线工作人员的工作质量而发生改变。[3]

虽然不同的研究者对核心能力的界定存在一定的差异，但总的来说，核心能力的概念必然会围绕以下四个特征来展开[4]，这四个特征也是识别某项因素是否构成企业核心能力的重要标准。

第一，价值性（valuable）。价值＝收益/成本，即企业获取并持续拥有这项因素的收益与成本之比必须大于1，否则企业得不偿失。收益成本之比越高，它对企业核心能力的贡献也就越大。因此，价值标准位列四个标准之首。

第二，独特性（unique）。一个企业拥有的核心能力应该是独一无二的，即其他企业不具备或至少暂时不具备，这是企业成功的关键因素。核心能力的独特性决定了企业之间的异质性和效率差异性，因而是解释一个企业竞争优势的重要因素。

第三，难以模仿性（inimitable）。核心能力在企业长期的生产经营活动过程中积累形成，深深打上了企业特殊组成、特殊经历的烙印，其他企业难以模仿，至少在短期内难以模仿。

第四，组织化（organized）。核心能力不是组织拥有的某一单一要素、资源或者技术，而是多种能力相互整合而形成的组织化的系统能力。任何一项要素要成为企业核心能力的源泉，除了要具备前述三个特征之外，还必须融入企业，通过与其他要素的系统整合来发挥作用。

本书在对上述各种有关核心能力的概念进行比较分析，并结合核心能力关键特征的基础上，将核心能力界定为：企业自主拥有、能够为客户提供独特价值、竞争对手在短时间内无法模仿的各种知识、技能、技术、管理等要素的组合。

（三）企业持续竞争优势及其获取途径

企业竞争优势是一个企业在某些方面比其他企业能带来更多利润或效益的优势，源于技术、管理、品牌、劳动力成本等。企业持续竞争优势既可以是内生的，由内部核心能力决定；也可以是外生的，由外部环境条件赋予，因而它是企业系统化的综合能力，具有持久的生命力。奥斯特（Oster）提出，在市场竞争过程中，

① Teece D J，Pisano G，Shuen A. Firm capabilities，resources，and the concept of strategy. Center for research in management，University of California，Berkeley，CCC Working Paper，1990：90 - 98.

② 吴价宝，达庆利. 企业核心能力的系统性识别. 中国软科学，2002（10）：5.

③ Hamel G，Heece A. Core competences，competitive advantage and market analysis：forging the links. Competence-based competition，Wiley/SMS，1994.

④ Snell S A，Dean J W. Integrated manufacturing and human resource management：a human capital perspective. Academy of Management Journal，1992，35（3）：467.

企业凭借更低的成本或者生产无法替代的产品并以高价销售，战胜竞争对手，通过价值链管理获取竞争优势（1998）。① 企业持续竞争优势理论主要有四类：

1. 以产业结构决定理论模型为代表的企业持续竞争优势观

该理论的研究者以迈克尔·波特为代表，认为企业的竞争优势来源于企业所处产业的结构和企业在该产业中的相对市场优势。波特认为，一个企业只要能够长时间维持高于其所在产业平均水平的经营业绩，就可以认定这个企业具有持续竞争优势（1980）。② 企业在决定产业竞争的五种竞争性力量——新竞争者的进入、替代品的威胁、买方的讨价还价能力、卖方的讨价还价能力和现有竞争者之间的竞争——的作用和影响下，能以低于竞争对手的成本来完成这些活动，或能以特别的方式创造客户价值，或能在某一细分市场内获得高于产业平均水平的收益，企业就能获得持续竞争优势。

2. 以资源基础观为代表的企业持续竞争优势观

资源基础观的研究者以沃纳菲尔特（Wernerfelt）和巴尼（Barney）等人为代表，认为企业是由一系列资源束组成的集合，企业的持续竞争优势源自企业所拥有的资源，尤其是一些有价值的、稀缺的、不可完全模仿和不可替代的异质性资源。企业在信息不对称和有缺陷的要素市场上，通过资源选择和配置的最优化，实现资源价值的差异化和最大化，同时使竞争对手无法复制该资源。唯有这样，企业才能获得持续竞争优势（1986）。③

3. 基于核心能力的企业持续竞争优势观

核心能力观的研究者以哈默尔和普拉哈拉德为代表，认为企业的竞争优势来源于企业内生的核心能力。企业通过自身独特的、有价值的、根植于企业组织内部的核心能力获得持续竞争优势。此观点强调在企业内部行为和过程中所体现的特有能力，强调企业应培育使竞争对手难以模仿、能为顾客创造显著价值并能开辟潜在市场的核心竞争力（1990）。④

4. 强调创新能力的企业持续竞争优势观

从创新角度来研究企业持续竞争优势的学者钱·金（W. Chan Kim）和莫博涅（Renee Mauborgne）提出，企业高速成长的战略逻辑是企业价值创新，企业持续竞争优势的取得要通过价值的创新来实现。企业需要不断创造和提供新的满足用户需求的价值，可以通过提供新的产品或服务来实现，也可以通过提升原有产品和服务的价值来实现（1997）。⑤

依据资源基础观，本书给出以下定义：企业持续竞争优势是指企业拥有的独特的、有价值的、不易被复制的并且组织化的资源带来的能够在市场竞争中获得优势的产品、服务及声誉。

企业获取竞争优势的途径有：

（1）整合资源，构建战略联盟。由于一个企业不可能在特定时间拥有所有最恰当的人力资源、财务资源和物质资源，因此新经济中的速度规则决定了资源整合的必然性和必要性。战略联盟是一种重要的资源整合方式，它指几家企业拥有不同的关键资源，为了彼此的利益而建立联盟、交换相互的资源以创造竞争优势。

（2）整合组织，建立扁平化团队。为了在复杂多变的环境中生存，必须改变传统的金字塔等级式组织结构，不再以劳动分工为基础，而是以能力分工为基础构建扁平化团队。团队可以根据需要随时组建，也可随时解散，这种模式将大大提高企业的组织柔性。

（3）整合文化，创建学习型组织文化。在新经济时代，组织如果不进行变革就无法生存，而要实现变革，必须不断地学习和改进。企业需要的强势文化必然是一种学习型企业文化，要建立共同的愿景，鼓励员工创

---

① Oster S M. Modern competitive analysis. New York：Oxford University Press，1998.

② Porter M E. Competitive advantage strategy. New York：Free Press，1980.

③ Barney J B. Organization culture：can it be a source of sustained competitive advantage. Academy of Management，1986，11（July）：656 - 665.

④ Hamel G，Prahlad C K. The core competency of the corporation. Harvard Business Review，May-June 1990：79 - 91.

⑤ Kim W C，Mauborgne R. Value innovation：the strategic logic of high growth. Harvard Business Review，1997，75（1）：102 - 112.

新并且崇尚个性，促使组织成员有活跃的思维和主动学习的热情。

（4）整合制度，创新组织管理方式。知识已经成为新经济中企业最关键的战略资源，因此对于知识型员工的管理显得更加重要。企业需要整合制度，实现人性化管理和制度化管理的有效结合，使知识型员工的长期利益通过企业的持续发展得到充分实现。

（5）整合能力，强调竞争优势观。从企业动态能力来研究企业竞争优势的学者凯瑟琳·艾森哈特（Kathleen M. Eisenhardt）和马丁·舒茨（Martin J. A. Schuetz）认为，企业的动态能力是企业整合、重新配置、取得资源或是放弃资源以适应市场变化甚至创造市场变化的一个过程，对企业具有重大影响。

动态能力是企业对资源或能力的更新或再造，在保证新的资源或能力匹配的基础上，利用能力对资源进行整合或重新配置。企业的资源就像是工具，而能力是利用这些工具的手段，动态能力则是指由于环境的迅速变化而不得不去更新工具或者更新使用工具的手段。三者的关系如图1-8所示。

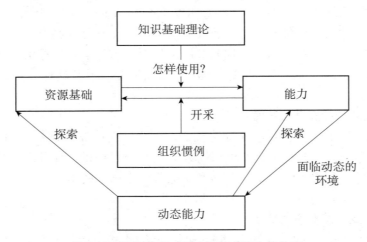

图1-8 资源基础、能力和动态能力的关系

（四）企业核心能力和竞争优势的来源——智力资本

核心能力是企业中能为顾客创造独特价值的一系列知识、技能、技术、管理等要素的组合。因此，许多人力资源管理专家用"智力资本"这个新兴的人力资源管理概念来解释企业核心能力的来源。当代管理学界在研究企业的价值问题时，发现企业的市场价值与财务报表所反映出来的账面价值之间存在巨大的差异，将这差异归因于企业所拥有的智力资本。根据经济合作与发展组织（OECD）对智力资本的界定，智力资本是指一个公司两种无形资产——组织资本和人力资本的经济价值。[①]

把智力资本归为组织资本和人力资本的方法，来源于埃德温松（Edvinsson）和马隆（Malone）1997年提出的Skandia价值计划模型。除了这种模型之外，还有许多学者提出了不同的分析智力资本的模型，主要包括：

（1）无形资产监管者模型（Sveiby，1989，1997）。

（2）平衡计分卡模型（Kaplan and Norton，1992）。

（3）资源分类模型（Kaplan and Norton，1992）。

这几种模型对智力资本的主要分析维度见表1-8。

---

① 改编自 Australian Master Human Resources Guide，"Chapter 4：Sunrise In The Knowledge Economy：Managing and Measuring Human Competencies"，CCH Australian Limited。

表 1-8 几种分析模型对智力资本的主要分析维度

提出者	模型	分析维度
斯威比（1989，1997）	无形资产监管者	● 内部结构 ● 外部结构 ● 人员素质
卡普兰和诺顿（1992）	平衡计分卡	● 财务的角度 ● 顾客的角度 ● 内部过程的角度 ● 学习与成长的角度
埃德温松和马隆（1997）	资源分类	● 素质 ● 关系
	Skandia 价值计划	● 人力资本 ● 组织资本

但所有这些分析智力资本的模型实际上主要关注两个方面：一是与人有关的方面，即蕴藏于企业人力资源之中的个人知识、技能、技术和胜任力；二是与组织系统有关的方面，即蕴藏于企业组织之中的流程、文化、方法、关系和技术等。本书主要采用埃德温松和马隆的模型来作为分析智力资本的框架体系。

在分析智力资本如何支撑企业的核心能力时，美国康奈尔大学的斯奈尔教授提出，企业的核心能力来源于企业的智力资本，包括人力资本、社会资本和组织资本。而人力资本、社会资本和组织资本又来源于组织中的知识、技术、关系和流程四个方面的资源。其中，知识主要包括顾客知识、技术知识、运营知识和管理知识；技术主要指企业员工所掌握的能够在组织中分享、传播和增值的核心技术，比如 IT 企业的主页技术、软件安装、客户购买系统等；关系指组织所建立和维持的各类社会关系所形成的一种资源，比如客户的熟悉程度、顶尖的专家顾问、与供应商的合作关系、员工参与等；流程指组织内部运作的业务流程和管理流程，主要包括客户细分、准时生产、模块用户化、以订单为核心的生产系统等。

上述四个方面的要素，任何一个都无法单独形成企业的核心能力，而必须通过相互整合共同支撑企业的竞争优势。知识与技术更多地储藏于员工个体之中，而关系和流程更多地存在于组织系统之中。因此，企业必须通过人与系统的有机整合形成企业的人力资本、社会资本和组织资本，进而形成企业核心能力的源泉。

（五）形成企业核心能力和竞争优势的根本源泉——人力资源

通过本书前面部分的阐述，我们知道智力资本是形成企业核心能力的来源，但明确人力资源与智力资本的关系以及人力资源在现代企业中的第一资源地位后，本书认为人力资源是形成企业核心能力的根本源泉。

随着全球化竞争的加剧和知识经济时代的到来，人力资源日益成为企业的第一资源和竞争优势的基础这一观点已得到管理学者、企业家和管理实践者的普遍认同。而人力资源推动企业竞争优势的获取和维系，是通过人力资源成为企业的核心能力要素来实现的。要研究人力资源能否成为企业的核心能力要素，就必须从它是否具备以下四个基本特征来加以分析。

1. 人力资源的价值性

人力资源对现代企业而言具有价值性。可以从三个方面来进行分析：

（1）核心人力资源是企业价值创造的主导要素。企业的核心人力资源主要是指企业家和企业中的知识工作者。人类社会步入新经济时代，知识经济已成为一种新的经济形态。知识创新型企业的竞争环境和运营模式与以前的企业相比发生了根本性的变化，企业价值创造的主导要素已经从传统的体力劳动逐步转向知识的创造、传播、分享、应用与增值。企业家和知识工作者作为企业中知识管理的主要载体，日益成为现代企业价值创造的主导要素，从而使人力资源逐步成为企业的核心能力要素。

（2）人力资源能够为企业持续地赢得客户、赢得市场。在当今竞争日益激烈的市场环境中，企业的生存和发展主要取决于两方面的因素。一是企业生存与发展的理念基础，即企业的使命、追求和核心价值观。有了使命、追求和核心价值观，就能够激活组织内在的生命力和潜能，并且成为企业的战略、组织与人力资源管理体系设计的哲学基础。二是企业生存与发展的客观基础，即企业的市场与客户。只有赢得了客户满意，提高了市场地位，企业才能够持续不断地从市场中获取利润、获取价值，使企业有足够的实力去实现自身的使命与追求。

企业经营的本质是经营客户和经营人才，而经营客户最终还是经营人才。人力资源作为企业价值创造的主导要素，其价值创造的作用主要通过如下机制来实现（见图1-9）。从图1-9可以看到：一个企业能不能持续经营下去，关键在于它能否"持续地"拥有客户，这表明在企业的客户中，忠诚的客户占有一定的比重。忠诚的客户有三个标志：一是客户的持续购买，也就是企业和客户的关系不是简单的一次性交易关系，而是多次交易关系，甚至是终身交易。二是客户的相关购买，也就是当客户从对企业产品的认同上升到对企业品牌的认同时，客户会产生相关购买行为，品牌能够给企业带来持续的价值。三是客户的推荐购买，也就是客户除了自己买企业的产品之外，还会推荐亲戚朋友也去购买企业的产品，这样就会产生口碑效应，从而给企业带来持续的客户价值。

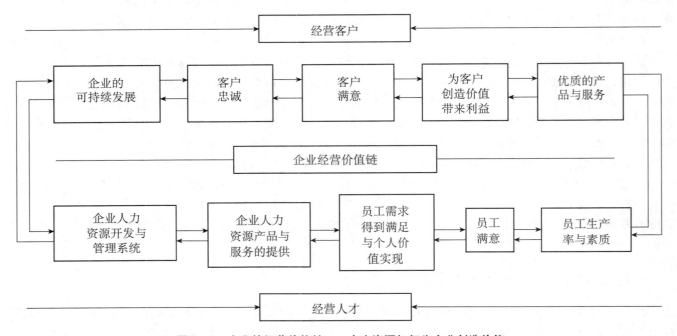

图1-9 企业的经营价值链——人力资源如何为企业创造价值

从企业经营价值链来看，客户的忠诚来自客户的满意，而客户是否满意取决于企业能否为客户创造和提供价值、带来利益，能否为客户提供优质的产品与服务；优质的产品与服务源于员工生产率与素质；员工有较高的劳动积极性、企业能够吸纳一流的人才又源于员工满意；员工满意是因为自身的需求得到了满足、个人价值得到了实现，而员工的需求能否得到满足、个人价值能否实现的关键在于企业人力资源产品与服务的提供。企业要经营人才，就必须持续地为人才提供人力资源产品与服务，从这种意义上讲，员工也是客户。企业人力资源专业职能部门是企业人力资源产品的研发与生产机构，要站在企业发展与员工需求的角度去研发适合不同类别、不同层次人才需要的人力资源产品与服务。

通过这样一个可逆的传导机制，人力资源以及对人力资源的科学管理就能够为企业持续地赢得客户、赢得市场。因此，在现代企业中，人力资源具有成为企业核心能力要素的价值。

（3）人力资源价值有效性的其他表现。人力资源对企业具有价值有效性，不仅表现在为企业持续地赢得客户、赢得市场，而且表现为在企业的战略与组织变革、质量管理、商机开拓、生产率提高、成本节约等诸多方面具有至关重要的作用。[1]

2. 人力资源的独特性

人力资源的稀缺性是人力资源具有独特性的重要前提。资源的稀缺性主要是指由于资源分布的非均衡性导致资源的相对有限性。人力资源的稀缺性分为两种：一种是显性稀缺，即一定时期内劳动力市场上具有某一特性的人力资源供给数量绝对不足；另一种是隐性稀缺，即由于人力资源某种特性往往呈非均衡分布状态而导致企业人力资源的结构性失衡。

除此之外，人力资源对于某一企业的独特性还具体表现为：人力资源无法从市场随意获取，不能购买和转让，难以模仿和复制、难以替代，必须为企业量身定做，接受实际工作经验的培训，与竞争对手具有差异性。[2]

3. 人力资源的难以模仿性

人力资源成为企业的核心能力要素的第三个特征在于员工认同企业的独特文化，其独特的价值观、核心专长和技能与企业经营管理模式相匹配、相融合，具有高度的系统性和一体化特征，使得竞争对手难以准确识别，更难以进行简单的模仿。比如，美国杜邦公司的竞争对手难以引进杜邦公司卓有成效的安全教育体系，是因为"在这个制造炸药起家的公司里，安全意识早已通过企业的文化教育和制度体系深深铭刻在每位员工的心里"；新加坡航空公司的空姐拥有为乘客服务的核心专长与技能，与新加坡航空公司的整体战略、经营模式、组织体制与企业文化融为一体，竞争对手无法仅从空姐的培训入手来塑造与之相类似的人力资源。

4. 人力资源的组织化特征

资源的组织化是指一种资源与整个组织系统相融合而成为整个组织的有机组成部分。人力资源在现代企业中已成为一种高度组织化的资源，因为它已经完全与整个企业的战略、经营模式、组织结构与业务流程、管理方式等方方面面相融合，不再是一种游离于组织系统之外的资源。正如华为公司所主张的：认真负责和管理有效的员工是华为最大的财富。它所强调的"管理有效"指的正是人力资源的组织化特征。

综上所述，正是因为人力资源具备了价值有效性、稀缺性与独特性、难以模仿性、组织化这四个基本特征，所以在现代企业中，人力资源已经成为重要的核心能力要素，支撑着企业核心能力的构建。

即时案例 1-1

海尔的核心竞争力

随着市场经济的不断发展，海尔从一个濒临倒闭的小企业，发展为中国家电企业的第一品牌，成为大型跨国公司，创造了双动力洗衣机、防电墙等独特的产品和技术，令世界瞩目。究竟是什么推动了海尔的发展？海尔是怎么在复杂多变的市场中求得生存和发展的？海尔的核心竞争力就是海尔全方位的创新能力。

海尔人坚持创新三原则：创新的目标就是创造有价值的订单，创新的本质就是创造性的破坏，创新的途径就是创造性的借鉴。

一、海尔研发战略的创新

要想成为世界公认的名牌企业，技术是最重要的，技术是名牌的脊梁，其基础就在于企业自己的研发，尤其是对市场的把握，唯有市场才能决定企业的生死存亡。海尔提出"卖点开发先于市场开发，市场开发先于产品开发"，这是海尔自主创新的诀窍。

[1][2] Snell S A，Dean J W. Integrated manufacturing and human resource management：a human capital perspective. Academy of Management Journal，1992，35（3）：467.

（1）企业家是海尔创新的发动机和灵魂。企业家设计并指挥着海尔的技术创新。企业间的竞争归根到底是人的创造力的竞争。以张瑞敏为代表的海尔领导人制定了海尔的技术创新目标：创世界名牌。而质量是名牌的保证，只有质量过硬，性价比合适，才能赢得市场，创立名牌。

（2）海尔创新的主要制度——市场链。企业的创新和创造要以员工为载体，对于海尔这样一个大企业，必须要有一套制度，促进全体员工自觉进行创新，而海尔以市场链为核心的一系列制度，就充分体现了这一点。海尔市场链的宗旨是使员工成为经营者和创新者。在集团的宏观调控下，海尔把原来单纯的行政机制转变为平等的买卖关系和契约关系，通过这些关系把外部市场订单转变为一系列内部市场订单，实现以订单为中心，上下工序和左右岗位之间互相咬合，自行调节运行的业务链也就是市场链。

（3）市场工资是市场链的支点。阿基米德曾经说过：如果给我一个支点，我可把整个地球翘起来。海尔的市场链中把全体员工变为经营者和创新者的支点就是利益，海尔在利益方面的处理恰到好处，使企业利益和员工利益、企业发展和员工发展有机融合在一起，是中国乃至世界企业学习的样板。

二、物流模式的创新

海尔的成功不是凭借侥幸，靠的是多种竞争优势铸就的核心竞争力，而海尔的物流创新模式是海尔制胜的最强大武器，也是海尔核心竞争力的重要表现。

（1）物流创新。国际水准的产品质量是这一模式的基础，业务流程再造是主体，技术创新是先导，管理信息系统创新是神经，供应链管理创新是保证，观念创新是前提，海尔将这一系列的创新进行科学的组合，取得了今日的辉煌。海尔物流最重要的就是不随波逐流，根据企业内外部环境打造竞争优势。海尔物流最出名的就是"一流三网"。"一流"是指订单信息流，"三网"是指全球供应链资源网、全球用户资源网和计算机信息网。海尔利用计算机互联网为企业商流、物流、信息流服务，实现了三者的精巧结合。

（2）"购运存"的重要性。当前的市场情况下，企业最难做的是销售，最难管的是采购，过去企业由于体制等原因，一般只重视生产和销售，在一定程度上忽视了"购运存"。而在当今市场经济条件下，物流已经变成企业营销最重要的环节，海尔利用互联网的优势，将客户管理、满足用户个性化需求和物流创新结合起来，引领海尔客户关系不断改进，增加海尔产品的销售量和海尔的无形资产。

（3）物流模式的实现条件。这涉及业务流程再造、质量战略、组建供应链、供应链管理、互联网支撑的物流信息管理多个方面。海尔的物流创新模式已经成为海尔战略竞争优势的主要支撑力量，成为海尔各方面创新的开路先锋。

三、企业文化的创新

张瑞敏认为企业发展的灵魂是文化，海尔过去的成功是观念和思维方式的成功，这正说明了文化在企业发展中的地位和作用。"真诚到永远"正是海尔文化的体现，海尔将人的精神最大限度的解放和企业管理最大限度的严格十分和谐地融合在一起，这就是海尔文化的精髓所在。

（1）企业的灵魂。企业的灵魂是企业文化，而企业文化最核心的内容是价值观，有什么样的价值观就有什么样的制度文化和规章制度。海尔的价值观是什么？只有两个字：创新。多年来，海尔一直致力于企业文化的建设，海尔文化中包含了某些很关键的信念，其中最重要的方面是：企业员工的责任感和主动性；持续进步和不断创新的可能性；对客户需求的满足。

（2）企业文化建设。海尔从创业至今，一直十分重视企业文化的建设。海尔很重要的一个管理部门就是企业文化中心，这个部门在企业发展中的作用非常关键。在海尔兼并红星电器时，派去的第一批人就来自企业文化中心，他们去宣讲企业文化。因为兼并之后，使其他企业扭亏为盈不是靠大量的资金注入，主要是利用自己的无形资产进行品牌运营，并输入文化和管理。海尔的做法是，在被兼并的企业复制海尔的模式，这可以形象地总结为吃"休克鱼"。用无形资产盘活有形资产从而积累企业竞争实力，是海尔的一大法宝。

资料来源：曾建军，余晓钟，张明泉. 解读海尔核心竞争力. 商业研究，2003（10）：46-49.

二、战略人力资源管理与企业核心能力

前文揭示了人力资源是企业核心能力与竞争优势的根本源泉，那么可以由此推导，人力资源管理必然成为支撑企业核心能力与竞争优势的重要力量。关于这一点，我们将从两方面加以说明：一是通过介绍国内外的战略人力资源管理模型，揭示人力资源管理通过什么方式来支撑企业的竞争优势；二是通过引用国外实证研究的数据，来证明人力资源管理在实践中能否支撑企业的竞争优势。

（一）战略-核心能力-核心人力资本模型

1. 模型的主题

美国康奈尔大学的斯奈尔教授在对知识经济时代的战略人力资源管理进行研究的过程中，基于企业核心能力理论提出了战略-核心能力-核心人力资本模型。[①] 该模型以全球化和知识经济浪潮两大时代主旋律为研究背景，系统分析了企业如何通过有效的人力资本管理来帮助企业有效地进行知识竞争，在激烈的市场竞争中获取和保持自身的竞争优势。

2. 模型的基本思路和主要内容

（1）研究背景和基本假设。全球化和信息技术的高速发展给企业带来冲击，使企业的运营模式和管理方式发生了深刻的变化，因此，企业必须通过有效的知识管理来培育核心能力，建立和维持竞争优势。

（2）研究的出发点——核心能力。该模型认为企业的核心能力是能够给顾客带来特殊价值的一系列技术和技能的组合。它具有价值、独特性、可扩展性和持续学习四个基本的特征（见图 1-10）。在这四个特征中，价值和独特性是区分企业的核心能力要素的关键。

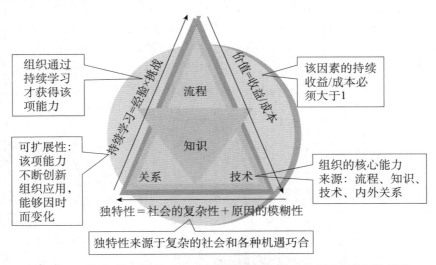

图 1-10 战略-核心能力-核心人力资本模型中关于核心能力特征的描述

1）价值。价值＝收益/成本，即企业获取并持续拥有这个因素的收益与成本之比必须大于1，否则企业得不偿失。因此，价值标准位列四个标准之首。

2）独特性。独特性＝社会的复杂性＋原因的模糊性，即企业的核心能力所具有的独特性是由于复杂的社会和种种机遇巧合所致，因此复制或模仿的可能性较小。

3）持续学习。持续学习＝经验×挑战，组织是通过持续学习才获取该项核心能力的，即组织经历了学习→接受新的挑战→积累相关经验→学习→……这个无限循环的过程，而这一过程有助于组织获得持续的竞

① Snell S A. Competing through knowledge：the human capital architecture.

争优势。

4）可扩展性。主要表现在：一是该项核心能力的内容可以不断更新、增加；二是组织利用该项核心能力时，可以因地制宜、因时制宜，灵活应用。

（3）两个重点讨论的问题。

1）企业核心能力的来源。企业的核心能力来源于企业内部所拥有的知识、技术、关系和流程，而这四个要素同时存在于企业内部的人员和系统之中，通过人员与系统的整合，形成企业的人力资本、社会资本和组织资本，从而成为企业核心能力的源泉（见图1-11）。

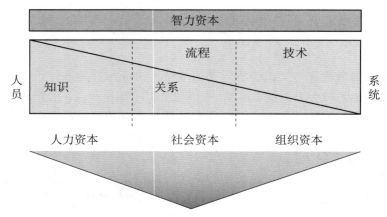

图1-11　战略-核心能力-核心人力资本模型中关于核心能力形成机制的描述

2）人力资本的分层分类管理与核心人力资本。企业内部的人力资本具有异质性的特点，即不同的人力资本在价值和独特性这两个特征上的表现存在差异。因此，可以依据这两个维度将企业内部的人力资源分为核心人才、通用人才、辅助人才和独特人才四类，针对不同类型的人力资源采用不同的雇佣模式、工作方式和管理方式。在四种不同类型的人力资源中，只有核心人才是企业知识管理的重心，是形成企业核心能力的关键要素。企业人才的分层分类见图1-12，根据不同类别人才的特点采取的适当工作方式和雇佣模式见表1-9。

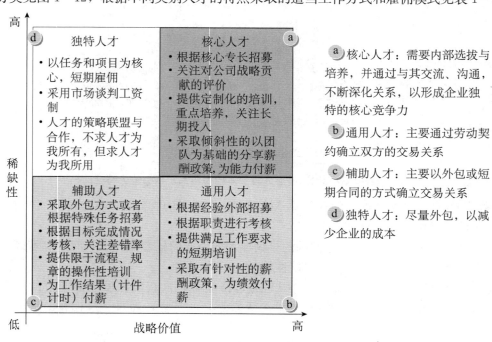

图1-12　企业中人才的分层分类

表 1-9　针对不同类型的人才采取不同的管理模式

	核心人才	通用人才	辅助人才	独特人才
价值	高价值：直接与核心能力相关	高价值：直接与核心能力相关	低价值：操作性角色	低价值：与核心价值间接联系
独特性	独一无二：掌握公司特殊的知识和技能	普遍性：掌握普通知识和技能	普遍性：掌握普通知识和技能	独一无二：掌握特殊的知识和技能
工作方式	知识工作	传统工作	合同工	伙伴
雇佣模式	以组织为核心	以工作为核心	交易	合作
人力资源管理系统	以责任为基础的人力资源管理系统	以生产率为基础的人力资源管理系统	以服从为基础的人力资源管理系统	合作的人力资源管理系统
工作设计	● 授权、提供资源 ● 因人设岗	● 清晰定义 ● 适度授权	● 准确定义 ● 圈定范围	● 以团队为基础 ● 资源丰富/自主
招募	● 以才能（学习能力）为依据 ● 内部提升	● 外部招募 ● 以业绩为依据	● 人力资源外包 ● 为特殊的任务招聘	● 能够合作 ● 以成绩为依据
开发	● 在职培训 ● 具有公司特色	● 局限于公司的具体情况 ● 关注短期效果	● 局限于规章、流程	● 在职培训 ● 根据公司具体情况
考核	● 关注对战略的贡献 ● 开发	● 培训效果 ● 关注绩效	● 服从性	● 以团队为核心 ● 目标的完成情况
薪酬	● 外部公平 ● 为知识、经验、资历付薪 ● 持股	● 外部公平（市场比率） ● 为绩效付薪	● 按小时或临时工作付薪	● 以团队为基础的激励 ● 依据合同，年薪制，为知识付薪

　　（4）以核心能力为导向的战略人力资源管理的整体框架和运行机制。在上述分析的基础上，斯奈尔教授提出了以人力资源管理支撑企业核心能力的综合模型，从整体上阐述了基于核心能力的战略人力资源管理的基本框架[①]（见图1-13）。

　　从这个模型可以看出，企业的核心能力是能给消费者带来特殊利益和价值的一系列知识、技术和技能的组合，因此，要培育核心能力，就要将整合企业内部的知识与提高企业为客户创造价值的能力相结合。在此基础上，针对不同类型的人力资源，可开发分层分类的人力资源管理系统（具体包括招聘、培训、工作设计、参与、报酬和绩效评估等人力资源管理实践），通过三种机制来实现对企业核心能力的支撑。

　　一是通过形成人力资本、社会资本和组织资本的存量来支撑企业的核心能力。即通过战略人力资源管理实践，可以使企业内部人员与系统有机整合，从而促进企业内部核心人力资本的形成，并结合企业的社会资本和组织资本，共同形成具有价值性、独特性、难以模仿性和组织化特征的智力资本，最终支撑企业的核心能力和竞争优势（见图1-13）。

　　二是通过促进企业内部的知识流动来支撑企业内部的知识管理，从而支撑企业的核心能力。即通过上述分层分类的战略人力资源管理实践，可以促进企业内部的知识管理，使知识得以有效地整合、转化、创新，从而帮助组织尤其是知识创新型组织提高其核心能力。

　　三是通过战略能力的变革来支撑企业的核心能力。即通过战略人力资源管理实践提升企业适应市场变革和创造市场变革的运作能力，进而提升企业知识系统把握市场机会、为消费者创造价值的能力，从而对企业

---

① 彭剑锋，饶征. 基于能力的人力资源开发与管理. 北京：中国人民大学出版社，2003：17.

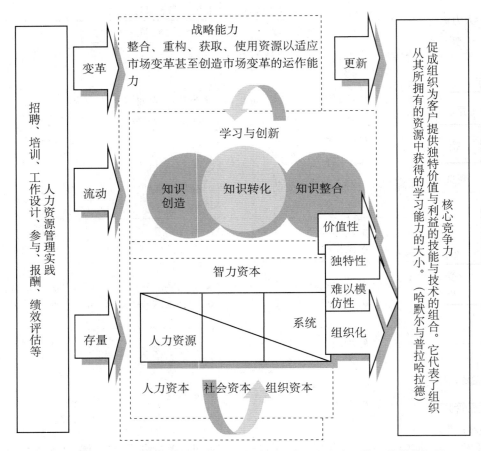

图 1 - 13　战略-核心能力-核心人力资本模型中战略人力资源管理的整体框架

核心能力给予支持。

　　我们从图 1-13 中还可以看到上述三个方面存在的内在关系：学习与创新、适应市场的战略能力是形成企业核心能力的两个支柱，这两个支柱又是通过人力资本、社会资本和组织资本的整合而形成的。因此，通过人力资源管理实践形成企业的核心人力资本，是战略人力资源管理系统支撑企业核心能力的关键。

（二）人力资源管理实践获取竞争优势模型

1. 模型的主题

　　关于人力资源管理如何支撑企业的可持续成长与发展，学者们除了从企业核心能力的角度来研究外，还往往将人力资源管理实践直接与企业的竞争优势相联系来研究。美国人力资源管理专家劳伦斯·克雷曼在《人力资源管理：获取竞争优势的工具》一书中，提出了一个人力资源管理实践获取企业竞争优势的模型（见图 1-14）。

2. 模型的基本思路和主要内容

　　（1）竞争优势。根据著名战略管理专家迈克尔·波特 1985 年在其著名的《竞争优势》一书中提出的理论，企业的竞争优势可以分为三种，即成本领先、产品差异化和集中化。[①] 其中，集中化本质上是在一个相对狭窄的市场范围内追求成本领先和差异化。因此，我们在提及企业的竞争优势时主要关注企业的成本优势和产品差异化，这两种竞争优势也就成为研究战略人力资源管理的出发点和导向。

---

　　① 波特. 竞争优势. 北京：华夏出版社，2005.

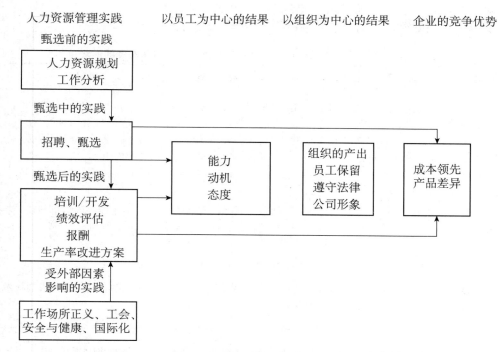

图 1-14　通过人力资源管理实践获取竞争优势的途径

资料来源：克雷曼. 人力资源管理：获取竞争优势的工具. 北京：机械工业出版社，2009.

（2）人力资源管理实践。在该模型的另一端，是企业的人力资源管理实践。劳伦斯·克雷曼将企业的人力资源管理划分为：甄选前的实践（包括人力资源规划、工作分析），甄选中的实践（招聘、甄选），甄选后的实践（培训/开发、绩效评估、报酬、生产率改进方案），以及受外部因素影响的实践（工作场所正义、工会、安全与健康、国际化）。这些人力资源管理实践对企业竞争优势的影响可以通过两个途径来产生：一是直接影响，二是间接影响。[①]

（3）人力资源管理对竞争优势的直接影响。

1）对成本领先的影响：与人力资源管理有关的成本涉及企业的招聘、甄选、培训和报酬等多方面的费用，这些费用共同组成了企业的人工成本。人工成本是企业总体成本中的重要组成部分，特别是在劳动密集型产业中，人工成本的差异直接决定了企业之间的成本差异。因此，企业可以通过采取以成本削减为导向的人力资源管理实践，提高企业人力资源的成本产出率，降低企业的人工成本，直接产生企业的成本领先优势。实践也证明，那些在人工成本控制上表现最佳的公司的确获得了财务上的竞争优势。

2）对产品差异化的影响：对服务型企业而言，其产品直接表现为员工为客户提供的服务；对生产型企业而言，客户服务也是产品差异化的重要组成部分。因此，与竞争对手直接相区别的人力资源管理实践，可以直接改变员工对客户提供服务的方式、态度和水平，从而能够直接影响企业的竞争优势。

（4）人力资源管理对竞争优势的间接影响。人力资源管理间接影响企业的竞争优势的过程可以通过如图 1-14 所示的传导机制来实现，即人力资源管理实践—以员工为中心的结果—以组织为中心的结果—企业的竞争优势。

1）人力资源管理实践—以员工为中心的结果。以员工为中心的结果包括员工的能力、动机和态度，它们是人力资源管理活动所直接影响的变量。其具体内容为：

● 员工的能力：包括员工拥有工作所需的知识、技能和能力；
● 员工的动机：包括员工的工作意愿和努力程度；

---

①　克雷曼. 人力资源管理：获取竞争优势的工具. 北京：中国人民大学出版社，2009：4.

● 员工的态度：包括员工的工作满意度、组织承诺和组织公民行为。

各项人力资源管理活动都对员工的能力、动机和态度产生影响，详见表1-10。

表1-10　各项人力资源管理活动对员工的能力、动机和态度的影响

	招聘、甄选	培训	绩效评估	报酬	生产率改进方案
对员工能力的影响	通过识别、吸引和甄选出最能干的求职者，大幅提高整个公司的人力资源队伍的能力	通过培养员工与工作相关的知识、技能与能力，来提高胜任工作的员工比例	通过绩效考核来牵引员工的行为，并通过绩效改进来促进整个公司人力资源队伍能力的提高	通过具有内部公平性和外部竞争性的薪酬，使公司能够吸引和保留有能力的员工	
对员工动机的影响	通过识别员工的内驱力，使公司所甄选的求职者与公司的期望保持一致		通过绩效考核与绩效反馈，并且将考核结果与员工的报酬相挂钩来改变员工的工作动机		通过强化正确行为和对员工的授权来改变员工的工作动机
对员工态度的影响	员工的工作态度包括工作满意度、组织承诺、组织公民行为等，这些与工作有关的态度都受到人力资源管理的公平性的影响，而这种公平性贯穿各项人力资源管理活动。				

2）以员工为中心的结果—以组织为中心的结果。以组织为中心的结果包括组织的产出、员工保留、遵守法律和公司形象等方面。具体而言，以员工为中心的结果可以通过如下方式来实现：

● 有能力胜任工作并且具有较高工作意愿和积极性的员工往往也具有较高的生产率，能够提高组织的产出；

● 员工的工作满意度、组织承诺的提高能够有效地弱化员工的离职倾向，从而提高组织的员工保留率；

● 员工的组织公民行为能够有效地提高团队的凝聚力，从而提高组织的生产率，并能够减少员工离职；

● 员工的工作满意度和组织承诺往往建立在公平公正的人力资源管理实践的基础之上，而公平公正的人力资源管理制度能够降低企业面临相关法律诉讼的可能，并提高企业的社会形象。

3）以组织为中心的结果—企业的竞争优势。企业的竞争优势主要有两种：一种是成本领先，另一种是差异化。以组织为中心的结果最终能够形成企业的竞争优势，其具体的传导机制可以从以下几个方面来解释：

● 在人员数量保持不变的情况下，组织产出的增加能够有效降低企业产品的单位成本，从而增强企业的成本优势；

● 员工保留能力的提高，能够降低由于人员流失所增加的替代原来员工的人工成本和组织成本，从而增强企业的成本优势，此外，有助于建立一支高度稳定的员工队伍，从而有利于提高顾客的保持率，为企业带来财务价值的增加；

● 遵守就业相关法律能够减少企业的法律诉讼，节约企业成本；

● 公司形象的提升和公平公正的人力资源管理能够帮助企业提高产品的差异化程度，增强企业的竞争优势。

通过上述机制的层层传导，人力资源管理能够有效支撑企业的竞争优势，保障企业的可持续成长和发展。

（三）基于GREP改进的战略人力资源管理模型

文跃然博士在国内外资源战略理论的基础上，提出了对企业的竞争力和可持续发展能力进行评价和诊断的GREP模型。[①] 该模型提出，可以从以下四个方面来评价企业的竞争力：

---

① 文跃然. 基于企业生命力系统（GREP）的战略人力资源管理系统构建. 北京：中国人民大学，2009.

（1）企业的治理结构（governance）：企业的股权结构、动力机制和权利分配。

（2）企业的资源（resource）：包括企业的人力资源、资本资源、政府资源、品牌资源和客户资源。

（3）企业的企业家（enterpriser）：企业家（领导）、管理团队和企业家后备队伍的培养。

（4）企业的产品与服务（product & service）：行业的选择、产品的选择、竞争定位的选择、竞争方式和竞争策略的选择以及企业内部流程管理。

将 GREP 用于企业的战略人力资源管理体系设计，可将企业的战略目标按照 GREP 的结构来进行分解，最终得出人力资源管理各个方面需要改进的要点。如果这个过程可逆，就可以通过改进与 GREP 相关的人力资源管理工作，实现企业竞争力的提升，从而增强企业的竞争优势（见图 1-15）。

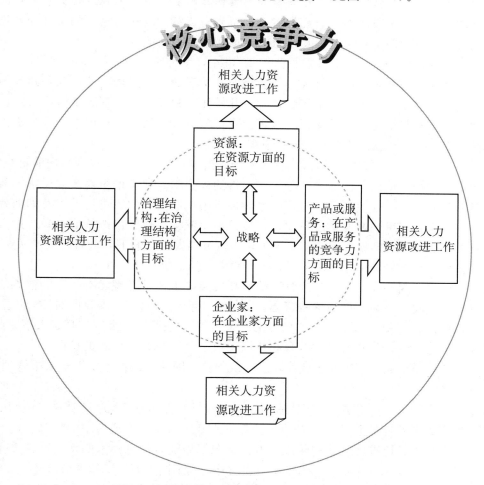

图 1-15　企业核心竞争力与人力资源改进系统图

第 4 节　人力资源管理的演进与趋势

一、人力资源管理的演进

关于人力资源管理的发展演进，可以从两个方面来进行研究，即人力资源管理实践的发展和人力资源管理理论的发展。由于管理实践和管理理论相辅相成、相互促进，我们难以将两者截然分开，因此，对人力资源管理的发展历史的研究往往综合了理论发展和实践推进两个方面的内容。国外学者在研究人力资源管理的发展历史时，一般都将其划分为若干不同的阶段，典型的理论包括六阶段论、五阶段论和四阶段论。这些理论从不同的角度揭示了人力资源管理的发展历程。此外，国内学者在对西方的人力资源发展史进行深入研究的基础上也提出了自己的观点和看法。

（一）国内外学者的常见的划分模式

1. 托林顿等提出的五阶段论

英国学者德里克·托林顿、劳拉·霍尔和史蒂芬·泰勒分析了人事管理和人力资源管理的主要区别，提出在人事管理发展的各个历史阶段的不同研究角度中，将人力资源管理作为崭新的角度加入进来。他们总结了人事管理职能的发展经历的四个阶段，将人力资源管理视为第五个阶段。[①]

（1）第一阶段：关注社会公正。人事管理起源于19世纪，罗伯特·欧文（Robert Owen）等学者对自由公司体制和工厂所有者对工人的剥削提出批评，促使企业开始任命人事经理，这些人事经理的工作内容主要是改善工人的待遇。这一时期，一些大型家族制企业也开始任命福利经理负责人员激励管理，以使员工在企业中的待遇得到保证。在某些情况下，对福利的承诺会降低劳资关系对抗的可能性。关于工人待遇不公的问题在世界各地依然存在，需要正视工人公正合理的薪酬福利。

（2）第二阶段：关注人际关系。第二阶段的标志是开始由单一地关注员工福利转向满足组织的不同目标。人事经理开始从事员工录用、培训和组织设计等工作。受到社会学家弗雷德里克·温斯洛·泰勒和亨利·法约尔的影响，人事专家开始分析管理和行政过程，他们考虑组织应当如何进行设计以及如何使用劳动力才能实现效率最大化。在人事管理思想的发展过程中，人际关系学派主要化解由严格的科学管理方法所引发的劳资冲突和非人性化的矛盾。在该学派代表乔治·埃尔顿·梅奥等人的影响下，人事领域的从业人员开始认为，在工作场所中培养社会关系鼓舞员工士气也是提高生产率水平的重要途径。

（3）第三阶段：关注谈判协商。人力资源管理的不断发展要求人事经理具有一定的谈判能力。在第二次世界大战后的充分就业期间，劳动力成为稀缺资源。这导致工会会员增加，需要面对20世纪60年代劳资关系分析专家艾伦·费兰德斯（Allan Flanders）所称的"来自底层的挑战"。此时出现了人事专员管理的新型集体机构，包括共同咨询委员会、共同生产委员会和建议委员会，以应对各种新的情况。在20世纪40年代实施国有化的产业中，法律要求雇主必须与工会代表进行谈判。美国劳工部设立了一个人事管理咨询服务机构，负责培训工会代表。

（4）第四阶段：关注组织。20世纪60年代后期，人事专员的工作重点发生了转移，他们由主要从管理层的角度去处理普通员工的事务转向主要处理与管理层有关的事项以及对管理活动的整合。这个阶段被认为是职业路径开发与组织内员工成长机会开发的阶段。人力资源规划随着信息技术的发展而逐步完善，这项工作包括预测企业未来对不同技能员工的需求情况以及企业内外市场不同类型员工的供给情况。

（5）第五阶段：关注人力资源管理。20世纪80年代至今，人事管理转向人力资源管理。人力资源管理有两大标志。其一，人力资源管理活动的目标一般包括人员供给目标、绩效目标、变革管理目标等。其二，与人事管理相区别的人力资源管理的特殊方法包括：规划从短期、反应式与边际导向转向长期、预先式、战略与整合导向；心理契约由服从转向承诺；控制系统由外部控制转向自我控制；员工关系由多元化、集体与低信任转向单一化、个人与高信任；角色由专家转向整合角色；评价原则由成本最小化转向效用最大化。

2. 弗伦奇提出的六阶段论[②]

美国华盛顿大学的弗伦奇（W. L. French）在1978年提出：早在1900年初，现代人力资源管理的内容已经形成，以后的发展主要是观点和技术方面的发展。弗伦奇将人力资源管理的发展划分为以下六个阶段。

---

① 托林顿，霍尔，泰勒. 人力资源管理：第6版. 北京：经济管理出版社，2008：9-10.
② French W L. The personnel management process：cases on human resources administration. Boston：Houghton Mifflin，1978.

（1）第一阶段：科学管理运动时期。20世纪初，以泰勒和吉尔布雷思夫妇为代表，开创了科学管理理论学派，并推动了科学管理实践在美国的大规模推广和开展。泰勒针对之前的企业管理实践的弊端提出了科学管理理论，其主要内容可以概括为以下四个方面：

1）对工人工作的每一个要素开发出科学方法，用以代替老的经验方法。

2）科学地甄选工人，并对他们进行培训、教育，使之成长（而在过去，是由工人自己挑选工作，并尽自己的可能进行自我培训）。

3）与工人真诚地合作，以保证一切工作都按已形成的科学原则去做。

4）管理者与工人在工作和职责的划分上几乎是同等的，管理者把自己比工人更胜任的各种工作都承揽过来（而在过去，几乎所有的工作和大部分责任都推到了工人们头上）。

泰勒及其后继者吉尔布雷思夫妇的理论对美国工业管理产生了巨大的影响，极大地推动了美国工业生产率的提高。从泰勒的科学管理理论中，我们可以看到人力资源管理（或人事管理）理论和方法的雏形。在科学管理阶段，主要注重通过科学的工作设计来提高工人的生产率；同时，注重采用科学的方法对员工进行招聘和甄选，用企业的系统培训来取代以前的自我培训，以提高工人的生产率。科学管理理论还创造出了最初的劳动计量奖励工资制度——差异计件率系统，并最早提出了将因生产率改进所获得的收益在企业和工人之间分享的思想。这些理论都对现代企业人力资源管理的发展产生了重要的影响。

（2）第二阶段：工业福利运动时期。工业福利运动几乎与科学管理运动同时展开。美国收银机公司（National Cash Register Company）在1897年首次设立了一个名为"福利工作"的部门，此后，"福利部""福利秘书""社会秘书"等名称相继出现。设立这些部门或职位的主要目的是改善工人的境遇——听取并处理工人的意见，提供娱乐和教育活动，安排工人的工作调动，管理膳食等。总之，这是从关心工人的福利主张出发建立起一套有关企业员工管理的思想体系。这种福利主义的人事管理观点也成为现代企业人力资源管理理论的来源之一。

（3）第三阶段：早期的工业心理学发展时期。以"工业心理学之父"雨果·闵斯特伯格（Hugo Munsterberg）等人为代表的心理学家的研究结果，推动了人事管理工作的科学化进程。雨果·闵斯特伯格1913年撰写的《心理学与工业效率》一书标志着工业心理学的诞生。在两次世界大战期间，根据上述研究成果开发的测验用于军方选拔和安置人员取得了极大的成功，此外，试图把机器的特点和人的特点相互匹配的因素测定技术也开始发展并得到应用。此后，随着工业心理学的飞速发展以及人才选拔和测评在企业逐渐推广和应用，工业心理学在人与工作的关系、人员的选拔和测评等方面对人事管理产生了极大的影响，使人事管理开始从规范化步入科学化的轨道。

（4）第四阶段：人际关系运动时期。20世纪30年代，著名的霍桑实验的研究结果使科学管理时代步入人际关系时代。1924—1932年，梅奥等人在位于芝加哥的西屋电器公司的霍桑工厂进行了著名的霍桑实验。该实验证明，员工的生产率不仅受到工作设计和报酬的影响，而且更多地受到社会和心理因素的影响，即员工的情绪和态度受到工作环境的极大影响，而这种情绪和态度又会对生产率产生强烈的影响。因此，采用行为科学理论改变员工的情绪和态度将对生产率产生巨大的影响。这在管理实践领域中引发了人际关系运动，推动了整个管理学界的革命。在人际关系运动阶段，人事管理发生了很多变革，包括在企业中设置培训主管、强调对员工的关心和支持、增强管理者和员工之间的沟通等，这些都作为新的人事管理方法被企业所采用。至此，人力资源管理开始从以工作为中心转变为以人为中心，把人和组织看成是和谐统一的社会系统。

（5）第五阶段：劳工运动时期。雇佣者与被雇佣者的关系一直是人力资源管理的重要内容之一。从1842年对劳工争议案的判决开始，美国的工会运动快速发展起来，1869年就形成了全国网络。1886年，美国劳工联合会成立。经济大萧条时期，工会运动也处于低潮。1935年，美国劳工法案《瓦格纳法案》（Wagner Act）颁布，工会重新兴盛起来。罢工现象此起彼伏，缩短工时、提高待遇的呼声越来越高，因此出现了集体谈判。20世纪六七十年代，美国联邦政府和州政府连续颁布了一系列关于劳工权利的法案，促进了劳工运动的发展，人力资源管理成为法律敏感领域。对工人利益和工人权利的重视，成为组织内部人力资源管理的首要任务，因此，在西方国家的人力资源管理中，处理劳工关系、使企业避免劳动纠纷诉讼已成为人力资源管理的重要职能。

（6）第六阶段：行为科学与组织理论发展时期。进入 20 世纪 80 年代，组织管理的特点发生了变化。在日趋激烈的竞争环境中，企业越来越强调对外部环境的反应能力和根据外部环境进行变革的组织弹性，并以此为基础增强企业的竞争力。因此，这个阶段人力资源管理的特点是：将组织看作一个系统，而人是这个系统的组成部分，组织又是整个社会系统的一个子系统，这样就形成了现代组织理论和行为科学的管理思路。即人力资源管理要符合组织的要求，符合提升企业竞争力的要求。这就进一步要求将单个的人视为组织中的人，把个人放在组织中进行管理，强调文化和团队的作用成为人力资源管理的新特征。

3. 卡西乔提出的四阶段论[①]

科罗拉多大学丹佛分校的韦恩·卡西乔（Wayne F. Casicio）于 1995 年提出了人力资源管理发展的四阶段论。

（1）第一阶段：档案保管阶段——20 世纪 60 年代。这一阶段人力资源管理的主要特点是：企业内部设立独立的或非独立的人事部门来负责新员工的录用、岗前培训、个人资料的管理等工作。但这个阶段，人力资源尚未被作为一种资源来看待，人力资源管理者对工作性质和目标缺乏明确认识，企业内部往往没有清晰的人事管理条例和制度，因此，这个阶段被称为档案管理阶段。

（2）第二阶段：政府职责阶段——20 世纪 70 年代前后。在这一阶段，由于政府对企业内部管理的介入和反歧视法等法律的制定，企业的人力资源管理开始受到政府和法律的巨大影响。此时，人力资源管理的重要职能就是帮助企业应对政府的要求，避免法律上的问题。但在这一阶段，企业的高层管理者仍将人力资源管理看作为应对政府和法律不得已而为之的工作，视为不能为企业直接创造价值的非生产性成本，认为它不能给企业直接带来利润。

以美国为例，在 1964 年通过《民权法》之后，相继通过了《种族歧视法》《退休法》《保健安全法》等涉及公民雇佣的多部法律，企业如果违反就会遭受巨大的经济损失。这就迫使企业各层管理者对劳动人事管理工作给予足够的重视，要求日趋严格，不允许任何环节有丝毫的疏忽，力求避免和缓解劳资纠纷，在出现劳资纠纷时能争取主动。美国电话电报公司曾于 1973 年与联邦政府达成一项协议，同意将晋升到管理职位上的女员工的起点工资与晋升到同样职位上的男员工的工资拉平。这本属于纠正性别歧视的合理之举，但在当时被认为是"错误的人事管理"，因为该公司为此"损失"了 3 亿多美元。正是在上述背景条件下，企业人力资源管理工作不得不强调规范化、系统化和科学化。工作内容逐渐形成了主要包括招聘、录用、维持、开发、评价和调整的工作链，为完成各种任务，各类人事专家纷纷进入企业。但为此所支出的一切费用仍被许多企业的高层管理者视为整个组织的非生产性消耗。所以，这个阶段被称为政府职责阶段。

（3）第三阶段：组织职责阶段——20 世纪 70 年代末 80 年代初。进入 80 年代，企业的管理者不再将人力资源管理视为"政府职责"，而把它真正视为"组织职责"。这种认识的转变是有其历史背景的。首先，心理学、社会学和行为科学日益渗透到企业管理领域，在这种学科交融的基础上形成的理论日益受到企业的重视，并被广泛接受。其次，1972—1982 年，美国的生产率年均增长 0.6%，而同期日本、联邦德国和法国分别增长了 3.4%、2.1% 和 3%，员工的懒散和管理的平庸使企业高层管理者十分担忧。再次，劳资关系日益紧张。最后，政府官员对企业进行了不公正的干预。加上劳动力的多元化、教育水平的提高，使企业对人的管理更加困难。因此，企业高层管理者被迫从企业内部寻找出路，最终发现人力资源管理是重要的突破口。

许多企业的高层管理者相信：调动人的积极性和掌握处理人际关系的技能非常重要，这既是保证企业摆脱当前困境的有效方法，也是保证企业未来成功的关键因素。40% 的经理称，他们每周要花费 5~20 小时来处理人事问题，这一时间比 5 年前增加了 50%（Arthur & Sherman, et al., 1992）。这些经理迫切需要人事部门的协助，因为人力资源管理工作的复杂性日益增加，做好人力资源管理工作远比做好财务管理更加重要。

① Casicio W F. Managing human resources: productivity, quality of work life, profits (7th Edition). McGraw-Hill Publishing, 2007.

"它不仅是个战术问题，而且是个战略问题"（Wayne F. Casicio，1982）。为此，企业开始吸收人事经理进入企业高层领导集团，共同参与企业的经营决策，并认为人力资源是最重要的战略资源，是企业成败兴衰的关键。80 年代初期，美国和欧洲纷纷出现了人力资源开发和管理组织，人事部门改名为人力资源管理部。企业从强调对物的管理转向强调对人的管理。

（4）第四阶段：战略伙伴阶段——20 世纪 90 年代。将人力资源战略作为公司重要的竞争战略，或者从战略的角度考虑人力资源管理问题，将人力资源管理与公司的总体经营战略联系在一起，是 90 年代以来企业人力资源管理的重要发展。在这个阶段，人力资源管理成为整个企业管理的核心，其原因在于人们已经达成共识：在全球范围的市场竞争中，无论是大公司还是小公司，要想获得和维持竞争优势，核心的资源是人力资源。早在 20 世纪 80 年代后期，美国各行业就开始对这一趋势予以重视，有影响的商业杂志和学术期刊纷纷发表有权威的文章，讨论这种变化和可能带来的问题。诸如"人事主管成为新的公司英雄"（Meyer，1976）、"人力资源管理进入新时代"（Briscoe，1982）、"人力资源经理不再是公司无足轻重的人"（Business Week，1985）、"人力资源总监影响首席经营官的决策"（Penezic，1993）等充满冲击力的观点，成为反映这个时期特征的重要标志。

（二）本书作者提出的人力资源管理演进四阶段新论

中国人民大学彭剑锋教授和周禹博士在对国内外的人力资源管理发展史进行研究的基础上，将人力资源管理的发展划分为人事行政管理、人力资源专业职能管理、战略人力资源管理、人力资源价值增值管理四个阶段（见图 1-16）。

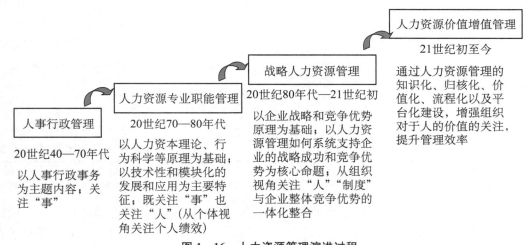

图 1-16　人力资源管理演进过程

（1）人事行政管理阶段。20 世纪 40—70 年代，以人事行政事务为主要内容，主要关注"事"。在人事行政管理阶段，人力资源管理政策和实践均被视为价值消耗活动。

（2）人力资源专业职能管理阶段。到 20 世纪 70—80 年代，人力资源管理真正成为一个专业职能，以人力资本理论、行为科学等原理为基础开始发挥它的专业作用。在这一时期，企业既关注事（工作分析），也关注人，以及人与组织之间的有效配置。这个阶段仍以关注"事"为主，但逐步开始从以"事"为中心转向以"人"为中心。

（3）战略人力资源管理阶段。20 世纪 80 年代以后，新经济真正开始进入发展时期。在这个时期，人力资源管理以企业战略与竞争优势原理为基础、以人力资源管理如何系统支持企业的战略成功和竞争优势为核心命题。这一时期的人力资源管理不仅仅是一个专业职能，开始成为企业的战略合作伙伴，与企业的战略实现系统的整合。也就是说，人力资源管理不只是人与事的有效配置，还要完成与企业整个战略的配置，使不确定性成为企业的一个主要特征。这就带来了两个问题：一是从外部来讲，人力资源管理如何适应外部环境的变化；二是从内部来讲，人力资源管理如何适应对战略管理能力的要求，如何通过人力资源管理来打造企业核心竞争力、提升企业核心竞争优势。此时开始从组织的角度而不仅仅是个体的角度去关注问题。

战略人力资源管理阶段又可以具体分为三个子阶段：人与工作匹配阶段、系统匹配阶段和竞争潜力阶段（详见表1-11）。

表1-11 战略人力资源管理的三个子阶段

内容	人与工作匹配阶段	系统匹配阶段	竞争潜力阶段
时间	20世纪80年代初	20世纪80—90年代中期	20世纪90年代中期以后
组织挑战	效率最大化	系统匹配	知识成为竞争的关键
战略驱动因素	垂直整合 规模经济 （生产/服务）效率	全球化 多元化 全面质量管理（TQM） 业务流程再造（BPR）	知识竞争力 创新与变革 外包、联盟 虚拟化组织
人力资源理念	人力资源成本消耗	人力资源服从战略需求	人力资源成为核心竞争优势
战略人力资源管理重心	行政性管理 以工作为中心	战略实施 系统 行为/角色	战略制定 能力 知识与文化
关键设计要素	劳动力划分 工作标准化 员工稳定性 效率	内部匹配 外部匹配 集成 高绩效工作系统	资本战略价值 独特性 知识创造与整合 柔性、匹配性、多元化
绩效管理重点	效率 效用 流失率与缺勤率 部门规模	实践的匹配性 评价的可靠性 战略 组织绩效	知识资本与软资本 平衡计分卡 能力
与组织战略的关系	服从于组织战略	服务于组织战略	组织战略建立在人力资源能力与战略人力资源管理潜力的基础上

资料来源：Snell S A, Shadur M, Wright P M. Human resources strategy: the era of our ways. In Hitt M A, Freeman R E, Harrison J S. (eds.). Handbook of Strategic Management, Oxford: Blackwell Publishing, 2002.

（4）人力资源价值增值管理阶段。21世纪以来，随着外部环境的变化，组织发展进入一个面临质变与转型的时代，人力资源管理也升级到一个新的阶段——人力资源价值增值管理阶段，逐步增强对于人的价值的关注、对于管理效率的提升。具体而言，该阶段有以下五方面的特点：一是知识化。人力资源管理注重将员工的个人智慧转化为组织的知识资源，从强调员工管理的"留人""留心"转向"留智"的智慧资源管理阶段，解决组织知识的获取、应用与创新问题。二是归核化。通过人力资源专业服务与运营管理的合理外包，凸显人力资源管理中组织人才能力发展与组织能力发展这两大核心。三是价值化。人力资源管理强调组织中的每个人都成为价值创造者，通过价值评价与价值分配激发员工潜能和创造力，提升人力资源价值创造能力。四是流程化。通过以客户为核心构建人力资源价值创造流，人力资源管理从权利驱动转向客户价值驱动。五是平台化。基于互联网与信息化，人力资源管理实现集中化、整合化、平台化与智能化伙伴式管理。

二、人力资源管理面临的挑战

改革开放40多年来，中国经济的发展方式由粗放型向集约型转变，中国企业的扩张模式也由硬扩张向软扩张转变。企业依靠粗放式的资源投入、低劳动力成本优势、对环境的漠视与破坏、对产业价值链的挤压、垄断或国家行政力量的整合完成了量的积累，但这种硬扩张模式也带了诸多问题，例如人才、技术、品牌与管理的短板及软实力的缺陷，管理的粗放与领导力的短缺等。中国企业自身在这个过程中累积的问题与矛盾处于总爆发的临界点，正进入新的战略转型和系统变革期。中国企业发展已进入质变与转型时代，追求两个层面上的回归：一是通过打造基于价值观的新领导力，推动人力资源升级，实现文化与人的回归；二是强化管理者的基本功，激活人才的价值创造，提升人力资源效能，实现科学管理与效能的回归。中国企业的质变与转型对人力资源管理提出了新的要求，在这一时期所面临的人力资源管理问题是空前复杂且具有挑战性的。本书对中国企业所面临的人力资源管理的核心问题与矛盾进行了总结，提出了中国企业在战略转型和系统变革期面临的内外部的主要挑战。

（一）组织外部环境的挑战

1. 技术环境

随着互联网、计算机、虚拟现实等信息技术的快速发展以及人力资源管理技术应用范围和应用领域的扩张，人力资源管理面临因技术变化带来的诸多挑战，催生了新的生产模式。[①]

信息技术对现代企业的人力资源管理产生了十分重要的影响，人力资源管理出现了电子化和信息化的发展方向，即 eHR 开始兴起。eHR 的兴起，要求人力资源管理专业人员很好地根据企业的发展状况选择使用 eHR 的时机，以及选择适合企业的 eHR 提供商，并对其产品提出适合企业的定制化要求。

同时，信息技术的发展也使得企业的人力资源管理的各个模块不同程度地应用了网络与计算机。比如，在招聘过程中出现的在线人格测试、在线员工满意度调查，培训中的网络培训和移动培训，绩效管理中的在线绩效评估，知识管理中的人力资源管理信息系统和知识管理系统等。企业也由此出现了由首席信息官、首席知识官领导的新职位和新部门。依靠信息化、电子化技术提高了人力资源管理的质量与效率，同时降低了人力资源管理成本。因此，信息技术的发展要求人力资源管理专业人员熟悉和掌握各种信息技术在人力资源管理中的应用，合理地利用信息技术开展人力资源管理活动。

2. 商业环境

世界贸易在过去的 50 年中增长了 16 倍，形成了一个更加全球化的市场，许多大企业熟练地利用经济全球化所带来的国际贸易机会，此时的竞争来自世界的各个角落。经济全球化所带来的全球市场的扩大与全球资源运筹的强化，是中国企业面临的最重要的挑战之一[②]，中国本土企业同样面临来自国际竞争对手的挑战。中国政府提出的转变经济发展方式带来的低碳经济，产业结构升级带来的战略性新兴产业，走出去战略带来的企业全球化经营均给企业人力资源管理带来挑战。

经济全球化的潮流势不可挡，企业的经营管理全球化也初露端倪，越来越多的国际并购产生了更多的全球企业，如联想集团、华为集团均实现了全球化经营。中国企业面临全球领导力的短缺与国际化人才的短缺。如何建立国际化的人力资源管理平台，如何进行跨文化的人力资源管理，如何提升人力资本的竞争力参与国际竞争，是中国企业在这一时期面临的主要挑战。人力资源管理从业人员需要掌握跨文化的人力资源管理理论、技术与方法，缩小企业人力资源管理体系与国外的差距，甄选并培养出具有国际竞争力的员工，针对国际化的人力资源与文化来制定人力资源管理问题的解决方案，从而提升企业在国际市场上的竞争优势。

低碳经济要求中国企业在高速发展过程中走绿色的低能耗、高产能的发展之路。战略性新兴产业是国家政策重点扶植发展的产业方向。人力资源管理同样要构建绿色人力资源生态系统，为企业走低碳发展之路和选择战略性扩张领域提供合适的人力资源管理制度和人才，通过人与组织的战略匹配，从战略视角构建企业的竞争优势。

3. 政治、文化环境

随着社会进步与发展，人力资源管理的相关政策也会发生一定的变化，《中华人民共和国劳动合同法》

① 梅洛. 战略人力资源管理. 北京：中国劳动社会保障出版社，2004：30.
② James N. Baron strategic human resources frameworks for general managers. 北京：清华大学出版社，1999：15.

（以下简称《劳动合同法》）、《中华人民共和国就业促进法》（以下简称《就业促进法》）等一系列法律的出台要求企业的人力资源管理专业人员更深刻地了解相关法律，并根据法律制定或修订企业的相关规范与制度，保证企业的相关规定符合国家的法律要求。同时，也要求人力资源管理专业人员更合理地预测与应对可能发生的劳动关系方面的问题。

对于跨国的或全球的人力资源管理，从法律、政治因素来看，企业必须对当地的政治环境进行全面的考察，包括对劳工组织的角色和特点的考察；必须对当地进行就业法律和政策规定的调查，否则，企业可能会背上劳动力市场歧视或者侵犯员工利益的罪名，而劳动争议不仅会带来高额的诉讼费用，而且可能严重损害公司的形象。从文化因素来看，需要进行文化整合。文化有企业文化和国家文化之分，而文化差异并不仅仅存在于国家之间，也会存在于国家内部不同的地区之间，这是必须尊重的一个现实。对员工的激励也会深受社会文化的影响，在强调个人主义的社会和强调集体主义的社会，必然应采取不同的激励措施。

（二）组织内部因素的挑战

1. 员工变化

在组织面临外部环境挑战的同时，由于组织中的人本身也发生了很大的变化[①]，人力资源管理会面临员工变化带来的挑战。这些挑战主要体现在以下方面：知识型员工已经成为员工队伍的主体，员工的能力成为企业竞争力的源泉，员工构成的多文化背景与全球化员工的协同，以及新生代员工的管理等。组织中人的变化主要表现在以下方面：

（1）知识型员工更具工作自主性，有自我尊重的需求，个性张扬。人对工作自主性的要求、自我实现的需求以及对个性的诉求，比以往任何一个时代都得到更多的重视。知识型员工越来越重视参与，对于沟通、理解和信任有越来越多的需求，工作自主性和个人潜能的发挥越来越成为人的一种追求，员工对于机会和发展空间的需求比以往任何时候都更加强烈。

（2）人的素质要素结构变得越来越复杂，既有冰山之上的显性素质要素，又有冰山之下的隐性素质要素。决定优秀绩效的能力要素既包括一个人所具有的专业知识和行为方式等表层的要素，也包括个性、品质、价值观和内驱力等深层次的素质要素。组织对人的个性、价值观等深层次素质要素的需求越来越强烈。人的素质的内涵变得更加丰富和复杂多样。

（3）人的需求变得更加丰富和复杂，知识型员工的需求变成复合性的。知识型员工既有低层次的物质需求，也有高层次的知识和精神需求，各层次需求交织在一起。在这种条件下，人的需求是十分复杂的，并不像马斯洛需求层次理论描述的那样层级分明，满足了低层次的需求，再转而追求高层次的需求。知识型员工的需求层次结构要素是重叠的、混合的，不同层次的需求相互交织在一起。

（4）在全球化管理过程中，员工队伍呈现多元化背景、价值观相冲突与文化相融合的特点。由于不同地域、不同种族、不同肤色的员工文化背景差异较大，其价值观、理念与习俗均是多元化的，企业既要尊重不同员工的文化差异，又要对员工进行跨文化整合与有效激励，以实现组织共同的愿景。

（5）新生代员工的管理显得更为复杂，20世纪80年代和90年代出生的员工逐渐成为企业的中坚力量。新生代员工中大部分具有知识型员工的特性，如工作自主、个性张扬、参与感强等，同时普遍表现出心理抗压能力偏弱、婚姻家庭观念偏自我、不愿意服从强制性指令等特点。

2. 组织变革

在新经济时代，组织面临的环境越来越不确定，客户的需求呈现多样化、个性化的特点，组织的模式以及员工的工作模式要适应客户需求的变化而不断变革。组织变革不止、创新不息[②]成为一种常态，使得职位关系日趋复杂，职责越来越模糊，职位分析缺乏对战略、组织、流程的整体适应能力。这就导致了职位的不确

---

① 德鲁克. 管理：任务、责任和实践（第一部）. 北京：华夏出版社，2008：26，197.
② 乌尔里克. 人力资源管理新政. 北京：商务印书馆，2007：45-46.

定性，组织中的工作或职位不再像过去那样是稳态的，而是动态的。组织变革出现的新特点具体表现在以下方面：

（1）组织设计的基点发生了变化，过去的组织设计是基于目标和功能，现在则是基于战略业务发展的需求和客户发展导向。客户需求是不断变化的，也是多样化的、个性化的。组织要基于客户价值和客户需求运作，就需要不断进行相应的调整和变化。一方面，组织要适应快速的变化，对客户需求作出快速的响应，就需要不断缩短流程；另一方面，由于组织制衡的要求，有些流程不是应该缩短，而是应该延长。

（2）组织流程、形式和制衡机制发生了变化。在过去以生产为核心的专业化分工体系下，组织的制衡机制和协调机制是通过两个要素来实现的，一是通过部门分工进行制衡和监督，二是通过权力来协调。现在提出建立客户价值导向的组织，就是基于流程来进行制衡，也就是建立责任与流程体系，通过流程结点进行相互制衡，通过流程来建立基于客户价值的责任体系。因此，在组织扁平化和组织虚拟化的条件下，组织形式适应战略的发展，流程成为主要的制衡机制，但流程并不是越短越好，有些流程是需要延长的。

（3）组织战略与变革正在发生转变。中国企业从机会导向转向战略导向，但人力资源与企业战略脱节，新的战略、新的业务面临人才的严重短缺，核心人才队伍难以形成。企业无法快速培养员工技能以适应当前及未来业务发展需要，人力资源管理缺乏战略的适应性，人力资源战略管理能力不足。如何提升企业的人力资源战略管理能力以及人力资源管理与企业的战略转型及系统变革的适应性，是企业面临的现实挑战。

（4）组织治理结构正在优化。中国企业治理结构的优化已进入一个新的历史发展阶段（产权改革、上市、并购重组、集团化），但人力资源管理体系尚未适应企业治理结构优化的要求，同时，管理者的人力资源管理责任意识淡薄、领导能力较弱。如何构建优化而高效的人力资源治理系统，如何提升管理者的人力资源管理责任意识与领导能力，是企业面临的现实挑战。

（5）组织集团管控带来挑战。许多单一产品型企业发展成为多元的或基于价值链的集团化企业后，定位不清、管控失效，集团总部难以创造价值，集团整体的人力资源管理平台难以搭建，无法建立起有效的人力资源管控系统。如何构建管控有效而又充满活力的集团化人力资源运行系统，是企业面临的现实挑战。

3. 工作方式

随着信息技术的变化和组织方式的变革，新经济时代的工作方式发生变化，在家办公正在成为现实，全球协同工作提升了组织运行效率，工作本身由简单化、明晰化走向丰富化、模糊化。

（1）随着网络时代的到来，自由办公或在家办公（small office and home office，SOHO）成为新经济时代一种更为自由、开放、弹性的工作方式。随着互联网在各个领域的广泛应用及电脑、传真机、打印机等办公设备在家庭中的普及，SOHO成为越来越多的人可以尝试的一种工作方式。目前SOHO工作方式的内涵得到了拓展，只要是能够以这种方式工作的人，既可以在家里办公，也可以在其他非组织所在地工作场所（如旅途、酒店、咖啡厅甚至酒吧）办公（又称移动办公）；不论是从事全职工作，还是从事兼职工作，都可以采用自由办公方式。

（2）随着企业的全球化运作和信息化的发展，一种信息化全球（或者区域）协同工作方式正在提升组织的运作效率。协同工作成为企业（特别是全球化企业）完成各种大规模任务的一种重要的、有效的工作方式，它通过一个团队中的多个成员的共同努力和合作来最终完成任务，其具体形式有协同研发设计、协同产品开发、协同产品或服务销售、协同售后服务、协同培训以及协同会议等。协同工作利用多媒体技术、网络与通信技术、分布式处理技术等信息技术建立一种工作环境，通过协同办公平台建立一个基于企业全体员工工作流的协同办公系统，实现企业内部运作效率的提升。

（3）组织工作方式正趋于丰富化、模糊化、动态化、创新化和专业化。其一，在过去的组织中，各部门之间以及各岗位之间的边界是清晰的，分工是明确的；而在现在的组织中，岗位之间的边界并不清楚，职责划分并不明确，尤其是在网络型组织和矩阵型组织中，一切以市场和客户为核心，岗位之间的边界变得模糊，工作方式日益丰富化。其二，在传统的组织中，职位是稳定的，工作是确定的，职责是清楚的；现在工作越来越不确定，职责也变得模糊。其三，由于组织工作流程不断动态变化，职位为适应组织工作流程而动态变化。其四，过去的工作是重复性的、可复制的；现在的工作是创新性的、难以复制的，有很多例外的工作内容，对创新的要求更高。其五，过去的工作是按照直线职能制进行专业化分工的个人工作模式，追求个人的专业化；现在的工作有时会以跨部门、跨专业的团队合作模式进行，追求协同与集合效应。其六，对员工来讲，过去更多地强调单一技术要求，现在则强调多种技能的综合要求。

（4）组织工作协同的内容正在发生变化。过去在组织中处理组织与人之间的矛盾、协同各部门之间的关系，最基本的准则是权力法则，依靠更高层级的协调。现在处理组织和人的矛盾则是基于顾客和市场的需求，更多地强调责任和能力，各部门之间也是基于市场与客户需求同级自动协调。

4. 管理体系

新经济时代，企业管理体系发生了变化：人力资源管理体系由价值分配体系转向价值创造体系，绩效管理体系由单纯的绩效考核工具转向战略支持的绩效管理体系，质量管理体系由单纯的质量检测工具转向全面质量管理体系。

（1）人力资源管理体系的变化。企业的人才竞争由依靠能人的竞争，转向机制与制度体系的竞争，但人力资源机制与制度不配套，"头痛医头，脚痛医脚"，人力资源的整合与协同效应难以发挥，人力资源的整体竞争力与执行力不足。如何构建以价值创造为目标的充满活力、富有竞争力的人力资源管理系统是人力资源管理体系转变的核心。

（2）绩效管理体系的变化。企业从求生存转向追求可持续发展，但企业的绩效考核未能反映企业战略和文化的诉求，绩效管理没有成为企业战略落地的工具，绩效考核面临结果与过程的矛盾，绩效考核效果不佳，绩效管理难以推进。构建战略绩效管理体系使得企业战略落地和绩效持续提升成为人力资源管理的主要任务。

（3）质量管理体系的变化。企业质量管理由过去的事后质量检验把关控制转变为预防式的事前控制和事中控制，在质量管理过程中推行全面质量管理模式：把整个产品生产过程中的生产计划形成、投料、生产、成品四个生产阶段全部纳入质量控制系统，将其整合成紧密相连的质量管理体系。许多企业开展全面、全员、全过程的质量管理工作，做到一切用数据说话，所有工作都有章可循，制定一系列全面质量管理文件，并严格执行。相应地，人力资源管理体系要适应全面质量管理的要求。

（三）经营"新六化"对人才管理的挑战

面对愈加不确定的管理环境，愈加复杂、个性的管理对象，企业对人力资源工作者的要求也在不断提高，人力资源管理越来越渗透到企业战略，进入企业经营层面，那么当前的人力资源管理能否支撑起企业战略的落地？它又面临哪些挑战呢？

中国人民大学彭剑锋教授指出，未来企业经营与组织变化的趋势是"新六化"：战略生态化、组织平台化、人才合伙化、领导赋能化、运营数字化、要素社会化，这对人才管理提出了六大新挑战。

1. 生态战略思维与人才跨界融合发展的挑战

未来企业生态有三种：生态创建者、生态参与者、生态链接者。这就要求：人才必须跨界融合、开放无界；经营管理者应当是明产业、懂技术、善经营的复合型领军人才，平台服务者必须是专注细分领域的工匠型人才；对生态链上的人进行人力资源赋能；企业家与高管团队要有生态共生思维、灰度领导力、开放包容心态、自我批评和善于学习的能力。

2. 组织扁平化与平台化下人才管理的挑战

未来企业组织的主流模式将是平台化＋分布式经营。未来的平台化＋分布式小前端＋生态化的模式，有三个最本质的特征。一是企业必须是平台化架构。二是整个组织的关系，不再是一种垂直的关系，而是一种网状关系。三是企业内部围绕客户需求、围绕任务市场来整合资源、整合人才。过去，传统的人力资源管理是以岗位工作为核心，依据岗位职责来配置人、配置资源；而现在，数字化条件下，员工业务活动和工作任务可以进行颗粒化切割，并能够突破有形空间进行协作和管理，对工作岗位与行为的管理将会演化成对工作任务及时间的有效管理。所以现代人力资源管理强调在内部建立任务市场，依据消费者需求所产生的任务市场，通过大数据来配置资源、配置人才，企业人力资源效能的提升也就至关重要。

企业人力资源效能提升的核心要点和挑战在于：

（1）确立人才发展的长期价值主义，由以用为本到以长期发展为本，由追求人才规模到追求人才质量，由追求人才短期有用到追求长期培养发展，支撑战略目标实现。加大技术创新与高质量人才投入，制订创新人才与顶尖人才特殊培养、引进、发展计划，加速高质量人才梯队建设，提升人才量级与人才价值创造能量。提高人力资本对企业增长的贡献度，尤其是创新人才对创新发展的贡献度。

（2）提质增效，提高人均效能，提高人才劳动生产率。基于数字化精准选人，精益化用人；优化组织结构，压缩层级，合并职能，减人增效，优化业务与岗位，创新劳动组织方式与工作场景体验，提质增效；由粗放式人力资源管理到精益化人才管理，消除所有人力资源浪费，让组织中的每个人都成为价值创造者并有价值地工作。

（3）创新人才培养与发展模式，提高人才投入产出效能。首先，人才培训发展要确立经营者思维，即通过人才培训发展让经营业绩提升与变革真实发生，让战略有效落地、管理持续改进真实发生。其次，创新人才培训发展理念与技术方法，如线上线下深度融合的学习设计与运营平台、基于数字化的学习型组织再造、共创式课程开发工作坊；内容资源共创共享生态平台，高价值、强体验、训战结合、咨询式培训；一站式学习解决方案；情景体验式教学；多形式培训工具方法的综合运用（VR、视频、微课、动画、数字化全场景定制体验学习）等。

（4）提高人才配置与人才结构效能。加速人力信息化与数字化，基于大数据实现人与岗位、人与任务角色的精准、动态配置。优化人才结构，改变人才结构单一化，实现人才跨界融合，之字型与火箭型人才并存，破格提拔年轻人。

（5）提高人才协同与组织赋能效能。构建数字化、平台化知识共享、协同体系，放大个体人力资源效能。建立人力资源共享平台与人力资源外包服务体系，不求人才所有，但求人才所用，全球整合技术与人才资源。

（6）提高人才创新成果转化效能。用客户价值量化人力资源价值创造及人才创新成果转化效能，提高人才价值创造及人才创新成果转化效能。创新人才成果绩效评价与激励体系，培养技术商人，推动创新成果的市场化应用与转化。

企业应当进行两方面的思考和努力：一是如何让每个人成为价值创造者——如何通过文化与人才机制创新，进一步弘扬企业家创新创业精神，让创新型人才脱颖而出？如何提升人才的能级与量级，优化人才结构，提升人力资源对经济高质量增长的贡献度？如何构建人力资本价值核算体系，精准核算人的价值贡献？二是如何让每个人有价值地工作——如何提升人才价值创造专业能力与职业化素质，提升个体价值创造活力与能量，并将人精准有效地配置在最能创造价值的岗位与团队？在组织扁平化趋势下，如何解决员工职业发展通道与职业发展路径问题？

3. 人才事业合伙化下人才管理的挑战

未来是产业互联网与物联网时代，企业需要有产业生态思维：在战略长度上，要有更具前瞻性的战略思维，站在未来看未来，走出经验曲线，勇于突破资源与能力局限，创新成长；在战略宽度上，要有跨界融合、开放无界、利他取势的战略思维，在社会化网络协同体系中找到企业的战略定位；在战略深度上，必须具有全产业布局与产业整合、全球资源配置与运营的战略思维，站在全球化的角度整合人才，全球人才与智慧为我所用。事业合伙制是实现生态战略的有效机制：第一，可以全球整合人才，为我所用，特别是创新型人才、具有企业家精神的人才；第二，可以打破组织边界，以合伙制整合产业生态；第三，有利于产业生态的形成，通过跨界合作和合伙制连接更多的资源。此时知识型员工将成为企业价值创造主体，人力资本成为企业价值创造的主导要素。人力资本越来越强调剩余价值索取权和企业经营参与权、知情权，人与组织的关系不再是单一的雇佣与被雇佣关系，而是一种多重的相互雇佣的合作伙伴关系。新型事业合伙制要做到：数据上移、平台管理，责任下沉、权力下放，独立核算、自主经营，共识共担、共创共享。

4. 领导赋能化下人才管理的挑战

以前领导的基本职能是指挥、命令、监督、控制，其权威来自职权，而现在组织是分布式、多中心制，领导的核心职能是洞察趋势，指明组织前进的方向，创新机制，激活组织的动力，领导不再是高高在上的威权领导，而是复合型领导。这时候领导一定是使命、愿景驱动的，没有能力、没有个人影响力的人，不可能服众。领导者既要有情怀，又要懂江湖，还要通人性。

5. 运营数字化下人才管理的挑战

数字化转型正成为企业的核心战略，人才运营的数字化与人工智能替代也进入加速应用时代：业务活动与人才价值创造活动数字化，人才工作场景设计与体验数字化，人才配置与协同数字化，人才价值评价与管理数字化，人才发展与组织赋能数字化，人才决策与洞察大数据化，大量体力劳动、重复性知识劳动将被人工智能替代。理性化与科学化人力资源管理时代到来的同时，也应当注重人的管理科学与艺术的有机结合。在数字化工作场景下人、机、物三元融合的背景下，有三方面需要注意：

（1）如何让数字化工作场景有温度、有人文关怀？如何理解员工需求，让工作场所富有活力，让员工参与和分享，让员工连接、对话和交流，让员工在数字化工作场景中不孤独？

（2）如何包容算法，避免算法歧视？将员工时间进行精准有效管理后，如何避免将员工困在岗位上走向数字泰勒主义？

（3）如何应对数字化工作场景下的工作倦怠对抗，让工作有趣、有意义、有价值？

6. 要素社会化下人才管理的挑战

在产业互联网时代，产业与生产要素日趋社会化。一切皆可连接，一切皆可交互，一切产业资源与生产要素都可以社会化、全球化整合，都可以为我所用。这就要求我们从人才所有权思维转向人才使用权思维，不求人才所有，但求人才所用。人才要素的社会化、生态化对人才能力和企业管理能力都提出了新的要求。

（1）人才的多重角色和多重技能。人才身份的社会化使得员工不再固定为一个企业工作，特别是个体知识劳动者，拥有多重社会身份，同时受雇于多个组织。员工既有核心技能也有多重技能，在同时拥有数项技能的情况下，如何实现组织的愿景和使命驱动？

（2）人才共享。企业需要思考：如何建立人力资源共享平台与人力资源外包服务体系，实现平台化＋分布式组织人才管理，不求人才所有，但求人才所用，全球整合技术与人才资源？如何构建组织资源池及赋能平台，提升组织资源配置与赋能能力，下沉一线集成资源与综合作战能力？

（3）共享协同平台下的工作任务协同和创新。真正实现人才要素的社会化、生态化，必须有专业人才服务平台支撑，在专业人才平台上实现人才的共享和动态调配。如何从技术上支撑人才跨地域、跨企业的管理，如何进行人才的平台化管理，为人才赋能？

人力资源管理发展到今天，需要有企业家思维，需要有新的战略思维。人力资源总监需要像企业家一样去洞察客户需求，洞悉人性，洞见未来，适应未来的战略生态化、组织平台化、人才合伙化、领导赋能化、运营数字化、要素社会化，去进行系统的创新和变革，这样人力资源管理才真正上升到战略层面。

即时案例 1-2

疫情下的工作方式：在家办公

2020年，新冠肺炎疫情在全球持续蔓延，不少公司选择让员工在家办公。

推特（Twitter）在2020年5月的一份声明中表示，"为应对新冠肺炎疫情危机，推特是首批采用在家办公模式的公司之一，但预计不会成为最早重返办公室的公司之一。"公司称，如果员工的角色和处境使他们能够在家中工作，他们自己也希望继续这样做，那么推特将帮助其实现这一愿望。这意味着，新冠肺炎疫情结束之后，推特的员工仍可以选择长期甚至永久在家办公。

在新冠肺炎疫情蔓延之前，推特就已经接受大部分员工远程工作。在公司2019年第四季度财报电话会议上，推特首席执行官杰克·多尔西（Jack Dorsey）接受了远程工作的想法，同时表示将努力把劳动力分散开来，用他们来改善执行力。

继推特开启在家办公新计划之后，Square、Coinbase、Shopify 等互联网公司也陆续宣布将推行长期远程办公。在这一趋势下，科技巨头 Facebook CEO 扎克伯克宣布，将允许大部分员工申请永久在家工作。同时，扎克伯格预测未来 5～10 年，公司将有多达 50％的员工将永久在家办公。

新冠肺炎疫情之下远程办公的工作方式势必会变得越来越普遍，未来，进一步变革员工工作方式将是组织必须面对的新挑战。

资料来源：http：//www. chinahrd. net/blog/415/1214988/414662. html.

三、人力资源管理的新特点与发展趋势

（一）人力资源管理的新特点

在新经济时代，人力资源管理面对前所未有的来自经济全球化的力量——如信息网络化的力量、知识与创新的力量、顾客的力量、投资者的力量、组织发展与变革的力量等各种力量的挑战和冲击。新经济时代的人力资源管理既带有工业文明时代的深刻烙印，又反映着新经济时代游戏规则的基本要求，人力资源升级并进入效能管理时代，呈现出新的特点：人力资源由依赖低劳动力成本优势转变为依靠高素质人才；由简单用人、挖人转变为经营人才，将人才策略上升到战略的高度，进入经营层面；将人力资源作为一项专业职能上升到公司治理层面；由粗放式人力资源管理上升到精益化、全量化人力资源管理；由关注少数精英人才发展到全员关怀；由员工被动工作发展到自主价值创造与自主经营；由基于股东价值最大化的人力资源策略转变为基于劳资双方平衡的人力资源策略；由人力资源量的控制与积累转变为结构优化与再配置；由传统四化（最优化、规范化、标准化、专业化）转变为新四化（归核化、价值化、流程化、平台化）；由基于职位的人力资源管理系统上升到基于职位＋能力的复合式人力资源管理系统；由本土化的人力资源管理转变为全球跨文化的人力资源管理。

习近平总书记在党的十九届五中全会上指出，建设人才强国是基本实现社会主义现代化的远景目标之一。人才是实现民族振兴、赢得国际竞争主动的战略资源。在如今数字化、大连接、人工智能的背景下，人力资源管理进入了新时代。人力资源管理的新特点是"四性"：

（1）第一性。习近平总书记指出，发展是第一要务，创新是第一动力，人才是第一资源。人力资源管理首先要将人才定位为第一资源，树立强烈的人才意识，真诚关心人才、爱护人才、成就人才。

（2）引领性。人力资源管理的重要目标就是要充分发挥人才的作用——引领创新驱动，以此为支点，撬动企业各项工作呈现崭新局面，不断适应变化的环境，以内部的确定性应对外部的不确定性，助力企业更好渡过后疫情时代。

（3）聚集性。"聚天下英才而用之"是非常重要的人才思想，要不唯地域引进人才，不求所有开发人才，不拘一格用好人才。人才不是单一的，而是多元化的，人尽其能是人力资源管理工作的最佳目标。

（4）激活性。问渠那得清如许，为有源头活水来。人力资源管理就是要激活人才，为此，要建立更为灵活的人才管理机制，创新促进人才流动的制度，促进人才有序流动，让人才创新创造活力充分迸发，使各方面人才各得其所、尽展其长。

（二）人力资源管理的发展趋势

结合内外部环境变化趋势，我们将人力资源管理的发展趋势总结为以下几点。

1. 组织特征变化带来人力资源管理的全球化趋势

目前，企业竞争领域已经扩展到全球，越来越多的组织实现了全球化。组织的全球化，必然要求人力资

源管理策略的全球化。全球化要求企业拥有全球视野和战略眼光；重视全球化人才的培养；有开放的心态和学习力；致力于建立系统化的组织管理与制度体系；有永不满足的进取心和坚强的毅力；不断追求创新的产品或服务。人力资源管理的全球化趋势要适应企业全球化运作和人力资源多元化的需求。全球化企业的人才要具有全球视野、认同企业的文化、具有创新意识和持续的学习习惯。

（1）员工与经理人才的全球观念的系统整合与管理。首先，通过人力资源的开发与培训使经理人才和员工具有全球的概念。其次，人才流动国际化、无国界。也就是说，我们要以全球的视野来选拔人才、看待人才的流动，企业进入全球化市场竞争已经成为趋势，我们面对的是人才流动的国际化以及无国界的人力资源市场。

（2）人才市场竞争的国际化。国际化的人才交流市场与人才交流将出现，并成为一种主要形式。人才的价值不仅仅是在一个区域市场内体现，因而要按照国际市场的要求来看待人才价值。跨文化的人力资源管理成为重要内容。人才网络成为重要的人才市场形式，而要真正实现它的价值，就要转变"跑马圈地和卖地"的方式，利用网络优势来加速人才的交流与流动，并为客户提供人力资源的信息增值服务。

（3）人力资源管理对象的全球化。企业的全球化布局由全球范围内的人力资源支撑，人力资源管理对象由以一国为主扩展到全球。全球化的人力资源管理还涉及不同文化背景、不同种族、不同地域、不同信仰的员工的协同管理，企业并购过程中不同人力资源管理制度、不同企业文化、不同公司治理体系的整合管理，以及企业全球扩张过程中的不同发展水平、不同薪酬福利制度、不同劳动制度的协调管理。

2. 技术和工作方式变化带来人力资源管理的虚拟化趋势

信息化和低碳经济时代，信息技术的变革使得在家办公、网络办公、协同工作等工作方式逐渐流行，与此相对应的人力资源虚拟化管理也成为一种趋势。虚拟化的人力资源管理作为适应信息化、网络化发展的企业组织管理的一种策略，是人力资源管理发展的一种新的趋势，使企业运用自身最强的优势和有限的资源，最大限度地提高企业的竞争能力，使人力资源管理工作变得更加具有弹性和战略性。人力资源信息化管理、人力资源外包化管理以及人力资源外延化管理是虚拟化的人力资源管理的主要形式。

（1）人力资源信息化管理。信息化时代的人力资源管理借助计算机和网络工具，首先完成事务性管理活动，如人事信息管理、福利管理、考勤管理、休假管理等；在此基础上扩展到常规性管理活动，包括网络招聘、网络培训、网络学习、网络考评、网络沟通等。未来人力资源信息化管理将在系统整合的基础上实现自上而下的战略人力资源管理的 e 化，即 eHR。eHR 不仅能够极大地降低管理成本、提高管理效率，更重要的是能够提升管理活动的价值，使人力资源管理者从低价值的事务性工作中解脱出来，投入更多的时间和精力从事高价值的战略管理活动。

（2）人力资源外包化管理。以信息网络为工具的虚拟工作形式呈不断增长趋势。企业通过部分虚拟人力资源管理事务，保留核心职能，外包非核心职能，有利于减少人力资源部门的等级体系，促使人力资源部门扁平化和网络化。采用人力资源管理外包方式，可以合理地运用外部资源，促使企业对内部资源进行最合理、最有效的配置，从而发挥企业外部资源和内部资源的协同作用，建立企业竞争优势。通过人力资源管理外包，可以将人力资源管理的核心模块投入到对企业核心能力有最大贡献的领域，构建企业核心竞争优势，提升组织整体绩效。

（3）人力资源外延化管理。产品服务的多样化、工作平台的网络化与沟通方式的灵活化，为企业提供了超越传统雇佣模式来获取人力资源的新机会。在某些行业，为组织的运营提供劳动力、创造价值的人并不局限于组织的固定员工，他们可以是以项目方式合作的独立工作者，也可以是完全与组织无关的人员。比如在互联网行业中，兴起了一种以网络平台为依托的新型运营模式，在这种模式下，网络用户不再仅仅是信息的被动接收者，而是成为资源与信息的主动提供者，直接参与网络公司的产品创造与服务提供，这一时代也被称为 Web 2.0 时代。① 对于这些外部资源，组织采用何种理念和措施进行管理，才能保证人力资源供给的有效

---

① Web 2.0 是相对 Web 1.0 的新的一类互联网应用的统称，Web 1.0 的主要特点在于用户通过浏览器获取信息，Web 2.0 则更注重用户的交互作用。

性与持久性，成为管理领域新的研究课题。

综上所述，虚拟化的人力资源管理的最终目的同样是提升组织绩效。①

3. 人力资源管理角色变化带来人力资源管理的职业化趋势

人力资源管理已经成为一种职业，在全球正朝着更为职业化与专业化的方向发展。美国人力资源认证协会（HRCI）作为美国人力资源管理协会（SHRM）的附属机构，至今已认证了数万名人力资源管理专业人员。在美国，诸如康奈尔大学、明尼苏达大学、密歇根州立大学等专门开设了攻读人力资源学位的专业。中国也推出了注册人力资源管理师（CHRP）和企业人力资源管理人员国家职业标准，以及员工援助师、劳动关系协调员的职业标准。2020 年全国有 518 所高校开设了人力资源管理本科专业，中国人民大学劳动人事学院在 2003 年率先在全国开设人力资源管理硕士和博士学位授予点，中国逐渐实现了人力资源管理人才的专业化培养。

人力资源专业与其他专业一样，有着成熟的知识结构体系以及对行为解释的规范和准则。人力资源管理职业中更具胜任力的从业人员人数将会大幅增加，将来未经培训、不受任何约束、仅依靠经验管理人力资源的从业人员将失去发展空间。中国企业的人力资源管理者要尽快完成从业余选手到职业选手的转变。对职业选手的要求主要包括三个方面：要有专业的知识和技能，要有职业精神，必须懂得职业的游戏规则。

来自全球市场的激烈竞争使传统的人力资源部门面临重新思考、重新定义和重新认识自身角色的巨大压力。人力资源管理人员肩负更重要的使命，如为企业塑造领导标杆，创造企业能力，增强知识的可推广性，推动科技发展等，最终为企业创造价值。

4. 内外管理体系健全带来人力资源管理的规范化趋势

企业要实现可持续发展，必须挑战以往的惯性思维，对市场环境变化有充分的认识，实现由产品的成功转向产品与服务开发系统的成功，由企业家个人的成功转向战略的成功，由单一机会或资源的成功转向核心竞争力的成功，由不按规则的成功转向制度的成功。②

在这一过程中，健全人力资源管理体系成为企业管理的重要内容。人力资源管理的规范化是适应企业面对的各种环境的变化，对人力资源管理的职能进行程序化运作的结果。这就要求企业不断地审视和改进自身的业务流程，同时不断发展员工的技能和能力，改进人力资源管理模式。企业生产或服务流程优化的实质是不断将新技术应用到服务或生产的实践中，以便不断提高企业的运营效率，最终获取持续的竞争优势。企业流程化的管理需要相应的人力资源管理模式的变革，因此，适应流程化的人力资源管理模式实质上是一种通过流程来组织资源、既有清晰的职责又有组织灵活性、组织发展聚焦于连续的流程发展和高效率的资源利用以及快速适应商业环境的变化、由内部客户驱动的人力资源管理新模式。

此外，从外部环境角度来看，我国《劳动合同法》《就业促进法》《社会保险法》等一系列人力资源权益与保障方面的法律法规的正式出台，对人力资源管理的规范化也会产生极大的影响。因此，规范化的人力资源管理还体现为适应法制化的要求。

5. 人力资源管理对象变化带来知识型员工管理趋势

在新经济时代，国家的核心是企业，企业的核心是人才，人才的核心是知识创新者与企业家。人力资源管理面临新三角：知识型员工、知识工作设计、知识工作系统。人力资源管理要关注知识型员工的特点，其重点是有效开发与管理知识型员工，对知识型员工采用不同的管理策略。

（1）知识型员工的有效开发。知识型员工拥有知识资本，因而在组织中有很强的独立性和自主性。这就必然带来新的管理问题，从而要求企业在对知识型员工授权赋能的同时强化人才的风险管理，使企业的内在要求与员工的成就意愿和专业兴趣相协调。知识型员工具有较强的流动意愿，不希望终身在一个组织中工作，由追求终身就业饭碗转向追求终身就业能力，从而为企业保留人才带来了新的挑战。

① Lepak D P, Snell S A. Virtual HR: strategic human resource management in the 21st century. Human Resource Management Review, 1998, Vol. 8, No. 3: 215-234.
② 北京仁达方略企业管理咨询有限公司. 公司战争. 北京: 机械工业出版社, 2009.

（2）知识型员工的有效管理。知识型员工的工作过程难以直接监控，工作成果难以衡量，使价值评价体系变得复杂而不确定，因此，企业必须建立与知识型员工工作特征相一致的价值评价体系和价值分配体系。知识型员工的能力与贡献差异大，出现多种需求模式，需求要素及需求结构也有了新的变化。知识型员工出现了新的内在需求，这些需求是传统的需求模型难以满足的，因而企业必须从更广的范围和更新的视角来考虑对知识型员工的全面激励方案。另外，知识型员工的特点要求领导方式有根本的转变，建立知识工作系统，创新授权机制。

6. 人力资源管理部门新定位带来客户关系管理趋势

员工是客户，企业人力资源管理的新职能就是为员工持续提供客户化的人力资源产品与服务，人力资源视员工为客户，人力资源管理走向客户关系管理时代。新经济时代，企业要用新的思维来看待员工，要以营销的视角来开发组织中的人力资源。从某种意义上讲，人力资源管理也是一种营销工作，即企业要从员工的需求出发，通过提供令其满意的人力资源产品与服务来吸纳、留住、激励、开发企业所需要的人才。

人力资源管理者要扮演"工程师＋销售员＋客户经理"的角色。人力资源管理者既要拥有专业的知识与技能，也要拥有向管理者及员工推销人力资源产品与服务方案的技能。人力资源经理也是客户经理，企业为员工提供的产品与服务主要包括：（1）共同愿景。通过提供共同愿景，将企业的目标与员工的期望结合在一起，满足员工的事业发展期望。（2）价值分享。通过提供富有竞争力的薪酬体系及价值分享系统来满足员工多元化的需求，包括企业内部信息、知识、经验的分享。（3）人力资本增值服务。通过提供持续的人力资源开发、培训，提升员工的人力资本价值。（4）授权赋能。让员工参与管理，授权员工自主工作，并让他们承担更多的责任。（5）支持与援助。通过建立支持与求助工作系统，为员工实现个人与组织发展目标提供条件。

7. 员工关系变化带来战略合作劳动关系趋势

企业与员工关系的新模式是以劳动契约和心理契约为双重纽带的战略合作伙伴关系。新经济时代，企业与员工之间的关系需要依据新的游戏规则来确定，这种新的游戏规则就是劳动契约与心理契约。

（1）以劳动契约和心理契约作为调节员工与企业之间关系的纽带。一方面要依据市场法则确定员工与企业双方的权利义务关系、利益关系；另一方面要求企业与员工一道建立共同愿景，在共同愿景的基础上就核心价值观达成共识，培养员工的职业道德，实现员工的自我发展与自我管理。

（2）企业要关注员工对组织的心理期望与组织对员工的心理期望之间达成的"默契"，在企业和员工之间建立信任与承诺关系。通过实现员工的自主管理来实现员工对组织的认同，实现组织公民行为。人力资源管理中，不能仅从企业的价值立场考虑问题，还要从员工的价值立场考虑问题，实现相关利益者价值平衡。

（3）建立企业与员工双赢的战略合作伙伴关系，实现个人与组织共同成长和发展。由此，员工个人的诉求和正常利益通过谈判、对话等形式实现，部分员工成为企业所有者；企业对员工的管理基于制度实现人性化管理，二者形成利益共同体，实现和谐的战略合作劳动关系。

8. 人力资源环境变化带来生态链管理趋势

在科学发展观和"以人为本"的理念中，强调尊重人才、改善与优化人才生态环境，为各类人才提供适宜生存、展示才华的空间，以促进经济和社会发展。我国政府正在试点推行人才特区政策，企业也开始推行人力资源生态链管理或者绿色人力资源管理。

（1）人力资源生态链管理要求为人才提供绿色的人才生态环境，在此基础上创建良性的人才竞争环境。人才生态环境包括能够确保人才生存发展、展示才华和实现价值的生活环境、工作环境、经济环境、政治环境、文化环境和人文环境等。对于企业来说，首先，要尊重人的价值；其次，要承认人力资本产权；最后，要将人才打造成为企业经营的核心要素与竞争优势的来源。在人才竞争环境中，要建立以信誉与职业道德为基础、以能力和贡献为准则的用人机制，以及以价值和流程为核心的竞争制度。

（2）绿色人力资源管理适应低碳经济或绿色经济发展的要求，发挥人力资源的创新作用，建立系统的人力资源培养体系。在明确将创新作为人力资源管理成果的前提下，要不断完善企业人力资源管理的政策和提升企业人力资源管理的效率，对不适应变化的环境的人力资源管理职能进行改革。只有如此，企业才能有效地应对经济发展模式转变带来的挑战并抓住商业机遇。企业要建立起系统的人力资源培训体系，进行人力资源的有效开发，使人力资源成为企业发展的核心竞争力。

9. 人力资源管理任务转移带来智力资本管理趋势

随着企业所处宏观环境的变化，未来的时代是人才主权和人才赢家通吃的时代。这使人力资源成为组织构建竞争优势和核心竞争力的重要来源，由人力资本、组织资本和客户资本构建的智力资本逐渐成为人力资源管理的主要对象，人力资源管理的未来呈现智力资本管理趋势。人力资源管理的核心任务是构建智力资本优势。

（1）企业人力资源管理者要成为专家。为此，人力资源管理者必须对整个企业有全面的了解，具有丰富的专业知识和经验，以及很强的工作能力。人力资源管理者的主要职责是为组织人力资源价值的提升服务，以构建企业的人力资本优势。

（2）企业人力资源政策与决策的制定越来越需要外脑。这需要借助社会上的各种力量，通过专业的人力资源外包和咨询运作来实现。通过外力的推动，企业很多新的人力资源政策、组织变革方案提出后被高层管理人员及员工认同，为组织在动态环境下创新创造了条件，有利于形成组织的人力资本优势。

（3）企业人力资源管理的核心任务将针对更广泛的智力资本对象，主要包括客户和员工。人力资源管理的核心任务是通过人力资源的有效开发与管理，提升客户关系价值，将经营客户与经营人才结合在一起。要致力于深化两种关系：一是维持、深化、发展与客户的关系，提升员工的关系价值，以赢得客户的终身价值；二是维持、深化、发展与员工的战略合作伙伴关系，提升员工的资本价值，打造智力资本优势。

10. 经营环境变化带来心理资本管理趋势

随着深层次社会矛盾的激化，人们的心理压力问题变得越来越突出，成为人力资源管理的一个核心问题。在当前的经营环境下，不管是员工还是老板都承受着来自各方面的心理压力，在这种情况下，心理资本管理逐渐成为人力资源管理一项核心内容。

企业要经营人才的铁三角：一是经营知识；二是经营能力；三是经营幸福。要研究如何提高员工的快乐指数，如何提高企业高层管理者和企业家的快乐指数，如何实现工作与生活的平衡。关于中国企业家的一项调查显示，转型期的中国企业家正面临来自企业价值观、企业传承以及家庭生活等方面的诸多困扰，83.5%的受访企业家表示没有幸福感。

心理资本是组织在成长和发展过程中表现出来的整体心理能量，与员工和企业家的幸福指数密切相关。组织行为学导向的心理资本通常包括四个关键要素：自信、希望、乐观与韧性。一方面，心理资本是员工身心健康、产生较高的工作效率与获取成功的重要保证；另一方面，对心理资本的开发和管理将有效地提高企业的管理水平。提升员工的心理资本可以激活组织的心理潜能，凝聚企业的人力资本、技术资本和社会资本的力量，并使员工和企业家均受到尊重，成为企业不断创造财富和赢得竞争优势的关键。

11. 人才效能新时代带来管理效能提升趋势

顺应国家着力提升发展质量的大势，企业应当更加注重战略性系统思考，突破创新与人才瓶颈，以人才机制的创新和高质量发展来推动中国企业的创新发展与转型升级。中国企业的人力资源管理未来应关注什么？中国人民大学彭剑锋教授指出企业人力资源效能提升的核心要点如下：

（1）人才高质量发展与人力资源高效能开发。新时代人才发展要确立长期价值主义与创新向善的理念，在未来，对于人才应从以用为本进化到人才发展的长期主义，由追求人才规模发展转向追求人才高质量、高效能发展，由追求人才短期有用转向追求长期培养发展。在加大技术创新的同时，注重对创新人才与高质量人才的投入，加速高质量人才梯队建设。要培养创新科技向善的价值观，一方面努力创新，另一方面坚持科技向善和科技为人的初心。

对企业来讲，要提升人力资源效率，就要从过去粗放式人力资源管理走向精益化人力资源管理，提质增效，提高人均效能，提高人才的劳动生产率，让组织中的每个人都成为价值创造者并有价值地工作。

在人才培训方面，要创新人才培养与发展模式，提高人才投入产出效能，特别是要思考如何以人才学习和发展计划推动企业转型升级，让经营业绩提升与变革真实发生，让战略有效落地，管理持续改进，同时让优秀的人才培养更优秀的人才。

在人才发展方面，要提高人才配置与人才结构效能，适时改变人才结构单一化，实现人才跨界融合。

在人才效能方面，要提高人才协同与组织赋能效能，强化知识管理，建立共享知识与协同机制，放大个体人力资源效能。

在人才效能实现方面，要提高人才价值创新及人才创新成果转化效能，创新人才成果绩效评价与激励体系，推动创新成果市场化应用与转化。

（2）人才机制创新与人才灰度管理。以经营人才的思维去培养人才，就要对创新创业人才给予高度关注和精心规划，通过机制创新和人才灰度管理思维，去包容人才缺点和创新性失败，使组织充满活力、创造力，并使创新创业人才脱颖而出。

在宏观层面上，要深化教育体制改革，从教育着手让创新人才脱颖而出；在制度设计上优化营商环境，尊重企业家，保护企业家精神。

在企业层面上，要充分激活组织人才，激发价值创造。通过机制创新，激发人的价值创造潜能及创造力。为创新人才营造良好的内部环境，打造开放包容、尊重个性、充满人文关怀的组织文化，再造活力型组织。从管控为主转向自我激发为主，让员工发挥自身驱动力和创造力。

在人性角度上，要采用灰度管理，包容有个性、有缺点的创新人才，尤其要包容创新性失败，建立开放包容的组织文化、合理的容错制度。

（3）人才结构优化与人才供应链。战略的生态化与组织的平台化＋分布式经营，是企业战略转型与组织变革的主流趋势。与此需求相适应，实现人才结构的优化并建立新人才供应链。为了满足企业战略生态化与创新业务发展的需求，优化人才结构，打造人才梯队，要注重优化人才年龄结构和人才知识结构。未来的人才结构一定要混序，这就需要大胆提拔一批新人才，有计划地培养和破格提拔一批年轻人，既要有人才之字型发展计划，又要有火箭型人才破格培养与选拔计划。在人才知识结构方面，要进行全员基于数字化与智能化的认知更新，加大人才跨界组合与融合，助力人才新的能力发展，完善人才供应链。

（4）人才经营者思维与人力资源客户化、产品化。人力资源管理需要通过数字化实现跟业务的连接，真正深度参与企业的业务活动。要确立人才服务的产品化思维，洞悉人性与人才需求，构建客户化、流程化人力资源产品服务平台，加大对人力资源产品化的研发投入。在研发过程中，立足于专业性的同时，要有场景思维。人力资源部不只是定位于 SSC，也不仅仅解决数字化平台的问题，更重要的是做 SDC。人力资源管理产品化要以用户为导向，利用数字化，让员工有好的体验感、共情感、场景感。

（5）组织和人的关系重构与新劳动（雇佣）关系治理框架。随着智能化的加速应用，人力资本成为企业价值创造的主导要素，知识型员工越来越成为主体，员工要求剩余价值索取权、企业经营管理参与权、知情权，甚至是共治共决权。在这种条件下，人与组织的关系不再是简单的雇佣和被雇佣关系，而是多重的相互雇佣和合作伙伴关系，甚至是一种联盟关系。在这种新型关系中需要构建共治共决新治理，相互投资、相互受益的新型雇佣关系。

（6）人才数字化运营与人工智能替代。人才运营的数字化与人工智能替代进入了加速应用时代，人才运营数字化是时代大趋势，未来是理性化与科学化人力资源管理的时代，是人的管理科学与艺术有机结合的系统管理时代，需要思考如何培养创新思维、服务意识、产品创新意识。

（7）人力资本价值核算与人才价值链管理。未来在大数据背景下，人力资源管理如何对人的价值创造构成、价值创造成果进行核算？如何进行数字化衡量、数字化表达、数字化呈现？价值核算会成为人力资源新的技能，人力资本价值核算与人才的价值管理将成为人力资源管理的核心。价值评价、价值分配、价值创造，构成三位一体的价值管理体系，让人才有价，也使得人才价值的评价与核算成为核心技术。未来，评价体系不仅是岗位评价，还有角色任务价值评价；不仅是绩效评价，更强调价值观与系统评价；不仅是显能的评价，更强调潜能评价；不仅是一般的能力评价，更强调绩效与贡献价值评价等。

（8）基于价值观的新领导力与干部队伍建设铁三角。在数字化时代，中国企业转型升级的最大瓶颈和障碍是什么？由于观念、认知与思维方式的滞后，企业家及高层对转型升级还没有进行系统思考，没有达成战略共识，转型升级的变革领导力不足。这种价值观的缺失是企业最大的缺失，而基于价值观的领导力不足是最大的瓶颈和障碍。我们需要基于数字化的新领导力发展计划，进行干部新思维培训。要从使命、责任、能力各方面抓干部队伍建设与干部能力建设，最终的目标是打造数字化的牵引能力。

（9）人才要素的社会化与人才生态化。未来要适应产业生态化与人才自身的需求，人才日益具有社会化属性及多重身份属性。企业人才也要社会化共享、生态化布局，借助人才社会化平台服务体系，实现全球整合人才，全球人才为我所用，致力于打造人才生态体系，确立人才生态优势。

【小结】

本章围绕全书核心主题——战略人力资源管理，从概念界定、地位作用以及演化趋势等方面做介绍，主要包括四小节内容。

第1节和第2节对人力资源及人力资源管理的概念的发展进行了回顾与介绍，并对战略人力资源管理的内涵进行了阐述，在此基础上，围绕具体的体系构建，提出了本书的组织结构。同时，对人力资源管理必须在企业中扮演的专家、战略伙伴、业务伙伴、员工服务者、知识管理者与变革推动者六个关键角色进行了介绍，强调人力资源管理者和人力资源管理部门在战略人力资源管理框架下的责任，以及人力资源管理所承担的价值创造任务。

第3节介绍了企业如何通过人与系统的有机整合，形成企业的人力资本、社会资本和组织资本，进而形成企业核心能力和持续竞争优势的源泉。人力资源满足价值性、独特性、难以模仿性和组织化特征等四大特征，成为企业核心能力和竞争优势的根本源泉。战略人力资源管理模型有战略-核心能力-核心人力资本模型、人力资源管理实践获取竞争优势模型，以及基于GREP改进的战略人力资源管理模型。人力资源管理对企业核心能力或竞争优势的支持作用得到了咨询公司和学者的实证检验。

第4节介绍了人力资源管理经历的人事行政管理、人力资源专业职能管理、战略人力资源管理以及人力资源价值增值管理等阶段。人力资源管理既面对组织外部的技术、商业、政治以及文化环境的挑战，也面对组织内部的员工变化、组织变革、工作方式和管理体系变革带来的影响。人力资源管理呈现出新特点，并出现全球化、虚拟化、职业化等发展趋势。

【关键词】

人力资源　人才资源　人力资本　组织资本　社会资本　人力资源管理战略　人力资源管理　人力资源管理角色　核心能力　竞争优势　智力资本　战略-核心能力-核心人力资本模型　人力资源管理实践获取竞争优势模型　基于GREP改进的战略人力资源管理模型　人力资源管理演进　人力资源管理挑战　人力资源管理新特点　人力资源管理趋势

【思考题】

1. 什么是人力资源，人力资源有哪些特征？
2. 企业的核心能力是什么？企业核心能力的来源是什么？
3. 战略人力资源管理体系包括哪些内容？
4. 形成企业核心能力和竞争优势的根本源泉是什么？
5. 人力资源管理是如何支持企业的可持续成长与发展的？
6. 人力资源管理在现代企业中扮演什么样的角色？
7. 国外人力资源管理的演进常见的划分模式是怎样的？
8. 本书对人力资源管理演进的划分包括几个阶段？

9. 目前人力资源管理的发展趋势是怎样的？

10. 当前人力资源管理存在哪些问题，面临哪些挑战？

案例分析

人才是资本，有为必有位——泸州老窖的战略人力资源管理体系

"城以酒兴，酒以城名"，位于我国四川南部的泸州市自古以来就有"酒城"的美誉，酿酒历史已有千年。泸州老窖是在明清36家古老酿酒作坊群的基础上发展起来的国有大型骨干酿酒企业，经过长期的经营，已是中国白酒走出国门的代表。

在坚持传承的基础上，泸州老窖不断进行管理方式的变革，持续创新，努力成为具有先进管理体系的企业。秉持着"人才是资本，有为必有位"的人才理念，泸州老窖借鉴其他企业的经验，结合自身特色，建立了行之有效的战略人力资源管理体系。

借鉴华为的"三支柱"解决战略人力资源管理体系架构问题

面对华为公司三支柱体系的成功经验，泸州老窖清楚地认识到自身人力资源体系的不足，完全照搬难度较大，而且企业经营业务不同，销售、生产、管理各个方面对人的要求不同。因此，泸州老窖将三支柱进行了内化：总部人力资源中心以COE为主，并负责搭建SSC信息化系统，提供便捷的人事服务；HRBP仅适用于销售体系，定位于人力资源服务专家，培养一批专注于文化、组织发展、能力培育的HR专家，为一线提供基于业务的人力资源解决方案并帮助实施，既为业务提供支持，也让业务负责人从单纯关注业务转向更加关注团队。

借鉴阿里巴巴的"三板斧"解决团队能力问题

不同于阿里巴巴，泸州老窖最初将三板斧内化为主要用于基层和中层管理者的措施，由小及大，先聚焦某个业务痛点，通过三板斧研讨输出解决方案，让高层看到效果，以实现上下达成共识，解决业务发展痛点。同时，泸州老窖侧重业务沟通，营造开放包容的沟通场景，将团队沟通进一步发展为绩效理念的导入。

借鉴稻盛和夫的"阿米巴"解决激励和人才培育问题

作为国企，泸州老窖想要借鉴阿米巴，首先面临的是现有体制下是否有实施土壤的问题。公司选择了一款对营收影响不大的产品在销售环节进行试点，给予人力资源配备、费用规划和市场规划方面的授权，不期望阿米巴能够解决所有问题，而是将重点放在精英人才的培育上。最终公司发掘了一批具备经营能力的储备人才，激发了员工的能动性，直接带来了销量的提升。

建立完备的"选—用—流—育—管"体系

在借鉴其他优秀企业经验的同时，泸州老窖也根据自身的情况，建立了完整的人力资源管理体系。根据企业战略严格选人规范，严格选拔流程，通过企业文化来吸引目标人群，降低离职风险；深化干部绩效考核、激励机制和淘汰机制改革，实现人员"能进能出，能上能下，能者上，庸者下"，探索准合伙人制，通过员工创造利润分享、增值部分分享和股权激励等方式，实现"大公有私"；根据能力、经验的高低和业绩来决定人员流动，开放轮岗市场和申报机制，为员工提供流动平台，推行人才队伍交流机制；以"泸州老窖商学院"为依托，长期坚持技术人才、营销人才和管理人才的培养，对新员工实行"3+1+3"的培养方式，构筑公司人才乐园。

资料来源：整理自熊娉婷. 顺势而为：泸州老窖的人力资源开发.2020年（第16届）中国人力资源管理新年报告会.

问题：

1. 泸州老窖的人力资源管理有哪些特色？

2. 泸州老窖的人力资源管理是如何上升到战略高度的？

3. 泸州老窖的人力资源管理如何支持该公司获得核心竞争力？

【参考文献】

［1］阿姆斯特朗．战略化人力资源基础：全新的人力资源管理战略方法．北京：华夏出版社，2004.

［2］安索夫．战略管理．北京：机械工业出版社，2010.

［3］贝尔德维尔，等．人力资源管理：现代管理方法：第4版．北京：经济管理出版社，2008.

［4］布兰德斯．简单管理．北京：东方出版社，2006.

［5］陈坤，杨斌．人力资源柔性构念开发与测量的理论推进．管理学报，2016，13（5）.

［6］德鲁克．21世纪的管理挑战．北京：机械工业出版社，2009.

［7］德鲁克．管理：任务、责任和实践（第一部）.北京：华夏出版社，2008.

［8］德鲁克．管理的实践：珍藏版．北京：机械工业出版社，2009.

［9］德鲁克．管理前沿：珍藏版．北京：机械工业出版社，2009.

［10］德鲁克．卓有成效的管理者．北京：机械工业出版社，2005.

［11］德斯勒．人力资源管理：第12版．北京：中国人民大学出版社，2012.

［12］杰克逊，舒勒．管理人力资源：合作伙伴的责任、定位与分工：第7版．北京：中信出版社，2006.

［13］克雷曼．人力资源管理：获取竞争优势的工具．北京：机械工业出版社，2009.

［14］刘冰，李逢雨，朱乃馨．适应变化：柔性人力资源管理的内涵、机制与展望．中国人力资源开发，2020，37（10）.

［15］梅洛．战略人力资源管理．北京：中国劳动社会保障出版社，2004.

［16］诺伊．人力资源管理：赢得竞争优势：第5版．北京：中国人民大学出版社，2005.

［17］彭剑锋，饶征．基于能力的人力资源开发与管理．北京：中国人民大学出版社，2003.

［18］彭剑锋，张建国．经营者思维：赢在战略人力资源管理．北京：中国人民大学出版社，2019.

［19］彭剑锋．2021—2025年，中国人力资源管理十大观察．华夏基石e洞察.

［20］彭剑锋．21世纪人力资源管理十大特点．销售与市场，2001（2）.

［21］彭剑锋．长期价值主义 企业家的一场修行．企业管理，2020（1）.

［22］彭剑锋．和谐视角下的中国企业人力资源问题．人力资源，2007（2）.

［23］彭剑锋．简单管理的真理．人力资源，2005（1）.

［24］彭剑锋．企业"十四五"人力资源战略规划的十大命题：战略分析与要点把握．中国人力资源开发，2020，37（12）.

［25］彭剑锋．人力资源管理的基本矛盾：组织与人．人力资源管理，2006（11）.

［26］彭剑锋．人力资源管理概论．3版．上海：复旦大学出版社，2018.

［27］彭剑锋．以长期价值主义穿越经济周期．中外企业文化，2020（6）.

［28］彭剑锋．疫情过后中小企业怎么办．中外企业文化，2020（3）.

［29］孙锐．战略人力资源管理、组织创新氛围与研发人员创新．科研管理，2014，35（8）.

［30］童汝根，朱晓珍，丘创彪．科技型企业的人性化管理探讨．中国人力资源开发，2007（4）.

［31］王萍．人与组织匹配的理论与方法．北京：中国地质大学出版社，2008.

［32］王雪莹，王满．基于成本动因的春秋航空成本领先战略探究．管理会计研究，2019（6）.

［33］文跃然．基于企业生命力系统（GREP）的战略人力资源管理系统构建．北京：中国人民大学，2009.

［34］乌尔里克，布罗克班克．人力资源管理价值新主张，北京：商务印书馆，2008.

［35］乌尔里克．人力资源管理新政．北京：商务印书馆，2007.

［36］吴价宝，达庆利．企业核心能力的系统性识别．中国软科学，2002（10）.

［37］谢小浩．企业情绪资本管理与人力资源管理的关系.广东建材，2009（3）.

［38］詹绍菓，刘建准．基于知识管理的人力资源管理体系探究．东南大学学报（哲学社会科学版），2014（S1）.

［39］张正堂．HR三支柱转型：人力资源管理的新逻辑．北京：机械工业出版社，2018.

［40］赵曙明，等．国际人力资源管理：第5版．北京：中国人民大学出版社，2012.

［41］郑绍廉，等．人力资源开发与管理．上海：复旦大学出版社，1998.

［42］中华人民共和国人力资源和社会保障部．企业人力资源管理师国家职业技能标准（2019年修订）.

［43］Boxall P，Purcell J，Wright P. The Oxford handbook of human resource management. Oxford：Oxford University Press，2007.

［44］Colbert B A. The complex resource-based view：implications for theory and practice in strategic human resource management. Academy of Management Review，2004，29：341－358.

［45］Lepak D P，Snell S A. Virtual HR：strategic human resource management in the 21st century. Human Resource Management Review，1998，8（3）：215－234.

［46］Martell K，Carol S J. How strategic is human resource management? . Human Resource Management，1995，34（2）：253－267.

［47］Nahapiet J，Ghoshal S. Social capital，intellectual capital，and the organization advantage. Academy of Management Review，1998（2）：242－266.

［48］Oster S M. Modern competitive analysis. Oxford：Oxford University Press，1998.

［49］Porter M E. Competitive advantage strategy. New York：Free Press，1980.

［50］Voegtlin C，Greenwood M. Corporate social responsibility and human resource management：a systematic review and conceptual analysis. Human Resource Management Review，2016（26）.

［51］Wilkinson A，Bacon N A，Snell S A，Lepak D. The sage handbook of human resource management. Sage Publications Ltd.，2019.

［52］Wright P M，McMahan G C. Theoretical perspectives for strategic human resource management. Journal of Management，1992，18（2）：295－320.

第2章

人力资源管理系统设计与构建

本章要点

通过本章内容的学习，应能回答如下问题：

- 人力资源管理系统设计的依据是什么？怎样理解？
- 在人力资源管理系统设计的价值取向——人性的基本假设方面有哪些理论研究？
- 人力资源管理的一个矛盾、三大系统、三种模式分别指什么？
- 战略人力资源管理系统模块有哪些？具体内容是什么？
- 人力资源管理系统运行机理中的四大支柱、四大机制和一个核心分别是什么？如何理解？
- 人力资源管理系统的最高境界是什么？如何理解？

引导案例

西门子的人力资源管理为什么成功？

西门子公司作为外国企业在华最大的投资商之一，在中国拥有 40 家合资企业、16 000 名员工，西门子中国有限公司在人力资源管理上采取了不少措施。

人事部门成为业务部门的伙伴

在一些企业，人事部门往往作为行政管理部门独立工作，与企业内的业务、产品等似乎没有直接关系，这实际上是一种错误认识，阻碍了人事部门与业务部门的相互沟通。西门子中国有限公司人力资源总监迈耶（Mayer）说：人事部门应该是业务部门的伙伴。人事经理应该了解公司的发展目标是什么，公司产品的性能如何，公司将要开发什么新产品，需要招聘什么样的人才。也就是说，人事部门在业务部门的运作中应全面卷入，而不是听从业务部门的调遣。

优先发展内部人力资源

忽略了内部人力资源的开发无异于人才浪费。西门子公司一有空缺职位，总是先在企业内部发布公告，充分挖掘内部人才潜力，只有当企业在内部招聘不到合适人选时，才向外界招聘。迈耶说：招聘渠道有许多，在报纸上登广告、参加人才招聘会、找猎头公司、企业自己找人、根据求职信选人等等，但我们的首选始终是内部招聘。

阶梯式职业通道

西门子公司对所招人员要求能力高于所聘岗位一级甚至两级，而不仅仅限于所聘岗位的任职条件。乍一听有些大材小用，实际上却是为员工下一步发展创造条件。西门子公司为工作勤奋、不断进取的员工提供晋升机会，员工在工作一段时间后，如表现出色就会被提拔，即使本部门没有职位，也会安排到别的部门。优秀员工可以根据自己的能力设定发展轨迹，一级一级地向前发展。

员工是企业内的企业家

西门子清醒地认识到公司最重要的资源是人力资源，因此公司支持员工成功，并为员工创造成功的机会。在这种背景下，公司提出这样一个口号：员工是企业内的企业家。公司让每一位员工（上到最高管理层下到打零工者）都这样想这样做。这句话并不是空洞的，为了让员工成为真正的企业内的企业家，西门子公司让员工有充分做决策、施展才华的机会，还让员工有增加薪酬的机会。这样"有名有利"，才能让员工体会到企业家的感觉。这实际上是互利的，即员工才能得到发挥，得到提拔，增加了收入，同时企业也得到了人才，创造了利润。这可以说是西门子公司领导风格的体现。

定期进行绩效反馈沟通

西门子公司于 1996 年推出"人员发展、促进、赞许制度"（简称 EFA 谈话）。谈话中，上级领导客观评价下属的工作业绩，对其成绩当面赞许，如有缺点也直率告知；共同讨论分析下属部门的发展形势及面临的问题，认真听取下属的工作设想和建议；征询下属对培训进修、岗位轮换、晋职晋级等方面的意见。通过谈话，可以增进上下级人员的了解与沟通，增强各级人员的责任感、成就感和自信心，使员工充分施展才干，促进企业不断发展。

建立科学的薪酬体系

外企的高薪酬一直是吸引人才的原动力，迈耶却说：薪酬不是最重要的。无论员工的需求是什么，公司都应该明确工作出色的人多拿报酬。工资发放原则应体现以下四点：一致性；对外有竞争性；员工贡献得到很好的反映；有说服力，敢于公开。员工的工资取决于岗位、业绩。薪酬重要，但不是最重要的，不要低估工作的挑战性、晋升机会等非物质因素。

为什么西门子在中国取得如此突出的成就，它有什么值得其他企业借鉴学习的地方？实际上这家企业所面临的并不是一个个独立的问题，而是相互联系的系统性问题，头痛医头，脚痛医脚，很难找到问题的根源和突破口，必须采用系统性方法去解决根本问题。因此，通过这个案例，我们可以提出具有战略意义的命题：一家企业如何进行人力资源管理系统的设计，这些系统包括哪些模块？这些模块之间如何有效协同？这就是本章所要解决的基本问题。

第 1 节　人力资源管理系统设计的依据

战略人力资源管理的最终目标是，通过对企业人力资源的整合来驱动企业核心能力的形成与保持，因此设计出一套适合企业的人力资源管理系统对实现企业战略、获取竞争优势至关重要。而在人力资源管理系统设计中，设计依据的正确选择是整个系统设计获得成功的关键。本书认为，人力资源管理系统设计的依据主要包括两个方面：一方面是企业的使命、愿景以及战略；另一方面是人力资源管理系统设计的价值取向。

一、企业的使命、愿景与战略

使命是指企业存在的理由和价值，即回答为谁创造价值，以及创造什么样的价值。任何现代企业都是在一个产业社会的生态环境中寻找生存和发展的机会。这个产业社会的生态环境主要包括该企业的供应商、分销商、最终顾客、战略伙伴、所在社区以及其他利益相关者。企业要获得可持续发展，必须在其所在的产业社会的生态环境中找到自身存在和发展的价值和理由，即要明确企业能够为其供应商、分销商、顾客、战略伙伴等一系列相关利益群体创造什么样的价值。企业只有持续不断地为它们创造价值，使各利益相关者都离不开它，才能获得可持续成长和发展的机会。

愿景是指企业渴求的未来状态，即回答企业在未来将成为什么样的企业。当前，越来越多的企业开始着手制定企业的愿景规划。一般而言，企业的愿景规划包括两个组成部分：一是企业在未来的 10～30 年要实现的远大目标；二是对企业实现这些目标后的样子的生动描述。

即时案例 2-1

知名公司的经营理念（使命或愿景）

1. 腾讯
通过互联网服务提升人类生活品质，做最受尊敬的互联网企业。
2. 小米集团
始终坚持做"感动人心、价格厚道"的好产品，让全球每个人都能享受科技带来的美好生活。
3. 京东
科技引领生活，成为全球最值得信赖的企业。
4. 百度
用科技让复杂的世界更简单，从连接信息到唤醒万物。
5. 阿里巴巴
让天下没有难做的生意。
6. 今日头条
要做全球创作与交流平台。

7. 光启集团
未来即现在。
8. 华为
把数字世界带入每个人、每个家庭、每个组织，构建万物互联的智能世界。
9. 海尔
成为行业主导、用户首选的第一竞争力的美好住居生活解决方案服务商。
10. 华夏基石管理咨询集团
管理构筑基石，咨询引领未来。

企业通过建立自身的使命与愿景，找到了发展的目标和方向。而企业的战略是将这些使命和愿景进行落实的关键步骤。战略，即成长的方向、方式和路径，也就是如何成长。本书认为：战略首先是一种选择，是企业关于干什么和不干什么，要这么干还是那么干的选择，然后去做产业研究，进行竞争态势、市场格局和环境分析，等等。一般来讲，企业的战略主要包括三个层次，即公司层、事业层和职能层。公司层战略主要描述一个公司的总体方向，主要包括一家公司如何建立自己的业务组合、产品组合和总体增长战略。比如，某公司决定同时进入家电、IT 和通信终端设备等领域来保持企业的快速成长。事业层战略主要发生在某个具体的战略业务单元（比如事业部或者子公司），具体是指该战略业务单元采用什么样的策略来获取自己的竞争优势，保持本战略业务单元的成长与发展，以及如何支持公司层面的总体战略。比如，某公司决定在彩电业务领域采取低成本战略吸引低端消费者，以获取自己的竞争优势。职能层战略主要在某一职能领域中采用，比如企业的人力资源战略、财务战略、研发战略、营销战略等，它们通过使公司的资源产出率最大化来实现公司和事业部的目标和战略。

企业的使命、愿景和战略共同形成了企业一整套时间跨度由长到短的目标体系，以及支撑这些目标的策略体系。它们又共同形成了企业的组织与人力资源管理体系的设计依据，并且成为组织所有经营和管理系统所要服务的对象。

二、人力资源管理系统设计的价值取向——人性的基本假设

人力资源管理系统设计要以企业的核心价值观为基础。人力资源管理哲学的基本假设有：人性的基本假设、人与自然关系的假设、组织与人的关系的假设、人际关系的假设、货币资本与人力资本关系的假设等。其中，最基础的是人性的基本假设，这也是本书要阐述的内容。

人的行为在一定程度上依赖于个人所拥有的一系列假设，人力资源管理者的管理实践更是建立在一系列假设的基础之上。比如，一位管理者是否值得员工信赖；员工是喜欢工作还是厌恶工作；员工是只能按照规定流程完成工作还是可以创造性地完成工作；员工是否具有潜能；等等。这些方面将会从根本上决定管理者会采取何种人力资源管理实践。因此人性的基本假设是人力资源管理系统设计的重要哲学基础。我们把国内外管理学者对人性的基本假设进行了总结，主要包括以下理论。

（一）X 理论与 Y 理论

美国管理学家道格拉斯·麦格雷戈在对管理者的行为进行深入观察后得出结论：一个管理者关于人性的观点是建立在一系列特定假设的基础之上。管理者倾向于根据这些假设来塑造自己对下属的行为。1957年，他提出了关于人性的两种截然不同的理论：X 理论（类似于荀子的性恶论）和 Y 理论（类似于孟子的性善论）。

根据 X 理论，管理者持有以下四个假设：

（1）员工天生厌恶工作，并尽可能地逃避工作。

（2）由于员工厌恶工作，必须对其进行管制、控制或惩罚，迫使其达成目标。

（3）员工逃避责任，并且尽可能地寻求正式的指导。

（4）大多数员工认为，安全感在工作的相关因素中最为重要，并且员工不具有进取心。

在管理上，X 理论往往主张：

（1）以经济报酬来激励，只要增加金钱奖励，便能取得更高的产量。

（2）重视满足员工生理及安全的需要，同时也很重视惩罚，认为惩罚是最有效的管理工具。

麦格雷戈是以批评的态度对待 X 理论的，他指出：传统的管理理论脱离现代化的政治、社会与经济来看人，是极为片面的。这种软硬兼施的管理办法会导致员工的敌视与反抗。因此，他针对 X 理论的错误假设，提出了相反的 Y 理论。

根据 Y 理论，管理者持有与 X 理论相反的四个假设：

（1）员工会把工作看作同休息或娱乐一样自然的事情。

（2）员工如果对工作作出承诺，就能自我引导和自我控制。

（3）一般来说，员工都能学会接受甚至主动承担责任。

（4）人们普遍具有创造性决策的能力，而不只是管理层的核心人物具有这种能力。

在管理上，Y 理论往往主张：

（1）扩大工作范围，尽可能把员工工作安排得富有意义，并具挑战性。

（2）启发员工内因，使其实现自我控制和自我指导，达到自我激励。

显然，这两组假设存在根本性的差异：X 理论是悲观的、静态的和僵化的，控制主要来自外部，也就是由上级来强制下级工作；相反，Y 理论则是乐观的、动态的和灵活的，它强调自我指导并把个人需要与组织要求结合起来。

（二）超 Y 理论

在 X 理论、Y 理论的基础上，约翰·莫尔斯和杰伊·洛希提出了超 Y 理论。该理论认为 X 理论不一定过时，Y 理论也不是灵丹妙药。该理论认为没有什么一成不变的、普遍适用的最佳的管理方式，必须根据组织内外部环境和管理思想及管理技术等之间的函数关系，灵活地采取相应的管理措施，管理方式要适合于工作性质、成员素质等。它是一种主张权宜应变的经营管理理论，实质上是要求将工作、组织、个人、环境等因素做最佳的配合。其主要内容是：

（1）人们怀着许多不同的动机和需要参加工作，但最主要的需要是实现胜任感。

（2）胜任感每个人都有，但因人而异，不同的人有不同的满足方法，取决于这种需要与个人的其他需要——如权力、自立、地位、物质、待遇、成就、归属感——的相互作用。

（3）当工作任务与组织相适合时，胜任感的动机极有可能得到实现。

（4）即使达到了目的，胜任感仍继续发挥激励作用，达到一个目标后，就会有一个新的、更高的目标。

在管理上，超 Y 理论往往主张：

（1）设法让工作、组织和人密切配合，使组织选择合适的人来从事特定的工作。

（2）先从对工作任务的确认和对工作目标的了解等方面来考虑，然后决定管理阶层的划分、工作的分派、酬劳和管理程度的安排。

（3）合理确定培训计划和强调适宜的管理方式，使组织更妥当地匹配工作与人员，这样能够产生较高的工作效率和对胜任感的激励。

（4）各种管理理论，不论是传统的还是参与式的，均有其可用之处，主要根据工作性质、员工对象而定。

超 Y 理论的重点在于权变，即认为对人性的认识要因人而异。人们有不同的需要，当工作和组织设计适应这些需要时，他们就能最好地进行工作。

（三）Z理论

日裔美籍学者威廉·大内（William Ouchi）在比较了日本企业和美国企业的不同的管理特点之后，将日本的企业文化管理加以归纳，参照X理论和Y理论于20世纪80年代初期提出Z理论。这是一种比较组织理论而非一种关于人性的假设，它包括组织类型、结构、文化和工作方式等方面的内容，主要由信任、微妙性和亲密性所组成。其主要内容是：

（1）重视人的尊严和价值，强调人际关系的和谐；

（2）短期雇佣只能使员工产生不安全感，将员工放到企业的对立面。

在管理上，Z理论往往主张：

（1）管理体制应保证下情充分上达，应让员工参与决策，及时反馈信息；

（2）企业要长期雇用员工，使员工增加安全感和责任心，与企业共荣辱、同命运；

（3）管理者不能仅关心生产任务，还要关心员工福利，让他们心情舒畅；

（4）管理者要重视员工的培训工作，注意多方面培养他们的实际能力。

（四）善恶一体论

中国人民大学彭剑锋教授提出：个体不是实现管理目标的冰冷工具，作为生命有机体，不能对其进行机械的拆解剖析，不能简单地将人归类为好或坏，不能脱离人性来单纯地谈论制度管理。不存在所谓的性善论或性恶论，人的善或恶主要取决于个体内心的追求以及外部环境对个人的牵引。该理论认为不应该采用二元对立思维对人的划分"非黑即白"，这是不符合实际情况的。善恶一体论的主要内容是：

（1）人是复杂多变的。人的内心既有追求善的一面，也有损人利己的本能，不能简单归为两者之中的某一类，最终个体所呈现的善与恶，主要取决于个体的追求和外部环境的牵引。

（2）人是善与恶的对立统一体。对人的管理既要理性又要感性，既要黑白分明，基于事实与数据，又要在黑白之间把握好分寸，基于感性与人性，通过内心世界的指导与互动，激发员工的内在价值创造潜能。

在管理上，善恶一体论强调：

（1）愿景与价值观牵引。人是一体两面的，善与恶的呈现主要取决于个体的追求以及环境的牵引，因此企业可以通过愿景与价值观的牵引，让员工感受到企业的"温度"，使员工不断朝着组织目标努力，从而做到"力出一孔，利出一孔"。

（2）用人不求全责备，不追求完美。在用人方面，管理者要有经营者思维与整体系统思维，深刻理解企业战略以及组织需要，了解人性善恶的动态转化，用人所长，容人所短，清楚了解每个人的优缺点，尽可能发挥他们的优势，容忍他们的缺点，避免其带来的不利后果。

（3）管理者要更好地把握员工的需求和管理底线。对员工既要强调规则和制度化管理又要富有弹性和人情味，善用灰度管理思维及艺术，但不是没有原则或规则，而是基于大家都认可的规则之上的充分发挥，允许员工犯错误，也允许员工失败。

上述有关人性的基本假设对现代企业的人力资源管理具有十分重要的影响，因为它形成了企业各层各类人员开展人力资源管理实践的内在依据。对于高层管理者而言，他持有何种人性假设，将会影响到他如何确定企业的人力资源政策和战略，以及公司的人事管理哲学。对于人力资源专业人员而言，他们持有何种人性假设，将会影响到他们如何设计公司的人力资源管理方法、流程、工具和制度。对于直线管理者而言，所持有的人性假设会影响到他如何操作和运用公司的人力资源管理工具和制度，以及如何作出具体的人力资源管理决策。当然，对于一个组织而言，不同的管理者所持有的人性假设可能会具有较大的差异，但在一个企业中必然会存在占据主流地位的人性假设，这种主流的人性假设将会从整体上决定该企业的人事管理哲学、人力资源政策与战略，以及人力资源管理制度、流程、工具和方法。

第 2 节　人力资源管理系统构建的基点

人与组织的矛盾是人力资源管理的基本矛盾，如何正确处理人与组织之间的关系，并平衡相互之间的利益与价值，是人力资源管理研究中一个古老而又崭新的难解之题。因此，人力资源管理系统构建的基点有两个：一个是组织，另一个是人。

要理解人力资源管理系统构建的基点，必须把握一个矛盾、三大系统和三种模式。一个矛盾是指人与组织的矛盾，是人力资源管理模式转变的原因；三大系统是人力资源管理系统构建基点的基础，包括组织系统、职位管理系统以及胜任力系统；三种模式是指人力资源管理的三种模式，包括基于职位的人力资源管理模式、基于能力的人力资源管理模式以及基于职位＋能力的复合式人力资源管理模式。

一、一个矛盾——人与组织的矛盾

传统的人力资源管理关注解决人如何适应组织与职位的问题，而忽视了组织与人的相互适应及人与人之间的互补协同关系。随着组织与人的关系日益复杂与多变，人力资源管理面临许多新的问题与矛盾。进入新的经济发展阶段，企业的人力资源管理发生了重大的转变，人力资源管理的基本矛盾进入了一个新的阶段，矛盾的两个方面——组织与人——同过去相比都发生了很大的变化，这使得组织中人与组织、人与职位、人与价值以及人与人之间的关系都出现了很多新的特点。

（一）人与组织整体的矛盾及新变化

人与组织整体的矛盾主要是指人和组织之间的适应性问题，人的素质与能力要跟企业的愿景、使命、战略、文化与核心能力相匹配，要保持组织和人的同步成长和发展，使人内在的需求能够在组织中得到满足，个人价值得到实现；同时，人也要符合组织战略与文化的需求，个人目标与组织目标一致。人与组织整体的协同主要包括三个层面的内容：第一，整个企业的核心人才队伍建设要与企业的核心能力相匹配，以支撑企业核心能力的形成；第二，企业的人才结构要符合企业业务结构与发展模式的需求，要依据企业业务结构的调整与优化进行人才结构的调整与优化；第三，每个个体的能力要符合企业战略和文化的需求，个体要认同组织的文化，形成自己的核心专长与技能。

（二）人与职位的矛盾及新变化

人与职位的矛盾主要是指人与职位的适应性问题，人要符合职位的需求，人的能力和职位的要求既要双向匹配，也要动态匹配。要实现人与职位的动态匹配和双向匹配，就要解决以下矛盾：

首先，如何由过去的人与职位的单向匹配转向双向匹配。过去，人们按照职位说明书的具体要求工作。现在，随着平台化组织的兴起，越来越多的企业开始把知识型员工根据不同的任务组合成项目制团队。知识型员工的高人力资本、工作自主等特性，要求职位能够满足其特定的需求，以便开发个人及其团队更大的潜能，促进组织效率的提升。

其次，如何由过去的人与职位的静态匹配转向动态匹配。过去，人的素质和能力主要符合他所从事的某一个专业领域的能力需求。现在，一方面，个人素质要符合关键岗位和特定岗位的需求；另一方面，特定的职位也需要满足人的心理需要。

最后，人与职位匹配的命题要由过去基于职位＋能力的复合式管理体系向基于任务＋能力的复合式管理体系转变。直到现在，国内外大部分企业还在实施基于职位＋能力的管理体系，以职位管理系统及胜任力系统为基础，这也是本书提出的战略人力资源管理系统框架的基础。未来，随着区块链技术的发展和平台经济的兴起，组织网状化、无边界化、社会化，基于职位的人力资源管理职能会逐渐被基于任务的人力资源管理职能所替代。未来的战略人力资源管理要求组织的发展和人力资源的变化都要适应任务发展的变化，表现出动态适应的过程。

在新经济时代，组织所面临的环境越来越不确定，客户的需求呈现多样化、个性化的特点，组织的模式以及员工的工作模式要适应客户需求的变化而不断变革。组织变革与创新成为一种常态，这使得职位关系日趋复杂，职责越来越模糊，职位分析缺乏对战略、组织、流程的整体适应能力。这就导致了职位的不确定性，组织中的工作或职位不再像过去那样是静态的，而是动态的。组织和组织中的工作出现的新特点具体表现在以下方面：

第一，组织设计的基点发生了变化，过去组织设计是基于目标和功能，现在应以战略业务发展的需求和客户发展为导向。

第二，在传统的组织中，职位是稳定的，工作是确定的，职责是清楚的；而现在的工作越来越不确定，职责也变得不清楚。因为组织不断在变，流程不断在变，原有的职位可能会消失，职位是完全动态的。

第三，过去的工作是重复性的、可复制的；而现在的工作是创新性的、难以复制的，有很多例外的工作内容。

第四，过去的组织部门之间以及各岗位之间的边界是清晰的，分工是明确的；而现在的组织当中，岗位之间的边界并不清楚，职责划分并不明确。

第五，过去的工作是按照直线职能制进行专业化分工的个人工作模式，追求个人的专业化；而现在更多的是围绕一项目标或任务进行人才的组合，采用项目性和跨团队、跨职能的团队工作模式，追求人才组合的协同性。

第六，对员工来讲，过去强调更多的是单一技术要求，现在则强调多种技能的综合要求。

第七，过去在组织中处理组织与人之间的矛盾，协同各个部门之间的关系，最基本的准则是权力法则；现在则是基于顾客和市场的需求，更多地强调责任和能力。

（三）人与价值之间的矛盾及新变化

在农业文明时期，组织与人形成了血缘性团队、地缘性组织。发展到工业文明时期，组织与人形成了专业化的团队、科层制的组织。而到了智能化时代，组织与人的关系重构，衍生出了细胞型组织、网状结构组织，组织围绕人进行关系与价值重构——从体力劳动者为主体到知识工作者为主体；从资本雇佣劳动到人力资本与货币资本相互雇佣；从雇佣关系到合作伙伴关系；从人才管理到人才经营；从关注现实能力到关注潜能；从人力成本到人力资本；从人性为本到价值为本；从人才所有权到人才使用权；员工体验从物质激励到全面认可体验；等等。这些都意味着人已不再是价值创造的工具而是价值创造的自我驾驭者。人与价值问题已经成为人力资源管理的核心问题，人力资源管理既要上升为战略层面的组织活力的激活，又要落实到对个体的价值创造活力的激活，涉及以人力资源管理的价值创造、价值评价和价值分配为核心的人力资源价值链管理。这一部分的观点将在本章第4节人力资源管理系统的运行机理中作为一个核心展开介绍。

（四）组织中人与人之间的矛盾及新变化

组织中人与人之间的矛盾主要是指组织中人与人的能力匹配和团队人才组合问题，即组织中人与人之间的有效配置问题。在知识型组织中，人往往不是固定在某一个点（职位）上，而是在一个区域里运动，跨团队、跨职能的团队运作是一种主要的组织工作模式，人力资源管理的矛盾就更多地表现为人与人之间的关系，人与人之间的个性互补与能力匹配，人在团队中的角色定位与位置。要实现人与人之间的有效配置，就要研究人才的互补性聚集效应。

在组织、工作和价值观发生巨大变化的同时，组织中的人也发生了很大的变化。第 1 章第 4 节在介绍人力资源管理演进四阶段新论时，对员工变化做了分析。

总之，在新经济时代，组织、工作和人都发生了巨大的变化，也都变得更加复杂。组织和人的变化促使人与组织的矛盾、人与职位的矛盾、人与人之间的矛盾进一步深化，这比以往任何一个时期都更加深刻，影响更为广泛。

二、三大系统——组织系统、职位管理系统及胜任力系统

（一）组织系统

任何企业在确定使命、愿景和战略后，必须使之在组织和管理上得到有效的落实与传递。因此，组织设计就成为将企业的目标系统与人力资源管理系统进行衔接的桥梁和纽带。组织设计的原理主要包括组织结构的选择、部门设置和流程梳理三方面的内容。

1. 组织结构的选择

组织结构的选择是指要确定企业采用什么样的组织结构类型。组织结构的类型主要包括：直线职能制、事业部制、集团公司制、项目制、矩阵制等。其中，典型的是直线职能制、事业部制和矩阵制。集团公司制在运作方式上与事业部制大体相似，而项目制的组织结构有的可以看作一种动态的事业部制，有的则趋近于矩阵制的组织结构。

（1）直线职能制。在直线职能制结构中，组织由上至下按照相同的职能将各种活动组合起来。所有的工程师被安排在工程部，主管工程的副总裁负责工程部所有的活动。市场、研发和生产方面也一样。这种结构见图 2-1（a）。

（2）事业部制。事业部制结构有时也称产品部制结构或战略经营单位制结构。通过这种结构，可以针对单个产品、服务、产品组合、主要工程或项目、地理分布、商务或利润中心来组织事业部。事业部制结构的显著特点是基于组织产出进行组合。事业部制和职能制结构的不同之处在于，事业部制结构可以设计多个独立的事业部，每个部门又包括研发、生产、市场与销售等职能部门（见图 2-1（b）），各个事业部之间跨职能的协调增强了。事业部制结构鼓励灵活性和变革，因为每个组织单元（即事业部）变得更小，能够适应环境的需要。此外，事业部制实行决策分权，因为权力在较低的层级（事业部）聚合。与之相反，在一个涉及各个部门的问题得到解决之前，职能制结构总是将决策指向组织的高层。

（3）混合制。在很多情况下，组织结构并不是以单纯的职能制、事业部制的形式存在的。一个组织的结构可能会同时强调产品和职能，或产品和区域。综合两种特征的一种典型的结构就是混合制结构（见图 2-1（c））。当一家公司成长为大公司，拥有多个产品或市场时，通常会组建若干自主经营的单元。对每种产品和市场都重要的职能被分权形成自我经营的单元。然而，有些职能会被集中控制在总部。总部的职能是相对稳定的，需要实现规模经济和深度专门化。通过整合职能制和事业部制结构的特征，组织可以兼具二者的优点，避免二者的一些缺陷。

（4）矩阵制。矩阵制结构的独特之处在于事业部制结构和职能制结构（横向和纵向）的同时实现，如图 2-1（d）所示。与混合制结构将组织分成独立的部分不同，矩阵制结构的产品经理和职能经理在组织中拥有同样的职权，员工向二者报告。当环境一方面要求专业技术知识，另一方面又要求每个产品线能快速作出变化时，就可以采用矩阵制结构。当职能制、事业部制或混合制结构均不能很好地整合横向的联系机制时，矩阵制结构常常是解决问题的方案。

（5）网络式。网络式组织是一种超横向一体化的组织，是扁平式组织的进一步深化，如图 2-1（e）所示。它把扁平式组织的上层完全去掉，取而代之的是虚拟总部、虚拟委员会。这种柔性的、灵活的虚拟组织具有高度的可达性和强大的信息获取能力。网络式组织以自由市场模式代替了传统的纵向层机制。它突破了

组织结构的有形界限，有利于企业内部分工合作，也有利于借用外力和整合外部资源，此时组织的权力进一步下放到组织的子网络中。网络式组织除了权力下放，还有一个特征就是基于信任产生的协作关系。权力下放的同时，也意味着责任的过渡。例如：传统的职能式组织规定了员工的工作任务，但是员工对工作结果的合理性并没有责任要求；而网络式组织的出现在一定程度上也意味着责任的下放。

（6）平台式。如果说网络式组织是扁平式组织的进一步深化，那么平台式组织就是对网络式组织的进一步迭代，如图2-1（f）所示。平台式组织主要由平台和临时性项目团队或多功能团队组成。平台式组织是通过对组织机制和形式进行巧妙的组合而形成的一种弹性的形式结构，因此通过多种组织形式（如网络式、矩阵式、职能式等）的组合而交织在一起。平台是组织的一种基础的形式结构，一般只会发生周期性重大转变。经常发生转变的是依托平台的临时性项目团队和多功能团队的重组。

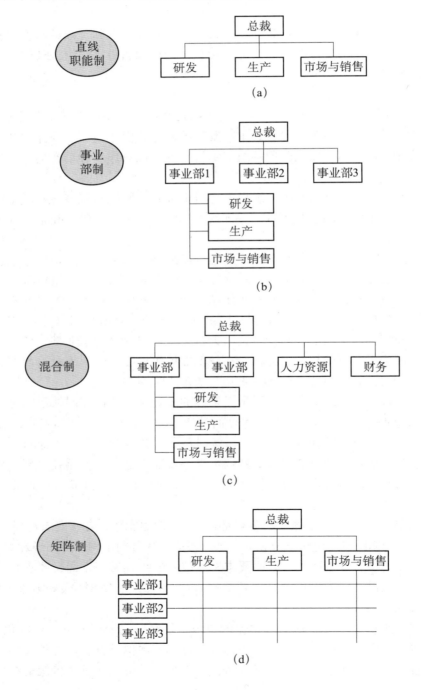

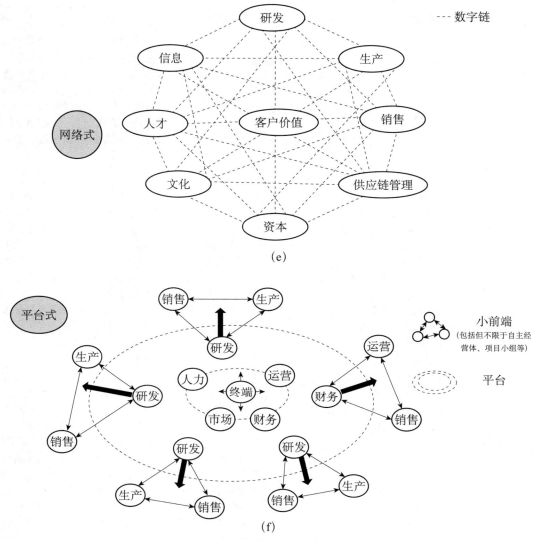

图 2－1　几种典型的组织结构

企业选择何种组织结构类型，主要取决于其战略、业务规模、产品的差异化程度以及管理的复杂性与难度等方面。表 2－1 给出了几种典型组织结构的特点及其比较。

表 2－1　几种不同的组织结构的特点及其比较

	直线职能制	事业部制	混合制	矩阵制	网络式	平台式
关联背景	环境：较低的不确定性，稳定 技术：例行，较低的相互依存 战略目标：内部效率，技术质量	环境：中度到高度的不确定性，变化性 技术：非例行，部门间较高的相互依存 战略目标：外部效益，适应，顾客满意	环境：中度到高度的不确定性，变化的客户要求 技术：例行或非例行，职能间一定的依存 规模：大 战略目标：外部有效性，适应，顾客满意	环境：高度的不确定性 技术：非例行，较高的相互依存 规模：中等，少量产品线 战略目标：双重核心——产品创新和技术专门化	环境：高度不确定 技术：较高的相互依存 战略目标：跨界融合	环境：高度不确定 技术：较高的相互依存 战略目标：生态布局

续表

	直线职能制	事业部制	混合制	矩阵制	网络式	平台式
内部系统	经营目标：强调职能目标 计划和预算：基于成本的预算，统计报告 正式权力：职能经理	经营目标：强调产品线 计划和预算：基于成本和收益的利润中心 正式权力：产品经理	经营目标：强调产品线和某些职能 计划和预算：基于事业部的利润中心，基于核心职能的成功 正式权力：产品经理，取决于职能经理的协作责任	经营目标：同等地强调产品和职能 计划和预算：双重系统——职能和产品线 正式权力：职能经理与产品经理的联合	经营目标：强调任务导向，打破管理流程 计划和预算：基于任务/产品导向的动态预算机制 正式权力：项目/产品负责人	经营目标：根据消费者需求形成数字化的工作任务 计划和预算：分布经营、独立核算 正式权力：领导赋能、权力下放
优势	1. 鼓励部门内规模经济 2. 促进深层次技能提高 3. 促进组织实现职能目标 4. 在小型到中型规模下效果最优 5. 在一种或少数几种产品时最优	1. 适应不稳定环境下的高度变化 2. 由于清晰的产品责任和联系环节从而实现顾客满意 3. 跨职能的高度协调 4. 使各分部适应不同的产品、地区和顾客 5. 在产品较多的大公司中效果最好 6. 决策分权	1. 使组织在事业部内获得适应性和协调，在核心职能部门内实现效率 2. 公司和事业部目标一致 3. 获得产品线内和产品线之间的协调	1. 获得适应环境双重要求所必需的协作 2. 产品间实现人力资源的弹性共享 3. 适于在不确定环境中进行复杂的决策和经常性的变革 4. 为职能和生产技能改进提供机会 5. 在拥有多重产品的中等规模组织中效果最佳	1. 高度的环境和市场的适应性 2. 促进跨职能、跨部门的知识交流和协调 3. 促进内部资源和岗位的再配置 4. 适于在不确定环境中进行复杂的决策和经常性的变革	1. 高度的环境和市场的适应性 2. 最大可能连接单个经营体 3. 管理制度简化、强调信任 4. 数据驱动客户需求，最大限度调动平台资源
劣势	1. 对外界环境变化反应较慢 2. 可能引起高层决策堆积、层级超负荷 3. 导致部门间缺少横向协调 4. 导致缺乏创新 5. 对组织目标的认识有限	1. 失去了职能部门内部的规模经济 2. 导致产品线之间缺乏协调 3. 失去了深度竞争和技术专门化 4. 产品线间的整合与标准化变得困难	1. 可能产生过多的管理费用 2. 导致事业部和公司部门间的冲突	1. 导致员工卷入双重职权之争，降低人员的积极性并使之迷惑 2. 意味着员工需要良好的人际关系技能和全面的培训 3. 耗费时间，包括经常召开会议和解决冲突 4. 除非员工理解这种模式，并采用一种大学式的而非纵向的关系 5. 有来自环境的双重压力，难以维持权力平衡	1. 降低员工对组织的忠诚度和归属感 2. 对员工的要求和多面性增加，加大员工家庭-工作平衡的难度 3. 组织的战略需要不断变化和尝试聚焦	1. 组织需要不断调整战略布局以适应不确定性 2. 用工作任务代替工作岗位，使得雇佣关系发生一定的变化，对未来员工的能力需求进一步加大

资料来源：彭剑锋. 人力资源管理概论. 上海：复旦大学出版社，2018.

学习资料 2-1

京东的组织结构调整

一、发展背景

京东成立于 1998 年，当时位于北京中关村，公司规模太小，还谈不上什么组织结构。2004—2007 年，京东开始涉足电子商务领域，相继成立了上海、广州的全资子公司；之后，京东商城上线；2009 年，京东自建物流公司。随着公司规模越来越大，就要牵涉组织架构及设计的相关问题。

二、历次组织结构调整

2013 年 3 月，京东调整了组织结构，从最初的职能化的体系结构改变为事业部制。此次调整是依据客户需求作出的。例如，营销研发部的主要使命是把前端的网站、营销系统、零售系统、供应链系统和开放平台做好；硬件部门主要负责关于订单的流程，从配送管理到客服到售后的管理过程；数据部负责整个系统的数据流。又如，企业制定了三大战略：移动战略、云计算以及大数据战略。公司为研发部提供统一的大数据平台以及相关的工具，大数据得到挖掘和利用。移动方面，客户端装机量突破 6 000 万，有非常多的创新。公司采用扁平化的组织结构，使沟通更容易，组织的效率得到提升。

2014 年，京东与腾讯宣布建立战略合作伙伴关系。腾讯拥有京东约 15% 的股权，并在京东上市时追加认购 5% 的股权。当年 4 月，京东宣布调整组织结构，成立两个子集团公司、一个子公司和一个事业部，分别为京东商城集团、金融集团、拍拍网和海外事业部，QQ 网购平台与京东平台进行整合。刘强东担任京东集团 CEO；京东发展战略部及京东研究院划转至 CFO 体系，直接向集团 CFO 汇报；公共事务部、物流地产事业部、行政管理中心以及全国招标中心直接向集团 CHO 汇报。这次组织结构调整的一大看点就是京东开始对标阿里巴巴，例如京东商城对应天猫，京东金融对应阿里金融，拍拍网对应淘宝，京东海外部门对应阿里国际。

2016 年，京东宣布整合营销资源，设立营销平台体系，向京东商城 CEO 汇报。京东商城营销平台体系下设平台运营部、平台研发部、市场营销部、公共关系部、广告部和用户体验设计部。

2017 年 5 月，京东实现全面盈利。京东宣布正式组建京东物流子集团，向全社会输出京东物流的专业能力。京东还成立了广告事业部、集团战略部、国际业务拓展部，重新设立集团 CMO 体系，全面负责京东集团包括商城、金融、保险、物流、京东云等业务在内的整合营销，以及集团的国内市场公关策略策划。具体如图 2-2 所示。

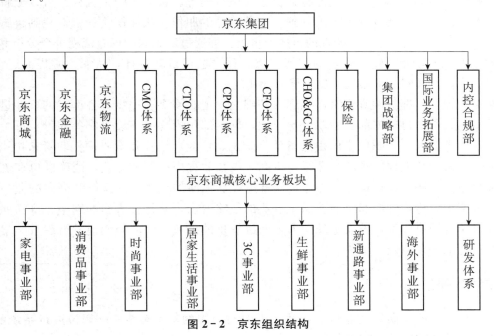

图 2-2　京东组织结构

2018 年 12 月，京东商城将此前三大事业群的架构划分为前台、中台、后台。调整后的所有事业群以及各业务部的负责人，都直接向京东商城轮值 CEO 汇报。

前台包括平台运营业务部、拼购业务部等部门，主要围绕 B 端和 C 端客户。

中台包括新成立的三大事业群（C 电子及消费品零售事业群、时尚居家平台事业群、生活服务事业群）以及研发部门和商城用户体验设计部，各业务部门的市场职能将进行集中管理，由商城市场部统一提供支持。

后台部门主要为中台、前台提供保障和专业化支持。其中，京东将成立CEO办公室负责重大组织及业务变革的整体协调。

三、总结

从京东的组织结构调整历程来看，调整比较频繁，这也从侧面反映了京东的发展比较迅猛，战略的变化非常快。为了适应公司新的发展需要，与新的战略进行匹配，必须对组织结构进行快速而频繁的调整。这样快速的变化也反映出京东高层不墨守成规、锐意改革的精神和勇气。

资料来源：http://www.hrsee.com/? id=1054.

2. 部门设置

在确定了企业采用何种组织结构类型后，就需要对企业的部门进行划分，即考虑设置哪些部门来实现企业的战略目标与功能。在直线职能制中，需要根据企业价值链的主要职能活动来进行业务部门的设置，并围绕业务部门的设置来安排管理部门的设置。在事业部制组织结构中，还必须进一步考虑哪些部门在总部进行集中，以发挥集中化带来的规模效应，哪些部门应该分设在不同的事业部中，以充分激发事业部的活力。对于矩阵制组织结构，则必须结合职能制和事业部制两种组织结构来考虑。

3. 流程梳理

现代企业已不再仅仅强调依靠部门的划分和部门之间、职位之间的职责界定来提高组织的运行效率，而是更加突出流程的再造和优化对于组织效率（尤其是对于组织的应变速度和响应顾客的能力）的影响。流程是指完成某一项具体工作的一系列步骤或者程序。企业为顾客提供的产品或者服务最终都要依靠流程来实现。企业的流程包括业务流程和管理流程。业务流程主要包括企业的研发流程、生产流程、销售流程和客户服务流程。管理流程包括企业的人力资源管理流程、财务管理流程等。每个大的主流程又可以分解为若干小的流程，最终可以将流程的每个步骤或者环节细分到一个个具体的职位，从而使流程能够找到落脚点和具体的承担者。20世纪90年代，企业界兴起了流程的再造与重组，即通过对组织的现有流程进行分析和梳理，寻找流程设计中缺乏效率的地方，并对整个流程的运行步骤和程序进行重新设计，从而大幅提高组织的运行效率，降低企业的成本，提高企业对外部市场的反应能力和速度。

在完成组织结构选择、部门设置和流程梳理的基础上，企业需要进一步对各部门的职能进行定位，并明确每个部门的职责与权限，再根据部门的职责与权限，确定部门内部应该设置哪些职位，每个职位应当承担何种工作职责与工作内容，每个职位应该由具备什么知识、技能、经验和素质的任职者来担当。另外，对职位的设计和研究，也必须从流程的角度来考虑，研究职位在流程中所处的位置，明确职位在流程中应该扮演的角色，以及应该承担的职能和职责。这样，企业就可以从纵向的直线指挥系统和横向的业务流程两个方面来进行职位设计和职位分析，确保职位能够满足企业的战略要求，并符合流程的期望。这样就从组织设计过渡到企业的职位分析与职位评价，进而实现向人力资源管理的过渡。因此我们说，组织系统架构与设计是人力资源管理系统设计的重要基础。

（二）职位管理系统

在对战略和组织进行系统研究的基础上，我们需要对组织的基本要素——职位进行系统的研究和解析，获取建立战略人力资源管理体系的基础信息。

1. 职位与组织关系

职位是指承担一系列工作职责的某一任职者所对应的组织位置，它是组织的基本构成单位。职位作为组织的实体要素，通过任职者的行为与组织实现各种有形或无形的"交换"（见图2-3），对这种交换过程的解析是人力资源管理系统得以建立的现实"土壤"，而交换的性质和特征以及交换过程中组织和任职者的交流是实现人力资源管理系统运行有效性的根本动因。如何最大限度地激活双方的这种"交换"活动，实现组织和任职者的共赢，是人力资源管理乃至所有企业管理活动根本的出发点和归宿。

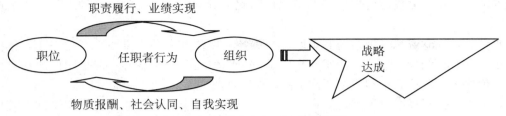

图2-3 职位与组织"交换"模型

职位在整个组织运行中的地位由组织结构和流程所构成的二维坐标系决定。从纵向来看，在组织的总体架构中，职位总是处于一定的层级，接受上级的监督、指导，同时对直接下级提供监督、指导，通过与这些纵向实体的交换活动，实现整个组织管理系统的正常运行；从横向来看，在组织的运行流程中，职位总是处于流程的某一主要环节或辅助环节，与流程的上游节点和下游节点实现交换，以保证组织运行流程的畅通。因此，我们应从横向和纵向两个角度系统地审视职位，寻求职位与组织交换的关键点、职位对组织的贡献和职位向组织的"索取"（见图2-4）。

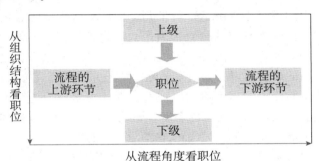

图2-4 职位在组织中的位置

2. 职位管理系统

从职位本身的角度来看，职位是一个开放式的"投入—过程—产出"系统。投入是任职者的任职资格（知识、技能与能力）以及完成工作所需的资源，过程是任职者完成的工作职责，产出则是该工作（职位）所要达成的目标。这就构成了现实的工作完成的逻辑，即任职者通过运用自身的知识、技能与能力完成工作职责与任务，来满足组织的需要。而诸如工作关系、工作负荷等内容，均可以看成是这个投入产出模型存在、运行的环境，对这一投入产出过程起着重要的支持作用（见图2-5）。

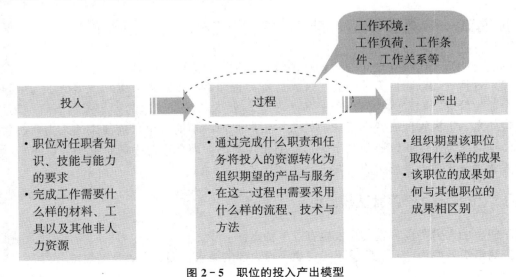

图2-5 职位的投入产出模型

从上述对职位系统的认识可知，职位是人力资源管理体系运行的最基层的土壤，如何最大限度地激活职位与组织的交换活动，是人力资源管理的基本命题。因此，对于职位系统的研究构成了人力资源管理体系的支柱之一。

传统的观点认为，人力资源管理系统对于职位的关注主要体现在两个方面：一是关注职位所包含的内在信息，包括组织中的职位结构、权责、任职资格要求以及职位之间的关联等；二是职位的相对价值以及由此所决定的职位价值序列。职位分析和职位评价是我们获取这两方面信息的基础性工具。

本书认为，人力资源管理系统不是建立在单一的职位基础之上，而是建立在职位管理系统之上。职位管理系统建立在对企业业务结构、组织结构与流程的深刻认识与理解的基础之上，包括职能体系、职类体系、职种体系和职位体系。职位管理系统是现代人力资源管理系统双轮驱动要素中的一个，对人力资源管理系统中的其他职能模块起支撑作用。

（三）胜任力系统

1. 胜任力的概念

胜任力（competence）这一概念是由美国的麦克利兰在20世纪70年代提出的，核心思想是对当时盛行的智力测试、性向测试、学习能力测试等心理测试进行批判。他认为，传统的心理测试并不能很好地预测工作者在未来工作中的表现，应发展新的更有效的测验来满足人员甄选的需要。他指出，人的工作绩效由一些更根本、更潜在的因素决定，这些因素能决定人在特定组织环境中的绩效水平。这些个人特征就是胜任力，当时研究的重点主要是胜任力特征的建立，以及如何发展能力特征并将其变成可操作、可量化的标准。

后来胜任力的研究者提出了胜任力的冰山模型，把人的胜任力素质分为冰山之上和冰山之下两部分，冰山之上的知识、技能等称为显性特征，冰山之下的态度、驱动力、人格特质等称为隐性特征。

在新经济时代，知识型员工已经成为员工队伍的主体，员工的能力成为企业竞争力的源泉，人与组织的矛盾也变得越来越错综复杂。人与组织的关系已不再局限于人与职位的关系，还包括人与组织文化、人与组织战略、人与业务模式、人与业务流程、人与人之间的关系等。这就使得人力资源管理研究的立足点不再局限于职位，而是越来越关注对人本身的正确认识和理解。决定成功绩效的素质要素既包括一个人的专业知识和技能等表层的要素，也包括个性、品质、价值观和内趋力等深层次的要素。这也使胜任力研究由过去关注个人胜任力转变为现在关注全面的胜任力。

2. 胜任力系统的内容

根据企业的实践经验，胜任力系统包括五个方面的内容，分别是通用胜任力、可迁移胜任力、专业胜任力、职位胜任力和团队胜任力，详见第5章第2节。

三、三种模式——基于职位、能力及复合式人力资源管理模式

职位和人的变化使得组织与人之间的信息越来越不对称，人力资源管理的基本矛盾进一步深化，发展到了一个新的阶段。这就导致以职位为核心的传统人力资源管理系统难以适应以知识型员工为主导的员工的能力发展需求，企业的管理实践对人力资源管理提出了新的要求，基于能力的人力资源管理应运而生。当然，单一的基于职位的人力资源管理或者基于能力的人力资源管理都不能解决目前复杂的人力资源管理问题，而且，人力资源管理到底是基于职位还是基于能力并不是绝对的。因此，对中国企业而言，建立职位＋能力的复合式人力资源管理系统是一种现实的选择。

（一）基于职位的人力资源管理模式

传统的基于职位的人力资源管理模式主要有以下特点：

第一，以提高组织效率为核心，侧重于考虑组织对人才的需求，而忽视人才的需求。

第二，基于职位来确定人在组织中的地位和价值，并形成以职位价值为核心的薪酬体系。

第三，因岗设人，人要符合岗位的需求，以职位为核心来确定人与组织以及人与职位之间的关系。

第四，以职位所赋予的行政权力来处理上下级关系及组织成员之间的协同关系，建立基于职位的合理、合法权威。权力是协调组织与成员之间以及组织成员之间相互关系的基本准则。

第五，职位分析信息与职位价值成为人力资源各项职能活动的基础与依据。

第六，组织以"官本位"为核心，导致员工职业生涯发展通道单一。

（二）基于能力的人力资源管理模式

1. 基于能力的人力资源管理模式的特点

与基于职位的人力资源管理相比，基于能力的人力资源管理显示出完全不同的特点：

第一，基于能力的人力资源管理哲学关注、尊重和承认人的价值，既考虑组织需求又考虑人的需求。基于职位的人力资源管理模式忽略了人力资本的价值，而基于能力的人力资源管理模式承认人力资本的价值，关注货币资本与人力资本的关系。

第二，人力资源管理的研究视野得到拓展。人力资源管理既涉及人力资源专业职能层面，也涉及治理结构层面；既要关注个体层面的人力资源管理问题，也要关注战略层面的人力资源管理问题。

第三，人力资源系统基于责任与能力导向。基于能力的人力资源管理模式用责任关系代替权力关系，使得组织权威不再仅仅来自权力权威，也来自能力所赋予的专家权威与知识权威。权力建立在能力与知识的基础上，而不是建立在职位的基础上。

第四，人力资源系统基于战略导向。人才的吸纳、储备、保留不是基于现实岗位的需求，更多地基于未来战略的需求，从这个意义上讲，很多时候是因人设岗，而不是因岗设人。

第五，关注个人和组织的共同成长。该模式使得个人知识公司化、个人能力组织化，知识管理平台将个人能力放大。

2. 基于能力的人力资源管理模式的应用

目前，基于能力的人力资源管理模式正在组织的人力资源管理实践中得到广泛应用，已经渗透到人力资源管理职能的大部分领域。

第一，胜任力成为人力资源管理的重要基础之一。在建立胜任力模型方面，更加关注能够产生优秀绩效的胜任力。在实践中，素质模型（胜任力）的应用主要体现在四个层面：核心胜任力（全员素质）、专业胜任力（基于职业通道的任职资格）、职位胜任力与团队结构胜任力。

第二，在人力资源的开发与发展方面得到应用。人力资源培训开发的核心是潜能和优势的开发，而不再是为了补短板而对人力资源进行培训。从员工的职业发展来看，更多地打破官本位，开放多种职业通道，为员工发展提供多元化的成长环境。

第三，从人力资源规划的操作来看，越来越关注企业核心人才队伍与企业核心能力的衔接，以及员工核心专长与技能的培养。

第四，从绩效管理方面来看，绩效管理不仅是事后的评估，而且是对从能力的投入到能力的转换，最后到能力的物化的全过程进行系统管理，也就是全面绩效管理。

第五，在薪酬方面，过去的薪酬设计主要基于职位，是窄带薪酬设计，现在更多地基于能力的宽带薪酬设计；过去的薪酬设计主要是依据职位价值评估，现在则是依据基于能力的任职资格的评估。比如，咨询公司就没有职位说明书，也不需要做职位价值评估，只需要建立一套基于能力的任职资格管理系统，通过这套系统，就可以对咨询师进行能力的评价与资格的认定，据此对他们支付基本薪酬，除了按照业绩付薪以外，还可以依据能力付薪。在激励体系上，从单一的薪酬激励转向多元的全面薪酬激励，同时要承认人力资本的价值，建立分享报酬体系。

（三）基于职位＋能力的复合式人力资源管理模式

基于职位＋能力的复合式人力资源管理模式如图 2-6 所示。

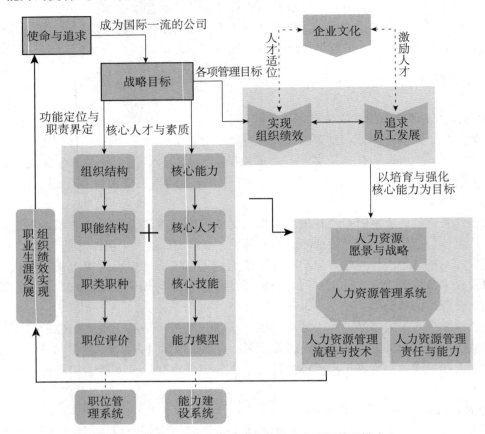

图 2-6 基于职位＋能力的复合式人力资源管理模式

1. 复合式人力资源管理模式的双重基点

一是职位管理系统。过去我们强调的是以个体能力为核心，现在则强调以胜任力系统为核心，尤其是对于许多大型企业集团，在进行人力资源管理时，不能仅仅进行单一的职位管理，而应建立职位管理系统。

二是能力建设系统。从关注单一职位的胜任能力转向建立胜任力系统，该系统涉及领导者胜任力、全员核心胜任力、专业胜任力、职位胜任力和团队结构胜任力等。对应的人力资源管理任职资格体系有两套系统，一是经典职位的任职资格系统，二是以职业发展通道为核心的任职资格系统。此时整个人力资源的机制就发生了变化，不再以传统的职位设置为核心，而是以设置能力系统为核心，以职业发展通道为核心。

2. 复合式人力资源管理模式必须理清的两个问题

一是人力资源系统设计必须基于对企业业务结构、组织结构与流程的深刻认识与理解，在对组织业务与流程进行研究的基础上，构建和设计企业的职类、职种系列，在职类、职种的基础上进一步研究职位。

二是基于对企业核心能力的深刻认识，确定支撑企业核心能力的形成所需的核心人才队伍及其结构，以及每一个核心人才所应拥有的核心专长与技能，并建立相应的胜任力模型。在对人的潜能和素质进行评价的基础上，认清企业未来的核心能力，以便培养、配置、开发人才。

3. 复合式人力资源管理模式的特点

与前两种模式相比，基于职位＋能力的复合式人力资源管理模式具有以下特点：

第一，从关注单一的职位转向建立职位管理系统（职能、职类、职种和职位体系）。

第二，从关注单一的职位胜任力转向建立胜任力系统（通用胜任力、可迁移胜任力、专业胜任力、职位胜任力和团队结构胜任力）。

第三，在职位管理系统的基础上引入能力要素：关注人的潜能开发、人岗匹配与文化匹配（文化与职业生涯匹配）、绩效中的过程管理（行为与能力）、薪酬决定中的能力要素、培训与开发中的个性化与一体化解决方案。

第四，开放职业通道，建立基于职业通道的任职资格管理体系。

第 3 节　战略人力资源管理系统模块

前文对人力资源管理系统设计的依据和基点进行了阐述，在此基础上，可以对人力资源管理系统的职能模块进行设计。根据现代企业人力资源管理理论研究和实践经验，本书将战略人力资源管理系统模块总结为：一个牵引系统——人力资源战略规划系统；两个基础系统——职位管理系统和胜任力系统；六个职能模块系统，包括人力资源招聘与配置系统、战略绩效管理系统、薪酬设计与管理系统、培训与开发系统、员工关系管理系统、人力资源再配置与退出系统；一个平台系统——知识与信息管理系统。通过这十个人力资源管理系统模块的有机运行，实现企业选人、用人、育人、留人、人员退出五大功能（见图 2-7）。

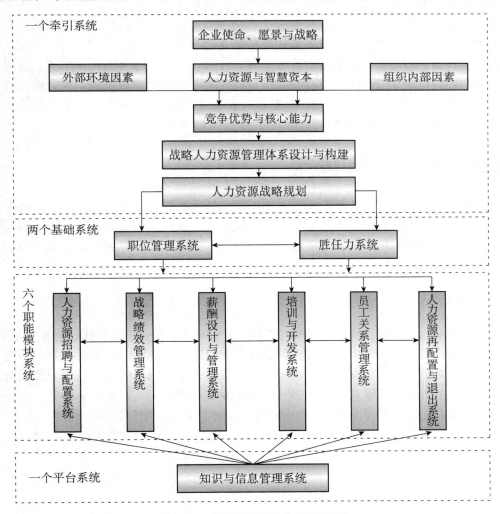

图 2-7　战略人力资源管理系统模块

一、人力资源战略规划系统

人力资源战略规划的源头在于企业的战略分析，通过分析企业的产业环境、战略能力、愿景与使命目标及业务发展目标等，来确定人力资源管理如何支撑战略目标的实现，企业需要什么样的人才结构来实现企业的战略目标。在确定人力资源战略使命与愿景目标之后，人力资源部门及直线经理应该明确各自的工作职责与需要发挥的功能，制订人力资源管理战略执行计划，构建 HRM 平台作为人力资源管理战略的实施保障。最后，需要对人力资源管理的有效性进行评估，考核人力资源管理给企业带来了多大的价值贡献，并利用评价结果对企业战略及人力资源战略进行调整，实现企业战略—人力资源战略—人力资源战略规划的良性互动，提高人力资源管理的价值创造能力。

人力资源战略规划系统使企业的人力资源管理进入战略状态，并提高了组织的人力资源战略准备度及战略管理能力，成为人力资源管理系统构建的牵引。第一，通过人力资源战略规划职能实现了企业战略与人力资源管理的有效衔接，使人力资源规划成为企业战略落地的工具之一。第二，它成为企业人力资源开发与管理活动的依据，决定着企业人力资源各项职能管理活动的方向。第三，它使人力资源管理具有前瞻性和战略性，使人力资本优先投资和开发，基于战略进行人才储备，以满足企业高速成长和未来发展的需要。通过人力资源规划技术的创新，可以提高人力资源战略规划的有效性和可操作性。

人力资源战略规划包括三种模式：一是基于供需平衡的经典模式，即基于供给和需求平衡进行人力资源战略规划，把人力资源规划看成是一种精确计量与计划的过程；二是基于现状和理想状态的趋近模式，强调人力资源规划是缩小现状与理想状态的差距、追求理想状态的过程；三是通过打造核心人才队伍去支撑整个企业战略目标的模式，即以核心人才带动所有人才发展，打造企业的竞争能力，强调核心能力和核心人才一体化，实现企业核心能力与员工核心队伍及核心技能这两种核心之间的有效配置。人力资源战略规划由两条主线和四个支撑平台构成。两条主线分别是体制/机制线和人才/能力线，四个支撑平台为人力资源战略、人力资源战略指导、战略人力资源管理活动与具体的人力资源规划行动。

二、职位管理系统与胜任力系统

人与组织的矛盾是人力资源管理的基本矛盾，如何正确处理组织与人之间的矛盾关系并平衡两者之间的利益与价值，是人力资源管理研究中一个古老而又崭新的课题。现代人力资源管理的核心命题关注人与组织的良好匹配和共同发展。职位是组织的基本要素，胜任力是人达成绩效目标的基本保障。因此，职位管理系统和胜任力系统构成了人力资源管理的两大基础。

（一）职位管理系统

职位管理系统是战略人力资源管理系统的两大基础之一，对其他的人力资源模块有十分重要的支持作用。不过，这一观点与传统意义上的"人力资源管理的基础是职位"有所不同。传统观点的主要内容是通过职位分析形成职位说明书，进而为人力资源管理奠定基础。随着现代企业的不断发展，单一的职位分析已经不能满足企业人力资源管理的需要，同时职位说明书对很多企业已不再适用。因此本书认为，企业的关注点要从单一的职位转向对整体职位进行职位筹划、职位分析和职位评价，建立职位管理系统。

职位管理系统主要包括三个方面的内容：第一，对企业的业务结构、组织结构与流程的深刻认识与理解；第二，设计和构建职能、职类和职种体系；第三，设计和构建职位系统。

（二）胜任力系统

胜任力系统是战略人力资源管理系统的另一基础要素。胜任力系统的建立为企业人力资源管理效率的提升找到了新的基点，相应的企业人力资源管理实践的各个环节也因此发生了变化。胜任力系统为潜能评价提供评价工具的选择、方法设计和评价实施，在战略人力资源规划方面建立联系组织能力与人才需求的平台，为核心人力资源管理发现并培养高胜任力人才提供基础，为继任者的选拔与培养提供依据，在甄选调配方面提供测评手段与参考依据，为绩效管理明确绩效改进的目标与方向，为薪酬管理界定薪酬支付的标准，为培训开发提供培训内容与投入选择的指导。

三、人力资源管理的六个职能模块系统

（一）人力资源招聘与配置系统

人力资源招聘与配置包括在组织战略指导下的人员招募、甄选和配置等人力资源管理职能活动。招募是对组织战略和人力资源战略规划加以执行的体现，甄选合适的人以及最大限度地激励和留住合适的人是人力资源管理过程中最核心、最重要的环节，配置则是对既定的人力资源投入通过有效组合来提升组织效率的过程。如今，组织的成功越来越多地取决于其服务质量的好坏以及开发新产品和服务的能力大小，如何获取并有效配置适合组织发展的人力资源变得越来越重要。

人力资源招聘与配置操作流程主要包括四个环节：定义需求、选择招募途径、实施甄选过程、试用考评。按照人力资源招募的来源可以分为内部招募与外部招募两种，两种招募方式各有优劣，组织要根据自己的特点选择适合的招募渠道，随着信息技术的发展，网络招募和猎头公司日益流行。人员甄选方法主要有五个方面的评价标准：信度、效度、普遍适用性、效用、合法性。人员甄选技术主要有面试、笔试、心理测试和评价中心等，目前使用最多、最广泛的是面试。

（二）战略绩效管理系统

以战略为导向的绩效管理体系在企业战略明晰、组织结构确定的前提下，将战略需要转化为企业的阶段性目标和计划，据此形成各个部门的目标和计划，继而形成员工个人的目标和计划，我们称这样的绩效管理体系为目标体系。目标和计划是考核双方充分沟通达成一致的产物。在确定目标和计划的同时，双方还需要就绩效衡量的标准达成一致。目标和计划一般表现为目标责任书或者考核表的形式。一旦明确目标和计划，组织便进入工作状态，此时企业通过会计统计系统对企业、部门乃至个人的绩效状态进行监控，定期向各级管理者反馈监控结果。考核者根据绩效监控体系的反馈数据、被考核者绩效目标的完成状况，对被考核者进行绩效评估，考核结果一方面为企业的人力资源管理提供决策依据，另一方面促使管理者重新审视企业的经营目标和计划，乃至企业的战略规划。

企业界主要存在六种构建企业绩效管理体系的思路，分别是：基于关键绩效指标（KPI）的绩效管理体系、基于平衡计分卡（BSC）的绩效管理体系、基于标杆的绩效管理体系、基于经济增加值（EVA）的绩效管理体系、基于流程的绩效管理体系以及 360 度周边绩效管理体系。尽管这些绩效管理体系构建思路各异，但是实施流程相同，都是一个往复循环的过程，即绩效计划与目标→绩效辅导与执行→绩效评估与反馈→绩效激励与改进→新一轮的绩效计划与目标的制定。

（三）薪酬设计与管理系统

薪酬是企业向员工提供的用以吸引、保留和激励员工的报酬，具体包括工资、奖金、福利、股票期权等。在人力资源管理中，员工所获得的薪酬主要取决于员工对组织的价值和贡献，这种价值和贡献可以归结为员工的业绩，而业绩的产生可以用一个投入产出模型来体现。在薪酬设计模式中，以职位为基础和以能力为基础的薪酬体系是最基本的薪酬体系，以市场为基础和以绩效为基础的薪酬体系的应用范围则相对较窄，并且往往依附于前两种基本的薪酬模式。

企业战略决定企业员工的类型、规模和数量结构，从而确定了企业薪酬的支付对象、支付规模、支付水平和支付结构。薪酬设计体系包括基础工资体系设计、奖金体系设计和福利体系设计。基础工资体系设计包括以职位为基础、以能力为基础和根据绩效提成的基础工资体系；奖金体系设计包括组织奖励、个人奖励和团队奖励；福利体系设计包括法定福利、非法定福利以及自助餐式福利。高管薪酬、薪酬税务筹划和薪酬沟通是目前薪酬管理涉及的热门话题。

（四）培训与开发系统

企业以战略和核心能力为导向的培训与开发系统，将对培养和提升员工的核心专长与技能提供重要的支持。现代企业的培训与开发体系设计往往包括两大核心、三个层面、四大环节，此模型构建了培训与开发系统的整体结构。设计这一系统模型的两大核心是：既要考虑企业战略与经营目标对人力资源的要求，又要切实考虑员工的职业生涯发展需求。人力资源培训与开发系统模型可以分为三个不同的层面，即制度层、资源层和运营层。四大环节描述了企业培训开发机构组织一次完整的培训开发活动所必须经过的一系列步骤，即培训需求分析、培训计划制订（主要是培训课程与教材设计）、培训活动组织实施以及培训效果评估。

传统的培训方法包括教师课堂授课、有指导的自学以及专家传授等。技术技能的培训可以利用教师和专家的指导，具体知识的学习可以使用自我指导的培训项目。但传统培训方法存在的不足导致企业寻找新的方法，新的方法包括远程学习、多媒体培训、网络培训、智能化辅导系统以及虚拟现实培训等，这些方法可以弥补传统培训方法的不足，使培训更加卓有成效。

（五）员工关系管理系统

以企业战略解读为前提，以员工和企业共同发展为目标，构建企业和员工双赢的战略合作劳动关系管理框架，满足员工多元化发展需要及不同价值诉求，构建和谐的员工关系，已成为人力资源管理重要的职能。积极的员工关系管理在人力资源管理系统中的作用毋庸置疑，主要包括两个方面：第一，可以增强对优秀人才的吸引力，为企业获取合适的人才。第二，可以提升员工的忠诚度以及工作积极性，进而直接影响企业整体绩效。加强员工关系管理系统有助于实现企业的健康发展。

员工关系管理是指管理者（特别是人力资源职能管理人员）通过拟订和实施各项人力资源政策和管理规范，调节企业的所有者、经营者、群体、员工等因素之间的相互联系和影响，以实现企业发展目标。其主要内容包括：员工关系的建立和解除、员工参与管理、申诉管理、抱怨管理、劳动争议管理和离职管理等。因为良好、和谐的员工关系与员工积极健康的心理密切相关，所以本书将员工的心理健康管理也纳入员工关系管理。此外，对员工关系管理的评价也是员工关系管理系统的重要内容。

（六）人力资源再配置与退出系统

人力资源再配置是组织根据实际工作中员工与职位的匹配程度或者员工个人因素，对员工重新评价、重新配置的过程。勒温的场论、库克曲线、目标一致理论、人性假设理论和全脑模型等理论主要从组织行为学角度对人力资源再配置提供理论基础。工作轮换、晋升与降职、竞聘上岗是人力资源再配置的主要途径。

人力资源退出是企业人力资源管理职能的一个重要方面，合理的人员退出途径会对员工产生适当的压力，压力又会产生适当的动力，从而促使员工潜能的充分发挥，因此，建立人力资源退出管理机制是人力资源管理水平持续提升的一个重要环节。合理的人才退出途径能够保证员工合理流动、管理者能上能下，打造良好的人力资源管理文化。提前退休、末位淘汰、组织支持创业和主动辞职是人力资源退出的常见途径。

锐力体育：新零售转型下的人才管理系统变革

上海锐力健身装备有限公司是国内最大的体育用品专业零售公司之一，是许多世界知名运动休闲品牌在中国的重要战略合作伙伴。在行业转型的大背景下，公司旗下品牌锐力体育坚持整合线上线下销售渠道，践行新零售经营模式，这对公司内部的流程标准化、信息整合、人才队伍建设与发展提出了更有挑战性的要求。

面对挑战，锐力体育根据公司文化及战略要求，建立胜任力模型，运用科学人才评估工具，助力团队培养，搭建了"标—测—评—培"360度人才管理体系，真正支撑公司人才战略落地。

建立完善的人才标准：在内部明确各层级各岗位的能力标准，梳理岗位任务，同时对标外部人才市场，完成自我审视，在结合人才标准和对标结果的情况下，建立完善的人才标准和胜任力模型，进而进行绩效改进和培养设计。

建立科学的人才测评和评估系统：确定人才标准后，公司在选人、用人上有了清晰的定位，不仅能够在招聘环节实现人与组织的精准匹配，更通过实施人才评鉴、人才盘点等工作，建立了公司关键人才档案，为后续的人才培养、人才管理奠定了基础。

建立全面人才培养系统：对于专业团队，主要对产品人员进行赋能培养训练；对于业务团队，启动店铺人才梯队建设、管理人员能力提升项目和亿元级店铺总培养计划；对于管理团队，实行继任计划、高潜人员培养和管理俱乐部，持续培养专业、创新型人才。

资料来源：https://www.beisen.com/customer/146.html.

四、知识与信息管理系统

随着知识经济的发展，知识已成为企业最重要的战略性资源，智力资本取代金融资本成为社会进步最主要的动力，人力资源管理不仅要解决人与组织之间关系的问题，还要解决组织中知识获取、共享、应用和再创新的问题；不仅是对员工行为的管理，更是对员工智慧的有效管理，通过实现员工和组织的知识创造以提升企业的核心竞争优势。而员工是知识的载体，是知识管理的对象，只有通过文化建设、招聘配置、评价与激励等人力资源管理实践才能有效地实现这一目标。现代企业需要构建知识管理平台，并将人力资源管理与知识管理相结合体现在人力资源管理者职能之中。因此，现代人力资源管理也进入了一个崭新的阶段——基于数字化和知识化的平台管理阶段。

将知识创造和知识管理纳入企业发展战略，将知识管理和数字化管理融入管理过程，通过基于知识管理的人力资源管理实践活动，实现企业知识由数据、信息到经验、知识的全生命周期管理，完成隐性知识到显性知识的转化过程，从而为企业赢得持续的竞争优势。

链家：企业价值观落实到人力资源管理体系中

链家成立于2001年，以"成为中国房产服务行业的国民品牌"为愿景。近年来，链家发展迅速，与其将"客户至上、诚实可信、合作共赢、拼搏进取"的价值观融入人力资源管理体系当中密不可分。

基于价值观测评的人才选拔：在外部招聘和内部选拔、竞聘中，链家坚持以对价值观的测评为基准门槛，要求人才的整体素质与链家价值观相匹配、相契合。

基于价值观评价的绩效考核：在绩效考核上，链家在职能支持人员层面使用360度价值观环评，将价值观评价的结果作为绩效优秀员工的前提；在运营人员层面，链家将价值观转化为具体的行为进行员工的职级考核，同时辅以必要的奖惩制度。

基于个人职业生涯的培养发展：根据人员价值观评价的结果，结合员工的个人特质及行为表现特点，为后续的员工培养把握好方向。

资料来源：https://www.beisen.com/customer/145.html.

第4节　人力资源管理系统的运行机理

第3节介绍了人力资源管理系统的构成，通过这些要素的相互协同，最终可以整合企业的人力资源，提升企业的核心能力与竞争优势。但这些要素究竟通过什么样的机理来进行人力资源的整合，还没有得到科学的解释。因此，我们有必要进一步对企业的人力资源管理机理进行讨论，以具体揭示这些系统要素在相互作用的过程中如何发挥作用，如何为企业创造价值。

本书在理论研究及咨询实践的基础上提炼出了人力资源管理系统运行的四大支柱、四大机制、一个核心以及最高境界。这些要素构成的人力资源管理运行机理，使人力资源管理形成了一个完整的运行系统，为企业创造价值，支撑企业竞争优势的形成。

一、人力资源管理系统运行的四大支柱

人力资源管理系统运行的四大支柱包括机制、制度、流程和技术，四者相互联系，共同作用。

（1）机制是指事物发挥作用的机理或者原理。人力资源管理机制的作用在于从本质上揭示人力资源管理系统的各要素通过什么样的机理来整合企业的人力资源，以及整合人力资源之后所达到的状态和效果。

（2）制度是指要求组织成员共同遵守的办事规程或行动准则。人力资源管理制度的作用在于通过科学化、系统化的人力资源管理制度设计，建立理性权威以及责任、权力、利益、能力运行规则。

（3）流程是指多个员工、多个活动有序的组合。它关心的是谁做了什么事，产生了什么结果，向谁传递了什么信息，这些活动一定是以创造价值为导向的。人力资源管理流程的作用在于建立以客户价值为导向的人力资源业务流程体系，打通人力资源业务流程与企业其他核心流程的关系。

（4）技术是指通过改造环境以实现特定目标的特定方法。人力资源管理技术的作用在于通过研究、引进、创新人力资源的管理技术，提高人力资源开发与管理的有效性和科学性。

二、人力资源管理系统运行的四大机制

人力资源管理要解决的是组织与人的矛盾。信息日益不对称、组织变革加速、管理对象更加复杂与需求日益多样性，使得组织与人的矛盾比以往任何时候都更加突出。如何协调人与组织的矛盾以使员工与企业共同成长和发展？这就需要通过内在的机制来协调人与组织的关系。中国人民大学彭剑锋教授在进行人力资源管理理论本土化研究的基础上，提出了人力资源管理系统运行的四大机制模型，即牵引机制、激励机制、评价约束机制和竞争淘汰机制（见图2-8）。这四大机制相互协同，从不同的角度来整合和激活组织的人力资源，驱动企业人力资源管理各系统要素的有效衔接与整体运行，提升人力资源管理的有效性。

（一）牵引机制

牵引机制是指组织通过愿景与目标的牵引以及明确组织对员工的期望和要求，使员工能够正确地选择自

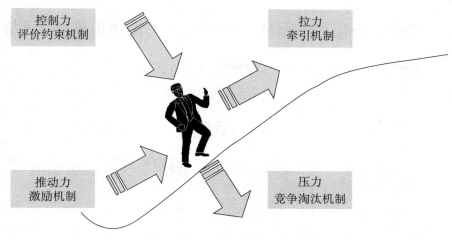

图 2-8　组织与人的四大机制

身的行为，最终将员工的努力和贡献纳入帮助企业实现目标、提升核心能力的轨道。牵引机制的关键在于向员工清晰地表达组织的愿景与目标以及对员工的行为和绩效的期望。因此，牵引机制主要依靠以下人力资源管理模块来实现：企业的价值观与目标牵引、职位管理与任职资格体系、绩效管理体系、职业生涯与能力开发体系。牵引机制对于提高人力资源配置效率和人力资源开发质量起着关键性作用。

（二）激励机制

激励的本质是让员工有去做某件事的意愿，这种意愿以满足员工的个人需要为前提。在新经济时代，员工的需求日益多变和复杂，组织需要通过多元的激励要素及全面的薪酬体系去激发员工的潜能，驱动员工创造高绩效。基于能力的人力资源薪酬激励机制主要依靠以下人力资源管理模块来实现：（1）分层分类的多元化激励体系（职权、机会、工资、奖金、股权、荣誉、信息分享、学习深造）；（2）多元化薪酬体系与全面薪酬设计（基于职位的薪酬体系、基于能力的薪酬体系、基于市场的薪酬体系、基于绩效的分享薪酬体系、货币性与非货币性报酬的系统激励）。激励机制对于提高人力资源配置效率和效益起着决定性作用。

（三）评价约束机制

评价约束机制的本质是对员工的行为进行限定，同时对员工不符合组织要求的行为进行纠偏和修正，以使员工的行为始终在预定的轨道上。评价约束机制的核心内容包括以下几个方面：规则约束（合同与制度、法律）、信用管理（人才信用系统）、文化道德约束（文化认同与道德底线）。此外还包括：信息反馈与监控、目标责任体系、经营计划与预算、行为的标准化和职业化以及基本行为规范等。评价约束机制对于提高人力资源效率和人力资源开发质量起着基础性作用。

（四）竞争淘汰机制

企业面对组织外部的竞争压力，需要将其转化为组织内部员工的动力，因此，企业不仅要有正向的牵引机制和激励机制，不断推动员工提升自己的能力和业绩，而且必须有反向的竞争淘汰机制，让不符合组织成长和发展要求的员工离开组织，同时将外部市场的压力传递到组织之中，从而实现对企业人力资源的激活，防止人力资本的沉淀或者缩水。企业的竞争淘汰机制在制度上主要体现为：竞聘上岗与末位淘汰制度（四能机制，即能上能下、能左能右、能进能出、能升能降）；人才退出制度（内部创业制度、轮岗制度、自由转会制度、待岗制度、内部人才市场、提前退休计划、自愿离职计划、学习深造）。竞争淘汰机制对于提高人力资源开发质量和人力资源配置效益起着独特的作用。

三、人力资源管理系统运行的核心——企业人力资源价值链管理的整合

人力资源价值链是指关于人力资源在企业中的价值创造、价值评价、价值分配三个环节所形成的整个人力资源管理的横向链条（见图2-9）。整个人力资源管理机制的重心在于对企业的人力资源价值链的整合。

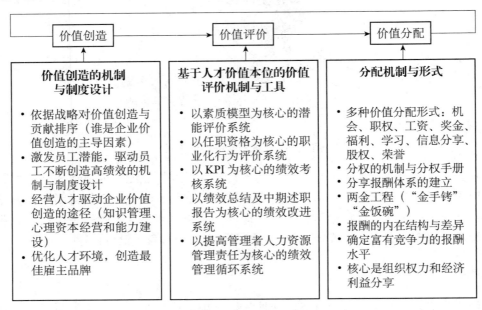

图2-9　企业的人力资源价值链

（1）价值创造环节。价值创造所要解决的是如何依据战略的要求对价值创造要素的贡献进行排序，如在企业之中确立谁是价值创造的主导要素，以此确定企业价值分配的原则。在西方经济学中，生产要素一般被划分为劳动、土地、资本和企业家才能这四种类型[1]，劳动和企业家才能均是人力资源管理价值创造的要素，这是人力资源价值链管理的基础。

（2）价值评价环节。价值评价是指基于人才价值本位的理念建立有效的价值评价机制与评价体系。在企业的实践中，我们是通过五套系统来构建企业的价值评价机制与工具的：以素质模型为核心的潜能评价系统、以任职资格为核心的职业化行为评价系统、以KPI为核心的绩效考核系统、以绩效总结及中期述职报告为核心的绩效改进系统、以提高管理者人力资源管理责任为核心的绩效管理循环系统。

（3）价值分配环节。价值分配是在前面两个环节的基础上，对公司创造的所有价值进行公平合理的分配与再分配。价值分配要素不是仅仅涉及薪酬问题，而是一个多元的价值分配体系，包括机会、职权、工资、奖金、福利、学习、信息分享、股权、荣誉等，通过价值分配要素的有机组合来满足不同层次不同类别员工的需求。价值分配实质上解决的是人力资本获得对应的剩余价值索取权的方式和标准问题，而企业的资本结构会因此发生相应的变化，从而使员工为企业创造更大的价值。

人力资源价值链的前一环节是后一环节赖以存在的基础：价值创造为价值评价与价值分配提供理念与原则；价值评价为价值分配提供具体的依据和标准；价值分配又通过对员工的激励和劳动耗费的补偿成为新一轮价值创造的起点。这三个环节形成一个前后呼应的有机整体，使得职位管理体系、胜任力体系、绩效管理体系、薪酬分配体系等能够形成有效的呼应与配合，而这些相互整合的要素又是企业人力资源管理机制的主

---

① 劳动是指人类在生产过程中体力和智力的总和。土地不仅仅指一般意义上的土地，还包括地上和地下的一切自然资源，如江、河、湖泊、森林、海洋、矿藏等等。资本可以表示为实物形态和货币形态，实物形态又被称为投资品或资本品，如厂房、机器、动力燃料、原材料等等；货币形态的资本通常被称为货币资本。企业家才能通常指企业家组建和经营管理企业的才能。

体，使得企业的牵引机制、激励机制、评价约束机制和竞争淘汰机制能够相互整合，这四大人力资源管理运行机制能够形成一个有机的整体。

即时案例 2-3

华为公司的价值评价体系

华为公司的人力资源管理最具特色的是以价值评价为核心的价值链管理（价值创造、价值评价、价值分配）系统。该系统建立了一套完整的价值评价体系，并依据价值评价进行价值分配，形成了全力创造价值，科学评价价值，合理分配价值的价值管理机制（见表 2-2）。

表 2-2　华为公司的人力资源价值管理机制

	价值创造理念	价值评价理念	价值分配理念
价值命题	价值来源	价值贡献度	价值回报
要解决的问题	谁创造了价值	创造了多少价值	价值如何分配
命题的作用	分配重心	分配依据	分配实现
对未来的影响	把价值做大	明确和区分价值贡献	回报和奖励价值创造者

在价值创造阶段，需要回答的问题是：企业的价值是谁创造的？企业价值创造的主导要素是什么？这就要依据战略对价值创造与贡献排序，并设计出能够激发员工潜能，驱动员工不断创造高绩效的机制。华为认为知识创新者和企业家是华为价值创造的主导要素，承认人力资本的剩余价值索取权，从而建立全员持股分红计划，建立以能力为核心的人力资源机制与制度体系，驱动员工全力创造价值。

在价值评价阶段，要以价值创造环节所确定的价值理念为依据，明确这些价值创造的主体与要素创造了多少价值，从而为价值分配奠定基础。华为公司根据价值创造的四类源泉载体——才能、责任与风险承诺、态度和贡献，分别建立了潜能与任职资格评价系统、职位评价系统、价值观认同与态度评价系统、绩效评价系统，形成了科学系统的全面价值评价体系，使价值分配有据可依、有法可从（见图 2-10、图 2-11）。

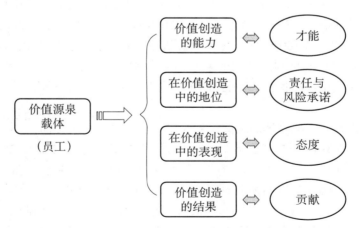

图 2-10　华为公司员工价值创造与价值评价的要素

在价值分配阶段，需要解决价值如何分配的问题，做到公平、公正和合理，一方面注意满足员工多样化、多层次的需求，另一方面要对企业的核心价值观形成支撑。华为公司建立了多元、动态的价值分配体系，实现全面薪酬激励：机会、职权、工资、奖金、信息分享、学习与深造、荣誉等，这对以持续奋斗者为本的核心理念是有效的支撑。

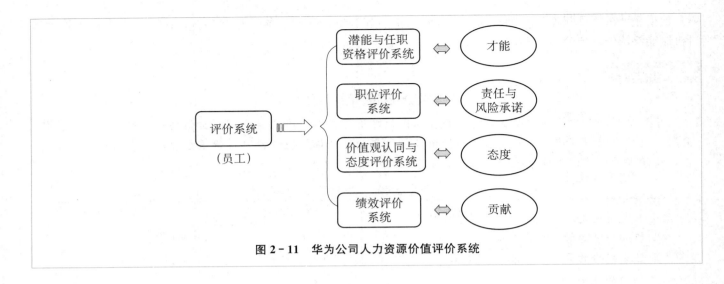

图 2-11　华为公司人力资源价值评价系统

四、人力资源管理系统运行的最高境界——文化管理

企业文化是在企业核心价值体系的基础上形成的，具有延续性、共同的认知系统和习惯性的行为方式。这种共同的认知系统和习惯性的行为方式使企业员工能够达成共识，形成心理契约，使每个员工知道企业提倡什么、反对什么，怎么做才能符合企业的内在规范要求，怎么做可能会违背企业的宗旨和目标。企业文化是各个成员思想、行为的依据，是企业的灵魂，企业文化管理成为现代人力资源管理的最高境界。文化减少内部交易成本，使人的管理变得简单，使人做事有底线（敬畏、良知与羞耻感）。企业文化并非企业的必然特质，要想使企业基业长青，一定要建立适合企业发展的文化。

国内著名的企业如华为、阿里巴巴、京东通过坚持文化管理，结合干部管理等特殊人才机制，不断激发组织活力。华为推崇"狼性文化"，通过远大的追求、求实的作风，通过不断学习、创新实现以奋斗者为本的文化管理。阿里巴巴的太极文化、革命文化、武侠文化、快乐文化影响较大，其中快乐文化就是以员工核心，给予员工一定的空间，鼓励创新，享受成长的快乐。从 2018 年 3 月 30 日开始，京东的价值观升级为"T 形文化"，即"正道成功，客户为先，只做第一"。在整个价值观体系中，不仅突出正向价值观，还强调客户意识以及在行业竞争中保持不断创新的精神。文化的影响会从内到外，再由外到内，使得企业员工劲往一处使，心往一处聚。这三家企业的文化各具特色，一方面打造了自己独有的企业特质，另一方面也吸引了不少外部企业前来学习。

文化管理之所以是现代人力资源管理的最高境界，主要在于以下两个方面：

（1）文化管理强调价值观管理，能够让员工达成共识。一方面，以往刚性管控主要依靠严格的制度、流程管理以及纪律约束，但在知识型员工面前，流程、制度与风险控制体系即便再完备也有漏洞，当人与流程、制度对着干的时候，再完备的流程与控制体系都会失效。只有当员工真正认同公司价值观时，才能实现制度与控制流程的无缝对接。人是企业最大资产，也是最大风险，因为人的道德风险最难控制。对道德风险的控制，除了流程、制度等，更要靠企业文化，靠柔性引导，让员工愿意并有动力去遵守规则，这样员工才会更加理性并且有行为底线。另一方面，文化管理能够使企业与员工达成共识，使员工由他律管理到自律管理（自我开发与管理），从而协调企业对员工的需求与员工个人的需求之间的矛盾，使个人与企业同步成长。通过企业文化管理，可以使员工真正认同企业的核心价值观，增强使命感，奋发向上，确保企业经营业绩不断提高，积极地推动组织变革和发展，因此文化管理是企业最重要的管理或管控方式。

（2）文化管理强调使命驱动，让员工从被动转变为主动。通过文化管理，员工认同公司特有的价值观，工作就会富有激情。通过文化管理，企业和员工之间会建立劳动契约关系之外的另一种契约关系——心理契约关系。通过劳动合同建立的企业与员工的劳动契约关系，是最基础的行为准则，是刚性的规范；而心理契约是软性的规范，是人的内在的、自觉的约束。通过建立心理契约关系，可以实现员工从"他律"到"自律"，从"要我干"到"我要干"再到"我们一起干"的转变。

【小结】

战略人力资源管理的最终目标是通过对企业人力资源的整合来驱动企业核心能力的形成与保持，因此，设计出一套适合企业自身的人力资源管理系统对实现企业战略、获取竞争优势至关重要。

第 1 节介绍了战略人力资源管理系统设计的依据，主要包括对企业的使命、愿景以及战略的正确解读，人力资源管理系统设计的价值取向。

第 2 节介绍了人力资源管理系统构建的基点即一个矛盾、三大系统和三种模式。一个矛盾是指人与组织的矛盾；三大系统是人力资源管理系统构建基点的基础，包括组织系统、职位管理系统以及胜任力系统；三种模式是指人力资源管理的三种模式，包括基于职位的人力资源管理模式、基于能力的人力资源管理模式以及基于职位＋能力的复合式人力资源管理模式。

第 3 节介绍了战略人力资源管理系统模块：一个牵引系统——人力资源战略规划系统；两个基础系统——职位管理系统和胜任力系统；六个职能模块系统——人力资源招聘与配置系统、战略绩效管理系统、薪酬设计与管理系统、培训与开发系统、员工关系管理系统、人力资源再配置与退出系统；一个平台系统——知识与信息管理系统。

第 4 节介绍了人力资源管理系统运行的机理及最高境界。机理是指人力资源管理系统运行的四大支柱、四大机制、一个核心；最高境界是指企业的文化管理。四大支柱包括机制、流程、制度和技术，四大机制模型包括牵引机制、激励机制、评价约束机制和竞争淘汰机制，一个核心在于对企业的人力资源价值链的整合。

【关键词】

人力资源管理系统设计　X 理论　Y 理论　超 Y 理论　善恶一体论　人与组织的矛盾　组织模式　复合式人力资源管理模式　战略人力资源管理系统模块　四大支柱　四大机制　人力资源价值链管理　文化管理

【思考题】

1. 人力资源管理系统设计的依据是什么？人性的假设包括哪些内容？
2. 人力资源管理的一个矛盾、三大系统、三种模式的具体内容有哪些？
3. 人力资源管理系统有哪些模块？
4. 人力资源管理系统运行的四大支柱、四大机制分别是什么？
5. 人力资源管理的核心是什么？
6. 人力资源管理的最高境界是什么？

案例分析

华为人力资源管理纲要 1.0 与 2.0

2018 年 3 月 20 日，华为发布了《华为公司人力资源管理纲要 2.0 总纲（讨论稿）》（以下简称"纲要 2.0"），引起了外界的关注。回顾过往，华为曾发布《以奋斗者为本：华为公司人力资源管理纲要》（以下简称"纲要 1.0"），为业界和学界提供了宝贵的经验。与纲要 1.0 对比，就会发现纲要 2.0 在回顾公司取得的骄人成绩，继承和发扬纲要 1.0 的核心思想的同时，基于公司面临的新问题，提出了新的发展方向。

纲要 1.0 包括两方面的内容：（1）价值创造、评价与分配；（2）华为干部政策。纲要 1.0 强调正确评价价值是合理分配价值的基础，两者都是为了全力创造价值。价值创造、评价与分配详细阐述了三方面内容：

全力创造价值、正确评价价值、合理分配价值。华为干部政策包括：干部的使命与责任、对干部的行为与作风要求、干部的选拔与配备、干部的使用与管理、干部队伍的建设。

与纲要1.0相比，纲要2.0针对公司面临的新问题，提出了新的发展方向。华为公司内外部经营环境正变得更复杂。外部环境方面，数字革命的大背景下，产业环境更加复杂、更加不确定，机会更多，对手更强，风险更大；业界企业的人才观、组织模式出现新变化。公司内部则面临更为复杂的管理挑战，一方面成熟业务（如运营商业务）需要持续优化、夯实；另一方面成长性业务（如消费者业务与企业业务）和探索性业务（如云业务）需要结合业务特点建立有效的管理体系。纲要2.0在继承中发展纲要1.0的核心理念框架。人力资源管理的价值贡献在于让组织始终充满活力。人力资源管理的主要途径是坚持核心价值观、责任结果导向与自我批判，开放学习外部优秀实践，优化价值创造管理循环，基于信任简化厚重管理体系，面向差异化业务与人群实行差异化管理，保障公司业务有效增长。人力资源管理的要素管理及自身管理的主要内容是激发好"两种驱动力"——精神文明和物质文明双驱动，构建干部＋人才＋组织的创造要素管理体系。

精神文明与物质文明双驱动

（1）精神文明。关于精神文明，华为讨论了很长的时间，最后明确：坚持以客户为中心，坚持以奋斗者为本，坚持长期艰苦奋斗，这是公司一直要坚持的东西。但是有两个新变化：一是强调愿景驱动；二是允许犯错误。

（2）物质文明。物质文明方面有五个变化：一是深化已有做法。华为坚持多劳多得、以奋斗者为本、向优秀人才倾斜这样一些最基本的原则。二是推动组织变革。华为推出了"获取分享制"，原来是自上而下发奖金，现在则是自下而上的——你之所以能够拿到奖金，是因为一线创造了价值。华为就是要通过这种方式来促进前后端的协同。三是应对多元化。HR部门要深入了解业务，能够因势制宜，根据不同业务的特点，制定针对性的激励政策。四是驱动内部协同。这是一个核心的问题，因为组织有三个永恒的挑战，第一个是外部适应，第二个是内部协同，第三个是文化传承。因为考核过于烦琐、细致、强调短期利益，所以如何驱动内部协同是激励方面需要解决的一个问题。五是与精神激励相协同。例如，精神激励也可以有积分。如果积分比较多，员工到了退休的年龄，可以保留的股份份额就相对更高。

构建创造要素管理体系——干部、人才、组织

三个要素中的第一个要素是干部，关于干部，华为强调流动，强调潜力，强调领导力。关于人才，华为强调顶尖人才的获取和使用，强调生态，强调差异化的管理。关于组织，华为在组织建设方面做得非常好，集团不分家，业务适度自治；基于信任管理，简化流程。

纲要2.0反复强调，人力资源管理是公司商业成功与持续发展的关键驱动因素。

问题：

1. 华为人力资源管理纲要2.0与1.0的主要共同点和主要区别是什么？
2. 华为如何构建世界级人力资源管理系统？

【参考文献】

[1] 巴伦，克雷普斯. 战略人力资源：总经理的思考框架. 北京：清华大学出版社，2005.

[2] 蔡启明，朱美芳，唐红. 基于人工智能的企业人力资源战略管理系统构建与应用. 领导科学，2019（24）.

[3] 陈笃升. 高绩效工作系统研究述评与展望：整合内容和过程范式. 外国经济与管理，2014（5）.

[4] 达娜·盖恩斯·罗宾逊，詹姆斯·C. 罗宾逊. 人力

资源成为战略性业务伙伴. 北京：机械工业出版社，2011.

[5] 方振邦，徐东华. 战略性人力资源管理. 北京：中国人民大学出版社，2010.

[6] 格洛. 战略人力资源管理. 北京：中国劳动社会保障出版社，2004.

[7] 韩沐野. 传统科层制组织向平台型组织转型的演进路径研究：以海尔平台化变革为案例. 中国人力资源开发，

2017（3）.

［8］卢启程，梁琳琳，贾非．战略学习如何影响组织创新：基于动态能力的视角．管理世界，2018（9）.

［9］罗宾斯，库尔特．管理学：第 13 版．北京：中国人民大学出版社，2017.

［10］彭剑锋．人力资源管理概论 . 3 版．上海：复旦大学出版社，2018.

［11］王晖．企业战略柔性影响下人力资源管理策略．统计与决策，2014（17）.

［12］希特，等．战略管理：竞争与全球化（概念）．北京：机械工业出版社，2012.

［13］向欣，徐梅鑫，欧结敏．人力资源管理与企业战略的契合研究．科技进步与对策，2012（10）.

［14］张伶，刘宁，张正堂．人力资源管理系统形成影响因素的实证研究．商业经济与管理，2007（12）.

［15］张正堂．战略人力资源管理的理论模式．南开管理评论，2005（5）.

［16］赵曙明．人力资源战略与规划 . 2 版．北京：中国人民大学出版社，2008.

第3章 人力资源战略规划

本章要点

通过本章内容的学习，应能回答如下问题：

● 什么是人力资源战略规划？
● 人力资源战略规划的内容有哪些？
● 人才盘点的内涵与程序是怎样的？
● 人力资源战略规划有哪几种模式？
● 人力资源战略规划的程序与方法是怎样的？

引导案例

新冠肺炎疫情冲击下的人力资源管理

2020 年年初，在新冠肺炎疫情影响下，我国启动了突发公共卫生事件一级响应。国家卫健委呼吁控制举办大型活动，减少人员聚集。

广州南方人才市场现场招聘会暂停举办，调整为网络招聘；西安市人力资源和社会保障局原定于春节后举办的 119 场西安市"春风行动"暨就业援助月系列招聘活动暂停举办；湖南省人力资源和社会保障厅要求全省暂停举办现场招聘会，以切实减少人员大规模聚集……中国农历春节过后，本是传统的求职和用工高峰期，人力资源管理人员往往根据岗位需要，制定好了下一年度的人力资源规划方案，通过现场招聘获得各种必需的人力资源，从而实现本年度的人力资源合理配置。

然而，疫情打乱了企业制定好的人力资源规划，对人力资源管理提出了挑战。各行各业的劳动者出不了社区，到不了招聘现场，走不进企业工厂，也就无法进行传统意义上的人力资源管理。

面对突发的公共事件，如何对人力资源规划进行制定、调整，增强规划的灵活性、适应性，以保障企业人员合理配置，提高企业韧性，是所有企业要应对的新挑战。

资料来源：马丽宽，程敏．新冠肺炎疫情下的人力资源管理．统计与管理，2020（9）：38-41．

随着企业的日益壮大，必然会出现发展的瓶颈——缺少人才，因此，企业想要进一步发展壮大就必须依靠源源不断的人才。同时，在当前，中国企业进入了新一轮的战略发展期与系统变革期，但人力资源与企业发展战略脱节，既有的人力资源体系没有跟上企业战略、组织架构变革的步伐。这造成新的战略、新的业务面临人才严重短缺、核心人才队伍难以形成的问题。企业无法快速培养员工技能以适应当前及未来业务发展的需要，人力资源管理缺乏战略适应性，企业战略绩效目标难以落地与执行。那么，如何通过人力资源战略规划的制定与执行来提升企业的人力资源战略管理能力，提升企业的人力资源管理与战略转型、系统变革的适应性，是本章将要解答的问题。

第 1 节　人力资源战略规划概述

一、人力资源战略规划的含义

人力资源战略规划有广义和狭义之分。广义的人力资源战略规划是指根据组织的发展战略、组织目标及组织内外部环境的变化，预测未来的组织任务和环境对组织的要求，以及为完成任务和满足要求而提供人力资源的过程。换言之，广义的人力资源战略规划强调人力资源对组织战略目标的支撑作用，从战略层面考虑人力资源战略规划的内容和作用。因此，它既包括人力资源数量、质量与结构的系统规划与安排，也包括实现人力资源战略目标的策略与相应职能的系统安排。其作用可以等同于人力资源管理战略，是企业竞争战略的有机组成部分。狭义的人力资源战略规划则是指对可能的人员需求、供给情况作出预测，并据此储备或减少相应的人力资源。可见，狭义的人力资源战略规划以追求人力资源的平衡为根本目的，它主要关注的是人力资源供求之间的数量、质量与结构的匹配。依据人力资源战略规划的着眼点不同，可以分为仅考虑组织利益的人力资源战略规划和兼顾组织与个人利益的人力资源战略规划。前一种观点认为，人力资源战略规划就是将所需质量和数量的人力资源安排到通常为金字塔结构的各级工作岗位上，从组织的目标、发展和利益要求出发，在适当的时间，向特定的各个工作岗位提供符合岗位要求的劳动力，以满足特定生产资料对人力资源的数量、质量和结构的要求。显然，这是由于受到了古典管理思想的影响。后一种观点认为，人力资源战略规划是在有效设定组织目标和实现个人目标之间平衡的条件下，使组织拥有与工作任务要求相适应的所需数量和质量的人力资源。这种观点认为人力资源战略规划所要实现的组织目标应当包括实现个人利益。人力资源战略规划的过程就是力求组织发展与个人成长发展协调一致的过程，其最终目的是实现组织与个人的同步成长。显然，行为科学对此观点的形成有深刻的影响。表3-1展示了国内外对于人力资源战略规划的不同定义。

表3-1 国内外对于人力资源战略规划的不同定义

年份	提出者	定义	侧重点
1967	维特尔（Vetter）	管理人员确定组织应当如何由当前状态发展到理想的人力资源状态的过程。	由现状到理想状态的过程
1970	怀特（White）	广义地看，这是一种预见未来企业环境的组织模式，进而考虑这种环境下的人力需求问题。	未来人才需求的预测
1986	罗宾斯等（Robbins et al.）	将企业的目标转化为要实现这些目标的人力需求。	强调需求
1989	沃瑟和戴维斯（Werther & Davis）	人力资源规划是系统地预测企业未来的员工供求。	强调供求
1992	斯奈尔和赖特（Snell & Wright）	用来帮助组织实现战略目标的各种人力资源部署、活动和使用模式，其核心特征就是垂直匹配和水平匹配。	强调人力资源与企业战略的匹配
1996	安东尼等（Anthony et al.）	是人力资源招聘和运用的决策过程，因此是战略决策过程的一部分。人力资源规划方案侧重于对企业目标的分解和对如何获取资源实现这些目标的规划。	强调是一个决策过程，是组织战略的组成部分
1999	罗伯特·马希斯（Robert L. Mathis）	是对人力资源的需求和满足这种需求的可能性进行分析和确定的过程。人力资源规划的目的是保证实现企业各种目标。企业总体上的竞争战略是制定人力资源规划的基础。	竞争战略与人力资源规划
1999	劳伦斯·克雷曼（Lawrence S. Kleiman）	对组织的需要进行识别和应答，以及制定新的政策、系统和方案使人力资源管理在变化的条件下保持有效的过程。	人力资源的政策与方案
2000	曾湘泉	是组织为确保自身战略目标的实现，依据内外部环境，对战略实施时人力资源的供给、需求和缺口进行分析、判断和预测，并制定吸纳、维系和激励人力资源的一系列政策和措施的过程。	实现供求平衡的政策和措施
2004	陈维政等	根据组织的人力资源战略目标，在分析组织人力资源状况的基础上，科学地预测组织在未来环境变化时人力资源的供给和需求状况，制定必要的人力资源获取、利用、保持和开发策略，确保组织对人力资源在数量上和质量上的需求，保证组织和个人获得长远利益。	预测供求状况，确保供求平衡
2011	雷蒙德·诺伊等（Raymond A. Noe et al.）	将组织当前的状况与未来的目标进行比较，然后确定组织需要对人力资源进行怎样的调整才能达成目标。调整的内容包括裁员、对现有员工进行培训以使他们掌握新的技能、雇用新员工等。	将当前的状况与未来的目标进行比较
2011	董克用	指在企业发展战略和经营规划的指导下，对企业在某个时期的人员供给和人员需求进行预测，并根据预测的结果采取相应的措施来平衡人力资源的供需，以满足企业对人员的需求，为企业发展提供合质合量的人力资源保证，为达成企业的战略目标和长期利益提供人力资源支持。	供求预测，为企业战略目标的实现提供支持

续表

年份	提出者	定义	侧重点
2012	加里·德斯勒 (Gary Dessler)	是确定企业需要找人填补哪些职位以及如何填补这些职位空缺的一个过程。	找人填补职位空缺
2012	张德	一个组织科学地预测、分析自己在环境变化时的人力资源供给和需求状况，制定必要的政策和措施，以确保在需要的时候和需要的岗位上获得各种需要的人才（包括数量和质量两个方面），并使组织和个体得到长期的利益。	供求预测，使组织和个体得到长期的利益
2020	初晓光	企业根据内外部环境的发展变化采取相应的方式对人力资源的供应和需求情况进行预测和评估，以此作为企业实施战略计划的基础，促进企业在经济市场中的发展。	强调与企业战略的匹配

人力资源战略规划的各种定义都大致包括如下内容：

（1）由于组织外部的政治环境、经济环境、技术、文化等处于不断变化之中，因此组织的战略目标处于不断调整之中，从而使组织内部和外部的人力资源供给与需求也处于不断变动之中，寻求人力资源供给与需求的动态平衡是人力资源规划的基点，也是人力资源战略规划存在的必要条件。

（2）人力资源战略规划是以组织战略目标为基础的，当组织战略目标与经营方式发生变化时，人力资源战略规划也随之发生变化。因此，人力资源规划的过程是一个不断调整的动态过程。

（3）人力资源战略规划是一个依据人力资源战略对组织所需人力资源进行调整、配置、补充的过程，而不仅仅是预测人力资源供给与需求的变化。在此过程中，必须有人力资源管理其他系统的支持和配合，才能保证适时、适人、适岗。

（4）人力资源战略规划要保障组织和个体都得到长期的利益，但更多的是保障组织的利益得到实现，保障个体利益主要是由人力资源管理其他系统实现的，而不能仅仅依靠规划系统。

因此，本书作者认为，人力资源战略规划是通过战略人力资源管理职能活动及战略性制度安排实现组织人力资源的有效获取、开发和优化配置，并支撑企业战略目标实现的系统解决方案和管理过程。人力资源战略规划可以使企业的人力资源管理进入战略状态并提高组织的人力资源战略准备度及战略管理能力。它是企业人力资源开发与管理活动的依据，决定着企业人力资源各项职能管理活动的方向。其基本要点如下：

第一，人力资源战略规划是企业经营战略规划的一部分，为企业经营战略服务，是企业为实现经营战略而确定的人力资源配置目标、计划与方式，是企业人力资源开发与管理工作的"龙头"或牵引，决定着企业人力资源管理各项活动的方向。

第二，人力资源战略决定了人力资源规划的方针、重点和基本政策，决定了人力资源数量、结构和素质要求。人力资源规划是运作人力资源管理系统的前提，是人力资源管理各子系统重大关系决策的依据。

第三，人力资源规划是一个过程，是组织人力资源需求与供给实现平衡的过程，是企业人力资源的现状与理想状态（战略追求目标）差距缩小的过程。

第四，制定人力资源规划的前提是企业要有明确而清晰的经营战略规划和价值链核心业务规划，要有人力资源内外部环境分析，以及完备的管理信息系统和较为完整的历史数据。

二、人力资源战略规划的价值与作用

（1）人力资源规划的战略性价值：企业战略落地。

（2）促进基于战略的员工核心专长与技能的培育，满足组织战略与发展需求的人才队伍建设。

（3）人力资源规划是人力资源管理其他职能活动的基础，为其他人力资源管理职能活动提供明确的发展方向和管理评估依据。

（4）充分利用现有的人才，建立稳定有效的内部人才市场，解决企业人力资源多余或不足的问题。

（5）实现人与职位的动态有效配置，避免人才浪费。

（6）通过人力资源规划形成人才梯队，对组织需要的人力资源做适当储备，对组织紧缺人力资源发出引进或培训预警。

三、人力资源战略规划的内容

（一）人力资源战略规划的内容框架

图3-1展示了人力资源战略规划的内容框架。人力资源战略规划的源头在于企业的战略分析，通过分析企业的产业环境与战略能力、使命愿景与战略目标及业务发展目标等，确定人力资源管理如何支撑战略目标的实现，企业需要什么样的人才结构来实现战略目标。在确定人力资源战略使命与愿景目标之后，人力资源部门及直线经理应该明确各自的工作职责与需要发挥的功能，制订人力资源管理战略执行计划，构建 HRM 平台作为人力资源管理战略的实施保障。最后，需要对人力资源管理的有效性进行评估，考核人力资源管理给企业带来了多大的价值贡献，并利用评价结果对企业战略及人力资源战略进行调整，实现企业战略—人力资源战略—人力资源战略规划的良性互动，增强人力资源管理的价值创造能力。

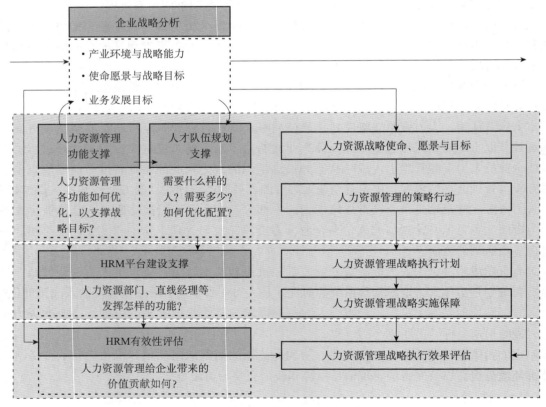

图3-1　人力资源战略规划的内容框架

（二）人力资源战略规划的一般内容

人力资源战略规划的一般内容包括以下几个方面：

（1）理解企业发展战略及策略目标体系，分析业务状况与组织框架，确认人力资源的战略、目标、原则、政策。

（2）人力资源现状盘点，识别人力资源的现有问题与战略问题，分析人力资源现状与未来战略需求的差异。

（3）进行人力资源的供给与需求预测，发现人力资源的供求缺口。

（4）设计人力资源战略性问题的系统解决方案，调整人力资源管理系统的业务职能，为实现人力资源战略规划的落地进行政策和制度安排，并制定具体措施及行动计划。

（5）对人力资源战略规划的实施情况进行适时的评估与控制，以保证人力资源规划按预定计划实施或及时调整人力资源规划，以适应组织与战略发展的需要。

（三）人力资源战略规划的具体内容

人力资源战略规划的具体内容包括三个方面：人力资源数量规划、人力资源结构规划、人力资源素质规划。这三方面的内容为企业人力资源管理提供了指导方针和政策（见图 3-2）。

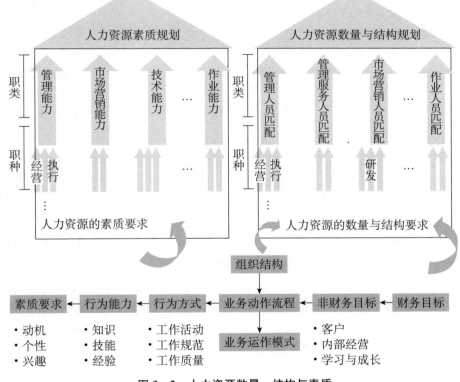

图 3-2　人力资源数量、结构与素质

下面对这三方面内容做具体阐述。

1. 人力资源数量规划

人力资源数量规划是依据企业战略以及未来的业务规模、地域分布、商业模式、业务流程和组织结构等因素，确定未来企业各级组织人力资源编制及各职类职种人员配比关系或比例，并在此基础上制订企业未来人力资源需求计划和供给计划。人力资源需求计划和供给计划需要细化到企业各职类职种人员的需求与供给。

人力资源数量规划的实质是确定企业目前有多少人，以及企业未来需要多少人。换言之，人力资源数量规划最终要落实到企业编制上。如何进行编制设计是人力资源规划的难点，彭剑锋教授等人在长期的咨询实践中摸索出一套适合中国企业的编制设计模型，其基本设计思想如图 3-3 所示。

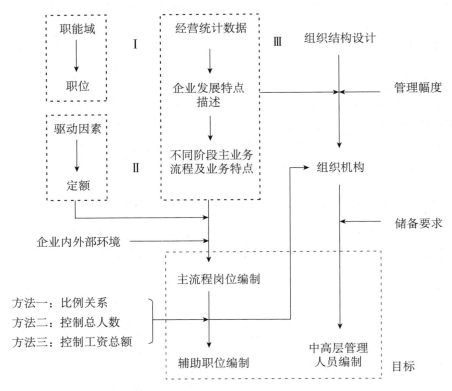

图 3-3　企业编制设计模型

在企业战略、组织结构均已明晰的前提下，进行企业编制设计的主要步骤是：

（1）结合近十年企业经营统计数据分析和企业发展的特点，判断企业处于不同阶段的主业务流程及业务特点，并确定组织中哪些职位是关键职位和重点职位。

（2）依据组织的职能域，梳理组织设计中的关键职位和重点职位，明确引起这些职位变动的驱动因素（即预测因子）和劳动定额。当驱动因素变化时，根据劳动定额就可以确定职位的编制。

（3）在假设技术条件不变的前提下，确保主流程关键职位和重点职位的编制不变，而对辅助岗位的编制采取弹性设置。主要方法有：确定各职类职种的比例；控制总人数；控制工资总额。

一般而言，对于辅助职位应采取不断提高从业者的工作技能的政策，从而达到减少辅助人员数量的目标。

（4）企业编制的动态调整。随着辅助人员的变化，可能引起组织结构相应的调整，即从业者素质越高，所需相关职位从业者的编制就越少，依据组织设计的管理幅度要求，这时组织结构就可以简化。同时，企业要依据组织分布的地域状况，考虑干部的储备要求，适当放宽中高层管理人员的编制设置。

人力资源数量规划主要解决企业人力资源配置标准的问题，它为企业未来的人力资源配置乃至整个人力资源的发展提供了依据、指明了方向。但是，在具体操作时，企业人力资源现状与人力资源数量规划所提供的标准会有一定的甚至很大的差距，因为理论和现实总是会有差距的，而如何缩小这一差距正是企业人力资源部门下一步要解决的问题。

2. 人力资源结构规划

人力资源结构规划是依据行业特点、企业规模、未来战略重点发展的业务及业务模式，对企业人力资源进行分层分类，同时设计和定义企业的职类职种职层的功能、职责及权限等，从而理顺各职类职种职层人员在企业发展中的地位、作用和相互关系。人力资源结构规划的目的是打破组织壁垒（如部门壁垒）对人力资源管理造成的障碍，为按业务系统要求对相关人员进行人力资源开发与管理提供条件，同时，为建立或修订企业人力资源管理系统（如任职资格体系、素质模型、薪酬体系和培训体系等）打下基础。

人力资源数量规划与人力资源结构规划以及素质规划是同时进行的，数量规划和素质规划都是依据结构规划所确定的结构进行的，因此人力资源结构规划是关键，也是一个难点。本书作者在咨询实践中摸索出一套独特的结构分析法，其基本思路是：

（1）确定人力资源结构分析的目的。

● 确定各职种在企业价值创造中的贡献系数，作为薪酬、晋升等人力资源政策的依据。

● 按各职种贡献大小合理配置人力资源（以贡献系数为基础）。

（2）提出人力资源结构规划的假设。

● 贡献系数是指某一职种与其他职种相比对企业收益的贡献程度。

● 以贡献系数作为每一职种员工数量变化幅度的判断基准：当员工数量减少时，贡献度越小，变化幅度越大；当员工数量增加时，贡献度越大，变化幅度越大。

（3）确定价值贡献系数。对企业各职种进行价值贡献度评价的关键是要科学地确定各职种价值贡献系数。我们在咨询实践中引入层次分析法确定各职种价值贡献度。

层次分析法（analytic hierarchy process，AHP），是美国运筹学家萨蒂（T. L. Saaty）于 20 世纪 70 年代提出的一种定量与定性相结合的多目标决策分析方法。这一方法的核心是将决策者的经验判断予以量化，从而为决策者提供定量形式的决策依据，在目标结构复杂且缺乏必要数据的情况下更为实用。运用层次分析法计算指标权重系数，实际上是在建立有序递阶的指标系统的基础上，通过指标之间的两两比较对系统中的各指标评判优劣，并利用评判结果来综合计算各指标的权重系数。

利用层次分析法计算各职种的贡献系数，可按图 3－4 所示的步骤进行。

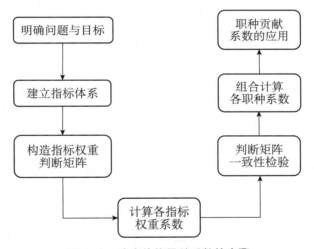

图 3－4　确定价值贡献系数的步骤

（4）给出结构配置模型。利用层次分析法确定各职种的贡献系数后，就可以根据企业收益和贡献系数确定各职种裁减人员的数量，或者增加人员的数量。具体推算步骤可参考表 3－2 和图 3－5。

表 3－2　职种系数的计算

职种编号	1	2	3	…	S	一般符号
职种人数	X_1	X_2	X_3	…	X_S	X_i
变化量	dX_1	dX_2	dX_3	…	dX_S	dX_i
变化幅度	dX_1/X_1	dX_2/X_2	dX_3/X_3	…	dX_S/X_S	dX_i/X_i
贡献系数	K_1	K_2	K_3	…	K_S	K_i

人员减少，贡献度越小，$\mathrm{d}X_i/X_i$ 越大

假定：$K_i \dfrac{\mathrm{d}X_i}{X_i} = C$（$C$ 为常数）

则 $\mathrm{d}X_i = \dfrac{CX_i}{K_i}$

又 $\displaystyle\sum_{i=1}^{s} \mathrm{d}X_i = C \sum_{i=1}^{s} \dfrac{X_i}{K_i} = \mathrm{d}H$

则 $C = \dfrac{\mathrm{d}H}{\displaystyle\sum_{i=1}^{s} \dfrac{X_i}{K_i}}$

则 $\mathrm{d}X_i = C \dfrac{X_i}{K_i} = \dfrac{\dfrac{X_i}{K_i}}{\displaystyle\sum_{i=1}^{s} \dfrac{X_i}{K_i}} = \mathrm{d}H$

式中，$\mathrm{d}H$ 为企业员工总减少量。

人员增加，贡献度越大，$\mathrm{d}X_i/X_i$ 越大

假定：$K_i = C \dfrac{\mathrm{d}X_i}{X_i}$（$C$ 为常数）

则 $\mathrm{d}X_i = \dfrac{K_iX_i}{C}$

又 $\displaystyle\sum_{i=1}^{s} \mathrm{d}X_i = \dfrac{1}{C} \sum_{i=1}^{s} (K_iX_i) = \mathrm{d}H$

则 $C = \dfrac{\displaystyle\sum_{i=1}^{s} (K_iX_i)}{\mathrm{d}H}$

则 $\mathrm{d}X_i = \dfrac{1}{C} \dfrac{K_i}{X_i} = \dfrac{K_iX_i}{\displaystyle\sum_{i=1}^{s} (K_iX_i)} = \mathrm{d}H$

式中，$\mathrm{d}H$ 为企业员工总增加量。

图 3-5　价值系数推导模型

（5）几个应注意的问题：

● 各职种价值贡献评价的基础是达成共识，故评价指标体系应是企业广泛讨论后形成的较为一致的看法。

● 基于"价值创造大小决定重要性"的原则，贡献系数也可反映该职种的重要程度。

● 贡献系数反映职种（整体）价值贡献。

3. 人力资源素质规划

人力资源素质规划是依据企业战略、业务模式、业务流程和组织对员工行为的要求，设计各职类职种职层人员的任职资格要求，包括素质模型、行为能力及行为标准等。人力资源素质规划是企业开展选人、用人、育人和留人活动的基础与前提。

（1）人力资源素质规划的内容。人力资源素质规划有两种表现形式（见图 3-6）：任职资格和素质模型。任职资格反映企业战略及组织运行方式对各职类职种职层人员的任职行为能力要求；素质模型则反映各职类职种职层需要何种行为特征的人才能满足任职所需的行为能力要求。

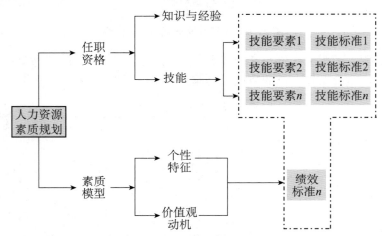

图 3-6　人力资源素质规划的两种表现形式

（2）人力资源素质规划的主要步骤。人力资源素质规划的主要步骤如图 3-7 所示。

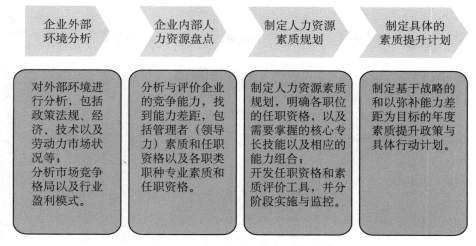

图 3-7　人力资源素质规划的步骤

具体来说，有以下几点需要注意：

第一，对于前两个步骤——分析外部环境、企业内部人力资源盘点，由于任何一种人力资源规划都是与企业内外部环境密切相关的，故无论是数量规划、结构规划还是素质规划，都需要经历这两步，只是各规划分析的侧重点有所不同（见图 3-8）。

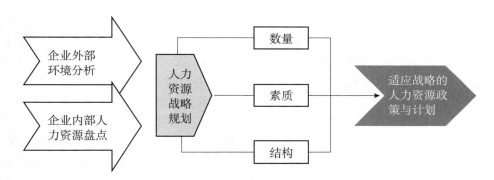

图 3-8　人力资源战略规划

第二，对于后两个步骤——制定人力资源素质规划、制订具体的素质提升计划，当员工整体素质和任职能力不断提高时，企业员工的适岗率将提高，这表明企业员工的职业化程度也在提高；当企业员工整体素质、任职能力和适岗率提高到一定程度时，在工作条件不变的情况下，企业所需员工人数可以相对减少，组织结构、业务流程也可相应简化（见图 3-9）。

（四）人力资源计划的具体内容

在执行人力资源战略规划时，人力资源数量规划、结构规划、素质规划将转化为具体的人力资源计划，即接替晋升计划、人员补充计划、素质提升计划、退休解聘计划等。

（1）接替晋升计划。晋升计划实质上是组织晋升政策的一种表达方式，是指根据企业的人员分布状况和层级结构，拟定人员的晋升政策。对企业来说，有计划地提升有能力的人员，以满足职务对人的要求，是组织的一种重要职能。从员工个人角度来看，有计划的提升不仅意味着工资的增加，还意味着工作的挑战性、尊重的增加以及满足自我实现的需求。晋升计划一般用晋升比率、平均年资、晋升时间等指标来反映，例如，某一级别的晋升计划可以如表 3-3 所示。

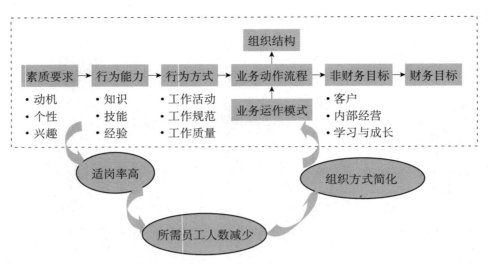

图 3-9　员工素质和任职资格的提高对人力资源配置的影响

表 3-3　某一级别的晋升计划

晋升某级别的年资	1	2	3	4	5	6	7	8
累计晋升比率（%）	0	0	10	30	70	75	75	75
晋升比率（%）	0	0	10	20	40	5	0	0

从表 3-3 可以看出，晋升到此级别所需的最低年资为 3 年，且 3 年的晋升比率为 10%，4 年的晋升比率为 20%，5 年的晋升比率为 40%，而其他年资获得晋升的比率很小或为 0。因此，调整各种指标会使晋升计划发生改变，对员工的心理产生不同程度的影响，如向上晋升的年资延长，就意味着员工将在目前的级别上待更长的时间；降低晋升比率则表明不能获得晋升机会的人数将有所增加。

（2）人员补充计划。人员补充计划就是拟定人员补充政策，目的是使企业能够合理地、有目的地填补组织中长期内可能产生的职位空缺。在劳动力市场供过于求或者企业吸收能力与辞退员工受到限制的情况下，人员补充计划十分重要。人员补充计划可以改变企业内人力资源结构不合理的状况，但这种改变只有与其他计划相配合才是最经济、最实用的。补充计划与晋升计划密切相关，因为晋升也是一种补充，只不过补充源在企业内部。晋升表现为企业内低职位向高职位的运动，运动的结果使组织内的职位空缺逐级向下移动，最终积累在较低层次的人员需求上。此时，内部补充就转化为外部补充——员工招聘与录用。这也说明，在录用低层次人员时必须考虑若干年后的使用问题。此外，人员补充计划与素质提升计划也有密切的联系。

（3）素质提升计划。素质提升计划的目的是为企业中长期发展所需的职位事先准备人员。例如，IBM 为逐级推荐的 5 000 名有发展潜力的员工分别制定素质提升计划，根据可能产生的职位空缺和出现的时间分阶段、有目的地培养他们，当出现空缺职位时，人员已经培养好了。在缺乏相应的素质提升计划的情况下，员工也会自我培养，但是效果未必理想，也未必符合组织发展的要求。

（4）退休解聘计划。退休解聘计划的实质是为企业建立起淘汰退出机制。现在很多企业打破了"铁饭碗"或者终身雇佣制，但仍然存在大量冗余人员。很多员工只要进了企业，很难被企业辞退，除非主动辞职或者犯了重大错误。造成这种现象的一个重要原因是，企业只设计了向上的晋升通道，而忽略了向下的退出通道。人力资源战略规划中的退休解聘计划就是为了弥补这一漏洞而设计的。

素质提升计划、接替晋升计划、人员补充计划和退休解聘计划是相辅相成的，四种计划相互配合运用，效果会非常明显。此外，还可以根据企业的特殊情况或需求制定其他各种计划，如工资与奖金计划、继任计划等。

深入实施新时代人才强国战略 加快建设世界重要人才中心和创新高地
（节选）

党的十九届五中全会明确了到 2035 年我国进入创新型国家前列、建成人才强国的战略目标。做好新时代人才工作，必须坚持党管人才，坚持面向世界科技前沿、面向经济主战场、面向国家重大需求、面向人民生命健康，深入实施新时代人才强国战略，全方位培养、引进、用好人才，加快建设世界重要人才中心和创新高地，为 2035 年基本实现社会主义现代化提供人才支撑，为 2050 年全面建成社会主义现代化强国打好人才基础。

一、全面贯彻新时代人才工作新理念新战略新举措

党的十八大以来，党中央深刻回答了为什么建设人才强国、什么是人才强国、怎样建设人才强国的重大理论和实践问题，提出了一系列新理念新战略新举措。

一是坚持党对人才工作的全面领导。这是做好人才工作的根本保证。千秋基业，人才为本。党管人才就是党要领导实施人才强国战略、推进高水平科技自立自强，加强对人才工作的政治引领，全方位支持人才、帮助人才，千方百计造就人才、成就人才，以识才的慧眼、爱才的诚意、用才的胆识、容才的雅量、聚才的良方，着力把党内和党外、国内和国外各方面优秀人才集聚到党和人民的伟大奋斗中来，努力建设一支规模宏大、结构合理、素质优良的人才队伍。

二是坚持人才引领发展的战略地位。这是做好人才工作的重大战略。人才是创新的第一资源，人才资源是我国在激烈的国际竞争中的重要力量和显著优势。创新驱动本质上是人才驱动，立足新发展阶段、贯彻新发展理念、构建新发展格局、推动高质量发展，必须把人才资源开发放在最优先位置，大力建设战略人才力量，着力夯实创新发展人才基础。

三是坚持面向世界科技前沿、面向经济主战场、面向国家重大需求、面向人民生命健康。这是做好人才工作的目标方向。必须支持和鼓励广大科学家和科技工作者紧跟世界科技发展大势，对标一流水平，根据国家发展急迫需要和长远需求，敢于提出新理论、开辟新领域、探索新路径，多出战略性、关键性重大科技成果，不断攻克"卡脖子"关键核心技术，不断向科学技术广度和深度进军，把论文写在祖国大地上，把科技成果应用在实现社会主义现代化的伟大事业中。

四是坚持全方位培养用好人才。这是做好人才工作的重点任务。必须坚定人才培养自信，造就一流科技领军人才和创新团队，培养具有国际竞争力的青年科技人才后备军，用好用活人才，大胆使用青年人才，激发创新活力，放开视野选人才、不拘一格用人才。

五是坚持深化人才发展体制机制改革。这是做好人才工作的重要保障。必须破除人才培养、使用、评价、服务、支持、激励等方面的体制机制障碍，破除"四唯"现象，向用人主体授权，为人才松绑，把我国制度优势转化为人才优势、科技竞争优势，加快形成有利于人才成长的培养机制、有利于人尽其才的使用机制、有利于人才各展其能的激励机制、有利于人才脱颖而出的竞争机制，把人才从科研管理的各种形式主义、官僚主义的束缚中解放出来。

六是坚持聚天下英才而用之。这是做好人才工作的基本要求。中国发展需要世界人才的参与，中国发展也为世界人才提供机遇。必须实行更加积极、更加开放、更加有效的人才引进政策，用好全球创新资源，精准引进急需紧缺人才，形成具有吸引力和国际竞争力的人才制度体系，加快建设世界重要人才中心和创新高地。

七是坚持营造识才爱才敬才用才的环境。这是做好人才工作的社会条件。必须积极营造尊重人才、求贤若渴的社会环境，公正平等、竞争择优的制度环境，待遇适当、保障有力的生活环境，为人才心无旁骛钻研业务创造良好条件，在全社会营造鼓励大胆创新、勇于创新、包容创新的良好氛围。

八是坚持弘扬科学家精神。这是做好人才工作的精神引领和思想保证。必须弘扬胸怀祖国、服务人民的

爱国精神，勇攀高峰、敢为人先的创新精神，追求真理、严谨治学的求实精神，淡泊名利、潜心研究的奉献精神，集智攻关、团结协作的协同精神，甘为人梯、奖掖后学的育人精神，教育引导各类人才矢志爱国奋斗、锐意开拓创新。

二、加快建设世界重要人才中心和创新高地

人类历史上，科技和人才总是向发展势头好、文明程度高、创新最活跃的地方集聚。16世纪以来，全球先后形成5个科学和人才中心。一是16世纪的意大利，文艺复兴运动促进了科学发展，产生了哥白尼、伽利略、达·芬奇、维萨里等一大批科学家，诞生了《天体运行论》、《人体结构》、天文望远镜等一大批科学名著和科学发明。二是17世纪的英国，培根经验主义理论和"知识就是力量"的理念加速了科学进步，产生了牛顿、波义耳等科学大师，开辟了力学、化学等多个学科，成为推动第一次工业革命的先导。三是18世纪的法国，启蒙运动营造了向往科学的社会氛围，产生了拉格朗日、拉普拉斯、拉瓦锡、安培等为代表的一大批卓越科学家，在分析力学、热力学、化学等学科领域作出重大建树。四是19世纪的德国，产生了爱因斯坦、普朗克、欧姆、高斯、黎曼、李比希、霍夫曼等一大批科学家，创立了相对论、量子力学、有机化学、细胞学说等重大科学理论。五是20世纪的美国，集聚了费米、冯·诺依曼等一大批顶尖科学家，产生了贝尔、爱迪生、肖克利等一大批顶尖发明家，美国获得了近70％的诺贝尔奖，产出占同期世界总数60％以上的科学成果，集聚了全球近50％的高被引科学家。

现在，世界新一轮科技革命和产业变革迅猛发展，我们既面临难得历史机遇，又面临严峻挑战。中华民族是勤劳智慧的民族，千百年来我国科技创新为人类文明作出了巨大贡献。近代以来，我国没有抓住工业革命的历史机遇，后又饱经战乱和列强欺凌，导致我国科技和人才长期落后。现在，我国正处于政治最稳定、经济最繁荣、创新最活跃的时期，党的坚强领导和我国社会主义制度的政治优势，基础研究和应用基础研究实现重大突破，面向国家重大需求的战略高技术研究取得重要成果，应用研究引领产业向中高端迈进，为我们加快建设世界重要人才中心和创新高地创造了有利条件。

加快建设世界重要人才中心和创新高地，必须把握战略主动，做好顶层设计和战略谋划。我们的目标是：到2025年，全社会研发经费投入大幅增长，科技创新主力军队伍建设取得重要进展，顶尖科学家集聚水平明显提高，人才自主培养能力不断增强，在关键核心技术领域拥有一大批战略科技人才、一流科技领军人才和创新团队；到2030年，适应高质量发展的人才制度体系基本形成，创新人才自主培养能力显著提升，对世界优秀人才的吸引力明显增强，在主要科技领域有一批领跑者，在新兴前沿交叉领域有一批开拓者；到2035年，形成我国在诸多领域人才竞争比较优势，国家战略科技力量和高水平人才队伍位居世界前列。

加快建设世界重要人才中心和创新高地，需要进行战略布局。综合考虑，可以在北京、上海、粤港澳大湾区建设高水平人才高地，一些高层次人才集中的中心城市也要着力建设吸引和集聚人才的平台，开展人才发展体制机制综合改革试点，集中国家优质资源重点支持建设一批国家实验室和新型研发机构，发起国际大科学计划，为人才提供国际一流的创新平台，加快形成战略支点和雁阵格局。

资料来源：习近平. 深入实施新时代人才强国战略 加快建设世界重要人才中心和创新高地. 求是，2021（24）.

第2节　人力资源战略规划的两大基石

人力资源战略规划的两大基石是盘点与对标。第一，盘点现状，通过对人才的盘点，掌握组织人力资源的现实状况。第二，对标找差距，通过人力资源效能管理的对标，找出组织人力资源存在的不足，为后续改进工作提供指导。

一、人才盘点：摸清人力资源现状

（一）人才盘点概述

1. 什么是人才盘点

知识经济时代，人才成为企业获取并维持竞争优势的核心资源，人才兴则企业兴，拥有人才的企业更有希望在市场中占据主动。随着企业对人才愈发重视，一种能够帮助企业评估人才数量与素质以支撑企业战略的方法得到了管理者的普遍关注与应用，即人才盘点。

阿里巴巴集团前人力资源副总裁黄旭用两个隐喻介绍了人才盘点。第一个隐喻是整理衣柜，"我们隔一段时间要整理一下自己的衣柜，因为我们的衣柜里边有很多衣服是购买后不经常穿的，这类衣服要赶紧送人，否则就是资源浪费"。第二个隐喻是整理书柜，"我们每年都要整理自己的书柜，很多书不准备再看就赶紧送人，把它们转移到能够发光发热的地方"。人才盘点也是同样的道理，在企业里是通过人去做事情，再通过事情来判断人才的价值，因此要定期进行人员梳理。

本书认为：人才盘点就是对组织的人才进行梳理、评价、再配置的过程。通过人才盘点，使人才与组织相匹配，进而支撑组织战略的实现。

2. 人才盘点的原因与时机

为什么要盘点？好的职位需要好的人才，好的人才需要好的机会，机会和人才交互，企业就会越来越好。同时，企业在实际的人才管理中常常遇到如下困境（见图 3 - 10）。

- 人才招募困难，企业中越是重要的岗位，招聘的周期越长且难度越大。
- 外部招聘的人才难以适应企业文化，"空降兵"的忠诚度较低。
- 企业没有为员工制定明确的职业上升通道或个人职业发展规划，致使企业内部人才流动频繁，人才因缺少发展机会而倾向于寻找外部机会。

图 3 - 10 企业人才管理中的困境

企业在面对上述困境时，人才盘点就显得尤为重要。人才盘点帮助企业发现优秀员工，因材施教，提高其敬业度与忠诚度，进而实现企业价值与员工个人价值的统一。

那么，企业应该选择什么时机进行人才盘点？这需要企业从宏观和微观两个层面判断。

从宏观层面而言：

- 企业进行大规模的并购或业务重组。
- 企业处于战略转型期，业务策略、商业模式、运营模式发生巨大变化。
- 企业经营业绩高速增长，管理跟不上业务发展的需要。
- 外部环境发生巨大变化，市场、产品或技术亟须升级。

- 企业人才供给、分布不均衡。

从微观层面而言：

- 企业核心人才的供给不足，过度依赖外部招聘。
- 核心人才难以保留，员工流失率高。
- 关键人才的胜任力与绩效目标完成情况不匹配。
- 人才梯队出现断层，没有人才继任计划。

如果有上述情况发生，就需要企业根据其目的开展人才盘点。当然，人才盘点并不只是在上述情况发生时才进行，企业一年至少定期进行一次人才盘点。例如阿里巴巴每年定期做三件大事，9—10 月制定战略，11—12 月做预算，2—5 月做人才盘点。人才盘点作为三件大事之一，重要性不言而喻。[①]

3. 人才盘点的类别

（1）按大小分为个人层面盘点、组织层面盘点。

- 人员层面盘点：第一，结构盘点，如性别、年龄、学历、毕业院校及专业、职级、司龄、人员总量等。第二，能力盘点，如绩效表现、能力结构、能力水平、潜力、匹配性、稳定性。
- 组织层面盘点：盘点管理层次、管理幅度、判断权责，盘点部门，盘点流程。

（2）按主导部门分为关门盘点、开门盘点。

- 关门盘点：一般由企业的人力资源部门主导，通过与外部咨询机构合作，利用评价中心测评系统筛选出企业的关键人才。但该盘点方式往往只有企业高层及人力资源部门参与，或者更多地依赖于外部咨询公司的评价工具，只覆盖关键岗位。

对于组织而言，如果只是需要快速发现、准确识别高潜力人才，进行覆盖个别关键岗位的人才盘点，那么关门盘点无疑是一种高效便捷的人才盘点方式。关门盘点周期短，效率高，可供选择的工具丰富多样，且保密性高。

- 开门盘点：由业务部门主导。人力资源部门的角色由主导者转变为方法、工具的提供者和人才盘点的组织者。开门盘点主要有以下特点：
- 从 CEO 到基层经理都亲自参与，盘点要依赖于他们的评价结果。
- 业务经理主导。
- 人力资源部门的组织发展岗位负责人提供人才盘点的方法、工具，并组织和支持业务经理完成人才盘点。
- 在一定范围内公开讨论对管理者的评价及任用。
- 盘点覆盖全员（不仅仅包括关键的领导岗位）。
- 与人力资源的其他模块衔接紧密，是每年的"固定项目"。

为了确保组织的人才盘点顺利实施，一般要确立以下角色：成立人才盘点委员会，明确 CEO 是人才盘点的第一负责人，各级经理是主导者和实施者，人力资源部门是流程推动者。换句话说，开门盘点并不是企业高层及人力资源部门的工作，需要企业内多方配合来完成。

学习资料 3-2

好干部是拆出来的

年底了，做人才盘点的公司很多，像华为、阿里巴巴都在做。实际上，人才盘点也有大小的概念。

小盘点

小盘点指的是盘人，即把员工的情况大概摸清楚。这种盘点不单单是看员工的业绩，还要关注价值观、能力、潜能等多种要素。

---

① 李常仓，赵实. 人才盘点：创建人才驱动型组织. 北京：机械工业出版社，2012.

一般的人才盘点，从两个维度入手：业绩和价值观。看业绩，主要看员工好不好，行不行，看的是员工的当下；看价值观，主要看员工适合不适合，值得不值得，看的是员工和企业的未来是否契合。

两个维度，像横竖坐标一样，可以按照好、中、差将人才分为九类，这就是人才九宫格。不同的格子配套不同的措施：有一类是明星员工，业绩好、价值观也非常契合公司，未来要给他们升职加薪，给各种机会；有些人业绩很好，但是价值观跟公司不契合，建议持合作的心态，不指望在他们身上投入长期资源；有些人绩效中等，价值观还行，需要给他们做一些轮岗或专门的培养计划；还有一类人价值观、绩效都很差，就直接放弃。

大盘点

大盘点不单单盘人，还要盘组织、盘业务、盘组织里人的发展机制，从战略层面思考现在的人跟企业战略、组织之间有什么脱节的地方，怎样做人才管理才能让战略真正落地，让组织真正释放价值。

大盘点，首先要盘的是组织。打仗总得有部队，部队要有番号，有了番号就要有人。新的战略，新的目标，要配套新的组织。组织就是舞台，有足够的舞台，就能够培养一批人。有些企业喜欢用人才来推动业务，撒豆成兵，给各种人才以舞台和机会，给予一方天地，成就一番事业。有了人才，还怕事业干不成？

美的内部讲的一个概念叫"干部都是拆出来的"，把一个大部门拆成几个小部门，几个小部门里就成长起来几个干部，有些能干的，直接把小部门干成了大部门，业务发展了，队伍也成长了。这是用培养人的思路来设立组织，是基于组织逻辑的人才培养。还有另外一种逻辑，基于牛人实现组织发展。有些人很牛，暂时没有适配他的组织，就要专门设立一个，先留住他，然后坐等开花结果。

腾讯内部有很多大师工作室。比如腾讯收购Foxmail，那个邮箱在腾讯版图里不算特别，但马化腾觉得张小龙人不错，就把他吸纳进来，其实也不知道他能干啥，就让他先做QQ邮箱，后来通过内部赛马，跑出微信这样一个国民级应用。

对待"失败者"，腾讯也很宽容。按照马化腾的逻辑，内部创业失败，不是业务的失败，是人才培养的成功。各种内部创业失败的项目人员，并没有离开腾讯，而是流动到各个核心岗位，让腾讯的业务充满了张力。天美工作室（腾讯游戏研发总部的成都分公司）这个团队其实是跟张小龙PK微信时败下阵的那群人。腾讯为了把这帮人留住，就给了他们新的机会，充实到其他事业部，孵化出新的项目。结果天美工作室开发出了一款现象级手游——王者荣耀。

阿里巴巴对王坚也是一样，因人设岗，给机会、给资源、给空间、给信任，十年磨一剑，才有了后来全球领先的阿里云。

企业在规划组织时，可以用两种方式：一是根据业务决定组织怎么分布；二是根据人才新设或合并一些组织。

现在讲人才盘点一定是大盘点，首先看企业的战略意图是什么，盘人不是为了把员工分类，一定是为了想办法实现整个公司的价值。

干部盘点：手中有图，心中有数

当员工规模达到三五百人时，人才盘点的重点要放到干部盘点上。

干部盘点和一般人才盘点的底层逻辑一致，最大的差异在于，要关注他和岗位是否同频共振。干部基本上处于组织的核心位置，如果一个组织有100个关键节点，其中20个关键节点出问题，就相当于20%的资源和人才队伍没有被调动起来。更糟的情况是，这20个节点均匀地分布，影响到全局。

把握住关键节点，其他地方有点不顺畅，无伤大雅。干部盘点既是对上一周期的总结，又是对下一周期的展望。很多单位为了盘点而盘点，做完以后就没下文了。要站在未来看现在的盘点结果，做好干部规划。

比如这100个节点里，有20个干部不行，下一步就是把他们换掉，或者提升他们的能力。干部一调动，整个系统可能就会变成一个正向的循环。假设你有100个核心干部，把他们管好，这100个人每人影响

50个，就是5 000人。这100个人管好了，5 000人的企业就不会出大问题。

华为2018年把总干部部从人力资源体系独立出来；小米、美团也成立了干部部这样的专门部门。手里有一张人才地图，才能做好干部管理的决策。如果对一个人的思想动态都掌握不了，下一步就不知道该不该用这个人。举个例子：如果一个人的人品不是那么正直，一定不能把他放到有特别大的利益诱惑的岗位上，否则他可能就会被拖下水。所以，做干部盘点要"手中有图，心中有数"。

感知离职倾向，提前干预

干部盘点除了价值观、绩效之外，还要包括离职的倾向。

如果一个干部已经有了离职倾向，而且不可逆，就不应该把他放在重要的位置上。要提前预判，准备弥补他离开带来的人才风险。预知风险，主动干预。这也符合数字化时代的典型特征——状态全面感知，提前作出决策。

某个人最近工作绩效较差，不是很投入，管理者可能要跟他以及他身边的人聊，甚至查看他的简历，看看他旷工的频次，判断他是否有了离职的念头，是到了投简历阶段还是已经到了面试、入职阶段。

如果管理者用心，一定能感知到大概的离职倾向是0（完全没有），还是1（决意离职）。如果是0.1、0.2的状态，管理者可能会关注他关心什么，是离家太远还是工资太低，如果是离家太远，给他调一下工作时间行不行？如果这个人很优秀，给他报销打车费行不行？如果是工资太低，把他工资涨上去行不行？这个人原来要离职，管理者不主动干预，他的离职倾向可能就从0.1、0.5变成1，如果管理者主动干预，他的离职倾向可能从0.5又变成0.1。

可惜的是，很多企业只会吐槽，干部莫名其妙就离职了，让人措手不及，却从来没有提前感知，未雨绸缪。心诚之至，不单单可以判断干部是否要离职，更能让干部放下心结，从一而终。

资料来源：张小峰．HR赋能工坊（ID：HR-empowerment）．

4. 人才盘点的误区

尽管人才盘点对企业意义重大，不少企业也定期对人才进行了盘点，但由于在盘点过程中经常陷入一些误区，盘点的效果并未达到预期，甚至出现负面效应。我们对企业在人才盘点中可能会陷入的误区进行了归纳，大概有以下三种：

（1）人才盘点可以解决问题。多数企业高层管理者在业绩下滑、人员流失率高，或人才能力的发展与组织业务的发展不匹配时，才意识到企业缺乏对人才的识别、培养与保留。寄希望于人力资源部门通过人才盘点解决企业遇到的问题就有些勉为其难，此时的人力资源部门既无明确的盘点目的，又无合适的人才评价标准及评估工具。我们应该把人才盘点工作作为企业运行过程中的日常管理流程，而非在企业已经陷入人才管理困境时才进行。因此，人才盘点的目的不是解决问题，而是发现问题。

（2）人才盘点与绩效考核挂钩。不少企业将人才盘点与绩效考核相结合，通过最终的考核来确定优秀员工及企业存在的问题，进而进行相应的激励并实施改进计划。基于人才盘点的绩效考核往往只能衡量员工当下的业绩，不能对员工的未来发展进行预测。因此，单纯地将人才盘点与绩效考核强挂钩是不可取的，人才盘点仅是绩效考核的一个参考。

（3）人才盘点是人力资源部门的工作。人才盘点是为企业战略服务、为业务服务的，不只是人力资源部门用来识别高潜人才，如果只是人力资源部门牵头开展人才盘点，业务部门与企业领导不关注、不参与，管理者并没有真正意识到建设人才梯队的重要性，那么人才盘点的效果就会大打折扣。因此，人才盘点工作既需要企业领导的重视也需要业务部门的积极参与，只有这样才能确保人才盘点的有效性。

5. 人才盘点的意义

通过人才盘点，企业能更好地识别人才、培养人才和保留人才，进而建立人才梯队，提高企业竞争优势。[①]

① 刘喜文．做好人才盘点，建立人才驱动型组织：访凯锐优才副总经理赵实．人力资源管理，2013（1）：22-24．

不仅如此，人才盘点对员工个人也意义非凡，既实现了员工与组织的匹配，还明确了员工未来的改进及发展方向。

（1）对组织的价值。组织通过人才盘点，对组织结构和人才进行了系统梳理，明确了未来发展所需要的资源及能力。人才盘点可以为组织战略落地提供支持。通过人才的供需分析及胜任力模型的构建等一系列工作，支撑组织战略的实现。通过对人才的梳理及评价，建立人才梯队，促进组织的持续健康发展。

（2）对人力资源工作的价值。在人才盘点的过程中，通过人力资源部门与其他业务部门的互相配合、通力合作，更加密切了相互之间的关系，不仅使人力资源部门更懂业务，也让业务部门更理解人力资源部门的工作。通过人才盘点，组织建立起自身的人才评价标准体系，不仅有助于组织进一步吸引人才、培养人才及保留人才，而且使组织能够快速实现人岗匹配。

（3）对员工的价值。通过人才盘点，员工可获知组织对人才的需求及自身与组织的匹配度，还会明确未来工作中改进及发展的方向。

学习资料 3-3

人才盘点的工具

无论采用文档、幻灯片还是表格形式，所有盘点分析结果均需要形成书面文件。如组织盘点部分对组织架构的分析，当前组织架构是什么特点，管理层次和管理幅度分别如何，是否符合企业战略要求，未来是否需要调整等。只有形成书面材料，才能将组织中约定俗成的或不易推动的工作转化为有助于梯队建设的管理措施。

不同维度可采用的工具或方法如图 3-11 所示。这里仅对组织盘点表、人员盘点表和九宫格加以说明。

组织层面

维度	组织架构	管理层次	管理幅度	定员定编	关键岗位
建议方法	组织架构图	管理层次结构图	组织盘点表	组织盘点表	组织盘点表

人员层面

维度	结构化指标	能力	潜力	业绩表现	匹配性	稳定性
建议方法	人员盘点表	业务部门评价体系 360评价 结构化访谈	潜力测评	数据性指标 业务部门评价体系	定制化测评 360评价	测评

图 3-11　人才盘点工具

1. 组织盘点表

开展组织盘点时，要明确最小盘点单位，并邀请业务部门负责人深度参与。组织盘点与人员盘点无前后顺序。不同行业或不同竞争策略下，企业关注的关键人群各有不同，组织盘点表中应列示所有关键人群类型，并对存在异常的数据以颜色识别系统进行标示。上下限、比值等管控要求的确定，须经过高管研讨并达成一致意见。

填写盘点表，理论值与实际值需综合考虑。例如，部分企业有借调人员、实习生等灵活用工模式，在分析实际工作量时，应该把该类人员算进来。国有企业还会面临人员退休、干部任期等问题，在梯队分析建议部分需要标注。

表 3-4 为一个组织盘点表示例。人力资源部需要知道每一个数据的来源以及可靠性。

表 3-4　组织盘点表示例

部门	上月人数	现有人数	本月报到	本月离职	本月调出	本月调入	离职率（%）	现有人员服务年资							招聘状况分析			职级分布结构		
								新报到	3个月以下	6个月以下	1年以下	2年以下	3年以下	3年以上	招聘需求	实际录用	完成情况	一般员工	班组级	主管级及以上
总经办																				
供应部																				
营销部																				
品质技术部																				
财务部																				
后勤事务办																				
生产部																				
合计																				

2. 人员盘点表

人员盘点表是人员层面盘点的基本载体。表格中包括如下内容：

● 与工作相关的员工所有基本信息，如个人基本信息（身份证号、年龄、性别、民族、户籍等）、受教育情况（初始与最高的学历、学位、学校、专业、毕业时间等）、岗位与公司相关信息（从业时间、工龄、入职本司时间、司龄、执业资格、职称、职级、岗位、所在区域部门等）。

● 个人业绩和特质的评价结果，如业绩评价、能力评价、潜力评价、稳定性评价等的结果。

● 九宫格定位结果。

● 有企业特色的人才培养关键措施，如跨区域调配意愿（或计划）、必要的轮岗经历、关键项目/岗位经历、导师带徒情况等。

表 3-5 是人员盘点表示例。这里要提醒的是，盘点表的信息一定要最新、真实、可靠。

表 3-5　人员盘点表示例

员工姓名		出生年月		学历	毕业学校	入职日期	职位名称	职级薪级	人才九宫格位置
经验与能力特点总结									
主要业绩贡献									
优劣势综述（客观描述）									
优势（1~3项）		优势1：			优势2：			优势3：	
劣势（1~3项）		劣势1：			劣势2：			劣势3：	
继任计划									
离职风险		离职影响			内部可替代性			外部可替代性	
继任者数量		现可继任者			1年后可继任者			2年后可继任者	
职业发展建议（尽可能详细描述）									
发展方向1									
发展方向2									
能力发展建议（尽可能详细描述）									

3. 九宫格

九宫格是最直观的人员盘点评价工具，本质是一种数学矩阵，通过 $M \times N$ 个维度对数据进行定位，以实现大规模分类、小规模批量化管理。在人才盘点中，M 和 N 一般表现为某一指标的评价等级，可结合公司管理实践动态调整 M/N 的数值，建议 3~5 个为宜。

正因为矩阵的这种灵活性，我们可以对其进行个性化改造，使人员盘点信息更丰富。如在上述人才盘点表中，除体现业绩评价、能力评价、潜力评价、稳定性评价等的结果，还可以加入能力九宫格、潜力九宫格、稳定性九宫格等，分别用能力-绩效、潜力-绩效、忠诚度-匹配度进行定位。若某些人才在多个九宫格中均处于右上第一梯队，企业各层管理者均应重点关注。

使用九宫格时，需要提前与高管在评价维度、评价等级的设计和要求两个方面达成共识。如公司对于绩效考核结果较为看重，某个人的绩效被评价为"低"，则无论其能力、潜力表现如何，都不应作为人才。而对于"高绩效、低能力/潜力"或"中绩效、中能力/潜力"者，后备人才选拔不予考虑。

资料来源：我们 HR（WeHRClub）.

（二）人才盘点的程序

本书认为，企业人才盘点可以分五步来进行，如图 3-12 所示。

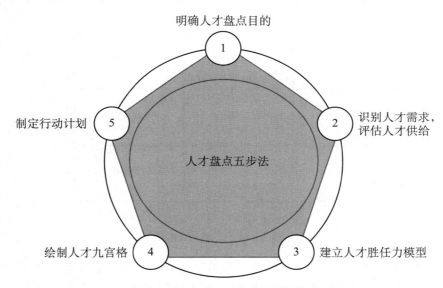

图 3-12　企业人才盘点的具体步骤

1. 明确人才盘点目的

人才盘点的周期不同，方式不一，且有不同的目的和侧重点。比如，企业处于快速扩张期进行的人才盘点与企业进入平稳发展阶段后进行的人才盘点就各有侧重，因此在盘点前必须明确其目的，才能有的放矢。需要注意的是，人才盘点必须有高层领导（最好是 CEO）的承诺及参与才能成功推进，所以要及时与高层领导进行沟通，以取得他们对盘点的信任及支持。其次，还需要出台人才盘点的整体规划与时间安排，明确召开人才盘点会议的时间与参与人员。

2. 识别人才需求，评估人才供给

在明确了人才盘点的目的后，接下来需要召开人才盘点会议。高层领导、人力资源部门及各业务部门负责人需要讨论企业未来 1~3 年（不同行业有不同的规划期）的战略对人才的需求，其实质就是明确什么样的人才可以支撑企业的战略发展，如果企业人才储备不够，其战略落地的可能性将大打折扣。

我们建议将组织的架构图画出来，从关键角色入手，再逐渐推广到各个角色。高层领导、人力资源部门及各业务部门负责人应该结合企业未来1~3年的战略规划，对现有的组织结构及角色分工进行讨论，包括关键岗位职责、人员编制与空缺情况、组织效率和管理跨度是否合理等。最终需要明确企业未来1~3年是否新增、撤销内部组织等，并明确组织结构、关键角色以及对人才的需求。

会议需要对企业目前的人才供给进行评估，即判断当前的人才数量与素质是否可以满足企业未来1~3年的战略需求。高层领导、人力资源部门及各业务部门负责人要结合企业战略与组织结构的要求，判断目前人才在数量与素质上的差距，以及是否可以支撑企业战略的落地。

3. 建立人才胜任力模型

对人才数量的预测较为容易，难点在于对人才的素质进行评估。这时候需要企业建立自己的人才胜任力模型（第5章会详细介绍）。人才盘点会议接下来要开始讨论企业的人才胜任力模型。需要注意的是，人才胜任力模型的建立要以未来为导向，不可专注于过去已取得的成就，最好将核心能力控制在6~8项，并且能够切实落地。当然，胜任力模型的构建也并非一次会议可以完成。

4. 绘制人才九宫格

接下来，我们就需要对人才进行一次全面的评估，评估过程中既要关注员工已取得的绩效，还需要结合上述步骤建立的胜任力模型，胜任力模型包括对员工价值观、学习能力、潜力及领导力等的综合评价。人才评估的工具很多，以图3-13所示的九宫格为例进行介绍。

图3-13　人才九宫格

根据我们对过往绩效及员工综合能力的评估将各位员工划入九宫格，这样就能够比较清楚地展现"谁是最重要的、最值得发展和关注、最值得资源投入的人才"，对于不同的人群，要采取不同的对策。

● 9号员工：他们是绩效与潜力双高的超级明星，可以为其设计多种快速提升及轮换方式的职业通道，提供更好的发展平台及机会，并且要提供满意的薪酬。

● 8号员工：他们虽然有很高的潜力，但绩效处于中游，那么应该谨慎为其规划下一个岗位，多给予工作上的指导与帮助，但也要确保其薪酬的竞争力。

● 7号员工：他们绩效一流，但潜力一般，此时应着重提高其综合能力，可以尝试给予可促进其发展的岗位或职责，并确保薪酬竞争力。

● 6号员工：虽然他们潜力一流，但绩效偏低，此时应该认真分析，到底是因为动机不足还是人岗不匹配。同时，也要提出警告，使其明确绩效目标。

● 5号员工：他们是最常见的一类人，潜力与绩效都处于中游，此时应该对其进行重点培养与开发，综合能力与绩效的提高并重。

● 4号员工：他们绩效一流，但潜力较差，此时应重点思考如何让其始终保持工作积极性，因此要多给予认可，并鼓励其尝试挑战新的任务。

● 3 号员工：要对他们进行警告，并分析问题所在，提供相应的绩效辅导，如仍不迅速改进，则应该尽快将其剥离出组织或降级使用。

● 2 号员工：应该让他们保持在原地原级，并相应减少管理职责，必要时考虑剥离出组织。

● 1 号员工：应该考虑尽快将其剥离出组织。

对于处在九宫格不同位置的人群，需要采取不同的应对策略。九宫格既是人才盘点的产出，又是下一步建立人才发展体系或提供用人决策的重要信息输入。

5. 制定行动计划

此时，我们将人才需求与供给进行对照分析，便可以看到人才差距，据此有针对性地制订行动计划，包括为员工制定个人职业生涯发展规划、搭建企业人才梯队及制订继任者计划等。当然，我们后续也应该从人才指标体系、人才投入-产出比等方面对人才盘点的效果进行跟踪与评估。

即时案例 3-1

跟华为学习如何进行人才盘点

人才盘点也叫作全面人才评价，是通过对组织人才的盘点，使人与组织相匹配，其内容包括明确组织的架构与岗位发展的变化，确定员工的能力水平，挖掘员工的潜能，进而将合适的人放在合适的岗位上。所以人才盘点更为准确的名称应该叫作组织与人才盘点。这样看来，人才盘点不只是人力资源方面的基础性工作，应该上升到组织的高度，上升到战略的高度。华为在人才盘点方面正是这样操作的，下面我们就来跟华为学习一下如何进行人才盘点。

华为认为人才盘点是传递公司战略的一个过程，要为员工树立正确的价值导向、提升企业员工效率、建设健康氛围，最后才是梳理员工发展体系。所以，华为的人才盘点最后盘出的是组织健康度，是组织的拓展能力。

华为的人才盘点与众不同的是，它首先建立标准，再盘点队伍，最后形成机制。华为常用的人才盘点工具有四个：绩效潜能矩阵（方格图）、学习力（潜力）评价表、工作定量分析表、岗位匹配度矩阵。

一、绩效潜能矩阵（方格图）

用绩效潜能矩阵（见图 3-14）做人才盘点有两个维度——绩效考核和素质评估。纵轴是绩效、KPI（关键绩效指标）或一些量化的结果，横轴是素质或者行为等，它反映的是全面绩效，也就是人才在过去的一年当中达到的业绩的结果和行为，或结果和过程。

通过绩效考核和素质评估，了解队伍状态和人才特点，制订针对性培训计划，推动上级辅导培养下属，帮助员工认识、发展自我，为人才使用提供依据。

华为在使用绩效潜能矩阵进行人才盘点时有一些原则：

1. 定期检查，一般按年度组织开展，多放在年度绩效评价后 1～2 个月内进行。

2. 主要审视绩效贡献和素质评估，也可以审视潜力。

3. 方格图的作用人群规模建议大于 40 人。

4. 直接上级确定方格图位置时，需要与下属进行一对一沟通。

5. 方格图的结果及应用需要经过至少两级审核。

把人才对号入座之后，怎么去识别关键人才，进行人才发展、晋升和激励呢？华为的做法可供参考：

高潜力 S——在 1 年之内有能力可以承担更高的职责或挑战；

中潜力 A——在 2 年之内有能力可以承担更高的职责或挑战；

低潜力 B——在 3～5 年内有能力可以承担更高的职责或挑战；

无潜力 C——未看到几年内有能力可以承担更高的职责或者挑战；

卓越绩效 S——每次工作都出类拔萃，成为公司甚至行业内的榜样；

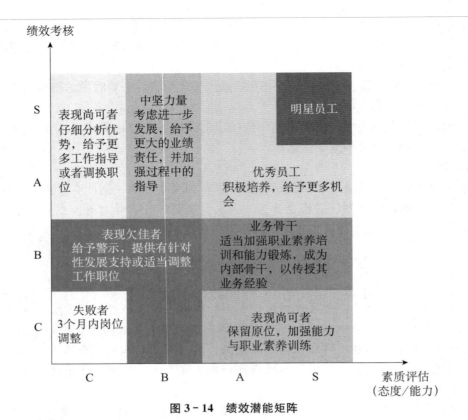

图 3 - 14 绩效潜能矩阵

优秀绩效 A——几乎总是能够出色完成任务，是值得信赖的公认的优秀员工；

良好绩效 B——基本能够较好地完成工作任务，工作表现较为稳定；

有待改善绩效 C——较常出现工作业绩未达到要求的情况。

怎么运用盘点的结果？

1. 对比盘点结果与业务要求，进行差距分析，找到关键缺失点。

2. 按部门确定招聘和提拔重点，以补充关键性的能力。

3. 针对共性，确定成批次的培养方案。

如果发现某个位置的人特别多，到底是好还是不好？怎么评价一个组织健康还是不健康？

通常情况下，无论是什么组织，都不允许出现人才在某个区域过分扎堆的情况。如果出现，应该尝试在平级部门之间做人员置换和调整。

二、学习力（潜力）评价表

潜力等于学习力。华为使用学习力（潜力）评价表（见表 3 - 6）来对人才的潜力进行评估和测量。主要包括四个方面，分别是思维心智、人际情商、变革创新和结果导向。依据人才总得分 20 分及以上、14～19 分、8～13 分、7 分及以下给出高、中、低、弱潜力的评价。

表 3 - 6 学习力（潜力）评价表

学习力	思维心智	人际情商	变革创新	结果导向
能力	在相关专业领域有较强的专业能力和开阔的视野	对于人际关系有较高敏感度	不满足于现状，持续改善	有较强的自我驱动力和能动性
得分				
能力	具有解决问题的有效方法	能够通过交流有力地影响他人	愿意迎接挑战，不轻易放弃难点	愿意付出足够的努力，能吃苦耐劳
得分				

续表

学习力	思维心智	人际情商	变革创新	结果导向
能力	从容面对复杂模糊的环境	能够倾听和接纳不同意见和负面情绪	善于引入新的观点和方式	具有较高的绩效标准，并激励团队达成
得分				
能力	向他人清晰解读思考内容	能够自我察觉内在情绪和自我进化	热衷于收集和尝试新的方案和创意	鼓励自己和他人发挥潜力
得分				
能力	善于发现错误，并视为改进机会	善于组织和协调各方	能够推动变革	以结果为导向，不拘泥于方式方法
得分				
总分				

高潜力分四种，即变革敏锐力、结果敏锐力、人际敏锐力、思维敏锐力。

变革敏锐力：永不满足，引入新的观点，热衷于创意，领导变革。

结果敏锐力：高能动力，克服万难，打造高绩效团队，激发团队。

人际敏锐力：政治敏锐力，卓越沟通，冲突管理，自我察觉，自我提高，善于组织。

思维敏锐力：视野广泛，无所不用其极，从容面对各种环境，清晰解读思考内容。

三、工作定量分析表

工作定量分析表可以帮助员工进一步明确工作量和实践分配比例，确定工作重点和可能需要的资源，发现工作效率提升的空间。

以一个招聘 HR 为例，他主要的工作包括招聘网站信息发布、面试、指导实习生、参加周会、负责劳务派遣相关事宜，由表 3-7 可知其每天、每周的用时是多少，占工作量的比例是多少。根据工时的统计结果，进行分析调整，可以帮助员工管理时间，引导员工更关注关键路径上的重点工作，聚焦工作重心。对于任何公司，在做人才管理和运营的时候，最需要做好的就是人的效率的提升。

表 3-7　招聘 HR 工作定量分析表　　　　　　　　　　　　　　　　单位：小时

频率	性质	主要工作内容	用时	日均用时	占日均实际工作量比例	结合公司和部门目标，实现效率提升的方法	调整后用时	调整后日均用时	调后占日均实际工作量比例
日	固定	招聘网站信息发布	1	1	11.90%	改变发布频率，辅导用人部门明确岗位要求	0.5	0.5	7.60%
日	固定	面试	5	5	59.30%		4	4	61.20%
日	非固定	指导实习生	0.5	0.5	5.90%		1	1	15.30%
周	固定	HR 周例会参加及准备	8	1.6	19.00%		4	0.8	12.20%
月	固定	劳务派遣公司的结算	4	0.2	2.30%		3	0.15	2.20%
月	非固定	劳务派遣、猎头费用审批、流转	3	0.15	1.70%		2	0.1	1.50%
合计				8.45	100.00%			6.55	100.00%

四、岗位匹配度矩阵

通过岗位匹配度矩阵（如图 3-15 所示），可帮助主管明确岗位满足度、匹配度、人员潜力等相关信息，有效支撑组织人才管理的选、育、用、留。

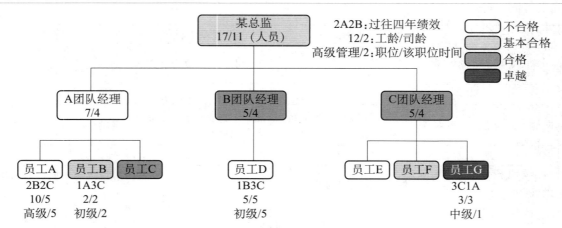

图 3-15　岗位匹配度矩阵示例

岗位匹配度矩阵设计的基本信息维度及盘点思路如下：

岗位能力满足度：不满足、基本满足、完全满足、超越岗位；

职级：依据年龄和工龄综合评价，职级偏低、职级正常、职级突出；

岗位匹配度：依据职级及岗位梳理，综合判断岗位匹配情况，不匹配或匹配；

职场年限：指从第一学历开始的总工作年限；

司龄：在本岗位的工作年限；

绩效表现：回顾一年以来 3 次以上的绩效评估；

薪酬：与对应岗位平均薪酬对比，偏低、达标或偏高；

上下级关系：审视是否存在非正常逆向管理逻辑。

岗位匹配度矩阵信息量非常大，图 3-15 中最上方是某总监，数字 17/11，前者是部门的总编制，后者是现有的人员数量。2A2B 指的是过往四年的绩效水平，此外还可以包含工龄、司龄、薪酬水平是否达标、人员调动或借用是否频繁等信息。

从岗位匹配度矩阵这张图可以很清晰地看到组织内部的人才全貌，既有组织结构、上下级关系，又有人员信息和人员状态，一目了然。

当新主管管理陌生业务，或者是刚刚晋升的主管管理一个部门的时候，他会迫切需要这种平面化的全信息呈现，帮助他快速了解每一个员工的情况。这张图需要实时刷新，至少每个季度要更新一次，以确保信息的正确性和及时性。

资料来源：https：//www.sohu.com/a/278862851_479829.

二、人力资源管理对标：找到人力资源差距

对标管理（benchmarking）也称基准管理，指以最强的竞争企业或行业中领先的、最有名望的企业作为基准，将本企业的产品、流程、服务和管理等方面的实际状况与这些基准进行定量化比较，分析这些基准企业的绩效达到优秀水平的原因，创造性地学习和借鉴优秀企业的经验，在此基础上选取最优的改进策略和方法。对标管理既是人力资源效能提升的指向器，又是人力资源效能提升的加速器，它帮助企业确立有效的人力资源目标与方向，认清人力资源管理的现状和差距，充分学习内外最优实践，避免人力资源管理方面的弯路和错误，并站在巨人的肩膀上前行。

中国人民大学彭剑锋教授指出，人力资源效能对标管理主要包括以下四项基本内容：

（1）瞄准方向。分析和理解人力资源先进理念，树立有效的人力资源发展目标和正确的方向。通过人力资源效能对标管理，不仅可以了解对标企业的成功经验和管理方式，而且能获得人力资源发展现状信息，明了自身与领先者之间的差距，树立有效的人力资源发展目标和正确的发展方向。

（2）把握核心。掌握通用的人力资源建设路径和核心能力，发挥后发优势提升人力资源管理水平。通过人力资源对标管理，企业能够彻底地分析对标企业的人力资源建设路径和核心能力，并且经过内化、吸收，成功地转换应用到自己的组织内，发展出独特的路径和能力，为企业创造人力资源竞争优势。

（3）不断改善。通过对标促进人力资源持续改进和学习，推动组织变革和不断进步。对标管理特别强调持续改进的观念、有循环再生特性的流程。它不是一个短期的活动，也不是一次就完成的活动。通过对对标企业的不断对照和学习，了解人力资源领域最先进的作业技术及管理方式，激发企业人力资源的创意，推动企业的持续改进和不断创新。

（4）打造特色。融合历史文化、国情和实践，探索中国企业人力资源管理的特色理念和成功实践。通过对比和分析，在发现差距的同时，推动企业追本溯源，探索中国历史文化、人性特点、国情实际与企业管理实践，在西方人力资源管理理念和实践中融入东方人文因素，为中国管理创新探索方向和出路。

基于以上人力资源对标操作过程的总结，结合多年人力资源管理理论研究和实践，华夏基石管理咨询集团为企业人力资源效能对标管理设计了"6D"模型。人力资源对标管理分为六步，分别为确定层级（determine the level）、确定对标企业（determine the target corporation）、设定目标和路径（define the goal and path）、对标寻找差距（discover the gap）、制订改进计划（design the plan）和执行并持续改进（develop and improvement）。华夏基石建议企业人力资源对标管理遵循这六个步骤，深入挖掘对标企业优势，认真分析差距所在，制订详细和切实可行的改进计划，落实并持续完善，推动中国企业人力资源管理的改进和提升。

即时案例 3-2

阿里巴巴是如何进行人才盘点的？

战略确定后，如何顺利执行？人才盘点是连接战略和执行的关键，不仅是 HR 从业者也是所有管理者不可或缺的能力。当企业面临以下问题时，启动人才盘点是最好的解决方案。

● 人才现状不清：业务急速扩张，谁能顶上？

● 人才储备不足：创新变革，谁来引领？

● 培养发展低效：明星员工，如何保留？培养发展，如何精准？

盘点不仅能够看清人员的现状，更能够有效驱动人才的各项管理工作。

一、什么是人才盘点

"人才盘点"这个词是通用电气（GE）发明的，阿里巴巴大概是在 2008 年开始做人才盘点。在公司里我们是通过人去做事情，通过事情来判断人；我们要一手抓事，一手抓人。人不对，事怎么对？所以要定期进行人员梳理。

阿里巴巴每年有三件大事：9—10 月做战略；11—12 月做预算；2—5 月做人才盘点。

人才盘点在 2 月的时候开始启动。集团下属的公司先要做小型的人才盘点，把结果汇报给副总裁，副总裁再把结果汇报给 CEO。最后在 5 月里的一周，每个公司的核心团队来——汇报。

二、为什么要做人才盘点

大家都知道著名的"盖洛普路径"，其基本思想是：软指标带来硬结果。所谓硬结果（数据），就是企业经营的财务结果，软指标则是指人的态度和行为指标。根据盖洛普路径理论，优秀经理帮助员工发现优势并因材施用，培养敬业的员工和保留忠实顾客，推动企业利润增长和股票增值（如图 3-16 所示）。

也就是说，企业的管理水平决定了员工的敬业度，员工的敬业度决定了顾客的忠诚度，顾客的忠诚度决定了公司的收入和利润，公司的收入利润又决定了股票价格。盖洛普路径实际上是在提醒我们人的重要性。

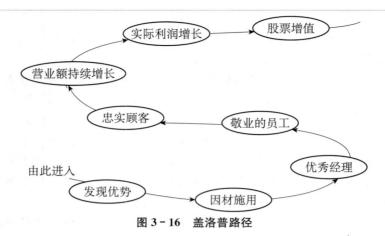

图 3 - 16　盖洛普路径

做人才盘点的一个目的就是要形成公司的人才观，建立起公司的人才体系，来支撑公司的长远发展。其中最重要的是解决公司人才结构问题，做到缺什么、补什么。

阿里巴巴集团首席客户服务官戴珊曾说：人才盘点本身不是重点，是个过程，关键是盘点以后的很多做法可以分享。

为什么要盘点人才呢？

（1）从人才角度：看人才本身是否增值。

（2）从组织角度：树挪死人挪活，通过人才来激活组织发展。

戴珊也强调，组织盘点的时候，以下四点是需要考量的：

（1）领导者对于战略、组织、文化的想法是否一以贯之？

（2）组织是不是跟未来有连接？

（3）为了培养人才做了哪些事情，而不是只关注事情本身？

（4）冉冉升起的明星是不是有足够大的舞台，是不是放到了合适的位置？

三、人才盘点怎么做

人才盘点背后是一套系统在提供支持。杰克·韦尔奇手里面有 5 000 张牌。假如杰克·韦尔奇来上海出差，他就会看上海有谁是 5 000 张牌里的，约出来喝咖啡，聊聊天，聊的时候他会做笔记。他会到世界各地见这 5 000 个人，记笔记。所以他其实是 GE 最大的人力资源官。

杰克·韦尔奇有两点值得我们学习：

第一，每个月他都要赶到 GE 的克劳顿维尔领导力培训中心，用一个下午的时间来听听骨干们在忙什么，这样就知道前线发生了什么事。当然他也会分享自己的想法，给大家讲 GE 的使命和愿景。这是他 20 年里每个月坚持做的事情。

第二，坚持做人才盘点，5 000 个人他坚持逐个去见面、聊天、做笔记。GE 有一项要求，就是在全世界这么多子公司里，任何一个 CEO 离职，都会在 24 小时之内宣布其继任人选。能做到这一点是因为杰克·韦尔奇手里有足够多的牌。

我们不需要管 5 000 张牌，只要管大约一副牌：52 张。

人才盘点要盘三种人：

第一种人是你的直接下属，5～10 人。如果管不好自己最重要的 5～10 人，请你先不要管别人。

第二种人是你下级的下级里的"2"和"1"（指最优秀的 20% 和最差的 10%），有 10～20 人。这就像一个学校的校长要管好班主任，然后管住每个班级里的两头，每个班主任要清楚班上最优秀的学生是谁，最差的学生是谁。

第三种人是公司里的明星，也是 10～20 人。公司里除了管理岗位，还有同样重要的技术岗位。在这些技术岗位上有最重要的销售人员、最重要的设计师、最重要的技术专家等等。

阿里巴巴做人才盘点时，最重要的经验是：

（1）视人为人：看人性，看人的本质，带有温度。

（2）问题导向：谨慎判断，是人的能力问题，还是业务发展的问题。很多时候业务变化了，可是人还站在这里。

（3）自上而下：抓人的亮点，给平台和土壤。

当人才盘点结果被质疑的时候，怎么办？第一，用数据说话。有时候数据比人靠谱。第二，做开放平台。有条件地公布，因为它是一个公开的平台。

四、人才如何评价

首先，要结合每个人的简历、业绩表现、潜力等等，形成一个基本的了解。

其次，要观察他们的"心、脑、手和钱包"。心，是指他的兴趣和激情所在；脑，取决于家庭、教育和工作阅历，出身不同，思维方式、习惯也不同；手，是指一个人取得结果的能力，这个人过去做过什么事情；钱包，是指这个人的利益、需求是什么，如何让他的利益和公司结合起来。

在阿里巴巴关于人才会有四种比喻：

（1）明星。指有才又有德的员工，阿里巴巴的态度是大胆使用。

（2）野狗。指有才无德的员工，限制使用。

（3）黄牛。指能力差一点但任劳任怨的员工，放心使用。

（4）小白兔。指有德无才的员工，不使用。

阿里巴巴每年盘点人才，特别关注在公司工作多年，没有潜力，未晋升的人，即"老白兔"。因为组织在快速发展，这部分人在公司越来越多，会影响很多新人对公司的信任，甚至因为他们占了位置，本来可以创造更多价值的机会没被抓住。

阿里巴巴还提出"三年动一动"。一个人在一个岗位上如果连续三年没动过，就会考虑将他动一动。原因是什么？举一个真实的例子：一个连锁品牌的重庆店业绩非常出色，在公司里排第一，但是那个店的总经理已经在这个岗位上连续做了9年，完全没有激情了，这就是问题所在。

我们画同心圆，三个圈，从里到外分别是：舒适圈、挑战圈和恐慌圈。一个人在哪个位置的状态是最佳的？一只脚在恐慌圈，一只脚在挑战圈。因为这是一个人最紧张、最有危机感的时候，这时候最能激发他的斗志和创造力。最糟糕的是完全待在舒适圈里，当然完全处在恐慌圈里也不行。所以人才盘点的时候要搞清楚，团队里谁在舒适圈，谁在挑战圈，谁在恐慌圈，应该怎么办。评价之后紧接着要落地，变成下一步的行动，制订出3个月的行动计划。如果只是评价，没有行动计划，等于白盘点了。

资料来源：https://www.sohu.com/a/341095207_214444.

第3节 人力资源战略规划模型

一、人力资源战略规划的三种模式

对于什么是人力资源战略规划，在理论界和实践中主要有两种观点：一种观点认为，人力资源战略规划本身就是一种战略准备，是一个由现状不断发展到理想状态的过程；另一种观点认为，人力资源战略规划要做到精确定量，实现供需平衡。基于多年的教学与咨询实践，本书作者总结了人力资源战略规划的三种典型的模式。

1. 基于供需平衡的经典模式

经典模式即基于供给和需求平衡进行人力资源战略规划，把人力资源规划看作一种精确计量与计划的过程。在这种思想的指导下，人力资源战略规划的重点集中于如何有效地准确预测需求和供给，人力资源规划的目标是寻求供给与需求的平衡，因此人力资源规划的过程也是供给与需求平衡的过程，对于预测方法和数量的强调是人力资源战略规划的中心。这种模式适合于企业经营领域单一或规模较小的情形，或者企业内部对某一类人员进行专项人力资源规划需要精确指导之时，企业人才过剩应采取什么策略，人才缺乏又应采取什么策略，都应该基于供需平衡来考虑（见图3-17）。

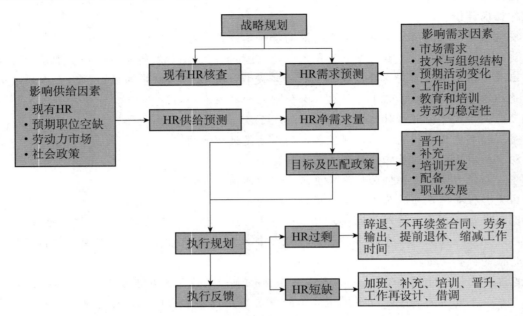

图3-17　基于供需平衡的经典模式

2. 基于现状和理想状态的趋近模式

趋近模式实际上是一种战略状态，是一种对标理念。该模式认为，人力资源战略规划是一个模糊区间，不能精确地计量。这种模式主要是基于企业的愿景与战略，确定企业人力资源的理想状态与最优状态，比较人力资源现实与理想的差距，为缩小差距而采取策略与行动计划，强调人力资源规划是一个缩小现状与理想状态的差距、追求理想状态的过程。

这是目前国际上最流行的人力资源战略规划模式之一，也是比较完整和系统的人力资源战略规划思考和研究模式，适用于多元化的大型企业集团或国家、地区的人力资源规划。该模式能够响应企业战略规划，通过人力资源管理的策略、战略性的人力资源实践来支撑战略目标的实现，使人力资源管理真正成为战略性资源。

基于现状和理想状态的趋近模式认为，企业的人力资源战略规划应当根据企业的人力资源战略而定。在人力资源战略中，企业应明确采取什么样的策略，进行什么样的能力建设，采取什么样的行政计划。一般来说，这种人力资源战略规划有六个步骤（见图3-18）。

（1）分析企业战略背景与人力资源现状，在这个过程中，要建立一套定量化的人力资源评价体系，对本企业的人力资源现状进行科学的评价。

（2）根据企业战略分析和人力资源现状，确定人力资源愿景与战略目标。

（3）根据人力资源战略目标，通过人力资源盘点等手段，对企业的人力资源问题进行界定，明确企业在人力资源管理上存在哪些不足。

（4）按照人力资源战略目标及问题，制定人力资源核心策略与战略举措。

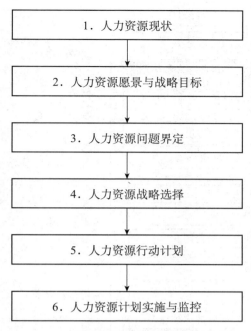

图 3-18　基于现状和理想状态的趋近模式

（5）确定重点任务与行动计划。

（6）实施人力资源计划，并加强监控。

3. 基于企业核心竞争力的人力资源规划模式

该模式的基本逻辑是：企业战略的实现与升级，需要企业核心能力的支撑与驱动，企业核心能力的根本载体是核心人力资源，对核心人力资源进行识别、保有和提升就是获取、保持和提升企业核心能力，从而支撑企业战略的实现和升级，人力资源规划的过程是满足企业战略需要的核心人才队伍建设的过程。企业核心能力和人力资源核心能力的一体化被称为能力的匹配，所以这种人力资源规划更多地涉及企业战略管理与人力资源管理能力的匹配关系。因此，通过打造核心人才队伍去支撑整个企业战略目标的模式，可以认为是基于核心能力。这种模式对高速成长的企业很有效，很多创新型企业只需要抓住核心人才，抓住几个主要的、关键性的人才，就可以支撑企业的发展。同时，以核心人才来带动所有人才发展，打造企业的竞争力，强调核心能力和核心人才一体化，实现企业核心能力与员工核心队伍以及核心技能之间的有效配置。这个适应企业核心竞争力，以及实现核心人才队伍建设与企业战略相适应的过程就是人力资源战略规划的过程（见图 3-19）。

二、人力资源战略规划模型

上面谈到的三种模式主要是制定人力资源战略规划的基点，即企业根据自身情况，选择什么方向来开展人力资源规划工作。本书作者在多年的咨询实践中，提出了人力资源规划的系统模型（如图 3-20 所示）。

下面在此基础上对企业人力资源战略规划的具体工作做进一步阐述。

（1）三项基础分析工作。作为人力资源战略规划的基础，企业需要开展三项工作：首先是对基于企业的内部资源与能力因素以及外部环境因素的企业战略进行解读与分析，即人力资源战略规划首先要反映企业的战略诉求，满足企业的战略需要。其次是企业人力资源盘点与战略需求差异性分析（战略需求标杆），即企业人力资源的规划要基于企业的问题和现状，以及企业的资源与能力，要以问题为导向，以战略为依据，提出渐进式系统解决方案。最后是行业最佳人力资源实践研究与差异性分析，即人力资源管理标杆研究和设定，为企业人力资源管理体系对标提供依据。

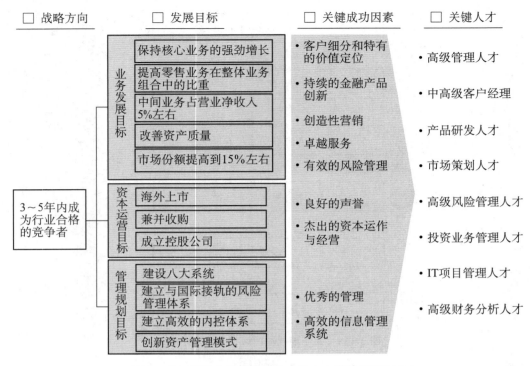

图 3 - 19 基于企业核心竞争力的人力资源规划模式

（2）人力资源战略规划理念指引体制线建设。具体包括企业人力资源管理理念、战略目标、策略与政策的研讨、提炼和确定，这是人力资源战略规划的根本出发点。在对人力资源战略进行解读的基础上，明确实施人力资源战略所需建立的体制线，包括人力资源管控模式、人力资源机制制度及 HR 变革专项问题等。

（3）开展组织基础建设规划。在进行三项基础分析工作和确定人力资源战略规划依据的基础上，开展组织基础建设规划的具体工作有：企业家的人力资源战略意识的确立与各级管理者人力资源管理责任的明确；高层人力资源管理组织的建设，比如人力资源战略委员会的建设；人力资源部门战略管理职能的确定与战略规划能力的提升，以确定战略性的具体职能。组织基础建设规划的实质是为人力资源战略规划的具体活动的开展明确目标、主体、责任和职能。

（4）人力资源数量、质量与结构规划的能力线建设。根据体制线的要求和人力资源盘点的结果，对人力资源的数量、质量及结构进行规划。具体包括人力资本投资发展规划（总的投入量、人力资源成本）、职位系统规划、胜任力系统规划和人力资源结构规划等内容。

（5）核心人才队伍规划。具体包括企业核心人才的评价标准的确定；核心人才职业通道发展规划；核心人才队伍建设规划，比如对管理团队、研发团队或营销团队的规划；核心人才素质能力提升规划。

（6）战略人力资源职能活动规划。战略绩效管理规划使绩效管理成为企业战略落地的工具；战略薪酬管理与激励要求实现薪酬吸纳、留住与激励核心人才的功能；战略人才招聘与配置实现战略人才结构的优化与配置；战略人才的培养开发基于战略的一体化人力资源解决方案。

（7）人力资源管理机制与制度变革规划。管理机制与制度变革规划支持人力资源管理机制创新和变革。

（8）人力资源管理知识与信息系统建设规划。具体体现为企业的留智工程以及知识与信息管理系统，知识与信息管理平台为人力资源战略规划的具体活动提供技术支撑。

通过机制线与能力线建设以及人力资源专项规划，人力资源战略规划要落实到战略人力资源管理活动（包括职位管理、绩效管理、薪酬管理等）上，并通过知识与信息管理平台进行整合。根据各项管理活动的要求，制订具体的行动计划，并建立实施保障机制，确保各项行动计划与活动能够落到实处。通过这样一个过程，企业的人力资源战略规划就实现了以企业战略为出发点，通过机制建设和能力培养构建企业人力资源机

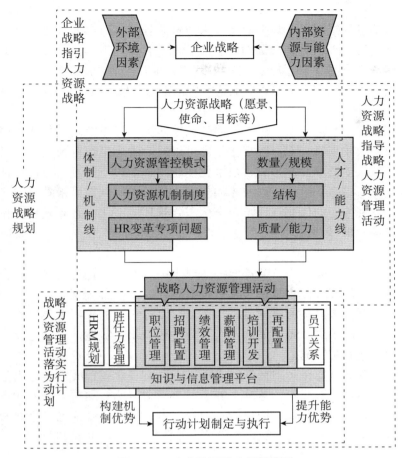

图 3 - 20 人力资源战略规划模型

制优势和能力优势，并以具体的行动计划作为战略的落地点，从而使人力资源管理与企业战略能够很好地契合，通过战略人力资源管理活动推动企业战略的实现。

综上，人力资源战略规划包含三个层次：

第一，顶层设计（宏观）。根据外部环境与内部资源、能力确定企业战略，由企业战略牵引得出人力资源的战略、使命、愿景与目标，顶层设计的主要目的是打造企业的核心竞争力，支撑企业战略目标落地。

第二，两个线条（中观）。一是体制机制线，设立人力资源机制制度，确定人力资源管控模式，以及 HR 变革方面的专项问题。二是人才能力线，明确组织内人力资源的数量/规模，结构（如年龄结构、知识结构、能力结构等），以及质量/能力。

第三，职能规划（微观）。战略人力资源管理活动落实为行动计划，具体职能包含十大系统：HRM 规划、胜任力管理、职位管理、招聘配置、绩效管理、薪酬管理、培训开发、再配置、员工关系、知识与信息管理平台，职能规划的核心是构建机制优势，提升能力优势。

三、数字化对人力资源战略规划的影响

数字化时代，一切皆可连接。企业数字化转型是必然趋势，伴随着数字化的发展，人力资源战略规划也在悄然发生一场革命。数字化对人力资源战略规划的影响主要体现在以下三个方面：

1. 引爆思维革命

由数字化引发人力资源战略规划的变革，本质上是一场思维与认知的革命，促使人力资源战略规划拥抱

新技术，进行新革命，顺应新潮流。人力资源数字化的出现，使得人力资源部门更加认识到数据信息的重要性和价值性，通过对数据信息的把握，了解组织内部人力资源现状，根据战略目标与业务发展来预测组织对人力资源的需求状况，从而促进组织对人力资源的有效获取、合理开发、优化配置。此外，由数字化带来的人力资源战略规划能够促进企业的数字化转型，起到牵一发而动全身的引领作用，这也是企业运行数字化的重要表现，可以从根本上激励管理者乃至普通员工数字化思维的转型升级。

2. 提高人均效能

与传统的工具方法相比，数字化可以实现人与岗位精准匹配，可以实现人与任务精准配置，极大地提高了组织的人均效能。从组织人才现状来看，数字化管理可以时时看到组织内部人才的基本情况，摸清现有人力资源的供需状况。从组织人才获取方面来看，数字化使组织打破时空限制，不论在何处，都可以一键式开展海量人才面试、录取工作，提高了组织获取人才的效率。从人岗匹配方面来看，数字化可以帮助组织更好地记录人才的成长历程，发现他们的优缺点，结合岗位需要或环境变化配置到最佳岗位上去，使他们在最佳年龄扮演最佳角色作出最佳贡献。

3. 呼唤组织平台

要实现人力资源战略规划的引领作用，就需要搭建组织平台。数字化是技术，平台是应用，所有人力资源信息聚合到平台上，打破部门墙和流程桶，实现数据信息共享。很多大型企业，比如华为、温氏等，本身就是平台型组织，人力资源信息势必上移至平台；小企业可以有小型的人力资源平台——可以自己搭建，也可以引进用友、金蝶等供应商的平台。无论如何，人力资源数字化的实施，必定是以平台为载体，以数据为支撑，依托人力资源管理信息系统实施。

当然，数字化对人力资源规划能否起到良好的作用，还取决于管理者的领导力水平。数字化呼唤新领导力：第一，（使命、愿景）感召力；第二，（生态、跨界）融合领导力；第三，赋能服务聚合力；第四，数字化经营分析与决策力；第五，数字化描述、沟通、协同合作力；第六，数字化应急处变能力。这些既是人力资源战略规划的管理者应具备的基本素质和能力，又是企业数字化升级的新型领导力。

第 4 节　人力资源战略规划的程序

一、人力资源战略规划的具体步骤

人力资源战略规划主要分七步，其流程如图 3-21 所示。

图 3-21　人力资源战略规划流程图

1. 分析战略背景，盘点人力资源

确认现阶段的企业经营战略，明确此战略决策对人力资源战略规划的要求，以及人力资源战略规划所能提供的支持。

明确企业战略之后，需要对现有的人力资源进行盘点。弄清企业现有人力资源的状况，是制定人力资源规划的基础。实现企业战略，首先要立足于开发现有的人力资源，因此必须采用科学的评价分析方法。人力资源主管要对本企业各类人员的数量、质量、结构、利用及潜力状况、流动比率进行统计。这项工作需要结合人力资源管理信息系统和职务分析的有关信息来进行。如果企业尚未建立人力资源管理信息系统，这项工作最好与建立该信息系统同时进行。在人力资源管理信息系统中应尽可能多地输入员工个人和工作情况的资料，以备管理分析使用。人力资源信息应包括以下几个方面：

（1）个人自然情况，如姓名、性别、出生日期、身体状况和健康状况、婚姻、民族和政治面貌等。

（2）录用资料，包括合同签订时间、候选人征募来源、管理经历、外语种类和水平、特殊技能，以及对企业有潜在价值的爱好或特长。

（3）教育资料，包括受教育程度、专业领域、各类培训证书等。

（4）工资资料，包括工资类别、等级、工资额、上次加薪日期，以及对下次加薪日期和加薪金额的预测。

（5）工作业绩评价，包括上次评价时间、评价报告或业绩报告、历次评价的原始资料等。

（6）工作经历，包括以往的工作单位和部门、学徒或特殊培训资料、升降职原因、有无受过处分及其原因和类型、最后一次内部转换的资料等。

（7）服务与离职资料，包括任职时长、离职次数及离职原因。

（8）工作态度，包括生产效率、质量、缺勤和迟到早退记录、有无建议及建议数量和采纳数，以及有无抱怨、抱怨内容等。

（9）安全与事故资料，包括有无因工受伤和非因工受伤、伤害程度、事故次数类型及原因等。

（10）工作或职务情况。

（11）工作环境情况。

（12）工作或职务的历史资料等等。

在数字化时代，人力资源管理信息系统可以轻松快捷地管理上述信息，并使之可视化，甚至精准描绘人才画像。再结合职位分析，就可以为人才匹配合适的岗位，实现人与岗位精准配置。

2. 明确人力资源愿景及战略

企业战略目标明晰之后，就要结合现有人力资源盘点的结果，制定基于企业整体战略的人力资源战略，明确人力资源愿景及使命，确定企业所要实现的现阶段的战略、使命及愿景，需要什么样的人力资源战略予以支撑，并作为下一阶段行动计划的基点。

3. 人力资源管理体制构建及其变革创新规划

人力资源战略的实施需要人力资源体制的支撑。在明确人力资源战略之后，企业需要根据人力资源战略构建人力资源管理体制，包括人力资源管控模式、人力资源机制制度以及人力资源变革专项问题。人力资源管控模式决定如何构建人力资源机制制度，还要解决机制上的特殊专项问题。此外，还要根据外部环境变化以及组织内部发展需求进行机制的变革与创新，构建机制优势，激发组织活力。

4. 职业通道、职类与职种规划

根据人力资源战略目标与体制机制，打通员工职业生涯发展通道——管理类、专业技术类、项目制，使员工明晰自我成长、进步、晋升的路径，进而激发其产生强大的内驱力。同时，结合企业现实状况和业务发展需要，做好职位筹划——规划好职类、职种，并设置相应的职层和职级。

5. 核心人才队伍建设规划

核心人才是组织的关键少数，对组织发展起到至关重要的作用。人力资源战略规划的重要任务之一就是根据组织人才战略，确定影响组织发展的核心人才的供需状况以及他们的内在需求，为后续保留核心人才以及吸引更多核心人才加入奠定基础。

6. 人力资源数量、素质与结构规划

根据人力资源核心策略，对人力资源数量、素质与结构进行规划，主要从人力资源需求和供给两方面进行。

人力资源需求预测主要是根据企业的发展战略规划和内外部条件选择预测技术，然后对人力资源的数量、素质和结构进行预测（见图3-22）。

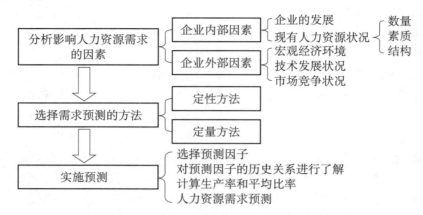

图 3-22　人力资源需求预测的程序与方法

预测人员需求时，应充分考虑以下因素对人力资源的数量、素质以及结构的影响：

（1）市场需求、产品或服务质量升级或决定进入新的市场。

（2）产品和服务的要求。

（3）人员稳定性，如计划内更替（辞职和辞退）、人员流失（跳槽）。

（4）培训和教育（与公司需求的变化相关）。

（5）为提高生产率而进行的技术和组织管理革新。

（6）工作时间。

（7）预测活动的变化。

（8）各部门可用的财务预算。

在预测过程中，预测者及其管理判断能力与预测准确与否关系重大。一般来说，商业因素是影响人员需求类型、数量的重要变量，预测者可通过分离这些因素，并且收集历史资料来做基础的预测。从逻辑上讲，人力资源需求是产量、销量、税收等的函数，但对于不同的企业或组织，各因素的影响并不相同。

人力资源供给预测包括两方面内容：一是内部供给预测，即根据现有人力资源及其未来变动情况，预测未来所能提供的人员数量和素质；二是外部供给预测，确定未来可能的各类人员供给状况。

内部人力资源供给的技术和方法稍后会详细介绍。外部人力资源供给主要受两个因素的影响：地区性因素和全国性因素。

（1）地区性因素具体包括：

● 企业所在地和附近地区的人口密度；

● 其他企业对劳动力的需求状况；

● 企业所在地的就业水平、就业观念；

● 企业所在地的科技文化教育水平；

● 企业所在地对人们的吸引力；

● 企业本身对人们的吸引力；

● 企业所在地临时工人的供给状况；

● 企业所在地的住房、交通、生活条件。

（2）全国性因素具体包括：

- 全国劳动人口的增长趋势；
- 全国对各类人员的需求程度；
- 各类学校的毕业生规模与结构；
- 教育制度变革而产生的影响，如延长学制、改革教学内容等对员工供给的影响；
- 国家就业法规、政策的影响。

7. 确定实施保障计划

人力资源规划的具体实施需要有相应的保障计划，以保证人力资源规划真正落到实处，而不偏离规划的初衷。保障计划主要是对人力资源规划实施过程进行监控。实施监控的目的在于为总体规划和具体规划的修订或调整提供可靠信息，强调监控的重要性。在预测中，由于不可控因素很多，常会出现令人意想不到的变化或问题，如果不对规划进行动态的监控、调整，人力资源规划就可能成为一纸空文，失去指导意义。因此，监控是非常重要的一个环节。此外，监控还有加强执行控制的作用。

二、人力资源战略规划的执行

（一）人力资源战略规划的执行者

传统意义上的人力资源工作主要由人事部门负责，例如，招聘、培训、员工发展、薪酬福利设计等方面的工作。随着现代企业对人力资源部门的工作要求和期待的提升，人力资源部门的角色逐渐发生了改变，不再是单纯的行政管理职能部门，而是逐渐向企业管理的战略合作伙伴关系转变。同时，现代的人力资源管理工作也不仅仅是人力资源部门的责任，也是各级管理者的责任。人力资源战略规划也是如此。企业人力资源战略规划的基础是接替晋升计划、人员补充计划、素质提升计划、退休解聘计划等，而这些计划都是在各部门的负责人制定本部门的人员调配补充、素质提升、退休解聘等计划的基础上层层汇总到人力资源部门，再由人力资源管理者依据人力资源战略分析、制定出来的，而不是人力资源管理者凭空创造的。

人力资源战略规划应有专职部门来推动，可考虑以下几种方式：

（1）由人力资源部门负责办理，其他部门与其配合。

（2）由某个具有部分人事职能的部门与人力资源部门协同负责。

（3）由各部门代表组成的跨职能团队负责。

在推行过程中，各部门必须通力合作而不是仅仅依靠负责规划的部门推动，人力资源战略规划同样也是各级管理者的责任（见图 3 - 23）。

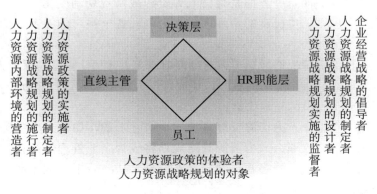

图 3 - 23　人力资源战略规划的承担者

（二）人力资源战略规划的执行

人力资源战略规划的执行主要涉及三个层次：企业层次、跨部门层次及部门层次。

1. 企业层次

企业层次上的人力资源战略规划需要一把手亲自参与，尤其是在企业经营战略对人力资源战略规划的影响，以及人力资源战略规划对人力资源管理各体系的影响及其指导方针、政策等方面，必须由企业高层决策。

2. 跨部门层次

跨部门层次上的人力资源战略规划需要企业副总裁级别的管理者执行，即对各部门人力资源战略规划的执行情况进行协调和监督，并对人力资源战略规划的实施效果进行评估。

3. 部门层次

部门层次上的人力资源战略规划又分为两种情况：

（1）人力资源部门：人力资源部门不但要完成本部门的人力资源战略规划工作，还要扮演"工程师＋销售员"的角色。人力资源部门的员工既是人力资源战略规划的专家、人力资源战略规划的制定者，又是人力资源战略规划的倡导者，指导其他部门完成人力资源战略规划工作。

目前，有的企业将人力资源部门经理改称人力资源客户经理，要求人力资源经理持续提供面向客户的人力资源产品和服务。在进行人力资源战略规划时，人力资源客户经理就会为各部门提供人力资源战略规划的系统解决方案，并为各类人才（尤其是核心人才）提供个性化的服务，如制定专门的继任者管理计划等。

（2）其他部门：人力资源战略规划工作应该是每个部门经理工作的组成部分。但在企业中，许多部门经理是由业务人员提拔上来的，对于人力资源管理没有经验，更不要说进行人力资源战略规划了。对于新提拔的经理，人力资源部门应给予培训，并把人力资源战略规划作为经理业绩考核的重要内容之一，特别要考核其培养下属和评估下属业绩的能力。部门经理应该主动与人力资源部门沟通，共同实现人力资源战略规划的目标，而不是只在需要招人或辞退员工时才想到人力资源部门。

（三）人力资源战略规划的执行原则

执行人力资源战略规划时需要遵循以下原则：

（1）战略导向原则。依据战略目标制定人力资源战略规划以及具体的人力资源计划，避免人力资源战略规划与企业战略脱节。

（2）螺旋式上升原则。人力资源战略规划并不是一成不变的，企业每年都需要制定新的人力资源战略规划，即各类人员计划会随着内外部环境的变化、战略的转变而改变，但又是在过去的基础上制定的，且将一年比一年准确、有效。

（3）制度化原则。人力资源战略规划分为两个层次：一是技术层面，即前面所说的各种定性和定量的人力资源战略规划技术。二是制度层面，一方面是指将人力资源战略规划制度化；另一方面是指制定、调整有关人力资源管理制度的方向、原则，从机制的角度理顺人力资源各个系统的关系，从而保证人力资源管理的顺利进行。

（4）人才梯队原则。在人力资源战略规划实施的过程中建立人才梯队，从而保障人才的层层供给。

（5）关键人才优先规划原则。对企业中的核心人员或骨干人员应优先进行规划，即设计此类人员的晋升、加薪、替补等通道，以保证此类人员的充足供给。

人力资源战略规划是建立在整个人力资源管理系统的平台之上的，如果人力资源管理的其他体系日益完善，而人力资源战略规划系统滞后，那么人力资源战略规划将成为企业管理的短板。因此，人力资源战略规划必须从技术层面上升到制度层面，从静态管理转向动态管理，从滞后于其他体系到领先于其他体系，只有这样，人力资源战略规划才能真正成为整个人力资源管理系统的统帅。

三、人力资源战略规划的系统推进

人力资源战略规划只有与人力资源管理的其他体系（如招聘录用、绩效管理、薪酬管理、培训开发等）相互配合、实现互动，并且使人力资源战略规划的结果通过这些体系得到具体的落实，才能真正体现出人力资源战略规划的战略性价值。人力资源战略规划与人力资源管理其他体系的关联性如下：

1. 与招聘录用的关联性

人力资源战略规划的实施必然涉及员工的招聘录用问题。在目前的企业运作中，往往是在用人部门感到人手不够时才向上汇报，由人力资源部门汇总信息并实施招募。各部门之间互不了解、沟通不畅造成人员重复招聘的现象时有发生，急需用人时降低用人标准的情况也屡见不鲜。人力资源部门对于各部门的招募需求的被动性，招募活动对于企业用人需要的滞后性，导致企业在员工队伍的建设与培养上的短期性与应急性。企业无法借势于劳动力市场的波动，可持续发展难以得到保证。因此，企业的人员招聘录用工作必须在人力资源战略规划的指导下，制订有目标导向性与预见性的人员补充计划——根据战略的要求及劳动力市场的涨落适时吸纳、储备人才，降低用人成本及招募成本，形成合理的人才梯队。

2. 与绩效评估的关联性

传统的绩效评估方案提出希望员工达到的绩效目标，然后评估员工是否按照目标与计划行事。完善的绩效评估则应该提供企业和员工平衡发展的信息，即一方面评价员工是否完成了既定的绩效任务，是否帮助企业实现了绩效目标；另一方面评估员工在完成工作任务的过程中是否提高了自身能力，是否存在缺陷以及如何弥补等。因此，绩效评估的结果要应用于人力资源战略规划。通过对员工绩效水平的评估体现他们的能力及发展潜力，让员工明确职业发展的前景及方向，有利于提高组织配置人员的适应性及规划的准确性。

3. 与薪酬管理的关联性

人力资源战略规划的一项内容是计划企业的人工成本支出总量即薪酬总额。此外，企业支付薪酬的原则及策略必须体现战略的要求，激励员工创造高业绩、提高自身能力，同时在整体上保证有更多报酬与机会向核心人员倾斜。总之，薪酬的给付必须既要考虑劳动力市场的竞争状况、企业的支付实力，又要体现企业战略的要求，实现与企业其他人力资源模块的联动。这些都是通过人力资源战略规划中的工资与奖金计划来实现的。

4. 与培训开发的关联性

人力资源战略规划涉及员工能力需求与现状的差距分析，除了招聘新员工之外，对现有员工进行培训，使其提升现有能力水平及获得新的技能，是弥补这种差距的唯一途径。人力资源战略规划为员工的培训开发提供了目标与方向，使组织的需要与员工个人的需要能够有效结合，提高了培训开发的针对性与有效性。

因此，人力资源战略规划是人力资源管理系统的统帅，它作为核心指挥其他人力资源管理体系的运行，并实现整个人力资源系统的协调运转，提高人力资源的质量与使用效率，帮助企业实现战略目标。

第 5 节　人力资源战略规划的方法

一、人力资源的需求预测技术

人力资源需求预测是指根据企业发展的要求，对将来某个时期内企业所需员工的数量和质量进行预测，进而确定人员补充计划和教育培训方案。

人力资源需求预测是企业编制人力资源战略规划的核心和前提。预测的基础是企业发展规划和企业年度预算。对人力资源需求预测要持动态的观点，要考虑预测期内劳动生产率的提高、工作方法的改进及机械化、自动化水平的提高等变化因素。下面对人力资源需求预测的主要方法进行介绍。

1. 经验预测法

这是根据过去的经验将未来的活动水平转化为人力需求的主观预测方法，即根据每一产量增量估算劳动力的相应增量。经验预测法建立在启发式决策的基础上，这种决策的基本假设是：人力资源的需求与某些因素的变化之间存在某种关系。由于该方法完全依靠管理者的个人经验和能力，因此预测结果的准确性难以保证，通常只用于短期预测。

2. 微观集成法

微观集成法可以分为自上而下和自下而上两种方式。

（1）自上而下是指由企业的高层管理者先拟定组织的总体用人目标和计划，然后逐级下达到各具体职能部门，开展讨论和进行修改，再将有关意见汇总后反馈给高层管理者，由高层管理者据此对总的预测和计划作出修正，公布正式的目标和政策。

（2）自下而上是指由企业的各个部门根据本部门的需要预测将来某个时期内对各类人员的需求量，然后由人力资源部进行横向和纵向的汇总，最后根据企业经营战略形成总体预测方案。此法适用于短期预测和企业的生产比较稳定的情形。

3. 工作研究法（岗位分析法）

工作研究法是根据具体岗位的工作内容和职责范围，在假设岗位工作人员完全适岗的前提下，确定其工作量，最后得出人数。工作研究法的关键是首先制定出科学的岗位用人标准，其基础是职位说明书。当企业结构简单、职责清晰时，此法较易实施。

4. 德尔菲法（专家评估法）

这是指听取专家对未来发展的分析意见和应采取措施的建议，并经过多次反复在重大问题上达成较为一致的看法。通常经过四轮咨询，专家们的意见可以达成一致，而且专家的人数以10～15人为宜（见图3-24）。

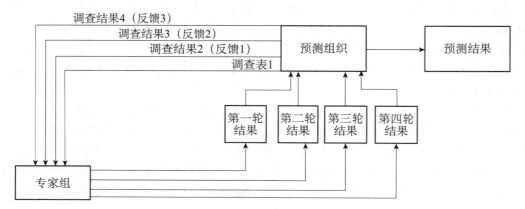

图3-24 德尔菲法

德尔菲法分为"背对背"和"面对面"两种方式。背对背方式可以避免某一权威专家对其他专家的影响，让每位专家独立发表看法；面对面方式可以使专家之间相互启发。

5. 回归分析法

首先，确定与企业中的人力资源数量和结构高度相关的因素，建立回归方程，从而建立人力资源需求量与其影响因素间的函数关系；然后，根据历史数据计算出方程系数，确定回归方程，从而得到相关因素的数值，对人力资源的需求量作出预测。这是一种从影响因素的变化推知人力资源需求变量的预测技术。其计算公式为：

$$Y = a_0 + a_1X_1 + a_2X_2 + \cdots + a_nX_n$$

式中，Y 表示人力资源需求量；X_1，X_2，$\cdots$，X_n 表示影响人力资源需求的因素；a_1，a_2，$\cdots$，a_n 表示 X_1，X_2，$\cdots$，X_n 的系数。

在实际工作中，往往是多个因素共同决定企业人力资源需求量，且这些因素与人力资源需求量呈线性关系，所以多元回归分析法在预测企业人力资源需求量方面应用广泛。

6. 比率分析法

比率分析法是通过计算某些原因性因素和所需员工数量之间的比率来确定人力资源需求的方法。下面介绍两种具体方法。

（1）人员比例法。例如，某企业有 200 名生产人员和 10 名管理人员，那么生产人员与管理人员的比率就是 20，这表明 1 名管理人员管理 20 名生产人员。如果企业明年将生产人员增加到 400 人，那么根据比率可以确定企业对管理人员的需求为 20 人，也就是要再增雇 10 名管理人员。

（2）生产单位/人员比例法。例如，某企业有生产工人 100 名，每日可生产 50 000 单位产品，即 1 名生产工人每日可生产 500 单位产品。如果企业明年要扩大产量，每日生产 100 000 单位产品，根据比率可以确定需要生产工人 200 名，也就是要再增雇 100 名生产工人。

比率分析法假定企业的劳动生产率是不变的，如果考虑到劳动生产率的变化对员工需求量的影响，可用以下计算公式：

$$N = \frac{w}{q(1+R)}$$

式中，N 表示人力资源需求量；w 表示计划内任务总量；q 表示目前的劳动生产率；R 表示计划内生产率变动系数。

R 的计算公式如下：

$$R = R_1 + R_2 - R_3$$

式中，R_1 表示由于企业进步引起的生产率提高系数；R_2 表示由于经验积累引起的生产率提高系数；R_3 表示由于年龄增大或者其他因素引起的生产率降低系数。

二、人力资源的供给预测技术

人力资源供给预测是为了满足企业对员工的需求，而对将来某个时期内企业从其内部和外部所能得到的员工的数量和质量进行预测。

人力资源供给预测一般包括以下几方面内容：（1）分析企业目前的员工状况，如企业员工的部门分布、技术知识水平、工种、年龄构成等，了解企业员工的现状。（2）分析目前企业员工流动的情况及其原因，预测未来员工流动的态势，以便采取相应的措施避免不必要的流动，或及时给予替补。（3）掌握企业员工提拔和内部调动的情况，保证工作和职务的连续性。（4）分析工作条件（如作息制度、轮班制度等）的改变和出勤率的变动对员工供给的影响。（5）掌握企业员工的供给来源和渠道。员工可以来源于企业内部（如富余员工的安排、员工潜力的发挥等），也可来自企业外部。要对企业员工供给进行预测，还必须把握影响员工供给的主要因素，从而了解企业员工供给的基本状况。

具体来说，人力资源供给预测技术主要有：

1. 人力资源盘点法

人力资源盘点法是对企业内部现有人力资源数量、质量、结构和各职位上的分布状态进行核查，以便确切掌握人力拥有量。当企业规模不大时，核查是相当容易的。若企业规模较大，组织结构复杂，人员核查应借助人力资源信息系统。这种方法是静态的，不能反映人力拥有量未来的变化，因而多用于短期人力拥有量预测。虽然在中长期预测中使用此法也较普遍，但会受到企业规模的限制。

2. 替换单法

替换单法是通过职位空缺来预测人力资源供给与需求的方法，而职位空缺主要是因离职、辞退、晋升或业务扩大产生的。这种方法最早用于人力资源供给预测，现在也可用于企业短期乃至中长期的人力资源需求预测。通过替换单，我们可以得到由职位空缺表示的人员需求量，也可得到由在职者职位变化的可能性所带来的人员供给量。

根据人员替换单可以判断出某一具体职位的继任者有哪些人。如图 3－25 所示，甲的接替者有 3 位，但现在只有乙具备了继任的资格和能力，丙还需要再培养，而丁连现在的职位都不能胜任。当企业出现空缺职位，需要提升内部员工时，由多张人员替换单就可以推出人员接替模型，如图 3－26 所示。

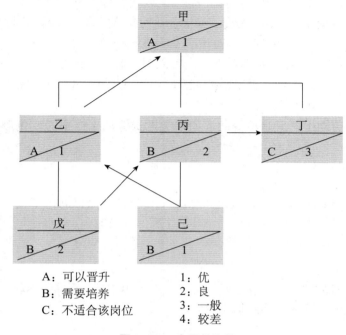

图 3－25　人员替换单

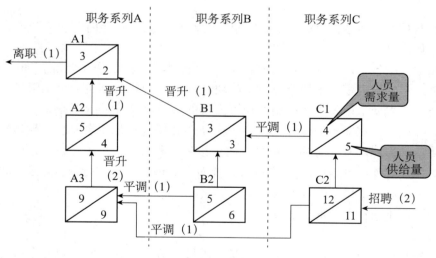

图 3－26　人员接替模型

从图 3－26 可以看出，职位系列 A 中出现了 3 个空缺，从企业内部可以提供 2 名合格的继任者，一名是从 A2 级晋升上去的，另一名是从 B1 级跨职位系列晋升上去的，同时，这两个级别的空缺再由下级晋升或平调弥补，最后将空缺转化为比较基层的职位如 C2 级的职位，再进行外部招聘以填补职位空缺。

此法侧重于内部员工的晋升，可以起到鼓舞员工士气、激励员工的作用，同时降低了招聘成本，因为基层员工比较容易招到。

3. 马尔科夫模型

马尔科夫模型用来预测具有等时间间隔（一般为一年）的时点上各类人员的分布状况。它根据企业以往各类人员之间流动比率的概率来推断未来各类人员数量的分布。该方法的前提是：企业内部人员的转移是有规律的，且其转移率有一定的规律，如表3-8所示。

在一个会计师事务所，有四类员工，分别是合伙人、经理、高级会计师和会计员。他们的初始人数及一年后升职、降职、离职的人数比例如表3-8（a）所示。那么一年后，该会计师事务所的人力资源供给和需求情况就可以根据不同员工的转移比例计算得到，如表3-8（b）所示。

表 3-8　马尔科夫模型示例

(a)

初始人数		合伙人	经理	高级会计师	会计员	离职
40	合伙人	0.8	—	—	—	0.2
80	经理	0.1	0.7	—	—	0.2
120	高级会计师	—	0.05	0.8	0.05	0.1
160	会计员	—	—	0.15	0.65	0.2

(b)

初始人数		合伙人	经理	高级会计师	会计员	离职
40	合伙人	32	0	0	0	8
80	经理	8	56	0	0	16
120	高级会计师	0	6	96	6	12
160	会计员	0	0	24	104	32
合计		40	62	120	110	68

4. 计算机模拟

目前有许多基于计算机技术的预测模拟，以充分考虑各种变量对未来人员需求与供给的影响，解决大规模的或人力无法解决的预测问题。运用计算机技术，管理者可以改变人事政策以判断这种变化对未来人员供给的影响，从而获得一系列与各种不同人事政策相对应的人力供给状况。

人力资源战略规划的各种方法各有优劣，需要相互配合运用。这些方法的比较如表3-9。

表 3-9　人力资源战略规划方法的比较

规划方法	类型	预测精度			所需数据	预测成本
		5 年以下	5～10 年	10 年以上		
经验预测法	定性分析	良	差	差	较少	低
微观集成法	定性分析	良	中	差	较少	低
工作研究法	定性分析	良	良、中	差	较少	中
德尔菲法	定性分析	中	良、中	良、中	较少	中
回归分析法	定量分析	优、良	良、中	良、中	较多类型	中
比率分析法	定量分析	良	中	差	较少	中
人力资源盘点法	定性分析	良	中	中	较少	低
替换单法	定量分析	优、良	良	中	较多	较高
马尔科夫模型	定量分析	优、良	良	良	较多	较高
计算机模拟	定量分析	良	中	中	较多	较低

【小结】

人力资源战略规划的源头在于企业的战略分析，通过分析企业的产业环境、战略能力、愿景使命目标及业务发展目标等，来确定人力资源管理如何支撑战略目标的实现，企业需要什么样的人才结构来实现企业的战略目标。

第1节主要介绍了人力资源战略规划的含义、功能及主要内容。

第2节主要介绍了人力资源战略规划的两大基石：人才盘点和人力资源管理对标。人才盘点的目标是摸清组织内人力资源的现状；人力资源管理对标是为了找到差距，为改进人力资源管理实践提供依据。

第3节围绕人力资源战略规划的模型，主要介绍了人力资源战略规划的三种模式（基于供需平衡的经典模式、基于现状和理想状态的趋近模式、基于企业核心竞争力的人力资源规划模式），以及人力资源管理信息系统对人力资源战略规划的作用。

第4节介绍了人力资源战略规划的流程，通常分为七步：分析战略背景，盘点人力资源；明确人力资源愿景及战略；人力资源管理体制构建及其变革创新规划；职业通道、职类与职种规划；核心人力资源数量、质量与结构规划；确定实施保障计划。

第5节介绍了人力资源战略规划的方法，包括需求预测技术和供给预测技术等。

【关键词】

人力资源规划　人力资源规划模式　人力资源规划模型　人力资源数量规划　人力资源素质规划　人力资源结构规划　人才盘点　人力资源管理对标　人力资源需求预测　人力资源供给预测

【思考题】

1. 什么是人力资源战略规划？
2. 人力资源战略规划的前提是什么？
3. 人力资源战略规划具有什么样的功能？包括哪些内容？
4. 如何进行人才盘点？
5. 怎样进行人力资源管理对标？
6. 人力资源战略规划有哪几种模式？
7. 企业在制定人力资源战略规划的过程中应该遵循什么原则？
8. 人力资源战略规划的具体工作包括哪些？
9. 对企业来说，应该如何做人力资源规划，有哪些步骤？
10. 人力资源战略规划的需求预测技术有哪些？
11. 人力资源战略规划的供给预测技术有哪些？
12. 人力资源数量规划、结构规划和质量规划分别包括哪些内容？

案例分析

森龙集团的人力资源规划

在宏观调控下，房地产企业森龙集团抱着"不要把鸡蛋放在一个篮子"的想法，利用充裕的资金陆续进军旅游地产、养老地产等相关产业，甚至把触角延伸至酒店、矿产开发等非相关产业。

这些举措都有道理，却难为了人力资源总监周明丽。业务部门要人要得急，要不到人的部门开始埋怨人力资源部支持不力，要到人的部门埋怨人才不给力。周明丽开始针对新兴业务进行大范围的储备式招聘，并及时跟进了培训，不料企业战略一转向，招来的人根本派不上用场，用人单位又埋怨浪费了人工成本和培训费。一句话，周明丽的人才供给和业务部门的人才需求总是在捉迷藏！更要命的是，由于供需不对口，人力资源效率持续下滑，仅从人工成本投入产出比这一项指标来看，几乎降到了历史的最低点。

人力资源规划的迷失

压力之下，周明丽对自己的工作进行了反思。走到这一尴尬境地，首先是业务部门对新兴业务不熟悉，在这种情况下，人力资源部也没有提供有效的支持，帮助它们筛选出真实需求。她也曾经动过要做全集团的人力资源规划的念头，但考虑到工程浩大，她一直下不了决心，但现在似乎是绕不过去了。

周明丽虽然是资深 HR，但也害怕和数据打交道。专业的事情应让专业的人来做，于是，国内在人力资源规划方面颇有建树的菲力咨询公司被请进了森龙集团。

菲力咨询的项目经理张欣睿带领团队进入企业之后，立即兵分两路：一队走的是定量路线，即通过未来的经营目标进行"战略逆推"，并结合人员增长历史规律进行趋势外推，同时参考外部的行业标杆数据，确定各专业所需的人才数量；另一队走的是定性路线，即通过对战略的梳理和业务部门的反馈，演绎出所需的关键岗位和关键人才，这也是为了对定量路线中可能忽略的信息进行补充，例如，可能涉及对一些现在未设立的岗位进行预先布局。这是菲力咨询公司和张欣睿习惯的模式，在他们的逻辑中，两条路线的集合无疑可以挖掘出森龙集团"缺什么，缺多少"的信息。

不料，两队都传来了让张欣睿意外的消息。

首先是定量路线，项目组希望按照森龙集团确定的未来的经营目标数据"逆推"未来各专业需要多少人才，但经营目标数据本来就是一个粗放的预测，战略部负责人私下回应："我想把未来的经营目标做精准，但啥时宏观调控谁知道呀？对于主业，我就算不准了。而辅业现在才进入市场，能做到什么程度我也不知道。"项目组转向行业标杆，发现国内的房地产公司都是"乱劈柴"，各玩各的多元化，根本找不到可以类比的。这条路线是彻底瘫痪了！

再说定性路线，森龙集团虽有挂在墙上的"战略体系"，却语焉不详。仔细阅读老总的讲话和公司内部文件，似乎又和战略有所冲突。例如，有的领导似乎倾向于相关多元化，即仅做地产；有的领导却倾向于非相关多元化，即强调扩张到其他业态；还有领导提出回归住宅地产主业。一句话，高管层并没有统一思路！

没有交集，人力资源规划从何谈起？张欣睿有点急，于是反其道而行之，先从人力资源体系的优化开始，但周明丽并不买账。她提出了两个疑问：第一，森龙早就尝试过人力资源模块优化，但要推动谈何容易，以绩效管理为例，太多的利益纠葛令这项工作一直陷入僵局；第二，人力资源体系规划好比吃中药调理身体，见效太慢，而现在是要解决当下问题，要的是一剂西药！听着周明丽犀利的质疑，张欣睿的头皮有点发麻……

平台捕获柔性需求

不得已，张欣睿只得请来人力资源管理方面的专家霍尔博士，为项目提供独立意见。听了张欣睿的介绍，他启发道："你做这个项目是以传统的人力资源规划思路为蓝本的，也就是说，你们强调一种自上而下的顶层设计思路，但面对变化的需求，设计又怎么可能面面俱到？所以就像是在'捕风'！在无法预测需求时，你转向优化人力资源体系的思路没错，但这种优化不够直接，而森龙的需求又迫在眉睫。所以，这个项目需要引入的是一种新的人力资源规划思路——柔性规划，这种模式能够把人才、培训开发工具和知识都'云化'，以应对大集团的各种需求。"

在霍尔博士的指导下，张欣睿和团队开始调整项目的方向，而调整的思路就是中心化和平台化。霍尔博士解释说，中心化是一个相对封闭的概念，强调集中某些资源封闭运行，平台化则是一个相对开放的概念，强调将资源聚合并在组织内开放，方便规模分享，两者都是为了"造云"。

第一，锁定关键人才形成"专家发展中心"，即"智慧群落"。首先，放弃全面预测森龙集团人才需求的想法，转而聚焦企业现有的最为关键的人才。从相对包容的大战略框架出发，将这些"专家"分解到若干关键业务领域（专业）中，并随时为各业务部门提供顾问支持，在一定程度上缓解人才短缺矛盾。某些关键业务领域若缺乏人才，则从外部（高校、咨询公司）聘请外部专家。其次，陆续招聘一批潜质人才，将这些潜质人才也放入专家发展中心，形成若干关键业务领域的"人才池"。一方面，让潜质人才近距离接触专业标杆，通过与专家一同从事顾问工作来进行高效学习；另一方面，也可以根据业务部门的需求随时派往空缺岗位进行定岗。

在组织上，这些"专家"在各自的部门内向原有组织结构中的上级汇报，同时在专家发展中心里向专业负责人汇报，潜质人才则直接向专业负责人汇报。专家发展中心主任由周明丽兼任，培训经理带领团队进行日常管理，主要起到汇总业务部门的顾问需求、引导专家对潜质人才进行教导、跟踪潜质人才的发展情况、派遣潜质人才前往需求部门等方面的作用。当然，专家提供服务是会获得薪酬激励的。

第二，提炼组织知识形成"组织学习平台"，这是一个"知识立方"。专家发展中心的专家除了为业务部门提供顾问服务之外，还有一项重要任务是构建企业内的知识构架，在此基础上，通过维基协作，提炼出组织知识，并为组织知识的片段之间建立联系。当然，这个"知识立方"的运行过程并非仅仅由专家和潜质人才完成，而是开放式的：对内，纳入了其他员工的贡献；对外，纳入了外部专家（未被聘任）的贡献。通过"知识立方"打造出"知识云"，业务部门就相当于获得了另外一批专家（除了专家发展中心的专家之外）的强力支持，从这个意义上说，也缓解了人才短缺矛盾。

第三，聚合人才培训开发装置（资源），形成"人才专业化培训平台"和"人才胜任力开发平台"，这是两类"维基平台"。组织学习平台上形成的知识有两类，一类是专业知识，另一类是基于组织规则提炼的"高绩效习惯"，这些知识能够支持员工发展相对通用的胜任力。两类知识分别支持了人才专业化培训平台和人才胜任力开发平台的建立。前者主要通过授课式培训、行动学习、创新论坛等方式为潜质人才提供在组织学习平台上提炼的专业知识；后者则通过模拟组织情境，形成若干发展中心，利用"云测评"最大限度地为潜质人才培养胜任力。在两个平台上，专家发展中心的专家们都会充当培训师或教练。至于有什么潜质的人接受哪种平台上的哪种培训，一方面由人力资源部进行调控，另一方面可由业务部门提出定制需求。事实上，专家发展中心在为业务部提供顾问服务时，本身就创造了一个潜质人才和业务部门接触的界面，业务部门如果觉得某个潜质人才不错，就可以向人力资源部提出"人才预订"，并根据自己空缺岗位的需求给出人才培养建议。人力资源部基于对人才的观察和业务部门的培养建议就可以形成使用两个维基平台进行人才培养的完整方案。

人力资源柔性规划已不仅仅是一个局部的"人力资源云转型"现象，而是集合了智慧群落、维基平台、知识立方和云测评等"云模式"的一体化设计体系。换句话说，这几乎是"人力资源云范式"在实际应用中的全景图（见图3-27）。

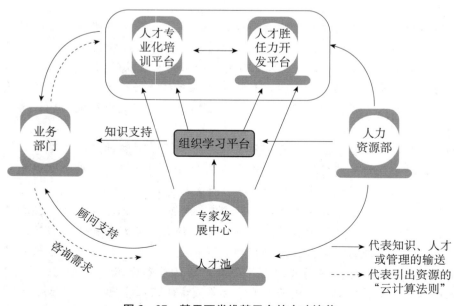

图3-27 基于两类维基平台的人才培养

资料来源：https：//news. mbalib. com/story/41096.

问题：

1. 森龙公司为什么要进行人力资源规划？

2. 在项目的第一阶段，张欣睿为什么没有成功？

3. 柔性捕获人力资源需求的"云范式"遵循了哪一种或几种人力资源规划的模式？为什么？

【参考文献】

［1］初晓光．企业战略管理层面的人力资源战略规划．人才资源开发，2020（10）.

［2］付蕾．人力资源战略管理研究综述．哈尔滨职业技术学院学报，2016（1）.

［3］克雷默，吕本克，林林．SAP 人力资源计划与开发．北京：东方出版社，2006.

［4］李常仓，赵实．人才盘点：创建人才驱动型组织.2 版．北京：机械工业出版社，2018.

［5］罗永坚．论人力资源战略规划对现代企业的意义．人力资源管理，2016（5）.

［6］马丽宽，程敏．新冠肺炎疫情下的人力资源管理．统计与管理，2020（9）.

［7］缪镇联，史烽．K 企业人力资源规划实施对策探讨．经贸实践，2018（2）.

［8］莫亚军．国内外企业人力资源战略与规划的特点及比较．企业改革与管理，2018（3）.

［9］邵立丰．论人力资源的战略规划与管理．市场调查信息，2020（4）.

［10］文跃然．人力资源战略与规划．上海：复旦大学出版社，2007.

［11］徐恒熹．人力资源规划手册：管理、技术和应用．北京：中国劳动社会保障出版社，2006.

［12］尹乐，苏杭．人力资源战略与规划．杭州：浙江工商大学出版社，2017.

［13］约克斯．战略人力资源开发．大连：东北财经大学出版社，2007.

［14］赵曙明．人力资源战略与规划.2 版．北京：中国人民大学出版社，2008.

第4章　职位管理

本章要点

通过本章内容的学习，应能回答如下问题：

- 职位管理的意义、内容和框架是怎样的？
- 如何进行职位的分类、分级？
- 如何建立企业的职业发展通道？
- 职位分析系统包括哪些内容？
- 职位分析的方法有哪些？
- 如何进行职位分析？
- 如何编写职位说明书？
- 职位评价的方法有哪些？
- 如何开发适合企业特征的个性化职位评价方法？
- 如何进行职位评价？
- 如何运用海氏职位评价法和国际职位评价法进行职位评价？

引导案例

MY 公司的职位管理

MY 公司按照国家电信体制改革的总体要求，成立于 2000 年 4 月，是中国移动通信集团四川有限公司下属的分公司之一。经过多年的发展，公司已建成覆盖全市 100％乡（镇）以上城区、道路的精品网络，网络规模、覆盖水平和网络质量三大指标在本地通信行业中持续领先，为当地的经济腾飞和社会发展提供了强有力的通信保障。

2017 年，MY 公司全年实现营业收入 19 亿元，同比增长 4.3％，实现净利润 3.8 亿元，经营业绩稳中有升，但相比以往有所下降。随着移动互联时代的到来，MY 公司的劣势更加凸显，全面提升人力资源效率和组织效率的人力资源改革亟待进行。公司内部职位管理体系存在的问题较为突出，主要有：

1. 组织结构设置、流程分工滞后

MY 公司的机构设置未能及时响应业务发展需求，存在权责不对等的问题。同时，在公司发展过程中，组织结构有所调整，但相关职责、流程未及时更新，权责相互交叉，流程混乱。部分机构职责定位不清晰，使支撑单位无法确定方向，部门之间的协同效率低下，工作难以开展。

2. 职位与工作内容不匹配

公司职位说明书未真实反映职位的实际情况，与职位现有人员的实际工作相差较大，且更新频次较低，职位设置过于理想化，存在权责不对应的问题，导致出现权责真空地带。

3. 缺乏职位任职资格、核心技能知识的说明

职位管理中，缺乏对任职资格要求的说明，导致人力部门和用人部门沟通成本大，选人用人上更多以主观意识为准，造成了人力资源的浪费。同时，职位说明书中缺乏对职位核心技能知识的介绍，员工不知如何提升自己，使得公司培训效果较差。

4. 缺乏编制管控，冗员与缺员并存

公司缺乏具体职位配置多少员工的合理依据，结构性缺员和冗员并存，人员配置往往仅凭部门领导的工作经验，且没有整体规划，缺乏对各单位总编制管控的依据，只是一味满足各部门的人员需求。

面对存在的问题，MY 公司积极进行职位管理体系改革，在职位分析的基础上，定组织、定职位、定能力、定编制，建立健全配套措施，努力提高公司的人力资源管理水平，推进战略目标的实现。

资料来源：赵曦. MY 公司职位分析与应用的案例研究. 成都：电子科技大学，2018.

职位的出现与劳动分工是密不可分的，当一个人需要做全部工作时，就无所谓职位划分。尽管早在柏拉图时期就提出了劳动分工的概念，但直到工业革命之前，大部分工作都是以行会或者家庭包工制的形式完成的，并没有出现职位，直到工厂制度建立之后，工作才被分配到不同的职位以分工合作的形式来完成。到了近代，职位的概念受到挑战。随着工作团队的出现以及知识型员工的激增，企业根本无法为团队成员安排一个合适的职位，也无法为知识型员工描述具体的工作职责，当企业想要按照传统的职位分析确定这些人的职位说明书，并通过职位评价确定他们的薪酬水平时，发现这些对企业而言最重要的人员的薪酬水平反而不如一些传统职位。于是，管理学者提出了能力的概念，认为要基于能力去建立企业的人力资源管理体系，而不再是基于职位。职位似乎已经过时了，但事实上，除了一些高新技术企业的高管人员或者研发人员外，其他人依然是以职位的形式进行组织和作出贡献的，职位仍在企业中存在并将长期存在，这也是基于职位＋能力的复合式人力资源管理模式得以提出的原因。

职位管理是基于职位的人力资源管理的基础，包括职位筹划、职位分析和职位评价，这是本章将要介绍的主要内容；胜任力系统则是基于能力的人力资源管理的基础，将在第 5 章进行介绍。需要说明的是，基于职位＋能力的复合式人力资源管理模式并不是职位管理与胜任力系统二者的叠加或者并行，而是从系统的角度进行的一种整合。

第1节　职位管理概述

一、职位与职位管理

（一）职位

职位（position）是指承担一系列工作职责和工作任务的某一任职者所对应的组织位置。传统的职位具有以下特征：

（1）因事设岗。职位设置的依据是具体的工作需要，任职者必须符合职位的要求，以满足工作的需要。

（2）职位是最基本的组织单位。组织是由具体的职位及其任职者构成的，职位是组织最基本、最小的结构单元，是工作管理和组织管理的基础，支撑着组织实现目标。

（3）职位是组织业务流程的一个节点。职位是组织业务流程中的一个环节，有明确的业务边界，为业务正常的运转而存在。

（4）职位是责、权、利、能的统一体。每个职位都对应着相应的职责、权限以及对任职者的要求，同时包括任职者可以享受的待遇和受到的激励。

随着全球化、信息化和知识经济时代的到来，一些组织中的职位发生了变化，其特点主要表现在：

（1）因人设岗。组织在坚持战略目标的前提下，可以根据个人的能力专门设置相应的职位、安排相应的工作甚至开拓相应的业务，人力资源管理的重点由职位转向能力。

（2）职位与任职者并非一一对应。职位不再是组织中的一个点，而是组织中的一个线段或者一个区域，这时一个职位的工作可能有多个人参与，一个人可能参与多个职位的工作，职位之间的界限变得模糊，没有明确的职责和绩效标准。

（3）职位是动态的。组织为适应环境的变化而经常改变业务和工作内容，职位的职责不再固定，职位任职者也不再固定在确定的职位上。特别是团队成为现代组织的一种重要组织形式，团队的形成与解体成为常态，团队职责与目标也会在一项团队任务完成后发生变化，所以职位的变化也成为常态。

（二）职位管理

职位管理（position management）是指通过职位筹划对企业的职位进行分层分类，确定企业最合理的职位设置，在此基础上通过职位分析来明确不同职位的工作职责与任职资格要求，并通过职位评价建立企业内部的职位等级体系。职位管理从组织战略与组织文化出发，经过业务流程分析、组织结构设计到人力资源管理，是实现企业战略目标的桥梁，是组织实现战略管理和人力资源管理的重要环节（如图4-1所示）。

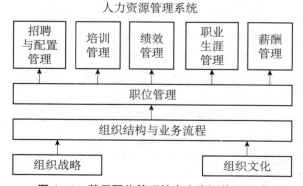

图4-1　基于职位管理的人力资源管理系统

1. 传统职位管理

传统职位管理是组织在内外部环境和组织的职位相对稳定的工业经济时代，对职位实施的管理（如图 4 - 2 所示）。

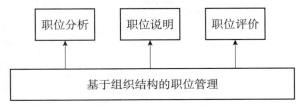

图 4 - 2　传统职位管理

（1）传统职位管理的内容。

● 职位分析。通过科学的方法或技术，系统地收集、整理、分析与综合组织中目标职位的相关信息。

● 职位说明。通过文字以特定格式表述职位分析结果以反映职位特点，包括职位描述和任职资格。

● 职位评价。根据特定标准，对职位本身所具有的特性进行评价，以确定组织内部职位与职位之间的相对价值。

（2）传统职位管理的原则。

● 基于组织结构的原则。组织战略目标通过各级组织机构（部门）最终落实到职位中，职位是组织各级机构（部门）的基本单元，职位管理是机构（部门）管理的主要内容，是基于机构（部门）职能的管理。

● 职位职责完整、明确的原则。保证组织功能完整地分解到职位职责上，同时避免职责真空、模糊、重叠，以防止因职责不清而导致的扯皮、推诿。

● 责、权、能对等的原则。严格遵循"有责必有权、有权必有能、责权能相符"的原则。

（3）传统职位管理的特点。

● 以具体职位为管理对象。组织战略分解到具体职位，组织通过对一个个职位的管理实现组织目标。

● 强调静态职位管理。组织内部的职位以及职位之间的工作关系相对稳定，以保证管理的连续性。

2. 现代职位管理

现代职位管理是在信息时代和知识经济时代，组织外部环境、内部变革和职位等的变化成为常态时，对职位实施的管理（如图 4 - 3 所示）。

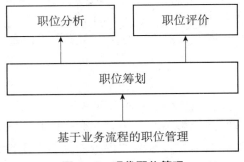

图 4 - 3　现代职位管理

（1）现代职位管理的内容。现代职位管理在传统的职位分析和职位评价的基础上，增加了职位筹划的内容。

职位筹划是指在战略与业务流程的基础上，根据职位的特点和性质设计构建分层、分类的职位体系，实现职位设置、职位变更、职位升降等业务的系统化、规范化和制度化。

（2）现代职位管理的原则。

● 基于业务流程的原则。现代职位管理体系基于战略与业务流程。根据业务流程对职位进行分类，对每一类职位进行分析和评价是职位管理的基础。

● 系统性原则。职位管理是人力资源管理的基本职能，既要考虑职位管理与组织战略、组织其他业务战略的匹配性，也要考虑与人力资源管理其他职能的匹配性，以及职位管理体系内部的协调性。

● 动态性原则。职位的内容、职责、边界等随着组织战略、结构、业务与管理的变化而动态调整。

（3）现代职位管理的特点。

● 职位管理的对象是一类职位而不是一个职位。以职位的类别为单位进行管理，而不是以单一的职位作为管理对象。

● 职位管理强调动态性。职位的动态性决定了职位管理的动态性。

二、职位管理的框架

组织管理、职位管理、职位管理成果共同构成了职位管理的整体框架，如图4-4所示。

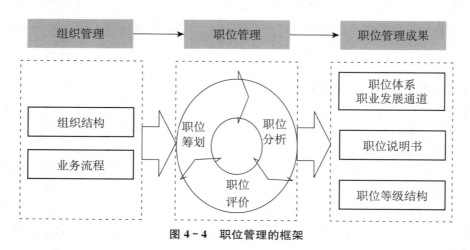

图4-4 职位管理的框架

（一）组织管理

组织结构和业务流程是企业职位管理的起点。企业的战略决定了企业的组织结构，并确定了各部门的职能，基于此可以把企业的职位划分为几大序列，包括管理序列、技术序列以及职能序列等；业务流程则决定了按照完成工作任务的要求，需要设置哪些岗位，这些岗位需要承担什么样的责任、具备什么样的能力等。

（二）职位管理

职位管理包括三个模块：职位筹划、职位分析和职位评价。

职位管理的三个模块之间并没有明确的界限，因为划分职位序列、确定职位设置的过程也是进行职位分析的过程，职位筹划中对职位的分层分级本身就是职位评价的内容，可以说职位筹划是职位分析的基础，且二者同时进行，职位分析的成果则是职位评价的主要依据，职位评价的结果又是职位筹划中职位分层分级的依据。职位筹划、职位分析和职位评价三个模块的具体内容详见本章第2～4节。

（三）职位管理成果

在根据企业战略进行组织管理，并对职位进行筹划、分析和评价的过程中，相关的成果也自然产生。如基于组织结构，在职位筹划的环节可以确定企业的职位体系、职位等级结构、发展通道等，而职位分析的过程除了产生具体的职位说明书之外，也对确定职位序列、等级有一定影响。

第 2 节 职位筹划

一、职位筹划概述

职位筹划 (position planning) 是国内知名的管理咨询公司——华夏基石管理咨询集团在管理实践中提出的一个较新的概念,是指从企业的战略和业务流程出发,根据企业工作任务的性质,将企业的职位划分为不同的职类、职种、职层和职级,并在此基础上建立企业的职位体系和员工的职业发展通道,从而实现人员分层分类管理的目标。

在传统的职位管理实践中,企业的职位分析和职位评价都是基于现有的职位,但是企业现有的职位设置是否合理?这些职位是否涵盖了公司的全部业务要求?是否被赋予了适当的权限?是否有利于企业业务流程的顺利运行?是否有利于企业人力资源的充分发挥?这些问题在传统的职位管理中并没有得到回答。正是在思考这些问题的基础上,华夏基石管理咨询集团提出了职位筹划的概念,在职位管理的起点梳理企业的职位体系、划分企业的职位序列并确定企业最合理的职位设置,同时建立分层分类的人力资源管理体系的基础。可以说,职位筹划是对企业职位的一种变革和再设计。

职位筹划一般通过内部流程分析、外部标杆对照和德尔菲法三种形式进行,它还是一个高管工程,企业高级管理层必须亲自参与讨论、修改,通过对原有职位体系的适当调整,使之更符合公司发展要求,同时在调整过程中完成职位分析和职位评价。

职位筹划的主要内容是职类、职种、职层和职级的划分,其中,职类职种的划分主要从任职者所需的知识、技能要求以及应负责任的相似性角度进行;职层职级的划分则主要从任职者所需的知识、技能水平以及责任大小的差异性角度进行(如图 4-5 所示)。

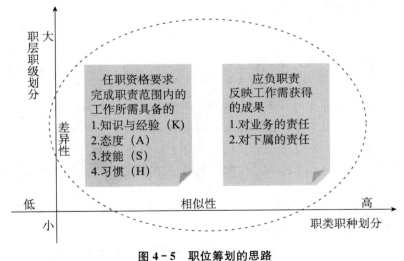

图 4-5 职位筹划的思路

二、职位序列划分

(一) 职位序列划分的概念

职位序列划分主要是指职类 (cluster)、职种 (function) 的划分。

职类划分是指在分析企业业务运作流程的基础上，按任职者的任职资格要求、工作职责的相似性确定的职位类别。职类之间任职资格要求与工作职责的差异明显。对企业而言，职类划分有一定的共性。简单的生产企业通常将职类划分为管理职类、专业职类和作业职类；内部分工复杂的企业则可以有更多的划分，比如管理职类、技术职类、作业职类、市场职类、业务运营职类、职能支持职类等。

职种划分是指在职类划分的基础上，按相同要素对同一职类进行的职位归类，是职位划分的进一步细化。职种是企业内不同的责任体系。比如，技术职类下面的研发技术职种对产品与技术在行业的领先性承担直接责任，工艺技术职种对生产工艺的改进与实施承担直接责任，IT技术职种对信息系统的优化与生产设备的正常运转承担直接责任，等等。

对于一些大规模的企业或者大型集团公司，在职种下面会进一步细分亚职种（sub-function），比如，财务职种细分为审计、会计、税务、融资等亚职种，人力资源职种细分为招聘、培训、考核、薪酬、员工关系等亚职种。

需要明确的是，职类职种的划分只与企业的业务流程相关，而与部门设置没有太大关系。

即时案例 4-1

某电器集团的职类职种划分

职类

管理类（M类）职位

管理类人员的主要时间用来审查他人的工作。管理类工作的主要特征包括：
- 任职者的主要职责是培养、发展、激励他人，而不是监督。
- 任职者通过他人来达成目标，任职者的业绩通过团队的业绩来衡量。
- 任职者主要负责管理项目，业绩通过项目的结果来衡量。
- 任职者管理（协调、指导等）某项职能工作，不一定和他人有直接汇报关系，但存在虚线汇报关系，任职者的业绩通过该职能的工作结果来衡量。
- 管理他人，包括对直接下属、间接下属进行管理。
- 涉及中层即经理层以上职位，但要区分无团队的项目经理。

典型的管理类职位：总经理、高级经理、人力资源总监、车间主任、财务总监等。

专业类（P类）职位

专业类人员的主要时间用于在办公室工作，完成专业性的任务，对本人的工作负责。专业类工作的主要特征包括：
- 任职者通常是有经验的专业人员（专业人员指必须掌握某个专业的知识才能胜任工作的人，如会计、人力资源人员、研发人员、营销人员等，这些人员一般要有本科学历或一定的经验）。
- 任职者需要独立发挥专业判断能力，自主选择工作方法解决问题。
- 任职者大量（30%及以上）的工作是非常规化的，没有固定的模式可以借鉴，需要任职者经常发挥创造力来解决问题。
- 任职者独立工作，基本上不需要监督。
- 包括M类和P类工作，P类工作更明显。

典型的专业类职位：首席研究员、工程师、人力资源专员、高级销售代表等。

行政类（A类）职位

行政类人员的主要时间用于在办公室工作，协助他人完成工作或者独立完成操作性的任务。行政类工作的主要特征包括：
- 任职者独立从事相对简单的、重复性的工作，可以通过详细的操作手册来规定完成任务的步骤，较少遇到非常规化的问题。
- 任职者协助他人完成工作复杂性高、需要创造性的工作，需要较多的监督和指导。

- 本科学历或一定经验不是必备的条件。

典型的行政类职位：行政助理、综合管理人员、销售支持人员、秘书等。

操作类（O 类）职位

操作类人员的主要时间用来操作工具、设备、仪器，完成操作性的任务。操作类工作的主要特征包括：

- 任职者在生产一线工作，并负责监督他人工作，任职者的工作与被监督者的工作非常类似，都需要操作工具、设备、仪器。
- 任职者操作工具、仪器、设备，从事操作性的后勤服务工作。
- 部分职位有 M 类职能，以晋升通道进行衡量，没有晋升通道或晋升通道较少的职位统一归入 O 类。

典型的操作类职位：生产组长、技术工人、搬运工、司机、保洁人员等。

职种

职种划分的基础是公司的价值链。根据公司的价值链，职种可以划分为业务职能和支持职能两类。业务职能是核心流程的一部分，如研发、营销销售、生产等，直接对公司的利润、销售收入、市场份额、客户满意度等负责。支持职能又可以分为主要支持职能和一般支持职能两类。主要支持职能部门并不是核心流程的一部分，但控制了公司的重要资源，且该部门业绩的变化将对公司业绩的变化产生直接、重大的影响。一般情况下，这些部门与公司的核心竞争力有直接的关系。一般支持职能部门也不是核心流程的一部分，主要通过对其他部门提供支持对公司业绩产生间接影响。该部门的业绩不能通过利润、销售收入、市场份额、客户满意度等指标直接衡量。

业务职能和支持职能又可以分别分为五个群。业务职能可分为研发、生产、质量管理、营销销售和供应链五个群。支持职能可分为战略运营、财务会计、人力资源、信息技术和行政支持五个群。

职种与职能的关系如图 4-6 所示。

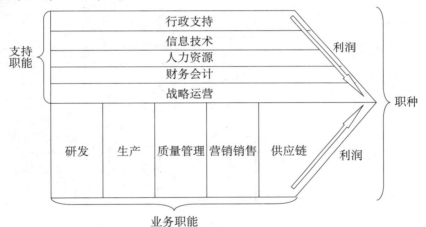

图 4-6　职种与职能的关系

同一个职种中的工作内容、技能都会比较统一、相似，业绩方面的最终目标常常是一致的。一个职种内的职位转换比较容易，跨越职种的转换需要经过更严格的审批。

职种是公司职业通道的基础，同时也是培训体系建立的基础。

职种与组织结构不完全重合。如某员工的职位是行政秘书，他的工作部门是营销部，那么他的职种归属是行政支持，而不是营销销售。

（二）职位序列划分的流程

职位序列划分需要企业的高层管理者、人力资源部及各相关部门共同参与，在参考外部标杆的基础上，以专家会议的方式进行，其工作流程如图 4-7 所示。

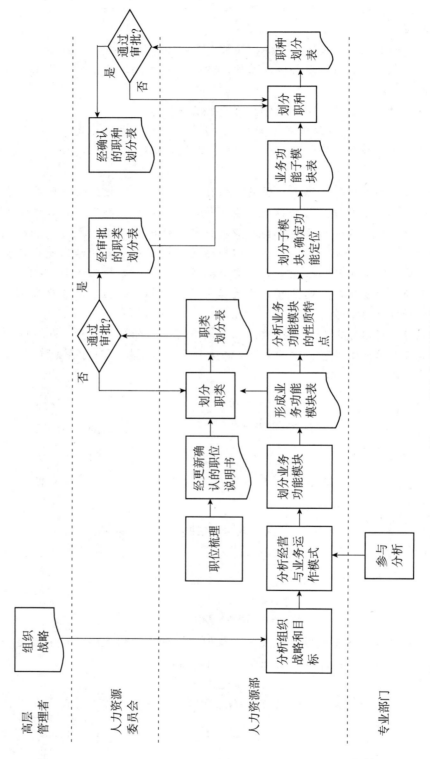

图 4 – 7　职位序列划分流程

（三）职位序列划分的成果

职位序列划分的最终成果是形成企业的职类职种划分表。该表并不是职位筹划的最终成果，而只是一个中间成果。职类职种划分表如表 4-1 所示。

表 4-1 某企业职类职种划分表（部分）

职类	定义	职种	定义	典型职位
管理类	对一个单位的利益、发展或绩效承担直接责任	经营管理	对利益和发展承担直接责任	总经理、副总经理……
		管理执行	对一个单位的绩效承担直接责任	人力资源经理、车间主任……
职能类	……	战略	对战略决策的支持承担直接责任	战略研究员、助理研究员……
		财务	对资金安全有效运营承担直接责任	会计、出纳……
		人力资源	对人力资源的高效使用承担直接责任	招聘专员、薪酬专员……
		信息	对信息系统的优化和运行承担直接责任	硬件工程师、程序员……
		计划统计	对经营计划的安排与落实承担直接责任	经营计划员、经营统计分析员……
		采购	对生产材料的成本、质量和及时性供应承担直接责任	原材料采购员、辅助材料采购员……
技术类	……	研发	对产品与技术的行业领先性承担直接责任	项目研发工程师、产品设计工程师……
		工艺	对生产工艺的有效运行和改进承担直接责任	加工工艺员、设备工艺员……
		质检	对产品质量的鉴定承担直接责任	原材料质检员、半成品质检员……
营销类	……	销售	对销售额与市场占有率承担直接责任	片区经理、业务员……
		市场	对市场对产品与服务品牌的认同度承担直接责任	品牌主管、营销策划主管……
		客户服务	对客户对售后产品与服务的认可度承担直接责任	客户服务专员、现场服务工程师……
作业类	……	操作	对产品的数量、质量、效率、成本等承担直接责任	装配工、电焊工……
		维修	对生产设备的正常运转承担直接责任	电工、钳工……
		辅助	对生产各环节的服务质量和效率承担直接责任	搬运工、保洁工……

三、职层职级划分与职业发展通道设计

（一）职层划分

职层（class）是指一个职位在整个职位体系中所处的层次。我们通常所说的高层、中层和基层就是对职层的一种简单划分。除了这种划分方法之外，有的企业将职层划分为经营层、中坚层、骨干层、基础层四层，也有的将经营层称为核心层。职层也可以简单地按照管理层级划分为高管层、经理层、主管层和员工层。对于不同企业的职层划分方式并不要求一致，但职层划分的共同点始终是基于对任职者的任职资格要求和应负责任的差异性。

一般来讲，高层、经营层或者核心层主要包括企业的董事长、总经理、副总经理等对企业的经营管理负有主要责任的战略管理者，他们关注长期问题并侧重于维系企业的生存、成长和总体有效性；中层负责将战略管理者制定的总目标和计划转化为更具体的目标和活动，并监督执行具体的行动计划，对于中层、骨干层与中坚层的划分虽然多基于这些岗位所在的职级，但多少级是骨干层，或者多少级是中坚层，哪个部门的经理或者主管可以划分为中坚层，对于不同企业来说，结果并不相同，这就需要企业内部通过沟通协调达成一致；基层或者基础层则主要包括企业内从事常规性和服务性工作的生产操作、后勤保障、文秘等岗位。

（二）职级划分

职级（grade）是指根据职位所承担的职责、所要求的能力、对企业的影响等要素确定的该职位在整个职位体系中的级别。职级划分有双重含义，一方面是指职位在整个职位体系内所处的级别，另一方面是指职位在其所属职种中的级别。前者建立了企业的职位等级结构，后者则建立了企业的职业发展通道。

职位等级结构的建立一般通过职位评价进行。根据不同的职位评价方法，企业的职位体系划分的职级数目也有所不同，这将在"职位评价"一节详细介绍。

（三）职业发展通道设计

职业发展通道（career development path）是指员工在企业内的职业发展路径。它在企业职类职种划分的基础上，为每一个职位建立在所属职种内的不同发展等级。职业发展通道的设计在于避免企业内部出现"管理独木桥"现象，为员工提供多个职业发展空间；职业发展通道的建立要求企业为每个通道的各职位等级建立相应的任职资格要求，这也是建立基于能力的人力资源管理体系的基础。

在实践中，企业一般会在管理通道之外建立多重专业发展通道，但是具体建立多少通道，每个通道设置多少级别，并没有定论，可以根据企业规模大小、职位体系的复杂性等因素灵活设置，力求做到职业发展通道的设计既能为员工提供较大的职业发展空间，又不会带来过多的管理责任，避免管理成本过大，得不偿失。

需要注意的是，职业发展通道的设计不能影响公司的直线职权。员工的职业发展等级得到晋升，只表明员工的能力得到了提升，员工对企业的贡献变大，并不意味着员工在企业组织中的指挥与被指挥关系发生了变化。当然，随着员工的职业发展，他可以在工作中指导较低职业发展等级的员工。

职业发展通道设计流程与操作要点如图4-8所示。

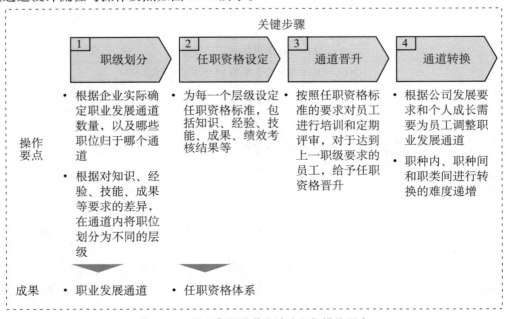

图4-8 职业发展通道设计流程与操作要点

　　下面以某企业为例介绍职业发展通道设计。A 公司是深圳市的一家机械制造企业，因企业规模较小，在进行职位筹划时，仅将企业的所有职位划分为 8 大职类、4 大职层和 14 个职级，并在每个职类为员工建立了职业发展通道，图 4-9 仅简单示意该企业职业发展通道的设计思路。

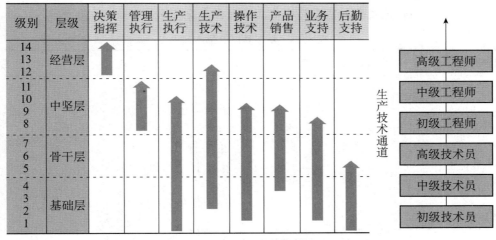

图 4-9　企业职业发展通道设计示例

四、职位体系

　　在划分企业职类、职种、职层和职级的基础上，就可以建立企业的整体职位体系了。表 4-2 显示的是一家企业的职位体系表（表中各职种下应该是具体职位，此处用职业发展等级代替）。

表 4-2　某企业职位体系表

职类		管理类		技术类			职能类						营销类			作业类		
职种		经营管理	管理执行	研发	工艺	质检	战略	财务	人力资源	信息	计划统计	采购	销售	市场	客户服务	操作	维修	辅助
职层	职级																	
核心层	16	3																
	15	2																
	14	1																
中坚层	13		4	5			5							5				
	12		3		5			5	5	5	5	5	5		5			
	11		2	4		5	4							4		5	5	
	10		1		4			4	4	4	4	4	4		4			
骨干层	9			3		4	3							3		4	4	
	8				3			3	3	3	3	3	3		3			
	7			2		3	2							2		3	3	
	6				2			2	2	2	2	2	2		2			
基础层	5			1		2	1							1		2	2	
	4				1	1		1	1	1	1	1	1					4
	3															1	1	3
	2																	2
	1																	1

即时案例 4-2

京东商城职位体系

作为中国最大的自营电子商务平台之一，京东商城在发展中建立了独特的竞争优势，尤其是在仓储配送体系方面。为适应公司的快速发展，京东商城建立了符合自身特点的职位体系（见表4-3）。

表4-3 京东商城职位序列表

管理序列		营销/职能序列		技术序列		运营序列	
M6	CXO						
M5	高级副总裁						
	副总裁						
M4	高级总监			T5	首席××3级		
	总监				首席××2级		
	副总监				首席××1级		
M3	高级经理	P4	高级专业经理2级	T4	资深××2级	P4	资深××2级
			高级专业经理1级		资深××2级		资深××2级
M2	经理	P3	专业经理2级	T3	高级××2级	P3	高级××2级
	副经理		专业经理1级		高级××1级		高级××1级
M1	主管	P2	专业主管2级	T2	中级××2级	P2	中级××2级
			专业主管1级		中级××1级		中级××1级
		P1	专员2级	T1	助理××2级	P1	助理××2级
			专员1级		助理××1级		助理××1级

在职位序列划分上，京东商城由于业务模式复杂，价值链条较长，从上游的商品采购，经过中间的仓储和物流，最终到达消费者，所以职位序列数量较多。为了方便管理，京东商城建立了五大职位序列，分别为管理序列、营销序列、运营序列、技术序列和职能序列，并划分为19个职类和37个子类。在职位属性的类别上，职位体系又被划分为管理类、专业类和操作类。

在职位等级划分上，京东商城按照管理序列和非管理序列进行，重点参考了几个因素：

● 员工数量及岗位属性：京东商城的人才结构呈金字塔形，底端人员规模非常大，尤其是一线操作的仓储、配送及客服人员。这类员工虽然人数众多，要求并不高，却对公司的发展至关重要，承载着重要的团队管理职责。因此，在职级划分上，京东降低了管理岗位的门槛，拓宽了员工从专业岗转向管理岗的通道。

● 人才发展特点：在非管理序列的职级划分上，技术序列划分为五级，其余序列则划分为四级，每个职级一般有两个级等。对于非管理序列的员工来说，随着职级的晋升，再往上发展势必会进入管理序列，承担一定的管理职责。

● 职位序列属性：在互联网行业，技术岗位至关重要，对于京东商城来说，技术发展更是提升公司效率、创造价值的主要手段，因此，有别于其他非管理序列的职级划分，技术序列被划分为五个职级，以满足专业从业人员的职业发展需求。

资料来源：刘川川. M公司职位职级体系建构及其应用研究. 北京：中央民族大学，2017.

第 3 节　职位分析

一、职位分析概述

（一）职位分析

1. 职位分析的概念

职位分析（position analysis）又称职务分析或工作分析，是人力资源管理的一项核心基础职能，是运用系统方法收集、分析、确定组织中职位的定位、目标、工作内容、职责权限、工作关系、业绩标准、人员要求等基本因素的过程。

职位分析以组织中的职位以及任职者为研究对象，它所收集、分析、形成的信息及数据是有效联系人力资源管理各职能模块的纽带，从而为整个人力资源管理体系的建设提供了条件。同时，组织由各种各样的员工角色构成，通过职位分析可详细说明这些角色，并从整体上协调这些角色的关系，避免工作重叠、劳动重复，提高个人和部门的工作效率及和谐性，为组织设计和工作设计奠定基础。

职位分析的主要成果是形成职位说明书及职位分析报告。

职位说明书既是一般员工的工作指南，也是企业制定企业人力资源规划，进行人力资源职能管理的参考依据。职位说明书主要包括两个组成部分：一是职位描述，主要对职位的工作内容进行概括，包括职位设置的目的、基本职责、组织图（职位在组织中的位置）、业绩标准、工作权限、职责履行程序等内容；二是职位的任职资格要求，主要对任职人员的标准和规范进行概括，包括该职位的行为标准，胜任职位所需的知识、技能、能力、个性特征以及人员的培训需求等内容。职位说明书的这两个部分并非简单的罗列，而是通过客观的内在逻辑形成一个完整的系统。

职位分析报告则是通过职位分析发现企业经营管理过程中存在的问题，为关于组织有效性的诊断提供依据。职位分析报告的内容较为自由宽泛，主要用来阐述在职位分析的过程中所发现的组织与管理上的问题、矛盾，以及解决方案。具体包括：组织结构与职位设置中的问题与解决方案、流程设计与流程运行中的问题与解决方案、组织权责体系中的问题与解决方案、工作方式和方法中的问题与解决方案、人力资源管理中的问题与解决方案等。

2. 与职位分析相关的概念

本书中主要涉及以下与职位分析相关的概念：

（1）工作要素（job elements）：指工作中不能再继续分解的最小活动单位，是形成职责的信息来源和分析基础，并不直接体现在职位说明书中。例如，接听电话。

（2）任务（task）：指为了达成某种目的而进行的一系列工作要素，是职位分析的基本单位，并且常常是对工作职责的进一步分解。例如，回答客户的电话咨询。

（3）职责细分（duty）：既可以作为职位分析中完成职责的主要步骤而成为职责描述的基础，也可以以履行程序或"小职责"的形式出现在职位说明书中。例如，处理客户的电话咨询与投诉。

（4）职责（responsibility）：指为了在某个关键领域取得成果而完成的一系列任务的集合。它常常用任职者的行动加上行动的目标来加以表达。例如，维护客户关系，以保持和提升公司在客户心目中的形象。

（5）权限（authority）：指为了保证职责的有效履行，任职者必须具备的对某事项进行决策的范围和程度。它常常用"具有批准……事项的权限"来表达。例如，具有批准预算外 5 000 元以内的礼品费支出的权限。

(6) 任职资格（qualification）：指为了保证工作目标的实现，任职者必须具备的知识、技能与能力要求。它常常以胜任职位所需的学历、专业、工作经验、工作技能、能力（素质）等来表达。

(7) 业绩标准（performance standard）：指与职位的工作职责相对应的、对职责完成的质量与效果进行评价的客观标准。例如，人力资源经理的业绩标准通常包括员工满意度、空岗率、培训计划的完成率等。

(8) 职位（position）：指承担一系列工作职责的某一任职者所对应的组织位置，是组织的基本构成单位。职位与任职者是一一对应的。如果存在职位空缺，那么职位数量将多于任职者人数。

(9) 职务（job）：指组织中承担相同或相似职责或工作内容的若干职位的总和。例如，销售部副经理。

(10) 职级（grade）：指工作责任大小、工作复杂性与难度以及对任职者的能力水平要求近似的一组职位的总和，常常与管理层级相联系。例如，部门副经理就是一个职级。

(11) 职位簇（family）：指根据工作内容、任职资格或者对组织的贡献的相似性而划分为同一组的职位。职位簇的划分常常建立在职位分类的基础上。例如，管理职位簇、研发职位簇、生产职位簇、营销职位簇。

3. 职位分析面临的挑战

进入 21 世纪，全球化与知识经济成为新的经济形态，知识型员工成为企业价值创造的主体。与传统的工作相比，知识型员工的工作在工作内容的确定性与重复性、工作性质、对技能的要求、职责边界、与周边关系的协调等方面都发生了变化，这对职位分析提出了新的挑战。

(1) 工作内容多变，难以确定。由于组织战略及业务流程的快速变化，职位的工作内容也相应发生变化。工作内容从确定性向不确定性、从重复性向创新性转变，而且变化的频度越来越高、程度越来越深，职位说明书中可以加以规范和标准化的内容变得越来越少。

(2) 大量创新性工作难以描述。知识经济的本质是创新，需要不断地思考和探索。许多创新性的工作与职位规定的工作从表面上看没有直接联系，并且思考的过程和内容无法观察，所以在职位说明书中用文字准确描述这些知识性工作几乎不可能。同时，创新也意味着会有失败与损失，创新性工作的业绩标准很难准确描述。

(3) 职责范围模糊，难以界定。职位职责的明确界定，为组织与管理的规范化提供了基础，但也导致本位主义与思考的局限性，限制组织的创新行为及组织成员的创新能力与意识。创新是一项系统工程，需要组织内部各个职能与业务之间的配合，所以知识型工作允许甚至鼓励职位与职位之间的职责与权限的重叠。而这种重叠的内容和程度如何界定，成为职位分析和职位说明书编写的一个难题。

(4) 团队工作取代传统的个人职位。团队工作成为知识经济中实现创新的重要手段。首先，团队成员都是按照角色界定来开展工作，不再存在固定的、稳定的职位，这样传统的职位分析就失去了研究与分析的对象；其次，团队成员工作交叉、职能互动，工作过程难以监控和界定，很难给每一位团队成员都编写明确的职位说明书；最后，对团队成员贡献的评价不再仅仅依据个人直接的工作成果，而是依据其所在团队的整体工作业绩，使得组织成员个人的业绩难以衡量。

4. 职位分析的未来

职位分析在知识经济条件下面临的挑战，使职位分析本身的存在价值与作用遭到了质疑，理论界和企业界出现了"抛弃职位分析""我们不需要职位说明书"的观点。但是我们必须认识到，职位分析仍然是知识经济时代人力资源管理的一项重要的基础性工作。对于大多数职位，仍可以通过职位分析抓住其中最核心、最稳定的部分，来界定其工作内容，从而形成标准化、规范化的职位说明书，为管理的规范化提供支持。特别是在我国许多组织的人力资源管理水平仍然较低的情况下，更需要加强职位分析这项基础性工作。

在挑战与需要并存的背景下，职位分析出现了新的发展趋势，主要表现在以下方面：

(1) 同一组织实施不同的职位分析方法。不同的职位分析方法各有特点，在同一组织中，可以根据不同职位的类别、层级等性质和特点，有针对性地采用不同的职位分析方法，并建立分层分类的职位说明书体系，达到职位分析的目标。

(2) 用角色分析代替职位分析。角色分析就是分析不同角色之间的工作流程和工作关系在工作职责与任务层面上的相互依赖性。如今，团队在组织中日益重要，而团队绩效的产生依靠团队成员的相互依赖（即协调与互动、沟通与信息共享），从而在交流中突破个人力量的限制完成整体的目标。因此，在团队中往往不再强调成员之间职责的明确界定与区分，宽泛的角色定位往往比严格的职位界定更能满足个体及团队的要求。

（3）采用团队职位分析方法。由于知识型工作更加趋向于采用团队方式而非个人方式，因此可以采用团队职位分析方法。基于团队的职位分析是通过分析团队而非单个职位的信息，来确认团队的职责、工作内容、绩效标准、团队成员素质要求等，特别是强调按照团队整体目标实现团队绩效的提高，确定不同成员之间如何形成具有差异性、互补性与协调性的素质结构。

（4）职位描述更加灵活和宽泛。由于工作内容和职责不断变化，越来越难以预测，职位分析的范围越来越宽泛，职位描述也不再是对具体的职位特征、工作内容、职责、工作关系等的描述，而是进行笼统的一般性特征的描述。

（5）任职资格描述更加侧重于一般能力和人格特征。由于工作内容和职责不确定，所需的知识、技能等具体能力也不确定，因此一般能力和人格特征对这类灵活性高的职位就更有意义。一般能力包括学习能力、人际沟通能力、认知能力等，人格特征则包括性格、态度、动机等。

（6）采用流程式职位分析方法。在职位分析中，不仅要收集来自任职者本人及其上级的信息，而且要收集来自同事与内外部客户的信息。在这种情况下，可构建以流程为基础、交叉互动式的职位分析方法，也就是说，在对某一职位进行分析时，不仅要考虑该职位本身的现状与上级职位的要求，而且要考虑该职位与同事之间的互动以及该职位与其他部门的相关职位在流程上的衔接关系，通过在职位分析中树立流程观念，将流程上下游环节的期望转化为该职位的目标与职责，从而帮助组织克服本位主义，提高流程的效率与效果，这也有利于组织在产品、服务与管理模式上的创新与改进。

（二）职位分析的战略意义及作用

现代企业人力资源管理的发展，从整体上看主要表现出两个趋势：一是强调人力资源管理的战略导向；二是强调人力资源管理各功能模块的系统整合。而职位分析在上述两个趋势中都扮演着关键性的角色，在战略组织与人力资源管理体系中具有重要地位（如图4-10所示）。对于前者，职位分析是从战略、组织、流程向人力资源管理职能过渡的桥梁；对于后者，职位分析是对人力资源管理系统内各功能模块进行整合的基础与前提。正是由于职位分析在组织与人力资源管理中扮演这种关键性的角色，其得以在发达国家的企业人力资源管理中一直起着不可替代的基础性作用；对于中国企业而言，职位分析是探索现代化管理之路的重要环节。

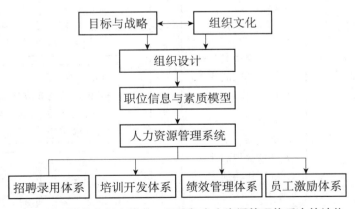

图4-10　职位分析在战略、组织与人力资源管理体系中的地位

1. 职位分析在战略与组织管理中的作用
职位分析对于企业战略的落地与组织的优化具有十分重要的意义，具体表现在以下方面：

（1）实现战略传递。通过职位分析，可以明确职位设置的目的，从而找到该职位如何为组织整体创造价值，如何支持企业的战略目标与部门目标，从而使组织的战略得以落地。

（2）明确职位边界。通过职位分析，可以明确界定职位的职责与权限，消除职位之间在职责上的相互重叠，从而尽可能地避免由于职位边界不清导致的扯皮推诿，并且防止职位之间的职责真空，使组织的每一项工作都能够落实。

（3）提高流程效率。通过职位分析，可以理顺职位与其流程上下游环节的关系，明确职位在流程中的角色与权限，消除由于职位设置或者职位界定的原因所导致的流程不畅、效率低下等现象。

（4）实现权责对等。通过职位分析，可以根据职位的职责来确定或者调整组织的授权与权力分配体系，从而在职位层面上实现权责一致。

（5）强化职业化管理。通过职位分析，在明确职位的职责、权限、任职资格等的基础上，形成该职位的工作的基本规范，从而为员工职业生涯的发展提供牵引与约束机制。

2. 职位分析在人力资源管理中的基本应用

职位分析是现代企业人力资源管理体系的基础，其基本应用如图4-11所示。

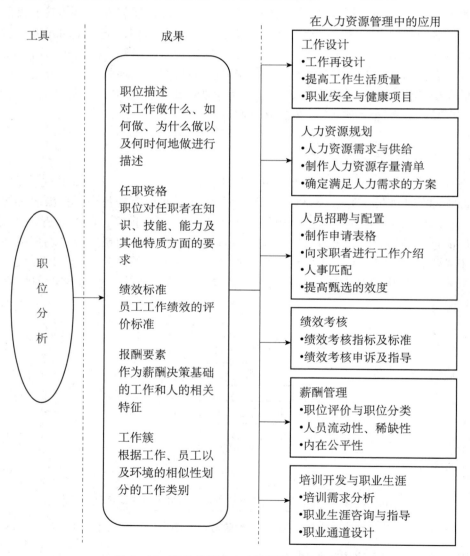

图4-11　职位分析在人力资源管理中的应用

二、目标导向的职位分析系统

(一) 职位分析系统模型

职位分析是对职位信息进行收集、整理、分析与综合的系统性的过程。本书作者在对这一系统性过程的各种参与要素、中间变量与最终成果，以及它们之间的内在关系进行剖析的基础上，提出了较为全面的职位分析系统模型（如图4-12所示）。

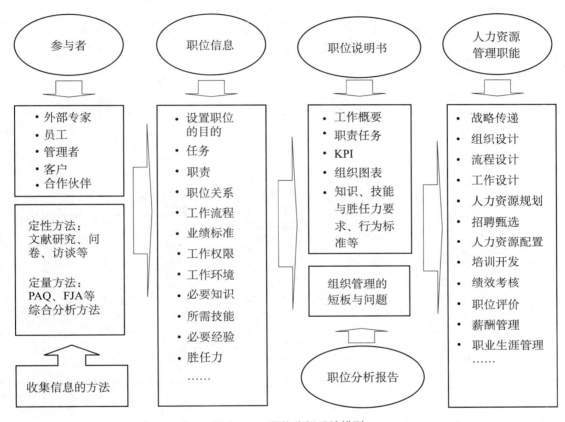

图4-12 职位分析系统模型

(二) 目标导向的职位分析系统

上述职位分析系统模型是涵盖各种类型职位分析活动的总括性的职位分析框架，具有普遍的适应性。要提高职位分析的效果与效率，必须使职位分析有的放矢，即根据企业组织与人力资源管理实践的客观要求，明确提出职位分析的具体目标，在职位分析系统模型的框架下构建具体的职位分析系统，我们将这种方法称为目标导向的职位分析方法。

建立职位分析的目标导向，并不意味着一个职位分析项目只能有一个目标。事实上，职位分析的不同导向之间往往是相互交叉的，一个职位分析项目可以有2~3个具体目标。建立职位分析导向的意义并不在于建立单一目标，而是要改变没有具体目标、大包大揽的状况。

根据职位分析目前在中国企业管理实践中的主要用途，我们可以将职位分析的不同目标导向及其侧重点概括如表4-4所示。

表 4-4　职位分析的目标导向及其侧重点

职位分析的目标	强调的重点	职位分析所要收集的信息	信息收集的成果
组织优化	强调对工作职责、权限的明确界定；强调将工作置于流程与战略分解体系中来重新思考该职位的定位；强调职位边界的明晰化	工作目的与工作职责 职责细分（或履行程序） 职责分配的合理性 工作流程 职位在流程中的角色 工作权限	组织结构的调整 职位设置的调整 职位目的的调整 职位职责的调整 职责履行程序理顺
招聘甄选	强调对工作所需受教育程度、工作经验、知识、技能与能力的界定，并确定各项任职资格要求的具体等级或水平	工作目的与工作职责 职责的重要程度 任职资格	招聘要求 甄选标准
培训开发	强调工作典型样本、工作难点的识别；强调对工作中常见错误的分析；强调任职资格中可培训部分的界定	工作职责 掌握工作职责的难度 工作难点 关键工作行为 任职资格	培训需求 培训的难点与重点
绩效考核	强调对工作职责以及责任细分的准确界定，并收集有关各项职责与任务的重要程度、过失损害的信息，为考核指标的提取以及权重的确定提供依据	工作目的与工作职责 职责的重要程度与执行难度 工作难点 绩效标准	绩效评估指标与标准
薪酬管理	强调对与薪酬决策有关的工作特征的评价性分析，包括：职位在组织中的地位及对组织战略的贡献，工作所需知识、技能与能力水平，工作职责与任务的复杂性与难度，工作环境条件、工作负荷与强度等	工作目的与工作职责 工作范围 职责复杂程度与执行难度 职位在组织中的位置 联系的对象、内容与频率 任职资格	与职位评价要素相关的信息 职位序列

三、职位分析方法

职位分析作为组织人力资源管理的一种基础工具，在百余年的理论研究和管理实践中取得了进展，形成了较为成熟的方法体系。根据职位分析方法的目标导向、适用对象以及操作要点等的差异，我们将职位分析方法分为以下四类（如表 4-5 所示）。另外，我们还根据职位分析的发展趋势提出了新的职位分析方法。

表 4-5　职位分析方法

通用工作信息收集方法	以人为基础的系统性职位分析方法	以工作为基础的系统性职位分析方法	传统工业企业职位分析方法
访谈法 （interviews）	工作元素分析法 （job element analysis）	功能性职位分析法 （functional job analysis）	时间研究法 （time study）
问卷法 （questionnaires）	职位分析问卷法 （position analysis questionnaire）	关键事件法 （critical incident technique）	动作研究法 （motion study）

续表

通用工作信息收集方法	以人为基础的系统性职位分析方法	以工作为基础的系统性职位分析方法	传统工业企业职位分析方法
主题专家会议法 （subject matter expert conferences）	管理职位分析问卷法 （management position description questionnaire）	工作-任务清单分析法 （job task inventory analysis）	标杆工作法 （work sampling）
文献分析法 （job documentation analysis）	基础特质分析系统 （threshold traits analysis）	管理及专业职位功能清单法 （managerial and professional job function inventory）	工作负荷分析及人事规划法 （workload analysis and personnel scheduling）
工作日志法 （work diaries）	能力需求量表法 （ability requirement scales）		电脑模拟职位分析 （computer simulation and job analysis）
观察法 （observing work）	工作诊断调查法 （job diagnostic survey）		
	工作成分清单法 （job components inventory）		
	职位分析清单法 （occupation analysis inventory）		

（一）通用工作信息收集方法

通用工作信息收集方法是国内企业在职位分析过程中常见的收集职位信息的方法，通常具有灵活性强、易操作、适用范围广等优势，但也存在结构化程度低、缺乏稳定性等缺点。这类职位分析方法主要有访谈法、问卷法、主题专家会议法、文献分析法、工作日志法、观察法等。

1. 访谈法

访谈法是目前在国内企业中运用最广泛、最成熟、最有效的职位分析方法。职位分析访谈是两个或更多的人交流某项或某系列工作的信息的会谈。该方法适用于各层各类职位的分析，且是对中高层管理职位进行深度分析效果最好的方法。其成果不仅仅表现在书面信息的提供上，更重要的是，通过资深职位分析师的牵引指导，协助任职者完成对职位的系统思考、总结与提炼。

进行职位分析访谈需要把握以下关键点：

（1）访谈者培训。职位分析访谈是一项系统的技术性工作，因此在访谈准备阶段应对访谈者进行系统的职位分析理论与技术培训。

（2）事前沟通。应在访谈前一周左右通知访谈对象，并以访谈指引等书面形式告知访谈内容，使其提前对工作内容进行系统总结。这也有利于获得访谈对象的支持与配合。

（3）技术配合。在访谈之前，访谈者须事先对访谈职位进行文献研究，并通过开放式职位分析问卷初步收集、整理与汇总职位信息，形成对职位的初步印象，找到访谈的重点，使访谈能够有的放矢。

（4）沟通技巧。在访谈过程中，访谈者应与被访谈者建立并维持良好的互信和睦关系，适当地运用提示、追问、控制等访谈技巧，把握访谈的节奏，防止访谈中的"一边倒"现象。

（5）信息确认。在访谈过程中，访谈者应就获取的信息及时向被访谈者反馈并确认；在访谈结束前，应向被访谈者复述所获信息的要点，以得到其认可。

根据实际需要，职位分析师可以选择结构化或非结构化的访谈方法。非结构化访谈可以根据实际情况灵活收集职位信息，但在收集信息的完备性方面存在缺陷；结构化访谈可以全面收集信息，但不利于任职者的发散性思维。实际运用中往往将两者结合起来，以结构化访谈问卷或者提纲作为访谈的一般性指导，在访谈过程中，根据实际情况就某些关键领域进行深入探讨（如图 4 - 13 所示）。

职位分析访谈提纲

1. 请您用一句话概括您的职位在本公司中存在的价值是什么，所要完成的主要的工作内容和要达成的目标是什么。
2. 请问与您进行工作联系的主要人员有哪些？联系的主要方式是什么？
3. 您认为您的主要工作职责是什么？请至少列出 8 项职责。
4. 对于这些职责您是怎样完成的，在执行过程中遇到的主要困难和问题是什么？
5. 请您指出以上各项职责在工作总时间中所占的比重。请指出其中耗费时间最多的三项工作。
6. 您的以上工作职责中最重要、对公司最有价值的是什么？
7. 组织赋予您的最主要的权限有哪些？您认为这些权限中哪些是合适的，哪些需要重新界定？
8. 请您就以上工作职责，谈谈评价这些职责是否出色地完成的标准是什么。
9. 您认为在工作中您需要其他部门、其他职位提供哪些方面的配合、支持与服务？在这些方面，目前做得好的是什么，尚待改进的是什么？
10. 您认为要出色地完成以上各项职责需要什么样的学历和专业背景？需要什么样的工作经验（类型和时间）？在外语和计算机技能方面有何要求？您认为要出色地完成以上各项职责需要具备哪些能力？
11. 您认为要出色地完成以上各项职责需要具备哪些专业知识和技能？您认为要出色地完成以上各项职责需要什么样的个性品质？
12. 请问您工作中自主决策的机会有多大？工作中是否经常加班？工作忙闲是否有很大的不均衡性？工作中是否要求精力高度集中？工作负荷有多大？

图 4 - 13　职位分析访谈提纲示例

2. 问卷法

问卷法是职位分析中广泛运用的方法之一，它是以书面的形式，通过任职者或其他职位相关人员单方信息的传递来收集职位信息的。在实践中，职位分析专家开发出了大量的不同形式、不同导向的问卷，以满足职位分析的不同需要。问卷法收集信息完整、系统，操作简单、经济，可在事先建立的分析模型的指导下展开，因此几乎所有的结构化职位分析方法在信息收集阶段均采用问卷调查的形式。

职位分析问卷主要分为定量结构化问卷和非结构化问卷。定量结构化问卷是在相应理论模型和假设的前提下，按照结构化的要求设计的相对稳定的职位分析问卷，一般采用封闭式问题，问卷遵循严格的逻辑体系，分析结果可通过对信息的统计分析加以量化，形成对职位的量化描述或评价。定量结构化问卷最大的优势在于，问卷一般经过大量的实证检验，具有较高的信度与效度，便于职位之间相互比较。

非结构化问卷是目前国内使用较多的职位分析问卷形式，其特点在于能对职位信息进行全面、完整的调查收集，适用范围广泛，能根据不同的组织性质、特征进行个性化设计。与定量结构化问卷相比，非结构化问卷存在精度不够、随意性强、与分析师的主观因素高度相关等缺陷，但是非结构化问卷也有适应性强、灵活高效等优势。非结构化问卷不仅是一种信息收集工具，而且包含了任职者和职位分析师的信息加工过程，因而其分析过程更具互动性，分析结果更具智能性。

3. 主题专家会议法

主题专家会议法通常指与熟悉目标职位的组织内部人和外部人（包括任职者、直接上司、曾经任职者、内部客户、其他熟悉目标职位的人以及咨询专家、外部客户、其他组织标杆职位任职者）集思广益的过程。

主题专家会议法在整个组织管理过程中有着极其广泛的用途，比如传统的德尔菲法等。在具体的职位分析中，主题专家会议通常发挥极为重要的作用，它让所有与职位相关的人员在一起集思广益，在组织的内部—外部、流程的上游—下游、时间上的过去—当前—将来等多方面、多层次都达到高度的协调和统一。因此，除了收集基础信息外，主题专家会议还承担着最终确认职位分析成果并加以推广运用的重要职能。通常来说，在职位分析中主题专家会议法主要用于制定培训开发规划、评价工作描述、讨论任职者绩效水平、分析工作任务、进行职位设计等。

4. 文献分析法

文献分析法是一种经济且有效的信息收集方法，通过对现存的与工作相关的文档资料进行系统性分析来获取工作信息。由于它是对现有资料的分析提炼、总结加工，无法弥补原有资料的空缺，也无法验证原有描述的真伪，因此一般用于收集工作方面的原始信息，编制任务清单初稿。

国内企业在管理实践中或多或少积累了关于职位描述的信息资料，但由于管理基础和方法比较落后，往往不适应企业发展的需要。在构建以职位分析、任职资格为基础的人力资源管理体系的过程中，这些宝贵的原始资料将给基础研究工作带来极大的便利，因此要注重对企业现有管理信息的分析提炼，为后续工作的深入开展打下良好的基础。当然，对企业现有文献的分析一定要坚持所收集信息的"参考"地位，切忌先入为主，以免其中错误多余的信息影响职位分析乃至其他管理活动的最终结果。

5. 工作日志法

工作日志法是通过任职者在规定时限内实时、准确记录工作活动与任务的工作信息收集方法。工作日志又称活动日志、工作活动记录表等。与文献分析法一样，工作日志法的主要用途是作为原始工作信息收集方法，为其他职位分析方法提供信息支持，特别是在缺乏工作文献时，工作日志法的优势就表现得更加明显。

使用工作日志法进行职位分析需要注意以下操作要点：

（1）单向信息。工作日志法是一种来源于任职者的单向信息获取方式，而单向信息交流方法容易造成信息缺失、理解误差等系统性或操作性错误，因此在实际操作过程中，职位分析人员应采取措施（如事前培训、过程指导、中期辅导等）加强与填写者的沟通交流，削弱信息交流的单向性。

（2）结构化。通过工作日志法所获得的职位信息相当庞杂，后期的信息整理工作量极大，因此在工作日志的设计阶段，就应按照后期分析整理的要求，设计结构化程度较高的表格，以控制任职者填写过程中可能出现的偏差和不规范，降低后期分析的难度。

（3）适用条件。在理论界，对于工作日志法的信度问题存在一定的争议——由任职者自己填写的信息是否可信？实践证明：由于职位所包含的工作活动数量、内容的庞杂性以及大量的重复性，使得"造假"成为相当困难或者微不足道的事情。当然，对于组织中的核心关键岗位，其职责十分重大，但可能缺乏稳定性，不宜将工作日志法作为主要方法。

（4）过程控制。在工作日志填写过程中，职位分析人员应积极参与，为任职者提供专业指导、帮助与支持，另外，项目组也可组织中期讲解、职位分析研讨会等跟踪填写全过程，力图在日志填写阶段减少偏差。

6. 观察法

观察法是由职位分析师在工作现场通过实地观察、交流、操作等方式收集工作信息的方法。主要有直接观察法、自我观察法以及工作参与法三种形式。

观察法的侧重点在于分析提炼履行职位所包含的工作活动所需的外在行为表现以及体力要求、环境条件等，因此主要适用于相对稳定的重复性的操作岗位，而不适用于职能和业务管理岗位。

（二）以人为基础的系统性职位分析方法

系统性职位分析方法是指在实施过程、问卷量表的使用、结果的表达运用等方面都体现出高度结构化的特征，通过量化的方式刻画职位特征的职位分析方法。以人为基础的系统性职位分析方法是从任职者行为的角度描述职位，侧重于任职者在履行工作职责时所需的知识、技术、能力以及其他行为特征。在实践中运用较多的以人为基础的系统性职位分析方法主要有：工作元素分析法、职位分析问卷法（PAQ）、管理职位分析问卷法、基础特质分析系统、能力需求量表法、工作诊断调查法、工作成分清单法、职位分析清单法。下面主要介绍职位分析问卷法和管理职位分析问卷法。

1. 职位分析问卷法

职位分析问卷法（PAQ）是一种基于计算机、以人为基础的系统性职位分析方法。1972 年，普渡大学教授麦考密克（E. J. McComick）开发出了结构化的职位分析问卷。经过多年实践的验证和修正，PAQ 已成为使用较为广泛的有相当信度的职位分析方法。

PAQ 研究者最初的设计理念主要有以下两点：开发一种通用的、以统计分析为基础的方法来建立某职位的能力模型，以淘汰传统的测验评价方法；运用统计推理的方法进行职位间的评价，以确定相对报酬。此后，在运用 PAQ 的过程中，研究者发现 PAQ 提供的数据同样可以作为其他人力资源功能板块，例如，工作分类、人职匹配、工作设计、职业生涯规划、培训、绩效测评以及职业咨询等的信息基础。运用范围的扩展表明，PAQ 可以用于建设企业职位信息库，以整合基于战略的人力资源信息系统。事实上，PAQ 的这种战略用途在国外已得到证实，取得了很好的效果。

PAQ 问卷的结构维度如表 4-6 所示。

表 4-6 PAQ 问卷维度示例

1. 信息输入：从何处以及如何获得工作所需的信息？		2. 体力活动：工作中包含哪些体力活动，需要使用什么工具设备？	
知觉解释	解释感觉到的事物	使用工具	使用各种机器、工具
信息使用	使用各种已有的信息资源	身体活动	工作过程中的身体活动
视觉信息获取	通过对设备、材料的观察获取信息	控制身体协调	操作控制机械、流程
知觉判断	对感觉到的事物作出判断	技术性活动	从事技术性或技巧性活动
环境感知	了解各种环境条件	使用设备	使用大量的各种各样的装备、设备
知觉运用	使用各种感知	手工活动	从事手工的与操作相关的活动
		身体协调性	身体一般性协调
3. 脑力处理：工作中有哪些推理、决策、计划、信息处理等脑力加工活动？		4. 工作情境：工作所处的自然环境和社会环境如何？	
决策	作出决策	潜在压力环境	环境中是否存在压力和消极因素
信息处理	加工处理信息	自我要求环境	对自我严格要求的环境
		工作潜在危险	工作中的危险因素
5. 人际关系：工作中需要与哪些人发生何种内容的工作联系？		6. 其他特征：其他活动、条件和特征	
信息互换	相互交流相关信息	典型性	典型性和非典型性工作时间的比较
一般私人接触	进行一般性私人联络和接触	事务性工作	从事事务性工作
监督/协调	从事监督协调等相关活动	着装要求	自我选择着装与特定要求着装的比较
工作交流	与工作相关的信息交流	薪资浮动比率	浮动薪酬与固定薪酬的比率
公共接触	公共场合的相关接触	规律性	工作时间有无规律的比较
		强制性	在环境的强制下工作
		结构性	结构性和非结构性工作活动的比较
		灵活性	敏锐地适应工作活动、环境的变化

由于 PAQ 的专业性，问卷需要在访谈的基础上由专业职位分析师填写。通过 PAQ 收集的数据信息，在进行完备性、信度与效度的检验后，就可进行计算机分析处理，运用于人力资源管理的各个方面。通常，PAQ 为我们提供了三种运用较多的职位分析报告形式：

（1）工作维度得分统计报告。这是对目标工作在 PAQ 各评价维度上的得分的标准化和综合性的比较分析报告。

（2）能力测试估计数据。这是 PAQ 的另一项重要的成果，PAQ 通过对职位信息的分析，确定该职位对于任职者各项能力（GATB 系统）的要求，并且通过与能力水平常模的比较，将能力测试预测分数转化为相应的百分比形式，便于实际操作。

（3）工作评价点值。职位分析结果最重要的用途是进行职位评价，通过 PAQ 内在的职位评价系统对所收集的职位信息进行评价，确定各职位的相对价值。依据这些相对价值，确定组织工作价值序列，作为组织薪酬设计的基础框架。

2. 管理职位分析问卷法

在现代企业组织中，管理职位因其工作活动的复杂性、多样性和内在性，给职位分析带来了极大的困难。由美国著名职位分析专家亨普希尔（Hemphill）、托尔诺（Tornow）和平托（Pinto）等人开发的管理职位分析问卷法（MPDQ），试图解决对管理职位进行职位分析的难题。

MPDQ 是一种结构化的、以工作为基础、以管理型职位为分析对象的职位分析方法。MPDQ 主要收集、评价与管理职位相关的活动、联系、决策、人际交往、能力要求等方面的信息数据，通过特定的计算机程序加以分析，有针对性地制作各种与工作相关的个性化信息报表，最终为人力资源管理的各个职能板块——工作描述、职位评价、人员甄选、培训开发、绩效考核、薪酬设计等——提供信息支持。

MPDQ 作为一种系统性的职位分析方法主要包含三个功能板块（如图 4 - 14 所示）。

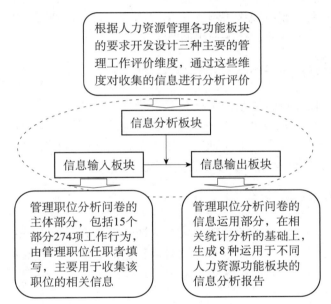

图 4 - 14　MPDQ 系统模型

MPDQ 问卷主要由 15 个部分、274 项工作行为组成（如表 4 - 7 所示）。

表 4 - 7　MPDQ 问卷维度示例

序号	主要部分	项目释义	题数
1	一般信息	描述性信息，如工作代码、预算权限、主要职责等	16
2	结构图	职位在组织架构中的位置，如上司、平级、下属等	5
3	决策	决策活动描述和决策的复杂程度	22
4	计划组织	战略性规划和短期操作性计划、组织活动	27
5	行政事务	包括写作、归档、记录、申请等活动	21
6	控制	跟踪、监控和分析项目、预算、生产、服务等	17
7	监督	监管下属的工作	24
8	咨询创新	为下属或其他工作提供专业性、技术性的咨询指导	20

续表

序号	主要部分	项目释义	题数
9	工作联系	内部工作联系与外部工作联系，包括联系对象与目的	16
10	协调	在内部联系中从事的协调性活动	18
11	表达	在推销产品、谈判、内部激励等工作中的表达行为	21
12	指标监控	对财务、市场、生产经营以及政策等指标的监控与调节	19
13	知识、技能和态度	工作对任职者知识、技术和能力的要求以及所需要的培训	31
14	自我评价	上述十项管理功能的时间和相对重要性评价，其中"计划组织"功能分为战略规划和短期计划两方面	10
15	反馈	任职者对本问卷的反馈意见以及相关补充说明	7
	总计		274

作为结构化的职位分析方法，MPDQ 也存在灵活性不足的缺陷，并且各种管理分析维度是在国外管理人员进行实证研究的基础上形成的，在中国应进行本土化的修订，以更好地适应对中国各类组织中的管理人员进行职位分析、考核、评价、培训开发、甄选录用的要求。

（三）以工作为基础的系统性职位分析方法

以工作为基础的系统性职位分析方法是指从职位角度出发，侧重描述完成其组成元素——工作任务——所需的活动、绩效标准以及相关任职条件等，该方法的关注点是准确详尽地描述履行工作任务的前期投入、中期过程和后期产出。在实践中主要有以下几种以工作为基础的职位分析系统：功能性职位分析法、关键事件法、工作-任务清单分析法、管理及专业职位功能清单法。

（四）传统工业企业职位分析方法

传统工业企业职位分析方法是在"科学管理之父"泰勒和吉尔布雷斯夫妇针对操作性职位所做的时间动作研究的基础上，完善开发的职位分析方法，适用于对重复性的、规律性的操作性职位进行活动分析。主要的分析方法包括时间研究法、动作研究法、标杆工作法、工作负荷分析及人事规划法、电脑模拟职位分析等。

（五）新的职位分析方法

随着社会经济和科学技术的快速发展，为适应知识经济时代不断变化的竞争环境，职位分析方法和技术也有了相应的发展，主要包括基于团队的职位分析和团队中的角色分析以及基于业务流程的职位分析和角色分析。

1. 团队工作分析方法

团队自 20 世纪 70 年代以来在发达国家越来越受到重视，到 90 年代出现了以团队为单元的工作分析和设计。由于团队具有自我管理、由若干成员组成、成员技能互补、绩效考核复杂等特点，要建立高绩效、高满意度的团队，其设计应当考虑的内容有：

（1）团队职能。类似于职位职责，即确定团队所要承担的责任。

（2）工作设计。包括自我管理、工作参与、任务多样性、任务重要性和任务完整性。

（3）相互关联。包括任务的关联性、目标的关联性以及绩效和奖励的关联性。

（4）结构。包括团队成员的异质性、灵活性、团队规模和偏好。

（5）环境。包括培训、管理支持、团队间的合作与交流。

（6）过程。包括潜能、社会支持、工作分担、内部协作与沟通。

（7）团队能力。包括团队成员的知识、经验、技能和能力。

团队工作分析模式下形成的是角色说明，而不是职位说明。角色说明对组织成员的职责范围的规定比较宽泛，工作内容较模糊，需要实施动态调整以适应环境，对组织成员的素质要求集中在基本知识和能力上，不容易衡量。

2. 基于流程的职位分析方法

基于流程的职位分析方法是从面向市场的业务总体价值角度和业务衔接性角度，将整个业务的工作内容按照流程分配到各职位的分析方法。该方法能根据战略有效梳理业务流程，确定职位的重要任务节点及其责任，避免出现工作无人负责或职责重叠的情况。

基于流程的职位分析方法首先是对组织的业务流程进行梳理和描述，包括整体流程和各业务流程，尤其是关键业务流程；其次是确定业务流程的各个节点，确定各部门的职责边界，并编制和整理各部门的具体职责形成部门职责相关文件；接着把部门职责进一步分解到各个职位，同时明确相应的权利、绩效标准；最后确定职位的任职资格。

基于流程的职位分析的重点是明确各部门之间和各职位之间的职责边界，以突出各部门的主要职能、各职位的主要职责，确保工作内容和责任的合理分配以及业务流程的顺畅。

四、职位分析需要收集的信息及其来源

（一）职位分析需要收集的信息

本书将职位分析需要收集的信息概括为三个方面：工作的外部环境信息、与工作相关的信息以及与任职者相关的信息（如表 4-8 所示）。

表 4-8　职位分析需要收集的信息

工作的外部环境信息	
● 组织的愿景、目标与战略 ● 组织的年度经营计划与预算 ● 组织的经营管理模式 ● 组织结构、业务流程/管理流程 ● 人力资源管理、财务、营销管理等 ● 组织所提供的产品/服务 ● 组织采用的主要技术 ● 有关组织的研发、采购、生产、销售、客户服务的信息 ● 组织文化的类型与特点	● 行业标杆职位的状况（以行业中的领先者与主要竞争对手为主） ● 客户（经销商）信息（包括客户档案、客户经营管理模式、客户投诉记录等） ● 顾客（最终用户）信息（包括顾客的内在需求特点、顾客调查、顾客投诉等） ● 外部供应商的信息 ● 主要合作者与战略联盟的信息 ● 主要竞争对手的信息

与工作相关的信息	
工作内容/工作情境因素	**工作特征**
● 工作职责 ● 工作任务 ● 工作活动 ● 绩效标准 ● 关键事件 ● 沟通网络 ● 工作成果（如报告、产品等）	● 职位对企业的贡献与过失损害 ● 管理幅度 ● 所需承担的风险 ● 工作的独立性 ● 工作的创新性 ● 工作中的矛盾与冲突 ● 人际互动的难度与频繁性

与任职者相关的信息	
任职资格要求	**人际关系**
● 一般受教育程度 ● 专业知识 ● 工作经验（一般经验、专业经验、管理经验） ● 各种技能 ● 各种能力倾向 ● 各种胜任素质要求（包括个性特征与职业倾向、动机、内驱力等）	● 内部人际关系（与直接上司、其他上级、下属、其他下级、同事之间的关系） ● 外部人际关系（与供应商、客户、政府机构、行业组织、社区之间的关系）

在职位分析实践中，企业的职位分析人员常常会患上"信息收集的近视症"，即常常只看到工作与任职者信息，而看不到职位所处的广义的环境，因此，所收集的信息往往忽略了组织的特征，以及相关的产品、技术与服务等。而事实上，这类信息对于职位分析人员从根本上理解职位，对职位的目的、职责与任务等方面的信息进行综合判断具有重要意义。

（二）职位分析的信息来源

职位分析的信息来源主要有四个方面：一是企业所在的产业与行业的职位标杆或职位标准；二是企业内在的组织层面的文献；三是组织内部与职位相关的各类人员；四是外部的组织或客户（如表4-9所示）。

表4-9　职位分析的信息来源

来源于产业/行业的标杆	来源于组织内部的文献
● 其他企业的职位说明书 ● 职业数据 ● 职业名称大词典 ● 职业信息网	● 组织现有的政策、制度文献 ● 以前的职位说明书或岗位职责描述 ● 劳动合同 ● 人力资源管理文献
来源于与职位相关的组织成员	**来源于外部组织或人员**
● 该职位的任职者 ● 该职位的同事 ● 该职位的上级 ● 对该职位产生影响或受该职位影响的其他人员	● 组织的客户 ● 组织的战略联盟者 ● 组织的上游供应商 ● 组织的销售渠道外部专家

五、职位说明书

通过对信息的收集、分析与综合，最终要形成职位分析的成果——职位说明书。在职位说明书中，主要包括两方面核心内容：一是职位描述；二是任职资格。

（一）职位描述

职位描述是对职位本身的内涵和外延加以规范的描述性文件。其主要内容包括工作的目的、职责、任务、权限、业绩标准、职位关系、环境条件、工作负荷等。

职位描述包括核心内容和选择性内容，前者是任何一份职位描述都必须包含的部分，这些内容的缺失会导致无法将本职位与其他职位加以区分；后者并不是所有职位描述都必须包含的，可由职位分析专家根据预先确定的职位分析的具体目标或者职位类别，有选择地进行安排（如表4-10所示）。

表 4 - 10 职位描述的内容

分类	内容项目	项目内涵	应用目标
核心内容	工作标识	工作名称、所在部门、直接上级职位、薪点范围等	
	工作概要	关于该职位的主要目标与工作内容的概要性陈述	
	工作职责	该职位必须获得的工作成果和必须承担的责任	
	工作关系	该职位在组织中的位置	
选择性内容	工作权限	该职位在人事、财务和业务上作出决策的范围和层级	组织优化、职位评价
	工作范围	该职位能够直接控制的资源的数量和质量	管理人员的职位评价、上岗引导
	业绩标准	职责的评价性和描述性量化信息	职位评价、绩效考核
	工作压力	职位对任职者造成的压力	职位评价
	工作环境	职位存在的物理环境	上岗引导/职位评价

(1) 工作标识。工作标识是关于职位的基本信息,是某一职位区别于其他职位的基本标志。通过工作标识,可以向职位描述的阅读者传递关于该职位的基本信息,使其能够获得对该职位的基本认识。

(2) 工作概要。工作概要又称工作目的,是指用非常简洁和明确的一句话来表述该职位存在的价值和理由。从前文关于职位模型的阐述可知,任何职位的存在价值都在于它能够帮助组织实现战略目标,因此,该职位的工作概要一般都通过战略分解的方式得到。在这个分解过程中,一般需要回答以下几个问题:

● 组织的整体目标的哪一部分与该职位高度相关?
● 该职位如何对这部分组织目标作出贡献?
● 如果该职位不存在,组织目标的实现将会出现什么问题?
● 为什么需要该职位?

工作概要的书写如图 4 - 15 所示。

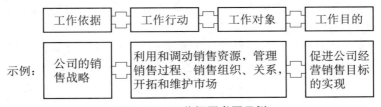

图 4 - 15 工作概要书写示例

(3) 工作职责。工作职责主要指该职位通过一系列什么样的活动来实现组织的目标,并取得什么样的工作成果。它是在工作标识与工作概要的基础上,进一步对职位的内容加以细化。工作职责的分析与梳理主要有两种方法:一种是基于战略的职责分解,另一种是基于流程的职责分解。

基于战略的职责分解:侧重于对具体职责内容的界定(如图 4 - 16 所示),主要回答:"该职位需要履行什么样的职责来为组织创造价值?"

实施步骤:
1. 确定职位目的。根据组织的战略和部门的职能职责定位确定该职位需要达成的目的。
2. 分解关键成果领域。通过对职位目的的分解得到该职位的关键成果领域。关键成果领域是指一个职位需要在哪几个方面取得成果,来实现职位目的。关键成果领域可以利用鱼骨图对职位目的进行分解而得到。
3. 确定职责目标。即确定该职位在该关键成果领域中必须达成的目标(取得的成果)。由于职责描述是要说明这项职责主要做什么以及为什么做,因此,从成果导向出发,应该在关键成果领域中进一步明确所要达成的目标,并且所有关键成果领域的目标都应与职位的整体目标之间存在整体与部分的逻辑关系。
4. 确定达成职责目标的行动。即确定该职位为了达成这些职责目标需要采取的行动。职责目标表达了该职位为什么要完成这些职责,确定行动则表达了任职者到底要从事什么样的活动来达成这些目标。
5. 形成初步的职责描述。通过将上述四个步骤得到的职责目标与行动相结合,我们可以得到关于该职位的基本职责的初步描述。

图 4 - 16 基于战略的职责分解步骤

基于流程的职责分解：侧重于对每项工作职责中的角色与权限进行理顺，主要回答："在每项工作职责中，该职位应该扮演什么样的角色？应该如何处理与流程上下游之间的关系？"

为了强化职责书写的规范性，避免造成语意含混和模糊，常采用如下规范格式对工作职责进行表达（如图 4-17 所示）。

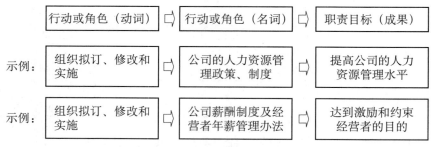

图 4-17　职位职责书写示例

一般来说，职责描述应遵循以下书写规则：
- 必须使用"动词＋名词＋目标"或者"工作依据＋动词＋名词＋目标"的书写格式；
- 必须尽量避免使用模糊性的动词，如"负责""管理""领导"等；
- 必须尽量避免使用模糊性的数量词，如"许多""一些"等，而尽可能表达为准确的数量；
- 必须尽量避免使用任职者或其上级所不熟悉的专业化术语，尤其要尽量避免使用管理学专业的冷僻术语，如确有使用术语的必要，须在职位说明书的附件中予以解释；
- 当其存在多个行动和多个对象时，如果行动动词和对象之间的关系容易引起歧义，需要分别表述。

（4）工作关系。职位描述中提到的工作关系主要包括两部分：一部分是该职位在组织中的位置，可用组织结构图来反映；另一部分是该职位任职者在工作过程中与组织内部和外部各单位之间的工作联系，包括联系的对象、联系的方式、联系的内容和联系的频次等。

组织结构图是职位描述的核心部分，它反映了该职位在组织中与上下左右的关系（如图 4-18 所示）。

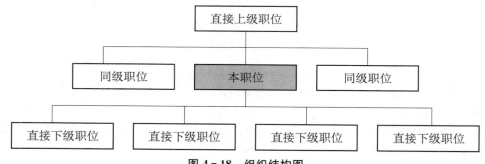

图 4-18　组织结构图

工作关系涉及的方面很多，包括联系的对象、频率、内容、方式、联系所采用的工具等。但在职位分析的实际操作中，我们主要关注两个方面：联系的对象和内容。这两个方面说明了联系的本质特征与沟通的难度，可以用于职位评价（如表 4-11 所示）。

表 4-11　工作关系示例

	联系的对象（部门或单位）	联系的主要内容
与公司总部各部门的联系	财务部	薪酬预算、薪酬发放
	行政部	文件、档案管理
	人力资源部门	人员招聘、培训、调动、考核

续表

	联系的对象（部门或单位）	联系的主要内容
与公司子公司的联系	子公司人事部	业务指导
	子公司总经理办公室	业务协商
与公司外部单位的联系	人才市场、高校、猎头公司	人员招聘
	外部培训机构	人员培训

（5）工作权限。工作权限是指根据该职位的工作目标与工作职责，组织赋予该职位的决策范围、层级与控制力度。该项目主要用于管理人员的职位描述与职位评价，以确定职位"对企业的影响大小"和"过失损害程度"；另外，通过在职位说明书中对该职位拥有的工作权限的明确表达，可以进一步提升组织的规范化程度，增强任职者的职业化意识，并有助于其职业化能力的培养。

职位描述中的工作权限往往并非来自对工作本身的分析，而是来自组织内部《分权手册》赋予该职位的权限。在实际的职位分析操作中，工作权限一般包括三个部分：人事权限、财务权限和重大的业务权限，分别和《分权手册》中的人事管理分权、财务管理分权、业务与技术管理分权等不同板块相对应。

（6）工作范围。工作范围是指该职位的任职者所能掌控的资源的数量和质量，以及该职位的活动范围，它表明该职位能够在多大程度上对企业产生影响，在多大程度上给企业带来损失。该部分信息并非所有职位描述中的必备内容，往往用于管理职位、以职位评价为目标的职位描述。工作范围常常采用清单的方式来表达，主要包括人力资源、财务资源和活动范围三个部分的内容（如表 4-12 所示）。

表 4-12　工作范围示例

项目	内容
人力资源	直接下级的人数与级别、间接下级的人数与级别等
财务资源	年度预算、项目成本、年度收入（营业额）、年度利润、销售回款等
活动范围	根据职位的不同存在较大的差异，例如，销售职位的"每周接待客户的人数"，人事经理的"每周进行内部沟通的次数"等

（7）业绩标准。业绩标准又称业绩变量，是在明确界定工作职责的基础上，对如何衡量每项职责的完成情况的规定。它是提取职位层级的绩效考核指标的重要基础和依据，在以考核为导向的职位描述中，业绩标准是必须包含的关键部分。但是，业绩标准不是简单地等同于绩效考核中的考核指标，它主要告诉我们应该从哪些方面和角度去构建该职位的考核指标体系，而没有提供具体的操作性的考核指标。

业绩指标的提取主要有以下操作性思路：

● 直接以结果为导向，将职责所要达成目标的完成情况作为业绩标准；

● 通过分析在职责完成的整个流程中存在哪些关键点，从中找到对整个职责的完成效果影响最大、最重要的关键点，来作为业绩标准；

● 反向提取，主要回答这样一个问题："该项职责如果完成得不好，其负面影响表现在哪些方面？"

业绩指标的筛选主要遵循以下基本要求：

● 关键性：即业绩标准变量对该职责的最终完成效果的影响程度。影响程度越大，则该业绩变量越可取。因此，最终结果标准比从关键控制点中找到的过程性标准更好。

● 可操作性：即业绩标准是否可以转化为实际能够衡量的指标。包括：是否可以收集到准确的数据或者事实来作为考核该标准的依据；是否可以量化，如果不能量化，则是否可以细化，以避免单纯凭感觉打分的现象发生。

● 可控性：即该业绩变量受到任职者的工作行为的影响有多大，是更多地受到任职者的控制，还是更多地受到外部环境的控制。一般认为，如果任职者对该业绩变量的控制程度低于 70%，则该变量应该舍弃。

● 上级认可：业绩变量的选取还必须得到该职位的上级的认可。

（8）工作压力与工作环境。工作压力因素主要指由于工作本身或工作环境的特点给任职者带来压力和不适的因素。在薪酬理论中，这样的因素应该得到额外的补偿性工资，因此常常作为职位评价中的要素出现。职位描述中的这部分内容为职位评价提供了与压力相关的职位信息。由于知识型员工的薪酬因素很少需要考虑这部分内容，因此，在高科技企业的职位说明书中往往不会包含。

在众多的工作压力因素中，我们主要关注工作时间的波动性、出差时间的百分比、工作负荷的大小这三个方面的特征。而且，这些特征在职位描述中都划分为若干等级，进行等级评定，从而为职位评价直接提供信息。

有关工作环境的职位描述主要是针对操作工人的，其目的是界定工作的物理环境在多大程度上会对工人造成身体上的不适或者影响其身体健康。在制造企业中，这部分内容是传统的岗位分析的核心内容。随着后工业化时代的到来，这部分内容逐渐丧失了其传统的地位，尤其是针对管理人员和专业人员的职位分析，对工作环境的界定已无实际的意义。

（二）任职资格

任职资格（qualification）指的是与工作绩效高度相关的一系列人员特征。具体包括：为了完成工作并取得良好的工作绩效，任职者所需具备的知识、技能、能力以及个性特征要求。职位分析中的任职资格又称工作规范，只包含上述变量中的一部分，并且表现出不同的形式。比如，关于"任职者乐于做什么"，其影响因素包括态度、价值观、动机、兴趣、人格等多方面的心理特质（统称为个性），但是，为了提高职位分析的可操作性，我们往往只选取上述因素中与工作绩效密切相关，并且具有高度稳定性和可测性的因素，作为职位说明书的一部分。

确定职位的任职资格主要有以下五种途径：

（1）以工作为导向的推导方法，是从工作本身的职责和任务出发，分析为了完成工作职责与任务，需要任职者具备什么样的条件。然后，将基于职责、任务推导出来的任职者特点与企业事先列好的素质清单进行对照，将素质要求的普通描述转化为系统化、规范化的任职资格语言，这样就形成了该职位的任职资格。

（2）以人员为导向的推导方法，是从促使任职者获得成功的关键行为或高频率、花费大量时间的工作行为出发，分析任职者要采取这样的行为需要具备什么样的素质特点。然后，将素质要求与事先列好的素质清单进行对照，将其转化为系统化、规范化的任职资格语言。

（3）基于定量化职位分析方法的任职资格推断，是一种介于逻辑推导与严格的统计推断之间的技术。它并不对所测职位的工作绩效与素质要求的相关性进行数据分析，而是依赖于定量化问卷所测得的该职位的工作维度得分，根据已经建立的各维度与素质之间的相关性，来判断该职位需要什么样的素质。

（4）基于企业实证数据的任职资格体系确定，目的在于通过建立任职资格中的各项要素与任职者的实际工作绩效的关系，对任职资格要素进行筛选。该方法通过统计手段保证了任职资格与工作绩效高度相关，因而是一种高度精确且有效的方法。由于进行任职资格要素与工作绩效的相关分析需要大样本，因此无法针对某一职位单独采用，但可以针对企业全体员工进行施测，用于建立企业各职位所共同需要的任职资格要素以及某一职位簇所需要的任职资格要素。

（5）基于公共数据资源的任职资格体系确定，是借助现有管理学、组织行为学、人力资源管理实证研究中的成熟结论来判断某职位的任职资格。

职位分析中的任职资格主要包括显性任职资格和隐性任职资格两大类。显性任职资格的内容主要包括三个部分，即正规教育、工作经验或培训要求、工作技能；隐性任职资格的内容主要是工作能力和素质要求。

1. 显性任职资格

（1）正规教育。对正规教育有两种不同的度量方法：一种是用完成正规教育的年限与专业来界定，另一种是以任职者实际达到的受教育程度与职业培训来确定。

（2）工作经验。对工作经验的度量可以采用两种不同的尺度：社会工作经验；司龄与公司内部职业生涯。

（3）培训要求。培训要求主要指该职位的一般任职者的培训需求，即每年需要多长时间的工作培训，培训的内容与培训的方式如何等。企业的培训活动往往需要和企业整体的培训体系设计相衔接，以整个企业的培训开发的政策、制度和模块为基础。培训时间的度量往往以周为单位，表示该职位一年内累计需要多长时间的培训；培训方式主要分为在岗培训、脱岗培训和自我培训三种。

（4）工作技能。工作技能是指对与工作相关的工具、技术和方法的运用。事实上，职位所要求的工作技能会因职位的不同而存在很大的差异，但在职位说明书中，为了便于对不同职位的技能要求进行比较，我们往往只关注其中对所有职位均通用的技能，包括计算机技能、外语技能与公文处理技能（如表 4 - 13 所示）。

表 4 - 13　通用的工作技能示例

技能模块	主要内容或等级要求
外语	（1）不需要 （2）全国大学英语四级，简单读写 （3）全国大学英语六级，具备一定的听说读写能力 （4）英语专业，能熟练使用英语表达
计算机	（1）办公软件 （2）MIS 系统 （3）专业软件
公文处理	（1）仅需看懂一般公文 （2）熟悉一般公文写作格式，能够起草基本的公文，且行文符合要求 （3）能抓住公文要点，并加以归纳整理 （4）具有很强的文字表达能力，行文流畅，言简意赅

2. 隐性任职资格

确定工作能力和素质要求的基础是企业的整体能力模型和分层分类的能力体系。即需要根据企业的整体竞争战略和文化，提出企业员工需要具备什么样的能力，从而形成企业的分层分类的能力要素库，这一要素库将成为后面选取各职位簇和具体职位能力要素的基础。

企业分层分类的能力要素体系主要包括以下几个部分（如图 4 - 19 所示）：

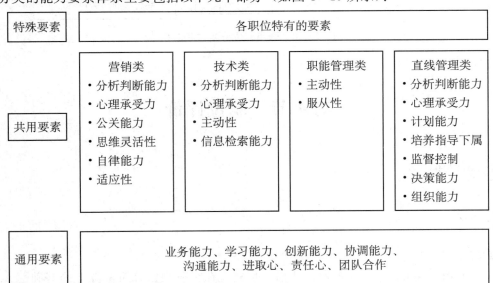

图 4 - 19　企业分层分类能力要素体系示例

● 通用要素。企业所有职位的任职者都必须具备的能力要素。

● 共用要素。企业某一职种（或职簇）的职位任职者都必须具备的能力要素，但又不包括在通用要素之中。

● 特殊要素。企业的某个职位的任职者所必须具备的个性化的能力要素，并且不包括在通用要素和共用要素之中。

六、职位分析的组织与实施

职位分析是一项系统化的人力资源管理活动，也是整个人力资源管理的基础平台，因此管理者对职位分析结果的科学性、合理性、操作性提出了很高的要求。如何在纷繁复杂的职位分析方法中作出选择、如何合理安排职位分析方法的内在结构及流程，很大程度上决定整个职位分析的效果。在大量职位分析实践的基础上，我们提出了具有普遍适用性的通用职位分析过程模型（如图 4-20 所示）。

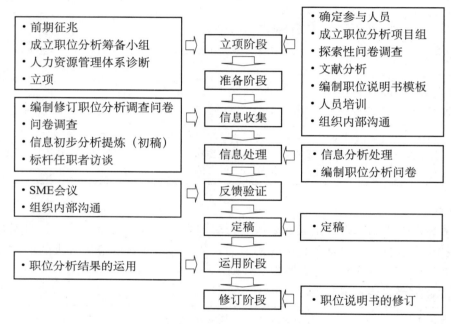

图 4-20　通用职位分析过程模型

第 4 节　职位评价

一、职位评价概述

（一）职位评价

1. 职位评价的概念

职位评价（position evaluation）又称职位评估，是建立在企业职位分析基础上的基础性人力资源管理活动，其主要服务于建立企业职位价值序列和设计企业薪酬体系。

要系统地理解把握职位评价概念的内涵与外延，首先应讨论各种关于职位评价定义的假设前提。众多学者根据各自的研究成果，提出了不同的理解和观点（如表 4-14 所示）。

表 4-14　职位评价的假设前提

职位评价	假设前提
职位内容的度量	职位内容有固定的价值，可以通过客观标准确立职位价值
相对价值的度量	职位不具有客观的价值标准，只能通过比较确立职位之间的相对价值差异
与外部市场的联系	没有外部市场信息，职位价值就不能具体化
雇主与员工的谈判	在社会性/政治性过程中注入理智因素，确立一定的游戏规则，通过博弈确定职位价值

从表 4-14 中可以看出，在理论界，对于职位评价的基础概念存在如下分歧：

（1）以职位内容为基础还是以职位贡献为基础：基于职位内容的职位评价是指通过对该职位所要求的技能、赋予的职责责任等方面来确定职位的价值，而基于职位贡献的职位评价是通过衡量职位在组织运行中的作用、意义来确定职位的价值。前者更多地强调职位的内在构成要素（职责、技能、能力等）在外部市场体现的价值，后者更多地着眼于职位的内在要素对企业内部的价值贡献。

（2）注重相对价值还是绝对价值：职位作为职位评价的度量客体，是否具有稳定的绝对价值，将决定我们评价职位价值的比较范围，即在什么范围内衡量职位的价值。从本质上讲，对事物的绝对价值无法进行准确的表述，我们往往借助具有普遍意义的标杆作为衡量相对价值的客观标准。在职位评价中，绝对价值通常是指通过组织之外的客观标准对职位进行的衡量，即外部市场对于职位或者职位某一特征的定价；相对价值是指组织内部职位之间的价值比较。部分学者认为可以建立起一套独立于组织之外的职位评价体系，作为衡量所有类似职位价值的标准，以此确定职位的价值；批评者则认为各种不同的组织内部职位差异过大，采用统一的评价体系难以区分职位内涵的差异，另外，由于相同职位对于组织的贡献存在较大的差异，因此统一的职位评价体系缺乏现实的基础和土壤，职位评价应关注组织内部的职位之间价值差异的比较，即相对价值。

（3）客观评价还是主观博弈：部分学者从职位评价参与者的角度出发，认为职位评价是一个有助于认可职位间所存在的报酬差别的过程，即一个行政性程序，通过这一程序，各方都能参与，雇主与员工之间针对职位的相对价值进行讨论、博弈。从这个角度出发，职位评价更应该是一种"游戏规则"。

在上述讨论的基础上，著名薪酬管理专家米尔科维奇（Milkovich）提出了较为系统完整的职位评价的定义：职位评价是一个为组织建立职位结构而系统地确定各职位相对价值的过程。这个评价是以工作内容、所需技能、对组织的价值、组织文化以及外部市场为基础的。

米尔科维奇的定义肯定了职位价值的相对性，将职位内容、职位贡献、组织文化以及外部市场特征统一起来，共同确定职位的相对价值。

2. 职位评价的发展

作为一项基础性的人力资源管理工具，职位评价伴随着工业革命的兴起得到快速的发展，经过百余年的理论研究和实践探索，形成了较为成熟的理论体系和方法体系。随着知识经济时代的到来，职位评价也面临着较大的挑战和质疑。系统地回顾职位评价的发展历史，有助于我们加深理解认识。

职位评价起源于美国，最初的原因是美国政府试图建立起一套公正合理的方法去评价政府员工的工作价值，以确定其报酬水平。1838 年，美国国会通过一项在政府员工中进行职位评价工作的法案，基于不同职责和任职条件来确定其报酬，使得具有相似工作特点的职位能够拥有相同的报酬水平。

1909—1910 年，格里芬哈根（Griffenhagen）创立了一套较为完整的职位分类程序，用于对芝加哥公共部门的职位评价；1912 年，美国一家私人公司建立起对其 5 000 名员工适用的职位评价方法，职位评价扩展到私营部门领域。

第二次世界大战前，采用职位评价或相关人力资源管理技术的企业相对较少，随着公平报酬立法的出现，许多企业、工会组织采用了各种职位评价方法，以适应公平报酬立法对企业内部经营管理行为的规范约束。职位评价在理论和实践方面获得了迅速的发展，成为企业人力资源管理的一种基础性工具，同时也产生了大量成熟的职位评价系统方案，如因素评价系统（factor evaluation system，FES）、国际职位评价（international position evaluation，IPE）系统。

（二）职位评价的战略意义及作用

在以职位为基础的人力资源管理体系中，职位评价起到了较为重要的承上启下作用。首先，职位评价展示了组织、战略认可的报酬要素，从而实现了组织战略与报酬体系的有效衔接，对企业培育和获取核心竞争力提供了明确的操作导向；其次，职位评价是企业建立内在职位序列和报酬体系的基础性工具，是薪酬体系内部一致性的集中体现；最后，职位评价的操作过程本身就是组织和员工建立良好、明确的心理契约的途径，同时有效地传递了组织对员工在工作职责、能力要求等方面的期望（如图 4-21 所示）。

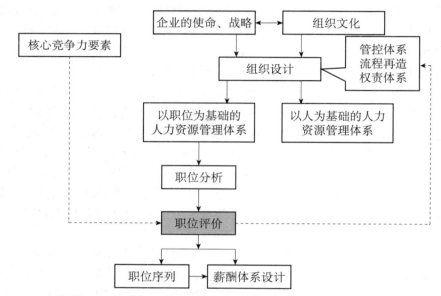

图 4-21　职位评价在战略、组织、人力资源管理中的地位

1. 职位评价对战略和组织管理的贡献

企业的战略和组织管理决定其整体人力资源管理体系，因此，人力资源管理的各个板块必须服务于企业的总体战略和组织要求。职位评价从其方案设计和实施过程等方面支持企业的战略实施和组织运行，主要体现在以下方面：

（1）企业战略发展需要的核心能力决定职位评价方案的核心内容。职位评价方案的确定，需要系统地理解组织发展战略以及适应发展战略需要的核心竞争力，从中提炼出组织认同的报酬要素，即职位评价的客观依据；同时，由于员工对职位评价的高度关注，组织通过职位评价使得组织的战略意图得以有效传递，从而支撑战略的实施和企业使命的达成。

（2）在职位分析的基础上，通过职位评价强化组织成员对权责体系的认识。职位评价是连接职位和职位报酬的桥梁，在报酬的激励作用下，职位评价提供的信息能够更好地为组织成员所接受，因此职位评价能够强化组织成员对职位所包含的职责、权力的认识，并指导自己的行为。

（3）通过职位评价的导向作用，提高流程运行效率。职位评价过程通过使每个职位的报酬与其对组织的贡献融为一体，并且为新的、唯一的或者变化的职位设定工资水平来支持工作流程，提高流程的运作效率。

（4）职位评价方案以及实施过程能够有效引导员工行为，并提高员工对于薪酬的满意度。职位评价能向员工指明组织重视他们工作的哪个方面，以及哪些方面有助于组织成功实施战略。通过提高员工对于什么是有价值的以及为什么会变化的认识，职位评价还有助于员工适应组织的变化；同时，职位评价通过建立一个可行的，一致同意的，能减少随机性、偏见、误差影响的薪酬结构，来减少员工对职位间报酬差别的不满和争执。

2. 职位评价在人力资源管理体系中的作用

在以职位为基础的人力资源管理体系中，职位评价主要有以下用途：

（1）建立职位价值序列。职位价值序列是根据职位对于组织的相对重要性的排序，区别组织内部行政序列以及技能序列（虽然具有一定的相关性）。通过职位评价，我们可以将组织内部的职位分别归入一定的等级，作为薪酬设计的基础。

（2）设计薪酬体系。职位评价所得到的职位价值序列是薪酬体系设计的基础环节，是确定职位基本薪酬的主要依据。

（3）解决劳动纠纷。职位评价为员工薪酬的确定提供了客观依据和法律基础，是解决与薪酬有关的法律纠纷的重要工具。

职位评价的具体应用详见本书第 8 章。

二、战略导向的职位评价系统

构建战略导向的职位评价系统，就是在企业战略要求的指引下，选择符合企业实际的职位评价方案，并制定职位评价相关的配套措施。其要点如下：

（1）明确职位评价的战略导向。设计职位评价系统，首要的步骤是确定职位评价的战略导向，即我们必须明白应从什么角度来看待每个具体的职位。不论采取什么样的职位评价方法，核心都是职位之间的相互比较，因此确定这种比较的范围、要项、原则是职位评价的重点。比如，物流分销型企业的职位之间比较评价的着眼点是职位对物流环节的贡献和责任，因此职位应在这个大的原则下进行比较；在研发类企业中，职位价值的评价应围绕整个研发流程进行，而不应着重比较职位在其销售环节的贡献。

（2）就单一职位评价方案和多种方案作出选择。组织内部职位的多样性和差异性决定了组织在进行职位评价时应考虑对于不同类型的职位采用不同的职位评价方案，建立分层分类的职位评价体系。例如，生产性职位更多地强调工作条件、操作性技能以及所需的质量控制知识等方面，但是这些要素在工程或营销职位上却没有比较的价值，因此面对各种职位，组织不可能使用单一的方案。

在职位评价的实际操作中，部分组织既不单独使用统一的职位评价方案，也不单独使用某种工作独有的要素，而是同时运用一套由通用要素、共用要素和专业要素组成的职位评价系统（如图 4-22 所示）。

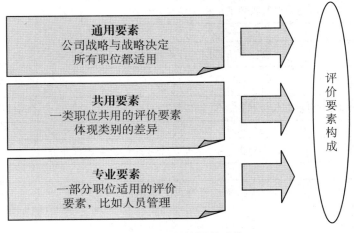

图 4-22 职位评价系统

（3）选取标杆职位。在大型组织中，往往包含较多的职位类型，给职位评价带来了较大的困难，因此在进行职位评价时可以选取组织中具有代表性、较为稳定的标杆职位进行职位评价，利用评价结果对职位评价的缺陷进行修订，也可以建立起较为客观、统一的评价标准，以利于职位之间横向、纵向的比较。

三、职位评价的一般程序

通常情况下，职位评价主要分为四个阶段，即准备阶段、培训阶段、评价阶段和总结阶段（如图4-23所示）。

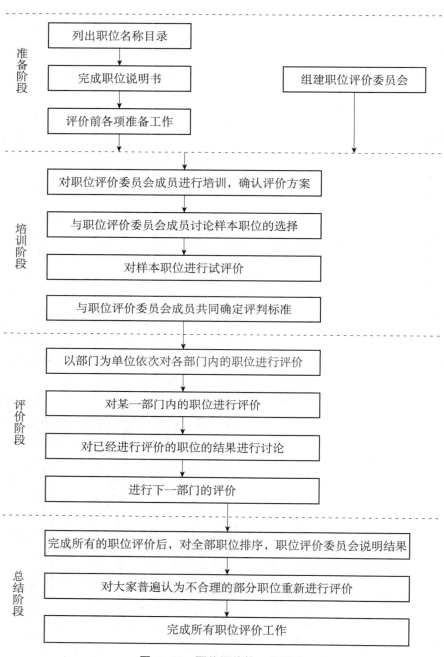

图 4-23　职位评价的一般程序

四、职位评价的方法

最常见的职位评价方法包括以下四种：

（1）职位分级法。由经过培训的有经验的测评人员，依据对职位所承担责任、困难程度等基本情况的了解，通过比较每两个职位之间的级别关系（重要程度），来确定所有职位序列的一种方法。

（2）职位分类法。通过建立明确的职位等级标准，将各个职位划入相应等级的一种方法。其前提是不同等级的职位对技能和责任的要求不同，基于这一显著特点将职位划分出一套等级系统。

（3）因素比较法。根据职位的通用的工作特征，定义职位的评价要素等级，并以此评价关键职位。由于关键职位的应得报酬是可知的，因此在评价其他职位时，只要与关键职位的各个要素进行比较，就可以得出各评价要素应得的货币价值。

（4）要素计点法。通过对特定职位特征的分析，选择和定义一组通用评价指标并详细定义其等级，作为衡量一般职位的标尺，将所评价职位依据各个指标打分、评级，汇总得出职位总分，以这种标准来衡量职位的相对价值。

职位评价所使用的分析方法可分为定性方法和定量方法。其中，定性方法包括职位分级法和职位分类法，主要是针对工作之间的比较，不考虑具体的职位特征；定量方法包括要素计点法和因素比较法，主要侧重于对职位特征的分析，详尽阐明职位评价要素及其等级定义。

所使用的比较方法也可以分为两类：将工作与工作进行比较的方法以及将工作与某些标准尺度进行比较的方法。其中，在因素比较法和职位分级法中，通过直接进行工作之间的比较来确定职位序列，属于直接工作比较法；在要素计点法和职位分类法中，将工作与某些尺度（如等级尺度和工资尺度）进行比较，以形成职位序列，属于工作尺度比较法（如图 4-24 所示）。

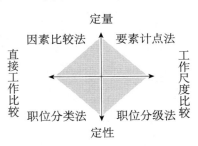

图 4-24　职位评价方法

（一）职位分级法

职位分级法仅仅以各项工作在组织所取得成就中的相对价值或贡献为基础，对职位从高到低进行排序。分级法是最简单、最快捷、最容易被员工理解和解释的方法，而且操作成本低廉，然而，它会导致许多问题，当职位数量较多时，误差较大。

1. 职位分级法的实施流程

职位分级法的实施流程如图 4-25 所示。

图 4-25　职位分级法的实施流程

（1）编写工作职位概要。系统的职位分级要求有详细的工作职位概要及其分析资料。这是因为测评人员不可能一开始就熟悉各职位的工作任务，即使测评人员认为自己了解各职位的情况，也应该首先仔细地阅读工作职位概要，然后把它们分成等级。工作职位概要一般包括职位名称、工作任务和工作条件等内容。

（2）选择测评人员。需要选择一组得到管理部门和员工认可的人员。一些是管理部门推荐的，一些是员工代表，他们应该接受有关测评方法的培训，消除偏见，对各职位的工作有一般性的了解。在规模大的组织机构中，选择这类人员比较困难。在这类机构中，各部门内部较低层次的测评通常比较容易，一旦涉及部门之间工作职位的比较和评价，并将全部职位进行分级，就变得困难。

（3）确定测评准则。测评人员也是在某职位任职的人员，必须克服因职位选择和职位任职特点形成的偏见，对全部工作职位的测评持公正的态度。测评人员应选择一组测评要素，确定自始至终的程序。测评的要素可包括工作的困难程度、工作责任等。一旦工作职位说明齐备，即可从中选择测评的要素。

（4）进行职位分级。可以采用配对比较排列法、交替排序法对各个职位进行对比，从而确定等级。

（5）形成职位序列。职位评价的最终结果是形成所有职位的等级顺序即职位序列。由于分级法是一组测评人员相对独立地开展工作，因此，为了确定最终的职位等级顺序，必须把各测评人员的测评结果汇总到一起，根据综合分数进行比较。

2. 常见的职位分级具体方法

（1）配对比较排列法。配对比较排列法通过建立一个职位比较矩阵，将所有的职位两两组合比较，职位价值较大、频数最多的职位便是最高等级的职位（如表 4 - 15 所示）。

表 4 - 15　职位配对比较表格

	1	2	3	4	5	6	7	8	9	10	高价值频数合计
1. 看门员											
2. 档案员											
3. 计划员											
4. 安装工											
5. 焊工											
6. 磨工											
7. 装修工											
8. 接线员											
9. 油漆工											
10. 维修工											

（2）交替排序法：交替排序法理解起来比较简单，但操作起来比较复杂。在这种方法中，评价者将所有工作列在一张纸上，然后依据以下操作步骤执行（如图 4 - 26 所示）。

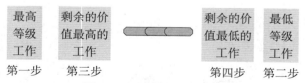

图 4 - 26　交替排序法图示

第一步，评价者先判断出在所有工作中价值最高的一个，将工作名称写在另一页纸上的第一行，然后将原来那页纸上的工作名称划掉。

第二步，判断在所有工作中价值最低的一个，将它的名称从原来那页纸上划掉，将工作名称写在第一步中后来那页纸上的最后一行。

第三步，在剩余工作中选择价值最高的。

第四步，在剩余工作中选择价值最低的。

依此类推，直到对所有的工作完成排序。

3. 职位分级法存在的问题

职位分级法操作简单直观，但存在较多问题：

（1）由于没有明确的比较标准，造成评价的结果带有一定的主观性，很难从理论上找到合适的理由。

（2）评价者必须对每个职位都比较熟悉，在职位数量较多的组织中使用这种方法较为困难。

（3）在职位数量较大时，采用比较的方法进行排序有较大的误差，同时会带来较大的工作量，比如，配对比较排列法的比较次数是呈几何级数增加的，50 个职位需要比较 1 225 次（50×50÷2）。

（二）职位分类法

1. 职位分类法的实施流程

职位分类法的实施流程如图 4 - 27 所示。

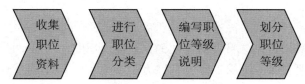

图 4 - 27 职位分类法的实施流程

（1）收集职位资料。为了划分职位的等级，必须掌握每一职位的详细资料。有关每一职位工作任务和义务的说明材料应提前准备。在测评要素确定后，有关这些测评要素的职位说明材料也应准备好。

（2）进行职位分类。在收集了必要的工作职位概要和其他有关资料的基础上，将各个职位划分为职业群，例如，工程、医务、管理等职业群；然后，将职业群进一步划分为职位系列，例如，建筑工程师、摄影制图师、制图员、会计师、出纳员、护士等系列；接下来，将各职位系列进一步划分为职位等级。某一特定的职位等级中所包含的各种工作职位应遵循这样的原则：它们的工作任务、义务和责任大体相当，可使用相同的等级序号；它们将被纳入同样的人力资源管理目标，包括支付大体相当的工资。

（3）编写职位等级说明。在每一职位系列中划分职位等级相对容易。问题是，按照不同程度的职位工作职责，在某一系列中应设多少职位等级，或者具体地说，在计划人员、装配工等人员中应设多少职位等级。通过专家们在每一特殊领域的合作和磋商，在每一职位系列的职位分类结束之后，下一个问题就是：比较不同职位系列和不同职业群的职位等级，以最终确定整个机构职位总体分类的各等级。为此，需要准备一套总体职位等级说明或职位等级概要。对于每一个等级都应编写一个简要的说明，以便为决定把某一职位划入某一等级提供指导标准。职位等级说明中应包括工作的任务、类型和特点，例如，"在直接监督之下从事办公室、经营或财务方面的简单的例行工作""在一般监督下，在经营或专业技术领域从事困难的、负有责任的工作，受过相当的训练，具有专业方面广泛的工作知识和经验，在局部领域独立作出判断"。

在这一阶段，职位等级的数目要能容纳已确定的各个职业群，而且取决于工作任务的范围、种类以及机构内部的工资和晋升政策，还需要与工会或员工代表进行反复磋商之后确定。一般来说，设置 7～14 个等级即可适应大多数工作职位的要求。当然，不同的职业群在等级数目上可能是不同的，比如：生产职位可设 9 个等级；专业技术职位可设 10 个等级；管理职位可设 14 个等级。因此，机构内应成立一个由管理部门和工人委员会或工会组织的代表组成的委员会，从事确定职位等级数目和职位等级说明的工作。

（4）划分职位等级。在职位等级数目和说明准备好之后，应把机构内部所有的职位划入适当的等级。可以把工作职位概要与职位等级的说明进行对比，以区分哪一个特殊的职位进入哪一个等级比较合适。为准备等级说明，专设的委员会可以监督划分等级的过程，或者由人事部门的工作职位分析专家把工作职位划入相应的等级，而由委员会专门处理比较复杂的问题和划分过程中人们反映不公平的问题。

2. 常见的职位分类具体方法

（1）自主时间段法（TSD）。这是埃利奥特·雅皮（Elliot Japues）在1950年提出的评价工作价值的一种方法。他认为，特定工作绩效所需的工作职责决定了不同工作的价值，一项特定工作的职责可以通过"自主时间段"来衡量。自主时间段是指管理者可以确信他的下属能够自主地进行工作，并保证工作的质量和节奏的那一段时间。

雅皮认为工作者的自主时间段是决定其薪酬的基本要素。要定义这个时间段，有必要确定三项内容，如图4-28所示。

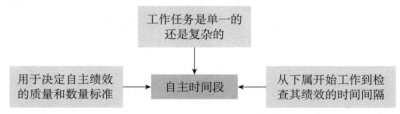

图4-28　自主时间段法系统模型

尽管雅皮坚持认为通过使用自主时间段这一通用因素进行职位评价可以减少由于工资不公平所引起的争议，但1960年和1970年的一系列研究结果表明，他的结论是无效的。TSD在美国几乎没有得到应用，但它作为一种附加的薪酬技术对管理者保证组织工资公平性有借鉴意义。雅皮的TSD的重要贡献是，在界定和衡量以知识为基础的工作的价值时非常有用。

（2）决策带法（DBM）。佩特森（T. T. Paterson）和赫斯本德（T. M. Husband）建议使用决策带法来进行职位评价，因为该方法可以克服各种主观评价方法的内在缺陷。他们认为，当组织在比较差异较大的工作时，这种缺陷尤为突出。在研究中，他们发现所有工作由于所需的决策种类不同而有所区别。DBM最基本的观点就是组织中工作的价值取决于工作中需要进行决策的程度，所有的工作（不论是一线部门的还是辅助部门的、不论是主管的还是非主管的、不论合作进行还是单独进行）都有必要进行某种决策。由于决策是经常性的，因此所有职位的决策水平是可以测量的。

佩特森和赫斯本德认为，决策水平即使不是唯一的因素，也是一个主要因素，可以使工作的重要性得到公正的评价。由于这种职位评价方法只使用一个主要的或关键的要素，它也被称作"宽带法"。DBM包括六种决策带，涉及组织中各种常见的决策，这六种决策带形成了一个阶梯，每种决策带以上一种决策带为基础。决策带的简略定义如表4-16所示。

表4-16　决策带定义示例

决策带	决策类型	定义
F	政策性	关于组织的使命、发展方向、总体目标的决策，只受法律和经济条件的约束
E	计划性	关于战略规划和实施F层政策的决策，受下层决策的约束
D	解释性	关于资源分配和解释E层计划的决策，受E层决策的约束
C	程序性	为完成D层决策确定的工作而选择特定程序的决策
B	操作性	执行已选程序的决策
A	细节性	关于实施某一操作方式和节奏的决策

DBM的实施一般有三个阶段，如图4-29所示。

将工作分成各个等级，主要是通过将特定工作与各决策带中价值最高工作的复杂性对比而实现的。决定工作复杂性的标准有三个，如图4-30所示。

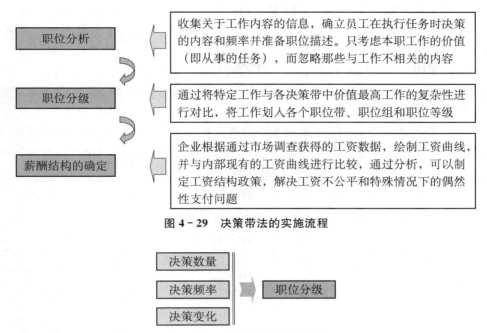

图 4 – 29 决策带法的实施流程

图 4 – 30 工作复杂性评价维度

依据以上三个标准，我们采用以下步骤进行职位等级的划分：

● 依据完成任务所需的决策的种类和水平对各项工作进行分类，确定其所属的决策带，评价最高的任务被安排在最后一个决策带中。

● 除了 A 决策带外，将各决策带的所有工作分为两组。在同一决策带中，被分到前一组的工作管理后面一组的工作（假定下面的模型中有一个工作 M），后一组的工作对这一决策带中的其他工作没有管理权限。

● 将每一决策带和组中的工作进一步分级（除了 B 决策带和 F 决策带）。通常，每一决策带的前一组可以分为两级，后一组可以分为三级，其中比较特殊的是，B 决策带和 F 决策带的前一组只有一个等级，后一组有三个等级。这种划分使得用 DBM 可将工作分为 27 个工资等级。根据实施 DBM 的组织的具体情况，工资等级可以略高或低于 27 级，以便组织具有一定的灵活性。一些组织也可以不使用全部 27 个等级，而是专门空出几个等级。

（三）因素比较法

因素比较法是一种比较计量性的职位评价方法，它选择多种报酬因素进行比较排列，根据各种报酬因素得到的评价结果设置一个具体的报酬金额，然后汇总得到职位的报酬总额。

因素比较法的实施流程如图 4 – 31 所示。

图 4 – 31 因素比较法的实施流程

（1）确定关键职位。关键职位或者说基准职位的确定是因素比较法的基础，因为因素比较法依赖于关键职位的内容及相应的支付额。但是，在理论研究中尚未形成共同认可的选择关键职位的原则，一般来说，关键职位存在的基本条件是其目前的报酬水平基本合理。

米尔科维奇等提出了关键职位的另外一些特征，包括：工作内容为人们所熟知，必须得到当事人的赞同以及在一段时间内保持相对稳定；评价要素的所有方面；职位的报酬水平一般要为管理者及其员工所接受，工作之间的工资级差要保持相对稳定，尤其是要为相关的劳动力市场所确认。一般来说，需要确定15～25个关键职位，尽量涵盖组织内部的各薪酬水平层级。

（2）选择比较要素。因素比较法通常需要3～5个比较要素。有的学者认为，如果使用7个以上的比较要素，就难以对职位进行合理的评价，他们提出的因素比较法通用的5个要素是：体力要求、脑力要求、技能要求、职责和工作环境。

组织在使用因素比较法时，可以采用外部成熟的因素比较模型，也可以根据组织需要选择适合组织特点的比较要素，这些要素应涵盖待比较的所有职位，以便职位在该要素上具有可比性。另外，根据关键职位比较结果的误差对比较要素进行调整也是完善比较要素体系的重要途径。

（3）编制因素比较尺度表。因素比较尺度表包含横向、纵向两个维度，横向维度是比较要素，纵向维度是根据关键职位比较后所得的排序而赋予的工资率（如表4-17所示）。

表4-17 因素比较尺度表

比较要素工资率	体力要求	脑力要求	技能要求	职责	工作环境
0.50			工作1		
1.00	工作1			工作1	工作3
1.50		工作2			
2.00		工作1			工作X
2.50	工作2		工作X		
3.00	工作X		工作2	工作X	
3.50		工作X			工作2
4.00	工作3		工作3	工作2	
4.50					
5.00		工作3		工作3	工作1

工资率是根据关键职位在比较要素上的相对位置以及在劳动力市场上的报酬确定的。在因素比较尺度表中，应根据关键职位的特征赋予其在表中的位置，作为非关键职位进行比较的依据，如表4-17中所示的"工作1""工作2""工作3"。

（4）进行职位比较。根据因素比较尺度表，将非关键职位纳入因素比较体系，确定其报酬数量。

在使用因素比较法的过程中，由于没有明确的比较等级的定义，存在较大的误差和随意性，因此在企业进行职位评价的实际操作中并不常见。

（四）要素计点法

要素计点法的实施流程如图4-32所示。

图4-32 要素计点法的实施流程

（1）确定评价范围。确定职位评价范围取决于组织的需要。组织内部的职位通常是多样化的，结构较为复杂，因此准确合理地划分组织内部职位的横向类别，形成差异化的职位评价方案是职位评价成功与否的前提。如组织内部通常包括职能管理类、研发类、营销类、操作类等职位，除了纳入基于人的人力资源管理体系的研发类职位，其余的职位类别均可以制定有特色的职位评价方案。

在确定职位评价范围后，应选择部分有代表性的标杆职位，作为建立职位评价方案的基础。

（2）进行职位分析。职位分析是职位评价的信息基础，在确定职位评价范围后应对所有职位进行系统性的职位分析。职位分析对于职位评价有两方面的意义：一是职位分析提供制定职位评价方案所需的基础信息，尤其在组织自我开发个性化的职位评价方案时；二是职位分析提供的关于职位的详细信息，是进行职位评价操作的首要信息源泉。

（3）选取报酬要素（评价指标）。报酬要素的选择是职位评价的关键环节之一，组织在进行职位评价时，可以选择现有的系统性的职位评价方案，也可以根据组织特点开发个性化的职位评价方案。前者通常是完整的、经过大量实证检验的系统性方案，信度较高，但是由于缺少对战略组织的把握，其适用性存在一定的问题，需要根据组织的实际情况进行修正；后者则需要做大量专业化的工作，其首要目标是确定目标职位的报酬要素。本章稍后会详细说明报酬要素的选择方法。

（4）建立指标等级定义。每个指标代表整个职位价值的一个方面，为了让评价人员使用统一的评价口径，减少职位评价的系统误差，我们必须清晰界定指标本身和指标的等级定义。

（5）赋予指标权重。各职位评价指标按照一定的规则进行加总就构成了职位评价的总体得分，但通常并不是简单的加总，而是对各评价指标采用不同的权数。指标权重的确定应以指标的相对重要性为基准，重要的指标赋予较大的权重，各指标的权重之和为 100%。

（6）测试标杆职位。职位评价方案初步确定后，接下来很重要的工作就是对标杆职位进行测试，根据职位评价方案的各项指标，给标杆职位赋分，得到最终的评价结果，然后对标杆职位评价的结果进行横向、纵向比较。横向比较是指比较同一职位等级中的各职位之间的评价结果是否合理，其差距是否在组织所能接受的范围之内；纵向比较是指比较不同层级之间的职位评价结果的差距是否真实反映了职位之间的差异，其激励性、可接受性、公平性是否满足要求。

一般来说，通过标杆职位测试，我们应注意评价结果的以下结构性问题：

● 职位之间评价总分的差异（可以采用诸如回归分析、方差分析等统计工具）；
● 指标等级定义能否真正区分职位之间的差距；
● 指标各等级的赋分是否合理；
● 指标权重分配是否合理；
● 指标是否完整（是否有重要的、区分度高的指标被遗漏）。

（7）修正方案。根据上述试测结果，对职位评价方案进行修正。

（8）推广方案。最后将修正的职位评价方案扩展至非标杆职位，完成对所有职位的评价，建立职位价值序列。

（五）四种职位评价方法的比较

表 4-18 是关于上述四种职位评价方法的优劣势以及适用范围的比较。

表 4-18 职位评价方法比较

方法	优势	劣势	适用范围
职位分级法	● 简便易行 ● 能够节约企业进行职位评价的成本 ● 便于向员工解释	● 不适合职位较多的组织 ● 很难找到既了解所有工作职位，又能客观地评价的测评人员 ● 如果工作职位的数目增多，则每两种工作职位的比较次数将呈指数级上升 ● 特别依赖测评人员的判断，而测评人员在进行职位比较的过程中有自己的认识，测评要素的说明仍有一定的主观性	对于工作职位相对较少的组织来说，是一种比较简便的方法；适用于小规模企业

续表

方法	优势	劣势	适用范围
职位分类法	● 对于管理人员和员工，这种方法更多的是从职位等级的角度考虑问题，而不是从单独的职位方面考虑问题，这使得人事管理和工资管理相对容易 ● 可以将各种工作纳入一个体系	● 编写职位等级说明比较困难 ● 对许多职位确定等级比较困难，有些职位的等级归属很明确，有些则似乎可归入 2~3 个等级之中；在这种情况下确定职位的等级，可能因主观因素干扰而影响测评结果 ● 如果据此确定报酬，难以充分说明职位评价和等级确定的合理性	当组织中存在大量类似的工作时，这种工作评价尤其有用；适用于大规模企业
因素比较法	● 最大的优点表现为通用性的评价要素的广泛应用 ● 评价标准明确，组织中的所有职位都能运用统一的评价要素或标准进行比较 ● 最突出的优点是直接把等级转化为货币价值	● 仍然没有一个明确的原则来指导评价行为，过多地依靠人为的评判，而人们作出决定时有随意性，很难判别其可信度 ● 主要依靠关键工作的确定，但针对关键工作的选取始终没有一个明确的理论基础 ● 直接把等级转化为货币价值，分配到每一因素的货币价值缺乏客观的依据，只能依赖人为的评判	适用于劳动力市场相对稳定的情形，以及企业的规模比较大的情形
要素计点法	● 通俗、易推广，由于特定的职位评价方法具有明确界定的指标，因此职位评价方案有很强的适应性 ● 在定义职位评价指标时保有大量原始调查数据，有利于根据组织的变化进行动态分析与管理 ● 明确指出了比较的基础，能够有效地传达组织认为有价值的要素	● 相对于前两种定性的方法，这种方法要耗费大量的时间和成本 ● 通常缺乏评价要素选择方面的明确原则，难以说明选取的这些要素能否解释和衡量工作价值，因此在制定职位评价计划时，系统地选择评价要素是关键的一步 ● 由于这种方法操作的复杂性，企业与员工解释和沟通困难 ● 评价要素一旦形成，重新进行评价需要耗费大量的时间和成本，随时间的推移调整要素的难度较大，容易导致僵化	适用于大规模的企业中的管理类工作

五、开发适合组织特点的个性化职位评价方法

在国内外企业中，要素计点法是最常用的职位评价方法，其理论和实践经验也相对成熟丰富，因此我们重点介绍要素计点法。一般来说，企业在进行职位评价时最重要的工作是职位评价方案的选择和设计，主要有两种思路：一是利用现有的职位评价方案；二是开发适合组织特点的个性化职位评价方案。

下面简要介绍几种有代表性的要素计点法职位评价方案，重点讨论设计个性化的职位评价方案的关键。

一般来说，制定要素计点法职位评价方案应关注的核心内容主要有：报酬要素的选择、指标等级的定义及赋分和指标权重。

（一）报酬要素的选择

报酬要素是指那些在工作中受组织重视、有助于追求组织战略并实现其目标的特征。报酬要素的选择是要素计点法的核心环节，起着至关重要的作用。报酬要素的选择直接反映出组织的价值取向和发展趋势，因为报酬要素的选择取决于职位本身和组织的战略导向。

1. 选择报酬要素的一般原则

理论上讲，报酬要素的提取目前还没有统一的、清晰的方法和模式，在大量管理咨询实践中，我们总结出选取报酬要素的一般原则：

（1）以组织的战略、价值观以及核心能力需要为导向；

（2）以工作本身为基础（相关性、差异性）；

（3）能为利益相关者所接受。

2. 选择报酬要素的途径

在选取报酬要素时，我们可以从以下角度出发，对组织中的职位体系进行系统思考，提炼出真正适合组织特点的报酬要素，有效支撑企业战略的发展，以及人力资源管理基本职能的实现。

（1）考虑组织战略对报酬要素的影响。组织战略决定组织需要的核心能力，组织核心能力的培养和传递需要人力资源管理的各板块为其提供支撑和发展的土壤。职位评价是联系组织战略和激励机制的桥梁，其核心支撑点之一就在于报酬要素的选择。报酬要素的选择是组织战略方向的"信号"，能有效引导员工的行为，从而获取组织的核心竞争力（如图 4 - 33 所示）。

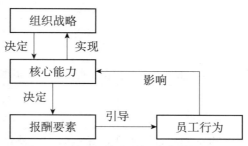

图 4 - 33　组织战略对报酬要素的影响

如果战略中提出要提供创新性的、高质量的产品与服务，强调与顾客和供应商的协作，那么对产品创新、与客户交往有较大责任的职位应有较大的价值，需要考虑的要素将是报酬要素。例如，沃尔玛连锁超市的业务战略是"尽可能以最低的成本、最便捷的方式为顾客提供产品与服务"，它的职位评价体系中的报酬要素包括成本控制责任、客户关系维护等。

战略管理专家迈克尔·波特提出了一般竞争战略的三种基本形式，其所对应的主要报酬要素如表 4 - 19 所示。

表 4 - 19　一般竞争战略与报酬要素的匹配

战略类型	核心能力要求	主要报酬要素
成本领先战略	● 不断降低制造成本 ● 持续的资本投资和良好的融资能力 ● 管理控制体系的高效运转 ● 低成本的分销系统	● 成本控制责任 ● 市场份额扩展 ● 组织内部管理 ● 客户关系维护
差异化战略	● 持续提供差异化的产品和服务 ● 创新研发能力 ● 强大的生产营销能力 ● 对外部市场灵活适应的能力	● 产品研发 ● 技术创新 ● 服务创新 ● 市场推广
集中化战略	● 对某细分市场的精耕细作 ● 根据具体战略选择以上各种能力	● 与细分市场相关的责任 ● 市场维护 ● 客户管理

值得注意的是，任何一个组织的领导层都是有关组织发展方向以及如何发展的最佳信息源泉，因此，领导层认为在工作中哪些报酬要素有利于实现组织战略、有利于创造价值是确定职位评价中报酬要素的重要依据。

（2）考虑职位分析与报酬要素的关系。职位分析与报酬要素相互作用，一般来说，报酬要素对职位分析的影响更为直接。以职位评价为导向的职位分析的主要内容是由报酬要素决定的，若职位评价中包含"学历及工作经验"这一报酬要素，则职位评价中必须包含学历与相关工作经验两项内容。

职位分析对于报酬要素的影响主要表现为：职位分析提供的有关战略、组织、流程、权责、管控等方面的信息是确定报酬要素的依据，也就是说，职位分析对报酬要素的影响主要是通过传递组织战略以及与战略要求相关的信息来实现的，起到一种间接传导作用。

（3）借鉴通用的报酬要素。获取职位报酬要素的另一个重要源泉就是借鉴外部通用的报酬要素，主要原因有二：一是无论组织业务之间存在多大的差异，其内在的管理机制有一定的相通性，即存在适用于大多数组织的通用要素；二是组织总是存在于一定的产业环境中，在这个环境中有大量类似的企业采用了各种报酬要素，吸收借鉴其中的合理部分，有助于企业职位评价方案更完整、更科学。

在大量理论研究和企业实践的基础上，我们总结出一些通用、共用或者专用的报酬要素（如表4-20所示）。

表4-20　报酬要素库

性质	要素	要素的内涵
通用要素	决策	在职位的正常工作中需要作出的决策的层次和质量
	工作协调	在职位的正常工作中，需要与公司内外部人员进行工作协调，建立和保持工作关系的层次和范围
	学历要求	履行职位工作所需的最低学历，以国家规定的受教育程度为判断基准
	工作经验	工作达到基本要求后，还必须经过不断积累才能形成和发展的职位技能；以掌握此种技能必须耗费的实际工作时间为判断基准
	责任范围	对工作结果承担多大的责任，以工作结果对公司影响范围的大小为判断基准
	工作环境	工作环境对任职者生理、心理健康的影响程度
	工作关联性	职位工作与其他人员工作的关联程度，以其因承办事务延误或失误对他人工作的影响程度为判断基准
共用要素	创造性	胜任职位工作所必备的创造能力
	知识多元化	胜任职位工作所需掌握和运用多学科、多专业知识和技能的程度；重点是考察知识和技能的广博程度
	风险控制	在履行职位工作中负有的避免和控制运营过程中的风险的责任，以由于工作失误可能给公司、分公司、部门或科室、小组带来的损失为判断基准
	成本控制	在履行职位工作中负有的控制成本费用的责任，以由于工作疏忽或成本意识淡薄可能给公司、分公司、部门或科室、小组带来的成本、费用的增加程度为判断基准
	体力消耗	工作时体力支出的水平，以工作姿势、持续时间和用力大小来衡量
	熟练期	具备职位工作所需知识的劳动力需要多长时间才能够胜任本职工作
	工作时间特征	忙闲程度、均衡程度、出差时间
	工作紧张程度	由于工作节奏、工作量和工作所需的注意力集中程度、工作负荷引起的紧迫感
专用要素（由于专用要素的个性化和多样化，本表仅供参考）	人员管理	管理下属的层级和幅度
	管理技能	为达到要求的绩效水平而应具备的计划、组织、执行、控制和评价的能力与技巧
	工作不确定性	职位工作需要解决和处理的问题的非常规化和非结构化程度
	专业难度	掌握、运用专业知识和技能的难度，以任职者在工作中自主决策时间的比例和自主决策的范围来衡量
	危险性	职位工作本身可能对任职者造成的身体伤害的程度
	职业病	职位工作本身可能给任职者带来的生理和心理上的疾病
	工作均衡性	职位工作每天忙闲不均的程度
	人际关系	因职位工作而要求与员工、客户或其他人员进行人际交往的能力
	语言表达	职位工作对于运用语言与员工或顾客进行沟通的能力的要求

另外，我们还可以在组织内部进行调查访谈来获取关于职位报酬要素的信息。

3. 确定报酬要素的数量

关于职位评价方案中报酬要素数量的确定，理论界存在较大争议。一些学者认为，只需较少的报酬要素就可以清晰地区分职位之间的差异。一项统计研究表明，一个含有 21 个要素的方案与一个只有 7 个要素的方案所得出的评价结果是完全一致的，而且只需要 3 个要素就能将职位进行准确的区分。另一项研究表明，技能要素能够解释 90% 以上的职位评价结果的差异，3 个要素通常能说明 98%～99% 的差异。另一些学者认为，制定较为复杂的职位评价方案是有必要的，因为它有助于获得任职者的认同，减少职位评价结果引发的争议，从战略传递的角度来看能更好地传递组织期望和信息。

基于这两种观点，结合实践经验，我们认为职位评价方案的报酬要素（若对报酬要素进一步分解，则指二级要素）一般以 12～18 项较为适宜。

（二）指标等级的定义及赋分

为了减少理解误差，在确定了职位报酬要素后应对报酬要素进行界定。报酬要素的定义应尽量采用通俗易懂的语句，详尽地阐述报酬要素的内涵与外延，避免歧义。例如，"教育"这一评价指标可以理解为"正规教育或学校教育"，也可以理解为更广义上的"实际知识的学习"，包括所有的接受教育的形式；如果把这个指标定义为"职位工作所需的正式的、国家承认的最高学历以及所学专业"，这一指标的内涵就得到了清晰的界定。

另一项重要的工作是界定各指标的等级定义。要素计点法区别于其他方法的最主要的特点是有明确的评价标准，可使评价人员在评价职位时比较容易地发现职位之间的差异。在定义等级方面有两个指导性建议：一是定义应真实客观而不模棱两可，工人能够理解；二是等级的数目应尽可能少。

某一指标的等级数目取决于组织中职位的数量以及职位在该项指标上的差异性，等级的划分力求涵盖组织中该指标的所有方面，避免出现子项不全的错误，影响部分职位的评价结果。如某公司的职位评价方案中，将"正式学历要求"划分为以下等级（如表 4-21 所示）。

表 4-21　"正式学历要求"等级定义示例

正式学历要求：

A	初中及以下	B	高中	C	大专
D	大学本科	E	硕士	F	博士

显然，该等级划分中没有涵盖组织中存在的"中专、技校"等学历水平，使得职位评价无法正常进行。

在确定指标的等级数目以后，我们应对指标的各等级进行特征描述。报酬要素（评价指标）通常可以分为两类：硬指标和软指标。硬指标是指可以通过量化加以明确的指标，该指标的评价不需要人为确定，可通过所收集的信息直接演绎；软指标的评价需要人为确定，也就是通常所说的打分。

对于硬指标的等级定义，只需根据指标的具体特征和组织实际情况，采用精练、量化的语言加以界定。如"岗位工作经验要求"这一指标的等级定义如表 4-22 所示。

表 4-22　"岗位工作经验要求"等级定义示例

岗位工作经验要求：在一般情况下，一个先前无经验的人完成工作达到操作熟练和心理成熟程度所需的工作时间

A	一个月之内	B	一个月至三个月
C	三个月至一年	D	一年至三年
E	五年以上		

对于软指标的等级定义，可以采用程度不同的动词、形容词对该等级的行为进行描述，为避免理解误差，应列举各等级的"标杆行为"，供职位评价人员参考。如"决策要求"的等级定义如表4-23所示。

表 4-23　"决策要求"等级定义示例

决策要求：在职位的正常工作中需要作出的决策的层次和质量

等级	等级定义	示例说明
A	政策性决策	由最高经理（总裁、总经理）作出的用以指导大政方针的概括性决策
B	规划性决策	在子公司或集团各职能部门内拟定、决定重要的规划，并且执行与集团战略、政策相符的行动方案和纲要
C	解释性决策	在本部门限定的范围内理解和开展工作
D	日常性决策	主要是执行工作，但要选择完成工作的方式
E	限制性决策	工作中一般性的决定，非熟练员工即可作出，灵活性很小
F	自动性决策	员工在工作中仅仅执行指示或指令

（三）指标权重

指标权重是衡量指标重要性的标志，反映组织对该项指标的重视程度，权重大的指标往往在职位评价中扮演重要的角色。

确定指标权重的最便捷有效的途径由公司领导层决定，因为指标权重反映组织的期望，即组织期望员工在哪些方面作出较大的努力。在实际操作中，可以采用另外两种方法进行补充：一是调查访谈，编制职位评价指标权重调查表对组织内部的利益相关者进行调查，采用统计分析的方法进行分析，得出的统计数据可作为决策的参考；二是针对标杆职位进行试测，根据得出的结果对权重进行调整。

六、典型的职位评价方法

采用成型的职位评价方案是职位评价的一条捷径，但这些职位评价方案往往拥有知识产权，需要组织购买，或者聘请外部咨询机构获得。除此之外，还可自行利用职位评价方法得到有效的职位评价结果。下面简要介绍三种典型的职位评价方法。

（一）海氏职位评价法

1. 海氏职位评价法的来源和特点

海氏职位评价法又称指导图-形态构成法（guide chart-profile），是由美国薪酬设计专家爱德华·海（Edward Hay）于1951年研究开发的一种职位评价方法。海氏职位评价法实质上是一种职位评价点数法，其特点包括：

（1）海氏职位评价法评价的三种付酬因素是：技能水平（KH）、解决问题的能力（PS）和承担的职位责任（AC）。爱德华·海认为，工作职位虽然各不相同，但总有共性，也就是说，任何工作职位都存在某种具有普遍适用性的因素。一般可以归为三种：技能水平、解决问题的能力和承担的职位责任。这三种因素可进一步分解成子因素，每个子因素再分解形成不同的等级及相应的等级定义。职位评价的依据就是海氏职位评价因素等级说明表（如表4-24所示）。

表 4 - 24　海氏职位评价因素等级说明表

付酬因素	付酬因素定义	子因素	子因素释义	等级	说明	举例
技能水平	工作绩效达到可接受的水平所必需的专门知识及相应的实际运作技能的总和	专业理论知识	对该职位所处行业领域的理论、实际方法与专门知识的理解	A. 基本的	熟悉简单工作程序	复印机操作员
				B. 初等业务的	能同时操作多种简单的设备以完成一个工作流程	接待员、打字员、订单收订员
				C. 中等业务的	熟练掌握一些基本的方法和工艺，需具有使用专业设备的能力	人力资源助理、秘书、客户服务员、电气技师
				D. 高等业务的	能应用较为复杂的流程和系统，此系统需要应用一些技术知识（非理论性的）	调度员、行政助理、拟稿人、维修领班、资深贸易员
				E. 基本专门技术	对涉及不同活动的相关技术有相当的理解，或者对科学的理论和原则有基本的理解	会计、劳动关系专员、工程师、人力资源顾问、中层经理
				F. 熟悉专门技术	通过对某一领域的深入实践而拥有相关知识，或者/并且掌握了科学理论	人力资源经理、总监、综合部门经理、专业人士（工程、法律等方面）
				G. 精通专门技术	精通理论、原则和综合技术	专家（工程、法律等方面）、CEO、副总、高级副总裁
				H. 权威专门技术	在综合技术领域成为公认的专家	公认的专家
		管理诀窍	达到所要求的绩效水平而具备的计划、组织、执行、控制、评价的能力与技巧	Ⅰ. 起码的	仅关注活动的内容和目的，而不关心对其他活动的影响	会计、分析员、一线督导和主管、业务员
				Ⅱ. 相关的	决定部门各种活动的方向、活动涉及几个部门的协调等	主任、执行经理
				Ⅲ. 多样的	决定一个大部门的方向或对组织的表现有决定性的影响	助理副总、副总、事业部经理
				Ⅳ. 广博的	决定一个主要部门的方向，或对组织的规划、运作有战略性的影响	中型组织的CEO、大型组织的副总
				Ⅴ. 全面的	对组织进行全面管理	大型组织的CEO
		人际技能	该职位所需的沟通、协调、激励、培训、关系处理等方面的主动活动技巧	1. 基本的	多数职位在完成基本工作时均需基本的人际沟通技巧，要求在组织内与其他员工进行礼貌和有效的沟通，以获取信息和澄清疑问	会计、调度员、打字员
				2. 重要的	理解和影响他人是此类工作的重要要求，此能力既要理解他人的观点，也要有说服力以影响行为、改变观点或者处境，对于安排并督导他人工作的人，需要此类沟通能力	订货员、维修协调员、青年辅导员
				3. 关键的	对于需要理解和激励他人的职位，需要最高级的沟通能力，需要谈判技巧的职位的沟通技巧也属于此等级	人力资源督导、小组督导、大部分经理、大部分一线督导、CEO、助理副总、副总

续表

付酬因素	付酬因素定义	子因素	子因素释义	等级	说明	举例
解决问题的能力	在工作中发现问题，分析诊断问题，提出、权衡与评价对策，作出决策等的能力	思维环境	指环境对职位承担者的思维的限制程度，及是否可从他人处或从过去的案例中获得指导	A. 高度常规性的	有非常详细和精确的法规和规定作指导，并可不断获得协助	包装工
				B. 常规性的	有非常详细的标准规定，并可立即获得协助	装卸工
				C. 半常规性的	有较明确定义的复杂流程，有很多的先例可参考，并可获得适当的协助	前台
				D. 标准化的	有清晰但较为复杂的流程，有较多的先例可参考，可获得协助	客户服务、出纳
				E. 明确规定的	对特定目标有明确规定的框架	会计
				F. 广泛规定的	对功能目标有广泛规定的框架，但某些方面比较模糊、抽象	大部分经理
				G. 一般性规定的	为达成组织目标和目的，在概念、原则和一般规定的原则下思考，有很多模糊、抽象的概念	副总
				H. 抽象规定的	依据商业原则、自然法则和政府法规进行思考	CEO、技术专家、各类顾问
		思维难度	指解决不同复杂程度的问题时对当事者创造性思维的要求	1. 重复性的	特定的情形，仅需对熟悉的事情做简单的选择	开票员、装卸工
				2. 模式化的	相似的情形，仅需对熟悉的事情进行鉴别性选择	客户服务人员、出纳
				3. 中间型的	不同的情形，需要在熟悉的领域内寻找方案	会计、营销员
				4. 适应性的	变化的情形，要求分析、理解、评估和构建方案	工程师、控制人员
				5. 无先例的	新奇的或不重复的情形，要求创造新理念和富有创意的解决方案	CEO、技术专家、各类顾问
承担的职位责任	职位行使者的行动对工作最终结果可能造成的影响及承担责任的大小	行动的自由度	职位能在多大程度上对其工作进行个人性指导与控制	R. 有规定的	该职位有明确的工作规程或者有固定的人督导	体力劳动者、工厂工人
				A. 受控制的	该职位有直接和详细的工作指示或者有严密的督导	普通维修工、一般文员
				B. 标准化的	该职位有工作规定并已建立了工作程序并受到严密的督导	贸易助理、木工
				C. 一般性规范的	该职位全部或部分有标准的规程、一般工作指示和督导	秘书、生产线工人、大多数一线文员
				D. 有指导的	该职位全部或部分有先例可依或有明确规定的政策，也可获得督导	大多数专业职位、部分经理、部分主管
				E. 方向性指导的	仅就本质和规模而言，该职位有相关的功能性政策，需决定活动范围和管理方向	某些部门经理、某些总监、某些高级顾问
				F. 广泛性指导的	就本质和规模而言，该职位有粗放的功能性政策和目标，以及宽泛的政策	某些执行经理、某些副总助理、某些副总
				G. 战略性指引的	有组织政策的指导、法律和社会限制、组织的委托	关键执行人员、某些副总
				H. 一般性无指引的	没有任何文件、先例作为工作的指导依据	专家、CEO

续表

付酬因素	付酬因素定义	子因素	子因素释义	等级	说明	举例
承担的职位责任	职位行使者的行动对工作最终结果可能造成的影响及承担责任的大小	职位责任	可能造成的经济性正负后果	1. 微小	每一级都有相应的金额下限，具体数额要视企业的具体情况而定	一般工人、大多数文员
				2. 少量		某些部门经理、主管
				3. 中量		财务经理、质量经理、营销经理
				4. 大量		财务总监、CEO
		职位对后果产生的作用	该职位对形成后果的贡献和影响程度	R. 后勤	该职位由于向其他职位提供服务或信息而对职位后果产生作用	某些文员、数据录入员、后勤员工、内部审计人员、门卫
				C. 辅助	该职位由于向其他职位提供重要的咨询、建议等支持服务而对结果产生影响	工序操作员、秘书、工程师、会计、人力资源经理
				S. 分摊	该职位通过与他人合作、共同行动而对结果有明显的作用	介于辅助和主要之间
				P. 主要	该职位直接影响和控制结果	督导、经理、总监、副总裁

（2）海氏职位评价的评分量表由三张海氏职位评价指导表组成，分别是"海氏技能水平评价指导表""海氏解决问题能力评价指导表""海氏承担的职位责任评价指导表"（如表4-25、表4-26、表4-27所示）。

表4-25　海氏技能水平评价指导表

| | | 管理诀窍 | | | | | | | | | | | | | | |
| | | 起码的 Ⅰ | | | 相关的 Ⅱ | | | 多样的 Ⅲ | | | 广博的 Ⅳ | | | 全面的 Ⅴ | | |
人际技能		基本的1	重要的2	关键的3	基本的1	重要的2	关键的3	基本的1	重要的2	关键的3	基本的1	重要的2	关键的3	基本的1	重要的2	关键的3
专业理论知识	基本的 A	50 57 66	57 66 76	66 76 87	66 76 87	76 87 100	87 100 115	87 100 115	100 115 132	115 132 152	115 132 152	132 152 175	152 175 200	152 175 200	175 200 230	200 230 264
	初等业务的 B	66 76 87	76 87 100	87 100 115	87 100 115	100 115 132	115 132 152	115 132 152	132 152 175	152 175 200	152 175 200	175 200 230	200 230 264	200 230 264	230 264 304	264 304 350
	中等业务的 C	87 100 115	100 115 132	115 132 152	115 132 152	132 152 175	152 175 200	152 175 200	175 200 230	200 230 264	200 230 264	230 264 304	264 304 350	264 304 350	304 350 400	350 400 460
	高等业务的 D	115 132 152	132 152 175	152 175 200	152 175 200	175 200 230	200 230 264	200 230 264	230 264 304	264 304 350	264 304 350	304 350 400	350 400 460	350 400 460	400 460 528	460 528 608
	基本专门技术 E	152 175 200	175 200 230	200 230 264	200 230 264	230 264 304	264 304 350	264 304 350	304 350 400	350 400 460	350 400 460	400 460 528	460 528 608	460 528 608	528 608 700	608 700 800
	熟练专门技术 F	200 230 264	230 264 304	264 304 350	264 304 350	304 350 400	350 400 460	350 400 460	400 460 528	460 528 608	460 528 608	528 608 700	608 700 800	608 700 800	700 800 920	800 920 1 056
	精通专门技术 G	264 304 350	304 350 400	350 400 460	350 400 460	400 460 528	460 528 608	460 528 608	528 608 700	608 700 800	608 700 800	700 800 920	800 920 1 056	800 920 1 056	920 1 056 1 216	1 056 1 216 1 400
	权威专门技术 H	350 400 460	400 460 528	460 528 608	460 528 608	528 608 700	608 700 800	608 700 800	700 800 920	800 920 1 056	800 920 1 056	920 1 056 1 216	1 056 1 216 1 400	1 056 1 216 1 400	1 216 1 400 1 600	1 400 1 600 1 840

表 4 - 26　海氏解决问题能力评价指导表

		思维难度				
		重复性的1	模式化的2	中间型的3	适应型的4	无先例的5
思维环境	高度常规性的A	10% 12%	14% 16%	19% 22%	25% 29%	33% 38%
	常规性的B	12% 14%	16% 19%	22% 25%	29% 33%	38% 43%
	半常规性的C	14% 16%	19% 22%	25% 29%	33% 38%	43% 50%
	标准化的D	16% 19%	22% 25%	29% 33%	38% 43%	50% 57%
	明确规定的E	19% 22%	25% 29%	33% 38%	43% 50%	57% 66%
	广泛规定的F	22% 25%	29% 33%	38% 43%	50% 57%	66% 76%
	一般性规定的G	25% 29%	33% 38%	43% 50%	57% 66%	76% 87%
	抽象规定的H	29% 33%	38% 43%	50% 57%	66% 76%	87% 100%

表 4 - 27　海氏承担的职位责任评价指导表

		职位责任															
		微小1				少量2				中量3				大量4			
		间接		直接		间接		直接		间接		直接		间接		直接	
职位对后果产生的作用		后勤 R	辅助 C	分摊 H	主要 P	后勤 R	辅助 C	分摊 H	主要 P	后勤 R	辅助 C	分摊 H	主要 P	后勤 R	辅助 C	分摊 H	主要 P
行动的自由度	有规定的R	10 12 14	14 16 19	19 22 25	25 29 33	14 16 19	19 22 25	25 29 33	33 38 43	19 22 25	25 29 33	33 38 43	43 50 57	25 29 33	33 38 43	43 50 57	57 66 76
	受控制的A	16 19 22	22 25 29	29 33 38	38 43 50	22 25 29	29 33 38	38 43 50	50 57 66	29 33 38	38 43 50	50 57 66	66 76 87	38 43 50	50 57 66	66 76 87	87 100 115
	标准化的B	25 29 33	33 38 43	43 50 57	57 66 76	33 38 43	43 50 57	57 66 76	76 87 100	43 50 57	57 66 76	76 87 100	100 115 132	57 66 76	76 87 100	100 115 132	132 152 175
	一般性规范的C	38 43 50	50 57 66	66 76 87	87 100 115	50 57 66	66 76 87	87 100 115	115 132 152	66 76 87	87 100 115	115 132 152	152 175 200	87 100 115	115 132 152	152 175 200	200 230 264
	有指导的D	57 66 76	76 87 100	100 115 132	132 152 175	76 87 100	100 115 132	132 152 175	175 200 230	100 115 132	132 152 175	175 200 230	230 264 304	132 152 175	175 200 230	230 264 304	304 350 400
	方向性指导的E	87 100 115	115 132 152	152 175 200	200 230 264	115 132 152	152 175 200	200 230 264	264 304 350	152 175 200	200 230 264	264 304 350	350 400 460	200 230 264	264 304 350	350 400 460	460 528 608
	广泛性指导的F	132 152 175	175 200 230	230 264 304	304 350 400	175 200 230	230 264 304	304 350 400	400 460 528	230 264 304	304 350 400	400 460 528	528 608 700	304 350 400	400 460 528	528 608 700	700 800 920
	战略性指引的G	200 230 264	264 304 350	350 400 460	460 528 608	264 304 350	350 400 460	460 528 608	608 700 800	350 400 460	460 528 608	608 700 800	800 920 1 056	460 528 608	608 700 800	800 920 1 056	1 056 1 216 1 400
	一般性无指引的H	304 350 400	400 460 528	528 608 700	700 800 920	400 460 528	528 608 700	700 800 920	920 1 056 1 216	528 608 700	700 800 920	920 1 056 1 216	1 216 1 400 1 600	700 800 920	920 1 056 1 216	1 216 1 400 1 600	1 600 1 840 2 112

海氏职位评价的总得分不是付酬因素得分的直接加总，而是根据职位薪酬因素的侧重点不同把职位分成上山型、平路型和下山型三种类型（如图 4-34 所示）。

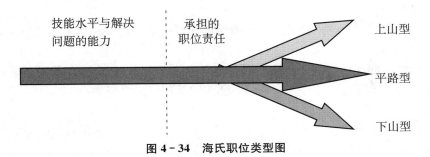

图 4-34　海氏职位类型图

在计算评价得分时，不同类型的职位的各付酬因素取不同的权重（如表 4-28 所示）。

表 4-28　海氏职位因素权重表

职位类型	职位特征	职位因素权重		代表性职位
		技能水平与解决问题的能力	承担的职位责任	
上山型	承担的职位责任比技能水平与解决问题的能力重要	>50%，一般为 60%	<50%，一般为 40%，承担的职位责任的比重应该大	CEO、副总经理
平路型	技能水平与解决问题的能力和承担的职位责任并重	50%	50%	出纳、司机
下山型	承担的职位责任不及技能水平与解决问题的能力重要	<50%，一般为 30%	>50%，一般为 70%	研发员、文员

2. 海氏职位评价法的操作流程

与其他的点数法一样，采用海氏职位评价法在开始前要做好充分的准备工作，包括确定要评价的职位、建立职位评价委员会、培训职位评价人员、收集和分析职位信息（特别是职位说明书）等等；在计算出职位评价分数后进行排序，建立职位等级表及相应的薪酬表等。它与其他方法的区别在于评价职位得出分值的具体过程。

海氏职位评价法的流程是：根据职位信息，对照海氏职位评价因素等级说明表（如表 4-24 所示），确定职位各个付酬因素的等级；再根据职位付酬因素等级对照表（如表 4-25、表 4-26、表 4-27 等三张海氏职位评价指导表所示）得出各个因素的得分或百分比；最后根据职位类型将各个因素的得分加总。

下面以某公司主管会计一职为评价对象，说明海氏职位评价法的操作流程。

第一步：评价技能水平。

（1）评价专业理论知识。公司对主管会计的专业理论知识要求较高，经过分析认为 E 级比较符合要求，但不是十分准确。再看 F 级，也有比较符合的描述，而 D 级和 G 级都明显不符合。于是将目标锁定在 E 级和 F 级上。相比之下，E+级要比 F－级更贴近实际的工作要求。

（2）评价管理决窍。主管会计一方面要安排和指导其他会计的工作，另一方面要能开展一些咨询性的管理工作（如计划和组织），但并不承担直接的管理责任。经过分析认为 I 级比较符合工作要求。

（3）评价人际技能。主管会计在内部与其他会计、出纳等财务人员有较多的工作联系，在外部与银行、税务部门、会计师事务所等有较多的工作联系，需要一定的交际能力，包括交流信息、协调活动、提供咨询等，因而 2－级比较合适。

（4）确定技能水平的得分。对照表 4-25 海氏技能水平评价指导表，主管会计的专业能力等级为 EI2，对应 3 个由低至高排列的数字，175、200、230。结合其等级结果 E＋I2－，选择 200 为其专业能力得分。

第二步：评价解决问题的能力。

（1）评价思维环境。通过分析，认为 E 级与 F 级较合适。进一步分析，主管会计的工作要按照财务制度、准则、方法等进行思考，一般有较明确的规定，但有些方面比较模糊，所以选择 E＋级。

（2）评价思维难度。主管的工作专业性较强，需要较高的综合能力、分析能力。分析认为第 3 级与第 4 级较符合，再分析后确定为 3＋级。

（3）确定解决问题能力的得分。对照表 4－26 海氏解决问题能力评价指导表，主管会计解决问题能力的等级为 E3，对应两个百分比值 33％与 38％。结合其具体的结果 E＋3＋，确定为 38％。

这里的百分数表示解决问题的过程中对知识技能的运用程度。为了得到解决问题能力的实际分值，需要用技术水平的得分 200 与 38％相乘，得到的 76 即为解决问题能力的最后得分。

第三步：评价职位责任。

（1）评价行为的自由度。分析认为 D 级和 E 级比较符合，由于主管会计的工作要求结果是确定的，并且要按照一定的先例和规定程序进行，受到较严格的限制，因此选择 D＋级。

（2）评价职位责任。选择 2 级。

（3）评价职位对后果产生的作用。分析后选择 C＋。

（4）确定承担的职位责任的得分。对照表 4－27 海氏承担的职位责任评价指导表，主管会计承担职位责任的等级为 D2C，对应由低到高三个得分，即 100、115、132。综合评价结果 D＋2C＋，确定其得分为 132。

第四步：得出职位评价成绩。

（1）判断职位类型。主管会计的技能水平和解决问题的能力与承担的职位责任同等重要，可以确定为平路型，即技能水平和解决问题能力的权重为 50％，承担的职位责任的权重为 50％。

（2）得出职位评价得分。对照表 4－28，根据公式计算可得：

主管会计职位评价得分＝（200＋76）×50％＋132×50％＝204

（二）国际职位评价法

1. 国际职位评价法的来源和特点

国际职位评价法（IPE）是由美世咨询公司开发的一种职位评价工具，到目前一共推出了三版。第一版由于种种原因没有大范围推行；第二版则是目前应用得最广泛也是最成熟的一个版本，它不但可以用于比较全球不同行业、不同规模的企业中的职位，还可用于对大型集团企业中各个分（子）公司中的职位进行比较；第三版的影响力和应用性均不如第二版。因此，我们着重介绍第二版。

IPE 实质上也是一种职位评价点数法，其最主要的特点包括：

（1）IPE 将对企业的影响、监督管理、职责范围、沟通技巧、任职资格、解决问题的能力、环境条件 7 个方面作为薪酬评价因素，各个评价因素的权重不同（如图 4－35 所示）。

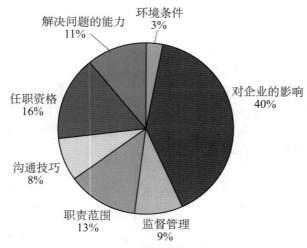

图 4－35　IPE 评价因素示意图

　　这 7 个因素再进一步分解成 16 个子因素，每个子因素再分解形成不同的等级数目，每个因素和子因素都有相应的说明（如表 4 - 29 所示）。

表 4 - 29 IPE 职位评价因素说明表

评价因素	因素说明	子因素	子因素说明
对企业的影响	职位在企业中影响的范围	组织规模	企业大小由销售额和员工数来决定
		影响程度	对企业普遍的贡献
监督管理	职位所应具备的管理能力	下属人数	指根据组织职位分布图，所要负责管理的下属的数量
		下属类型	按职能性质将下属分类，比如技术人员与管理人员
职责范围	职位的职责范围大小	工作独立性	工作任务的完成需要在多大程度上借助他人的力量，或者说在多大程度上能够不受控制地自主完成工作
		工作多样性	工作内容的复杂程度
		业务知识	完成工作所需掌握的专业知识
沟通技巧	职位所需的沟通能力和范围	沟通能力	达成沟通目的所需具备的能力
		沟通频率	沟通发生的频率
		内外部	沟通是发生在内部还是外部
任职资格	职位对任职者所需具备的资格的要求	教育背景	主要指学历
		工作经验	主要指相关工作经验
解决问题的能力	职位解决各种工作问题的能力	创造性	解决措施的创新和实用程度，即在多大程度上是独立自主地想出来的或与前人的经验不同并兼具实用性
		复杂性	需要解决的问题的难度，以及所采取的措施的可操作性的程度
环境条件	职位承担的来自工作环境的风险及舒适性	风险	身体、精神上受到的各种伤害
		环境	身体、精神和技术方面受到的各种压迫

　　（2）与 IPE 职位评价因素说明表相对应的是若干职位评价因素级别表和评价指导表，指导如何确定各个子因素的等级及对应的评价分数。

　　（3）IPE 的评价总分为 1 200 分，根据评价的结果可以将各个不同的职位划分为 46 个级别。

2. 国际职位评价法的操作流程

　　IPE 的操作流程与其他的点数法一样，不同之处在于评价职位得出分值的具体过程。假如有一家 A 公司，年销售额为 3 000 万元，拥有 180 名员工，从事国内贸易。下面以对该公司销售部经理一职进行职位评价为例，说明 IPE 的操作流程。

　　第一步：评价对企业的影响。

　　（1）确定组织规模级别。参照组织规模表（如表 4 - 30 所示），A 公司为贸易类企业，对应其中的 C 栏；其销售额对应的组织规模级别为 4 级；对照其中的 F 栏，由员工数量确定的组织规模级别为 5 级。

　　参照组织规模级别表（如表 4 - 31 所示），根据上一步基于不同标准确定的组织规模 4 级和 5 级，确定 A 公司最终的组织规模级别为 4 级。

　　（2）确定影响程度级别。参照影响程度级别表（如表 4 - 32 所示），确定 A 公司销售部经理对业务部门的影响程度是主要影响，对应 9 级；同时，对整个组织的影响属重要影响，对应 11 级。按照"取最高的影响级别"的原则，最终确认级别为 11 级。

　　（3）确定对企业的影响的评价分。参照对企业的影响评价指导表（如表 4 - 33 所示），确定组织规模级别为 4 级，影响级别为 11 级，对应的对企业影响的得分为 77 分。

表4-30 组织规模表

单位：百万元

级别	A 销售/生产类（高附加值）企业的销售额		B 销售特殊服务/装配加工类（中附加值）企业的销售额		C 销售或贸易类（低附加值）企业的销售额		D 资产管理类企业的总资产		E 保险类企业的保险收入		F 企业员工总数	
1		18		45		72		358		45		10
2	18	36	45	90	72	143	358	717	45	90	10	25
3	36	72	90	179	143	287	717	1 433	90	179	25	50
4	72	143	179	358	287	573	1 433	2 866	179	358	50	100
5	143	287	358	717	573	1 147	2 866	5 733	358	717	100	200
6	287	573	717	1 433	1 147	2 293	5 733	11 465	717	1 433	200	400
7	573	1 147	1 433	2 866	2 293	4 586	11 465	22 930	1 433	2 866	400	800
8	1 147	2 006	2 866	5 016	4 586	8 026	22 930	40 128	2 866	5 016	800	1 400
9	2 006	3 511	5 016	8 778	8 026	14 045	40 128	70 224	5 016	8 778	1 400	2 500
10	3 511	6 145	8 778	15 362	14 045	24 578	70 224	122 892	8 778	15 362	2 500	4 000
11	6 145	10 753	15 362	26 883	24 578	43 012	122 892	215 061	15 362	26 883	4 000	7 000
12	10 753	18 818	26 883	47 045	43 012	75 272	215 061	376 358	26 883	47 045	7 000	12 000
13	18 818	28 227	47 045	70 567	75 272	112 907	376 358	564 536	47 045	70 567	12 000	18 000
14	28 227	42 340	70 567	105 851	112 907	169 361	564 536	846 805	70 567	105 851	18 000	27 000
15	42 340	63 510	105 851	158 776	169 361	254 041	846 805	1 270 207	105 851	158 776	27 000	40 000
16	63 510	95 266	158 776	238 164	254 041	381 062	1 270 207	1 905 310	158 776	238 164	40 000	60 000
17	95 266	142 898	238 164	357 246	381 062	571 593	1 905 310	2 857 965	238 164	357 246	60 000	100 000
18	142 898	214 347	357 246	535 869	571 593	857 390	2 857 965	4 286 948	357 246	535 869	100 000	150 000
19	214 347	321 521	535 869	803 803	857 390	1 286 084	4 286 948	6 430 422	535 869	803 803	150 000	225 000
20	321 521		803 803		1 286 084		6 430 422		803 803		225 000	

表 4－31　组织规模级别表

根据组织规模表 A 至 E 栏得到的企业规模等级	根据组织规模表 F 栏（员工人数）得到的企业规模等级																			
	1	2	3	4	5	6	7	8	9	10	11	12	13	14	15	16	17	18	19	20
1	1	1	2	2	3	3	4	4	—	—	—	—	—	—	—	—	—	—	—	—
2	1	2	2	3	3	4	4	5	5	—	—	—	—	—	—	—	—	—	—	—
3	2	2	3	3	4	4	5	5	6	6	—	—	—	—	—	—	—	—	—	—
4	2	3	3	4	4	5	5	6	6	7	7	—	—	—	—	—	—	—	—	—
5	3	3	4	4	5	5	6	6	7	7	8	8	—	—	—	—	—	—	—	—
6	3	4	4	5	5	6	6	7	7	8	8	9	9	—	—	—	—	—	—	—
7	4	4	5	5	6	6	7	7	8	8	9	9	10	10	—	—	—	—	—	—
8	4	5	5	6	6	7	7	8	8	9	9	10	10	11	11	—	—	—	—	—
9	—	5	6	6	7	7	8	8	9	9	10	10	11	11	12	12	—	—	—	—
10	—	—	6	7	7	8	8	9	9	10	10	11	11	12	12	13	13	—	—	—
11	—	—	—	7	8	8	9	9	10	10	11	11	12	12	13	13	14	14	—	—
12	—	—	—	—	8	9	9	10	10	11	11	12	12	13	13	14	14	15	15	—
13	—	—	—	—	—	9	10	10	11	11	12	12	13	13	14	14	15	15	16	16
14	—	—	—	—	—	—	10	11	11	12	12	13	13	14	14	15	15	16	16	17
15	—	—	—	—	—	—	—	11	12	12	13	13	14	14	15	15	16	16	17	17
16	—	—	—	—	—	—	—	—	12	13	13	14	14	15	15	16	16	17	17	18
17	—	—	—	—	—	—	—	—	—	13	14	14	15	15	16	16	17	17	18	18
18	—	—	—	—	—	—	—	—	—	—	14	15	15	16	16	17	17	18	18	19
19	—	—	—	—	—	—	—	—	—	—	—	15	16	16	17	17	18	18	19	19
20	—	—	—	—	—	—	—	—	—	—	—	—	16	17	17	18	18	19	19	20

表 4-32　影响程度级别表

影响程度级别	影响程度级别定义	机构领导 A级职位	对公司的影响 B级职位	对行业/业务部门的影响 C级职位	在工作范围内的影响 D级职位以下	专业影响
1	任职者从事的工作被主管仔细和持续地控制				微小影响	
2	任职者在任何清楚界定的工作框架设定内活动，工作被主管仔细但非持续地控制				微弱影响	
3	任职者对只关注结果而非细节的受控工作负责				有限影响	
4	任职者提出建议及/或担任对工作领域有一些影响的工作或影响的专业领域				一些影响	对工作范围有一些影响
5	任职者协调、控制或发展对工作领域有重要影响的工作				相当影响	对工作范围有相当影响
6	任职者对职能部门/业务单元的业绩负有有限影响，或任职者对工作领域有重要影响				主要影响	对工作范围有主要影响
7	任职者对职能部门/业务单元的业绩有一些影响			一些影响		对职务/业务部门有一些影响
8	任职者对职能部门/业务单元的业绩有重要影响（该职能部门/业务单元至少对组织业绩有重要影响）			相当影响		对职务/业务部门有相当影响
9	任职者对一个对组织业绩有限影响的职能部门/业务单元负责，或任职者对一些对组织业绩有重要影响的职能部门/业务单元（该职能部门/业务单元至少对组织业绩有重要影响）		有限影响	主要影响		对职务/业务部门有主要影响
10	任职者对一些对组织业绩有一些影响的职能部门/业务单元或活动负责		一些影响			对企业成绩有一些影响
11	任职者对一个对组织业绩有重要影响的职能部门/业务单元负责，或任职者是一个对组织业绩有重要影响的专家		相当影响			对企业成绩有相当/主要影响
12	在一个大公司里担任组织首脑，该组织业绩受到总部和/及其他公司的强烈影响（具体体现的政策、价格、财务战略、市场战略等）；或任职者对一个对组织业绩有主要影响的职能部门/业务单元负责；或担任组织副首脑	深受其他公司和/及其他组织的强烈影响全部影响的领导	主要影响			
13	在一个大公司里担任组织首脑，该组织业绩受到总部和/及其他组织的部分影响	受其他公司部分影响的领导				
14	组织首脑	受其他公司微小影响的领导				
15	组织首脑及董事会主席	公司领导或董事会主席				

影响程度说明：1. 有限影响：主要是协调性质的工作，低于10%。2. 一些影响：主要是对企业成绩有间接性的影响，10%～20%。3. 相当影响：对企业成绩有明显、基本、主要的影响，20%～30%。4. 主要影响：对企业取得的重要业绩有显著的影响，高于30%。

表 4 - 33 对企业的影响评价指导表

影响程度等级	组织规模等级																			
	1	2	3	4	5	6	7	8	9	10	11	12	13	14	15	16	17	18	19	20
1	5	5	5	5	5	5	5	5	5	5	5	5	5	5	5	5	5	5	5	5
2	10	10	10	10	10	10	10	10	10	10	10	10	10	10	10	10	10	10	10	10
3	12	14	16	18	20	22	24	26	28	30	32	34	36	38	40	42	44	46	48	50
4	14	20	26	32	38	44	50	56	62	68	74	80	86	92	98	104	110	116	122	128
5	17	24	31	38	45	52	59	66	73	80	87	94	101	108	115	122	129	136	143	151
6	20	28	36	44	52	60	68	76	84	92	100	108	116	124	132	140	148	156	164	172
7	23	32	41	50	59	68	77	86	95	104	113	122	131	140	149	158	167	176	185	194
8	26	36	46	56	66	76	86	96	106	116	126	136	146	156	166	176	186	196	206	216
9	29	40	51	62	73	84	95	106	117	128	139	150	161	172	183	194	205	216	227	238
10	32	44	56	68	80	92	104	116	128	140	152	164	176	188	200	212	224	236	248	260
11	35	49	63	77	91	105	119	133	147	161	175	189	203	217	231	245	259	273	287	301
12	38	54	70	86	102	118	134	150	166	182	198	214	230	246	262	278	294	310	326	342
13	41	59	77	95	113	131	149	167	185	203	221	239	257	275	293	311	329	347	365	383
14	44	64	84	104	124	144	164	184	204	224	244	264	284	304	324	344	364	384	404	424
15	48	70	92	114	136	158	180	202	224	246	268	290	312	334	356	378	400	422	444	468

第二步：评价监督管理。对照监督管理评价指导表（如表4-34所示），确定A公司销售部经理的下属类型对应3级，下属人数对应4级，则对应的管理能力得分为50分。

表4-34　监督管理评价指导表

级别　下属类型 下属人数 （直接、间接）　级别	1 下属为担任同类或重复性工作的员工	2 下属中包括专业人员但不包括管理人员	3 下属中既包括专业人员又包括低层或中层管理人员	4 下属中既包括专业人员又包括高层管理人员（A级或B级岗位）
1　0	10	10	10	10
2　1～10	20	25	30	35
3　11～50	30	35	40	45
4　51～200	40	45	**50**	55
5　201～1 000	50	55	60	65
6　1 001～5 000	60	65	70	75
7　5 001～10 000	70	75	80	85
8　10 001～50 000	80	85	90	95
9　50 000 以上	90	95	100	105

第三步：评价职责范围。对照职责范围评价指导表（如表4-35所示），确定A公司销售部经理的工作独立性级别为6级，工作多样性级别为8级，则对应的职责范围评价分为120分。然后确定职位所需业务知识加分级别为4级，对应的分数为25分。合计得出职责范围得分为145分。

表4-35　职责范围评价指导表

级别　工作多样性 工作独立性　级别	1 相同或重复性的工作	2 多数同类工作	3 一些同类工作	4 一个职能领域内的不同工作	5 不同职能的工作	6 领导一个职能部门/业务单元	7 领导两个或多个职能部门/业务单元	8 组织首脑，领导销售部、制造部或研发部等其中一个部门的主要工作	9 组织首脑，领导销售部、制造部或研发部等其中至少两个部门的主要工作	10 组织首脑，全面领导销售部、制造部或研发部的主要工作
1　职责清晰明确 持久受控	5	10	20	30	40	50	60	70	80	90
2　职责位于有限的框架 步步受控	10	20	30	40	50	60	70	80	90	100
3　职责遵循常规的方法和实践 按检查点受控	20	30	40	50	60	70	80	90	100	110
4　职责遵循一般性的指导 完成后受控	30	40	50	60	70	80	90	100	110	120
5　职责追随战略目标 战略性受控	40	50	60	70	80	90	100	110	120	130
6　职责追随组织目标 由公司的执行总裁控制	50	60	70	80	90	100	110	**120**	130	140

续表

级别		1	2	3	4	5	6	7	8	9	10
级别	工作多样性 ／ 工作独立性	相同或重复性的工作	多数同类工作	一些同类工作	一个职能领域内的不同工作	不同职能的工作	领导一个职能部门/业务单元	领导两个或多个职能部门/业务单元	组织首脑，领导销售部、制造部或研发部等其中一个部门的主要工作	组织首脑，领导销售部、制造部或研发部等其中至少两个部门的主要工作	组织首脑，全面领导销售部、制造部或研发部的主要工作
7	职责追随董事会目标由董事会控制	60	70	80	90	100	110	120	130	140	150

职位所需业务知识加分说明		
级别	业务知识	额外的分数
1	只需要公司其他职务的有限知识	5
2	对公司其他职务有较好的了解	10
3	对整个公司和/或国内市场有较好了解，和/或对所负责业务的国际市场有一般了解	15
4	全面了解整个公司和/或国内市场，和/或对所负责业务的国际市场有较好了解	25
5	全面了解所有有关公司经营活动的整个公司、国内市场和国际市场的情况	40

第四步：评价沟通技巧。对照沟通技巧评价指导表（如表 4-36 所示），确定 A 公司销售部经理的沟通能力级别为 3 级，沟通频率级别为 3 级，内外部级别为 2 级，则对应的沟通技巧得分为 90 分。

表 4-36 沟通技巧评价指导表

3		级别		1		2	
级别	沟通频率	沟通能力					
		普通		重要		极大	
1	偶尔	10	30	50	50	50	70
2	时常	20	40	40	60	60	80
3	天天	30	50	30	70	70	90
		内部	外部	内部	外部	内部	外部
级别		内外部					
		1	2	1	2	1	2

相关概念说明：
沟通能力
普通：要求遵守一般礼节和交换信息的交流
重要：费力的交流，要求与人合作、对人施加影响的交流，如谈判、面试、采访
极大：对整个公司有重大影响的谈判和决策

沟通频率
偶尔：一个月有几次
时常：定期但非每天
天天：每天
内外部
内部：主要在公司内部的交流
外部：客户、单位、管理高层（同一集团的单位交流视为外部交流）、销售和有关购买的洽谈

第五步：评价任职资格。对照任职资格评价指导表（如表 4-37 所示），确定 A 公司销售部经理的教育背景级别为 4 级，工作经验级别为 5 级，得出任职资格得分为 120 分。

表 4－37　任职资格评价指导表

级别		1	2	3	4	5	6	7	8
级别	工作经验 教育背景	不必有经验	熟悉标准性的工作和/或应用简单的工装设备和机器（6个月以下）	必须有处理某专门项目和/或工装设备和机器的经验（6个月~2年）	必须有工作范围所需的深度和广度的经验（2~5年）	技术专业经验或广泛的职务经验（5~8年）	既深又广的职务经验或跨几个职务的一些管理经验（8~12年）	特别广和深的职务经验或跨几个职务的相当重要的管理经验（12~16年）	跨几个职务的特别管理经验（16年以上）
1	小学 初学	15	30	45	60	75	90	105	120
2	高中 职业高中	30	45	60	75	90	105	120	135
3	专业化教育 高中教育后的教育，如专门的技术或经济学校	45	60	75	90	105	120	135	150
4	大学程度（三年以上），包括获得学士、硕士或其他专业大学程度的教育 本科 硕士	60	75	90	105	120	135	150	165
5	博士	75	90	105	120	135	150	165	180

第六步：评价解决问题的能力。对照解决问题的能力评价指导表（如表 4－38 所示），确定 A 公司销售部经理的创造性级别为 4 级，复杂性级别为 6 级，则对应的解决问题的能力得分为 90 分。

表 4－38　解决问题的能力评价指导表

级别		1	2	3	4	5	6	7
级别	复杂性 创造性	问题清楚确定，常规性质，有明确指示	问题已确定，有限难度，需要一点分析	通常问题已确定，有些难度，需要一些分析	必须确定问题，问题难处理，需要分析和调查	必须确定问题，问题复杂，需要复杂广泛的分析和细致的调查	必须确定问题，问题多数非常复杂，大量的集团内跨企业的分析	必须确定问题，需要花很多时间解决复杂广泛的问题，大量的跨集团的分析
1	无须创造或改进 一切已有明确规定	10	20	30	40	50	60	70
2	一般性改进 基于现行办法	20	30	40	50	60	70	80
3	改进和发展现有的方法和技术 受益于职务内部的经验	30	40	50	60	70	80	90
4	创立新方法和技术 受益于企业内部的经验	40	50	60	70	80	90	100

续表

级别	复杂性 / 创造性	1 问题清楚确定，常规性质，有明确指示	2 问题已确定，有限难度，需要一点分析	3 通常问题已确定，有些难度，需要一些分析	4 必须确定问题，问题难处理，需要分析和调查	5 必须确定问题，问题复杂，需要复杂广泛的分析和细致的调查	6 必须确定问题，问题多数非常复杂，大量的集团内跨企业的分析	7 必须确定问题，需要花很多时间解决复杂广泛的问题，大量的跨集团的分析
5	创立新的复杂而广泛的方法和技术受益于企业外部的经验	50	60	70	80	90	100	110
6	明确发明性质前所未有经验的新发明	60	70	80	90	100	110	120
7	科学性的发明	70	80	90	100	110	120	130

第七步：评价环境条件。对照环境条件评价指导表（如表 4 - 39 所示），确定 A 公司销售部经理的风险级别为 1 级，环境级别为 1 级，则对应的环境条件得分为 10 分。

表 4 - 39　环境条件评价指导表

级别	风险 / 环境	1 一般	2 难度
1	一般	10	20
2	高度	20	30

第八步：填写职位评价表。按照职位评价表（如表 4 - 40 所示）的格式填写，完成对相应职位的评价。

表 4 - 40　职位评价表

岗位名称			销售经理											
因素			级别	点数	级别	点数	级别	点数	级别	点数	级别	点数	级别	点数
1	对企业的影响	组织规模	4	77										
		影响程度	11											
2	监督管理	下属类型	3	50										
		下属人数	4											
3	职责范围	工作独立性	6	145										
		工作多样性	8											
		业务知识	4											
4	沟通技巧	沟通能力	3	90										
		沟通频率	3											
		内外部	2											
5	任职资格	教育背景	4	120										
		工作经验	5											
6	解决问题的能力	创造性	4	90										
		复杂性	6											
7	环境条件	风险	1	10										
		环境	1											
总分				582										
备注														

第九步：确定职位级别。根据职位评价总分，对照分数-职级转换表（如表4-41所示），确定A公司销售部经理的职位级别，分数为582分，则对应22级。

表4-41　分数-职级转换表

总得分	职位级别	总分数	职位级别	总分数	职位
51~75	1	451~475	17	851~875	33
76~100	2	476~500	18	876~900	34
101~125	3	501~525	19	901~925	35
126~150	4	526~550	20	926~950	36
151~175	5	551~575	21	951~975	37
176~200	6	576~600	22	976~1 000	38
201~225	7	601~625	23	1 001~1 025	39
226~250	8	626~650	24	1 026~1 050	40
251~275	9	651~675	25	1 051~1 075	41
276~300	10	676~700	26	1 076~1 100	42
301~325	11	701~725	27	1 101~1 125	43
326~350	12	726~750	28	1 126~1 150	44
351~375	13	751~775	29	1 151~1 175	45
376~400	14	776~800	30	1 176~1 200	46
401~425	15	801~825	31		
426~450	16	826~850	32		

（三）翰威特弹性点值法

翰威特咨询公司（现更名为怡安翰威特咨询公司）是国际知名人力资源管理咨询公司之一。多年来，翰威特咨询公司针对职位评价方法进行了大量的研究，并结合为客户咨询的经验，创立了具有普遍适用意义的弹性点值法（flexpoint）。弹性点值法最大的特点是真正实现客户化。

● 要素选择上的客户化：客户可以根据公司的特点和需要选择让员工及管理层共同认可并反映职位价值的报酬因素。

● 要素权重上的客户化：每个企业内在特点存在较大的差异性，有的企业看重行为结果，有的注重能力要素。弹性点值法能引导和帮助客户正确选择要素权重。

● 评估程序上的客户化：弹性点值法能根据客户的不同特点选择相适应的实施程序以保证职位评价的正确实施，并保证结果的有效沟通和普遍认同。

弹性点值法的核心是以下六大要素，如图4-36所示。

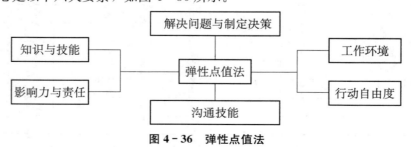

图4-36　弹性点值法

要素一：知识与技能

该要素旨在评估为了胜任指定工作任务所必需的整体的知识与技能水平，并不考虑获得该知识技能的途径。

知识与技能的内部等级定位及相应评分如表 4-42 所示。

表 4-42 知识与技能评分表

水准	要素一：知识与技能	分数
A	基本技能：遵照简单的书面或口头指导，了解各种既定工作规程。能够阅读各种参考材料、提取信息并进行基本运算。可能需要会电脑输入或操作标准型号的机器，包括检验、记录及输出信息。	20
A+		24
B	宽泛的行政或技术技能：能通过完成多个既定的、多步骤的规程来收集、组织、核对、整理及/或分析数据。这一过程要求某个特定领域内广泛而细致的知识。可能需要操作更加复杂的设备，包括使用通用的电脑软件，以便遵照既定标准提供产品与服务。	29
B+		36
C	精深知识或专长领域：在某一特定或技术/行政职能领域内具有广泛的知识，包括对于相关政策与规程的了解。可遵照这些指导原则制订行动计划。可能需要使用精密设备并接受全面的调试与操作培训。能分析并诠释复杂信息，并可修改现有惯例、规程或方法。	43
C+		52
D	专门知识理论与实践相结合：具备相当程度的专业知识，有特定的学历背景要求。可通过技术数据编写报告并进行诠释。熟知所在领域的理论及标准运作方案。可协助制定新方法与新规程，其中包括运用多个专业领域的相关知识来解决实际问题。	63
D+		77
E	精通专业领域：要求深入了解某项公认的技术专长或某个专业领域内的深层理论和现有操作方式。能运用先进的知识与经验来创建新方法、方案与规程，其中包括全面理解与运用相关知识解决一个以上主要专业领域中的实际问题。	93
E+		112
F	先进领域的广博知识：广泛而深入地理解若干相关专业领域或学科的理论与方案。能领悟并整合多个学科中的关键信息，并在多个主要专业领域内运用。	136
F+		165
G	多元化的专业知识：全面了解多个学科并整合多个专业领域内的关键信息；要求具备有关公司各主要部门的广泛的理论与实践知识。	200

要素二：影响力与责任

该要素通过下列维度来评价职位：

● 具体行为对于实现企业、部门的目标，以及最终促成企业商业经营成功所具备的潜在影响力。

● 具体职位在完成工作成果方面所承担的责任。

影响力的衡量可以通过财务、预算、计划或项目管理、其他与该职位密切相关的关键点来进行；责任是指对于最终决策或行动的确定具有的控制或支配力度，该维度通过某职位是否承担主要责任、分享责任或是间接责任来衡量。

影响力与责任的内部等级定位及相应评分如表 4-43 所示。

表 4-43　影响力与责任评分表

水准	要素二：影响力与责任	得分
A	影响极其有限：仅对本职位的直接工作领域施加显著影响。其影响实质上是间接、辅助性的。不存在任职者职权范围以外的任何责任。	20
A+		24
B	对工作单元产生可察觉的影响：通常指对本工作单元（内设部门）施加影响。可对单元内或部门中与其直接相关的活动施加暂时性影响。其影响实质上是间接、辅助性的。存在有限的连带责任。	29
B+		36
C	对所在工作单元的绩效施加重大影响：日常工作可以影响到其他工作领域的活动。所担负的连带责任主要为间接责任，但可通过那些仅影响本工作单元的活动进行分担。可为工作单元以外的决策制定过程提供相关信息。	43
C+		52
D	对多个部门形成至关重要的影响：可以对部门（一级部门）施加总体影响。作为企业内部的咨询顾问，定期提供建议而影响决策制定过程。很少或不具备资源（财政或人员）调配权，但可进行分析并提供建议。	63
D+		77
E	对经营单位的运作施加重大影响，但不具备决策控制权：可在既定权限内审批费用，或在权限范围内调配资源以提供服务。所提出的各种意见与建议总被采纳。	93
E+		112
F	影响重大且范围广：积极参与制定可对多个部门或经营单位产生一定影响的短期、长期决策。全权负责调配具体行动计划中的大量资源。	136
F+		165
G	对某个重大跨经营单位职能部门承担主要责任：直接控制重要资源。可对实现公司目标产生关键影响。	200

要素三：解决问题与制定决策

该要素对于在调查问题和评估多种解决方案方面所必须作出的判断与分析的水平进行衡量。同时，它还衡量胜任该职位所需的决策或判断的复杂程度。

解决问题与制定决策的较低评级主要关注的是常规问题，在这个层面，企业通常已有既定的行动方案或有限的备选方案；中层评级则需解决更加复杂的问题，并提出通用的问题解决方案；而高层评级需要针对问题进行新颖的分析，运用概念性思考并发挥创造力。

此外，在评估该要素时还应考虑以下四个问题：

- 职位所频繁经历的问题的复杂程度。
- 解决所面临的问题时存在的备选方案。
- 企业政策与规程对制定决策的限制程度。
- 用于协助解决问题的现有人力、物力资源。

解决问题与制定决策的内部等级定位及相应评分如表 4-44 所示。

表 4-44 解决问题与制定决策评分表

水准	要素三：解决问题与制定决策	得分
A	工作任务完全限定：工作内容固定，通常已有详细规程与技术支持，需遵照一份既定的行动计划。已存在明确的备选方案。	20
A+		24
B	工作任务实质为例行程序：通过评估众多既定的备选方案来解决相关的问题。可通过规程及/或同事与主管得到必要的支持。	29
B+		36
C	任务类型多种多样：通过参照相关政策及/或向同事和主管进行咨询来制定决策或解决问题。选择各种行动方案时需加以判断。可修改标准规则，以期适应新的或业已发生变化的形势。通常可根据过去的先例来制定解决方案。	43
C+		52
D	仅有有限先例可供参照：需通过分析事实和一般规则来解决问题。仅将笼统政策作为指导原则。需进行判断并运用现有的理念来制订各种行动计划。	63
D+		77
E	职责全面、工作任务复杂：为主要部门或经营单位的计划制定相应目标。评审现有计划与方案。需加以判断来认清并分析问题。通常需根据有限的信息制定解决方案。一般需向同事或上级领导进行咨询。	93
E+		112
F	职责重大：解决重大问题。制定目标并评估全公司的计划与方案。为主要部门或经营单位制定短期目标，参与制定长期目标；根据有限的信息制定解决方案或行动计划，需要与同事或上级领导进行商讨。	136
F+		165
G	负责解决全公司的关键且复杂的问题：思考并解决重大问题。通常评估全公司的长期计划或方案。行动计划仅受笼统的公司政策限制。决策可影响到公司的总体方向与形象。	200

要素四：行动自由度

该要素对所从事的工作的层次、行动的自由度以及所实施或接受的监督管理的性质进行衡量，考虑职位所需进行的规划、组织、人员配置和领导的程度以及下属的类型/级别及所从事工作的性质。

在该项要素较低的职位层级上，考虑的重点应为接受监督管理的性质；在中层水平上，考虑较高层次的职责以及明确的、持续的保障质量绩效的监督管理职能；在高的层级上，考虑实现关键部门/事业部/企业整体目标下的广泛职责。

行动自由度的内部等级定位及相应评分如表 4-45 所示。

表 4-45 行动自由度评分表

水准	要素四：行动自由度	得分
A	处于严密监管下：由主管人员通过明确、详细的规程对其工作进程进行定期监管。根据既定日程来确定工作程序；负责自身的职责，偶尔有变通，工作结果常由他人审核。	20
A+		24

续表

水准	要素四：行动自由度	得分
B	接受日常监管：受到主管人员或既定规程的定期监管。在满足大致认定的日程要求的前提下具有一定的回旋余地。偶尔可为他人提供指导，但无监管职责。	29
B+		36
C	受到有限的指导与监管：自行安排工作日程来实现既定目标。工作进程与绩效不定期地接受监管。在标准方案的允许范围内可自由选择方法。可提变革建议。可担当"指导"角色。	43
C+		52
D	监管他人：领导某个工作单元的工作。全面负责绩效与人事行动方案。 或 独立工作：负责对实现部门/公司重要目标而言至关重要的项目或计划，主持该特殊项目或遵照一般指导原则制定相应方案。	63
D+		77
E	指导主要部门的工作：作为部门（一级部门）经理确定标准，以确保遵照既定政策。协调相关活动，其中包括预算管理工作。 或 极其独立工作：项目或方案对总体政策及公司总体目标的实现产生深远影响。	93
E+		112
F	协调两个或多个主要部门的运作：在跨经营单位的职能领域，整合各部门目标。为有效实现这些目标，与其他职能领域相互影响。组织制定方案、政策，在全公司层面上促进组织策略的制定。	136
F+		165
G	全面控制公司各部门：组织制定跨经营单位的方案。设计并诠释政策。协助制定组织总体政策与发展方向。	200

要素五：沟通技能

该要素对职位所需的交往与人际关系技能的性质进行衡量，同时还衡量职位所需的合作以及与企业内外部的其他对象进行交往的技能；此外，该要素还衡量履行工作职责所需的沟通技能的层次。

沟通技能的内部等级定位及相应评分如表4-46所示。

表4-46 沟通技能评分表

水准	要素五：沟通技能	得分
A	基本的口头与书面技能：需有一般性礼节，即最低限度的人际交流。	20
A+		24
B	传达基本事实：以标准形式传达详细的日常信息。沟通对象已了解沟通主题。	29
B+		36
C	诠释信息：能答复详细的质询信息。沟通对象不一定了解该话题的相关领域。需运用一定的技巧。	43
C+		52
D	信息复杂或具争议性：需使用技术技能进行非常规信息的交流。可向那些只具备初级知识的对象进行讲演介绍。通常进行电话或书面联络。需要谨慎斟酌，以维持良好合作关系。	63
D+		77

续表

水准	要素五：沟通技能	得分
E	针对复杂事件为他人提供建议：经常性地提出行动计划方案，需进行相当的诠释。向众多人员进行公开讲演介绍。运用考虑周详的技巧来实现沟通及一定程度的劝服。	93
E+		112
F	技能高超：促使冲突各方达成共识。运用精深的斡旋手段解决争端。需相当的游说与谈判技能。	136
F+		165
G	影响关键决策：涉及重大承诺在内的事件。被授权通过互让实现总体目标。	200

要素六：工作环境

该要素旨在评估日常工作所处的环境特征以及面临的风险状况，主要衡量安全性和稳定性两个维度。工作环境的内部等级定位及相应评分如表4-47所示。

表4-47 工作环境评分表

水准	要素六：工作环境	得分
	1. 安全性	
A	无危害环境：对人员健康不存在特别的危害，无需特殊防护。	10
A+		13
B	最低限度地暴露于有害环境：存在某些刺激物。由该职位特性决定的固有危害，即高分贝噪声、照明不足、强光照射、工作环境污秽、受尘埃和烟雾等影响。（不考虑临时或可控的情况。）	18
B+		24
C	中等程度的健康危害：所受伤害需专业治疗。通常并不造成大量工作时间的损失，需特定防护，即防护服、安全眼镜等，包括高温工作环境。	32
C+		42
D	频繁暴露于有害环境且造成严重伤害：所受伤害需专业治疗或住院治疗。需经常性的防护措施，即全天候的面罩、安全眼镜及/或听觉防护。	56
D+		75
E	高度危害或终身伤害：暴露于诸如强电击、爆破或高空下坠等高危环境。针对日常操作有特殊的防护措施。	100
	2. 稳定性	
A	相当稳定：日程、工作量或工作重点很少发生变化。除日常工作外，无外加最后期限。能够预计新工作任务。面对最低限度的干扰或不可控的间断。极少面临时间要求方面的冲突。	10
A+		15
B	变化可预见：面对例行工作期限。通常有足够的间隔时间。工作量会出现季节性和可预见的变化。虽存在某些干扰，仍可预计工作重点。差旅或加班会提前通知。可能定期出现棘手或尴尬的外界意外事件。	22
B+		32
C	工作重点频繁发生变化：最后期限由外部施加，即个人无法控制时限的设定与修改。干扰可影响工作的轻重缓急。难以预计今后几天的工作性质或工作量。差旅或加班通常仍可预见。符合最后期限要求并协调无关活动对该职位而言至关重要。	46
C+		68

续表

水准	要素六：工作环境	得分
D	同时应对多项重要任务的最后期限：最后期限由外部施加。时限的确定与更改往往临时紧急通知，造成工作重点不断转变。要求密切关注大量干扰。可包括频繁而辛劳的差旅及/或未曾预见的加班。日常工作压力突出。	100

在运用六大要素分别对职位进行评价之后，可以汇总形成翰威特弹性点值法职位评估工作表，如表 4 - 48 所示。

表 4 - 48 弹性点值法职位评估工作表

所属部门	职位名称	因素评级						
		知识与技能	影响力与责任	解决问题与制定决策	行动自由度	沟通技能	工作环境	
							安全性	稳定性

【小结】

职位管理是基于职位的人力资源管理的基础，现代职位管理主要包括职位筹划、职位分析和职位评价三部分内容。本章分四节对相关内容做了介绍。

第1节通过明确职位和职位管理的基本概念，描述职位管理的演变，对现代职位管理的整体框架进行详细阐述。第2节在介绍职位筹划概念的基础上，对如何将企业的职位划分为不同的职类、职种、职层和职级，并建立企业的职位体系和员工的职业发展通道做了说明。第3节详细阐述了职位分析的内涵、发展历史、战略意义等，并对如何进行职位分析、如何描述职位分析的成果等内容进行了详细介绍。第4节则详细阐述了职位评价的内涵、发展历史、战略意义、应用等，并对职位评价的流程、方法，以及如何开发适合企业个性特征的职业评价系统进行了介绍，最后为读者呈现了实践中最常用的三种职位评价方法。

【关键词】

职位　职位管理　职类　职种　职层　职级　职业发展通道　职位体系　职位分析　职位分析方法　职位说明书　职位描述　任职资格　职位评价　报酬要素　职位分级法　职位分类法　因素比较法　要素计点法　海氏职位评价法　国际职位评价法　翰威特弹性点值法

【思考题】

1. 职位管理的内容和框架是什么？
2. 什么是职位筹划？如何进行职位筹划？

3. 什么是职位分析？它的战略意义和作用是什么？

4. 常见的职位分析方法有哪些？

5. 职位评价在战略、组织、人力资源管理中的地位是怎样的？

6. 如何构建适合组织特点的职位评价系统？

7. 举例说明典型的职位评价方法。它们各有什么优缺点？

案例分析

王瑞到底想要什么？

王瑞是一家新开业的电脑公司的老总，手下有100多名知识型员工。一天，王瑞愁眉苦脸地找到老朋友、企业咨询专家张朋，诉苦说："没想到自己开公司这么麻烦。不知为什么，我们总是在节骨眼上发现有些重要的事情没做好，或者根本还没做。也总是在事后才发现这些事情本应安排专人具体负责。公司有这个条件，因为我们的工作负荷还不是很重，很多人都在干着不怎么重要的事情。"

张朋给王瑞倒了一杯茶，招呼他坐下，然后试探着问："是不是你的员工在国有企业待久了，松散惯了，不习惯现在的工作方式？或者，缺乏工作主动性？"

"不是！他们都是我的老朋友、老伙计，不存在松散怠慢的问题。这些人综合素质非常高，无论工作能力还是职业道德都没说的。而且，目前的情况令他们也很着急。"王瑞的回答很干脆。"那就是你的问题啦。为什么不把工作提前安排好呢？"张朋开起老朋友的玩笑来。

"也许吧。但我不可能将太多的精力放在分配任务上，我还有大量其他的事情要做。我现在真有些焦头烂额了，顾了这头就顾不了那头。"王瑞很是无奈，"你能不能帮我一个忙，帮我整个东西，把这乱七八糟的局面理顺一下？"

"帮你物色几个高水平的精英人才？""不！我们的员工水平够高了，2/3是硕士，出自名校，还有博士。我不缺人才。"一提起员工，王瑞就充满自信。

"那你要整个什么东西？"张朋的兴趣上来了。

"你看，我的员工虽然学历高，但都是工科出身，懂技术，却不懂管理。让他们提高一下，不仅管好自己的事务，还能从整体上兼顾一下其他。搞清楚每个人应该干什么。"王瑞用手比画着，"反正不能再有些事没人干，有些人没事干。"

"整份培训计划，把员工们系统地培训一下？"

"不是，他们正分期分批地培训着。我们有很详细、很系统的培训计划。你知道《华为基本法》吧？有个类似的东西也许行。"王瑞不知道怎么说才好。

"《华为基本法》不是一下子就能完成的，也不是任何人都能编写的，再说对你们也不一定合适。"张朋摆出专家的架子。

"知道，我也不一定要那个。我是想要类似的东西。"

"修正规章制度？"

"不是，我们早就有，非常先进。"王瑞摇头。

"业绩考评方法？""不是。"

"薪酬计划？""不是。"

"你到底想要什么呢？"张朋有些不耐烦了。

"说实话吧，我也不知道我要的究竟是什么。"

"那你这不是难为我吗？"张朋又好气又好笑，"自己都不知道要什么，我怎么帮你呢？"

"不是难事我找你做什么？拜托，帮帮忙吧。"王瑞特认真。

望着王瑞严肃认真的表情，张朋陷入了沉思。送走王瑞后，他思考了好几天。

一周后，张朋抄起了王瑞的电话："我知道你的要求了。你需要我为你的公司做一次详细的工作分析，为每个人写一份职位说明书。将公司所有的工作整理一遍，分级分类，明确职务，明确职责，将每个人要做的事情固定下来，每个人的主要职责区分清楚，再详细确定每个职位任职人员的任职资格。以后，凡涉及人与岗的事情，都可以职位说明书作为评定标准。你看行吗？"

"我要的就是这个东西，你到底是行家。"电话那头，王瑞大喜过望。

问题：

1. 王瑞想要的东西是什么？
2. 概述职位说明书的作用。

【参考文献】

[1] 德斯勒 . 人力资源管理：第 12 版 . 北京：中国人民大学出版社，2012.

[2] 彭剑锋，饶征 . 基于能力的人力资源管理 . 北京：中国人民大学出版社，2003.

[3] 彭剑锋 . 人力资源管理概论 . 上海：复旦大学出版社，2008.

[4] 彭剑锋 . 21 世纪人力资源管理的十大特点 . 人力资源管理，2001（3）.

[5] 吴春波 . 华为的素质模型和任职资格管理体系 . 中国人力资源开发，2010（8）.

[6] 孙健敏 . 人力资源管理中工作设计的四种不同趋向 . 首都经济贸易大学学报，2002（1）.

[7] 周亚新，龚尚猛 . 工作分析的理论、方法及运用 . 上海：上海财经大学出版社，2007.

[8] 赵曦 . MY 公司职位分析与应用的案例研究 . 成都：电子科技大学，2018.

[9] 刘川川 . M 公司职位职级体系建构及其应用研究 . 北京：中央民族大学，2017.

[10] 刘永才，赵波，李大斌 ."三位一体"的职位管理.

企业管理，2014（8）.

[11] 明茨伯格 . 卓有成效的组织 . 北京：中国人民大学出版社，2007.

[12] 兰格 . 专注力 . 北京：中国人民大学出版社，2007.

[13] 付芝进 . 加强职位管理，提升炼化企业人力资源管理水平 . 人才资源开发，2016（4）.

[14] 朱勇国 . 职位分析与职位管理体系设计 . 北京：对外经济贸易大学出版社，2010.

[15] McCormick E J, Jeanneret P R, Mecham R C. A study of job characteristics and job dimensions as based on the Position Analysis Questionnaire (PAQ). Journal of Applied Psychology, 1972, 56 (4): 347 - 368.

[16] Hackman J R, Oldham G R. Motivation through the design of work: test of a theory. Organizational Behavior and Human Performance, 1976, 16 (2): 250 - 279.

[17] Campion M, Medsker G, Higgs A. Relations between work group characteristic and effectiveness: implications for designing effective work group. Personal Psychology, 1993, 46: 823 - 850.

第5章　胜任力管理

本章要点

通过本章内容的学习，应能回答如下问题：

- 胜任力是什么？
- 胜任力的构成要素有哪些？
- 胜任力模型是怎样的？如何描述？
- 胜任力模型的理论基础有哪些？
- 构建胜任力模型的流程是怎样的？
- 构建胜任力模型有哪些方法？
- 胜任力模型在企业人力资源管理中有何作用？

引导案例

某能源公司的胜任力模型应用

某能源公司隶属于某大型能源电力企业，位于陕西省某市，是国家西部大开发经济发展的重要力量。经过10多年的发展，成为具有一定规模的跨地区、跨电网的全国性发电企业，业务遍及国内15个省区及1个海外地区。

然而，公司的效益和产量虽然连创佳绩，但员工过多，分流了一大部分收益，导致公司的利润停滞不前，甚至出现滑坡，严重影响了企业前进的步伐。为解决这个问题，公司将人员减编和优化人力资源配置提上议程。

但是，应该减哪些人、胜任力的标准是什么、如何有效评价员工各方面的能力成了管理者的难题。有的管理者认为能力导向最重要，只要能把岗位工作做好就行；有的管理者则认为还必须考虑综合素质，有的员工能力是不错，但是不遵守纪律，领导交办的工作也不认真做，这类员工不能委以重任。

基于此，公司管理者希望通过定制的、科学的胜任力素质模型来解决人力资源管理中存在的问题。不仅依靠招聘来解决员工胜任力的问题，更通过明确胜任力素质模型为员工提供一定的行为引导，同时，也为基层管理者对基层员工的评价提供一定的依据，确保人员评价公平、公正，使胜任力管理融入整个人力资源管理体系。

资料来源：http://www.chinahrd.net/blog/373/721608/372218.html.

胜任力的标准是什么？管理者如何有效评价员工的胜任力？企业如何构建科学、系统的胜任力管理模型？如何将胜任力管理融入人力资源管理系统，为企业的人力资源配置夯实基础？

职位管理系统与胜任力系统是人力资源管理系统构建的两大基石。第4章已经介绍了职位管理系统在人力资源管理系统构建中的重要作用，本章将详细介绍胜任力系统涉及的重要概念、模型、构建流程以及应用。

第1节　胜任力的内涵及其作用

一、胜任力的内涵

胜任力的应用始于20世纪70年代初。当时美国政府以智力因素为基础选拔驻外联络官，却发现许多表面上很优秀的人才在实际工作中的表现令人失望，于是邀请美国著名心理学家大卫·麦克利兰帮助设计一种能够有效预测实际工作能力的人员选拔方法。麦克利兰提出采用行为事件访谈法（behavioral event interview，BEI）来获取第一手资料，对工作表现优秀与一般的驻外联络官的具体行为特征差别、思维差异进行比较分析，从而找到驻外联络官的胜任特质。

麦克利兰在顺利完成这项工作后，于1973年发表了《测试胜任特征而不是"智力"》（Testing for Competence Rather Than for "Intelligence"）一文。他在文中批评了当时美国普遍采用智力测验、性向测验和学术测验作为选拔、考核和预测工作绩效的标准和工具的做法，提出了胜任力（competency）这个概念并将之作为选拔和考核的标准。

"胜任力"这一概念自提出以来经历了从内容分析到实际运用的发展过程。由于不同的研究者对于胜任力的内涵与外延的认识不同，因此对于胜任力概念的界定一直存在百家争鸣的景象。从字面上理解，胜任力一词的英文"competency"的意思是能力、技能。① 在学者的研究与企业的管理实践领域,"competency"又常常与"competence""skill""ability""talent"等交叉使用。我国对于"competency"一词有多种翻译,如"胜任力""素质""资质""胜任素质特征""能力"等,本书选择"胜任力"。下面从学者、研究与咨询机构的观点入手来解析胜任力的内涵。

(一) 学者的观点

(1) 美国学者约翰·弗莱纳根(John C. Flanagan)于 1954 年创造了关键事件技术。他认为,工作分析的主要任务就是评价工作的关键要求,主要内容包括:确定工作行为的目的;针对目的收集与该行为相关的关键事件;分析相关数据;描述这些行为需要的胜任力。② 关键事件方法开创了测量人的行为的技术先河,并从此成为胜任力研究领域的核心方法。

(2) 美国心理学家大卫·麦克利兰认为,采用智力测验、性向测验等方法预测未来工作的成败是不可靠的,测试结果与业绩之间的关系不是必然的,要视具体情况而定。人的工作绩效由一些更根本、更潜在的因素决定,这些"能区分在特定的工作职位和组织环境中绩效水平的个人特征"就是胜任力。③

麦克利兰同时提出,根据胜任力与工作绩效的关系,可以将胜任力分为两类:普通胜任力和特殊胜任力。普通胜任力是指从事工作的必要条件,它不能作为区分普通员工和优秀员工的标准。特殊胜任力是指能够把普通员工与优秀员工区分开的胜任力。麦克利兰还认为,对工作绩效应该明确定义,成功与失败都不是绝对的,并且是多方面因素造成的。麦克利兰的研究更关注对工作成功的人的特征的研究,而不仅仅是对工作任务本身感兴趣。麦克利兰对胜任力的研究具有开创性,被誉为"胜任力研究之父"。

(3) 美国学者理查德·博亚特兹(Richard E. Boyatzis)认为,不同的行为导致不同的结果,特性与能力使人作出恰当的行为,即胜任力是通过对行为的引导而最终影响绩效的。④ 博亚特兹也因此使得胜任力被广泛理解为导致高绩效的一种潜在特质。⑤

(4) 美国学者莱尔·斯潘塞(Lyle M. Spencer)和塞尼·斯潘塞(Signe M. Spencer)认为,胜任力是在工作或情境中产生高效率或高绩效所必需的人的潜在特征。他们还提出了胜任力的冰山模型,认为胜任力由五个方面构成:知识与技能、社会角色、自我形象、个性以及动机。其中,在"水面上"的知识与技能相对容易观察与评价,而在"水面下"的特征是看不到的,必须通过具体的行动才能推测出来。⑥

(5) 理查德·马洛比利(Richard J. Mirabile)认为,胜任力是与工作的高绩效相联系的知识、技能、能力或特性,例如解决问题、分析思维、领导等。⑦

(二) 研究与咨询机构的观点

(1) 20 世纪 70 年代,美国管理协会(AMA)开展了一项名为"什么样的胜任力是成功管理者所特有的"的研究。此项研究涉及 1 800 位管理者在 5 年中的工作表现,通过比较分析,发现产生优秀绩效的各种特性,进而对成功管理者所需具备的工作胜任力进行界定,这在胜任力的研究历史上是第一次。美国管理协会将胜任力定义为"在一项工作中,与达成优良绩效相关的知识、动机、特征、自我形象、社会角色与技能"⑧。

---

① 梅厄. 朗文当代英语大辞典:第 2 版. 北京:商务印书馆,2011.
② Flanagan J C. The critical incident technique. Psychological Bulletin,1954,51:327-358.
③ McClelland D C. Testing for competence rather than for intelligence. American Psychologist,1973,28:1-14.
④ Boyatzis R E. The competent manager:a model for effective performance,New York:A Wiley-Interscience Publication,1982.
⑤ Yeung A. Competencies for HR professionals:an interview with Richard B. Boyatzis. Human Resource Management,1996,Vol. 35,No. 1:119-131.
⑥ Spencer L M,Spencer S M. Competence at work. New York:Wiley India Pvt. Limited,1993.
⑦ Mirabile R J. Everything you wanted to know about competency modeling. Training and Development,1997,Vol. 51,Issue 8:73-78.
⑧ Hayes J. A new look at managerial competence:the AMA model for worthy performance. Management Review,1979,Vol. 59,Issue 2-3.

（2）美国合益集团（Hay Group）提出，胜任力是在既定的工作、任务、组织或文化等综合情境中，能够预测高绩效人员的知识、技能、能力、行为特征和其他方面的个人综合特征。[①]

（3）美国盖洛普公司（Gallup Organization）结合其多年来科学、系统地研究选民、消费者与员工的意见、态度与行为的经验，运用成功心理学的理念与方法，提出在外部条件给定的前提下，一个人能否成功的关键在于能否准确识别并全力发挥个人的天生优势，这种优势是由人的才干、技能与知识组成的，而核心是才干，也就是胜任力，即个人所展现的自发而持久的并且能够产生效益的思维、感觉与行为模式。[②]

可以看出，学者、社会机构以及企业对于胜任力的解释与定义已然形成了鲜明的对照，每一种观点对于胜任力概念的发展与应用实践都起到了有益的作用。尽管各方的观点可谓仁者见仁，智者见智，但是从本质上来说，其内在原理与逻辑都是基本一致的。

我们认为胜任力可以这样定义：胜任力是驱动员工产生优秀工作绩效、可预测、可测量的各种个性特征的集合，是可以通过不同方式表现出来的知识、技能、个性与内驱力等。胜任力是判断一个人能否胜任某项工作的起点，是决定并区别绩效差异的个人特征。

需要注意的是，上述胜任力概念中有三个关键点：

- 相关性：胜任力能够产生优秀的工作绩效，即胜任力与工作绩效是相关的。
- 可预测：依据胜任力可以预测一个人能否胜任某项工作或能否取得好的工作绩效。
- 可测量：胜任力是可以通过行为表现的各种特征的集合，并可以用一些特定的标准来测量。

二、胜任力的构成

（一）胜任力的冰山模型

胜任力的冰山模型由美国学者莱尔·斯潘塞夫妇在其著作《工作胜任力：高绩效模型》一书中提出（如图 5-1 所示）。他们认为胜任力可以分为知识与技能、社会角色、自我形象、个性以及动机等部分，分布在"水面上"和"水面下"。其中，知识与技能是属于露在水面上的表层部分，这部分是对任职者基础胜任力的要求，也称基准性胜任力或显性胜任力。显性胜任力的观察和测评比较容易，因而也是较容易被模仿的，换言之，知识与技能可以通过有针对性的培训习得。显性胜任力的差别能够影响绩效，但不是区别绩效的关键因素。社会角色、自我形象、个性、动机等属于潜藏于水面下的深层部分的胜任力，这部分称为鉴别性胜任力或隐性胜任力。相对于知识与技能而言，隐性胜任力的观察和测评较难，也难以改变，这部分胜任力难以通过后天的培训获得，但隐性因素恰恰是区分绩效优异者和绩效平平者的关键因素，且职位越高，隐性胜任力对任职者的绩效影响越大。很多人力资源工作者在招聘时往往把对应聘者知识层面的要求摆在第一位，过于看重专业的对口、工作经验的相关性等，但胜任力冰山模型告诉我们：对于很多关键职位，知识往往是影响绩效最不重要的胜任力，也是最容易在短时间内改变的胜任力，知识背后的技能、自我形象、个性、动机等胜任力对绩效的影响更大。

（二）胜任力的洋葱模型

洋葱模型（Boyatzis，1982）（如图 5-2 所示）与冰山模型相似，由内至外说明胜任力的各个构成要素逐渐可被观察、测量的特点。[③]

---

① Hofrichter D，Douglas K，Hay Group Tapping. "Star Quality" with competency-based pay，ACA News，March 1996，Volume 39，Number 3.

② 白金汉，克利夫顿. 现在，发现你的优势. 北京：中国青年出版社，2002：10-15.

③ Boyatzis R E. The competent manager：a model for effective performance. New York：A Wiley-Interscience Publication，1982.

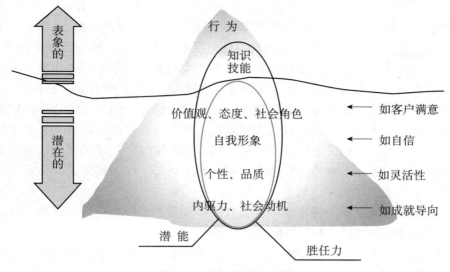

图 5 - 1　胜任力的冰山模型

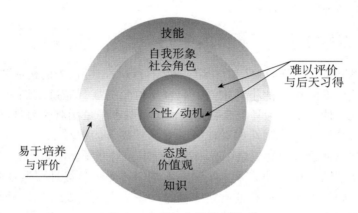

图 5 - 2　胜任力的洋葱模型

（1）动机。动机是推动个人为达到一定目标而采取行动的内驱力。动机会持续推动个人行为朝着有利于目标实现的方向前进。麦克利兰认为："动机是一种对目标状态或情形的关注，它表现为一种重复发生的幻想，从而持续驱动、引导着人的行为"（McClelland，1971）。① 例如，成就动机高的人常常为自己设定一些具有挑战性的目标，并尽最大努力去实现它，同时积极听取反馈以便做得更好。

（2）个性。个性表现出来的是一个人对外部环境与各种信息等的反应的方式、倾向与特性。个性与动机可以预测一个人在长期无人监督情况下的工作状态。例如，责任心强的人自己要求把工作做好。

（3）自我形象。自我形象是个人自我认知的结果，是个人对自己的看法与评价。一个人对自我的评价主要来自将自己与他人进行比较，而比较的标准是他们所持有的价值观。因此，这种自我形象不仅仅是一种自我观念，也是在个人价值观范畴内对这种自我观念的解释与评价。自我形象作为动机的反映，可以预测一定条件下个体的行为。例如，自信就是一个人坚信在任何情况下都可有效应对各种事情，它是个人对自我形象认知的一部分。

（4）社会角色。社会角色是个人对于其所属的社会群体或组织接受的并认为恰当的一套行为准则的认识。个人所承担的角色既代表了其对自身所具备特征的认识，也包含了其对他人期望的认识，这种角色是建立在个人动机、个性与自我形象基础上的，表现为个人一贯的行为方式与风格，即使个人所处的社会群体或组织

_____

① Spencer L M，Spencer S M. Competence at work. New York：Wiley India Pvt. Limited，1993.

发生变化也不会有所改变。例如，认为自己的角色是"服务者"的管理人员总是站在下属的角度考虑问题。

（5）价值观。价值观是指一个人对周围的客观事物（包括人、事、物）的意义、重要性的总评价和总看法，是决定人的行为的心理基础。价值观具有相对的稳定性和持久性。在同一客观条件下，对于同一事物，人们因价值观不同而会产生不同的行为，这将对组织目标的实现起到完全不同的作用。例如，对于企业不偷偷排污就面临亏损的问题，有的人会坚持维护公众利益，有的人则会坚持维持企业利益。

（6）态度。态度是一个人的自我形象、价值观以及社会角色综合作用外化的结果，它会随着环境的变化而变化。在某种情况下，一个人可能会表现得很积极，但是在另一种情况下，此人又有可能变得很消极。事实上，态度的变化本质上是个人动机、个性等相对持久稳定的因素与外部环境相互作用的结果。当作用力一致时，态度对于达成预定目标就是有利的，反之则是不利的。例如，技术研发人员对领导简单粗暴的管理方式很不满意，可能会影响其工作绩效。

（7）知识。知识是指一个人在某一特定领域所拥有的事实型与经验型信息。例如，操作工了解机器设备的运转知识与操作规程以及停机维修保养的时间与周期等。

（8）技能。技能是指一个人结构化地运用知识完成某项具体工作的能力。技能也指对知识和技术的掌握，但这种知识和技术能够用于完成具体工作，即一定要产生某个可测量的结果，这与胜任力的概念也是一致的。例如，操作工能够熟练操作机床生产产品。

（三）胜任力构成要素的特点

通过对胜任力冰山模型和胜任力洋葱模型的介绍，我们可以看出胜任力的构成要素有如下一些特点：

（1）知识、技能等显性要素的重要性相对较低，但容易得到提高。通过培训、工作轮换、调配晋升等多种人力资源管理手段与措施，使员工个人具备或提高知识与技能水平是相对容易且富有成效的。

（2）动机、价值观等隐性要素的重要性相对较高，但不易改善。相对于知识与技能，胜任力构成要素中的潜在部分既难以改善也难以评价，因而也难以在未来进行培养与开发。

（3）各要素之间存在相互的内在驱动关系。各种要素之间，无论是显性要素还是隐性要素，都存在内在驱动关系，它们相互影响、相互作用，并不是独立存在的。一个人决定要采取何种行动通常是动机、个性与自我形象、社会角色等各要素之间相互协调的结果。换言之，自我形象与社会角色会根据动机与个性来判断与识别什么才是恰当的行为，也会根据知识和技能水平来判断自己能够采取哪些行为，从而帮助一个人决定采取相应的行动。事实上，自我形象与社会角色充当了动机、个性乃至知识、技能等与外部环境之间相互作用、相互影响的媒介与桥梁。

胜任力构成要素中的隐性要素决定了行为的方向、强度、持久性等，显性要素则制约了行为的具体内容和方式。所以，组织仅凭借知识与技能来甄选员工是远远不够的，还要测评动机、价值观等隐性部分，因为这一部分往往更重要、更不易改变。当然，不易改变并不意味着不能改变。胜任力构成要素之间存在相互作用关系，可以采取相应的培养与开发手段逐渐改变员工的胜任力。

即时案例 5-1

中兴通讯人才培养

胜任力模型可以将企业的人才标准清晰化、明确化，在招聘、培训及激励等多个环节起到标杆的作用。其中，在确定胜任力模型之后，企业可以根据对人才的定义来制订多种人才培养计划，以胜任力作为企业培训的重要依据，促进员工的自我发展和培养。

中兴通讯作为我国著名通信制造企业，对新时代的人才素质要求可以概括为"知识优＋能力优"，要求员工具有复合能力、创新能力和实践能力，并以价值贡献者为导向，认同企业文化和价值观，勇于承担有挑战性的工作。

为了保证员工的胜任力，在确立三级筛选机制的基础上，中兴通讯制订了相应的培养和发展计划，帮助员工认识自我、挑战自我、发展自我，形成了人才培养"三角形"（如图5-3所示）。

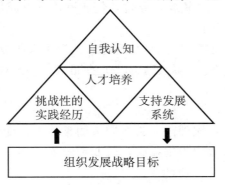

图5-3　中兴通讯人才培养"三角形"

针对不同类型员工的胜任力，中兴通讯建立了不同的培养体系，包括新员工培养、未来领袖培养、青年领军人才培养、业务人员培养和管理人员培养等，如表5-1所示。

表5-1　中兴通讯人才培养体系

培养对象	培养项目	特色
新员工	3+N素质模型	学习专业技能，培养职业素养，传承中兴精神
	导师制培养	进行工作指导，提供人文关怀，传承中兴文化
未来领袖	蓝剑计划	超一流选拔，国际化的发展空间，为期三年的顶级专家和高管双导师制精细化培养
青年领军人才	领军人才计划	提供合适的环境、实验室专项资金、专业的团队资源，鼓励进行业务创新，给予试错空间
业务人员	"三库一图"	建立岗位库，明晰组织架构，描述工作任务，梳理岗位序列；建立能力库，对业务流程进行分解，实现能力识别，并将能力进行分类（职业素质、专业能力）和分级（入门、标准、卓越）；建立课程库，通过内部开发、外部获取建立由专业课程和通用课程构成的完善课程体系；绘制学习地图，为不同业务岗位的人员设计学习路径
管理人员	ZBlue领导力梯队体系	清晰的上升通道，借助领导力发展测评，加强后备管理人员的自我认知，通过导师辅导、个人发展计划（IDP）、岗位实践（轮岗、授权代理等）进行全面培养，继而选拔优秀的"接力者"，推进关键岗位继任计划

资料来源：李广勇：市场竞争形势下的中兴人才培养实践. 2020年（第16届）中国人力资源管理新年报告会.

（四）胜任力模型的理论基础

构建胜任力模型的目的是达到人员、职业、组织之间的匹配，实现个人的职业发展，提高工作绩效。胜任力需要运用科学的方法进行测评，需要以人力资源管理、心理学、测量学、统计学等知识作为构建模型的基础。

1. 人岗匹配理论

每个人都有自己的个性特征。每一种职业都有其特点，对工作者的知识、技能、气质等方面的要求有所不同。因此，必须根据个人的个性特征选择与之相适应的职业，做到人岗匹配。人岗匹配吻合度高，可以提高工作绩效，提升工作效率。

弗兰克·帕森斯（Frank Parsons）提出了特性-因素论，他认为人的特性（人格特征）可以通过心理测量工具进行测量，工作要成功，需具备一些资格或条件，任职资格可以通过工作分析确定。个人在择业时，要了解工作性质、工作环境、个人爱好和自身能力。

约翰·霍兰德（John Holland）创立了人格类型理论，他把个人职业选择分为现实型、研究型、艺术型、社会型、企业家型和传统型六种人格性向，制定了职业选择量表作为测量工具，采用自我指导探索进行测试，帮助人们对选择职业作出决策。

2. 人力资本理论

人力资本理论最早由舒尔茨提出，该理论认为在同等的条件下，受过更多教育的人能创造更多的收入。通过教育，可以促进经济增长。通过人力资本投资，改变劳动者的知识结构和能力结构，可提高个人收入，使社会分配不断趋向平等。

人力资本理论的意义在于，对人力资源的管理可以更加有效地施展人的才能，挖掘人的潜能，调动人的积极性，发挥人的创造性，促使企业在人力资源上投资，为社会培养人才。

3. 特质理论

特质理论的主要代表人物有奥尔波特（Gordon Willard Allport）、卡特尔（Raymond Bernard Cattell）、艾森克（Hans J. Eysenck）等。奥尔波特提出，特质是人格结构的核心，在一定的情境中，特质可以使人激起某种倾向，产生各种行为。卡特尔把特质区分为表面特质和根源特质，他通过引进因素分析，把人格特质因素局限在几个表面特质上，再把表面特质归结到几组因素或根源特质，通过根源特质去描述或预测个别差异和个体行为。艾森克对人格提出了内倾—外倾、神经质—稳定性、精神质三个基本维度，以此为基础制定了人格问卷（EPQ），这成为验证人格维度的理论依据。

以上理论基础中，人岗匹配理论要求人必须具备胜任岗位的特征，人力资本理论为人的职前与职后培训提供了依据，特质理论对人在不同的环境中需要的特质做了较好的解释。

4. 工作特征模型

工作特征模型（job characteristics model，JCM）也称为职务特征模型、五因子工作特征理论，由哈佛大学教授哈克曼（Richard Hackman）和伊利诺伊大学教授奥尔德汉姆（Greg Oldham）提出。工作特征模型主要包括五个核心维度：技能多样性（skill variety）、任务一致性（task identity）、任务重要性（task significance）、工作自主性（autonomy）和工作反馈程度（feedback）。根据这一模型进行岗位设计，员工在工作岗位上能够感受到工作意义、明白工作责任、了解工作结果，从而产生工作满足感、内在工作动力等进行自我激励，形成积极循环。工作动机与工作特征模型五维度的关系可表示为：

$$\text{工作动机得分} = \frac{(\text{技能多样性} + \text{任务一致性} + \text{任务重要性}) \times \text{工作自主性} \times \text{工作反馈程度}}{3}$$

工作特征模型强调的是员工与工作岗位间的相互作用和匹配，并强调丰富工作设计以促进员工产生好的心理状态和工作成果。

三、胜任力管理的意义

（一）胜任力管理是企业获得竞争优势的需要

核心竞争力又称核心（竞争）能力、核心竞争优势，是组织获取竞争优势、取胜于外部竞争对手的能力的集合。通常这种能力并不体现在表面上（如销售额、市场占有率等），也不仅仅是企业所拥有的内外部资源（如资金、品牌等），而是体现在企业的系统能力上，这种系统能力持续地为客户提供比竞争对手更大的价值。

由于全球一体化的加剧、知识经济的来临和科学技术的快速发展，企业率先进入某个朝阳行业等传统的获得竞争优势的方法已经失效，培育并完善系统能力成为企业获得持续竞争优势的唯一途径。这种系统能力不仅仅意味着市场开拓、技术创新以及财务获利等局部环节上的能力，还在于将上述能力通过流程、机制和制度等进行组合从而持续转化为组织能力。这种组织能力依赖于组织中的核心资源——人力资源，关键在于持续构建组织中人力资源所具备的核心专长与技能，从而为客户创造独特的价值。在这里，核心专长与技能的核心要义为"胜任力"，即组织中从事不同工作的员工所具备的动机、内驱力、个性与品质、自我形象、社会角色、价值观、态度以及知识与技能等（如图 5-4 所示）。

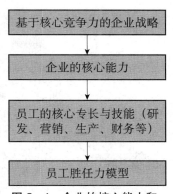

图 5-4　企业的核心能力和
员工的胜任力

如此一来，我们就在企业的核心竞争力、企业的核心能力、企业中员工的核心专长与技能以及员工胜任力之间构建了联系，并清楚地描绘了这种联系。所以，如何通过胜任力管理保存和增强组织的核心竞争力、帮助组织实现战略目标是组织管理的重要内容。

（二）胜任力管理是战略人力资源管理的需要

战略人力资源管理的最终目标是驱动企业核心能力的形成与保持，而企业核心能力的载体就是员工，企业核心能力是员工能力在组织情境中的系统集成。战略人力资源管理的前提是分析组织的使命、愿景、战略目标以及确认组织的整体需求，其直接目标是确保员工保持、获取与组织核心竞争力相一致的胜任力，从而支持组织战略目标的实现。

胜任力管理，可为招聘提供标准和方法，保证具备组织所需胜任力的人才加入组织；为员工职位的调整（包括换岗、晋升、降级等）提供依据，实现胜任力与职位的匹配；为培训提供方向和途径，实现员工胜任力的有效提升；为绩效考核提供标准，实现员工胜任力、工作责任与工作绩效的对等；为员工个人职业生涯发展提供帮助，使员工明确能力发展通道、实现职业目标；为组织人力资源规划提供参照，实现人员数量与质量的规划、制度与流程的规划等，以满足组织对员工胜任力的需要。

即时案例 5-2

中粮集团经理人胜任力模型在战略人力资源管理中的应用

中粮集团经理人胜任力来源于集团全产业链战略要求，胜任力模型如图 5-5 所示。

图 5-5　中粮集团经理人胜任力模型

中粮集团经理人胜任力模型中的领导力模型包括三个维度：高境界、强合力、重市场（如图5-6所示）。

图5-6 中粮集团领导力模型

高境界是指经理人自身价值观在行为层面的体现，不受其年龄、性格、经验、所处岗位和行业的影响，是人在各种环境下对自我的一贯要求。高境界包括业绩导向、学习成长、阳光诚信三个领导要素。

● 业绩导向：为个人或团队设定挑战性目标，以目标为导向；使用科学的方法监督目标达成；为达成目标不懈努力，从目标的达成和持续改进过程中获取成就感。

● 学习成长：个人展现出对新知识、经验和挑战的热情，并鼓励团队保持这种热情；为个人和团队创造学习机会并学以致用。

● 阳光诚信：坦率真诚、行为始终如一，遵从道德、伦理、专业和组织准则，赢得他人的信任。

强合力要求经理人必须视中粮为一个整体，以全产业链战略为统一目标，加强不同业务之间、同一业务上下游之间、组织内部之间的有效协同和资源共享，形成强大的合力。强合力包括协同共赢、组织发展、资源整合三个领导力要素。

● 协同共赢：运用适当的方式、方法影响工作伙伴，建立有效的合作关系，不断深化合作关系，促进工作目标的达成。

● 组织发展：根据企业整体战略、文化、价值观的要求，建立吸引人才、发展人才、激励人才和保留人才的机制，运用恰当的方式发展和激励团队，提升组织能力，使组织具备难以复制的整体人才优势。

● 资源整合：根据公司目标，积极调动公司内外部资源，并制订行动计划，确保工作目标有效达成。

重市场就是要遵循市场规律，始终从客户需求出发，不断为企业创造价值。重市场包括系统思考、变革创新、客户导向三个领导力要素。

● 系统思考：面对各种环境压力，基于数据信息，运用逻辑性的思维方式，系统性地形成对业务的认识和判断，创造性地作出战略决策。

● 变革创新：寻求和抓住机会，以创新的方法解决组织问题。

● 客户导向：建立并维护战略性客户关系，从客户角度出发开展工作。

在人力资源管理中，中粮集团领导力模型可应用于领导力发展、人才梯队建设、招聘甄选、培训开发、绩效管理、人才任用等领域。集团以领导力模型为核心，以经理人综合评价体系为基础不断完善人才培养与开发体系（如图5-7所示）。

图5-7 中粮集团领导力模型在人力资源管理中的应用

- 领导力发展系统。基于领导力模型完善经理人的发展系统。评价反馈是帮助经理人进行自我认知、不断完善自我的有效手段，集团每年根据领导力模型对经理人进行领导力 360 度评价，并建立评价反馈的工作制度。

- 人才梯队系统。基于领导力模型完善经理人的人才梯队系统。以领导力模型为主要评价标准，选拔集团战略发展所需的高潜质人才，通过领导力模型对高潜质人才进行测评，发现他们的优势与不足。制定个性化的培养方案，采用轮岗、分配挑战性工作、导师制等培养方法，加速高潜质人才的成长，建立集团的人才梯队。

- 经理人任用系统。基于领导力模型完善经理人的任用系统。模型为集团选拔、培养经理人提供了标准，集团按照此标准，采用 360 度评价、任前访谈等多种方法对经理人进行任前评价，为选人用人提供依据。

- 培训系统。基于领导力模型完善经理人培训系统。中粮经理人领导力培训系统以五步组合论为理论框架，以基于商业驱动力的领导力模型为重点进行构建，课程的开发与选择源于集团战略和经理人领导力模型的测评结果，不同职业发展阶段的经理人需要参加不同层次的系统性课程培训，通过"测评—培训—使用—测评"的循环，不断提升中粮经理人的领导力水平和知识结构的完整性。

- 人才招聘系统。从市场招聘经理人时，使用基于领导力模型的经理人综合评价体系，将测评结果作为甄选人才的主要依据。

- 绩效管理系统。将领导力评价和业绩评价有机结合起来，通过领导力的评价和发展，提升经理人的绩效。

（三）胜任力管理是满足员工需求、激励员工实现绩效目标的需要

组织成员的需求总体上呈现多元化且层次不断上升。实际上，对胜任力构成要素中的动机、价值观等隐性部分的分析，就是对员工个人需求的更深层次分析。通过胜任力管理，了解员工需求特别是更高层次的需求、创造满足需求的条件、实现个人需求与组织需要的匹配，有助于在有效激励个人的同时实现组织目标。

绩效是行为结果的体现，而行为又受到个人动机、个性、自我形象、价值观、社会角色、态度以及知识与技能等胜任力构成要素的直接影响（如图 5-8 所示）。

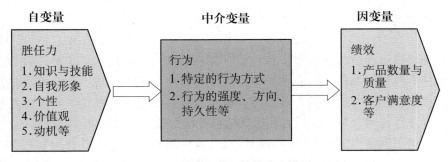

图 5-8　胜任力与绩效关系模型

比如一个成就动机很强的人，会积极主动、努力地把工作做到尽善尽美，而可能的绩效结果就是任务得到很好完成以及工作得以持续改进（如图 5-9 所示）。

动机的重要性不言而喻，但动机不仅很难被观察到，更难以改变，那么企业究竟应该如何有效地激发员工的成就动机呢？通过胜任力管理，不但能确认员工的动机，而且能通过创造一定的环境和条件塑造或激发员工的动机（比如，学习成功的组织标杆人物的事迹，让员工看到在组织中成功的途径和可能），从而有效激励员工不断实现高绩效。

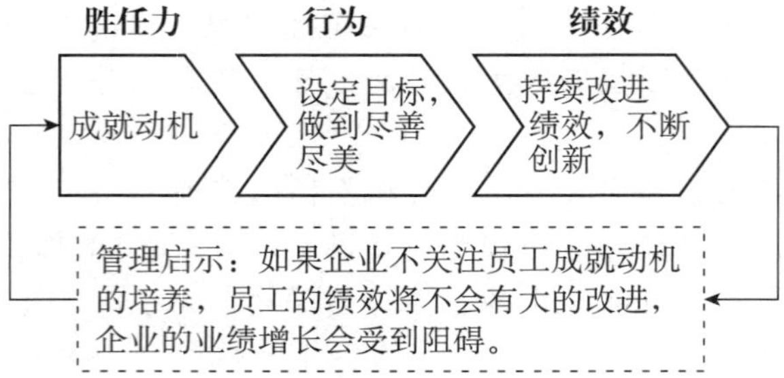

图 5-9　胜任力与绩效关系示例

　　总之，无论是从组织战略的角度，还是从全面绩效考核和深层次认识员工的角度出发，都有必要开展胜任力分析。对胜任力的研究是整个人力资源管理系统的一项基础性工作。

第 2 节　胜任力模型

一、胜任力模型的定义

　　胜任力模型（competency model）就是为了完成某项工作，达成某一绩效目标，要求任职者具备的一系列胜任力的组合。这些胜任力与工作绩效密切相关，包括"完成工作需要的关键知识、技能与个性特征以及对于工作绩效与获得工作成功具有最直接影响的行为"[①]（Sanchez，2000）。

　　从上述定义中可以看出，首先，胜任力模型是胜任力的组合，胜任力有不同的类别和等级，所以胜任力模型一定涉及胜任力的类别和等级；其次，胜任力是针对特定的工作与职位及相应的绩效而言的，所以胜任力的类别要与工作和职位匹配，既要包括必要的胜任力，也要排斥多余的胜任力；最后，要与绩效匹配，同一职位和工作有不同的绩效要求，要有相应的胜任力等级。所以企业内特定工作职位的员工胜任力模型通常可以体现为一系列不同级别的不同胜任力的组合[②]，类别不是越多越好，级别也不是越高越好。

二、胜任力的分类

　　胜任力的分类是指根据企业所需核心专长和技能（即核心能力）的结构确定员工胜任力的结构。对胜任力进行分类是构建胜任力模型的基础。如前文所述，按照胜任力的要素构成不同，可以把胜任力分为隐性胜任力和显性胜任力。根据企业的实践经验，可按照企业所需的核心专长与技能，将员工胜任力分为通用胜任力、可迁移胜任力、专业胜任力、职位胜任力和团队结构胜任力五类（如图 5-10 所示）。

　　（1）通用胜任力。通用胜任力主要是指所有组织成员都应当具备的基本胜任力和行为要素，即那些与企业所处行业、企业文化、企业核心价值观、企业战略等相匹配的胜任力。例如，IBM 的核心价值观是服务，则员工的服务意识是该公司的一项通用胜任力。通用胜任力的获取方法通常以战略与企业文化演绎为主，辅以关键职能与核心流程分析、优秀员工行为事件访谈、标杆机构胜任力模型研究等方法。该胜任力主要用于人员的招聘录用与甄选。

　　（2）可迁移胜任力。可迁移胜任力是指在不同专业类别中都应当具备的胜任力，主要是指领导力和管理

---

①　Sanchez J I. The art and science of competency models（book review）. Personnel Psychology，2000，53（2）：509-512.

②　Spencer L M，Spencer S M. Competence at work. New York：Wiley India Pvt. Limited，1993.

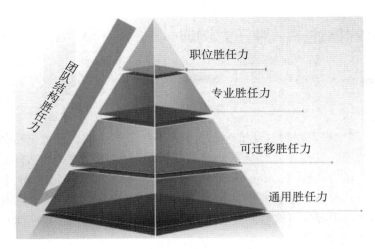

图 5 - 10　胜任力的分类

胜任力及行为要素，表现为有效发挥计划、组织、领导、控制、创新等管理职能，最大限度地开发与利用人力资源，建立高绩效的工作团队，等等，例如影响力、成就导向、培养人才等。领导胜任力与所处的领导与管理职位的高低及职责范围相关，一般分为：高层领导者胜任力、中层领导者胜任力、基层领导者胜任力。该胜任力主要用于领导者能力发展计划与领导团队建设。

（3）专业胜任力。专业胜任力是指员工为完成某一类专业业务活动所必须具备的能力与行为要素。这一类胜任力与工作领域直接相关，通常只要求特定类别职位的任职者具备，或对特定职位任职者有较高要求，这些职位类别包括技术研发类、专业管理类、操作类、营销类等。例如，技术研发类职位要求的专业胜任力主要包括创新意识、逻辑思维能力、团队合作等，营销类职位要求的专业胜任力主要包括服务意识、沟通能力、管理能力等。专业胜任力的获取方法以关键职能与核心流程分析为主，辅以优秀员工行为事件访谈、战略与企业文化演绎以及标杆机构胜任力模型研究等方法。该胜任力主要用于员工的职业化推进与职业发展。

（4）职位胜任力。职位胜任力是指员工胜任某一特定职位活动所必须具备的能力与行为要素。它与所从事的具体工作相联系，是在专业胜任力的基础上，体现某职类/职种中具体职位特点的胜任力，更多地强调基于职位要求的胜任力要素的结构化匹配。职位胜任力的获取方法以优秀员工行为事件访谈为主，辅以关键职位职责分析、标杆机构胜任力模型研究等方法。该胜任力适合于那些职位相对固定的流程型组织，主要用于人岗有效配置。

（5）团队结构胜任力。团队结构胜任力是指团队成员之间基于合作的前提，需要具备不同质的胜任力，如团队中既需要具备解决冲突能力的成员，也需要善于做决策的成员，还需要执行力强的成员，等等。它与所在团队的职能与任务直接联系，是面向跨职能、跨部门团队的一群人基于某个特定时期的特殊任务所要求的胜任力。团队结构胜任力的获取方法以团队职能任务分析为主，辅以团队员工行为事件访谈、战略与企业文化演绎以及标杆机构胜任力模型研究等方法。该胜任力适合于那些职位不固定、强调角色与团队协作及任务执行的网络型组织，例如项目组、任务组等。

当然，胜任力的这种分类不是绝对的，在一些企业中某些胜任力既可以划为通用胜任力，也可以划为可迁移胜任力或专业胜任力。在具体划分时，一方面要考虑这些胜任力的普遍性，另一方面要考虑其重要性。比如学习能力，对于一个高度依赖创新的公司应当划为通用胜任力，如果同时也划为专业胜任力，则表明学习能力对专业职位而言非常重要，相对于通用胜任力对学习能力有更高、更特殊的要求。

在胜任力管理中必须关注各类别员工胜任力的均衡发展，既要保证各类别员工能力的不断提升，以满足实现企业战略的要求，也要强调各类别员工之间能力结构的有效匹配与协同。唯有如此，企业才能获得持续的发展能力。

三、胜任力模型的描述——胜任力词典

（一）胜任力词典概述

1. 胜任力词典的起源

自 1989 年起，美国心理学家麦克利兰开始对 200 多项工作所涉及的胜任力进行研究（通过观察从事某工作的绩优人员的行为及其结果，发掘导致绩优的明显特征），经过逐步完善与发展，总共提炼并形成了 21 个通用胜任力要项，构成了胜任力词典（competency dictionary）的基本内容。这 21 个胜任力要项主要概括了任职者在日常工作与行为中，特别是处理某些关键事件时所表现出来的动机、个性特征、自我认知与技能等特点。作为基本构成单元与衡量标尺，这些胜任力要项的组合就构成了企业内特定职位任职者的胜任力模型。

2. 胜任力词典的发展与完善

继麦克利兰对胜任力进行研究与分析之后，企业界与学术界都在各自的实践与研究的基础上，纷纷丰富、细化或发展新的胜任力词典，例如 11 个胜任力要项、18 个胜任力要项等。这些胜任力大多是在经过大量绩优工作者的验证，以及多种经验式胜任力模型的确认的基础上提炼并总结出来的，具有广泛的实用性。尤其是在胜任力模型级别的界定方面，进一步发展了麦克利兰小组对 21 个胜任力要项的研究，使之更清晰、更有效。

事实上，正如胜任力模型要与企业核心能力对应并匹配一样，胜任力词典对于一个处于不确定性环境中的企业而言，也处于不断更新、提炼、添加与剔除的动态过程中。胜任力词典在适应企业培育核心竞争力的要求，创建符合企业个性化需求的胜任力模型方面发挥了基本依据与标尺作用（如图 5-11 所示）。

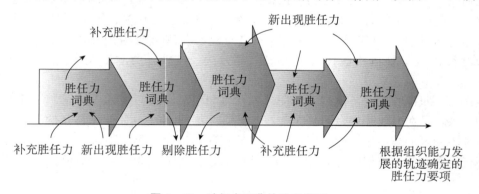

图 5-11　胜任力词典的动态发展

3. 胜任力词典的编制原理

无论企业与学者怎样丰富或细化胜任力词典，词典本身的生成原理总是不变的，其落脚点始终在于根据我们赋予胜任力的某种普遍意义，挖掘并提炼导致高绩效的任职者的某些特征的集合。

以麦克利兰编制的胜任力词典为例。麦克利兰及其研究小组首先根据对 200 多人在工作中的行为及其结果的观察得到的信息，建立了一个 286 类不同领域的相同工作所需胜任力的数据库，其中包括政府部门、教育机构、医院、宗教组织、企业、军队等组织中所需的企业家/领导人、市场类人员、技术类人员的胜任力。然后，麦克利兰等人对应数据库归纳了大约 760 种行为特征。其中，与 360 种行为特征相关的 21 个胜任力要项能够解释每个领域工作中 80% 以上的行为及其结果，而其余的 400 种行为特征对应的是一些不太常见的胜任力要项。因此，这 21 个胜任力要项便构成了胜任力词典的基本内容，并且每个要项都会由对应的各种行为特征来加以阐释。

胜任力词典的意义在于它可以解释胜任力对于同类工作的不同绩效结果——无论地域、文化、环境、条件的差异如何——所产生的影响相似。也就是说，从事同类工作的绩优人员所具备的胜任力及其内涵在全世

界范围内并没有太大的本质上的差异。

在实际编制与运用胜任力词典的过程中，这 21 个胜任力要项的具体含义与相应级别的定义都经过了严格的专业标准测试以及企业/组织中不同层级、类别人员的实践与评估，根据企业/组织所处行业的特点以及自身特性，通过对胜任力的不断修订、增删与重新组合，最终形成了符合行业与企业/组织个性需要的胜任力词典。

（二）胜任力词典的结构与内容

麦克利兰把 21 个胜任力要项划分为 6 个基本的胜任力要项族，包括：目标与行动族、影响力族、帮助与服务族、管理族、认知族、自我概念族。每一个具体的胜任力要项都有一个具体的释义与至少 1～5 级的分级说明，并附以典型的行为表现或示例，从而形成完整的胜任力词典（如图 5 - 12 所示）。

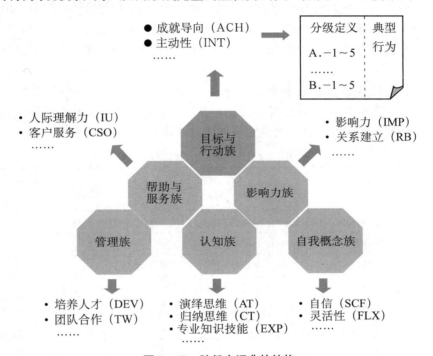

图 5 - 12　胜任力词典的结构

胜任力的等级通过三个维度来区分（如图 5 - 13 所示）。

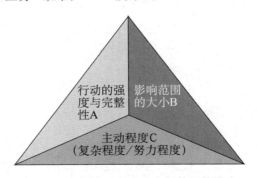

图 5 - 13　描述胜任力定义与等级的维度

（1）行为的强度与完整性。展现该胜任力对于驱动绩效目标实现的强度，以及为实现目标而采取行为的完整性，在胜任力词典中通常记为"A"。

（2）影响范围的大小。表示受该胜任力影响的人、事以及规范。比如，"影响力"这一胜任力可能会涉及一个普通员工，也可能影响数万人（包括许多高层人物）；可能影响每个人某项任务的完成，也可能影响公司的战略；可能影响一个班组，也可能影响数家公司。影响力的大小在胜任力词典中通常记为"B"。

（3）主动程度。表示行动的复杂程度与行为人主观的努力程度，即为达到某一目标而花费的人力、物力、信息与资源以及投入额外的精力或时间等，在胜任力词典中通常记为"C"。

在每一个胜任力要项中，这三个维度都有不同的等级以及相应的说明，用以区分与解释因胜任力的级别差异而导致的不同行为及其不同结果。对于有些胜任力要项而言，还设定了负值（−1），表示那些通常会出现在绩效一般人员身上，而很少出现在绩优人员身上的行为，并说明这些行为对于产生高绩效的不利影响。下面以目标与行动族的成就导向胜任力为例加以说明。

目标与行动族的胜任力主要是针对如何完成任务、达成目标而言的，反映的是一个人对设定目标与采取驱动目标实现的行动的取向。这个族的胜任力通常不会直接涉及与他人之间的联系，但事实上，无论是提高生产率，还是改进工作绩效，都会影响他人的能力，甚至包括为驱动目标的达成而运用的信息收集能力等。

成就导向表明一个人始终渴望有所建树，通过不断给自己设定新的或更高更多的目标而获得某种满足。这种对成就的不懈追求能够给人以动力，使人长时间地工作而不知疲倦，并不失时机地催人奋起，迎接新的更富挑战性的任务。

成就导向旨在促进更好地完成工作或达到优秀水平的绩效标准。这个绩效标准可能是个人过去的业绩（以便努力改进），可能是一种客观的衡量标准（只论结果），可能是比他人做得更好的业绩（体现竞争性），也可能是自己设定的有挑战性的目标，甚至可能是任何人从未做过的事（体现创新性）（如表5−2所示）。

表 5−2　成就导向的级别定义

级别	行为描述
A. 目标的设定	
A.−1	没有设立工作表现优秀的标准。对工作没有特别的兴趣，只关注自己分内的事情。
A.0	关注工作任务本身。工作很辛苦，但绩效并不显著。
A.1	试图把工作做好、做正确，但由于工作缺乏效率导致绩效改进并不明显。
A.2	设法达成他人设定的标准，例如，管理层设定的各种标准（实现预算、完成销售额等）。
A.3	形成自己关于绩优的标准，例如，成本支出、质量等级、花费的时间等，但是不具有太大的挑战性。
A.4	绩效改进。虽然没有设定具体的目标，但对整个系统或工作方法、工作流程进行了具体的改变或革新，以提高绩效。
A.5	设定并努力达成具有挑战性的目标，例如，在6个月内将销售额、产品优良率或生产率提高15%。
A.6	进行成本收益分析。基于投入和产出分析作出资源配置、目标选择等方面的决策。
A.7	敢于承担一定的风险。面对未来的不确定性，在采取行动（例如，进行市场调研）使风险最小化的情况下，敢于集中一定的资源或时间进行创新，改进绩效或达成具有挑战性的目标。
A.8	坚韧不拔。直面挫折，采取持久的行动，付出不断的努力。
B. 影响的范围（要求目标的设定在 A.3 以上）	
B.1	影响个体绩效。通过时间管理和良好的人际沟通努力改善自己的绩效。
B.2	影响至少两个人的绩效。例如，组织一个小型的工作会议。
B.3	影响一个工作团队的绩效，以提高系统效率，改进团队绩效。例如，组织一个中等规模的研讨会。
B.4	影响一个部门的绩效。
B.5	影响一个中等规模的组织或公司的某一部门的绩效。
B.6	影响一个大型组织的绩效。
B.7	影响某一产业的效益。

续表

级别	行为描述
C. 主动程度（要求目标的设定在 A.3 以上）	
C.0	没有任何创新。
C.1	对工作有些创新，但组织中的其他部门早已做过了。
C.2	对组织进行创新。为改进绩效在组织中进行了创新，但并不具有普遍意义。
C.3	对行业标准与规范进行创新。通过行业创新与变革获得超额利润。
C.4	进行引发行业巨大变迁与革命的创新活动。例如，苹果公司改变了整个个人电脑产业的格局。

不同胜任力等级是三个维度不同级别的组合，但在实践中通常以某一个维度为主导，将其他维度作为辅助与参照。例如，描述成就导向胜任力时，一般员工与绩优员工的核心差异主要源自 A 维度，即行动的强度和完整性。

（三）胜任力词典在构建胜任力模型中的应用示例

下面以麦克利兰的胜任力词典对管理类通用胜任力模型中的几个关键胜任力要项的分析和应用为例。这里的"通用"是针对不同行业、地域、文化背景以及组织而言的，旨在说明进入某职业或工作领域的胜任力要求。

（1）影响力（IMP）。优秀的管理者通常都擅长运用良好的个人及社会影响力，树立个人在组织中的权威。这种影响力主要表现在：致力于与上级、同事、下属甚至客户建立信任关系，并留下良好的具体印象；采用各种方式（包括说服，运用事例、资料等）对他人施加影响。优秀的管理者一般都拥有一些独特的说服技巧，不会生硬地运用职权把自己的观点强加给他人，在实施影响力的过程中会根据具体的听众调整说话的内容与风格，从而使他人更易于理解并接受。

（2）成就导向（ACH）。对管理人员来说，成就导向意味着为自己及所管理的组织设立目标，提高工作绩效的动机与愿望。由于管理者的工作常常会影响到他人的绩效，因此其成就导向超越了个人层面而上升到组织层面，具体表现为：管理者需要不时地评估下属的工作绩效，并在合适的时间给予下属最直接与正向的激励与赞扬，从而使下属能够在未来的工作中更加努力与投入。与此同时，管理者还要将成就导向转化成为员工设定具体且富有挑战性的目标，从而最大限度地开发下属的潜能，为组织获得最大化的收益。

（3）培养人才（DEV）。作为企业战略的实施者，管理者需要具备的关键胜任力之一就是培养人才。即对下属提供建设性的反馈意见，在下属遇到困难后给予安慰与鼓励；通过各种指导、建议或对某个职位的工作给予支持等方式培养下属等。

（4）自信（SCF）。优秀的管理者必须对自身能力表现出自信，同时乐意接受各种具有挑战性的工作；在必要时能够向上级直接提出质疑或挑战其行为。对于某些优秀的管理者而言，还应表现出某种应对失败的胜任力，例如个人主动对失败或问题承担责任等。

（5）团队合作（TW）。优秀的管理者通常都很注重给他人以信任与认可，特别是会就一些与他人有关并会产生影响的事务共同商议与处理。他们都非常注重提高团队士气，崇尚合作精神。

即时案例 5-3

华为战略领导力模型的描述

华为战略领导力模型包括发展组织能力、发展客户能力、发展个人能力三个维度，每个维度又有数量不等的子维度，每个子维度都有不同的等级。

1. 发展组织能力

（1）团队领导力。

定义：这是一种运用影响、激励、授权等方式来推动团队成员关注要点、鼓舞团队成员解决问题以及运用团队智慧等方法来领导团队的行为特征。

- 层级四：鼓舞士气，影响团队。
- 层级三：向团队授权。
- 层级二：设定高绩效团队的行为期望。
- 层级一：任务式领导。

（2）塑造组织能力。

定义：这是一种识别并发现机会，以不断提升组织能力、流程和结构的行为特征。

- 层级四：进行组织或流程的重新设计，建立干部梯队，持续提升绩效。
- 层级三：匹配人力资源，发现、培养后备干部。
- 层级二：指导团队。
- 层级一：理解并执行组织的流程，识别需要改进的领域。

（3）跨部门合作。

定义：这是一种为了公司整体利益而主动与其他团队合作、提供支持性帮助并获得其他部门承诺的意愿和行为特征。

- 层级四：整体利益最大化。
- 层级三：主动理解其他部门的需要，采取行动提供帮助，寻找双赢。
- 层级二：处理冲突，愿意妥协。
- 层级一：尊重他人，并贡献自己的观点。

2. 发展客户能力

（1）关注客户。

定义：这是一种致力于理解客户需求，并主动用各种方法满足客户需求的行为特征。"客户"是指现在的及潜在的客户（内外部）。

- 层级四：想客户所未想，创造性地为客户服务。
- 层级三：探索并满足客户潜在的需求。
- 层级二：解决客户的担忧，主动发现并满足客户未明确表达的需求。
- 层级一：响应明确的客户需求。

（2）建立伙伴关系。

定义：这是一种愿意并能够找出华为与其他精心选择的合作伙伴之间的共同点、与它们建立互利共赢的伙伴关系来更好地为华为的客户服务的行为特征。

- 层级四：寻求共识，实现双赢。
- 层级三：共同发展伙伴关系。
- 层级二：开展对话。
- 层级一：对外开放，建立联系。

3. 发展个人能力

（1）理解他人。

定义：这是一种准确地捕捉和理解他人没有直接表露或只是部分表达出来的想法、情绪以及对其他人看法的行为特征。

- 层级四：理解深层问题。
- 层级三：理解真实意图。
- 层级二：理解情绪和表达。
- 层级一：识别情绪和状态。

（2）组织承诺。

定义：这是一种为了支持公司的发展需要和目标，愿意并能够承担任何职责和挑战的行为特征。

● 层级四：为公司利益作出牺牲。

● 层级三：认同及传播公司核心价值观，以实际行动支持公司。

● 层级二：展现公司形象。

● 层级一：努力融入组织。

（3）战略思维。

定义：这是一种在复杂模糊的情境中用创造性或前瞻性的思维方式来识别潜在问题、制定战略性解决方案的行为特征。

● 层级四：对业务重新构思或创造新的业务概念。

● 层级三：深入浅出地去洞察战略。

● 层级二：运用复杂的理念去实施战略。

● 层级一：基于发展趋势来实施战略。

（4）成就导向。

定义：这是一种关注团队最终目标，并关注可以为公司带来最大利益的行动的行为特征。

● 层级四：敢于冒经过评估的风险。

● 层级三：进行成本/效益分析。

● 层级二：设定并实现挑战。

● 层级一：把事情做得更好。

第 3 节　构建胜任力模型的流程与方法

一、构建胜任力模型的流程

构建胜任力模型的流程主要依据胜任力的核心内容来界定，不同的胜任力模型的构建流程有所不同。如领导力胜任力模型、专业胜任力模型、通用胜任力模型的构建程序各有特点。但一般来讲，胜任力模型的构建要经过以下流程：准备、研究与开发、评估与确认以及模型的应用四个阶段。下面主要介绍前三个阶段。

（一）准备阶段

首先，成立相关组织机构。构建胜任力模型要有组织保障，比如项目组。通常，项目组要有领导（特别是一把手）、专家、人力资源部门人员、业务经理与员工代表等参加，要有项目总监、项目经理与项目组操作人员等具体负责人员，并确定各自的责任与任务。项目组要明确项目的目标、内容、时间、经费预算、标志性成果、结果应用以及相配套的机制与制度。

其次，明确企业战略。胜任力模型必定源自企业的战略，企业战略既是构建胜任力模型的依据，也是构建胜任力模型的目标，即有效实施企业战略，因此，明确企业战略对于构建胜任力模型至关重要。

最后，分析目标职位。在实施战略计划的过程中，一些关键、核心的职位承担着重大责任，掌握着关键资源（人、资金、技术、市场、客户、知识与信息），控制着重要流程的主要环节。胜任力模型的目标对象就是这些关键职位。

（二）研究与开发阶段

研究与开发阶段通常包括以下几个步骤：

（1）选定研究职位。由于构建胜任力模型是一项花费大量时间、人员、精力并且技术性很强的工作，因此，明确目标职位一方面可以节约企业资源，另一方面可以抓住重点、提高工作成效。选定研究职位的途径包括分析公司战略、理清重要业务流程、分析组织结构、高层访谈等。

（2）明确绩优标准。对选定的研究职位而言，明确绩优标准就是要制定一些客观明确的标准与规则来确定与衡量绩效，从而为该职位所需胜任力的研究提供基础。企业中有些职位的绩效容易衡量，比如销售人员的销售额，但是对于难以量化绩效标准的职位而言，除了要评价工作结果，还要考虑工作过程和工作情境，其绩效标准还应当由该职位的上级、同级及其他相关人员共同参与来界定。

（3）挑选研究样本。根据绩优标准考核员工，并根据考核结果把员工分成两组：一组为具备胜任力但业绩不够突出的一般人员，在其中选择2～3名作为研究样本；另一组为绩优人员，在其中选择3～6名作为研究样本。

（4）任务要项分析。依据工作分析的方法，将目标职位的绩优标准分解细化为一些具体的任务要项，以发现并归纳驱动任职者产生高绩效的行为特征。

（5）行为事件访谈。行为事件访谈是对同一职位的优秀任职者和一般任职者分两组进行结构化访谈，通过对比分析访谈结果，发现那些能够导致两组人员绩效差异的关键行为特征，继而演绎为特定职位任职者所必须具备的胜任力特征。

行为事件访谈的主要内容是该职位的任务要项，特别是任职者在重大问题上遇到的若干（通常为2～3个）成功的和失败的典型事件或案例。通过了解他们在事件中的角色与表现以及事件的最终结果等，总结并归纳被访对象的思想、情感与行为，继而衡量、评价其能力水平，了解并发掘其动机、个性以及自我认知能力等决定人的行为的胜任力特征，最后通过归并组合，形成该职位的胜任力模型。

（6）信息分析与胜任力模型的形成。将通过行为事件访谈获得的信息与资料进行归类，找出并重点分析对个人关键行为、思想和感受有显著影响的过程片段，发现绩优人员与绩效一般人员处理片段时的反应与行为之间的差异，包括：关注的话题；待人接物的方式；思维及技能；情绪控制能力；关注行为的结果；气质、个性等其他特征。

识别导致关键行为及其结果的、具有区分性的胜任力特征，提炼并确认胜任力内容并对其进行层次级别的划分。基本流程包括：

● 信息分析。信息分析内容清单见表5-3。已经编制了胜任力词典或准备参照相关胜任力词典的企业，可以根据胜任力词典中关于特定胜任力的解释，来确定胜任力的类别及层级。没有编制胜任力词典或不准备参照其他胜任力词典的企业，则需要采用统一的语言（包括用词、语式、语气等）完成胜任力的概念化。

表5-3 信息分析内容清单

● 通过分析访谈资料而归纳的各个胜任力要项是否都整合到了一起？

● 考虑到胜任力出现的频率、具备该胜任力能够取得的成效、缺乏时会产生的后果、在未来工作中的必要性、对公司业务及战略执行的影响等方面因素，哪些胜任力是最重要的？

● 胜任力表现是否具有典型性？是大多数绩优人员都具备该胜任力，还是仅有一部分人具备？是大多数一般人员都不具备该胜任力，还是只有一部分人不具备？

● 在忽略无关或较少出现的胜任力的前提下，哪种胜任力出现的频率较高？级别如何？（一个有效的胜任力模型通常包含4～6项最重要的胜任力。）

● 这些胜任力是如何表现出来的？是落实在行动上，还是反映在绩效的结果上？

● 访谈及其他相关资料是否可信？有无特殊的或遗漏的方面？

● 胜任力统计分析。采取统计分析等方法，对初步归纳的所有胜任力要项进行论证与筛选，确认胜任力要项能否将绩优人员与一般人员区分开来。同时汇总访谈资料，进一步提炼胜任力要项及其定义和分类。

● 初步形成目标职位的胜任力模型。胜任力模型包含特定的胜任力要项、每个胜任力要项的定义、级别划分以及各个等级行为特点的描述，并附详细解释和取自关键事件访谈资料的示例。

（三）评估与确认阶段

胜任力模型评估的对象可以是企业内部其他职位和人员，也可以是其他企业的职位和人员；评估的方式可以是直接评估，也可以与企业其他管理措施及手段相结合，从而为胜任力模型的应用创造良好的条件。胜任力模型评估的常用方法包括：

（1）讨论评估。通过与相应职位的任职者及其上级进行讨论，确认胜任力模型中的胜任力要项是否为驱动任职者达成高绩效的关键因素，胜任力要项的界定与划分是否准确，是否还有其他胜任力要项被遗漏，等等。这种方式的好处是让职位相关人员都了解胜任力模型，使其更具操作性；绩效一般的员工通过参与讨论，可以强化其对企业要求达到的胜任力的认识，从而通过提高自身胜任力并改变行为方式来实现个人工作绩效的持续改进。

（2）实验评估。重新选取另一组绩优人员与绩效一般人员作为样本，检验胜任力模型对其行为差异以及未来绩效的预期。

（3）培训评估。将胜任力模型与企业的培训职能乃至其他管理职能相结合，预测以胜任力模型为基础开展的人力资源开发活动能否帮助员工产生高绩效。

（4）标杆评估。选取标杆企业的对应职位及人员作为样本，检验胜任力模型对其行为差异以及未来绩效的预期。

二、构建胜任力模型的方法

构建胜任力模型的方法主要有：战略文化演绎法、行业标杆法、行为事件访谈法和主题分析法。

（一）战略文化演绎法

战略文化演绎法是根据组织战略分析组织核心能力，进而确定员工胜任力的方法。组织战略是未来长期的目标，组织核心能力大多是目前不具备而未来需要的能力，只能通过现有的组织战略演绎来实现，因此战略文化演绎法是构建胜任力模型的首要方法。在胜任力模型初步完成后，组织的战略是检验胜任力模型的重要标准。这不但决定了所构建的胜任力模型是否与公司未来的发展一致，而且决定了胜任力模型能否在未来的工作中顺利执行下去。

组织发展战略决定了组织未来的发展方向和中长期目标，为胜任力模型的建立明确了重点、指明了方向，并为提炼各职位的胜任力提供了依据。同时，构建胜任力模型的目的就是保证组织战略的有效实现。

（二）行业标杆法

行业标杆法就是根据行业关键成功要素（KSF）来构建胜任力模型。简单来说，就是收集并分析研究国内外其他同行或同一发展阶段的类似公司的胜任力模型，通过小组讨论或者研讨会的方式，从中挑选适用于本组织的胜任力要项，形成胜任力模型。通过这种方法构建的胜任力模型具有广泛的实用性，参考价值高，而且因为所有胜任力要项都经过分析、比较和研究，相对成熟，可操作性较强。但是这种方法也有不足，即所构建的胜任力模型与其他公司的共性过多，缺乏自己的特性和适应性。因此，通过这种方法构建胜任力模型，应当基于组织的实际数据，这样才能提高胜任力模型的有效性和适用性。

（三）行为事件访谈法

1. 行为事件访谈法的内涵及其优缺点

行为事件访谈法（behavioral event interview，BEI），又称关键事件访谈法，是由麦克利兰教授开发的，通过对绩优员工以及一般员工的访谈，获取与高绩效相关的胜任力信息的一种方法。

"行为事件"的意义在于通过被访者对其职业生涯中某些关键事件的详尽描述，揭示与挖掘当事人的胜任力，特别是隐藏在水面下的潜能部分，用以对当事人未来的行为及其绩效产生预期，并发挥指导作用。被访者对于关键事件的描述至少包括以下内容：这项工作是什么？谁参与了这项工作？被访者是如何做的？为什么？这样做的结果如何？

行为事件访谈与传统意义上的访谈以及基于工作分析的访谈有本质或核心的差别。传统意义上的访谈存在导向性以及被访者自我认知的偏差，结论通常无法解释谁能把工作做好。基于工作分析的访谈所涉及的关键事件是为描述工作本身服务的，目的是了解并梳理有关工作的信息。行为事件访谈注重对人的胜任力的挖掘，以便在绩效与影响绩效的胜任力要项之间建立某种联系。

BEI 的优点主要表现在：

（1）价值性。BEI 观察识别员工胜任力的能力以及效度优于其他资料收集方法，或者说，BEI 在发现员工胜任力方面具有极高的价值。

（2）有效性。BEI 不仅描述了行为的结果，而且说明了产生行为的动机、个性特征、自我认知、态度等潜在的特征，因此采用 BEI 解释胜任力与行为的驱动关系非常有效。

（3）指导性。BEI 可以准确详细地反映被访者处理具体工作任务与问题的过程，告诉人们应该做什么和不应该做什么，哪些工作行为是有效的，哪些是无效的，因此对于如何实现与获得高绩效具有指引作用。

（4）参考性。BEI 可以提供与工作有关的具体事件全貌，这些实际上都可以发展成为企业实施招聘面试、模拟培训的有效工具与角色扮演蓝本，特别是绩优员工提供的关于具体事件的描述，可以成为员工可参照的职业发展路径，并用以总结绩优员工在何时何地、采用什么方法获得目前及未来工作的关键能力。

（5）可以深度挖掘被访者的胜任力。由于大多数人并不清楚自己的胜任力，甚至不清楚自己对于工作的真正好恶，并且不倾向于显露自己真正的动机与能力，而是受到企业有意无意的"引导"，因此多数人会按照社会普遍认同的答案或他们认为访谈者期望的答案来回答，造成信息失真，BEI 恰恰可以解决上述问题。

BEI 的缺点主要表现在：

（1）花费时间较长。一次有效的 BEI 访谈需要花费 1.5～2 小时，另外需要几小时的准备与分析时间。

（2）专业性强。访谈人员必须经过相关的专业培训，必要时应在专家指导下通过访谈获得有价值的信息，而培养一名合格的 BEI 访谈人员需要大量的前期投入。

（3）信息不完善。BEI 通常集中于具有决定意义的关键事件及个人胜任力，所以可能会失去或偏废一些不太重要但仍与工作有关的信息与特征。

（4）范围受限。受时间、成本及必要的专家支持等限制，BEI 无法大规模采用，只应用于小范围的职位。

2. 实施行为事件访谈法的步骤

访谈前需要做好充分的准备，包括借助工作分析与职位说明书等手段与工具，了解被访者的背景情况，如姓名、职务以及机构状况；准备访谈提纲，安排地点并配置相关的录音设备等。通常，访谈者不必了解被访者绩效水平的高低，以避免在访谈中及得出相关结论时受到影响。

行为事件访谈法包括五个步骤（如图 5-14 所示）。

（1）介绍说明访谈内容。其目的在于使访谈者与被访者之间建立相互信任及友好的关系，从而使整个访谈过程轻松愉快，保证信息的全面真实。特别要向被访者强调访谈的目的与形式、访谈信息的用途、使用者以及保密承诺等。该步骤的访谈内容主要集中于被访者的工作经历方面，重点通常放在目前的工作上，以探求被访者个人职业生涯目标以及在进行职业选择时具体行为方面的信息等。

（2）梳理工作职责。了解被访职位的实际工作内容，包括关键的工作行为及与其他职位的工作关系等，可以参照该职位的说明书获得相关信息。该步骤可以引导被访者集中、清楚地描述一些具体的事例，但是在涉及某些专业术语时，要避免陷于对任务或职责的无主次的罗列当中。

（3）进行行为事件访谈。BEI 的核心目的是了解被访者对关键事件的全面详尽的描述，事件的数量以 4～

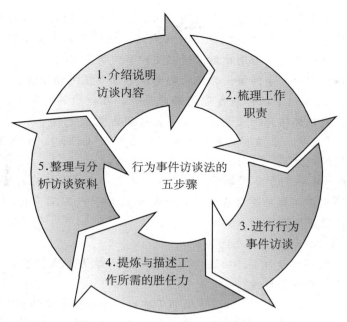

图 5-14　行为事件访谈法的五步骤

6 个为宜。该步骤在整个访谈中用时最长，需要整理与分析的内容也最多。

在这一步骤中，访谈者需要注意以下几个方面：

● 要求被访者描述事件的来龙去脉，说出实际上做了什么，而不是假设性的回答或者纯粹的想法；关注谁做了什么，而不是"我们"或"他们"做了什么；可以用过去时态发问；要密切关注被访者的情绪波动，与对方形成良好的情感互动。

● 避免被访者作出抽象的回答（包括假设性的回答、抽象的哲理思考、倾向性的结论等）；除非遇到对方情绪波动的情况，否则不要替被访者回答问题或进行解释性、引导性的补充说明；不要问限制性问题；行为事件涉及的范畴要广，因为不同的人对行为事件的选择与理解是不同的。

● 当被访者列举不出具体事件时，访谈者可以列举自己亲身经历的事例或其他被访者列举过的成功事例来感染并引导对方；当被访者对所列举事件心存芥蒂时，要尊重其想法并消除其疑虑；要将注意力集中在事件而不是相关的人上；不要让访谈的话题偏离，及时纠正跑题现象。

● 访谈者在访谈过程中应该时常提出一些问题，来不断验证对被访者胜任力的判断。如果被访者在几个事件中都涉及相同或相似的经历与问题，访谈者应特别关注此经历中被访者的感受或观点及其待人接物的方式。

行为事件访谈中 STAR 工具的应用

在要求被访者描述一个完整的行为事件时，通常可以借助 STAR 工具来进行。该工具具体包括：

● "当时的情况怎样？是什么原因导致这种情况发生的？""有什么人涉及其中？""周围的情形怎样？"（situation，S）

● "您在当时情况下的实际想法、感受怎样？您当时希望怎么做？""出于什么样的背景考虑？"（task，T）

● "您对当时的情况有何反应？""您实际上做了或说了什么？""您采取了什么具体的行动步骤？""请描述您在整个事件中扮演的角色？"（action，A）

● "事件的结果如何？""产生了什么样的影响？""您得到了什么样的反馈？"（result，R）

STAR工具有助于访谈者在访谈过程中抓住关键环节，获得建立相关职位胜任力模型所需的有价值的素材。事实上，STAR工具对于企业的招聘甄选、绩效沟通、培训开发等各个环节都有价值。需要注意的是，STAR工具的四个方面缺一不可，否则被访者所描述的事件将不完整。

以下是对某公司市场部经理行为事件访谈的记录的部分节选（提问部分略去）：

答1：那是在2000年底，我们市场部与各部门通力合作，在最短的时间内，从众多的竞争者中胜出，拿到了一个新客户的订单，我们部门为此还受到了公司的特别嘉奖。

答2：我认为作为一名管理者，最重要的胜任力就是培养他人（下属），如果不具备良好的带队伍能力，业绩再好，也称不上优秀的管理者。

答3：我有幸成为公司去年一次重要商务谈判的成员。那是一次非常艰难的谈判，双方在一些关键问题上始终难以达成共识。在谈判中，我主要负责回答客户提出的关于产品及其未来市场预期方面的问题。不过我想说的是，最终我们赢得了这场谈判。

请根据STAR工具的原理评价上述三个回答：

（1）你认为答1是一个完整的行为事件描述吗？如果不是，你认为缺少了STAR中的哪些环节？那么接下来你会如何展开相应的行为事件访谈？

（2）根据答2，你会将"培养他人"作为该市场部经理的一个胜任力要项吗？为什么？如果不是，那么作为访谈者，接下来你会如何展开行为事件访谈，主要应注意哪些环节？

（3）你认为答3是一个完整的行为事件描述吗？如果不是，你认为缺少了STAR中的哪些环节？那么接下来你会如何展开相应的行为事件访谈？你能从答3中获得有关该市场部经理胜任力的有效信息吗？请举例说明。

（4）提炼与描述工作所需的胜任力要项。这一步骤主要有两个目的：一是对之前的关键事件进行补充，获得一些与胜任力相关的其他关键事件的信息，避免疏漏；二是通过直接询问被访者本人对从事工作所需胜任力的理解与认识，使其因为受到尊重而感到自信。

（5）整理与分析访谈资料。访谈结束时，首先要感谢被访者花费时间提供了有价值的信息，并表示认同。接下来，要立刻汇总访谈资料，记录整个访谈内容，并通过回放录音获得新的线索，包括对被访者个性的简要描述，对尚不十分清楚的问题以及尚无法确定的工作中必备的胜任力要项等作出说明，以便在之后的访谈中进一步调查与确认。通常需要整理的资料包括：

● 职位及工作职责描述：包括被访者的姓名、职务等。以提纲形式列出工作职责，并附上各项职责的实例。所有内容均使用第一人称，就像被访者自己在叙述一样，尽可能使用被访者的语言。

● 行为事件描述：总结访谈记录及录音中被访者在各种典型情境中的行为及其结果、人际关系的处理、动机与感受等。

● 任职者的胜任力：以提纲形式列出任职者应具备的胜任力要项，并附上各胜任力要项的实例，尽可能使用被访者的语言，特别要记录由胜任力引出的其他关键行为事件及二者之间的对应关系。

● 总结和分析：对各方面的观察作出总结，包括访谈主题、个人印象、观点及初步结论，特别是就被访者提及的沟通、倾听与影响力等方面的胜任力对开展工作的影响作出评价。这些记录都是分析行为事件访谈资料、获得胜任力结论的关键内容与依据。例如，被访者的谈话方式、频繁使用的词语、被访者与人相处的方式、对他人的评价以及被访者表现出不满意的方面等等。

即时案例 5-4

FJ公司营销人员胜任力模型构建

根据行为事件访谈法，随机抽取FJ公司10名营销人员进行访谈，其中6名为绩效优秀者，4名为绩效普通者。

访谈主要采用 STAR 进行深层挖掘，提出四个问题：

1. 在 FJ 公司的营销工作中，请您谈谈三个最成功的营销案例。事件的背景、目标、参与者是怎样的？您当时的想法是什么？最后结果如何？周围的人是如何评价您的表现的？

2. 您有没有失败的营销案例？事件背景是怎样的？您当时的想法是什么？为什么会失败？

3. 作为一名营销人员，您觉得什么特质是至关重要的？和其他营销人员相比，您的优势在哪里？为什么？

4. 就业绩结果而言，您认为自己在整个营销团队中排第几名？造成这一结果的原因是什么？

通过对受访者的谈话进行归纳整理，筛选出一些出现频率较高的 FJ 公司营销人员胜任力特质（见表 5-4）。

表 5-4 FJ 公司营销人员胜任力要素出现频次表

胜任力关键要素	频次	胜任力关键要素	频次	胜任力关键要素	频次
产品专业知识	36	营销专业知识	35	销售技能	29
抗压能力	23	销售经验	27	事业心	32
影响力	16	亲和力	25	洞察力	30
协作能力	23	适应能力	25	分析能力	26
主动性	26	学习能力	19	自信	29
沟通谈判能力	41	人际关系能力	26	客户服务意识	22

为了更有效地呈现营销人员各胜任力要素的重要性，工作人员将胜任力要素进行编码，并通过问卷调查进行了更深入的分析。根据问卷调查的结果，工作人员对各胜任力要素进行重要程度排序，最终筛选出 9 项指标为 FJ 公司营销人员通用的胜任力要素，分别为：产品专业知识、营销专业知识、沟通谈判能力、事业心、主动性、自信、亲和力、学习能力和人际关系能力。同时，通过对绩效优秀组和绩效普通组的差异比较研究，工作人员得出在胜任力要素中，企业需要重点考察沟通谈判能力、主动性、自信、人际关系能力，这是区分绩效优秀者和绩效普通者的关键。FJ 公司营销人员的胜任力模型如图 5-15 所示。

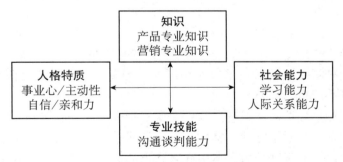

图 5-15 FJ 公司营销人员胜任力模型

资料来源：李欣珍. 基于胜任力模型的 FJ 公司营销人员招聘体系优化研究. 深圳：深圳大学，2017.

（四）主题分析法

1. 主题分析的内涵

主题分析的含义通常包括两个方面：一是基于胜任力词典提出的胜任力分类及相关定义与分级，提炼行为事件访谈中的胜任力信息，对其进行编码与归类整理的过程；二是在通用胜任力词典之外，对行为事件访谈过程中新出现的、企业个性化的胜任力要项的分析、提炼与概念化过程。表 5-5 显示了主题分析的一个例子。

表 5 - 5　主题分析示例

序号	事件描述	主题分析	可能的胜任力要项
1	"我知道如果我把这份计划提交给公司管技术的副总，一定会惹恼我们部门的经理，但我还是这么做了，那份计划也正如我当初所预料的，最终被否决了……"	被访者很清楚采取行动的后果会给部门经理造成什么样的影响	影响力（IMP）
2	"我习惯于每天给自己的工作做一个计划，这样就能知道哪些是最重要的，哪些是不太着急的，不会让自己显得很忙乱，对下属也能指挥若定……"	被访者知道要按照业务目标来安排工作的优先次序	策略定位（SO）

对行为事件访谈资料进行主题分析的切入点就是观察行为事件访谈过程中绩优人员与一般人员对关键事件的描述以及对问题的回答存在的差异，其核心要义就是发现决定绩效优劣的关键因素，即从事该职位工作所需的胜任力要项。

例如，优秀的企业家通常都会适时抓住机会采取行动，一般的企业家则往往对机会不是十分敏感；优秀的管理者更关注团队的力量，即借助个人影响力，整合他人的资源与优势以获得整体的成功，一般的管理者则往往只关注个人的成功。

进行主题分析需要注意以下步骤与关键环节：

（1）需要哪些胜任力要项？通过主题分析的方式，一方面，可以直接发现绩优人员与一般人员的差异，提炼相应的胜任力要项（例如，归纳思维等）；另一方面，可以进一步挖掘导致绩优人员与一般人员的行为差异的深层次原因，提炼相应的胜任力要项。例如，在工作中，绩优人员通常比一般人员更有毅力，但是导致这一现象的更深层次动机可能是凸显自己，或是做事有始有终的习惯使然，或是按部就班，遵守统一的标准与原则，等等。

（2）胜任力要项要求的级别程度怎样？同一胜任力要项的层级差异能够导致工作绩效的不同，要明确绩优人员与一般人员所达到的级别。

（3）定义胜任力要项。根据胜任力要项的提炼以及级别的确定，参照企业的胜任力词典给出对应胜任力要项的级别定义；对于那些企业没有编制胜任力词典的、个性化的以及补充的胜任力要项，要按照统一的语言风格对胜任力进行相应的解释。

2. 主题分析的步骤

（1）组建主题分析小组。小组主要由实施过行为事件访谈的人员构成，至少应包括 4 人。

（2）被访者个体分析。分析小组的成员采取对相同的行为事件访谈材料两两组合分析的方式开展工作，以集合多方的观点，尽量减小分析的偏差。

每位小组成员在分析行为事件访谈材料的过程中，要基于个人的经验与判断，对每一个可能暗示某一胜任力主题的细节（文字或段落）都做上标注，其中，对于那些企业胜任力词典中已有的胜任力要项，应在相应内容的旁边标明相应的代码。对于胜任力词典中尚未列出的胜任力要项，则要由分析人员用自己的语言进行初步归纳与整理，并采用缩略形式标明。例如，访谈某企业中层管理人员的初步结论如图 5 - 16 所示。

需要注意的是：

● 对于同一行为所表现的不同胜任力要项都要记录下来，这些胜任力要项的组合往往是区别任职者绩效的关键所在。或者说，绩优人员的关键事件中常常包含着多个胜任力要项，而正是这些要项的共同作用使得任职者能够完成某项任务或处理某种复杂的情况。

● 要标注出不同的胜任力要项在整个行为事件访谈材料中出现的频率与相应的层级。因为对于相同职位的任职者而言，绩优人员与一般人员关注的话题有所不同，描述的关键事件在数量与内容上也不同，那些出现频率高的胜任力要项往往就是反映绩效差异的关键因素。

● 关注被访者在处理重要的工作任务或情况时所采取的方法与策略，记录有关胜任力的结论演绎的过程。

将行为事件访谈材料整理、检查一至两遍之后，每对分析人员应交换访谈资料，采用上述同样的方法再

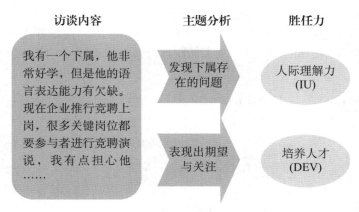

访谈内容　　　主题分析　　　胜任力

我有一个下属，他非常好学，但是他的语言表达能力有欠缺。现在企业推行竞聘上岗，很多关键岗位都要参与者进行竞聘演说，我有点担心他……

发现下属存在的问题　→　人际理解力(IU)

表现出期望与关注　→　培养人才(DEV)

图 5-16　主题分析示例

次独立分析，以免遗漏与错误。

（3）主题分析小组共同研讨，界定胜任力要项的定义、内容与级别。以整个主题分析小组为单位，沟通并逐个论证每个分析人员从行为事件访谈资料中提炼的胜任力主题，并将主题归类，即要么是一组绩优人员的胜任力要项（积极主题），要么是一组一般人员的胜任力要项（消极主题），要么是绩优人员与一般人员共同具备的胜任力要项。

小组成员在提出胜任力主题时，要对应有关具体行为的阐述与解释，进而将提炼的胜任力主题归类为相应的胜任力要项族。

对于那些在企业胜任力词典中找不到的胜任力要项，经过小组讨论，要么作为某一已知胜任力要项的子项，要么作为补充胜任力要项或新出现的胜任力要项添加至企业的胜任力词典。

另外，小组成员个人在分析与提炼胜任力主题时，往往会采用不同的语言表达方式描述胜任力主题，因此，分析小组共同研讨胜任力主题的目的就在于采用统一的语言形式对每一个胜任力要项族与胜任力要项的定义、内容以及级别作出最佳描述和说明。

（4）结合胜任力词典，编制胜任力要项代码。分析小组成员结合胜任力词典，对提炼的胜任力主题（特别是那些新提炼的胜任力主题）进行分类编码。

（5）主题分析小组讨论，统一胜任力要项代码。分析小组对胜任力主题与要项代码进行统一论证与修订，从而使胜任力主题的定义更加准确贴切。

（6）对提炼的胜任力主题进行统计分析与检验。从行为事件访谈材料中抽取 2～3 份作为研究样本，运用统计学方法，检验在两个或更多的人阐述相似的关键事件时是否都反映出同一个胜任力要项，从而分析与界定绩优人员与一般人员最突出的胜任力差异，证明所提炼的胜任力主题的可信度，同时也可以甄别分析小组成员个人的研究与评估能力。

（7）根据统计分析的结果，由主题分析小组再次对胜任力主题进行修正，形成最终的胜任力模型与相应的代码手册。

第 4 节　胜任力模型在人力资源管理中的应用

一、胜任力模型在人力资源管理中应用的基本命题

随着员工胜任力模型成为企业人力资源管理的基点，基于企业核心能力的人力资源战略也就成为制定和

实施企业战略的依据。换言之，企业通过有利于构建与强化员工核心专长与技能（胜任力）的人力资源管理，来维护和增强企业核心能力，为企业总体战略的达成提供支持与服务。员工胜任力模型与企业人力资源管理系统在企业管理中的地位与作用，可以用10个基本命题加以解释（如图5-17所示）。

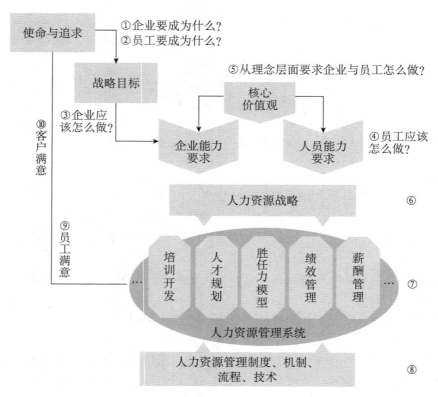

图5-17　胜任力模型与人力资源管理系统

其中，对于企业使命与追求的阐述通常分为两个层面：①是对企业要成为什么的描述，即企业愿景或战略目标（例如，企业要成为所在行业的前三名等）；②是对员工要成为什么的描述，即员工个人价值实现或人生目标（例如，员工要获得社会的尊重，要实现自我价值等），这两个问题是指导企业与员工一切行动的出发点。

基于对①、②的回答，企业要对③进行部署与计划，它是企业在一定时期，根据外部竞争环境以及内部资源条件（核心能力）所作出的回应（例如，企业的年盈利目标是比上一年度增长100%）；而员工也要对④进行规划与界定，它是员工不断产生高绩效并因此获得企业回报的条件与保障（例如，员工通过合理规划自己的职业生涯、设定个人绩效目标、参加培训等多种方式，实现个人能力的不断提升）。

⑤是从理念和价值的角度判断企业和员工的能力要求，即哪些是重要的、正确的、有益的，而哪些不是。⑥是对企业人力资源管理目标的描述，即为了让员工拥有所需具备的能力，需要采取哪些人力资源管理措施。⑦是对构成人力资源管理系统的内容的描述，包括胜任力模型、人才规划、绩效管理、薪酬管理、培训开发等，正是这些板块的共同作用驱动了企业人力资源管理目标的实现。⑧是人力资源管理系统得以有效运作的一系列基础与条件，即人力资源管理的制度、机制、流程与技术等，其中，制度、机制界定了开展人力资源管理工作的一系列基本规则，流程明确了人力资源管理各业务板块之间相互联动的内在运作机理，技术说明了人力资源管理的具体操作要领。⑨是人力资源管理的结果——员工满意，即通过人力资源管理实现员工的目标。⑩是员工满意的结果——客户满意。员工满意后将他们的满意传递给客户，实现客户满意，并最终实现企业的使命，完成企业从使命与追求到员工与客户满意的有效循环。

二、胜任力模型在人力资源管理实践中的应用

胜任力模型为构建系统化的人力资源管理系统提供了逻辑起点（即首先选择合适的人去做适合的事），从而保证了人力资源管理其他各个环节能够纲举目张，有序展开（如图 5－18 所示）。

胜任力模型与潜能评价

· 潜能评价工具的
选择
· 潜能评价方法设计
· 潜能评价实施

结果的应用

胜任力模型在人力资源系统中的应用

· 招聘甄选　　· 薪酬管理
· 绩效管理　　· 培训开发
· 战略性人才规划　· 员工个人职业发展
· 核心人才管理

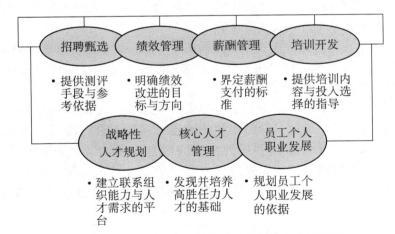

图 5－18　员工胜任力模型在人力资源管理中的应用

（一）胜任力模型与潜能评价

潜能评价是采用科学的专业化方法与工具收集信息，测量与评价个人相关的行为取向与胜任力特征，预测其未来业绩的过程。潜能评价的工具与方法通常包括评价中心技术（assessment center）、关键事件访谈法、

工作样本测试、能力测试、人格测试、背景资料分析等。

　　企业实施潜能评价大致可以分为三个步骤（如图5-19所示）。其中，第二步开发的工具与方法应当参照胜任力模型的要求，并且兼顾经济性和有效性，不宜用一种工具或方法评价所有胜任力，也不宜只评价一种胜任力。另外，在具体实施潜能评价的过程中，评价人员必须观察被评者的语言、动作、表情、态度等各个方面，同时详细记录每项行为表现，用实际事例证明被评者的行为与对应胜任力及层级之间的联系，由此归纳与整理出被评者的胜任力特征，并撰写相应的评价报告。报告通常由企业的人力资源部门专人归档管理，作为未来任免、调配、绩效管理、薪酬确定以及培训开发的依据。

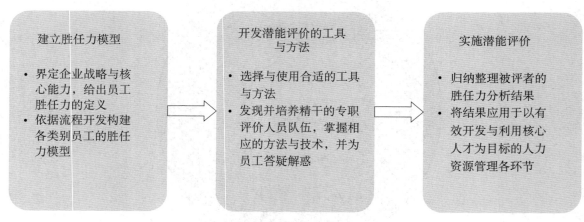

图5-19　潜能评价的实施步骤

　　需要说明的是，基于大多数企业的现实情况，员工的潜能评价报告不宜公开，它只能为员工本人所用，以及用于任免、调配、绩效沟通辅导、培训等人力资源管理工作。同时，潜能评价的结果本身并无好坏之分，只能作为是否适合从事某项工作的参考依据。

（二）胜任力模型与招聘甄选

　　基于胜任力模型的人员招聘甄选活动为企业构建一个基于胜任力的人力资源管理系统提供了良好的起点，保证了企业的人力资源管理实践从一开始就是有效的。

　　企业在实施基于胜任力的招聘甄选时大致可以遵循四个步骤：确定招聘需求、界定所需胜任力要求、选择招聘渠道、实施招聘甄选。在这个过程中用于评价候选人胜任力的方法与技术很多，包括评价中心技术、关键事件访谈法等，但是这两种方法都比较费时。

　　在具体实施招聘甄选的过程中，通常采用的方法是行为面试（behavioral interview）。该方法与行为事件访谈法的原理基本相同，它是通过一份结构化的问卷对候选人进行面试，旨在发现候选人在过去经历中表现出来的胜任力与目前工作所需的胜任力之间的吻合程度，以此来确定候选人是否适合候选职位。因此，面试问卷通常围绕应聘职位的关键胜任力而设计，由候选人根据其先前经验中的典型事件进行回答与解释，同时为了保证面试的客观性及与工作的相关性，问题也以具体的行为（实际做了什么）为主。

即时案例5-5

某集团胜任力面试题库

　　某集团根据其胜任力词典开发出一系列胜任力面试题库，包括领导力面试题库、管理能力面试题库和员工通用胜任力面试题库三部分。表5-6是战略思考能力方面的面试题。

表 5-6 某集团胜任力面试题库（部分）

能力标签	行为访谈问题	其他问题（情景类和观点类）
战略思考能力	了解行业： ● 您平时通过何种方式了解行业和市场的行情和变化（客户需求、竞争对手、政策环境、科技发展）？ ● 您采取了什么行动来加强自己对于内部或者外部环境的理解？ 制定规划： ● 您所在部门的主要战略目标是什么？与组织整体目标是什么关系？您计划采取哪些行动来应对短期和长期的挑战？ ● 请说明您是如何根据行业总体趋势和企业的发展目标来制定中长期业务规划的。 ● 为了保证自己以及下属的目标与公司目标保持一致，您做了哪些事情？ ● 请讲一个关于您所参与的公司战略调整方面的事件。您如何确保管理层所制定的任务和目标能够反映到自己和下属员工的工作中？请举例说明。 ● 讲讲这样一个经历：您发现公司的政策和业务有重大问题或错误，您向公司推荐了什么样的解决问题的办法？	了解行业： ● 您认为这个行业未来十年面临的最大的问题是什么？你打算怎样应对这些问题？ ● 您认为有哪些行业发展趋势（客户需求、竞争对手、政策环境、科技发展）会对公司的经营产生影响？

（三）胜任力模型与绩效管理

基于胜任力的人力资源管理不仅强调企业对人的要求，更加强调如何发挥人的潜能，利用人的优势，在扬长避短的前提下提高人的绩效，实现人职匹配，因此对应于绩效管理系统而言，企业的绩效管理理念从结果导向（即关注员工的短期绩效）转向能力导向（即关注员工当前以及未来的长期绩效），这样，通过胜任力就能够对员工未来的绩效进行合理有效的预期，从而对企业的人力资源管理实践提供有益的指导，包括晋升调配、培训开发等。

另外，基于胜任力模型的绩效管理也要求管理者不仅要关注下属在达成绩效过程中的不足与问题，包括知识与技能的差距、行为方式的规范与改善等，而且要帮助下属关注自己的潜能，即"我最擅长干什么""我的潜能将如何影响我未来的绩效"等，而不是只关注"我不能干什么""我应该改进什么"等。

总之，胜任力考核不是只强调企业目标和职位职责，而是根据员工的能力制定考核标准；不是只强调绩效考核结果，而是更强调员工在工作的过程中提升能力；不是只对绩效结果进行考核，还要对人的潜能和能力进行评价。

（四）胜任力模型与薪酬管理

任何企业都需要建立一套有效的激励机制，以促进员工持续地为企业创造价值，这种价值成为企业向员工支付薪酬的依据。企业基于胜任力进行薪酬管理，是从关注员工现在创造的价值转向关注包括现在与未来在内的持续的价值创造能力，为企业关注员工未来发展与潜在价值提供了最终的落脚点，从而激励员工不断提高现有能力，为持续发挥自身优势与潜能而努力，也使整个基于胜任力的人力资源管理系统对企业的运营实践产生价值成为可能。

基于胜任力的薪酬管理是尊重员工的个性以及创造力，消除了等级结构森严、员工晋升通道单一的组织系统的弊端，成为激励员工不断实现自我、提升自身价值的动力源泉。这种激励为知识经济时代知识型员工的人力资源管理提供了有效的切入点，它符合基于角色与成果管理知识型员工的要求，其中，基于角色是相对于基于职位而言的，基于成果则是相对于基于短期激励而言的。

（五）胜任力模型与培训开发

基于胜任力模型的培训与开发要根据员工个人的职业发展计划以及绩效考核结果，在与企业实现战略所需的核心能力进行比较的基础上，确定员工的胜任力差距，并据此制订相应的培训计划，设计培训项目与课程，最后通过培训效果的评估对员工胜任力的改进与提升提供反馈与指导。尤其需要强调的是，对于基于胜任力的培训开发系统而言，除了考虑用于员工知识、技能培训的方法外，关于潜能的培训与开发还要遵循胜任力与行为之间的驱动关系，通过总结、提炼企业内部成功与失败的案例，最终支持员工胜任力的不断提升与绩效的改进。

基于胜任力模型的培训与开发系统强调：选拔培训与开发对象的标准包括潜力，而不仅仅是工作绩效；要根据员工的能力和特点进行培训与开发，而不仅仅是根据企业的需要；不仅要重视显性能力的培训与开发，更要重视价值观、角色定位等隐性能力的培训与开发；要有一体化的能力解决方案，而不是无计划、随机地培训与开发；培训的内容要面向未来，而不仅仅是满足目前的需要。

（六）胜任力模型与员工个人职业发展

胜任力模型为员工规划个人职业发展确立了基点与有效路径，员工能够依据自身的胜任力特点，结合企业对核心专长与技能的要求，获得愉快胜任这一职业的能力，并真正实现企业目标与个人目标的结合。"愉快胜任"主要是指员工通过个人能力的提升提高了工作绩效，并在"愉快"地获得企业回报的同时实现了自我价值。因此，从一定意义上讲，胜任力模型也是企业内各业务系统中员工培育适应企业核心能力要求的核心专长与技能，并基于此规划个人成长路径的一种有效的工具。

即时案例 5-6

新奥集团员工能力提升及职业发展

新奥集团员工能力提升及职业发展方式如图 5-20 所示。

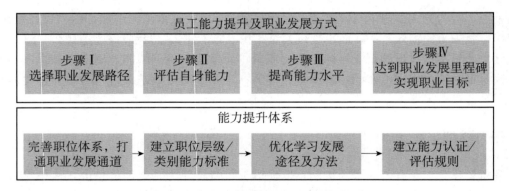

图 5-20　新奥集团员工能力提升及职业发展方式

新奥集团管理人员（现职人员和后备人员）的培养和能力提升计划如图 5-21 所示。

新奥集团专业人员的能力提升和培养计划如图 5-22 所示。

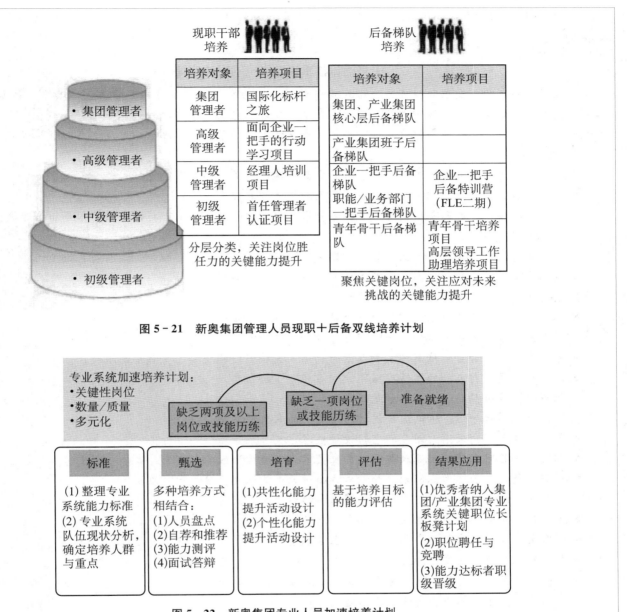

图 5－21 新奥集团管理人员现职＋后备双线培养计划

图 5－22 新奥集团专业人员加速培养计划

（七）胜任力模型与企业战略性人才规划

一方面，胜任力模型是企业战略性人才规划的结果；另一方面，胜任力模型的构建能够帮助并强化企业对于人才的认知与界定，换句话说，企业根据胜任力模型对现有人才进行评价的结果可检查企业现有人才的能力状况，从而有针对性地开展包括人才的吸纳、开发、激励、维持等在内的一系列人力资源规划与行动。

基于胜任力的人才规划关注的是企业未来的发展和动态适应能力，以建立和维护企业核心竞争力及员工胜任力为目的，关注员工胜任力给企业带来的价值，以定性而非定量的观点看待人力资源。

（八）胜任力模型与核心人才管理

核心人才管理也是核心胜任力的管理。胜任力模型可以成为企业评价与管理核心人才的重要依据，由此可展开一系列培训与开发、职位提升、岗位轮换等人力资源管理活动。

即时案例 5-7

中兴通讯技术研发岗位的岗位画像

中兴通讯技术研发岗位的胜任力模型主要包括认知能力和技术研发基础两个方面，其中，认知能力包括语言能力、数学能力和逻辑推理三个维度，技术研发基础包括奋斗者精神、敏锐学习、商业与创新导向、非权力影响和高质量交付五个维度，每个维度又有数量不等的子维度，每个子维度都有四个等级。

1. 认知能力

（1）语言能力：在文字加工、言语理解和书面表达等任务上的表现。

（2）数学能力：在数字相关任务和统计图表分析上的表现。

（3）逻辑推理：是否具备从错综复杂的事物中发现规律的能力，是否具备较强的学习和推理能力。

2. 技术研发基础

（1）奋斗者精神：面对困难仍能坚持长期奋斗拼搏。

● 成功愿望：是否积极进取，事业心强，愿意设定有挑战性的目标。

● 意志力：是否意志坚定，遇到困难很少放弃。

● 活力：是否能够给自己安排较为充分的工作，让自己忙碌。

（2）敏锐学习：对新知识和新领域有好奇心，会持续学习并形成洞见。

● 寻求变化：是否会尝试新方法和探索新领域，突破当前领域和固有做法的限制。

● 求知欲：是否对未知的事情有探究欲，希望多了解信息。

● 批判性：是否倾向于质疑接触到的知识和信息。

（3）商业与创新导向：从商业和创新的角度来考虑技术方案。

● 创新：是否倾向采用有新意的思路设计技术方案。

● 洞察：是否对背景和问题理解深入，在技术方面考虑深入。

● 前瞻：是否会长远考虑问题，如技术方面对未来需求的适应性和可维护性。

（4）非权力影响：用令人信服的方式影响和带动他人，激发他人工作热情。

● 开放性：是否会考虑及主动征求他人的意见。

● 说服力：是否愿意传递自己的主张，在遇到质疑时，是否主动说服其他人。

● 权利动机：是否愿意成为主导者，掌控事情的方向和节奏。

（5）高质量交付：看重结果，为及时高质量交付产品持续努力。

● 责任感：是否能够承担责任，不逃避。

● 谨慎：是否能够周全地考虑问题，事先思考可能存在的风险、漏洞并予以规避。

● 条理性：是否重视调理和结构，交付内容是否归类整齐、清晰。

资料来源：北森人才管理研究院．2019中国人才管理典范企业精华案例集．

【小结】

本章通过介绍胜任力的内涵、重要意义、主要内容、构建与应用等，系统介绍胜任力管理，共有四节。

第1节介绍了胜任力的概况，包括胜任力的产生以及不同学者和研究机构的观点，通过冰山模型和洋葱模型介绍胜任力的构成要素及其特点，以及胜任力对企业获得竞争优势、实施战略人力资源管理以及满足员工需求、激励员工实现绩效目标的重要意义。

第2节介绍了胜任力模型，按照企业所需的核心专长与技能，将员工胜任力分为通用胜任力、可迁移胜任力、专业胜任力、职位胜任力和团队结构胜任力五类。此外，介绍了胜任力词典的起源、发展、原理、结构与内容以及应用示例。

第 3 节介绍了胜任力模型构建的流程和方法，基本流程包括准备阶段、研究与开发阶段、评估与确认阶段以及模型的应用阶段，方法包括战略文化演绎法、行业标杆法、行为事件访谈法和主题分析法，其中重点介绍了行为事件访谈法。

第 4 节介绍了胜任力模型在人力资源管理中应用的 10 个基本命题，以及胜任力模型在潜能评价、招聘甄选、绩效管理、薪酬管理、培训开发、员工个人职业发展、战略性人才规划、核心人才管理等方面的应用。

【关键词】

胜任力　胜任力模型　胜任力冰山模型　胜任力洋葱模型　通用胜任力　专业胜任力　职位胜任力　领导胜任力　团队结构胜任力　战略文化演绎法　行业标杆法　行为事件访谈法　主题分析法

【思考题】

1. 胜任力的定义是什么？为什么要研究胜任力？
2. 胜任力的冰山模型和洋葱模型由哪些要素构成？
3. 构建胜任力模型的具体操作流程是怎样的？
4. 行为事件访谈法的关键操作步骤有哪些？
5. 胜任力有哪些类型？
6. 如何编制胜任力词典？
7. 胜任力模型在企业人力资源管理中的作用如何？
8. 胜任力模型在人力资源管理系统中应用的基本命题有哪些？
9. 胜任力模型与企业核心竞争力之间有何关系？

案例分析

华为的胜任力模型

一、华为胜任力模型的基本理念

华为人力资源管理体系的搭建始于《华为基本法》，《华为基本法》中确立了人力资源管理的"铁三角"，那就是价值创造体系、价值评价体系和价值分配体系。这三个体系构成了华为人力资源管理价值链，成为华为人力资源管理的核心。而胜任力模型就是价值评价体系中的一个组成环节，完全融入人力资源管理体系，而不是单独存在。

二、华为胜任力模型在人力资源管理体系中的定位

价值评价体系包括三个模块：以企业目标与使命为导向形成的绩效管理体系；以职位、流程以及组织为基础的评价体系；以任职资格、胜任力模型为核心的评价体系。这三个模块构成了华为价值评价体系的"铁三角"，分别面向绩效、职位以及人和能力：绩效用"事"来表示，职位用"岗"来表示，能力与胜任力用"人"来表示。

这三大价值评价体系之间有着明确的分工并有机地融合。首先对职位进行评价，确定职位价值，确定该职位所需的任职资格和胜任力等；然后对人进行评价，把职位要求与胜任力等结合，即人岗匹配；最后评价态度、绩效等。

在实践中，职位价值与基本工资挂钩，任职资格及胜任力与晋升挂钩，绩效与奖金挂钩。这就形成了价值评价和价值分配的有机结合。胜任力模型只有与其他人力资源管理元素有机地结合才会起作用。

三、华为胜任力模型的基本构架

华为的胜任力模型是由国外咨询公司协助搭建的，经过"先僵化，后优化，再固化"的管理过程，已成功地融入华为的人力资源管理实践。

（1）胜任力模型的分类。华为的胜任力模型分为两大类：通用胜任力模型与基于职位族的胜任力模型。在通用胜任力模型中，包括成就意识、演绎思维、归纳思维、信息收集、关系建立、团队精神等18个通用胜任力要项。基于职位族的胜任力模型包括领导者、管理者、研发族、营销族、专业族、操作族的胜任力模型。另外，各个职位族还细分为更小的族，比如专业族还细分为计划、流程管理、人力资源、财经、采购、秘书等族，每个细分都有专门的胜任力模型。不管是通用胜任力模型还是基于职位族的胜任力模型，都做得非常细，绝对不是简单的能力词汇的拼凑。

（2）胜任力模型的构成。在华为的胜任力模型中，包括胜任力词典、胜任力定义、分级标准、标准描述、反映各胜任力要项的关键事件以及评价结果的运用。

胜任力词典是对模型中所有胜任力要项的总括。在胜任力词典中，各胜任力要项都有明确的定义，比如研发人员的"团队合作"这个要项的定义为："团队合作是指个人愿意作为群体中的一个成员，与群体中的其他人一起协作完成任务，而不是单独地或采取竞争的方式从事工作。这里所指的团队就是为了实现某个或某些目标而共同工作的群体，它可以是一个部门内部产品开发小组或行销小组，也可以是为满足顾客需要而结合成的跨部门的工作群体。"各胜任力要项具有独特的分级标准，比如研发人员的"团队合作"分为4个等级，每个等级都有对应的描述以及有针对性的案例分析，也就是说这个胜任力要项是通过什么事件来反映的，这些事件都是在华为营销人员、研发人员身上真实发生的。之后根据这些关键事件回归到现实，在人力资源管理实践中加以运用。在华为的胜任力模型中，对分级标准的制定是非常细致的，可以根据胜任力模型准确评价员工某个胜任力要项的等级。

四、华为胜任力模型的运用

第一，职位描述。运用到职位说明书的任职资格一栏，比如一个职位需要什么胜任力要项，需要达到几级等。

第二，招聘选拔。提高招聘选拔的针对性与有效性，并可以降低企业后续的培训成本。

第三，任职资格管理。华为的胜任力模型以能力为基础，任职资格则以职位为基础，两者有交叉，可以相互作为参照标准。

第四，后备干部管理。根据职位的胜任力模型评价后备干部的胜任力，并作为后备干部选拔的重要的参考条件。

第五，报酬。消除年龄、学历等对薪酬的影响，加大对提升员工胜任力的激励。

第六，培训。根据胜任力模型确定培训需求，提高培训的目标性与效果性，降低培训成本。

资料来源：改编自吴春波. 华为的素质模型和任职资格管理体系. 中国人力资源开发，2010（8）.

问题：

1. 你如何评价华为公司的胜任力模型？

2. 你认为任职资格管理应如何与胜任力模型相结合？

3. 为什么华为公司强调胜任力模型要融入人力资源管理体系？

【参考文献】

[1] 但根友. 胜任素质模型为何"建而不用". 企业管理，2013（6）.

[2] 迪布瓦. 胜任力. 北京：北京大学出版社，2005.

[3] 谷向东，郑日昌. 基于胜任特征的人才测评. 心理与行为研究，2004（4）.

[4] 郭亚楠，马玉萍. 临床护士岗位胜任力研究现状. 中国医学创新，2015，12（8）.

[5] 李盼盼. 销售人员胜任素质模型的构建：以武汉市某IT企业为例. 沿海企业与科技，2018（4）.

[6] 李欣珍，基于胜任力模型的FJ公司营销人员招聘体系优化研究. 深圳：深圳大学，2017.

[7] 刘晓红，徐扬，史本山. 基于胜任力的企业人力资源评价模型. 西南民族大学学报（自然科学版），2016，32（2）.

[8] 露西亚，莱普辛格．胜任：员工胜任能力模型应用手册．北京：北京大学出版社，2004.

[9] 罗元．基于胜任力的人力资源管理模式研究．当代经济，2015（17）.

[10] 彭剑锋，荆小娟．员工素质模型设计．北京：中国人民大学出版社，2003.

[11] 彭剑锋，饶征．基于能力的人力资源管理．北京：中国人民大学出版社，2003.

[12] 彭剑锋．人力资源管理概论．2版．上海：复旦大学出版社，2011.

[13] 孙芬，沈进．基于中国企业的胜任素质模型研究．企业活力，2006（6）.

[14] 吴春波．华为的素质模型和任职资格管理体系．中国人力资源开发，2010（8）.

[15] 杨湘怡．企业中层管理者胜任力模型研究．上海：复旦大学，2007.

[16] 赵曙明．我国管理者职业化胜任素质研究．北京：北京大学出版社，2008.

[17] 周芸，张明亲．基于胜任力的企业人力资源经理模糊综合评价与实证研究．科技管理研究，2009，29（8）.

[18] 朱瑜，王雁飞．企业胜任力模型设计与应用研究．北京：科学出版社，2011.

第6章 人力资源招聘与配置

本章要点

通过本章内容的学习，应能回答如下问题：

- 人力资源招聘的基本流程是怎样的？
- 内部招聘和外部招聘各有哪些优缺点？
- 如何选择外部招聘渠道？
- 人力资源甄选的技术有哪些？
- 人力资源招聘的新趋势有哪些？
- 人力资源配置的含义是什么？包括哪些内容？

引导案例

H公司人员流失的谜团

　　H公司是位于河南的一家制造企业，在2020年的员工流失分析报告中，人力资源部苏经理发现，整个企业的员工流失率偏高，达到了14%，其中最突出的是生产制造部，高达35%，该部门的赵经理也因为一线技工流失率太高而多次向人力资源部抱怨。

　　苏经理在分析后发现，生产制造部很多离职人员都是入职不久的新员工，一线技工流失的高峰期为入职后的第三个月，占比达20%。这不仅浪费了企业的招聘和培训成本，更加重了人力资源部的招聘任务。

　　人力资源部针对人员流失情况，着手进行了企业的薪酬调研和离职原因调查。从薪酬调研的情况来看，H公司的薪酬水平在行业内属于中上水平，并不算低。而在对离职人员的访谈中，有36%的员工表示离职原因是"一线岗位工作压力大，经常倒班，对身体不好"。看起来似乎是员工不能吃苦，但苏经理认为，人员流失的原因并没有这么简单。

　　苏经理仔细查阅了一线技工的招聘简章和招聘流程，发现2019年企业主要采取校园招聘，通过笔试和面试的方式在当地几所技术学院招收了约300名新员工，笔试主要考察逻辑推理和空间想象能力，面试主要考察应聘者的动手操作能力。招聘简章上，企业根本没有提及倒班的事情，也没有要求应聘者具备吃苦耐劳的工作素质，招聘环节中也未针对具体岗位进行全面的胜任力测评。那么，H公司的问题到底出在哪里呢？

　　资料来源：http://www.hrsee.com/? id=1338.

　　人力资源获取是指根据组织战略和人力资源规划的要求，通过各种渠道识别、选取、发掘有价值的员工的过程（如图6-1所示）。这一获取过程有广义和狭义之分。狭义的人力资源获取仅指企业通过组织外部和内部渠道招聘员工，以及配置新员工的活动；广义的人力资源获取则在狭义的基础上，涵盖了从组织内部发现员工的新价值、通过培训使得员工人力资本增值的过程，即人力资源在企业内部的再配置过程。本书采用广义的定义，认为人力资源获取是指从组织内部和外部招聘、配置人力资源以及组织内部的人力资源再配置。本章主要介绍人力资源招聘和配置的相关内容。人力资源的再配置将在第9章介绍。

　　招聘、甄选、配置是组织获取所需人力资源的重要途径。招聘是指组织确定工作需要，根据这些需要吸引候选人来填补岗位空缺的活动。甄选是指从所有应聘这一职位的候选人中进行选择的活动。配置是指组织在通过招聘、甄选程序选择候选人的过程中，考虑候选人的知识、经验、能力、个性特征与职位和能力要求、组织文化等方面的匹配程度，并最终作出录用决策的活动。配置不是一个独立的步骤，它贯穿招聘、甄选以及最后作出录用决策的整个过程，以实现人与工作、团队和组织的匹配。

　　成功的招聘、甄选和配置活动对于构建和维持一个成功的组织体系至关重要。人是组织中所有技术、财务或者管理过程和系统的核心，如果没有合适的人管理这些系统，即使有好的技术和系统，组织绩效也会很低。组织的成功和组织中人的胜任力密切相关，一项研究表明，高胜任力员工的绩效达到平均水平的129%。因此，甄选合适的人以及最大限度地激励和留住合适的人是人力资源管理过程中最核心、最重要的环节。如今，组织的成功越来越多地取决于其服务质量的高低以及开发新产品和服务能力的大小，不同于传统的产业经济，在这一竞争环境中，如何获取适合组织发展的人力资源变得越来越重要。

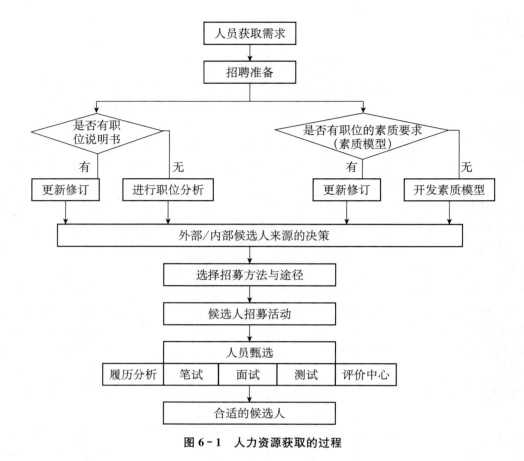

图 6-1　人力资源获取的过程

第 1 节　人力资源获取的基本理念与操作流程

一、人力资源获取的基本理念

在根据组织战略发展和业务需要进行人员招聘之前，组织需要确立人力资源招聘与配置的两大基本理念，以此为指导，对人力资源招聘的流程进行整体把握。

（一）选人比培养人更重要

首先，选对人是人力资源有效开发与管理的前提，对于大多数企业来说，需要坚定"选人比培养人更重要"的基本理念。马库斯·白金汉（Marcus Bukingham）和科特·科夫曼（Curt Coffman）合著的《首先，打破一切常规》一书中提出了一个激进的观点：人是不会改变的，选人不是选学历，不是选经验，更不是选态度、爱好和意志，而是选才干。有合适的才干，知识、技能、经验可以学习，态度、爱好也不是问题。如果选错了才干，无论他过去有多么优秀的记录，也将是噩耗的开始。[①] 吉姆·科林斯（Jim Collins）在《从优秀到卓越》一书中指出，卓越的公司在开始时大多不知道自己将来要干什么，或者说它们不关心这个问题，

---

① 劳莘 . 新人招聘和职位调整中的选聘技术 . 人才资源开发，2004（10）.

字节跳动：如何选对人？

如今的字节跳动核心团队，大咖云集，连昔日收购漫威、曾主导Disney＋的迪士尼前高管凯文·梅耶尔都被纳入麾下。其实字节跳动早期战功赫赫的核心团队，都不算"大家"出身，但他们的目标完成度和挑战度都足以让人刮目相看。

字节跳动的人力资源负责人华巍，上一份工作是在凤凰网做投资。合伙人张利东之前在《京华时报》从事传统媒体工作。不能说是字节跳动创始人张一鸣改变了他们，但无疑这些核心人才离不开张一鸣的挖掘和赋能。那么张一鸣早期选拔高级人才时，看重的是什么呢？张一鸣认为选择越高层级、影响越大的人才越要看一些基本素质：理性、逻辑、修养、企图心、自我控制力。

理性

理性的哲学定义是有目的的活动。企业管理的核心是目标管理，那么达成目标就是企业的重中之重，高管们就必须理性，时刻记住企业的目标是什么，不能被情绪或者琐事带偏。

如果任命了心智不成熟的人担任企业的高管，对于企业来说就是灾难。对于一个企业管理者而言，"理性务实于外，感性浪漫于内"是一种修养。

逻辑

广义上，逻辑泛指规律，包括思维规律和客观规律。说一个人有逻辑，是指这个人能够实事求是地看待和解决问题，而不是一厢情愿，自我强化，自我感动，觉得"我能行"，能搞定一切。如果企业的管理者能够务实一些，那是团队之福。

修养

修养，即待人处事的正确态度。修养也是一种领导力，我们常常听一些年轻人说起自己的领导有修养，言外之意，他是一个着眼于大局，着眼于长处，值得跟随的人。

企图心

张一鸣曾说："谋事不求易成，具备强烈的成功动机和韧性才能成功。"

公司定下一个目标，但是公司上上下下对这个目标的理解和认同程度是不一样的。有的人认为自己就是来打工而已，别要求太多。有的人知道目标达成之后对自己有好处，所以愿意稍微出点力。有的人对于目标有不达目的不罢休的气势，这种人是最能为组织出力的。

企图心是一个人充分施展自己才能、追求成功的最大动力。字节跳动选人，不管是选新人还是选高级人才，都非常看重强烈的动机。当公司每一个人都有强烈的成功的意愿时，这家企业就会像超越绿皮火车的高铁，发展飞速。

自我控制力

在《思考的快与慢》这本书里，讲到人的两套思考系统，快思考是祖先遗传给我们的、刻在我们基因里的思考系统，比如在黑暗里会害怕，因为在丛林里，黑暗意味着可能会有危险。慢思考会促使我们做理性的判断和执行，这就是自我控制力。

优秀的自我控制力，帮助我们更以目标为导向。想要获得这个能力，需要反复自我修炼，遇到事情，别着急行动，保持冷静，思考我们的目标是什么，作出什么判断、怎样执行才能达成目标。长此以往，优秀的思考习惯就能建立。

资料来源：https：//weyt.p5w.net/article/2425028.

二、人力资源招聘的基本流程

基于战略的招聘的操作流程主要包括四个环节：定义需求、选择招募途径、实施甄选过程、试用考评

（如图 6-2 所示）。

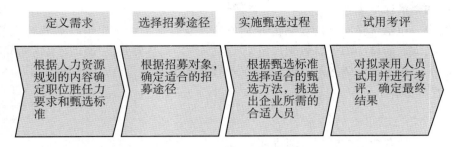

图 6-2　招聘操作流程图

在人力资源管理的实际操作中，"招募"和"甄选"这两个词经常互相替换。实际上，它们是完全不同的活动。招募是指组织确定工作需要，根据需要吸引候选人来填补工作空缺的活动；而甄选是指从所有来应聘这一职位的候选人中进行选择的活动。人员招募的目的是形成一个工作候选人的蓄水池，从中以最低的成本选择最合适的员工。更具体地说，招募包括：

- 根据组织预期成长，分析组织未来人员需求。
- 只吸引有资格的候选人。
- 确定组织的招募和甄选活动的合法性。
- 确定吸引候选人的过程是公开、透明的。
- 确保人员招聘实践能够支持组织的战略目标，同时和组织协调一致。

甄选的目的，简单地说，就是通过采用适当的甄选方法和程序，在最优的时间和成本的预算约束下，实现合适的人与合适的工作的匹配。

人力资源招聘主要包括以下四个主要的活动：

（1）定义需求。包括根据战略人力资源规划的内容（参见本书第 3 章），编制工作描述、工作规范以及胜任力模型等，确定甄选标准。表 6-1 提供了一个例子。

表 6-1　天津丰田汽车以招聘为目标的职位说明书示例

总务人事部职位说明

入职资格
1. 大专以上学历，性别不限，年龄 22～35 岁。
2. 日语 1 级或英语 6 级以上者优先考虑。
3. 熟悉劳动方面的相关法规，有外资企业人力资源管理相关工作经验者优先。
4. 能够熟练操作各种 Office 办公软件。

工作岗位：人事课 总务课

工作内容及职责

人事课：
1. 行政管理，人事制度及规则的制定和运作（工资、绩效考核、提升、晋升），全公司的计划和改组方案的实施。
2. 各种人事手续的办理、人事劳务问题的处理、员工教育培训、企划及运营。
3. 招聘、人员录用。
4. 各部门业务分工和部门方针的管理，员工信息的管理。
5. 档案、保险、薪资福利运作。

总务课：
1. 企业活动及有关商品和技术的宣传活动，公司内宣传资料的设计和制作，与政府等公共机构相关的业务。
2. 文件管理（公司印章、通知、公告、机密管理等）。
3. 重要来客的受理、接待和迎送，信息通信网的管理和运营。
4. 交通安全计划的制订和实施，保安警备、防灾。
5. 公司班车的运行管理，食堂的运营和管理，各种纪念活动的计划和运营。

资料来源：白洁，周禹，刘书岑．丰田传奇．北京：机械工业出版社，2010：284-285．

（2）选择招募途径。包括评估候选人的情况，确定采用何种招募方式，同时确定是否需要外部机构的介入。具体的招募策略和渠道详见本章第2节。

（3）实施甄选过程。包括选择和使用合适的评估方法，从候选人中选出组织需要的人员。这些甄选技术主要包括履历分析、笔试、面试、测试、管理评价中心技术等。具体甄选的操作技术详见本章第3节。

（4）试用考评。对拟录用的候选人进行试用并考评其实际绩效是否符合组织的要求，从而作出是否最终录用的决定。

即时案例 6-2

做细招聘规划，网罗领导人才——壳牌的招聘流程安排

作为一家有着百年悠久历史的大型跨国石油公司，壳牌在《财富》全球500强排名中始终名列前茅。从20世纪中叶开始，壳牌就坚持每年从世界各地的高等院校中挑选优秀的毕业生。壳牌在录用应届生员工时看重的是应聘者的领导潜质，而非学历、专业或其他现有的技能。

壳牌把领导潜质定义为"CAR"，并将其贯穿整个招聘过程。

分析力（capacity）：能够快速分析数据，在信息不完整和不清楚的情况下找出主要议题，弄清外部环境的约束，明确潜在的影响和联系，并提出创造性的解决方案。

成就力（achievement）：给自己和他人以挑战性的目标，并百折不挠地实现，能够权衡轻重缓急，灵活应对不断变化的外界环境，果断处理不熟悉的问题。

关系力（relation）：主动、诚恳地寻求具有不同背景的人的各种意见，积极地感染和激励他人，坦率、直接地进行沟通，建立富有成效的工作关系。

本着发掘未来领导者的宗旨展开招聘工作并非易事，壳牌在招聘中十分注重以下几方面的工作：

（1）收集关于招聘职位的必要信息。只有在充分了解职位特点、工作性质以及任职要求等信息的基础上进行招聘，才能做到有的放矢。

（2）确定招聘的目标群。针对不同的职位需求，选择合适的目标群体。

（3）确认招聘信息发布的方式。选择最有效的、最吸引人的广告信息刊登方式。

（4）采用合理有效的招聘、甄选手段。准确运用有效的面试方法和工具测试应聘者的能力，以便聘用最优秀、最合适的员工。

在做好这些准备工作的基础上，壳牌制定了非常系统的招聘规划。以壳牌的毕业生招聘为例，每年年初确定招聘目标，暑假开始制订招聘计划，在11月举行校园招聘会并收取、筛选申请表，一个月后对初步筛选出的应聘者进行结构化面试，并且提交评估中心，次年1月确认聘用（如表6-2所示）。

表6-2　毕业生员工的招聘流程安排

招聘流程安排	时间	主要内容
确定招聘目标	2月	依据公司的人力资源规划进行职位配置需求分析，确定目标，将与职位相关的信息（如职位说明书等）作为招聘依据
制订招聘计划	7—8月	人力资源部与各部门协调确定招聘的人数、职位，并确定地点、时间、招聘人、资料准备等具体安排
校园宣讲会	11月	选择知名的高等院校举办宣讲会，扩大公司的影响力，吸引优秀的毕业生
收取、筛选简历	11月	对网上提交的简历利用筛选软件选出符合条件的简历
结构化面试（或电话面试）	12月	进一步确认应聘者的个人信息，并考察其看待问题的广度和深度，确定是否推荐到评价中心

资料来源：彭剑锋，刘坚.百年壳牌：石油业中的"贝壳"神话.北京：机械工业出版社，2010：171-176.

第 2 节　人力资源获取的策略和渠道

基于战略的人力资源规划从方向、原则等方面系统解决了企业需要什么样的人力资源、现实与期望存在何种差距以及如何建立适应战略需要的人力资源架构等问题。在此基础上，如何贯彻实施人力资源规划中关于人力资源获取的指导性原则，是企业人力资源管理链条的第一个环节。本节主要介绍组织通过何种方式获取所需的人力资源，即人力资源招聘的策略和渠道。

人力资源获取的渠道多种多样，划分标准不同，所体现的形式也不同。按照人力资源获取的来源可以分为内部招聘、外部招聘、新型招聘方式等。招聘方式各有优劣，组织要根据自己的特点选择适合的渠道。

一、内部招聘

（一）内部招聘的来源

内部招聘是指在组织出现岗位空缺后，从组织内部选择合适的人选来填补位置的过程。内部招聘主要有以下几种：提拔晋升、工作调换、工作轮换、人员重聘。

1. 提拔晋升

提拔晋升是指从组织内部选择可以胜任更高层级工作的优秀人员。这种招聘方法会使员工感到有发展的机会，可以起到很好的激励作用。但如何解决提拔晋升过程中的公平问题是一个难点。

2. 工作调换

工作调换也叫"平调"，是在组织内部寻找合适人员的一种方法。这种招聘方式的好处是不仅填补了岗位的空缺，而且可以使内部员工了解其他部门的工作，与其他部门的人员有更深的接触，也为员工未来的晋升做好准备。

3. 工作轮换

工作轮换和工作调换有相似的地方，但又有不同。相同点在于：两者都可以使组织的管理人员和普通工作人员了解组织内部不同部门的工作，为员工未来的晋升奠定基础，同时也可以减少部分工作人员因为长期从事某项工作而带来的烦躁和厌倦感。两者的区别是：工作调换从时间上来讲比较长，而工作轮换经常是短期的，有时间限制；工作调换经常是个人单独、临时进行的，而工作轮换往往是两人以上有计划地进行的。

4. 人员重聘

组织有时会因为某些原因出现一批不在岗位的人员，如下岗人员、长期休假人员（可重返工作岗位）等。在这些人员中，有些可能正好是填补空缺岗位的合适人员，对这些人员的重聘会给他们提供为组织再尽力工作的机会，也可以使组织减少培训费用。

（二）内部招聘的流程

一般情况下，内部招募的操作流程如下：

（1）定义岗位需求。这个环节主要是依据职位说明书或人力资源规划的内容，确定具体岗位的胜任力，明确甄选标准。

（2）发布岗位招聘信息。由人力资源部门向目标子公司发布招聘信息，如果子公司有岗位需求，在征得相关领导同意内部招募时，可以由集团人力资源部门向子公司发布招聘信息，这样便于集团统一管理。

（3）资格审查。按照甄选标准，由招聘小组成员对报名人员进行资格审查。

（4）甄选。采用适当的甄选方法对候选人进行甄选。

（5）发布结果。对符合标准的、拟录用的候选人名单进行公示。对于未被录用的人员一一进行通知，表示感谢并给予鼓励。

（6）办理调动手续。与原用人单位进行协商，办理相应的调动手续。

（7）评估。评估包括两部分，一是对于所录用人员试用期绩效的评估，二是对于此次招聘各环节的评估与改善。

（三）内部招聘的注意事项

当采用内部招聘方式时，需要注意以下事项：

（1）内部招聘顺利实施的前提是集团形成内部流动的氛围与相应的机制保证。如果没有统一的机制，就会形成有些子公司只愿意进人、不愿意出人的现象。

（2）内部招聘的各个环节要公开、公正、公平，对于甄选标准、甄选方法以及最后结果都应及时向全体员工公示。

（3）对于录用人员的调动要与原用人单位进行协调，给原单位以充足的时间进行工作的交接，既不能妨碍原单位工作的顺利进行，也不能挫伤员工的积极性。

（4）对于未录用人员，要及时反馈未被录用的具体原因以及需要改进之处，一方面保持员工参与的积极性，另一方面促进员工的胜任力提升。

二、外部招聘

根据招聘对象，组织的外部招聘可以分为校园招聘与社会招聘两大类（如图6-3所示）。校园招聘（campus recruitment）是一种特殊的外部招聘途径，是指组织直接从学校招聘各类各层次应届毕业生。社会招聘（social recruitment）是针对已就业的社会在职人员进行的招聘，一般情况下，空缺岗位需要招聘有一定工作经验的人员时常采用社会招聘方式。

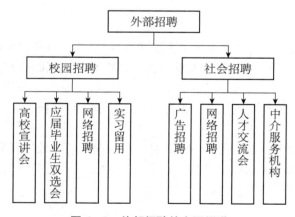

图6-3 外部招聘的主要渠道

（一）校园招聘

校园招聘是针对大中专院校在校学生进行的招聘活动。学校是人才高度集中的地方，也是组织获取人力资源的重要源泉。每年都有数以万计的大学生迈出校门，走向社会。大学生的专业知识和对工作的热情是组织所期待的。校园招聘已成为应届毕业生最主要的就业方式之一。

由于应届毕业生在知识结构、心理特征、技能水平等方面与具备工作经验的社会人才有较大差异，因此企业通过校园招聘获取人才主要出于以下两个原因：

一是大学毕业生具有文化易塑性。在校的学生由于对社会和企业的接触相对较少，因此在职业化行为、核心职业理念、价值观等方面尚未成形，比较容易接受组织文化，在与组织文化相融合的过程中，阻力相对较小。

二是从目前来看，大学毕业生是最具发展潜质的群体，组织通过校园招聘获得的用于评价其潜质的信息相对完整、可信度较高。

校园招聘目前主要有高校宣讲会、应届毕业生双选会、网络招聘以及实习留用四种广泛使用的途径（见图 6-3）。除了定期宣传、开招聘会等形式以外，许多企业还通过赞助校园文化活动、学术活动等来提升知名度，吸引优秀人才的注意。一些知名企业还设立奖学金、助学金，与学校建立长期稳定的关系，使学校成为未来员工的培养之地。另外，让学生到企业中实习也成为一种行之有效的吸纳人才的方式。

一般而言，大学毕业生的胜任力较强，富有生机和活力，并具有发展潜力，但缺乏实际工作经验。因此，在校园招聘的过程中应注意以下几点：

- 选派能力较强的招聘人员，因为大学生一般比较看重企业形象；
- 对申请人的答复要及时，否则会对申请人来公司服务的决心产生消极影响；
- 大学毕业生总是感觉自己的能力强于公司现有员工，因此他们希望公司的各项政策能够体现出公平和人性化。

即时案例 6-3

华为校园招聘理念及招聘流程

华为的校园招聘一般安排在每年的 11 月份。2019 届校园招聘活动启动后，华为成立了 8 个招聘小组，奔赴全国 8 个地区，涉及的高校超过 50 所。校园招聘作为一种特殊的招聘渠道，受到企业的青睐，特别是像华为这样的大型企业，更渴望发掘出高素质的管理人才和专业技术人员。

一、校园招聘理念

经过多年的实践，华为的校园招聘已经非常专业，形成了自己的招聘理念和模式。华为树立了"双向选择"的现代人才流动观念，"双向选择"成为华为招聘工作中遵循的一条重要原则。双向选择强调的是与应聘者特别是重点应聘者（潜在的未来雇员）平等、客观地交流，双向考察，看彼此是否真正适合。

除了常规的宣讲、笔试、面试等，华为为了进一步增进双方的了解，举办了一系列面向大学生的比赛活动。华为依据大学生特点专门定制了各种比赛环节，既能考察参赛者的专业技能，又能将企业文化融入其中，在潜移默化中影响大学生对华为的认知，可谓一举多得。比如华为举办的"2018 软件精英挑战赛"，让大学生充分展示自己的软件设计与编程能力；"2018 华为销售精英挑战赛"模拟真实商业世界的比拼环境，让大学生充分认识华为销售岗位，学习销售知识，感受商场实战，锻炼实践能力，同时为参赛学生提供近距离接触华为的机会；"2018 华为网络技术大赛"致力于让参赛学生感受网络技术改变世界的魅力，享受架构设计和数据分析的乐趣，锻炼大学生的沟通能力和团队协作能力。

华为通过举办大学生比赛活动，将企业实力与文化完整地展示给大学生，从而吸引更多高校人才关注华为、认识华为、了解华为。与此同时，华为也能够借助较长的赛事环节对高校人才进行全面的考察，深入感知年轻人才的所感、所想、所需，从而实现华为与大学生人才之间的双向沟通，有针对性地吸引、招募更多更合适的人才加入华为。

二、校园招聘流程

首先，应聘者在华为招聘校招官网注册简历并投递职位。如果简历通过筛选，应聘者将在招聘会前夕收到面试邀约。面试考核一般包括专业面试、综合面试及综合测评，部分研发岗位增设上机考试环节，非研发类岗位增设集体面试环节，部分非研发类岗位增设语言测评环节。主要的面试考核环节一般会在一天内完成。参加面试的大学生将在招聘会后收到面试结果通知，被录用的学生将收到录用通知，并和公司履行签约手续。

具体的招聘流程如图 6-4 所示。

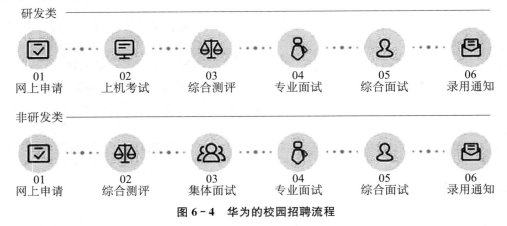

图 6-4　华为的校园招聘流程

（二）社会招聘

在社会招聘中常用的招聘渠道主要有广告招聘、网络招聘、人才交流会和中介服务机构。

1. 广告招聘

通过媒体广告向社会公开招聘人才是运用广泛的人力资源招聘方式。组织通过广告形式进行人力资源招聘要注意以下两个关键的方面：

（1）广告媒体的选择。一般来说，可采用的广告媒体主要有报纸杂志、广播电视、网站以及随机发放的宣传材料等。组织在选择招聘媒体时，首要考虑的是媒体本身传播信息的能力，即各种广告媒体的优缺点和适用范围，表 6-3 比较了部分主要广告媒体的特征。

表 6-3　广告媒体的优缺点及适用范围的比较

类型	优点	缺点	适用范围
报纸	标题短小精悍；广告大小可灵活选择；发行集中于某一特定的地域；各种栏目分类编排，便于应聘者查找	容易被未来可能的应聘者所忽视；集中的招聘广告容易导致招聘竞争的出现；发行对象无特定性，企业不得不为大量无效的读者付费；广告的印刷质量一般较差	想将招聘限定于某一地区时；当可能的应聘者大量集中于某一地区时；当有大量的应聘者阅读报纸，并且希望被雇用时
杂志	专业杂志会到达特定的职业群体手中；广告大小有灵活性；广告的印刷质量较高；编辑的声誉较高；影响时间较长，应聘者可能会将杂志保存起来再次翻看	发行的地域太广，故在希望将招聘限定在某一特定区域时通常不会使用；广告的预约期较长	当所招募的目标人群较为专业时；当时间和地区限制不是最重要的因素时；与正在进行的其他招聘计划有关联时
广播电视	不容易被观众忽略；能够比报纸和杂志更好地让那些不太积极的应聘者了解招聘信息；可以将应聘者来源限定在某一特定区域；极富灵活性；能比印刷广告更有效地渲染雇佣气氛；较少因广告集中而引起招聘竞争	只能传递简短的、不太复杂的信息；缺乏持久性，应聘者不能回头再了解（需要不断地重复播出才能给人留下印象）；商业设计和制作（尤其是电视）不仅耗时而且成本很高；缺乏特定受众群体；为无效的广告接收者付费	当竞争激烈，没有足够的应聘者看印刷广告时；当空缺职位有许多种，而在某一特定地区又有足够多的应聘者时；当需要迅速扩大影响时；在两周或更短的时间内足以对某一地区展开"闪电式轰炸"时；用于引起应聘者对印刷广告的注意时

续表

类型	优点	缺点	适用范围
招聘现场发放宣传资料	在应聘者可能采取某种立即行动时，引起他们对企业雇用的兴趣；极富灵活性	作用有限；要使此种措施见效，首先必须保证应聘者能到招聘现场来	在一些特殊场合（如为劳动者提供就业服务的就业交流会、公开招聘会、定期举行的就业服务会）布置的海报、标语、旗帜、视听设备等；或者当应聘者访问组织的某一工作地时，向他们发放招聘宣传材料

资料来源：德斯勒. 人力资源管理：第 6 版. 北京：中国人民大学出版社，1999：127.

其次，在确定了媒体形式后，应进一步选择刊登招聘广告的具体媒体单位，主要考虑以下几点：

● 媒体的定位：各种具体的传播载体都有其特定的消费群定位，因此组织应根据招聘人员的媒体消费特征选择其最可能接触的媒体。比如，招聘计算机技术人员的广告最好选择计算机专业杂志，如《IT 经理世界》等；招聘职业经理人则可以选择诸如《中国企业家》等。

● 媒体的相关内容集中度：应聘者在搜寻职位时，往往集中关注传播职位招聘信息量较大的媒体，以便选择比较。因此，组织在选择招聘媒体时，应选择招聘信息相对集中的媒体，尤其是在业界具有一定影响力的媒体。

● 多种媒体并用：组织在进行大规模的人员招聘时或者人员招聘难度较大时，可以采用多种招聘形式，力求尽可能覆盖目标人群的接触范围。另外，由于互联网的兴起，大量在校学生和新一代知识人才都十分关注网络带来的大量信息，组织可以借助网络形式实现招聘信息的传递，其渠道主要包括专业招聘网站、高校BBS 以及公司主页等。

（2）广告形式与内容的设计。好的广告形式有利于吸引更多应聘者的关注，而且设计精良的招聘广告具有一定的"形象效应"，有利于树立组织的公共形象，因此在选择合适的媒体之后，应根据组织实际需要设计广告的具体形式。一般来说，招聘广告应满足 AIDA（attention，interest，desire，action）原则[1]：

• attention——能引起应聘者的注意；
• interest——能激起人们的兴趣；
• desire——能激发人们求职的愿望；
• action——方便应聘者的求职行为。

为了最大限度地获取招聘广告形式上的效果，一般组织可以通过外部专业广告设计机构完成招聘广告的设计。

招聘广告的另一重要方面是广告包含的内容，即广告需要传递的信息。下面列举了广告所应包含的主要内容及其相对必要性（如表 6 - 4 所示）。

表 6 - 4　招聘广告所应包含的内容及必要性

内容明细	必要性（%）
工作地点	69
任职资格	65
工资	57
职务	57
责任	47

---

[1] 孙健敏. 组织与人力资源管理. 北京：华夏出版社，2002：149.

续表

内容明细	必要性（%）
组织特征	40
相关经历	40
个人胜任力	32
工作前景	8
工作条件（上班班车等）	8
员工福利	6

资料来源：Leap T L, Crino M D. Personal, human resource management. Macmillan，1989：193.

除了这些与职位相关的信息外，招聘广告还应包括方便应聘者与企业联系以及相关事宜的信息等，图6-5是一个实例。

Mercedes-Benz
北京奔驰汽车有限公司
BEIJING BENZ AUTOMOTIVE CO., LTD.

公司简介
● 公司规模：1 000人以上
● 公司性质：中外合营（合资合作）
● 公司行业：汽车·摩托车（制造·维护·配件·销售·服务），机械制造·机电·重工
● 以"拓展行驶空间，提高生活品质"为使命，北京奔驰将向中国用户提供先进的与奔驰全球标准一致的产品和服务，引领和创造中国汽车工业和市场发展的新时代

基本招聘信息	
职位名称	产品管理经理
职位性质	全职
工作经验	8~10年及以上
招聘人数	1人
工作地点	北京
学历要求	本科以上
语言能力	英语/良好
发布日期	20××-××-××

职位描述

工作职责
1. 为满足用户需求，提供合适的 Mercedes-Benz SKD/CKD产品
2. 熟悉CRM业务，处理日常客户投诉咨询，管理呼叫中心
3. 根据总部和区域需求，为公司内部和经销商制定产品培训方案，开展静态、动态的产品对比培训

任职要求
教育水平：大学本科以上学历（应为国内211院校或同类标准的海外院校，优先考虑留学生）
专业：汽车或市场营销相关专业
经验：合资企业或大型企业集团10年以上工作管理经验，5年以上产品管理经验
知识：汽车技术、财务分析
技能职称：熟练使用计算机与常用办公软件，英语熟练
培训经历：产品及市场战略培训
能力素质：具有很强的分析、沟通、计划和组织能力

联系方式
联系人员：人力资源运营科
传真号码：×××××××××××××××
招聘邮箱：××××××@bbac.com.cn
请在邮件主题注明"应聘职位"
公司主页：http：//www.bbac.com.cn
公司地址：北京市亦庄经济技术开发区×××××
邮政编码：100×××

图6-5 招聘广告示例

2. 网络招聘

随着互联网技术的发展，网络招聘受到越来越多企业的青睐。网络招聘又称电子招聘，是指运用网络技术手段帮助企业完成招聘的过程，即企业通过自己的网站、第三方招聘网站等，使用简历数据库或搜索引擎等工具来完成招聘。据统计，2006年中国网络招聘雇主仅为35万家，经过多年的发展，截至2019年，中国网络招聘雇主数量已达到486.6万家。

网络招聘之所以获得如此快速的发展，是因为网络招聘有以下优势：

（1）信息覆盖面广。互联网的覆盖是以往任何媒介都无法比拟的，它的触角可以很容易地延伸到世界的每一个角落。网络招聘依托互联网的这一特点，达到了传统招聘方式无法获得的效果。

（2）方便、快捷、时效性强。网络招聘的双方通过交互式的网上登录和查询完成信息的交流。这种方式与传统招聘方式不同，它不强求时间和空间上的绝对一致，方便了双方的时间选择。许多在职找工作的应聘者倾向于网络招聘最重要的原因就是，该方式不受时间、地域限制，也不受服务周期和渠道限制，它可以快捷地交流信息，互动性强。

（3）成本低。无论对于应聘者还是用人单位而言，网络招聘相对于其他的招聘方式都具有成本低的优势。对于应聘者来说，通过轻点鼠标即可完成个人简历的传递，原本几天才能完成的信息整理、发布工作，现在可能只要几十分钟就能够完成。这既节约了复印、打印费用，也省却了一番舟车劳顿。对用人单位来讲，网络招聘在节省时间成本的同时还减少了差旅费等费用的支出。

（4）针对性强。网络招聘是一个跨时空的互动过程，对供求双方而言都是主动行为，无论是用人单位还是个人都能根据自己的条件在网上进行选择。这种积极的互动有助于双方在掌握大量信息的前提下作出决策，因此减少了招聘和应聘过程中的盲目行为。目前，各类人才招聘网站都具有快捷搜索、条件搜索功能，进一步增强了网络招聘的针对性。

（5）具有快速筛选功能。目前，各类人才招聘网站都对应聘者的专业、受教育程度以及从事的行业等个人信息进行了细化，因此用人单位可以针对自己的用人标准进行简历的快速筛选，这是传统招聘方式所无法比拟的。

当然，任何方式都是有局限性的，网络招聘也不例外。比如，信息的真实性难以保证，成功率较低，应用范围狭窄，等等。因此，企业在确定招聘方式时，可以考虑将网络招聘方式与其他招聘方式配合使用，从而有效地发挥网络招聘的优势，最大限度地消除网络招聘的不足。

网络招聘近年来快速发展，呈现出一些新的趋势：

（1）视频招聘。视频招聘是指应聘者和招聘者之间通过网络视频进行招聘的一种形式。

视频招聘的初衷是希望建立一种应聘者和招聘者之间更深入、更全面的关系。应聘者可以将自己的个人影像放到网上，让招聘的公司对其有更直观深入的了解。而公司也可以将自己的企业文化、公司理念等拍成短片，供应聘者了解。视频使个人和公司的个性得以更充分的彰显，有利于加深双方的了解，以提高招聘的成功率。

视频招聘的另一功能在于可以在线面试。比如，北京的应聘者不必到深圳见"伯乐"，可以在异地和面试者交流，降低了双方的成本。

当然，和任何一种招聘形式一样，视频招聘也有其局限性，比如，视频招聘的视野和范围有一定的限制，面试者不能够全面观察应聘者；应聘者坐在摄像头前交流的效果和传统的面对面交流的效果会有所差别。因此，视频招聘并不能完全替代现有的面试，只是一种补充方式。

（2）细分行业招聘。尽管前程无忧、中华英才网、智联招聘等几家大的招聘网站目前仍占据网络招聘市场较大的市场份额，但是，随着近几年互联网的发展以及网络招聘的变化，公众对传统网络招聘的满意度下降，用户也变得越来越挑剔。如何在共性需求下尽量满足用户的个性化需求是网络招聘服务公司思考的问题，因此，部分招聘网站开始考虑为特定的客户提供有针对性的人才服务。比如，国内第一家也是最大的行业细分招聘网站——36招聘，近年来成为网络招聘的大热点，获得了更多的认可，发展势头强劲。

目前，国内有多家网站提供各种形式的人员招聘服务，知名度较高的招聘网站如表 6-5 所示。

3. 人才交流会

人才交流会是由政府人才交流机构或具有人才中介服务资质的部门组织的，用人单位和应聘者面对面

表6-5 国内最有影响力的几大招聘网站

前程无忧	http：//www.51job.com
智联招聘	http：//www.zhaopin.com
猎聘网	http：//www.liepin.com
拉勾网	http：//www.lagou.com
应届生求职网	http：//www.yingjiesheng.com
大街网	http：//www.dajie.com
BOSS直聘网	https：//www.zhipin.com
中华英才网	http：//www.chinahr.com
看准网	http：//www.kanzhun.com

洽谈的招聘形式。它是组织与应聘者双向交流的场所，企业可以通过参加人才交流会直接获取大量应聘者的相关信息，既节省费用，又缩短招聘周期，并可以在信息公开、竞争公平的条件下，公开考核、择优录用。

4. 中介服务机构

中介服务机构的作用是帮助雇主选拔人员，节省雇主的时间。特别是在企业没有设立专门的人力资源部门时，借助中介服务机构可以提升人力资源招募水平，因为中介服务机构具有应聘者资源广而且能提供专业咨询和服务的优势。但是借助中介服务机构的一个不利因素是，需求者与应聘者之间存在一定的信息不对称，而组织的需求一旦被中介服务机构误解或者理解不充分，容易造成人职不匹配的情况。因此，要尽量选取信誉较高的中介服务机构，要求它们提供尽可能多的符合职位要求的人选。

（三）新型招聘方式

在依托互联网的招聘平台中，创新的模式不断涌现，带来了多种新的招聘方式：社交招聘，以社交网络为基础实现招聘的营销化、社交化、黏性化、品牌化；垂直招聘，专注于打造招聘的专业化和求职者极致的用户体验；移动招聘，移动端的即时互联、全网的精准搜索；智能招聘，以大数据技术为核心，通过海量数据库和推荐算法的结合，匹配最合适的人才。下面重点介绍两种新型招募方式：社交招聘和智能招聘。

1. 社交招聘

社交招聘是近年来兴起的一种招聘方式，通过企业员工、客户以及合作伙伴等推荐人选，是组织招聘的重要形式。对组织而言，这种方式的优点是对候选人的了解比较准确，招聘成本比较低。最常见的社交招聘是通过员工的人脉推荐组织想要的员工。这种社交招聘有两种形式：一种是利用员工的人脉情报来招聘新员工，并把应聘者人脉的实力作为优先考虑条件，比如，海底捞餐饮有限公司一直保留着从创业初期就沿袭下来的优良传统——员工内部推荐。这一推荐方式已经成为公司人力支持的一个重要来源。公司鼓励员工介绍新员工并给予一定奖励，即使只提供名单和联络方式都可获奖，这些政策很大程度上解决了服务行业的招工难问题，为企业的持续发展奠定了良好的基础。另外一种是让整个团队参与招聘过程，并最终作出决定。一方面，公司必须了解员工在业内的宽广天地，而员工应该意识到他的职业人脉是提升自身职业前景的重要资本之一。同时，作为联盟的一部分，员工应该利用自己的人脉来发展雇主的业务，因为他的业内熟人掌握的技能可能对公司十分重要。另一方面，个体表现的很大部分，甚至是绝大部分相对自身来讲，都更受其所处团队或组织的影响。因此，把招聘作为团队任务能更好地找到合适的员工。

与传统的组织人员内部招聘、外部招聘两种途径相比，社交招聘在控制招聘成本的同时，能够增进员工与企业之间的信任，寻求更高的回报。这三种招聘途径各有优点和缺点，具体如表 6-6 所示。

表 6-6　三种招聘优缺点的比较

	内部招聘	外部招聘	社交招聘
优点	组织对候选人的能力有清晰的认识 候选人了解工作要求和组织 奖励高绩效，有利于鼓舞员工士气 更低的成本	更大的候选人蓄水池 会把新的技能和想法带入组织 比培训内部员工成本低 降低徇私的可能性 激励老员工保持竞争力，发展技能	把员工、客户和合作伙伴的人脉打造成企业的人脉，降低招聘成本 用奖励鼓励员工寻找高质量的新人，带来高回报 增进员工和企业之间的信任
缺点	会导致近亲繁殖 会导致以提升为目的的政治性行为 需要有效的培训和评估系统 可能会因操作不公或心理因素导致内部矛盾	增加与招聘和甄选相关的难度和风险 需要更长的培训和适应阶段 内部的员工可能感到自己被忽视 新的候选人可能并不适合企业文化 增加搜寻成本等	增加员工推荐新人的激励成本 为了拿到奖励，容易使部分员工占用工作时间，影响日常绩效 招聘特定的高级人才有难度 增加企业雇主品牌的维护成本 挖掘内向员工的人脉有难度

三种招聘方式的结合会产生最佳的结果，具体的结合力度取决于组织战略、职位类别以及组织在劳动力市场上的相对位置等因素。需要强调的是，对于组织的中高层管理人员，内部和外部招聘都是行之有效的途径。在具体的选择方面并不存在标准答案，一般说来，对于需要保持相对稳定的组织，中层管理人员更多地从组织内部提拔，而在企业需要引入新的风格、形成新的竞争时，高层管理人员可以从外部引入。通用电气公司数十年来一直从内部选拔 CEO，日本企业的管理特色之一就是内部提拔，IBM、惠普等公司的 CEO 则更多的是外部"空降"。此外，随着社交人脉的兴起，越来越多的企业开始尝试用这种新型招聘方式寻找心仪的员工。不管尝试哪种招聘渠道，都要因地制宜，有的放矢。

2. 智能招聘

在互联网革命之势下，伴随着访问流量高、不受地域限制等特点，在线招聘在 20 世纪 90 年代产生并迅速发展，并在新科技企业得到完善。卓越的招聘离不开对技术的充分运用。综观当前主流的技术，能够充分运用于招聘领域的主要有社交媒体、数字营销、移动化、机器学习及大数据分析等，智能招聘主要应用于视频招聘中。

自 2017 年 7 月开始，高盛集团放弃了传统的校园招聘方法，转而采用结构化视频面试，即候选人需要回答一系列自动预先加载的问题，他们的视频回答由招聘人员打分。OfficeTeam 的调查显示，在过去几年使用视频面试的公司从 14% 增至 63%。投行界的高盛、瑞士银行、摩根大通，三大咨询公司之一的贝恩，以及四大会计师事务所之一的安永都开始使用视频面试的形式进行首轮面试，预计未来会有更多的公司把招聘重心从校园招聘转向效率更高、成本更低的视频招聘。

面对新的招聘趋势，求职者除了做好传统面试需要做的一些准备，比如自我介绍、求职意向、专业问题等，还需要针对视频面试远程在线沟通的特点，注意以下方面。

（1）面试环境准备。

● 营造安静的环境，找一个安静且具有商务气息的空间。

● 灯光要柔和，测试灯光角度，确保人脸不会被阴影遮住。

● 准备好记事本、钢笔或铅笔，以备在面试期间进行简单记录。

（2）网络准备。

● 接好网线，接好耳机，避免麦克风出现噪声。在面试开始前测试镜头，并再次检查麦克风和扬声器正常工作。

● 将镜头尽可能与眼睛保持在同一水平线上，这样可以与镜头保持正视，与面试官眼神接触。

● 使身体处于屏幕的中间，与屏幕保持适当距离。确保露出手臂的上半部分，并且在头部上方适当留出空间，使面试官能看到求职者的肢体语言。

（3）面试过程。

● 注视镜头，与面试官进行眼神接触。

● 坐直身体，不要向一边倾斜。身体略微朝镜头前倾，有助于增加眼神接触，让面试官能够更好地看到求职者的面部表情。

● 用自然的语气讲话，不时加入一些表现出自己正在聆听的词（如"嗯"或"是的"），让面试官知道能听到他们讲话。音频和视频可能会出现滞后现象，因此要注意讲话的语速。

● 如果遇到技术故障（例如，信号微弱、受到干扰），可以请面试官将问题重复一遍。如果仍然有问题，有礼貌地提出并重新连接网络。

（4）结束面试。

● 概括本轮面试要点，感谢面试官花时间为自己面试，并且询问后续步骤。

● 注意掌控时间，并且遵从面试官关于结束此次会话的暗示。

用人单位通常会将几种招聘方式结合起来使用，相互配合，以有效地完成招聘计划。

即时案例 6-4

联邦快递的招聘选拔

联邦快递是一家创立于 1971 年，总部位于美国田纳西州孟菲斯市的跨国快递服务公司。迄今为止，联邦快递为全球超过 220 个国家及地区提供迅速且可靠的快递服务。在 2018 年《财富》世界 500 强企业名单中名列第 155 位。2017 年联邦快递年营业收入超过 603 亿美元，更亮眼的数据是利润比上一年度增长 64.7%。

为什么在竞争如此激烈的快递行业里，联邦快递公司还能保持这么高的利润增长率？也许答案就在它那"简陋"的官网中。打开联邦快递的网站，可以找到它的经营哲学是"员工—服务—利润"，即员工能够为客户提供优质的服务，由此客户给予联邦快递足以成长的利润。因此，联邦快递坚信，只要能够为客户创造价值，最终就能为自己创造价值。如何为客户创造价值？这就要求联邦快递 40 多万员工将客户放在心里，有强烈的使命感，为客户提供优质可靠的服务。

那么具有服务意识的员工是如何招聘选拔出来的呢？

一、招聘人才的三条标准

在联邦快递看来，快递业是服务性行业，能够把客户放在心里，才是优秀的员工。为了保证公司服务宗旨"使命必达"的实现和"隔夜快递"服务标准的执行，联邦快递在招聘员工时会考虑三条标准：是不是一个善良正直的人；是否有比较开放的社会观和世界观；是否有乐观、积极的性格。为什么联邦快递会选择这三条标准呢？

只有善良正直的人，联邦快递才能相信他会不遗余力地为客户提供良好的服务，才放心赋予他权力。

有开放的世界观，了解国际惯例，有很强的服务意识，符合联邦快递国际性服务公司的特点，员工在工作时会和国外的客户、同事交流，因此，这一点非常重要。

联邦快递的工作每天都会遇到不同的情况，比如飞机因天气状况或机械故障不能准时起飞或到达等，如果没有乐观的性格，如何沉着面对突发情况并及时采取应对措施？

二、招聘合适的人才

联邦快递的服务范围覆盖全球 220 多个国家和地区，为了保证业务的良好发展，联邦快递一直坚持管理人才本地化政策，目前联邦快递在全球范围内大约 65% 的总监和管理人员都是本地人，员工中 98% 也都来自本土。

这就面临一个问题：不同国家和地区的人能不能认同公司的服务宗旨，对公司的服务标准不折不扣地执行？让不同国家和地区的人真正理解和接受同一价值观是一件困难的事，联邦快递是如何解决这一难题的呢？

长期以来，联邦快递通过招聘文化匹配的管理人员到合适的位置来降低文化差异的影响。所谓文化匹配，就是招聘那些与目标地区相适应、拥有相似文化背景的人员到合适的岗位上。这其实就是联邦快递的招聘战略。这样的战略旨在降低文化差异所造成的影响，令员工感觉自己受到管理层的重视。只有这样，联邦快递的文化和价值观才能真正被员工理解、接受和分享。

三、招聘程序

联邦快递的招聘程序主要分为两大关卡，第一关是性格测试，第二关才是面试。

关卡一：联邦快递非常看中员工的性格，因此在对外招聘过程中，第一关不看学历，也不看专业知识，而是测试求职者的性格合适不合适。尤其是一线员工，公司会通过一些手段考查对方是否有吃苦精神，能否接受不同的挑战等。有的人面试回答得很好，学历也很高，但是测试下来性格不合适，联邦快递也会忍痛割爱。

关卡二：联邦快递不需要只懂得理论、原则却不会运用到具体工作中的人，因此面试主要考查求职者的实际工作能力。面试主要基于案例提出问题，比如："如果两名员工发生了很激烈的矛盾，你会怎么办？""如果员工的职业发展方向和公司的发展方向不一致，你会如何处理？"

由于对各个岗位的要求不同，联邦快递公司还会采取不同的考查方式。比如对销售人员，联邦快递通常不会采用一对一的交谈方式来面试，而是让五六名求职者一起参与活动，面试官在一旁观察。

四、内部人才选拔

联邦快递非常注重内部人员的培训和选拔，只有在所有内部申请者已全部被考虑并面试，且找不到符合要求的人员后，才会进行外部招聘。因此，每当公司有职位空缺时，首先会在内部公开选拔。人力资源部每周都会在公司的内部网站上公告空缺职位，一定时期内还会拿出一定数量的领导岗位在公司内部公开招聘。具有竞争实力的员工可在一周内提出申请，之后相关部门会安排面试。

资料来源：http://www.hrsee.com/? id＝868.

即时案例6-5

IBM 利用人工智能开展招聘工作

IBM 全球人才招聘副总裁安伯·格鲁瓦尔（Amber Grewal）认为，在 IBM 人才招聘流程中，将人工智能引入招聘职能部门可增强招聘人员的能力，帮助他们作出更明智的决策，从而实现更出色的业务价值。

招聘人员的工作特点是时间紧任务重，往往要同时负责多个职位的招聘。招聘人员需要对各种职位划分优先级，还需要从竞聘同一职位的众多求职者中发现最佳人选。倘若无法有效应对这些挑战，很可能错误划分招聘职位的优先级；哪怕优先级划分正确，也可能选错候选人。在这种情况下，人工智能就能发挥作用：根据历史数据预测填补职位空缺需要的时间，并支持招聘人员根据需要重新划分优先级。

此外，可以利用人工智能确定求职者简历与招聘职位之间的匹配度，根据职位申请流程收集的求职者信息准确预测未来绩效。人工智能还可以帮助招聘人员撰写更全面的职位描述，更有效地筛选候选人，尽量减小无意识的偏见对流程和实践的影响。

在 IBM 这样的大型企业中，要有效划分招聘工作的优先级，必须仔细选拔求职者。IBM 需要更有效地帮助招聘人员确定孔雀职位的最佳候选人，还要优先处理最重要的招聘职位。为此，IBM 开发了 IBM Watson Recruitment（IWR）解决方案。该解决方案采用人工智能技术，根据就业职场信息及招聘求职者的过往经验预测填补空缺职位所需的时间，确定最有可能胜任职位的候选人。

人工智能可以划分求职者优先级并进行适合性排名，从而帮助招聘人员省出更多时间，专注于实现核心招聘目标：建立并培育和求职者的关系。人工智能可根据职位招聘信息确定需要的技能，对照求职者简历中描述的技能生成匹配分数。另外，该解决方案还能根据简历中的个人经历数据（例如，是否领导过团队）生成预测分数，然后利用这些分数预测未来工作绩效。更重要的是，IWR 还会监控招聘决策，确保整个流程不存在任何偏颇。总而言之，在招聘流程中部署人工智能不仅可以更迅速、更准确地完成招聘工作，还能带来更出色的求职者和招聘人员体验。

资料来源：https：//www.docin.com/p-2610106976.html.

第3节　人力资源招聘甄选技术

一、中国古代的人才甄选智慧

中国历史上有关人力资源管理的思想、学说以及随之衍生的人力资源管理制度、方法都十分丰富，它们是先人留给我们的宝贵遗产，对于当代人力资源管理从业者来说，仍具有指导意义。

中国人民大学劳动人事学院教授林新奇在《中国人事管理史》一书中对我国古代及近代的人事管理思想、管理体制及发展演变过程进行了详尽的研究。林新奇教授认为，中国的人事管理思想大体上可以分为三类：一类是普通学者倡导的人事管理理论，以先秦思想家及近代初期开明思想家为代表；一类是古代帝王的人事管理思想，主要是部分开国之主、有为之君的思想，对当时国家的兴衰产生过直接的影响；还有一类就是某些政治改革家的人事管理思想，他们从社会危机出发，一般有很强的针对性。

但林新奇教授也指出，绝大部分人事管理思想都集中在"得人"和"用人"上。

关于"得人"，在中国古代历史上，但凡有为者无不强调人才对国家的重要性。唐太宗李世民说："治安之本，惟在得人。""为政之要，惟在得人。"明太祖朱元璋认为："人君之能致治者，为其有贤人而为之辅也。""天下之治，天下之贤共理之。"清圣祖康熙指出："国家以用人为要。""政治之道，首重人才。"这些观点无不反映出中国古代"得人者昌，失人者亡"这一深入人心的道理。

在"用人"上，中国古代的思想可以高度概括为"选贤任能"。选贤任能不仅包含了中国古代对人才的两个最基本要求——"贤"与"能"，即德才兼备，同时也包含了对用人者的两个基本要求，即必须"选贤"，必须"任能"，这二者是密切相关、相辅相成的，反映了中国古代人事管理思想的基本价值取向。而在选贤任能的具体途径方面，古代先贤也创造出了各种各样的方法，并且体现出不断进步的发展趋势：从先秦的"乡举里选"、汉代的"察举征辟"、魏晋的"九品中正制"，到隋唐以后建立的"科举考察制"，中国古代的人事管理思想和制度不断随着社会进步。

除了思想和制度之外，古代先贤在甄选人才的具体方法上也留下了值得探索的宝贵财富。早在两千多年前，孟子就提出了"权，然后知轻重；度，然后知长短。物皆然，心为甚"（《孟子·梁惠王章句上》）的观点。这里的"权"和"度"指的都是测量，物可以测量，心当然也可以，这就是人才可测量、可甄选的思想。中国古代关于人才甄选的方法层出不穷，相关的著作最有名的是三国时期魏国刘劭的《人物志》以及清代曾国藩所著的《冰鉴》。

（一）《人物志》

《人物志》是一部系统品鉴人物才性的玄学著作，也是一部研究魏晋学术思想的重要参考书。全书共三卷十八篇，三国时期魏国刘劭所作，南北朝时期西凉刘炳曾为之作注。书中讲述的识鉴人才之术、量能用人之方及对人性的剖析充分体现了我国古代先贤在人才甄选方面的智慧。

在《人物志》中，刘劭将才、德并列标举，作为拔选人才的标准。对于甄别人才，刘劭提出"八观""五视"等途径。"八观"从人的行为举止、情感反应、心理变化来甄选人才，由表象而深至内里，反复察识。"五视"则在居、达、富、穷、贫特定情境中，考察人的品行。

八观法对后世的影响深远，具体为：

"一曰观其夺救，以明间杂"，即观察一个人对于事物的取舍，了解其处理复杂问题的能力。

"二曰观其感变，以审常度"，即观察一个人的言谈、表情和情感变化，了解其内在品质与才能。

"三曰观其志质，以知其名"，即观察一个人的志趣、气质，了解他的名声与才华是否相符。

"四曰观其所由，以辨依似"，即通过观察一个人的经历，就可以分辨出他是否可靠，是否可以依赖、信赖。

"五曰观其爱敬，以知通塞"，即观察一个人爱什么、敬什么，可以了解其认识和洞察事物的能力。

"六曰观其情机，以辨恕惑"，即通过一个人的情操表现，能够识别他的道德水平。

"七曰观其所短，以知所长"，即观察一个人在某方面的短处、缺点，以知道他在另一方面的长处、优点。

"八曰观其聪明，以知所达"，即观察一个人的聪明才智，以了解他的见识高低和未来的成就潜力。

(二)《冰鉴》

《冰鉴》是一部纵横中外的人才学教科书，是我国古代关于识人、相人的经典文献。清代名臣曾国藩通过总结自身独到的识人、用人策略以及洞悉人心的心法要诀，创作了《冰鉴》，它因具有极强的实用性、启迪性和借鉴性而受到各界人士的重视和喜爱。

《冰鉴》中的识人五法——"功名看器宇，事业看精神，穷通看指甲，夭寿看脚踵，如若看条理，只在言语中"广为后人所用，其本质是由外在的形态举止去深究其内在的精神气质，从而发现其内心深处的真实品性，这是曾国藩甄选人才的要诀。

简单来说，看一个人有没有功名，就是要看他的眼界和心胸，气度非凡、博学多才的人成就不会小；人的事业能够通过其精神状态看出，一个精神饱满、敬业、有恒心的人往往容易成功；从指甲可以看出人的健康程度，体力差就没有精力去竞争；"夭寿看脚踵"不单指人的身体健康与否，更包含其行事风格是否脚踏实地、稳重自持；一个人的思维逻辑如何，可以通过观察他说话是否缜密、有条理来判断。

我国古代许多先贤都对甄选人才提出了自己的看法，时至今日，先贤们的智慧仍然是不可多得的宝贵财富，在现代人力资源甄选中指导着后人。

学习资料 6－1

孔子和诸葛亮的识人之法

子曰："视其所以，观其所由，察其所安。"孔子认为，对人应当听其言而观其行，还要看他做事的心境，从他的言论、行动到他的内心，全面了解观察一个人，这个人就没有什么可以隐埋得了的。

在孔子思想的基础上，诸葛亮进一步提出了著名的"七观法"，具体为：

"问之以是非而观其志"，通过问一个人一些大是大非的问题，了解他的观点、态度甚至人品、志向。

"穷之以辞辩而观其变"，意思是通过出其不意的问答跟他辩论，观察他能采取哪些应变措施，从而判断他的机敏反应能力及其心境是否坦荡开阔。

"咨之以计谋而观其识"，通过向他询问计谋和策略来了解他的学识。

"告之以祸难而观其勇"，告诉他存在的大祸大难，或者面临的重大危机，然后观察他的态度是否坚定、勇敢。

"醉之以酒而观其性"，对特殊人才要通过一起喝酒来观察其酒后的言论及真性情，诸如理智、诚信、品质、道德、意志等。

"临之以利而观其廉"，古往今来，用金钱和物质来考验人的招数很多，大多是使其面对诱人的财富和利益，然后来观察其是否清正廉洁，是否不为财动。

"期之以事而观其信"，人才能否委以重任，不只是信任问题，更重要的是基于才能之上的忠心和敬业问题。交代给人一件事情，让他去完成，通过他对这件事情的处理来观察其诚信和忠心。

二、人力资源甄选技术

人力资源甄选是指组织通过一定的手段，对应聘者进行区分、评估，并最终选择哪些应聘者将被允许加入组织、哪些将被淘汰的过程。人力资源甄选所采用的主要技术有：履历分析、笔试、面试、测试、管理评价中心等。

（一）履历分析

履历分析是根据履历记载的事实和信息，了解个人背景、成长历程和工作业绩，分析并判断其未来工作表现。履历分析作为一种人员甄选技术一直受到人力资源管理部门的重视，人力资源管理部门可以利用个人履历资料对申请人进行简历初审，淘汰不合格人员。例如，在某一岗位的应聘人数较多的情况下，可以按照履历分析设置选拔条件或者按照得分高低排序迅速排除明显不合格的人员，达到降低选拔成本、提高选拔效率和科学性的目的。同时，人力资源管理部门可以根据与工作要求相关性的高低，事先确定履历中各项内容的权重，将申请人各项得分进行汇总分析，根据得分高低确定录用决策。实际上，如何选择履历表的项目并确定各项目的权重是使用履历分析技术的关键，这两点决定了该技术的科学性和有效性。

一般而言，履历分析主要包含四类要素（如图6-6所示）。

图6-6 履历分析的四要素

一是基本情况，例如姓名、性别、民族、学历、学位、专业、婚姻状况等。二是知识与工作能力，主要通过个人受教育情况和工作经历以及职业培训情况来判断。三是家庭和社会关系，这是评估应聘者个性特点的辅助信息。四是品德，这主要从过去的工作表现、奖惩情况和离职原因来判断。在进行履历分析时，可以按照招聘方的具体要求来设置恰当的评估公式，以计算每个应聘者的得分。

这一方法的基本观点来源于心理学的研究结论，即个体的过去总是能够在某种程度上反映他的未来。目前的研究结果表明，履历分析对申请人今后的工作表现具有一定的预测效果。有学者专门研究过履历表用于人员素质策略及录用的效果，发现履历用于预测人事变动率的效度系数为 0.77～0.79。其他研究也得到了同样的结果。表6-7提供了一个传记式项目核检记录表的实例。

表6-7 传记式项目核检记录表实例

● 婚姻状况	● 嗜好及态度
目前婚姻状况如何？	你常说笑话吗？
1. 未婚	1. 极常

● 婚姻状况	● 嗜好及态度
2. 结婚、无子女	2. 常常
3. 结婚、有子女	3. 偶尔
4. 寡居	4. 很少
5. 分居或离婚	5. 根本不说
● 个人贡献	● 自我印象
你觉得自己贡献了多少?	通常情况下你尽力干:
1. 贡献很大	1. 每种工作
2. 比同地位者贡献多	2. 只限于自己喜欢的工作
3. 有一定贡献	3. 要求自己干的工作
4. 比同地位者贡献少	● 工作
● 价值观	你工作的节奏通常有多快?
下面哪一项对你来说最重要?	1. 比多数人快得多
1. 舒适的家和家庭生活	2. 比多数人快一些
2. 需要才干、令人兴奋的工作	3. 跟多数人差不多
3. 在社会上出人头地	4. 比大多数人慢一些
4. 在社团事务中积极活跃、得到承认	5. 说不好
5. 尽量发挥一己之长	● 业余爱好和兴趣
● 个人特点	去年一年中你读了多少本小说?
你感到你的创造性如何?	1. 一本也没有
1. 富有创造性	2. 一两本
2. 比自己所在领域中的大多数人更富有创造性	3. 三四本
3. 创造性一般	4. 五至九本
4. 比自己所在领域中的大多数人创造性差一些	5. 十本以上
5. 没有创造性	

资料来源:肖鸣政,Cook. 人员素质测评. 北京:高等教育出版社,2003:260–261.

履历分析用于人员甄选的优点是较为客观,有效利用了应聘者的履历信息,提高了甄选的科学性,而且成本较低。但是这种技术也存在一定的不足,主要涉及以下方面:

(1)履历填写的真实性。履历分析的前提是所提供的信息是真实有效的,否则很难保证该技术的科学性。

(2)履历效度系数的稳定性。履历的效度系数随着时间的推移会越来越低。有研究表明,最初的效度系数为 0.74,两年后会降低到 0.60,三年后只有 0.38。

(3)履历项目分数的设计是实证性的,缺乏逻辑解释。即只有统计数字用来解释履历项目与工作业绩的相关性,缺乏合乎逻辑的解释原理。

（二）笔试

笔试主要用于测量应聘者的基本知识、专业知识、管理知识以及综合分析能力、文字表达能力等方面的差异。笔试的优点在于花费时间少、效率高、成本低，对应聘者知识、技术、能力的考查信度和效度较高，成绩评价比较客观。因此，笔试至今仍是用人单位使用频率较高的人才选拔方法。

比如宝洁公司就非常注重通过笔试来考查应聘者的素质，其笔试主要包括三部分：解难能力测试、英文测试、专业技能测试。

（1）解难能力测试。这是宝洁对人才素质考查的最基本的一关。在中国，使用的是宝洁全球通用试题的中文版本。试题分为五部分，共50题左右，限时65分钟，全部为选择题，每题5个选项。第一部分：读图题（约12题）；第二和第五部分：阅读理解（约15题）；第三部分：计算题（约12题）；第四部分：读表题（约12题）。整套题主要考核应聘者以下素质：自信心（对每道做过的题目有绝对的信心，几乎没有时间检查改正）；效率（题多时间少）；思维灵活（题目种类繁多，需立即转换思维）；承压能力（解题强度较大，65分钟内不可有丝毫松懈）；迅速进入状态（考前无读题时间）；成功率（凡事可能只有一次机会）。考试结果采用电脑计分，如果未通过就会被淘汰。

（2）英文测试。这个测试主要用于考核母语不是英语的人的英文能力，考试时间为3小时。用45分钟完成100道听力题，用75分钟完成阅读题，用1小时回答3道题，这3道题都要求用英文描述以往某个经历或者个人思想的变化。

（3）专业技能测试。专业技能测试并不是申请任何部门的申请者都要参加的测试，它主要考核的是申请公司有专业限制的部门（如研究开发部、信息技术部和财务部等）的应聘者。宝洁公司研发部门的招聘程序包括要求应聘者就某些专题做学术报告，并请公司资深科研人员进行评审，以考查其专业功底。对于申请公司其他部门（如市场部、人力资源部等）的应聘者，则无须进行该项测试。

至于具体的笔试题，不同的公司考查的内容和侧重点不同，比如，天津丰田汽车公司的笔试题更侧重考查应聘者的逻辑思维能力等（如表6-8所示）。

表6-8　天津丰田汽车公司的笔试题示例

（一）Essay（文章写作）
What will you try to do in Toyota, making the best use of your talent，skills，character，etc.？Please write down below in Chinese and English.
（二）技能员素质测试题（举例）
语文知识
1. 给下面词语标注拼音
（1）凹凸　　（2）供给　　（3）熟练　　（4）结束
2. 请把句子变为被动句式
在我眼里和心里他的性格是伟大的，虽然许多人都不知道他的姓名。

资料来源：白洁，周禹，刘书岑. 丰田传奇. 北京：机械工业出版社，2010：287.

笔试的缺点在于它不能全面考查应聘者的工作态度、品德修养以及其他一些隐性能力，因此，笔试技术往往作为其他人员甄选方式的补充或者初步筛选方法。

（三）面试

面试是指由一人或多人发起的、以收集信息和评价应聘者是否具备职位任职资格为目的的对话过程。面试是在各种组织中应用得最为广泛的一种甄选方法。一项研究表明，70%的美国企业在招聘过程中使用了某种形式的面试技术或方法。

1. 面试方式

面试是招聘过程中非常重要的一个环节，可分为非结构化面试和结构化面试两类。

（1）非结构化面试。非结构化面试（non-direct interview）是指没有既定的模式、框架和程序，主考官可以"随意"向应聘者提出问题，而对应聘者来说也无固定答题标准的面试形式。主考官提问的内容和顺序都取决于其自身的兴趣和应聘者在现场的回答。这种方法给谈话双方以充分的自由，主考官可以针对应聘者的特点进行有区别的提问。

非结构化面试可以将应聘者的信息、态度、情感都呈现在主考官的面前，有经验的面试主考官可以据此判断应聘者的隐性胜任力，而且由于灵活性较强，主考官可以针对某一问题深入询问，但这种灵活性也使得非结构化面试的信度与效度都大打折扣，面试的结果往往存在大量的"弃真"错误，造成人才的流失，而且面试效果的好坏与主考官的经验和技术水平有一定的关系，好的主考官能引导应聘者充分展示自己，而不偏离方向；经验不足的主考官则容易使面试成为"审判式"的对白，压抑应聘者表现自我的欲望。

由于非结构化面试的优缺点相对明显，因此非结构化面试往往作为其他甄选方式的前奏或者补充，发挥"补漏"的作用。

（2）结构化面试。结构化面试（direct interview）是指主考官严格按照提前准备好的各种问题和提问的顺序，对每个应聘者进行内容相同的提问的面试形式。这种面试的最大优势在于面试过程中采用同样的标准化的方式，每个应聘者面临相同的处境和条件，因此面试结果具有可比性，有利于人员选拔。表6-9提供了一个例子。

表6-9 天津丰田汽车公司面试问题举例

- 自我介绍（中英文/中日文）。
- 为什么选择天津丰田？
- 来天津丰田面试之前对这个公司有何了解？
- 我们这次主要希望招聘制造部和品质管理部的人员，请说明您与此相关的工作经验。（包括工作公司、职位、具体工作内容及工作年限等。）
- 您对丰田的管理方法有什么了解，请举例说明。
- 车间现场的工作环境很艰苦，您对此是否有足够的思想准备？对这一点您是怎么看的？（针对女性应聘者。）
- 有针对性地考查应聘者关于制造部及品质管理部的专业知识的问题（略）。

资料来源：白洁，周禹，刘书岑. 丰田传奇. 北京：机械工业出版社，2010：287.

下面介绍几种常用的面试方式。

①情境面试。情境面试（situational interview）是根据面试内容对面试进行的分类，是结构化面试的一种特殊形式。它的面试题目主要由一系列假设的情境构成，通过评价应聘者在这些情境下的反应来作出评价。情境面试的试题多来源于工作，或者工作所需的某种胜任力的体现，通过模拟实际工作场景，反映应聘者是否具备工作要求的胜任力。表6-10是情境面试问题的示例。

表6-10 情境面试样题示例

问题：在即将旅行的前一天晚上，你已经整装待发。就在准备休息时，你接到了工厂的一个电话，工厂出现了一个只有你才能解决的问题，请你处理此事。在这种情形下，你会怎样做？
记录回答：
评分指导： 好："不存在只有我才能处理的问题，我会确保让另一个合适的人去那里处理问题。" 较好："我会去工厂，以确保万无一失，然后去度假。" 一般："我会试着找另一个人来处理。" 差："我会去度假。"

资料来源：孙健敏. 组织与人力资源管理. 北京：华夏出版社，2002：167.

②行为基础面试。行为基础面试（behavior based interview）与情境面试比较相似，都是给予应聘者一个既定的情境，要求应聘者作出回答，两者的区别在于：情境面试更多的是提供一个假设的情境，行为基础面

试则是针对应聘者过去工作中所发生的事件进行询问。比如，"请你说出你最得意的一个研发项目的内容""在这一项目中你在管理方面遇到的最大的困难是什么，你是如何处理的?"

在行为基础面试中，一个显著的特点是常使用类似于英语语法中的"最高级"的提问方式，比如"请描述你对过去工作最不满意的地方"。这一提问方式有助于发掘在过去的工作中让应聘者印象最深刻的事件，而这些事件往往是决定其工作绩效或导致其离职的最关键的因素，所以行为基础面试比传统的面试更加有效。

③小组面试。小组面试（panel interview）是指由一群主试者对一位应聘者进行面试的面试形式。普通的面试通常是由每位主考官要求应聘者谈论同样的问题。但是小组面试允许每位主考官从不同的侧面提出问题，要求应聘者回答，类似于记者在新闻发布会上的提问。相对于普通面试，小组面试能获得更深入、更有意义的回答，但这种面试同时会给应聘者增加额外的压力。

小组面试的另外一种扩展形式是集体面试，即一群主考官同时对几位候选人进行面试。

④压力面试。压力面试（stress interview）的目标是确定应聘者将如何对工作上承受的压力作出反应。在典型的压力面试中，主考官提出一系列直率（甚至不礼貌）的问题，让应聘者明显感到压力的存在，甚至陷入较为尴尬的境地。主考官通常寻找应聘者在回答问题时的破绽，针对这一薄弱环节进行追问，希望借此使应聘者失去镇定感。例如，一位客户关系管理经理职位的应聘者在自我描述中提到他在过去的两年里从事了四种工作，主考官抓住这一问题，指出他频繁更换工作反映了他的不负责任和不成熟。面对这样的问题，如果应聘者能平静地对工作更换作出清晰的说明，则说明他承受压力的能力较强；如果应聘者表现出愤怒和不信任，就可以认为他在压力环境下的承受能力较弱。

2. 面试中常见的错误

面试的有效性取决于如何实施面试，但在面试的实施过程中常常会因为一些错误的操作影响面试的最终效果。下面简要说明面试中常见的一些错误：

（1）第一印象。主考官通常在面试开始的几分钟就凭借对应聘者的第一印象作出判断，随后的面试过程通常不能改变这一判断。

（2）强调负面信息。主考官受不利因素的影响要大于受有利信息的影响。例如，主考官从好的印象转变为坏的印象，要比从坏的印象转变为好的印象容易得多，事实上面试本身经常就是寻求负面信息的过程。

（3）不熟悉工作。主考官未能准确地了解某项工作包含的内容，以及什么类型的应聘者最适合，通常会形成关于合适人选的错误认识，他们往往会根据这一框框去判断、选择候选人，而不是基于职位要求进行选择。

（4）面试次序差异。面试次序差异是指对应聘者面试次序的安排会影响对他的评定。在一项研究中，主考官在面试了数位"不合格"的应聘者之后，被安排面试一位"表现一般"的应聘者，结果主考官对他的评价高于他实际应得到的评价。这样的结果仅仅是因为这位表现一般的应聘者被安排在不合格的应聘者之后，显得格外突出。但如果将他安排到一些优秀的应聘者之中进行面试，会出现较大的差异。次序问题是面试过程中一个很突出的问题。一些研究发现，只有少数应聘者得到的评价是根据他的实际潜力作出的。多数应聘者得到的评价是在与前面一位或几位应聘者相比较的影响下作出的。

（5）非语言行为。在面试中，主考官应尽量避免应聘者的非语言行为对判断造成的影响。例如，几项研究表明，表现出大量目光接触、头部移动、微笑，以及其他非语言行为的应聘者得到的评价更高，但没有任何证据表明非语言行为和能力、胜任力有任何程度的相关性。因此，主考官在面试中应尽量避免非语言行为对判断造成的影响。

（6）刻板效应。主考官以对某人所在团体的知觉为基础看待应聘者。比如，穿牛仔裤的人思想开放，大学生总是很激进，等等。这种程式化思想往往会影响面试者客观、准确地评价应聘者。

（7）类我效应。当主考官听到应聘者的某种背景和自己相似（如与自己是老乡或大学校友等），就会对他产生好感和同情，导致面试有失公允和客观。

（四）测试

在人员选拔中常用的测试方法包括身体能力测试、智力测试、人格测试、职业性向测试等。

1. 身体能力测试

尽管自动化与科技进步已经削弱或调整了许多职业活动中的体力要求，但有些工作仍需要某些特定的身体能力。在这些情况下，身体能力测试不仅有利于预测未来的工作绩效，而且有利于预测可能会出现的工伤与残疾等情况。

在身体能力测试领域一共可以划分出七种类型的测试：（1）肌肉力量；（2）肌肉张力；（3）肌肉耐力；（4）心肌耐力；（5）灵活性；（6）平衡能力；（7）协调能力。一般来说，从事特殊体力劳动的职位需要对应聘者的身体能力进行测试，以确定应聘者能否达到基本的身体要求。

目前国内企业在新员工入职前进行的常规体检是身体测试的一种简化、通用的形式。

2. 智力测试

智力测试关注一般能力的测量。在人员甄选中常用的智力测试包括韦克斯勒智力量表、瑞文标准推理测验、奥蒂斯独立管理能力测验、旺德利克人员测验等。

韦克斯勒智力量表是一种比较典型的智力测试方法。根据年龄不同，韦克斯勒（Wechsler）设计出分别适用于成人、儿童和幼儿的智力量表。表 6 - 11 显示的是韦氏成人智力量表修订版的内容。

表 6 - 11　韦氏成人智力量表修订版内容示例

维度名称	测试内容	
言语量表	知识	知识的保持与广度
	理解	实际知识理解与判断能力
	算术	算术推理能力
	相似性	抽象概括能力
	数字记忆广度	注意力和机械记忆能力
	词汇	语词知识的广度
操作量表	译码	学习和书写速度
	图画补缺	视觉记忆及视觉理解能力
	积木图案	视觉的分析综合能力
	图片排列	对故事情境的理解能力
	物体拼配	处理部分与整体关系的能力

资料来源：孙健敏. 人员测评理论与技术. 长沙：湖南师范大学出版社，2007：94.

表中的每一项都可以单独计分。这种方法不但提供了应聘者的综合智力得分，还展示了应聘者每个具体维度的得分，使施测人员能全面了解应聘者的智力构成情况，有助于人员甄选。

3. 人格测试

人格是指一个人具有的独特的、稳定的对现实的态度和行为方式，它具有整体性、独特性和稳定性等特点。对应聘者进行人格测试的目的是，寻找人的内在性格中某些对未来绩效具有预测效用或者与工作相匹配的特征，以作为人员甄选的依据。

人格测试在西方管理学和心理学界具有悠久的历史，并开发出了大量的人格测试方法，一般分为两种类型：

一类是自陈式测验。这种方法的假设前提是"只有本人最了解自己"，因此其资料来源主要是依靠应聘者提供的关于自己个性的回答。这种方法最大的缺点在于不清楚应聘者是否诚信，即应聘者是否会美化自己的人格特征，尤其是在问卷的答案倾向性过于明显时。典型的测验方式包括吉晋气质调查表、明尼苏达多相人格测验（MMPI）、卡特尔16PF测验、艾森克人格问卷（EPQ）、加州心理调查表（CPI）、"大五"人格量表、菲尔人格测试以及PDP性格测试等。

另一类是投射法测验。这种方法的假设前提是人们对于外界刺激的反应都是有原因的，而不是偶然的，且这些反应主要取决于个体的个性特征。这种方法一般利用某种刺激物（图片、词语、物品等），要求应聘者根据刺激物进行联想，以此来探究他们的心理状态、动机、态度等个性特征。通过这种方法可以探求个体更多的尚处于潜意识的欲望、需求和动机。主要的测验方式包括罗夏克墨迹测验、主题理解测验和句子完成测验。

以上各种人格测试工具，组织可以通过购买版权、聘请外部咨询机构的方式获取。下面简要介绍常见的卡特尔16PF测验、菲尔人格测试以及PDP性格测试在人员甄选中的应用。

（1）卡特尔16PF测验。卡特尔16PF测验（Catell 16 Personality Factor Test）是美国伊利诺伊州立大学人格及能力研究所教授卡特尔（Catell）编制的。该测验是自陈式量表，具有高度结构化，实施简便，计分和解释比较客观、容易等优点。

卡特尔采用系统观察法、科学试验法以及因素分析统计法，经过二三十年的研究，确定16种人格特质，并据此编制了测验量表。测验由187道题组成，每种人格因素由10～13道测验题组成的分量表来测量，每题有3个备选答案。16种人格特质的全称和符号参见表6-12，表6-13是卡特尔16PF测验样题示例。

表6-12　卡特尔16PF测验包含的人格特质维度

（A）乐群性	（F）活泼性	（L）怀疑性	（Q1）变革性
（B）敏锐性	（G）规范性	（M）想象性	（Q2）独立性
（C）稳定性	（H）交际性	（N）隐秘性	（Q3）自律性
（E）影响性	（I）情感性	（O）自虑性	（Q4）紧张性

表6-13　卡特尔16PF测验样题示例

（1）我喜欢看团体球赛：		
A. 是的	B. 偶然的	C. 不是的
（2）我所喜欢的人大都是：		
A. 拘谨缄默的	B. 介于A与C之间	C. 善于交际的
（3）金钱不能带来欢乐：		
A. 是的	B. 介于A与C之间	C. 不是的

在应试者答题的基础上，通过一定的统计分析，可以得到以下结果：

● 16种人格因素各个分量表的原始得分；

● 标准分，能明确描述16种基本人格特征；

● 个人的人格轮廓剖面图；

● 依据有关量表的标准分推算双重个性的估算分，包括适应—焦虑型、内向—外向型、感情用事—安详机警型、怯弱—果断型四个分数，可用于描述综合性的双重个性；

● 依据有关量表的标准分推算出综合个性应用评分，包括情绪心理状态健康的人格因素、专注职业而有成就者的人格因素、富于创新的人格因素、适应新环境的人格因素、事务管理能力强的人格因素，可用于心理咨询、就业指导和人员甄选。

表6-14是一份较为完整的卡特尔16PF测验结果报告示例。

表6-14　卡特尔16PF测验结果报告示例

卡特尔16PF测验结果报告
性格开朗活泼，待人热忱友善，属外向型；为人处世直爽、自然，不会刻意揣摩和计算利弊得失；对于自己无把握的事显得优柔寡断，容易随群附众，缺乏主见，但在自己熟悉的领域十分自信，坚持己见；决策不果断，缺乏闯劲，对目标的专注程度和责任心有待提高。

　　心理健康状况良好，对竞争和压力有一定的心理适应性，能保持平和稳定的心态；在新环境中的成长能力较弱，在新环境中需注意加强应变的灵活性，注意观察和分析新旧角色之间的差别，应根据环境变化和角色要求的不同及时调整自己的情绪状态和立场观点，尽快进入新角色。

　　有一定创造能力，可以从事需要发挥个人自主性的工作，比如研究工作、设计策划工作；事务管理能力一般，不善于处理琐碎繁杂的事务或关系，较难做有条不紊的、细致的安排，适合从事能够发挥个人才华的自主性较强的工作；不苛求于取得卓越的成就，对职业的专注程度不够，容易满足，应培养进取、负责精神，不断提高对自我的要求。

附表　卡特尔16PF测验量表

姓名：×××　性别：女　年龄：28　测验日期：20××年×月××日

关于人格的初步测评结果

A	B	C	E	F	G	H	K	L	M	N	O	Q1	Q2	Q3	Q4
16	11	17	16	21	9	18	14		14	12	6	15	8	7	

16种人格因素剖面图

低分者特征	标准分 1	2	3	4	5	6	7	8	9	10	高分者特征
1. 缄默、孤独			×								乐群、外向
2. 迟钝、学识浅薄								×			智慧、富有才识
3. 情绪激动						×					情绪稳定
4. 谦虚、顺从										×	好强、固执
5. 严肃、谨慎								×			轻松、兴奋
6. 权宜、敷衍			×								有恒、负责
7. 畏缩、退却				×							冒险、敢为
8. 理智、着重实际							×				敏感、感情用事
9. 信赖、随和					×						怀疑、刚愎
10. 现实、合乎成规										×	幻想、狂妄不羁
11. 坦白直率、天真								×			精明能干、世故
12. 安详沉着、自信								×			忧虑抑郁、烦恼
13. 保守、服从传统							×				自由、批评激进
14. 依赖、随群附众								×			自主、当机立断
15. 不识大体	×										知己知彼，自律
16. 心平气和						×					紧张、困扰

（注：×号的位置表明了所得标准分数。）

双重人格特质估算
适应—焦虑型〔1-10〕：7
内向—外向型〔1-10〕：10
感情用事—安详机警型〔1-10〕：5
怯懦—果断型〔1-10〕：6
（注：方括号内左右两端的值为上下限。低分者为左端特征，高分者为右端特征。）

16种人格特质测验应用估算
情绪心理状态健康者的人格因素〔1-5.5　　　　　　　　10〕：7.750
专注职业而有成就者的个性因素〔1-5.5　　　（6.7）　　10〕：4.800
富于发明创造能力者的人格因素〔1　　　　　　　　　10〕：5.330
在新环境中有成长力的人格因素〔1-5.5　　　（6.7）　　10〕：3.500
事务管理能力较强者的人格因素〔1　　　　　　　　　10〕：4.167
（注：方括号内左右两端的值为上下限，中间为平均分，圆括号内为临界值。得分越高越好。）

资料来源：王垒. 实用人事测量. 北京：经济科学出版社，2002：155.

（2）菲尔人格测试。菲尔人格测试由美国著名电视心理学家菲尔·麦格劳（Phil McGraw）博士开创，被很多公司用来检测员工的人格个性。菲尔人格测试有10道测试题，将人的个性分为六种类型：内向的悲观者、缺乏信心的挑剔者、以牙还牙的自我保护者、平衡的中道者、吸引人的冒险家和傲慢的孤独者。表6-15为菲尔人格测试的样题示例，表6-16为其测试得分标准。

表6-15 菲尔人格测试样题示例

01 你何时感觉最好：
A. 早晨   B. 下午及傍晚   C. 夜里
02 你走路时是：
A. 大步地快走   B. 小步地快走   C. 不快，仰着头面对世界
D. 不快，低着头   E. 很慢
03 坐着休息时，你：
A. 两膝盖并拢   B. 两腿交叉   C. 两腿伸直   D. 一腿蜷在身下

表6-16 菲尔人格测试得分标准

	01	02	03	04	05	06	07	08	09	10
A	2	6	4	4	6	6	6	6	7	4
B	4	4	2	6	4	4	2	7	6	2
C	6	7	5	2	3	2	4	5	4	3
D	—	2	7	1	5	—	—	4	2	5
E	—	1	6	—	—	—	—	3	1	6
F	—	—	—	—	—	—	—	2	—	1
G	—	—	—	—	—	—	—	1	—	—

六种类型特质的人才分别为：

● 内向的悲观者（总分低于21分）。属于内倾型性格，比较内向，处事有些优柔寡断，常常害怕犯错误，习惯自我反省，社交场所会很害羞，最害怕麻烦，所以不喜欢参加不必要的活动，也不想认识没有关系的人，情绪常常处在比较低落的状态，希望得到别人的保护与支持。

● 缺乏信心的挑剔者（21～30分）。类似强迫症般追求完美，行事谨慎小心，在一件事情没有完全策划好之前是不敢轻易去做的，这也是缺乏自信心的表现，而且对于做事情的过程很挑剔，不容许自己犯一点点的错误。

● 以牙还牙的自我保护者（31～40分）。内心有很强的控制欲望，有着对于周围的生活环境一惯性理解的强烈需求，当环境有一点风吹草动就会非常敏感，对待朋友非常忠诚，渴望对方也能够以同样的态度来重视自己，最接受不了的是好朋友在背后议论自己，这样会让人伤心欲绝，并且因此产生报复的心理。

● 平衡的中道者（41～50分）。属于中和性人格，为人有一定的谦逊姿态，但是同时有自己的主见，能够理解他人，懂得照顾他人的感受，但同时不容许别人侵犯自己。有很强的自我控制力，下决心做的事情一定会成功。很喜欢交朋友，人际关系处理得不错，常常是朋友圈里最值得信赖的人物。

● 吸引人的冒险家（51～60分）。属于爱冒险的人，通常思维非常活跃，喜欢尝试新鲜的事情，行事风格偏重感性，只要自己觉得不错就要马上去做，而且通常不计后果，但是结果往往很好。决策果敢而坚决，不会受他人的影响。

● 傲慢的孤独者（60分以上）。是桀骜的野心家，在别人的眼中是自负的、自我中心的、极端有支配欲和统治欲的人，很难考虑到他人的感受，在朋友中间常常会让人不敢靠近。内心有很强的支配欲望与控制欲望，希望得到很大的权力。

（3）PDP 性格测试。PDP 是 Professional Dynametric Programs 的简称，由美国加州大学行为科学研究所和南加州大学统计学教授团队于 1978 年研究提出，是一个衡量自我认知的动态综合测验系统、行为分析工具。PDP 侧重于分析人的行为，并把人的个性分为五种类型：支配型、外向型、耐心型、精确型、整合型，以直观的方式，在最短的时间内反映个人的优势和潜力，达到快速有效地甄别、管理和开发人才的目的。图 6-7 是对这五种类型的形象展示。

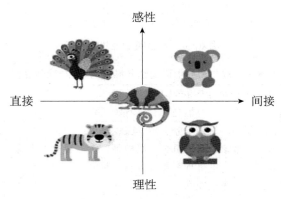

图 6-7　五种特质人才

● 老虎型（支配型，dominance）。这种类型的人一般喜欢冒险，个性积极，竞争力强，凡事喜欢掌控全局发号施令，不喜欢维持现状，行动力强，目标一经确立便会全力以赴。如果下属中有"老虎"，要给予他更多的责任，布置工作时注意结果导向；如果上司是"老虎"，则要在他面前展示自信果断的一面，同时避免在公众场合与他唱反调。

● 孔雀型（外向型，extroversion）。这种类型的人热情洋溢，好交朋友，口齿伶俐，重视形象，擅长人际关系的建立，富有同情心，最适合人际导向的工作。缺点是容易过于乐观，往往无法估计细节。对这种类型的人要以鼓励为主，保持其工作激情，但也要避免情绪化和防止细节失误。

● 考拉型（耐心型，pace/patience）。这种类型的人行事稳健，不会夸张，强调平实，温和善良，常让人误以为懒散不积极，但只要决心投入，绝对是"路遥知马力"的最佳典型。对这种类型的人要多给予关注，想方设法挖掘他们内在的潜力。

● 猫头鹰型（精确型，precision）。这种类型的人传统而保守，分析力强，精确度高，喜欢把细节条理化，个性拘谨含蓄，谨守分寸，忠于职责。行事讲究条理分明，守纪律重承诺，是个完美主义者。性格内敛，善于以数字或规条为表达工具，而不大擅长以语言来沟通情感或向同事和部属等做指示。

● 变色龙型（整合型，conformity）。这种类型的人中庸而不极端，凡事不执着，韧性极强，擅长沟通，是天生的谈判家，他们能充分融入各种新环境、新文化且适应性良好，在他人眼中"没有个性"，故"没有原则就是最高原则"，他们懂得凡事看情况看场合。

一方面，在企业实践中 PDP 性格测试能够快速帮助领导者区分人才；另一方面，这种测试也会带来一定的巴纳姆效应，即当人们用一些含糊不清、宽泛的形容词来描述一个人的时候，人们往往很容易接受这些描述。

4. 职业性向测试

职业性向是指人们对具有不同特点的各类职业的偏好和从事这一职业的愿望。职业性向测试旨在揭示应聘者对工作特点的偏好，即应聘者喜欢从事什么样的职业，应聘者的这一态度将在多大程度上影响员工的工作绩效和离职率。

目前在招聘甄选中使用的主要是霍兰德（Holland）的职业性向测试。霍兰德在研究职业兴趣的共同性和差异性的基础上找到了六个测量维度：现实型（R）、研究型（I）、艺术型（A）、社会型（S）、企业型（E）、常规型（C）。霍兰德认为，人格是决定个体选择何种职业的一个重要因素，因此对职业性向的测试可以反映出个体选择的大致方向（如图 6-8 和表 6-17 所示）。

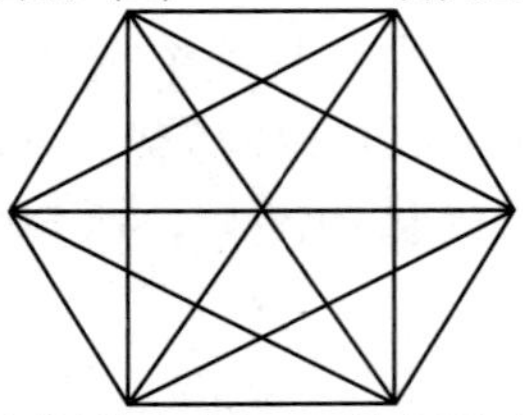

图 6 - 8　霍兰德职业性向维度

表 6 - 17　霍兰德职业性向维度与职业类型匹配

如果你在某一职业性向上得分很高，请考虑选择相应的职业：	
现实型	综合农业企业管理人员、木工、电器技师、工程师、农场主等
研究型	生物学家、化学家、工程师、地理学家、数学家、医学技术人员等
艺术型	广告人员、艺术教师、艺术家、广播员、英语教师、室内装修人员等
社会型	汽车经销商、辅导咨询专家、家庭理财指导人员、精神健康工作者、外交官等
企业型	综合农业企业管理人员、汽车经销商、工商管理人员、采购员、教师等
常规型	会计、汽车经销商、银行职员、文秘、工商管理人员、信贷管理人员等

资料来源：德斯勒. 人力资源管理：第 6 版. 北京：中国人民大学出版社，1999：377.

（五）管理评价中心

管理评价中心（management assessment center）是新兴的一种选拔高级管理人员和专业人才的人员甄选方法，它采用情境性的测评方法对被试者的特定行为进行观察和评价。测试人员根据职位需求设置各种不同的模拟工作场景，考察候选人的实际行为表现，以此作为人员甄选的依据。

表 6 - 18 是某组织的管理评价中心工作的日程表。

表 6 - 18　某组织的管理评价中心日程示例

第一天

上岗引导会

管理游戏："联合大企业"。候选人组成四人小组，目的是扮演各种不同类型的联合大企业。候选人必须通过公司兼并来实现计划。各小组设立自己的兼并目标，必须通过计划和组织来实现目标。

案例讨论：候选人组成四人小组，讨论四个需要不同形式的管理决策的短案例。小组必须在一小时内解决案例问题并以书面形式提交建议。

个人调查和决策练习："研究预算"。候选人被告知自己刚担任部门经理。现在，候选人手上有一份关于他的前任拒绝给某研究项目继续提供资金的简短说明。该研究项目经理呼吁推翻这一决定。候选人用 15 分钟时间通过提问来寻找事实信息。在调查研究之后，候选人要口头作出决定，提出支持理由，并进行辩论。

第二天

公文处理练习："部门经理公文处理"。模拟部门经理的公文筐内容。候选人被要求仔细审阅其内容，解决问题，回答问题，授权，组织工作，安排工作进度和计划，就像已经被提升到该职位那样从事各项工作。评价者检查处理完的公文的内容，并对候选人进行一小时面谈以获取进一步的信息。

指定角色无领导小组讨论："报酬委员会"。报酬委员会召开会议，讨论在六名监督员和管理者之间分配额度为 8 000 美元的加薪问题。委员会对加薪有斟酌决定权。委员会的每位成员（候选人）代表公司的一个部门，要尽最大努力为本部门员工争取加薪。

分析、演讲和小组讨论：普瑞泽公司。这是一个财务分析问题，要求候选人扮演顾问角色，就以下两个问题向普瑞泽公司下属的卡尔花工厂提出建议：对这个持续亏损的分厂应采取什么行动？公司是否应当扩张？向候选人提供公司的各种数据，并要求他们提出恰当的行动计划建议。候选人在一个 7 分钟的演讲中提出建议，演讲之后组成一个小组，提出唯一的一套建议。

第三天、第四天

评价者碰头，分享他们观察每位候选人获得的信息，并对候选人的每个方面和总的潜力作出总结评价。

资料来源：德斯勒. 人力资源管理：第 6 版. 北京：中国人民大学出版社，1999：173.

管理评价中心技术采用的模拟情境测试包括无领导小组讨论、公文处理、演讲、角色扮演等。

1. 无领导小组讨论

无领导小组讨论（leadless group discussion）是指由一组应聘者（5～7 人）组成一个临时工作小组，讨论给定的问题，并作出决策。其目的在于考察应聘者的表现，尤其是看谁会从中脱颖而出，成为自发的领导者。

无领导小组有适用的测试范围，当某职位需要应聘者具有以下几种类型的能力和个性特征时，可以采用这种方法进行选拔。

（1）团队工作能力：包括个人沟通能力、人际交往能力、合作精神、组织协调能力等。

（2）问题解决能力：包括理解能力、逻辑推理能力、想象创新能力以及信息收集和提炼能力等。

（3）应聘者的个人风格：包括个人主动性、自信心、决断性和独立性等个人特质。

在无领导小组讨论中，评价者主要关注应聘者的以下表现[1]：

- 发言次数的多少；
- 是否善于提出新见解和方案；
- 是否敢于发表不同意见；
- 是否支持或肯定别人的意见；
- 是否坚持自己的主张；
- 是否敢于打破僵局，首先发言；
- 是否善于消除紧张气氛或创造轻松气氛；
- 是否善于说服别人，调解争议问题；
- 是否尊重他人；
- 是否善于引导和影响他人；
- 语言表达是否流畅、准确；
- 分析问题是否透彻；
- 概括问题是否全面；
- 是否容易急躁、情绪激动；
- 语气、语调、手势是否得体。

无领导小组讨论作为一种有效的测评工具，与其他测评工具相比具有以下优点：

（1）能检测出笔试和单一面试所不能检测出的隐性能力或胜任力。

（2）能观测到应聘者之间的互动。

（3）能依据应聘者的行为特征来作出更加全面、合理的评价。

（4）能使应聘者在相对无意识中展示自己多方面的特点。

（5）能在同一时间对竞争同一岗位的应聘者的表现进行比较（横向对比）。

（6）应用范围广泛。

无领导小组讨论是一项技术性较强的人员测评技术，为确保其具有较高的信度和效度，在进行无领导小组讨论时要考虑以下几点：

（1）讨论题的内容。无领导小组讨论的问题应与目标岗位将面临的问题具有高度的相似性，即要求问题具有现实性和典型性，以最大限度地进行情景模拟，这不但能够检测应聘者对目标岗位的了解状况，而且能够检测应聘者从事目标岗位工作的适合度。表 6-19 对常见的无领导小组讨论题的类型做了介绍。

---

① 孙健敏. 人员测评理论与技术. 长沙：湖南师范大学出版社，2007：234.

表6-19　无领导小组讨论题的类型

类型	定义	考察要点	举例	特点
开放式问题	答案范围可以很广、很宽，没有固定答案	全面性、针对性、思路清晰、新见解	你认为什么样的领导是好领导	容易出题 不太容易引起应聘者之间的争辩
两难问题	在两种各有利弊的答案中选择一种	分析能力、语言表达能力、说服力	你认为以工作为取向的领导是好领导，还是以人为取向的领导是好领导	编制题目比较方便 可以引起争辩 两个答案要保持均衡比较困难
多项选择问题	在多种备选答案中选择有效的几种或对备选答案的重要性进行排序	分析问题实质，抓住问题的本质	某信息中心收集到20条信息，只能上报8条，请讨论出结果	难以出题 较容易引起争辩
操作性问题	给应聘者一些材料、工具或道具，设计出一个或一些由考官指定的物体	主动性、合作性以及在实际操作任务中承担的角色	给应聘者一些材料，要求他们相互配合，构建一座铁塔或者一座楼房的模型	主要考察操作能力 不太容易引起争辩 对考官和题目的要求较高
资源争夺题	适用于指定角色的无领导小组讨论，让处于同等地位的应聘者就有限的资源进行分配	语言表达能力、分析问题能力、概括或总结能力、发言的积极性和反应的灵敏性、组织协调能力等	让应聘者担任各个部门的经理，并就有限数量的资源进行分配	可以引起应聘者的充分辩论 对讨论题的要求较高 要保证案例之间的均衡性

资料来源：孙健敏. 人员测评理论与技术. 长沙：湖南师范大学出版社，2007：235.

（2）讨论题的难度。讨论的问题一定要一题多议，一题多解，有适当的难度。无领导小组这种测试方式重在讨论，通过讨论来观察和评价应聘者的各胜任力要项，关注的不是阐明、捍卫某种观点的对错，而是讨论过程中表现出的个人特质。

（3）角色平等。无领导讨论最大的特点是没有明确指定小组讨论中的领导，对于那些适合角色分工的讨论题，要令角色在地位上平等，不能让应聘者有等级或者优劣之分。应聘者只有地位平等，才有发挥自己才能和潜质的同等机会，使评价结果有可比性。

（4）考官参与度。考官在给应聘者提供了必要的资料、交代问题背景和讨论要求后，一定不要参加提问、讨论或者回答问题，以免给应聘者暗示。整个讨论过程中，考官可以在场，也可以回避，通过摄像机监测、录像，记录讨论的全过程。

表6-20给出了一个无领导小组讨论题的例子。

表6-20　无领导小组讨论题示例

指导语：
现在我们要根据企业的要求开一个讨论会。在座的各位现在就组成一个专案小组。公司要对下列问题进行讨论、分析，并作出决定。
请大家充分讨论，并拿出小组的意见。讨论的准备时间共15分钟，请大家充分利用时间。一旦讨论开始，将不再回答你们的任何提问，也不干预你们的讨论。
样题：
你认为什么样的领导是好的领导？以工作为导向还是以人为导向？

2. 公文处理

公文处理（in-basket activity）又叫公文筐测验，是评价中心技术中最常用、最具特色的工具之一（它在评价中心的使用频率为 95%）。它是对实际工作中管理人员掌握和分析资料、处理各种信息，以及作出决策的工作活动的一种抽象和集中。测验在假定的环境下实施，模拟组织发生过的实际业务、管理环境，提供给受测人员的信息包括财务、人事备忘录、市场信息、政府法令公文、客户关系等方面的数十份材料。测验要求受测人员以管理者的身份在规定的条件下对各类公文进行处理，形成公文处理报告。通过应聘者在规定条件下处理公文的行为表现和书面报告，评估其计划、组织、预测、决策和沟通的能力。表 6-21 给出了某公司的公文处理测试的样题。

表 6-21　公文处理测试题示例

总指导语：

这是一个公文筐测验，它模拟实际的管理情境，请你处理商业信函、文件和管理人员常用的信息。

模拟的具体情境是：

你是瑞克有限公司的市场营销部经理，名叫"王海峰"。

今天的日期是：××年 2 月 8 日，星期三。

现在的时间是：上午 7 点 45 分。

你刚刚来到办公室，正独自坐在办公桌前。今天早些时候，公司国际业务部总裁打电话通知你，"公司的总经理已经辞职离开了公司"。

这里为你准备了你今天需要处理的全部材料，放在专用的文件袋里。

在测验中你需要使用以下工具：一本答题册、文件袋内的材料、铅笔、计算器。

请不要在文件袋中的材料上写任何东西；请在答题册上回答问题。我们只对答题册上的作答进行计分；笔记或其他个人用纸上的回答将不予考虑。

本测验要求你完成四个部分的内容，每一部分都有时间限制：

测验 1——计划：40 分钟

测验 2——预测：25 分钟

测验 3——决策：25 分钟

测验 4——沟通：25 分钟

考试主持人将在适当的时间提醒你开始和结束每一个部分。

完成各部分测验所需的指导语在各部分开始时给出。

测验 1：计划

指导语：

这个测验要求你首先就文件袋中的材料所给出的工作做计划，请你用任何你认为合理的方式对这些材料进行分类。

在这一部分中，你需要完成以下三项任务：

（1）根据材料的主要内容对材料进行分类，并对每个类别进行命名。

（2）确定材料或事件的优先级。你必须根据材料的重要性和紧迫性，用下列表示优先级的字母确定材料处理的优先顺序。

优先级和字母的对应关系如下：

H=优先（材料极其重要，需立即处理）

M=中等（材料不急不缓，可稍后处理）

L=靠后（材料是平常的，可搁置一段时间）

（3）列出行动纲领。请对每一份材料写出处理意见，并指出它参考了文件袋中的哪些材料（请用材料右上角的编号来代表每一份材料）。

请把答案写在随后的四页纸上，我们只对这四页上的内容做评估。

你有 40 分钟的时间来完成这项任务。

请记住你现在的身份和今天的具体日期是：

瑞克有限公司市场营销部经理；××年 2 月 8 日

若现在有疑问，请立即向考试主持人询问，然后等待翻页和开始做测验的指令。

测验 2：预测

指导语：

这个测验要求你运用文件袋内提供的有关信息，针对给定的两个问题分别作出预测。两个问题单独计分，分值相同。

对每一个问题你必须：

1. 作出全面的预测（要求做简单解释）。

2. 列出预测所依据的主要因素或假设。

3. 列出实现预测所需的实施方案。

你的答案应写在随后的两页纸上，我们只对这两页纸上的内容做评估。

你有 25 分钟时间来完成这些任务。

若现在有疑问，请立即向考试主持人询问，然后等待翻页和开始做测验的指令。

测验 3：决策

指导语：

这个测验要求你运用文件袋内提供的有关信息，针对给定的两个问题做决策。每个问题单独计分，分值相同。

对每一个问题你必须：

1. 列出可供参考的备选方案，并综合考虑其优劣。

2. 综合文件袋内的其他材料信息，列出影响你决策的主要因素。

3. 最终选择一种方案作为你的决策，并说明理由。

你的答案应写在随后的两页纸上，我们只对这两页纸上的内容做评估。

你有 25 分钟的时间来完成这些任务。

若现在有疑问，请立即向考试主持人询问，然后等待翻页和开始做测验的指令。

测验 4：沟通

指导语：

这个测验要求你就总经理辞职起草一份备忘录，列出你计划采取的行动。它将作为今天晚上会议发言的底稿。

请把备忘录写在随后的两页纸上。我们只对这两页纸上的内容做评估。

我们将依据以下几点来评估你的备忘录：

1. 范围，即备忘录参考了文件袋中的哪些材料信息。

2. 结构，要求文章结构严谨，内容简明扼要。

3. 语言风格，要求行文流畅，有严密的逻辑性。

你有 25 分钟的时间来完成这项任务。

若现在有疑问，请立即向考试主持人询问，然后等待翻页和开始做测验的指令。

公文筐包含的材料样例：

关于增加人事干部编制名额的请示

总经理：

经董事会批准，今后总公司、分公司两级的干部培训工作由人事部负责。但是，人事部没有配置相关人员。为了做好这项工作，需要给人事部增加必要的编制名额，建议给人事部增加 3 人，每个分公司增加 1～2 人。

关于人事部增加的 3 个编制名额，请总经理审批；关于给分公司增加的编制名额，请批转各分公司从现有名额中调剂解决。

以上请示当否，请批示。

人事部
××年×月×日

资料来源：王垒. 实用人事测量. 北京：经济科学出版社，2002：234.

与其他工具相比，公文处理这一甄选工具的主要优点为：

（1）具有灵活性，可以根据不同的工作特征和所要评估的能力来设计题目。

（2）可以对个体的行为进行直接的观察。

（3）将个体置于模拟的工作情境中去完成一系列工作，为每个被试者提供条件和机会相同的情境。

（4）它能预测人在管理方面获得成功的潜能。

（5）多维度评价个体。

3. 演讲

演讲（presentation）是由应聘者按照给定的材料组织并表达自己的观点和理由的过程。通常，应聘者拿到演讲题目后有 5～10 分钟的准备时间。正式演讲控制在 5 分钟左右，有时演讲完毕后，主考官针对演讲内容对应聘者提出疑问或质询。

通过演讲能迅速比较应聘者的语言表达能力、思维逻辑能力、反应能力和承受压力的能力等，这一甄选方式具有操作简单、成本较低等优点。由于仅仅通过演讲来反映个人特质具有一定的局限性，因此演讲往往与其他形式结合使用，比如在无领导小组讨论结束后，可选派代表进行总结陈述等。

4. 角色扮演

角色扮演（role playing）是一种比较复杂的测评方法，它要求多个应聘者共同参加一项管理活动，每个人扮演一定的角色，模拟实际工作中的一系列活动。例如，要求多个应聘者合作完成一种新产品的销售工作。这一活动要求经历前期策划、宣传、销售等一系列环节。小组成员分工合作，有时可在同一时间安排几个小组对类似的产品展开销售竞争。

这种管理游戏能够有效地考察应聘者的实际工作能力、团队合作能力、创造性、组织协调能力等，并且效度较高。

即时案例 6-6

疫情下线上招聘爆发

就业一直以来就是广受关注的民生话题之一，稳就业也居我国"六稳"首位，受新冠肺炎疫情影响，本应火爆的 2020 年春季线下招聘纷纷取消。2 月 11 日，人力资源和社会保障部建议对高校毕业生优化服务，鼓励用人单位和劳动者充分利用网络工具，扩大在线办理事项，采取网上面试、网上签约、网上报到的招聘方式，保证就业工作和招聘工作顺利推进。

一些企业选择视频面试、线上签约以及线上报到等线上招聘方式，许多地方政府组织的春季大型招聘会也转向了线上。58 同城副总裁陈永胜表示，疫情发生之后，使用视频面试的雇主数量是春节前的 2.3 倍，平均每个雇主每天在线面试 1.5 个候选人。

例如，华为 2020 届应届生招聘工作全部由线下改为线上，应聘者将提前收到面试通知，根据通知中的链接下载客户端，在面试开始前输入指定的"会议 ID"就可进入视频面试界面。链家武汉公司在地产中介岗位的招聘中也要求视频面试，通过视频面试和线上培训后，可以办理入职。此次疫情还倒逼不少传统企业开始使用线上招聘模式。

疫情推动了以互联网平台为基础的 AI、VR、视频等线上新兴招聘渠道，大幅提升视频招聘在面试渠道中使用的比例，企业和求职者对线上招聘的认知度、接受度都得到提升，根据《2020 年疫情对企业复工与招聘影响调研报告》，近 25％的企业招聘者有较高意愿使用视频面试，70％的企业招聘者对视频面试功能持正面积极态度。这不仅有利于线上招聘的发展，丰富企业招聘的方式，更有利于大数据行业发展，加速供需双方的精准匹配。

资料来源：http://www.chinahrd.net/blog/415/1214988/414119.html.

（六）几种甄选技术的比较

根据人员甄选录用的五个标准：信度（测试手段不受随机误差干扰的程度）、效度（测试绩效与实际工作绩效之间的相关程度）、普遍适用性（在某一背景下使用的甄选方法的效度同样适用于其他情况的程度）、效用（甄选方式的成本相对于组织收益的大小）、合法性（不涉及候选人的隐私问题、符合相关法律规定），我们对常见的人员甄选方法进行评价比较。事实上，在人员甄选的实际操作中，很少有企业会独立使用某种方法，更多的是综合采用各种人员甄选方法，在成本许可的情况下，试图更多地了解应聘者的各种特质，因此认识这些甄选方法的差异性，有利于我们系统地采用这些方法的组合（如表 6-22 所示）。

表 6-22 人员甄选方法的比较

方法	信度	效度	普遍适用性	效用
履历分析	取决于履历填写的真实性	随着时间的推移越来越低	高	较高，成本低，较为客观
笔试	高	高	高	高，成本较低，花费时间少，成绩评价客观
面试	当面试为非结构性的以及所评价的是不可观察的特征时，信度较低	如果面试为非结构性、非行为性的，则效度较低	高	低，主要是因为成本较高
身体能力测试	高	中等水平	低，仅适用于有体力要求的工作	对某些危险性较大的工作效用较低
智力测试	高	中等水平	较高，可对大多数工作进行预测，最适合复杂的工作	高，成本较低，而且能广泛应用于企业内各项工作
人格测试	高	较低	较低，只有少数特征适用于多种工作	低
管理评价中心	高	高	一般适用于管理类和专业技术类职位	成本高，但收益相对较高

即时案例 6-7

荆棘之路：丰田的全面招聘体系

丰田为应聘者准备了荆棘之路，只有顺利通过这条路的人才能成为丰田人，也只有通过这条路的人才能为丰田创造价值。

丰田的全面招聘（如图 6-9 所示）漫长而又严格，每一关都荆棘遍地，一不小心就会出局。

具体而言，丰田的全面招聘有以下几个特点。

（1）耐力大考验。丰田的这套招聘体系持续的时间特别长，前五个阶段实施起来需要五六天的时间，参与筛选的机构不仅包括丰田公司，还动用了地区的职业招聘机构，因此，没有耐力、没有自信的应聘者是无法坚持到最后一刻的。

（2）能力大考验。横向来看，对各种能力的评估有一套相应的制度，对应聘者的每一项能力予以准确、客观的反映。因此，那些企图蒙混过关、能力欠缺的人必定会出局。

（3）内心大考验。丰田不仅注重员工的知识和技能方面的考验，更注重价值观、性格等水面以下的内心考验。纵向来看，考核程序中的技术和工作潜能评估、人际能力评估及集体面试，分别针对应聘者素质冰山从顶层的技术水平到最底层的内驱力进行层层考核，深入了解应聘者的价值观、行为习惯以及基本素质。其中，人际能力评估、集体面试和试用期是招聘体系中的关键环节，由丰田公司亲自考核。

（4）综合大考验。即使顺利通过了前五关，获得了跨入丰田门槛的机会，也不意味着已经入围。在实习期，应聘者还要接受全方位的观察和考核。如果表现不佳，同样会被淘汰。

正是这样一套铺满荆棘的全面招聘体系，使丰田从一开始就保证了新员工的高质量，为其今后培育人才打下了坚实的基础。

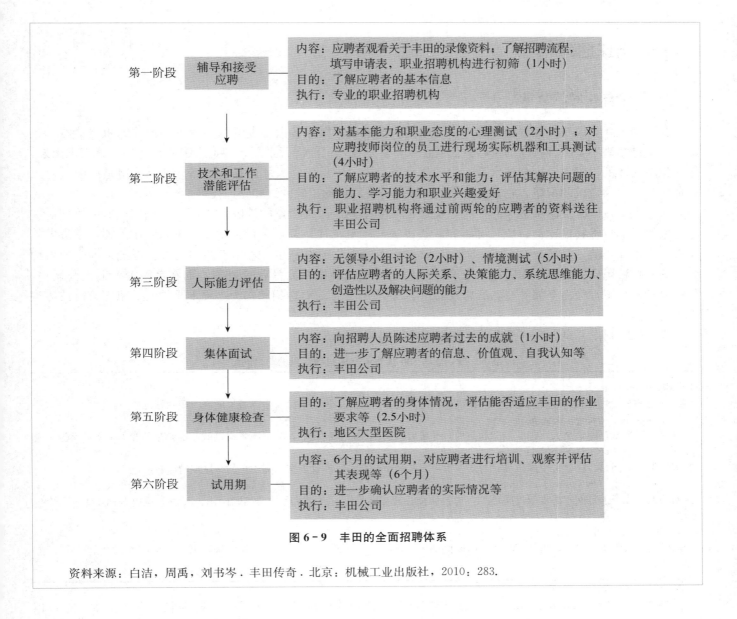

图 6-9 丰田的全面招聘体系

资料来源：白洁，周禹，刘书岑. 丰田传奇. 北京：机械工业出版社，2010：283.

第 4 节 人力资源招聘的新趋势

随着全球经济的迅猛发展，竞争日益激烈，各类组织已经深刻认识到人才对价值创造的关键作用，也意识到这场人才争夺战在全球竞争中的重要地位。在本节，我们将介绍几种重要的人员招聘趋势，分别是全球招聘、猎头招聘、雇主品牌建设、电视招聘等。虽然全球招聘和雇主品牌建设不是直接的、具体的操作层面上的招聘方法和技术，但目前的人力资源管理实践表明，多数组织（尤其是那些优秀的企业）正在使用这些招聘策略。另外，鉴于猎头在当今组织招募人才（尤其是高级人才）的过程中扮演重要角色，而外界对它的发展知之甚少，在此有必要简要介绍猎头行业的发展历程和现状。电视、微博、微信和社交网站招聘拥有其他渠道所无法比拟的影响力，受到人们的关注和热议，在本节中也对这一人力资源招聘的新趋势做简要介绍。

一、全球招聘

（一）全球招聘的背景

在全球人才竞争日益激烈的背景下，全球招聘已经成为世界各国各类组织网罗尖端人才的重要策略。应该说，全球招聘不是一种具体的招聘方法或技术，它是在知识经济背景下，各类组织从自身的人才需求出发，将其招募人才的视野提升到全球水平，力图从全球范围寻求最优秀人才的招聘策略。这一策略是组织应对人才危机甚至生存危机的策略，它本身并不关注采用哪种具体的招聘方法和甄选技术。

实际上，在国家层面从全球网罗优秀人力资源的活动始于20世纪的美国。1921年美国实施《移民配额法令》大幅增加技术移民比例，1951年的《新移民法》规定，凡是著名学者、高级人才和专业人才，不考虑其国籍、资历和年龄，一律允许入境，实际上就是把在世界范围内争夺人才作为基本国策。据统计，全世界约40%的科技移民到了美国，外国科学家和工程师约占全美科技人员总数的20%；而在美国重要的大公司中，外国科学家和工程师占全部科技人员总数的一半以上。[1] 目前，全球招聘作为一种重要的人员招聘策略被各类组织应用。

表6-23列出了世界500强企业全球招聘常用的著名网站。

表6-23　世界500强企业全球招聘常用的著名网站

1. Indeed：cn. indeed. com
Indeed服务50多个国家和地区，支持26种语言，每月浏览量达到1亿，是目前全球最大招聘求职网站之一。
2. JobDiagnosis：www. jobdiagnosis. com
提供免费的测试，评估个人兴趣、技能和能力，并可以搜索匹配自身的职业，为求职者提供就业辅导帮助和大量求职机会。
3. 凯业必达：www. careerbuilder. com
美国老牌求职网站，已挺进中国市场，与众多世界500强企业合作，提供丰富的高质量的全球招聘信息。
4. Simply Hired：www. simplyhired. com
该网站汇集成千上万网站的求职招聘信息，包括协会、社交网络、内容网站和公司招聘网站。其业务覆盖全球17个国家和地区。
5. 巨兽网：www. monster. com
全球最大的招聘集团之一，提供最全面的职位信息和求职资讯。与Facebook等社交网站开展深度合作，是全球招聘的一个重要网站。

在中国，全球招聘起步相对较晚。最初进行全球招聘的是在华的外资企业，随后扩展到中国本土企业以及事业单位，尤其是各大高等院校、医院等。随着中国深化改革的步伐加快，部分央企也开始尝试全球招聘，并将此举作为应对国企改革老大难问题的策略。2008年底，中国首次面向全球公开招聘国有骨干企业总经理，实现了历史性突破。

对组织而言，采用全球招聘策略一方面是为了迎接外部挑战，例如经济全球化引发的产品、人才等争夺战；另一方面是为了应对组织内部的生存危机。例如，遭遇多次返航事件的中国东方航空公司到2008年底负债总额超过资产总额约110.65亿元，严重资不抵债。为了扭转危机，东航期望打造世界一流的信息服务平台，提升旅客服务质量，通过技术升级带动管理升级来摆脱困境。由于总信息师在信息化管理中十分重要，对人才的要求极高，于是东航面向全球招聘总信息师。

与此同时，随着中国企业的发展壮大，越来越多的企业走出国门，而国内的人才难以适应企业国际化的需要，因此在全球范围内进行招聘成为不可或缺的渠道。

---

[1]　程贤文，张婷婷. 美国的猎头产业. 国际人才交流，2007（10）.

（二）全球招聘的特点

目前，国内组织的全球招聘活动呈现以下特点：

（1）范围广，包括各类性质的组织。全球招聘的范围已经从外资企业和事业单位扩展到民营企业、国有企业甚至部分央企，而且仍在扩大。

（2）力度大。起初的全球招聘带有尝试性质，招聘方一般只拿出几个岗位进行试点。现在的全球招聘力度大，提供的招聘岗位数量多，而且多为关键岗位。

（3）目标多为高学历、经验丰富的高科技人才及经营管理人才。2009 年，北京面向全球发布"海聚工程英雄帖"，高层次"海归"进京创业奖励百万元。2010 年，由北京市委组织部主办的"北京人才发展高端论坛"透露，已引入的海外高端人才多有国际顶级科研机构工作经历，可完成现有人才难以胜任的工作。近年来，我国面向海外高端人才的专项政策、招聘活动更是屡见不鲜。2020 年新冠肺炎疫情暴发后，中央广播电视总台携手教育部、人力资源社会保障部、国资委、共青团中央共同发起，央视频、国投人力共同主办了融媒体招聘活动——"春暖花开，国聘行动"，同年 12 月，第二季"春华秋实，国聘行动"正式启动，专门举办了海外人才招聘会，同时开辟"境外招工"板块，为我国企业广纳全球人才，开展对外合作提供了支持。

（4）基于人才的稀缺性和价值性，招聘方往往提供优厚的薪酬福利，并努力为其创造良好的工作环境，提供充足的物质和精神支持。金蝶软件公司认为，高端人才往往已经拥有房子和车子，薪酬对他们来说很重要，但不是最重要的，尊重人才和给予良好的职业发展通道才是他们最看重的。比如，金蝶提出以创新中国管理模式、帮助中国企业管理升级的愿景来吸引志同道合的人才。金蝶努力为这些高端人才提供宽松的工作环境，没有家长的文化氛围以及没有天花板和围墙的平台，并打造"2＋1"职业发展通道，帮助他们实现财富、事业和价值的多方位提升。

（5）起步虽晚，但发展速度较快。作为一种重要的人才招聘策略，全球招聘对于组织的优势在于：一是开拓企业的国际化视野，提升组织参与全球竞争的实力；二是有利于选拔适合本组织的最优秀人才。

但是，全球招聘也对组织的现有规则提出了挑战，具体体现在：一是如何解决"空降兵"和"地面部队"协同作战的问题，即如何充分发挥引进人才和现有人员的力量；二是如何应对文化差异带来的跨文化管理问题。一般来说，跨国人才融入陌生文化，都会遇到文化方面的冲击，需要适应本土文化。因为本土文化不仅会影响引进人才的工作环境和管理方式，而且会影响其日常生活。

即时案例 6－8

海南面向全球进行人才招聘

肩负建设自由贸易港的历史重任，海南省求贤若渴。2020 年 6 月，海南省宣布近期将推出 4 万余个岗位，面向全球招聘。同时，海南将针对高端产业人才实行更加开放的停居留政策。

海南人才基础薄弱，是建设自贸港的瓶颈。国家统计局数据显示，2019 年底，海南省常住人口为 944.72 万人，仅相当于深圳市同期常住人口的七成；但海南省的陆地面积达 3.54 万平方公里，相当于 18 个深圳市。要建设自由贸易港，海南当下的人口总量远远不够，因此迫切需要引进人才，人口导入是海南省政府工作的重中之重。

2018 年 4 月 13 日，习近平总书记宣布，党中央支持海南全岛建设自由贸易试验区，支持海南逐步探索、稳步推进中国特色自贸港建设。之后，海南省做了一个很重要的决定，就是"百万人才进海南"。2018 年底，海南省委成立人才工作委员会，定期研究、出台政策，围绕人才如何发挥才干，在住房、子女就学等方面提供便利。

在过去两年里，海南总人口增加了 10 多万人，市场主体增加了 44.4 万户，达到 100 多万户，较 2017 年底增加了 66％。其中企业增加了 14.4 万家，较 2017 年底增加 68％，岗位数增加了 40 万个。

2020 年 6 月 1 日发布的《海南自由贸易港建设总体方案》，更为落户海南增添了"含金量"。这份文件明确：对注册在海南自贸港并实质性运营的鼓励类产业企业，减按 15% 征收企业所得税。对在海南自贸港工作的高端人才和紧缺人才，其个人所得税实际税负超过 15% 的部分，予以免征。这一税率水平具有竞争力。在其他省份，企业所得税税率一般为 25%，小微企业所得税税率一般为 20%，个人所得税税率为 3%～45% 不等。

资料来源：http://china.caixin.com/2020-06-08/101564492.html.

二、猎头招聘

（一）猎头概述

1. 猎头的由来与概念

"猎头"一词由英文"head hunting"翻译而来，属于地道的舶来品。相传在原始社会的美洲，有一个食人部落，每当战争结束，他们都会把敌人的头颅割下来作为战利品，悬挂在本部落的高杆之上，以威吓来犯之敌。后来，人们将这一带有原始野蛮色彩的行为称为"猎头"。就其本意而言，是指在军事战斗中捕杀敌方首领，与中国唐代诗人王维的"射人先射马，擒贼先擒王"有异曲同工之处。随着社会的进步与发展，猎头的含义转向猎获对方首领，不再杀死，而是为己所用。

20 世纪中叶，我国香港在引入人才搜索公司的概念时，将其直译为猎头，系指搜寻、甄别和网罗高级人才的行为，即全面搜寻、评价、甄别、游说和网罗高级人才。需要注意的是，与一般的企业招聘、人才推荐和职业介绍服务有着很大的不同，猎头追逐的目标始终是高学历、高职位、高价位三位一体的人，它搜寻的是那些受教育程度高、实践经验丰富、业绩表现出色的专业人才和管理人才。简言之，猎头可以理解为高级人才中介，担当的是高级人才和企业的"红娘"角色。

2. 猎头的分类

按照猎头主体和性质的不同，可以把猎头分为政府型猎头、企业型猎头和非营利型猎头。

（1）政府型猎头，即以政府为主体，按照国家人才战略的部署和要求，搜寻、甄别、吸纳高级人才。政府型猎头的主体是政府或政府直属的大型企业和集团，目标是在全球范围内落实国家的人才战略，争夺国际人才，满足国家综合国力发展所需的各类人才，争夺对象是全球范围内的科学家、工程技术人员、专家学者、企业领袖等高级人才。

（2）企业型猎头，即商业猎头、猎头公司，以盈利为目的搜寻人才，这是猎头中最活跃也是最具有活力的。

（3）非营利型猎头，即非营利的政府组织、民间团体，如猎头研究会、猎头联盟等。一些公益性、团体性的学术组织也属于此类。

（二）猎头公司

1. 猎头公司的概念

猎头公司是以盈利为目的，接受客户委托或者授权，通过合法信息渠道、专业技术手段和职业测评途径，搜寻、甄别和获取各类高级人才的商业组织。猎头公司在猎头的发展过程中扮演了举足轻重的角色，大大拓展了猎头原始的内涵和外延，使得猎头摆脱了人与人之间类似手工作坊的交易模式，成为更加普遍、更加广泛而深刻的社会现象。表 6-24 列出了世界著名的猎头公司。

表 6 - 24　世界著名猎头公司名录

中文名称	英文名称
光辉国际咨询顾问公司	Korn/Ferry International
亿康先达国际咨询公司	Egon Zehnder International
斯宾塞-斯图亚特咨询公司	Spencer Stuart Consultants
海德思哲国际有限公司	Heidrick & Struggles
海士国际咨询有限公司	Montesea International Consultants
科尔尼咨询公司	Kearney
安立国际	Amrop International
罗兰贝格国际有限公司	Roland Berger International
尼科尔森国际有限公司	Nicholson International
万宝盛华人力资源（中国）有限公司	Manpower
雷奔逊	Ray & Berndtson Fortworth
浩华国际有限公司	Ward Howell International
尤里克人力资源顾问有限公司	Unique
雷文顾问管理公司	Noman Broadbent
普群企管顾问国际有限公司	Pci Executive Search Consultants
德勤咨询公司	Deloitte Touche Consulting
怡安翰威特咨询公司	Aon Hewitt Consulting

2. 猎头公司的发展阶段

猎头公司首先是从美国发展起来的，以美国为例，其主要发展阶段及特征如下：

（1）公司形态出现。1926 年，迪克·迪兰人才搜索公司在美国创办，它被认为是世界上第一家猎头公司。公司成立后，开始为企业搜索并提供高级人才名单。20 世纪 30 年代经济危机爆发，公司生意清淡，遂不知所终。但是，该公司确定了猎头公司运营的几项基本原则，如定金不退制度、委托合同制度和限时完成制度。

（2）现代企业组建。20 世纪 40 年代，伴随战后美国经济转型、调整与发展，猎头公司重新组建。公司按照现代企业制度，形成了权责明确、政企分开、管理科学等经营管理模式，广泛提供高级人才搜寻、职业经理人、人力资源和公司多元经营等领域的信息产品和服务。同时，它基本确立了猎头公司法人亲自签订委托合同的制度，即现代猎头行业所说的"不见法人，不签合同"。随后，美国修改了移民、培训、就业方面的相关法律，为猎头行业的迅速发展提供了坚实的基础和宽松的环境，此后，猎头公司如雨后春笋般涌现。

（3）公司重组和合并。20 世纪 70 年代中期，在席卷欧美的公司合并与重组浪潮中，中小猎头公司纷纷倒闭、合并或转向，中型猎头公司主动横向或纵向联合，组建了大型猎头公司和企业集团。大型猎头公司和企业集团的出现，有力地整合了猎头企业的目标资源，提升了行业的竞争实力，通过规模化和集约化经营形成了专业的猎头市场。

（4）猎头市场全球化。20 世纪 80 年代后，经济全球化的浪潮扑面而来，跨国猎头得以迅速发展，这个阶段最重要的标志是猎头上市公司的出现。事实上，美国猎头公司的国际化程度始终比较高，如海德思哲国际有限公司 1957 年就在英国开设了分公司，1983 年便将业务拓展到了全欧洲。为了解决企业规模快速扩张、占领国际市场的资金问题，上市融资成为跨国公司的主流选择。1999 年，海德思哲在纳斯达克上市；次年，全球营业总收入达到 5.94 亿美元。2000 年，光辉国际咨询顾问公司在纽约证券交易所上市；2012 年，全球营业总收入高达 7.91 亿美元，营业收入和市值均在全球猎头行业排名第一。

3. 中国的猎头公司

新中国成立后，一直实行计划经济体制。改革开放初期的 1984 年 11 月，中国政府聘请 65 岁的德国退休专家威尔纳·格里希出任武汉柴油机厂厂长。作为中国现代猎头发展史上的标志，它打开了国有企业引进海外技术和智力的闸门。1987 年，国家科委和外经贸部批准成立了中国国际技术智力合作公司，并在香港设立联络处，主要任务是有计划、有步骤地引进国外高级人才。

1992 年 6 月，新加坡一家集团公司投资，在中国老工业基地沈阳成立了第一家以猎头命名的机构——维用猎头服务部，负责外资企业在当地招募公司职员。这被视为中国猎头公司的萌芽。1993 年 3 月，北京泰来猎头咨询事务所成立，它是最早具备独立法人资格的猎头服务机构，也是中国第一家公司化的猎头企业。随后，北京先后出现了 30 多家专营或兼营猎头服务的公司。

1994—1995 年，受国家整顿人才市场、人才中介行业的影响，猎头公司的发展停滞不前。加之 1997 年亚洲金融危机全面爆发，国内一些猎头公司倒闭。而此时国外的猎头公司盯上了中国市场，试图进入。

2001 年 10 月 9 日，《中外合资中外合作职业介绍机构设立管理暂行规定》发布，这意味着中国人力资源市场对外资谨慎开放。2001 年 11 月 25 日，早在 1978 年就在香港设立亚太区总部的光辉国际咨询顾问公司拿到了中国政府签发的加入世界贸易组织后的第一张营业执照。此后，跨国猎头公司蜂拥而至、势不可挡。

到 2006 年底，在国际猎头市场上排名前 20 位的绝大多数跨国猎头公司已在中国成立合资公司。光辉国际、Chinateam、Jobbank、TMP、Onster 等国际猎头公司先后在北京、上海、深圳等地设立中国办事处，其后又升为分公司或收购中国猎头公司。这样，国际猎头公司逐渐形成了显而易见的垄断优势。2005 年，中国猎头行业的市场总量超过 25 亿美元，中国猎头公司数量与国外猎头公司数量之比是 95∶1，而国外猎头公司却占据了猎头市场总份额的 20%、高端市场的 95%。不仅如此，2002—2006 年，日本、英国、荷兰、澳大利亚的猎头公司先后收购中国人才热线、51job 公司、上海人才、智联招聘的一部分股权。

到 2008 年底，排名世界猎头 10 强的光辉国际咨询顾问公司、海德思哲国际有限公司、斯宾塞-斯图亚特咨询公司、亿康先达国际咨询公司等公司落户中国，设立办事处近 20 个。光辉国际咨询顾问公司更是把亚太总部从香港迁到了上海。

2009 年，我国民营企业开始崛起，催生出大量猎头需求，本土的猎头企业迎来了绝佳的发展时机，国内企业在猎头公司客户中的占比呈现逐年快速上升趋势。在经过 1992—1995 年的初期探索阶段，1996—2003 年的发展阶段，2004—2010 年的扩张阶段之后，我国猎头行业进入了急速扩张阶段。

截至 2019 年，国内猎头公司超过 5 万家，中高端猎头公司占 20%，猎头行业规模以 20% 左右的速度增长，同时，我国猎头市场规模从 2014 年的 404.1 亿元增至 2018 年的 1 007.9 亿元，复合增速达到 25.7%。

随着中国经济持续增长和政策环境的改善，中国猎头公司化的进程不断加快，经营范围、经营规模日益扩大，一个比较完善的产业组织体系初步形成。可以说，中国的猎头公司无论是在猎取对象、经营范围、利润提取，还是在成本核算、发展战略等方面，均有了长足发展，已经形成了门类齐全、功能多样、服务周到的人才市场中介服务体系。人才推荐、人才培训、人才招聘、人事代理、人才素质测评、人力资源咨询以及人才派遣、人事诊断、人事顾问、网上猎头服务等业务功能不断发展。

但是由于猎头行业的进入门槛较低，从业人员素质良莠不齐，高层次人才短缺，同时跨国猎头公司大举进逼，猎头市场的竞争达到白热化的程度。跨国猎头公司凭借其强大的品牌和资本实力、先进的管理技术和理念、广阔的个人发展空间等优势，聚集了一批优秀的猎头人才，本土猎头公司则相形见绌。这些因素使得中国猎头公司面临严峻的挑战。

（三）猎头招聘的操作流程

（1）客户开拓。猎头顾问需要从战略角度考虑猎头市场的规划问题，从目标市场、服务定位、销售时机、市场宣传、市场特点、市场需求等方面入手，进行市场挖掘，寻找潜在客户。

（2）需求分析。找到潜在客户之后，猎头顾问需要对客户进行深入细致的分析。顾问需要与客户保持紧密联系和沟通，达到全面透彻地了解客户的组织结构、组织文化、领导风格、职位要求和任职者特征等目的。

（3）谈判签约。掌握客户需求之后，猎头顾问和客户要在职位描述、薪资标准、任职资格以及服务费用等细节上达成共识，以书面的形式确定下来，这在猎头行业称为书面委托。这是猎头顾问工作很重要的一个环节，书面委托规定了双方的责任和义务，明确了客户的职位需求，方便日后的寻访工作，同时也防止出现客户随意变更职位要求的情况。

（4）专业寻访和筛选。猎头顾问深入了解相关职位并取得客户的正式书面委托后，即可进行寻访工作。猎头顾问会通过人才库、网络、社会关系、ColdCall（打给陌生人的未经请求的电话）等各种途径寻找可能的候选人，随后进行简历初选和重点审查，最后锁定进入面试环节的候选人名单。

（5）面试和评估。找到基本符合要求的候选人之后，猎头需要通过面试全面了解候选人的经验、技能、兴趣及其他与工作相关的素质，同时辅以专业的测评工具，最后得出对该候选人的综合评价，并撰写客观、真实的评估报告，连同候选人的简介资料一并交给客户。

（6）安排和协助客户面试。客户会根据猎头顾问撰写的评估报告决定面试人选。猎头顾问将在整个面试过程中发挥沟通桥梁和协调的作用。猎头一方面要给候选人提供面试指导，另一方面要和客户一起分析每一个候选人的特点，并对客户录用的候选人进行背景调查，以帮助客户寻找到最合适的候选人。

（7）协助入职和跟踪服务。客户对候选人发出录用通知后，猎头顾问要协助候选人及时、合法地办理入职手续。如果候选人仍然在职，猎头顾问的主要工作包括：一方面，帮助目标人选合法地离开原来的单位；另一方面，帮助目标人选与客户签订劳动合同。

另外，猎头顾问要与客户、候选人保持沟通，为客户和候选人的磨合提供润滑剂，协助候选人顺利融入客户的组织文化和适应新的管理体制，顺利度过试用期。如果候选人在试用期内离职，猎头要免费为客户寻找其他候选人，直至客户满意。

以上是猎头公司服务的一般业务流程。猎头的操作流程决定着猎取人才的质量，猎头公司必须遵守这些业务操作流程。相关流程的一个示例见图 6 - 10。

（四）猎头招聘存在的问题

1. 被推荐的人不合适

有时猎头公司推荐的人在入职前的各项测试中表现良好，任职后却不能完成本职工作，这可能是被推荐人掌握了较高超的应聘技巧所致，夸大了自己的优点，隐瞒了自己的不足，也可能是猎头公司为了获取佣金，提高挖人的成功率，对推荐人进行了包装，还有可能是被推荐人在原单位确实表现优秀，但他的成功很大程度上得益于原单位的综合实力、管理制度和部门团队，离开了这些因素就很难成功。同时，被推荐人与新上司在管理哲学、领导方式等方面存在差异，新聘人员不能适应新单位的企业文化也是造成招聘失败的主要原因。

2. 保守企业秘密的问题

猎头公司在为企业服务时不可避免地会接触到一些企业的机密，如企业委托猎头招聘与自己行业不相关的其他专业的人才，可能就意味着企业准备进入一个新的行业。如果这一信息被透露出去，这个行业的现有企业可能会联合对原材料资源、终端销售渠道等加强控制，增加新企业进入这个行业的成本。还有一种情况是，企业招聘高层管理人员的决定会对现有管理人员的工作积极性产生影响。比如，公司董事会出于市场战略的考虑，为提高品牌的市场占有率，决定调整最高层的领导职务，对于公司内部、对于竞争对手来说，处于最高行政职务的总经理或首席执行官一职的变更是极其重要的机密。

3. 企业自己的员工被挖走的问题

猎头公司在进行服务时，会与企业的人力资源部门、招聘需求部门多次接触，在这一过程中可能会发现符合其他公司委托招聘条件的人才。即使暂时没有企业委托招聘这类人才，猎头公司为了丰富自己的人才库，也可能获得企业关键员工的联系方式，再设法了解他们的专业背景、能力特点、已有业绩等信息，并存入自己的资料库，在有需求时向其他企业推荐。其实，正规的猎头公司都将不挖自己提供猎头服务的企业的内部

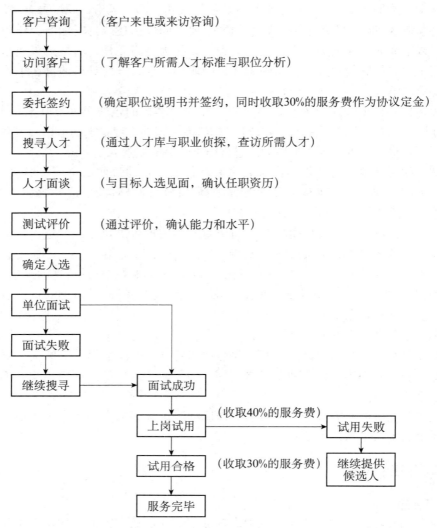

图 6-10 猎头的操作流程示例

员工作为行规，但也有一些不规范的公司受利益驱动会这样做。也有猎头公司是由于委托企业没有按约定支付服务费，通过挖这些公司的人实施报复，同时也增加收入。

4. 招聘时的法律纠纷问题

企业在招聘高级人才时，除了看重他的专业能力，还希望得到他所掌握的先进技术或者客户资源和销售渠道。如果原单位与他签订了保密协议或竞业禁止协议，那么根据《中华人民共和国反不正当竞争法》的规定，企业可能陷入法律纠纷。猎头公司如果没有查清被推荐人的情况，或者为了做成这笔业务故意隐瞒了被推荐人受协议限制不能自由流动的情况，就会给企业带来经营风险。比如，生产服装的 A 公司，产品质量好，但是由于销售人员不得力，产品销路一直不好。于是有猎头向 A 公司总经理推荐另一家生产服装的合资企业 B 公司的销售经理 D 先生，最后把 D 先生及其客户资料、销售渠道一起挖了过来。B 公司起诉 A 公司和 D 先生泄露其商业秘密，进行不正当竞争。由于我国目前尚无规范猎头公司行为的法律规定，当猎头公司猎取人才导致原公司商业秘密流失乃至产生纠纷时，关于猎头公司应承担何种法律责任无法可依。

（五）猎头招聘采取的对策

1. 选择优秀的猎头公司

（1）编制合理的招聘预算。企业总是希望花最少的钱得到最好的服务，但世上没有免费的午餐，全世界所有的猎头公司都遵循一个简单的原则——"服务换现金！"投入什么样的顾问人员、投入多少精力与能够得到多少利润息息相关。越是知名的猎头公司，资深的顾问人员越有能力选择利润丰厚的项目。对利润太少的委托项目，他们要么不接，要么草草应付。一些没有实力的猎头公司往往靠收费较低来招揽业务。但如果只花了一万元，找来的多个人都不合适，既耽误了时间，又损失了机会成本，还不如花十万元，招到优秀人才，带来上百万元的收益。

（2）进行多方面的考察。猎头公司及其员工要有良好的职业道德。猎头公司能够掌握大量的企业和候选人的机密信息，如果让一个心术不正的人得到这些信息，将带来灾难。猎头在面临诱惑时所表现出来的品质更加重要。有人说，好的职业道德是猎头行业入门的基本条件，但是，由于我国猎头行业起步晚、相关管理法规不健全，不少公司和个人不具备这一基本条件。一些猎头公司默许员工帮助候选人造假，一些猎头公司连基本的简历调查都不做。凭借对客户的了解挖客户墙脚的事情更是时有发生。这样的猎头公司绝对不能雇用。

企业对猎头的考察主要从以下几方面来进行：1）考察猎头公司人员的敬业和专业水平。敬业才可能专业，如果一个猎头公司员工的敬业水平很低，那么专业水平就会比较有限。2）考察猎头公司的硬件和信息化水平。一流的猎头公司都会选择有一定知名度的写字楼，如果一个猎头公司的办公环境很差，就算企业不介意候选人也会介意，最终将影响到推荐质量。而信息化水平的高低直接关系到猎头公司数据库的质量，从而影响到工作效率。3）考察猎头公司的历史和成功案例。猎头公司目前为什么类型的客户服务、做什么类型的委托项目实际上也反映了公司的实力。而且其客户所在的行业与自己公司所在的行业越接近，猎头公司掌握相关人才的资料就越多，成功的可能性就越大。

2. 拟订规范的委托合同

猎头合同属于经济合同，其基本法律依据是《中华人民共和国民法典》。根据第三编"合同"中"委托合同"一章的规定，委托合同属于广义上的中介合同，其合同的性质主要是：双务合同，委托方享有合同约定的被委托方提供服务的权利，负有给付佣金的义务，被委托方享有获得佣金的权利，负有提供服务的义务；服务合同，合同的标的不是有形商品和提供工作的物化成果，而是提供专业化服务。与其说是提供人才，不如说是提供符合合同约定的人才信息，但这种服务合同又不同于技术服务合同，在技术含量和服务方式上与技术服务合同有明显的区别，由于服务合同的标的具有无形性，因此要约定明晰具体的条款，在履行过程中保全相关证据。一些企业的经办人员图省事或不太熟悉委托招聘业务，有时对猎头公司提供的合同略加修改便签字、盖章；对合同的谈判集中在价格和付款方式方面，对服务质量保证条款则重视不够，这就为以后合同的执行带来了风险。

合同中应该明确规定服务质量的相关条款，如保守委托方的秘密，不得挖委托方的员工，不得从委托方重挖推荐成功的人才，若推荐的人在一定时间内辞职或不称职，要免费再推荐。认真做好推荐人的背景调查工作，保证被推荐人到任后不会给委托方带来法律纠纷。要明确规定违反相关条款的经济和法律责任，这是对猎头公司服务的约束，也是降低招聘风险、加强自我保护的措施。

3. 提高重视程度，争取互利双赢

（1）确定招聘目标，做好招聘计划。企业在委托猎头公司进行招聘前，应该明确招聘目标，做好招聘计划，在经营环境和发展战略没有发生重大变化前，不要轻易改变招聘计划，否则既浪费自己的经费也浪费猎头公司的时间。企业如果没有确定好招聘目标，就不要随便把猎头公司找来，否则就是在透支自己的信用。有了详细的、可操作性的招聘计划，再与猎头公司洽谈委托合同、签订合同，在合同的执行中，按计划进行过程控制。

（2）选择素质和级别较高的员工负责。企业委托猎头公司招聘高素质人才，就如同购买价格昂贵的机器设备一样，是一种投资大、风险大的采购行为，需要企业领导高度重视，应由企业内级别较高、素质较高的管理人员具体负责。高级别的管理人员可以提高猎头公司对业务的重视程度，安排经验比较丰富的顾问，或者将委托排在工作计划中靠前的位置，进而保证推荐质量和速度。企业在用人方面往往比较敏感，如果安排一个基层员工负责，由于他对很多信息把握不准，事事要请示，会影响猎头公司与企业决策者的沟通。同一个职位，每个企业的要求都不同，如果不沟通，猎头公司就不能准确把握企业的要求。在招聘的过程中，情况瞬息万变，计划可能随时调整，如果沟通效率低，肯定会影响招聘质量。对猎头公司的评估也尽可能要让级别较高的人参与，企业对猎头公司的选择直接决定着招聘活动的成败，不能简单地看成是对一个普通供应商的选择。一个基层管理人员很难把握其中的尺度，因此企业不应将评估和选择猎头公司的权力下放。

（3）平等互利，谋求双赢。很多企业认为自己是甲方，出钱雇用猎头，所以态度比较傲慢，这很容易引起猎头公司的反感。猎头公司提供管理咨询，需要让自己的解决方案得到客户的认可，如果客户态度傲慢，认为自己的看法都是对的，必然使解决方案难以受到重视。猎头公司作为服务提供方，需要对方的配合，如果企业以一种高人一等的姿态来对待猎头公司，双方就不可能精诚合作。企业要本着平等互利、谋求双赢的态度来与猎头公司合作，在要求对方遵守合同的同时，自己也要按合同的要求支付服务费、提供相关信息、指定责任人配合等。如果双方都按规则办事、讲究诚信，就可以降低交易成本，提高工作效率。

学习资料 6-2

选择猎头公司的五大杀招

纵观当今的人才市场，可谓风起云涌：经济的快速发展催生了大量的高级人才需求，常规的招聘方法越来越难以奏效，企业需要借助外部力量，因此猎头公司如雨后春笋般涌现。由于猎头市场本身不成熟，猎头公司良莠不齐，奇招纷出，形成乱花渐欲迷人眼之势，雇主感到难以选择。

评估一家猎头公司，不能单纯看其规模、成立年限和是否"著名"，否则可能犯主观化和表面化的错误。那么，如何有效选择一家专业的猎头公司呢？现总结出以下五大杀招供大家参考。

第一招：看猎头公司的竞争战略。一家专业的猎头公司应该致力于长期持续的事业，而不是仅仅为了赚取一笔佣金；致力于与客户建立战略伙伴关系，而不是只做一锤子买卖。它绝不会以简单的低价去抢夺客户，更不会为降低成本而降低服务水平。专业的猎头公司追求"三赢"的完美结果，因此不会欺瞒客户，也不会哄骗候选人，相反，会尽可能地把最真实、最全面的信息传递给对方，必要时宁可放弃某个订单也绝不做违背职业规范和服务宗旨的事情。因此，竞争战略和服务宗旨是识别猎头公司是否专业的试金石。

第二招：看猎头顾问的水平。一家猎头公司实力如何，不取决于其历史长短，不取决于其财力如何，更不取决于其是否"著名"，而取决于其顾问水平的高低。专业且高水平的猎头顾问是一家猎头公司成功运作的最根本保证，也是雇主购买猎头服务最根本的动因。一家专业的猎头公司的顾问应该具有以下基本素质：

（1）优秀的人格品性：这是从事任何职业必备的基本素质，做猎头尤其如此。优秀的人品提供是优质服务最基础的前提。虽然大家对"人品"的理解见仁见智，但"诚实、守信、敬业、负责"应该是衡量人品的最基本标准。

（2）资深的行业背景：对所从事的行业具有深刻且前瞻的理解，才能真正理解客户需求；和客户所需的人才具有共同语言，才能为客户有效地甄选人才。一些猎头公司不管自己顾问的水平和知识如何，是单就接，先接单后了解行业，必定难以达到理想的服务效果。

（3）丰富的社会阅历：猎头顾问只有拥有一定的社会阅历，才能正确地洞察人性和理解人生。一个候选人是否适合一家公司，不仅在于技能，更重要的是其人格和品性，以及其复杂的心理诉求。一个猎头顾问，应该能洞察人生，准确把握人性需求，从而正确引导人性需求，达到候选人和客户的需求的完美统一。他不仅要擅长寻访人才，而且要擅长发现和鉴别人才的潜在价值，这些都需要一定的社会阅历的积淀，远不是刚毕业的学生所能达到的。

（4）娴熟的沟通技巧：猎头顾问要善于发现和传递信息，要善于说服客户和候选人达到统一的认识从而实现完美的合作，这就需要猎头顾问具有较高的谈判技巧和沟通艺术。

（5）深厚的文化底蕴：猎头顾问要擅长把收集、发现和积累的信息进行整合、提炼，形成有价值的观点，这就是咨询报告。一份有价值的报告，不仅观点新颖、视角独特、字字珠玑，同时条理清晰、逻辑严谨，给人以思辨之美，这就需要猎头顾问具有较深的文化底蕴。

第三招：看猎头顾问的咨询价值。一家专业的咨询公司，虽然要为客户带来有价值的解决方案，但不会盲从客户；既要与客户和人才建立紧密的关系，又要独立于两者之外，这样才能提供其独特价值。一个专业的猎头顾问，要善于界定客户需求，真正理解客户需求，并在必要时说服客户改变需求（包括放弃需求）。他会成为客户的战略伙伴，与客户共同根据战略分析空缺职位，共同确定任职资格，共同界定候选人的来源分布，并和客户共同确定合适的人选。他应该为企业寻访真正需要的人才，而不仅仅是企业"喜欢"的人才。

第四招：看猎头公司的寻访评估体系。一家专业的猎头公司，其操作应该包括以下基本流程：客户访谈→需求界定→寻访甄选→评价推荐→协助面试→背景调查→录用上岗→跟踪反馈。如果缺乏任一环节，其服务质量都有可能大打折扣，特别是需求界定环节。事实证明，很多招聘案例之所以最终失败，很大一部分原因是职位界定不清楚。

评估体系是正确寻访候选人的关键。一家有实力的猎头公司，应该拥有科学而严谨的评估系统，包括对客户的评估，对职位需求的评估，对候选人能力和素质个性的评估，对候选人使用状况和适用效果的评估……对于雇主来说，可能特别关注猎头公司对候选人进行评估的能力，其实这只是冰山一角，猎头公司的评估系统贯穿整个过程，这才是猎头顾问咨询价值的体现。当然，对候选人能力和个性的评估非常重要。值得注意的是，对候选人的甄别和测评工具的选择要有针对性，而且要重视操作人员的专业性和测评工具的本土化。一家号称持有"国际最先进"测评工具的猎头公司未必能为企业成功招聘合适的人选，因为当前的测评工具大多是以西方心理学为基础开发的，本土化程度不高，如果不能适应中国人的心理特点，操作或评估不够专业，很难达到应有的效果。"批判的武器不能代替武器的批判"，招聘亦然。

第五招：看猎头公司的成功案例。一家猎头公司的成功案例是其实力和水平的重要体现。这一点也许很多人都知道，但往往存在重大误区。大多数雇主在选择猎头公司时，往往只看猎头公司"曾给哪些大公司服务"，这些客户是否"著名"，是不是外企和全球500强。这些当然重要，然而一个铁的事实是：全球500强拥有悠久的历史、雄厚的财力、强大的品牌，本身具有强大的吸引力，猎头公司为这些客户招聘人才相对简单。相反，对于那些不具备上述战略优势的雇主来说，在与这些大公司抢夺人才时处于弱势。然而，如果一家猎头公司能够正确理解这些"弱势雇主"的独特价值和光明前景，帮助雇主克服上述弱点从而提供适合企业的优秀人才，帮助企业由小到大、由弱到强，无疑是猎头公司战略伙伴角色和实力的价值体现。因此，在选择猎头公司时，看其成功案例不仅要看其客户的层次和名气，更重要的是要考量其客户在行业中的地位、招聘职位的层次、所需人才的稀缺性、职位的待遇水平等综合因素，全面科学地评估招聘难度，以及在这种情形下猎头公司采用哪些手段和策略使客户扬长避短，从而达到良好的招聘效果，这才是猎头公司实力的真正体现。

用兵之妙，存乎一心。灵活运用以上五大杀招，企业选择的猎头公司也许不是规模最大、历史最久的，也未必多么"著名"，但一定是企业真正需要的、能为企业带来价值的。

资料来源：刘士庵. 选择猎头公司的五大杀招. http://arts.51job.com/arts/15/325711.html.

三、雇主品牌建设

(一) 雇主品牌的概念

"雇主品牌"（employer brand）这一概念是由英国资深管理专家赛蒙·巴洛（Simon Barrow）与伦敦商学院教授蒂姆·安布勒（Tim Ambler）于 1990 年提出的。他们将营销学中的"产品品牌"概念应用到人力资源管理领域，号召企业运用市场学的方法，在人力资源市场上找到定位，在目标群体中建立独特的雇主形象，从而更好地吸引、激励和挽留最优秀的人才。在巴洛和安布勒看来，雇主品牌是由雇佣关系产生的，并与雇主联系在一起的功能、经济和心理利益的组合。功能利益是指雇主向员工提供的有利于职业发展或其他活动的机会，经济利益是指雇主向员工提供的薪酬，心理利益是指员工在工作中产生的归属、方向、成就等方面的体验。

简而言之，雇主品牌是指能够为雇主在劳动力市场带来一定溢价、增值的无形资产，也可以指作为雇主一方在劳动力市场中被认可的程度。也就是说，它以雇主为主体，以核心员工为载体，以为员工提供优质与特色服务为基础，旨在建立良好的雇主形象，提高雇主在人才市场的知名度与美誉度。

(二) 雇主品牌的理论基础

雇主品牌是一个集合了市场营销学、管理学、心理学等学科知识的跨学科概念，是近 20 年来学术界和实践界关注的焦点。目前，国内外尚未对雇主品牌的内涵形成统一的、完整的研究结论。主流的观点有以下几种：

1. 承诺说

这一派继承了市场营销学说中有关品牌的基本概念和理论，认为雇主品牌是雇主为员工提供的、帮助它在劳动力市场上区别于其他雇主的承诺。这些具有差异性的承诺成为吸引优秀人才加入公司、激励和保留现有员工的有力武器。

与形象品牌和产品品牌不同，雇主品牌的主体是作为雇主的某个企业实施雇佣行为的雇主形象，目标市场是人力资源市场，目标对象是潜在目标员工和现有员工，营销内容主要包括雇主承诺，即企业提供给员工的价值，包括薪酬福利、成长机会、工作环境等，功能在于提升企业的人力资源管理水平，与有吸引力的员工或潜在目标员工建立关系。

纽约州立大学商学院学者巴克豪斯（Backhaus）和蒂科（Tikoo）在 2004 年指出，雇主品牌是一个建立具有区分度、独特的雇主认同的过程，雇主品牌使得公司区别于其他竞争者。

2. 价值说

良好的雇主形象是企业的无形资产，从外部而言，它可以加强企业在产品品牌、服务品牌方面的优势，发挥企业在顾客心目中的整体品牌优势。而且，良好的声誉为企业吸引潜在劳动力市场的优秀人才创造了基础。

雇主品牌的价值创造并未止于此，在企业内部，它的价值通过组织—员工—客户—组织实现了传递、循环和提升（如图 6-11 所示）。

图 6-11　雇主品牌价值传导

首先，组织通过一系列的管理行为和活动为内部员工创造具有吸引力、舒适的工作环境和心理体验，员工会将这种积极的心理体验转换为对组织的忠诚，并以实际行动提高努力程度，改善绩效。这些改善绩效的行为的效果会借助优质的产品和服务传递到每一位客户，从而促进客户对企业产品品牌、服务品牌和雇主品牌的信任和承诺，继而提升组织在外部市场和内部市场的影响力。整个过程实现了企业内外两个市场的连接，通过价值创造和传递，最终实现了价值的提升。

3. 战略人力资源管理工具说

战略人力资源管理的核心思想是对组织的战略目标进行分解以明确人力资源管理战略，并贯穿人力资源管理各个职能模块，构建具有竞争力的人力资源管理系统，最终通过整合企业人力资源来驱动企业竞争优势的形成和保持。有效的雇主品牌是人才竞争优势的本质，企业应该有意识地使用雇主品牌这一战略工具去吸引、保留人才，以实现扩张和成长的需要。

（三）雇主品牌建设与人力资源招聘

雇主品牌建设为企业在劳动力市场树立了良好形象，为招聘前期的宣传奠定了基础。如果一家企业致力于建设自身品牌，那么在招聘过程中就会起到事半功倍的效果，可以主动吸引优秀的人才。因此，雇主品牌建设是现代企业招募优秀人才的重要策略，它使得企业在劳动力市场上占据优势地位，把被动寻求人才变为主动吸引人才。而且，招聘是企业向目标人才集中展示其形象的重要途径，是企业建设雇主品牌的重要内容。知名职业社交网站领英（LinkedIn）发布的《2015 年人才招聘趋势报告》指出，87％的中国招聘负责人认为，除了高薪外，雇主品牌对企业聘请顶尖人才的影响重大。57％的招聘主管认为，雇主品牌的塑造是企业的工作重点之一。而当问及"竞争对手采用什么样的行动会让你感到紧张"时，在 2013 年有 34％的人选择"投资雇主品牌"，到 2014 年则上升至 39％。

需要注意的是，招聘也是企业与目标人才签订心理契约的过程。因此，在前期宣传和招聘过程中，企业应该恰当、真实地提供有关自身特色、管理风格和人才政策等信息。一方面避免夸大事实，防止新员工入职后因无法享受企业承诺的工作条件导致心理契约破裂；另一方面应结合目标群体的不同特点和本企业的实际情况，实施有针对性的招聘策略，使应聘者在应聘过程中感受到企业对人才的关怀与尊重，为企业树立良好的雇主品牌形象奠定基础。

即时案例 6-9

星巴克：深耕中国 20 年创造独特"家文化"

2018 年度怡安（Aon）"中国最佳雇主"评选结果揭晓，星巴克（中国）从参选的 110 家企业中再次脱颖而出，第四次荣膺这一荣誉称号。

创新廿载，打造本地化"家文化"

"中国最佳雇主"评选结果显示，星巴克（中国）在高水平员工敬业度、良好的雇主品牌、高效领导力和高绩效文化等方面，均有超出同行的优异表现，获得了评审方的高度认可。其中，最令人称道的是，星巴克从人文视角出发打造的独特企业文化和价值观，以及对中国传统文化的致敬与融合，为中国伙伴营造了温暖而有归属感的"家文化"体验。

在星巴克，员工都被称为"伙伴"。作为独特星巴克体验的核心和灵魂，伙伴一直被视为星巴克成功的基石。从一开始，星巴克就认识到持续投资伙伴的重要性，这已经成为星巴克公司价值文化的精髓所在。

进入中国市场以来，星巴克推行了多项领先行业的本地化伙伴福利计划，包括覆盖全职伙伴配偶及孩子的全面人寿保险、意外保险与医疗保险，兼职伙伴也能享有的"咖啡豆股票"计划，以及独具特色的"伙伴回家""助房津贴计划""伙伴识天下"等伙伴投资项目。星巴克为中国伙伴开创性推出的"父母关爱计划"，由公司全资提供伙伴父母重疾保险，截至 2018 年 8 月已惠及 16 000 多名伙伴家人。

量身定制，创造多元化发展路径

星巴克一直注重高效的组织运营策略和卓越的零售人才培养，为伙伴长期提供多元化的人才发展路径，使公司真正成为年轻人实现梦想的舞台。星巴克大学移动校园等数字化应用、跨部门敏捷型组织、为店经理和区经理量身定制的培训计划等创新之举均为伙伴提供了发展平台。

中国如今已经成为星巴克全球发展最快和门店数量最多的海外市场，也为伙伴提供了广阔的职业发展机遇：每年新开600家门店，5年内拓展约100座新城市；每15个小时提升一位新门店经理，每周提升一位新区经理，每季度提升一位区域总监；同时，星巴克每年还提供超过10 000个新的工作岗位，让更多年轻人获得职业发展的机会。

以人为本，视伙伴为最宝贵财富

"最佳雇主的荣誉，对我们而言是一种认可，更是一种责任。"星巴克（中国）首席执行官王静瑛强调，"我们将更加努力创新与投入，让每一位伙伴得到更多个人职业成长的机会，让每一位家庭成员得到更好的关爱和照顾。我们的大家庭在不断壮大，我们的承诺不会改变。"

坚持"爱、人文、机会"的价值观，以人文精神创造独特价值，星巴克持续加大投资，不断创新，为伙伴和顾客创造超越期待的星巴克体验，打造出独一无二的品牌。

资料来源：https：//www. starbucks. com. cn/about/news/best-employer-2018/.

（四）最佳雇主品牌评选活动

"最佳雇主"评选活动为企业提供了彰显其雇主品牌建设成果的平台，也成为公众了解企业形象的重要渠道。世界上最早的雇主品牌评选活动始于1984年美国《财富》杂志首次举办的"美国最佳雇主"（Best Employer）排名活动，但当时并未引起广泛关注。

进入21世纪后，雇主品牌理论在欧美得到广泛应用。在国外，雇主品牌首先受到营销界的重视，传入中国后，最先得到人力资源管理职业经理人的关注。2003年，翰威特咨询公司首次推出了中国的最佳雇主评选活动，试图通过最佳雇主品牌的评选找到一流的人才管理方式，并探究其提高企业经营业绩的途径。2007年，国内首部雇主品牌研究专著《中国雇主品牌蓝皮书》出版，开启了雇主品牌研究的专业化时代，受到了各界人士和媒体的广泛关注。

翰威特咨询公司的"最佳雇主"评选是中国规模较大、影响较广的雇主品牌评选活动之一。翰威特咨询公司的"最佳雇主"评选主要向企业员工和首席执行官进行敬业度、匹配度两项指标的问卷调查。敬业度衡量员工在情感和知识方面对企业的承诺和投入，匹配度主要取决于公司的人力资源实践能否支持其战略、员工能否很好地理解和分享领导制定的战略方向。

即时案例 6-10

优秀的雇主品牌——宜家

宜家是全球知名家具和家居零售商，目前在56个国家和地区拥有430多家商场，超过21万名员工，宜家的核心价值观是让人人都享有卓越的家居用品。在雇主品牌建设上，宜家也充分融入了这一理念，给予员工实现职业规划的机会和自由，前提是员工的价值观始终和宜家文化保持一致性。从人才招聘到员工管理，宜家贯彻统一、准确的雇主品牌形象。

在人才招聘上，宜家将候选人与企业文化的契合度作为面试筛选的重要依据。"价值观和态度远比简历更重要"是宜家的招聘理念，招聘时不仅考虑候选人相关工作经验和能力，更重要的是评估他们的个性特征和价值观与宜家文化的契合度，这也是员工后续培训和发展的重要基础。

在员工管理上，宜家鼓励员工设计自己的职业发展路径，可以申请调换到自己感兴趣的其他部门工作，甚至有机会到瑞典总部上班。不少员工表示在宜家工作能找到生活和事业上的平衡，兴趣和能力的不断匹配，让员工感受到他们不仅是在工作，而且是在与大家一同创造更加美好的生活，让自己影响到越来越多的人。

同时，宜家内部充满包容性的工作环境也与雇主品牌核心主张相契合，同事之间保持轻松的人际关系，公司实行人性化的管理，通过将员工兴趣和能力不断匹配，加强员工和岗位的契合度，让员工感受到工作中自我价值和生活质量的提升。

资料来源：https://www.163.com/dy/article/H1CJAHVN0552NQE0.html.

四、电视、微博、微信、社交网站等成为新的招聘平台

人才的激烈竞争成就了招聘市场的繁荣发展。随着网络媒体、信息技术的不断发展，新的招聘形式和招聘渠道不断涌现，电视招聘、微博招聘、微信招聘、社交网站招聘等逐渐成为人力资源招聘的新趋势。

1. 电视招聘

电视招聘是以电视为媒介平台完成组织招聘过程的一种招聘形式。自 2003 年中央电视台经济频道与智联招聘合办第一档电视招聘节目《绝对挑战》起，全国出现了多档同类节目，并在社会上引起了一定的反响。2020 年腾讯视频推出的《令人心动的 offer》汇聚了不少优秀的 95 后人才，一时间，公司招贤纳士的新方式和新生代的职场初体验引起了广泛热议。这种招聘形式可在一定程度上扩大招聘公司和应聘者的知名度，并且招聘流程较短，能够在短期内达成合作意向，因而被部分企业所采用。但不管是招聘方还是求职方，都可能在电视上掩饰其真实的行为，使招聘结果的可靠性受到质疑。

2. 微博招聘

2010 年末，微博的出现为招聘开辟了新的渠道——企业通过微博发布招聘信息，求职者借助微博发布求职意向，关注、转发招聘信息，而且双方都对这种新的沟通渠道表示认可。微博的特点在于点对点传播与快速覆盖，这成为企业选择微博招聘的最主要原因。招聘信息发布后，通过粉丝转载，很快被传播出去，而且只有对此信息感兴趣的人才会主动传播，传播的针对性强，效果好。这就保证了信息传播的数量和质量。另外，微博受招聘方青睐的另一个重要原因是"零成本"，特别是一些中小企业，经营规模不大，招聘人数不多，参加招聘会成本又高，借助微博则可以有效节约开支。

目前微博招聘主要可分三大类：第一类是企业高管在个人微博上发布招聘信息。第二类是企业官方招聘微博，如淘宝、德勤等。微博信息中既有即时招聘信息，也有应聘技巧。第三类是基于微博的专门招聘网站，比如周伯通。尽管微博招聘有这么多的好处，但微博毕竟不是一个专业的招聘平台，招聘信息被分散在巨大的信息流中，不便于查阅与搜索。而周伯通的用户可以直接使用社交网站的账户登录，免费发布招聘和求职信息，并将这些信息同步发布到微博以及开心网和人人网等，利用自己的社交人脉扩散与转发信息，同时因为看到信息的人可以和发布者建立起一定的关联，供需双方就有了信任的基础，然后利用微博的即时沟通能力进行交流。其目标是在短期内达成初步意向，提高招聘效率，但其效果还有待时间检验。

3. 微信招聘

随着 4G、WiFi 技术和智能手机的普及，我国各种通信软件迅速发展。2011 年微信正式发布，2013 年微信成为全球用户最多的通信软件，同年推出公众号功能，2017 年微信小程序推出，2018 年小程序用户超过 6亿。微信最终建立起一个完整的生态体系，为用户在微信上进行各种活动提供了难以替代的平台。

通过微信群、微信公众号及小程序进行的人力资源招聘活动也随着微信的发展成熟而更加活跃。通过微信群、公众号发布招聘信息，并依赖小程序让应聘者在微信上直接完成岗位申请已经屡见不鲜。越来越多的企业开始通过微信进行雇主品牌宣传，利用微信的社交媒体功能，如公众号、微信群、朋友圈、短视频等，

向更多目标人群进行推广，提升招聘中从浏览到提交申请的转化率。同时，微信中内嵌的测评、视频简历等工具也进一步助力企业更高效精准地完成人力资源招聘工作。

4. 社交网站招聘

社交网站作为招聘平台具有得天独厚的人脉资源，能够在最短的时间内完成有效率的人才筛选、匹配、推荐等流程。求职招聘网站 Jobvite 近期发布的一项有关美国企业使用社交网站进行招聘的报告显示，89%的企业将使用社交网站进行招聘；64%的企业已经扩大了社交网站招聘计划，在使用两个或两个以上的社交网站；48%的求职者曾经在 Facebook 上找过工作。

随着我国互联网的迅速发展，社交网站招聘已成为企业网罗人才的主要方式之一。2011 年 3 月，人人网与智联招聘联手推出职业社交网站经纬网，此外，国内职业社交网站的先行者天际网也对网站进行全新改版，其创始人兼 CEO 林廷翰多次在不同场合表示："天际网有着其他网站无法比拟的大量优质用户资源。我们提供给用户的不仅仅是求职机会和社交机会。"2014 年，国外社交招聘巨头领英进入国内市场，发展迅速，2019 年，领英（中国）宣布从职场社交转向一站式职业发展平台，从品牌重塑、产品升级、职场生态体系建设三方面发力，启动战略升级。面对瞬息万变的中国市场，领英用"一站式职业发展平台"应万变，解决用户在职业发展中遇到的痛点。截至 2020 年 5 月，领英在我国已经拥有超过 5 000 万注册用户，不仅成为我国社交招聘的重要平台，更推动了国内的社交招聘趋势。

五、"互联网＋"时代下，科技助力人力资源招聘[①]

互联网技术发展一日千里，进步迅猛，社会发展迈入"互联网＋"时代，越来越多的企业认识到科技进步对人力资源的"选、用、育、留"正在产生颠覆性的影响，并开始加强和重视人力资源领域的新技术研究与运用，以期发现更多的管理规律与价值。

在"互联网＋"时代，科技极大地改变了人力资源招聘的趋势，使之呈现出智能化、信息化、线上与线下相结合等特点，其中，从新技术的应用角度看，市场上最受关注的热门领域主要集中在人工智能（AI）及大数据。

人工智能技术通过打造智能化平台，编写拥有自我学习能力的程序来完成高重复性的日常人力资源管理事务，并打造高于人工效率的自动化人力资源系统流程。大数据则通过对历史和现有数据的重整重塑，挖掘其中的规律性，结合企业发展与人力资源战略，开发适合企业自身的数据分析与预测平台，前瞻性地推动人力资源整合。可以说，一个融合人工智能与大数据的平台，将会颠覆性改变人力资源的行业特性及未来走向，使企业在人才管理上获得充足持久的保障。

人才对企业的一切价值始于"选"，选对人，"用、育、留"才有用武之地，而人力资源招聘无疑是可以充分融合人工智能与大数据的第一阵地。传统的招聘方式下，企业少有基于数据分析的人才选拔，更没有人工智能的引入，这样的选人流程使得人为因素对面试结果产生较大的影响，人才选拔极大地依赖于面试官的经验和专业程度，招聘专员和部门面试官的成熟度与个人好恶无疑为企业带来了隐性成本。另外，招聘专员面对各种加工润色、真实性存疑的海量简历，更是难以通过面试每一位候选人来判别真伪，从而导致后续招聘流程效率低下，成本高昂，暗藏风险。

而大数据和人工智能势必会为企业招聘带来颠覆性的价值。人力资源从业者可以和业务管理者一起，基于过往岗位招聘、用人数据（如学历、背景、考核等）挖掘规律，来确定待招岗位的能力素质要求，并基于胜任力模型确定对应的招聘题库，设定对应岗位能力的考评标准，再结合当前市场中逐渐成熟的表情识别、声音识别、语义识别工具，让 AI 面试官逐步代替人类面试官，不再局限在从简历起步的筛选，让面试每一位候选人成为可能，从而使人力资源招聘环节更加客观公正。完成招聘后，入职者在企业的表现同样可以

---

① https://zhuanlan.zhihu.com/p/298328896? utm _ source＝QQ _ article _ bottom.

反向验证 AI 的评测，并为 AI 提供更全面的数据以促进其自我学习，实现整个招聘从流程到价值端的完全颠覆。

第 5 节　人力资源配置

人力资源配置的定义有广义和狭义之分。广义的人力资源配置是指为了提高组织效能而从事的获取、运用和留任一定数量、质量和结构的人力资源的过程。它包括我们通常所说的人力资源规划、招聘、甄选、留任管理等活动。狭义的人力资源配置则是指通过招聘、甄选程序选择候选人，组织考察候选人的知识、能力、个性特征和职位要求、能力要求、组织文化等方面的匹配，并最终作出录用决策的活动。本书采用的是狭义的概念。配置不是一个独立的步骤，它从组织的战略和人力资源配置战略出发，贯穿招聘、甄选以及最后作出录用决策的整个过程。

一、人力资源配置系统

图 6-12 显示了人力资源配置系统的主要内容。它描述了组织的使命、目标和组织战略，两者向下传导，产生人力资源配置战略，并且贯穿招聘、甄选、录用决策全过程以及所有的支持活动。

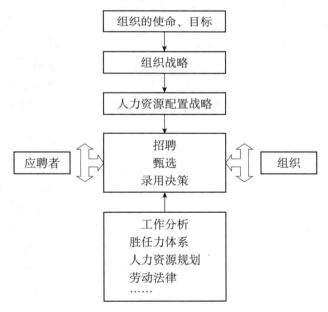

图 6-12　人力资源配置系统

1. 组织战略和人力资源配置战略

组织的战略来源于组织的目标或使命，它是组织宏大目标和任务的精细化和具体化，明确了组织为完成使命和目标需要努力的方向。例如，美国电话电报公司（AT&T）创始人提出"要让美国的每个家庭和每间办公室都装上电话"；迪士尼公司的使命是"使人们过得更快乐"。基于这些使命陈述，组织可能提出有关产品开发和设计、销售额增长、提供差异化的产品和服务等目标与任务。而对于微软这样的高科技公司而言，研发能力是制约其成功的关键所在。多年来，微软重视基础研究，增加微软研究院的研发经费，研发经费一直占其收入的 15％以上。

组织目标与任务决定了组织对获取、培训、激励和保留人力资源在数量、结构、质量上的假设。人力资源战略就是对如何处理这些假设的回答。因此，人力资源战略来源于组织战略，又在一定程度上构成了组织战略的重要内容。微软公司从自身使命和战略出发，确定其人力资源战略是：（1）主动追寻人才，而不是等待人才；（2）向员工承诺光明的发展前景；（3）依靠使命和大方向启发员工并帮助其决定研究方向；（4）选拔具有独立思考能力和创造力的员工；（5）重视研究环境，为研发人员创造极富吸引力的环境，这是吸引并长期保留人才的有效策略。

人力资源配置战略是组织战略和人力资源战略向下传递、分解而产生的有关人力资源配置的战略。它直接指导着招聘、甄选和最后的录用决策等活动。例如，微软在选拔人才时，面试问题通常没有标准答案，而是寻求有创意的回答，考察应聘者的独立思考能力、创造力、团队精神等，因为这些能力是对一个优秀研发人员的基本要求。

2. 配置活动

配置活动聚焦于招聘、甄选和作出录用决策等阶段。为了保证人员与职位匹配以及人员与组织匹配，组织需要在一些活动中采用多种有效的方法和手段，包括：招聘途径和渠道的选择、甄选方法和工具的使用、决定获得工作机会的候选人等。所有这些活动都应该根据职位要求进行个性化的设计。例如，对于研发人员，需要考虑这些问题：从外部招聘还是内部选拔？使用校园招聘、网络招聘还是推荐、猎头等方式？应该在招聘广告中提供哪些信息？使用哪种选拔工具，比如面试、笔试、测试？如何评估所收集的应聘者信息，并决定哪些应聘者被录用？

3. 支持活动

支持活动是实施配置活动的基础，主要包括工作分析、胜任力体系、人力资源规划和劳动法律等方面。工作分析提供了组织有关该职位的具体要求和信息，例如该职位所需的知识、技能、能力和其他特征（knowledge, skill, ability, and other characteristic, KSAO），以及任职资格、工作环境、报酬类型等。胜任力体系描述了不同类别和级别的职位对知识、能力、动机、兴趣、价值观等方面的要求。人力资源规划确定了组织所需人力资源的数量和结构，为配置活动的整体设计提供了指导和依据。与劳动力就业相关的法律就公平、平等就业机会和反歧视等作出规定，这些要求必须贯穿人力资源配置的全部步骤和活动。

二、分层的人力资源配置模型

人力资源配置的目标是通过个人特征和组织特征的对接和匹配，实现人力资源最优。我们可能会听到部门经理这样抱怨："小王缺乏人际交往能力，而这是一个合格的销售代表所必备的技能。""小张曾在某知名公司工作，具有丰富的财务管理经验，如果我们录用她，她应该能很快适应我们的财务系统。"

研究发现也支持这样的结论：人员配置对组织、团队以及个人绩效都具有影响。例如，在对50个高绩效组织和低绩效组织的比较研究中，研究者调查了高绩效和低绩效组织的人力资源配置活动。结果显示，当正确的领导者处在合适的位置时，组织将运作得更出色。而且，仔细甄选新招聘员工以保证他们有胜任工作的能力，组织更可能获得成功。

目前的人力资源配置模型主要包括人员与组织匹配、人员与职位系统和能力系统匹配、人员与团队匹配。

（一）人员与组织匹配

人员与组织匹配关注的是个人与整个组织的匹配，而不是和某一具体工作、职业或群体的匹配。施奈德（Schneider）的吸引-选择-磨合理论（attraction-selection-attrition（ASA）theory）解释了人员与组织匹配和员工工作结果之间的关系。个体与组织在价值观、兴趣和需求方面的一致性对个体的工作结果具有积极的影响。个体倾向于选择与自身的价值观和兴趣相一致的组织，而组织也倾向于选择符合组织价值观的个体。早期的匹配观点认为人与组织在价值观方面高度契合和一致就代表双方的高匹配；克里斯托夫（Kristof）在

1996 年整合了前人的观点，提出了自己的人员与组织匹配的概念。他认为，匹配包括一致性匹配和互补性匹配，可以从人与组织价值观的一致性、个体目标与组织目标的相似性、个体的需要与组织系统的匹配性、个体个性特征与组织气氛的匹配性四个方面来对人员与组织匹配进行衡量。在这四种匹配中，前两种反映的是一致性匹配，第三种是需要与供给的匹配，而第四种既可以用来解释一致性匹配也可以用来解释互补性匹配。图 6 - 13 显示了人员与组织匹配模型。

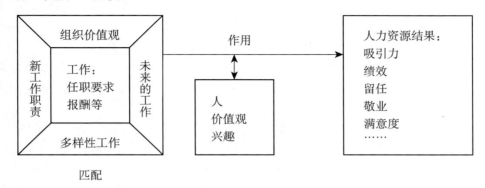

图 6 - 13　人员与组织匹配模型

资料来源：赫尼曼，贾奇. 组织人员配置. 北京：机械工业出版社，2005：9.

人员与组织匹配模型的要点包括：

1. 人员与组织匹配的焦点是价值观一致

组织价值观是组织对员工要求的理想态度和行为标准，例如诚实、正直、成就感、关注顾客等。虽然这些价值观在工作描述中可能没有写明，但是在人员配置活动中会检查应聘者和组织价值观的大体匹配程度。表 6 - 25 列出了几家世界知名企业的价值观。

表 6 - 25　几家世界知名企业的价值观

丰田

持续改进：无论我们处于何种地位，永远不会满足，会提出意见，作出努力，改进业务。

挑战：我们拥有长远目标，运用勇气和创造力迎接挑战，实现我们的梦想。

改善：我们不断改善，创新和发展是最大的驱动力。

现场现物：寻找事实的根本，作出正确的决策，建立共识和实现目标。

尊重人：尊重社会、员工和利益相关者。

尊重他人：我们尊重他人，尽一切努力去理解对方和承担责任，尽最大努力建立信任。

团队：我们鼓励个人成长，分享发展的机会，最大限度地让个人和团队创造业绩。

惠普

对客户热情；信任和尊重；成就与贡献；诚实与正直；团队工作；有意义的创新。

诺基亚

以人为本：建立在相互尊重的基础上，涵盖诺基亚为客户提供的产品和服务、公司的行为以及对人与环境的影响。

激情创新：通过梦想找寻前进的勇气，通过对技术创新、工作方式和周围世界的认知来跨越现实与未来的鸿沟。

共同成功：不仅仅是合作关系和工作伙伴关系，还包括共享正确的想法和相互之间的信任。

邀你参与：包含客户满意度的价值，并涉及公司的所有利益相关者，包括雇员。

2. 人员与组织匹配还包括新工作职责、工作多样性、未来的工作

新工作职责是指随着时间的推移可能增加的工作任务。这些工作任务在招聘中模糊不清，无法具体化。尽管如此，组织仍然希望雇用那些可能完成新职责的人，以减少雇用额外员工的费用。相应地，组织也期望雇用能够从事多样性工作的新员工。对未来的工作，组织和个人需要思考除了最初的工作外长远的匹配、调换和晋升过程。

即时案例 6-11

思科的招聘文化

在招聘新员工时，思科一般不会做智商、情商方面的测试。思科看重的是以下内容。

首先是应聘者的文化适应性。有些人在有条不紊的公司中会有成功的机会。但比较传统的公司并不是以 Internet 为主要业务，它的产品、行动、组织架构与思科不太一样。思科因为变化很快，所以要乱中有序，在变化中找到一个平衡。如果说什么事情都要等到产品发展成熟了、观念成熟了才着手去做，市场就几乎没有了，因为别人已经占领了这个市场。所以，思科要求员工具有很强的创业精神。虽然思科已经有较大规模，但仍需要员工具备快速创业的精神。任何一个员工想到一个好的点子，找几个同事就可以去做，要有这种敢于尝试的精神。同时，这个人能否有助于客户的成功，能否适应团队的要求，这些文化上的素质可以透过面谈和其他多方面的观察得以了解。

其次是应聘者要有超越自我的目标。公司提供一种催人上进的环境，使得不论是销售人员还是管理人员，除了在规定的时间内达到要求的结果外，还要有所超越。员工应该不断充实自己，而不是仅仅满足于完成公司给定的目标。思科想告诉员工，你有机会做得更好，不要只为了今天做，而要同时为了明天做；要更好地协调长期目标和短期目标的关系。思科需要的是既能说又能做的员工，尤其是在面对客户的时候。

资料来源：彭剑锋，王黎广．思科：互联网帝国．北京：机械工业出版社，2010：183.

3. 考察人员与组织匹配对员工工作态度的影响

人员与组织的匹配还会影响员工的工作态度，体现在满意度、缺勤率、离职率等方面。研究表明，人员与组织匹配会影响员工的组织认同、组织公民行为和离职意向。

即时案例 6-12

数字化时代，融创中国使用 AI 算法预测助力人才选拔

数字化时代下，各种高科技手段逐渐进入传统管理学领域。在人力资源管理过程中，已有一些公司开始运用大数据、AI 科技来助力，所有 HR 面对的，是如何利用数字化科技提升效能的挑战。

融创中国控股有限公司（简称融创中国）是一家专业从事住宅及商业地产综合开发的企业，坚持区域聚焦和高端精品发展战略。2019 年公司在"中国品牌发展指数 100 榜单"排名第 68 位。2020 年 3 月，公司在"2020 中国房地产百强企业"排行榜列第 5 位。在人力资源方面，融创中国开发了全周期数字化管理，以 AI 算法在招聘环节进行精准的人才选拔，包括建立 AI 算法筛选、AI 机器免税和测评 AI 算法筛选三方面。

融创中国的 HR 团队基于过去大量的数据分析，根据自身的特色和需求设计了 AI 算法，融入了"融创范儿"的内部语言，以此对应聘者的简历进行评分初筛，并对应聘者进行情感计算和识别，以及能力、素质和胜任力测评。在 AI 的帮助下，融创中国不仅能够随时掌握全国招聘动态，节约招聘环节的人力成本，更能够实现高效择优、人才与组织精准匹配的目标。

资料来源：季亮．数字化时代，HR 怎样结合新技术提升效能．2020 年（第 16 届）中国人力资源管理新年报告会．

（二）人员与职位系统和能力系统匹配

传统的人员与职位匹配理论认为，人的个性特征存在差异，因此人们要根据自己的个性特征寻找适合自己的职业，以达到人员与职位匹配的目的。早期的人员与职位匹配理论的代表有帕森斯（Parsons）的特性-因素论、霍兰德的职业性向理论，以及施恩的职业锚理论。特性-因素论认为，人们可以通过心理测验认识自己的个性，同时通过观察、问卷等工作分析方法考察各种职业对人们能力的要求，最终帮助人们找到最适合自己的职业。职业性向理论将职业分为六种类型，并测试人们的人格特征，将职业类型和人格进行匹配。当工

作环境与人格特征相互协调时，个体会产生较高的工作满意度和较低的离职意向。职业锚理论认为，职业锚能够准确反映个人职业需要及其追求的工作环境，帮助个人找到适合自己的职业种类和领域。职业锚是指当个人面临职业选择时，无论如何都不会放弃的职业价值观等，它包括五种类型：技术/职能能力型、管理能力型、安全/稳定型、创造型和自主/独立型。

　　然而，传统的人员与职位的匹配已经不能满足现代企业复杂职位系统的发展现状以及战略人力资源管理的发展需要。本书的第4章和第5章已经详细介绍了组织中分层分类的职位系统以及胜任力体系的概念和内容，根据职位系统和能力系统的要求，本书提出人员与职位系统和能力系统匹配这一概念。它是指基于战略人力资源管理的需要，员工的知识、能力、技能、动机等方面与企业的职位系统和能力系统的要求相契合，以实现人在职业、能力上的协调发展，以人员、职位、能力三位一体的发展支撑战略的实现。因此，和传统的人员与职位匹配相比，人员与职位系统和能力系统的匹配具有以下特点（如图6-14所示）：

　　（1）不再只是关注个体层面的个性特征与职位之间的匹配，更多地聚焦于不同类别和层级的职位以及胜任力体系下的员工。

　　（2）实现组织战略向职位系统、胜任力系统的传导功能，并通过提高不同类别和层级员工在职位、能力方面的匹配度，改善员工的工作态度，促进其积极的工作行为。

　　（3）打通了企业战略、职位系统、胜任力系统以及人员职业发展通道，是实现战略人力资源管理的有效渠道。

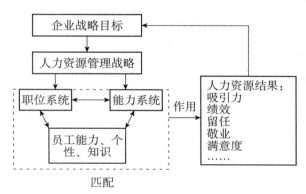

图6-14　人员与职位系统和能力系统匹配

（三）人员与团队匹配

　　团队作为组织执行任务的基本单元已经得到越来越广泛的应用。名列《财富》1 000强的公司几乎都在运用工作团队。然而，团队的整体绩效取决于团队成员之间的互助、合作和激励的程度。因此，并不是所有的团队都能达到高绩效。

　　人员与团队匹配的概念尝试回答具备什么特点的团队才能获得高绩效的问题。这一概念强调在团队层面，团队成员之间在性格、能力、知识、技能、兴趣、价值观方面实现结构、数量上的最佳搭配，以互补或共同进步达到理想的团队过程和最好的绩效结果。团队成员之间的匹配比人员与组织匹配、人员与职位系统和能力系统匹配更加复杂，是一把双刃剑，因为团队成员之间的人际互动会对团队绩效产生促进或抑制作用。

　　总体上，团队成员之间的匹配包括两种类型：相容性匹配和互补性匹配。相容性匹配是指员工与其他团体成员具有相似的特征，尤其是在价值观方面。互补性匹配是指员工因具有团队其他成员所缺乏的特征而存在相互补偿和相互支持的关系，尤其是在知识、能力、技能方面。目前，学界的实证研究集中在团队异质性或团队构成的多样性对团体过程或团队效率的影响上。团队异质性（或团队构成的多样性）是指团队成员个人特征的分布情况，即团队成员在人口学变量（性别、年龄、种族等）、人格、能力、知识、经验、价值观等方面的特征是比较接近还是相差很大。异质性研究中的团队主要分为三类：工作团队、高管团队和创业团队。

　　在人口学变量方面，已有的研究结果证明，组织中工作年限相似的成员拥有相似的价值观和沟通模式，因此有更强的团队内的身份认同、更少的冲突和更多的合作与沟通。楚基（Tsui）等人1992年的研究指出，性别异质性对男性的组织依恋的影响比对女性的大，其中组织依恋包括心理承诺、旷工和留职意愿。

在人格方面，巴里（Barry）和斯图尔特（Stewart）1997年考察了61组实行自我管理的小群体，发现无论是个体还是团队，外倾性和团体绩效成倒U形关系，即团队成员中性格外向者过多或过少都不利于团队绩效的提高。

在知识、经验方面，对于创业团队而言，由于来自不同领域的经验所积累的知识各不相同，创业团队成员之间知识结构的差异性很大程度上决定了其战略决策结果的差异性。施雷德（Shrader）和西格尔（Siegel）2007年发现，创业团队的产业经验越丰富，就越倾向于低成本战略，技术经验和市场经验更丰富的创业团队则更倾向于基于创新的差异化战略。国内学者杨俊、田莉、张玉利、王伟毅（2010）的研究则证明，团队经验的差异性会对新兴技术企业的战略选择产生影响。产业工作经验差异更大、注重营造合作式冲突氛围的创业团队更容易开发出面向顾客需求的创新性产品和服务，职能背景差异更大、注重营造对抗式冲突氛围的创业团队则往往能设计出不同于产业内其他企业的市场交易结构，将产品和服务推向市场。

在价值观方面，人们普遍认为团队异质性对内聚力、满意度、团队承诺等情感有消极的影响。但研究发现，团队人口统计学变量上的异质性对团队士气有积极的影响，而价值观上的异质性会降低成员的满意度、继续留在团队中的意愿和团队承诺。

高管团队异质性是当前研究的热点。现有高管团队的理论基础是汉布里克（Hambrick）和马松（Mason）1984年提出的"高管管理梯队理论"，这一理论认为企业的战略决策是复杂的过程，任何一位高层管理者都具有自身局限性，为了作出尽可能好的决策，研究的注意力应从管理者个人转向高层管理团队。卡彭特（Carpenter）2002年认为，高管团队的教育、工作经验和任期异质性对绩效的作用会受到企业战略和社会环境的调节。他选取国际化程度和团队任期长度作为调节变量，发现社会特征和任期异质性对绩效的作用在高度国际化背景下被削弱，教育异质性的作用则在高度国际化背景下增强；而异质性与绩效的关系在任期较短的团队中得到增强。耶恩（Jehn）等人1999年也证实，在多元化程度高的公司中，高异质性的高管团队一般会取得更高的绩效；而多元化程度低的时候，低异质性的高管团队会有更高的绩效。在跨国公司里，高管团队的教育异质性、经验异质性和国籍异质性对绩效有正相关作用，而对组织向心力有负相关作用。

从上述研究结果不难发现，目前对工作团队匹配的结果尚没有形成一致观点，主要是受制于团队任务、团队目标、组织背景（组织的竞争策略、组织文化和氛围）等方面因素的影响。究竟是互补性匹配最优还是异质性匹配最优，取决于组织的具体情况。

【小结】

基于战略的人力资源规划从方向、原则、规划等方面系统地解决了企业需要什么样的人力资源的问题。

第1节主要介绍了人力资源获取的基本理念和操作流程。人力资源获取的两大基本理念是：选人比培养人更重要；用人理念和选人标准比选人方法更重要。招聘的操作流程如下：定义需求、选择招募途径、实施甄选过程、试用考评。

第2节主要回答了组织如何按照标准和要求获得所需人才，即人才的来源和渠道。人员招聘既可以来源于组织内部，又可以来自外部。外部招聘的渠道包括校园招聘、社会招聘和新型招聘方式。

第3节介绍了常用的甄选技术的主要内容和优缺点，这些技术主要包括履历分析、笔试、面试、测试、管理评价中心技术。

第4节介绍了三种重要的人员招聘策略：全球招聘、猎头招聘和雇主品牌建设。虽然全球招聘和雇主品牌建设不是具体的招聘方法和甄选技术，但在人力资源管理实践中已经受到重视。而猎头也日益在现代组织招募人才中扮演重要角色。

第5节主要介绍了人员配置系统和人员配置模型。人员配置系统包括人力资源配置战略、配置活动和支持活动。分层的人员配置模型包括人员与组织匹配、人员与职位系统和能力系统匹配、人员与团队匹配。

【关键词】

内部招聘 外部招聘 校园招聘 社会招聘 社交招聘 智能招聘 广告招聘 网络招聘 推荐 人才交流会 中介服务机构 甄选 履历分析 笔试 面试 测试 管理评价中心技术 全球招聘 猎头 雇主品牌建设 配置 人员配置系统 人员与组织匹配 人员与职位系统和能力系统匹配 人员与团队匹配

【思考题】

1. 如何理解人力资源获取的过程？
2. 内部招聘和外部招聘的优缺点有哪些？
3. 如何选择外部招聘渠道？
4. 人力资源招聘的基本流程包括哪些步骤？
5. 人力资源甄选的操作技术有哪些？
6. 人力资源招聘的新趋势有哪些？
7. 人力资源配置的含义是什么？
8. 人力资源配置模型包括哪些内容？
9. 简述猎头招聘方式及其特点。
10. 简述雇主品牌建设与人力资源招聘的关系。

案例分析

江城联合公司的人才甄选

江城联合公司的销售经理杜一鸣正在审阅肖海的档案材料，肖海申请担任地区销售代表。公司经营初级教育直至大学教育的教学用书，以及其他非教育类出版物。

公司目前正考虑能否让肖海负责带领一批人与大学教授打交道。肖海是赵杰介绍过来的，而赵杰是眼下公司负责西部地区的销售代表中工作非常突出的一个，他在到公司的很短时间内就将自己负责区域的销售额增加了三倍。虽然他到公司仅两年，但工作表现已表明他将前途无量。他和肖海从少年时代就是好朋友，后来又一起就读于北大。

从档案上看，肖海似乎是一个能折腾的人。很明显的一点是，在大学毕业后的 10 年里，工作持续时间最长的是在南京的一家公司里做了 8 个月销售部经理，他还做过许多其他的工作，比如做记者、做导游、卖保险、拍广告、做酒店领班，有些出人意料。

针对他以往的这种情况，多数公司会自动取消他的应聘资格。但杜一鸣还是决定对肖海的申请给予进一步考虑。主要是因为肖海是赵杰推荐的，赵杰的工作那么出色，而赵杰对肖海又很熟悉，了解他的过去。

杜一鸣和赵杰及其另外一位朋友（作为顾问）一道会见了肖海。三人一致认为问题的关键在于：肖海能否安顿下来，为生活而认真地工作。肖海对这个问题持诚恳的态度，并承认没料到会有这种答复，他清楚自己以前的工作情况，可他似乎又觉得会得到这份工作。肖海看起来能够胜任这份工作。他的父母是名校的大学教授，他是在学术氛围中成长起来的，因而充分了解向教授们推销教材过程中所需解决的各种问题。另外，他是一个有修养、有能力、知进退的人。

杜一鸣和顾问都认为，如果他能安顿下来投入工作，会成为一名杰出的销售主管。但他们也意识到还存在风险，那就是肖海有可能再次离开另谋他职。不过杜一鸣还是决定暂时雇用肖海。按照公司的人才甄选程序，最后要对每一位应聘者进行一系列心理测试。一些测试表明：肖海充满智慧且具有相当熟练的社会技能。但关于个性和兴趣的测试表明肖海的创造力很强，这将使他不可能接受权威，不可能安顿下来投入到部门所要求的工作中去。关于他的个性评估表明一个事实：他不是公司想雇用的那种人。看了测试结果，杜一鸣又拿不定主意是否向总裁建议雇用肖海。

问题：

1. 企业招聘的渠道主要有哪些？本案例属于哪一种？
2. 面试的目的是什么？面试的提问技巧有哪些，分别举例说明。
3. 影响面试有效性的因素有哪些？
4. 你认为公司是否应录用肖海？假如你是杜一鸣，你会如何处理这件事情？

【参考文献】

[1] 白洁，周禹，刘书岑．丰田传奇．北京：机械工业出版社，2010.

[2] 程贤文，张婷婷．美国的猎头产业．国际人才交流，2007（10）.

[3] 楚树杰．关于大数据时代企业改革人力资源管理的研究．企业科技与发展，2020（7）.

[4] 德斯勒．人力资源管理：第12版．北京：中国人民大学出版社，2012.

[5] 符益群，凌文栓，方俐洛．人力资源配置的动态匹配模型．经济管理，2003（5）.

[6] 郭凌云．分析企业人力资源配置中存在的问题．东方企业文化，2012（21）.

[7] 赫尼曼，贾奇．组织人员配置．北京：机械工业出版社，2005.

[8] 梁莹莹．欧莱雅：找到最合适的人．当代经理人，2007（10）.

[9] 林新奇．中国人事管理史（修订版）．北京：中国社会科学出版社，2004.

[10] 彭剑锋，刘坚．百年壳牌：石油业中的"贝壳"神话．北京：机械工业出版社，2010.

[11] 彭剑锋，王黎广．思科：互联网帝国．北京：机械工业出版社，2010.

[12] 彭剑锋，王甜．透视诺基亚：科技以人为本．北京：机械工业出版社，2010.

[13] 孙健敏．人员测评理论与技术．长沙：湖南师范大学出版社，2007.

[14] 王垒．实用人事测量．北京：经济科学出版社，2002.

[15] 杨俊，田莉，张玉利，等．创新还是模仿：创业团队经验异质性与冲突特征的角色．管理世界，2010（3）.

[16] 杨振芳，孙贻文．游戏化招聘：人才选拔的新途径．中国人力资源开发，2015（24）.

[17] 张营．中国企业人力资源的优化配置研究．中国商贸，2011（16）.

[18] 郑少武，李唯唯，周浩．绩效力理论视野下的人力资源优化配置研究：员工绩效力流动控制分析．中国人力资源开发，2010（11）.

[19] 周禹，白洁，胡淑珍．惠普：科技成就梦想．北京：机械工业出版社，2010.

[20] Backhaus K, Tikoo S. Conceptualizing and researching employer branding. Career Development International, 2004, 9 (5): 501-517.

[21] Barry B, Stewart G L. Composition, process, and performance in self-managed groups: the role of personality. Journal of Applied Psychology, 1997, 82: 62-78.

[22] Carpenter M A. The implications of strategy and social context for the relationship between top management team heterogeneity and firm performance. Strategic Management Journal, 2002, 23 (3): 275-284.

[23] Chatman J A. Matching people and organizations: selection and socialization in public accounting firms. Administrative Scienve Quarterly, 1991, 36 (3): 459-484.

[24] Finlay W, Coverdill J E. Headhunters: matchmaking in the labor market. Cornell: ILR Press, 2002.

[25] Hambrick D C, Mason P A. Upper echelons: the organization as a reflection of its top managers. Academy of Management Review, 1984, 9 (2): 193-206.

[26] Jehn K A, Northcraft G B, Neale M A. Why differences make a difference: a field study in diversity, conflict, and performance in workgroups. Administrative Science Quarterly, 1999, 44 (4): 741-763.

[27] Khurana R. Three-party exchanges: the case of executive search firms and the search. Harvard University Harvard Business School, 1999.

[28] Shrader R, Siegel D S. Assessing the relationship between human capital and firm performance: evidence from technology-based new ventures entrepreneurship. Theory and Practice, 2007, 31 (6): 893-907.

[29] Tsui A S, Egan T D, O'Reilly C A. Being different: relational demography and organizational attachment. Administrative Science Quarterly, 1992, 37: 549-579.

[30] Wilkinson A, Bacon N, Snell S, Lepak D. The SAGE Handbook of Human Resource Management. 2nd Editon. SAGE Publications, 2019.

第7章　战略绩效管理

本章要点

通过本章内容的学习，应能回答如下问题：

- 什么是绩效？什么是绩效管理？什么是战略绩效管理？
- 绩效管理循环包括哪些环节？
- 主要的绩效管理体系有哪些？
- 如何构建企业的关键绩效指标？
- 沟通在整个绩效管理体系中发挥什么作用？应该如何沟通？

引导案例

TB公司绩效考核的困惑

TB公司的主要业务为输变电、新能源和新材料，凭借创始人的果敢敏锐以及创业者和员工的共同努力，经历了不同时期的曲折，公司成长为一个综合性企业集团。公司拥有员工1万余人，年销售收入200多亿元。TB公司发展很快，建立了比较完备的管理体系，包括绩效考核体系。TB公司的员工考核分为年度考核、年中考核和月度考核，而且将普通员工和管理者分开进行考核，并根据考核结果发放绩效工资，也相应地设计了一系列表格来支持考核体系的实现。

在执行的过程中，管理者和员工都对绩效考核体系不满意。员工认为管理者根据主观印象甚至私人关系打分，不公平公正；抱怨要填写大量的表格，影响了工作。管理者觉得下属总是在应付，同时感觉要给出一个准确的分数很难。双方对填表都感到很头疼，在分数这个敏感问题上也都不愿意多谈。当然，最终的考核分数打出来了，也与奖金挂钩了，但是对于很多管理者和员工来说，绩效考核变成了周期性的、繁重的、形式主义的工作。之所以不得不做，是因为绩效工资和人员晋升还需要以此为依据。绩效考核的目的是激励大家，但现实是明显影响了大家的情绪，需要分析其中的原因。

TB公司经过系统分析之后发现，重要的问题有以下几个方面：第一，考核指标未结合公司战略或经营计划，并且经常增加或变更；第二，对于指标完成情况没有清晰的评价标准，比较模糊和笼统；第三，为完成任务而走形式，为考核而考核；第四，考核结果集中趋势明显，难以区分绩效高低；第五，沟通反馈机制缺失，管理者不愿意甚至害怕和员工就考核结果进行沟通；第六，员工和管理者缺乏相应的知识和技能。

绩效考核对所有公司来说都是重点和难点，TB公司面临的绩效考核问题比较有代表性。对于企业来说，绩效考核的根本目的是什么？如何消除和避免绩效考核中的这些问题？绩效考核与绩效管理是一回事吗？如何建立以战略为导向的绩效管理体系？绩效管理体系的流程是什么？有哪些方法？这就是本章所要探讨的主要问题。

第1节　绩效管理概述

一、绩效与绩效管理

（一）绩效

1. 绩效的概念

关于绩效（performance）的概念存在很多争议，但总体而言可以分为以下几种：

（1）结果论。这种观点认为"绩效"＝"结果"（results）（或者"产出""目标实现度"），主要指标包括责任履行度、目标完成度、计划完成度、产量、销量以及利润等，绩效管理是对工作结果进行管理与客观评价，以实现组织目标的过程。

（2）过程论。这种观点认为"绩效"＝"行为"（behavior），包括行为的方式、流程和方法等，绩效管理是对员工行为进行管理和客观评价，引导组织或个体的行为推动组织目标实现的过程。

（3）能力论。这种观点认为"绩效"＝"能力"（competence），包括潜力和能力，关注的是现在能做什么和将来能做什么，绩效管理是通过对潜力和能力的管理与评价，引导组织或个体提升能力、实现组织未来目标的过程。

（4）综合论。从以上观点可以看出，过程论和能力论的最终落脚点还是最终的结果，只不过关注的重点不仅限于结果，认为好的结果源于能力及相应的行为，而行为又受到能力的影响。由此产生了绩效的综合论，这种观点认为绩效是人的能力、行为和结果的综合体（见图 7-1），即

绩效＝能力（能做什么）＋行为（如何做）＋结果（做出什么）

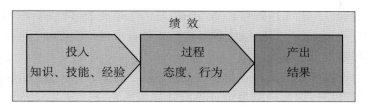

图 7-1　员工绩效示意图

本书作者认同综合论的观点，认为绩效是具备一定能力的人或组织通过符合组织要求的行为实现组织目标的综合体现。

2. 绩效的层次

一般而言，绩效可以从纵向分为三个层次：组织绩效、部门与团队绩效以及个体绩效。无论是哪个层次，都有结果论、过程论和能力论的观点，由此形成"三横三纵"的层次（见表 7-1）。

表 7-1　绩效的"三横三纵"层次

	结果论	过程论	能力论
组织绩效	销售收入、利润	社会责任、研发投入	专利数、创新能力
部门与团队绩效	项目完成度、计划完成情况	合作行为、分享行为	团队成员匹配程度、团队沟通能力
个体绩效	任务完成情况、目标完成情况	符合规范行为、组织公民行为	知识、技能

因为组织是一个系统，所以组织绩效不是部门与团队绩效的简单叠加，同样，部门与团队绩效也不是个体绩效的简单叠加。但必须认识到，个体绩效是部门与团队绩效的基础，而部门与团队绩效是组织绩效的基础。

（二）绩效管理

组织的所有行为都是为了实现组织目标，因此从广义上讲，所有的管理都是绩效管理。由此产生了有关绩效管理的三种观点：

（1）组织观。这种观点认为绩效管理是管理组织的一种体系，由三个过程组成：计划、改进和考察。其中，绩效计划主要是制定企业的愿景、战略以及对绩效进行定义等活动。绩效改进则是从过程的角度进行分析，包括业务流程再造、持续性过程改进、全面质量管理等活动。绩效考察则包括绩效的衡量和评估，这种观点的核心在于确定企业的战略并加以实施，员工并不是绩效管理的核心。

（2）员工观。这种观点认为绩效管理是员工管理的一种体系，由部门管理者与被管理者共同负责，包括就绩效目标达成共识、绩效辅导、绩效评估、绩效结果应用等过程，是一项不断循环的活动。

（3）综合观。这种观点认为绩效管理是把对组织和对员工的管理结合在一起的一种体系，认为应当对各个层次的绩效进行管理。绩效管理的主旨有两个：系统思考和持续改进。它强调动态和变化，强调对企业或者组织进行全面和系统的理解，强调学习，强调不断自我超越。

本书作者认同绩效的综合观，认为绩效管理一方面是对组织绩效的管理，包括企业文化、战略、组织结构、激励、人力资源管理等各个方面，另一方面是对员工个体的管理，通过帮助、引导和激励员工持续改进

和提升以实现组织目标的过程。

（三）绩效管理的误区

绩效管理是企业管理中的世界级难题，虽然有很多管理思想和技术可以借鉴，但在实际操作中，由于操作者的理解和执行能力有差异，还是会产生很多问题，使得执行效果不佳。常见的绩效管理误区如下：

（1）绩效管理与战略、文化脱节。主要表现在：一是绩效指标方向不明或方向错误，不能反映组织战略目标，不利于组织的长远发展，不利于组织核心能力的提升；二是绩效管理既不能促进良好组织文化的形成，也得不到现有组织文化的支持。（绩效管理是战略落地的工具，实现组织战略目标是绩效管理的根本出发点；组织文化与绩效管理相互影响，不可偏废。）

（2）绩效管理责权不清，管理人员能力不足。主要表现在：组织主要负责人不重视，绩效管理没有成为各级管理者的职责，仅仅是人力资源部门的事情；各级管理者的责任、分工、定位模糊不清，意识与能力缺乏。（各级管理者应是企业绩效管理的第一责任人及直接责任人。）

（3）绩效管理关注结果，忽视过程与行为。主要表现在：只盯住过去，不关注未来；只看结果，不关注产生结果的原因；只关注财务指标，不关注非财务指标；只关注秋后算账，不关注能力和绩效的提高。（由关注单一结果到关注过程，进行全面绩效管理。）

（4）组织绩效目标与部门（团队）、个人绩效目标脱节。主要表现在：没有将组织绩效目标层层传递到部门与个体，未建立系统的绩效责任体系；个人绩效考核结果与团队考核结果、组织绩效考核结果"两张皮"；重个人绩效，轻组织绩效和团队绩效。（加强组织、部门、个人绩效目标的联动，实现个人绩效与组织绩效的有效结合。）

（5）绩效考核指标不合理。主要表现在：考核指标的结构设置不合理，重点不突出；考核标准模糊，难以量化，难以操作；考核指标烦琐与单一（片面）、缺失与溢出的现象并存；考核指标间缺乏内在逻辑关系及内在一致性。（考虑绩效考核指标与标准设置的科学程序与方法，以及绩效考核指标设计的 SMART 原则：具体的、可衡量的、可达到的、相关的以及以时间为基础的。）

（6）绩效管理方法脱离实际。主要表现在：绩效管理方法不符合组织的行业特点和发展阶段；绩效管理方法不能适应不同的业务部门和不同类型的员工；绩效管理方法不能随组织内外环境的变化而及时调整。（注重分层分类的绩效管理体系的建立以及绩效考核方法与模式的动态适应性）。

（7）绩效管理没有与组织管理的改进有效结合。主要表现在：不能通过绩效管理发现并分析组织经营管理过程中的问题，因而难以提出切实可行的改进措施，使绩效管理成为经营诊断、团队学习、绩效改进的工具而不仅仅是奖罚的依据。（绩效改进是绩效考核与管理的核心内容，重视组织的绩效总结与中期述职报告。）

（8）绩效管理缺乏制度保障及其他管理系统的支持和配合。主要表现在：绩效管理没有制度的支持，没有合理的流程和工具；绩效管理孤军深入，得不到相应的支持和帮助，难以有效展开。（建立绩效管理的机制与制度保障，确保绩效管理的执行。）

（9）绩效管理的信任与承诺关系难以建立。主要表现在：绩效考核结果没有成为组织激励系统设计的依据；绩效管理制度未得到遵守，绩效考核与管理流于形式，缺乏有效性。（加强绩效管理制度的严格执行。）

（10）缺乏沟通。主要表现在：绩效考核只是简单地往下压指标，对工作结果进行考核，忽视通过沟通就绩效目标达成共识、提高工作过程的效率、提升能力，通过沟通提供指导、帮助和支持。（沟通是绩效管理的生命线，是提升组织绩效与员工能力的有效途径。）

二、战略绩效管理

企业的一切行为都是为了实现战略，一切管理活动都是为了提高绩效，因此需要建立以战略为导向的绩效管理体系，将战略思想融入管理实践。战略绩效管理是指以企业战略为导向，以战略绩效目标的沟通与传递、绩效承诺与评价为主要内容，以推动战略的执行与落地为核心目标的绩效管理机制与制度。

（一）战略绩效管理的特点

（1）以战略绩效目标为核心，牵引企业各项经营活动，实现企业战略、经营计划、预算、资源配置与绩效管理的有机结合。

1）经营计划不同于绩效管理。经营计划是根据经营目标对企业的生产经营活动和所需要的各项资源，从时间和空间上进行具体统筹安排所形成的计划体系。绩效管理是通过分解公司整体行动计划，制定不同层级组织和个人的目标，优化关键业务活动，提取关键绩效指标，并通过绩效考核指标来落实责任，及时反映行动计划和预算的执行情况（见图 7 - 2）。

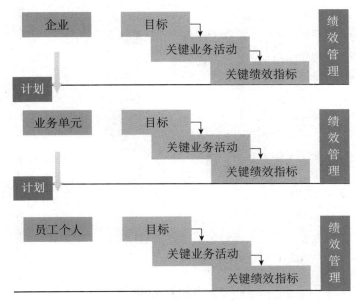

图 7 - 2　绩效管理与经营计划的协同关系

2）绩效管理超越了传统意义上的预算管理。预算只是财务类关键绩效考核指标的基础。公司各级组织通过绩效考核指标落实责任，并及时反映行动计划和预算的执行情况，预算的调整影响绩效计划和关键绩效目标值的修正，绩效管理通过对公司和部门预算进行调整与控制，确保预算的切实贯彻（见图 7 - 3）。

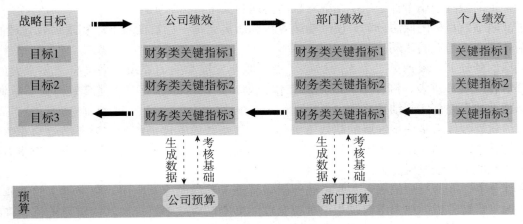

图 7 - 3　绩效管理与预算管理的协同关系

3）战略规划与目标制定是绩效管理有效实施的前提。企业通过内外部环境分析制定战略，绘制战略地图，进而确定企业经营业务的相关组合，以及支持企业战略实现的核心能力与关键战略举措，从而完成企业的具体经营计划、预算、资源配置，实现与绩效管理的有效结合。

（2）通过目标与计划、辅导与执行、评估与反馈、激励与改进的绩效管理循环体系，形成持续的绩效改进系统，驱动组织和员工不断创造卓越绩效。

企业绩效管理过程是在战略的指导下，以回路相连来保证关键绩效指标和企业战略的紧密连接。管理者自上而下地制定企业各层级组织的绩效指标和工作计划；在整个绩效周期内进行绩效沟通与辅导，在过程中把控绩效目标的实现；通过评估、总结执行过程中的问题，及时反馈；将绩效结果与激励挂钩，推动组织和员工不断改进不足，取得卓越的绩效（见图7-4）。

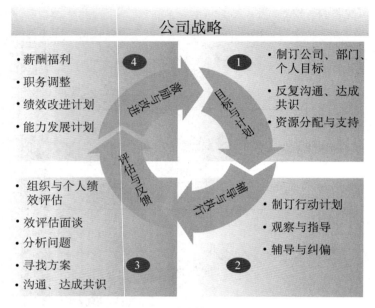

图7-4 绩效管理循环图

（3）通过企业战略目标的沟通和分解，形成各层级组织的工作计划和预算，并定期检查战略实施情况，对各级组织的绩效加以考核和激励。

企业通过战略地图、平衡计分卡等形式表现战略目标，明确各层级组织的绩效衡量标准，并制定各自的行动方案，明确财务预算、资源配置计划等。在执行过程中定期检查战略实施情况，分析战略执行的差距及原因，并通过一定的激励措施来保证组织绩效考核的落地和战略目标的实现。

（4）通过战略绩效目标的层层分解，使战略绩效目标落实到每一位员工身上，实现绩效管理的全员参与，实现从组织绩效到个人绩效的联动。

在企业目标的基础上，根据员工个人的岗位职责、职业发展和能力要求，来确定员工个人的绩效目标，形成个人计分卡和绩效考核表，制订不同周期的工作计划，在执行的过程中加强绩效沟通，掌握完成情况，分析差距及原因，并最终落实到绩效奖励中去。

（5）战略绩效管理体系是均衡发展的绩效管理体系。战略绩效管理平衡考虑财务绩效与非财务绩效的关系、短期绩效与长期绩效的关系、过程绩效与结果绩效的关系，将组织的绩效成长与个人的能力提升结合起来，从而构建企业的可持续发展能力。

随着平衡计分卡、经济增加值法、六西格玛等战略管理工具的诞生及应用，越来越多的企业不再考核单一财务指标，而将非财务指标纳入考核过程，重视企业无形资产对战略目标实现的重要价值。许多企业将内部流程改进以及员工能力提高作为重要的战略目标，实施长短期目标以及过程绩效与结果绩效相结合的考核模式，促进了企业的持续发展。

即时案例 7-1

新奥集团的战略绩效管理体系

新奥集团的战略绩效管理体系（如图 7-5 所示）以战略为引导，以文化、制度与流程为支持，以能力提升为途径，以激励为手段，打通战略、能力、绩效、激励的通道。

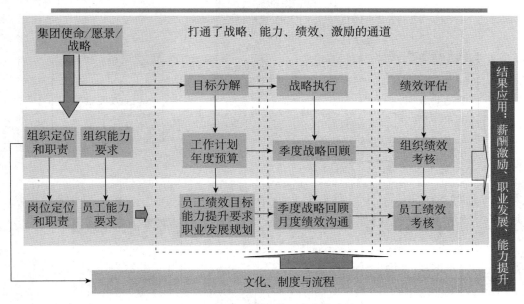

图 7-5 新奥集团的战略绩效管理体系

新奥集团通过战略沟通确定战略目标和战略途径，把公司战略通过战略地图、平衡计分卡以及行动方案的形式展现出来，形成工作计划、年度预算，在执行的过程中定期进行战略回顾和检查，最后进行绩效评估，并根据绩效评估结果调整公司战略，形成从战略目标到组织绩效的循环（如图 7-6 所示）。

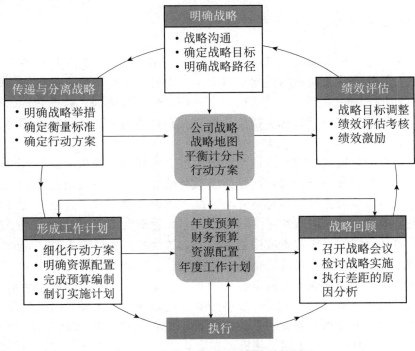

图 7-6 从战略目标到组织绩效的循环

新奥集团的战略目标层层分解，最后根据个人的岗位职责、职业发展和能力要求，制定个人的绩效目标，通过个人计分卡和个人绩效考核表的形式展现出来，然后形成绩效计划、绩效执行、绩效监控与沟通、考核结果应用的循环，通过个人绩效的达成实现公司绩效（如图7-7所示）。

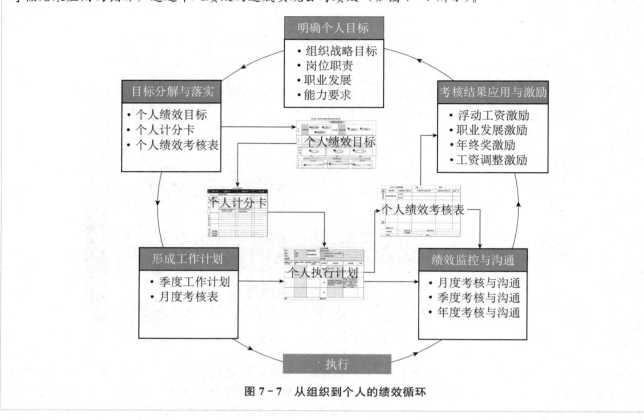

图7-7　从组织到个人的绩效循环

（二）战略绩效管理的作用与意义

（1）战略绩效管理有利于企业战略的有效执行与落地。公司竞争战略需要具体的落地措施，而战略绩效管理就是公司的战略执行系统，是公司战略落地的有力工具。公司战略中的市场竞争策略、技术与产品服务策略等必须进一步分解到相关部门，形成相关部门的具体行动目标和措施。目标管理、KPI指标、标杆管理等就是将企业战略转化为各部门的行动目标和措施、再落实到具体员工的战略绩效管理方法，使企业战略得以实施和落地。

（2）战略绩效管理可以更好地进行绩效沟通与绩效改进。战略绩效管理强调绩效沟通，对于不同层级的组织绩效来说，可以通过定期召开战略会议，回顾战略执行情况，进行绩效检查，发现现实情况与目标的差距及其原因，最终决定是否需要调整战略目标，并制订绩效改进计划。对于员工个人绩效来说，直接上级定期或不定期地就员工的绩效执行情况进行沟通与辅导，一方面管理者将最明确的工作信息和责任要求传递给员工，另一方面让员工将最直接的工作效果反馈给管理者，从而减少各层级人员之间的障碍。绩效沟通也有助于建立公平公正的绩效考核机制，准确评估业绩，增强员工的工作积极性。

（3）战略绩效管理是人力资源管理体系的枢纽与核心。公司的人力资源管理体系是指在公司战略指引下制定的人力资源战略以及组织结构与业务流程。战略绩效管理以战略为指导，以绩效管理为核心，是人力资源管理战略规划的指针，是人员招聘、业务培训的出发点，又是选拔干部、制定薪酬奖惩政策的依据，也是传递公司价值观、管理员工关系的重要手段。因此，在公司整个人力资源管理体系中，战略绩效管理是枢纽与核心。

（4）战略绩效管理是传递公司价值的重要信号。战略绩效管理从公司战略出发，逐级分解战略目标，也逐级传递公司价值观，告诉员工什么是公司需要和鼓励的，什么是公司摒弃和反对的，自己在实现公司核心价值中能作出什么贡献等。在绩效管理的计划、实施、绩效评估、绩效沟通等各个阶段都在传递价值信息，引导员工为公司作出贡献。

即时案例7-2

中粮集团引导战略转型的绩效管理体系

中粮集团在多元化发展战略中，把所有产业按照业务类型分成资源型、加工型和品牌型，按照发展阶段分成培育期、成长期和成熟期，根据不同的产业类型制定相应的绩效考核标准，实施多层次、多角度的"多元考核"，以支持集团战略目标的实现（如图7-8所示）。

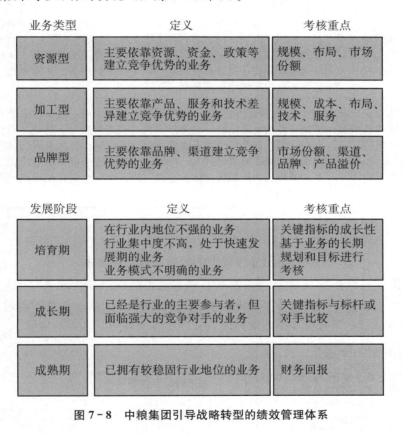

业务类型	定义	考核重点
资源型	主要依靠资源、资金、政策等建立竞争优势的业务	规模、布局、市场份额
加工型	主要依靠产品、服务和技术差异建立竞争优势的业务	规模、成本、布局、技术、服务
品牌型	主要依靠品牌、渠道建立竞争优势的业务	市场份额、渠道、品牌、产品溢价

发展阶段	定义	考核重点
培育期	在行业内地位不强的业务 行业集中度不高，处于快速发展期的业务 业务模式不明确的业务	关键指标的成长性 基于业务的长期规划和目标进行考核
成长期	已经是行业的主要参与者，但面临强大的竞争对手的业务	关键指标与标杆或对手比较
成熟期	已拥有较稳固行业地位的业务	财务回报

图 7-8　中粮集团引导战略转型的绩效管理体系

三、绩效管理的组织系统

绩效管理是一项系统工作，需要成立相关组织，建立完善的绩效管理组织责任体系，确定各职能部门的职责范围——确认职责、分清角色并协调各个部门的工作，最终将绩效管理融入各层级管理人员的工作，保证绩效管理系统的正常运转。

现代人力资源管理特别强调各层级管理人员的职责和参与，绩效管理不仅仅是人力资源部门的事情，也是企业各级组织、各级管理者及全体员工的责任，应准确定位、明确分工，推进绩效管理工作顺利进行（如表7-2所示）。

表7-2　绩效管理组织系统中责任者的不同角色与责任

责任者	角色定位	主要责任
高层管理者	绩效管理工作的发起者、组织者和推动者	制定、传达、解释、宣传企业发展战略、经营目标、绩效标准及所遵循的价值观；倡导正确的绩效行为，营造良好的绩效氛围；自上而下推行绩效双向承诺制（绩效是员工对企业的承诺，薪酬福利是企业对员工的承诺，所以绩效承诺制是双向的）；率先垂范，参与绩效管理，接受绩效考核；为实现绩效目标提供必要的资源保证。
业务经理（中层）	实施绩效管理的主体，企业绩效管理的实施者，员工绩效的合作伙伴	其管理责任贯穿绩效管理全过程，绩效周期伊始同员工进行一对一的面谈，讨论、制定绩效目标和能力发展目标；提供持续的绩效辅导与沟通；绩效周期结束进行公正的绩效考核、能力评价，并进行充分的面谈反馈；公正运用考核结果（奖金发放、职位调整、人岗匹配度调整、培养开发、监督改进、强制退出等）；帮助员工制订绩效改进和能力提高计划，并跟踪检查辅导。
员工	绩效管理的最终参与者，个人绩效的自我管理者	主动参与绩效目标设定、绩效辅导与沟通、绩效考核与反馈；主动参与制定能力发展目标和职业发展计划；总结阶段性绩效，探索提高绩效的方法，提出所需支持和帮助；保留绩效信息，与上级主管进行交流；对自己阶段性或一年的表现进行自评，主动参与考核，并要求反馈；有权就考核结果进行申诉，要求调查并反馈结论；主动参与制订绩效改进和能力提高计划。
人力资源部	绩效管理专业辅导和技术支持的提供者，绩效管理的监督推动者，各级管理者和广大员工的合作伙伴	制定绩效管理制度办法、工作指引和基本原则，建立绩效管理的框架体系，维护绩效管理体系的有效运行；对绩效管理过程进行指导、协调、监督和控制，为各级管理者和员工提供各个环节的专业辅导和技术支持；组织开展绩效管理培训；帮助员工深入理解和实践绩效管理理念；帮助各级管理者掌握绩效管理方法与技术；使绩效管理体系与其他人力资源管理体系协调一致，建立系统化的激励约束机制，监督企业内部绩效管理的推进。

即时案例7-3

中粮集团分级管理的绩效考核组织体系

　　中粮集团的绩效考核组织体系（如图7-9所示）根据集团的组织层级设立，由集团绩效评估委员会统一领导，纵向分为集团、经营中心、业务单元和利润点四个层级，在每一个层级都需要设立具体组织实施的机构——绩效评估办公室，并明确各个层级的绩效管理中各个部门、人员的职责。

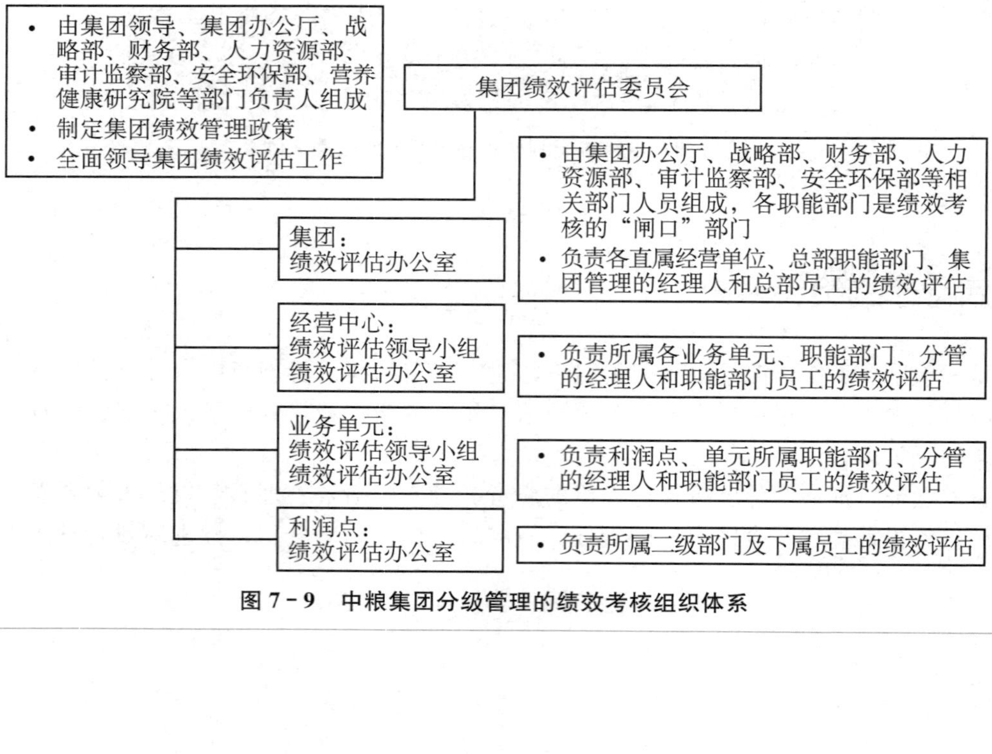

图7-9　中粮集团分级管理的绩效考核组织体系

第 2 节 绩效管理循环

绩效管理是一个不断循环的过程，包括绩效目标与计划、绩效辅导与执行、绩效评估与反馈以及绩效激励与改进（包括绩效改进和导入，以及其他人力资源管理环节的应用）（如图 7 - 10 所示）。绩效管理的核心思想在于不断提升公司和员工的绩效和能力。

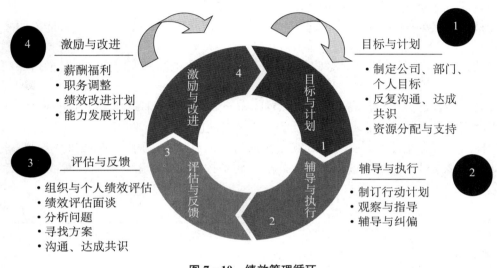

图 7 - 10 绩效管理循环

一、绩效目标与计划

（一）绩效目标与计划的内容

绩效目标与计划是指管理者和被管理者通过沟通，对被管理者的工作目标和标准达成一致意见，形成工作计划的过程。这是绩效管理体系的第一个关键步骤。在这个阶段，需要明确组织的经营计划与管理目标，以及员工的工作目标和工作职责，上下级对下级绩效的期望达成共识，下级对自己的工作目标作出承诺。具体而言包括：

（1）就员工的工作目标达成一致。员工的工作目标与公司的总体目标紧密相连，员工清楚地知道自己的工作目标与组织的整体目标之间的关系。

（2）就员工的工作职责达成共识。员工的工作职责和描述按照现有的组织环境进行了修改，需要反映本绩效期内主要的工作内容。

（3）就员工的主要工作任务、各项工作任务的重要程度、完成任务的标准，及其在完成任务过程中享有的权限达成共识。

（4）就员工在完成工作目标的过程中可能遇到的困难和障碍达成共识，并且明确管理者需要提供的支持和帮助。

（5）将以上共识以书面形式表示出来，包括员工的工作目标、实现工作目标的主要工作结果、衡量工作结果的指标和标准、各项工作所占的权重，最后管理者和员工双方在书面计划上签字。

（二）绩效计划的过程

绩效计划是一个双向沟通和共同承诺的过程，主要包括以下几个环节：

1. 绩效目标的确定与分解

绩效管理目标的确定与分解是公司目标、期望和要求的压力传递过程，同时也是牵引工作前进的关键。通过绩效目标的确立牵引企业、部门和员工朝同一个方向努力，形成合力共同完成企业的战略目标。绩效目标的设立通常要遵循 SMART 原则。

SMART 原则是指：

- 目标是具体的（specific）。即明确做什么，达到什么结果。
- 目标是可衡量的（measurable）。绩效目标最好能用数据或事实来表示，如果太抽象而无法衡量，就无法对目标进行控制。
- 目标是可达到的（attainable）。绩效目标在部门或员工个人的控制范围内，而且通过部门或个人的努力可以达成。
- 绩效目标与公司和部门目标是高度相关的（relevant），体现出目标从上到下的传递性。
- 目标是以时间为基础的（time-based），受到一定的时间限制。

绩效管理目标的分解是通过上下级之间的互相沟通将总体目标在纵向、横向或时序上分解到各层次、各部门乃至具体的人，形成目标体系的过程。目标分解主要是按照时间分解、空间分解或者两者相结合的原则进行的（见表 7-3）。

表 7-3　绩效管理目标分解的原则

时间分解		定出目标实施进度，以便于实施中的检查和控制。这种分解形式构成了目标的时间体系
空间分解	纵向分解	将目标逐级分解到每一个组织层次
	横向分解	将目标项目分解到有关同级组织

2. 关键绩效的确定

部门负责人根据企业的年度计划和管理目标，围绕本部门的业务重点、策略目标和关键绩效指标制定本部门的工作目标及计划，以保证部门朝着公司要求的整体目标推进。管理者根据员工的具体职位应负的责任，将部门目标层层分解到具体责任人，并确定相应的关键绩效考核指标。

常用的确定关键绩效指标的方法有 KPI 法、平衡计分卡法（BSC）、经济增加值法（EVA）、业务流程管理法（BPM）、标杆管理法（BM）等。管理是需要成本的，绩效管理的工具与企业的管理方式、复杂程度、精细化程度有很大的关系，因此，在企业发展的不同阶段，所采用的绩效管理工具也应有所不同。图 7-11 表示的是企业在不同的阶段适合采用的绩效管理工具。

3. 双向沟通达成一致

绩效计划的目标及标准的达成往往需要管理人员与员工双向、反复沟通（如图 7-12 所示）。最初是从上到下传递目标期望，然后根据目标进行可行性分析和从下到上的反馈，接着又是从上到下达成共识、确定绩效目标，最后制订行动计划并从下到上进行反馈，每个阶段所需的时间有所不同，但在每个环节，双方的坦诚沟通是保证计划成功制订的关键因素。

4. 形成绩效合约

绩效计划是关于工作目标和标准的契约，关键绩效指标的确定通常与年度预算和计划同时进行，并以绩效合约的形式确定下来。因此，绩效计划阶段要形成一份绩效合约，管理人员要签订目标责任书，员工要签订绩效合约，以作为考核的依据。绩效合约包含的主要内容有：（1）受约人、发约人基本信息；（2）本职位关键职责描述：作为设定绩效考核内容的依据和本考核期的主要任务；（3）绩效考核指标：包括战略性绩效指标、日常类绩效指标以及协同类指标；（4）权重：界定绩效考核内容中各部分的相对重要性；（5）绩效目

市场与企业内部发展的不同阶段示意

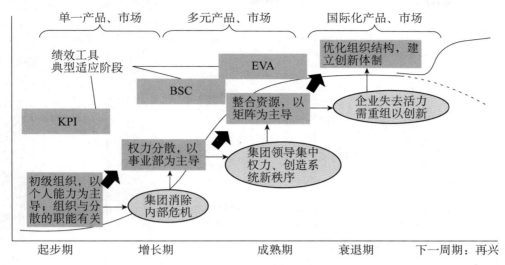

图 7-11　绩效工具的典型适用阶段

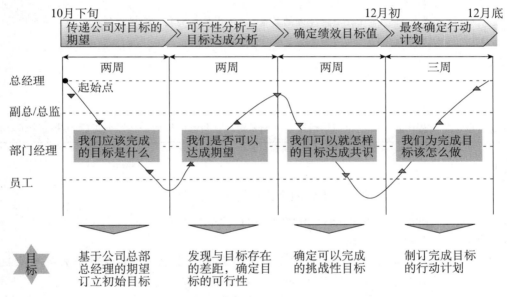

图 7-12　设定绩效目标是一个上下互动交流的过程

标；（6）特殊奖惩因素：例外考核要项，例如出勤率、安全管理等；（7）评价方式与标准；（8）责任人签字。表 7-4 为一份员工（秘书）绩效合约示例。

表 7-4　员工（秘书）绩效合约示例

受约人：		职位：秘书			直接主管：		
绩效期间：　年　月　日至　年　月　日							
工作要项	目的	重要性	权重	存在障碍	绩效目标	可能的绩效评估指标	行动计划
打字录入打印	提高工作效率	必须降低成本	30%	设备老化	提高文字录入的速度	6 个月内使录入速度提高 15%，并确保准确率达到 100%	9 月 15 日开始，一周内完成对所有员工的培训

录音	为经理节约时间	给经理一些灵活性	10%	消耗大量的内存	培训所有经理；提高文字录入的速度	新的培训程序的实施情况 6个月内使录入速度提高20%，并确保准确率达到100%	7月25日前完成录音 5月15日开始，花10天时间评估相关员工初次录音记录的质量
编辑和校对	文字准确，标点和语法无误	错误将可能使公司付出较大代价，票据错误导致账款支付问题	20%	退回的票据信息不完全，难以弥补缺漏及错误	无错误	能否一次无误地完成工作以避免返工	从第二季度开始在员工中适当鼓励开展竞争
起草报告	提高工作效率	工作计划及总结有助于提高效率	20%	许多任务的目标没有明确提出	及时完成报告的起草工作	能否一次无误地完成工作以避免返工	从第二季度开始在员工中适当鼓励开展竞争
电话和传真的使用	根据内容适当分派电话和传真，使问题尽可能得到及时解决	节约经理的时间使顾客满意	20%	经理的电话过多，内容繁杂，干扰经理的其他正常工作	回答积压的电话询问，在10分钟内下发所有传真内容	2个月内将顾客投诉减少50%	10月20日前完成语音邮件系统的需求分析

受约人签字：　　　　　　　　　　　　　　　　　主管签字：

时间：

说明：本绩效计划若在实施过程中发生变更，应填写绩效计划变更表。最终的绩效评估以变更后的绩效计划为准。

即时案例 7-4

IBM 的个人业务承诺计划

个人业务承诺计划（personal business commitment，PBC）由 IBM 在 1996 年推出，已经成为公司确定每个员工工资涨幅的一个关键参考指标。

每年初，每个员工都要在其经理批准的条件下确定自己的年度承诺计划（董事长的个人业务承诺计划由董事会通过，之后，董事会会评估其绩效）。年末，经理们要审核这些个人业务承诺计划是否已经实现，而且要对自己部门员工的绩效打分，并确定该员工的总等级。经理对员工绩效的回顾是基于员工在当年年初以书面材料的形式所作的承诺，如果工作在这一年中发生了变化，则以工作变动时所作的新承诺为准。我们把这个程序称为"个人业务承诺计划"（见图 7-13）。

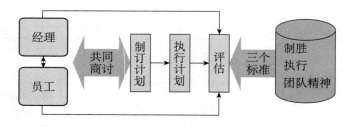

图 7-13　个人承诺业务计划流程图

每一个 IBM 人都要评估自己的工作绩效及其对公司的影响，包括公司职责所适用的领域。评价标准有三个：第一，制胜（win）。即你必须完成你制订的个人业务承诺计划，无论遇到什么困难，都必须完成任务。第二，执行（executive）。即对于上级规定的任务，都要不折不扣地执行。第三，团队精神（team）。IBM 是一个跨国家、跨地区、跨领域的大型企业，很多工作需要不同部门甚至不同国家的人相互合作，团队精神是必不可少的。

在执行过程中，经理和其他员工针对个人业务承诺的绩效（包括与公司职责有关的承诺）会影响与晋升和职业发展相关的决定。个人业务承诺的绩效评估是决定员工绩效奖金的一个因素。

2003 年，IBM 采用了新的评估系统。这个评估系统中除了其直属上司的评估外，每个员工都会有六名同事匿名对其进行评估。评估之后，把员工分为三类：第一类员工一般没有完成定额任务，必须更加努力地工作，以取得更好的表现；第二类员工能达目标定额；第三类员工则取得了非常好的成绩，超额完成了任务，并且没有犯任何错误。在这个新的评估系统下，大多数人都被归入第二类。

之后，公司对个人业务承诺计划进行了修订，让一线经理在决定员工的评估等级时有更大的灵活性和自主权。

员工相信企业的激励机制是合理的，并完全遵从这种机制的裁决，是企业激励机制成功的标志。个人业务承诺计划从制度层面保证了 IBM 的高绩效标准有一个实施的载体，从而有效地激励了每一个 IBM 人。

二、绩效辅导与执行

绩效辅导与执行是指考核者对下属完成绩效指标的过程随时予以关注和辅导，以保证下属顺利完成业务目标。各级管理者应依据具体的业务指标或工作质量要求，经常与下属沟通，了解工作进程，监督服务质量，收集有关员工绩效表现的数据或证据，及时发现不足或质量隐患，帮助下属提高业务水平，确保公司战略在各级员工中得到贯彻，这是绩效管理体系中最重要、最核心的部分，对各级管理者提出了很高的要求。

在绩效管理中，绩效沟通并不只是一个考核周期结束后的程序性工作，而是贯穿整个绩效管理过程，包括从绩效计划到绩效执行的辅导过程，再到绩效考核期间的反馈，而且在不同阶段，沟通的目标、内容和方式有所不同（如表 7-5 所示）。

表 7-5　绩效管理各阶段的沟通重点

绩效管理阶段	沟通目标	沟通内容	沟通方式
绩效目标与计划	确定员工在考核期内应该完成什么工作和达到什么绩效目标	回顾有关信息 设定具体目标 确定关键绩效指标 确定衡量标准 讨论可能遇到的问题和困难 明确员工的权利	书面沟通 面谈沟通
绩效辅导与执行	就绩效辅导与执行过程中的关键控制点、员工工作问题以及行为偏差等进行预防和纠正，使管理者和员工共同找到与达成目标有关的问题的答案	员工的工作进展怎样？ 员工和团队是否在正确的达成目标和绩效标准的轨道上运行？ 如果有偏离方向的趋势，应该采取什么样的行动扭转这种局面？ 员工哪些方面的工作做得较好，哪些方面需要纠正或改进？ 员工在哪些方面遇到了困难或障碍？ 管理者和员工双方在哪些方面已达成一致，在哪些方面还存在分歧？ 面对目前的情境，要对工作目标和达成目标的行动作出哪些调整？ 为使员工出色地完成绩效目标，管理者需要提供哪些帮助和指导？	书面沟通 面谈沟通 非正式沟通

续表

绩效管理阶段	沟通目标	沟通内容	沟通方式
绩效评估与反馈	就员工绩效结果、目标完成情况及原因进行分析，探讨改进措施和机会，提高员工能力和绩效水平	具体说明员工在考核周期内的绩效状况 与员工探讨取得此绩效的原因，对绩效优良者予以鼓励，帮助绩效不良者分析原因，并共同制定改进措施和相应的培训计划 针对员工的绩效水平告知其将获得怎样的奖惩，以及其他人力资源决策 表明组织的要求和期望，了解员工在下个绩效周期内的打算和计划，并提供可能的帮助和建议	书面沟通 面谈沟通 会议沟通 非正式沟通

即时案例 7-5

湖南华菱钢铁集团有限责任公司战略绩效管理体系

湖南华菱钢铁集团有限责任公司（以下简称"华菱集团"）坚持"一业为主、集群发展"的发展战略，以钢铁主业为根基和核心，做强做精钢铁主业，纵向切入上游资源与贸易、下游产品加工制造，横向发展金融服务、现代物流以及节能环保、电子商务等战略性新兴产业，初步形成了"1+5"（1即钢铁主业，5即资源与贸易、加工制造、现代物流、金融服务及战略新兴产业）钢铁集群产业战略布局。截至2018年底，集团资产总额1 100亿元，营收规模1 200亿元，产钢能力2 300万吨。

一、企业概况

华菱集团下属湘钢、涟钢、衡钢，是1958年建厂的国有企业，受传统计划经济的影响，绩效激励多年来一直缺乏有效的灵活性，收入分配的"平均主义""大锅饭"观念根深蒂固，过度强调"患寡而患不均"，导致"干多干少一个样"，员工积极性未充分调动，企业活力未有效激发，经营效率低、优秀员工流失率高、高素质技能人才和经营管理人才引进困难等问题日益突出。基于以上背景，华菱集团一直在绩效激励"科学化"、薪酬分配"市场化"上进行积极探索与改革，持续完善企业经营管理手段，搞活体制机制，以充分调动各级员工积极性，激发企业活力。

二、战略绩效的主要内涵与做法

华菱集团成立了战略与投资委员会和战略绩效委员会。战略与投资委员会负责：（1）研究公司发展战略和中长期规划、主营业务范围及其调整等，并向董事会提出建议或方案。（2）对须经董事会批准或应上报出资人审核批准的重大投资、融资、资产处置等事项进行研究并向董事会提出建议或方案。（3）研究子公司改革发展重大事项，并向董事会提出建议或方案。战略绩效委员会负责：（1）制定集团战略绩效框架和基本原则。（2）制定集团二级责任中心组织绩效与薪酬激励方案。（3）开展组织绩效评价。（4）将组织绩效应用于薪酬激励、经理人评价。（5）对绩效薪酬异议进行仲裁，提出绩效薪酬优化建议等。

集团战略的定位是：钢铁为主、形成相关集群的大型综合性企业集团。战略发展思路是：钢铁主业坚持"做精做强、区域领先"战略，走低成本、差异化路线，从钢材制造商发展为"追求客户价值的钢材产品综合服务商"。总体目标是：到2019年实现销售收入约1 400亿元，实现利润总额超50亿元，资产负债率降到60%左右。

1. 运用平衡计分卡理念构建集团战略绩效分解体系

华菱集团运用平衡计分卡将集团战略规划分解为年度战略计划（年度商业计划），再将KPI层层分解为子公司、部门、员工个人的经营目标和绩效目标，确保集团战略的达成。

（1）将战略规划分解为年度商业计划。华菱集团的战略目标三年一定，年度根据战略绩效的完成情况进行局部修正。年度商业计划纵向根据战略规划定方向、定目标，横向根据行业对标适当修正目标。

（2）将年度商业计划科学分解为战略绩效指标。战略绩效的分解以华菱集团整体竞争力提升为根本出发点，结合华菱集团的实际情况对平衡计分卡适当优化调整，主要从三个方面进行绩效指标的分解：第一类为财务类指标，包括利润、营业收入、产品成本、净资产回报率、EVA 等；第二类为发展类指标，包括外部业务拓展、市场占有率、重点品种开发、劳动生产率、发明创造等；第三类为行动类指标，主要为核心战略举措的推进实施。通过全面分解战略目标导出绩效目标，解决传统绩效注重财务类指标到战略绩效统筹兼顾财务类指标、发展类指标的重大转变。

（3）将绩效目标分解到子公司、部门、员工个人。1）绩效目标全面、层层分解。绩效目标分解坚持"横向到边、纵向到底"，形成"人人肩上有指标"。绩效目标横向分解到每一个责任中心，不留死角；纵向分解到每一位员工，不留空位。2）分级管理，层层推进。集团将目标分解到子公司、总部部门，并进行绩效考核；子公司将目标分解到部门，部门分解到员工，并分别进行绩效考核。3）目标分档设置，追求卓越。目标设置计划档和奋斗档，并与绩效激励有机结合。计划档是"跳一跳"可以完成的，低于计划档，实行约束考核；奋斗档是高绩效目标，计划档以上到奋斗档，实行正向激励，鼓励挑战高绩效目标。

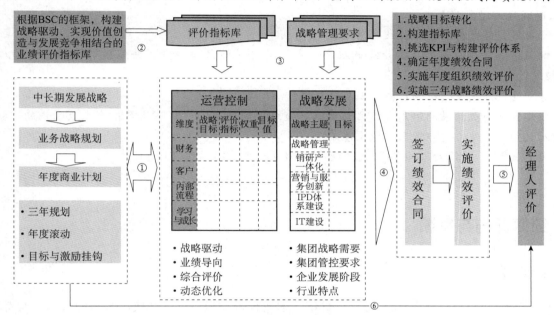

图 7-14　华菱集团战略绩效管理框架图

2. 公平公正地开展战略绩效考核评价

华菱集团按照"三公"原则（外部公平、内部公平、自身公平）进行绩效评价与薪酬激励的设计。外部公平是指通过薪酬、绩效对标确定合适的激励水平；内部公平是指通过设立难度系数，合理确定内部差异；自身公平是指绩效程序的公平性。

（1）对子公司进行分类绩效管理。

（2）科学设置绩效指标权重。

指标权重的设计，着重平衡以下五个方面的关系：

● 财务指标和非财务指标的平衡。战略绩效适当突出非财务指标的权重设计，增加绩效的战略导向性、系统性和全面性。

● 企业短期目标和长期目标的平衡。战略绩效适当加大了对长期战略目标的权重设计，特别是对初创期企业突出以长期发展为绩效导向。

● 结果性指标与动因性指标的平衡。战略绩效以有效完成战略为动因，以可衡量的指标为目标管理的结果，寻求结果性指标与动因性指标之间的有机平衡，以动因促结果的达成，适当强化关键动因的过程监督与绩效激励。

● 企业组织内部群体（员工和内部流程）与外部群体（股东与客户）的平衡。战略绩效在综合平衡这些群体之间利益的过程中，强调以集团总体战略目标达成为核心，并协调资源优化配置。

● 滞后指标（财务指标）与领先指标（学习与成长指标）的平衡。战略绩效强调两类指标的平衡配置，引导企业关注核心竞争力的构建，促进企业健康成长。

3. 动态监控战略绩效，及时纠偏

（1）定期召开绩效运行会。

（2）及时进行绩效纠偏。对偏差较大的 KPI 进行深入分析，对负偏差较大的，成立工作小组，限期制定措施加以改进，确保绩效目标的完成。

（3）建立动态调整机制。外部市场环境和内部经营条件发生重大客观变化时，及时调整绩效目标，避免绩效引导失效。

4. 及时客观地进行绩效考评

（1）定期进行绩效考评，加强及时激励。

（2）加强绩效考核的监督，提升绩效权威。审计监督对绩效全覆盖，将绩效弄虚作假列为履职"红线"，一经发现严肃处理。

（3）建立绩效沟通反馈机制，树立正确绩效观。

（4）强化战略绩效结果的运用。建立与战略绩效相匹配的市场化薪酬体系；建立激励机制；推进模拟职业经理人机制，业绩决定经理人"能上能下"。

资料来源：黄祉飞. 大型钢铁企业集团战略性绩效管理体系构建. 冶金管理，2019（22）：44-48.

三、绩效评估与反馈

（一）绩效评估方法

绩效评估是指依据绩效计划阶段所确立的标准、绩效执行过程中以及结束后收集的数据，对考核周期内的绩效水平进行评估。常见的绩效评估方法如表 7-6 所示。

表 7-6　绩效评估方法

方法	原理
图尺度考核法（graphic rating scale，GRS）	是给考核要素赋予最符合其绩效状况的分数的一种方法，是最简单、应用最普遍的绩效考核技术之一，一般采用图尺度表进行打分。
交替排序法（alternative ranking method，ARM）	是通过比较判断总体绩效的一种方法，先分别挑选"最好的"与"最差的"，然后挑选"第二好的"与"第二差的"，依次进行，直到将所有的被考核人员排列完毕为止，以优劣排序作为总体绩效考核的结果。交替排序法在操作时也可以使用绩效排序表。
配对比较法（paired comparison method，PCM）	是一种更为细致的通过比较、排序来考核绩效水平的方法，它的特点是每一个人的每一个考核要素都要与其他人员进行两两比较和排序。配对比较使排序性的工作绩效评估法变得更加有效。
强制分布法（forced distribution method，FDM）	是按照某种分布（通常为正态分布）对考核结果或者被考核者进行合并归类或归档。

续表

方法	原理
关键事件法 (critical incident method，CIM)	是一种通过员工的关键行为和行为结果来对其绩效水平进行考核的方法，一般由主管将其下属员工在工作中表现出来的非常优秀的行为事件或者非常糟糕的行为事件记录下来，然后在考核时点上（每季度或者每半年）与该员工进行一次面谈，根据记录共同讨论，来对其绩效水平作出考核。关键事件的记录可以确保考核所依据的是员工在整个考核期内的表现，而不仅仅是员工在一段时间内的表现。记录的关键事件是考核的主要依据，但不是唯一依据，主管要避免以某一件事情的好坏来决定员工在整个考核期的综合绩效。
行为锚定等级考核法 (behaviorally anchored rating scale，BARS)	是基于对被考核者的工作行为进行观察，对比该行为对应的绩效等级，从而评定绩效水平的方法。
目标考核法 (management by objectives，MBO)	主管和下属共同参与，追求双方达成一致的目标，使组织的目标得到确定和满足，其目标必须是详细的、可测量的，受时间控制，并与一个行动计划相结合，在绩效测评期间，每一个进步的取得和目标的实现是可以测量和监控的。
叙述法 (narrative)	评估者以一篇简洁的记叙文的形式或者通过赋予"考核内容"和"考核要素"以具体的内涵来描述员工的业绩。这种方法集中描述员工在工作中的突出行为，而不是日常工作的业绩。叙述法的优点是简单，缺点在于考核结果在很大程度上取决于评估者的主观意愿和文字水平。此外，由于没有统一的标准，不同员工之间的考核结果难以比较。

（二）分层分类的绩效评估体系

不同类型和职位的员工的工作内容、要求、环境及侧重点不同，绩效评估也应该针对不同的评估对象区别对待，这样才能合理评估，实现评估的目的。图 7-15 是针对不同类别人员的考核方法、考核周期和考核结果的示意图。

图 7-15　不同职种人员的绩效考核方案

（三）管理者工作述职

对于管理人员，通常采用的绩效考核方法是工作述职。这种方法通常通过公司战略绩效回顾会等重大会议，让管理人员以述职的方式向评价委员会进行面对面的业绩回顾，使公司直观了解组织各个层面的绩效完成情况，从而对管理者业绩成果和综合能力进行更为全面、准确、客观的判定，有助于公司与述职者之间就业绩目标、实施策略、影响业绩目标达成的因素等方面达成共识，并及时发现和解决问题。管理者工作述职的要素包括：

（1）管理者述职评价委员会。公司组成中高层管理者述职评价委员会，一般由公司总经理、高层管理人员、外部专家顾问等组成，负责对述职者考核。

（2）管理者述职的内容。管理者述职的内容通常包括：目标承诺陈述（量化指标、完成情况）、主要业绩分析（成功事例分析、提炼经验）、主要问题分析（失败事例分析）、面临的挑战与机会（竞争对手分析、市场状况）、绩效改进要点与措施、能力提升要点及方法、要求得到的支持与帮助、目标调整及新目标的确定。

（3）管理者述职的程序。

1）在考核期末由公司总经理组织召开公司高层管理者述职报告会。参加人员包括述职评价委员会成员、公司一级部门主管以上干部。

2）被考核者应在述职报告会前填写《中高层管理者述职表》，会议组织者应将述职表和被考核者年初制定的策略目标表复印多份，呈交述职评价委员会每一位成员。

3）被考核者首先进行述职，述职时间为 20～30 分钟。随后回答述职评价委员会和与会人员提出的问题，回答问题时间为 20～30 分钟。

4）被考核者答辩结束后，述职评价委员会成员根据目标达成情况和述职情况对被考核者作出评价、核计得分，并填写述职评价表，述职评价表统一交给会议组织人员，述职报告会结束后，由述职评价委员会讨论给出最后的综合评价、确定等级并填写在《中高层管理者述职表》中。

5）考核的最终结果应由被考核者确认。

6）《中高层管理者述职表》（如表 7-7 所示）由人力资源部负责存档管理。

表 7-7　中高层管理者述职表示例
述职考核评价表

□季度 □半年度 □年度				计划期间： 年 月 日— 年 月 日					
被考核人：	工号：		部门：		职位：			考核人：	

一、本季工作完成状况（70%）：

工作项目			权重	达成情况			完成时间		得分
KRA	工作任务或工作目标	KPI		标准	达成状况	存在问题	起	止	
KRA1									
KRA2									
KRA3									
KRA4									
其他									

绩效改进点										

该项得分＝以上各项分值之和×70%＝

二、部门建设情况（10%）：

工作项目	标准				达成情况及存在问题	得分
	150 分	120 分	100 分	100 分以下		
制度/流程建设	在建立、完善本部门制度及流程的基础上，带动、组织公司相关人员完善公司管理制度及流程，并成功推行实施	主动建立或重大修改部门管理制度及流程，使之完善、合理，并成功推行实施	优化或改进了部门管理制度及流程，使之趋于合理	部门管理制度及流程未改进，减 20 分；制度/流程执行不力，每出现一次减 10 分		
组织结构建设	进行重大变革，使组织结构趋于合理、精简、高效	加以改进，组织状态良好	组织结构处于精简状态，工作基本有序	组织结构臃肿，工作无序，减 20 分；出现恶性事故，每起减 20 分		
文化建设	主动开展各项文化活动，充分、及时地导入公司的文化理念，在各部门中起到带头和示范作用	积极响应公司的文化建设，较为充分地导入公司文化理念	能配合公司的要求进行部门的文化建设	文化建设相关活动参加不及时，或进行不彻底，相关理念在部门宣贯不及时，执行不彻底，每出现一次扣 10 分		
工作效率改进	编制精简，组织效率有了明显提高，各项工作的周期明显减短	采取了大量措施，工作效率有较大提高	采取了一些措施，工作效率略有提高	未提出改进措施，减 10 分；出现某些事件，导致整体工作效率下降，或影响了其他部门工作，每起减 20 分		

该项得分＝（以上各项分值之和/4）×10%＝

三、人员培养情况（10%）：

考核项目	标准	实际达成状况	得分
员工流失	在 100 分的基础上，每流失一个员工，减 20 分		
骨干员工培养	在 100 分的基础上，每培养一个骨干员工，加 20 分		

该项得分＝以上得分×10%＝

四、对其他部门的支持与协作情况（10%）：

考核项目	标准				实际状况	得分
	150 分	120 分	100 分	100 分以下		
对其他部门的支持与协作	积极主动，设身处地为他人着想	能从大局着想，乐于配合其他部门工作	能按照要求配合其他部门工作	不愿配合其他部门工作或配合不好，每出现一起配合不符合要求的事件，减 30 分		

该项得分＝以上得分×10%＝

五、综合评述：

总评分数	＝以上四大项得分之和＝		总评等级	
突出成绩				
尚存不足				
努力方向				

（四）绩效评估常见的问题

绩效评估很重要，但难度也很大，即使设计了科学合理的绩效考核方法、流程，一些问题也难以避免。常见的问题包括：

（1）刻板效应。刻板效应是指人们用刻印在自己头脑中的关于某人、某一类人的固定印象，作为判断和评价人的依据的心理现象。

（2）晕轮效应。晕轮效应是指考核者对被考核者某一绩效要素评价较高，就会导致对其他绩效要素也评价较高。尤其是对那些给考核者留下较好印象的员工，这种问题更容易发生。

（3）居中趋势。居中趋势是指被考核者的考评等级都向中间靠拢。比如，如果评价等级是从第1级到第7级，结果很可能是考核者避开了较高的等级（第6、7级），也避开了较低的等级（第1、2级），而把大多数员工都集中在第3~5级。这种过于集中的评价结果会使绩效考核失去意义，对于促进企业提高绩效的作用很小。

（4）偏松或者偏紧倾向。有些管理者对下属要求很严，工作绩效考核结果偏低；有些管理者要求比较松，工作绩效考核结果则偏高。这会在组织内部造成不公平。

（5）考核者的个人偏见。被考核者之间的个人差异（比如年龄、性别等个人特点方面的差异）会影响考核者对他们的评价，甚至导致他们得到的评价大大偏离实际工作绩效。此外，被考核者过去的绩效状况可能会影响当前所获得的绩效评价。比如，考核者可能会高估低绩效者的绩效改善状况，而将一位高绩效者的绩效下滑情况夸大。当被考核者变化缓慢时，考核者可能对之并不敏感。

（6）首因效应。首因效应是指人与人第一次交往时给人留下印象，在对方的头脑中占据主导地位的效应。

那么，应该如何应对这些绩效考核中出现的问题呢？要想使这些问题对绩效考核的影响最小化，需要从以下两个方面作出努力：一是对考核者进行相关的培训。通过培训，确保考核者对上述几种在绩效考核过程中容易出现的问题以及正确的做法都有清楚的了解，避免在实际工作中出现问题。二是尽可能量化或细化考核标准。通过制定尽量客观的绩效标准，降低主观判断带来的错误。

四、绩效激励与改进

绩效管理的目的是实现绩效的持续改进，绩效管理循环的实质是绩效改进的循环，所以绩效改进是绩效管理的重要环节。传统的绩效管理多注重最终的考核结果，而真正基于战略的绩效管理必须重视在考核结果的基础上进一步提高员工的能力和绩效。

（一）绩效改进计划的要点[①]

员工绩效改进计划通常是指在上级管理者的帮助下，由员工自己来制订，并与管理者共同讨论，就需要改进的内容、改进的原因和改进方法等达成一致意见的实施计划。同时，上级管理者应提供员工实现计划所需的各种资源和帮助。

（1）选择有待改进的内容。有待改进的内容通常是指工作的能力、方法、习惯等有待提高的方面，比如，现在的能力水平不足，或者现在的能力水平尚可但工作有更高的要求。由于在一定的周期中，员工可能没有精力和时间改进所有的待改进项目，因此需要选择那些近期最需要提高的方面。

（2）创造绩效改进的氛围。员工需要在一种鼓励其改进绩效的环境里工作，而营造这样的工作氛围，最重要的因素就是员工的直接上级。员工可能因畏惧失败而不敢尝试改变，直接上级在布置任务的同时应给予适当的指导或辅导，在工作完成以后给予适当的评价，肯定成绩，指出不足，帮助员工树立信心。

（3）对于有所改进的员工给予适当的激励。如果员工在得到提高后获得奖励，会更有动力做好工作。奖励的方式不仅仅是物质奖励，精神方面的鼓励更加重要，管理者要及时给予表扬，加大责任，给予更多的授权等。

① 刘宏志. 如何有效实施绩效改进计划. 中国劳动，2009（1）.

（4）绩效改进须融入日常管理工作。绩效改进不是管理者的额外工作，而应该成为其日常工作的一部分，贯穿整个绩效管理周期的始终，这需要组织氛围的支持以及企业文化的熏陶，也有赖于组织沟通的制度化和规范化。

（二）绩效改进的流程

1. 确定绩效差距

员工需要根据所要达到的绩效目标，对照自己的绩效结果，找出其中的差异，并确定绩效差距。表 7-8 是一个关于绩效目标与实际结果的例子。

表 7-8 绩效目标与实际达到的结果

要求达到的绩效目标	实际达到的绩效结果
保证相关人及时了解可能会影响到产品或服务质量的潜在问题	对于影响到产品或服务质量的问题没有及时通知主管或同事
按时完成生产任务	在过去的一个月里，有 3 次超出了要求的时间期限
提高客户满意度，客户投诉不多于 1 次	在过去的一个月里，客户投诉达到 4 次

2. 分析产生绩效差距的原因

分析产生绩效差距的原因时，不能简单地归结为员工个人原因，要从员工、主管以及环境因素三个方面进行分析（见表 7-9）。

表 7-9 产生绩效差距的原因分析

分析对象	产生绩效差距的原因
员工	工作态度方面：缺乏动力和足够的激励，或者对现有工作不感兴趣 知识技能方面：工作意愿强，积极性高，但自己的能力、工作方法、身体状况或沟通技巧等方面不足
直接上级	工作上缺乏沟通，对员工没有提供足够的帮助和支持，没有给予员工适当的信任、授权和激励
企业内外部环境	企业内部环境方面：企业内部资源缺乏、制度不完善、岗位变动等对员工工作造成影响 企业外部环境方面：国家政策出台或变更、经济衰退或复苏对员工工作造成影响

3. 制订并实施绩效改进计划

在确定绩效差距、分析产生绩效差距的原因后，就要制定相应的改进措施来缩小差距。在这一环节中，员工及其上级首先要确定改进目标，然后通过面谈沟通达成共识，一方面增加员工对绩效的承诺，另一方面保证双方的目标一致，消除对于目标的误解和分歧。在确定目标后，双方要选择有效的改进方法，并列出具体的实施措施和行动计划（如表 7-10 所示）。

表 7-10 绩效改进表模板

部门/处		时间	年 月 日
被考核人	姓名：　　　　　　　　职位：		
直接上级	姓名：　　　　　　　　职位：		
不良绩效描述（含业绩、行为表现和能力目标，请用数量、质量、时间、成本/费用、顾客满意度等标准进行描述）：			
原因分析：			

绩效改进措施/计划：

| | 直接上级： | 被考核人： | 年　月　日 |

改进措施/计划实施记录：

| | 直接上级： | 被考核人： | 年　月　日 |

期末评价：
□优秀：出色完成改进计划　　□符合要求：完成改进计划　　□尚待改进：与计划目标相比有差距
评价说明：

| | 直接上级： | 被考核人： | 年　月　日 |

期末签字：被考核人_____　　　　　直接上级_____

4. 定期检查改进计划

在整个绩效改进计划的实施过程中，直接上级需要与员工不断沟通和反馈，不能放松对员工工作的指导和帮助。在发现员工偏离最初目标时，要及时告知员工，指出问题，督促他及时改正。另外，要持续关注员工的积极性和主动性，避免出现积极性下降或不良情绪等。

第 3 节　绩效管理体系

目前在理论和实践中存在多种绩效管理体系，包括基于关键绩效指标（KPI）的绩效管理体系、基于平衡计分卡（BSC）的绩效管理体系、基于目标与关键结果工作法（OKR）的绩效管理体系、基于经济增加值（EVA）的绩效管理体系、基于业务流程的绩效管理体系、基于标杆的绩效管理体系、360 度绩效管理体系等等。

一、基于关键绩效指标的绩效管理体系

（一）绩效评价指标

绩效评价指标就是用来衡量、报告和提升绩效的指标，可以划分为关键成果指标、成果指标、绩效指标和关键绩效指标（key performance indicators，KPI），它们之间的关系如图 7-16 所示。

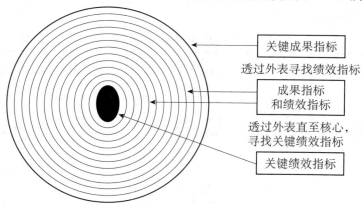

图 7-16　绩效评价指标的类型

1. 关键成果指标

关键成果指标回答的问题是：为了实现企业的愿景，你应该怎样做？关键成果指标是企业经营结果指标，它能够为董事会提供某些标准清晰的信息，表明企业是否朝着正确的方向前进，但是不能告诉经营者为了改善经营结果需要做哪些工作。与关键绩效指标以每天/每周为周期进行评价不同，关键成果指标评价周期更长，通常按照每月/每季进行评价。关键成果指标通常包括：顾客满意度、税前净利润、顾客带来的盈利性、员工满意度、投资回报。

2. 成果指标和绩效指标

成果指标回答的问题是：你已经完成了哪些工作？成果指标是对多项工作活动综合产生的结果的衡量，如主要产品线的净利润、过去一天的销售情况、主要客户的投诉、一周内医院病床使用率等。成果指标仅传递工作结果的信息，但不会告诉员工为了改善绩效应该采取什么行动。

绩效指标回答的问题是：为了实现企业的愿景，你需要完成哪些工作？绩效指标关注一项具体的活动，是对成果指标背后单项工作活动的衡量，如销售增长百分比最高的前 10% 客户、过去 30 天采纳员工建议的数量、接下来一两周的电话销售情况、对关键客户的延迟送货情况等。绩效指标是对关键绩效指标的补充，它会告诉员工应该采取什么行动去改善绩效。

3. 关键绩效指标

关键绩效指标回答的问题是：为了显著提高绩效水平，你需要完成哪些工作？关键绩效指标是从企业战略目标出发，分析和归纳出支撑企业战略目标的关键成功要素，然后从关键成功要素中提炼出的可量化或可行为化的指标体系。其内涵主要包括以下几点[①]：

（1）关键绩效指标是衡量企业战略实施效果的关键指标。这包括两层含义：关键绩效指标是战略导向的，是由企业战略目标层层分解产生的；关键绩效指标强调关键，即对企业成功有重要影响的方面。

（2）关键绩效指标要体现对企业战略目标的增值作用。关键绩效指标是连接个体绩效与企业战略目标的桥梁，它鼓励员工采取真正对企业有贡献的行为，从而最终提高企业整体绩效。

（3）关键绩效指标要反映最能有效影响企业价值创造的关键驱动因素。制定关键绩效指标的目的在于使经营管理者将精力集中于对绩效有最大驱动力的经营行动，诊断生产经营活动中的问题，采取提高绩效水平的改进措施。

（4）关键绩效指标是用于考核和管理被考核者的可量化或可行为化的标准体系。也就是说，关键绩效指标是一个标准化的体系，它必须是可以量化的，如果难以量化，就必须是可以行为化的。如果可量化和可行为化这两个特征都无法满足，就不是符合要求的关键绩效指标。

（二）关键绩效指标的特征及类型

1. KPI 的特征

- 频繁开展评价。KPI 是超前的、适应未来的指标，不是事后的总结，应避免亡羊补牢。
- 由高层管理团队亲自组织实施，需要最高层的持久关注。
- 所有员工都能理解并采取正确行动，这是目标得以实现的基础。
- 明确个人或团队的职责，对每个人或团队都可作出评价。
- 有重要影响，影响大多数 KSF 或企业愿景。
- 有积极影响，促进组织良性发展。

2. KPI 的类型

（1）基于战略成功关键的 KPI。基于战略成功关键的 KPI 是衡量企业战略实施的关键指标，设置这些指标的目的是建立一种机制，激励员工将企业战略转化为内部过程和活动，以不断增强企业的核心竞争力（如图 7-17 所示）。

① 郝红，姜洋. 绩效管理. 北京：科学出版社，2012.

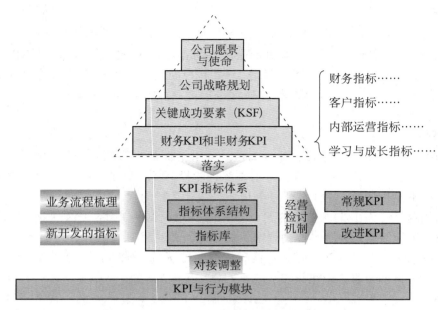

图 7 - 17 KPI 对企业战略的导向作用

　　基于战略成功关键的 KPI 体现企业战略目标的实现情况，包括战略性财务 KPI 和非财务 KPI，其来源于对企业总体战略目标的分解，反映最有效地影响企业价值创造的关键驱动因素。

　　（2）基于经营管理重点及主要问题的 KPI。基于经营管理重点及主要问题的 KPI 是衡量企业改善经营管理状况的关键指标，设置这些指标的目的是激励员工更多地投身于重点工作和亟待改进、对企业经营管理产生重大影响的领域。

　　基于经营管理重点及主要问题的 KPI 体现企业经营管理的实际情况，通过这些指标可发现经营状况与年度计划的偏差，以及经营管理中的问题和短板。这类指标属于战术性指标，经营管理重点的 KPI 通常是年度的指标，发生变化的周期往往不长，而改进问题的 KPI 会随着问题的解决而消失，周期可能更短。

　　3. 基于 KPI 的绩效考核体系与传统绩效考核体系的区别

　　基于 KPI 的绩效考核体系是对传统绩效考核理念（以控制为中心）的创新。基于 KPI 的绩效考核体系与传统绩效考核体系的区别见表 7 - 11。

表 7 - 11 基于 KPI 的绩效考核体系与传统绩效考核体系的区别

	基于 KPI 的绩效考核体系	传统绩效考核体系
假设前提	假定人们会采取必要的行动以达到事先确定的目标	假定人们不会主动采取行动以实现目标；假定人们不清楚应采取什么行动以实现目标；假定制定与实施战略与一般员工无关
考核目的	以战略为中心，指标体系的设计与运用都是为战略服务的	以控制为中心，指标体系的设计与运用来源于控制的意图，也是为更有效地控制个人的行为服务
指标的产生	在组织内部自上而下对战略目标进行层层分解产生	通常是自上而下根据个人以往的绩效与目标产生的
指标的来源	来源于组织的战略目标与竞争的需要	来源于特定的程序，即对过去行为与绩效的修正
指标的构成及作用	通过财务与非财务指标相结合，体现关注短期效益、兼顾长期发展的原则；指标本身不仅传递了结果，也传递了产生结果的过程	以财务指标为主，非财务指标为辅，注重对过去绩效的评价，且指导绩效改进的出发点是过去绩效存在的问题，绩效改进行动与战略需要脱钩
收入分配体系与战略的关系	与 KPI 的值、权重相搭配，有助于推进组织战略的实施	与组织战略的相关程度不高，但与个人绩效的好坏密切相关

　　资料来源：饶征，孙波. 以 KPI 为核心的绩效管理. 北京：中国人民大学出版社，2003.

4. 实施 KPI 体系的条件

（1）利益相关者之间建立紧密的合作关系。企业、员工、关键供应商、关键客户等之间建立有效的沟通机制，对企业重大变革达成共识，引入 KPI 的发展战略。

（2）权力向基层转移。通过加强上下级沟通、充分授权、加强培训、提供帮助等措施，使一线员工更好地完成 KPI。

（3）仅评价和回报关键事项。这一条件包括以下内容：每份报告都应与一个成功因素或关键成功要素相联系；每一个关键绩效指标都应该有存在的理由，与关键成功要素相联系；得到报告后应该知道采取何种行动；需要对报告进行不断的修正，使报表形式越来越简洁，提供的信息越来越及时，越来越有助于决策的制定。

（4）将关键绩效指标与企业使命、愿景、战略、关键成功要素联系起来。

5. KPI 操作过程中存在的问题

（1）无法区分 KPI 与一般绩效指标。认为考核指标就是 KPI，混淆核心指标与普通指标的区别，弱化了 KPI 的关键性、战略性、高价值性、核心性。

（2）数量过多或过少。通常 KPI 不超过 10 个，KPI 过多可能无法突出重点而失去战略意义，过少会忽略重要事项而造成战略不完备。10/80/10 规则是一个有价值的行动准则，即 10 个关键结果指标、80 个绩效指标、10 个 KPI。

（3）数量缺乏可度量性。由于 KPI 本身的战略性、关键性等特征，造成度量难度大。过分强调可度量性会遗漏关键指标，忽视可度量性则会导致指标难以评价。

（4）数量缺乏现实性。由于缺乏对公司外部环境、发展阶段、产品特点等的深入了解，往往对时限、资源等缺乏通盘考虑，确定的 KPI 要么难以实施，要么作用有限。

二、基于平衡计分卡的绩效管理体系

（一）平衡计分卡概述

平衡计分卡（balanced scorecard，BSC）是美国哈佛商学院的罗伯特·卡普兰与复兴方案公司总裁大卫·诺顿共同提出的。平衡计分卡作为一种绩效管理工具，主要是通过财务与非财务考核手段的相互补充，使绩效考核的地位上升到组织的战略层面，成为组织战略的实施工具，同时在定量评价和定性评价之间、客观评价和主观评价之间、指标的前馈指导和后馈控制之间、组织的短期增长与长期增长之间、组织的各利益相关者之间寻求"平衡"的基础上完成绩效管理与战略实施过程。

平衡计分卡从 1992 年诞生至今，经历了来自实践的各种检验与洗礼，得到了持续的创新与发展。

1. 平衡计分卡的第一阶段：以平衡的理念带来企业业绩评价实践的革命[①]

平衡计分卡强调不能只从财务角度衡量企业业绩，而要将战略置于中心地位，从财务、客户、内部运营、学习与成长四个角度构筑企业长期战略（如图 7－18 所示）。

（1）财务角度。平衡计分卡告诉企业管理者，他们的努力是否对企业的经济收益产生了积极作用。财务方面是其他三个方面的出发点和归宿。常见的财务指标包括销售额、利润额、资产利用率等。

（2）客户角度。客户满意是实现财务目标的前提，公司的首要任务是为客户创造价值。客户关系的内容包括：时间、质量、性能和服务、成本等。平衡计分卡要求管理者把客户关系转化为具体的测评指标，常见的客户指标包括送货准时率、客户满意度、产品退货率、合同取消数等。

（3）内部运营角度。企业的内部运营直接决定了产品能否满足客户的需求，包括业务内容、流程等。平衡计分卡要求管理者关注这些能使公司满足客户需求的关键的内部经营活动。常见的内部运营指标包括生产

[①] 卡普兰，诺顿. 平衡计分卡：化战略为行动. 广州：广东经济出版社，2004.

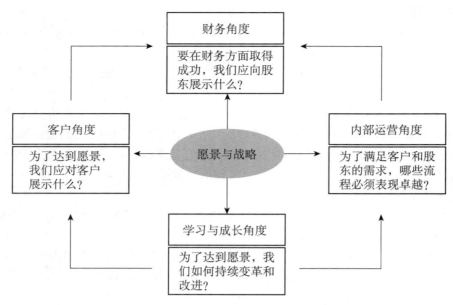

图 7-18　化战略为行动的平衡计分卡框架

率、生产周期、成本、合格品率、新产品开发速度、出勤率等。

（4）学习与成长角度。员工的能力是决定企业内部运营效率和效果的根本因素。员工的知识、技能、经验以及其他隐性胜任力直接决定了企业的变革能力、创新能力和发展潜力。

平衡计分卡四个角度的各个变量之间存在的因果关系如图 7-19 所示。资本回报率这一财务指标来源于客户忠诚，客户忠诚是由于产品的性价比高，产品的性价比直接受业务流程质量和流程周期的影响，业务流程的决定性因素是员工的能力。

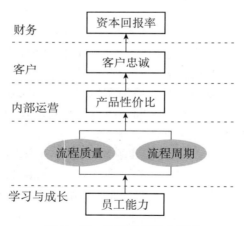

图 7-19　价值链的形成逻辑

2. 平衡计分卡的第二阶段：以战略地图形成战略的支撑体系①

战略地图是平衡计分卡的发展和升华，卡普兰和诺顿曾提出"你不能描述的，就无法管理"。作为战略管理的方法和工具，战略地图在平衡计分卡四个角度的基础上有了更进一步的创新，它是一种描述战略的动态可视化工具，使得战略更加动态化和清晰化。此外，通过持续的沟通让所有的业务单元、部门和员工参与到公司战略中，让员工对战略达成共识，并对实现战略的途径有充分的认识。特别是让员工进一步明白非财务资产化为有形成果的路径、各层面指标之间的因果关系，使得非财务资产与战略保持协调一致性。因此，平

---

① 卡普兰，诺顿. 战略地图：化无形资产为有形成果. 广州：广东经济出版社，2005.

衡计分卡运用战略地图工具，帮助企业解决了如何筛选和归类衡量指标的问题。衡量指标应该反映企业特有的战略意图，企业应设置具有战略意义的衡量指标体系。战略使指标体系有了灵魂和方向，而战略地图是一个能够帮助企业明晰战略、沟通战略的有效工具（见图 7 - 20）。

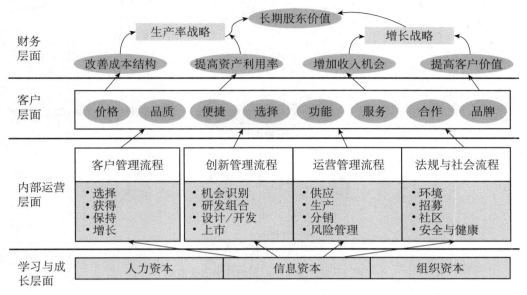

图 7 - 20 战略地图

3. 平衡计分卡的第三阶段：以战略中心型组织实现战略聚焦[①]

在这一阶段，平衡计分卡已经上升为战略绩效管理体系，作为战略执行的工具来使用，强调企业应建立基于平衡计分卡的战略管理体系，调动企业所有的人力、财力和物力等资源，集中起来协调一致地去实现企业的战略目标。

企业协同一致地达成目标、实现战略聚焦的过程，需要遵循五项通用原则，这些原则被称为战略中心型组织的五大原则（见图 7 - 21）。

（1）管理层推动。建立战略中心型组织可能会涉及变革，所以不仅仅需要流程和工具，最重要的是领导团队的积极推动和参与，保持持续关注和聚焦，并形成以绩效为导向的文化，否则难以执行。

（2）传递战略，即把战略转化为可操作的行动。战略地图是一个有逻辑关系的完整架构，地图中的因果关系显示了无形资产是如何转化为有形结果的。平衡计分卡通过量化的非财务指标，清晰地描述和衡量价值创造的过程，使所有的业务单元和员工对战略有一致的理解和认识，明确了行动方向以及要达到的目标。

（3）组织目标一致，即围绕战略实现组织协同化。建立战略中心型组织打破了传统组织的正式报告结构和业务单元及部门间的壁垒，根据战略主题和优先次序在组织内各个分散的单元之间传递一致的信息。在保持原有组织结构的基础上，业务单元和共享部门通过共同的战略主题和目标，将公司的战略紧密联系起来。

（4）战略成为每个员工的工作。平衡计分卡把战略传递给组织中的每一个员工，每一个员工都有其个人的计分卡，并把激励机制与平衡计分卡有效挂钩，加强员工培训可以帮助其掌握关键战略要素，让战略真正融入每个人每天的工作，并有动力和能力去执行。

（5）战略管理成为可持续的流程。平衡计分卡为战略管理提供了衡量标准。使战略管理成为可持续的流程，可以及时发现问题、找到原因、及时改进、促进创新。战略管理的流程也是学习、适应、进一步理解及完善战略的流程。

---

① 卡普兰，诺顿．战略中心型组织：平衡计分卡的致胜方略．北京：中国人民大学出版社，2008.

2 传递战略
使命/愿景
战略地图
平衡计分卡
目标
战略行动方案

1 管理层推动
首席执行官的带动
管理团队的执行
新的管理方式
对战略负责
以绩效为导向的文化

3 组织目标一致
集团公司
集团分公司——独立业务单元
部门——共享服务单元

5 战略管理成为可持续的流程
与预算挂钩
管理层会议
反馈系统
学习流程

4 战略成为每个员工的工作
战略意识
统一目标
和激励措施挂钩

图 7-21　战略中心型组织的五大原则

4. 平衡计分卡的第四阶段：以战略协同实现企业经济价值①

这一阶段的平衡计分卡认为企业的价值来源于协同，包括业务单元、部门内部及相互之间的协同，以及财务、客户、内部运营和学习与成长四个维度内部及相互之间的协同。企业的平衡计分卡是一整套治理框架，通过组织内外的协调创造合力，挖掘协调所产生的价值。具体包括：

（1）组织协同效应。

1）财务维度的协同效应。财务方面的协同效应包括：在什么方面投资、在什么方面收获、怎样平衡风险以及怎样创造投资者品牌等。而对于多元化企业集团来说，内部资本市场的效率更高。

2）客户维度的协同效应。客户维度的协同效应主要是通过共享客户资源来实现的。即使在多元化的企业中，某一业务单元的客户也可能提供其他业务单元的产品并提升客户关系。

3）内部运营维度的协同效应。内部运营维度的协同效应主要是通过共享流程、服务、知识、技能等方式管理战略业务单元的流程，以产生规模经济效应或整合价值链来实现的。

4）学习与成长维度的协同效应。学习与成长维度的协同效应主要是通过发展和共享企业的无形资产来实现的，包括领导力和组织开发、人力资本开发和知识分享。

通过组织协同效应，可以总结出协同效应产生企业价值的不同来源（见表7-12）。

表 7-12　企业协同效应与价值来源

企业平衡计分卡	企业价值来源（战略主题）
财务协同 "我们如何提升各业务单元的股东价值？"	• 内部资本管理——通过有效的内部资本和劳动力市场的管理创造协同 • 企业品牌——将多元化业务整合在同一品牌下，宣传推广共同的价值观和主题
客户协同 "我们如何共享客户资源来提升整体客户价值？"	• 交叉销售——通过在多个业务单元内不同产品的交叉销售创造价值 • 共同价值定位——通过在所有店面统一标准来创造一致的消费体验

① 卡普兰，诺顿. 组织协同：运用平衡计分卡创造企业合力. 北京：商务印书馆，2006.

续表

企业平衡计分卡	企业价值来源（战略主题）
内部运营协同 "我们如何管理业务单元的流程去产生规模经济效应或整合价值链？"	• 共享服务——通过共享关键支持流程中的系统、设备和人员形成规模经济效应 • 整合价值链——通过行业价值链内相连的流程的整合而创造价值
学习与成长协同 "我们如何发展和共享无形资产？"	• 无形资产——共享人力资本、信息资本和组织资本的发展

（2）组织协同体系。

1）企业总部与业务单元的协同。在企业总部制定战略地图和平衡计分卡后，每一个业务单元根据公司平衡计分卡制定与其相一致的长期计划和平衡计分卡，不但要满足本业务单元客户的需求，还要为达成企业层面的协同效应作出贡献，结合公司战略主题，服务企业层面的客户，整合其他业务单元业务，并与它们协作来创造附加的价值来源。

2）整合内部支持单元和被支持单元。人力资源部、信息系统部、财务部等支持单元需要制订长期计划和平衡计分卡来支持被支持单元的战略及企业的优先工作，从被支持单元的客户、内部运营、学习与成长角度与其目标整合，获得额外递增的企业价值，转变为企业的战略伙伴。支持单元可以通过一套系统化的流程来达到组织协同，进而创造价值。首先，根据业务单元和企业总体战略，确定它们需要提供的一系列战略化服务。其次，支持单元要在自己的内部建立协同以成功执行部门战略。最后，支持单元要评估自己部门行动方案的实施结果，完成这一循环。

3）在董事会治理中运用平衡计分卡。企业通过平衡计分卡来确定董事会的战略任务，为董事们提供精炼的战略性信息，并指导董事会的组成、会议讨论和评估等工作。

4）与外部合作伙伴的协同。建立起诸如关键供应商、战略客户和外部联盟等重要合作伙伴的平衡计分卡体系，有助于在两个组织间建立理解和信任关系，降低交易成本，并使双方的协同差异最小化。平衡计分卡的建立为企业与外部合作伙伴建立了一个更加宽泛的合作机制，双方不仅在财务方面合作，而且在提升服务、及时性、创新性、灵活性等方面合作。

（3）协同流程的管理。创建协同流程的第一步是在整个企业内推行平衡计分卡，将公司层面的战略与各业务部门和职能部门的战略紧密衔接起来。在此基础上，创建各个环节的协同流程，并根据外部环境的变化进行调整和管理。卡普兰和诺顿提出了组织协同的八个查验点，如果一个组织能在所有八个查验点上完成协同，那么它所有的行动方案和行动都将直接影响公司的战略重点。这八个查验点主要包括企业的价值定位、董事会和股东的协同、公司总部到总部职能部门、公司总部到业务单元、业务单元到业务单元支持部门、业务单元到客户、业务单元支持部门到供应商和外部合作伙伴、业务单元支持部门对公司总部的支持（见图 7 - 22）。

（二）运用平衡计分卡构建企业的绩效管理体系

在运用平衡计分卡构建企业的绩效管理体系时，一般遵循以下步骤：

第一步：准备工作。首先进行前期调查。在推行平衡计分卡之前，工作小组需要在公司内部进行一次大范围的调查活动，了解员工的看法和认识，为后期的设计和推行工作打好基础。

明确企业目前战略管理与绩效管理的现状。通过调查掌握当前战略与绩效管理中存在的问题，一方面在今后设计绩效管理体系时可避免此问题再次发生；另一方面，可以寻找适合本企业的管理方法，将其纳入平衡计分卡与绩效管理的设计。

了解全体员工对战略以及绩效管理体系的认识程度和态度。通过调查掌握员工对企业战略和绩效管理体系的认识与认同程度，一方面有助于决定事先要做好哪些宣传准备工作；另一方面，可以借此机会向各

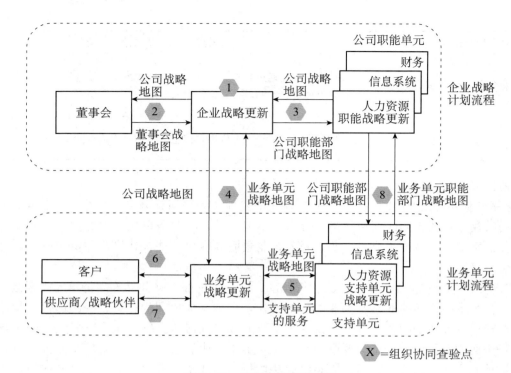

图 7 - 22　组织协同流程创建

层级人员解释企业的战略以及建立战略绩效管理体系的意义，消除他们的误解，降低推行平衡计分卡的难度。

调查可以采用访谈法和问卷调查法，两种方法有各自特点和适用范围，可以根据企业的情况进行选择。在调查之前，首先要准备调查内容的清单（见表 7 - 13）。

表 7 - 13　建立平衡计分卡绩效管理体系的前期调查表

维度	序号	准备内容	是/否
使命、价值观、愿景和战略			
	1	使命陈述	
	2	企业文化理念和价值观	
	3	组织历史	
	4	战略计划	
财务			
	1	年报	
	2	各种业绩报告	
	3	各种分析报告	
	4	行业或者标杆报告	
客户/市场			
	1	营销部门报告	
	2	各种市场研究与分析报告	
	3	业绩报告	
	4	战略报告	

续表

维度	序号	准备内容	是/否
内部业务流程			
	1	生产报告	
	2	供应部门报告	
	3	竞争对手分析	
	4	产品和技术研发报告	
员工学习与成长			
	1	人力资源基本数据	
	2	企业内部信息化报告	
	3	管理机制分析报告	
	4	员工成长计划等	

对各层级人员开展宣传与培训，可以通过动员大会、网络宣传、小组培训以及发放宣传资料等途径。让员工更多地了解关于平衡计分卡和战略绩效管理体系的信息，既可以消除有关的误解和抵触心理，也可以让广大员工重视这次改革，更加积极主动地参与进来，并有效配合。

第二步：战略及战略主题的达成。平衡计分卡是一个描述性而非规定性的战略构建，与波特的框架有着非常相似的战略视角。卡普兰和诺顿认为企业的管理系统是一个连续体，其起点是组织的使命，为了协同个人行动并支持使命的执行，使命必须得到清晰的解释和传递。管理系统就是为了完成这个任务，将组织高层次的使命陈述转化为一线和后勤员工所负责的工作，而战略就是这个连续体的一个组成部分。

在制定了企业总体战略后，接下来就需要确定战略主题，因为战略是由并存且互补的主题构成的，战略主题是战略执行的领域和内容。

战略主题体现企业战略的主要方面，是连接企业使命、愿景与实际行动计划的纽带。战略主题反映了企业高层管理者认为必须在这个方面完成的事情，它往往关注为了获得战略成功所必须做的事情。每一个战略主题都对应多个目标，这主要取决于对企业战略的理解。

战略主题主要是高层管理者通过战略研讨会的形式确定下来的，卡普兰和诺顿给出了四个方面的战略主题维度：（1）开发新产品和市场：创造长期的价值，开发新产品和服务，进入新的市场并细分客户；（2）增加客户价值：拓展、加深或重新定义与现有客户的关系，如交叉销售服务，成为可信任的顾问，转化无利可图的客户等；（3）实现优异的运营：创造短期的价值，通过内部生产效率和供应链管理，组织可以有效、及时地生产和配送现有产品和服务；（4）成为优秀的企业公民：处理好企业与外部利益相关者的关系。

第三步：建立目标。根据战略主题，分解公司战略，建立财务、客户、内部运营流程，以及学习与成长层面的关键成功要素，最终确立各层面的关键绩效指标。

（1）财务层面。阐明公司的经营行为所产生的可衡量的经济结果，体现公司对股东价值的增值。为确保战略实施，应该关注哪些财务目标？我们可以利用层层分解的方法来确定各层面的 KPI，一般财务层面的指标为 2～5 个。

（2）客户层面。确定有关客户层面的 KPI，我们需要回答以下问题：我们想在市场中取得何种影响？我们应该通过什么独特的方式满足客户需求，让客户满意？我们需要向客户提供什么产品/服务？

（3）内部运营层面。确定有关内部流程层面的 KPI，我们需要回答以下问题：为取得成功，我们必须擅长哪些核心能力和业务流程？我们的竞争优势是什么？哪些技能和能力是我们独有的？如何通过创新手段，先于竞争对手给市场提供这些利益？客户希望今后的产品能给他们带来什么收益？

（4）学习与成长层面。确定有关学习与成长层面的 KPI，我们需要回答以下问题：怎样提高员工生产率？怎样基于经营目标让员工获得相应的知识与技能？怎样通过信息技术提高内部管理的准确性和及时性？

第四步：生成 BSC 战略地图。在制定关键指标后进行 BSC 战略地图的描述。BSC 战略地图提供了战略的可视化表示方法，显示了结构适当的平衡计分卡的多个指标如何为单个战略提供工具。

第五步：生成 BSC 考核表。检查 BSC 战略地图四个层面之间的逻辑关系，确认战略关键要素，生成 BSC 考核表，将关键指标落实到责任部门。

第六步：制订行动计划方案。最后，根据战略计划制订各部门的行动计划方案，进行详细的规划和描述。

通过以上步骤就完成了整个平衡计分卡的战略规划和计划制订，使公司的总体战略最终落实到每个部门和负责人身上，通过填写各部门各员工的绩效考核表，实现与绩效考核的对接。

（三）平衡计分卡总结

1. 平衡计分卡能有效连接战略规划与战略实施

平衡计分卡多维关注，促进组织可持续发展，通过四个层面，20～30 个指标，可以将战略联系在指标中构建起一系列因果关系，将这些因果关系汇集起来，描绘出战略的运行轨迹，加大对员工再培训、信息技术以及创新产品和服务的投资，将大幅改善未来的财务业绩。

2. 平衡计分卡能有效平衡企业价值系统

平衡计分卡有效平衡了短期目标和长期目标、财务目标和非财务目标、滞后目标和领先指标、外部业绩视角和内部业绩视角。

财务目标始于企业的战略目标，但财务指标来自为外部客户创造的价值，要实现挑战性的财务目标，必须要满足或超出客户期望，同时要加强内部流程和学习与成长层面的变革。平衡计分卡既是一套解释和连接企业战略的工具，同时也是一种长期让组织自我变革和驱动的机制。

平衡计分卡有助于企业的评价系统变为管理系统，通过明确战略共识、传递沟通战略、战略落实到人、预算体系配套、细化行动方案、定期战略研讨、反馈及改进提升等方式，将企业各价值要素形成协同合力。

3. 平衡计分卡是一种战略沟通和共识机制

利用评价维度和指标，平衡计分卡可以把复杂的、模糊不清的概念转变为让管理者达成共识的目标，同时让管理者明确业绩同各模块与行为之间的联动关系，有利于了解企业全貌，并切实履行自身的职责。

平衡计分卡比较适合规模较大、相对成熟的企业，尤其是在企业经历了一次创业，进入二次创业时，要追求可持续发展，要追求长期跟短期的平衡、财务绩效和非财务绩效的平衡、企业内外的平衡。

即时案例 7-6

沃尔沃汽车公司平衡计分卡的应用

自从 1993 年与雷诺汽车公司的兼并计划被取消后，沃尔沃集团经历了重大的变革。首先，公司把大量的时间与资源花在了阐明沃尔沃集团各个子公司的愿景与战略上。1995 年初，沃尔沃汽车公司（VCC）提出了新愿景："成为世界上最理想、最成功的专业汽车制造商"，并基于此为每个部门阐明详细的战略。通过以行动为基础的商业计划，这些战略在整个公司得以实施。

在阐明战略的过程中，公司管理层意识到沃尔沃集团的预算和计划体系无法提供可靠的预测。管理控制体系没有正确地估计技术、产品以及成为市场上的有力竞争者所需的进程。公司需要一个灵活的管理控制工具，该工具能够模拟现实情况并且对商业环境中的变化作出快速的反应。这些因素导致公司开始引入"新计划过程"。

新计划过程是一种报告和控制方式，在该过程中，公司一年至少准备 4 次长期和短期预测，同时要把关注的焦点放在目标和当前的经营计划上。新计划过程不强调预算安排，甚至会传递这样一种信息："不需要预算。"从管理的要求来看，预算已经成为一种形式，一种对有效控制经营起阻碍作用的每年一次的仪式。

利用新计划过程，沃尔沃希望把关注的焦点从细节转向目标。沃尔沃认为决策的制定应该尽可能地靠近客户。这要求有一个能够提供早期预警信号的管理控制体系，一旦现实情况开始偏离预期，应该采取积极行动使公司朝着已经确定的目标调整。

沃尔沃的管理控制是通过测量各个部门的业绩指标来进行的，业绩指标以图形显示在平衡计分卡上。业绩指标应该是相关的和易于测量的，并且包含货币参数或者非货币参数。业绩指标应该与财务业绩或者资本使用有直接或者间接的联系。

每一个业绩指标都有对应的目标。目标设定过程应该始于对部门理想状况的清晰定义，这个步骤通常在业务发展和战略阐明过程中已经完成。下一步是基于定义引导部门朝着理想情况发展，将关键的成功要素指标变成可测量的目标。目标应该是有可能实现的、便于理解的、能够分解为次要目标并能够应用于公司不同部门的。应该设定完成每个目标的最后期限，对目标的实现过程能够进行短期或长期的预测。

长期预测每季度进行一次，短期预测按月进行分解。用这种方法，可以警示沃尔沃公司的管理层注意将要发生的变化，并采取相应的行动策略。在一年当中，绩效评估通常连续不断地对每一个绩效指标都进行经常的预测和控制。

VCC 业绩报告包括 VCC 各部门提交的报告。在业绩指标的基础上通过平衡计分卡对每一个部门进行监督（指标事先由 VCC 的质量管理人员确定）。除了平衡计分卡，还要对趋势、差异以及值得关注的事件发表评论；对任何差异都要提出一个行动计划。这种报告不仅要用书面形式加以记录，而且在每月举行的会议上还要向 CEO 或者 CFO 进行口头陈述。根据 VCC 业绩报告，沃尔沃集团的管理层了解到许多业绩指标的完成情况，包括利润、客户的满意度、质量、成本以及营运资本等。

通过不断比较实际业绩与预期业绩，公司总是可以保证有一套行动计划来完成确定的目标。但是，存在一个扩展的目标设定过程，值得注意的是，在此过程中短期和长期目标总是保持不变，而预期目标却经常随着实际情况的改变而进行修正，因此，可以由此看到补救行动计划是如何较好地完成的。

资料来源：http://www.shudouzi.com/zhishi/1316.html.

三、基于目标与关键结果工作法的绩效管理体系

（一）OKR 概述

1. OKR 的定义

OKR（objectives and key results）即目标与关键结果工作法。目标是对企业将在预期的方向取得的成果的精练描述，它主要回答的是"我们想做什么"的问题；好的目标应该能够引起所有团队成员的共鸣，并且应该界定达成目标的时限。这个目标很有可能只是一个方向，或者很难被清晰界定。那么如何去衡量？这就需要用到关键结果：衡量既定目标成果的定量描述，它主要回答的是"我们如何知晓实现了目标"的问题；好的关键结果必须是定量的。

OKR 的关键步骤包括建立目标、确定目标的关键结果、目标及结果的层级分解、组织成员认领关键目标、确定目标工作开展计划、OKR 沟通反馈、OKR 评价、设定新的 OKR。所以，本质上 OKR 并不是一种全新的绩效考核与方法体系，而是一套定义和追踪目标完成情况的管理工具和方法，其最大的价值在于信息透明、激发潜能、过程动态调整、全员参与和目标对齐。

2. OKR 的产生与发展

1954 年管理大师彼得·德鲁克明确提出了 MBO 的管理思想，MBO 即 management by object，意为目标管理。德鲁克提出 MBO 时，正是泰勒的科学管理思想声望日隆的时候，但是德鲁克敏感地意识到科学管理的局限性。科学管理的研究对象以体力工作者为主，随着美国经济的快速发展，出现了大批脑力工作者，德鲁

克称之为"知识型工作者"。科学管理的动作研究、人体工程学、标准化等手段在管理知识型工作者时出现了明显的不适应。德鲁克指出，知识型工作者所需解决问题的复杂性，使得标准化几乎不可能，也没有办法明确每项工作的时长，没办法将每项工作的工作量做量化设定。因此，对知识型工作者进行管理，必须实行相当程度的自我管理，这就是 MBO 提出的背景。通过给知识型工作者提供让其感到有意义的目标，让知识型工作者进行自我管理，这是 MBO 背后的基本逻辑。

MBO 诞生以后，陆续出现了德勤能绩、360 度考核、KPI（关键绩效指标）、KPA（关键绩效行动）、平衡计分卡等管理体系，这些体系手法各异，重点各有不同，但是目的一致，就是要推动企业全体员工有序协作、高效产出，从而实现企业的经营与战略目标。每一种体系方法的出现，不仅反映了管理理论界对企业实践的认识不断加深，也是各种计量、统计、分析手段不断涌现的结果，同时还是原生体系与当地文化碰撞融合的结果。在 OKR 体系中，关键结果的背后是 KPI 的影子，目标的背后是 MBO 的影子，"不将非 KPI 类的关键结果达成情况与激励挂钩"的背后是 KPA 的影子，"全公司 OKR 透明化并对关键结果进行自评他评"的背后是 360 度考核的影子，"鼓励员工设定成长类 OKR"的背后是平衡计分卡的影子。

1999 年英特尔公司开始使用 OKR，随后 OKA 风靡全球，众多互联网公司、高科技企业如谷歌、甲骨文、领英、今日头条、百度都用 OKR 替代 KPI。通用电气作为使用 KPI 的典型成功案例，也在 2015 年开始抛弃以 KPI 为核心的绩效管理体系。过去一直强调"蓝血绩效"文化的华为，也开始尝试用 OKR 来替代或优化 KPI。

（二）OKR 的操作流程

1. 设定激进而聚焦的目标

目标激励是有效的非物质激励手段，OKR 强调目标比能力重要，强调过程比结果重要，强调员工要积极参与并提出有野心、挑战性的目标。OKR 希望以鼓舞人心的目标来激发员工的潜能，所以鼓励员工提出完成度能达到 60%～70% 的目标。如果提出的目标 100% 完成了，则意味着所提目标不够大胆、不够有想象力，这比较适用于业务具有不确定性、产品与技术创新性强，同时评价结果不与薪酬紧密关联的企业。

OKR 的员工参与度高，员工参与从目标制定到目标实施的全过程，同时要进行自查和回顾，看看制定的目标是否与公司的战略总体目标相吻合，每个人的目标是否对齐了别人的目标，目标是否有利于分解，等等。

OKR 之所以能在互联网公司盛行，和员工整体素质较高、组织内部信息对称、组织文化开放、员工追求更多参与感、高层参与推动等特点有直接关系。

2. 设定可衡量的关键结果

关键结果（KR）用于衡量指定目标的达成情况。如果目标要回答"我们想做什么"这个问题，则关键结果要回答的是"我们如何知晓实现了目标"。

KR 也要符合 SMART 原则，同时每个人的目标要与进度、上下左右的目标对齐。KR 应该是一个有挑战性的目标，这个目标给人的感觉是近乎无法实现，只有这样，才有可能突破固有的思维方式。

同 KPI 一样，KR 也不宜过多，以 3～7 个为宜，过多的 KR 会导致在短期内无法聚焦。

3. 沟通：目标设定和进度更新

OKR 不是事后考核，而是基于未来，在目标实现过程中，时刻去提醒团队和个人当前的目标和任务是什么，完成到哪种程度，应该做哪些调整，让员工为目标而工作，不是为指标而工作。

OKR 的关键结果是公开透明、大家认同的，所以，它更强调员工自我驱动、自我激励、自我评价，更强调目标实现过程的团队合作、平行协同。

OKR 作为目标执行的监督跟进机制，需要每个人理解上下左右层级的 OKR。OKR 的沟通强调方向的一致性，上下左右要对齐，领导与员工沟通 OKR 实际上是教练指导的过程。

4. 不做评估，忘记失败，获得帮助

OKR 的特点是不与绩效考核、激励挂钩。这是由于一旦将目标管理系统与绩效薪酬系统挂钩，目标容易夹杂很多演绎的成分，催生员工钻空子的行为。

所以 OKR 只做回顾，不做评估，往往是通过周计划和周报等方式定期评审关键结果的执行情况，以实现目标为核心。OKR 更强调兼顾结果与过程，绩效结果与薪酬、奖金、晋升弱挂钩。

过去 OKR 在高科技、互联网企业比较盛行，随着越来越多的人了解 OKR，OKR 有以下几个适用场景。

● 人力资本密集型产业。OKR 强调激发人的潜能，强调人是价值创造的最大主体，所以在人力资本密集型产业，在诸如互联网公司、律师事务所、咨询机构、科研院所等，可以使用 OKR。

● 初创型、创新型企业或岗位。很多新兴的产业尚不成熟，商业模式处于探索期，企业的战略方向不明确，组织结构不稳定，内部角色有重叠，业务工作创新性强，企业内部又是项目制运作，需要平行协同与合作。对于需要更多地发挥员工的主动性和创造性的企业或岗位，OKR 可能是一种值得引进的绩效管理工具方法。

● 鼓励持续做大增量的企业。OKR 鼓励不断挑战极限，所以追求持续做大增量的企业，也可以尝试引入 OKR 作为 KPI 的辅助工具。在稳态的业务与组织模式下，用 KPI 进行考核，同工资职位挂钩。在需要持续突破的业务领域引入 OKR，鼓励激发潜能，持续突破，做大蛋糕，增量分享。

OKR 在实践过程中还需要配套相应的激励机制，通过利益捆绑，实现目标一致，同心协力。

当然，不是所有的企业都适合 OKR 管理方式。创新性、不确定性、爆发性强的企业，适合 OKR；传统的、稳定的、匀速成长的企业，还是要将平衡计分卡与 KPI 相结合。这就需要通过薪酬来配合绩效结果的实现和改进。绩效考核达到要求，给予奖金正向刺激，员工可以进一步提升工作动力；绩效考核未达到要求，给予奖金负向刺激，员工知耻后勇，后续也可以进一步提升工作动力。

(三) OKR 和 KPI 的本质差异

OKR 和 KPI 都来自目标管理，有何不同？二者的本质区别主要包括三个方面：

1. 设计的立足点不同

KPI 具有非常明确的指标，追求的是高效率地完成这些指标。KPI 是基于效率去组织人力资源活动，而不是基于效能。在选择指标时，关注的是有能力达到并且必须达到的目标，通过引导员工作出企业期望的正确行为，实现企业的战略决策，持续获得高效益回报。KPI 侧重于完成明确的目标，而不是超越目标。虽然在某些情况下，企业会出现超额实现目标的突出表现，但这并不是必需的，超越的程度也相对有限。而 OKR 的目标往往是相对模糊的，它更关注提出极具挑战性和追踪意义的方向。OKR 倾向于在正确的方向上努力，通过激发员工的热情，得到超出预期的结果。所以 OKR 致力于指引前进的方向，取得突破性的进展。由于目标本身设置得较难实现，因此是否完成了目标并不是那么重要，通常情况下，完成目标的百分之六七十就足以引导出一个超出预期的结果。因为 OKR 只给出了方向，并没有预设目标是什么，通过激发员工，使员工在正确的方向上以超常的热情去努力，就有可能超越设计的目标。

2. 设计过程存在差异

KPI 的设计通常是自上而下委派式的，虽然也自下而上、自上而下相结合，但在本质上是对战略的层层分解，分解的逻辑是自上而下的。无论采用哪种方法，开发 KPI 的过程都是对企业战略进行层层分解，对获得优秀的业绩所必需的条件和要实现的目标，进行自上而下的定义。KPI 更多反映的是组织希望个体作出的绩效行为。由于外部环境的变化，员工的成长受到越来越多的关注，创新绩效、成长绩效等概念涌现，但这些仍是组织对员工提出的要求。对于个体能够为企业战略的实现主动作出什么贡献，在具体的指标中体现得并不明显，这导致 KPI 的互动性往往较弱。

相较而言，OKR 更加注重上下左右的多维互动，包含三个方面：（1）方向的一致性。企业必须首先明确对自身发展最重要的事务，将之转化为战略目标。团队或业务单元基于企业的战略目标，设定各自的团队或业务目标，员工的个人目标则是在所在团队或业务单元的目标基础上制定的。（2）员工的主动性。OKR 不应该由上级以委派任务的形式分配，而应由评价对象根据自身价值和能够为企业作出的贡献主动制定，它反映了组织内每个个体对企业的责任感和对自身工作的期望值，追求的是影响力。（3）跨部门的协作。OKR 的设计过程要求各团队的目标与关键结果必须获得其他协助团队的认可，因此团队间的沟通交流是必不可少的。

OKR 设计中很重要的一点就是透明，所有人都能看到其他人的 OKR 是什么。通常会对信息系统提出要求，通过短周期不断迭代、修正，避免员工出现重复行为，提高人力效能。

3. 驱动机制存在差异

KPI 的执行一般需要依靠外在激励因素的牵引，包括基本的薪酬、绩效等，这是由其开发过程的特点决定的。KPI 的设计以自上而下的形式为主，这导致 KPI 很大程度上反映了企业要求员工实现的工作结果，员工常常处于被动接受的状态，个人意志无法得到体现。在这种情况下，借助外部因素建立一种"契约式"的关系来调动员工的主观能动性是比较常见的做法。薪酬其实就是一种契约关系，借助外部的因素达成这样一种关系，从而调动员工的积极性。OKR 更强调员工基于自我价值的驱动去实现绩效目标。首先，员工的参与程度会影响他们的工作行为。其次，OKR 不仅是企业的愿景，也是员工个人价值的充分体现，实现 OKR 的过程也是实现自我价值的过程。

（四）OKR 的实践应用

OKR 目标管理的精髓有以下几个要点：

- 员工和经理共同制定目标，员工对结果负责。
- 员工设定目标后自主决定实现的路径和方法，经理提供必要的资源。
- 经理在过程中提供辅导、帮助和监控。

在整个管理流程中，经理与员工进行积极的双向互动和沟通。

1. 目标设定

在设定 OKR 目标时，需注意：

- OKR 是实现年度目标的重要管理工具并可以分解至季度。
- 目标设定需要自上而下进行，从组织到业务单元再到部门和个人，上下贯通。
- 目标设定流程确保聚焦和优先级别的设定、工作量评估；
- 该流程有利于跨业务部门/条线进行协调和沟通。
- 该流程有利于经理与团队成员沟通、给予团队成员辅导。

好的目标设定：聚焦于真正重要的领域，有足够的挑战性；通常比较长远（1 年或大于 1 年）；遵循 SMART 原则。
OKR 目标设定的流程如图 7 - 23 所示。

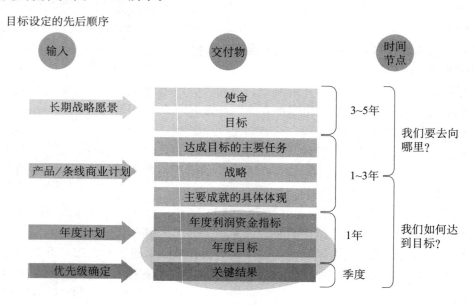

图 7 - 23　OKR 目标设定流程

设定 OKR 目标时需要考虑的要素如图 7-24 所示。

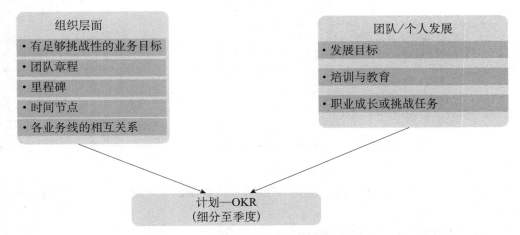

图 7-24　设定 OKR 目标需要考虑的要素

2. 关键结果管理

关键结果是通向成功的关键，即达成目标需要的可预见、可衡量的里程碑。对于关键结果的管理，包括关键结果的确定、管理与评估。关键结果通常跨度为一至几个季度，每一关键结果应该包括数个有时间节点的交付物，并最终完成目标。如关键结果不能有助于目标达成，则需要重新设定目标和关键结果。

以某通信产品芯片公司中国区年度芯片销售在调整前后的 OKR 对比，说明 OKR 应如何符合要求。

调整前的情况：

目标：本年度在中国区的通信产品芯片销售额超过上一年度，由此确定的第一季度关键结果有：

● 制定季度销售目标（1 月）；
● 招聘销售代表（1 月）；
● 销售团队新产品培训（2 月）；
● 经销商新产品培训（3 月）。

调整后的情况：

目标：至年底，将中国区目标市场通信产品芯片的市场占有率提升 5 个百分点（目前市场占有率是 35%）。由此确定的第一季度关键结果是：

● 2 月 1 日前，与每位销售团队成员沟通年度指标。制订完成年度指标的业务发展计划；
● 2 月 15 日前完成 3 位销售代表的招聘；
● 3 月 1 日前对 80% 的销售代表进行新产品培训；
● 3 月 15 日前对排名前 20 的经销商进行新产品培训。

可以看出，调整前的目标毫无挑战性，也不符合 SMART 原则。调整后，第一季度的目标更具挑战性，关键结果也更加可预见、可实现、可衡量。

在管理关键结果时，可以参照表 7-14。

表 7-14　关键结果管理模板

愿景、使命、战略目标	
愿景	
使命	
战略目标（年度）	1. 2. 3.

关键结果/期望				
战略目标1：（目标是否有足够的挑战性？）				
关键结果/期望	衡量关键结果达成的指标 （对组织的影响，这点尤为关键）	战术手段	时间安排	状态评估 0.0/0.5/1.0

在评估和管理关键结果时，需要注意以下重要事项：

● 这些关键结果是否足以完成战略目标？是否需要增加或删减？如果战略目标和关键结果总是100％完成，需要考虑制定更有挑战的目标。

● 与外部客户相关的战略目标和关键结果需要100％完成。

● 如果所有关键结果均达成，是否能完成战略目标？如果不能，请重新思考可能的遗漏或薄弱点。

● 持续反问，为什么是这些关键结果，为什么是这些指标来衡量关键结果？这些关键结果和衡量指标对组织层面是否有影响力？如果有，影响力是什么？能否有更大的影响力？

● 1.0表示已完成或会按期完成的关键结果，0.5表示50％的关键结果会按期完成，0.0表示少于50％的关键结果会按期完成。

● 如果所有关键结果已完成，但战略目标未达成，表明关键结果需要改进或提升。

● 有时会出现战略目标达成但关键结果没有全部完成的情况，此时无须调整关键结果。

3. OKR 与追求管理卓越

OKR的设定与评估流程，是经理和员工定期沟通的重要工具，也是追求管理卓越的体现。

在企业文化的指引下，英特尔、谷歌等公司不仅将OKR作为目标管理的工具，而且把该工具与追求管理卓越进行细致的联结。在图7-25的卓越管理四步骤中，步骤1指由员工提议目标和关键结果，由经理与团队成员进行探讨并就OKR中的目标和关键结果达成一致。步骤2指OKR达成一致后，团队成员在团队会议中公布自己的OKR，并确保责任具体到个人。步骤3指在OKR执行的过程中，对过程评估并进行调整。对过程进展的评估，每季度至少要进行一次。若有需要，对目标和关键结果进行调整。步骤4指OKR年度评估，对已完成的OKR项目及未完成的项目进行差距分析。

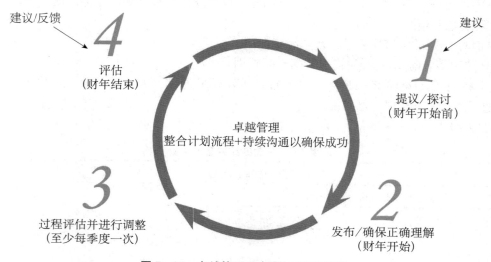

图 7 - 25　卓越管理四步骤与 OKR 流程

可以看出，在卓越管理的四步骤中，OKR 是一直使用的管理工具。经理和团队成员利用公司提供的 OKR 模板进行 OKR 设定、月度和季度评估。团队成员可随时提出沟通要求，经理也应就此与团队成员进行探讨。经理与团队成员互动的过程中，需要注意聆听、提供有质量和持续的反馈并提供帮助和支持。

在英特尔，追求卓越管理（managing for excellence）的定义是：整个组织范围内帮助提升经理与员工绩效的良性循环。绩效提升循环的中心是计划与目标设定，但同样重要的是经理与团队成员就优先级、进程、挑战、反馈和所需的帮助等进行持续的沟通和互动。在此过程中，经理承担的责任是确保沟通持续、双向和提供支持，帮助团队成员完成短期和长期目标。这样的对话是保证计划过程和员工投入的"黏合剂"。

在追求卓越管理方面，英特尔的理念是，优秀的经理对于业务结果、员工敬业和保留至关重要。公司会定期对经理在目标设定、绩效/发展反馈、营造开放、直接沟通氛围等方面进行评估。

英特尔对于经理及领导者的期望之一，是在价值观践行方面起带头作用，所有经理和领导者需要与团队成员设定清晰的目标，提供持续反馈，倾听团队成员的心声并提供帮助。

OKR 等管理工具成为经理及领导者与团队成员定期交流的基本工具。目标设定、回顾及评估等过程均为这样的交流提供了非常好的机会。英特尔鼓励所有员工追求卓越管理。

在 OKR 设定、评估与追求卓越管理中需要注意以下几点：
- 主要聚焦于加强经理与团队成员的关系与互动；
- 经理至少每季度就 OKR 与团队成员进行评估；
- 团队成员发展目标应同样包括在 OKR 等管理工具中；
- 经理与领导者在过程中应展现公司对于领导力方面的期望/能力素质要求；
- 关键结果指的是通向成功的关键，即达成目标需要的可预见的、可衡量的里程碑。

四、基于经济增加值的绩效管理体系（EVA 管理体系）

（一）EVA 管理体系的基本概念

经济增加值（economic value added，EVA）是由美国思腾思特咨询公司（Stern Stewart Consulting Co. Ltd.）在 1982 年提出，并于 20 世纪 90 年代在企业中迅速推广的一种管理方法，主要是对公司高管业绩进行绩效管理的一种手段。EVA 的基本概念是投资回报超过资本成本的那部分剩余收益，用公式表示为：

$$EVA = NOPAT - WACC \times TC$$

式中，NOPAT（net operating income after tax）为税后净利润；WACC（weighted average cost of capital）为资本的加权平均成本率；TC（total capital）为企业所使用的全部资本量。

资本成本（WACC×TC）实质上是经济学家所说的机会成本，是指投资者投资到一个项目上而放弃的投资于其他风险相当的项目可得到的预期回报。

由于传统的会计处理并不能完全真实地反映企业的价值创造与剩余价值，因此需要对会计科目进行调整，以适应 EVA 的计算。所以企业真实的 EVA 为：

$$EVA = 调整后的 NOPAT - WACC \times 调整后的 TC$$

（二）EVA 管理体系的特点

1. EVA 本质上是一套以价值为核心的管理体系

价值管理是 EVA 体系的核心思想，是通过业绩衡量谁在创造价值，谁在破坏价值，哪里有改进的可能，然后通过管理决策来决定哪些业务要舍弃，哪些业务要大力发展，应该在什么地方改进，采用何种管控方式等，通过 EVA 指标体系来促进公司内部各级管理层的管理理念、管理方法、管理行为、管理决策，致力于实现股东价值最大化的管理创新。

EVA价值管理体系主要包括四个方面：业绩考核、管理体系、激励制度和理念体系（如图7-26所示）。从分析公司的EVA业绩入手，从业绩考核、管理体系、激励制度和理念体系四个方面具体提出如何建立使公司内部各级管理层的管理理念、管理方法和管理行为都致力于实现股东价值最大化的管理机制，最终目标是协助提升公司的价值创造能力和核心竞争力。

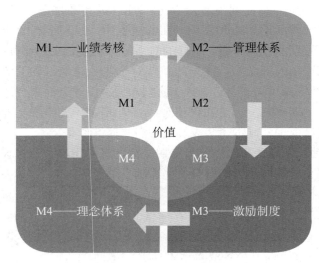

图7-26　EVA价值管理体系

（1）M1——业绩考核。业绩考核是以EVA为核心的价值管理体系的关键环节。以EVA作为业绩考核的核心指标，反映了一个企业在一定时期运营的真实状况及股东价值的创造和毁损程度，代表了扣除权益资本成本后的盈余，考虑了股东的机会成本和隐性亏损，有利于企业在战略目标和工作重点的制定中贯彻以长期价值创造为中心的原则，从而与股东的要求相一致。使用EVA能够从结果上衡量企业所实现的财富增值，更好地揭示企业使用的包括财务资本、智力资本等要素在内的要素生产率。因此，要以企业的长期价值创造为业绩考核导向，在考核中充分考虑企业的规模、发展阶段、行业特点和行业对标等因素，并从股东角度出发，侧重于对经营结果的考核。

（2）M2——管理体系。EVA是评价企业所有决策的统一指标，可以作为价值管理体系的基础，用以涵盖所有指导营运、制定战略的政策方针、方法过程，并作为业绩评价指标。基于EVA的价值评价方法能够有效地衡量企业的价值，评价管理人员的工作业绩，会促进企业管理者形成资本使用纪律，引导其谨慎使用资本，为保障股东的利益作出正确决策，使得向管理者提供的报酬与其真实的经营业绩挂钩，从而达到有效地激励和约束管理者、降低委托代理成本、提高经济运行效率的目的。

（3）M3——激励制度。EVA管理体系的核心是EVA与薪酬挂钩，EVA奖励计划赋予管理者和股东对于企业成功与失败的同等使命和要求，使管理者在为股东考虑的同时，也能够像股东一样得到回报，因而管理者具有同股东一样的想法与动力。基于EVA的薪酬方案见图7-27。

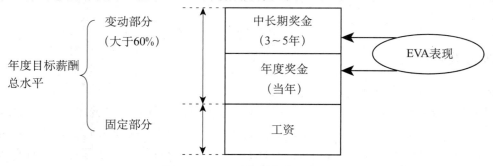

图7-27　EVA薪酬方案示意图

图 7 - 27 中固定部分的工资反映了人才市场的竞争性薪酬水平，应与在该员工所适用的人才市场上具有类似教育背景、技能、经验并从事类似职业的人群的平均薪资水平相当；年度奖金和中长期奖金共同组成 EVA 资金激励体系的目标资金部分，这两部分薪酬直接与 EVA 的结果有关。

EVA 奖励计划的原理是：按照 EVA 增加值的一个固定比例来计算管理者的货币奖金，即把 EVA 增加值的一部分回报给管理者，而且奖金不封顶。在 EVA 奖励制度下，管理者为自身谋取更多利益的唯一途径就是为股东创造更多的财富。这种奖励没有上限，管理者创造的 EVA 越多，得到的奖励越多，股东所得到的财富也越多。激励制度的基础不是 EVA 的绝对值，而是 EVA 的改善值，如果 EVA 为负的企业能减少负值，视同与提高正值一样。

（4）M4——理念体系。建立以 EVA 为核心的价值管理体系，使企业经营者认识到：企业只有在利用现有的资源创造的财富超过资源占用的机会成本时才会产生财富增值，企业的经营并不只是财务资本的简单利用，还是使用智力资本和其他无形资产的过程，从而促进公司治理机制的完善。采用 EVA 业绩评价体系，可以统一企业内部员工的工作动机和利益基础，使企业所有营运部门都能有一个共同的目标，也为企业决策部门与运营部门之间、各职能部门之间提供了相互交流的渠道。因此，通过实施 EVA 价值管理体制，以价值创造为使命，把 EVA 作为业绩考核指标，实施 EVA 激励体制，在股东、管理层和员工之间形成有效的价值创造机制，也会对企业的管理文化产生深远的影响。

在整个 EVA 管理体系导入的过程中，企业的经营理念需要进行转化和调整，要从单纯追求规模扩张、销售收入转变为追求 EVA 的增长。因此，需要从管理体制和管理办法上进行调整，以实现以价值管理为核心的经营理念。

2. EVA 管理体系聚焦于价值创造和价值增值

传统的会计信息具有滞后性、短期性和易操纵性的缺点，偏离了企业的经营目标——价值最大化，无论是利润、资产收益率（ROA）还是净资产收益率（ROE）都不能真实反映企业的价值增长，多指标和多目标往往造成最终价值目标的偏移，而 EVA 通过一个单一的、量化的尺度，降低了企业经营的复杂性。

EVA 不仅通过会计项目的调整减少传统会计指标对经济效益的扭曲，消除现有会计核算体系带来的信息失真现象，还原了企业价值本像，而且通过 EVA 的价值理念建立了一套价值驱动关系与指标体系，引导企业将经营的重心聚焦于价值创造与价值增长。

3. EVA 能有效建立起价值创造与价值分配的联动关系

EVA 着重增强了资源分配和资本成本在考核中的作用，以便引导管理者和员工采取正确的行为。通过 EVA 指标可以帮助企业作出符合股东权益的决策，决定不同业务领域、不同部门的资源分配以实现股东权益最大化。EVA 管理者激励体系是 EVA 管理模式的重要组成部分，将股东利益与经理业绩紧密联系在一起，将 EVA 增量作为价值分配的依据和基础，这样就赋予了管理者像股东一样关注企业成败的责任，使得管理者甚至企业一般员工像企业的股东一样思考，EVA 独具特色的不封顶奖励计划，可以有效激励管理者去发现并成功实施可以使股东财富增值的行为。

4. EVA 可以有效地改善公司治理

通过 EVA 激励计划建立管理者和股东的利益纽带，管理者和股东的关系进一步合理协调，这使管理者以与股东一样的心态去经营企业（见图 7 - 28）。

图 7 - 28 EVA 企业治理体系

EVA 是依据实际经营情况来衡量业绩的，能让管理者在投资时审慎决策。同时，由于业务规划中的业绩目标反映了企业的期望，而不是针对奖金回报，因此，EVA 能将业务规划流程与激励薪酬计划相分离，加强业务规划的整体性。EVA 为各部门提供了畅通的沟通渠道，使各部门形成一致利益，达成共同目标。以上优势使 EVA 可以增强委托人和代理人之间的信任关系。

5. EVA 作为以会计核算为基础的管理体系，仍然有一定的缺陷

EVA 值的计算源自财务报表，是建立在会计核算基础上的一套管理体系，会计报表的调整虽然厘清了很多价值信息，但也存在一定的缺陷，包括无法避免财务指标信息反馈滞后的问题等，而且调整报表相对比较烦琐，增加了管理成本和实施难度。另外，EVA 作为一个数量指标，只能体现经济效益的大小，不能体现经济效益的相对高低，比如大规模的企业相对于小规模的企业通常有较大的 EVA 值，很难判断是因为前者具有较高的效益水平还是仅仅因为具有较大的资本投入，这时，EVA 就难以指导资本在部门或企业之间的投向与配置。

6. EVA 并非适用于所有的企业

由于不受上市与否的影响，因此 EVA 管理模式普遍适用于股份制和非股份制企业。EVA 能够清晰反映企业盈利的实质，真实反映企业的经济业绩，有利于促进企业进行长期战略投资。

对资本密集型企业来说，EVA 是非常有效的，企业比较容易分离和测量实物资产的资本成本，获得投入资本的价值。但在知识密集型企业中，由于使用的大多是以知识和智力为主的无形资产，要准确计量投入与产出的成本与价值就比较困难。

五、基于业务流程的绩效管理体系

（一）基于业务流程的绩效管理体系的内涵

1. 流程管理产生的背景

分工大大提高了企业的效率，实现了个人和职能领域局部的最优化。但随着时代的发展，出现了产品个性化、生产复杂化、企业经营多元化的趋势。由于片面追求精细分工，强调专业化，企业从整体上协调和监控作业过程日益复杂，管理环节越来越多，管理成本越来越高，效率低下，以至于完全背离了分工原则的初衷。在这样的情况下，企业的关注点从职能转变为流程。

2. 业务流程

业务流程（也叫经营流程）是为了实现一定经营目的而开展的一系列逻辑相关的活动的集合，这些活动把一个或多个要素输入转化为对顾客有价值的产品或服务的输出。

根据不同的标准，业务流程有不同的分类。根据企业业务流程的层次不同，由低到高一般分为生产层、运作层、计划层和战略层四个层次（见表 7-15）。

表 7-15　业务流程的层次

管理层次	功能	管理范围	影响时间范围	使用方法	信息系统支持
生产层	设备和工艺的实时控制	具体设备	很短	流程控制理论	现场总线、数据采集与监控系统
运作层	制造执行流程管理	车间	较短	调整和优化理论	制造执行系统、车间调度系统
计划层	资源能力计划与预算	部门至企业	较长	统计和随机模型、优化理论	企业资源计划
战略层	战略调整、流程设计和资源类型确定	整个企业	长	经济模型、决策模型	知识管理、决策支持系统

资料来源：MBA 智库百科.

根据企业流程的性质不同，一般可以分为：

（1）战略流程。战略流程涉及"做什么"，包括：价值、目标、产品定位、资源配置计划、基本流程确定以及考评政策与原则等等。

（2）核心流程。核心流程涉及"怎么做"，包括：营销、生产、销售、储运、服务管理、质量管理、财务管理等等。

（3）支持流程。支持流程涉及"绩效评估"，包括：人力资源管理流程、技术及设施管理流程、质量管理流程、财务管理流程、评估管理流程等等。

其中，战略流程决定核心流程的方向；支持流程是战略流程和核心流程的基础（见图 7 - 29）。

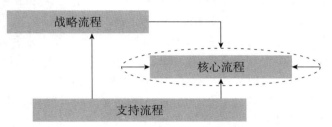

图 7 - 29 战略流程、核心流程、支持流程之间的关系

业务流程的特点有：

（1）目标性。流程有明确的输出（目标或任务），可以是令人满意的客户服务，也可以是及时送达产品。

（2）内在性。流程的活动是互相关联的，包含于任何事物或行为中。对于任何事物，都可以这样描述：输入的是什么资源，输出了什么结果，中间的一系列活动是什么样的，输出为谁创造了价值。

（3）动态性。流程中的活动具有时序关系，流程不是一个静态的概念，而是按照一定的时序关系徐徐展开。

（4）层次性。组成流程的活动本身又有子流程，可以继续分解成若干活动，是一个嵌套的概念。

（5）结构性。流程的结构可以有多种表现形式，有串联、并联、反馈。不同的表现形式会给流程的输出效果带来很大的影响。

3. 基于业务流程的绩效管理

基于业务流程的绩效管理体系，是通过设置业务关键环节的绩效标准，引导和激励员工通过分析、建模和监控等手段持续优化业务流程，解决业务难题和帮助公司实现财务目标的。

企业的运营是一个复杂流程集合的系统，所有运营流程都是为企业目标服务的，运营流程的效率和效果也直接影响企业目标的实现。通过基于流程的绩效管理，保证流程中关键节点绩效指标的实现，从而保证产品和服务质量，实现组织的目标。要提高企业关键业务流程的运行质量，缩短运营周期，提高产品或服务的质量，降低运营的成本，提高客户满意度，以获得企业核心竞争力和持续发展能力。

4. 业务流程管理的关键要素

（1）战略。战略决定组织结构以及业务内容，也就决定了业务流程如何管理。流程必须支持战略的实现，战略举措要落实到对应的流程上。不但要找出实现战略举措的流程，还要对其进行有机整合和管理，必须与流程体系对接。

（2）流程。流程管理本身要从顶层流程架构开始，形成端到端层级化的流程体系。公司必须识别和命名它的各种流程，确定流程生命周期管理的方法和标准，设计端到端的流程绩效指标（PPI）。

（3）人员。流程管理是一项专业性很强的工作。要实现组织以流程为导向的管理，首先要对流程管理的推动者进行培训，培养和发展公司内部流程管理人才队伍，包括建立流程管理的学习和知识交流机制。开展流程管理的相关认证，能更好地推动领导者、管理者和普通员工以流程为中心进行思考，进而带来组织的变革。

（4）工具。信息化及其他管理工具的应用对流程思想的普及和实现具有举足轻重的作用。建立一个企业级的流程管理平台，并将流程与企业的战略目标相结合，进而与信息系统进行有效关联，可有效实现组织的流程思维。

（5）子流程。每个公司都有自己的一套独特的业务流程，根据行业的不同，可基于价值链梳理企业的流程框架，进行阶段性流程定义，然后分层级进行梳理，将基本的流程划分为少量的子流程，这些子流程可以用基本任务或活动来描述。在流程的执行过程中，如果子流程未执行完毕，上级流程就不能启动。

（6）流程嵌套。流程嵌套是指流程之间的关联与前后置关系。流程体系的运行是以流程制度为基础的。

（二）基于业务流程的绩效管理体系的实施

1. 实施基于业务流程的绩效管理的步骤

（1）定义业务改进的绩效目标。高层次的战略层绩效目标可以是组织的战略目标，如投资回报率或市场份额，低层次的生产层绩效目标可以是降低产品缺陷率、提高设备效率等。

（2）测量现有流程体系。制定合理的、可靠的绩效衡量标准，测量现有业务流程。

（3）分析测量结果。根据现有流程和业务数据，确定关键问题的产生原因，以及运用哪些方法来消除当前业绩指标与绩效目标之间的差距。可以采用统计工具等来辅助分析和决策。

（4）改进现有流程。在分析问题的基础上创造性地寻找新方法和手段，改进效率和效果。可以运用统计方法等来确认改进的流程对绩效的影响。

（5）控制新流程体系。通过修订或调整流程制度、组织和岗位职责、考核激励机制等，使改进后的体系制度化，将绩效改进方案纳入日常管理活动。

2. 实施基于业务流程的绩效管理的成功要素

（1）高层支持。业务流程管理是一个系统的改革，是"一把手"工程，企业高层必须亲自参与。因为业务流程管理是一个变革的过程，需要对组织作出调整，会涉及很多人的利益，领导者的决心和意志将是推动流程重组的原动力。

（2）持续学习与培训。培训的内容包括管理思想、管理知识、管理技术，要把企业最高层的改革思想逐层传递到员工，使他们统一思想，保持行动一致，成为改革的执行者；使他们认识到业务流程管理的重要性，并掌握实施的技能。

（3）广泛参与。所有受业务流程管理影响的相关部门负责人都应该参与到项目之中。充分的沟通和培训是确保全员参与的手段与方法，可以保证项目获得所需的资源，也有利于在组织内部传播改革的思想；同时，员工的参与有助于在执行的过程中及早适应和改进系统。

（4）循序渐进。业务流程管理考虑使用"试点—改进—推广"的方法。流程管理不可能一步到位，要循序渐进，不断发现问题和作出改进。同时谨慎选择试点部门，并选择从流程管理中获益最大的部门作为第一批实施部门。

（5）注重收集基础数据。数据不但是绩效考核的依据，还是不断改进流程、提高效率的依据。数据不足将在很大程度上影响流程管理。

3. 有代表性的基于业务流程的绩效管理——六西格玛管理

六西格玛管理是比较有代表性的基于业务流程的绩效管理。20世纪80年代末，美国摩托罗拉公司最早把六西格玛这一突破性的质量管理战略付诸实践。1996年，通用电气公司的杰克·韦尔奇开始把六西格玛作为三大战略举措（另外两个是全球化和服务业）中的首要举措，六西格玛逐渐从一种质量管理方法变成了一种企业流程设计、改造和优化的技术，进而成为世界上追求卓越绩效的企业的重要战略举措。

六、基于标杆的绩效管理体系

（一）基于标杆的绩效管理体系的内涵

1. 标杆管理的概念

标杆管理是一个通过衡量、比较，向卓越的公司学习，实施变革以持续改进、强化竞争优势、提升竞争地位的过程。标杆管理的实质是为提高企业绩效而寻找、分析和研究优秀企业的产品、服务、设计、机器设备、业务流程、管理实践等的系统方法和过程。

基于标杆的绩效管理是指企业将最优秀的企业或在行业中领先的、最有竞争力的企业的关键业绩行为作为基准，然后将自身的关键业绩行为与其进行比较，分析这些基准企业的绩效的形成原因，在此基础上建立企业可持续发展的关键业绩标准及绩效改进的最优策略。

2. 标杆管理的类型

按照不同的标准，标杆管理可分为不同的类型。根据作为标杆的对象不同，标杆管理可以分为：

（1）内部标杆管理，即以本企业内部做得比较好的环节为标杆，促进企业其他环节持续改进和超越。内部标杆管理的流程包括：首先考察企业内部不同地区的业务单元，了解其业务是否相同或相近；然后分析比较以确定最佳实践；最后推广到组织内部的各个业务单元。

（2）竞争标杆管理，即将行业内最优秀或最有竞争力的企业作为标杆，不断学习竞争对手并超越它。通常采用倒序制造和购买竞争对手产品的方式，并收集各种关键信息，对其产品、服务、流程等进行全面、细致、深刻的了解与把握。

（3）外部行业标杆（行业内）管理，即以全球范围内本企业所在行业最优秀的企业为标杆。

（4）外部一般标杆（行业外）管理，即以非相关行业企业的相关业务流程等作为标杆。

根据标杆管理的内容不同，标杆管理可以分为：

（1）战略标杆管理，即比较本企业与标杆企业的战略，分析企业成功的战略要素和战略管理的成功经验，为企业制定与实施战略提供帮助，以实现或超越企业的战略目标。

（2）职能标杆管理，即以某些企业中的优秀职能操作作为基准进行的标杆管理。

（3）流程标杆管理，即以某些企业中的最佳工作流程作为基准进行的标杆管理。

（4）产品标杆管理，即通过考察其他企业特别是竞争对手的产品，明确自身产品改进措施的标杆管理。

（5）管理标杆管理，即以优秀企业的管理体系为基准进行的标杆管理。

3. 标杆管理的产生与发展

标杆管理最早出现在20世纪60年代初的IBM。当时IBM总部发现不同子公司之间存在巨大的绩效差异，于是开始进行内部标杆管理。由于只找出了存在的绩效差距以及原因，而没有探索缩小差距的途径和方法，并且执行过程中缺乏必要的支持，标杆管理的效果不够理想。60年代后期，IBM通过在内部界定最优产品流程，并在全球的工厂开展运营管理实践趋同化的活动，赢得了显著的国际竞争优势。[1]

1979年，美国施乐公司最早提出"标杆管理"的概念。施乐公司最初进行的是内部标杆管理，以其成员企业富士-施乐公司为基准，后来又把标杆管理的内容扩大到除产品流程、业务支持流程以外的其他领域，作为标杆的对象也从内部扩大到竞争对手，以及其他从事相同或相似活动的潜在的优秀企业。通过标杆管理，施乐公司取得了明显的效果。施乐公司被认为是标杆管理的先驱。

标杆管理的发展经历了四个阶段：

（1）单点竞争标杆管理阶段。企业局限于向竞争对手学习，在取得显著改进的同时，带来了同质化竞争的问题。

（2）多点竞争标杆管理阶段。企业学习的对象不仅仅限于竞争对手，还开始了跨行业的学习。

（3）全面标杆管理阶段。企业放弃了零散的项目式标杆管理，而开展全面的标杆管理，将标杆管理融入企业日常的经营管理。

（4）战略标杆管理阶段。企业将标杆管理提升到战略层面，通过标杆管理实现战略的制定与实施。

4. 标杆管理的意义

标杆管理的意义体现在五个方面：一是追求卓越，学习并超越领先者；二是流程再造，通过变革提升产

---

[1] 哈里顿，哈里顿. 标杆管理：瞄准并超越一流企业. 北京：中信出版社，2003.

品；三是持续改善，形成标杆管理循环；四是创造优势，形成核心竞争力；五是建立学习型组织，适应新的变化。

（二）基于标杆的绩效管理体系的实施

1. 标杆管理的流程

华夏基石管理咨询集团将标杆管理的流程归纳为"6D"模型，具体包括：

（1）决定方向（determine the direction）。首先要确定对标主题。一方面要立足本企业的战略、愿景、使命等，另一方面要对企业现状有深入、细致的分析，从而明确需要学习的内容。其次要确定对标企业，通常是领先企业。最后要确定数据来源，包括本企业和标杆企业的相关资料和数据。

（2）找出差距（discover the gap）。通过数据资料比较，发现标杆企业与本企业的关键性的差距及其成因。

（3）定义目标（define the goal）。根据差距，结合本企业的发展要求制定期望的绩效目标。在找出差距和确定绩效标准时应考虑以下因素：

- 经营规模的差异以及规模经济成本的效率差异；
- 企业发展阶段的管理实践与业绩差异；
- 企业文化理念与管理模式的差异；
- 产品特性及生产过程的差异；
- 经营环境与市场环境的差异。

（4）设计方案（design the plan）。根据目标制定行动方案，包括详细的行动计划、执行进度、衡量指标、跟踪机制和调整计划等。在设计方案的过程中，与员工的沟通与交流同步进行，让全体员工理解并支持标杆管理的目的、目标与前景，根据全体员工的建议提出改进方案。

（5）执行计划（do）。按照设计方案，相关部门和人员认真执行，并定期评估和反馈，根据运行情况对方案进行相应的调整和完善。

（6）开发体系（develop the system）。方案实施后若取得良好效果，要总结适合本企业的最优实践，并将其整合到工作流程中，形成标准的流程管理体系。

标杆管理是一个动态、渐进的过程，一个对标项目结束后，企业应当针对内外部需要确定新的对标主题，进入下一个对标循环。

2. 标杆管理的评估

企业中某一个标杆管理流程结束后，要对整个过程进行评估，评估的方式包括整体评估、单项评估、定期评估、不定期评估等，评估的内容包括：

（1）对标工作状况。具体包括：对标机制、制度体系、标准体系、组织保证措施，对标规划及阶段性目标的先进性和可行性，对标计划的执行情况、对标工作成果及经验、对标工作对提升企业管理水平的指导意义等等。

（2）对标工作管理机制。具体包括：指标体系的科学性、可比性、导向性，对标体系的客观性、公正性，管理控制体系的适应性、有效性，指标数据库的权威性、严肃性，最新实践库的先进性、时效性等等。

3. 标杆管理实施的条件

（1）企业领导者的重视和支持。

- 亲身参与，以看得见的方式在企业内推行标杆管理；
- 反复强调标杆管理的意义，并实施必要的奖罚措施；
- 把对标杆管理的支持转化为对企业中层的明确要求；
- 建立企业文化支持和鼓励"我们可以向任何人学习"的态度；
- 对员工授权，让他们采取最佳实践。

（2）对项目团队的标杆管理培训。

- 让员工熟悉企业标杆管理流程；
- 让员工熟悉对工作流程进行分析和改进的工具；
- 让团队在业绩度量上做好准备；
- 给团队提供实施标杆管理所需的技能、技术和工具；
- 让团队成员有效解决问题，找到创造性的解决方案；
- 在现有质量改进行动的基础上提出标杆管理项目；
- 让最佳实践成为绩效改进的驱动力。

（3）鼓励学习的企业文化。

- 让员工发挥自己的潜力而不是控制他们；
- 鼓励全面、系统地思考和学习；
- 期望经理和员工去创造、创新并不断学习，而不仅仅是服从；
- 企业文化支持网络及信息交流；
- 企业文化培养整合的、跨职能部门的团队合作；
- 企业文化奖励有意义的独辟蹊径的做法。

（4）企业员工的积极参与。

- 对员工充分授权；
- 鼓励员工主动发起对标管理项目；
- 激励参与对标管理取得成效的员工。

（5）规范、系统的标杆管理机制。

- 规范、系统的管理流程；
- 规范、系统的制度。

（6）创新精神。

- 不断学习、改进；
- 超越标杆企业。

（7）良好的信息交流渠道。

- 内部沟通渠道；
- 外部沟通渠道。

4. 标杆管理的意义

（1）标杆管理强调向外部学习，模仿创新、持续进步、走向卓越。标杆基准法早期主要是企业将自己的产品、服务和经营管理方式，不断与行业内外优秀企业的最佳表现和最佳实践进行比较，找出差距，制定措施，并实现持续改进。标杆管理强调不断完善与持续改进，是一个循环往复、追求卓越的过程，也是一个不断模仿、学习和创新的过程。

要向组织外部参照物学习，同时，在整体对标的前提下，也可以将自身的产品、服务和经营流程做逐项的分解和对标。

在华夏基石与国务院国有资产监督管理委员会合作开展的"中国企业与世界级企业软实力对标"课题中，选取了世界级企业的 13 个评价要素：公司治理、人才开发与企业文化、业务结构、自主研发、自主品牌、管理与商业模式、集团管控、风险管理、信息化、并购重组、国际化、社会责任、绩效衡量与管理。通过13 个要素的对标，思考中国企业与世界级企业之间的主要差距，并确定相应的关键成功领域和要素。详见图 7 - 30。

（2）对标管理可以有效激发组织活力和员工潜能。当视角从内部转向外部，从自身看向标杆后，有利于员工不断拓展新想法和新思路。针对同样的经营和管理问题时，能够不断创新突破，实现成长。

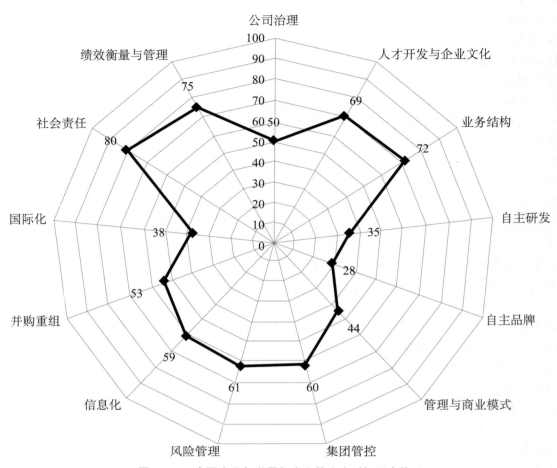

图 7-30　中国企业与世界级企业软实力对标要素体系

　　对标管理促使员工的视角从内部转向外部，基于可能达到的最佳绩效水平制定工作目标，牵引企业不断向前更好地发展。

　　标杆管理在推进对标的同时要重视与员工的沟通和交流，让全体员工理解和支持对标管理的目的、目标与前景，并参与其中，根据全体员工的建议，拟定绩效目标，提出改进方案。

　　标杆管理要落实到日常行动改进上，制定具体的行动方案，包括计划、安排、实施的方法和技术，以及阶段性的成绩评估等。

　　通过标杆管理持续的循环过程，不断总结、反馈、提炼、改进，有利于员工从关注"做什么"转向关注"为什么做"和"怎么做"，抛弃"唯指标论"，更加关注环境和机会，基于市场和客户需求的变化，思考如何更有效地改进工作措施，提升绩效。

　　（3）对标绩效管理逐步从向外看变为内外皆看。标杆管理在企业绩效管理中应用时，可以有两种不同的思路，一种是同行业标杆企业进行同步对标，另一种是针对自身进行对标。同行业最佳实践比，可以找出差距、制定措施并实施改进。和兄弟单位比，也可以总结内部最佳实践，创造比学赶帮氛围。和自身比，可以不断挖掘潜能，突破自我，成为更好的自己。

　　在企业实践中，标杆绩效管理主要按照确定标杆内容和对标指标、选择标杆、搜集标杆信息并设定目标值、分析差距和实施改进、评价对标指标完成情况等五个步骤开展工作。

　　外部对标时，要选择成熟型行业和数据易于获取的对标企业。比如中粮集团在进行行业对标时，选取的是基于业务战略和业务驱动因素的指标，在这些指标上有明确的对标企业，指标数据也容易获取（例如市值指标、市场份额、成长性指标、运营效率指标）。随着对标体系的不断完善、数据源的不断增加，企业也可以不断扩大对标考核的指标范围。

内部对标时，有业务类型同质的组织，即可在同一指标维度下进行对标分析。分析时，既要判断绝对值，也要评价相对值。既要看相互之间的排名，也要看与预算比和历史比的结果。没有业务类型同质的组织，可以分析同自身相比的进步性或同等规模下的管理及组织能力建设等。

总之，有对标基础的要大胆对标，没有对标基础的要创造基础对标，对标是永恒的主题。

最后，在分析差距和确定绩效标准时，还要考虑企业经营和管理的差异，如：

- 企业经营规模的差异以及规模经济成本的效率差异；
- 企业发展阶段的管理实践与业绩差异；
- 企业文化理念与管理模式的差异，如集分权、资源共享程度以及内控程度的不同；
- 产品研发及生产过程的差异；
- 经营环境与市场环境的差异等。

5. 企业人力资源对标管理

（1）对标世界一流管理提升行动。2020 年 6 月 13 日国资委正式印发《关于开展对标世界一流管理提升行动的通知》（以下简称《通知》），按照国企改革三年行动的部署，要求 2020—2022 年中央企业和地方国有重点企业开展对标提升行动，行动将分阶段稳步实施：2020 年 6—9 月为研究部署阶段，2020 年 10 月至 2022 年 7 月为组织落实阶段，2022 年 8—12 月为评估深化阶段。届时将努力使国有重点企业基本形成系统完备、科学规范、运行高效的中国特色现代国有企业管理体系，企业总体管理能力明显增强，部分国有重点企业管理达到或接近世界一流水平。

《通知》坚持务实戒虚，着力解决国有企业长期存在的老大难问题。对标提升行动提出了八大重点工作：

1）在战略管理方面，通过强化战略意识、投资管理、主业管理和国际化经营，持续提升战略引领能力。

2）在组织管理方面，通过科学设置组织架构、分类开展授权放权、完善组织运行机制、加强组织文化建设，持续提升科学管控能力。

3）在运营管理方面，通过推行精益管理、加强现场管理、优化供应链管理、完善营销管理和用户服务体系，持续提升精益运营能力。

4）在财务管理方面，通过构建一体化财务管控体系、充分挖掘利用财务资源、提高资本的流动性和回报率、加强市值管理，持续提升价值创造能力。

5）在科技管理方面，通过加强科技创新规划、完善技术创新体系、提高协同创新水平、强化创新考核引导，持续提升自主创新能力。

6）在风险管理方面，通过强化风险防控意识、健全合规管理制度、加强内控体系和责任追究体系建设，推进法律管理与经营管理深度融合，持续提升合规经营能力。

7）在人力资源管理方面，通过强化规划引领、完善市场化选人用人机制、健全薪酬分配激励机制、加强人才培养和梯队建设，持续提升科学选人用人能力。

8）在信息化管理方面，通过充分发挥信息化驱动引领作用、统一基础数据标准、促进业务与信息化深度融合、完善网络安全管理体系，持续提升系统集成能力。

八大重点工作直指国有企业存在的问题和痛点，将广大地方国有重点企业纳入对标一流的范围，必将推动更多国有企业对照世界一流企业、行业先进企业找差距，有针对性地采取务实管用的措施促进企业管理水平的提升。对标提升活动不仅对国有企业具有重要意义，而且值得各行业各类企业借鉴学习。对于人力资源工作者来说，企业人力资源对标管理将是未来工作的重点。

《通知》特别指出，在人力资源管理方面，存在的主要问题有：人力资源规划不清晰、三项制度改革落实不到位、人才队伍活力不足、高层次领军人才缺乏等。具体解决举措包括：

1）强化规划引领。坚持人力资源管理与企业战略、业务发展同步谋划，充分发挥市场作用，围绕人力资源的获取、配置、利用、保留和开发等核心环节持续探索创新，提高人力资源对企业战略目标的支撑作用。

2）完善市场化选人用人机制。拓展人才引进渠道，着力推行经理层任期制和契约化管理，积极探索职业经理人制度，加快建立和实施以劳动合同管理为基础、以岗位管理为核心的市场化用工制度。

3）健全薪酬分配激励机制。全面推行岗位绩效工资制度，统筹运用多种中长期激励方式，鼓励支持知识、技术、管理等生产要素有效参与分配，充分激发各类人才的活力动力。

4）加强人才培养和梯队建设。以创新型、专业化高层次人才为重点，把握不同类别人才特点因才施策，持续优化人才成长路径和队伍结构，全面提升人才队伍素质。

（2）人力资源管理如何对标世界一流。中国人民大学教授苏中兴在"人力资源管理如何对标世界一流"的主题演讲中指出，中国人力资源管理对标世界一流的十大要点包括：

1）人力资源规划：引领方向。明确人力资源规划是在进行战略和业务分析的基础上进行人才能力、管理机制建设，其中，关键岗位的人才能力和机制建设需要格外关注。通过切实执行、监督、优化人力资源规划，提高劳动效率、人工成本利润率等，发挥其在对标过程中的引领作用。

2）市场化选人用人机制：激活组织。实现干部能上能下，建立健全组织机制帮助人才脱颖而出，形成充满活力的用人机制和文化。

3）薪酬分配激励机制：激活个体。进一步细化岗位绩效工资，明确基本工资基于岗位或任职资格等级，绩效工资的作用则是激励员工更好地完成本职工作；设立中长期激励，让知识、技术、管理等要素能够参与分配，完善期权、股权、超额利润分享、项目合伙人制度等，同时完善激励计划的退出机制；针对科技人才，可以设立专项激励计划，激发人才创造活力。

4）人才培养和梯队建设：构筑未来。完善关键岗位梳理，打造适合企业发展的人才库，制订高级管理者和技术专家的梯队建设和继任者计划，同时，可以通过轮岗、导师制、高管带教等方法让人才在实践中学习，进一步打造企业终身学习氛围和非正式学习机制。

5）人力资源基础设施建设：夯实基础。夯实人力资源基础设施建设，要完善人力资源部的组织架构和岗位设置，促进人力资源信息化，通过对员工满意度、敬业度、离职率、人工成本利润率等进行数据分析来科学决策，同时，还需注重各级管理者人力资源领导力的提升。

6）目标责任和绩效管理：把握主线。实行目标责任和绩效管理是企业战略落地的关键，是企业发展的保障。将目标和责任进行分解，通过绩效压力传导机制确保员工在公开、公平、公正的组织环境中更好地履行自己的职责，对于考核结果，要注意反馈和应用，用绩效结果助力人员配置、培训等策略调整，形成绩效管理循环和绩效改进机制。

7）团队工作和团队管理：激发合作。团队已经成为企业发展中至关重要的单位，不断完善组织内部团队建设，促进沟通，优化团队管理，激发团队内、团队间的合作是当代企业必须完成的课题。

8）国际化人才管理：走向全球。随着全球化的发展，人才的流动也逐渐呈现出国际化、全球化的趋势。建设世界一流的企业，人力资源管理势必要培养国际化思维，打造适用于全球人才的人力资源体系。

9）企业文化建设：打造灵魂。在符合自身发展的基础上，可以对标世界一流企业的文化特征，看看什么样的文化在市场中有竞争力，同时，也要注重打造文化的形成机制，确保企业文化不是空中楼阁，而是能够通过企业的历史故事的宣讲、管理制度的贯彻和领导的引领带动扎根于员工心中。

10）动力机制革命：突破体制。随着国际国内形势的新变化，供给侧改革、科技创新、高品质中国制造、内需拉动将成为中国发展新模式的关键词，对于企业发展来说，全面深化多方位的动力机制改革，逐步突破体制机制瓶颈势在必行。

十大要点，兼顾宏观战略规划层面与具体人力资源管理实践，聚焦国内同时放眼世界，对企业来说具有很强的系统性和操作性，有利于企业降本增效，帮助企业应对人才洼地、结构性缺员、前瞻性不足等挑战。

即时案例 7-7

从优秀到卓越——某省电力公司人力资源对标管理的实践路径

一、思考人力资源管理的基本逻辑

战略人力资源管理是为企业实现目标所采取的一系列有计划、具有战略性意义的人力资源部署和管理行为。战略人力资源管理以公司战略为基础，主张对人力资源进行战略性配置与提升，以目标为导向，灵活适应公司战略，通过对人力资源的战略规划和流程设计等，提升组织绩效，为组织获取竞争优势。相对于职能性较强的人力资源管理拥有更加显著的战略性和系统性，其对组织绩效及目标的实现具有更强的导向性、科学性。

与公司战略的契合是战略人力资源管理的必要条件，而战略人力资源管理与企业文化是否契合决定着管理实践的实施效果。人力资源管理通过具体的实践，调整、规范、激励员工行为，其方法和手段以及结果都是显性的；企业文化则通过一种潜移默化的方式，引导、激励员工，从而为组织目标服务，这一方法与结果都是隐性的。这一软一硬的管理方式，是组织发展的保障。二者的有机融合、深度契合，是形成有效管理合力的前提。

因此，战略、人力资源管理、企业文化的有机契合有利于战略与实践生态链的形成，企业在实践过程中应注意调节三者的关系。下面以某省电力公司 A 公司为例加以介绍。A 公司的使命是成为国际一流的电力公司，为此，就需要战略、文化、组织与人力资源管理之间紧密配合，如图 7-31 和图 7-32 所示；公司人力资源管理机制如图 7-33 所示。

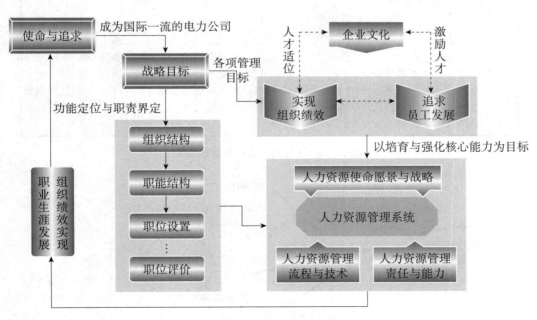

图 7-31　战略人力资源管理的基本逻辑

针对 A 公司的情况，可以将其人力资源管理经验总结为"飞机模型"，如图 7-34 所示。

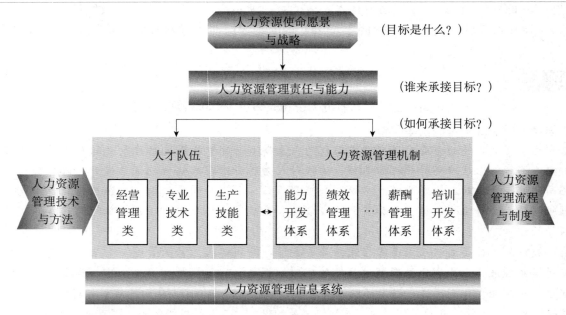

图7-32 A公司人力资源管理全景模型

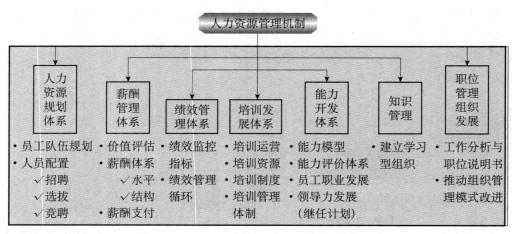

图7-33 A公司人力资源管理机制

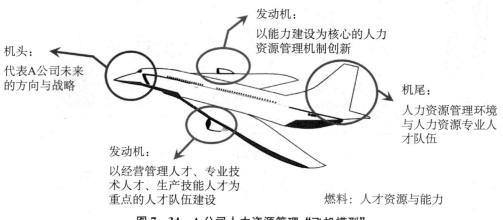

图7-34 A公司人力资源管理"飞机模型"

二、A公司人力资源对标管理实践路径

1. 企业人力资源管理发展水平划分

企业人力资源管理发展水平大致可分为四个阶段：第一是基础阶段，多为人事管理；第二是发展阶段，人事管理与人力资源管理功能并举；第三是领先阶段，以战略人力资源管理为主；第四是卓越阶段，强调人力资本管理（如图7-35所示）。

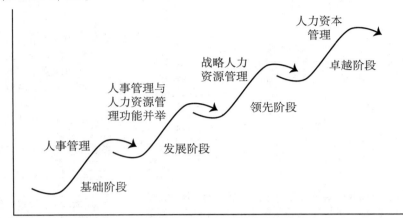

图7-35 企业人力资源管理发展水平划分

不同阶段的人力资源管理在各项管理机制上发挥的作用存在一定的差异，如表7-16和表7-17所示。

表7-16 不同阶段人力资源管理使命愿景和战略

主要因素		阶段1：基础	阶段2：发展	阶段3：领先	阶段4：卓越
人力资源使命愿景		立足于提供简单的人事服务，降低差错率，未上升至使命层面	提出片段的人力资源管理理念并应用于实践，但对整体系统提升的指导性有限	提出前瞻的人力资源管理理念，并已成为有效人力资源管理行动的指导原则	建立与公司发展战略要求相一致的使命愿景，且在一定时期内可达到且可衡量
人力资源部功能战略定位	战略定位	为人力资源管理团队设立年度工作目标；目标着重对能力缺陷的弥补	根据业务目标制定人力资源战略	基于业务目标对人力资源管理的具体要求，相应制定人力资源战略	人力资源战略基于公司的业务目标，并作为业务规划的一部分，定期进行审查调整，从人力资源角度构建核心竞争优势
	业务角色	基本的人事和行政职能，没有管理职责；提供有关员工关系的基本信息	为业务部门管理者提供专业指导	人力资源部门成为业务部门的伙伴，对业务目标的实现做出战略性的贡献，如建立核心人才优势	人力资源人员承担"专家"角色，核心功能是构建公司的人才竞争优势；界定人力资源管理人员所需的能力，评估人员的素质差距，有计划地提升能力

表7-17 不同阶段人力资源管理机制及内容

主要因素		阶段1：基础	阶段2：发展	阶段3：领先	阶段4：卓越
人员招聘、发展和绩效管理	人力资源规划	只进行少量的应急性招聘与解雇	根据公司业务发展要求，确定人员需求，但相对比较粗放，对未来没有太多预期	实时对人员进行盘点，了解现状；根据对公司发展的预期，进行人力资源供需分析，指导招聘实施	根据公司的发展战略目标确定人力资源管理的战略方向以及制度规划；对人力资源的数量、素质、结构进行规划，关注核心人才

续表

主要因素		阶段1：基础	阶段2：发展	阶段3：领先	阶段4：卓越
人员招聘、发展和绩效管理	招聘	未使用能力标准或统一的指导方针保证招聘质量；管理岗位以内部招募为主	部分使用能力标准评价新员工；管理岗位的招募以内部为主，外部为辅	有全公司范围内的能力指导方针，确保招聘效果；建立统一的员工招募流程；员工招募渠道拓宽	广泛应用规范的能力模型，以确保招聘效果；员工招募流程规范、科学，广泛应用；充分利用可用渠道，能够招募到最适合的人才
	培训	培训是对能力危机和员工个别需要做出的响应	有一些标准化的培训活动，帮助员工为承担新的职责做好准备	为公司组织制定定期的培训计划，并综合考虑绩效考核中发现的个性化需求；培训的形式逐渐多样化（如e-learning）	根据公司战略预测和确定业务发展对人力资源提出的要求，结合员工现状，制订培训计划并组织实施与评估；培训内容强调针对性，形式多样、高效
	职业发展	没有设计员工职业发展计划	有职业发展计划的粗线条设计，但没有达到预期的实施效果	设计了详细的职业发展计划，在部分员工中应用达到了预期效果	制订的职业发展计划持续实施强化；在吸引优秀人才、提升员工能力、激发员工潜能、提高对公司的忠诚度方面，职业发展计划发挥重要作用
	绩效管理	绩效考核标准采用有限的定量指标，以主观的定性判断为主	绩效考核标准主要采用定量指标与定性判断相结合	依据绩效标准（定量和定性结合）和能力模型评价绩效	根据公司战略确定各级员工的绩效目标；鼓励各级管理层与个人承担绩效管理责任
	薪酬管理	依据学历、资历确定工资；薪酬与绩效的挂钩不紧密	定量绩效和定性评价相结合进行薪酬分配，以鼓励员工对企业发展的贡献	大多数员工的薪酬基于业绩目标的实现情况而定；薪酬水平体现了业绩差异和岗位差异	根据绩效目标的实现情况确定员工的薪酬；根据职位性质和人才的特殊性设定薪酬组合；薪酬水平和结构发挥长期激励作用，引入期权计划等多样的激励方式
组织结构与职位管理	职位管理	形成粗放的岗位说明书，所提供的信息有限	根据组织结构的变化，制定岗位说明书，内容相对完整，但与部门、岗位任职者的沟通不足，执行跟踪有限	及时适应公司组织机构调整，建立动态的岗位说明书管理机制，定期修订岗位说明书	根据公司组织结构调整，进行业务流程分析，为进行合理的、面向未来的职位管理提供基础；修订后的岗位说明书能够持续赢得任职者共识
	组织发展	人力资源部基于现有的组织结构工作	多数部门之间对组织机构设置缺乏沟通，信息透明度不够；人力资源部有限参与	人力资源部对组织结构的调整提出建议；借助组织机构设置结果，进行人职适配	在进行组织机构设置前，明确界定所需强化的核心能力；与员工充分沟通组织结构的变化，信息透明；人力资源部是组织变革发展的主要推动者之一
人事管理	人事管理	从事简单的，包括信息录入、查询等在内的人事服务	制定各项人事管理制度与流程，借助信息技术等开展人事服务，提高服务的效率与满意度；保证员工合法、安全的工作条件和工作环境	考虑对部分人事服务引入外包形式，由外部专业化的机构负责，人事工作不是人力资源部的主流	由少量精简的人员从事个别个性化的人事服务，多数工作已完全外包
人力资源竞争力	员工竞争力	对员工满意度没有太多考虑	不定期调查员工满意度，对员工不满之处进行有限改进	定期进行员工满意度调查，并改进；员工被视为企业的最大财富	员工竞争力被视为人力资源部门的重要目标；核心员工的流失率降到最低

2. 评估公司人力资源管理现状

华夏基石咨询管理团队从理念、制度与方法体系角度，对 A 公司的人力资源管理现状及水平进行了评估并打分，评分标准如下：

- 1 分：理念、制度、方法体系尚未形成；
- 2 分：部分理念、制度、方法体系已形成；
- 3 分：大部分理念、制度、方法体系已形成；
- 4 分：制度完整、方法体系成熟。

A 公司人力资源使命愿景工作最终得分为 2.5 分，该公司处于由发展转向领先阶段。以卓越实践为标杆，对比两者间存在的问题与差距，如图 7-36 所示。

比较内容	卓越实践	存在的问题与差距
人力资源使命愿景	• 建立与公司发展战略要求相一致的使命愿景，并在一定时期内可达到且可衡量。例如，"积极响应员工需求，帮助员工最终达成优异的绩效，实现公司战略与员工发展双赢"	• 使命愿景的描述与人力资源管理战略的执行之间存在脱节 • 人力资源战略尚未对理念进行系统整合，散落在局部 • 缺乏对人力资源管理整体效果进行动态评估的机制

图 7-36 A 公司人力资源使命愿景现状与差距

3. 看差距，找原因，定举措

综合各项管理实践来看，A 公司目前的管理水平与实现卓越管理目标的差距如图 7-37 所示。

现状特征
• 全方位的人力资源管理责任有待强化，人力资源管理人员的专业化能力尚需加强 • 尚未建立岗位能力模型，员工配置管理以及培训开发等环节缺乏科学合理的依据 • 尚未建立统一的人员招聘甄选程序和素质评价体系，人员选拔缺乏统一标准与有效工具 • 缺乏能够有效支撑战略的绩效管理体系，人力资源管理整体效能有待提高 • 薪酬分配机制不能完全反映不同岗位任职者的贡献与价值 • 人力资源管理信息系统的支撑力度尚需加强

目标状态特征
• 明确核心岗位的能力模型，界定能力管理的流程以及评价方法，搭建以能力为核心的人力资源管理体系运作基础 • 建立覆盖各级员工的、闭环的绩效管理体系，考核结果与薪酬福利及晋升密切挂钩 • 建立领导力发展与员工职业发展机制，实现人职匹配 • 基于能力模型以及绩效管理体系的要求，优化培训开发体系 • 建立人力资源信息系统和专业化的人力资源管理流程，人力资源效率和员工竞争力领先

图 7-37 A 公司人力资源管理现状与差距

根据人力资源管理不同模块的工作性质，寻找问题原因，如图 7-38 所示。

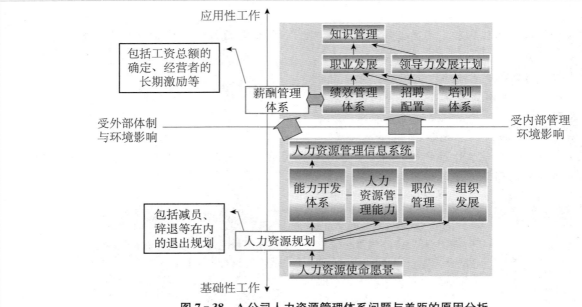

图 7-38　A 公司人力资源管理体系问题与差距的原因分析

4. 制定人力资源管理体系改进方案

A 公司结合自身发展战略确立了未来基于能力的人力资源管理体系框架，如图 7-39 所示。

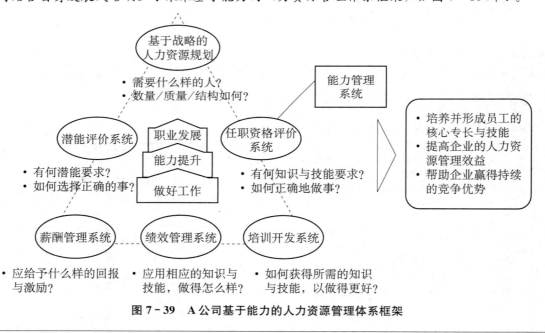

图 7-39　A 公司基于能力的人力资源管理体系框架

七、周边绩效与 360 度绩效管理体系

（一）周边绩效

1. 概念与内涵

美国管理学家莫托维德罗（Motowidlo）和斯科特（Scotter）提出了一个有关绩效的模型，将绩效划分为

任务绩效（task performance）和周边绩效（contextual performance）（1994）。任务绩效是与具体职务的工作内容密切相关，同时也与个体的能力、完成任务的熟练程度和工作知识密切相关的绩效。周边绩效是与周边行为有关的绩效，这些行为虽然不是员工具体职位所要求的，与组织的核心技术的维护和服务也没有直接的关系，但有利于企业运转环境的改善以及企业长期战略发展。具体来说，周边绩效通过帮助他人、遵守规则、认可组织目标以及主动性活动等，提高员工服务的自主性，提升社会和组织网络的生存能力，营造协同合作的心理氛围，形成良好的企业文化，等等。①

莫托维德罗确定了五类有关的周边绩效行为，详见图 7-40。

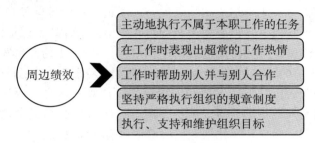

图 7-40　典型的周边绩效行为

博尔曼（Borman）和莫托维德罗提出了周边绩效五维度结构，包括主动完成职位范围之外的工作任务、付出额外的热情和能力完成工作任务、帮助他人、在不便的情况下也遵守组织章程、支持并维护组织目标（1993）。② 科莱曼（Coleman）和博尔曼提出了周边绩效三维度结构，包括人际支持、组织支持和工作任务尽责性（2000）。③ 斯科特和莫托维德罗提出了周边绩效的二维度结构，包括工作奉献和人际促进。其中，工作奉献集中在个体自律行为方面，比如遵守规则、努力工作、主动解决工作中的问题；人际促进是有助于实现组织目标的人际行为，如提高团队成员的士气、营造良好的工作氛围（1996）。④

奥根（Organ）认为周边绩效与组织公民行为（organizational citizenship behavior，OCB）有相同之处，或者几乎完全一致。因为 OCB 有四个特征：第一，人们除了致力于实践组织的规定事项外，还会经常自动自发地付出额外心力，去从事一些直接、间接有利于组织的事情；第二，是一种自我裁量的自动自发行为；第三，组织公民行为的出现与正式报酬并不直接相关；第四，组织公民行为对于组织长期效能及成功运作起关键作用。组织公民行为包括：（1）利他行为，指员工自觉地为同事提供工作上的帮助；（2）文明礼貌，指员工能事先主动地知会他人，以避免发生各种不必要的工作问题；（3）运动员精神，指员工能够容忍不太理想的工作环境而没有任何抱怨；（4）责任意识，指员工超过组织的要求尽心尽力地做好自己的工作；（5）公民美德，指员工积极参加重要但并非规定要参加的各项组织活动（1997）。⑤

2. 周边绩效的特点

第一，周边绩效与员工本人的工作没有直接联系。周边绩效不包含在员工的职位说明书中，不在组织正式奖惩系统的范围之内，即周边绩效行为是一种角色外行为。

第二，周边绩效是组织背景下的绩效。虽然周边绩效是角色外绩效，但并非所有的角色外行为都构成周边绩效，周边绩效一定是在组织中与工作相联系的绩效行为，不能和员工私下与管理者的个人感情相混淆。

---

① Motowidlo S J，Scotter J R. Evidence that task performance should be distinguished from contextual performance. Journal of Applied Psychology，1994，78：475-480.

② Borman W C，Motowidlo S J. Expanding the criterion domain to include elements of contextual performance，personnel selection in organizations. In Schmitt N，Borman W C. Personnel selection in organizations. San Francisco，CA：Jossey-Bass，1993：71-98.

③ Coleman V I，Borman W C. Investigating the underlying structure of the citizenship performance domain. Human Resource Management Review，2000，10（1）：25-44.

④ Scotter J R，Motowidlo S J. Interpersonal facilitation and job dedication as separate facets of contextual performance. Journal of Applied Psychology，1996，81：525-531.

⑤ Organ D W. Organizational citizenship behavior：it's construct clean-up time. Human Performance，1997，10：85-97.

第三，周边绩效是一种过程导向与行为导向的绩效。周边绩效的概念是在绩效行为观的基础上发展而来的，它主要关注行为和过程而非结果。

3. 周边绩效的实践意义

第一，周边绩效弥补了任务绩效的缺陷。在实践中职位说明书不可能面面俱到，应该完成的工作任务也可能被遗漏。任务绩效的弊端就是员工只重视工作任务的完成，对于工作任务以外的事情普遍缺乏主动性，这就既可能造成职位工作和任务没有完成，也可能忽视他人和集体利益，缺乏团队意识和合作精神，而且缺乏自我学习的积极性。

第二，周边绩效管理能够促进员工与组织的绩效提升。周边绩效管理促使员工积极主动地帮助其他同事，从而提高沟通能力和自我学习的积极性，促进思考和创新并提出创造性的建议，以提高组织绩效。

第三，周边绩效有助于促进组织的学习。周边绩效的考核内容包括员工的自我学习和提高，一方面有助于员工不断学习，提高自身的能力；另一方面有助于营造企业的学习氛围，对于企业的创新和发展有非常重要的意义。

第四，周边绩效管理有利于组织的长远发展和组织核心价值观的建立。周边绩效主要表现为员工个人的主动性发挥、合作、乐于帮助他人、主动思考、积极奉献、组织公民行为以及对组织目标的维护等行为，对于构建和谐友好的企业文化氛围、建立和强化组织核心价值观有显著帮助。

即时案例 7-8

麦肯锡的周边绩效考核

麦肯锡公司是一家全球性管理咨询公司，该公司将奖金与绩效挂钩，绩效中包含周边绩效，如沟通和互助、团队工作和态度/主动性等。具体的周边绩效行为包括：准时、良好的出勤记录、灵活性（超出工作时间以完成相关任务、持续的工作热情、展示承诺、保持适当的主动性、有兴趣学习新技能等）、只要需要就愿意帮助别人、严格遵守办公室礼仪、以建设性的方式接受反馈等等。

资料来源：史密瑟，伦敦. 绩效管理：从研究到实践. 北京：机械工业出版社，2011：108.

即时案例 7-9

A 企业周边绩效考评体系

A 企业是一家高科技制造业企业，随着企业的不断发展壮大，为了保障企业长期目标和短期目标的平衡，促进企业战略目标的实现，企业于 2011 年引入了平衡计分卡体系以建立全面有效的部门绩效目标。在平衡计分卡的指导下，员工个人考评体系引入了周边绩效考评内容，以引导员工建立适合企业的行为模式，全面考评个人的工作结果和行为。

首先，根据企业文化的要求，提炼了 A 企业基础的周边绩效内容。其次，通过访谈界定 A 企业周边绩效范围。对各部门中层干部进行相关访谈和调研，共访谈了 40 余位企业中层管理干部，通过深度访谈，界定 A 企业关键周边绩效内容。综合对企业文化的提炼和访谈结果，搭建周边绩效内容的基本框架，之后，对周边绩效内容进行具体描述，从而形成细化的周边绩效指标（见图 7-41 及表 7-18 至表 7-20）。

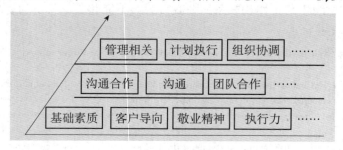

图 7-41　A 企业周边绩效框架

表 7-18 A 企业周边绩效内容

企业文化要求	提炼的周边绩效
坚持客户导向	客户导向
核心价值观：正直诚信、开发人才、倾情客户、合作共赢、成果主义	正直诚信、客户导向、团队合作、计划执行

表 7-19 A 企业周边绩效分类

一般员工	管理干部
执行力：领导布置工作后，员工的贯彻和执行情况 积极主动的工作态度：员工完成本岗位工作的同时，积极主动思考如何改进工作 团队合作：同事之间互相帮助，相互合作，共同完成工作	沟通：具有沟通意识，具有良好沟通技巧，通过沟通解决难题 组织协调：会给下属安排工作，跟进工作进度

表 7-20 A 企业周边绩效指标细化与关键点

周边绩效	细化描述	关键点
计划执行	工作中能够迅速理解上级意图，形成目标并制定出具体可操作的行动方案，通过有效组织各类资源和对任务优先顺序的安排，保证计划高效、顺利实施，并努力完成工作目标	制订可操作性工作计划，区分轻重缓急，克服困难完成工作目标
组织协调	根据工作目标的需要，合理配置相关资源，协调各方面关系，调动各方面的积极性，并及时处理和解决目标实现过程中的各种问题	对组织中的人、财、物等资源进行有效组织和合理调配
沟通	通过倾听、清晰表达自己的意见，公开进行反馈，与他人进行信息传递	有与他人沟通的愿望，善于倾听，理解他人的观点，并能向他人清楚表达自己的观点
敬业精神	具有使命感，热爱工作，认可自己的工作职责，可以全身心投入到工作中去，尽心尽力采取行动去完成工作任务	乐于奉献，不怕劳苦，尽心完成本职范围内的工作任务，积极主动承担其他工作

　　周边绩效指标的评价标准需符合 SMART 原则，周边绩效属于行为指标，不能像结果指标那样以量化的数据为依据，但是如果行为指标的评价标准只是概述"具有良好的敬业精神"等，不符合 SMART 原则的"明确、具体"要求，那么这些行为指标便不能被客观衡量，更不能起到引导员工的效果。同时，行为的衡量本质上是一种判断，需要评价人对被评价人是否具有所要求的行为作出判断。因此，周边绩效指标的评价标准必须是可以观察到的具体行为，这样评价人才能有客观准确的判断。综上所述，设定周边绩效评价标准需包含以下要素：对周边绩效的定义；将周边绩效分为几个等级；对达到每个等级可以观察到的一些具体行为的描述。

　　为实现行为指标的客观科学评价，A 企业引入了行为锚定等级评级法，通过一个等级评价表将描述性关键事件评价法和量化等级评价法的优点结合起来，将关于优良或不足绩效的关键事件描述加以等级性量化。使用行为锚定等级评价法，首先找出周边绩效的关键行为，然后找出一些关键事件，用这些关键事件描述员工的行为效果属于低等还是高等，最后对周边绩效每个等级进行赋分。

　　资料来源：侯涛，刘书岑. 周边绩效考评体系的建立和应用：以 A 企业绩效内容改革实践为例. 中国人力资源开发，2012 (3).

（二）周边绩效的考核方式——360度绩效考核

由于不是所有人都有平等的机会来展示周边绩效行为，比如有些人的工作本身相对独立，不需要太多合作和接触，他们被观察到周边绩效行为的机会就少，特别是运动员精神和公民美德方面的周边绩效行为。解决这一问题的方法之一是360度绩效考核。

360度绩效考核产生于20世纪40年代，最初被英国军方所用，从50年代起被应用到工商企业的绩效考核中，主要用于工作岗位分析和对管理人员的能力评价、筛选与安置。到了20世纪80年代，该方法由美国学者爱德华兹和尤恩等人在一些企业组织中不断研究完善，并从90年代初开始在西方跨国公司中日益普及。迄今为止，几乎全部《财富》500强企业都采用了360度绩效考核。

1. 360度绩效考核的内涵

360度绩效考核又称全方位绩效考核或多源绩效考核，是指从与被考核者发生工作关系的多方主体那里获得被考核者的信息，以此对被考核者进行全方位、多维度的绩效评估（见图7-42）。这些信息的来源包括：来自上级监督者的自上而下的反馈（上级）；来自下属的自下而上的反馈（下属）；来自平级同事的反馈（同事）；来自企业内部的支持部门和供应部门的反馈（支持者）；来自公司内部和外部的客户的反馈（服务对象）；来自本人的反馈。

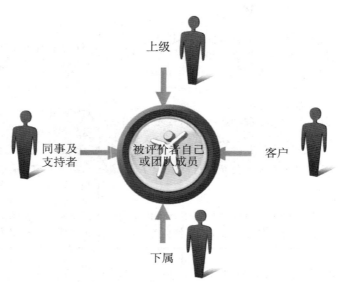

图7-42 360度绩效考核示意图

2. 360度绩效考核的特点

360度绩效考核的特点如图7-43所示。

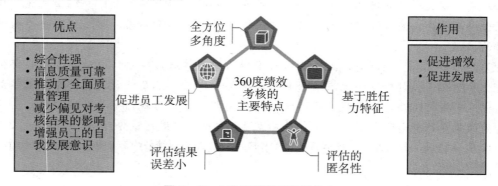

图7-43 360度绩效考核的特点

第一，全方位、多角度的评价和反馈。通过上级、同级、下属等多个角度对被评估者进行评估，使绩效考核中收集的信息更全面、更客观，特别是包括员工的周边绩效等任务绩效不能体现的信息。

第二，评估的匿名性。由于 360 度绩效考核采用匿名的形式，避免了担心打击报复或破坏人际关系的顾虑，使各方作出的评估更趋于客观。

第三，评估结果误差小。360 度绩效考核的考评者不仅来自不同层次，而且每个层次的考评者都是若干名，考评结果取其平均值，从统计学角度来看，其结果更接近客观情况，可减少个人偏见和评分误差。

第四，基于胜任力特征。胜任力是指将某一工作中表现优秀者与表现平平者区分开来的个体潜在的深层次特征，它是工作行为设计的依据。360 度绩效评估项目的设计依据就是各个职位的胜任力模型。

第五，促进员工发展。被评价者获得来自多层面的人员对自己工作绩效、个人能力及工作态度等的评价，能较全面、客观地了解自己有关方面的优缺点信息，为改进不足、不断提升提供了参考。

基于以上特点，我们可以看出 360 度绩效考核从多个角度来反馈员工的工作，特别是员工的周边绩效，使得评价比较全面，结果比较客观、可靠，同时为员工之间提供了相互交流和学习的机会，让部门之间也加强了沟通和交流，有助于组织的团队建设，对于员工和组织的长期发展有着重要的意义。

3. 360 度绩效考核适用场景

（1）适合人才管理而非仅仅用于奖惩。华夏基石提出人才发展 SOP 模型，包括人才定义、人才测评、人才选拔、人才培养、人才任用五大环节。在人才测评与选拔环节，360 度绩效考核可筛选出价值观、能力、业绩俱佳的人才。在人才培养维度，一方面通过"照镜子"提出培养需求；另一方面通过结果反馈，让被评价者了解自己工作过程的全貌与不足，提升自我认知，从而加以改进。在人才任用的考核层面，周边绩效也在考察范围之内，有助于提高人才的全局意识和合作态度，发挥 1+1+1＞3 的内部协同性。

（2）适合稳定期而非初创或变革期。360 度绩效考核对于组织环境有一个"三稳定"的要求，即战略相对稳定、组织结构相对稳定、人员相对稳定，因此适用于成熟期的企业。初创期的企业，人员配备不完善，上下级工作关系不明确，且企业规模较小，不适合使用 360 度绩效考核。高成长期的企业，内外部环境变化较快，人员变化大；变革期的企业，内部业务、结构、人员不稳定，因此都不适合采用 360 度绩效考核。

（3）360 度绩效考核以批评与自我批判精神为基础。信任、坦诚、开放的组织氛围是 360 度绩效考核成功运用的基础。在中国企业群体至上、崇尚中庸和稳定的文化背景下，怯于变革、碍于面子、封闭自我、羞于表达是员工普遍的心态。要想取得实效，还是需要内部加强批判与自我批判精神的宣导，真正将 360 度变成绩效考核的有效工具。

（4）360 度绩效考核需要与其他绩效考核手段相配合。360 度绩效考核面向过程和行为，属于定性评估的手段。它与结果性绩效考核不是替代关系，而是互补关系。因此，企业实施 360 度绩效考核的前提是首先有一套基于结果考核的绩效管理工具，例如 KPI 或者 BSC 等，在此基础上考虑员工绩效结果的多因性、多维性，加入 360 度绩效考核予以补充和完善。

在企业实践中，360 度绩效考核要根据不同维度的评价主体配套相应的权重。主要应用于企业内部的协同绩效评价及周边绩效评价。

360 度绩效考核有利于构建内部协同机制，通过周边绩效交互评价的手段，让不同部门和员工之间能够加强沟通，增进信任。

360 度绩效考核也可应用于干部的选拔，通过基于行为的胜任力模型评估，能够发掘更适合的管理者。

总之，360 度绩效考核应有利于协同，有利于合作，有利于内外部客户价值的创造，有利于构建组织产业生态，有利于相关利益者价值最大化。企业可以利用 360 度绩效考核构建内部协同机制，加强管理者能力评估，加强战略协同，增强内部及外部客户关系，优化人力资源周边环境（周边绩效考评），强化批判与自我批判的文化和机制。

第4节 关键绩效指标设计

一、绩效评估指标体系的演进过程

在西方国家，企业经营绩效评估指标体系的演进大致可以分为三个阶段：成本绩效评估时期、财务绩效评估时期和经营绩效评估的创新时期。其中，每一个时期的指标体系都是随着企业生产经营的发展变化以及所处的社会经济环境和管理要求的变化而不断变化的。演进过程如图 7-44 所示。

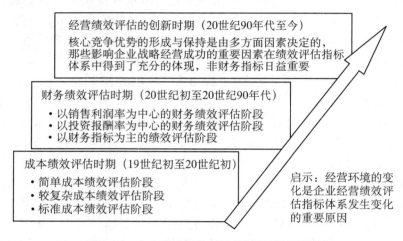

图 7-44 企业绩效评估指标体系演进过程简图

1. 成本绩效评估时期（19 世纪初至 20 世纪初）

在 19 世纪初以前，企业的规模较小，对企业的经营业绩进行评价的意义不是很大。之后出现的纺织业、铁路业、钢铁业和商业企业规模越来越大，企业开始评价经营业绩，评价的主要指标是成本，比如铁路企业管理者设计了诸如每吨公里成本、每位顾客公里成本、经营比率（经营成本与收入的比率）等指标。

2. 财务绩效评估时期（20 世纪初至 20 世纪 90 年代）

20 世纪初，资本主义经济进入稳步发展时期，自由竞争过渡到垄断竞争，出现了多种经营的综合性企业，也出现了以财务指标为主的绩效评估体系。比如在 1903 年，由多家各自独立的单一经营公司合并创立的杜邦公司，面临如何将资本投向利润最大的经济活动等问题。杜邦公司设计了多个重要的经营和预算指标，其中持续时间最长也最为重要的指标就是投资回报率（ROI），形成综合的财务绩效评估指标体系。

3. 经营绩效评估的创新时期（20 世纪 90 年代至今）

20 世纪 90 年代以来，随着全球化、信息化、新经济时代的到来，竞争在全球范围内加剧。企业关注的重点从短期的财务指标转向长期发展的核心竞争力，从经营转向战略，企业的绩效评估体系也更加注重企业的成功要素等战略性指标，其中最有代表性的就是前面介绍的平衡计分卡和关键成功要素法等。

二、构建关键绩效指标体系的步骤

（1）建立企业级 KPI。明确企业的战略目标后，利用鱼骨分析法找出企业的业务重点，再找出这些关键业务的关键绩效指标（KPI），即企业级 KPI。企业级 KPI 是企业管理者系统思考企业战略并达成共识的结果。

（2）建立部门级 KPI。部门主管依据企业级 KPI 建立部门级 KPI，确定要素目标，分析绩效驱动因素

（技术、组织、人），以及实现目标的工作流程。

（3）建立员工级 KPI。部门主管再将部门级 KPI 进一步分解为各职位的 KPI，作为员工考核的要素和依据，将企业级 KPI 落实到员工的绩效考核体系上。

（4）设定指标评价标准。指标指的是从哪些方面衡量或评价工作，解决"评价什么"的问题；而标准指的是在各个指标上分别应该达到什么样的水平，解决"被评价者怎样做、做多少"的问题。

（5）对 KPI 进行审核。对照企业级 KPI、部门级 KPI 以及员工的职位职责，审查员工 KPI 的针对性、有效性、全面性、可操作性等。

所有 KPI 的汇总可以形成 KPI 指标库，这些 KPI 之间都存在流程或逻辑上的关系。由于企业处在动态的环境中，因此 KPI 也处在一个动态的、不断修正的过程之中，随着战略的调整、环境的变化，KPI 指标库中的指标也不断补充、淘汰或修订。

三、开发关键成功要素的过程

1. 关键成功要素的定义

关键成功要素（KSF）是指对公司擅长的、对成功起决定作用的某个战略要素的定性描述。KSF 由关键绩效指标（KPI）进行测定。

2. 开发成功关键要素的内容

开发 KSF 的过程，包括对结果 KSF 和努力 KSF 的开发。结果 KSF 指的是跟踪完成目标或者关键经营活动的结果的 KSF，需要企业管理者回答以下一系列基本问题：

- 胜利完成任务目标后，结果是什么？
- 成功完成关键经营活动后，结果是什么？

努力 KSF 指的是跟踪完成目标或关键经营活动的努力的 KSF，需要企业管理者回答以下一系列基本问题：

- 为了顺利完成目标，必不可少的是什么？
- 为了顺利完成关键经营活动，必不可少的是什么？

将结果 KSF 和努力 KSF 区分开来非常重要。假如只监测努力，可能会出现不应该做的事情被做得很出色。因为关键不在于"把事情做好"，而在于"把该做的事情做好"。正因为如此，企业管理者要时刻把最终结果记在心里，保证所有努力指向既定结果。但是，最终结果不是必须考虑的唯一事情，因为实现最终结果可能需要相当长的时间。管理者还必须检查自己是否走在通往最后目标的路上。要做到这一点，管理者可以预测努力是否达到预期效果，以便在必要时调整行动。

落实了所有 KSF 之后，还要回答以下一些基本问题，以确定每个 KSF 的 KPI。

- 如何检测 KSF？
- 如何看出 KSF 的结果？

3. 开发目标、KSF 和 KPI 的要求

在开发过程中，要保证开发的目标、措施、指标等满足要求。

（1）关于目标：

- 目标必须表明达到最终期望结果的活动。
- 目标的描述必须具体，不能笼统和抽象。
- 目标必须表述行动，比如，提高……
- 目标必须与管理者的责任范围相适应。
- 每位管理者的目标数量都应该是有限的。

（2）关于 KSF：

- 每一个目标必须用至少一个结果 KSF 和一个努力 KSF 测量。

● 为每一个 KSF 开发的 KPI 的数量必须加以限制，比如，不得超过三个。这样做是为了限制信息量，减少开发时间和费用。

● KSF 不仅要包含财务信息，还应该包含非财务信息，确保两者平衡。

● KSF 是定性概念，用语句描述如何测量目标。比如，不能说"满足了需求的客户数量"，而只能说"客户满意度"。

● KSF 应该清晰明确，只能有一种解释。

● KSF 只涉及需要测评的内容，而不是叙述价值取向。比如，不能说"高质量员工"，只能说"员工质量"。

（3）关于 KPI：坚持 SMART 原则。

● KPI 的定义最好使用百分比，因为百分比比绝对数字的信息含量高。

● KPI 的定义要包括报告频率，比如每月、每季或者每年。

● KPI 指标是考核者和被考核者双方充分沟通达成共识的结果。

● KPI 指标除了目标之外，还应该有一个警戒值。

即时案例 7－10

公司级 KPI 的建立——以 M 公司为例

符合企业实际的合理的绩效指标，可以有效评估员工绩效，持续提高员工的积极性和创造潜力，并进一步帮助实现组织的战略目标。KPI 作为建立绩效指标体系的一种有效工具受到诸多企业尤其是施工类企业的青睐。

（一）M 公司战略与经营目标描述

M 公司是 G 省某集团公司控股的子公司之一，后来随集团公司一起从 G 省公路局分离出来，由原来的工程队改制为有限责任公司，具有典型的国有施工企业的一般特征和大多数施工企业绩效管理工作所具有的普遍性。

目前，M 公司已建立了清晰明确的公司战略。

公司主业：路桥建设。

公司使命：打造路桥品牌，奉献交通事业。

公司战略表述：夯实基础，集中精力，做强业务，持续发展，力争经过十年的发展，实现企业腾飞，员工达到小康，使企业成为省内一流、国内具有一定影响力的路桥建设公司。

明确的使命、战略和经营目标为企业和员工指明了长期、中期和近期的发展方向，一方面阐明了 M 公司一心一意做强主业，谋求企业生存，追求自身长远发展，承担相应社会责任的期望；另一方面阐明了企业对增加员工个人价值、改善员工生活的承诺。M 公司的上述战略目标可以总结为两个方面：建成一流企业和实现员工价值。

（二）M 公司公司级 KPI 的建立

1. 对企业战略目标进行细化分解，提炼关键成功要素（KSF）

KSF 说明了企业要实现自己的使命和战略目标所必须关注的方面。它是企业根据自己的战略方向和经营实际，立足过去，展望未来，通过横向、纵向的分析对比来确定的。企业可以通过明确以下问题来明确 KSF：第一，企业过去取得成功靠的是什么？第二，在过去的成功要素中，哪些是最重要的？第三，这些最重要的要素中哪些会在未来持续影响企业，并成为企业新的增长点？

M 公司自成立以来，就以"打造路桥品牌，奉献交通事业"为使命，并在此基础上制定了公司战略。同时，将企业战略与国家的五年规划相结合，分解为两个五年计划，用明确的数字量化地表述为经营目标。如某个五年计划的目标是：企业中标 18 亿元，力争突破 20 亿元，完成产值 18 亿元，实现利税 0.64 亿元，增加固定资产 1 000 万元，使企业实力进一步增强，员工生活明显改善，企业经营业绩大幅提升。

通过对 M 公司战略目标进行细化，将公司 KSF 总结为五项要素：人力资源（尤其是优秀的项目经理）、工程质量、工程的利润和成本管理、对外关系的协调、技术创新。这五个方面共同帮助 M 公司取得了骄人的成绩，并会在未来继续发挥作用。

人力资源属于企业的学习与成长层面。对 M 公司这样的施工企业而言，人力资源大体可以分为三类：工程技术管理人员（包括项目经理和一般技术管理人员）、行政管理人员、技术工人。在施工企业中，工程项目部是带来直接利润的核心盈利部门，因此，这个团队核心的管理者——项目经理——就是对企业而言最重要的关键人力资源。

工程质量是施工企业的生命线，是企业赖以生存和发展的基础。可以通过企业内部流程的改善来保证质量。

为企业的财务作出贡献的工程的利润和成本管理因素可以说是最为关键的要素，它直接关系到企业能否盈利以及利润率如何。企业进行成本管理，就是要确保企业实现最大效益，即"少花钱，多办事"，这就要求企业在施工过程中以标准化的书面形式对工程进度及时统计，对工、料、机的使用及时结算；在更广泛的层面上，要求企业员工在日常工作中对每一天、每件事明确目标，迅速工作，及时总结，持续改进。

良好的对外关系是良好社区/环境愿景的表现，这种对外关系涉及企业得到的集团公司的支持，企业与业主的良好关系，企业施工对当地生产和生活消费的拉动，企业与当地政府部门的关系处理，企业营造的良好生态环境和安全环境等。

技术创新也可以通过企业的内部流程改造来实现。施工企业的技术创新可以通过材料创新、管理模式创新以及施工方法与流程创新来实现。

2. 由 KSF 逐层推导 KPI，形成公司级 KPI

在找到了企业的 KSF 后，下一步就是推导公司级 KPI，以奠定绩效指标库的基础。公司级 KPI 主要分析公司的每个 KSF 获得成功的具体标准。M 公司的公司级 KPI 如表 7-21 所示。

表 7-21　M 公司的公司级 KPI

公司的 KSF	公司级 KPI	公司级 KPI 的分解
人力资源（尤其是优秀的项目经理）	员工满意	员工缺勤率
		关键员工离职率
		离职员工服务时间
	员工培养与人力资源开发	职称晋升的员工数量（分技术和行政）
		取得一级项目经理资质的员工数量
		每位员工接受的培训次数（分技术和行政）
工程质量	工程进度预算	分项（单项）工程进度预测准确率
		总体工程进度预测准确率
	施工进度	分项（单项）工程施工进度计划
		分项（单项）工程施工进度计划按时 100% 完成率
		总体工程施工进度计划
		总体工程工进度计划按时 100% 完成率
		工程安全事故发生的次数
	工程质量检验合格率	总体工程优良率（评分超过 93 分）
		分项（单项）工程质量检验一次性通过率
	工程返修率	质量原因造成的工程返修率
		协商同意的非质量原因造成的工程返修率

续表

公司的 KSF	公司级 KPI	公司级 KPI 的分解
工程的利润和成本管理	工程成本预算	原材料成本预期
		工程概算误差率
		工程预算误差率
	施工成本控制	工程成本控制率
		工程预算费用达成率
		工程决算与预算差异
	工程利润率	工程利润率
		每个主要项目的盈利性
		工程设备设施充分使用率
对外关系的协调	源于集团支持的工程中标率	源于集团支持的工程中标率
技术创新	新材料和流程创新	新材料和流程创新

在公司级 KPI 分解完毕后，只要找到对应的负责部门并确定其工作重点，就可以形成部门级 KPI。对部门级 KPI 进一步细化，找到负责岗位并确定工作重点，就能形成员工级 KPI，从而形成企业完整的绩效指标库。

资料来源：http://www.chinahrd.net/.

【小结】

本章介绍战略绩效管理，包括四节内容。

第 1 节围绕绩效管理，介绍绩效的几种观点：结果论、过程论、能力论和综合论，以及绩效管理的三个层次：组织、部门与团队、个体。战略绩效管理以战略性目标为核心，通过绩效管理循环、沟通、绩效目标分解等均衡企业发展、实现战略目标，具有实现战略、改进绩效、传递公司价值等重要意义，是企业人力资源管理的核心；战略绩效管理的组织系统包括组织高层、中层和基层的全体成员。

第 2 节围绕绩效管理循环，介绍绩效管理的流程，包括绩效目标与计划、绩效辅导与执行、绩效评估与反馈以及绩效激励与改进。

第 3 节围绕绩效管理体系，分别介绍基于关键绩效指标（KPI）的绩效管理体系、基于平衡计分卡（BSC）的绩效管理体系、基于目标与关键结果工作法（OKR）的绩效管理体系、基于经济增加值（EVA）的绩效管理体系、基于业务流程的绩效管理体系、基于标杆的绩效管理体系、360 度绩效管理体系。

第 4 节围绕关键绩效指标设计，介绍绩效评估指标体系的演进过程，以及构建关键绩效指标体系的步骤，包括建立企业级 KPI、部门级 KPI、员工级 KPI，设定指标评价标准以及对关键绩效指标进行审核，最后介绍了开发关键成功要素的过程。

【关键词】

绩效　绩效考核　绩效管理　战略绩效管理　绩效管理循环　关键绩效指标（KPI）　目标与关键结果工作法（OKR）　平衡计分卡（BSC）　经济增加值法（EVA）　业务流程管理　周边绩效　360 度绩效考核

【思考题】

1. 什么是绩效？

2. 绩效考核与绩效管理有什么区别?

3. 绩效管理循环包括哪些主要环节?

4. 如何构建以战略为导向的绩效管理体系?

5. 简述绩效管理体系构建的六大思路和方法。

6. 如何构建企业的关键绩效指标体系?

7. 绩效评估常见的方法有哪些? 应该注意哪些问题?

8. 如何理解绩效沟通在整个绩效管理体系中的作用?

9. 比较基于 EVA 的绩效管理体系和基于 BSC 的绩效管理体系。

案例分析

天宏公司的绩效管理

天宏公司总部会议室,赵总经理正认真听取关于上年度公司绩效考核执行情况的汇报,其中有两项决策让他左右为难。一是经过年度考核成绩排序,排在最后的几名却是在公司干活最多的人。这些人是否按照原先的考核方案降职和降薪,下一阶段考核方案如何调整才能更加有效? 二是人力资源部提出启用一套人力资源管理软件来提高统计工作的效率,但一套软件能否真正起到支持绩效提高的效果?

天宏公司成立仅四年,为了更好地进行各级人员的评价和激励,天宏公司在引入市场化用人机制的同时,建立了一套绩效管理制度。对于这套方案,用人力资源部经理的话说是,细化传统的德、能、勤、绩几项指标,同时突出工作业绩。其设计的重点是将德、能、勤、绩几个方面的内容细化延展成考量的 10 项指标,并把每个指标都量化出 5 个等级,同时定性描述等级定义,考核时只需将被考核人实际行为与描述相对应,就可按照相应成绩累计相加得出考核成绩。

但考核中发现了一个奇怪的现象:一些工作比较出色和积极的员工考核成绩却排在多数人后面,一些工作业绩并不出色的人和错误很少的人却都排在前面。还有一些管理干部对考核结果大排队的方法不理解,有抵触心理。但是综合各方面情况,目前的绩效考核还是取得了一定的成果,各部门都能够很好地完成任务。需要考虑的一个问题是对考核排在最后的人员如何落实处罚措施,如果对这些人降职和降薪,无疑会伤害一批像他们一样认真工作的人,但是不落实又会破坏考核制度的严肃性和连续性。另一个问题是,在本次考核中,统计成绩的工具比较原始,统计工作量太大,人力资源部就 3 个人,却要统计总部 200 多个员工的考核成绩,每个员工平均有 14 份表格,最后还要和这些人分别谈话,在考核的一个半月中,人力资源部几乎都在做这个事情,其他事情都耽搁了。

赵总经理决定请车辆设备部、财务部和工程部的负责人到办公室深入了解一些实际情况。

车辆设备部李经理、财务部王经理来到了总经理办公室,当总经理简要地说明了原因之后,车辆设备部李经理首先回应道:"我认为本次考核方案需要尽快调整,因为它不能真实反映我们的实际工作。车辆设备部主要负责公司电力机车设备的维护管理工作,总共只有 20 个人,却管理着公司近 60 台电力机车,为了确保它们安全无故障地行驶在 600 公里的铁路线上,我们的主要工作就是按计划到基层各个点上检查和抽查设备维护情况。在日常工作中,我们不能有一次违规和失误,因为任何一次失误都是致命的,也会造成重大损失,但是在考核表中允许出现工作业绩差的情况。我们的考核就是合格和不合格之分,不存在分数等级。"

财务部王经理紧接着说道:"对于我们财务部门,工作基本上都是按照规范和标准来完成,填报表和记账都要求万无一失,这些如何体现出创新? 评估我们是按照最高成绩打分还是按照最低成绩打分? 还有一个问题,我认为应该重视,在本次考核中我们沿用了传统的民主评议方式,我对部门内部人员评估没有意见,但是让其他人员打分是否恰当? 财务工作经常得罪人,让被得罪的人评估我们,是否公正?"

问题：

1. 天宏公司的问题到底在哪里？

2. 考核指标体系如何设计才能适应不同性质岗位的要求？

3. 公司是否应采纳人力资源部的提议去购买软件？是否有最有效的方法来解决目前的问题？

【参考文献】

[1] 伯纳丁. 人力资源管理：实践的方法. 南京：南京大学出版社，2009.

[2] 陈为民. 绩效仪表盘. 上海：上海财经大学出版社，2007.

[3] 德斯勒. 人力资源管理：第12版. 北京：中国人民大学出版社，2012.

[4] 段社娣. 平衡记分卡在战略性人力资源管理中的应用分析. 企业改革与管理，2019（23）.

[5] 付亚和，许玉林. 绩效管理. 2版. 上海：复旦大学出版社，2008.

[6] 郝红，姜洋. 绩效管理. 北京：科学出版社，2012.

[7] 和云，安星，薛竞. 大数据时代企业人力资源管理变革的思考. 经济研究参考，2014（63）.

[8] 金环，崔琳稚. 基于平衡计分卡的企业人力资源管理动态能力评价指标体系研究. 时代金融，2016（20）.

[9] 卡普兰，诺顿. 平衡计分卡：化战略为行动. 广州：广东经济出版社，2004.

[10] 卡普兰，诺顿. 平衡计分卡战略实践. 北京：中国人民大学出版社，2009.

[11] 卡普兰，诺顿. 战略地图：化无形资产为有形成果. 广州：广东经济出版社，2005.

[12] 卡普兰，诺顿. 战略中心型组织：平衡计分卡的致胜方略. 北京：中国人民大学出版社，2008.

[13] 卡普兰，诺顿. 组织协同：运用平衡计分卡创造企业合力. 北京：商务印书馆，2006.

[14] 克雷曼. 人力资源管理获取竞争优势的工具. 北京：机械工业出版社，2009.

[15] 李素莹. 360度绩效考核在企业中的有效应用. 经营与管理，2016（6）.

[16] 李显阳. 基于平衡记分卡的组织绩效评价的思考. 商场现代化，2017（17）.

[17] 刘冰，李逢雨，朱乃馨. 适应变化：柔性人力资源管理的内涵、机制与展望. 中国人力资源开发，2020，37（10）.

[18] 刘萌萌. 探析标杆管理在中小企业薪酬管理中的应用. 中国管理信息化，2020，23（17）.

[19] 马海刚，彭剑锋，西楠. HR+三支柱. 当代电力文化，2019（2）：87.

[20] 帕门特. 关键绩效指标KPI的开发、实施和应用. 北京：机械工业出版社，2008.

[21] 彭剑锋. 长期价值主义 企业家的一场修行. 企业管理，2020（1）.

[22] 彭剑锋. 企业"十四五"人力资源战略规划的十大命题：战略分析与要点把握. 中国人力资源开发，2020，37（12）：8-16.

[23] 彭剑锋. 人力资源管理概论. 2版. 上海：复旦大学出版社，2011.

[24] 彭剑锋. 数字化：不仅是一种技术变革 更是一场思维革命. 中外企业文化，2019（1）：12-21.

[25] 彭剑锋，张建国. 经营者思维：赢在战略人力资源管理. 北京：中国人民大学出版社，2019.

[26] 彭剑锋，张建国. 经营者思维. 中外管理，2019（11）.

[27] 彭剑锋. 中国事业合伙制的五大模式. 科技与金融，2018（4）：39-44.

[28] 秦杨勇. 平衡计分卡与绩效管理：中国企业战略制导. 北京：中国经济出版社，2009.

[29] 秦杨勇. 战略绩效管理：中国企业战略执行最佳实践标准. 北京：中国经济出版社，2009.

[30] 饶征，孙波. 以KPI为核心的绩效管理. 北京：中国人民大学出版社，2003.

[31] 孙锐. 战略人力资源管理、组织创新氛围与研发人员创新. 科研管理，2014，35（8）.

[32] 滕娅. 基于情绪资本视角的人力资源管理. 行政事业资产与财务，2013（3）.

[33] 西楠，彭剑锋，曹毅，等. OKR是什么及为什么能提升团队绩效？：柔性导向绩效管理实践案例研究. 科学学与科学技术管理，2020，41（7）.

[34] 夏振来，雷兵，李于达. 集团企业综合标杆管理体系创新与应用//《中国电力企业管理创新实践（2019年）》编委会. 中国电力企业管理创新实践（2019年）. 中国电力企业管理，2020.

[35] 邢振江，江志宇，王燕. 360度绩效考核法在公务员绩效考核中的应用. 中国人力资源开发，2011（1）.

[36] 叶一娇，何燕珍，朱宏，等. 柔性人力资源管理对组织技术创新的影响及作用机制研究. 南开管理评论，2020，23（2）.

[37] 赵治纲. EVA业绩考核理论与实务. 北京：经济科学出版社，2009.

第8章　薪酬设计与管理

本章要点

通过本章内容的学习，应能回答如下问题：

- 什么是薪酬？薪酬一般由哪些要素构成？什么是总体薪酬？
- 如何从经济学、心理学和管理学角度来理解薪酬？
- 薪酬的作用与功能目标是什么？
- 薪酬理念包括哪些内容？薪酬策略有哪些？
- 薪酬设计的要点是什么？
- 如何设计职位工资体系？需要把握哪些关键的技术和方法？
- 如何设计能力工资体系？需要把握哪些关键的技术和方法？
- 如何设计基于组织、团队和个人三个层面的奖金体系？
- 福利有何特殊功能？它有哪些主要的形式？应该如何根据员工的个性化需求设计自助餐式的福利体系？
- 薪酬调整的方式是什么？
- 如何进行薪酬沟通？
- 与薪酬相关的税务问题是什么？如何对年终奖进行税务筹划？
- 高管薪酬设计的基本理念是什么？
- 高管薪酬的结构是怎样的？如何确定高管薪酬？
- 常见的高管人员的长期激励方式有哪些？
- 华夏基石股权激励六步法模型的主要内容是什么？

引导案例

H公司的薪酬管理困境

H公司是国内一家大型民营企业，规模不小，业绩不错，但忙于开拓市场，一直不太重视人力资源管理体系的规范化建设。公司因此缺乏有效的薪酬管理和激励机制，严重影响了吸引、保留和激励员工的能力，并给公司的成长与发展带来了不少问题。主要表现为：

（1）公司基层员工的工资主要按照其在公司中的层级和工作年限来确定，但这一标准没有准确地反映员工的能力和对企业的贡献，员工之间的报酬缺乏可比性。所谓"不患寡而患不均"，那些能力强、对企业贡献大的员工，由于没有得到合理的回报而产生抱怨，工作积极性受到了较大的挫伤。

（2）公司中高层经理的工资主要是由公司董事长与当事人通过协商来决定，但在协商的过程中缺乏统一的标准和依据。另外，由于公司业绩不断增长和规模不断扩大，公司引进了大量"空降兵"。在创业之初进入公司的经理，所协商的工资水平大多低于后来进入公司的"空降兵"。这也给公司带来了薪酬管理困境：如果不对这部分"空降兵"给予高薪，企业就无法有效地吸引人才；但是，如果给予其高薪，就在公司创业者和"空降兵"之间形成了较大的工资差距，会引发创业者的极大不满，并进一步加深两者之间的隔阂。

（3）公司一直以来主要依靠员工的自主性来推动工作的开展，而未将员工的报酬与其绩效考核的结果相挂钩。但随着公司规模的扩大，那些业绩好的员工越来越不满，他们强烈要求根据业绩来支付报酬，并在不同业绩的员工之间拉开差距。

（4）公司人力资源部最近进行了一次管理诊断。通过问卷调查发现，薪酬分配在企业所有的管理要素中得分最低，这在整个公司引起了极大的震动。员工对薪酬分配的抱怨进一步加剧，他们强烈要求对薪酬分配体系进行改革。

....

H公司面临的薪酬管理问题严重制约了公司的进一步发展，因此迫切需要进行薪酬分配制度改革。但人力资源部对这些纷繁复杂的薪酬问题一筹莫展。

H公司应该如何进行薪酬改革呢？应该建立什么样的薪酬分配体系，采用什么样的薪酬设计与薪酬管理方法？如何将薪酬与员工的贡献和能力相挂钩，如何依靠富有吸引力的薪酬来提升公司吸引、保留和激励人才的能力呢？这些都是本章所要解决的主要问题。

第1节　薪酬概述

一、薪酬的概念

（一）薪酬的定义

薪酬一般是指员工因从事组织所需要的劳动或服务而从组织得到的以货币和非货币形式表现的补偿或回报。狭义的薪酬是指个人获得的工资、奖金等以货币或实物形式支付的劳动回报。广义的薪酬包括经济性薪酬和非经济性薪酬两个部分。其中，经济性薪酬指工资、奖金和福利等，也叫货币薪酬；非经济性薪酬指个人对企业及工作本身在心理上的一种感受，也叫非货币薪酬，包括机会职权的获取、职位晋升、荣誉认可、信息分享、培训学习等。

美国著名薪酬管理专家米尔科维奇认为，不同国家对薪酬概念的认识有所不同，社会、股东、管理者和员工等不同利益群体对薪酬的概念界定也往往存在较大的差异。但如果要从薪酬管理的角度给薪酬下定义，可以将薪酬界定为：员工作为雇佣关系中的一方所得到的各种货币收入，以及各种具体的服务和福利之和。[①]由这一定义可以看出，米尔科维奇更多地把薪酬看作雇主和员工之间的一种价值交换。

美国薪酬管理专家约瑟夫·马尔托奇奥（Joseph J. Martocchio）在其所著的《战略薪酬》一书中，将薪酬界定为员工因完成工作而得到的内在和外在的奖励，并将薪酬划分为外在薪酬和内在薪酬，其中，内在薪酬是员工由于完成工作而形成的心理形式，外在薪酬则包括货币奖励和非货币奖励。[②] 这一定义更多地将薪酬作为企业奖励员工，从而提高对员工的吸引、保留和激励效果的一种手段和工具。

本书对薪酬的定义为：企业向员工提供的用以吸引、保留和激励员工的报酬，具体包括工资、奖金、福利、股票期权等。

（二）薪酬的构成

1. 薪酬的构成要素

传统意义上的薪酬主要是指经济性薪酬，包括基础工资、奖金、津贴、股票计划和福利等。

（1）基础工资。基础工资（base pay）是企业按照一定的时间周期，定期向员工发放的固定薪酬，这一时间周期可以是小时、天、周、月或者年。中国企业主要采用的是月薪制，针对高管人员则主要采用年薪制。基础工资又可以分为基本工资、岗位工资、学历工资和年功工资等。基本工资可以根据当地的法定最低工资标准确定，企业也可以根据支付能力自行确定；岗位工资反映了工作对于企业的重要性，可根据岗位评价确定；学历工资是企业对员工受教育水平和能力的一种认可，一般根据员工学历高低确定不同的级别；年功工资是企业对员工的历史贡献的一种认可，根据员工在企业工作的年限递增。

（2）奖金。奖金（bonus）是薪酬中的可变部分，是企业对员工的卓越行为或者超额业绩给予的奖励。根据支付的周期，奖金可分为一次性奖励或者单项奖、月度奖、季度奖以及年终奖。根据支付的依据，奖金可分为计件奖金和销售提成奖金。

（3）津贴。津贴（allowance）往往是对员工工作中存在的不利因素的补偿，它与经济学理论中的补偿性工资差别相关。津贴不是普惠制的，只有在特定的环境下工作的员工才会获得相应的津贴。津贴的形式多种多样，比较常见的有夜班津贴、加班津贴、交通津贴、伙食津贴、出差津贴、通信津贴、住宿津贴、高温津贴等。

（4）股票计划。股票计划（stock plans）是企业对员工进行中长期激励的主要手段，包括员工持股计划（ESOP）、股票期权（stock option）、限制性股票（restricted stock）和管理层收购（MBO）等。股票计划通过与员工分享企业所创造的价值达到激励员工和保留员工的目的，同时将员工利益与企业利益相联系，以促使员工为实现企业战略目标而努力。

（5）福利。福利（benefits）通常表现为各类保障计划、带薪休假、住房补贴、服务等，它是经济性薪酬中十分重要的组成部分，在现代企业的薪酬设计中占据着越来越重要的位置。在现代薪酬设计中，福利已经与传统的福利项目有很大不同，根据员工个人偏好而设计的自助餐式福利计划成为新兴的福利形式，并获得了广泛认可。

---

① 米尔科维奇，纽曼 . 薪酬管理：第 6 版 . 北京：中国人民大学出版社，2002：5.
② 马尔托奇奥 . 战略薪酬：人力资源管理方法：第 2 版 . 北京：社会科学文献出版社，2002：1-2.

即时案例 8-1

IBM（中国）的薪酬构成

IBM（中国）的薪酬福利内容非常丰富，主要包括13个方面：

基本月薪——对员工基本价值、工作表现及贡献的认同。

综合补贴——对员工生活方面基本需要的现金支持。

春节奖金——在农历新年之前发放，让员工过一个富足的新春。

休假津贴——为员工报销休假期间的费用。

浮动奖金——当公司完成既定的效益目标时发放，以鼓励员工作出贡献。

销售奖金——销售及技术支持人员在完成销售任务后得到的奖励。

奖励计划——员工由于努力工作或有突出贡献而得到的奖励。

住房资助计划——公司提取一定数额资金存入员工的个人账户，资助员工在短时间内解决住房问题。

医疗保险计划——解决员工医疗及年度体检的费用。

退休金计划——参加社会养老统筹计划，为员工提供晚年生活保障。

其他保险——包括人寿保险、人身意外保险、出差意外保险等多种项目，关心员工每时每刻的安全。

休假制度——在法定假日之外，还有带薪年假、探亲假、婚假、丧假等。

员工俱乐部——为员工组织各种集体活动，以增强团队意识，营造大家庭气氛，包括各种文娱活动、体育活动、大型晚会、集体旅游等。

资料来源：MBA智库资讯.

2. 总体薪酬

密歇根大学商学院的约翰·特鲁普曼（John E. Tropman）于1990年率先提出了总体薪酬的概念，即自助式薪酬。他认为，旧的薪酬体制已经不能起到吸引、保留和激励现代员工的作用；总体薪酬方案不是仅仅包括薪水、福利和奖励，而是应该由10种不同类型的薪酬组成，即基本工资、附加工资、福利工资、工作用品补贴、额外津贴、晋升机会、发展机会、心理收入、生活质量（工作与生活平衡）和私人因素（员工个人的需求）；这10种不同类型的薪酬必须统一起来，组合成一个总体薪酬体系，以满足员工对货币和非货币薪酬的需求，它由一个独立的机构——总体薪酬部为每个员工特别设计；总体薪酬方案必须允许员工参与，满足员工个性化的需求，是一种自助式的薪酬体系。但直到美国薪酬管理协会（WorldatWork）接受了约翰·特鲁普曼的观点并大力推广，自助式薪酬计划才开始得到普及。图8-1显示了总体薪酬模型。

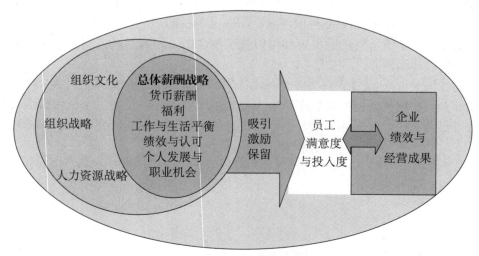

图 8-1 总体薪酬模型

任何有助于吸引、激励或保留员工的有价值的东西，都可以算作总体薪酬的内容。表 8-1 详细展示了总体薪酬的各部分内容。

表 8-1 总体薪酬各个板块的含义及具体维度

板块	板块含义	维度	维度释义
货币薪酬	雇主基于员工劳动的报酬，主要用于满足员工的基本生活需要及其他现金支出	基础工资	也称固定薪酬，不随绩效而变动，一般包括基本工资和岗位工资
		奖金	根据员工工作绩效进行浮动的部分
		津贴	对员工工作中不利因素的补偿
		股权	以股票形式发放的薪酬
福利	雇主提供给员工的补充现金支持	保障福利	失业保险、社会保障和残疾保障等
		健康与救济福利	医疗保险、人身保险、分期付款项目和健康储蓄计划等
		退休福利	养老保险及退休后的收益分享
		带薪休假福利	带薪休假、带薪病假和带薪事假等
工作与生活平衡	组织实践、政策和项目的特殊部分，帮助员工同时在家庭和工作中取得成功	灵活的工作安排	工作内容和工作场所安排
		带薪请假	因为照顾他人、照顾子女的带薪请假
		员工健康	员工援助计划和压力管理计划等
		社会参与	组织员工积极参加社会活动计划
		员工关爱	员工旅行关爱、生病关爱、家庭关爱等
		财政支持	理财计划服务与培训、企业年金计划
		额外福利	宠物保险、免费停车等额外福利计划
		首创精神	团队的工作效率、组织的工作环境
绩效与认可	包括高绩效系统及员工认可两个方面	高绩效系统	制定绩效标准、员工技能展示、管理者对员工技能进行评估、管理者反馈和持续的绩效改进等
		员工认可	对于员工的努力、行为及绩效给予重视
个人发展与职业机会	包括个人发展与职业机会两个方面	学习机会	提高员工技能和素质的培训
		领导力培训	培养和提升员工领导力的计划
		晋升机会	帮助员工实现个人职业生涯目标

在总体薪酬概念的基础上，中国人民大学教授彭剑锋建立了中国企业对员工进行激励的总体薪酬模型（见图 8-2）。

3. 全面认可激励

认可（recognition）激励是指承认员工的绩效贡献并对员工努力工作给予特别关注。自己对组织的价值得到承认且被人赏识，是员工的一种内在心理需要。通过对员工的行为、努力或绩效给予赞扬和感谢，组织创造良好的环境和平台，让员工的潜力得到最大限度的发挥，进而提升组织的人力资源效能。从这个角度出发，华夏基石管理咨询集团提出了全面认可激励模型，这一模型包括五个方面：关爱认可、绩效认可、行为认可、成长认可和忠诚认可（见图 8-3）。

与传统的薪酬激励相比，全面认可激励具有如下优势：

（1）与薪酬激励相比，全面认可激励的成本较低。

（2）薪酬激励具有边际效用递减规律，但是全面认可激励不会。当薪酬增加到一定限度以后，不仅不会

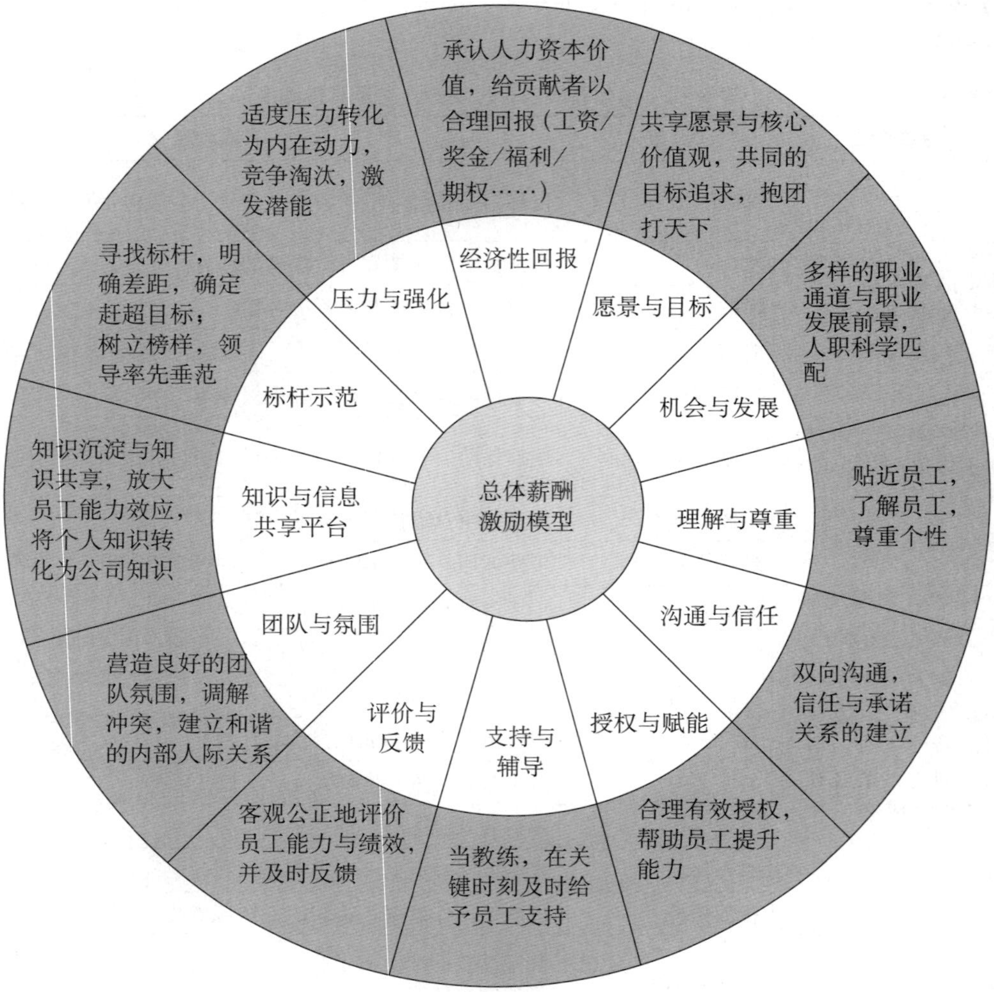

图 8 - 2 总体薪酬激励模型

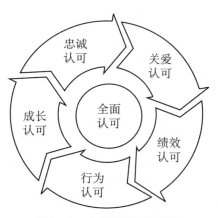

图 8 - 3 全面认可激励模型

增强激励性反而会产生副作用，导致薪酬边际效用递减。而认可激励的方式是多样化的、艺术性的，这使得认可激励的内容有无限的设计空间。

（3）全面认可激励能够及时对员工绩效作出反应，非常有效。薪酬在时间上有滞后性，并不能立刻反映出对员工的认可。

（4）全面认可激励是让员工发挥潜能的制度保障。对于企业而言，存在两种管理风格，一种是用目标做导向管理员工，另一种是用潜能做导向管理员工。前者想方设法达到目标，后者则致力于开发员工的潜能。全面认可激励是一种让员工发挥潜能的制度安排和保障。随着全面认可理论和认可激励的发展，越来越多的企业关注和重视认可激励，这必将有利于企业的可持续发展、价值目标的实现。

所以，建立全面认可体系给企业、管理者和员工都带来很多益处（见图 8-4）。

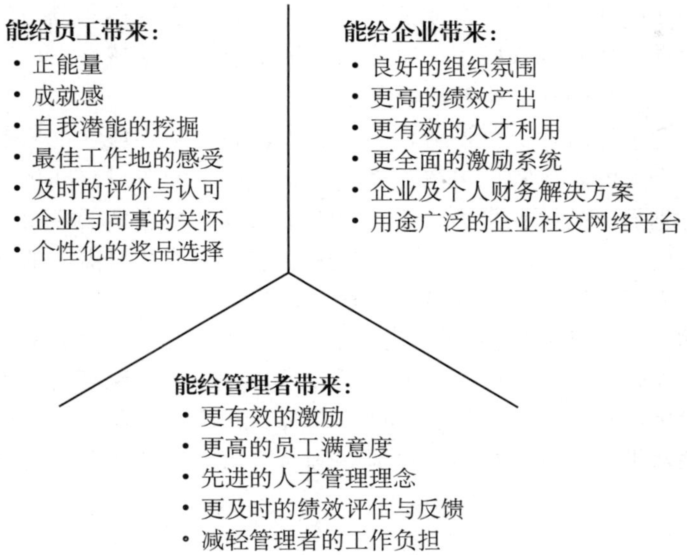

能给员工带来：
- 正能量
- 成就感
- 自我潜能的挖掘
- 最佳工作地的感受
- 及时的评价与认可
- 企业与同事的关怀
- 个性化的奖品选择

能给企业带来：
- 良好的组织氛围
- 更高的绩效产出
- 更有效的人才利用
- 更全面的激励系统
- 企业及个人财务解决方案
- 用途广泛的企业社交网络平台

能给管理者带来：
- 更有效的激励
- 更高的员工满意度
- 先进的人才管理理念
- 更及时的绩效评估与反馈
- 减轻管理者的工作负担

图 8-4　全面认可激励能带来什么

（三）薪酬的分类

1. 经济性薪酬与非经济性薪酬

依据是否以货币的形式支付，薪酬可分为经济性薪酬和非经济性薪酬。其中，经济性薪酬（financial compensation）又可分为直接经济薪酬（direct financial compensation）与间接经济薪酬（indirect financial compensation）。直接经济薪酬是指个人获得的工资、薪水、佣金及奖金形式的全部薪酬。间接经济薪酬是指直接经济薪酬以外的其他各种经济回报，如保险、养老金等。非经济性薪酬（non-financial compensation）是指个人对工作本身或者对工作在心理上的满足感。比如，与工作本身相关的工作兴趣、工作挑战性、工作责任感、工作成就、发展机会等，与工作环境相关的合理的政策、适度的管理、人际关系、社会地位、工作条件、工作时间等。

2. 外在薪酬和内在薪酬

依据作用的机制，薪酬可分为外在薪酬和内在薪酬。外在薪酬（extrinsic compensation）是企业对员工从事生产劳动和工作而支付的货币或非货币形式的薪酬，如工资、奖金、津贴、股票期权以及各种形式的福利待遇。内在薪酬（intrinsic compensation）是员工从企业生产劳动和工作过程本身获得的利益，如富有挑战性、具有趣味性、个人成长和发展机会、能够参与决策管理、弹性的工作时间等。

3. 物质薪酬和非物质薪酬

依据内容实体的属性，薪酬可分为物质薪酬和非物质薪酬。物质薪酬（material compensation）又可分为激励性物质薪酬和保健性物质薪酬，激励性物质薪酬主要包括工资、奖金、股利等报酬形式，保健性物质薪酬主要包括津贴、福利、保险等报酬形式。非物质薪酬（immaterial compensation）又称精神薪酬，可分为发展因素和生活因素两方面，其中，发展因素包括发展机会、培训学习、学习环境、公司荣誉等，生活因素包括工作条件、俱乐部、工作氛围、假期等。

（四）薪酬的作用和目标

1. 薪酬的作用

（1）薪酬能够推动和支持公司战略目标的实现，确立企业的竞争优势。作为连接员工与组织的重要纽带，薪酬能够将员工个人目标与组织目标协同起来。如果一个企业的薪酬结构和绩效指标是基于清晰的发展战略确定的，那么薪酬可以充分激励和约束员工，使他们的行为与企业的战略协调一致，从而推动和支持企业战略目标的实现。基于战略的薪酬还有利于吸引、留住、激励企业所需的核心人才，开发员工的核心专长与技能，从而形成企业的核心竞争力，确立企业的竞争优势。

（2）薪酬能够满足员工需求，激发员工潜能，开发员工能力。从心理学视角看，薪酬可以满足员工的物质和心理需求，从而使员工个人的尊严和价值得到体现，调动员工创造财富和价值的积极性。差异化的薪酬可以激发不同层次、不同类别员工的内在潜力，满足员工个人成长和发展的需要，比如，管理人员成就需求的满足可以驱动其开发和发展领导力，技术人员专业技能与职业价值认可需求的满足可以驱动其不断提升专业技能，普通员工生活保障心理的满足则可以驱动其努力工作。

（3）薪酬能够调和劳动关系，维护社会公平，推动社会和谐发展。作为员工为企业所提供劳动的交易价格，薪酬的合理支付是员工与企业在价值分配上的公平交易，有利于实现劳动关系的和谐。薪酬的公平支付能够避免工资歧视现象的发生，有助于社会的稳定健康发展。此外，企业支付的薪酬与整个社会的福利之间存在密切关系，社会福利的水平和规模与社会的总体薪酬水平有关，社会总体薪酬水平的提高有利于社会福利整体水平的提高。

2. 薪酬的目标

（1）从功能的角度来看，薪酬激励要实现的三大目标为：

- 实现员工满意及相关利益者之间的价值平衡。
- 吸引、激励并保留企业所需的核心人才。
- 支撑企业战略，提升企业竞争力，并最终达成企业目标。

（2）从薪酬支付对象的角度来看，薪酬激励的目标可分为三个层次：

- 个人薪酬目标：员工努力工作的主要动力源于自己设定的薪酬预期并希望薪酬能够不断增加。所以，薪酬的设计应在不违背企业整体利益的前提下，最大限度地满足员工的薪酬预期。同时，通过薪酬变动引导员工努力工作，为公司创造更多价值，并帮助他们实现个人的薪酬目标。

- 团队薪酬目标：在现代企业中，大多数工作往往是由团队完成的，因此，薪酬设计的目标应以团队任务的完成效率和效果为依据来制定，个人薪酬以团队薪酬为基础。薪酬设计要最大限度地满足团队的薪酬预期，同时，对团队薪酬的调整要有助于实现团队薪酬目标和总体薪酬目标的一致。

- 企业薪酬目标：企业层次的薪酬目标由公司经营发展目标的实现来决定，主要通过完善的薪酬体系激发员工的工作积极性和创造性，最大限度地挖掘其工作潜能，为公司创造更多的价值，实现其价值最大化。

二、薪酬的研究视角

不同学科的学者对薪酬展开研究时采取的视角往往存在差异，因此存在关于薪酬的经济学视角、心理学视角以及管理学视角等。

（一）经济学视角

从经济学视角来研究薪酬，主要是将薪酬看作一种交易价格，即薪酬是员工与雇主之间的价格交换。因此，确定薪酬的关键是保持交易的公平性。在劳动经济学中，研究劳动力市场上的薪酬水平主要有两种理论依据：一是劳动力市场的供求均衡理论；二是人力资本理论。

　　劳动力市场的供求均衡理论认为，薪酬水平的高低主要取决于劳动力市场上供求双方的均衡，这可以用图 8-5 来表示。从图中可以看出，劳动力（L）的需求（D）和供给（S）都是工资（W）的函数，并且劳动力需求与工资呈反向变动关系，劳动力供给与工资呈正向变动关系。在劳动力需求曲线和供给曲线的相交点，劳动力的供求达到均衡，得到一个均衡的工资率，该均衡工资率就是该类员工的薪酬水平。从需求方面来看，工资取决于劳动的边际生产率或劳动的边际收益，即企业愿意支付的工资水平由劳动的边际生产率决定。从供给方面来看，工资取决于两个因素：一是劳动力的生产成本，即劳动力养活自己和家庭的费用以及劳动者所需的教育和培训等费用；二是劳动的负效用，即闲暇的效用。供给和需求的均衡产生了劳动者应该得到的工资水平。这种工资决定理论主要从宏观的、市场的角度来研究劳动者的工资水平，但它有一个十分重要的假设前提：劳动者所提供的劳动均为同质的、无差异的，劳动者之间的薪酬差异主要取决于其面对的市场因素的差异。在需求强劲、供给稀缺的劳动力市场，劳动者所获得的工资水平高；在需求较弱、供给较多的劳动力市场，劳动者所获得的工资水平低。因此，该理论往往无法科学地解释劳动者之间由于非市场因素而造成的工资差距，对企业薪酬管理实践的价值和意义不是很大。

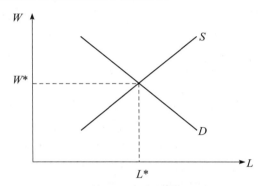

图 8-5　劳动力市场如何决定工资

　　人力资本理论认为，工资水平主要取决于每个员工自身所拥有的人力资本存量。本书前面提到，人力资本是指通过人力投资形成的资本，它表现为劳动者的知识、技能、资历、经验和健康状况等，即体现在劳动者身上的以数量和质量两种形式表示的资本。现代工资决定理论更关注不同劳动者所提供的劳动的异质性，认为这种异质性主要是由劳动者所拥有的人力资本存量差异造成的，这种人力资本存量的差异也造成了不同劳动者的市场价值的差异，即不同的劳动者获得不同的劳动报酬。在新经济时代，知识型员工的价值主要体现为其人力资本的价值，因此不同知识型员工之间工资水平的差异主要取决于其人力资本存量的差异。该理论解释了由于劳动者内在因素所导致的工资差距，但它仍然将劳动者的差异归结为劳动者所拥有的人力资本的数量差异，却忽视了劳动者之间知识、技能和经验在质量上的差异，因此无法解释这种质量差异所导致的工资差距。

　　然而，关于工资决定的人力资本理论在知识经济时代具有十分重要的意义。经济学的要素分配理论认为，员工按照劳动获得劳动报酬，出资者按照资本获得资本收益。而一旦根据人力资本理论将员工所付出的劳动视为其人力资本的贡献，员工所获得的工资收入就成了人力资本的收益，并且这种收益的多少主要取决于人力资本和货币资本力量的博弈。

　　随着知识创新者和企业家在企业价值创造中的地位日益提高，人力资本在与货币资本进行博弈以获得收益的过程中越来越占据优势，资本所有者与劳动者的关系（企业家与知识创新者）也不再是简单的雇佣关系，而是货币资本与人力资本的对等关系，是一种资本与另一种资本的关系，甚至是相互雇佣的关系。这种货币资本和人力资本关系的变化，对于企业的薪酬体系设计也将产生重要的影响，即企业必须按照企业家和知识创新者的人力资本贡献，建立起科学合理的薪酬分享体系，充分体现人力资本对企业财富创造的累积性贡献。这在薪酬体系设计中主要体现为股票期权计划和管理层收购。

（二）心理学视角

从心理学视角来研究企业的薪酬问题，主要是将薪酬作为一种满足员工内在需求的手段和要素，来激发员工的工作积极性和主动性，从个体层面提高员工的工作绩效。在心理学的激励理论中，对薪酬设计和薪酬管理颇具影响的理论是斯达西·亚当斯（Stacey Adams）的公平理论。

亚当斯的公平理论认为，员工首先会思考自己的收入与付出的比率，然后将自己的"收入-付出比"与相关他人的"收入-付出比"进行比较（见表8-2）。如果员工感觉到自己的比率与他人相同，则达到了公平状态；如果感到两者的比率不相同，则产生不公平感，即他们会认为自己的收入过低或者过高。这种不公平感出现后，员工就会试图去纠正。

表8-2　公平理论中的几种主要比较方式

觉察到的比率比较	员工的评价
（A所得/A付出）＜（B所得/B付出）	不公平（薪酬过低）
（A所得/A付出）＝（B所得/B付出）	公平
（A所得/A付出）＞（B所得/B付出）	不公平（薪酬过高）

注：A代表某员工，B代表参照对象。

在公平理论中，还涉及与员工自身的收入-付出比进行比较的参照对象，这种参照对象可以分为三种：他人、制度和自我。首先，员工会将自己的收入-付出比与他人的收入-付出比进行比较，他人既包括同一组织中从事相同工作的他人，也包括同一组织中从事不同工作的他人和其他组织中从事相同工作的他人。通过与上述三类人进行比较，员工可以产生公平感或者不公平感。这种公平被称为分配公平。除此之外，员工还会以企业的制度为参照系来产生公平感。这里的制度是指组织中与个人利益相关的一系列政策和制度以及这些制度的运作，不仅包括组织内部明文规定的政策和制度，还包括一些隐含的不成文规定，如果这些政策和制度是公开、公正和透明的，那么员工会产生公平的感觉，这种公平称为程序公平。另外，员工还会将自己的收入-付出比与自己过去的收入-付出比进行对比。它反映了员工过去的经历以及交往活动，受到员工过去的工作标准及家庭负担程度的影响。

通过这类比较所产生的公平感或者不公平感会影响员工的态度和行为，具体而言包括：

（1）按时间付酬时，收入超过应得薪酬的员工，其生产率水平将高于收入公平的员工。按时间付酬能够使员工生产出高质量与高产量的产品，以增加自己收入-付出比中的付出额，保持公平感。按时间付酬时，收入低于应得薪酬的员工将降低他们生产的产品数量或质量。他们的工作努力程度也将降低，而且相对于收入公平的员工来说，他们将减少产出数量或者降低产出质量。

（2）按产量付酬时，相对于收入公平的员工来说，收入超过应得薪酬的员工的产品数量增加不多，主要是提高产品质量；收入低于应得薪酬的员工则产量高而质量低。

公平理论中关于员工与他人、制度和自我进行对比的思路，对薪酬体系设计具有十分重要的影响。员工与组织内部从事同一工作和不同工作的他人进行对比而产生公平感的思想，有力地支持了薪酬设计的"内部一致性"原理；员工与组织外部从事相同或相似工作的他人进行比较产生公平感的思想，支持了薪酬设计的"外部竞争性"原理；员工要求组织的薪酬政策公开、公正和透明，从而产生程序公平感，这一思想对薪酬设计的"管理可行性"提供了理论支持；员工将自己的收入-付出比与自己过去的经历进行比较而产生公平感，会影响到企业高层管理人员和公司的核心技术人才的年薪水平的确定，即在确定高管人员与核心技术人员的谈判工资时，除了要考虑他对本企业的价值和贡献之外，还要充分考虑到他过去在其他企业的薪酬水平（见图8-6）。

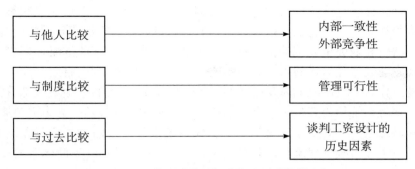

图 8-6 公平理论对薪酬设计产生影响的基本框架

（三）管理学视角

传统的薪酬理论主要从经济学和心理学的角度来思考企业的薪酬问题，前者倾向于通过市场定价来指导企业的薪酬决策，后者则将满足员工的内在需求作为薪酬设计的基本原则。作为一种较新的思考企业薪酬问题的视角，管理学视角把薪酬看成是将个人目标与组织目标融为一体的内在激励，是吸引、留住、激励企业所需人才的核心要素，更关注薪酬管理对企业战略目标的支撑，即通过薪酬激励吸引、留住、激励企业所需的核心人才，并使员工的行为、态度及能力发展符合企业战略的要求。因此，薪酬是获得企业竞争优势的一种工具。

薪酬管理如何支持企业的战略目标？这是战略薪酬体系设计的主要内容。战略薪酬是指从战略层面思考企业应该采取什么样的薪酬策略和薪酬管理系统来支撑企业的竞争战略，并帮助企业获得竞争优势。米尔科维奇在《薪酬管理》一书中，将战略薪酬概括为如图 8-7 所示的一个模型。

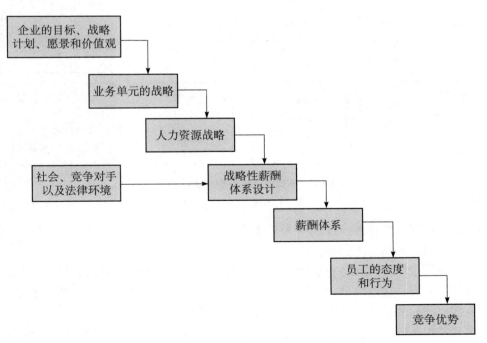

图 8-7 米尔科维奇的战略薪酬模型

资料来源：米尔科维奇，纽曼．薪酬管理：第 6 版．北京：中国人民大学出版社，2002.

从这个模型可以看出：

（1）企业薪酬体系的设计必须基于组织的战略来进行。组织战略可以分为两个层面：一是公司层战略，包括整个公司的战略目标、计划、愿景和价值观等；二是业务单元战略，它是建立在整个公司战略的基础之上、针对每项业务的竞争战略，主要包括每个业务单元的战略目标以及实现战略目标所要采取的竞争策略。

（2）在确立公司层战略和业务单元战略的基础上，安排企业的人力资源战略，即思考人力资源在企业战略规划中的作用，以及企业通过什么样的人力资源系统来支撑企业的战略与目标。

（3）薪酬战略是建立在人力资源战略基础之上的，是人力资源战略的一个组成部分。即在整个企业的人力资源系统设计中，把薪酬系统作为其中的一个子系统，思考它如何支撑整个人力资源战略的实现。

（4）确立了薪酬战略之后，还需要通过进一步的薪酬系统设计来使薪酬战略得以落实，即将薪酬战略转化为具体的薪酬制度、技术和薪酬管理流程。只有这样，才算完成了战略性薪酬体系的设计。

通过战略性薪酬体系，企业就可以有效地引导和改变员工的态度和行为方式，并使其与组织的战略相配合。而一旦实现了这种配合，企业就可以通过人的行为来获取竞争优势，因为只有落实到每个员工日常工作行为中的竞争战略才是竞争对手真正难以模仿的战略。

米尔科维奇还给出了根据几种典型的战略类型来安排人力资源战略，并据此设计企业薪酬战略的例子，具体见图 8-8。

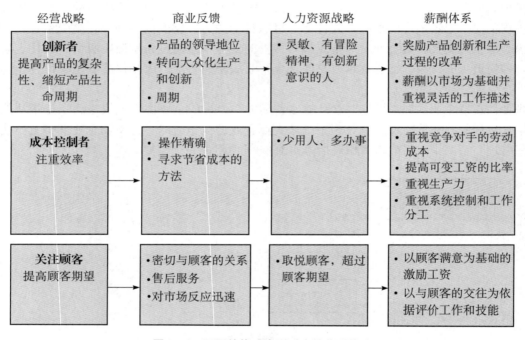

图 8-8　不同的战略类型对应的薪酬战略

资料来源：米尔科维奇，纽曼. 薪酬管理：第 6 版. 北京：中国人民大学出版社，2002.

另外，米尔科维奇还提出了根据企业战略来思考薪酬战略的主要框架。他认为，思考企业的薪酬战略可以借助他所提出的薪酬设计模型。主要包括以下几个方面[①]：

（1）薪酬目标：薪酬应该怎样支持企业的战略，又该如何适应整体环境中的文化约束和法规约束？

（2）内部一致性：在同一企业内部，工作性质和技能水平的差别如何在薪酬上得以体现？

（3）外部竞争性：我们的总体薪酬定位在什么水平来与竞争对手相抗衡？

（4）员工的贡献：加薪的依据是什么——是个人或团队的业绩，还是员工不断丰富的经验、不断增长的知识或者不断提高的技能，抑或是生活费用的上涨、个人需求的增加或者经营单位整体绩效的提升？

（5）薪酬管理：薪酬决策应在多大程度上向所有员工公开和透明化？谁负责设计和管理薪酬制度？

---

① 米尔科维奇，纽曼. 薪酬管理：第 6 版. 北京：中国人民大学出版社，2002.

在此之后，有学者提出从战略、制度、技术三个层面来系统化思考具有企业个性的结构化薪酬体系设计模型。[①]

战略层面：每个企业的存在都有其意义，不同的价值取向决定了企业是关注长期利益还是短期利益，在对员工的评价上企业是鼓励创新还是因循守旧。人力资源战略必须与企业的发展战略和价值导向匹配，才能驱使人的行为朝企业倡导的方向转变。只有从战略上系统化设计薪酬制度，才能达到薪酬分配的根本目的。

制度层面：制度是战略与理念落实的载体。在战略指引下，制度设计的方向更加明确，制度的存在才有了意义。在薪酬制度设计时要避免孤立地去考虑单个制度，企业在由小到大发展的过程中遇到的问题不同，因此薪酬制度设计的出发点也不同。企业在设计这些制度时需要认真考虑工资、奖金、股权之间的关联性，如果不能对薪酬制度进行系统化结构设计，可能会造成各种制度都强调一种导向，而不是发挥各项制度的个性化作用。各项分配制度的设计要有个性化，但薪酬系统的组合要发挥整体效能，其最终目标是：实现企业的战略目标，提升企业的外部竞争力，促进内部组织的均衡发展。

技术层面：薪酬设计技术是操作层面的事情，许多人力资源专业人员经常陷入技术误区，采用各种所谓先进的科学方法来设计制度，而没有从战略层面来思考。技术是制度设计时运用的方法而不是出发点。但如果没有技术，很难设计出能够有效运作的制度，也会给制度的落实带来困难。战略薪酬模型如图8-9所示。

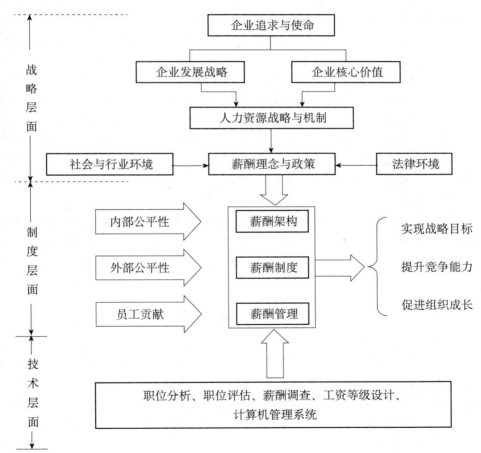

图8-9　基于战略的结构化薪酬体系设计模型

---

① 张建国. 基于战略的薪酬体系设计模型. 中国人力资源开发，2002（8）.

第 2 节　薪酬理念

一、薪酬哲学

薪酬哲学是企业设计薪酬的基本理念，用以回答企业为什么支付薪酬、如何支付以及支付什么等问题，是企业对应当奖励什么样的人和什么样的行为的一种价值判断。在进行薪酬体系设计时，需要依据企业的使命与战略，确定企业的人力资源愿景与整体战略，然后在企业所面临的社会与行业环境及法律环境大背景下，确定企业的薪酬哲学。企业薪酬哲学的确定需要注意以下几点：

（1）企业薪酬体系的设计要体现企业文化的价值诉求。薪酬哲学是企业薪酬体系设计的依据，是薪酬管理的终极价值判断标准，所以要把薪酬文化培育与薪酬理念灌输与薪酬体系设计结合起来。与薪酬激励相配套的薪酬哲学发挥的是软约束作用，因为员工只有认可并接受公司的薪酬哲学，才能更好地感受到公司的薪酬激励，自觉地约束自己的行为，使自己的工作行为更职业化，更符合公司的要求。在塑造企业的薪酬文化与哲学时，要注重对员工行为习惯的引导，因为员工行为的职业化是提高公司管理水平并降低公司人工成本的前提，只有以个人薪酬目标引导其行为习惯，逐步实现员工行为职业化，才能将个人薪酬目标的实现与工作效率的提高、创造价值能力的增强结合起来。

（2）要赋予薪酬哲学以丰富的内涵，向员工灌输和传递薪酬理念，塑造员工全新的工作价值观、贡献观与回报观。薪酬理念不是一种口号，而是员工能够从内心深处感受到的一种价值观，它具有丰富的内涵。在进行薪酬体系设计时，企业需要秉承人力资本优先发展的理念，承认知识创新者和企业家是企业价值创造的主导要素，在分配薪酬时向这些最能创造价值的人倾斜，并且适当拉开薪酬差距，打破平均主义。要让员工认识到，岗位是其施展才华的舞台，工作是承担个人责任的行为，要在工作中创造价值，凭自己的能力和对企业的贡献获得回报，而不是凭借政治技巧吃饭。在薪酬管理实践中，要实现员工的薪酬随着其所担负责任及个人能力的提升、绩效贡献的增加而不断增长。

（3）要将薪酬哲学落实到薪酬的机制和制度建设中，推进薪酬哲学的落地。在进行薪酬设计和管理机制及制度建设时，要时时处处体现企业的薪酬哲学，将其落到实处，建设权、责、利、能四位一体的薪酬管理机制与制度。

即时案例 8-2

永辉超市的合伙人制度

在《财富》2020 年中国 500 强名单中，上榜的有 22 家批发零售企业，其中永辉超市以 705.16 亿元位居前列。永辉超市在中国的零售界并不是发展时间最长、营业规模最大的，也不是在全国范围内覆盖面最广的，但在近些年的发展中，它却成为零售行业发展最快且最具潜力的企业之一。

永辉官网的资料显示，2020 年永辉的足迹已经遍布全国 29 个省份，572 个市（区、县），门店数量达到了 1 022 家。在线上购物为主打的今天，永辉超市是靠什么逐步发展并不断扩张的呢？

1. 零售新模式：一线员工合伙制

如何能够在节约超市成本、降低损耗、提高运营收入的同时，又能提高一线员工的薪水呢？永辉超市作出了一个重大的改变：对运营机制进行改革，即一线的员工采取合伙人制度。

员工的工资不高，仅能解决自己的温饱问题，怎么会对消费者摆出好脸色呢？而涨工资对于企业来说，消耗大，收效小。永辉公司在变革之初就和员工进行沟通，设定每一个柜台、销售区域的利润率或者毛利率后，再由企业对利润按照事先约定的比率进行分成。

这就使一线员工的工资与自己所管辖区域的销售额息息相关。只有当员工的工作足够出色时，营业额才会逐步上升，工资也才能水涨船高。永辉超市采用的是利润分成的办法，员工会注意减少不必要的浪费，以使利润最大化。

以果蔬区域为例，员工在摆放的时候会轻拿轻放，会关注果蔬的保鲜程度，以微笑和积极的态度面对每个进店的消费者。

永辉超市不仅在利润上对员工放权，在员工的聘用方面也放权。每个柜台、服务区域对于员工的招聘、解雇，都由员工自己决定，所得的利益都由所有人共同享有，这样，就能够有效地避免出现有的人没事可干，有的人每日筋疲力尽的情况。

除了将工作划分到每个部门以外，永辉超市也准许以店铺为单位进行组织经营，收到了一定的成效。为了避免出现员工的短期操作，超市每个月都会与这些项目部门进行访谈，调整运营目标以及战略措施，以使整个项目部门能够在长久的发展中获得更高的销售额。

永辉超市的这种合伙人制度有别于其他公司的合伙人制度，合伙人并不享有公司的股权、股票，而只有分红权，这种制度更接近利润分享制。

2014 年，永辉超市在全公司推广合伙人制度。一些后勤岗位也可以用量化的方式来推行合伙人计划。比如，防损就有损耗率的考量，节省下来的钱就相当于利润。再比如工程部，在保证质量的前提下，省下来的预算也相当于业绩。

永辉超市拥有这么多门店，考虑到门店的差异性，在合伙人制度上可能会稍有区别，但总体的操作办法是一致的。一般情况下，合伙人是以门店为单位与总部来商谈。永辉总部代表、门店店长、经理以及课长一起开会，探讨一个预期的毛利额作为业绩标准。将来门店经营过程中，超过这一业绩标准的增量部分利润就会拿出来，按照合伙人的相关制度进行分红。店长拿到这笔分红之后，就会根据其门店岗位的贡献度进行二次分配，最终使得分红机制照顾到每一位基层员工。

值得注意的是，首先，永辉合伙人制度对分给基层员工的比例有明确的规定。其次，永辉总部将合伙人制度和相关条例完全透明公开，基层员工可以根据自己的业绩预见将来的分红。

2. 进货变革：专业买手股份制

对于永辉超市来说，最重要的就是生鲜，而一线员工里，有一些具有特殊能力的购买专才，而为买手们特别制定的买手股份制，极大地激励着他们。

永辉超市的买手们，有多年的进货经验，对于当地不同区域、不同商家的菜品十分了解。为了保证人才不流失，永辉超市采取买手股份制，在留住人才的同时，还能够激发买手的工作热情。这种做法的效果十分显著，一来离职率下降了（从 8% 降到 4%），二来买手们的薪水依靠自己的努力得到了提高，出现企业和买手双赢的局面。

永辉超市的成功不是一蹴而就的，面对时代的发展、零售行业的变革，永辉超市与时俱进，才有了今天的地位。

二、薪酬策略

1. 薪酬水平策略

薪酬水平策略是指企业要确定支付多高水平的薪酬，通常可以将企业支付的薪酬水平与同一职位、同一等级的外部市场薪酬水平进行比较，从而确定企业要选择的薪酬水平。

薪酬的支付水平定位有三种策略：领先型薪酬策略、跟随型薪酬策略和滞后型薪酬策略。领先型薪酬策略是一种基于一流人才的策略，采取领先型薪酬策略的企业为员工提供高于市场平均水平的薪酬来吸引市场上最优秀的人才加盟本企业，以实现企业的战略目标；跟随型薪酬策略是一种基于竞争对手的策略，采取跟随型薪酬策略的企业在决定企业的薪酬支付水平时不是基于企业的内部因素，而是根据市场平均工资水平的变化而变化，持续保持本企业支付给员工的薪酬水平与市场平均薪酬水平相一致；滞后型薪酬策略是一种基于成本的策略，采取滞后型薪酬策略的企业一般是追求成本领先的企业，其员工的市场可替代性较强，企业支付给员工的工资略低于市场平均薪酬水平。

2. 薪酬结构策略

（1）薪酬的等级结构。薪酬的等级结构是指在同一组织内部不同职位或不同技能员工的薪酬水平的排列形式。它强调薪酬水平的等级、不同等级水平之间的级差以及决定薪酬级差的标准。薪酬等级结构的设计存在两种方式：等级化或者扁平化。等级化薪酬结构往往等级较多，级差较小；扁平化薪酬结构往往等级较少，级差较大。

等级化薪酬结构通常要求对每个等级所做的工作给出细致的描述，明确每个人的职责。这种薪酬结构承认员工之间技能、责任和对组织贡献的差异，认为频繁的职位升迁能够很好地发挥对员工的激励作用。

扁平化薪酬结构界定的每个等级的任务职责范围比较宽泛，从而使员工拥有更大的决策自主权。这种薪酬结构认为对所有的员工都应平等对待，越平等就越能提高员工的工作满意度，促使企业内部建立工作团队，提高员工绩效。

（2）薪酬的内容结构。薪酬的内容结构是指员工薪酬包含哪些薪酬要素，以及不同的薪酬构成要素在总体薪酬中的比例。它强调通过调整固定薪酬与浮动薪酬、当期薪酬与长期薪酬的比例来激励员工。

合理控制固定薪酬和浮动薪酬的比例，是通过货币薪酬激励员工的主要手段。这需要根据不同员工的工作性质，实行分层分类的薪酬激励。比如，对销售人员实行高提成以激励其创造更大的业绩，对行政人员和研发人员则要实行高固定工资以确保其稳定性；员工岗位级别越高，浮动薪酬的比例越大，企业业绩浮动越大，其薪酬浮动也越大，这主要是因为员工对企业的业绩承担的责任越大，其薪酬的获得越应该与企业的业绩挂钩。

此外，薪酬又有短期和中长期之分。企业应该建立高管人员和核心人才的中长期激励机制，从而更好地吸引、激励和保留高管及核心人才，并促使高管人员从更长远的角度促进公司的可持续发展。

3. 薪酬组合策略

薪酬组合策略依据分层分类管理的思想，对员工所处层次（高层管理者、中层主管及基层员工等）、员工在组织结构中的职能模块进行组合，针对每一组合确定不同的薪酬策略。比如，企业中对高层管理者支付行业最优水平的薪酬，并且以长期激励为主；而对于基层员工来讲，其所在职能模块不同，薪酬策略就有所不同（见表8-3）。

表8-3 薪酬的组合策略

高层	● 行业最优水平 ● 激励性薪酬结构 ● 以长期激励为主导			
中层	● 适度领先：行业中上水平，地区75%分位值以上 ● 保障＋激励 ● 长期、中期、短期相结合			
基层	● 行业最优 ● 激励＋保障 研发	● 成本控制：地区中等水平 ● 以短期激励为主导 生产	● 行业最优 ● 短期激励 销售	● 成本控制：地区中上水平 ● 保障＋激励 职能

4. 薪酬管理策略

薪酬不仅是连接组织与员工的十分重要的纽带和桥梁，而且是一把双刃剑：用得好则可以激励员工努力工作，提升工作绩效；用得不好则会削弱员工的动力，造成员工的不满。这把双刃剑用得如何，既取决于薪酬体系设计是否科学合理，也取决于企业是否对薪酬进行了科学有效的管理。薪酬的管理策略包括以下九个方面：

（1）薪酬治理与管控模式。主要依据企业的战略制定科学合理的薪酬管理的决策程序与机制，建立与企业战略相一致的薪酬管理体制与管控模式，在薪酬策略支持企业战略目标的同时实现对企业工资总额和人工成本的有效控制。

（2）薪酬重心的倾斜与内部差距。在制定企业的薪酬管理策略时，需要依据企业战略和公司价值创造体系确定企业的薪酬重心应如何向那些创造最大价值的员工倾斜，确定员工因能力不同和对组织战略实现的价值贡献不同，所获得的薪酬的差距应该为多大，通过薪酬实现对企业核心人才的激励，吸引和保留企业所需的核心人才。

（3）薪酬决定的模式。薪酬的支付依据有四种：职位、能力、绩效和市场，据此形成四种薪酬模式：基于职位价值的薪酬体系、基于能力的薪酬体系、基于绩效的薪酬体系和基于市场的薪酬体系。企业的战略不同，所选择的薪酬模式就会有所差别。

（4）薪酬结构的优化与调整。企业薪酬结构的确定是基于企业当前战略及所面临的内外部环境。随着企业的发展，企业的战略和面临的内外部环境都有可能发生变化，原先确定的薪酬结构可能难以满足企业的需要，这时就要对薪酬结构进行优化与调整。比如，调整薪酬的内容结构及比例（如基本薪酬、绩效薪酬、福利的结构及比例）、当期收入与预期收入的结构及比例（如短期奖励与长期奖励的结构及比例），以及固定收入与非固定收入的结构等。

（5）薪酬等级管理。前面介绍了薪酬结构设计可选择等级较多、级差较小的等级化薪酬结构或等级较少、级差较大的扁平化薪酬结构。两种薪酬结构的理论依据不同，管理策略也不同。企业选择了所要采用的薪酬等级策略之后，就要制定相应的薪酬等级管理策略。

（6）团队与个体薪酬管理。在现代企业中，大部分工作不是由员工个人独立完成的，而是需要团队成员相互协作，因此工作绩效既取决于员工个人的努力，又取决于团队成员之间的合作。在这种情况下，员工的薪酬就由两大部分组成：个体薪酬和团队薪酬。因此，需要对基于团队的薪酬进行管理，处理好个体薪酬与团队薪酬之间的关系，既发挥个体薪酬对员工的激励作用，又避免团队成员"搭便车"现象的发生。

（7）薪酬的支付方式管理。薪酬的支付方式是指对如何向员工支付薪酬的策略选择，如采用短期薪酬还是长期薪酬、重视奖励现在还是奖励未来。处于不同发展阶段的企业，其支付方式可能会有所不同，如处于成长期的企业可能会支付较低的短期工资和有一定吸引力的长期薪酬（如股票期权），处于成熟期的企业则主要是用短期薪酬激励和保留员工。所以，企业需要随着自身的发展选择和调整薪酬支付方式管理策略，合理使用延期支付，最大限度发挥薪酬的激励作用。

（8）薪酬的沟通管理。薪酬沟通是薪酬管理体系的重要组成部分，沟通得好，员工对薪酬方案就比较容易接受，薪酬的正面激励作用会发挥得较好；反之，薪酬的负面影响就会很突出。因此，企业需要制定合理的薪酬沟通管理策略，在薪酬的公开与保密之间进行权衡，并选择合适的薪酬沟通管理方式。

（9）薪酬的满意度管理。薪酬体系实施之后，还需要对员工的薪酬满意度进行管理。这时就需要确定企业是追求内部公平还是外部公平，并向员工传递公司的薪酬文化。

5. 薪酬策略的本质特征

（1）薪酬策略是权变的，会因企业的战略、发展阶段、文化背景不同而各异。不同的企业因战略不同、所处的发展阶段不同、企业文化不同，在进行薪酬设计时关注的重点会有所差异，故所采取的薪酬策略会有所不同，甚至同一企业在不同发展阶段所采取的薪酬策略也有可能不尽相同（见表 8-4）。

表 8-4　企业在不同发展阶段的薪酬策略

	起步阶段	平稳发展阶段	下降阶段
基本薪酬	比例不高	稳定	增长缓慢
奖金	更多弹性	少	有所提高
福利	水平不高	越来越多	停滞

（2）薪酬策略是对企业战略性薪酬问题提出的系统解决方案。在进行薪酬体系设计时，需要关注两个重点：一是确定企业的战略性薪酬问题是什么；二是如何找到战略性薪酬的解决方案。战略性薪酬问题是指企业薪酬体系中与企业战略目标的实现紧密相关的事项。要制定一套整体性薪酬战略，需要经过以下五个步骤：

1）依据企业战略，确定本公司的关键成功要素是什么以及组织需要做些什么才能达成自己的使命或者获得理想的竞争地位。

2）依据企业的现有条件及所面临的外部环境，确定组织需要什么样的行为或者行动来使这种竞争策略得以成功执行。

3）确定组织应当用什么样的薪酬方案来强化这些行为，以及薪酬方案的每一部分是为了强化哪种或者哪些理想行为。

4）明确要发挥每一种薪酬方案的预期作用，需要满足哪些要求，该方案对于员工有何价值，以及评价这些薪酬方案的激励有效性采用何种方法。

5）评价企业现有的薪酬方案能够在多大程度上满足这些要求。

经过上述五步，就形成了一套基于企业战略的薪酬策略，找到了针对企业战略性薪酬问题的系统解决方案。

三、薪酬支付的依据

在人力资源管理中，企业如何确定员工所获得的薪酬，主要取决于员工对组织的价值和贡献，这种价值和贡献可以归结为员工的业绩，而业绩的产生可以用一个投入产出模型来概括（见图8-10）。

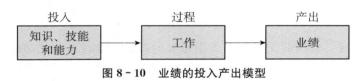

图8-10　业绩的投入产出模型

从模型来看，员工的价值从理论上讲应该用工作业绩来衡量，即按照业绩付酬。但由于业绩很难衡量、具有波动性以及评价的主观性，员工价值的评价还根据员工的能力、职位来确定，这便是以能力为基础的薪酬体系和以职位为基础的薪酬体系。企业在建立薪酬体系之前，首先需要明确自己的薪酬哲学。一般情况下，企业的薪酬应该反映三个价值：个人价值、职位价值和贡献价值。其中，个人价值体现为员工以往的工作经验、知识、技能等内化于员工个体的价值；职位价值是员工在该职位上所承担的责任、发挥的作用等；贡献价值则是员工在该职位上创造的业绩。除了职位、能力和绩效，我们还需要从外部角度来确定员工的价值，即参照市场水平来付薪。所以薪酬支付的依据有四种，即职位、能力、绩效和市场。

基于职位的薪酬体系和基于能力的薪酬体系是最基本的薪酬体系，基于绩效的薪酬体系和基于市场的薪酬体系的应用范围则相对较窄，并且往往依附于前两种基本的薪酬模式进行使用。

企业在设计员工的薪酬时，需要确立正确的薪酬支付依据。支付对象不同，薪酬支付依据的选择也不同。

（1）职位工资：适用于产出周期短、绩效难以考核、技术含量低的岗位。如普通管理岗位宜采取职位工资模式，按照所在岗位责任的大小和相对重要性，并通过岗位评价制定相应的岗位薪酬等级。同时这些岗位的经验积累和熟练程度也很重要，可适当考虑以年资工资作为补充形式。

（2）能力工资：适用于产出周期长、技术含量高、绩效难以考核的岗位。如基础研究、基础教育、技术开发等岗位宜采取能力薪酬模式，根据薪酬支付对象所承载的企业发展所需的知识、能力和经验的多少及相对重要性，通过能力评估来制定相应的能力薪酬等级。

（3）绩效工资：适用于产出周期短、绩效易于考核、技术含量低的岗位。如一般简单生产岗位、销售岗位等宜采取基于业绩的薪酬模式，即通过绩效考核和评估确定薪酬支付对象创造业绩的多少及相对重要性。

这样最简便也最具激励性。

（4）市场薪酬水平：这种薪酬模式主要参照同等岗位的市场价格来确定岗位的薪酬水平，更容易吸引并留住人才，消化企业内部薪酬对比的不满，具有很强的外部公平性，同时也节约了企业的薪酬成本。适用于市场化程度较高，具有足够的能力来支付与市场接轨的工资水平的企业，但市场薪酬水平并不能完全代表在特定的企业中人的贡献程度，所以有可能会缺少内部公平。

另外，企业发展阶段或生命周期不同，薪酬设计的依据也不同。

比如国内薪酬专家文跃然认为，企业在初创期应强调按业绩付酬，以支撑企业规模快速扩张；在高速成长期强调按能力支付薪酬，并重视长期激励，以吸引更多的人才；在岗位职责基本明确的成熟阶段，企业可以考虑采用按职位付酬的工资体系；在衰退期可能更强调短期支付，以维系企业生存。

美国学者兰斯·伯格（Lands Berger）认为，具有不同特征、处于不同发展阶段的企业应关注不同的付薪重点。增长型的企业关注市场份额的增长，根据市场份额、资本的投资回报、产品质量和价格确定薪酬；盈利型的企业关注组织的正常运营，根据销售费用及销售额、研发支出、经济增加值及员工价值确定薪酬；成熟型的企业关注组织的财务指标，根据投资回报率、净现金流量和存量、利润总额和销售总额等确定员工薪酬。

四、薪酬支付的原则

（1）公平性。薪酬支付的公平性是指企业为员工支付的薪酬在多大程度上反映了员工对企业价值贡献的差异。这种公平性体现的是一种内部的公平，可以表现为职位公平和员工公平。其中，职位公平是指根据组织制定的不同工作的价值等级支付相应的薪酬，企业可以通过职位评价建立企业的职位等级结构来实现；员工公平是指组织对在既定岗位上工作的个人根据其能力和贡献的大小支付薪酬，这可以通过员工任职资格评定、绩效评估来实现。

（2）竞争性。薪酬支付的竞争性是指企业为员工支付的薪酬与企业外部从事相同工作的人员的薪酬相比是否具有竞争力。这种竞争性体现的是一种外部公平，员工会将其收入与外部的相似人员进行比较，以此判断自己是否获得了公平的回报。薪酬支付的竞争性可以通过外部薪酬调查来实现，企业可以购买外部专业公司的薪酬调查数据，或者自行进行薪酬调查，以此确定不同岗位的外部薪酬水平，在此基础上作出企业的薪酬决策。保持薪酬支付的竞争性是企业获得外部人才并保留内部核心人才的关键。

（3）有效性。薪酬支付的有效性是指企业是否奖励了正确的人和正确的行为，以及企业为员工支付的薪酬在多大程度上反映了员工对企业的价值贡献。提高薪酬支付的有效性有利于激励员工表现出企业期望的态度和行为，并为企业创造更大的业绩。企业可以通过建立基于绩效的薪酬体系和绩效评估实现"按劳分配、多劳多得"的薪酬理念和对员工价值贡献的认可；另外，企业还要通过外部市场调查本行业或劳动力市场上从事类似工作的其他组织员工获得的薪酬，从而保证本企业员工的价值创造与分配的有效性。

第 3 节　薪酬设计

一、薪酬设计的要点

薪酬的设计与管理要把握好以下十大要点：

（1）要实现薪酬策略与企业人力资源战略、企业经营目标一致，提升薪酬管理的战略管理能力。通过战略性薪酬策略吸引、留住、开发组织所需的战略性人才，并通过战略性薪酬驱动员工的行为与组织的战略目标相一致。

（2）明确薪酬决策的依据，进行科学准确的付酬。合理评价企业的职位价值、员工的能力价值和绩效价值，并实现职位价值、能力价值、绩效价值与市场价值的合理组合。通过科学的薪酬决策实现薪酬分配的内部公平性和外部竞争性。

（3）采用科学的方法确定合理的薪酬水平，并处理好人工成本与人力资本投资之间的关系。

（4）确定合理的薪酬差别，形成企业内部薪酬差异。既要依据能力与贡献充分拉开差距，又要考虑员工的心理承受力，避免企业内部员工关系紧张。

（5）采用科学合理的方法设计多元的薪酬激励要素（机会、职权、工资、奖金、股权、认可、学习）与薪酬结构，以满足不确定的、多层次的、复杂的员工需求，使工资设计反映不同类别员工的特点。

（6）协调处理短期激励与长期激励的矛盾、当期收入与预期收入的矛盾、货币收入与非货币收入的矛盾、固定收入与非固定收入的矛盾、即期支付与延期支付的矛盾以及团队薪酬与个人薪酬的矛盾，实现利益相关者之间的平衡。

（7）建立分层分类的薪酬管理体系，建立集团化薪酬管控模式，合理控制企业的工资总额。动态调整员工工资，使薪酬设计反映不同层次、不同类别员工（研发人员、营销人员、生产人员、管理人员）的需求与劳动特点。

（8）在治理结构层面正确处理货币资本和人力资本的矛盾，实现人力资本的剩余价值索取权，合理确定职业经理人的薪酬及高层管理团队的薪酬与激励措施（薪酬分享体系、年薪制、股票期权）。

（9）做到薪酬的机制与制度设计的程序公平，使得薪酬的机制与制度与人力资源管理体系中其他机制与制度相配套，尤其是与绩效考核体系及任职资格体系相统一。

（10）在新劳动法规的实施带来企业的违规成本增加的情况下，做到薪酬制度与管理体系设计合法，避免企业付出违规成本。

二、基础工资设计

（一）职位工资体系设计

1. 职位工资体系的假设前提

（1）员工对组织的价值和贡献主要体现为其职位价值。员工承担的工作职责和完成的工作内容决定了其对组织价值创造所作的贡献，因此，可以依据员工所承担职位职责的大小、工作内容的复杂程度、工作难度、完成工作职责所需具备的任职资格的高低等因素进行职位价值评价，并依据职位价值评价的结果来确定员工的工资。

（2）每个员工的工作范围和工作内容非常固定，从而能够明确界定其职位内涵，并能够对其职位价值进行较为准确的评价。

（3）组织采用一种严格的金字塔模式。在传统的组织模式中，组织的人员结构表现为金字塔式。传统模式认为，组织层级越高，该层级的人员越少，但每个人对组织的价值和贡献越大。也就是说，管理层级每上升一级，员工的薪酬就应该相应提高较大的幅度，而不管上一个级别的管理者在能力和素质上是否真正高于下一个级别的员工。可见，以职位为基础的薪酬模式体现的是一种"官本位"的价值倾向。

2. 职位工资体系设计的流程

职位工资体系是根据每个员工所处职位的价值来确定其基础工资。因此，职位工资必须建立在职位分析和职位评价的基础之上。职位工资体系设计的主要步骤见图8-11。

（1）首先进行职位分析，形成职位说明书。职位说明书的内容包括该职位的主要工作职责、业绩标准、任职资格要求、工作条件以及工作特征，从而为职位价值评价提供各职位的相关基础性信息。

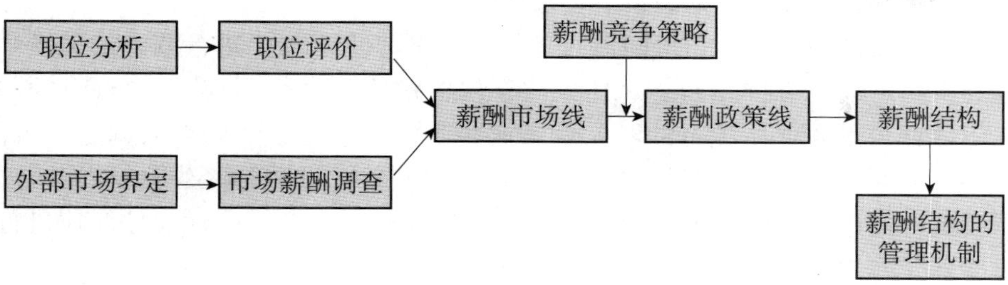

图 8 - 11　职位工资体系设计的流程

（2）在职位分析的基础上进行职位评价。职位评价是建立职位工资最主要的基础和前提。职位评价是通过采用一套标准化和系统化的评价指标体系，对企业内部各职位的价值进行评价，从而得到各职位的职位评价点值，这种职位评价点值可以直接成为确定该职位基础工资的主要依据。职位评价的方法主要有排序法、分类法、因素比较法和要素计点法。在这四种方法中，要素计点法由于在保证结果准确的同时兼具简单实用的特点，因而成为目前在企业中运用最广泛的职位评价方法。另外，要素计点法又包括多种职位评价计点系统，尽管不同系统的模型、假设、因素和权重往往具有一定的差异，但总的框架大致相似，即大部分要素计点法所包含的要素都可以概括为四个维度：工作职责的大小、工作复杂程度和难度的大小、任职资格要求的高低和工作环境条件的好坏。要对这四个维度下面的各要素进行评分，就必须依靠职位分析所提供的信息，即在进行职位评价时，必须参考职位说明书的相关内容。这就是职位分析是职位评价的前提和基础的原因。

（3）在准确界定相关劳动力市场的基础上，进行外部劳动力市场薪酬调查。职位分析和职位评价只能实现薪酬设计的内部一致性，而要实现薪酬设计的外部竞争性，还需要对各职位进行外部劳动力市场的薪酬调查，并将外部薪酬调查的结果与职位评价的结果相结合，形成公司反映各职位平均市场价值的市场薪酬线。

（4）确定企业的竞争性薪酬政策。企业的竞争性薪酬政策主要反映企业的薪酬水平与外部劳动力市场薪酬水平相比较的结果。这种薪酬政策主要包括三种类型：领先型、跟随型和滞后型。根据企业的薪酬政策，企业对所得到的市场薪酬线进行修正，得到企业的薪酬政策线，从而为将职位评价的点值转换为具体的金钱价值提供依据。

（5）建立薪酬结构。前面的步骤所确定的每个职位的价值主要反映了其平均价值，企业还需要根据从事相同工作的不同人员之间的绩效差异、能力差异和资历差异等来确定不同的薪酬，也就是要为每个职位等级建立起薪酬的"跑道"，包括每个职位等级的中点工资、最高工资和最低工资。这一过程就是形成企业薪酬结构的过程。

（6）建立薪酬结构的管理机制。薪酬结构建立之后，整个企业的薪酬框架就基本完成了。此时就需要建立对该薪酬结构进行管理的机制。它主要包括两个方面：一是现有人员和新员工如何进入这样的薪酬框架，即人员的入轨机制；二是如何根据业绩、能力和资历的变化以及其他因素（比如通货膨胀）对员工的薪酬进行调整。建立管理机制是实现对薪酬的动态调整、完善薪酬结构的关键。

3. 职位分析和职位评价

职位分析和职位评价是职位工资体系设计的基础（职位分析内容详见第 4 章）。通过职位分析和职位评价，企业形成了对每个职位或者公司中典型职位间相对价值的判断。前文已对职位分析和职位评价的原理和方法进行了系统的介绍，在此不再赘述。需要强调的是，职位分析和职位评价在职位工资体系设计中十分重要。

4. 外部薪酬调查及调查结果的应用

职位评价的最终结果是得到职位等级，该职位等级序列反映了组织的价值观和战略目标。它是一个组织试图赋予其薪酬系统内部一致性的一种机制。开发薪酬体系的下一步就是对职位等级进行定价。这将通过对职位的内部价值（用职位评价点值来表示）与职位的外部价值（用劳动力市场工资来表示）进行系统的比较来完成。在此，将讨论完成这一系统性比较所须作出的决策，它的最终结果是得到薪酬政策线。薪酬政策线表明了职位评价点值与劳动力市场之间的关系，它是确定工资结构的基础。

（1）选取外部薪酬调查的职位。进行薪酬调查的第一步就是选取需要进行调查的关键职位，然后从外部市场调查中获取这些关键职位的薪酬信息。之所以要选取关键职位进行调查，而非针对所有职位展开调查，是因为：一方面，有些职位是企业所独有的，要得到这些职位的市场工资调查数据是不可能的；另一方面，即使能够获得组织中所有职位的市场薪酬数据，也往往会由于成本太高且意义不大而弃用，因为很多在本组织中工作类似的职位的外部市场价值也很相似，只需要对这类职位中的一个代表性职位进行调查，其他相似职位就可以参照这个职位作出薪酬决策。

（2）确定薪酬调查的渠道、方式和对象。就薪酬调查的渠道而言，企业可以根据需要自己展开薪酬调查，也可以聘请专业咨询公司专门为本企业进行薪酬调查，还可以直接购买专业薪酬调查机构（比如咨询公司、网站等）的薪酬数据库或者调查报告。企业自己展开薪酬调查往往会面临成本高昂的问题，而购买专业机构的薪酬数据库或者调查报告又会存在难以与本企业的薪酬实践和职位特点相匹配的不足。因此，如何在调查成本和效果之间进行折中考虑是一个难题。在中国的现实状况下，由于缺乏行业协会和企业间心理契约的支持，企业往往难以自己组织薪酬调查，因此，聘请专业咨询公司从相对中立的立场来展开薪酬调查，实现各企业之间薪酬数据的共享，能够大幅提高薪酬调查所获得信息的真实性和准确性。而对于那些没有足够的预算来聘请专业机构为自己进行专门调查的企业而言，购买公开出售的薪酬调查报告也是一个很好的选择。但企业对这些薪酬调查报告所提供的数据需要有选择地使用。另外，企业也可以根据几份不同的薪酬调查报告所提供的综合信息来作出决策。

进行薪酬调查有很多方式，其中最为典型的方式包括：问卷调查、访谈调查、电话调查和网络调查。作为一种新兴的调查方式，网络调查由于保密性强而大幅提高了调查结果的可靠性，越来越受到青睐。

薪酬调查的对象是指企业将针对哪些企业进行薪酬调查，这个问题可以归为相关劳动力市场的界定问题。企业的相关劳动力市场是指与本企业竞争员工的其他企业。米尔科维奇将相关劳动力市场界定为：

- 与本企业竞争从事相同职业或者具有相同技术的员工的企业；
- 与本企业在同一地域范围内争夺员工的企业；
- 与本企业在同一产品或服务市场展开竞争的企业。

贝尔彻（Belcher）和艾奇逊（Atchison）建议在决定将哪些组织纳入薪酬调查范围时，采取以下标准：

- 同一行业中的公司；
- 雇用技能类似的员工的组织；
- 不同规模的组织要进行平衡，但不包括规模过小的企业；
- 如果可能的话，应包括有专业的薪酬管理员进行薪酬管理的组织。

希尔斯（Hills）、伯格曼（Bergmann）和斯卡佩洛（Scarpello）建议"同一行业市场的公司"要满足三个标准：近似的地理位置；利用相同的技术；具有用员工数量来衡量的同等的规模。可能用来决定哪些组织应包括在薪酬调查中的最简单的定律是："我们失去的员工流向了什么地方？""我们从谁那里获得我们所需要的人？"

（3）设计薪酬调查表并展开薪酬调查。不管采用何种薪酬调查方式，都需要通过一张薪酬调查表来收集或者记录所获得的信息。为有效地获取竞争对手的薪酬信息，并将竞争对手的薪酬信息与本企业的相关职位进行准确的匹配，薪酬调查表往往需要包括以下内容：

- 调查职位的基本信息（包括职位名称和基本工作特征）；
- 调查对象的组织信息（包括规模、行业、地域、企业性质等，从而判断调查对象和本企业之间的匹配程度，这一因素将影响调查结果的可用性）；
- 调查职位的职位描述（即需要在调查表中用通俗的语言来罗列该职位的主要工作职责和内容，以便被调查者能够准确识别该职位，并使调查信息的分析者能够准确获得调查对象的职位和本企业对应职位之间的匹配关系）；

● 调查职位的任职者个人信息（包括性别、年龄、学历、专业和资历等，以判断从事相同工作的任职者是否会由于个人因素差异而导致薪酬差异，从而对薪酬调查的数据进行调整）；

● 调查职位的总体薪酬包的构成和薪酬水平（包括基础工资、奖金、福利等）。

（4）形成薪酬调查的结果——薪酬调查报告。薪酬调查的结果表现为薪酬调查报告，不同薪酬调查方式和渠道所得到的调查信息存在较大差异，因此，薪酬调查结果的表现形式往往不尽相同。如从事薪酬调查的网站所给出的薪酬调查报告涵盖的调查范围通常十分广泛，通用性强，但往往难以满足企业的个性化需求，难以实现调查职位和本企业需求职位之间的准确匹配。

（5）薪酬调查结果的运用。薪酬调查结果的运用主要有两种方式：一是对调查结果进行数据统计分析以得到市场薪酬线，并结合企业的薪酬战略设计出企业的薪酬政策线；二是直接针对某一职位或者某些职位的调查数据，分析企业在该职位上应该如何付酬。后一种方式往往需要具体问题具体分析，因此我们着重介绍如何通过数据统计分析得到企业的薪酬政策线。

绘制薪酬政策线需要运用统计学的技术，把组织中每项职位评价得分与劳动力市场每个职位的工资率之间的关系归纳为线性回归的关系。图 8-12 描绘了一条回归线，它反映了职位评价得分与劳动力市场工资之间的关系。

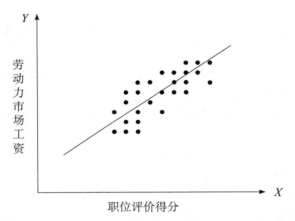

图 8-12　职位评价得分和劳动力市场工资之间的回归线

任何回归直线都可以通过下面的等式来表达：

$$Y = a + bX$$

式中，a 是直线与 Y 轴的交点的纵坐标，也称为 Y 轴的截距，斜率 b 表明 X 每增加或减少一单位，Y 所产生的变化。这种直线的公式并没有提供关于这些点聚集到这条直线的程度的信息。但我们可以计算出相关系数，表明这两个变量之间的关联程度（这里指职位评价得分与劳动力市场工资这两个变量）。

在计算出回归方程后，我们就可以知道 a 和 b 的值，由于 X 代表职位评价得分，因此可以用这个方程来预测每一特定职位的价值。如果组织中关键职位的现行工资与市场状况完全相符，那么这条回归直线的相关系数就为 1.0，所有的数据点恰好都落在这条回归直线上。然而更常见的情况是，这条回归线会显示出，一些点的劳动力市场工资高于这条线，另一些点的劳动力市场工资则低于这条线。

为了帮助确定职位评价得分是否与劳动力市场工资率完全相符，可以依据这些数据计算相关系数。相关系数越接近 1.0，表明相关程度越高。相关系数的平方可以说明，因变量（薪水）变异中的多大比例可以用自变量（职位评价得分）来解释。样本容量在这种统计方法中非常重要，所以我们建议回归分析最好建立在至少 10 个数据点之上。

通过观察回归线的图形和与之关联的数据，有时能够诊断出可能存在的问题。可能碰到的典型问题是，一个职位的工资数据大大高于或大大低于其在职位等级中的位置所决定的工资，这可能源于以下多种原因，应对其中的每一个原因仔细考虑。

1）该职位与所调查职位错误匹配。这时可看一看其他职位是否匹配得更好。如果其他工作也没有得到更好的匹配，可能需要对劳动力市场工资数据进行矫正。错误的匹配往往比不匹配更糟糕。

2）职位评价不正确。如果有问题的职位主要是由单一性别的任职者来负责，就要进行检查，以确保薪酬因素是适合组织的，且在性别问题上是尽可能中立的。同时检查每一项薪酬因素的权重，看它们是否反映了组织的价值观和战略。

3）薪酬调查的数据是否摆脱了在任意一个方向都对薪酬有不利影响的因素。例如，某一职位的调查数据是不是从低工资（或高工资）的行业或组织群体中得到的？

最后，薪酬专家必须作出合理判断——我们所得到的回归线能否表明职位等级与劳动力市场之间的正确关系。

通过计算市场上的平均工资率、最大工资率和最小工资率的回归方程，我们可以更好地分析工资的竞争性。把这些数据制成图表，可以让薪酬分析人员了解市场工资率的"带宽"（band），而不是只了解单个点的估计值。这对于明确本企业薪酬体系在相关劳动力市场的战略定位极有价值。

通过上述步骤，企业得到了其市场薪酬线，接下来，企业需要根据其竞争性的薪酬政策来确定企业的薪酬政策线（见图8-13）。薪酬政策是指企业的薪酬水平在相关劳动力市场上的定位。一般来讲，企业有三种不同的薪酬政策：

● 领先型薪酬政策：企业的薪酬水平高于相关劳动力市场的平均薪酬水平，它常常用处于劳动力市场薪酬水平的前25个百分位来进行界定。

● 跟随型薪酬政策：企业的薪酬水平与相关劳动力市场的平均薪酬水平大致相当，它常常用处于劳动力市场薪酬水平的第25～第75个百分位来进行界定。

● 滞后型薪酬政策：企业的薪酬水平低于相关劳动力市场的平均薪酬水平，它常常用处于劳动力市场薪酬水平的后25个百分位来进行界定。

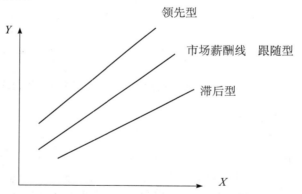

图8-13　不同竞争性薪酬策略对应的薪酬政策线

根据企业的薪酬政策，企业需要对市场薪酬线进行调整而得到企业的薪酬政策线，即如何将每个职位评价点值转换为具体的货币价值的回归线。如果采用领先型薪酬政策，企业的薪酬政策线就要高于市场薪酬线；如采用跟随型薪酬政策，薪酬政策线就与市场薪酬线相重合；如果采用滞后型薪酬政策，薪酬政策线就要低于市场薪酬线。

5. 工资结构设计

工资结构设计是建立在企业职位评价结果和薪酬政策线基础之上的一个关键步骤。工资结构包括针对每一职位或者职位等级的工资范围，包括中点工资、最高工资、最低工资和工资范围系数。它使企业能够建立起对工资进行管理的结构，并使企业能够对从事相同工作但拥有不同能力水平和工作绩效的员工给予不同的薪酬。国际上通行的工资结构往往包括传统的职位等级结构和宽带结构。但从国内企业的人力资源管理实践来看，薪点制工资体系是一种普遍采用、非常有效的工资体系，因此，不管是哪一种工资结构，都需要建立在薪点表的基础之上，所以下面先介绍薪点表的设计，然后介绍两种不同的工资结构。

（1）薪点表的设计。习惯上，员工的收入水平是以货币形式表现的，而在职位工资中，我们用薪点表示员工的收入水平，员工的薪点越高，其薪酬水平越高。员工应得薪点数的多少由三个影响因素决定：职种、任职资格等级、绩效（见图8-14）。薪点没有单位，它随赋予每个薪点的货币价值不同代表不同的金额。

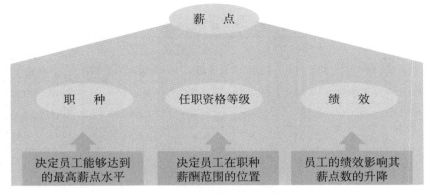

图8-14　薪点的影响因素

薪点表反映了薪点的整体分布情况。设计薪点表的关键是确定薪点表的起点和每个等级内部的级差，在确定了这两个基本变量之后就可以确定企业内部薪酬的坐标系，这个坐标系的最高薪级必须能够涵盖企业内部的最高工资水平。

整个薪点表首先分成若干薪等，每个薪等又分为若干薪级。

薪点表中相邻薪等最低薪点数的差额叫等差。每个薪等的起点薪等数随着薪等的提高而增加，薪等越高，等差越大。通过这样的设计，就为处于不同薪等的员工划定了不同薪酬区间。

同一薪等中相邻薪级的薪点数差额叫级差。同一薪等中，级差相同；薪等越高，级差越大。这样的设计是因为处于高薪等的员工的薪点数较高，所以需要更大的提薪幅度才能达到激励效果。

在薪点表中，相邻薪等之间有很大一部分是重叠的。这一方面给新旧工资体系的切换提供了回旋余地，可以确保员工收入在进入职能工资体系时，既保证原有收入的惯性，又体现出员工价值的差异；同时，这种设计又允许处于低薪等的员工拿到的工资超过高一个薪等的部分员工，对员工的激励作用更大。图8-15提供了一个例子。

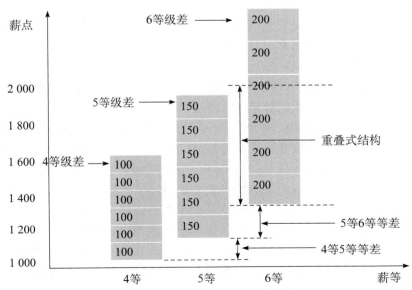

图8-15　薪点表的等差和级差示例

即时案例 8 - 3

某管理咨询公司的薪点表

G公司是一家著名的管理咨询公司，该公司在设计其薪酬体系时采用了薪点制的设计方式。表8-5给出了薪点表的示例。

表8-5　薪点表示例

		薪级									
		1级	2级	3级	4级	5级	6级	7级	8级	9级	10级
薪等	1等	1 000	1 100	1 200	1 300	1 400	1 500	1 600	1 700	1 800	1 900
	2等	2 000	2 200	2 400	2 600	2 800	3 000	3 200	3 400	3 600	3 800
	3等	4 000	4 200	4 400	4 600	4 800	5 000	5 200	5 400	5 600	5 800
	4等	6 000	6 200	6 400	6 600	6 800	7 000	7 200	7 400	7 600	7 800
	5等	8 000	8 300	8 600	8 900	9 200	9 500	9 800	10 100	10 400	10 700
	6等	11 000	11 400	11 800	12 200	12 600	13 000	13 400	13 800	14 200	14 600
	7等	15 000	15 500	16 000	16 500	17 000	17 500	18 000	18 500	19 000	19 500
	8等	20 000	20 500	21 000	21 500	22 000	22 500	23 000	23 500	24 000	24 500
	9等	25 000	25 500	26 000	26 500	27 000	27 500	28 000	28 500	29 000	29 500
	10等	30 000	30 600	31 200	31 800	32 400	33 000	33 600	34 200	34 800	35 400
	11等	36 000	36 600	37 200	37 800	38 400	39 000	39 600	40 200	40 800	41 400
	12等	42 000	42 800	43 600	44 400	45 200	46 000	46 800	47 600	48 400	19 200

可以看出，该薪点表共分为12个薪等，每个薪等分为10个薪级。薪点表的起点是第1等第1级的1 000，第1个薪等内部的级差是100，第2、第3、第4薪等内部的级差都是200，第5个薪等内部的级差为300，第6个薪等内部的级差为400，第7、第8、第9个薪等内部的级差为500，第10、第11个薪等内部的级差为600，第12个薪等内部的级差为800。

（2）职位等级结构。职位等级结构是根据职位评价结果将组织内的职位划分为若干等级，然后针对不同职位等级设计工资范围。这一设计过程通常包括如下步骤：

1）划分职位等级。划分职位等级的依据是通过职位评价得到的职位评价点值。一般将企业内部的职位等级划分为5~9级，并且职位等级的数量往往随企业规模的不同而变化，小企业职位等级的数量比大企业职位等级的数量要少，超大规模企业职位等级的数量往往会达到9个以上。

需要将某一职位评价点值范围内的职位划分到同一职位等级。确定每一职位等级内部所涵盖的职位评价点值范围可以采用三种方式：等差、递增和递减。等差是指将某一相等差距范围内的职位归为同一职位等级；递增是指较低职位等级所涵盖的点值差距较小，较高职位等级所涵盖的点值差距较大；递减是指较低职位等级所涵盖的点值差距较大，较高职位等级所涵盖的点值差距较小。不管采用哪一种职位等级划分方法，都必须充分考虑企业内部职位结构的现实状况，如果建立职位等级的点值范围太大，点值范围上层职位的员工就会感到他们的职位价值被低估了。如果建立职位等级的点值范围太小，虽然可能实现内部公平，但其代价是管理的效率低。因此，要在内部公平性和管理效率之间取得平衡。另外，还必须充分考虑组织内部管理层级的影响，同一管理层级的职位最好能够划分到同一职位等级之中，以充分体现不同管理层级对组织价值创造的等同性。表8-6给出了某一企业划分职位等级的范例。

表 8-6　根据职位评价的点值划分职位等级

职位评价点值范围	职位等级
100 以下	I
101～200	II
201～300	III
301～400	IV
401～500	V
501～600	VI
601～700	VII
701～800	VIII
801～900	IX

2）建立工资范围。确定了每个职位等级的点值范围之后，下一步就需要为每一职位等级建立工资范围。工资范围是指每一职位等级的最低工资到最高工资的范围，即同一职位等级的不同人员获得不同工资的范围。建立工资范围时会依据事先已确定的每一工资等级的市场工资。市场工资决定了工资范围的中点工资。市场工资根据事先绘制的工资政策线得出。工资政策线代表了组织与市场工资率有关的薪酬战略（领先型、跟随型或滞后型）。通过工资政策线的回归方程可以计算出处于每一工资等级中部职位的平均工资率，这一平均工资率就成为这一工资范围的中点。

在找到中点工资之后，工资范围的决策将依赖于关于这一中点工资的适当带宽的选择。被选择的带宽将应用于这一中点值，以计算这一工资等级中的每一个职位所能获得的最高工资和最低工资。下面的公式可用来推算某职位等级的最高工资和最低工资。

带宽＝(最高工资－最低工资)/最低工资

最低工资＝中点工资/(1＋1/2×带宽)

最高工资＝最低工资×(1＋带宽)

上述公式中具有关键意义的变量是带宽，它表明了某一职位等级的最高工资和最低工资之间相差的比率，不同职位等级的工资范围，对应不同的带宽。一旦确定了带宽，就可以根据中点工资和带宽计算出该职位等级的最高和最低工资。一般来讲，带宽主要取决于以下几个方面的因素：

● 职位等级所包含职位的价值差异性：价值差异性越大，带宽也就越大。

● 职位等级所包含职位的绩效变动幅度：如果绩效变动幅度较大，即努力工作、能力强的员工和不努力工作、能力差的员工之间绩效差异很大，带宽就应该增大，从而使绩效好的员工能够和绩效差的员工之间充分拉开差距。

● 企业的行业性质：传统行业工资结构中的带宽往往较小，员工更多地依靠提升职位等级来提高收入；非传统行业中则恰恰相反。

● 企业文化：企业文化中的平均主义倾向越强，工资结构中的带宽也就越小，因为它不主张对从事相似工作的不同员工给予不同薪酬。

● 职业生涯通道的考虑：在许多组织中，在职业生涯通道的下层往往会积压大量的人员，他们无法获得晋升机会，从而需要拉大基层职位等级的带宽，使他们在无法获得职位升迁时可以获得更多的增加薪酬的机会，以满足他们的个人生活的需要。

● 同一职位等级的人员原来所获得的最高和最低薪酬（即工资范围）一定要能够涵盖这一职位等级中原来的最高和最低工资，从而便于与原有工资体系相对接。

综上所述，带宽的确定是一个受到多种因素影响的复杂过程，往往没有通用的标准，因此，需要根据企业的实际情况充分考虑各种因素来作出决策。我们认为，美国大多数薪酬教科书中所建议的工资带宽往往并不适合中国企业的组织状况和收入状况。中国企业的工资带宽一般在100％～150％之间比较合适，甚至可能更高。具体达到多少，需要根据实际情况来作出决策。

事实上，我们可以用一种简单的方式来思考工资范围，即考虑在一个职位等级中，干得最好的员工和干得最差的员工应分别获得多少工资，从而确定该职位等级的最高工资和最低工资。

在薪点制工资体系中，确定了某一职位等级的最高工资和最低工资后，需要在薪点表中找到最低工资和最高工资分别对应的薪等和薪级，从而画出该职位等级的"工资通道"（见图8-16）。

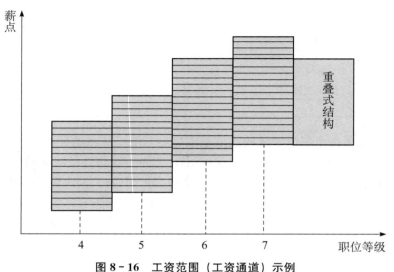

图8-16 工资范围（工资通道）示例

在不同职位等级的工资通道之间还存在重叠式的结构，即下一个职位等级的最高薪点比上一个职位等级的最低薪点要高，这一重叠部分的比例称为重叠比例，它反映了上一个职位等级和下一个职位等级工资范围的重叠程度。重叠比例的计算方式如下：

$$重叠比例 = \frac{下一个职位等级的最高工资 - 上一个职位等级的最低工资}{上一个职位等级的最高工资 - 下一个职位等级的最低工资} \times 100\%$$

重叠比例也是工资结构中的一个重要因素，重叠比例越小，代表组织越鼓励下一个职位等级的员工致力于职位的升迁来获得薪酬提升；反之，重叠比例越大，代表组织越不鼓励下一个职位等级的员工致力于职位升迁。但关于企业在具体的工资结构设计中应该采用多大的重叠比例，没有通用的标准，需要根据企业的实际情况来决定。

（3）宽带工资结构。宽带工资结构是相对于传统的职位等级工资结构提出的，是指将传统职位等级结构中的几个相邻等级合并为一个等级，从而使每一等级的工资范围变得更大的一种工资结构设计方法。图8-17提供了一个例子。

宽带工资结构主要是基于现代企业组织与人力资源管理的几种发展趋势而提出的：

● 组织的扁平化趋势。现代企业为了提高对外部环境的反应速度和能力，降低企业的决策重心，缩短企业的决策链条，在进行组织变革时越来越强调组织的扁平化，即减少企业的管理层级，使组织从原来的多个层级变为少数几个层级，这样的组织为员工提供的晋升机会相对较少，提供的职业生涯通道相对较短。为适应这种变化，企业的工资结构也必须由原来的多个工资等级转变为少数几个工资等级，这样就出现了工资结构的宽带化。

● 大规模的职位轮换。现代大型组织越来越需要复合型人才，为培养具有多种技能和经验的复合型人才，组织必须展开大规模的职位轮换。为使企业的工资体系适应职位轮换带来的冲击，就出现了宽带工资结构，以便在职位轮换中不必频繁改变人员的工资水平，只需要将原来许多处于不同等级的职位合并到同一职位等级。

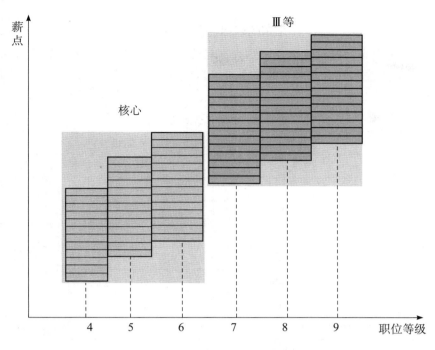

图 8 - 17　宽带工资结构示例

工资宽带的设计主要包括以下几个步骤：

1）确定工资宽带的数目。根据美国公司的经验，宽带工资一般采用 4～8 个职位等级，而且职位等级的划分更多地与组织内部的管理层级相联系。具有相同或相似职位名称或职位头衔的职位往往划分到同一职位等级，例如总监、部门经理、主管和专员等。

2）确定工资宽带的价位。由于工资宽带设计方法将组织内部的职位更多地根据职位头衔或管理级别来划分出少数几个工资宽带，因此处于不同部门的同一级别职位必然处于同一个工资宽带。很显然，由于承担的职责和任职资格等重要薪酬要素不同，它们不可能获得完全相同的工资。要加以区分，就要对不同部门同一级别的工资宽带确定不同的工资水平。比如，同样是专员级别，财务专员的薪酬水平可能要高于行政专员，即财务专员的薪酬宽带要高于行政专员的薪酬宽带。而要确定财务专员的薪酬水平比行政专员高多少，往往有两个标准，一是不同职能部门对企业战略的贡献，战略贡献越大，薪酬水平越高；二是不同职能人员的市场价值的高低。

3）横向职位轮换。工资宽带的主要功能是有利于在组织内部展开大规模的横向职位轮换，这种职位轮换不需要进行薪酬体系不同级别之间的转换，因为两种职位的薪酬往往仍然处于同一工资宽带之中。如果组织不需要进行或者不能成功进行大规模职位轮换，宽带工资就失去了价值和意义。

宽带工资结构的优缺点表现在以下方面：

● 宽带工资结构的优点在于具有灵活性。这有利于组织开展大规模的职位轮换，适应组织的扁平化趋势，为员工在不能获得更多职位升迁机会的情况下提供了更多增加薪酬的机会。

● 宽带工资结构的缺点在于难以控制。传统的职位等级工资结构更多地依靠职位等级来控制组织内部的薪酬差距，而不是依靠管理者对员工的业绩和能力的判断，因此，这种薪酬差距的确定相对客观。当传统的职位等级结构转换为工资宽带之后，就需要更多地依靠管理者的判断来区分员工个人之间的差异，以决定在同一工资宽带中不同人员应该获得的薪酬分别是多少，这样就加大了薪酬决策的主观性，不利于组织内部的薪酬一致性。

京东的职级与薪酬体系

京东2020年第三季度发布的财报显示，京东共有超过32万名员工。京东岗位序列主要分M、T、P序列。M序列为管理人员，T序列包含产品和技术类员工，P序列为项目经理。表8－7举例说明了京东的职级体系。

表8－7 京东职级体系设置

T 职级	职衔	M 职级	职衔
T1	初级 1		
T2	初级 2		
T3	中级 1		
T4	中级 2		
T5	高级工程师	M1	主管
T6	资深工程师	M2－1	副经理
T7	架构师	M2－2	经理
T8	技术专家	M3	高级经理
T9	副总监	M4－1	副总监
T10	总监	M4－2	总监
T11	高级总监	M4－3	高级总监
		M5－1	VP
		M5－2	CXO
		M6	高级副总裁

岗位薪酬
总工资包括基本工资、奖金津贴和补贴以及特殊情况下支付的工资，于每个月最后一个工作日发放。
薪酬结构
　　年薪＝月薪×(12＋1)
　　月薪＝基本工资(70％)＋绩效工资(30％基本工资＋绩效系数)＋餐补＋工龄补贴＋全勤奖
表8－8显示了京东职级体系与薪资范围（K表示千元）。

表8－8 京东职级体系与薪资范围

T 职级	职衔	月薪区间	M 职级	职衔	月薪区间
T1	初级 1	3～8K			
T2	初级 2	8～13K			
T3	中级 1	10～18K			
T4	中级 2	13～25K			
T5	高级工程师	20～30K	M1	主管	20～30K
T6	资深工程师	25～40K	M2－1	副经理	25～40K
T7	架构师	35～50K	M2－2	经理	35～50K

续表

T 职级	职衔	月薪区间	M 职级	职衔	月薪区间
T8	技术专家	40～70K	M3	高级经理	40～70K
T9	副总监	50～75K	M4－1	副总监	50～75K
T10	总监	60～90K	M4－2	总监	60～90K
T11	高级总监		M4－3	高级总监	
			M5－1	VP	
			M5－2	CXO	
			M6	高级副总裁	

京东每年都给所有中基层员工加薪，基层员工加薪幅度不低于 10%，主管、经理级员工不低于 20%。

绩效考核与晋升

表 8－9 显示了京东绩效考核与评级情况，表 8－10 显示了京东人才序列与资格要求。

表 8－9　京东绩效考核与评级

季度绩效考核	季度评级	A＋	A	B	C	C－
	季度系数	1.5	1.2	1	0.8	0.6
年绩效考核	年度评级	5	4	3	2	1
	年度系数	1.5	1.2	1	0.8	0.6

表 8－10　京东人才序列与资格要求

类型	资格要求
通用要求	候选人为 7 月 1 日前入职员工
	一年中无行政处分
	年度人才盘点结果为 4 及以下的，不建议提报
管理序列	晋升岗位要符合 612 原则
	最近三个季度绩效无 C 或 C－
专业序列	原则上应有编制
	最近三个季度绩效综合排名部门前列，且无 C 或 C－
资格晋升	最近三个季度绩效至少有两个 A＋，且无 C 或 C－
	最多只允许跨越一个职等
破格晋升	最近三个季度绩效无 C 或 C－
	有特殊重大贡献

资料来源：https://mp.weixin.qq.com/s/v4eou9hQRRJ8zcVbIEQAkQ。

(二) 能力工资体系设计

相对于传统的以职位为基础的工资体系而言，以能力为基础的工资体系是一种新兴的、尚未完全成熟的工资体系，它是在适应企业新的生存环境、帮助企业解决成长和发展中的一系列问题的过程中逐步兴起的。

以能力为基础的工资体系，不是根据职位价值大小来确定员工的薪酬，而是抛开职位因素，完全按照员工具备的与工作相关的能力来确定其薪酬水平。

对于以能力为基础的工资体系，根据任职者所具备的能力中决定工资差异的因素，可以进一步分为知识工资、技能工资和能力工资。下面对这几种典型的以能力为基础的工资体系设计进行简单介绍。

1. 知识工资和技能工资体系设计

（1）知识工资和技能工资的基本概念。知识工资是根据员工所拥有的与工作相关的知识决定员工薪酬的工资方案，技能工资是根据员工所掌握的与工作相关的技能决定员工薪酬的工资方案。由于知识工资和技能工资的操作方法基本一致，在这里结合起来介绍，用"技能工资"来代指这两种工资方案。但需要指出的是，技能工资和知识工资存在差别，前者主要适用于依靠自己的技能来创造价值的操作性技术工人，后者则主要适用于依靠自己拥有的专业知识来创造价值的白领专业人员。

技能工资可以根据员工技能宽度或者技能深度来进行设计。技能宽度是指员工掌握的与工作相关的技能种数，比如流水线上的技术工人，不仅掌握了自己工位上所需的技能，还掌握了其他几个工位的技能，那么他的工资可能上涨。在这种情况下，员工掌握的技能种类越多，所获薪酬也就越多，因为他能够在其他人员缺勤时帮助他人完成工作，而不需要组织临时招聘人员。另外，他还因为更多地了解了其他岗位的工作而有助于整个流程效率和产品质量的提高。技能深度是指员工掌握的与工作相关的某一种或者几种专业技能的深度，这种深度是指员工技能等级的高低，等级越高的技能难度越大，越难掌握，并且只能在掌握低一级技能的基础上获得，因此这种技能深度存在递进关系。那么，在薪酬上，技能等级每升一级，员工就能获得更高的薪酬。比如，人力资源部的薪酬管理专业人员，仅仅掌握一般的职位工资设计技术，技能等级较低；如果他掌握了以能力为基础的工资设计技术，那么技能等级会更高，因为后者比前者的难度更大，并且必须建立在对前者准确掌握的基础之上；进一步，如果他拥有了整个人力资源管理系统的观念和知识，能够准确把握薪酬与整个人力资源系统和组织战略的关系，那么他的薪酬会更高。

（2）技能工资的主要模型。技能工资设计是一项比较复杂的技术，至今尚没有完全统一和通用的程序。但技能工资的设计可以归结为一系列不同的模式，下面介绍美国薪酬管理专家邦宁（Bunning）提出的技能工资的六种不同模型。

1）阶梯模型。阶梯技能工资模型与传统的职位工资差别最小。它将一个工作簇中的工作从入门到复杂划分为几个"阶梯"（如一级技术员、二级技术员、三级技术员），员工可以沿着阶梯逐步上升，每上升一级就要求增加几项技能，同时也获得更高薪酬。例如，一级装配技术员要求掌握两项技能——重新装配或货盘分类，三级技术员要求掌握六项技能——重新进料、货盘分类、去除毛口、作业线操作、装配和焊接。达到最高级别的员工，掌握了所有技能，并能随时运用这些技能去完成工作。这个模型与职位薪酬模型的主要区别是员工也许会掌握所有水平的职位所要求的技能，而不管这些职位对他是否开放。这种模型主要适用于制造类企业。这种模型的本质在于，每项技能都有一定的价格，每增加一项技能，就相应地增加一部分薪酬。

即时案例 8-5

某制造公司的阶梯模型技能工资方案

某制造公司对装配技术员采用阶梯模型来设计其技能工资方案。在该模型中，新员工在刚进入公司时作为受训人，小时工资较低。该员工可以通过完成培训课程来提高工作技能，从而循序渐进地获得1～5级的技能等级的认证，并获得相应的工资提升。在每一个技能等级中，都存在该等级所要求的核心必修课和核心选修课。从2级职员开始出现任选课，这也构成了达成这一等级要求所需完成的课程。图8-18给出了该公司所采用的阶梯模型的框架。

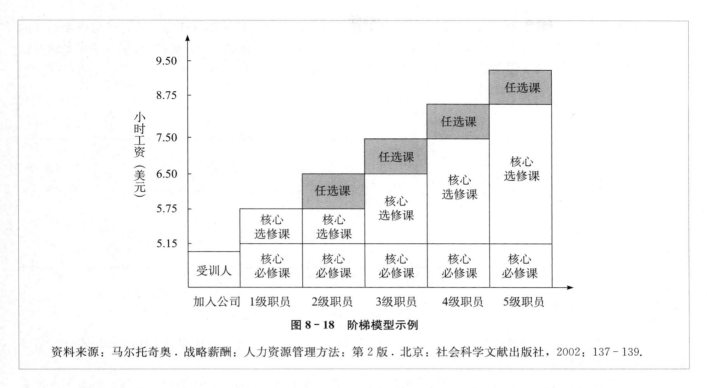

图 8 - 18 阶梯模型示例

资料来源：马尔托奇奥 . 战略薪酬：人力资源管理方法：第 2 版 . 北京：社会科学文献出版社，2002：137 - 139.

2）技能模块模型。在技能模块工资模型中，一个工作簇中的工作被划分为若干技能模块，然而，员工不需要像在阶梯模型中那样追求直线式地从简单工作上升到更加复杂的工作，而可以在掌握了一个"门槛"水平的技术模块之后开始学习其他技能模块中的任何技能（例如，B 模块或 C 模块的任何工作），掌握模块 C 的工作将获得一份更高的薪水，因为它具有更大的难度。例如，在掌握入门的技能模块之后，员工可以获得模块 A 的一项技能，然后可以获得模块 C 的一项技能，还可以掌握模块 B 的一项技能。一个技能模块的每项技能都有相同的价格，因此，掌握这个技能模块的任何一项技能所获得的薪酬增长是完全相同的，且技能模块之间并不存在等级区分，因此，学习技能的顺序并不重要，这是它与阶梯模型的最大不同。

3）工作积分累计模型。在可让员工成功获得很多技能的组织中，一种替代方式是利用点数评估每项技能并排序。每项技能的点数与该项技能所对应职位的职位评价点值或者职位等级有关，职位评价点值或者职位等级越高，该技能的点值也就越高。另外，如果该技能对组织的成功十分关键，则该技能的得分往往远远高于其他技能的得分，从而鼓励员工掌握这种技能。员工掌握的技能越多，点数就越多，技能等级就越高，工资水平也就越高。如果组织适用这个模型，现有的职位评价系统或者职位等级可以用来设计技能工资体系。

4）学校课程表模型。首先，技能被划分为类似于阶梯模型中的技能模块。与阶梯模型不同的是，一些技能被认为是重要的，而其他一些技能被认为是选任技能。例如，从集合Ⅰ调到集合Ⅱ，员工必须在接受工作 A 和工作 B 的培训后再加一种选任工作的培训，从集合Ⅱ调到集合Ⅲ，三种工作的技能都必须掌握，另外还要掌握三种选任工作的技能。

5）跨部门模型。一些组织的成员根据需要在部门之间调动，对应的技能工资模型就是基于员工跨部门学习技能而向员工支付薪酬的。例如，工资等级的建立反映其跨部门掌握的技能数量。一个掌握了其部门所有技能外加其他部门一项技能的员工，工资等级是二级（工资等级为一级表明只掌握了一个部门的工作技能），因此，掌握了两个部门的技能另加本部门技能的员工将达到更高的工资等级水平（如三级）。这种模型对于那些产品和服务需求有很强季节性的企业十分有用，即可以让一部分在夏季提供服务的人员，在冬季提供另一种服务。

6）技能业绩矩阵。这种方式结合了技能掌握程度和业绩水平来决定个人的薪酬。在技能业绩矩阵中，技术水平（例如从低到高）为垂直轴，业绩水平（例如从低到高）为水平轴，矩阵的每个结合点都代表不同的薪酬水平，一个员工的绩效将与其技能水平一起得到衡量（例如，满足标准、超出标准等）。技能水平和业绩的结合决定了个人要以高业绩获得高工资，必须达到一定的技能水平（见图 8－19）。

不同技能水平	不同绩效水平：优良	一般	差
一级技术员	5.6	5.4	5.2
二级技术员	5.8	5.6	5.4
三级技术员	6.0	5.8	5.6
四级技术员	6.2	6.0	5.8
五级技术员	6.4	6.2	6.0

图 8－19　技能业绩矩阵

技能工资体系的优缺点表现在以下方面。

优点：

● 更加有利于鼓励和引导员工提升自己的知识、技能或能力，从而帮助企业提升人力资源的素质，培养员工的核心专长与技能。

● 打破了传统的职位等级的"官本位"，为员工提供了更多样化、更宽广的职业生涯通道。即员工不再需要通过职位晋升来获得薪酬的大幅增加，只需要提高自己的知识、技能或能力就能够获得薪酬增加，因此它是适应新的扁平化组织的重要薪酬模式之一。

● 在帮助员工提升核心专长和技能的基础上，能够有效支撑企业核心能力的培养，并为降低组织的成本和提升为顾客创造价值的能力提供帮助。

缺点：

● 能力并不等于现实业绩，因此，它往往在鼓励员工通过提高能力获得薪酬增加的同时，带来组织成本的大幅增加，而组织整体并没有获得相应的经济价值，这是大多数以能力为基础的工资体系失败的主要原因。

● 能力评价本身具有软性的特点，主观性较强，因此要保持这种工资模式的内部一致性难度较大，员工对这类工资的负面评价往往较多。

● 通常仅适合于以知识为主要竞争力的企业，对于大多数传统企业并不太适用。

● 适用的职位类别相对较少，更多地适用于研发类和技术类人员，对于管理类人员和一般操作人员，采用以职位为基础的工资体系更合适。

上述技能工资模型只是技能工资领域中较具代表性的几种方案。事实上，任何一种模型都不可能适用于所有组织，也不可能适用于同一组织中的所有人员。在实际设计技能工资方案时，往往需要结合几种不同的方案形成一种综合性方案。比如将阶梯模型和跨部门模型结合使用，以阶梯模型作为技能工资的主体架构，将跨部门模型作为一种补充，即将跨部门技能的学习和获得作为阶梯模型中的选修课来处理，这样就体现出跨部门技能对组织的价值，并鼓励员工学习其他部门的技能。

2. 能力工资体系设计

以能力为基础的工资体系简称为"能力工资"。能力工资必须建立在企业能力模型的基础之上，根据员工具备的个人能力的特征来确定所获得的薪酬。能力模型存在企业统一的、通用的能力模型，以及分层分类的能力模型。通用的能力模型是根据企业战略和关键成功要素提出的对全体员工都十分重要的一系列能力的组合。分层分类的能力模型是在通用能力模型的基础上，根据每个职位或者职位簇的工作内容和工作特点提出的驱动员工在具体工作情景下获得成功的能力要求。

企业既可以根据通用的能力模型来建立能力工资体系，也可以根据分层分类的能力模型来建立能力工资体系。前者的缺点在于不能反映具体的工作情景对员工能力的要求，缺乏个性，优点在于所建立的工资体系能够在不同类别的人员之间进行比较，更具有内部一致性。后者恰恰与之相反，具有个性而缺乏通用性。根据中国企业的实际情况，我们更倾向于根据分层分类的能力模型来建立能力工资方案。因此，下面主要介绍能力工资体系。能力工资体系设计的主要步骤如图8-20所示。

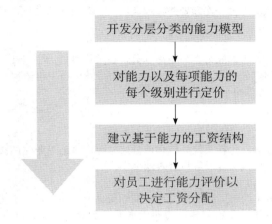

图8-20　能力工资体系设计的流程

（1）开发分层分类的能力模型。分层分类能力模型的开发主要包括界定企业各层各类人员所通用的核心能力，即哪些能力支撑企业的战略，是企业成功的关键，是全体员工都必须具备的能力特征。然后，企业要在划分职位簇的基础上，针对每个职位簇的工作内容和成功的关键，提炼出适用于每个职位簇的个性化能力。将通用能力和每个职位簇需要的个性化能力相结合，就得到了企业的分层分类的能力模型。

能力模型除了要筛选出各层各类人员的能力要求之外，还需要对每项能力进行分级，并对能力的各个等级进行明确的界定。由于这个步骤在本书前面章节已有详细介绍，在此不再赘述。

（2）对能力进行定价。对能力进行定价是指确定员工根据其具备的各项能力能够获得多少薪酬。能力定价最基本的方法有两种：一是市场定价法；二是绩效定价法。市场定价法是指对每项能力在相关劳动力市场上所获得的薪酬进行调查，根据调查结果确定每项能力在本企业应该获得的薪酬。这种方法的前提是企业能够获得相关劳动力市场上其他企业对能力的定价，但由于能力工资模式目前还不太成熟，在国外企业中的运用尚不广泛，国内采用能力工资的企业更是凤毛麟角，因此市场定价法的适用性较差。绩效定价法是指根据每项能力与工作绩效的相关性来确定每项能力的价格，与工作绩效的相关性越大，该项能力的价格越高。

在对每项能力进行定价的基础上，需要将各项能力的价格分解到它的每个等级上，从而决定员工通过达到某个能力的具体等级要求而获得多少对应的薪酬。

（3）建立基于能力的工资结构。基于能力的工资结构大多采用宽带工资结构，也就是在组织中仅仅采用少数几个工资宽带来代替传统的职位结构。

● 首先，企业需要根据员工总体的能力差异性来决定企业需要多少个工资宽带，即将能力要求差异大的员工划分到不同的工资宽带。

● 然后，对每个工资宽带的人员进行能力评价，用进入该工资宽带员工的最低能力来确定该工资宽带的基本能力要求，表8-11给出了一家企业的工资宽带的能力标准实例。

● 根据每个工资宽带人员的平均能力要求，结合前面所得到的每项能力各个级别的定价，就可以得到该工资宽带的中点工资。

● 采用与职位等级工资结构相同的方法，就可以建立起该工资宽带的工资范围、最高工资和最低工资。图8-21给出了一个以能力为基础的宽带工资结构的例子。

表 8-11 某企业以能力为基础的工资宽带

水平	员工特征	工资宽带
1	**能力** 掌握卓越先进的专业型或技术型技能，包括分析或再造业务流程的能力、界定工作规则的能力，以及其他完成高度专业化技术训练的能力；能计划并管理大规模、多元化的项目；具备开发客户关系并引发后续项目的能力。 **绩效表现** 持续地达成以下结果：在所有的工作能力上都能得 3 分，在关键性能力上最少能得 4 分；完成所有的优先的工作目标；总体绩效超过公司和客户的期望；在所有专业人员中得分排名在前 1/3 的行列。（根据平均的能力要求来作出界定。）	工资宽带 1
2	**能力** 掌握良好的专业型或技术型技能，包括系统分析和再设计能力；熟悉专业化的技术规范；能管理单一化的项目；能与项目小组的其他成员以及客户有效地合作。 **绩效表现** 持续地达成以下结果：在所有重要的工作能力上至少都能得 3 分，在关键性能力上能得 4 分；能完成大多数优先的工作目标，并能超过公司和客户的期望水平；在所有专业人员中得分排名位居前 1/2。（根据平均的能力要求来作出界定。）	工资宽带 2
3	**能力** 掌握有效完成被分派的项目所必不可少的技能，包括编码、调试和具体的系统实施；了解基本的技术规则；能在一个项目导向的环境中工作。 **绩效表现** 在重要的工作能力上至少得 3 分；积极主动地实现工作目标，达成大多数重要的目标；总体绩效达到公司和客户的期望。（根据平均的能力要求来作出界定。）	工资宽带 3

资料来源：耐莫诺夫 . 建立基于素质的薪酬体系 . 中国人力资源开发，2003（6）.

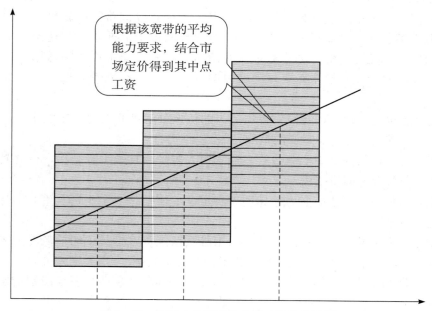

图 8-21 以能力为基础的宽带工资结构示例

三、奖金设计

（一）组织奖励的设计

1. 组织奖励的依据

组织奖励是根据组织整体业绩来确定奖金发放的依据和标准。因此，实施组织奖励计划的前提是确定整个公司的关键业绩指标，然后根据这些关键业绩指标的完成情况来确定整个企业的奖金发放基数和实际的奖金发放额度。

通常的做法是，根据企业的利润指标完成情况确定组织奖励的基数，然后根据其他几个关键指标的完成情况确定实际发放奖金的比例。比如，某公司在年初制定的利润目标为 5 000 万元，如果该企业在年终完成了利润目标，全体员工就分享公司利润的 10%，即将这 500 万元的利润作为组织奖励的基数。然后，该公司根据其成功的关键提炼出其他几个关键指标，包括销售计划的达成率、安全责任事故的控制率、产品的优良品率等。根据这几个关键业绩指标的完成情况确定 500 万元的实际发放比例。如果这几个关键业绩指标的考核结果达到了 S 等（远远超过绩效期望），全体员工就能获得这 500 万元奖励；如果达到了 A 等（超过绩效期望），全体员工就能获得这 500 万元奖励的 90%，随着考核结果等级的下降，奖金的发放比例逐步降低。

2. 组织奖励的对象和分配方式

在组织奖励中，是根据企业的整体业绩来发放奖金的，但参与奖金分配的人员往往并非企业的全体员工，而是组织中能够对企业整体业绩产生直接影响的人员，如中高层管理人员、核心技术人员、专业人员和业务人员。

参与奖金分配的人员并非平均分配奖金，需要区分不同人员对组织业绩的贡献差异。关于奖金如何在参与奖金分配的人员中进行分配，有几种不同的方式：

第一种方式是根据参与人员的职位评价点数进行分配，即

$$人员 A 所获得的奖金 = \frac{奖金总额}{参与人员的总的职位评价点值} \times A 所在职位的职位评价点值$$

第二种方式是根据参与人员的基础工资进行分配，即

$$人员 A 所获得的奖金 = \frac{奖金总额}{参与人员的基础工资总额} \times A 的基础工资$$

第三种方式是根据参与人员的职位等级进行分配，比如参与人员分布于三个职位等级，其分配的相对比例为 1.2：1：0.8。那么，先用奖金总额除以总的分配人数，可以得到平均奖金，三个职位等级的人员分别得到平均奖的 1.2 倍、1 倍和 0.8 倍。

第四种方式是根据参与人员的绩效水平进行分配，比如参与人员的绩效水平分布于 S、A、B、C、D 五个等级，其分配的相对比例为平均奖的 150%、120%、100%、80% 和 60%。

在上述分配方式中，前三种主要考虑参与人员的职位和工作性质不同所造成的贡献差异，第四种方式则主要考虑参与人员的绩效差异所造成的贡献差异。从实践经验来看，前三种方式往往在中国企业中更为适用。

（二）团队奖励的设计

团队奖励是根据组织、团队或者部门业绩来进行奖金分配决策的一种方式。团队奖励计划主要有两种模式：利润分享计划和收益分享计划。

1. 利润分享计划

利润分享计划是将公司或者某个利润单位所获得的利润或者超额利润的一部分在组织和员工之间进行分享的一种计划。在前述组织奖励中，实际上已经用到了利润分享的思路来确定整个组织的奖金包。在这里，

我们将利润分享作为公司内某一利润实体的奖励计划来进行介绍。

一般来讲，利润分享的关键在于确定利润分享的额度，而这一比例的确定有三种方式：

第一种是以利润实体获得的总利润为基数，在组织和员工之间分享总利润的一定比例，比如规定拿出总利润的 5% 来奖励员工。

第二种是采用超额利润分享的方法，即设定一个目标利润，将超过这一目标利润的部分的一定比例用来分享，比如规定目标利润为 1 000 万元，超过 1 000 万元利润的部分在组织和员工之间以 7∶3 的比例来分享。

第三种是采用累进分享比例的方法，即规定若干利润段，在不同利润段采用不同的分享比例，比如规定在利润 300 万元以内分享比例为 5%，在 300 万～600 万元之间的部分分享比例为 10%，600 万～900 万元之间的部分分享比例为 15%，900 万元以上的部分分享比例为 20%。

利润分享计划着重引导员工关注企业的利润实现情况，但它忽视了其他很多因素，常常导致员工过度追求企业的短期利润，而忽视企业长期核心能力的培养。因此，现在很多企业在实施利润分享计划时，不是简单根据利润的实现情况来分享，而是在利润分享的基础上，结合其他关键指标的实现情况来最终确定分享的奖金。这种方式与前述组织奖励计划是一致的。

2. 收益分享计划

收益分享计划是指将企业节约的成本在组织和员工之间进行分享的一种团队奖励方式。由于计算和分配企业成本节约的方式不同，收益分享计划主要包括三种方式：斯坎伦计划、拉克计划和分享生产率计划。

（1）斯坎伦计划。斯坎伦计划的目标是在不影响员工的工作积极性的前提下降低企业的劳动成本。该计划的核心变量为 SVOP，是指企业在一定时期内生产的产品价值总额，它不仅包括企业在这段时间已经销售出去的产品的价值，而且包括企业已经生产出来但尚未销售出去的产品的价值。斯坎伦计划需要计算企业的劳动成本（即工资总额）与 SVOP 的比值，即得到劳动成本在企业所生产产品的价值中所占的比率（这一比率称为斯坎伦比率），然后将这一比率和基准年的同一比率或者预期目标进行比较，如果这一比率低于基准年或者预期目标，就表明企业的劳动成本有所下降，因此将下降的这一部分劳动成本在组织和生产团队的员工之间分享。当然，企业会根据战略目标以及劳动成本节约的难度、员工努力在劳动成本节约中的贡献大小来确定员工和组织之间的分享比例。其收益分享部分的计算公式如下：

$$收益分享总额 = \left(\frac{基期或目标的}{斯坎伦比率} - \frac{当期的}{斯坎伦比率} \right) \times 当期的产品销售价值$$

$$斯坎伦比率 = 工资总额 / 产品的销售价值$$

（2）拉克计划。拉克计划是艾伦·拉克（Alen W. Lack）于 1933 年提出的一种收益分享计划。它与斯坎伦计划的区别在于，拉克计划关注的不仅仅是劳动成本的节约，而是整个生产成本的节约。拉克计划采用一个价值增值公式来计算企业的劳动生产率。企业的价值增值等于企业的销售额减去购买原材料和其他各种供给、服务的总成本。然后，企业可以用价值增值与雇佣成本的比率来衡量企业的劳动生产率，这一比率称为拉克比率。企业用当期拉克比率与基期或者期望的拉克比率进行比较，如果当期的拉克比率高于基期或者期望的拉克比率，就表明该企业的劳动生产率有所提高，可将生产率提高部分带来的收益在企业和生产团队的员工之间分享。其收益分享部分的计算公式如下：

$$收益分享总额 = (当期的拉克比率 - 基期或目标的拉克比率) \times 当期的雇佣成本$$

$$拉克比率 = (销售额 - 购买原材料成本、供给成本和服务成本) / 雇佣成本$$

（3）分享生产率计划。分享生产率计划是米歇尔·费恩（Michael Fehn）于 1973 年提出的一种收益分享计划。分享生产率计划不再衡量节约成本的经济价值，而是追求在更短劳动时间内生产出更多产品。这一计划的关键是计算劳动时间比率，即生产单位产品所需耗费的劳动小时数，通过将当期劳动时间比率与基期或者目标劳动时间比率进行比较，如果当期劳动时间比率低于基期或者目标劳动时间比率，就表明该企业的劳动生产率有所提高，因此可以将这一部分生产率提高带来的收益进行分享。分享生产率计划往往是以周为单位向员工发放奖金。但这种分享计划有一个回购规定，即公司可以通过一次性向员工付款买回超过一定标准的生产率，从而使企业能够在生产率上升到一定水平后提高基期值或者目标值。

上述三个计划是世界著名的收益分享计划，它们的实施旨在通过一种群体分享计划来鼓励员工参与公司决策，为公司的经营管理尤其是生产管理提供意见和建议，以改善公司的经营效率，然后将改进效率所获得的收益的一部分拿来奖励员工，这样就形成了一个提高公司或者团队整体绩效的良性循环。

虽然利润分享计划在实践中运用得较为广泛，但它也存在一些缺点。而收益分享计划恰恰结合了以组织绩效为导向的利润分享激励计划和以个人绩效为导向的利润分享激励计划的优点。表 8-12 对利润分享计划与收益分享计划的优缺点做了比较。

表 8-12　利润分享计划与收益分享计划的比较

利润分享计划	收益分享计划
● 鼓励员工更加关注企业的整体绩效，增强员工的合作精神和组织成员身份感。 ● 利润分享所得报酬不会进入员工个人的基本工资，因此，在企业经营困难时，劳动力成本会自动降低，在经营状况良好时，企业和员工则可以分享财富。	● 收益分享是企业提供给员工分享因生产率提高、成本节约而带来的收益的绩效奖励模式。成本、生产率等指标比利润指标更容易被员工看成是他们自己能够控制的，因此，收益分享计划比利润分享计划的激励作用更强。 ● 收益分享计划比利润分享计划的奖励支付周期短，通常是以月为周期，并且不延期支付。因此，奖励及时，激励作用增强。

（三）个人奖励的设计

个人奖励主要以员工个人的工作业绩作为奖金发放的依据。下面将个人奖励计划与组织和团队奖励计划进行比较，以说明各自的优缺点（见表 8-13）。

表 8-13　个人奖励计划与组织和团队奖励计划的比较

	个人奖励计划	组织和团队奖励计划
优点	主要根据个人业绩来进行奖励，可以根据不同人员之间的绩效差异实施有针对性的奖励，使那些努力工作、能力较强的员工获得更高的薪酬。	主要根据组织和团队的整体业绩来进行奖励，有利于发扬组织和团队内部的协作精神。
缺点	有可能会导致员工之间的激烈竞争，从而破坏整个团队的内部协作，影响整个团队的业绩和对组织的贡献。	由于没有直接与团队成员的个人工作绩效相挂钩，可能会导致团队内部的"搭便车"现象，即某些团队成员并不依靠自身的努力工作来获得奖金，而是享受团队其他成员努力工作带来的团队和组织绩效的提升。

个人奖金的发放首先需要确定奖励周期，根据企业的考核周期，可以采用年终奖、半年奖和季度奖等几种不同的奖励方式。在中国企业中，目前使用最普遍的方式是在每年年末根据年度考核结果发放年终奖。因此，下面主要依据年终奖的发放来阐述个人奖励的基本原理。

个人奖励计划的制定主要涉及两个方面：一是如何确定个人奖金基数；二是如何根据考核结果确定奖金发放比例。后者主要是绩效考核所要解决的问题，因此在这里主要介绍个人奖金基数的确定。

奖金基数的确定主要有两种方式：一是根据基础工资确定奖金基数，这是一种只考虑个人因素的传统奖励方式；二是根据组织和团队的整体业绩进行自上而下的奖金切分，这是一种综合了组织奖励、团队奖励和个人奖励的三位一体的奖励计划。

1. 基于基础工资和个体业绩的个人奖励计划

员工所获得的基础工资综合了职位评价结果、劳动力市场价格、员工过去的工作绩效等多种因素，是衡量员工个人对组织的价值和贡献的一个综合性指标。因此，可以根据基础工资的一定比例来确定年终奖基数。

从实践来看，在员工的整个薪酬包中，每个月基础工资和奖金的比例定在7：3较为合适，年终奖发放的基数大概为员工月基础工资的5倍。

这种根据基础工资来确定奖金基数的方法，虽然综合反映了员工对组织的价值，但由于没有与组织的整体业绩（尤其是组织的整体利润状况）挂钩，因此员工的个人奖励难以根据企业的业绩进行浮动，不利于企业进行成本控制，反而会给企业带来固定成本。

2. 基于组织和团队整体业绩的个人奖励计划

基于基础工资和个体业绩的个人奖励计划，仅仅考虑了个人的价值、贡献和业绩，无法避免传统的个人奖励计划的弊端，不能有效地促进团队合作和组织整体业绩的提升。为了避免这种奖励计划的缺陷，现代企业需要综合组织、团队和个人三个层面的贡献和业绩来设计奖金系统，主要框架见图8-22。

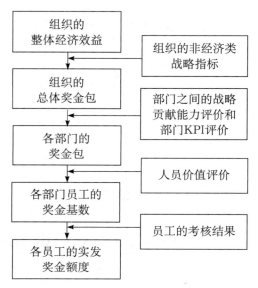

图8-22 综合性的奖励计划的框架

具体的设计步骤如下：

第一，先根据企业的整体经济效益确定企业可以发放的奖金，再根据组织的其他非经济类指标的结果，来确定在这一部分可发放的奖金中有多大比例能够发放，从而确定企业的总体奖金包。

第二，在确定企业总体奖金包的基础上，企业需要进一步将奖金包分配到各个部门。分配的主要依据是各部门对企业战略的贡献，这就需要对各部门的战略贡献能力进行评价。比如，对各部门的战略贡献能力进行评价，将组织内各部门的分配比例界定为三个等级，即1.2：1：0.8，那么部门平均奖系数为1.2：1：0.8。这样结合各部门的人数便可得到各部门的奖金包。其计算公式如下：

$$部门i的可发奖金包 = \frac{部门i的奖金系数 \times 部门i的人数}{\sum_{j=1}^{n} 部门j的奖金系数 \times 部门j的人数} \times 公司的总体奖金包$$

第三，部门i的可发奖金包还不能代表部门i实际能够发放的奖金数额，还需要考虑部门i的KPI指标考核结果，当部门i的业绩高于组织期望时，就能够得到超额奖励，反之，就要从奖金包中扣除一部分。

第四，在得到各部门实发奖金包的基础上，需要进一步进行部门内部人员的奖金分配。这就需要对部门人员进行价值评价，通常可以采用两种评价方式：一是根据职位评价点数来进行；二是以部门内各员工的基础工资作为依据。其具体方式可以参考组织奖励的内部分配方法。

第五，通过这样的分配，就可以得到每个员工的奖金基数，然后结合该员工的年度考核结果，确定其奖金的实际发放额度。

四、福利设计

（一）福利的概念与功能

在企业提供给员工的整体薪酬包中，福利已经成为越来越重要的组成部分。福利是指企业向员工提供的除工资、奖金之外的各种保障计划、补贴、服务以及实物。在现代企业中，福利在整个薪酬包中的比重已经越来越大，对企业的人工成本产生了十分重要的影响。

相对于工资、奖金等直接薪酬而言，福利属于间接薪酬，它在整个薪酬体系中发挥着与直接薪酬不同的作用。具体而言，福利的运用主要是基于以下考虑：

1. 传递企业的文化和价值观

现代企业越来越重视员工对企业的文化和价值观的认同，因为企业是否有积极的、得到员工普遍认同的文化氛围，将会对企业的运营效率产生十分重要的影响。而福利恰恰是体现企业的管理特色，传递企业对员工的关怀，创造一个大家庭式的工作氛围和组织环境的重要手段。成功企业的经验也一再证明，那些能够在市场上获得成功的企业，都十分重视企业文化的塑造，强调以员工为中心来加强管理，向员工提供形式多样、富有吸引力的福利计划。

2. 吸引和保留人才

一方面，福利是企业体现其管理特色的一种工具，另一方面，员工本身也存在对福利的内在需求，因此，越来越多的求职者在选择工作时将福利作为十分重要的因素来考虑，所以对企业来讲，能否向员工提供有吸引力的、切实给员工带来效用的福利计划，就成为企业吸引人才和保留人才的重要因素。

3. 减免税收

相对于工资和奖金，福利还有一个十分重要的作用就是减免税收。福利作为企业提供给员工的各种保障计划、服务和实物等，完全可以用现金来替代，但把这些福利完全折算成现金计入工资，将会使员工为之支付一笔高额所得税。如果采用福利形式，员工就能够在得到这些薪酬的同时获得税收减免，这也是福利在当前越来越受到欢迎的重要原因。但自 2009 年以来，我国国家税务总局将企业为员工提供的交通、通信等补贴纳入了缴税范围，福利的税收减免功能开始减弱。

基于上述几个方面的考虑，福利越来越受到企业的重视，但需要注意的是，福利也存在许多消极因素，会对企业产生多种不利影响。比如，福利通常面向公司中所有或大多数员工，与员工对企业的贡献和工作业绩并不挂钩，具有普惠性质，因而它往往是薪酬中的保健因素，有它不多，无它则不行，久而久之，员工渐渐将福利看成是企业应提供的常规的薪酬，不再因为福利而感受到企业对员工的关怀，最初设立福利的目的也就难以实现，还可能造成企业的成本上升。因此，现代企业在设计福利计划时，越来越倾向于将福利也作为对核心人才和优秀员工的一种奖励，要求员工通过努力工作来挣得福利报酬，这常常被称为"基于业绩和能力的动态福利计划"。

（二）福利的主要形式

现代企业的福利可以分为两大组成部分：一部分称为法定福利，是根据国家的政策、法律和法规，企业必须为员工提供的各种福利，主要包括基本养老保险、基本医疗保险、工伤保险、失业保险、生育保险和住房公积金；另一部分称为非法定福利或者企业补充福利，是企业根据自身管理特色和员工的内在需求，向员工提供的各种补充保障计划以及向员工提供的各种服务、实物、带薪休假等。

国内学者孙海法在《现代企业人力资源管理》一书中，对员工福利的形式进行了总结和归类，他认为福利主要包括以下具体形式①：

（1）额外货币收入：比如在年终、中秋、端午、国庆等特殊节日的加薪、过节费、分红、物价补贴、小费、购物券等。

（2）超时酬金：超时加班费、节假日值班费或加班优待的饮料、膳食等。

（3）住房性福利：免费单身宿舍、夜班宿舍、出租或出售给本企业员工的廉价公房、为员工购房提供的低息或无息贷款、购房补贴等。

（4）交通性福利：企业接送员工上下班的班车服务，市内公交费补贴或报销，购买个人交通工具（自行车、摩托车或汽车）的低息（或无息）贷款以及补贴，交通工具的保养费、燃料补助等，交通部门向员工提供的折价票购买权或者内部签票权等。

（5）饮食性福利：免费或低价的工作餐、工间休息的免费饮料、餐费报销、免费发放食品、集体折扣代购食品等。

（6）教育培训性福利：企业内部的在职或短期的脱产培训、企业外公费进修（业余、部分脱产或脱产）、报刊订阅补贴、专业书刊购买补贴、为本企业员工的学历进修提供补贴等。

（7）医疗保健福利：免费定期体检、免费注射疫苗、药费或滋补营养品报销或补贴、职业病免费防护、免费或优惠疗养等。

（8）意外补偿金：意外工伤补偿费、伤残生活补助、死亡抚恤金等。

（9）离退休福利：包括退休金、公积金（按月抽取员工基薪一定比例，企业同时提供一定补贴，积累至退休时一次性发还；若提前离职，企业发还其已供款额，还可能按规定根据不同服务年限发放部分企业补贴额）及长期服务奖金（工龄达规定年限时发放）等。

（10）带薪休假：除每周末及法定节假日和病假、产假外，每月或每年向员工提供若干带薪休假日，其长短按照年资工龄的不同而区别对待。

（11）文体旅游性福利：有组织的集体文体活动（晚会、舞会、郊游、野餐、体育竞赛等），企业自建文体设施（运动场、游泳池、健身房、阅览室和书法、棋、牌、台球等活动室），免费或折扣电影、戏曲、表演、球赛票券，旅游津贴以及免费提供的车票、船票、机票的订票服务等。

（12）金融性福利：信用储金、存款户头特惠利率、低息贷款、预支薪金、额外困难补助金等。

（13）其他生活性福利：洗澡、理发、降温、取暖津贴，优惠价提供本企业产品或服务等。

（三）自助式福利计划

福利是企业提供给员工的一种额外工作报酬，其目的是体现企业对员工的关怀，营造一种大家庭式的工作氛围，但很多企业在向员工提供福利的过程中发现，员工的内在需求多种多样、众口难调，很难用统一的福利计划去满足员工的多样化需求。当公司提供的福利与部分员工的需求之间出现脱节时，这种福利就难以真正达到目的。如果企业能够让员工自由选择他们所需要的福利，那么员工对福利的满意度将大幅提高，这就是日益流行的自助式福利。自助式福利（cafeteria style benefit）是指像自助餐一样，可以让员工自由挑选所喜欢的福利的一种形式。②

企业和员工分别是福利的供给方和需求方，而自助式福利就是在需求和供给之间建立起一种可以进行选择性匹配的"市场机制"。因此，我们可以从需求到供给和从供给到需求两个方面来分析如何构建自助式福利计划。

1. 从需求到供给

从需求到供给是指从员工需求出发来确定企业需要为员工提供什么样的福利。在这方面需要做的最主要

---

① 孙海法. 现代企业人力资源管理. 广州：中山大学出版社，2002：265.
② 孙健，张玉霞，莫燕萱. 体贴入微的自助式福利. 中国人力资源开发，1999（12）.

工作是针对员工展开调查，收集他们所需的福利信息。公司人力资源部门可以采用问卷调查、访谈等方法，提出诸如"你最需要的物品是什么"之类的问题，然后将所收集的信息加以分类汇总，从而确定员工需求的种类层次。

这虽然是一项比较简单的工作，但也有一些事项需要加以注意：

（1）员工需要的福利要尽可能有可以衡量的标准，这个标准一般就是价值。这样做的主要目的是使福利物品都有一个可衡量的标准，为下一步确定福利点数和福利标准服务。员工的需要可能有很多种，而且有的需要还比较怪异，不能用价值衡量，这就给管理工作带来了不便，在设计问卷时，要尽量让员工排除那些比较怪异的东西。

（2）员工需求的满足要在公司的能力范围之内。尽量避免出现公司无法满足员工需求的状况，不然只会给公司造成难堪的局面。

（3）对于极少数特殊需求，公司应酌情加以照顾，为此在问卷中应加设"意愿"一栏，如"如果你得到的物品不是你所需要的，你会：A坚决不要，B虽然要但不情愿，C无所谓"之类的问题，并将那些选择了A项的挑出来加以仔细考虑。

（4）对福利物品的描述越详尽越好，这样便于公司购买，使公司提供的是员工所需要的东西，这虽然给管理带来了一些不便，但这是公司的职责所在，不应当以此为借口而逃避。

2. 从供给到需求

从供给到需求是指在明确了员工福利需求的情况下，企业如何来满足员工的需求。这一阶段是需求的实现阶段，也是自助式福利的核心内容。它包括四个基本的步骤。

（1）购买力的确定。这里所说的购买力不是货币购买力，而是一种点数购买力，是一种虚拟信用形式。具体来说，就是通过资历审查、绩效考核等手段，确定一定的标准来评定员工的购买点数，它具有类似货币的购买力，可以购买福利。这种点数具有公司信用，可作为公司范围内的交换媒介。

点数的确定主要依据两大因素：资历和绩效。资历是指员工在本企业的工作年限、职务等级、权责大小等；绩效则是企业的绩效考核体系所反映出的员工工作业绩和能力。

另外，由于工资是员工对企业的价值和贡献的综合反映指标，因此如果要采取简单的方法，可以直接按照工资的一定比例确定福利点数，比如20%。采取这种做法的前提是企业已经建立一套具有内部一致性、外部竞争性和激励性的工资体系。

在确定了每个员工的福利点数之后，需要进一步确定这些点数的现金价值，这就需要计算福利点数的单价，即一个福利点相当于多少现金，主要是根据企业的福利计划总额和全体员工获得的总福利点数之比确定。企业福利计划总额的确定必须符合企业人工成本控制的要求，一般来讲必须使其与采用自助式福利计划之前发放的福利价值相一致。

（2）福利物品定价。根据物品的实际价格将福利点的单价折算成相应的福利点数，作为福利物品的点数价格。这只是对某些可衡量的实物或服务的定价，对于那些不能用货币衡量的物品（如带薪假期），则需要根据一定的标准折算成现值进行定价。比如，对带薪假期的衡量，可以用在此期间的工资额加上因不工作造成的损失定价。

（3）市场交易。当员工手里有了福利点数，而福利物品也一一定价完毕之后，就可以进行交易了。公司首先向广大员工公布福利物品的种类及价格，由广大员工进行挑选，然后按照员工选择的状况向他们提供物品。选购过程并不是当时现买现付，而是预先登记，之后再提供物品。

在这一过程中，将不可避免地发生员工购买力不足和员工"储蓄"的情况。员工购买力不足是指员工本身所积累的点数不足以购买所需的福利物品。员工储蓄是指员工暂时不购买，而把点数储存起来以备下次购买。对于员工购买力不足的情况，公司可以考虑分期付款的方法，实行预支。预支这种做法将不可避免地占用公司的资金，在实施时应采取各种会计方法加以管理，以减少损失。但是预支的优点也显而易见，它可以使员工长期地为公司工作，保持持久的忠诚。员工需要相当长一段时间才能积满购买大件福利物品所需的点数。这样当他作出跳槽决策时，需要考虑更多的因素。

对于员工的储蓄行为，公司应当参照实际的银行储蓄利率，为员工的储蓄点数支付当期利息。员工没有消费他的当期福利物品，实际上为公司节约了一笔购买物品的费用，公司可以将这笔费用用作其他用途，因此公司需要支付相应的利息。

（4）约束协调机制。约束协调机制主要是针对交易过程中发生的各种意外纠纷等特殊情况采取的处理措施。比如员工跳槽时的福利点数处理，公司发生信用危机时的福利点数处理等。

自助式福利的最大优点在于，它恰当地提供了员工所需的福利，使员工需求得到满足，从而使福利的总效用达到最大化。因此，它作为一种新兴的、灵活的福利模式，正受到越来越多企业的青睐。

即时案例 8-6

SAS 的福利——确保最宝贵的资产回来

作为一家拥有 4 200 名员工的商业分析软件供应商，SAS 在业界以外并不广为人知。然而在 2010 年《财富》杂志的年度"百佳雇主"评选中，它击败了各大知名企业，拔得头筹。原因何在？

琳琅满目、体贴入微的福利

对于总部位于美国北卡罗来纳州的 SAS 公司员工来说，工作的舒适程度令人羡慕。如果说弹性工作制或者健身房不算什么的话，那么举重房、桌球厅、桑拿房、美发室、美甲室、按奥运会比赛标准设计的泳池是不是有点出乎预料？除此之外，SAS 还提供按摩服务。公司设有美食餐厅和咖啡吧，以及两所享受补贴的幼儿园，甚至为员工提供服装干洗、汽车装饰、UPS 取件等服务。

为了鼓励员工在一天之内保持工作和生活的平衡，公司的工作/生活中心推出了一系列课程，除了普拉提、健身操和双人瑜伽之外，冬季还开设体重控制、戒烟、阿巴拉契亚山路远足和声音疗法、香氛疗法等课程。

一些课程还放在了专门的网络服务器上，这样员工家属和退休人员也能远程听课。业余时间，公司会在牛仔竞技场、杂技团和怪兽卡车比赛场组织"SAS 家庭之夜"活动。工作/生活中心的项目还特别关注家庭问题，针对收养、离婚、特需儿童、青少年培养和挑选有吸引力的学校等内容组织研讨会。SAS 有一个"爱心储藏室"，可以提供轮椅和助步器，还聘请顾问对长期照顾老年人的员工提供指导。

确保最宝贵的资产回来

SAS 公司在满足员工需求上的慷慨大度，也许会让许多公司感到不解。SAS 公司 CEO 吉姆·古德奈特（Jim Goodnight）说："公司的政策带来了宝贵的商业价值。我最有价值的资产每天都会开车离开公司大门，我的工作就是确保他们还会回来。"他最得意的是公司的保健中心。保健中心的办公时间是早上 8 点至下午 6 点，这里共有 56 名员工，其中包括医生、护士、营养师等。这个保健中心其实就是一家诊所，提供基本的医疗服务。所有医疗服务均对员工免费，唯一的收费项目是：如果未能如约而至，而且没有提前通知保健中心，收费 10 美元。

古德奈特说："我认为真正耐人寻味的并不是我的公司慷慨大方，而是为什么其他的公司没有这样做。这样做并非出于宽容大度，而是彻底的实用主义。"

公司保健中心的预算是 450 万美元，不过它每年为公司节约近 500 万美元，因为员工每年的病假天数平均只有两天。更可观的效益在于：员工的平均在职工作时间是 10 年，有 300 名员工至少工作了 25 年；公司员工的年流动率不到 4%，而软件行业的平均流动率大约是 22%。据专家估算，员工的低流动率每年为公司节省的人力资源成本达 7 500 万美元。

学者们证实：古德奈特的政策增强了创造力，并且培育了强烈的忠诚度。尽管 SAS 的薪酬水平在业内并不是最高的，而且没有为员工提供股票期权，福利补贴是体现公司慷慨程度最突出的指标，但从根本上看，它们只是以信任为基础的公司理念的一部分。

稳定的员工带来稳定的客户

1976 年，古德奈特等人创建了 SAS 公司，公司旨在通过预测性分析，为管理者和员工团队提供他们需要的信息，帮助他们更好地完成分析和决策。依靠独特的、领先的软件产品，SAS 现已成为全球最大的私营软件公司，年营业额超过 23 亿美元，《财富》世界 500 强中有 79％的公司使用 SAS 的软件。

在 SAS 的业务中，有相当大的部分是为企业量身定制解决方案，并提供技术服务。而稳定的员工队伍为公司对客户进行长期跟踪提供了保证，公司对客户的实际情况了如指掌，可及时满足客户的需求，随时提供切合实际的建议。在 SAS 公司，客户满意度相当高，客户流失的情况很少发生。

对于公司取得的成功，古德奈特坦言："所有这一切都离不开员工的努力，我真的很感激他们，我很庆幸到现在 SAS 还是一家私营公司，我对待员工可以比上市公司的 CEO 更有人情味。"

资料来源：李晓松．SAS：慷慨彻底的实用主义．中外管理，2010（6）.

第 4 节　薪酬管理

一、薪酬调整

企业对员工薪酬的管理应当强调动态性，要考虑到各种内外因素，积极调整薪酬框架和薪酬水平，从而保证企业的激励机制能够支持整个企业的战略发展。一般来讲，薪酬调整主要有四种类型：薪酬普调、绩效调薪、能力调薪和岗位调薪。其中，薪酬普调通常是调整薪点值，绩效调薪是在同一薪等内调整薪级，能力调薪和岗位调薪则是对薪等进行调整（见图 8 - 23）。

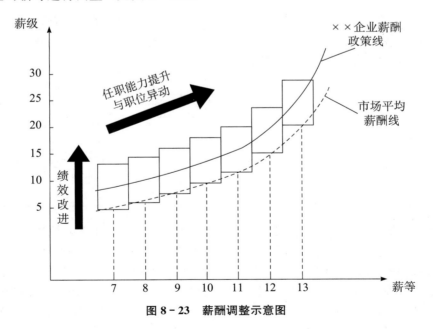

图 8 - 23　薪酬调整示意图

1. 薪酬普调

薪酬普调是指企业随着整体经济形势的发展变化，遵循政府相关法律法规要求，并根据企业自身经营状况，对员工的薪酬进行普遍性调整。调整的方式主要有最低工资标准调整、薪酬普涨以及薪酬普降。

最低工资标准的调整是企业的一种被动行为，主要是遵循国家及当地政府的相关法律法规要求，对所有员工的最低工资水平进行上调，最低工资标准一般每年都会调整一次。

2. 绩效调薪

绩效调薪是指根据员工的绩效考核结果对其基础工资进行动态调整，并将调整的结果作为下一个考核周期的工资水平。

（1）绩效调薪的周期。不同企业、不同类别人员的考核周期往往不同，包括月度考核、双月考核、季度考核、半年度考核和年度考核。绩效调薪具有一定的管理难度和复杂性，分为季度调薪、半年度调薪和年度调薪，其中，年度调薪是最普遍的方式。

（2）绩效调薪的前提。绩效调薪的主要依据是员工的绩效考核结果，因此，企业建立起分层分类的、基于战略的关键业绩指标体系和绩效管理系统是进行绩效调薪的前提。如果企业不能建立起科学的绩效考核体系，则绩效工资要么有名无实，要么会对整个企业的薪酬体系产生负面影响，因为那些获得提薪的员工未必是真正对企业作出贡献和创造价值的员工。

（3）绩效调薪的设计。绩效调薪的确定涉及两个因素：一是员工绩效水平的高低，绩效水平越高，调薪量就应该越高，绩效平平的员工不应该获得提薪，对绩效水平差的员工则应下调其基础工资；二是员工在其工资范围中所处的位置，如果该员工所获得的报酬已经处于工资范围的上端，那么为了降低企业的人工成本风险，其提薪的量就应该比处于工资范围下端且绩效考核结果与之相同的员工要低。绩效调薪的设计，可以只考虑前一个因素，也可以同时考虑两个因素，这就产生了两种不同的绩效调薪表（见表 8-14、表 8-15）。

表 8-14　不同绩效水平对应的调薪幅度

	远高于平均绩效水平	高于平均绩效水平	平均绩效水平	低于平均绩效水平	远低于平均绩效水平
考核等级	S	A	B	C	D
调薪幅度	6%	3%	0%	−3%	−6%

表 8-15　不同绩效水平结合在工资范围中的位置决定的调薪幅度

考核等级 在工资范 围中的位置	远高于平均 绩效水平	高于平均 绩效水平	平均绩效 水平	低于平均 绩效水平	远低于平均 绩效水平
	S	**A**	**B**	**C**	**D**
处于前 1/5	4%	0	0	−3%	−6%
处于前 1/5～前 2/5	4%	2%	0	−3%	−6%
处于前 2/5～前 3/5	6%	3%	0	−3%	−6%
处于前 3/5～前 4/5	9%	6%	3%	0	−3%
处于前 4/5 之后	12%	9%	6%	3%	0

表 8-14 中所示的调薪办法，完全根据员工的考核结果确定，只有高于平均绩效水平的员工才能够获得提薪，平均绩效水平的员工的基础工资保持不变，低于平均绩效水平的员工的基础工资将下降。

表 8-15 中所示的调薪办法，是综合考虑员工的绩效考核结果和该员工在工资范围中的位置两个因素来确定调薪幅度。处于工资范围下端的员工，其绩效平平也能获得提薪，而不会降薪，并且比处于工资范围上端具有相同绩效水平的员工能够获得更大幅度的提薪；处于工资范围上端的员工，必须达到 S 级绩效水平才能获得提薪，并且比处于工资范围下端具有相同绩效水平的员工所获得的提薪要少。

上述调薪办法是以百分比来表示调薪数量，其调薪绝对量为：该员工调薪之前的基础工资×该员工的调薪百分比。因此，在薪点制工资体系中，调薪往往是以工资的升级来实现的，即沿薪点表从下端向上端进行晋升，因此绩效调薪的量是用升级或者降级的数量来表示的（见表 8-16）。

表 8 - 16　薪点制工资体系中的调薪表

	远高于平均绩效水平	高于平均绩效水平	平均绩效水平	低于平均绩效水平	远低于平均绩效水平
考核等级	S	A	B	C	D
升（降）级	升二级	升一级	不变	降一级	降二级

3. 能力调薪

能力调薪是指根据员工的任职资格评定等级对其基础工资进行动态调整，并将调整的结果作为下一次任职资格等级调整前的工资水平。

任职资格评价是对在岗人员的一次能力评价，是员工实际能力与岗位要求标准的一次对应过程，其目的是确定企业现有人员在整个企业人力资源中的等级，为之后的薪酬、培训等制度的调整奠定基础。

员工任职资格等级的确定以任职资格标准中的能力标准和行为标准为依据（见图 8 - 24）。

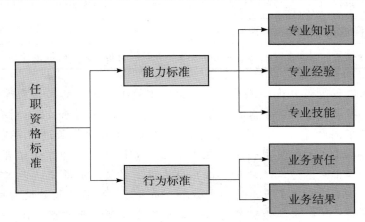

图 8 - 24　任职资格标准内容框架示意图

根据不同的评价要素，在实践中会设计不同的评价方法：

（1）通过必备知识的培训考核获得员工的知识积分，判断其达到了哪个级别的必备知识要求。

（2）通过专家小组召开任职资格评价会获得员工的技能得分和经验成果鉴定结果，判断其达到了哪个级别的能力要求。

（3）行为认证参照员工的绩效考核的结果，判断员工达到了哪个级别的行为标准要求。

（4）当员工的知识积分、技能得分、经验成果鉴定结果和行为认证级别同时满足某一任职资格等级的能力标准要求和行为标准要求时，该等级就是该员工当前的任职资格等级。

当员工的任职资格等级重新核定之后，就需要根据新等级所对应的薪酬标准予以调整。

4. 岗位调薪

岗位调薪是指由于员工的工作岗位变动所引起的薪酬调整。一般来讲，当员工从较低职级岗位调整到较高职级岗位时，转正后若原薪酬水平低于较高职级的起薪薪级，则升至较高职级的起薪薪级水平，若原薪酬水平高于较高职级的起薪薪级水平，则本着就高不就低的原则，转正后套入最接近目前薪酬水平薪级的上一级。

员工的工作岗位出现变动（含部门内、跨部门的职务晋升和任职资格等级提升或降低）时，一般设置 1～3 个月的考察期，考察期满后由所在部门对其在新岗位的工作进行考核，考核合格后按照新岗位所在的薪等套入相应的薪级。

当员工的薪酬水平低于新岗位所在薪等的最低水平时，按照该薪等的最低薪级套入，当员工的薪酬水平高于新岗位所在薪等的最高水平时，按照该薪等的最高薪级套入。除此之外，企业也需要考虑员工因为岗位变动所引起的薪酬水平的大幅变化，此时企业可以与员工协商确定一个中间水平，以实现员工薪酬的平稳过渡。

麦当劳的简明化薪酬

在麦当劳，公司为员工提供较具吸引力的薪酬。每年，公司都会做竞争对手薪酬水平调查，并根据调查结果和公司的经济承受能力对薪酬标准进行调整，从而使公司在人才吸引和保留方面具有较强的竞争力。

麦当劳按工作表现支付薪酬，主要分为五个等级（见表8-17）。

表8-17 麦当劳薪酬增长表

工资等级	具体表现	工资增长幅度
杰出	工作表现一贯卓越，能预估各种情况的发生，并能够保持获得赞扬的工作表现	比原先增长 11%～12%
优秀	工作经常超出目标期望，能够对目标作出有效的反应，并根据情况予以调整	比原先增长 8%～10%
良好	工作表现符合组织期望，能够圆满地完成任务，能够对目标作出有效的反应	比原先增长 5%～7%
需要改进	工作表现达不到组织期望，并且被列入工作改进计划	
不满意	工作表现不被接受，很大程度上达不到工作要求，并且没有被列入工作改进计划	

在具体确定员工应在何种等级上获得工资时，由上级主管根据员工的工作表现作出决定。麦当劳的各个餐厅对每一位员工都建有评价手册，由店长在每年的1月、4月、8月和11月对每一位员工做一次评价，根据员工的工作表现确定不同的等级，然后由店铺经理考察，最后由店长进行审查。对员工进行评价时，依据员工的职位内容考察员工工作的完成情况。在整个绩效考核期间，并非管理者一个人说了算，而是充分听取员工本人的意见，作出一分为二的评价，这充分体现了对员工的尊重。麦当劳公开的薪酬制度明确规定了每一等级的薪酬，这不仅减少了员工的不平衡感，而且可以让员工清楚地看到自己未来的努力方向。考核结束后，店长会根据评估等级来具体确定员工的工资以及工资增长的百分比（工资增长的百分比会根据每年的情况做适当的调整）。

在薪酬激励方面，麦当劳还为员工提供了形式多样的特殊奖励计划，只要员工个人努力，工作表现优异，就有机会获得丰厚的奖励。麦当劳为员工提供的奖励具体包括：总裁奖、金色拱门奖、团队奖、服务工龄奖、优胜奖、年度杰出经理奖、积极管理奖等。

二、薪酬沟通

（一）薪酬保密制度

薪酬保密制度不论在理论界还是在企业界都是一个备受争议的话题。很多员工在进入企业以后就被告知不准打听企业内其他人的工资水平，不准透露个人的工资水平，甚至需要与企业签订薪酬保密协议，承担由于薪酬泄密而造成的各种后果。

薪酬保密制度有一定的作用，可以掩盖公司在薪酬管理上的一些不公平现象，并给管理层带来更大的操作自由度。由于公司的薪酬制度并不是完全科学的，员工绩效的衡量也无法做到绝对客观，因此对薪酬保密能够减少员工与企业、员工与员工之间的矛盾。但是薪酬保密本身又会带来员工的不公平感和猜疑心理，尤其是当员工在私下了解了彼此的薪酬之后，薪酬低的员工有可能会产生一种受骗感，甚至会因此而离开企业。

薪酬保密制度更多的是对员工的薪酬数额进行保密，但不管企业是否采用了薪酬保密制度，企业都需要将薪酬方案明确地告知员工，并确保员工能够根据该方案测算出自己的薪酬水平。这也符合期望理论的观点，即员工只有了解自己努力的结果以及努力与结果之间的关系，才会付出相应的努力。

(二) 薪酬沟通的过程

薪酬沟通的主要内容是回答员工关于薪酬方案的疑问并努力让管理者和员工接受该方案。美国的薪酬管理专家约翰·鲁比诺（John A. Rubino）在对企业的薪酬沟通实践进行深入研究的基础上，提出了一种进行薪酬方案沟通的系统性方法（见图8-25）。

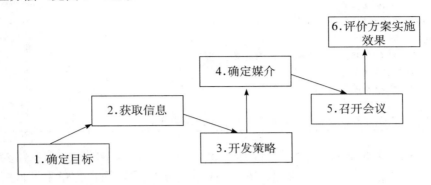

图 8-25　薪酬沟通的系统性方法

1. 确定目标

这一步看起来很容易做到，但常常被忽视。确定目标的意义在于指出需要沟通什么和公司希望通过沟通达到什么目的。

一个公司对原有的薪酬方案进行调整或开发出新的薪酬方案，总是意味着公司的薪酬理念和薪酬管理方法有了一定的变化。此时，薪酬沟通就非常重要，它不仅起到收集新的信息的作用，而且可以通过这个过程在一定程度上改变员工的态度和行为。一个薪酬沟通方案，不仅告诉员工有关新的薪酬方案的知识和信息，而且向员工推销这一方案，让员工更好地接受它。这种"告诉和推销"的方法将影响沟通方案设计和实施的各个方面。

不同的薪酬沟通方案要达到的目标各不相同，但也有很多的共同之处，我们将这些共同之处称为薪酬沟通方案的一般目标，而将各个薪酬沟通方案独有的目标称为特殊目标。一般来讲，一个薪酬沟通方案要达到的一般目标有三个（见图8-26）：确认员工完全理解了新的薪酬体系的所有组成部分；改变员工对薪酬决策方式的看法（从预期加薪到基于特殊绩效标准加薪的程度）；激励员工在新的薪酬体系下充分发挥自身的能力将工作做到最好。

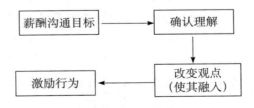

图 8-26　薪酬沟通方案的一般目标

在确认了薪酬沟通方案的一般目标之后，要在其指引下进一步确认特定薪酬沟通项目的特殊目标。特殊目标需要根据企业的实际情况，充分考虑企业在组织和人员管理方面所存在的问题，以解决这些问题、支撑薪酬体系为出发点来确定。

2. 获取信息

在确定目标之后，下一个步骤就是从公司的管理者和员工那里收集必要的信息，这些信息涉及他们对薪酬方案的看法和理解，包括他们对薪酬方案的态度。这些信息和前面所确立的目标一起，确保公司以及员工的需要得到满足。

询问员工的看法、意见，评价他们的态度，表明公司关心员工想什么和如何想，有的公司还会让员工参与薪酬方案的设计。作为回报，员工将对薪酬方案拥有一种认可感，这将有力地保证薪酬沟通方案获得成功。

为了设计一个有效的薪酬沟通方案，一些基本的信息是必须收集的，这些信息主要包括九个方面（见表8-18）。

表8-18 需要收集的信息

1. 员工当前对薪酬和福利计划的理解水平如何？
2. 管理人员和员工是否拥有准确的信息？
3. 管理人员和员工之间的相互沟通进行得如何？
4. 高管人员之间的沟通是一致的吗？
5. 一般来讲，管理人员是否具有必要的人际技能来进行薪酬沟通？
6. 员工是否知道公司对他们的绩效期望？
7. 员工是否相信在工作绩效和薪酬体系之间存在联系？
8. 高管人员对薪酬沟通的看法如何？
9. 员工和管理人员以及高管人员之间以什么样的沟通方式进行沟通最为合适？

这些信息是最基本的，只是必须收集和评价的信息的一个样本，更多的特定信息需要根据特定的薪酬沟通计划来进一步获得。收集信息不仅对于设计薪酬沟通方案十分重要，而且为将来评价薪酬沟通方案的有效性提供了一个参照系。

在确定了需要收集什么样的信息之后，还需要进一步确认采用何种工具和方法来进行信息的收集。一般来讲，企业可以采用以下五种方法：问卷调查、非正式网络调查、焦点小组访谈、面对面访谈、高管人员面谈。

需要特别强调的是，在这五种信息收集方法中，高管人员面谈对于收集信息具有至关重要的作用，在整个信息收集过程中需要给予特别的关注。

3. 开发策略

在收集和分析有关员工态度和观点等一系列信息之后，下一个步骤是在既定目标的框架之内开发一个沟通策略。这个策略是支持目标和引导特定行动的总体方案。

一般来讲，制定薪酬沟通策略的一般步骤是：（1）由公司高层（常常是总裁或者CEO）给所有员工分发一个备忘录；（2）安排关键管理人员召开一系列会议；（3）开发管理人员和员工之间的持续沟通项目；（4）对管理人员进行培训；（5）在薪酬方案完成之后，召开正式的沟通会议。

这些步骤对整个薪酬系统的成功至关重要。在介绍正式的沟通会议之前，我们先看一下有哪些可以使用的沟通媒介。

4. 确定媒介

一个企业只有在确定了沟通目标、获取了必要的信息、开发了整体沟通策略之后，才能选择最有效的沟通工具，即确定采用什么沟通媒介最有效。可运用的媒介的选择范围非常广，从简单的到复杂的工具都可以运用，而且这些工具之间并不相互排斥，可以同时使用。每一个成功的沟通项目都会同时使用多种有效沟通工具。薪酬方案沟通中可使用的媒介种类繁多，我们用表8-19来加以说明。

表8-19 薪酬方案沟通可选用的媒介种类

视听媒介	印刷媒介
● 幻灯片 ● 视频 ● 磁带	● 手册 ● 信件 ● 备忘录
人际媒介	电子媒介（基于计算机）
● 大型会议 ● 小型见面会 ● 面对面协商 ● 经理/员工会议	● 交互个人计算机项目 ● 电子邮件系统 ● 电话通信回复体系 ● 董事薪酬陈述

就薪酬沟通计划而言，人际媒介可能是最有效的方法。基于计算机的沟通技术可能是高效的，但它只能被看作一种补充和增强手段，而不是进行正式沟通所采用的基本手段。在决定采用哪些媒介时，考虑媒介的开发和生产成本与媒介的沟通有效性同样重要。

5. 召开会议

任何沟通方案的最重要的组成部分都是召开正式沟通会议。在项目的最后阶段召开这些会议，对于解释和宣传新的或经过修正的薪酬方案非常重要（见图 8 - 27）。

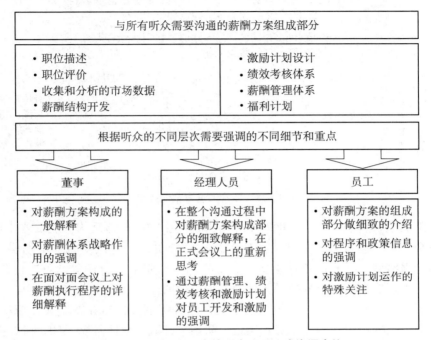

图 8 - 27　为不同层次的听众召开正式沟通会议

6. 评价方案实施效果

薪酬方案沟通的最后一个步骤是评价沟通方案的效果（见图 8 - 28）。

薪酬沟通方案的效果评价通常在正式会议召开后 4～6 个月内进行。在方案实施之前、之后对下列问题的回答的对比，将为评价沟通方案的有效性提供有价值的信息。

（1）当前对薪酬和福利计划的理解水平如何？

（2）管理人员和员工就薪酬方案进行的相互沟通如何？

（3）高管人员是否在其中传递了一致的信息？

（4）员工相信在绩效和报酬体系之间存在联系吗？

一段时间之后，沟通方案的其他影响将变得越来越明显。只有沟通方案获得成功，听起来很好的薪酬体系才会真正产生积极的效果。

通过上述六个步骤，企业可以成功地制定并执行薪酬沟通方案，从而帮助企业和员工在薪酬问题上达成共识，为企业薪酬体系的有效运行奠定基础。

三、薪酬中的税务问题

（一）薪酬税务政策

1. 与企业相关的薪酬税务政策

薪酬对企业所得税的影响，主要体现为对企业应纳税所得额的影响。企业的应纳税所得额是企业的应纳

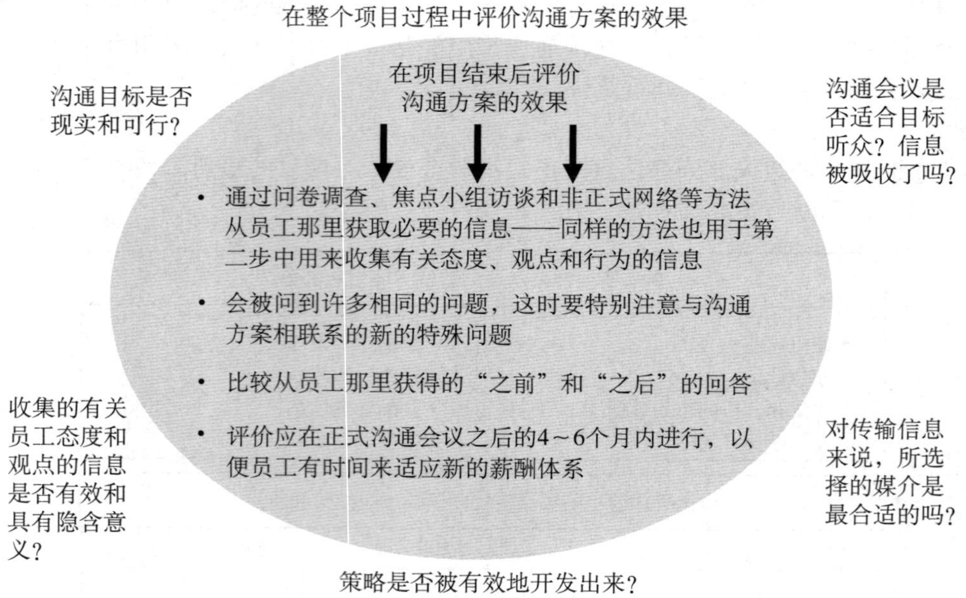

图8-28　评价沟通方案的效果

税收入总额与准予扣除的项目金额之差。薪酬对企业所得税的影响主要体现为人工成本中的准予扣除的项目，具体包括：工资和薪金支出、基本养老保险费、基本医疗保险费、失业保险费、工伤保险费、生育保险费、住房公积金、补充养老保险费、补充医疗保险费、职工福利费、职工工会经费、职工教育经费、职工劳动保护支出等。下面对这些人工成本中主要的准予扣除项目加以说明。

（1）工资和薪金支出。工资和薪金支出是指企业每一纳税年度支付给在本企业任职或受雇的职工的所有现金或非现金形式的劳动报酬，包括基本工资、奖金、津贴、补贴（地区补贴、物价补贴和午餐补贴）、年终加薪、加班工资以及与职工任职或者受雇有关的其他支出。企业在缴纳所得税之前，可以对工资和薪金支出进行扣除，将扣除后的部分作为应纳税所得额。

（2）职工工会经费、职工福利费、职工教育经费。企业还可以从应纳税收入额中扣除企业用于职工工会经费、职工福利费和职工教育经费的费用（简称"三费"）。由于不同企业用于"三费"的费用差别很大，因此，为了体现公平和公正的原则，国家规定了统一的计提三费的标准（见表8-20）。企业可以按照这个标准来从应纳税收入额中进行扣减。

表8-20　国家规定的统一的计提三费的标准

三费	提取基数	比例
职工工会经费	计税工资总额	2%
职工福利费	计税工资总额	14%
职工教育经费	计税工资总额	2.5%

除国务院财政、税务主管部门另有规定外，企业发生的职工教育经费支出，超过工资薪金总额2.5%的部分，准予在以后纳税年度结转扣除。

（3）其他可扣减项目。除了前面的工资、薪金和"三费"之外，企业还有很多可以扣减的项目，包括：

1）各类保险基金和统筹基金。企业依照国务院有关主管部门或者省级人民政府规定的范围和标准为职工缴纳的基本养老保险费、基本医疗保险费、失业保险费、工伤保险费、生育保险费等基本社会保险费，以及企业按照国务院财政、税务主管部门规定的范围和标准为职工支付的补充养老保险费、补充医疗保险费，经税务机关审核后，可在税前全额列支。超出有关规定的比例上交的部分，不得在税前列支。

2）住房公积金。企业按照国务院有关主管部门或者省级人民政府规定的范围和标准为员工缴纳的住房公积金，经税务机关审核，可在税前列支。

3）劳动保护支出。企业发生的合理的劳动保护支出，准予税前扣除。

4）差旅费。能提供合法凭证的，可据实在税前列支。

5）佣金。佣金符合以下条件，可计入销售费用：有合法凭证；支付对象为独立从事中介服务的纳税人和个人（不包括本企业员工）；支付给个人，除另有规定外，不超过服务金额的 5%。

2. 与个人相关的薪酬税务政策

薪酬中主要涉及的应缴个人所得税集中在以下几个方面：工资、薪金所得，税前扣除项目，利息、股息、红利所得，以及与股票期权相关的部分。

$$个人所得税＝[税前收入－5\ 000\ 元(起征点)－专项扣除(三险一金等)－专项附加扣除$$
$$－依法确定的其他扣除]×适用税率－速算扣除数$$

个人所得税税率表如表 8-21 所示。

表 8-21 个人所得税税率表（综合所得适用）

级数	全年应纳税所得额	税率（%）	速算扣除数
1	不超过 36 000 元的	3	0
2	超过 36 000 元至 144 000 元的部分	10	2 520
3	超过 144 000 元至 300 000 元的部分	20	16 920
4	超过 300 000 元至 420 000 元的部分	25	31 920
5	超过 420 000 元至 660 000 元的部分	30	52 920
6	超过 660 000 元至 960 000 元的部分	35	85 920
7	超过 960 000 元的部分	45	181 920

（1）工资、薪金所得。工资和薪金所得主要是指个人因任职或受雇取得的工资、薪金、年终奖金、劳动分红、津贴及与任职和受雇有关的其他所得。工资和奖金所得的个人所得税适用税率为 3%～45% 的累进税率。

在工资和薪金所得中，需要扣除费用后才得到个人的应纳税所得额，其费用扣除标准为：每月减除 5 000 元。

（2）税前扣除项目。

专项扣除。按照国家规定，单位为个人缴付和个人缴付的基本养老保险费、基本医疗保险费、失业保险费、住房公积金，从纳税义务人的应纳税所得额中扣除；从企业提留的福利费或者工会经费中支付给个人的生活补助费免征个人所得税。

专项附加扣除。根据《国务院关于印发个人所得税专项附加扣除暂行办法的通知》（国发〔2018〕41 号）第二条："本办法所称个人所得税专项附加扣除，是指个人所得税法规定的子女教育、继续教育、大病医疗、住房贷款利息或者住房租金、赡养老人等 6 项专项附加扣除。"

1）子女教育专项附加扣除。

扣除标准：每个子女 1 000 元/月，夫妻双方可各选择扣除 50%。

扣除条件：从子女年满 3 岁的学前教育阶段，一直到硕士研究生、博士研究生教育。

2）继续教育专项附加扣除。

扣除标准：继续教育按照每月 400 元定额扣除，同一学历（学位）继续教育的扣除期限不能超过 48 个月；职业资格继续教育、专业技术人员职业资格继续教育，在取得相关证书的当年，按照 3 600 元定额扣除。

3）大病医疗专项附加扣除。

扣除标准：在 80 000 元限额内据实扣除。

扣除条件：医药费用支出扣除医保报销后个人负担累计超过 15 000 元的部分。未成年子女产生的费用可由父母一方扣除。

4）住房贷款利息专项附加扣除。

扣除标准：1 000 元/月。

扣除条件：个人住房贷款为本人或者其配偶购买中国境内首套住房，包括商业贷款和公积金贷款，扣除期限最长不超过 240 个月。

5）住房租金专项附加扣除。

扣除标准：直辖市、省会（首府）城市、计划单列市以及国务院确定的其他城市，扣除标准为每月 1 500 元；其他户籍人口超过 100 万的城市，按 1 100 元/月扣除，户籍人口不超过 100 万的城市，按 800 元/月扣除。

扣除条件：夫妻双方在主要工作城市无自有住房。

6）赡养老人专项附加扣除。

扣除标准：独生子女 2 000 元/月，非独生子女由其与兄弟姐妹分摊 2 000 元/月。

扣除条件：被赡养人为年满 60 岁的父母，以及子女均已去世的年满 60 岁的祖父母、外祖父母。

2022 年 3 月 28 日，国务院印发《关于设立 3 岁以下婴幼儿照护个人所得税专项附加扣除的通知》，决定自 2022 年 1 月 1 日起，纳税人照护 3 岁以下婴幼儿子女的相关支出，在计算缴纳个人所得税前，按照每个婴幼儿每月 1 000 元的标准定额扣除。

下面举例说明。公司员工张三：2020 年 1 月工资 15 000 元；2020 年 2 月工资 45 000 元；2020 年 3 月工资 15 000 元。有一个正在上小学的儿子，子女教育每月扣除 1 000 元；首套住房贷款利息支出每月 1 000 元；父母健在，张三是独生子女，赡养老人支出每月可以扣除 2 000 元；社会保险每月缴纳 3 000 元；购买符合条件的商业健康保险每月 200 元。

2020 年 1 月：

应纳税所得额＝15 000－5 000（累计减除费用）－3 000（累计专项扣除）－4 000（累计专项附加扣除）
－200（累计依法确定的其他扣除）＝2 800（元）

应纳税额＝2 800×3％＝84（元）

2020 年 2 月：

应纳税所得额＝60 000（累计收入）－10 000（累计减除费用）－6 000（累计专项扣除）－8 000（累计专项附加扣除）－400（累计依法确定的其他扣除）＝35 600（元）

应纳税额＝35 600×3％＝1 068－84（已预缴预扣税额）＝984（元）

2020 年 3 月：

应纳税所得额＝75 000（累计收入）－15 000（累计基本减除费用）－9 000（累计专项扣除）
－12 000（累计专项附加扣除）－600（累计依法确定的其他扣除）＝38 400（元）

应纳税额＝38 400×10％－2 520－1 068（已预缴预扣税额）＝252（元）

（3）利息、股息、红利所得。利息、股息和红利所得主要是指个人拥有债权、股权而取得的利息、股息、红利所得，该部分所得以收入额为每次应纳税所得额，适用比例税率，税率为 20％。

（4）与股票期权计划相关的纳税规定。职工通过股票期权计划获得的收入应缴纳个人所得税，纳税计算办法为：

应纳税所得额×适用税率＝每次收入额×20％

其具体操作可以通过表 8-22 来反映。

表 8 - 22　与股票期权计划相关的纳税

	纳税义务的发生	税基	适用税率	报税人	备注
被授予股票期权时	无	—	—	—	股票期权在境内外证券交易所公开交易或者授权或施权即可转让时需缴纳个人所得税
实际行使认股权	有	个人履行期权获得的差价收入计入当月工资、薪金所得缴纳个人所得税	适用 5%～45% 的累进税率	公司承担代扣代缴义务	报经当地主管税务机关批准后，可自当月起，在不超过 6 个月的期限内平均分月计入工资、薪金所得纳税
员工将所持境外股票转让时	有	以转让价格减去购买价格的差额，作为财产转让收入纳税	20%	个人申报缴纳	可扣除相关交易费用
员工将所持 A 股、B 股转让时	有	—	—	—	暂时免税

（5）年终奖。年终奖个税计算方法分两种情况：1）员工当月工资薪金所得高于税法规定的费用扣除额（5 000 元）时，将员工当月内取得的全年一次性奖金除以 12，按其商数确定适用税率和速算扣除数。2）员工当月工资薪金所得低于税法规定的费用扣除额（5 000 元）时，将员工当月内取得的全年一次性奖金除以 12，减去员工当月工资薪金所得与费用扣除额（5 000 元）的差额，然后按照余额确定适用税率和速算扣除数。

（二）年终奖的税务筹划

税务筹划是指在纳税行为发生之前，在不违反相关法律法规的前提下，通过对纳税主体（法人或自然人）的经营活动或投资行为等涉税事项作出事先安排，以达到少缴税或递延纳税目的的一系列谋划活动。合理筹划个人所得税缴纳、最大限度地减轻税负、提高税后可支配利润、增加个人财富，已经成为纳税人财富管理的重要内容。

根据个人所得税法相关规定，目前的年终奖个税计算方法是，先将年终奖除以 12，根据得出的商确定税率和速算扣除数，再按规定计税。但速算扣除数是根据工资、薪金的税率表计算出来的，在计算年终奖的税负时，可能会因为工资、薪金的递进税率而出现个人年终奖发得比别人多但扣税后所得却少于别人的情形。

第 5 节　高管薪酬

一、高管薪酬概述

（一）高管薪酬的基本问题

要想有效地激励高管，首先要弄清楚高管薪酬的基本问题是什么。在不同的经济发展阶段，企业所面临的环境不同，追求的目标不同，高管所发挥的作用不同，企业对高管的期望不同，面临的高管薪酬问题也有所不同。

如在经济增长期，企业主要追求价值增长，此时，企业可以通过为高管提供广阔的发展平台和空间、高额的预期收入，来吸引他们加入本企业并努力带领企业获得高绩效，货币资本相对于人力资本处于较为强势的地位，股东对于高管抱有择优的心态，员工对高管高薪的承受能力较强；而在经济衰退期，企业主要追求减亏增盈，此时，企业能够为高管提供的发展平台和空间相对有限，未来预期收入很不乐观，企业需要英雄和明星式人物带领企业走出困境，人力资本相对于货币资本处于较为强势的地位，股东希望高管能和他们同甘共苦，员工对高管高薪的心理承受能力则较弱。因此，处于不同成长阶段的公司，其高管薪酬体系具有不同的特点（见表8-23）。

表8-23　不同成长阶段公司薪酬体系的特点

	初创期	高速成长期	成熟期
现金薪酬	● 给副总裁及经理级人员发最低基本工资 ● 竞争性质的奖金	● 高于平均水平工资 ● 给副总裁及经理级人员发竞争性的奖金 ● 大范围的奖金	● 平均水平的基本工资 ● 副总裁及关键技术人员享受较高的基本工资 ● 发放较高的具有竞争力的奖金
长期激励计划	● 所有员工持股权 ● 股票数量根据总股数的百分比来定	● 大多数员工持股持权 ● 员工级别不同，实际授予额度也不同 ● 解决增长减缓问题	● 有竞争力的长期激励方式仅限于副总裁和一些关键员工 ● 长期激励方式包括持股持权计划及股票
福利	● 有限度地提供福利待遇 ● 有限度的退休福利	● 提供福利的目的是满足目前的需要 ● 更有价值、范围更广的福利待遇 ● 增加退休福利及节假日	● 考虑采用所有雇佣计划 ● 提供福利的目的是满足目前及将来的需要 ● 退休福利非常丰厚 ● 多种福利计划

虽然在不同的经济形势下和不同的发展阶段企业所面临的高管薪酬问题不同，但高管薪酬的基本问题是不变的，即如何解决高管人员的不能、不为、不法和不持续的问题：如何在货币资本与人力资本之间进行博弈？如何驱动人力资本即高管人员持续创造价值？如何使利益相关者的目标一致？

（二）高管薪酬设计的基本理念

高管激励的基本问题是不变的，因此，在不同的经济形势下和企业的不同发展阶段，设计高管薪酬激励体系所需遵循的基本理念也是相同的。在进行高管薪酬激励设计时，需要遵循两个基本理念：

（1）强调价值创造的人力资本理念。在企业运行中，股东是直接利益相关者，高管激励的内涵就是股东为了长期价值的最大化而进行经营层的利益分享。其根本理念是经营层将人力资本作为一种与货币资本等同的要素纳入企业价值的范畴，人力资本和货币资本一样具有对企业剩余价值的索取权。

但是，和货币资本不同，人力资本的价值存在"异能性"特征，因此，对人力资本的开发和使用应着眼于发挥不同人力资本的最大作用，通过有针对性的薪酬激励促进人力资本发挥最大作用，充分调动高管人员的积极性和创造性，从而为企业和社会带来更大的价值增值和更多的财富积累（见图8-29）。

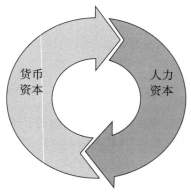

图8-29　人力资本与货币资本的驱动和博弈

（2）强调价值平衡的利益相关者理论。利益相关者理论认为，任何企业的发展都离不开利益相关者的投入或参与，利益相关者包括：股东、债权人、员工、消费者、供应商等交易伙伴，以及政府部门、本地居民、本地社区、媒体、环保主义等压力集团，甚至自然环境、人类后代等受到企业经营活动直接或间接影响的客体等。企业追求的是利益相关者的整体利益，而不仅仅是某些主体的利益。这些利益相关者与企业的生存和发展密切相关，有的分担了企业的经营风险，有的为企业的经营活动付出了代价，有的对企业进行监督和制约，因此，企业的经营决策必须考虑他们的利益或接受他们的约束。基于企业相关利益者理论，一个优秀的企业要对股东、员工、合作伙伴、社会等一系列利益相关者承担责任，高管薪酬同样需要考虑监管层、员工、公众等利益相关者的认同（见图 8 - 30）。

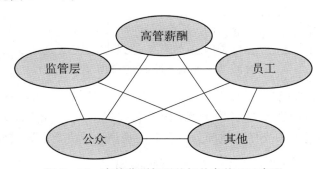

图 8 - 30　高管薪酬与利益相关者关系示意图

二、高管薪酬设计

（一）高管薪酬的结构

前文提到，薪酬的支付依据有四个：职位、能力、绩效以及市场。虽然高管是企业中比较特殊的员工，但其薪酬也是由上述几种因素决定的。高管薪酬可以分为基本工资、年度奖金、福利计划和长期激励计划四个部分（见图 8 - 31）。基本工资和福利计划属于固定部分，只与高管所在的岗位有关系，不会随着企业经营状况的变化以及在位者本身的不同而有所改变，是高管的累积价值；年度奖金和长期激励计划属于浮动部分，年度奖金是由高管人员自身绩效完成情况决定的绩效年薪，是高管的即期价值，长期激励计划是由企业经营业绩的长期回报预期决定的，一般会延迟支付。

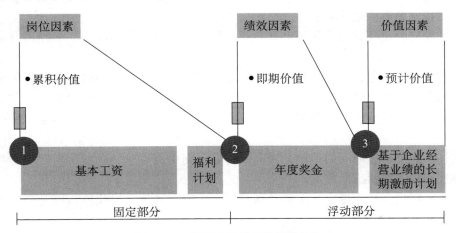

图 8 - 31　高管人员的总体薪酬结构

企业所在的国家、地区和行业不同，其高管人员的薪酬激励结构也往往不同，甚至同一行业的不同企业，其高管薪酬结构也可能存在较大差别。但是一般情况下，高管人员薪酬激励的组成要素是类似的，只是比重各异。国内外高管人员薪酬激励常见的组成部分如图 8-32 所示。

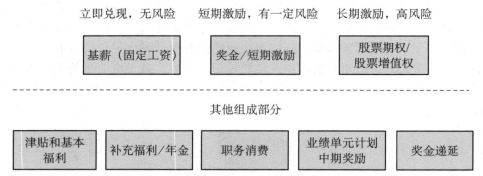

图 8-32　高管人员薪酬激励示意图

高管薪酬各个部分的支付时间不同，所含的风险也不同。高管薪酬中的基薪即固定工资是立即兑现的，不存在任何风险；短期激励部分由企业短期的业绩决定，有一定的风险，但是风险不大；长期激励部分一般是以股票期权或者股票增值权的形式支付，该部分由企业的长期业绩决定，风险较大。

（二）高管薪酬的确定

1. 薪酬委员会

在治理结构规范的企业中，薪酬委员会是确定高管薪酬的机构，其主要任务是为高层管理人员制订薪酬计划并最终执行薪酬计划。它的使命就是吸引、激励并留住那些对于企业持续成功运营起关键性作用的高管人员。

我国《上市公司治理准则》第五十六条规定：薪酬与考核委员会的主要职责是：（1）研究董事与经理人员考核的标准，进行考核并提出建议；（2）研究和审查董事、高级管理人员的薪酬政策与方案。除了上述两条明文规定的职责外，薪酬委员会还负有向投资者、监管机构、公众、股东披露公司针对高级管理人员的薪酬政策、薪酬计划以及薪酬水平等相关内容的责任。

从实践经验来看，薪酬委员会的主要职责包括：

（1）按照董事会的授权，明确薪酬委员会的责任和未来的目标。建立薪酬委员会的组织制度和行为准则并严格执行；确保每次委员会会议顺利举行；与股东大会积极沟通，尤其是涉及股权等关键问题时，需要经过股东大会通过；定期向董事会请示并汇报。

（2）负责研究和制定公司高管的薪酬理念和政策，使得薪酬计划能够吸引、激励以及留住优秀的高级管理人员。

（3）制订高管薪酬计划，包括薪酬结构、薪酬水平、薪酬支付方式。同时，薪酬委员会还要参与长期激励计划的制订，例如股票期权、限制性股票、业绩股票等以权益为基础的激励计划，各种延期支付计划、养老金计划，津贴、补充医疗保险及其他福利计划，并且负责将这些计划提交给董事会，经股东大会讨论通过后执行。

（4）可以利用外部经理薪酬顾问的帮助，研究同行业公司中有竞争力的薪酬实践和绩效，在对比的基础上，批准高管薪酬计划和制定薪酬标准。

（5）接受董事会的授权，预先设定并定期评估首席执行官、其他高级执行官以及公司董事的绩效，确保高管薪酬建立在绩效的基础上。

（6）负责高管薪酬计划的执行，以及相关信息的公开和披露。

2. 高管人员薪酬设计

高管人员的薪酬设计是一个复杂的过程，包括确定薪酬总额、固定部分与浮动部分的比例、中长期激励的方式及额度、业绩标准等，在此提供一个即时案例供参考，从中可了解世界 500 强企业高管薪酬的制定模式。

即时案例 8-8

伯克希尔·哈撒韦公司的高管激励之道

伯克希尔·哈撒韦公司由沃伦·巴菲特（Warren Buffett）创建于 1956 年，是一家主营保险业务，同时在其他许多领域也有商业活动的公司。2018 年 6 月 7 日，"福布斯全球上市公司 2 000 强"榜单发布，伯克希尔·哈撒韦排名第 4 位。2018 年 12 月，世界品牌实验室编制的"2018 世界品牌 500 强"揭晓，该公司排名第 262 位。2019 年 7 月，该公司入选 2019 年《财富》世界 500 强。2020 年 1 月 22 日，该公司名列 2020 年《财富》"全球最受赞赏公司"榜单第 5 位。

沃伦·巴菲特秉持价值投资的理念，倡导以长期的思维来对待所有相关的合作伙伴，因此，在高管激励和股票期权方面，他的观点非常鲜明：股票期权是发给经理人的免费彩票。在伯克希尔·哈撒韦，巴菲特管理着超过 40 个规模很大的企业的首席执行官的薪酬和对他们的激励机制。巴菲特对自己在这个方面的表现颇为满意：花费的时间很少，而且近 50 年来，没有一位首席执行官主动离开。在具体操作中，伯克希尔·哈撒韦秉持以下四条原则。

原则一：薪酬必须与经理人可控范围内的业务绩效相关

兼顾简单和公平，是巴菲特管理高管薪酬的基本原则。在制定薪酬的时候，伯克希尔·哈撒韦喜欢提出丰厚报酬的承诺，但是一定要将经理人在能够控制的领域内的付出与产生的结果直接联系起来。

在伯克希尔·哈撒韦，使用的是鼓励人们在自己的职责范围之内达到目标的激励机制。任何一个子公司的经理人只会因为他在子公司职责范围内的表现而获得奖励。

经理人的表现根据企业内在经济状况有不同的评价标准。在有的子公司，经理人只是在享受前人创造的良好的经营环境所带来的出色业绩，而在有的子公司，经理人却在复杂而艰难的环境中奋力拼搏，评价这两类子公司经理人业绩的标准当然不能仅限于公司业绩，集团需要针对各个子公司的实际情况对经理人制订具体的考核、报酬计划。这样的考核、报酬计划不考虑过于复杂或者无关紧要的考核标准，使经理人聚焦职责范围内真正应关心的领域。

在集团公司内，有些部门需要集团投入大量的资金，那么对这些部门经理人的考核，不能单看他创造了多少收益，而是在剔除了增量资本费用和利息之后，评价其对资金的使用效率。若经理人能以高回报使用增量资本，就会得到奖励。

原则二：针对子公司单独进行评价

遵循上一条原则，对各个子公司的业绩评价是单独进行的。即便是规模较小的企业，只要业绩表明经理人表现出色，他也应该获得足够的奖励，甚至比那些较大企业的经理人获得的更多。年龄、资历在伯克希尔·哈撒韦不会成为影响激励机制的因素。

原则三：高管薪酬与公司的股价没有关系

在伯克希尔·哈撒韦，发放绩效奖金的时候，从来不看公司的股票价值。无论股价是涨是跌或者是横盘，都不会影响子公司经理人的报酬。对子公司经理人的评价独立于伯克希尔·哈撒韦的业绩之外。巴菲特相信，好的单位绩效应该带来奖励，无论公司的股价如何。平均水平的绩效不应该带来特别的奖励，即便公司的股价飙升。

原则四：根据每股内在价值的增长进行激励

伯克希尔·哈撒韦的长期经济目标是使公司每股股票内在价值的平均年增长率最大化。巴菲特不以规模来衡量伯克希尔·哈撒韦的经济意义或表现，而以每股的增长来衡量。其业绩标准是以一个比标准普尔指数增长速度更快的速度增加公司的内在价值，并使用账面价值作为其近似值。无论伯克希尔·哈撒韦最终业绩如何，巴菲特都不会改变业绩标准。

> 因此，在伯克希尔·哈撒韦，薪酬也是根据每股账面价值的增长而定的。在伯克希尔·哈撒韦，更大并不意味着更好，因此公司不希望经理人只是因为增加资产而获得薪酬。巴菲特曾表示："我们的薪酬水平或者办公室的规模，永远不会与伯克希尔·哈撒韦公司资产负债表上的数额相联系。"
>
> 资料来源：http://www.hrsee.com/? id=708.

（三）高管长期激励

高管薪酬管理的核心目标之一是保证高管薪酬与股东利益直接相关，而针对高管人员的长期激励直接体现了这一目标。长期激励计划有利于激励高管人员长期致力于提升公司业绩并在较长期限内增加股东的价值。这种长期视角非常重要，因为在企业的实际经营管理中，许多业务决策所产生的影响不是当时就能显现的，而是在若干年后才反映出来。

在确定高管人员的长期激励时，除了要考虑长期激励在总体薪酬中的比例，还需要考虑采用什么样的激励手段，以及不同的激励手段如何进行有效组合。当前，国内外高管激励实践中常用的长期激励方式主要有三种：绩效奖金计划、基于EVA的利润分享计划、股权激励计划。

1. 绩效奖金计划

绩效奖金计划是指在考核周期内，将高管人员的奖金与企业的长期绩效相挂钩。大部分企业的长期绩效奖金计划周期是3年，在这3年内，每一年都会有一个新阶段，所以各阶段之间会有交叉（见图8-33）。

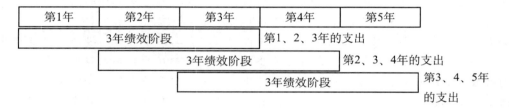

图8-33 绩效奖金计划

各个阶段之所以会有交叉，是因为采取每年都发放奖金的方式，可以平抑年度间的市场变化，同时能减少不同阶段的政策变化对奖励产生的影响，即使在采取新的政策的年度没有获得奖励，一年后高管仍有可能获得奖励。

2. 基于EVA的利润分享计划

在基于EVA的利润分享计划中，通过将EVA作为度量的指标，把管理者的目标和股东财富结合起来，没有上限的奖金促使经理人不断地改进业绩，并成功实施可以使股东财富增值的行动；利用奖金库将一部分奖金保存起来，以备日后业绩下降时补偿损失，从而使管理者集中精力开发具有持久价值的项目；EVA激励计划可通过公式自动重新设定，从而消除了每年协商利润指标带来的博弈问题；计划赋予管理者与股东一样关心企业成败的心态，是一种长线思维；管理者的奖金处于不确定状态，从根本上来说，是对结果的支付，而不是对行为的支付；对持续增加的EVA支付奖金，奖金不封顶，管理者带来的EVA越多，奖金就越多；鼓励管理者提出积极的计划指标，寻求每一个机会来改善公司整体的业绩，他们不会因为短期失败而受惩罚，却将因为每一点进步得到额外的奖励。

基于EVA的利润分享计划主要采用经理层奖金"直接法"，即经理层奖金直接根据当年度和前一年度的EVA值来计算，计算公式为：

$$\text{经理层奖金} = M_1 \times (\text{EVA}_t - \text{EVA}_{t-1}) + M_2 \times \text{EVA}_t$$

式中，EVA_t 和 EVA_{t-1} 分别是当年和前一年的EVA实际值；M_1 和 M_2 是加权系数，M_1 反映了EVA的变化值在确定管理人员当年奖金时的比重，且无论变化值的正负，M_1 均取正，M_2 反映了当年EVA值在确定管理人员当年奖金时的比重，如果当年 EVA 为负，则 M_2 自动为零。

即时案例 8 – 9

某企业基于 EVA 的经营利润分享机制

　　某投资企业对高管的长期激励采用的是基于 EVA 的经营利润分享机制。该企业在各个战略阶段的经营利润分享机制如图 8 – 34 所示。

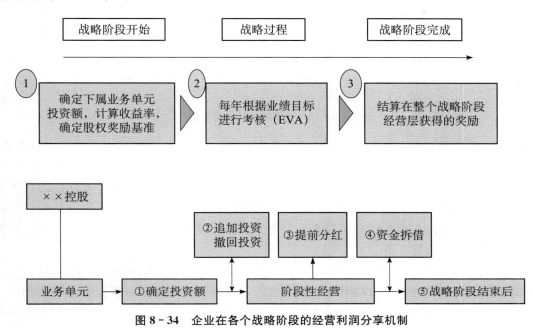

图 8 – 34　企业在各个战略阶段的经营利润分享机制

　　在这种经营利润分享机制中，管理层的分享增量是基于股东获得的更大的业绩回报（见图 8 – 35）。

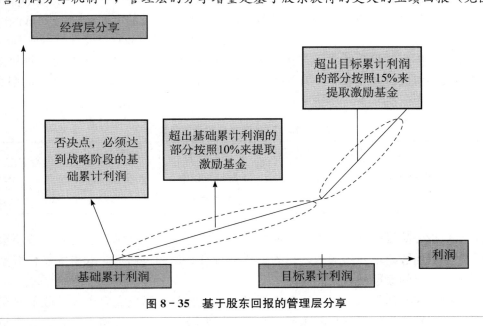

图 8 – 35　基于股东回报的管理层分享

3. 股权激励计划

　　（1）股票期权。股票期权是股票增值授予方案中最主要、最常见的一种长期激励计划。增值授予就是将股票增值部分的价值给予接受人作为激励报酬。具体来说，股票期权就是指公司授予特定对象在约定时间内按约定价格（行权价格）和数量购买公司股票的权利。股票期权激励方式的基本构架如图8-36所示。图中，高管人员的行权价格是15元，如果他在股票价格为20元时选择行权，就享有了每股5元的潜在收益。

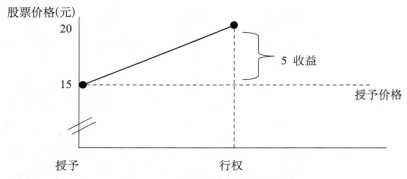

图8-36　股票期权行权收益图

股票期权作为一种长期奖金，应重点考虑奖励对象和奖励金额。关于奖励对象，国内一直存在"精英制"和"普惠制"的争论。就中国企业的现实而言，采用普惠制的企业大都非常成功，如华为、蒙牛、阿里巴巴、万科、联想等。但绝大多数企业侧重于对高管人员实行股权激励，很多上市公司没有将核心技术人才包括进来。至于奖励多少、根据什么来奖励等问题也一直没有得到解决。一个很重要的原因就是股权激励在中国刚刚起步，现在还处于尝试阶段，很多标准都没有确定下来。而在发达国家，几乎所有的上市公司都有股权激励计划，有的公司还同时采取好几种。

行权价格也是股权激励中一个有争议的问题。在《中国上市公司股权激励管理办法（试行）》文件中对行权价做了明确规定：上市公司在授予激励对象股票期权时，应当确定行权价格或行权价格的确定方法。行权价格不应低于下列价格中的较高者：股权激励计划草案摘要公布前一个交易日的公司标的股票收盘价；股权激励计划草案摘要公布前30个交易日内的公司标的股票平均收盘价。但是在这种情况下，当公司股票价格低于行权价时，高管人员可以选择不行权，虽然没有因此获得股票增值带来的收益，但也没有任何风险损失，而股票价格下跌却给股东带来了相应的损失，在这种情况下，高管人员的利益未能与股东保持一致，对高管人员的激励也就失去了意义。

（2）限制性股票。正因为股权激励本身存在缺陷，该计划逐渐被另一种股票激励计划所替代，这就是限制性股票。限制性股票一般以时间或者业绩为条件，向高层人员授予股票。表8-24对时间限制性股票和业绩限制性股票做了比较。

表8-24　两种限制性股票的比较

类别	授予价值	是否设定业绩目标	何时授予	是否拥有投票权	是否享有股票红利
时间限制性股票	全额授予	否	分阶段授予	是	未实现的不享有
业绩限制性股票	全额授予	是	最终年限授予	是	未实现的不享有

时间限制性股票是指分阶段向高管授予全值股票。在运用这种长期激励方法时，一般不会针对高管建立绩效目标，而是采取限制性股票单元的形式，因为这样会具有延期的灵活性。获得限制性股票单元的高管拥有投票权，但是对于未支付的股票没有分红权。

由于时间限制性股票在期初就确定了以后各年授予的股票数量，因此高管人员的收益必定随着股票价格的变动而变动，此时，高管人员的利益与股东是一致的，只有公司的股票价格上涨，高管人员才能获得更多的收益。比如，某公司要在4年时间内累计向某高管授予6 000股股票，则可以每年授权1 500股，授予的股票价值与授予时的市场价值相等（见图8-37）。

业绩限制性股票同样是分阶段向高管人员授予股票，但有相应的业绩目标要求，只有高管人员达成了当

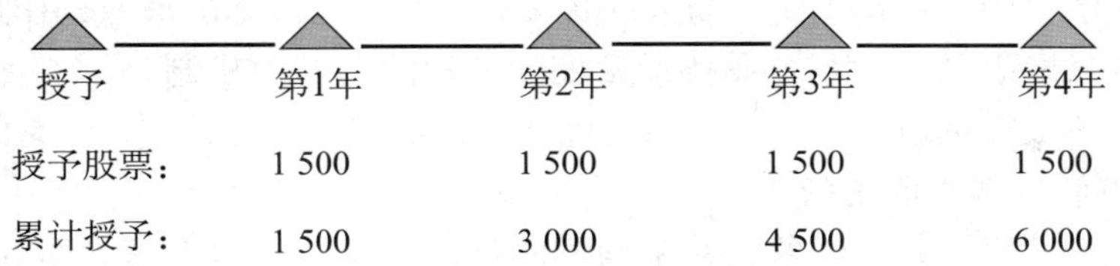

授予	第1年	第2年	第3年	第4年
授予股票：	1 500	1 500	1 500	1 500
累计授予：	1 500	3 000	4 500	6 000

图 8 - 37　时间限制性股票

期目标，才向其授予股票，以此激励高管人员为企业创造更好的业绩。

在中国实行限制性股票激励的企业中，万科比较具有代表性。在万科限制性股票激励计划中这样规定：

本公司首期限制性股票激励计划的基本操作模式为：在公司达成一定业绩目标的前提下，按当年净利润净增加额的一定比例提取一定的激励基金。通过信托管理的方式，委托信托公司在特定期间购入本公司上市流通 A 股股票，经过储备期和等待期，在公司 A 股股价符合指定股价条件下，将购入的股票奖励给激励对象。

年度激励基金以当年净利润净增加额为基数，根据净利润增长率确定提取比例，在一定幅度内提取。详情如下：

一、当净利润增长率超过 15％但不超过 30％时，以净利润增长率为提取百分比、以净利润净增加额为提取基数，计提当年度激励基金；

二、当净利润增长比例超过 30％时，以 30％为提取百分比、以净利润净增加额为提取基数，计提当年度激励基金；

三、计提的激励基金不超过当年净利润的 10％。

每一个储备期激励基金的提取需达到一定的业绩条件。每一个储备期的激励基金提取以公司净利润增长率和净资产收益率作为业绩考核指标，其启动的限制性条件为：

一、年净利润（NP）增长率超过 15％；

二、全面摊薄的年净资产收益率（ROE）超过 12％。

据此可得出万科高管人员的价值如下：

$$Q = NP \times NP_g \times r$$

式中，Q 为高管人员的价值；NP 为上一年度净利润；NP_g 为本年度净利润增长率；r 为计提比例。

（四）事业合伙制

随着核心员工和企业家日益成为企业价值创造的主导要素，过去货币资本和人力资本之间的零和博弈关系发生改变。原来是货币资本雇佣人力资本，而现在是货币资本与人力资本相互雇佣。在这样的背景下，合伙制得到人力资源管理人员的青睐，这种机制能够实现人才与企业的共识、共担、共创、共享。

1. 合伙制的概念

合伙制是一种古老而又崭新的企业治理形态，早在古罗马时期就已出现雏形，表现为"二人以上相约出资，经营共同事业，共享利益、共担风险"，事实上这是一种以资本为纽带的合伙制。

按照西方国家的定义，经典的法律意义上强调的合伙制有四大原则：共同出资、共同经营、共享利润、共担风险。所以，以往成立合伙制企业的首要前提是大家共同投资，它有一个特点，即大家出资的份额相差无几，这就与现在的企业制度——股份制有所区别。

现代企业的合伙制实际上已经超越了法律意义上的合伙制，我们称之为管理概念上的企业合伙制，或者基于人力资本价值的轻型合伙制。这种合伙制是知识经济时代下的产物，其发展主要得益于人力资本成为企业价值创造的主导要素，人力资本在与货币资本的合作与博弈中，拥有更多的剩余价值索取权与经营决策话语权。因此，基于共识、共担、共创、共享的现代合伙制，淡化了职业经理人仅仅为股东打工的观念，打破了职业经理人作为雇佣军的局限，重构了组织与人、货币资本与人力资本的事业合作伙伴关系。

合伙制不仅仅是一种激励手段，还是企业持续发展的一种战略动力机制，是一种企业成长与人才发展的长效机制，是一个涉及企业战略创新、公司治理结构优化、组织与人的关系重构的系统工程。

2. 事业合伙制的特点和基本价值主张

古典的合伙制强调风险共担、共同经营、共享利润的价值主张。中国人民大学教授彭剑锋结合时代变化对企业组织新的要求，赋予合伙制新的含义、新的实现路径，提出了事业合伙制的价值新主张，可以用 32 个字来概括：

志同道合，利他取势。

共担共创，增量分享。

相互赋能，自动协同。

价值核算，动态进退。

（1）志同道合，利他取势。志同道合的核心有两方面：一是使命，明确所追求的是什么样的事业，使命是什么。如果合伙人对使命不认同、不相信，合伙制的模式就难以为继。二是要有共同的价值观，包括价值理念和行为准则，也就是愿意遵守共同确立的规则。事业合伙制是一种利他取势的文化，利他取势是通过成就别人获得更多的资源，获得更大的事业发展平台，形成新的势能和能量场。

（2）共担共创，增量分享。首先，共担是指共担风险、共担治理责任。合伙制是合伙人能够且愿意自我施压与主动担责的体系。没有共担的意愿、规则和能力就别谈合伙制。其次，共创是指企业要建立价值驱动要素联动，促进各个业务单元合作，协同创造价值，以客户价值为核心，真正形成"价值创造—价值评价—价值分配"的循环。增量分享是指剩余价值共享、信息与知识共享、资源与智慧共享，而不只是简单的利益共享。合伙人分享的是为公司带来的价值增量，而不是分享股东收益的存量，这样才能真正形成良性的生态环境共享体系。

（3）相互赋能，自动协同。合伙制是一种相互赋能的文化，赋能体现在人才赋能、能力赋能、资源赋能等方面。相互赋能是指合伙人要发挥各自的优势，形成合力，形成新的势能，这也是人们常说的长板效应、优势理论。自动协同是企业内部自发形成的一种合作机制。首先，随着合伙制对核心人才的激活，人才的自驱力被充分发挥出来，这会促进自发的合作协同。其次，合伙制内部是一种基于能力的竞合机制，竞争与合作并存且相互转化。在竞争中脱颖而出的人才，在面对新的、更高的挑战时，会自发地与同样优秀的人才强强联手，促成新一轮合作。

（4）价值核算，动态进退。互联网时代给合伙制的全面价值核算创造了可能，这涉及对各个事业群、各个项目、各个自主经营体进行核算。互联网和大数据技术让独立核算每个经营业务单元为组织创造的价值成为可能。动态进退是指依据合伙意愿和实际贡献，对合伙人进行动态调整，实现有进有退。基于价值核算，合伙制衡量个体的价值，当个体不能为企业作出贡献的时候，或者贡献越来越小的时候，合伙机制要进行动态调整。

（五）股权激励六步法模型

"股权激励六步法"是华夏基石管理咨询集团在借鉴数十家顶尖上市公司实践的基础上总结出的股权激励模型（见图 8-38）。

从图 8-38 中可以看出，公司的战略决定着公司的股权激励体系。其中，公司的业务发展战略决定了股权激励体系下的激励总价值和激励对象，这二者和公司的价值评价标准一起确定股权激励体系下的单个激励总量；公司的资本发展战略决定着公司股权激励体系的激励方式和股权来源；公司战略目标的完成时间决定着股权归属。

1. 激励总价值

激励总价值的确定有赖于确定企业价值的增加和其中管理层的贡献，然后依照公司的价值观，从中抽取

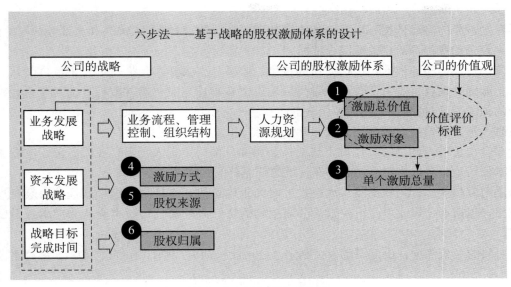

图 8-38 股权激励六步法

一定的比例回馈给管理层。

确定企业价值的模型很多，目前较为通行的有相对估价法和绝对估价法。企业价值增加确定之后，我们可依据如图 8-39 所示的逻辑确定管理层的贡献。

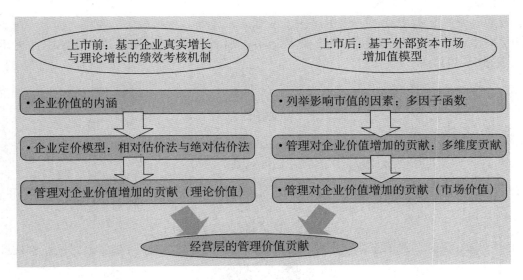

图 8-39 管理层的贡献分解

根据管理层创造的价值，企业还需要考虑以下因素来确定管理层应当分享的比例：

（1）企业所处的行业：行业竞争的激烈程度与人员的专业化市场发达程度。

（2）激励计划的年限和提取激励的次数：时间越长，不确定性越大，所需激励规模越大。

（3）企业的发展战略、规划：战略规划越难实现，所需激励规模越大。

（4）激励人员的数量：数量越多，所需激励规模越大。

（5）激励人员的原有收入水平：现有收入水平越高，所需激励规模越大。

（6）企业的未来财务预测：预测越乐观，所需激励规模越小。

（7）企业的股权结构：股权结构越集中（具有控制力的大股东），所需激励规模越小。

2. 激励对象

（1）确定激励对象的法律依据：以《中华人民共和国公司法》《中华人民共和国证券法》《上市公司股权激励管理办法》及公司章程等的相关规定为依据。

（2）确定激励对象的职务依据：包括公司的董事、监事、高级管理人员及本公司董事会认为应当激励的其他员工（包括激励计划获得股东大会批准时尚未确定但自本计划股权期权授权日起两年内经董事会批准后纳入激励计划的预留激励对象），不包括独立董事。

● 高级管理人员指公司的总裁、副总裁、财务负责人和董事会秘书。

● 公司董事会认为应当激励的其他员工包括：公司部分部门负责人、下属控股子公司主要管理人员、核心技术人员及本公司董事会认为对公司有特殊贡献的其他员工。

● 预留激励对象指激励计划获得股东大会批准时尚未确定但在本计划存续期间经董事会批准后纳入激励计划的激励对象，包括本公司或本公司控股子公司招聘的特殊人才及公司董事会认为应纳入激励对象的有特殊贡献的员工。

（3）激励对象的考核依据：由公司董事会制定《公司股权期权激励计划考核办法》，激励对象必须经考核合格。

3. 单个激励总量

（1）对每个激励对象的激励总量，相关法律法规有如下规定：股权激励计划的激励对象人数不超过公司员工总数的8%；公司用于股权激励计划所涉及的股权总数累计不超过公司股权总额的10%；任何一名激励对象通过全部有效的股权激励计划获授的本公司股权累计不得超过公司股本总额的1%。

（2）激励对象的价值贡献评价模型。

$$激励对象的评价得分（P）＝价值评价得分＋贡献评价得分$$

● 价值评价模型：基于责任、权利和义务相结合的原则，对激励对象所承担的职位职责及其任职资格进行价值评价（见图8-40）。

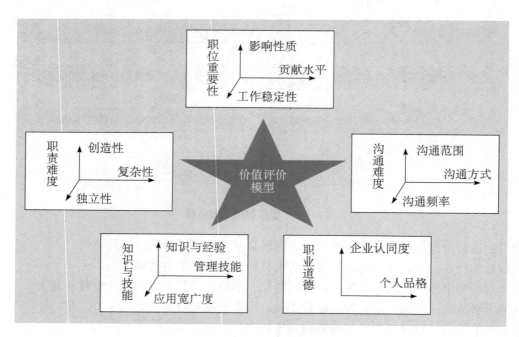

图8-40 激励对象的价值评价模型

● 贡献评价模型：基于激励对象在企业工作的实际年限和每年的年度绩效考核结果，进行贡献评价（见图8-41）。

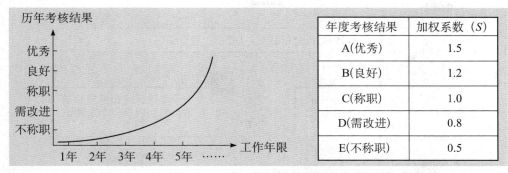

图 8-41 企业历史贡献的评价表

企业历史贡献评价的计算公式为：

$$贡献评价得分 = \sum_{i=1}^{n} N_i \times S_i$$

式中，N_i 表示工作年限；S_i 表示加权系数。

（3）根据激励对象的评价得分授予股份：

$$配股额 = 评价得分 \times 平均每分股份数 = P \times (T / \sum_{i=1}^{n} P_i)$$

式中，P 表示评价得分；P_i 表示每个激励对象的评价得分；T 表示可分配股权期权的总数。

4. 激励方式

在股权激励中，主要有期权激励和限制性股权激励两种方式。股权期权使得被激励人员在持有期权期间不努力就可轻松享有同事工作带来的企业业绩上升。持有限制性股权获利的必要条件是个人努力，持有股权期权获利的充分条件是有人努力，但未必是自己努力。限制性股票则使得被激励人员无法回避股价涨跌带来的持有风险，从而与企业共同承担业绩下滑带来的损失。因此，限制性股权激励一般优于期权激励。

5. 股权来源

股权来源一般有三种方式（见表 8-25），具体选择哪种方式取决于企业的实际情况。

表 8-25 三种股权来源的比较

股权来源	主要优势	利弊分析
定向增发	不影响企业现金流可以获得增发收益	此方式对企业业绩产生影响，对业绩具有一定稀释作用。但是在股权激励总规模较小的情况下，这种稀释作用也显得十分微弱。在定向增发的方式下，激励方和被激励方的利益具有趋同性。
回购	不稀释股权 不稀释业绩	对于生产型企业而言，会直接导致企业现金流损失，并且对通过合理的税收筹划等留存利润的方式也会产生伤害，激励对象会有放大利润的冲动，从而影响企业的长期发展。
协议股东转让	不稀释股权 不稀释业绩 原有股东控制力下降	此方式使得激励方和被激励方通过零和博弈分割现有股权，双方的利益基于不同的方向，从而给企业发展战略的落地和实施埋下隐患。

6. 股权归属

（1）在确定股权归属时，一般须遵循如图 8-42 所示的流程。

（2）限制性股权激励的授予条件。只有在同时满足下列条件时，激励对象才能获授限制性股权激励；若未能同时满足下列条件，激励计划自然终止。

● 公司上市后，未发生违法违规行为或被中国证监会认定的其他情形。

● 激励对象未发生违法违规行为或被公司董事会认定的其他严重违反公司有关规定的行为。

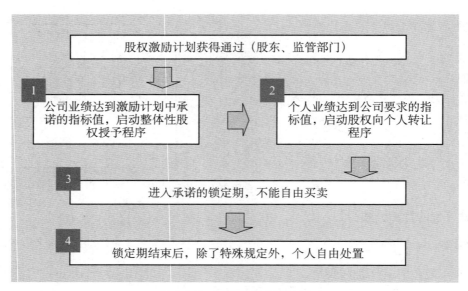

图 8 - 42　确定股权归属流程

● 经薪酬与考核委员会考核，在扣除非经常性损益后，同时满足下列业绩考核条件：3 年业绩期期末公司加权平均净资产收益率不低于 12％；3 年业绩期期末公司净利润增长率不低于 20％；3 年业绩期期末公司主营业务收入增长率不低于 20％；根据实施考核办法，激励对象在 3 年业绩期期末绩效考核合格。

（3）考核结果的评价与行权条件。通常情况下，股权激励的行权条件还要与激励对象的业绩评价结果相结合，并配备相应的管理措施。

（4）限制性股权激励的锁定期和解锁期。从本质上讲，被激励方只有在解锁期结束后才能够获得所有激励收益。这一期限越长，则表明激励方对被激励方的忠诚度、勤奋度要求越高。这一期限实质上是对被激励方收入的延迟，因此，较长的期限会导致被激励方的机会成本加大。过长的期限将导致激励效果下降，过短的期限将导致被激励方的短视效应。图 8 - 43 显示了激励期限与激励效果的关系。

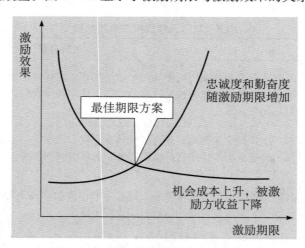

图 8 - 43　激励期限和激励效果的关系

（5）股权管理机构的设置与职能。公司在董事会下设立薪酬委员会，专门负责对股权进行管理。薪酬委员会的职能包括：负责股权认股权的管理（包括发放认股权证、登记名册、净资产记账、行权登记、红利分配等）；向董事会或执行董事报告股权认股权的执行情况；在董事会或执行董事授权下根据认股权管理规则有权变更股权认股权计划。

（六）全面认可评价与积分制

越来越多的 90 后、95 后员工登上组织舞台，他们个性张扬，蔑视权威，追求工作兴趣与生活品质，他们的需求已经和传统型员工有了巨大的差异。这一代的年轻员工期望激励多元化，重视职业生涯、工作自主、生活和工作的平衡，直接的经济激励的边际效用迅速下降。在这一点上，企业绩效管理模式面临挑战。过去管控式的绩效管理方式，要向赏识型绩效管理方式转变。认可是其中很重要的一个手段。

认可（recognition）是指全面、及时承认员工对组织的价值贡献及工作努力，并及时对员工的努力与贡献给予特别关注、承认或奖励，从而激励员工开发潜能，创造高绩效。

借助信息化系统，认可激励从线下走向线上，并根据员工的积分记录，为实现大数据管理奠定了基础。

全面认可评价，是针对员工在组织中表现出的 80％的行为进行评价并认可，关注 80％的行为价值，凡是员工表现出绩效提升、标杆行为、组织忠诚、自我成长与发展、客户忠诚等维度的组织公民行为，都给予一定积分，积分累积到一定额度，可以在认可商城中进行消费。

1. 全面认可是基于正向行为的评价

全面认可评价，是在承认员工的绩效贡献的基础上，对员工努力工作的其他维度给予特别关注。通过对员工行为、态度、努力或绩效给予相应的认可、评价和反馈，让员工感受到自己的组织价值被承认、被认可、被赏识。全面认可评价的管理目的是激发员工动力和热情，从而将员工的潜力发挥到最大。

2. 全面认可六大模块

● 关爱认可评价。主要侧重于员工在企业中日常关怀的认可评价。在实施中，一般先将员工的入职日期、生日、结婚纪念日、节假日等重大时间节点信息录入归档，在节点到来时，为员工提供相应的关爱认可评价。

● 绩效认可评价。主要侧重于对员工日常绩效的认可，既可以对过程进行认可，也可以对结果进行认可。

● 行为认可评价。指的是当员工不能够产生直接绩效产出，但是符合公司价值观，同时有助于企业进一步发展的行为发生时，给予的认可评价。

● 成长认可评价。主要是为了激发员工自我学习和成长的热情，当员工参与培训、自我学习等行为发生后，予以认可评价。

● 管理改进认可评价。指针对专业技术型人才的技术改进认可或者其他类型人员的日常工作改进认可。具体认可项目包括创新认可、合理化建议认可、集思广益认可等。

● 忠诚认可评价。对员工学历、司龄、职称等方面的认可评价，就员工对公司的忠诚度予以实时认可。

3. 认可要同积分制挂钩

积分是认可评价激励的数据载体和表现形式，在管理上的认可行为通过积分的生成、发放和赠予得到最直接的表达。积分作为一种数据，一方面记录了员工的成长历程，另一方面可以供管理者进行分析应用。

积分分为固定积分和变动积分。固定积分具有周期性，积分赠予的时间和数值都较为稳定。变动积分具有动态性，积分赠予的时间和数值都比较灵活。

4. 员工参与全面认可评价体系

员工需要以实际行动来参与全面认可评价体系。

（1）参与全面认可评价体系的构建。全面认可评价体系提倡全员参与规则制定，所以，作为员工客户化的重要手段，认可评价行为项目、行为认可评价规则以及认可评价积分及认可商城的确定，将通过员工参与访谈、问卷调查等形式完成。在广泛采纳员工意见的基础上，制定员工知晓、认同、满意、参与感强的全面认可评价体系。

（2）参与体系下的认可评价行为项目。在体系完备之后，员工将在企业战略和价值观的指导下，开展日常活动，并按照相关的运行规则和管理办法，提交发生的认可行为项目。

（3）获取相关认可评价反馈和行为积分。在员工完成相关认可活动后，由系统自动或者相关责任人向员工进行行为认可评价反馈，相关责任人可以是员工的直属领导，也可以是行为发起方，如工会、党委、团委等，还可以是任务发起方。积分发放实行"有进必有出，有出有监督"的规则，明确积分发放单位及发放规则。

（4）个人系统生成积分账户。在 IT 系统中，得到相关行为评价反馈后，员工个人账号将生成相应积分，同时，对积分进行分层分类后，员工可以在系统中查询自己的积分，以及在积分总额和单项排行榜上的名次。

（5）消耗相关积分。作为全面认可评价体系的重要组成部分，认可商城主要为满足员工需求的多样性，以及提高系统内的趣味性而设立。

5. 全面认可评价与传统评价手段的区别和联系

全面认可评价以表扬、认同、促进、引导为主，无论是正式的还是非正式的，与传统的绩效评价方式不同。

表 8-26 列出了全面认可评价体系的层级设置及其优势。

表 8-26 全面认可评价体系的层级设置及优势

员工层面	组织层面	管理者层面
正能量 成就感 自我潜能的挖掘 最佳工作地的感受 及时的评价与认可 企业与同事的关怀 个性化的奖品选择	良好的组织氛围 更高的绩效产出 更有效的人才利用 更全面的激励系统 企业及个人财务解决方案 用途广泛的企业社交网络平台	更有效的激励 更高的员工满意度 先进的人才管理理念 更及时的绩效评价与反馈 减轻管理者的工作负担

传统的绩效评价认可只是针对 20% 的优秀员工，全面认可评价覆盖了全员，对一切能够推动组织发展的行为进行认可。同时，全面认可评价激励组织成员全体参与，形成他人认可、自我认可、互相认可的格局，取代单向而行、自上而下的管理者"一元"激励的局面。具体表现为：

- 全过程认可评价：评价活动真正伴随整个工作过程。全面认可以引起需求为始，以满足需求为终。
- 全要素认可评价：在绩效评价的基础上，非绩效行为认可评价占了很大比重，对任何对组织发展有促进作用的要素，都给予及时的认可，促使员工充分认识行为本身的特殊价值。

目前企业在实践过程中常常面对协同、共享、持续改善、文化落地等核心问题，采用全面认可评价体系有助于解决这些问题。

在员工个体层面，如何推动组织内部合作与协同，提高企业的协同价值；如何促进企业内部知识分享，如何鼓励员工进行"微创新"，实现持续改善；如何保证企业文化落地到员工的日常工作行为中，以及如何把员工的碎片时间聚集到为公司做贡献、发挥正能量上来，这些问题都可以利用全面认可评价体系来解决。

在组织层面，全面认可评价可给组织带来良好的组织氛围，提高绩效产出，促进员工客户化，提高员工对组织的满意度，为员工提供优秀的企业社交网络平台。

在人力资源管理方面，全面认可评价体现在对员工的认可评价与激励无时不在，促进员工自我管理。

在企业文化方面，全面认可评价给企业带来更多的协作、关爱和共享精神，维护员工工作与生活的平衡，促进参与互动，激发正能量与成就感，是公司文化和制度落地的手段。

6. 华夏基石构建全面认可评价模式的两种思路

（1）基于个人的全面认可评价模式。企业构建基于个人的全面认可评价体系，一般包括几个步骤：

1）制定认可评价要项。任何企业在构建全面认可评价体系前，都应该梳理企业的战略目标和文化价值导向，分解至行为层面。下面分享企业运用关爱认可评价、绩效认可评价、行为认可评价、成长认可评价、管理改进认可评价、忠诚认可评价等方法的案例。

关爱认可评价：在企业实践中，将员工的入职日期、生日、结婚纪念日、节假日等信息录入归档，在时间节点到来之时，为员工提供相关的关爱认可评价，可以以积分形式发送，也可以以礼物形式发送。详见表 8-27。

表 8 - 27　关爱认可评价

认可模块	行为项	行为子项描述	具体行为项目
关爱认可	各种纪念日	员工个人层面的各种纪念日，如生日、结婚纪念日等需要纪念和庆祝的时间节点	1. 员工个人生日
			2. 员工结婚纪念日
			3. 其他的纪念日
	员工入职日期	员工进入公司后，成为公司价值创造大军的一员，值得纪念的时间节点	1. 员工入职的日期
			2. 员工值得纪念的公司日期
			3. 其他公司纪念日
	各种节假日	国家法定的、公司规定的各种节假日	1. 春节等节假日
			2. 妇女节、儿童节等节假日
			3. 公司生日等内部假日
			4. 其他假日

绩效认可评价：将绩效考核指标纳入信息化系统，在员工完成相应考核任务后，予以及时认可。详见表 8 - 28。

表 8 - 28　绩效认可评价

认可模块	行为项	行为子项描述	具体行为项目
绩效认可	全面绩效评优	现有绩效指标覆盖范围内，能够衔接组织流程、提高运行效率、全面完成组织目标的个人行为	1. 员工年度绩效考评结果（年度）
			2. 员工过程考核结果（月度）
			3. 其他考评结果
	项目过程管理评价	在 CEO 项目推进过程中，能够及时主动为项目提供个人协助，并努力提高项目成果的行为	1. 项目贡献程度
			2. 完成项目工作的及时程度
			3. 项目工作完成质量
	荣誉体系认可	在部门层面，能够对公司业绩起到较强促进作用的先进集体和个人所表现出的行为	1. 日常绩效排名评优
			2. 年度或半年度优秀员工或 CEO 评比活动
			3. 集体荣誉关联认可
			4. 其他外部荣誉

行为认可评价：该类认可为认可评价体系中的重点，主要指员工在日常工作中所表现出来的符合公司价值体系，能推动公司业务发展且未纳入组织绩效考核体系的行为，如积极、主动等态度引导下的相关行为。详见表 8 - 29。

表 8 - 29　行为认可评价

认可模块	行为项	行为子项描述	具体行为项目
行为认可	超额度完成本职工作	在现有绩效考评覆盖范围外，超目标完成本职工作的行为，例如提前、超范围、节省预算等	1. 节省工作时间
			2. 超越工作任务
			3. 节约工作成本
			4. 主动规避经济及法律等风险
			5. 其他
	依据组织及岗位要求，制订本岗位工作计划并协调开展部门相关活动	依据岗位工作职责，利用科学技术方法，制订相应的工作计划，并及时同部门领导进行沟通的行为	1. 参与制订部门相关工作计划或组织相关活动
			2. 其他

续表

认可模块	行为项	行为子项描述	具体行为项目
行为认可	工作努力程度	为完成本职工作或公司整体计划，自愿牺牲个人休息时间，主动努力开展工作的行为	1. 加班 2. 带病工作 3. 不休年休假 4. 其他
	积极协助部门领导或项目负责人完成本职工作以外的工作	不影响本职工作的前提下，积极协助部门领导或同事，能促进部门正向发展的行为；协助项目负责人及项目小组完成既定目标的行为	1. 部门集体活动 2. 参与项目小组活动 3. 其他
	在部门领导安排下完成其他部门的整体协作行为	合理发挥特长或付出体力脑力劳动，协助其他部门完成公司所需开展的活动或工作	1. 发挥个人特长，如摄影、音乐等 2. 提供智力支持，如参与评审会 3. 依托技术优势，跨部门解决技术难题 4. 其他
	在部门领导安排下完成公司层面的整体协作行为	在公司统筹下，协助活动发起方完成整个公司活动或行为方案，并积极贡献力量	1. 参与全员营销活动 2. 参与全员网络建设优化活动 3. 志愿者参与的公益活动 4. 其他
	积极参加公司组织的集体活动	积极参与公司层面组织的集体活动	1. 参与道德讲堂等 2. 参与其他部门组织的相关活动

成长认可评价：也叫员工发展认可，主要为了激发员工自我学习和成长的热情，同时也对员工积极帮助他人成长的行为给予及时认可。详见表8-30。

表8-30　成长认可评价

认可模块	行为项	行为子项描述	具体行为项目
员工发展认可	公司层面的员工发展认可	员工参与公司开展的针对全员的公司知识、通用技能、产品知识、自我管理等方面的发展培训项目的行为	1. 参加公司层面的培训 2. 参加公司组织的相关劳动及技能竞赛 3. 参加其他项目
	部门层面的员工发展认可	员工参与公司或部门开展的针对业务条块的管理技能、专业技能等方面的发展培训项目的行为	1. 参加部门、专业线、区域公司组织的培训活动 2. 参加部门、专业线、区域公司组织的劳技竞赛 3. 其他
	个人层面的员工发展认可	员工个人参与的能够对企业发展提供智力支持和技术保障的自我发展培训项目的行为	1. 职称考试 2. 学历教育 3. 专业资格认证 4. 技术短训 5. 其他
	同事之间的员工发展认可	在企业发展所需智力范围内，员工对其他同事的专项培训或帮扶等行为	1. 内训师职责内的内训活动 2. 传帮带-点金计划 3. 道德大讲堂等分享活动 4. 专业技能分享会 5. 其他

管理改进认可评价：针对专业技术型人才的技术改进认可以及其他人员的日常管理改进认可，具体的认可项目包括创新认可、合理化建议、集思广益等，该认可模块在系统中的外延表现为悬赏和提交建议。详见表 8 - 31。

表 8 - 31　管理改进认可评价

认可模块	行为项	行为子项描述	具体行为项目
管理改进认可	创新认可	针对公司业务流程、管理规范等，提出创新提案	1. 节省工作时间
			2. 超越工作任务
			3. 节约工作成本
			4. 主动规避经济及法律等风险
			5. 其他
	合理化建议	无须提案，针对公司提出日常管理微创新建议	1. 业务流程优化，如优化报销流程，优化审批流程，优化申报办公用品流程等
			2. 日常管理微创新，如改善福利、节能减排等
			3. 产品及服务的技术改进，如改善营业员服务态度，改进接线员服务方式，网络优化，宽带优化等
			4. 公司业务发展方向及战略目标合理化建议
			5. 其他
	集思广益	根据公司或业务单位提出的集思广益计划，提出解决方案并获得一致好评	1. 公司层面的悬赏
			2. 部门及区域公司层面的悬赏

忠诚认可评价：对于员工个人层面的认可，主要包括员工的学历、司龄、职称等方面，以及对公司的忠诚度。详见表 8 - 32。

表 8 - 32　忠诚认可评价

认可模块	行为项	行为子项描述	具体行为项目
忠诚认可	学历	员工个人的受教育程度	1. 高中
			2. 大专
			3. 本科及以上
	司龄	员工进入公司的服务期限	1. 一年以下
			2. 一年以上五年以下
			3. 五年以上
	职称	员工在专业技术领域取得的职称等	1. 初级技术职称
			2. 中级技术职称
			3. 副高级技术职称
			4. 正高级技术职称

2）明确认可要项的评价标准。针对认可评价模块中的相关行为方式，予以赋分，并将频次、得分、评分人等明确到位。详见表 8 - 33。

表 8-33　认可评价体系分类与赋值

认可模块	二级分类	分值	频次	评分人
日常行为认可评价	超目标完成工作	200 分	每次 5 分、10 分、15 分，超过 200 分不再发放	主管领导
	敬业，经常加班			
	积极参加内部活动			
团队合作认可评价	集体荣誉分享	200 分	市级 100 分/县级 50 分	留痕部门
	项目管理/工作室管理	2 000 分	年度 2 000 分，按参与人数和评价结果分布，人均 20～50 分/年	项目管理办公室
	参加公司级集体活动	2 分	参加公司级集体活动每次给予 2 分，参加集团级活动每次给予 5 分	
管理改进认可评价	悬赏	悬赏分	提交方案×分，方案采纳×分	悬赏发起人
	合理化建议	2 分	提交建议 2 分，建议采纳×分	办公室
	创新认可	2 分	部门级 2 分，公司级 5 分，集团级 15 分	创新委员会
……	……	……	……	……

3）搜集内外部认可评价激励资源。全面认可评价体系在企业运行过程中，会根据员工日常表现产生大量积分，企业需要搜集内外部激励资源，进行"消分"，以提高认可评价积分的激励性和趣味性。详见表 8-34。

表 8-34　认可评价激励类型与兑换

激励类型	激励模块	激励项	具体方式	积分兑换规则
精神激励	高层激励	总裁座谈会	年度或半年度总裁座谈会	抢购，员工用一定积分兑换座谈会入场券
		副总以上领导接见员工家属并交流	领导在公司接见员工家属，双方良好交流	竞拍或抢购，名额有限，先到先得
		副总以上领导半小时午餐会	副总以上领导花 30 分钟时间就员工所关心的问题进行交流，话题包括职业生涯分享、工作技能提升以及员工关心的其他问题等	竞拍或抢购，员工需要将关心的话题提前以提纲的方式提交综合办审核
	荣誉激励	优秀员工表彰	张贴荣誉榜 内刊发表及外刊发表 电脑屏保、楼宇电视等媒体展示 公司年度表彰会	参照月度、季度、年度积分排名
物质激励	康养激励	短途旅游	员工免费集体外出旅游	抢购，员工用一定积分兑换短途旅游机会，因人数未达到要求活动取消时，积分自动返还
		调休	员工通过一定的积分兑换调休券，并根据调休券上的时间享受年休之外的带薪假期	使用调休券时，员工需要通过所在部门或分公司领导签批
	实物激励	购物券	超市购物券、折扣或免费电影券、演艺活动门票、洗车券、知名餐厅优惠券等	竞拍或抢购
		测试产品试用	员工以一定积分抢购公司测试产品并进行试用	员工根据要求完成测试报告后，将给予一定额度的积分返还

续表

激励类型	激励模块	激励项	具体方式	积分兑换规则
物质激励	实物激励	高价值、高吸引力的商品	不定期推出高价值物品、高吸引力的产品	竞拍，出价最高者得
		公司自有商品	靓号的选择 可以赠送他人的流量包或其他业务包 可以赠送他人的家庭宽带套餐 库存促销品	抢购或竞拍
		其他商品	日用品、医疗加油包等	抢购，数量有限，先到先得

4）IT 系统支持。寻找试点单位，测试系统运行是否良好。测试期间，主要看积分行为的认定和积分行为的给予是否及时，在审视信息化系统运行的同时，也应注意审视系统运行的内涵，即认可评价及认可资源的规则。图 8-44 显示了全面认可评价的系统支持。

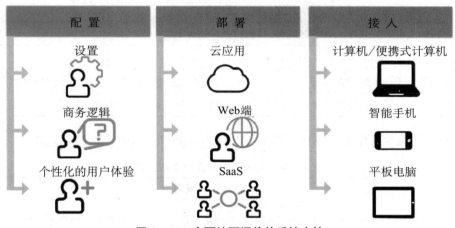

图 8-44　全面认可评价的系统支持

（2）基于员工＋客户的双认可评价模式。目前业内也出现了针对"员工＋客户"的双认可评价模式，具体要点如下。

1）在原有六大认可模块中，加入"客户认可评价"模块。

在客户认可评价中，有两种方式较为常见。一种是"打赏"的性质，当客户享受员工提供的服务时，可以以"现金""点赞"等形式给予员工认可评价。"现金"的认可评价，一般可以由员工自行支配；"点赞"的认可评价，可以按周期进行内部评比，给予精神性和物质性认可评价激励。另外一种是给予"小红花"，每位员工服务公司内外部客户，通过相关行为方式，来获得"红花"认可奖励。

2）在员工全面认可评价体系之外，引入客户认可评价系统。通过客户认可评价系统的建立，让员工服务好客户，让客户成为员工，让客户吸引客户。

在客户认可评价系统中，一般包括两类认可评价。一种是客户消费认可，通过对客户的消费行为进行认可，将客户变成员工，体现企业全方位营销策略，提高会员和客户价值。被认可的客户将在系统内获得积分返还，可以抵用现金，也可以继续消费。另外一种是客户推荐认可，通过对客户推荐行为进行认可，扩大客户的认可范围和幅度，同时可以帮助企业拓宽产品与服务的消费渠道，为更大范围的客户提供认可评价激励，打造品牌影响力。

7. 全面认可评价思路下的企业实践

（1）苏州固锝的员工认可评价管理。针对员工的需求偏好，管理者要制定相应的管理方案，并最终形成灵活的、多样的、个性化的管理方式。

操作类辅助型员工，由于其岗位注重规范化、流程化，所以全面认可评价要从新的角度出发，通过幸福企业和幸福社区的打造，给予员工真诚的关爱和爱护，同时对员工提出专业要求，以使企业能够持续发展。

苏州固锝是国内最大的二极管制造商，其董事长指出，当今是"企业社会化"和"社会企业化"的时代，因此，企业应当为社会和谐以及员工的幸福而存在，而不只是为了创造经济效益的单一目标。由此，苏州固锝的愿景确立为：构建幸福企业，用心将圣贤文化带给全世界，造福全人类。

具体而言，苏州固锝的幸福体系包括八个模块，如表8-35所示。

表8-35　苏州固锝的幸福体系设置

模块	阐释
人文关怀	困难员工基金，幸福领班，知心姐姐，准妈妈关怀，幸福午餐沟通会，爱心车队，幸福理发师，离职员工座谈会，领班关爱基金
人文教育	圣贤教育，礼仪讲座，孝亲电话，好话一句分享，家庭日，读书会，生日会
绿色企业	绿色设计，绿色采购，绿色制造，绿色销售
健康促进	设立幸福医务室，完善员工健康档案，开展健康培训
慈善公益	关爱智障儿童，关爱老人，社区关怀，弱势群体关怀
志工拓展	志工培训，志工体验日，志工护照，志工统一服装和标志，《志工管理条例》
人文真善美	通过文字、图片、影像把爱的足迹记录下来，为幸福企业书写历史，为幸福企业的复制提供借鉴资料
敦伦尽分	恭敬心，精益管理，经费减半，销售倍增，我爱我设备，金点子，答案在现场

在幸福体系的八大模块的基础上，苏州固锝的福利体系也做得相当完备，详见表8-36。

表8-36　苏州固锝的福利体系设置

项目	阐释
对员工子女的关爱	员工子女入当地公办学校就读，少儿医保费用报销，员工子女教育基金，独生子女费
员工关爱	生病住院员工关怀，员工或家属急难关怀，幸福宝宝关怀，黄金老人关怀，特困家庭和重大疾病员工或家属关怀，员工直系亲属往生关怀，公司当地公立医院建立固锝绿色通道，免费住宿，领班关爱基金，员工工龄续接（针对再次入司的老员工），准妈妈关怀
各类补贴	餐贴或免费工作餐，夜班补贴，星级补贴，工龄补贴
公司额外福利	庆生会，结婚庆贺，员工生子庆贺，中秋国庆慰问，妇女节慰问，发放年货，工会会员福利，开门红包，发放年终奖，其他奖金
提升性培训福利	带薪在公司内外部培训，优秀员工特别福利（与家属国外旅游度假）
法律法规要求的福利	全员缴纳社保，部分员工缴纳商保（针对派遣员工），带薪年休假，住房公积金
间接员工福利	干部车贴，工作手机收费套餐

苏州固锝的幸福体系中有一个模块是敦伦尽分，它强调无论是在社会家庭还是在公司，每个人都应该承担起自己应尽的职责和义务。尤其在一个企业大家庭中，每个人要把自己对公司、对部门、对工作的一份热爱化作一分敦伦尽分，用恭敬心、感恩心尽职尽责地完成好每一项工作。表8-37为苏州固锝的员工守则。

表 8-37　苏州固锝员工守则

项目	阐释
恭敬心	恭敬爱护天地万物，对周遭的一切人、事、物持一份恭敬心
精益管理	不断寻找浪费的根源，持续改善
经费减半 销售倍增	这是对销售最大化、费用最小化最直接的表达，开源节流，提高利润率
我爱我设备	把每一台设备都看作自己的孩子，对每一台机器都像爱护自己眼睛一样，每一台机器也会以最好的状态来回馈
答案在现场	现场在心里，每一位员工把工作现场放在心里，时时刻刻在现场寻找答案
人人都是君亲师	固锝大家庭，每个人只是分工不同，在人格上人人平等

针对这些要求，公司也有相关的评价体系。绩效评价是为了牵引员工实现与组织共同的使命追求，以实现组织的目标，而幸福企业的打造，有助于激发员工心中的善，来推动组织目标的实现。

（2）德胜洋楼的员工管理。《德胜员工守则》中详细规定了员工的日常操守和行为准则。德胜员工入职都将拿到一本属于自己的笔记本，上面写着："您即将经历从一个传统农民（即使来自城市，小农意识也是有的）转变为现代产业工人的过程。此过程对您来说是必须的，不可避免的，也可能是痛苦的。但经历过这一过程（或者说阵痛）后，您有可能开始人生道路上新的旅程。"

表 8-38 为德胜洋楼人力资源管理体系。

表 8-38　德胜洋楼人力资源管理体系

模块	阐释
人力资源规划	按照 1855 规则保持必要的员工流动率，即 10%的员工受到重奖，80%予以肯定，5%受到批评，还有 5%的员工考核不合格要被解聘。公司按照 5%的比例调配人员进出。公司人数长期保持在 1 000 人左右
招聘	几乎不进行外部招聘，主要依靠员工内部推荐和毛遂自荐。公司的管理特点经常被媒体报道，《德胜员工守则》广为流传，其独特的人才价值主张，对于向往这种管理文化的人才形成特殊的吸引力
培训和甄选	培养工程人员和行政人员。工程人员主要来自公司自己创建的木工学校，通过师傅带徒弟培养；行政人员加入公司之后，都要在管家中心从事三个月的卫生保洁工作，端正其劳动态度，三个月之后由同事打分进行考核，合格后方可入职，这也成为德胜洋楼甄选适合人才的一种方法
绩效管理	没有精确的目标管理和责任考核，很大程度上依靠员工自觉，但是都要遵循程序和制度，并依靠质量督察官和制度督察官进行日常管理。对行政人员，尤其管家中心的人员，日常管理还要依靠工作日记。年终考核时受到批评和处罚的依据来自平时的累错，10%受重奖的员工来自总监提名，每年每个总监至少要提名一名员工
工资体系	对工程人员实行日工资制，对行政人员实行月工资制。奖金年底发放
福利待遇	包住不包吃，餐饮价格便宜。公司雇有专人为员工提供简易医疗和免费理发等生活服务
其他	员工工作满 5 年，可享受公司提供的免费出国旅游一次；工作满 10 年，获得公司颁发的"终身职工证书"；退休之后可享受公司提供的养老保障金

德胜洋楼对于工作标准的要求极高，以室内清洁来说，它要求达到 5 星级标准。员工依然能够高效完成工作，同时充满工作热情，这与其管理密切相关。

幸福企业，不是一个概念，要深植于企业的方方面面，从文化到制度，从基本的人性假设到员工关怀，只有经过系统的思考和持续的改进，才可能构建出商业与人和社会的和谐共生。

（七）游戏化激励

1. 游戏化思维

游戏化思维，本质上是"社会人"的管理思想的演变，尤其是经济社会发展充分的后工业时代，经济型报酬作为保健因素，无法提高员工的工作满意程度，从激励性因素角度出发，如何提高工作本身的挑战程度和工作本身的趣味性，成为管理者需要解决的日常管理难题。

大脑中的奖励系统（rewarding system），在某些行为（如进食、嬉戏等）中会释放出多巴胺这种引起愉悦快感的物质，于是形成这样一个过程：作出某种动作（如进食）——大脑给予奖励（释放多巴胺）——继续进行某种动作。

奖励系统本来是为了物种的繁衍生存而诞生的，可以加快物种的生活技能的学习，而在组织管理层面，也可以利用大脑奖励系统，通过行为以及相关的认可回报，最终实现行为模式的固定和养成，从而将工作本身变成最大的乐趣和回报。

哈佛商学院教授凯文·沃巴赫（Kevin Werbach）首次提出"游戏化思维"的概念，游戏化管理开始受到人们的关注。游戏化管理是指在非游戏情境中，使用游戏元素和游戏设计技术，来达到激励员工、提高工作参与程度和趣味程度的管理目的。

英国学者汤姆·查特菲尔德（Tom Chatfield）经过大量实证研究，总结出游戏化管理中七大激励方式，推动了游戏化管理运用到企业管理实践。详见表 8-39。

表 8-39　游戏化激励的意义与理论基础

激励的方式	游戏化激励的意义	理论基础
明确的成长路径	用经验值度量进程，随时跟踪进度，在不断战胜自我、不断肯定自我的过程中获得成就感	强化理论 目标设置理论
短期目标与长期目标相结合	把任务分割为可计量的短期目标和长期目标，并同玩家获利挂钩，提高目标意识和过程管理意识	目标理论 期望理论
正向激励，避免负向激励	奖励成就，不惩罚失败：正向反馈激发积极性，负向反馈降低积极性，负向反馈并不能增强参与人员的积极性	学习理论 期望理论
及时反馈，快速试错	及时反馈：及时满足需求，及时评价，及时改善行为	学习理论 强化理论
不确定性增强激励效果	不确定性惊喜：持续提供巅峰体验，增强参与意识，降低激励效果的边际递减效用	需求层次理论 期望理论
提高组织归属感	合作提高组织归属感和组织认同感，提高社交黏性和交互性，获得集体的归属感，提高自组织的组织黏度	社会人假设 需求层次理论
自主化氛围	充分的自由度：创意性人才创新所需的必要条件	知识性员工特点 创新理论

仔细研究，其实不难发现，游戏同现实中的组织场景也多有相通之处。详见表 8-40。

表 8-40　游戏化元素与现实管理场景

游戏化元素	现实管理场景
游戏中的玩家	组织中的个体
经验值	企业管理中的绩效考核
荣誉勋章或游戏等级	岗位等级和职务等级，如主管级、经理级

续表

游戏化元素	现实管理场景
游戏中的任务	企业经营中的目标
玩家所得回报：金币、愉悦感、等级	企业个体回报：奖金、职位晋升等
工会或社区	企业中的组织社会化

随着游戏化管理研究的深入，不少知名企业开始探索游戏化管理的应用。塔吉特超市把结账工作转化为刺激的积分竞赛，鼓励收银员提高结账速度和累积成功率。思科公司鼓励全球销售人员帮助一位虚拟女士解开其父亲遗物中的谜团，在游戏中熟悉公司的产品并建立合作关系。盛大公司根据游戏规则设计晋升体制，员工就像游戏通关一样，在某一层级的分数积满就可以晋升。美国餐饮连锁店 Not Your Average Joe's，采用软件追踪员工为顾客服务产生的营业额，最出色的员工可获得自主选择上班时段等奖励。在 IT 系统内，企业如果发现某个员工卖出很多开胃菜，但没售出任何甜点，就会给员工发送一个"任务"：在当晚向顾客推荐一定数量的餐后甜点，让顾客的就餐体验更加完美。

2. 游戏化管理的具体方式

目前国内的游戏化管理模式，主要借鉴游戏规则中的经验值管理系统，将员工的激励诱因（奖金、晋升、加薪等）设定为员工的奋斗目标，以此刺激员工的各种需要，强化员工的工作动机，并通过经验值管理系统将目标进一步明晰化，使员工能够根据经验值的高低，实时判断目标的可实现程度，从而便于控制自我激励的过程。

游戏化管理要从满足员工的需求或实现员工的期望入手，不断跟踪、强化员工的工作行为，实现员工所追求的目标，在管理过程中，有效激发员工的潜能，通过实时激励、即时反馈，将激励方式由被动激励变为主动激励，提高工作本身的乐趣。

图 8-45 显示了游戏化管理的激励过程。

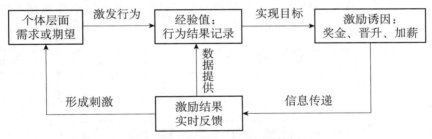

图 8-45　游戏化管理的激励过程

随着新生代员工不断成为职场的主力，游戏化的人力资源管理体系也成为互联网时代知识员工管理的一个重要手段。图 8-46 显示了融合工作和玩乐的游戏化人力资源管理体系。

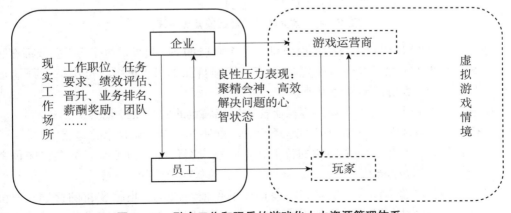

图 8-46　融合工作和玩乐的游戏化人力资源管理体系

管理者在构建游戏化管理体系的过程中，需要注意以下六个步骤：

（1）明确商业目标。管理者要对员工的行为所要达到的战略目标有统一的认识，商业目标可以是绩效层面的（如达到何种财务指标），也可以是客户层面的，在目标设置过程中，管理者可以借鉴平衡计分卡的具体做法。

（2）锚定目标行为。任何符合组织价值观、能够促进组织战略目标实现的员工行为，都应该被提倡、被鼓励、被认可。

（3）员工纳入体系。按照部门、业务条块、专业岗位等的不同特点，将员工纳入游戏化管理体系，同时让员工知晓系统运行的规则和逻辑，以及倡导和鼓励的行为。

（4）制定活动周期。同绩效考核一样，游戏化管理也讲求时效性，除了明确的目标，游戏化管理的时间节点也要明确，在明确的活动周期内，提升员工的效率意识和紧迫感。

（5）增强工作乐趣。游戏化管理的精髓在于，增强工作乐趣，让工作本身成为最大的乐趣。这就要求，在增强刺激性和成就感的管理目标实现之前，尽力提高工作过程的乐趣，让工作像游戏一样增强心理愉悦感。

（6）采用合理措施。采取必要的管理手段，激发员工的参与热情，如积分奖励化、积分拍卖、时间拍卖等。

3. 盛大集团的游戏化管理模式

盛大集团是一家领先的互动娱乐媒体企业，也是全球第一家提出游戏化管理模式的企业。盛大集团的游戏化管理模式是一套企业人力资源管理系统，该系统将游戏中用户的体验，通过真实的环境进行了还原，围绕企业发展的战略目标建立起一个经验值管理系统，采用实时记录的方式，让所有员工犹如游戏中的打怪、做副本一样完成自己的工作，员工平时的表现和工作业绩都将被其经验值忠实地记录下来。盛大集团游戏化管理模式的核心是经验值管理系统，这是一套相对独立的评价与激励系统，经过科学的设计与设定，该系统全面改造了员工的个人发展及工作汇报体系，真正调动起员工的积极性、主动性和创造性，让员工将自身的发展命运紧紧掌握在自己手中，如图8-47所示。

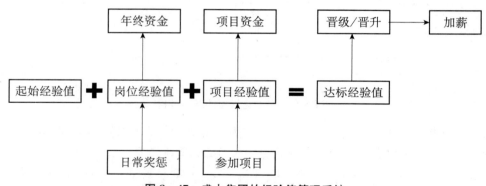

图8-47 盛大集团的经验值管理系统

（1）系统划分1~100的SD职级，每一个岗位都有一个对应的SD职级，每个SD职级都有一个对应的经验值，相邻的两个SD职级之间的经验值有一定的差值。依据自己的SD职级，每位员工都清楚自己的经验值，以及晋升到上一个SD职级所需要的经验值。

（2）起始经验值：每个新员工进入公司后根据所任职岗位确定的职级及经验值。

（3）起始经验值：员工在考核年度结束时的总经验值，也是下一年度经验值的起点。

（4）岗位经验值：年初公司依据每个岗位的价值、贡献预设岗位经验值范围，员工在岗位上工作满一年后，经过考核获得的最终的岗位经验值。

（5）项目经验值：项目经验值的多少由项目本身产生的价值所决定，根据项目的级别——公司级、事业部级、中心级，由公司计委会或相关业务管理中心预设经验值范围标准。项目完成后，通过考核确定参与并完成项目的员工获得的经验值。

（6）经验值系统给予员工完全自主设计发展的空间，只要经验值达到相应职级的标准，员工即可自动晋级或晋升。

（7）晋升：员工每上升一个职级大类，称为晋升。每个岗位不仅必须达到晋升职级大类所需要的经验值，还必须满足晋升职级所需的岗位认证条件。

（8）晋级：每个职级大类范围内，依据职级标准确定的不同经验值达标范围，只要经验值达到即可自动晋级。

（9）系统内建立了双梯发展模式，即专业岗位序列和管理岗位序列。前者指以岗位所需专业经验、技能为主而设定不同的职级大类，包括初级专业人员、中级专业人员、高级专业人员、资深专业人员，研究员、高级研究员、资深研究员，专家、高级专家、资深专家、首席专家。后者指岗位职级不仅根据专业经验和技能设定，还要求具备一定的管理能力，承担管理职责，该序列的职级大类包括：主管、副经理、经理、助理总监、副总监、总监、助理总裁、副总裁、高级副总裁、资深副总裁、总裁、首席执行官。

4. 饿了么的游戏化管理模式

外卖O2O网站"饿了么"（2008年创立，2018年被阿里巴巴收购），成立几年时间内，借着移动互联网的东风，实现了日均百万个订单，与此同时，整个团队也迅速扩张至几千人。由于团队成员大学毕业就开始创业，没有传统企业管理的思维负担，这就使饿了么的公司构建非常富有想象力，基本上涵盖了互联网公司最新潮的管理元素：扁平化、游戏化、自主化以及强大的IT系统。而公司快速发展的保证，就是管理服务平台和两套IT系统。

管理服务平台由联合创始人牵头，抽调各部门人员共同组成。该平台承担着饿了么价值观和方法论的建设任务，考察员工的价值观和方法论是否与组织一致。

扁平化的组织中，对于一线地推团队的管理，则是依靠Walle系统。Walle借鉴了NBA的数据管理系统，将员工进入饿了么的工作时间、业务量、业务增量、部门领导、谈判商家等数据录入系统，使用数学模型进行计算，每周和每月公布各种维度的对比，以此来激励员工。Walle会记录城市经理组织的每一次会议的内容，会记录一个城市经理带的三个区域经理的升职情况，该城市经理管理能力的数据变化。Walle使得所有细微的业务状况都变成数据传输到总部，每个区域的经营状况一目了然。

5. 游戏化管理的注意事项

游戏化管理使组织对于员工的激励过程变得充满乐趣，同时促进员工的自我激励和自我管理，提高个体成就感，实现了员工个人价值和企业价值的有效融合。企业在尝试进行游戏化管理时，要注意以下问题：

（1）结合实际，按需索取。企业要结合自身实际、员工特点和文化特性等，设置相应的游戏化管理规则。

（2）"游戏性"与"功能性"兼具。游戏化管理的精髓在于借鉴游戏的娱乐性和吸引力，不能注意过程的娱乐性而忽视管理目标的导向性，游戏化管理只是一种管理手段。

（3）及时反馈，注重公平。游戏化管理的即时反馈，能够精准及时地反映参与者的行动、能力、任务进展。

游戏化管理要求管理者像游戏设计师一样，改变传统的管理方法和工作习惯，增强工作的趣味性和参与感，提高工作的挑战性和成就感。同时，要求管理者像服务用户一样服务员工。传统的人力资源管理促使员工为企业创造价值，企业进行价值评价和分配；而在游戏化管理中，管理者需要将员工作为独立的个体，承认员工的个性化和差异化，通过良好的管理方式来让员工驱动企业，当员工的个人价值不断提升之后，自然会带来企业价值的提升。

【小结】

本章从理论和实践两个角度介绍了企业薪酬设计与管理的主要内容。本章共有五节。

第1节从定义、构成、分类、目标和功能等方面详细介绍了薪酬和总体薪酬的概念，并从经济学、心理学和管理学三个研究视角对薪酬设计和管理进行了讨论。

第2节从薪酬设计的理念出发，重点讲述了薪酬哲学、薪酬策略、薪酬支付依据和原则等薪酬设计的理论前提，建立了薪酬设计的思维框架。

第3节从企业实操的角度，全面介绍了薪酬构成中基础工资、奖金和福利的设计方法与过程。其中，基础工资设计包括职位工资设计和能力工资设计；奖金设计包括组织奖励设计、团队奖励设计和个人奖励设计；福利设计则主要介绍了福利方案的最新发展：自助式福利计划。

第4节基于薪酬管理的动态性，讨论了如何对薪酬方案进行调整、沟通，并提出了税务筹划的概念，鼓励企业通过提前筹划达到增加个人收入的目标。

第5节主要介绍了企业中最重要和最特殊的团体——高管人员的薪酬设计，包括高管人员薪酬设计的理念、薪酬结构、薪酬确定以及高管人员的长期激励形式。还介绍了国内的华夏基石管理咨询集团在股权激励设计上的最新研究成果：股权激励六步法模型，以及新形势下涌现的激励形式：全面认可评价与积分制、游戏化激励。

【关键词】

薪酬　总体薪酬　工资　奖金　福利　津贴　薪酬哲学　薪酬策略　薪酬水平　薪酬结构　职位工资　技能工资　能力工资　薪点表　自助式福利　薪酬调整　薪酬沟通　税收筹划　高管薪酬　股权激励　限制性股票　股权激励六步法　全面认可评价　游戏化激励

【思考题】

1. 什么是薪酬？如何从经济学、心理学和管理学视角来理解薪酬？

2. 根据企业战略来思考薪酬战略的主要框架是什么？

3. 分析薪酬理论发展的阶段性。

4. 如何设计以职位为基础的工资体系？需要把握哪些关键的技术和方法？

5. 如何设计以能力为基础的工资体系？需要把握哪些关键的技术和方法？

6. 企业的奖金体系设计主要有哪几种基本的思路？应该如何设计基于组织、团队和个人三个层面的奖金体系？

7. 如何构建企业的关键绩效指标体系？

8. 福利有何特殊功能？它主要有哪些形式？应该如何根据员工的个性化需求设计自助式福利体系？

9. 薪酬设计中主要存在哪些需处理的税务问题？企业在薪酬设计中如何合理避税？

10. 高管薪酬的构成是怎样的？高管长期激励的三种模式是什么？

案例分析

马六甲公司：全员持股，错在何处？

陈天亮带着梦想回国发展

民营企业马六甲公司成立于1998年，老板陈天亮在20世纪90年代初期获得美国某大学计算机硕士学位，进入美国一家较为知名的电子商务公司工作。工作两年多后，于1995年回国。最初他进入某部委的一家计算机研究所工作，不到半年的时间就辞职，到了一家在业内颇有名气的民营计算机公司，虽然这家公司不做电子商务，但比较重视研发，老板也很认可陈天亮关于未来电子商务的构想。

由于陈天亮在计算机领域里的研究和在美国公司学到的管理经验，他在这家民营企业里很受重视。刚开始他出任总裁助理，半年多后升任副总裁，主要负责研发和生产业务。1997年底，陈天亮离开了这家公司。离开的主要原因是老板说的15%的股权迟迟不兑现，投资电子商务的计划也不落实。

创立马六甲公司，实施全员持股的理念

陈天亮1998年5月注册成立马六甲科技公司，于1999年初融到了第一笔数目不大的风险投资，经过风险注资后陈天亮仍拥有51%的股份，除几个小股东外，其他管理层和普通员工并不持股。但陈天亮说服其他股东和风险投资者，非持股员工拥有年终的分红权，目的在于激励员工。

当时国内客户对电子商务的概念还不接受，马六甲公司的经营状况不容乐观，2000年，互联网泡沫破灭，使公司雪上加霜。好在马六甲公司于2000年初完成了对传统业务的购并，传统业务部分盈利能力比较强，支撑着公司向前发展。陈天亮凭着自己高超的激励艺术鼓舞士气，并进行期权激励，当时公司的所有员工均有期权。大家在陈天亮的带领下，士气高昂，干劲十足，很快实现了电子商务与传统业务的对接。

2004年，对马六甲公司来说是令人激动的一年，公司成功在海外上市，股价扶摇直上，一夜间，公司创造了十几名千万富翁和上百名百万富翁。陈天亮本人身价数亿元。面对巨大的财富，公司上下陶醉在成功的喜悦之中。当然，陈天亮也做了不要满足于现状、继续拼搏奋斗的警示教育。

全员持股被公司员工和业界广为传颂，愿意加盟马六甲公司的人越来越多，人才的素质也越来越高。

全员懈怠，矛盾重重

公司发展进入高峰期，陈天亮明白居安思危的道理，但他心里也暗暗松了一口气，自己当初憋着一股劲，不分白天黑夜忙碌总算取得了巨大的回报，也该放松放松了。于是，他携妻儿老小游历祖国的大好河山，并在世界各地留下了足迹。公司其他的高层管理者也体会到了富翁的感觉，虽然无法像老总一样休个长假，但是高尔夫球场、滑雪场时时可见他们的身影。公司里的高层经常是神龙见首不见尾，基层员工上班迟到、下班提前也就成了家常便饭。公司里一些勤奋肯干的员工看到自己辛勤的付出得不到老总的肯定，而那些干活偷奸耍滑的员工居然也拿着与自己同样的股份、享受着同样的权利，心里自然不平衡，于是也开始效仿，过着做一天和尚撞一天钟的生活。

更重要的是新老员工的矛盾日益突出，公司新进员工的素质比较高，然而没有股份，又见老员工颐指气使，非常不满。而老员工也有意见，认为自己当初艰苦奋斗时拿的工资比新员工少多了（公司上市后员工才普遍调高了工资），新员工进公司就拿如此高的工资，还不满足、不服管。公司的管理和文化均出现了问题，而老板陈天亮的外部应酬比较多，静不下心来处理公司内部问题。

业绩下滑，危机出现，重振士气难上加难

俗话说，千里之堤溃于蚁穴，由于公司疏于管理，业绩开始直线下滑，各项经营指标走低，而行业正在蓬勃发展，那些没有上市的公司业绩持续走高。

公司业绩的持续下降直接导致股价连续下跌，受到损失的股民纷纷责骂公司的管理层不拿自己的血汗钱当回事。陈天亮此时才如梦初醒，意识到问题的严重性。他立刻收心，重新将精力集中在公司经营管理上，开始了新一轮的拼搏。然而令陈天亮郁闷的是，要让员工重振士气，让股东重振信心，难上加难，他还要面对新老员工的矛盾以及公司竞争日趋激烈的挑战。

问题：

1. 你认为该案例说明了员工持股中的哪些问题？
2. 你认为应如何解决公司存在的问题？

【参考文献】

[1] 方振邦，陈建辉. 不同发展阶段的企业薪酬战略. 中国人力资源开发，2004（1）：56-59.

[2] 格哈特，瑞纳什. 薪酬管理：理论、证据与战略意义. 上海：上海财经大学出版社，2005.

[3] 顾琴轩，朱勤华. 可口可乐中国公司的薪酬制度变化及其启示. 管理现代化，2003（5）.

[4] 郭美丽，牛延胜. 浅谈薪酬设计相关理论. 经济师，2010（9）.

[5] 黄勇军. 网络主播：一个新兴职业的初步认知. 中国社会科学报，2016.

〔6〕卡普兰，诺顿．平衡计分卡：化战略为行动．广州：广东经济出版社，2004.

〔7〕黎文靖，岑永嗣，胡玉明．外部薪酬差距激励了高管吗：基于中国上市公司经理人市场与产权性质的经验研究．南开管理评论，2014，17（4）．

〔8〕李晓松．SAS：慷慨彻底的实用主义．中外管理，2010（6）．

〔9〕李燕荣．薪酬与福利管理．天津：天津大学出版社，2008.

〔10〕刘爱军．员工福利发展的九大趋势．人才资源开发，2007（2）．

〔11〕刘昕．薪酬管理．2版．北京：中国人民大学出版社，2005.

〔12〕刘治彦．新职业的兴起缘由及启示．人民论坛，2019（27）．

〔13〕龙小兵．知识型企业员工非物质激励机制与创新绩效研究．长沙：中南大学，2012.

〔14〕马尔托奇奥．战略薪酬：人力资源管理方法：第2版．北京：社会科学文献出版社，2002.

〔15〕马尔托奇奥．战略薪酬管理：人力资源管理方法：第3版．北京：中国人民大学出版社，2005.

〔16〕米尔科维奇，纽曼．薪酬管理：第6版．北京：中国人民大学出版社，2002.

〔17〕米尔科维奇，纽曼．薪酬管理：第9版．北京：中国人民大学出版社，2008.

〔18〕诺伊，等．人力资源管理：赢得竞争优势：第7版．北京：中国人民大学出版社，2013.

〔19〕彭剑锋，崔海鹏，等．高管薪酬：最佳实践标杆．北京：机械工业出版社，2009.

〔20〕彭剑锋．梦想启动未来：通用电气梦想之路．北京：机械工业出版社，2010.

〔21〕彭剑锋．数字时代绩效管理的十大困惑与烦恼．华夏基石e洞察．https：//mp. weixin. qq. com/s/tsexMez1phCo0dWUqN_KMg.

〔22〕彭剑锋．无绩效，不管理！．华夏基石e洞察．https：//mp. weixin. qq. com/s/jzbAGJTwtzw G5AUh9lFHCQ.

〔23〕彭剑锋．中国企业HR三支柱的变革挑战与模式重构．中外企业文化，2017（7）：44－51.

〔24〕孙海法．现代企业人力资源管理．广州：中山大学出版社，2002.

〔25〕孙会，徐永其．企业社会责任前移视角下小微企业人力资源管理对策．企业经济，2012（9）．

〔26〕孙健，张玉霞，莫燕萱．体贴入微的自助式福利．中国人力资源开发，1999（12）．

〔27〕王菁．高管薪酬外部不公平研究综述．现代商业，2020（17）．

〔28〕王晓文．薪酬管制下国企高管激励研究：纳入"不平等厌恶偏好"的分析．济南：山东大学，2014.

〔29〕文跃然．薪酬管理原理．2版．上海：复旦大学出版社，2013.

〔30〕吴联生，林景艺，王亚平．薪酬外部公平性、股权性质与公司业绩．管理世界，2010（3）．

〔31〕谢宣正．企业人力资源管理人员薪酬满意度研究．广州：暨南大学，2009.

〔32〕徐悦，刘运国，蔡贵龙．高管薪酬粘性与企业创新．会计研究，2018（7）．

〔33〕曾湘泉．薪酬：宏观、微观与趋势．北京：中国人民大学出版社，2006.

〔34〕张建国．基于战略的薪酬体系设计模型．中国人力资源开发，2002（8）．

〔35〕张小峰．游戏化激励四大法宝：引爆员工活力．HR赋能工坊．https：//mp. weixin. qq. com/s/JzhznX457NzLEcFAoVEYug.

第9章　人力资源再配置与退出管理

本章要点

通过本章内容的学习，应能回答如下问题：

- 人力资源再配置的理论基础是什么？
- 人力资源再配置的内涵是什么？有何意义？
- 人力资源再配置的常见途径有哪些？具体内容是什么？
- 什么是竞聘上岗？如何有效实现竞聘上岗？
- 人员退出管理的内涵是什么？有哪些类型？
- 企业如何进行人员退出管理？建立机制需考虑哪些内容？操作要点有哪些？
- 并购重组中的人力资源整合问题有哪些？
- 并购重组中人力资源再配置的重点包括哪两个方面？各自如何推进？

A集团的人员流动难题

A集团是一家历史较悠久的大型国有企业，虽然企业的管理体系历经多次改革，但很大程度上受到早期计划经济管理模式的制约，尤其是在人员配置方面，人才配置效用低下，直接影响了企业的人力资源效率。比如，企业基本上没有人员退出机制，存在众多人员退出障碍，人员能进不能出。20世纪90年代，集团也曾响应国企减员增效、提高效率的号召，进行裁员，但其目的主要是减少企业中多余的冗员，并未让企业人员真正流动起来。现有员工工作积极性不高、人力资源效率低下的状况始终没有得到改善，在面对市场竞争时压力巨大。归根结底，A集团缺乏人才能进能出、能者上、庸者下的健康竞争氛围，造成人职不匹配，员工的积极性难以保证。这显然不能适应市场化竞争的要求，因此迫切需要通过建立人力资源动态管理体系，来实现和优化集团内部人力资源再配置，增强员工的危机感和竞争意识。

人员流动是所有企业必须面对的一大难题。企业要想保持员工的积极性以及主动性，在引入新鲜血液、培养提拔员工的同时，必须考虑公司内部不合格员工的流动问题，组织内的新老交替、流转进退有如生物体的新陈代谢，只有生生不息才能蓬勃发展。干部团队也是如此，干部作为事业成败的关键群体，能否保持队伍活力直接影响到组织整体的生命力。如何对员工和干部团队进行有效的管理？如何避免员工对组织的不满？如何合理安排老员工的工作？如何管理人员退出？如何对并购重组中人力资源的再配置与退出进行管理？这些是本章所要探讨的主要问题。

第1节　人力资源再配置与退出管理概述

企业是动态的开放系统，复杂多变的经营环境、企业自身的战略转型与组织变革，都要求企业不断调整自身资源以适应发展需要。这种资源调整方式可以分为两种：一是企业内部资源的开发与重新组合；二是与外界环境发生资源交换，吐故纳新。作为企业中重要资源之一的人力资源，与组织之间也是动态匹配的关系，而这种动态匹配关系的实现需要对企业的人力资源进行再配置与退出管理。建立人力资源再配置与退出机制是组织管理动态观与系统开放性原理的要求。

本章将介绍企业人力资源再配置与退出管理的相关内容，首先界定本章中将要使用的两个研究范畴。

一、范畴界定

（一）人力资源再配置

企业通过原有员工积累、外部招聘等必然形成一定的人力资本存量，这种存量在组织内部是否合理将决定组织运行的效率。然而，由于认识层面的局限性，通过招聘、甄选活动形成的对人力资源的一次配置总是会存在或多或少的缺陷，因此在组织运行过程中，应存在一个动态调节机制，来服务于组织内部的人力资源再配置。

组织内部劳动力市场的人力资源再配置的主要目标是解决组织内部适岗率低的核心矛盾。适岗率是指职位与任职者匹配的比例。通过绩效考核、任职资格测评等，可发现组织中存在的人事不匹配的现象，通过人力资源再配置加以解决。

由于人力资源再配置是企业重新培育或认识员工的新价值的过程，从组织层面上看，人力资源的再配置管理有两方面结果：一是人力资源价值重估后，员工升任或降职到最适合的岗位，对于接纳员工的职位而言，这相当于新增加了可选人员，因此人力资源再配置也可以看作组织人力资源获取的重要途径；二是经过组织对人力资源的评估，那些不适岗的员工也会离开原有工作岗位，从而进一步实现组织中的人职匹配，所以在某些情况下，人员退出是人力资源再配置的结果之一。

（二）人员退出管理

人员退出管理是企业人力资源管理职能的一个重要方面。合理的人员退出管理不仅能够促进企业中人力资源的新陈代谢，推陈纳新，而且可以对既有人员形成适当的压力，压力在某种程度上又可以转换为动力，从而促使人们潜能的充分发挥，因此建立人员退出机制是人力资源管理水平持续提升的一个重要环节。科学有效的人才退出管理能够保证员工合理流动、能上能下，营造良好的人力资源管理文化，提升人力资源效率。

一般情况下，人员退出主要有以下三方面的原因：一是组织的需要，如组织战略调整、业务变动、重组等所产生的机制和制度的变革，在这种情况下，人员的退出要考虑采用较为人性化的柔性途径，如末位淘汰、待岗培训等；二是员工个人的原因，如自动离职、因严重违纪而被辞退，或者因员工素质能力不能达到岗位要求而被淘汰等；三是出现国家政策规定的其他情况，如退休、合同到期不再续签等。

人员退出管理的有效实现，能够帮助企业及时淘汰冗员，优化人力资源结构，提高人力资源的整体素质，也有助于员工的职业生涯管理，提升员工士气。需要注意的是，人员退出是个渐进的过程，包括身份退出、职位退出以及组织退出三个层次，人员退出管理中也融入了人力资源再配置的管理理念。

二、理论基础

为什么要对企业内部的人力资源进行再配置与退出管理，相关学者从组织和员工内在需求出发进行了大量研究，形成了以下几种有代表性的理论。

（一）勒温的场论[①]

心理学家勒温（Kurt Lewin）提出，个人的绩效（B）是个人的能力条件（p）与所处环境（e）的函数：

$$B = f(p, e)$$

该式表达的含义是，员工个人的绩效除了与其个人内在的胜任力相关外，还与其所处的环境（"场"）息息相关。由于环境变量往往是相对稳定的，因此在这一函数中，环境相当于常数。若环境 e 呈现出与绩效 B 负相关的关系，即员工处于与自己偏好不相符的环境中，就会严重影响个人绩效，同时也会造成员工与组织的互不信任甚至对立。显然，绩效差、员工满意度低绝对不是组织追求的目标，组织解决这一问题的途径就是通过人力资源再配置，为员工寻找新的、合适的职位，同时为岗位配置新的员工。

勒温的场论是从人与工作环境不匹配的角度出发，分析人员流动的必要性，其间的传导因素"不匹配"的表征是员工绩效。所以该模型为通过绩效考核或者任职资格考核来确定组织人力资源再配置的做法提供了理论依据。

（二）库克曲线[②]

美国学者库克（Kuck）提出了人的创造力周期曲线，从人的创造力的角度论证了人员流动的必要性（见图 9-1）。

库克曲线是根据对研究生参加工作后创造力发挥情况所作的统计绘出的曲线。图 9-1 中，OA 表示研究生在

① Kurt L. Resolving social conflicts & field theory in social science. American Psychological Association（APA），1997.
② 王悦. 论人才资源的流动机制. 中山大学学报论丛，1999（4）.

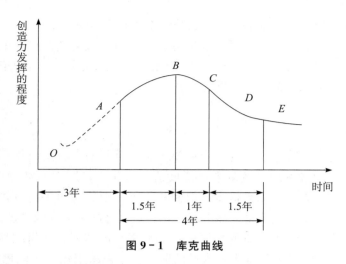

图 9-1　库克曲线

3 年学习期间创造力的增长情况；AB 表示研究生毕业后参加工作的初期（1.5 年），第一次承担任务的挑战性、新鲜感以及新环境的激励促使其创造力快速增长；BC 为创造力发挥峰值区间，这一峰值水平可保持 1 年左右，是出成果的黄金时期；随后进入 CD，即初衰期，创造力开始下降，持续时间约为 1.5 年；最后进入衰减稳定区即 DE 区间，创造力继续下降，并稳定在一个固定值上。如不改变环境和工作内容，创造力将在低水平上徘徊不前。为激发研究人员的创造力，应及时变换工作部门和研究团队，即进行人力资源再配置。人的一生就是在不断开辟新工作领域的实践中，来激发和保持自己的创造力的，即走完一个 S 形曲线，再走下一个 S 形曲线。

库克曲线从员工（尤其是研发类员工）的创造性角度出发进行统计论证，认为组织必须在认识到员工创造性自然增减规律的基础上，及时进行工作轮换等再配置管理活动，不断赋予员工新的任务和使命，以保持其旺盛的创造力。

（三）卡兹的组织寿命曲线①

美国学者卡兹（Katz）从保持企业活力的角度提出了企业组织寿命学说。他通过对科研组织的寿命研究，发现组织寿命的长短与组织内的信息沟通情况有关，而且与获得的成果有关。他通过大量调查统计绘出一条组织寿命曲线，即卡兹曲线（如图 9-2 所示）。

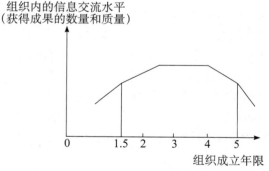

图 9-2　卡兹的组织寿命曲线

卡兹曲线表明：在一起工作的组织成员，在 1.5~5 年里，信息沟通水平最高，获得的成果也最多。而在不到 1.5 年的时间里，成员信息沟通水平不高，获得的成果也不多，这是因为相处时间不长，组织成员之间还不熟悉；而相处超过 5 年，大家十分了解和熟悉，在思维上已经形成定式，会导致人的反应迟钝和认识趋同化，这时组织会老化和丧失活力。卡兹曲线告诉我们，组织和人一样，有成长、成熟和衰退的过程。组织

---

①　Katz D，Kahn R L. The social psychology of organizations. NewYork：Wiley，1978.

的最佳年龄段为 1.5～5 年，超过 5 年就会出现组织老化。对此，解决办法之一是通过组织中的人力资源流动对组织进行改组。卡兹的组织寿命学说从组织活力的角度证明了人力资源再配置和人才退出的必要性。

（四）通用电气的活力曲线[①]

通用电气前 CEO 杰克·韦尔奇在管理实践中提出了"活力曲线"，这是一种将员工按照 20 ∶ 70 ∶ 10 的比例进行动态评估的工具，以区分出员工的业绩与潜力。如图 9-3 所示，横轴表示员工一定时期内的业绩表现（从左向右递减），纵轴表示达到相应业绩值的员工数量。由此，帮助企业区分出哪些人属于 A 类员工（较好的前 20%），哪些人属于 B 类员工（中间的 70%），而哪些人属于 C 类员工（较差的后 10%），以此为基础可实现对员工的分类管理，包括激励、职位调整以及培训等内容。

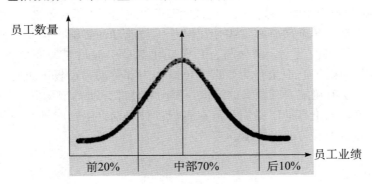

图 9-3　通用电气的活力曲线

通用电气的活力曲线对于人力资源再配置与退出管理的意义在于，对 A、B、C 类员工进行区别管理与对待，可更好地实现人职匹配。比如，可将 A 类员工配置到更优、更高层级的岗位，对 C 类员工可向下调整职位或者有针对性地进行培训。

（五）彼得原理[②]

1969 年，美国管理学家劳伦斯·彼得（Laurence J. Peter）与加拿大记者雷蒙德·赫尔（Raymond Hull）提出了著名的彼得原理，指出在组织中，每个员工都趋向于他所不能胜任的职位。该原理在企业界产生了很大的反响。人们认为，组织中存在员工晋升到他所不胜任的职位的情况，组织需要根据实际情况，重新进行人力资源的合理配置。对于人员再配置，彼得原理的贡献在于承认组织中员工与职位之间关系的变动性，强调根据员工能力的变化，重新分配更高的职位，这样才能充分利用组织中的人力资源，在有效激励员工的同时实现组织目标。

（六）流动决策模型[③]

罗纳德·伊兰伯格（Ronald G. Ehrenberg）从劳动经济学的角度提出了员工的流动决策，指出员工的自愿流动可以看作一种投资，劳动者为了在未来一个时间段内获得收益而选择职位流动，并承担这种投资的成本。他认为，员工是否愿意流动取决于其预期流动的净收益现值和心理成本的总和。若流动净收益现值大于流动成本和心理成本，便会产生流动，这是基于成本-收益的员工流动决策模型。

该模型从理性经济人的角度分析了员工流动的基本原理，从流动收益的角度分析了员工流动的决策过程，为管理实践中的员工流动提供了理论借鉴。尤其是进入新经济时代之后，组织、工作和人员特点都发生了新

---

① 张培利，黄芳 . 活力曲线：细分员工，深化管理 . 管理学家（实践版），2010（7）.
② Lazear E P. The peter principle: a theory of decline. Journal of Politics，2004，112（S1）：S141-S163 .
③ 伊兰伯格，史密斯 . 现代劳动经济学：理论与公共政策：第 6 版 . 北京：中国人民大学出版社，1999.

的变化，动态管理成为企业中的常见现象，员工与职位匹配度的变化引发员工多技能的岗位轮换，流动决策模型有助于从员工需求与激励角度出发，解释企业人员再配置的现实诉求。

（七）组织生态学的流动理论[①]

基于组织生态学的职业动态学主要研究在组织增长和衰退、组织设立和死亡、合并以及重组等生态过程中，如何通过创造新职位和消除旧职位来影响社会流动的方式。其中，空缺链、空缺竞争模型（White，1970；Sorensen，1975，1977）是解释产业动态与人员个体流动率之间关系的主要模型。空缺链模型将工作视为相对稳定的社会经济职位，当一个在职者离开他的工作岗位时，就会产生一个空缺，而当有新人进来时，这个空缺就被填补了，在任何组织的内部，员工链向一个方向移动，而空缺链向另一个方向移动。1975年，斯图曼（Stewman）指出，尽管空缺链模型存在于单个组织的范围内，但该模型可以应用到内部和外部劳动力市场。

该理论更多地从产业变动的角度来研究组织变化对于人员流动的影响，但对于微观企业组织中的再配置管理也有一定的理论意义。组织的设立、解散与合并等变化都会引起员工的职位流动，从员工的立场来看，这种流动引发了组织的人员再配置与退出行为，员工可以在内部劳动力市场上进行流动，产生岗位轮换、升职、降职等多种调整；员工也有可能离开原有的组织，流动到外部劳动力市场上，产生离退、被裁员等变化。也就是说，组织生态学的流动理论有助于我们理解在组织各种时期（生态时期）内员工职位流动的成因与特征，以及所采取的人力资源再配置与退出措施。

（八）目标一致理论

日本学者中松义郎在《人际关系方程式》一书中提出了"目标一致理论"（如图9-4所示）。

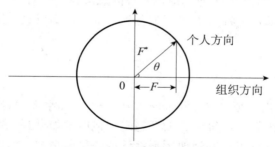

图9-4 目标一致理论示意图

图9-4中，F表示一个人实际发挥出的能力；F^*表示一个人潜在的最大能力；θ表示个人目标与组织目标之间的夹角。三者之间的关系是：

$$F = F^* \times \cos\theta$$

显然，当个人目标与组织目标完全一致时，$\theta = 0$时，$\cos\theta = 1$，$F = F^*$，个人的潜能得到充分发挥。当两者目标不一致时，$F < F^*$，个人的潜能受到抑制，解决这一问题有两个途径：一是个人目标同组织目标靠近，组织通过文化熏陶、培训指引，引导个人的志向和兴趣向组织和群体方向转移，并努力趋于一致；二是进行人力资源再配置，淘汰不适合组织的员工，引进适合组织文化和价值观的员工。

（九）小熵理论

受到熵增原理和耗散结构的启发，华为公司总裁任正非结合人性和哲学理念，将熵增引入企业管理领域，提出了一种新的企业管理思维——小熵管理。任正非指出，企业发展的自然法则也是熵由低到高，逐步走向

---

① 彭璧玉，田艳芳．组织生态学视角的职业动态学研究．华南师范大学学报（社会科学版），2007（2）．

混乱并失去发展动力。封闭系统终究是要熵死的，没有活力的封闭企业必将灭亡。企业要想长期保持活力，就要建立耗散结构，对内激发活力，对外开放，与外部交换物质和能量，不断提升企业发展势能，不断拓展业务发展的空间。在企业内部增加势能，激发出员工生命活力和创造力，从而得到持续发展的企业活力。

任正非以耗散结构为基础，结合宏观微观角度，打造了华为活力引擎模型（见图 9-5）。华为活力引擎的轴心是客户，是否为客户创造价值是判断有序无序、熵增熵减的标准和方向。

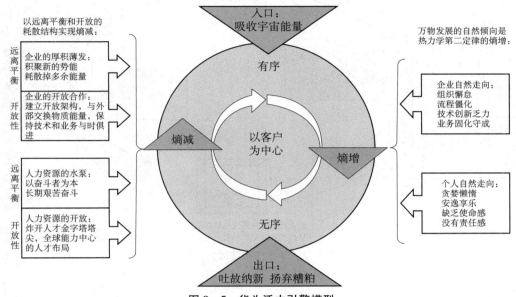

图 9-5　华为活力引擎模型

在企业宏观层面，把华为视为一个生命整体，要从企业整体运作的战略高度解决熵增，即利用企业的厚积薄发和开放合作，解决企业发展过程中出现的组织懈怠、流程僵化、技术创新乏力、业务固化守成等问题。在个人微观层面，华为是由无数个体组成的，重在从人力资源管理角度，探索如何激发生命的活力，从而解决人的惰息和熵增。如图 9-6 和图 9-7 所示。

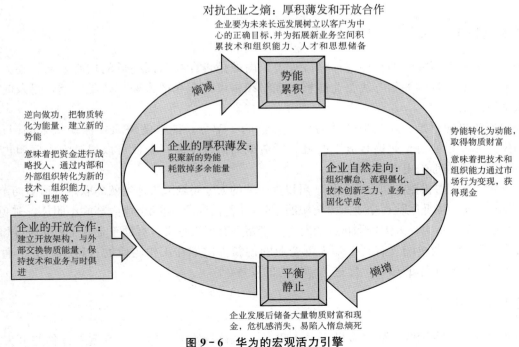

图 9-6　华为的宏观活力引擎

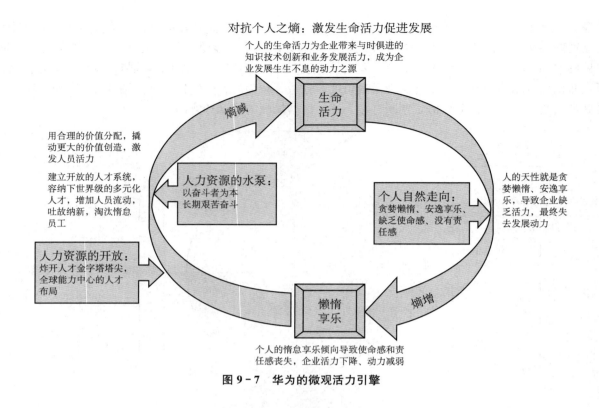

图9-7 华为的微观活力引擎

第2节 人力资源再配置管理

一、人力资源再配置的意义

（一）企业角度的意义

第一，企业人力资源再配置的首要目标是排查组织内部是否存在适岗率低的核心矛盾。在人力资源再配置的过程中，通过科学合理的评估方法企业能够发现组织中可能存在的人职不匹配问题，可及时运用人力资源再配置体系加以解决。

第二，人力资源再配置是企业内部劳动力市场运作的一部分，能够解决人才流动带来的岗位空缺问题，减少企业的损失。尤其是针对企业核心员工的流失所造成的岗位空缺，企业可以通过人力资源再配置进行调剂，从而避免因人才流失带来更大的损失。

第三，人力资源再配置机制的建立和运作，可以为企业的人才短缺或人才突然离职做好风险防范，避免或减少企业核心资源的流失，降低风险；企业人力资源的适时再配置有助于消除企业内部的小团体，避免因人员长期处于一个职位而滋生腐败行为；人力资源再配置对于员工留存有积极意义，有助于企业文化的保持和传承。

第四，人力资源的有效再配置有利于知识型企业的创新。比如在工作轮换的过程中，员工通过接触和从事新的工作，可以保持对工作的热忱，促进其创造力的发挥。

（二）员工角度的意义

第一，企业内部人力资源的再配置有助于员工重新认识自身能力。通过价值重新评估与开发，员工可以进一步认识自己的机会和能力。一方面，挖掘以往不曾了解的潜在素质，进行有意识的开发和提高；另一方面，对自身偏弱的能力和素质进行查找和弥补。

第二，在人力资源再配置的过程中，员工有机会进一步发现自己的兴趣所在，有助于职业生涯发展定位的修正与调整，从而准确定位职业生涯规划，并能够帮助员工找到最适合自己的工作岗位，提高员工的工作满意度与积极性。

第三，从某种角度讲，企业再配置是一种全面的员工激励方式。比如，工作轮换带来的工作扩大化、晋升带来的职位层级上升等都有可能使员工的薪酬水平得到提高。除了物质激励之外，人力资源再配置管理也体现了企业对员工个人的重视程度，能在一定程度上实现精神激励。

二、人力资源再配置的内涵

如何根据外部经营环境的变化以及企业经营管理发展的需要来调整企业人力资源，是人力资源管理的关键问题之一。所以，当企业通过人员招募与甄选获得了正常运行与发展所需的人力资源之后，我们应该意识到，组织与员工之间的信息交流不完整、不充分，企业对员工认识了解的片面性、人员选择企业或企业中职位的盲目性，或者员工经过培训和锻炼逐渐超越了职位本身的要求，都会引发根据实际情况进行人力资源再配置的需求。

在人力资源管理实践中，企业往往更多地关注从外部获取所需的人员，而较少将目光投向组织内部。众所周知，企业处于一个不断变化的环境之中，自身也在悄悄地发生令人惊叹的变化，大多数时候组织成员的变化是积极而隐蔽的，企业应实时对人力资源进行盘点，以发现这些变化的性质及结果，因为这一变化往往会给企业带来意外的惊喜——每个组织内部都有大量大材小用或未受重用的人才，组织的人力资源需要得到重新审视。《企业上层》（*Up The Organization*）一书的作者罗伯特·汤森德（Robert Townsend）指出："大多数经营者抱怨缺乏人才，所以从外部招人来占据关键职位，这是胡说八道！我采用的是'50%原则'。在公司内部找一个有成功记录（在任何领域）、有心做这项工作的人。如果他看起来符合50%的条件，就把这项工作交给他。"

人力资源再配置是企业组织根据实际工作中员工与职位的匹配程度，或者员工个人因素，对员工进行重新评价、重新配置的过程。

三、人力资源再配置的途径

在实际操作中，人力资源再配置有多种实现途径，可按照再配置的原因划分为以下几类（见表 9-1）。

表 9-1　人力资源再配置的原因及途径

再配置的原因	途径（示例）
根据绩效考核或任职资格考核结果，发现人职不匹配的情况（高于或低于职位要求）	晋升、降职、辞退
员工职业生涯发展的需要	工作轮换
岗位空缺，从组织内部招募	竞聘上岗

此处需要强调的是，人员退出也是组织人力资源再配置的重要途径之一，这一点往往被人们所忽视，之所以如此，我们不排除字面含义曲解的影响，但更多的可能是人们受到企业常见的不规范管理的误导，将人员退出狭隘地等同于组织裁员，仅将退出看作组织人力资源的淘汰手段。本章第3节将详细介绍人员退出的相关内容，以便准确认识这一概念。下面简要介绍工作轮换、晋升与降职以及竞聘上岗。

（一）工作轮换

工作轮换是企业内部有组织、有计划、定期进行的人员职位调整，是让员工轮换从事若干不同工作的做法。对组织来说，工作轮换的原因包括主动因素和被动因素。主动因素包括员工胜任力多样化的要求、员工职业生涯发展；被动因素包括提高适岗率和防止腐败、山头主义。

（1）员工胜任力多样化的要求。现代企业发展所面临的外部环境的不确定性增加，尤其是知识经济的冲击，使得组织的运行方式、人员胜任力要求等发生了翻天覆地的变化，新兴的柔性组织、团队工作方式对员工的知识、技能等方面提出了更高的要求，培养具有多样化的胜任力、技能结构的员工越来越成为组织关注的焦点。通过工作轮换，使员工拥有在组织内部多种岗位的工作经验，有利于增强员工对组织的适应性，提升工作绩效。

（2）员工职业生涯发展。现代企业不仅仅追求自身的发展，也致力于满足员工职业生涯发展的需求。研究表明，员工满意度的一个重要影响因素是员工的个人发展和自我价值实现。因此，根据员工职业生涯发展规划的需要，合理安排员工在组织内部的工作轮换，是帮助员工实现自我、提高满意度的重要途径，也是组织义不容辞的责任。

（3）提高适岗率。组织内部的人事不匹配的现象也可以通过定期工作轮换加以解决，通过工作轮换可以清晰发现员工和组织的"结合点"——员工适合组织中的何种岗位。

（4）防止腐败、山头主义。组织内部人员结构的僵化不仅会使组织丧失发展的动机和活力，而且有可能导致组织内部产生腐败、山头主义等官僚习气，通过定期的轮换，调整组织内部的人员配置结构，有利于缓解这一矛盾。如我国公务员管理制度中就采用工作轮换的方式，防止个人长期从事某一工作可能出现的腐败行为。

实行工作轮换主要有以下优点：

（1）工作轮换在组织内部进行调整，不会带来太大的组织破坏。企业可以通过工作轮换的实施，发现员工的优点和不足，使组织重组后更具效率。同时，工作轮换还有助于打破部门横向间的隔阂和界限，提高相互合作的效果和效率。

（2）工作轮换可避免工资和福利成本大幅增加，是较为经济的提高员工工作满意度的方法。随着经济的发展，工作本身的意义和挑战性已成为激励的重要手段之一。工作轮换是提升员工工作满意度的经济有效的方法。

（3）工作轮换可以减轻组织中晋升的压力，减少员工的工作不满情绪。如果员工长期得不到应有的提升，必将导致工作热情下降。而组织中能提供的晋升岗位又十分有限，难以满足员工的晋升要求，许多企业因此失去了优秀的员工。工作轮换制可以在一定程度上缓解企业组织中晋升岗位不足的压力。

（4）工作轮换的一个最为重要的作用是增加员工对工作的新鲜感，使工作充满动力和意义。在工作轮换过程中，员工可根据工作的实际需要参加相关的岗位培训和进修，将学习和工作要求相结合，使工作本身更加具有趣味性和挑战性。

为做好工作轮换，企业应从组织和个人两个层面进行工作轮换的规划：

（1）个人层面的规划。个人层面的工作轮换的基础是个人职业生涯发展规划。职业生涯发展规划是个人长期发展的策略目标组合，根据职业生涯发展规划的要求，企业人力资源管理人员应对其实施条件进行分析，即分析通过何种途径能帮助员工实现发展目标，主要有技能要求分析、知识要求分析、胜任力要求分析、行为要求分析，在此基础上确定获取这些要件的途径——其中一个重要的途径就是工作轮换，编制员工工作轮换规划表。

员工工作轮换规划表的形式和内容不尽相同，主要包括员工职业生涯发展各阶段岗位轮换的类型、需要开发的技能、需要优化的知识结构、需要提升的胜任力类型以及需要改进的行为方式等，同时还包括这些方面的考核标准和职位轮换的效果评价，以及是否可以转入下一次轮换流程之中等内容。

（2）组织层面的规划。组织层面的规划主要体现在组织的短期人力资源需求规划之中，编制组织内部岗位轮换表，为需要进行工作轮换的员工合理安排轮换岗位，同时做好对工作轮换的效果评估。

即时案例9-1

丰田公司的工作轮换管理

丰田将人力资源的优化配置贯穿生产经营各个环节，工作轮换一直是丰田引以为自豪的一种人才培养方式，通过工作轮换来培养员工的多技能，提高作业者的能力，让他们追求有价值的工作，让员工之间相互理解作业内容，更好地互相帮助；对于员工来说，这也是职业发展的主要渠道。在丰田，员工能力高低的一个重要的评价要素就是能胜任多少岗位。你胜任的岗位多，说明你的工作复杂程度高，工作能力强。丰田通过轮岗的方式培养一线操作人员中的多功能工，即可以操作多种机械的员工。这种方式的轮岗主要经过三个阶段（见图9-8）。

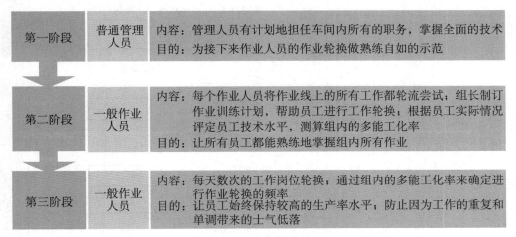

图9-8 工作轮换的阶段

在具体的工作轮换过程中，丰田关注员工所掌握的技能，推动工作轮换并确保结果有效，如图9-9所示。

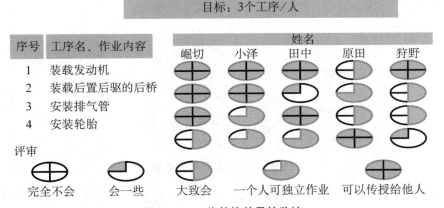

图9-9 工作轮换效果的监控

资料来源：白洁，周禹，刘书岑.丰田传奇.北京：机械工业出版社，2010：278-279.

（二）晋升与降职

在组织内部公开、公平、公正的考核评价体系的支撑下，对组织成员进行职位（包括组织内部各种类型的职位价值序列或技能等级序列）的升降是组织内部优化人力资源配置的一条重要途径。

组织通过职位升降可以实现以下主要目的：优化组织内部人力资源配置；引入竞争淘汰机制，激发员工潜力；奖励高绩效员工；为员工职业生涯发展建立通道；激励员工参与培训，提高任职资格水平。

1. 职位升降的客观依据

为实现上述目的，组织必须为职位升降建立一套客观公正的评价体系，以保证职位升降的相对公平。组织对员工的认识与评价主要通过绩效考核以及任职资格评价来实现，因此对员工工作绩效的考核以及对员工行为能力的考核就构成了职位升降的客观依据，其具体关系见图9-10。

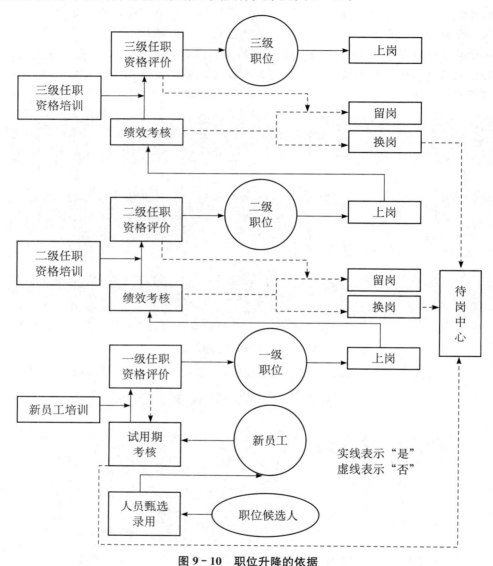

图 9 - 10　职位升降的依据

（1）绩效考核与职位升降。绩效考核是职位升降的前提，只有绩效考核优良的员工才有职位晋升的资格，成为组织培养的对象，而对于绩效考核等级为差，培训后仍不能提升绩效的员工，应考虑调换岗位，甚至辞退。这一制度安排是基于如下假设：

- 在现有职位上的高绩效是员工胜任力较强的表现，该员工可从事更高层级的工作；
- 绩效持续为差的员工可能是由于其胜任力与现有岗位不匹配；
- 组织应对高绩效的员工进行奖励，其途径之一就是职位晋升，以最大限度地发挥其潜能。

组织通过绩效考核，形成对员工在现有职位上的绩效评估，根据这一评价等级确定员工的职位升降（见表9-2）。

表 9-2　某公司绩效考核升降表

	晋升候选人	降职候选人
一级员工	连续两年考核优秀	连续两年考核不合格
二级员工	连续三年考核优秀	连续两年考核不合格
三级员工	连续四年考核优秀	一年考核不合格

（2）任职资格评价与职位升降。绩效考核结果优秀只是对员工胜任现有职位的肯定，同时假设员工具备胜任更高层级职位的能力，但员工是否胜任更高层级的工作，是否会按照彼得原理的描述被提升至其不能胜任的岗位，这一问题关系到组织的正常运行和员工的未来发展，任何组织都应采取措施，对员工的更高层次的胜任力进行考察，任职资格评价正是实现这一功能的有效手段。

任职资格评价是对具备晋升资格的员工在进行一系列的培训后进行的资格认证，确定员工的知识、技能等胜任力板块的特征是否符合胜任新职位的要求。

2. 职位升降的实施流程

职位升降的实施流程如图 9-11 所示。

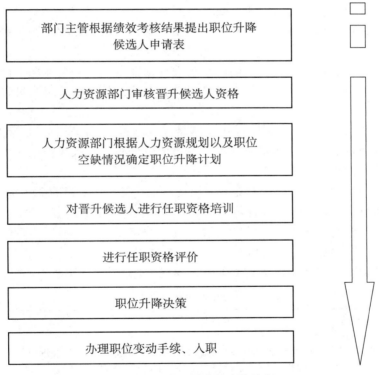

图 9-11　职位升降的实施流程

在职位升降的过程中，组织应积极主动做好与候选人的沟通，通过这一程序可以清晰、及时地传递组织期望和要求，减少员工对组织的不信任感。尤其在处理降职或辞退的员工时，更应向员工阐明组织作出这一决策的理由和依据，并就员工今后职业生涯发展问题进行积极磋商，减少操作过程中的摩擦和误解。

（三）竞聘上岗

竞聘上岗是指企业全体人员不论职务高低与贡献大小，站在同一起跑线上重新接受组织的挑选和任用，同时，员工也可以根据自己的特点和岗位的要求，提出自己的愿望和要求的一种管理方式。

竞聘上岗是组织进行内部人力资源再配置的另一条重要途径。通过竞聘上岗，组织内部所有候选人在同一平台上进行公开、公平、公正的竞争，可以避免或减少部分员工的不平衡心态；同时，采取各种有效的测评方法也为组织进一步了解员工的内在潜质、获取组织需要的核心人才提供了条件。

竞聘上岗实质上是组织进行人员甄选的一种形式，它和一般意义上的招聘的区别如表9-3所示。

表9-3　竞聘上岗与一般招聘的区别

	特点	形式	适用范围	评价人员
竞聘上岗	● 考察综合胜任力和领导能力 ● 对抗性强 ● 费用较高 ● 影响面大，定期 ● 以内部员工为主	● 个人胜任力测评 ● 公文处理 ● 无领导小组讨论 ● 竞聘会	● 选拔中高层管理人员 ● 专业人员转为管理人员	● 企业高层 ● 内外部管理专家 ● 竞聘会员工观众
一般招聘	● 重点考察专业胜任力 ● 以外部招聘为主 ● 运作简便	● 个人胜任力测评 ● 面试 ● 专业测试	● 甄选各类专业人员和事务人员及工人	● 人力资源部 ● 部门主管

企业开展竞聘上岗主要有以下操作流程和关键点：

（1）成立组织竞聘上岗的专门领导机构。对于任何组织来说，实行竞聘上岗都会引起较大的震动，受到员工的广泛关注，因此在实行竞聘上岗前，组织应成立由公司高层领导牵头、引入外部专家组成的竞聘上岗专门领导机构。这一机构的职责是制定竞聘上岗的系统性规划并全权处理与竞聘上岗相关的事宜。需要注意的是，为确保竞聘上岗的相对公平性，减少员工对公正性和专业性的怀疑，组织可以聘请在业界有影响的专家或专业机构参与整个竞聘过程。

（2）组织对目标职位进行分析。对目标职位的了解是开展竞聘上岗的前提，由于是组织内部的竞聘上岗，因此职位分析应着重关注目标职位的任职资格标准。通过职位分析，获取职位在基本条件、知识技能、胜任力等方面的要求，并形成书面报告。

（3）持续的内部宣传与引导。由于员工对竞聘上岗持有相对复杂的态度，并可能存在错误的理解和看法，因此应在组织内部通过各种形式持续不断地宣传与沟通。通过这种方式使员工明确竞聘上岗的目的和必要性、竞聘上岗的实施过程、如何参与竞聘上岗，并及时解答员工的相关问题。值得注意的是，实践表明，由外部专家进行集中培训是减少员工对竞聘上岗的抵制、增强员工参与竞聘上岗积极性的有效办法。

（4）发布职位空缺竞聘要求以及《竞聘上岗须知》。表9-4是纳入竞聘范围的空缺职位信息发布表示例。

表9-4　空缺职位信息发布表示例

竞聘职位名称：经营管理部总经理	
工作职责	经营计划管理、目标管理、信息管理。牵头组织制定对下属公司的各项管理制度。对下属公司汇报的重大经营事项进行分析与考察，提出初步意见，提交集团战略与经营委员会审议。对下属公司的实际经营与管理情况进行考察和研究，就如何改善提高形成书面报告。主持制定集团的信息系统建设方案和实施计划，报集团战略与经营委员会审批后组织实施。
职位说明	（1）本部门的领导、组织协调和控制； （2）本部门职责范围内的重要决策； （3）上下左右的沟通，代表集团对外宣传等。
任职资格	（1）大学本科以上学历； （2）从事行政管理工作三年以上； （3）参加过集团胜任力测评和公文处理考试； （4）副科以上级别。

	成就导向（ACH）	A. 6 级以上	
	主动性（INT）	A. 3 级以上	
	信息收集（INF）	A. 2 级以上	
	团队合作（TW）	A. 4 级以上	
	培养人才（DEV）	A. 3 级以上	
胜任力要求	领导能力（TL）	A. 2 级以上	行为标准示例（略）
	演绎思维（AT）	A. 3 级以上	
	归纳思维（CT）	A. 2 级以上	
	专业知识技能（EXP）	A. 4 级以上	
	影响力（IMP）	A. 6 级以上	
	关系建立（RB）	A. 3 级以上	
	自信（SCF）	A. 2 级以上	

表 9-5 是某组织的《竞聘上岗须知》示例。

表 9-5　《竞聘上岗须知》示例

竞聘上岗须知

一、竞聘目的

作为公司组织变革的重要举措之一，对部分部门高级主管职位采取竞聘上岗的方式选拔人才，以提高本集团竞争能力，使经营形势有一个根本性的好转。

二、竞聘职位和任职资格、胜任力要求

详见《集团竞聘上岗参考资料（一）》。

三、竞聘报名

1. 报名时间：×月×日—×日

2. 报名地点：

3. 联系人：　　　　　电话：

四、竞聘前的准备

1. 撰写竞聘纲领（竞聘演讲稿）

凡参加竞聘者都需要撰写竞聘纲领。竞聘纲领的写作要求，详见《集团竞聘上岗参考资料（三）》。

2. 交送竞聘纲领

参加竞聘者需要将撰写好的《竞聘纲领》打印稿于×月×日前交人力资源部。需用投影仪的竞聘者，自己准备 U 盘。

3. 竞聘辅导

为了帮助竞聘者做好竞聘前的准备工作，专家组将于×月×日在办公楼三楼专家办公室对竞聘者进行辅导，应聘者可前去咨询。

五、竞聘人员初选

如果竞聘者众多，集团竞聘上岗评审组将按 1：3 的比例（即每个竞聘职位选出 3 名竞聘者）进行初选。初选的方式是参考两次考试结果，综合考察比较竞聘者的任职资格和胜任力。

六、竞聘会评委

集团成立竞聘上岗评审组，由 4 名集团领导和 3 名专家组成员组成。

七、竞聘会运行程序

（1）由竞聘者发表竞聘演说（不超过 30 分钟），剩下最后 1 分钟时，主持人予以提醒；

（2）竞聘者发言结束后，由竞聘上岗评审组成员及现场听众提问及质询，时间控制在 10 分钟以内；

（3）每位竞聘者发言结束后，由竞聘上岗评审组当场打分。

A. 评分要素有：竞聘纲领的创新性、可行性、可靠性（分数权重 60%）；演说的主题集中程度，表达脉络清晰程度，遣词造句水平（分数权重 30%）；现场听众的反应（分数权重 10%）。

B. 评分办法：每个评委各自在评分表上打分并亮分；去掉一个最高分，去掉一个最低分，将其余得分之和除以评委数，即为实际得分。

八、竞聘会的时间安排（略）

（5）竞聘上岗辅导。在竞聘上岗前，对全体员工进行公开的辅导和指引能够增强竞聘上岗的效果，提高竞聘过程的规范性，有利于减少因程序性问题导致的竞聘失败。

竞聘上岗辅导可以采用培训课程、发放相关材料等方式，主要向员工介绍竞聘上岗的基本要求、操作技巧等。为规范竞聘纲领的写作，组织应针对不同的职位发布竞聘纲领写作指导，示例见表9—6。

表9—6　竞聘纲领写作指导示例

部门主管竞聘纲领写作要求

一、内容要求

《竞聘纲领》应包括以下内容：

1. 竞聘职位称谓；
2. 竞聘的目的和动机；
3. 对竞聘职位的认识：包括对部门职责、部门地位和作用、职位主要工作内容的认识等；
4. 对竞聘职位的自我适应性分析：对自身胜任力、经验、知识、能力、以往业绩等的自我认识，是否符合竞聘职位的要求；
5. 录用后的工作目标和思路：谈谈录用后如何打开局面，包括工作目标以及实现目标的策略和方法，这一部分是重点；
6. 机构设置和部门建设：设计部门内部的机构设置和人员配置，谈谈如何建立管理制度，保证部门高效、有序、规范运行；
7. 团队：谈谈如何调动员工的积极性，如何理顺激励机制，如何培养团队精神。

二、其他要求

1. 字数在3 000字以上；
2. 文字表达清晰、充实；
3. 重点突出，观点鲜明，言之有物，忌空话和大话。

（6）候选人资格初审。在召开竞聘会前，应对报名参与竞聘的候选人进行初步筛选，筛选的标准是目标职位竞聘标准中的"硬性"约束部分，即有关学历、专业资格认证以及职位级别等方面的要求。应公开发布通过初审的候选人名单，对于未通过初审的候选人，组织应向其说明原因。

（7）召开竞聘会。在公布初审结果的基础上，召开面向全体员工的竞聘会，候选人当众宣讲自己的竞聘纲领。

（8）评审组对候选人竞聘表现进行评价。由公司领导和专业人士组成的评审组，根据事先确定的标准对候选人进行评价，并对各候选人参与竞聘的表现提交综合分析报告，供公司领导决策。

（9）与目标职位直接上司沟通。在正式确定竞聘上岗人员之前，应与目标职位的直接上司进行充分的沟通，避免对将来的工作造成负面影响。

（10）发布竞聘上岗结果。为保证竞聘上岗总体程序的公平性，组织应尽快发布竞聘上岗评价结果，并接受组织成员的质询。在一定的公示期结束后，组织正式发布对相关人员的聘任决定，办理上岗手续。

四、干部管理的再配置

干部作为人力资源队伍的核心和骨干，肩负着传承组织文化、承载组织战略、带队伍培养人才的重要使命与责任。干部管理体系的核心目的在于，通过"建立机制、给予机会、全面激励、系统激活"的方式，明确管理和发展导向，实现能上能下，多重激励，持续激活，真正实现干部管理提升干部活力，干部管理推动干部成长，干部管理引领干部发展。

（一）干部交流

1. 干部交流机制

干部交流，原指党的组织部门按照干部管理权限，通过调任、转任对党政领导干部的工作岗位进行调整的机制，目的是优化领导班子结构，提高领导干部的素质和能力，加强党风廉政建设。一般对因组织工作需要、需通过交流锻炼提高领导能力、在一个地方或者部门工作时间较长、按照规定需回避的干部进行交流。

随着企业干部管理的专业化，为了避免某些干部长期主政一方，滋生倦怠情绪，出现经验主义、固步自封、创新动力不足等问题，由于专业思维狭隘造成"部门墙"，干部交流或称轮换机制逐步引入企业。

"流水不腐，户枢不蠹"，畅通干部交流，就是要对干部进行科学合理的岗位安排。通过对不同岗位不同职责的干部轮岗交流，一方面有利于相互理解和支持，减少部门之间的误会和摩擦；另一方面让干部找到最适合自己的岗位，实现人岗相适，激发干部工作的积极性、创造性。

干部交流机制主要是通过对某一岗位最长任职期限作出规定来实现。鉴于中基层岗位工作要求相对较低，中基层干部能力亟须锻炼，为此中基层干部在固定岗位上的任职期限可相对较短，如一个任期三年，同一岗位最多连任两个任期。

鉴于高层岗位要求高，同时公司战略及政策需要有稳定性和延续性，为此高层岗位任职期限相对较长，如一个任期三年，同一岗位最多可连任三个任期。最长任职到期后一般应当由组织安排进行横向交流和轮换。

此外应当注意，财务负责人等专业性较强的岗位应当慎重考虑，在不影响工作开展并培养有得力副手时可安排主要负责人交流。

2. 交流形式

交流一般包括以下几种形式：

● 同性质但不同专业之间的轮换，如职能部门内不同部门间轮换，可解决内部协同问题，增强干部专业复合性。

● 同性质但跨地区的轮换，一般解决公司本部与分子公司、驻外机构之间的协同和有效管控问题。

● 联系密切、工作中协同性强的专业岗位之间进行轮换，比如销售岗位和研发岗位之间轮换，帮助销售干部更懂产品，帮助研发干部更懂客户需要。总之，不能为了交流而交流，应当紧扣组织的需要，兼顾干部发展的需要。

即时案例 9 - 2

京东核心管理者轮岗交流项目，打造内外兼修的人才管理战略

京东从最初起家的京东商城成长为国际化大公司，跻身世界 500 强，国内国际地位不断攀升，高速发展的背后也带来巨大挑战：人才需求猛增，多领域复合型中高级人才短缺等。为了打造内部人才培养与发展生态圈，2016 年京东首次提出：每年，每个部门副总监及以上级别管理者至少去 3 个以上的部门轮岗实习。其目的主要是使管理者深入了解业务，促进横向交流与学习，提高管理视野与客户导向思维，增强跨部门团队协作，通过轮岗活动实现核心管理者横向交流、纵向体验，培养其复合业务能力。京东出台了《京东集团核心管理人才轮岗实习管理办法》。

面对组织和员工层面存在的各种困难和挑战（如图 9 - 12 所示），站在组织的角度，HR 部门采用"管理杠杆"的形式，通过制度与文化撬动所有核心管理者的主观能动性，使其自发组织、自由轮岗和主动分享，打造学习型组织文化。轮岗管理实行两步走策略：第一步在组织层面上要有制度推动，第二步在文化层面上要有精神拉动，通过制度与文化推拉结合的形式，激发员工的主观能动性。

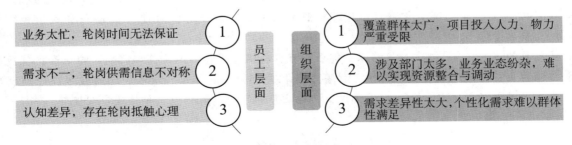

图 9 - 12　组织和员工层面存在的困难和挑战

制度层面上：

1. 界定轮岗实习形式，实现形式灵活多样性，给予管理者更多弹性选择

轮岗主要有三种形式：

1）跟岗学习：跟着目标岗位全天候学习的一种形式。通过参与关键事件/项目的决策、参加相关会议、互动交流等，达到对组织、业务、管理与文化的深入了解。

2）参与会议：参与目标岗位相关的各种工作会议（晨会、周会、月会、项目会、经营分析会等）。

3）工作任务：由目标岗位负责人根据实习目标安排相应的工作。

除参与会议外，其他两种形式可以任选一种或者进行组合。

2. 明确管理要求，打消管理者实习困惑和顾虑，避免流于形式

管理者关心的主要是轮岗范围、轮岗部门、轮岗时间、轮岗交付物和轮岗期间岗位职责等。其中，轮岗实习期间最为突出的问题是，管理者既要全身心投入轮岗目标岗位，又要妥善处理好原部门工作任务，时间与工作上存在矛盾。对此集团层面有两种考虑：一是通过轮岗实习的形式，有意迫使管理者培养接班人；二是使管理者做好工作规划和时间管理，改善日常事务性的忙碌状态。

3. 明确轮岗目标，制订轮岗计划，确保轮岗实习价值收益

轮岗目标与计划的精准性和合理性，对整个项目的产出非常重要。围绕精准性和合理性这两个指标，首先，将所有管理者和岗位梳理出清单供学员选择；其次，推动人力资源业务合作伙伴与管理者沟通，制定各岗位轮岗实习价值点供学员参考；最后，树标杆，发动具有一定影响力的管理者主动招手，将其岗位产品化，制作成海报、H5宣传出去，通过明星示范效应带动更多管理者主动邀请学员。通过以上几点，实现信息对称，激发管理者轮岗兴趣。同时，在集团层面大力宣贯轮岗实习制度，从管理要求和人才发展上不断造势，影响管理者。

4. 做好过程监控与管理，以轮岗实习促进工作升级

再好的制度和办法，如果失去了过程的监控与有效管理，都很难落地，这是任何企业都要面对的客观现实。要从以下几个环节把控，确保项目落地有声：

1）建立随机抽查机制，每月随机抽查管理者轮岗实习总结，发送CXO。

2）建立平台公示机制，每季度系统平台公示管理者轮岗实习进度与评价情况。

3）建立评优激励机制，年度对管理者的轮岗实习情况进行评估，实施评优激励。

在文化层面上，要让管理者轮岗实习机制逐步形成公司特有的复合型人才培养文化，结合宏观造势、微观运营，与制度层面遥相呼应。制度颁布之初，人力资源管理部门就针对项目制订全年文化宣传造势计划，主要通过会议宣贯、培训宣贯、文化传播、评优激励和标杆榜样等形式刷新管理者对轮岗实习的认知。其中，具有影响力的领导者的榜样力量尤为重要，对文化的塑造举足轻重。

统计数据显示，轮岗实习参与率方面：总监级参与程度（90.13%）明显高于VP（副总裁）级（75.45%）。轮岗实习形式方面：VP级轮岗实习形式以"参与会议"和组合形式"跟岗学习 & 参与会议"为主，占比分别为24.14%和37.93%；总监级轮岗实习形式以"跟岗学习"和"参与会议"为主，占比分别为56.90%和23.43%。可见，管理者选择的轮岗形式主要包括"跟岗学习"、"参与会议"和组合形式"跟岗学习 & 参与会议"，如图9-13所示。

轮岗实习目的方面：VP级实习目的以了解业务流程关键环节、加强业务部门横向沟通和把握业务领域未来发展方向为主；总监级实习目的以学习借鉴业务相关部门的具体工作流程、工作技术、管理制度和运营状况为主，同时包括优化双方合作沟通模式、梳理业务部门内部流程模块和拓展管理视野。

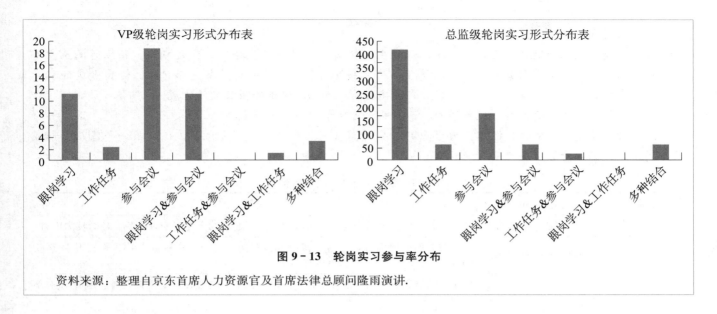

图 9 - 13 轮岗实习参与率分布

资料来源：整理自京东首席人力资源官及首席法律总顾问隆雨演讲.

（二）干部轮岗

轮岗是给干部一个提高自身能力的机会，让其挖掘潜力，成为复合型人才。轮岗是干部培养的一个重要内容，是个别关键节点晋升的必要条件。轮岗的表现应该计入任期考核总成绩。

1. 干部轮岗方式

轮岗包括脱岗及挂职轮岗两种方式，挂职轮岗适用于物理距离较近的两个岗位。轮岗实施流程包括制定方案、工作交接、签订轮岗期间培养协议、轮岗期间管理、轮岗后回原部门报到等。

2. 干部轮岗要求

轮岗要符合一定的条件：

● 年度考核排名靠前者；

● 同一专业任职时间过长者。

轮岗时，优先安排后备干部、青年干部计划人才，同时鼓励优秀干部提出轮岗申请。每年初，人力资源部门制定轮岗方案，包括轮岗人员、轮岗安排，根据轮岗对象的工作性质采取脱岗、挂职轮岗的方式，根据培养需要采取跨地区、跨部门、跨领域的轮岗。

轮岗安排确定后，轮岗人员与原部门办理工作交接并于规定时间进入轮岗部门报到，在部门负责人引导下熟悉工作职责，签订《轮岗期间培养协议》。

轮岗期间，干部人事关系仍归属原部门，薪酬按原标准执行。绩效考核实行分段计算，轮岗期间由轮岗单位直接上级进行评价，以能力考核为主。

干部轮岗结束后应知会人力资源部门，经确认无误后回原部门报到。

即时案例 9 - 3

联想轮岗培养复合型人才

联想始终认为绝大多数学习和发展都发生在工作中，最好的发展方式是基于经验或实践，例如轮岗、项目锻炼、安排新的任务等，通过这些方式使每个干部不断学习和提高。联想的轮岗包括两类：晋升性轮岗和经验拓展性轮岗，后一类更常用。

在联想晋升不仅仅基于潜力，还必须考虑经验。这样做能够保证干部用最短的时间适应新的岗位，缩短胜任的时间。最稳妥的做法是，拟晋升的人已经具有相关工作经验。因此，轮岗是员工跨职能、跨业务单元晋升的前提和有效方法。

联想轮岗的基本原则是：上轮下不轮。如果上级轮岗，则下级不能轮岗，反之亦然。相隔时间至少半年。轮岗人员需要满足下列条件之一：高绩效员工、高潜力员工、被列为后备培养对象。轮岗人员的职责定位于新岗位，原岗位职责不再保留，目的在于使其承担责任，保证轮岗效果的达成。

轮岗之前需要为轮岗人员设定更高的、清晰的和可衡量的绩效标准或要求。

为了让轮岗更有针对性，联想人力资源部对公司高级副总裁进行了深度访谈，识别出一个基层干部成长为高层干部必须有的9种经验（见表9-7）。

表9-7 联想干部岗位与经验类型

经验类型	典型岗位	解释
前端	销售、营销、一线服务	直接的客户界面类的岗位，了解客户对公司业务的直接感受，体验业务增长的压力
后端	职能类、产品研发类	非客户界面类的岗位，作为公司内部运营的一部分，了解业务协作，提升服务意识等
损益	区域总经理、地区经理	负责价值链端到端的所有环节，完成价值创造的全过程，既掌握资源，也要对业务亏损负责
扭亏为盈	亏损企业总经理	面对业绩下滑，在时间压力下完成组织、团队个人方面的困难决策，考验个人毅力
新市场开拓	区域总经理、新产品市场负责人	根据对市场机会的判断，策略性地通过多种途径，与当地政府、企业打交道，获取或储备关键的资源，以多样的市场策略发展更多的客户
国际外派	海外岗位	长期或短期国际外派
带团队	高级经理、副总经理/总经理	管理一个团队，有多个下属，或者管理多个团队，平衡每个团队的时间需求
全球项目	商务谈判、兼并收购	完成跨区域、跨职能的项目，持续时间超过一年，如支持或作为主要成员参与重大项目的商务谈判、招投标
总战略岗位	战略规划、人才培养	在总部负责有全局性战略价值、全球视野的工作

这一岗位经验分类的提出，大大提升了人才盘点后结果的可应用性。例如，若华东区总经理岗位的继任者缺乏后端岗位的经验，评估时只能是2～3年后的继任者，在人才盘点结束后，组织会尽快安排他进行2年的职能岗位轮岗，弥补缺乏的经验，这样他在继任名单上的位置会前移。

（三）干部晋升

对优秀干部进行合理的晋升，一方面有助于提升士气，进一步激发干部的工作热情；另一方面可以通过多种方式提升干部能力，促进干部的职业发展。干部的晋升与培养要强调责任结果导向，鼓励他们不断积累成功的实践经验，以打造一支能战善战、敢想敢拼、业绩优秀的干部队伍。

1. 干部晋升培养原则

（1）训战结合，有效提升即战力。干部的晋升培养要采取培训和岗位实践相结合、培训与工作实践不断循环的方式，提高干部的素质、能力、团队领导力，并使其掌握管人管事管己的科学方法。

（2）业务管理结合，打造复合型干部队伍。通过业务能力的提升，鼓励干部不断专业化、精深化发展，发挥专业价值，实现业务突破；通过管理能力的提升，鼓励干部从业务专家走向管理能手和团队教练，从"一个人成功"发展为"一群人成功"。

干部培养过程鼓励均衡发展，从市场到研发，从研发到职能，体现复合型培养，同时要从实践到理论，从理论到实践，实现循环式成长。

（3）短期长期结合，综合提升干部能力。干部培养除了在工作实践中提升能力之外，还要考察干部的责任心、使命感、敬业精神与献身精神，实现当期业绩贡献与长期业绩潜能的综合提升。

　　干部培养要基于组织的目标和战略能力提升布局，通过多种培养方式满足公司实际的发展需求。

即时案例9-4

华为干部"之"字形能力发展

　　干部"之"字形能力发展，对干部的复合能力、跨界合作都提出了较高要求，是干部管理的核心。华为公司的"之"字形能力发展如图9-14所示。

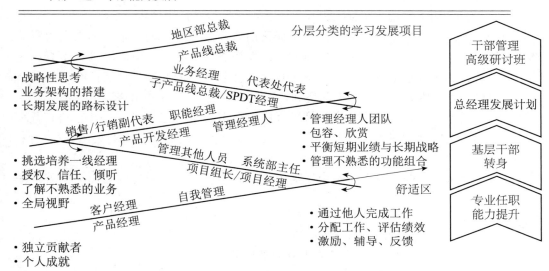

图9-14　华为干部"之"字形能力发展

　　员工最初从左下角的独立贡献者开始，向右走，要跨越舒适区，成为一个管理者，再往左，然后迂回往右走，变成跨领域的干部。没有不同领域的经验，是无法做一个总经理的。例如刚到公司的大学毕业生，聪明且效率高，在完成自己的代码开发后即可早早下班，这样的员工在华为被称为"独立贡献者"，公司会很快识别这样的人才，但是不会让员工太轻松，最好的方法就是将其提拔为小组长，他在完成本职工作的同时，需要帮带一到两个进度较慢的员工。此时独立贡献者需要指导他人完成工作，分配工作，评估他人的绩效，这是很多员工职业生涯中第一次"当官"。

　　当独立贡献者熟悉带领他人工作的时候，就发生了角色的转换，如果员工的这一角色表现良好，接下来可能会被提拔为一线经理，之后可能成为管理经理人的管理者，工作模式也会不断发生变化。第一阶段，独立贡献者独立完成工作。第二阶段，独立贡献者跨越舒适区，通过他人完成工作，鼓励并辅导他人，适度授权，同时不断提供反馈。第三阶段，员工处在管理经理人团队，需要包容和欣赏团队里与自己不同的所有人。在业务的管理方面，需要平衡短期业绩和长期战略，要管理不熟悉的功能组合。第四阶段，可能成为公司的副总裁或者更高级别的领导，此时需要有更多的战略性思考，负责业务长期发展的目标设计。再往上走，可能是产品线总裁或者地区部总裁，要负责整个系统的营收、干部、人才、战略。

　　华为在全公司推行干部轮换制时，除了部门内的小循环，很多干部的岗位调整往往是跨系统的大循环，比如说研发人员去市场部，去供应链，再到采购部，经过多个业务领域的历练后，干部对业务以及端到端流程的理解会更深刻，管理能力会提高。较之一般企业常见的楼梯式培养，华为这种"之"字形培养路线，培养出的是具有综合能力和系统思考力的干部。

2. 破格提拔

（1）破格提拔的操作方法。原则上管理者逐级提拔。特别优秀或者有工作特殊需要的，可以突破任职资格规定或者越级担任管理者职务。干部破格选拔应坚持以下原则：不对人才求全责备，用人之长，限人之短；常规性选拔一般干部，破格选拔高潜质干部。

（2）破格提拔的程序及要点。

● 单位/部门推荐并提交事迹材料。由所在部门开展民主推荐，同时提交拟破格提拔干部的事迹材料。

● 人力资源部门审核并核实。企业人力资源部门按照干部管理权限，对破格提拔对象进行严格考察。通过调查走访等形式核实事迹材料，确认真实性，形成考察报告。

● 总裁办公会/党委会召开会议进行讨论并形成任用方案。根据人力资源部门提交的考察报告，企业的最高决策机构（一般为总裁办公会或者党委会）召开会议，集体研究作出决定，形成任用方案。

● 董事长批准后进行任用。任用方案提交公司董事长，签批后发任用公告。

（3）破格提拔的优缺点。破格提拔干部可以避免僵化的人才选拔程序的弊端，加大人力资源运用的灵活度，有利于选拔出核心人才，适才适用，让有能力的干部发挥更大的作用。但破格提拔也有一定的弊端，如果干部的基层历练不够，获得破格提拔后可能会出现难以胜任新岗位的情况。如果没有严格的条件和程序规范，破格提拔很有可能为用人唯亲提供制度上的便利，"破格"可能演变成"出格"。

（4）破格提拔的适用范围。破格提拔的优秀管理者应符合下列条件之一：在关键时刻或者承担急难险重任务中表现突出，作出重大贡献；在条件艰苦、环境复杂、基础差的地区工作实绩突出；在空白市场/领域取得突破。

破格提拔管理者必须从严掌握。不得在一个任期内连续破格提拔，不得越两级提拔。破格提拔适用于高潜干部的选拔。

即时案例 9-5

华为干部的破格选拔

华为公司总裁任正非说："真正的人力资源策略都是反人性情怠的。比如人习惯于按部就班，一步一步晋升上去，但是这样晋升的结果是，埋没了那些独特的人才，也会让人不愿意打破常规，慢慢懈怠下来，所以晋升应该打破常规，不拘一格提拔人才。"

华为常务董事、消费者业务 CEO 余承东就是在摸爬滚打中奋斗出来的。余承东 1993 年从清华大学硕士毕业后加入华为，在华为 20 多年的工作经历中，他曾经写过代码，做过销售，做过运营商业务，历任 3G 产品总监、无线产品行销副总裁、无线产品线总裁、欧洲片区总裁、战略与营销体系总裁、华为高级副总裁等。余承东在华为内部曾多次考核不合格，由于任正非力挺，坚持破格提拔，2011 年，余承东被任命为华为消费者业务 CEO。短短 6 年时间，他把华为手机打造成为全球知名消费品牌，手机销售量居全球第二位。

2018 年 3 月 23 日，余承东当选为华为董事会常务董事，成为华为董事会中最年轻的常务董事。

第 3 节 人员退出管理

一、人员退出管理的必要性

组织不能只吸纳人员而无人员退出，企业中的人员退出管理是保持其人力资源活力和创新的源泉。但在目前大多数人力资源管理中，仍聚焦于人力资源的获取、使用和开发，对于人员的退出没有给予足够的重视。常见的情形是，企业在需要人才时很着急，恨不得找到人立即上岗，而对于不需要的人才要么任其滞留在组织中，要么直接"一刀切"，引发不少冲突和问题，这些都不可避免地影响着组织整体的健康发展。

我国企业的人员退出管理有以下三种常见的情形：一是国有企业由于历史原因在人员退出方面基本上处于缺位状态，人员能进不能出；二是民营企业的人力资源流动比较频繁，但是没有规范科学的退出机制，人才流失问题严重；三是一些企业建立了相应的人员退出机制，但往往形式单一，甚至直接将退出定义为解雇和裁员，而且在执行力方面也存在问题。

人员退出管理是人力资源管理的一项专业职能活动，应纳入正常的人力资源管理体系。在组织中建立科学合理的人员退出机制势在必行，保证人才退出的程序化、规范化、制度化具有重要意义，主要体现在以下四个方面：

（1）人员退出管理有利于实现人员与岗位、岗位与能力的持续匹配。1）这是企业战略转型和系统变革的需要，当组织进入新领域，或退出某些行业时，必然要退出一部分人员；当组织发生变革与调整时，组织规模的缩减也会引起相关人员的裁减。2）可在公司定期绩效考核的基础上，对员工的阶段性工作的绩效进行审核和评价，然后以考核结果为依据作出相应的人事决策，如调动、晋升、降职、辞退等，由此定期检查企业中的适岗程度，从而及时进行调整。

（2）人员退出管理是企业人力资源机制创新的需要，是组织新陈代谢、人员新老更替，以及人员持续激活的需要。企业要保持人力资源的活力，就要增强员工的危机意识与竞争意识，提高员工士气，使员工能进能出、能上能下，这就必须对人员进行结构优化及退出管理。

（3）人员退出管理是企业生命周期发展的需要，企业高速成长时期面临人员短缺，补充了大量人员，而衰退时期面临人员富余，需要对富余人员进行退出管理。

（4）科学的人员退出机制可以有效地配合和支持企业员工职业生涯计划，为企业中的人才开辟宽阔的职业通道，留住企业真正需要的关键人才。如果企业中的员工能进不能出、能升不能降，那么员工的职业通道将十分狭窄。一些能力、绩效低下的员工始终占据某些职位，让某些能力较高的员工失去了在这些职位上发挥优势的机会，势必造成企业效率的低下、人力资源的浪费、有能力员工工作满意度的降低。

二、人员退出管理的内涵与类型

1. 人员退出的内涵

人员退出管理是企业从战略目标出发，为了在企业中持续实现人员与职位匹配、能力与绩效匹配、绩效与薪酬匹配，定期以绩效考核结果为依据，对企业中不符合要求的员工，采取降职、调岗、离职培训、解雇裁员和退休等举措的一种人力资源管理方式。

2. 人员退出的类型

人员退出主要有三种类型：第一种是身份退出，常见于国企市场化、社会化过程中，企业将非主业资产、闲置资产和破产企业的有效资产分离，企业改制为面向市场、独立核算、自负盈亏的法人经济实体，在此过程中，员工与企业解除劳动合同，取得部分改制资产作为补偿，成为新企业的股东；第二种是职位退出，即让能力和绩效不符合职位要求的员工退出现有岗位，避免由此所造成的企业人工成本的无谓消耗，提高人力资源利用率，在此过程中，也包括那些暂时退出岗位接受教育和培训，在教育培训结束后达到企业的要求可继续回到组织中工作的人员；第三种是组织退出，指让员工退出企业，包括自愿离职或解雇裁员。

需要注意的是，要将退出和裁员区分开来。通常人们把退出与裁员联系在一起，认为人员退出就是退出企业、与企业解除劳动关系。但事实上，完整的退出机制应该是一个连续的过程，裁员只是人员退出的一个环节，如前文提到的，人员退出也包括暂时退出岗位接受教育和培训，在教育培训结束后达到企业的要求可继续在组织中工作。也就是说，在退出与裁员之间存在一个缓冲带，如内部待岗、试用期制、离岗培训等。裁员只是人员退出方式之一，而非全部。

三、人员多级退出管理机制的建立与落实

1. 人员退出机制的建立

由于人员退出是一个循序渐进的过程，因此良好的人才退出机制的建立也需要各个环节的有效匹配（见图 9 – 15）。

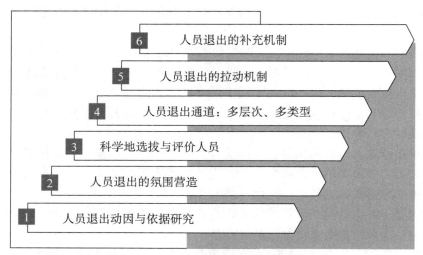

图 9 – 15　人员退出机制的建立

（1）人员退出动因与依据研究。企业要基于战略、业务发展与组织结构需求确定组织的人才需求（定岗定编）及任职资格条件，这是实行人员退出的动因与依据，为人才的配置和人才的退出提供科学依据。人员退出标准的确定是建立人员退出机制的关键和前提，要让员工明确奋斗目标，知道什么样的人是企业所欢迎的，什么样的人是企业所不需要的，即使有一天自己被迫退出公司，在感情上也能接受。这可以避免由于缺乏标准，退出员工感到突然，感到无所适从，感到不公平。同时，对企业而言，只有确立了标准，才能使人员退出机制程序化、公开化，有效地消除人员退出可能造成的不良影响。

（2）人员退出的氛围营造。只有把人员退出行为纳入企业文化整合的范畴，才能使人员退出从计划走向实际操作，从理论走向实践，才能获得员工的理解与支持。但是，让员工认同企业的人员退出机制却不是件容易的事，原因有三方面：首先，受计划经济体制的影响，职业化观念落后，员工对企业有较强的依赖性，一旦离开企业会显得无所适从；其次，社会对被裁人员有偏见，认为被裁人员的工作态度、工作能力有问题，给退出人员的再就业带来很大障碍；最后，因为面子问题，退出使员工个人的自信心受到打击。为了克服这些困难，人力资源管理者需要利用多种渠道宣传人才市场化、社会化的思想，帮助员工树立正确的就业观念，认识到企业建立人员退出机制的原因和必要性，使其理解企业决策，支持企业行为。通过企业文化的有力宣导，调整员工心态，转变员工观念，让员工认同退出机制，营造良好舆论环境并对非正式组织进行有效掌控。

（3）科学地选拔与评价人员。人员退出机制的一个重点就是如何甄别员工是否适合某一个岗位，这一技术的准确性非常重要，它是保证结果公平的重要因素。只有将合适的员工安排到合适的岗位上，企业的效率才能提高，退出的员工也才会认同企业的决定。这就需要企业建立严格规范的员工退出实施程序，借助科学的人员测评工具对现有员工进行测评，确定符合企业发展战略需求的员工，明确退出依据。同时要有针对性地开发企业的岗位任职资格标准，选拔企业所需的人员。

（4）人员退出通道。企业人员退出一定要采取"多龙治水"的方式，多层次、多类型，逐步退出。对现有人员的状况（组织层级、年龄、学历、工作业绩等）进行分析，进行相应的分类，针对每一类人员的共同

特点制定相应政策，同时预测每一项政策可能产生的反应，并建立应急预案。企业应采取相应的措施使企业员工阶梯式地调整预期，给员工提供多种机会、多次选择，逐步降低退出人员的预期，让他们将关注重点集中到自身是否符合新的岗位要求上来，转移原有的裁员矛盾。

（5）人员退出的拉动机制。企业可以建立有吸引力的拉动机制，消除退出人员的抵触情绪，解决在岗和退出差距过大、心理不平衡等矛盾。包括：建立符合企业实际情况的、具有一定弹性的利益拉动机制，在为企业不需要的人员退出提供依据的同时，防止优秀人员自愿退出；建立有效、简洁的成就补偿机制，即给予退出人员一定的荣誉或级别追认等；采取人性化的人员退出运作方式，消除退出人员的抵触情绪；通过灵活的内部分流，避免退出人员的心理障碍，从而有效拉动其退出行为。

（6）人员退出的补充机制。为保证人员退出的公平公正，防止由于人员的退出而导致企业资源流失，应建立相应的人员退出补充机制。包括：监督机制，防止暗箱操作；竞业禁止机制；离职面谈机制；保密协议机制；核心人员培育补充机制。同时，在操作过程中也要注重退出人员的安置问题，以及相关法律法规与企业的社会责任等问题。

总而言之，人员退出是一个循序渐进的过程，良好的人员退出机制应该保证各个环节的有效连接和匹配。

2. 人员退出的途径

人员退出机制的实施需要合理且行之有效的模式和途径支持，凡是有利于员工工作效率提高、有利于促进企业人员结构优化的退出渠道都应该被纳入退出机制的范畴，主要包括以下几种：

（1）金色降落伞计划。这是西方国家中高级管理人员雇佣合同中的一项保证条款，指由于公司被接管或所有权改变等突发事件，公司的主要管理人员被毫无理由地解雇，或者被新班子降职或免职，则公司要根据该项条款保证他们得到一笔补偿金或给予原待遇，在一定程度上消除他们在任和离职后的巨大利益反差，避免心理上的不平衡。主要包括一次性的契约解除补偿金、退休金和股票期权等形式。

（2）工作轮换。前文已介绍，此处不再赘述。

（3）竞聘上岗。前文已介绍，此处不再赘述。

（4）末位淘汰。是指企业为满足竞争的需要，通过科学的评价手段对员工进行合理排序，并在一定的范围内奖优罚劣，对排名在后面的员工，按一定的比例予以调岗、降职、降薪或下岗、辞退的行为。

（5）离岗再培训。对那些工作不称职或能力较弱、工作效率较低、阶段性考核不合格或排名末位的员工，通过离岗培训的方式促使其提高能力，是一种人性化的企业员工退出方式。考核中不合格的员工经离岗培训合格，可以重新上岗。

（6）内部待岗。是指对因各种原因未能竞争上岗的员工实行内部待岗。待岗员工与企业保留劳动关系，只发基本生活费，待岗超过一定期限而未能重新上岗的员工退出企业。

即时案例 9-6

某公司内部待岗规定

为加强企业劳动用工管理，现就实行员工厂内待岗事宜做如下规定：

一、待岗条件

由于企业改革与发展需要出现的富余人员或竞争上岗落聘且暂时无法安排的人员。

二、待岗期限最长为 12 个月

三、待岗期间的待遇

1. 岗位工资按公司（2001）第 211 号四岗对应标准的 100% 计发，工龄工资按公司（1999）第 220 号执行，另每月发放生活补助费 200 元。

2. 养老、失业、生育、医疗等社会保险，企业年金和企业为员工代缴的住房公积金，过节费、住房补贴视同在岗人员执行，其余待遇按有关规定执行。

四、其他事项

1. 待岗期间，行政关系由人事劳工部门归口管理，不计考勤，但可计算连续工龄。

2. 待岗期间，人事劳工部门可根据企业实际情况，给予安排一次上岗或提供竞聘上岗的机会。

3. 待岗期间，待岗人不服从企业安排上岗或未竞聘到岗位的，至待岗期满后，转为待业；若已达到退养条件，可按退养规定办理。

4. 本规定经本企业十届八次员工代表大会审议通过，并从下文之日起执行。

5. 解释权归人事劳工部门。

（7）内部创业。指企业设立内部创业基金，鼓励下岗员工进行创业，如国企在主业与辅业分离过程中，将一部分与主业不相关的产业交给退出员工创业，但在这一过程中，要特别注意核心员工的流失问题。

即时案例 9-7

华为公司的内部创业管理

华为公司在 2000 年出台了《关于内部创业的管理规定》，指出：凡是在公司工作满两年以上的员工都可以申请离职创业，成为华为的代理商。公司为创业员工提供优惠扶持政策，除了给予相当于所持股票价值 70% 的华为设备外，还有半年的保护扶持期，员工在半年之内创业失败，可以回到公司重新安排工作。其目的有二：一是给一部分老员工以自由选择创业做老板的机会；二是采取分化的模式，在华为周边形成一个合作群体，共同协作，一起做大华为事业。其核心目的是有组织地完成新老更替，将一部分老员工分流出去。

（8）提前退休。指针对一部分年龄大但尚未到退休年龄的员工，实施提前退休计划，并给予一定的提前退休补偿。我国对于提前退休有相关法律规定，以下四种情况可以办理提前退休：1）从事特别繁重的体力劳动、井下、高空、高温或者其他有害身体健康工作满一定年限的员工可以提前 5 年退休，即男性年满 55 周岁、女性年满 45 周岁。2）因病或非因公致残，由医院证明并经劳动鉴定委员会确认完全丧失劳动能力，连续工龄满 10 年，男性年满 50 周岁、女性年满 45 周岁的员工。3）国务院确定的 111 个优化资本结构试点城市的国有企业破产时员工年龄距法定退休年龄相差不足 5 年的，可以提前退休。4）在 1998—2000 年内有压锭任务的国有纺织企业中，纺织工种挡车工岗位上连续工作满 10 年、工龄满 20 年、距法定退休年龄不足 10 年、再就业确有困难的员工，可以提前退休。

（9）自愿离职。员工与企业协商自愿离职，企业对自愿离职员工进行补偿后解除劳动关系，即协议解除劳动合同（或称买断工龄）。根据协商自愿的原则，员工退出工作岗位，解除与企业的劳动关系，企业根据员工工作年限支付一定的补偿金，在这一过程中，同样需要注意核心人才的流失问题。

（10）召回裁员。即在裁减富余人员之前，对被裁减的员工作出承诺或与被裁减员工达成协议，在离退时期中止劳动关系，待企业复苏时再重新雇用他们，这样一方面可以节省招聘费用，降低裁员带来的损失，另一方面可以缓解因裁员引起的劳动关系紧张问题。

（11）依法退出（解雇和裁员）。解雇指根据劳动合同对不称职员工予以辞退的管理手段。比如，对试用期满达不到企业用人标准的新进员工可按劳动合同法规定随时清退；对严重违纪违规的员工进行清退；对经过两次培训仍不具备上岗条件的员工可以依法解除劳动关系；等等。裁员是指用人单位基于企业的人力资源需求，单方面终止企业与员工之间的雇佣关系的组织行为，是企业为了适应外部经营环境与内部结构调整以保持持续成长和发展而不得不采取的一项管理措施，是"理性的人员退出"，可以依据动因分为经济性裁员、结构性裁员和优化性裁员三种。

即时案例 9-8

联想员工亲历联想大裁员：公司不是家

今天，恐怕是联想历史上规模最大的一次大裁员。我们部门 9 个人，今天送走了 3 个，还有 3 个要转岗，剩下 3 个。整个研究院走了 30 多人，转岗 20 多人。

昨天晚上，研究院秘密召开紧急会议。有 20 多位"责任经理"参加，我才清楚了整个裁员过程。3 月 6 日启动计划，7 日讨论名单，8 日提交名单，9—10 日 HR 审核，并办理手续，11 日面谈。整个过程一气呵成。今天就是面谈日。在 B 座一层的两个小会议室，对于进去的人，领导首先肯定他过去的成绩，然后解释战略裁员的含义，再告知支付的补偿金数额，递上所有已经办好的材料，让他在解除劳动关系合同上签字。平均每个人 20 分钟。

被裁的员工事先都完全不知情。在面谈之前，公司已经办完一切手续，在他们被叫到会议室的同时，邮箱、人力地图、IC 卡全部被注销。在他们知道消息以后，两个小时之内必须离开公司。

（此文为 2014 年 2 月联想员工的博文自述。）

考虑到身份退出、职位退出以及组织退出这三种不同的类型对应着不同的适用途径，而且对于组织中的不同人员，适用的途径也有所差异，在此对上述退出方法以表格形式呈现，如表 9-8 所示。

表 9-8　人员退出途径

序号	名称	所属类型	适用人员及情境
1	金色降落伞计划	组织退出	管理人员 并购重组
2	工作轮换	职位退出	全体人员
3	竞聘上岗	职位退出 组织退出	全体人员
4	末位淘汰	职位退出 组织退出	全体人员
5	离岗再培训	职位退出	不称职人员
6	内部待岗	职位退出	不称职人员
7	内部创业	职位退出	全体人员
8	提前退休	组织退出	全体人员
9	自愿离职	组织退出	全体人员
10	召回裁员	组织退出	全体人员
11	依法退出（解雇和裁员）	组织退出	全体人员

3. 实施人员退出的操作要点

（1）遵守法律法规。为了避免和减少因辞退员工、解除员工劳动合同等引发的劳动纠纷，企业人员退出机制的运作一定要基于法律法规。首先，退出方法的选择与实施要遵守相关法律法规，必要时要向当地劳动部门和相关领域的专家咨询，确保退出方法的合法性；其次，要有书面材料记录员工相关行为，使人员退出的执行有充分证据；最后，在人员被迫退出时，应按照相关劳动法规的要求，确定补偿金额。

《中华人民共和国劳动合同法》关于经济补偿的规定

第四十七条 经济补偿按劳动者在本单位工作的年限，每满一年支付一个月工资的标准向劳动者支付。六个月以上不满一年的，按一年计算；不满六个月的，向劳动者支付半个月工资的经济补偿。

劳动者月工资高于用人单位所在直辖市、设区的市级人民政府公布的本地区上年度职工月平均工资三倍的，向其支付经济补偿的标准按职工月平均工资三倍的数额支付，向其支付经济补偿的年限最高不超过十二年。

本条所称月工资是指劳动者在劳动合同解除或者终止前十二个月的平均工资。

（2）循序渐进执行。人员的退出有多种途径，在职位退出与组织退出之间存在缓冲地带，比如内部待岗、离岗培训，还有员工自主自愿选择的内部创业、提前退休等途径。所以，企业人员的退出要根据客观实际情况，同时照顾到员工的情绪，循序渐进地推进，多渠道逐步退出。

（3）人性化和柔性化。对于企业单方面的人员退出决定，人力资源管理者必须认识到退出企业的员工是有思想、有感情的人，如果在人员退出的操作过程中过于刚性而缺乏柔性，必然导致矛盾激化，使企业失去道义，员工失去信心，人员退出成本大大增加。在人力资源退出过程中要与员工充分沟通，切忌暗箱操作，还可提供心理辅导、再就业支持等一系列配套措施，保证退出方法的人性化和柔性化，减少员工的心理失衡，降低人力资源退出成本。

四、干部退出管理

企业组织寿命学告诉我们，组织和人一样，有成长、成熟和衰退的过程。组织活力的最佳年龄区为1.5～5年，超过5年就会开始出现组织老化，解决的办法是通过人才流动对组织进行激活。这一理论证明了人才退出的必要性，干部退出是在企业内部营造竞争气氛、提高员工工作士气的需要，同时有助于企业为员工开辟更宽阔的职业生涯通道，留住优秀人才。一套科学合理且具有实操性的退出机制包括明确退出的形式、设计公开公正的退出程序以及形成退出的保障机制。

1. 干部退出三原则

（1）契约导向和绩效导向相结合。干部退出机制的设计，必须以健全有效的契约化管理和绩效管理为基础。在与干部签订契约之初，企业就应与干部通过自主协商在合同、任期目标责任书中详细约定聘期，双方的权利、责任、义务及绩效目标，奖惩依据，解聘情形及责任追究等。以双方约定的退出情形和绩效考核结果作为干部退出的主要依据。

（2）坚持公开、公平、公正。人员的退出，尤其是干部的退出，不论对企业还是干部都是很敏感的问题，一些企业为了避免这类问题，将干部的退出机制设计得很隐秘。但是这种不公开的干部退出机制设计可能会导致负面的小道消息的传播，从而对企业产生不良影响。

为了避免此类问题的出现，干部退出机制的设计在程序上应该秉持公开、公平和透明的原则。首先，干部的退出条件、相关政策和补偿措施都应该事先在企业内部公开，至少是让所有的干部都知晓；其次，企业在解聘相关干部时应该秉持公平的原则，对所有的干部一视同仁，不能区别对待；最后，在干部退出事宜的办理流程上，应该做到公开、透明，杜绝暗箱操作。

（3）规则理性与执行人性相结合。设计干部退出机制和具体操作时，应坚持人性化和柔性化的原则，在干部退出前与之充分沟通，尤其是因为绩效考核不合格或其他原因被动退出的干部，要保证他们从心理上接受，尽可能减少干部的退出对企业的生产经营和声誉产生的负面影响。

2. 干部退出"三类七项"形式

干部退出是指当达到退出条件时，由本人申请或所在单位安排，经组织程序审批，退出所担任的干部岗位。退出包括多种形式，总的来看，可以概括为主动退出、自然退出以及被动退出三大类，包括业绩考核退出、价值观考核退出、问责退出、触发红线行为退出、期满轮换、自愿选退、到龄转退等。

（1）主动退出。干部主动退出可以分为聘用合同期未满主动辞职和聘用合同期满自动离职两种情况。如果干部不满现状想要追求更大利益或更好的职业发展，而企业不能提供足够的资源或机会，就有可能导致干部跳槽到新的企业。这种情况下的退出应当遵循协商自愿的原则，解除干部与企业的劳动关系，企业可视退出的具体情况给予一定的补偿。

此外，干部的主动退出还有可能是由于其他一些意外事件，突如其来的疾病、事故、死亡等。这种意外退出常常会使企业所有者措手不及。因此，企业所有者应该未雨绸缪，建立企业内部干部的梯次选拔机制，避免干部意外退出带来的损失。

（2）自然退出。干部达到法定退休年龄从而退出企业是干部退出机制中应考虑的一种重要方式。干部在职时的收入一般较高，但是，按照我国现有的养老保险制度，退休后的养老金与退休前的收入差距较大。如何帮这些干部实现退休后"软着陆"，缩小反差，就需要科学设计干部退出机制。

干部在职期间为企业的发展发挥了作用，企业应该制定较为可行的养老计划，保证干部退休无后顾之忧。这时退出机制的设计应主要考虑通过社会化的模式，丰富干部收入结构，由企业为其购买有关社会保险，保障其退休生活。设计时主要有两个原则：一是丰富其退休后的收入结构；二是以社会化为主。可以考虑在职时办理补充养老保险，增加其退休后的养老金，也可以延长其股权、期权行权期限，让他们可以在退休后继续享受到企业发展的成果。此外，针对老年人医疗费用相对较高的实际，企业可为干部办理一份期限较长的医疗补充保险，帮助其减少医疗费用支出，减轻生活压力。

通常，企业应当明确红线行为，对法律法规规定之外的商业行为准则、企业经营管理的底线行为进行明确。当触发红线行为时，当罚则罚，以警示员工，避免和减少集体的损失。

即时案例 9-9

福建省三钢（集团）有限责任公司干部退出机制

福建省三钢（集团）有限责任公司根据自身实际，在完善干部退出机制上采取以下措施：

1. 科级、处级干部离岗休养

制定下发《三钢科处级干部实行离岗休养的通知》，规定距法定退休年龄不到两年的科处级管理人员，原则上退出管理岗位，享受岗位工资部分按离岗上月标准全额发放，效益工资按原岗位每月实际发放标准的 50％ 计发，年终一次性奖励按离岗当年标准的 50％ 计发的离岗休养待遇。科处级干部在离岗休养期间享受科处级待遇期满后，改按一般管理人员离岗休养标准执行。2018 年，对科处级干部离岗休养办法进行修订，主要调整离岗休养待遇，处级按正处级、享受正处级、副处级、享受副处级职级，科级按正科级、享受正科级、副科级、享受副科级职级，每月分别享受相应的固定工资待遇，不再享有效益工资和年终奖。

2. 管理岗位富余人员安置

对未达到离岗休养条件的科处级富余干部实行转岗分流。其中机关科级以上干部转岗分流的，按需优先安排于新上项目的管理岗位或车间办事员岗位；对其他富余科级以上干部，转岗分流到各二级单位生产操作岗位的，所在单位有条件的优先安排到常白班或两班倒岗位。转岗安置后享受原职级待遇三年，三年后按实际岗位享受待遇。2015 年修订的《三钢领导干部管理工作规定》明确：改任非领导职务人员可享受原职级待遇一年；因机构调整改任非领导职务人员可享受原职级待遇两年。一般管理富余人员愿意转岗分流的，转岗后实行易岗易薪；不愿意转岗分流，自愿提出离岗休养，符合离岗休养条件的，退出工作岗位，实行离岗休养。

（3）被动退出。被动退出是指在任干部未达到约定业绩目标或出现过错时，按照明确的程序进行降级、退出干部队伍、辞退等。包括以下情况：

1）绩效低于预期目标时退出岗位。通过年度、任期业绩考核，考核不合格者退出现任岗位。业绩考核不仅影响当期奖金，当业绩严重低于预期目标时可采取退出岗位等措施。

哥伦比亚大学的汉布瑞克（Hambrick）和福克托玛（Fukutomi）提出了干部生命周期理论：干部的生命周期因其任职期间领导能力的变化规律可以划分为五个阶段，即受命上任、探索改革、形成风格、全面强化和僵化阻碍，其领导经验与经营业绩之间呈现一种倒U形关系，达到一定阶段以后，干部的经营业绩会呈现一个下降的趋势。因此，在聘期内，干部的职位不是固定不变的，若出现未达到年度绩效目标或考核不称职，企业可按事前约定采取调整职位、提前解聘或不再聘任等市场化的方式使干部优上劣下、优胜劣汰。这种情形下的退出，应由董事会或专门的绩效考核委员会根据聘任合同以及年度目标责任书对干部的年度绩效或者任期内绩效进行考核，由选聘考评委员会根据其绩效考核结果，决定续聘、改聘或解聘。对经营不善、未能达到聘期绩效目标而又难以改进的干部，要坚决淘汰退出，防止对企业造成更大的损失。

绩效考核结果和干部真正退出之间应设计一个缓冲机制，比如通过岗位调整使干部能力得到更恰当的发挥或者提供相应的培训提升其能力等。因业绩不合格退出干部岗位的人员，原则上降级使用，可按照降级后岗位进行新一轮的考核。

2）价值观不符时退出岗位。企业文化要深入人心，可采取价值观考核的方式，而价值观考核的结果只有在应用于干部选拔、干部退出时方能发挥作用。

华为的文化之所以强大，与其价值观考核密切相关。华为的干部晋升要过几道关，价值观考核是最重要的一道关，价值观不过关，业务能力再强也得不到晋升的机会。核心价值观是华为干部选拔的基础，只有在核心价值观方面跟华为高度契合的人（同心人）才可以被选拔。华为对干部管理的考核实行一票否决制，在价值观或劳动态度考核中得分低的人是不会被提拔为干部的。在阿里巴巴，价值观考核和业绩考核同等重要。业绩好但价值观不符合要求的人照样要退出。

价值观评价不合格时一般要求干部退出，也可给予干部一定期限整改，经考核合格后可再次申请干部岗位。

3）问责强退。当出现重大安全质量事故、重大亏损项目、腐败或其他给企业造成重大经济损失、重大负面影响的情况时，企业对相关责任人实施问责，追究其主体责任、监督责任、领导责任。对情节较为严重的责任事故主体，采取经济处罚及行政处罚，强制退出。

4）期满轮换。成功的干部管理必须实现有序轮换。对干部任期的最长周期作出规定，如中层干部两个任期、高层干部最多三个任期，必须到期轮换，通过制度的硬性规定，让干部积累工作经验，形成全局视野，成为复合型人才。

3. 退出程序要公开公正

有条件的企业应成立干部退出工作委员会，选定合适的人担任委员会委员，负责企业干部退出机制的建立、完善以及工作部署、检查指导和事项审议，当然也可以由企业的董事会或董事会下设的专门机构来承担这一职责。企业的人力资源部门或办公室则应承担具体的操作性事务。

关于具体的退出流程，应针对前文提到的几种不同的退出形式进行不同的设计，包括申请提出、审核、复审、审批、办理工作交接和财务清算等各个操作环节以及各环节之间的衔接过渡等内容。

通常来讲，对于主动退出的干部，退出流程如下：由本人提出书面申请，其直接上级签署意见后交人力资源部审查。

对于其他情形退出的干部，退出流程如下：

● 直接上级按照管理权限，根据相应的制度标准提出退出人员名单，交人力资源部审查；

● 干部退出工作委员会研究审议干部退出事宜，对审议通过事项（可根据具体情况设计规则，比如有过半数以上或超过2/3的与会人员同意，视为通过），经委员会审批签字确认（特殊情况须报董事长审批）；

● 若审议未通过，则继续留任；

● 对于审核通过的，由相关部门协助办理离任审计，追究相应的责任；

● 人力资源部协助办理相关的离职或调任手续；

- 对于离职解聘的干部还应办理财务清算、社保转接、补贴等手续。

4. 确保干部退出"软着陆"

干部退出机制的建立和实际操作是一个繁杂的过程，还需要有其他配套制度，比如营造有助于退出机制实施的"干部能上能下、能进能退"的企业文化氛围，建立规范完善的聘任制和任期制，建立科学有效的绩效考核和激励约束机制、责任追究机制、干部退出补偿机制、顾问制度，建立干部后备梯队等。只有这些科学的管理体系得以建立和有效运转，干部的退出管理机制才能真正建立起来并有效运转。

（1）营造能上能下的文化氛围。企业应当确立组织整体利益大于个人利益、个人服从组织安排的价值观。

华为的干部管理能够做到"三维流动"：

- 横向的流动，即岗位轮调；
- 纵向的流动，即能上能下；
- 内外的流动，即能进能出。

三维流动很大程度上归因于华为的人才观："华为尊重人才，但绝不迁就人才"，在这一思想的指导下，每个人在华为都能得到充分发挥才能的机会，但如果居功自傲或者恃才傲物，公司也绝不会放纵和迁就。华为强调干部是公司资源，特别是中高级的干部，由公司总部进行统一管理，以保证干部能够跨领域、跨体系调配。

要营造"能上能下、能再上能再下"的组织氛围，一时的挫折与失败不可怕，可怕的是意志就此消沉，因此企业应当建立组织的自我批判能力，引导各级干部正确面对问题与责任，将退出当成正常的职业经历。退出后的干部在能力、业绩具备条件时仍然可参与干部岗位选拔。

（2）妥善设计干部退出安排。在中国古代，对创业元老退出处理得最好的莫过于宋太祖赵匡胤，杯酒释兵权，劝做富家翁，以富贵换取元老们放弃对兵权的把持，兵不血刃地消除了国家发展的隐患，建立了文官治国的体制。这些被解除兵权的元老散居各地，对皇帝忠心耿耿，也成为皇帝监控和震慑地方行政长官的有效工具，成为体制外的一支重要统治力量。

建立一套行之有效的元老退出安置机制，用足够的经济利益让元老心甘情愿地退出高层管理岗位，以便让新的制度和机制畅行无阻。在消除元老负资产效应的同时，仍尽量保留和发挥其正资产效应，应该成为公司处理干部退出问题的基本指导原则。在此原则的基础上，干部退出的安排一般包括以下方面。

1）职务转换。企业可聘请符合条件的退出干部担任一定职务，兼顾干部与企业共同价值。这类职务包括业务/技术专家、管理顾问、企业大学教授、内部创业家等，充分发挥退出干部的正向作用。职务转换中应当注意标准与条件，不能一味地将管理岗位无条件地转向专业/技术序列，否则会造成企业双通道之间的不平衡。

企业可聘请专业技术过硬、经验丰富、具有较高行业影响力的退出干部担任业务/技术专家，其行政管理关系归属企业各专业条线职能管理部门，例行开展专业积累、人才培养等工作。

设立企业内部培训机构，聘请符合条件的退出干部担任专业教授、文化讲师，负责内训课程体系开发及各级干部能力提升工作、文化宣讲与传承等人才培养工作。

企业可设立顾问委员会，如战略/技术/专业委员会，聘请符合条件的退出干部担任委员会顾问，以支撑决策、提升管理效率，委员会可在市场调研分析、行业影响力与品牌建设、技术研发与产品标准化建设、专业人才培养与指导、重点专项任务牵头与指导等方面发挥作用。

为鼓励内部创业，培育新业务增长点，企业可设立内部创业专项基金。现任干部及退出干部可提交内部创业申请，阐述商业计划，经审批通过后，由干部进行投资并协调相关资源创业。

2）物质保障——金色降落伞模式。物质激励主要针对企业高层干部，以股权激励为手段，通过采取"股权激励＋现金补偿"等方式，让干部心甘情愿地离开现有管理岗位，为企业的核心员工腾出足够的发展空间。现金补偿部分可让干部在离开原有高管岗位后仍能过上体面的生活，股权激励部分则使干部的身份从高管转变为股东，干部未来的收入仍与公司的业绩紧密相关，从而让干部继续心系企业，充分发挥其正资产效应。

"股权激励＋现金补偿"的金色降落伞计划是一种长短结合的退出机制，比单纯的股权激励和单纯的现金补偿方式更有优势，在方案的设计上也较为灵活，其核心要素有两个，即高额激励和长期激励。唯有高额激励方能让高层干部心甘情愿退居二线，唯有长期激励方能让高层干部永远与企业同心同德。

但在实施金色降落伞计划时，很多企业没有兼顾这两个核心要素，习惯于采取一次性支付高额离职补偿金的方式让高层干部尽快离职，这样不但加大了企业的现金压力，也对离职后的高层干部失去了制约，导致高层干部开始二次创业或者加盟同行企业，成为企业的竞争对手。而有些企业不愿意对元老进行高额激励，导致高层干部心生埋怨，私下里也会作出损害企业利益的行为。

企业在设计金色降落伞计划时，需要考虑如下因素：

一是现金补偿金额的计算。具体补偿金额一般由企业与高层干部双方协商确定，对于离职的高层干部，一般以法定离职补偿金为基数，乘以相应倍数（如2～3倍）来计算。而对于离岗不离职的高层干部，则可以其月薪或年薪为基数进行计算，薪酬标准应当考虑在任干部的收入现状，退出干部一般发放固定薪酬，应当低于在任干部薪酬最低值的一定比例，避免出现"倒挂"现象。

二是现金补偿的发放。现金补偿的发放一般采取两种方式，即一次性支付方式和延期支付方式。一次性支付方式即在高层干部离职或者离岗后以现金形式一次性支付。延期支付则是在高层干部离职或离岗后2～3年内有条件分期发放。

延期支付有利于强化对高层干部的长期激励约束，所附加的条件一般包括竞业禁止限制条款、商业机密保护条款、离任审计及终身责任追究条款等内容，可以避免因离职高层干部成为竞争对手或泄露商业机密而给企业造成经济损失。

三是股权激励计划的制订。股权激励部分具有长期性和未来收益的不确定性，对高层干部的长期激励约束效果要好于现金补偿，能让退出后的高层干部更加关注企业的经营，并愿意持续贡献自己的经验和知识等正资产。股权激励也能极大地降低公司的现金支出压力。

股权激励的形式多样，如股票期权、期股、限制性股票等，具体的激励计划（如数量、股票价格及授予和行权方式等）可以由企业与高层干部协商确定，也可纳入公司的整体股权激励计划统一考虑。

3）荣誉激励。企业可对符合条件的退出干部授予荣誉激励，以表彰其对企业的贡献。2016年，阿里巴巴创业元老陆兆禧退休担任"荣誉合伙人"，不再行使合伙人的相关权利，但仍可以享受部分分红与奖励。荣誉激励对于退出后的干部本人及公司在任干部、员工均起到了较好的激励作用。

5. 完善干部后备梯队

干部后备梯队决定了企业能否有条件退出不胜任干部。华为每年都会分层淘汰10％的干部，包括高层干部，这与其完备的人才梯队直接相关。很多岗位都有后备干部，才能让不称职的干部退出而不担心业务运转受到影响。图9-16显示了华为干部后备梯队的结构。

图9-16　华为干部梯队建设

华为干部管理的八步法

在过去的 30 多年中，华为陆续完善了针对干部群体的选、用、育、留等体系化建设，构建了片联组织、干部管理委员会、华为大学、总干部部等，建立了从任用制到选拔制的干部晋升标准，设计了科学的干部绩效考核体系，加强了对干部队伍的培养与锻炼，充分保证了干部队伍对企业发展的支撑作用，最终形成了一套行之有效的干部管理体系。下面介绍华为干部管理的八步法。

1. 明确使命与责任

干部的使命与责任就是践行、传承企业文化和价值观，以企业文化和价值观为核心，管理价值创造、价值评估和价值分配事项，带领团队持续为客户创造价值，实现公司的商业成功和长期发展。

建立一套一以贯之、自上而下且适应各个不同体系的干部选拔标准，可以保证公司不同的层级、不同的部门选拔出来的干部具有一些共同的特征。华为的干部需要肩负六大使命与责任：

(1) 干部要担负起企业文化和价值观传承的责任。

(2) 洞察客户需求，捕捉商业机会，促进业务增长。

(3) 带领团队去实现组织目标，用兵狠，爱兵切。

(4) 有清晰的主攻方向，抓主要矛盾，在不断改良中前进。

(5) 站在全局立场，不断改进端到端的业务流程，加强职业化管理，降低内部运作成本。

(6) 开展组织建设，帮助下属成长。

2. 建立干部标准

(1) 践行企业核心价值观是干部的基本职责。

(2) 品德与作风是干部的资格底线。

(3) 绩效是必要条件和分水岭。

(4) 能力是持续取得绩效的关键要素。

(5) 经验是对能力的验证。

3. 明确干部管理

各个公司的干部管理都有选拔、任用、培养、考核、评价、激励制度，华为的不同之处在于设立了一个后备干部资源池。华为干部管理的具体构架如下：

(1) 资源线。

区域：是指挥中心，有作战的权力、有选择产品的权力、有合同决策的权力。

业务集团 (BG)：协同区域作战。

片联：负责推动干部循环流动机制的形成，构建作战氛围。其最大的权力是干部使用权，而不是作战权，不直接管项目。

(2) 业务线。

ST (经营管理团队)：ST 成员是由所在 BG 区域的一级部门的一把手组成的，主要负责业务活动、业务事项。

AT (行政管理团队)：AT 成员是从 ST 中选拔出来的，AT 的职权是对所有与人的评价相关的工作行使权力，例如，干部选拔评议、绩效考核、调薪、股份发放等。

(3) 专业线。

人力资源部：负责人力资源规则和政策的制定，属于规则部门。

总干部部：负责干部任职资格评审和选拔等具体事项，属于对口部门。

4. 华为干部的"四力"

华为干部的"四力"是指干部持续取得高绩效所应该具备的四种能力，即决断领导力、理解力、执行力、连接力/合作能力。

5. 干部的考验

在华为的干部管理体系中，考验干部主要从他在面对关键事件、突发事件、组织利益与个人利益冲突时的立场与行为来观察他的忠诚度和业务能力。

（1）忠诚度。华为选拔核心员工首先会考察其在关键事件中表现出的忠诚度。核心员工的忠诚度必须经得起长时间的考验。员工忠诚度主要体现在战胜敌人、守住家业等关键事件上。什么是关键事件？关键事件发生在公司经营出现危机时，公司需要采取战略性对策时，公司实施重大业务和员工管理政策调整时，公司业务发展需要员工在一定程度上牺牲个人短期利益时，等等。公司核心员工必须在关键事件中表现出鲜明的立场，敢于为公司利益而坚持原则。

（2）业务能力。核心员工必须具备一定的业务能力，能在公司发展面临重大机遇或风险时，在不同层级的岗位上发挥一定的业务骨干作用。业务能力强的员工，并不一定进入核心员工范围。核心员工的忠诚度须经得起时间及关键事件的考验。

6. 干部人才梯队的搭建

（1）关键岗位群。目标关键岗位，可以借鉴IBM继任计划。比如，在市场体系中，有A和B这两个关键岗位，这两个关键岗位会覆盖上百个岗位，所以需要"地毯式"地选拔人才。

（2）后备资源池。当一个目标岗位出现空缺的时候，先从现在的这类岗位上的任职者中挑选与岗位匹配度高的人员，再进行选拔。

7. 干部的"转身"和培养

华为有一个新干部90天"转身"计划，有点像"新官上任三把火"。这"三把火"是经过规划和设计的，第一把"火"是让他知道自己该干什么，第二把"火"是看看他能干什么，第三把"火"则是对他的成果进行审视。

（1）角色认知。角色认知是华为新干部必修的培训项目，从最基层的项目主管，到更高级别的区域业务领导人，都需要在90天内完成这个项目。这个项目会帮助他分析，在新的管理岗位上，要承担哪些关键角色（Who are you）；为了履行好这些关键角色，应该展现哪些关键行为（How to do）；为了支持这些行为，要提高哪些能力（Where you go）。

（2）"转身"。在90天内，华为新干部会被分配一位导师以外的管理教练，管理教练会帮助他分析，应从哪里开始了解新的环境，如何识别该岗位的利益关系人并建立互动关系；也会帮助他规划90天"转身"期内与上司的五次关键谈话，并提供谈话清单。管理教练还会与他一起，找出能够最快帮助他在新岗位上作出成绩的方法，并帮助他努力达成。管理教练也会帮助他排除来自自己内心的障碍及来自外部的干扰，确保"转身"成功。

（3）任前管理。90天之后，新干部要带着成果参加任前审视或转正答辩的会议，有60分钟的时间与包括人力资源在内的管理团队成员进行互动。新干部需要展示在过去的90天里他和团队做了什么，带来了哪些改变，创造了什么价值，以及未来的业务策略。这是一次非常关键的会议，只有那些能够笑着走出会议室的新干部才有可能获得继续与新同事共事的机会。

8. 干部管理的两大关键点

（1）一致性：华为干部管理体系持续运营近30年，其间没做过大的调整，公司上下都能坚定不移地执行。

（2）前瞻性：干部选拔"三权分立"，AT集体决策。从人才选拔、人才评价到人才发展各环节，具备足够的前瞻性和先进性，可见该系统的顶层设计具有很强的科学性。

资料来源：余胜海. 用好人，分好钱：华为知识型员工管理之道. 北京：电子工业出版社，2019.

腾讯职业生涯和任职资格制度
（干部领导力篇）

一、领导力体系的设计哲学

领导力通道属公司职业发展系统中的管理族职业发展通道。领导力通道管理的理念是推动各级管理者不断提高自己的实际工作能力，以适应所在岗位的任职资格要求，适应管理工作和公司发展的需要。

领导力评估是以领导力通道标准为依据，以实际工作为基础的考评方法，它强调的是"能干什么"，而不是"知道什么"，评估的依据是实际工作中的表现。

二、领导力体系与员工职业发展体系的区别

领导力体系不同于员工职业发展体系，二者的区别见表9-9。

表9-9 领导力体系与员工职业发展体系的区别

区别	领导力体系	员工职业发展体系
目的	通过识别腾讯对管理者能力和行为的要求，支撑公司战略和文化	为普通员工提供专业发展的通道，促进员工在专业能力上的精专
理念	对不同等级的管理者，强调必须胜任本级领导力定义的要求	员工符合本级标准要求，同时还须提升自己以达到下一个级别要求
方式	公司根据战略需要主动识别和培养有潜质的管理者	主管必须关注所有下属的职业发展
能力	注重计划、监督、控制等管理能力培养	注重专业能力和基本工作方法的培养

三、领导力职业发展阶梯/标准

1. 阶梯

（1）级别代码：L1。

级别名称：监督者

级别定义：监督下属员工或/和低级别管理者。能够对下属进行日常监控以支持团队日常运作和实现业务目标，同时参与具体业务运作。能够作为下属进步的阶梯。

本级别管理者没有人事、财务预算控制权，但包括考核权。

（2）级别代码：L2。

级别名称：管理者

级别定义：管理高技能员工和监督者，可以管理一个相对独立的部门，或者协助高级别管理者管理一个部门。计划、指导和监控员工工作；可能参与战略性的事务；为直接下属的发展提供指导。

对部门的预算、人事可以有控制权。

（3）级别代码：L3。

级别名称：高级管理者

级别定义：管理一个或多个主要的功能/部门；制定战略、方针和政策；直接负责组织某类业务运作，保证战略一致性，协调与其他组织的关系；为既定组织的长期有效运作负责，背负一系列可衡量的运作、功能和战略层面指标，对功能层面战略负责；对公司的业务战略方向提出直接、有响应力的建议；培养管理梯队。

（4）级别代码：L4。

级别名称：领导者

级别定义：管理一个或多个主要的功能/部门；制定公司战略、方针和政策；直接负责组织某类业务运作，保证战略一致性，协调与其他组织的关系；对公司某类业务运作目标负直接责任，为既定组织的长期有效运作和对公司整体做贡献负所有责任；对公司的业务战略方向提出直接、有响应力的建议；培养成为高管层候选人所需要的能力。

2. 标准

领导力级别标准主要由能力项构成。能力项包括：客户导向、组织发展、执行力及个人形象塑造。领导力能力项如表9-10所示，各领导力项目关键识别点标准判定如表9-11至表9-14所示。

表9-10　领导力能力项

能力项	详细内容
客户导向	预估客户需求、关注客户、创造客户价值
组织发展	团队管理、变革管理、人才培养
执行力	工作管理、流程管理
个人形象塑造	职业操守、个人情商

表9-11　各级管理人员"客户导向"项目关键识别点

评估要素	监督者	管理者/高级管理者	领导者
预估客户需求	● 根据市场信息，预见客户需求，并制订计划以适应客户和市场需求 ● 评估变化中的客户需求对业务领域的影响	● 根据市场信息，预见逐步显示出的客户需求，制定针对性的、创新的方案以适应客户和市场需求 ● 评估变化中的客户需求对腾讯和本部门的影响	● 根据市场信息，预见潜在的客户需求，推动组织策略以适应客户和市场需求 ● 评估变化中的客户需求对腾讯的影响
关注客户	● 将工作的目标和贡献与客户满意度联系起来，针对客户意见作出决策和行动 ● 无条件保证对客户的承诺，发展和维持良好的客户关系 ● 建设方便合理的系统、流程，使客户很容易与腾讯合作	● 建立并理解部门的贡献与客户满意度之间的直接联系，针对客户意见作出决策和行动 ● 无条件保证对客户的承诺，发展和维持良好的客户关系 ● 积极培养以客户为中心的文化，保证客户服务的灵活性和及时响应度	● 建立并理解部门的贡献与客户满意度之间的直接联系，针对客户意见作出决策和行动 ● 无条件保证对客户的承诺，发展和维持良好的客户关系 ● 积极培养以客户为中心的文化，保证客户服务的灵活性和及时响应度
创造客户价值	● 鼓励员工寻找新的方法来为客户创造价值 ● 和客户、合作伙伴共同寻求和共享新的价值点 ● 通过更高效的执行力来建立和维持客户忠诚度	● 鼓励员工寻找新的方法来为客户创造价值 ● 和客户、合作伙伴形成战略联盟，寻求和共享新的价值点 ● 通过更高效的执行力来建立和维持客户忠诚度	● 设计超出客户预期并能显著增值的解决方案 ● 和客户、合作伙伴形成战略联盟，寻求和共享新的价值点 ● 通过更高效的执行力来建立和维持客户忠诚度

表 9-12　各级管理人员"组织发展"项目关键识别点

评估要素	监督者	管理者/高级管理者	领导者
团队管理	**团队管理机制建立** ● 建立例会制度、上下级之间定期沟通机制 ● 体现对员工工作的正向牵引 ● 及时有效处理例外事件 **组织气氛建设** ● 帮助员工正确面对挫折和失败，在工作中以积极的心态接受优胜劣汰的事实 ● 及时有效传递、正确诠释公司的文化导向，并通过自身言行在管理工作中（特别是对员工的考核、评价及奖励方面）予以强化 ● 在团队中树立正气，敢于承担责任，善于倾听他人意见；对部门问题敢于陈述己见，并善于引导、听取、整合不同意见，共同推动管理 ● 倡导下属之间建立积极、和谐的关系，公正处理团队中下属之间的矛盾 ● 当下属工作中有切实需要或遇到困难时，应主动提供相关信息和援助；在商定的时间范围内实现对下属工作上的承诺 **引导与培育创新** ● 对工作中的成功经验与失败教训及时进行总结，建立案例库并不断予以充实 ● 学习内外部标杆，适时交流信息，寻求和支持新鲜的、有创意的观点，以利于资源共享与相互启发，促进信息增值 ● 奖励突破性的方法、主动性和试验，不断激发个人创意，完善创新机制	**文化宣导** ● 以强烈的使命感与责任感去推动企业文化建设，在实践中深刻理解并积极传播公司的愿景与核心价值观 ● 及时有效传递、正确诠释公司的文化导向，并在管理工作中（特别是对员工的考核、评价及奖励方面）予以强化 ● 通过自身的言行使员工领悟到公司所倡导的文化，从而认同公司文化 **团队建设** ● 在团队内组织和推动双向沟通，建立良好的沟通机制 ● 为团队设立切实可行但又富于挑战性的目标，将团队的设想和目标与企业的战略联系起来 ● 给予团队决策权和行动权，将计划转变为实际行动 ● 传达一种清晰的方向感，使组织充满紧迫感和主动性 **跨部门协作** ● 本部门目标制定和决策，既要考虑对公司战略目标的贡献，也要考虑对相关部门与相关流程的贡献，以全流程绩效牵引本部门的工作；避免本位主义，提倡以整个腾讯的成功来降低内部竞争 ● 理解部门之间的相互关联，打破部门壁垒，从全流程最佳的角度去理解本部门的责任，积极主动了解、理解和配合相关部门的要求，保证对公司主流程的支持和对相关部门的业务支持 ● 通过有组织、有计划的交流，积极利用相关部门的成果和推介本部门的成果，达到资源的共享和合理利用	**团队发展方向指引** ● 理解腾讯公司全球竞争、技术、政策、经济趋势和问题的关联性 ● 能够敏锐把握行业趋势和全球性的市场机会，制定切实可行的战略规划 ● 传递全面的对公司方向和战略的理解 **组织文化建设** ● 具有强烈的使命感与责任感去推动组织与文化建设 ● 积极传播公司的愿景与核心价值观，在关键行为过程中，言传身教，培养下属 ● 营造有利于员工成长、勇于创新、自我超越的环境与团队合作氛围；营造树正气，敢于承担责任，勇于负责，对于公司流程及部门工作中的问题敢于陈述己见的组织氛围 ● 努力促进组织运作效率的提高，明确各层面的责任和绩效考核标准，增强员工工作的明确性和责任性 **平衡资源** ● 为达成目标积极从他人那里获得支持，协调时间、资源、质量要求来完成组织目标 ● 创造平衡性的解决方案最大化组织收益，使冲突表面化并建设性地解决冲突 ● 建立内部、外部网络来支持协作，开放共享信息和资源，激励组织内跨部门团队工作的文化
变革管理	**变革推行** ● 服从公司整体利益，主动推行变革成果，消除变革中的阻力，勇于承担责任与风险（包括岗位风险和创业过程中的风险）	**变革推动能力** ● 服从公司整体利益，主动消除变革中的阻力，勇于承担责任与风险（包括岗位风险和创业过程中的风险） ● 面对变革时有乐观的态度，称赞参与变革和创新的员工 ● 控制变革的速度和进程以保持工作的效率 ● 鼓励能使腾讯获得竞争优势的合理冒险	**领导变革** ● 根据公司/部门的远景目标以及实现目标的管理要求，评估公司/部门的改进目标、范围和变革准备度，制定变革管理策略和清晰可行的实施计划 ● 合理安排员工以促进变革，集中关注那些激烈抵制变革的人，帮助员工理解并接受变革的收益，主动消除变革中的阻力，营造积极参与变革的氛围 ● 控制变革的速度和进程以保证部门的正常运作效率

续表

评估要素	监督者	管理者/高级管理者	领导者
人才培养	● 以高度的责任感培养、选拔、推荐管理者，做好部门内后备管理者资源池建设 ● 营造良好的学习氛围，培育学习型组织；注意在工作中言传身教、及时辅导，必要时合理授权，在实践中进行锻炼 ● 与下属一起商定其个人发展目标和培训方法、改进措施，并且对下属的改进情况进行例行化检查、评估，提出建设性的反馈意见，培养下属效果显著	● 明确选拔管理者的组织目标，并严格按照公司的标准甄选管理者 ● 根据公司业务发展的需要，制订并积极组织实施管理者梯队培养计划，注重实际培养管理者的质量和数量，在组织内部形成后备管理者资源池 ● 营造良好的学习氛围，培育学习型组织 ● 关注下属并及时给予发挥能力的机会，在工作中合理授权，传递压力，在实践中锻炼管理者 ● 善于通过总结案例培养管理者，并通过案例中关键事件过程追溯和分析，发现和培养管理者的优秀品格和素质 ● 履行管理者导师职责，善于对下属正向引导，帮助其改进不足；注重工作中的言传身教，与下属共享经验	● 营造管理者成长的环境，建立甄选管理者的机制，并在关键工作过程中言传身教 ● 善于引导员工树立积极的人生观、强烈的使命感和责任感 ● 围绕组织目标，辅导下属推进落实公司的管理改进和制度化建设；注重所培养管理者的质量和数量 ● 营造良好的学习氛围，培育学习型组织 ● 能在工作中对下属和员工进行培养与管理，发挥其所长，修正其所短

表 9-13 　各级管理人员"执行力"项目关键识别点

评估要素	监督者	管理者/高级管理者	领导者
工作管理	*制定合理的目标与计划* ● 根据上级部门的规划或部署制定团队工作目标 ● 根据工作的优先顺序分配资源（包括人、财、物、信息等） ● 面向目标，确定执行计划的具体工作方法和活动 ● 深入分析工作中易出现失误或问题的环节，并设计相应的监控点及防范措施 *组织实施工作计划* ● 明确本人及下属的工作职责、任务要求和衡量标准 ● 指导团队成员制订相应的个人工作计划 ● 组织工作资源及时到位 ● 认真听取员工对工作实施的意见和建议，正确实施正向牵引 *指导和控制工作计划的实施* ● 及时检查、分析和评估各项工作结果 ● 有效指导下属运用工作方法或开展活动 ● 找出偏离计划目标的原因和工作中的失误，提出改正措施，必要时上报主管及所影响的接口部门 ● 在职责范围内立即实施改正措施，促成问题的解决 *绩效改进* ● 确定明确的团队工作改进目标，制订改进计划 ● 制定可操作的改进措施并确保执行 ● 定期对团队工作改进情况进行评估、检查，对有关的改进措施及时充实调整	*制定合理的目标与计划* ● 根据公司战略目标及本系统相关策略与方针确定部门的中短期工作目标及优先顺序 ● 制订工作计划和业务预算，保证对上级目标的继承性和对部门工作的牵引性 ● 将部门计划分解成可执行的、清晰的阶段计划，设立监控点和控制基线 ● 充分考虑执行中的风险要素，提出应急预防措施 *组织实施计划* ● 按计划分配任务，并对下属的工作计划进行指导、审定与监控 ● 保障并促进监控体系的有效运作，参与并指导重大事件和例外事件的处理 ● 及时发现运作中的问题，迅速作出反应并进行有效的调整，组织分析成功的经验与失败的教训 ● 挖掘、配置、协调和利用人、财、物、信息等资源，通过预算管理，及时监控与评估工作活动 *促进决策* ● 在职权范围内勇于承担风险，迅速判断，果断决策 ● 及时准确地收集有效信息，提出建议，以便上级和相关部门全方位地思考问题，作出正确有效的决策 *效果评估* ● 对目标完成情况进行总结评估，提出绩效改进目标 ● 根据绩效改进目标与相关人员讨论制订绩效改进计划，改进计划必须具有可操作性	*决策能力* ● 基于对公司价值观及管理理念的理解，从追求公司整体最佳的角度，对公司的长短期目标的形成提出个人意见 ● 为公司制定目标所提的建议必须是经过精心调查、具体且可操作的 ● 将达成共识的公司目标转化为可衡量的结果性指标（业绩指标），作为形成公司对外策略与内部方针的基础 ● 按照公司战略目标的要求，组织制定清晰、明确、可执行的合适方法和操作程序，并将当前及可预见到的资源、时间、组织结构、技术等限制条件考虑在内 *有效授权* ● 在组织内能够信任他人 ● 在不同层次上授权他人作出决定，让下属充分发挥主动性和创造性，按照自己的方式行动；强调目标是否按时达成，在工作过程中适度指导，减少干涉 ● 授权前充分沟通，确保双方对授权的目的、程度、资源、可能出现的问题、担忧、处理方法等达成共识

续表

评估要素	监督者	管理者/高级管理者	领导者
流程管理	*内部流程固化与优化* ● 对职权范围内的跨部门流程中存在的问题及时进行讨论，提出修改和完善的建议，向主管及相关部门及时提供反馈信息 ● 总结成功经验，及时以规则的形式加以固化；及时评估并合理优化本部门流程和规则的运作 ● 对流程运作中未覆盖到的部分与相关人员一同制定补充规定与实施细则 *流程执行* ● 与相关人员一同讨论、学习与本部门业务有关的流程，确保对流程的正确理解 ● 给流程使用者提供准确、清楚、全面的培训和指导 ● 对与本部门相关的业务流程的运作情况及时监控，确保业务流程得以正确贯彻实施	*流程及制度建设* ● 宣导和灌输流程化管理的理念，推动流程在部门内严格执行 ● 身体力行地组织和参与职权范围内流程的制定，关注流程监控点的设置，推动部门成员理解并贯彻执行流程，不断把成功的已有效运作的流程、规范、制度及时固化 ● 通过走动管理与过程监控，处理例外事件，并不断将例外管理规范化，促进管理的职业化发展 ● 通过审计与不断总结发现瓶颈，及时、有效地优化组织流程和结构，消除障碍	*流程管理评估标准* ● 投入主要精力去发现例外与外部变化，并在处理例外事件中不断将例外规范化，使之成为例行 ● 通过走动管理与审计发现瓶颈，并及时、有效地优化组织流程和结构，消除障碍 ● 敏锐感觉外部环境变化，并适应性地促进组织结构与流程的优化，有效促进组织绩效的提高

表 9-14　各级管理人员"个人形象塑造"项目关键识别点

评估要素	监督者	管理者/高级管理者	领导者
职业操守	● 坚持原则，诚实正直，实事求是地面对和处理问题，勇于承担责任 ● 直言不讳，保持公正、诚实、坦诚，与同级、管理者和下属共享信息，并毫无保留 ● 严格自律，以身作则，以公司文化理念和规章制度规范自己的言行，以职业化的标准严格要求自己，自觉塑造个人形象，维护公司形象，起到良好的表率作用		
个人情商	● 使命：关注公司的长远发展，培育核心竞争力，以腾讯发展为己任 ● 激情：热爱本职工作，以乐观心态面对挑战，注重工作带来的成就感，以及成长的喜悦 ● 压力承受力：在工作中始终保持积极向上的精神状态，以积极的心态面对压力、困难和挫折		

第4节　并购重组中的人力资源再配置与退出管理

并购重组是人力资源再配置和退出管理的一种独特情境，而人力资源的再配置与退出又是并购重组中人力资源整合过程的必不可少的环节。众所周知，在并购重组过程中，人力资源整合是决定成败的至关重要的命题，其中有两个最为突出的关键问题：一是核心人员的甄别、保留与使用；二是重叠、冗余人员的精简与裁减。这对应的正是并购重组之后的人力资源再配置与退出管理，本节将对此进行阐述。

一、并购重组中的人力资源整合问题与特点

并购是兼并与收购的简称，是指在现代企业制度下，一家企业通过获取其他企业的部分或全部产权，从

而取得对该企业的控制权的一种投资行为。并购活动的意义在于：一方面获取被并购企业的业务、关键技术或市场占有率，另一方面获得被并购企业的高级技术人才和管理人才等核心人员，所以并购重组过程中的人力资源整合至关重要，操作中要遵循互补增值原理，充分利用好人力资源个体之间的差异性、多样性与独特性，发挥各自优势，提高企业的整体人力资源效率，使并购重组达到"1+1＞2"的效果。但是，并购活动会给并购双方人员的工作和生活带来较大的影响，尤其是被并购企业的员工，由于并购使其对未来的预期不确定，很容易形成沉重的心理负担。因此，并购方如何保有被并购企业的核心人力资源，并合理实现人力资源的重新配置，尽快消除员工的心理压力，成为人力资源整合的首要问题。

一般而言，并购有横向并购、纵向并购以及混合并购三种不同类型，这三种类型各自具有不同的特点，与之相关的人力资源整合要点也有所差异。

1. 横向并购中的人力资源整合

横向并购是指生产同类或相似产品的两家或多家公司通过兼并、收购成为一家公司。由于处在同一行业，并购双方在此之前多为竞争对手。一般而言，并购的目的主要是竞争优势的转移和市场势力的扩张。

从人力资源整合的角度看，由于并购双方处于同一行业或生产相似的产品，经营管理上的重叠会带来十分明显的人员过剩现象。从管理者角度而言，通常并购方能够向被并购方派出足够的管理人员，尤其是高层管理者，而这可能会导致被并购方管理人员离开企业，如果管理人员流失过多，对并购后的新企业无疑是不可忽视的损失；对于一般员工来说，由于人员富余，被并购企业的员工产生恐慌和猜测，容易引发其他问题，伤害员工的情感，严重的甚至会影响新企业的凝聚力。与此同时，对于核心员工，如何让他们继续留在公司中发挥作用，也是并购重组中的重要问题。

所以，在横向并购中，人员重叠所引发的冲突必须引起重视，为了做好留下核心人才、裁减冗余人员的工作，合理地评价被并购公司的关键人才是实行人力资源整合的首要任务。

2. 纵向并购中的人力资源整合

纵向并购发生在同一产品的不同生产阶段的企业之间，它们在生产上存在投入产出的链条关系，二者之间不是直接的竞争关系，而是供应方和需求方之间的关系。通过并购将两个企业衔接起来，可实现业务的向前或向后扩展。

在纵向并购中，人员之间因业务重复而导致的冲突不像横向并购那么明显。理想状态下，双方企业的人力资源应该可以实现良好的互补，使并购后的企业更有效地发挥人力资源聚合优势，提高企业人力资源效率。纵向并购中人力资源整合的难点在于对员工的专用性价值的评估。人力资源具有通用性和专用性两个特点，其中，通用性是指员工所具有的一般知识和技能；而专用性强调的是对于特定企业的特殊能力适应性，这方面的价值评估是并购后人力资源整合的难点。

3. 混合并购中的人力资源整合

混合并购是指产生兼并收购行为的双方企业在产品性质和种类上都没有共同之处，既不生产同一产品，又没有纵向的投入产出关系。通过混合并购，企业可以实现多元化经营。业务之间的不相关性，对人力资源整合过程中被并购企业核心人员的保留工作提出了更高的要求。

综上所述，无论何种形式的并购，都要努力保留被并购企业的核心人才，如技术和管理骨干，同时顺利精简冗余人员，从而实现高效的人力资源整合。在这一过程中，企业要把握几个基本原则：遵守法律法规；尊重人才、重视人才；效益最大化、控制成本；公平、公正；权变灵活；快速整合。

二、并购重组中的人力资源再配置：核心人员的留任

在企业并购重组中要做好被并购方的核心员工的识别和留任工作。虽然在不同的企业中关键员工担任的具体职位不同，但是他们的共同点在于拥有先进管理经验、掌握核心研发技术以及重要客户。这些人的流失会给企业带来很大的损失，因为他们占有与把控既有的资源，从本质上和长期来看，这些人是企业核心能力

的主要创造者。并购后能否挽留关键员工，在很大程度上决定了并购的成败。

即时案例9-12

企业并购中的人力资源问题

1993年，Mollen银行并购Boston公司，几乎解雇了所有被并购方的员工，结果导致被并购方的重要战略性资产流失：Boston公司具有高超理财能力的一名关键高级管理人员离开了组织，并在随后的3个月中带走了30名同事，还带走了价值35亿美元的资产和大量客户。

（一）并购重组中核心人员流失的原因

据美国学者普里切特（Pritchett）统计，如果没有妥善地做好留人工作，在并购的第一年内，有47%的被并购公司高级管理人员辞职，在三年内，有72%的高级管理人员辞职。在如此严峻的现实问题面前，我们首先要了解并购重组中人员流失的原因（如表9-15所示）。

表9-15 并购重组中人员流失的原因

	原因	阐释
员工心理方面	模糊感增强	并购会带来变化，尤其是对于被并购方员工来说，各层级人员在那段时间内都会对企业及个人未来的发展产生不确定感，由此容易引发不安和紧张的情绪，造成员工流失
	信任度降低	并购决策宣布的时间和时机、并购过程中沟通工作的进展等都会影响员工对于组织的信任感。与管理层相比，员工掌握的信息较少，由于对于企业及个人前途的预期迷茫，员工很容易产生不信任感，对企业的忠诚度下降，甚至提早决定离开企业
	自我保护意识提高	模糊感的增强与信任度的降低会促使员工提高自我保护意识，加大员工对于企业的离心力
管理机制方面	系统有效评价体系的缺失	对核心员工的界定不清；缺乏对关键员工进行科学合理评价的有效模型与技术方法
	挽留和激励机制的欠缺	缺乏对核心员工需求与期望的分析，无法有据可依地做好挽留和激励工作
	待遇下降	薪酬福利水平下降，职业生涯与个人学习方面的发展机会都有限，员工积极性受到打击
文化理念方面	整合方式或经营理念不适应	被并购企业员工感觉到并购方的征服者接管心态，认为没有得到足够的尊重；无法接受并购方的管理体制和经营理念

（二）并购重组中核心人员的合理再配置

针对并购重组中核心人员所面临的问题，合理有效的再配置工作主要包括以下三个方面：

1. 文化背景调查

企业文化是在企业核心价值体系的基础上形成的，具有延续性的共同的认知系统和习惯性的行为方式。这种共同的认知系统和习惯性的行为方式使企业员工彼此之间能够达成共识。并购一家企业后，把握其企业文化方面的特点，寻找两家企业之间的文化差异，不仅有助于整个并购重组工作的推进，而且有助于从文化背景上思考核心人员的评估、选择、沟通等具体工作的方式，提高核心员工再配置的效果与效率。

2. 人员价值评估

这一环节主要解决两个问题：一是识别并购重组中哪些人是核心员工；二是对这些核心人员进行价值评估。企业中哪些人是核心员工，在本书前面章节已介绍，此处不再赘述。而并购企业中核心员工的价值评估，一般可以采取三个步骤：首先是由被并购方高级主管进行评价，他们对下属情况比较了解，掌握了员工的能力、潜力、态度、倾向性等方面的情况。评价的主要内容有两个方面：一是能力和潜力，通过访谈了解被评价者过去的主要成绩、过失以及当时具体的情况，以了解他的专长、潜力、局限性、管理风格、适合的工作类型与激励方式等；二是态度和倾向性，了解他对并购活动的态度、去留意愿、若离去的替代方案等情况。其次是请外部专业人士（比如人力资源管理专家、咨询顾问等）进行评价。外部专家评价在保证专业性的同时更具客观性，能够减少被并购方员工的疑虑和抵触情绪。可以通过评价客观地测评被评价者的能力、个性，也可以根据企业情况，通过面谈充分了解被评价对象的性格、任职目标、对并购方的想法与感受、担忧等。第三方人士更容易听到被评价者真实的想法和感受。最后，由并购方主管对被并购公司核心人员进行评价。在前两方面评价的基础上，由并购方主管对被并购公司核心人员做最后的综合评价，并在此基础上就职位安排和激励作出安排。

3. 确定激励手段

核心员工留任最直接有效的手段是实质性的激励措施。对于核心人才，除了物质激励，还要考虑其个人发展规划的需求。可以选择的激励手段有：前景规划，让员工明白工作的目标及意义，以提升员工工作干劲和员工忠诚感；晋升激励，满足核心员工实现职业生涯规划、追求职业生涯发展的需求，为员工个人成长提供平台和帮助；实质的物质激励、薪酬福利计划（如股权激励等），承认员工对企业的价值贡献。

围绕以上三个方面，在整合工作的具体过程中需要注意两个关键点：一是沟通要到位。并购信息发布的及时性与并购过程中沟通的通畅性，对于核心人员再配置的顺利实现很重要。要让员工及时、准确、方便地获取必要信息，消除不必要的疑虑和恐慌，要敞开渠道了解他们的态度与想法；同时也要让核心员工更多地了解新企业的战略方向、运营状况、经营理念以及工作氛围等，增强其适应能力。二是评价和选拔要科学合理、公平公正。尤其是对员工价值的准确认知，是人力资源得以合理配置与运用的基础和前提，很大程度上影响着人才本身对新企业工作的适应性，影响着人力资源有效开发与价值发挥的程度。选拔的过程一定要公平公正，不要让被并购方产生"低人一等""受到不公平待遇"的感觉，被并购方是否得到了公平对待，在并购重组中是很敏感的话题，尤其是对于核心人员来说，他们在企业中一般属于重要的人力资源，身份特殊，若对并购方的整合产生消极情绪，很有可能会扩散至整个企业，其态度和行为会影响到其他员工对新企业的态度与去留。

除此之外，尽量加快整合速度，让核心人员参与到整合过程中，也会有助于顺利实现核心人员再配置管理。

即时案例 9-13

思科公司的"并购人才"

在互联网飞速发展的时代，企业成败的关键很大程度上在于人才的取得和保留。思科认为对其威胁最大的并不是网络竞争中的老对手，而是不断增多的咄咄逼人的小型创新公司，因为这些公司往往拥有顶级的技术开发人员，所以在实施并购战略时思科往往将并购的目标瞄准新兴的IT企业。公司总裁钱伯斯曾经说："如果你希望从你的公司购买中获取5～10倍的回报，显然它不会来自今天已有的产品，你需要做的是，留住那些能够创造这种增长的人……与其说我们在并购企业，不如说我们是在并购人才。"

在思科的员工中，最具特色的是被兼并的公司的员工，2004年，在其全球3万多名员工中，30%来自被兼并的公司。思科坚持把并购公司员工的续留率作为衡量一次并购是否成功的第一条标准。每次并购公司，钱伯斯都要带领一个由人力资源部成员参与的并购班子，在买公司的同时买下该公司的技术和人才。在2005年，思科公司并购了20多家公司，但只流失了7%的员工。

钱伯斯可以称得上是一个并购专家，在并购过程中除了考察该企业的技术因素，还看其能否消化吸收这个公司。思科公司在并购后有一项更重要的工作要做，那就是消化人才。钱伯斯认为，并购主要是为了人才。为了在并购后消化新增人员，钱伯斯选择了只吃"窝边草"的策略。公司不收购硅谷以外的公司，这样可省却员工及家属举家迁移的麻烦。

思科认为，用平均每人 50 万～300 万美元的代价兼并一家公司，实际上买的是科技力量和市场份额，这是一种有效的投资，因为在留住并购企业核心员工的同时，也为自己减少了一批潜在的竞争对手，同时还可以通过兼并网罗高级工程技术人才和节省研发投资。现在思科 70％的产品靠自己研发，另外 30％则是靠兼并得来。以 Cerent 公司为例，它开发的在光缆上传输数据和声音的技术正是思科与竞争对手争夺的一个领域，据市场分析家预测，这项技术至少可以为思科带来 25 亿美元的收入。思科能够在并购企业的同时得到绝大多数的人才，与它对人员和文化的整合的重视密不可分。

如果招聘不到合格人才，就花钱买，这是思科一直秉承的一个理念。思科的管理层认为，"思科寻求增长的核心策略之一是兼并，而兼并的主要目的是获得工程技术专家和研发人才"。思科曾经收购了一家研制可控制互联网信息传输速度的开关的公司，并保留了该公司 1 300 多名员工，当年思科新招聘的员工大约有 5 000 人，保留的员工占了 26％。

资料来源：彭剑锋，王黎广 . 思科：互联网帝国 . 北京：机械工业出版社，2010：134.

三、并购重组中的人力资源退出：裁员管理

随着外部环境的变化、企业自身的战略调整与组织变革，企业对人力资源的要求也发生了变化，尤其是在并购重组这种涉及多家企业的变革之中，人员整合中的退出管理往往不可或缺，前文提到的多种退出途径都是可选的措施，下面仅以裁员为例来阐述并购重组中的人力资源退出问题。

(一) 并购重组中裁员的原因

一般来说，为使企业能按并购后的经营战略有效地运行，在充分沟通与了解目标公司人力资源状况的基础上，往往对被并购企业进行一定程度的精简。并购重组中，并购方在对被并购方的核心员工进行系统评价和挽留后，接下来要面对的就是过剩人力资源问题，也就是如何裁员。这一直是企业比较头疼而且比较难处理的问题，关乎员工的前途和命运，而且与员工的忠诚度和敬业精神有着非常密切的关系，对留下的在职人员的忠诚度和敬业精神也有重要的影响，处理不当将会影响到企业的声誉和形象，关系到企业整合的成败。

之所以会面临裁员问题，是由并购重组带来的人力资源实际情况决定的。由企业并购的一般理论可知，企业并购后，并购企业是否裁减被并购企业的人员应完全取决于并购后的经营目标、生产要素的配置及实际的需求。为了保证企业的有效发展，有一些人员是需要剔除出组织的，他们也就是主要的裁员对象，主要包括三类（如表 9 - 16 所示）。

表 9 - 16　并购重组中的裁员对象

裁员对象	阐释
重叠的人员	企业在合并重组的过程中，由于战略调整、部门合并、职能合一或者某些具体职能工作班组的取消，人员富余
失职或能力不符的人员	无法胜任所处岗位和职位的员工，包括有能力但不解决问题的员工，以及自身能力和绩效表现不符合职位要求的员工
需精减的冗员	被并购企业历史发展过程中长期累积的冗员

(二) 并购重组中的裁员管理

事实上，并购重组过程中的裁员与企业一般情况下的裁员在管理上有一定的共性，在此我们从并购重组中常见的裁员问题出发，介绍裁员管理的关键。

1. 并购重组中常见的裁员问题

（1）在并购前，对被并购企业员工的素质、年龄、技术水平等信息没有做彻底调查，对情况的了解不够深入具体。这不仅会影响并购决策的质量，而且不利于在并购后的重组过程中合理确定裁员对象，同时，裁员后的安置成本或补偿机制等问题也会给企业带来困扰，容易引发被并购方员工的不满情绪。

（2）沟通不畅，态度不当。在被并购企业中存在裁减员工标准不清晰不透明的现象，被裁减的员工觉得没有道理或者不服气；并购方人员态度过于强硬，未考虑员工的心理承受力，这些矛盾处理不当将直接激化被裁员工与企业的矛盾。

（3）补偿机制不合理。裁员中双方的矛盾会对企业形象产生负面影响，严重的会影响到并购方在新公司甚至在业内的声誉，令公众以为企业在走下坡路或出现了问题。不良的企业形象会使企业在招聘优秀人才、维护和提升企业信誉方面受到影响。

2. 并购重组中裁员管理的关键

裁员是一种相对刚性的人力资源管理活动，在并购重组的敏感时期，裁员时机的选择、决策的依据、对象的选择、程序和方法的制定、措施的配套等都是关系到裁员能否顺利进行的重要因素。

（1）合理科学的裁员计划。裁员是并购重组战略的重要环节之一，所以科学合理的规划必不可少。有研究表明，与裁员本身相比，大多数员工更关心的是并购方的裁员标准和程序是否公平。因此，裁员标准应科学合理，这不仅有利于顺利推进裁员工作，而且对于留任员工是很好的激励，同时也有利于营造公平的企业文化氛围，增强员工对新公司的信心。另外，裁员程序应公正公平公开。表9-17为某企业裁员百日计划表示例。

表 9 - 17　某企业裁员百日计划表

时间安排		主要内容	负责人
第1～30天	规划		
	第1～5天	确定裁员目标	总裁、人力资源部负责人
	第1～5天	选定裁员标准及范围	总裁、人力资源部负责人
	第3～10天	进行裁员成本测算	人力资源部
	第3～10天	确定周期及时间	总裁、人力资源部
	第11～15天	完成执行计划	总裁、人力资源部
	第11～20天	确定沟通方案、相关文件、法律文件、执行人员及意外事件处理预案	总裁、人力资源部
	第16～18天	中高层管理者就裁员计划进行沟通	总裁、人力资源部
	第18～20天	执行计划的最后审核	总裁、人力资源部
	第15～25天	裁减人员名单确定	人力资源部、相关部门主管
	第21～25天	裁员方案及实施办法培训	总裁、人力资源部
	第21～30天	开始裁员初期的第一轮沟通	总裁、人力资源部
第31～70天	执行		
	第31～70天	按计划实施多轮沟通	人力资源部、相关部门主管
	按需	第一轮裁减	相关部门
	按需	简要总结前一轮工作成果	人力资源部、相关部门主管
	按需	第二轮裁减	相关部门

续表

时间安排		主要内容	负责人
第71~100天	总结分析		
	第71~80天	进行员工意见调查并分析结果	人力资源部
	第71~80天	对裁员的直接效果进行分析	人力资源部
	第81~100天	根据员工调查的结果进行相应的培训	人力资源部、相关部门主管
	第90~100天	对裁员效果进行总体分析评估	总裁、人力资源部

即时案例9-14

惠普合并康柏的"斜刀切"法

惠普在合并康柏时，解雇员工环节采用了"斜刀切"法（如图9-17所示）。即在金字塔形的组织结构中，各层级的员工不是按相同比例裁减，而是斜着切一刀。不难看出，在这样的管理措施中，管理层级越高，人员裁减的比例反而越大。惠普公司认为这种做法能够保证大多数员工的积极性，同时也有利于成本管理。

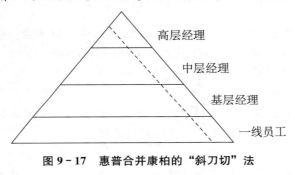

图9-17 惠普合并康柏的"斜刀切"法

（2）行之有效的人员沟通。谈话、沟通是保证被并购方员工理性接受裁员事实的必要环节和有效手段。一般来说，行之有效的人员沟通需要把握以下几个原则：

第一，专设机构，定期随时。在进行裁员活动时，并购方应设立专门负责员工沟通事项的工作机构或项目小组，确保企业裁员沟通工作的落实。在人力资源整合之初，就要定期向全体人员发布与并购有关的各种信息，如文化融合、组织与人员、纪律与运作规范、业绩与进展以及裁员计划等，保证大家有知情权。在裁员过程中，该机构应随时接受员工的咨询，为员工提供可即时交流的窗口，保证有效的分阶段沟通与及时性沟通。

第二，清楚明确，实话实说。在裁员沟通之前，应明确沟通目标。沟通的内容可包括公司并购的现状、裁员的必要性与现实性、对员工的影响与未来可能提供的发展机会等。在沟通过程中应尽量避免让员工随意猜测，针对他们的问题提供明确的答案。总之，沟通的过程不要过于复杂，也不要太做作，尤其要关注被裁人员的焦虑、混乱、愤怒和不信任等情绪。

第三，信息真实，口径一致。并购重组过程中的裁员沟通应采用正式渠道，口径一致，确保沟通内容的真实性与可靠性。在成功的沟通中，传递信息的人也必须是可信任的人。

即时案例9-15

某公司裁员沟通管理实例

第一步：精心设计沟通

● 将沟通谈话时间安排在实施裁员的这个星期的头一天；

- 确信该员工会如期赴约；
- 绝不要通过电话通知员工；
- 控制通知的篇幅；
- 尽量避免在星期五、节假日前以及休假期间通知员工；
- 事先准备好员工协议、人力资源档案和发布的通知（对内和对外的）；
- 通知之后还要安排时间接待；
- 准备好医疗或安全急救电话号码。

第二步：开门见山，抓住要点

不要通过寒暄或谈论其他无关紧要的事情来旁敲侧击。在员工进入你的办公室，稍事休息后，便将裁员的决定告诉他。

第三步：说明情况

简短地用三四句话说明裁员的原因。要说明情况，而不要攻击员工个人。还要强调这个决定是最后的、不可改变的决定，公司对这种情况已做了较全面的调查，各级管理人员都同意，也考虑了所有相关因素，如企业战略、个人的工作绩效和工作量等。这部分的谈话时间不要超过15分钟。

第四步：倾听

此时重要的是认真倾听员工的想法，直到员工能放松地谈话，能比较心平气和地接受自己被解雇的原因以及将得到的全部补偿（包括离职费）。要避免陷入争执，要用发问、重复员工的看法、静听并不时点头等方式表明你正积极地倾听，并让员工开口讲话。

第五步：讨论裁员费

应仔细检查裁员的所有项目。说明裁员补贴和福利、领取补贴的途径，以及对处理意见提出建议的方式。但是，无论如何都不应暗示任何超出既定补贴范围的许诺。

第六步：确定下一步

被裁掉的员工可能迷失方向，不清楚下一步要做什么。你应当告诉该员工在离开你的办公室后应该上哪里去，提醒其有关补贴费或工作证明书等应与公司的什么人联系。

（3）柔性化与人性化。裁员直接涉及员工自身利益，容易引发员工与企业的矛盾，在并购重组过程中，这一问题会变得更加复杂。如果在操作过程中过于刚性而缺乏柔性，必然导致裁员矛盾激化，使企业失去道义，员工失去信心，增加裁员成本。所以，并购重组的裁员操作一定要具有柔性，要在理性的基础上采取人性化的方式。

（4）后续的妥善安置工作。裁员后的员工离职手续要完备，避免让员工一头雾水，留下被扫地出门的印象；对被裁减的员工，企业应按照法律规定提供一定金额的遣散费和补偿费用；企业可协助被裁员工解决再就业问题，这会大大提高新企业留职员工的忠诚度、责任心和生产效率。

【小结】

本章主要围绕人力资源再配置与退出这一主题，从内涵、意义、具体管理运作等方面做介绍，主要包括四节。

第1节是概述。界定了本章的两个研究范畴。一是人力资源再配置，这是组织运行过程中人力资源方面的一个动态调节机制，主要目标是解决组织内部适岗率低的核心矛盾。二是人员退出管理，这是企业人力资源管理职能的一个重要方面，帮助企业及时淘汰冗员，优化人力资源结构，提高人力资源的整体素质。之后介绍了人力资源再配置与退出管理的理论基础。

第2节是人力资源再配置。首先从企业角度和员工角度分别阐述了人力资源再配置的意义与必要性。其次阐述了人力资源再配置的内涵，它是企业组织根据实际工作情况中的员工与职位匹配程度或者员工个人因素，对员工进行重新评价、重新配置的过程。最后根据人力资源再配置的原因，提出了几种常见的途径，包括晋升、降职、辞退、工作轮换以及竞聘上岗。

第 3 节是人员退出管理。首先介绍了人员退出管理的必要性，阐述了它对于组织人职匹配、职位与能力匹配、机制创新、企业生命周期发展所带来的人员调整，以及对于员工个人职业生涯发展的影响等方面的意义。然后介绍了人员退出管理的内涵，它是企业从战略目标出发，为了在企业中持续实现人员与职位匹配、能力与绩效匹配、绩效与薪酬匹配，从而定期以绩效考核结果为依据，对企业中不符合要求的员工，依据程度的不同采取降职、调岗、离职培训、解雇裁员和退休等的一种人力资源管理方式。在此基础上进一步区分了人员退出的三种类型。最后，就企业实践中的人员退出机制的建立与落实做了详细介绍。

第 4 节是并购重组中的人力资源再配置与退出。首先从整体上简单介绍了并购重组中人力资源整合可能遇到的问题，分横向并购、纵向并购以及混合并购三类来分析。然后从并购重组中的人力资源再配置与退出管理问题出发，选取了具有典型意义的核心员工留任与裁员这两个主题进行深入分析，分别阐述了其原因及管理要点。

【关键词】

人力资源再配置　工作轮换　竞聘上岗　人员退出　并购重组　裁员

【思考题】

1. 什么是人力资源再配置，其理论基础是什么？
2. 人力资源再配置有何意义？
3. 人力资源再配置的常见途径有哪些？
4. 人力资源再配置的具体内容有哪些？
5. 什么是竞聘上岗？如何有效实现竞聘上岗？
6. 什么是人员退出管理？有哪些途径？
7. 企业如何进行人员退出管理？退出机制的建立需要考虑哪些内容？
8. 人员退出管理的操作要点有哪些？
9. 企业并购重组中的人力资源整合问题有哪些？
10. 并购重组中的人力资源退出管理如何推进？

案例分析

明星企业的光环——华为的人员退出管理

作为国内知名的高科技企业，华为与其他快速发展起来的企业一样，也面临着诸多管理上的问题，其中比较突出的是企业人员的退出机制问题。为解决这一问题，华为先后进行了多次改革调整。

一、市场部集体辞职——解决企业发展转型期的新老接替问题

1996 年 1 月，华为发生了一件被内部人认为"惊天地泣鬼神"的大事——市场部集体辞职。当时，华为市场部从市场部总裁到各个区域办事处主任，都要提交两份报告，一份是述职报告，一份为辞职报告，采取竞聘方式进行答辩，公司根据其表现、发展潜力和企业发展需要，批准其中的一份报告。

华为为什么要采取这么大的动作？这与华为的发展阶段有关。

创业时期的华为，依靠的是一群"土狼"的拼命精神。华为员工基本上没有休息日，晚上加班更是常事。但正是这种工作热情支撑了华为前期的快速发展。

到了 1995 年，随着自主开发的 C&C08 交换机市场地位的提升，华为的年度销售额达到 15 亿元，这标志着华为结束了以代理销售为主要盈利模式的创业期，进入了高速发展阶段。随着公司业务的转型，创业期

涌现的一批个人英雄大多无法跟上企业快速发展的步伐，企业管理水平低下的问题也逐渐暴露出来，成为制约公司继续发展的瓶颈。

华为所面临的是整个中国社会的一个普遍问题：官只能越做越大，工资只能越来越高，免掉或降低职位，都意味着彻底的失败。企业的长远发展不能靠同一批人才，组织的更新换代是华为急需解决的问题，而解决此问题的关键就在于选择什么样的变革模式，以尽量减少对人们的心理造成的冲击。

华为最后选择的是集体辞职、竞聘上岗的方式。虽然在竞聘考核中，包括市场部代总裁毛生江在内的大约30%的干部被替换下来，但整个过程仍然是在非常平和的气氛中完成的。市场部的"集体大辞职"对华为的未来产生了积极而深远的影响，它保持了华为内部人员正常的新陈代谢，为进一步的管理变革打下了坚实的基础。

二、内部创业——解决组织转型期的新老接替问题

2000年下半年，华为出台了《关于内部创业的管理规定》，指出：凡是在公司工作满两年的员工，都可以申请离职创业，成为华为的代理商。公司为创业员工提供优惠的扶持政策，除了给予相当于员工所持股票价值70%的华为设备之外，还有半年的保护扶持期，员工在半年之内创业失败，可以回公司重新安排工作。

当时，众多华为员工自由组织起来，开始了自己的创业历程，其中包括李一男、聂国良两位公司董事、常务副总裁。华为公司总裁任正非在欢送李一男的讲话中，把华为鼓励内部创业的目的概括为：一是给一部分老员工自由选择创业做老板的机会，二是采取分化的模式，在华为周边形成一个合作群体，共同协作，一起做大华为事业。潜在的含义是希望通过创业员工的自我尝试，趟出一条路，弥补华为在分销渠道方面与竞争对手的明显差距。

任正非没有道出更加深层的目的：实施第二次有组织的新老接替运动，将一部分老员工分流出去。2000年是华为在IBM帮助下进行业务流程变革的第二个年头，华为正从职能型组织向市场导向的流程型组织转变。这种转变的结果之一就是管理层级的减少和中层管理编制的压缩。

然而，这一次变革并未成功。原因在于：

其一，制定内部创业政策的目的主要是通过给予一定的优惠政策，让一部分难以发展的老员工自愿退出。但老员工持有大量的内部股票，每年可以享受大笔的分红收入，加之美国爱默生公司将要收购华为电气业务以及华为可能上市的传闻甚嚣，更加坚定了他们不想离开的决心。这样一来，内部创业真正走掉的绝大多数都是骨干员工，也是创业力量急需获得的人才。

其二，内部创业的另外一个目的就是贯彻任正非"收紧核心、开放周边"的策略，让创业员工形成华为产品的分销渠道，结成以华为为"轴心"的联盟。但对于离职创业的员工而言，一旦脱离华为，其自身的生存与发展就是第一位的选择，与华为的合作只是创业之初的模式。随着企业的深度发展和规模扩张的需要，必然会像其他创业公司一样，要么同时代理其他公司的产品，要么向价值链的上游整合，开发自己的产品，结果就是同时与华为的竞争对手结盟，或者直接成为华为的竞争对手。实际上，无论是李一男的港湾网络，还是黄耀旭的钧天科技，抑或刘平的格林耐特，都是朝后一条道路发展，这恰恰是华为最不愿看到的结果。如果不是IT的冬天制约了它们的快速发展，"华为创业系"对华为的威胁可能会超过中兴等传统对手。

华为所采取的方式，无论是前期的集体辞职，还是后期的内部创业，从本质上看都是一种"群众运动"模式，在起到改变员工固有观念的正向作用的同时，也暴露出一些明显的弊端：其一，运动都具有突发性，对公司业务经营和人们心理的冲击比较强烈。其二，华为的两次运动，与依据自然法则的优胜劣汰不同，都带有浓厚的"人治"色彩，主要依靠企业家的"慧眼"来选拔人才，运动轰轰烈烈，却没有明确的更替标准和可靠的人才评价数据可以依循，在内部创业过程中，不但"沉淀"没有清除，反而放走了一批公司真正需要的人才。

三、推行任职资格——解决制度化的新老接替问题

在国外，规范的职业经理人制度的建立使经理人以理性的态度看待职位变化，公司有权选拔和替换合适的人才，而经理人有权选择接受或者辞职。在中国，企业新老交替的问题之所以这样突出，显然是因为缺乏相应的制度建设。

为了建立这种制度，从1998年开始，华为与英国国家职业资格委员会（NCVQ）合作，在公司推行任职资格制度，希望逐步实现制度化的新老接替。建立的制度主要包括职业发展通道、任职资格标准和资格认证三大部分，其中，"五级双通道"的职业发展通道模型，使华为所有员工不仅可以通过管理职位的晋升来发展，而且可以选择与自己业务相关的营销、技术等专业通道发展，对于每条通道的不同级别，都设立了相应的资格标准。原则上每两年进行一次职位资格认证，公司根据认证结果决定员工是继续留任、晋升还是降级使用。

任职资格的制度文本虽然已经出台，但制度推行的效果却不太令人满意。首先，制度体系比较复杂，以中级管理者为例，资格认证标准包括五个基本模块，每个模块又有若干行为标准，这样，认证需要花费的时间和投入的精力都非常大，每个部门需要几周的时间才能认证完毕。其次，资格认证需要认证者有良好的职业素质和基础数据系统的支持，否则，最终的认证结果可能与任职者的实际水平不相符。但是瑕不掩瑜，资格认证的过程充分体现了与客观标准比较的相对公正性，而任职资格制度的不断修改完善，也是企业实现制度化新老接替所必须经历的一个过程。

除了任职资格制度，华为还有另外两项新老接替的制度设计。一是接班人培养制度。制度规定，主管只有在培养出可以接替自己的人选之后，本人才能得到提拔，否则，即使工作再出色，也要继续留任。二是中高级干部岗位轮换制度。公司规定，没有周边部门工作经验的人，不能担任部门正职主管，以此来鼓励管理者积累多项业务的管理经验，并促进部门之间、业务流程各环节之间的协调配合。为了防止诸侯割据现象并不断提升营销管理技能，华为还规定，市场部区域经理的任期为两年，期满之后，原则上要调换到另外一个区域市场工作。

资料来源：吴建国.集体辞职与内部创业：华为如何解决新老接替问题.IT经理世界，2004（2）.

问题：

1. 华为公司在人员退出管理上采用了哪些方法？这些方法的适用性有何区别？优缺点是什么？
2. 华为公司内部创业管理方法失败的深层原因可能是什么？
3. 华为公司的管理措施体现了人力资源退出机制的体系化与系统化，是如何体现的？

【参考文献】

[1] 阿瑟.员工招聘与录用：招募、面试、甄选和岗前引导实务：第5版.北京：中国人民大学出版社，2015.

[2] 白洁，周禹，刘书岑.丰田传奇.北京：机械工业出版社，2010.

[3] 布尔库什.新管理革命：知识经济如何重塑组织和管理.北京：中信出版社，2017.

[4] 何凡兴.审视末位淘汰.企业管理，2002（8）.

[5] 赫尼曼，贾奇，卡迈尔.组织人员配置：招募、选拔和雇用.北京：中国人民大学出版社，2017.

[6] 胡君辰.人力资源开发与管理.5版.上海：复旦大学出版社，2018.

[7] 霍夫曼，卡斯诺查，叶.联盟.北京：中信出版社，2015.

[8] 彭璧玉，田艳芳.组织生态学视角的职业动态学研究.华南师范大学学报（社会科学版），2007（2）.

[9] 彭剑锋，王黎广.思科：互联网帝国.北京：机械工业出版社，2010.

[10] 唐秋勇.HR的未来简史.北京：电子工业出版社，2017.

[11] 王悦.论人才资源的流动机制.中山大学学报论丛，1999（4）.

[12] 萧鸣政.人力资源开发与管理.2版.北京：科学出版社，2016.

[13] 伊兰伯格，史密斯.现代劳动经济学：理论与公共政策：第6版.北京：中国人民大学出版社，1999.

[14] 张德.人力资源开发与管理.5版.北京：清华大学

出版社，2016.

[15] 张培利，黄芳. 活力曲线：细分员工，深化管理.
管理学家（实践版），2010（7）.

[16] 张小峰，吴婷婷. 干部管理：八步法打造能打胜仗
的干部队伍. 北京：中国人民大学出版社，2020.

[17] 张小峰，吴婷婷. 干部管理：八步法打造能打胜仗
的干部队伍. 经济理论与经济管理，2020（11）.

[18] Katz D，Kahn R L. The social psychology of organi-
zations. New York：Wiley，1978.

[19] Kurt L. Resolving social conflicts & field theory in social
science. American Psychological Association（APA），1997.

[20] Lazear E P. The peter principle：a theory of de-
cline. Journal of Politics，2004，112（S1）：S141-S163.

第10章　培训与开发

本章要点

通过本章内容的学习，应能回答如下问题：

- 培训与开发的定义、地位及作用分别是什么？
- 培训与开发模型是怎样的？
- 培训方法有哪些？如何选择？
- 如何构建有效的培训与开发系统？
- 培训与开发管理系统是怎样的？
- 培训效果评估的程序与方法是什么？
- 标杆管理的内涵与实施流程有哪些？

引导案例

阿里巴巴的员工培训

阿里巴巴十分重视员工的培训，努力为员工打造一个充满活力与趣味的立体学习环境。阿里巴巴根据员工的层级、职能，将笼统的学习细分为阿里夜校、阿里课堂、阿里夜谈等，另外针对庞大的销售队伍还组建了专门的销售培训部门。

阿里巴巴针对公司总监级别以上的管理者专门开展强化培训。聘请的专家都是来自如中欧商学院和长江商学院的一线教授、专家、学者。学员通过与这些教授进行战略上的探讨与交流，拓展自己的思路，以更好地作出战略决策。

阿里夜校所要强化的对象是公司年轻的中层管理人员。夜校由阿里高管配合人力资源主管亲自授课，是专门为年轻管理者度身定做的旨在提高领导能力的课程系统。为了避免管理人员由于工作繁忙等原因擅自缺席，导致整个培训计划虎头蛇尾，阿里巴巴规定，管理者可根据自己的时间安排挑选最适宜的学习期次，但是最终必须修完所有的科目。

阿里课堂为全体员工提供学习机会，包括选修课和必修课。根据员工不同的层级，设定一些必须达到的标准。

阿里夜谈更多考虑到员工比较年轻，白天忙于工作，晚上是很好的学习时间；也考虑到很多外地员工晚上没有活动安排，夜谈提供了一个学习和交流的平台。夜谈的话题更多从全面提升员工基本素养来考量，如插花、音乐欣赏、拉丁舞、社交礼仪、行业动态探索、养身保健，等等。

此外，针对具体的职位，阿里巴巴还设有组织部，培养后备力量。其做法是首先界定每一个重要岗位上人员所必须具备的素质，再设计一套针对性很强的培训课程，提供给该重要岗位下一层次的员工学习。当该岗位需要人员顶上时，就可以通过对这些必备素质的考核来选拔人才。

面对6万员工的培训需求，培训讲师从哪里来？这是摆在阿里巴巴面前的一个难题。

2019年3月12日，阿里巴巴在集团"讲师大会"上首度官宣"传橙官"，1 154名阿里讲师获得认证，成为公司首批"传橙官"。所有的阿里讲师都由员工兼任，他们利用工作之余的时间备课讲课，帮助同事认识阿里文化、学习专业知识。

阿里巴巴对员工培训的重视程度由此可见一斑，但人力资源的培训与开发是一项系统工程，具体来讲涉及以下问题：如何对培训需求进行分析？培训开发体系能否真正成为企业培养和发展人才的手段？培训开发对员工个人职业生涯发展有何帮助？企业应该如何建立有效的培训开发体系？应从何入手去增加员工接受培训的机会并且改善培训效果？这些是本章所要解决的主要问题。

第1节　人力资源培训与开发概述

一、人力资源培训与开发的定义、地位和作用

21世纪组织生存的环境变得更加纷繁复杂与快速多变，组织正经历着前所未有的来自数字化、智能化、人工智能等各方面的挑战和冲击，每一种挑战和冲击都对人力资源培训与开发提出了新的需求，如组织的持续性学习的需求、员工核心专长与技能形成的需求、员工素质能力提升的需求、企业领导者和管理者领导方式与管理风格转型的需求。这些需求要求企业具备全球的视野，从支撑企业核心竞争力的角度去思考和构建

企业的人力资源培训与开发系统，也使得企业的人力资源培训与开发成为人力资源管理实践中一个投入大、产出高并极具增长潜力的领域。

1967 年，美国华盛顿大学教授伦纳德·纳德勒（Leonard Nadler）提出了人力资源开发（human resource development，HRD）这一术语，为学术界接受。纳德勒对 HRD 的定义是：第一，由雇主提供的有组织的学习体验；第二，在一段特定时间内；第三，其目的是增加雇员提高自己在职位上的绩效和发展个人的可能性。美国培训指导者协会（American Society for Training Directors，ASTD）1989 年资助的一项研究的结果表明：HRD 是综合运用培训与开发、职业开发和组织开发来提高个人、团队以及整个组织的绩效的活动。[①] 这一定义将职业开发和组织开发引入人力资源开发。

最初的人力资源开发活动单指培训。培训是针对员工当前岗位所需要的知识、技能、能力、态度和积极性等所进行的教育。后来开发这个概念越来越宽泛，细分为职业开发、管理开发和组织开发。因此，培训与开发既有联系又有区别，两者的最终目的都是通过提升员工的能力实现员工与企业的共同成长。本书对培训开发作了如下定义：培训开发是企业向员工提供工作所必需的或未来工作中需要用到的知识与技能，并依据员工需求与组织发展要求对员工的潜能开发与职业发展进行系统设计与规划的过程。

培训与开发系统是企业人力资源管理体系的子系统，它与其他人力资源管理子系统之间存在密切的联系。如果把人力资源管理体系比喻为一辆汽车的话，那么任职资格系统是车架，人力资源战略与规划系统是方向盘，绩效管理系统是发动机，薪酬管理系统是燃料和润滑剂，培训与开发系统则是加速器。企业要想保证并持续加速员工的核心专长与技能的形成，就必须建立有效的培训与开发系统，并使之很好地与其他人力资源子系统相衔接，形成有效协同。只有这样，才能发挥培训与开发系统的加速器作用。

二、人力资源培训与开发模型

本书对国外常用的培训与开发模型进行了梳理。

（一）戈德斯坦三层次模型

I. L. 戈德斯坦（I. L. Goldstein）、布雷弗曼（E. P. Braverman）、H. 戈德斯坦（H. Goldstein）经过长期的研究将培训需求评价方法系统化，构建了戈德斯坦三层次模型。

戈德斯坦三层次模型是培训需求分析的重要理论基础，它最大的特点就是将培训需求分析看成一个系统，进行层次上的分类，通过将组织、任务、人员的需求进行整合，使得培训需求更加全面，分析结果更加科学。该模型将培训需求分析分成三个部分：组织分析、工作分析和人员分析。

戈德斯坦三层次模型如图 10-1 所示。

1. 组织分析

组织层次的分析将组织的长期目标和短期目标作为一个整体来考察，同时考察那些可能对组织目标产生影响的因素。组织的需求分析由人力资源分析、效率指标分析和组织气氛分析三部分组成。

人力资源分析将组织目标表现为人力资源的需求、技术的需求以及为满足这些需求而制订的计划。培训将在实现需求与供给之间的匹配方面发挥重要的作用。

效率指标分析针对目前组织的效率状况。常用的效率指标包括工资成本、产出的数量和质量、设备利用情况等。首先确定这些指标的标准，然后评估实际的组织效率，就可以得到相应的培训需求。

组织气氛分析用于描述组织气氛是否适宜，员工各方面的工作感受如何。如果通过分析发现差距很大并且影响到大部分员工，就有必要开展培训。

[①] 谢晋宇．企业培训管理．成都：四川人民出版社，2008．

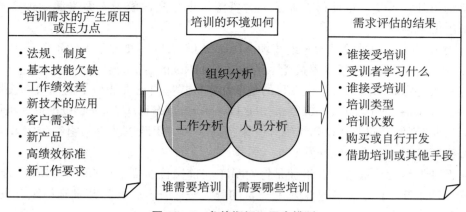

图 10 - 1　戈德斯坦三层次模型

2. 工作分析

组织分析旨在从全局上把握整个组织与工作群体的培训需求，属于较为全局性的层面，而针对每项工作的具体培训需求，必须通过工作层次的分析才能识别。

进行工作分析时，首先应掌握以下三方面的信息：每项工作所包含的任务；完成这些任务所需要的知识、技能、经验、个人特质等；衡量该工作的可接受的绩效标准。

这些信息可以从国家有关部门制定的规范、标准中得到，也可以通过观察、记录分析、跟踪等手段从企业内部获得一手资料，从中识别和收集。

接着对员工的工作现状进行评价。评价手段包括资料调查、行为观察、表现记录分析、舆论调查、访谈、典型事件分析、技能考核等。

通过现状与标准的比较，识别差距，分析原因，就可以确认相应的培训需求。

3. 人员分析

个人层次的分析针对每一位员工个体进行，最终落实到"谁需要培训"以及"需要哪些培训"上。个人分析的内容包括：员工实际工作绩效与该工作可接受绩效标准的差距及其原因（当前的培训需求）；员工对每项技术的熟练程度与该项技术所需熟练程度的差距及其原因（将来的培训需求）。

人员分析可采用观察、记录分析、资料调查、技能考核等方式。此外，员工的自我评价也是收集个人需求信息的重要来源。

戈德斯坦三层次模型在培训需求分析中的运用存在以下几方面的不足：

● 模型虽然考虑了企业战略、组织资源对培训需求的影响，但是忽略了行业政策、国家政策等外部环境的影响。

● 模型对人员进行分析主要集中在员工绩效现状与理想水平的差距上，关注的是员工"必须学什么"以缩小差距，而没有重视"员工想学什么"。

● 模型很难找到具体可操作的分析方法，缺乏简单有效的识别工具。

（二）培训需求差距分析模型

美国学者汤姆·戈特（Tom W. Goad）将现实状态与理想状态之间的差距称为缺口，并据此确定员工知识、技能和态度等培训内容，这就是培训需求差距分析模型。

培训需求差距分析模型有三个环节：

● 发现问题所在。理想绩效与实际绩效之间的差距就是问题，问题存在的地方，就是需要通过培训加以改善的地方。

● 进行预先分析。一般情况下，需要对问题进行预先分析和初步判断。

● 实施需求分析。这个环节主要是寻找绩效差距，分析的重点是员工目前的个体绩效与工作要求之间的差距。培训需求差距分析模型如图 10-2 所示。

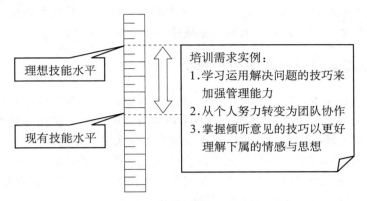

图 10-2 培训需求差距分析模型

培训需求差距分析模型的优点在于，将培训需求的差距分析进行重点提炼，提高了培训需求分析的可行性，较好地弥补了戈德斯坦三层次模型在工作分析和人员分析方面操作性不强的缺陷。

培训需求差距分析模型也存在一定的缺陷，首先该模型没有关注企业战略对培训需求的影响，其次该模型的有效性依赖于一个假设前提，即"培训活动等同于绩效提高"。事实上，绩效问题产生的原因不只是缺乏知识与技能，仅靠培训是无法解决所有问题的。尽管如此，该模型关于"培训旨在缩小差距"的思想还是极有见地的。

（三）前瞻性培训需求分析模型

前瞻性培训需求分析模型由美国学者特里·利普（Terry L. Leap）和迈克尔·克里诺（Michael D. Crino）提出。将前瞻性思想应用于培训需求分析是该模型的精髓。利普和克里诺认为随着技术的不断进步和员工的个人成长，即使员工目前的工作绩效是令人满意的，也可能会因为需要为工作调动做准备、为晋升做准备或者适应工作要求的变化等提出培训的要求。前瞻性培训需求分析模型为这些情况提供了良好的分析框架，如图 10-3 所示。

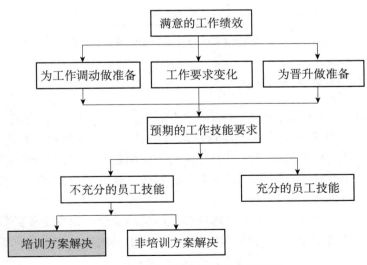

图 10-3 前瞻性培训需求分析模型

前瞻性培训需求分析模型建立在未来需求的基础之上，具有一定的前瞻性，能有效结合组织的发展前景、战略目标和个人职业生涯规划，为组织和个人的发展提供一个合理的结合点，同时可以达到激励员工的目的，使培训工作由被动变为主动。

但该模型也具有一定的局限性，因为是以未来需求为导向，预测的准确度难免出现偏差，技术的前瞻性未必都与战略及业务发展要求相对应，存在着与企业战略目标相脱节的风险。

（四）以企业文化为基础的培训需求分析模型

企业文化是企业的灵魂，是推动企业发展的不竭动力，其核心是企业的精神和价值观。企业文化作为一种意识渗透到企业的各个角落，甚至是每个员工的工作和生活当中。企业文化一旦形成，对企业的发展方向起决定作用，同时对企业员工培训起指导作用，使企业焕发出强大的生命力。

以企业文化为基础的培训需求分析模型，从梳理企业文化入手，明确企业目标，进而明确企业培训的目标。围绕企业文化实施员工培训能够使员工成功融合到企业文化中，将企业目标和员工的个人目标统一起来，对员工的工作动力和对企业价值观的认同有非常直接的影响。

以企业文化为基础的培训需求分析模型如图 10-4 所示。

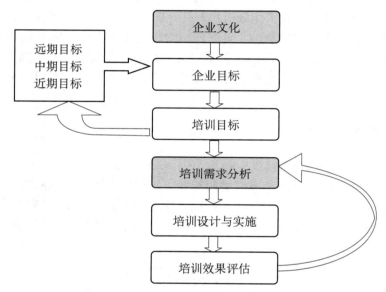

图 10-4 以企业文化为基础的培训需求分析模型

（五）基于胜任力的培训需求分析模型

"胜任力"这一概念是由戴维·麦克利兰（David C. McClellan）于 1973 提出的。胜任力是指能将工作中表现优异者与表现平庸者区分开来的个人的表层特征与深层特征，包括知识、技能、社会角色、自我概念、特质和动机等个体特征。胜任力模型则是组织当中特定的工作岗位所要求的与高绩效相关的一系列胜任特征的总合。在培训需求分析中，胜任力模型的导入是十分必要的，胜任特征的可测量性可以使分析过程更加标准化，而且使培训需求更加具体化。

基于胜任力的培训需求分析模型，主要通过判断组织环境的变化，识别企业的核心胜任力，并在这个基础上确定企业关键岗位的胜任素质模型，同时对比员工的能力水平现状，找出培训需求所在。基于胜任力的培训需求分析模型如图 10-5 所示。

基于胜任力的培训需求分析模型有助于描述工作所需的行为表现，以确定员工现有的素质特征，同时发现员工需要学习和发展哪些技能。同时，模型中明确的能力标准使组织的绩效评估更加方便。另外，胜任特

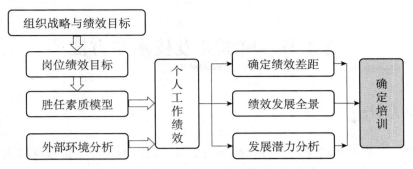

图 10 - 5　基于胜任力的培训需求分析模型

征模型也使员工更容易理解组织对他的要求，进行行动导向的学习。

　　然而，与培训需求差距分析模型一样，基于胜任力的培训需求分析模型同样未能足够重视企业战略对培训需求的影响。企业经营战略的变化会产生新的胜任特征需求或改变原有的胜任特征需求，给企业员工培训需求带来变化。另外，由于胜任特征是个复杂的概念，胜任特征的确定需要长时间的资料积累以及丰富的专业经验，建立胜任力模型要求相当专业的访谈技术和后期分析处理技巧，而且耗时费力成本高，因此该模型的运用对企业的人力资源管理水平提出了较高要求。

（六）以职业生涯为导向的培训需求分析模型

　　以职业生涯为导向的培训需求分析模型认为，企业与员工是两个平等的利益主体，承认员工个人利益与企业组织利益的相关性，不存在谁的利益优先，企业发展应建立在员工个人发展的基础上，企业培训与员工职业生涯规划应该相结合。

　　以职业生涯为导向的培训需求分析模型呈现出三个特点：
- 将企业需求与员工职业生涯发展需求结合，尊重员工的个体发展；
- 不仅考虑了现期需要，还考虑了远期需要，这是对前瞻性培训需求分析模型的升华；
- 员工真正参与到培训需求分析的过程中，使培训需求评价的主体得到拓展。

以职业生涯为导向的培训需求分析模型如图 10 - 6 所示。

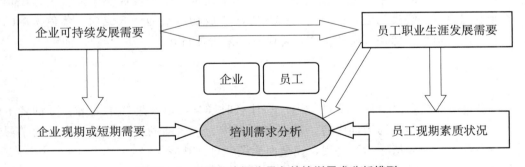

图 10 - 6　以职业生涯为导向的培训需求分析模型

　　该模型充分体现了以人为本的重要思想，只有把个人需求与职业生涯结合起来，员工才会有坚定的职业生涯目标，通过不断参与学习培训，实现自己的职业价值。

　　以职业生涯为导向的培训需求分析一般采用面谈和问卷调查的方法，让员工进行自我评价。评价的内容主要有：自己目前的职业状况和理想中的状况，自己工作的优势和劣势，自己在哪方面取得了成功，近期计划或未来的发展计划，为实现目标计划将付出怎样的努力，在实现目标过程中所需要的资源，需要怎样的培训与学习，自我总结与职业生涯规划。

第 2 节　培训开发技术与方法

一、传统培训方法

传统的培训方法包括在课堂上的学习、自我指导的学习，以及通过专家传授来接受培训学习。技术技能的培训可以利用教师和专家的指导，具体知识能力的提高可以依靠自我指导的培训项目。

（一）课堂培训

1. 讲座和讨论

讲座和讨论是开展培训最常用的方法，它是指培训者向受训者进行课堂讲授，并辅以问答、讨论、自由发言等形式。这种方法能够以最低的成本、最少的时间耗费向大量的受训者提供某种专题信息。受训者在培训中获得并能够运用到工作中的信息量与其参与培训的积极程度和知识掌握程度有关。但是，课堂培训只能同等程度地传授教材内容，不能恰到好处地根据学习者个体在能力、态度和兴趣上的差异而采取不同的方式。有经验的培训者可以通过安排丰富的讲课内容，给予受训者积极反馈，并且有效地引导讨论和发言来克服这一缺点。

2. 案例研究

案例研究可以帮助受训者建立起分析和解决问题的技能。在案例研究中，受训者会收到描述组织面临的困境或难题的详细书面报告，这个报告可能是实际的或者虚拟的。受训者可以根据诸如人、环境、规则等因素来分析问题，提供解决方案。案例研究过程中的自我思考和自我发现有助于受训者对原理有更好的理解和更牢固的记忆，受训者也更愿意投入。

3. 角色扮演

在角色扮演中，受训者在特定的场景中或情境下扮演分派给他们的角色。角色扮演主要应用于对人际问题的分析、态度的改变以及人际关系技能的发展等方面。这个技术为受训者提供了体验工作困境的机会。受训者通过尝试各种不同的方法解决问题，并且考虑哪种方法更成功以及为什么成功。角色扮演的学习效果取决于参与者是否愿意融入角色，像在真实的工作环境中一样来表现自我。

（二）自我指导学习

自我指导学习是指由雇员自己全权负责的学习——什么时候学习以及怎样学习等。受训者不需要任何指导者，只需按自己的进度学习预定的培训内容。培训者只是作为一名辅助者负责评估雇员的学习情况并回答他提出的问题。培训者不控制或指导学习过程，完全由受训者自己掌握。

开发一个有效的自我指导学习计划有几个必要的步骤：

（1）进行工作分析以确认工作包括的主要任务。

（2）列出与任务直接相关的、以受训者为中心的学习目标。因为学习目标取代了指导教师的地位，它们必须指明哪些信息是重要的，受训者应采取哪些行动，以及他们应掌握哪些内容。

（3）制订学习计划。计划的内容要按照以受训者为核心的学习目标来确定，还要考虑用于沟通培训内容的媒介因素（如文稿、录像、计算机、网络等）。

（4）将内容分若干板块。第一个板块要从学习目标开始，包括评估受训者学习行为的方法。每一板块之后要附加实践练习。

（5）开发一份评估计划。包括对受训者的评估及对自我指导学习内容的评估。

自我指导学习既有优点也有缺点。从个人方面来说，它使得受训者可以按照自己的节奏进行学习并能够得到关于学习绩效的反馈。从公司角度来说，自我指导学习不需要太多的培训者，降低了培训成本，并且使得在多种场合进行培训变得更为现实。这种培训方法的局限性就在于受训者必须愿意学习并且喜欢自学这种学习方式，而且开发时间也比其他类型的培训项目更长。

（三）专家传授

专家传授是一种要求受训者积极参与学习的培训方法，包括在职培训、情景模拟、商业游戏和行为塑造等。这种培训法主要用于以下情况：开发某种特殊的技能；理解如何将技能和行为转化到实际工作之中；体验完成一项任务的过程中会遇到的各个方面的内容；处理在工作中所产生的各种人际问题；等等。

1. 在职培训

在职培训的基本假设是：雇员在组织内可以通过观察并模仿自己的管理者的行为来进行学习。在职培训通常用于以下情况：新员工培训；在引进新技术时提高有经验员工的技能水平；对同一个部门或单位内的员工进行跨职能培训；使调动工作或者得到晋升的员工适应新的岗位。有效的在职培训必须具备下述特征：

（1）有一份解释在职培训目的的公司政策说明，并且强调公司的支持。

（2）清楚地说明谁有资格成为能够对其他雇员进行在职培训的人。

（3）对同行业中其他公司的在职培训实践进行尽可能详细的调查。

（4）由管理人员或同事根据结构性在职培训的原则进行培训。

（5）制定在职培训时员工所使用的课程计划、程序手册、培训手册、学习协议书及培训进度报告表等。

（6）在进行在职培训之前对员工的基本技能水平进行评价。

2. 情景模拟

情景模拟是一种模仿现实生活中的场景的培训方法。它使受训者可以看到他们的决策在一种人工的、没有风险的环境中可能产生的影响，这种影响与在类似的实际工作中的结果相似，从而可以向受训者传授生产和加工技能以及管理和沟通方面的技能。在采用情景模拟培训方法的时候，要注意模拟环境必须与实际的工作环境有相同的构成要素，必须能够准确地对受训者所发布的指令作出反应。正是由于这种原因，开发模拟环境的成本很高，并且当获得了新的工作信息之后，还需要对这种模拟环境不断改进。

3. 商业游戏

商业游戏要求受训者收集信息并进行分析，然后作出决策。商业游戏主要用于管理技能的开发。游戏可以刺激学习，因为参与者会积极参与游戏并遵循商业竞争规则。参与者在游戏中所作的决策可以涉及各个方面的管理活动：劳动关系（谈判合同的签订）、市场营销（为新产品定价）及财务预算（支持购买新技术）。游戏多采用团队方式进行，参与者从游戏中学到的内容将以备忘录的形式记录下来。

4. 行为塑造

行为塑造适合学习某一种技能或行为，而不太适合事实信息的学习。有研究表明，行为塑造是传授人际关系技能的最有效方法之一。行为塑造培训项目的开发包括明确关键行为（完成一项任务所必需的一组行为）、设计示范演示、提供实践机会及促进培训成果的转化。

课堂培训、自我指导学习以及各种模拟培训在可预见的将来都是重要的培训方法。但是传统的方法有许多不足：成本较高；标准化而不是个体化地来满足受训者的需要；许多传统的培训项目是在特定的时间段进行，造成培训不及时或者未能有效满足培训需求；传统的培训在技能练习方面也有局限性，练习常常被限制在一定的现场或时间段。

二、互联网背景下的培训方法

目前大部分企业对于传统培训方法还有所依赖，但在互联网的影响下，传统培训方法的不足逐渐凸显，主要包括：（1）培训讲师能力有限，跟不上发展速度；（2）好资源与好企业难相遇；（3）个性化学习需求涌现，培训面临挑战。这些不足促使企业寻求新的培训方法，如远程学习、多媒体培训、网上培训、智能化辅导系统、虚拟现实培训以及教练技术等。新的培训方法可以克服传统培训的不足，使培训效果更显著。

1. 远程学习

远程学习是采取多种媒体方式进行系统教学和通信联系的学习形式，允许不同地点的人同时学习。通过声音和信息的交换，身处不同地方的受训者与培训者可以实时互动。远程学习的发展反映了培训需求的快速变化，组织积极寻找成本更小、时间更灵活以及更加个性化的培训形式。远程学习的特点决定了远程学习以自学为主，因此要求学习者首先应具备两方面的能力：（1）始终保持自发的学习动力；（2）有主动探索精神。远程学习是一个系统的、有互动与交流、比面授更加灵活的培训过程，其内容主要包括：（1）培训组织管理信息：培训计划、专业培训实施方案等，主要用于组织对培训过程的总体指导以及管理；（2）课程信息、培训动态和辅导信息：按照培训进度要求，及时提供针对性的导学信息。随着网络技术的发展，利用网络来获得知识已经越来越普及，员工可以利用互联网来提高自己的专业技能，远程学习将是以后的发展方向。

随着互联网科技的发展，出现了很多远程学习 App，比如慕课（MOOC）、得到等。慕课的全称是 Massive Open Online Course，即大规模开放在线课程，是"互联网＋教育"的产物。慕课跟传统的大学课程一样，循序渐进地让学生从初学者成长为高级人才。其课程不仅覆盖广泛的科技学科，比如数学、统计、计算机科学、自然科学和工程学，也包括社会科学和人文学科。得到旨在为用户提供"省时间的高效知识服务"，让个体充分利用碎片化时间，短时间内获取有效的知识，用户可以根据自己所需在得到 App 上听自己感兴趣的课程，大部分精品课程是需要付费的，也有一小部分是免费的。这些 App 的出现，极大地满足了个体远程学习的需要，个体能够更加有针对性地进行学习。

2. 多媒体培训

多媒体培训是将视听培训和计算机培训结合在一起的培训方法。这种培训综合使用各种类型的文本、图表、图像和声音信息交互的系统。各种形式的多媒体相互结合可以保证使用者以多种不同的方式获得不同的培训内容，并且自由掌握学习进度。多媒体培训既有优点也有缺点。多媒体培训可以促进员工学习，提供及时的信息反馈和指导（通过在线服务），测试员工的掌握程度，并可以让员工按照自己的进度来学习；可以增加培训的互动性，保证培训内容的连续性，且培训不受地理位置的限制。多媒体培训的一个最大问题在于培训材料的开发费用高。另外多媒体培训也不太适用于人际交往技能的培训，尤其是当学习者需要了解微妙的行为暗示或认知过程时。

3. 网上培训

通过网络开展培训有许多潜在的优点。网上培训保证了培训内容的及时更新。学习者可以决定接受培训的时间和课程的难度等，使培训更加个性化。在网上培训中，老师将培训课程存储在培训网站上，分散在世界各地的学员利用网络浏览器进入该网站接受培训。网上培训主要有以下优点：

- 无须将学员从各地召集到一起，大大节省了培训费用；
- 网络上的培训内容易修改，无须重新准备教材或其他教学工具，可及时、低成本地更新培训内容；
- 网上培训可充分利用网络上大量的声音、图片和影音文件等资源，增强课堂教学的趣味性，从而提高学员的学习效率；
- 网上培训的进程安排比较灵活，学员可以充分利用空闲时间，而不用中断工作。

网上培训虽然有以上优点，但是要求企业建立良好的网络培训系统，这需要大量的培训资金，因此中小企业由于受资金限制，往往无法花费资金购买相关培训设备和技术。同时，某些培训内容不适合网上培训，如关于人际交流的技能培训。

4. 智能化辅导系统

这是以计算机为基础的培训项目，强调培训的完全个体化。智能化辅导系统能够诊断受训者现有的理解和行动水平，选择适当的干预方法使受训者朝更加专业化的方向进步。智能化辅导系统使培训经历对于个体来说更加个性化，能够更好地满足个体的特殊需要。智能化辅导系统对于组织来说是一个投入较大的培训项目，一方面需要为软件设施付出高昂的费用，另一方面需要不断更新培训的内容，以紧跟公司发展需要。这样的辅导系统对员工也提出了很大的挑战，员工必须不断去测试以发现自己的问题，要不断与系统交互从而使系统提供针对性的学习内容。

5. 虚拟现实培训

虚拟现实培训是指利用虚拟现实技术生成实时的、具有三维信息的人工虚拟环境，受训者通过运用某些设备接受和响应环境的各种感官刺激而进入其中，并可根据需要通过多种交互设备来驾驭环境、操作工作和操作对象，从而达到提高各种技能或知识水平的目的。通过虚拟现实培训，受训者能够进入他们在工作中可能遇到的各种情境的 3D 世界，在这个虚拟世界中受训者能够观看、接触并参与其中。这种培训能够吸引和激励员工，把学习经历迁移到模拟情境中去，并且不受环境和时间的限制，能够减少培训成本。对一些高危行业来说，这种培训可以降低安全风险系数。因此，虚拟现实培训具有仿真性、超时空性、自主性、安全性等特点。

6. 教练技术

教练可创造性、挑战性地激发人的热情，使其潜能实现最大化的发挥，其目标是使个人生活、职业发展更具成效。

学习资料 10-1

教练与培训师

教练与被教练者一起拓展思维，建立新视角。在这一过程中，教练要引导被教练者找到解决问题的方法，使其最大化发挥内在潜能，并不断给予他支持与帮助。

尽管学者对教练的定义说法各异，但核心理念是一致的，即：

(1) 教练与被教练者之间是帮助、合作和平等的关系，不是命令与服从的关系。

(2) 重点在于协助被教练者自己去找到解决问题的方法，而不是直接给出建议。

(3) 强调共同合作来制定目标，教练不需要在被教练者的领域拥有高水平的理论基础或实战经验。

心智模式就像一个筛子，使人们有选择地选取信息。教练技术不是从成果入手，也不是从行为入手，而是从心智模式入手，引导被教练者看到他的心智模式及其对行为成果产生的影响，进而引导他找出盲点，改善心智模式，重新看清客观世界或问题，跳出思维的框架勇于突破自我，去寻找更多发展和改变。

培训师的定义是：为培养客户在工作中尚未具备或掌握的能力和技能提供指导，将知识和技巧通过讲授的形式转移到客户身上。下面我们用一个坐标轴来定位教练与培训师（见图 10-7），坐标的横轴为时间轴，纵轴为使用方法轴。在方法轴中，往下是使用告诉的方式；往上是使用提问的方式。时间轴同时代表了教练的关注点，在一条时间轴上，关注未来代表目标导向，关注过去代表问题导向。

教练是无所不知、无所不晓的吗？并非如此。很多时候，人们表现欠佳，不是因为缺少某些知识和技能，只是因为没有看清事实和真相。教练帮助客户理清事实和真相，找到问题产生的真正原因以及解决问题的方法，增强客户解决问题的信心，这样一来，问题自然迎刃而解。综上所述，教练与培训师的异同如表 10-1 所示。

企业培训中一般是通过教练式辅导激发员工的学习动力，让员工对自己有一个清晰的认识，帮助员工提升工作能力。其关键是通过教练的引导让员工发现自己的潜力，突破日常框架去实现一些自己认为不可能的目标，用成就感来刺激员工的提升。

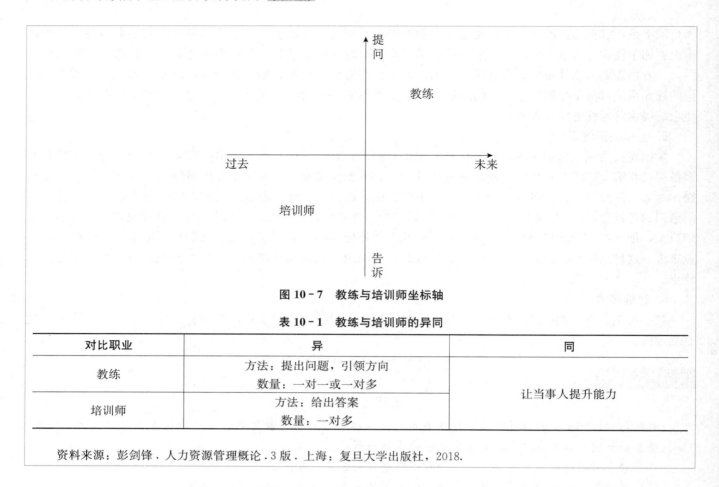

图 10-7 教练与培训师坐标轴

表 10-1 教练与培训师的异同

对比职业	异	同
教练	方法：提出问题，引领方向 数量：一对一或一对多	让当事人提升能力
培训师	方法：给出答案 数量：一对多	

资料来源：彭剑锋. 人力资源管理概论 . 3 版 . 上海：复旦大学出版社，2018.

三、团队培训的方法

高效的团队应该具有下列特征：第一，高效团队成员必须熟练掌握多种技能，并能够高效完成团队必须完成的各种任务。除了具备广泛的基础技能，团队中的个体还必须具有某个方面的技术专长，这样才能够帮助团队最大限度完成目标。第二，高效团队必须具有良好的团队工作技能，成员需要理解他们怎样协作才能够使团队整体运行起来。团队工作技能是指一个团队的各个成员作为一个整体合作的能力，包括适应性、共同的情境知觉性、行为监控和反馈、领导和团队管理、人际关系、协调、交流和决策。这些技能强调的是团队成员独立完成的任务之间的交互作用。第三，高效团队应该允许成员创造性地解决影响团队绩效的有关问题。关键是解决问题的能力，培养这一能力可以帮助成员判断关键问题、分析问题的根源、寻求解决方法，使团队的实际操作能力提高。高效团队并不总是安于现状，相反，他们往往是组织变革的推动力。

从培训的观点来看，把一群个体转变为一个有效的工作团队要求建立大量的团队胜任力。团队胜任力指的是有效完成团队任务所需要的知识、技能和态度（KSA）。以团队为基础的工作系统迫切要求提高团队成员的任务工作技能与团队工作技能，下面介绍一些团队建设和团队培训的基本技术。

（1）冒险性学习。又叫作野外培训或户外培训，注重利用有组织的户外活动来开发团队协作和领导技能。它最适用于开发与团队效率有关的技能，如自我意识、问题解决、冲突管理和风险承担等。

（2）交叉培训。指让团队成员熟悉并实践多种工作，以便在有人暂时或永远离开团队后其他成员可以介入并填补空缺职位。通过交叉培训，团队成员能够获得超越自身的知识和技能，成功地完成团队中其他成员的工作。交叉培训的实施办法是通过员工技能的多样性来应对雇员的变动，并通过允许团队进行自我管理来增强主动性。

（3）协作培训。指对团队进行的旨在确保信息共享和共同承担责任的培训，其目的在于实现团队绩效的最大化。协作培训对于那些必须通过共享信息才能作出决策的团队尤为有效。

（4）团队领导技能培训。指团队管理者或辅导人员接受的培训，包括培训管理者解决团队内部冲突和增强团队协作性的能力等。

（5）行动学习。行动学习是雷格·瑞文斯（Reg Revans）于 20 世纪 30 年代提出的。他认为："没有行动就没有学习，没有学习也就没有理智的和深思熟虑的行动。"行动学习最先被英国石油公司采用，后来通过通用电气公司推广到全球。瑞文斯认为，除非组织和个人的学习率（L）等于或高于变化率（C），即 $L \geq C$，否则组织和个人就不会得到发展和成功。他认为学习包括两个要素：传统的教育和系统的知识（P），批判性的思考和敏锐的洞察力（Q）。因此学习方程式是：$L = P + Q$。瑞文斯认为管理者面临"困惑"和"问题"。专家能帮助解决"困惑"，但"问题"没有正确的答案。Q 能提供帮助。

（6）团队的自我管理。交叉培训和行动学习的一个重要的结果是允许团队更加具有主动性。团队的自我管理强调能够管理内部过程，如把人员分配到工作项目中，评价团队的成功性，采取行动提高团队的效率，监控自我学习。其关键是要求团队能为团队学习创造良好的环境，有效管理团队的资源，并且能够从关于团队绩效表现的反馈中获得学习。

四、培训方法的选择

在为培训项目选择合适的培训方法之前，通常要对各种培训方法的优缺点进行评价。首先就是要确定培训所希望产生的学习成果有哪些，这些成果包括言语信息、智力技能、认知策略、态度和运动技能，不同培训方法可能会影响一种或几种学习成果。根据不同培训方法在培训成果方面的差异确定了培训方法之后，下一步就要考虑这种方法对学习和培训成果转化的有利程度、开发和使用这种方法的成本，以及它的有效性。另外，团队培训方法的独特性就在于它既注重个人学习也强调团队学习，那些希望提高小组或团队效率的培训者应选择一种团队培训方法（如冒险性学习、交叉培训、行动学习等）。最后，开发培训方法的预算会影响培训方法的选择。预算紧张的培训者应选择相对便宜且有效的在职培训，资金雄厚的培训者则可考虑更有利于培训成果转化的方法，如情景模拟和商业游戏等。新培训技术虽然具有良好的学习环境、管理费用低廉、允许学习者自行控制以及信息共享等特点，但是需要高昂的研发费用（购买硬件和软件、进行项目开发和项目改造），因此在选择时需要慎重考虑。在以下情况下，可以考虑采用新技术的培训方法：

（1）有充裕的资金来开发和使用某项新技术。

（2）受训者分布于不同的地域，集中培训的交通费用相当高昂。

（3）受训者乐于使用网络、电脑等。

（4）新技术的推广是公司的一项经营战略，新技术可以运用于产品制造或服务过程中。

（5）雇员的时间与培训项目日程安排发生冲突。

（6）现有的培训方法对实践、反馈和评估的实施有所限制。

表 10-2 根据不同的特点，从学习成果、学习环境、培训成果的转化、成本和效果等方面对一些常见的培训方法进行了评价。

表 10-2　各种培训方法的比较

		讲座	案例研究	角色扮演	自我指导学习	在职培训	情景模拟	商业游戏	行为塑造	冒险性学习	行动学习
学习成果	言语信息	是	是	否	是	是	否	是	否	否	否
	智力技能	是	是	否	是	否	是	是	否	否	否

续表

		讲座	案例研究	角色扮演	自我指导学习	在职培训	情景模拟	商业游戏	行为塑造	冒险性学习	行动学习
学习成果	认知策略	是	是	是	是	是	是	是	是	是	是
	态度	是	否	是	否	否	否	否	否	是	是
	运动技能	否	否	否	否	是	是	否	是	否	否
学习环境	明确的目标	中	中	中	高	高	高	高	高	中	高
	实践机会	低	中	中	高	高	高	中	高	中	中
	有意义的内容	中	中	中	中	高	高	中	中	低	高
	反馈	低	中	中	中	高	高	高	高	中	高
	观察并与别人交流	低	高	高	中	高	高	高	高	高	高
培训成果的转化		低	中	中	中	高	高	中	高	低	高
成本	开发成本	中	中	中	高	中	高	高	中	中	低
	管理成本	低	低	中	中	低	低	中	中	中	中
效果		对言语信息来讲效果好	一般	一般	一般	对有组织的在职培训效果好	好	一般	好	差	好

资料来源：诺伊. 雇员培训与开发：第 6 版. 北京：中国人民大学出版社，2015.

第 3 节　企业培训与开发系统的构建与管理

一、企业培训与开发系统设计的出发点

（一）依据企业发展战略确定培训开发策略

战略与职业生涯规划是设计培训与开发系统的出发点，因此首先要依据企业发展战略来确定培训开发策略。企业在制定战略目标时，一般都是机会导向的，主要按照市场竞争的要求和压力设定战略目标，人力资源的配置总是在适应未来战略的需要，因此，企业人力资源状况总是与战略要求存在一定的差距。企业人力资源配置适应战略要求主要有两种形式：（1）企业按照战略对人才的要求，引进短缺人才，以提高人力资源适应战略的水平；（2）按照战略的要求，企业依靠强大的培训开发系统自行培养所需人才，这种培训开发的力度取决于其人力资源现状与企业未来战略对人才素质的要求的差距。当然，这两种形式也可并用。

　　企业经营战略在很大程度上影响培训的类型（个体、团队、特定群体、全体员工）、数量及培训所需的资源（资金、培训者的时间、培训项目开发），见表 10-3。

表 10-3　企业经营战略对培训策略的要求

	战略要点	战略要求	关键事项	培训重点
集中战略	● 增加市场份额 ● 减少运营成本 ● 开拓并维持市场地位	● 提高产品质量 ● 提高生产率或革新技术流程 ● 按需要制造产品或提供服务	● 技术交流 ● 现有劳动力的开发	● 团队建设 ● 交叉培训 ● 特殊项目培训 ● 人际交往技能培训 ● 在职培训
内部成长战略	● 市场开发 ● 产品开发 ● 革新 ● 合资	● 销售现有产品/增加分销渠道 ● 拓展全球市场 ● 调整现有产品 ● 创造新的或不同的产品 ● 通过合伙发展壮大	● 创造新的工作任务 ● 革新	● 文化培训 ● 培养创造性思维和分析能力 ● 工作中的技术能力 ● 对管理者进行的反馈与沟通方面的培训 ● 冲突调和技巧培训
外部成长战略	● 兼并	● 横向联合 ● 纵向联合	● 整合 ● 富余人员 ● 重组	● 判断被兼并公司的员工的能力 ● 整合培训系统 ● 公司重组的方法和程序 ● 团队建设
紧缩投资战略	● 节约开支 ● 转产 ● 剥离 ● 债务清算	● 降低成本 ● 减少资产 ● 创造利润 ● 重新制定目标 ● 卖掉全部资产	● 效率 ● 裁员与分流	● 管理变革、目标设置、时间管理、压力管理、交叉培训 ● 领导技能培训 ● 人际沟通方面的培训 ● 寻找工作技能的培训

（二）关注员工职业生涯开发与管理

　　职业生涯开发与管理是现代企业人力资源管理的重要内容之一，是企业帮助员工制定职业生涯规划和帮助其职业生涯发展的一系列活动。职业生涯管理应看作是竭力满足管理者、员工、企业三者需要的一个动态过程。在现代企业中，个人最终要对自己的职业发展负责，这就需要每个人都清楚地了解自己所掌握的知识、技能、能力、兴趣、价值观等，而且对职业选择有较深了解，以便制定目标、完善职业计划；管理者则必须鼓励员工对自己的职业生涯负责，在进行个人工作反馈时提供帮助，并提供员工感兴趣的有关组织工作、职业发展机会等信息；企业则必须提供自身的发展目标、政策、计划等，还必须帮助员工做好自我评价、参与培训、加快发展等。当个人目标与组织目标有机结合起来时，职业生涯管理就会意义重大。因此，职业生涯管理就是从企业出发的职业生涯规划和职业生涯发展。

　　职业生涯管理主要分为组织职业生涯管理以及自我职业生涯管理。从组织角度来说，主要关注组织职业生涯管理，其实质是组织实施的旨在开发员工的潜力、留住员工、使员工能自我实现的一系列管理方法；而个体自身也能对职业生涯进行管理，主要是指社会行动者在职业生命周期（从进入劳动力市场到退出劳动力市场）的全程中，由职业发展规划、职业策略、职业进入、职业变动和职业位置等一系列变量构成。因此职业生涯管理是组织为其员工设计的职业发展、援助计划，有别于员工个人制订的职业计划；必须满足个人和组织的双重需要；职业管理形式多样、涉及面广。

从企业的角度来说，如果不能组织有效的员工职业生涯开发和管理活动，在关键时刻将难以寻觅到合适的管理者继任人选。此外，在日常经营过程中，员工由于感觉不到组织对自身职业生涯发展的重视，士气下降，事业发展受挫，因而对组织的忠诚度下降。尤其是在企业发生兼并、重组或裁员之后，如果没有认真组织有效的员工职业生涯管理与咨询活动，员工的情绪和士气受到的影响会更大，可能导致员工队伍不稳定和作业效率下降。

有效的职业生涯开发与管理活动是企业资源合理配置的首要问题，不仅能够满足组织的人力资源需求计划，增强组织培训与开发经费使用的针对性，而且能够充分调动员工的工作积极性，实现组织与员工的双赢。事实上，许多优秀的企业一直将员工的职业生涯开发与管理当作企业人力资源管理的核心工作来抓，并为此设置专门的组织部门，安排专业的职业生涯管理人员。有效的职业生涯管理体系已成为企业吸引和保留优秀人才的重要措施之一。

即时案例 10-1

阿里巴巴的职业发展双通道

阿里巴巴的岗位主要分为两类，即专业类 P 系列和管理类 M 系列。P 是 Professional 的首字母，指专业人员，M 是 Manager 的首字母，指管理人员。这些构成了阿里巴巴的职位类别及职位等级，同时也形成了公司员工的职业发展双通道。让有志于走专业路线的人，在专业的道路上努力前进，最终可以成为首席科学家，收入水平与集团的高管级别相当。

P 系列主要分为以下级别，从新人到首席科学家。

P3 及以下多为新人或者助理	P4＝专员	P5＝资深专员
P6＝高级专员	P7＝专家	P8＝资深专家（架构师）
P9＝高级专家（资深架构师）	P10＝研究员	P11＝高级研究员
P12＝科学家	P13＝首席科学家	

管理类的级别从 M1 到 M9，可以与 P 系列的级别实现对等，让员工的职业发展选择更灵活。P 系列与 M 系列级别的对应关系如下：

P6＝M1 主管	P7＝M2 经理	P8＝M3 资深经理
P9＝M4 总监	P10＝M5 资深总监	P11＝M6 副总裁
P12＝M7 资深副总裁	P13＝M8 子公司 CEO 或集团其他正职职务	
P14＝M9 集团首席 CEO		

在阿里巴巴只有达到 P6/M1 以上才算是公司的中层。

员工的晋升程序如下：

（1）符合晋升资格条件：上年度 KPI 达 3.75 分（满分 5 分）；

（2）主管提名；

（3）晋升委员会面试；

（4）晋升委员会投票。

资料来源：https://www.hrhr.org.cn/4981.html.

二、培训与开发系统结构——分层分类的培训与开发体系

企业在设计培训与开发项目时，既要考虑企业战略与经营目标对人力资源的要求，又要切实考虑员工的职业生涯发展需求，这样才能既赢得员工的认可、支持与参与，又不偏离组织发展的目标，从而真正发挥培

训与开发工作在企业人力资源管理以及企业经营活动中的作用。如何将组织发展与员工职业发展的需要相结合，在协调组织发展与员工职业生涯发展的基础上构建分层分类的企业培训开发体系，是很多组织面临的挑战。

企业要做好培训与开发工作，必须与任职资格系统、职业化行为评价系统、潜在职业素质评价系统及绩效考核评价系统形成有效的互动。任职资格系统和职业化行为评价系统，以及依据战略要求制定的各职类职种的任职资格标准及行为标准，是企业开发设计课程体系和教材体系的基础。潜在职业素质评价、职业化行为评价和绩效考核评价是产生培训需求的原因，企业战略对人才的需求和员工职业生涯设计是产生培训需求的内在动力。

员工在每一次任职资格等级晋升之前都要参加相应的培训，并通过认证考试。企业通过动态的职业生涯发展机制来促进员工职业能力持续增强，提升员工的职业化水平（见图 10 - 8）。

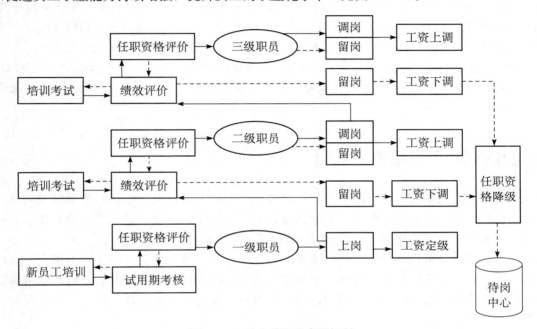

图 10 - 8　动态的职业发展机制

华为的新员工入职培训

华为新员工入职培训的"721 法则"

几年前，华为就对员工培训进行了大刀阔斧的改革，将授课式培训、网络化授课方式全部取消，采用"721 法则"进行员工培训。所谓"721 法则"，即 70%的能力提升来自实践，20%来自导师的帮助，10%来自课堂的学习。这一培训法则是华为根据各方面的变化作出的调整，公司据此合理安排各个阶段的培训内容和时间，强调"实践出真知"，强调实践对新员工未来成长的重要性，也给了新员工一个信号——要想有所作为，就必须扑下身子实干。这一观点也反映了华为的务实态度。

华为新员工入职培训主要分为三个阶段：

第一个阶段：入职前的引导培训。华为的校园招聘一般安排在每年的 11 月份，对拟录用的大学生，华为会在入职前为每个人安排导师。为了更好地管控由于大学生还未入职所带来的风险，华为要求导师定期给他们打电话，了解他们的个人情况、精神状态、毕业论文进展、毕业离校安排等，如果毕业生确实想进华为，导师会给他们安排一些任务，让他们提前了解岗位知识，做好走上工作岗位的思想准备。

第二个阶段：入职时的集中培训。在这个阶段，主要围绕着华为的企业文化（包括规章制度）来展开培训，一般花5～7天。外媒曾经报道华为数百名新员工早上6：30走出宿舍，绕着华为深圳总部慢跑。这种方式类似于我们熟知的军训。

第三个阶段：岗前实践培训。在这个培训阶段，新员工要在华为导师的带领下在一线真实的工作环境中去锻炼和提高自己。不同岗位的新员工，培训内容和方式有很大差别。比如要派往海外的营销类员工，他们必须先在国内实习半年到一年，掌握公司的流程、工作的方式方法，熟悉业务。对于技术类员工，公司会先带他们参观生产线，了解生产线上组装的机器，让他们看到实实在在的产品。研发类员工在上岗前会被安排做很多模拟项目，以便快速掌握工具或工作流程。

华为新员工入职培训的"导师制"

华为对导师的选拔有两个条件：第一绩效必须好；第二要充分认可华为文化。同时，一名导师名下不能超过两个学员，以保证传承的质量。在华为，导师也被称为"思想导师"，因为他们不仅要负责指导新员工的工作，而且要定期与新员工进行沟通，了解他们的思想状况，对于外地员工还要帮助他们解决吃住问题。

华为对导师有相应的激励政策：一是晋升限制，凡是没有担任过导师的人，不能得到提拔；二是给予导师补贴，补贴会持续发放半年；三是开展年度"优秀导师"评选活动，以及导师和新员工的"一对红"评选活动，在公司年会上进行隆重表彰。这些措施激发了老员工踊跃担任导师的积极性和带好新员工的责任感。

资料来源：http://www.hrsee.com/?id＝516.

三、企业培训与开发系统的构建

企业培训与开发活动通常包括培训需求分析、培训计划制订、培训组织实施与管理以及培训效果评估与反馈四个环节。虽然从理论上来看，组织一个培训与开发项目要顺次完成上述四个步骤的工作，但是，在企业实际的培训与开发工作中，上述四个环节之间的界限并不是泾渭分明的（如图10-9所示）。为了操作的方便，企业通常将培训需求分析与培训计划制订放在一起，而培训效果评估也并不全是在培训开发项目完成之后才进行，操作比较规范、管理水平较高的企业通常在培训需求分析的阶段就开始进行培训效果评估。比如说，在确定培训需求之后，可以就培训的目的、培训的内容以及培训的对象进行评估，从而保证培训开发项目从一开始就是有效的。

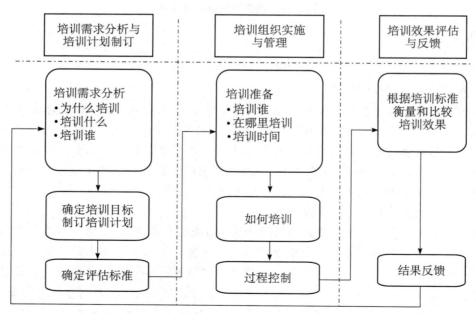

图10-9 培训与开发系统的构建流程

（一）对培训与开发需求进行有效的分析

企业培训与开发工作十分繁杂，策划和组织一个培训开发项目应遵循相应的流程，尤其是要对流程中的关键点实施严格的管理与监控。通常来说，培训需求分析、培训课程与教材设计以及培训师资选择是培训开发工作的重点。

企业发展战略、潜能评价与胜任力模型的结果、任职资格标准以及绩效考核结果等因素是我们进行培训需求分析需要关注的重要方面（见图 10-10）。

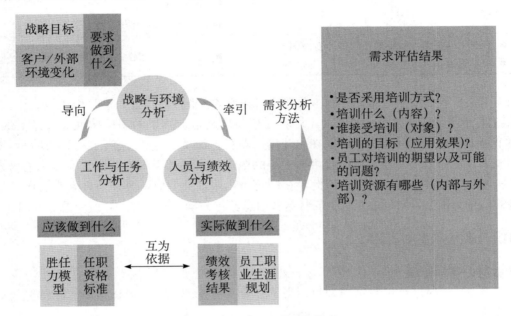

图 10-10 培训需求分析模型

企业发展战略对培训需求分析的主要作用在于它明确指出了企业希望员工拥有什么样的专长与技能，从而为企业确定培训开发战略指出了方向：

（1）通过战略与环境分析可以了解到培训可利用的资源情况及管理者对培训活动的支持情况。

（2）人员与绩效分析有助于了解谁需要培训、弄清楚绩效不令人满意的原因并让员工做好接受培训的准备。

（3）工作与任务分析包括确定重要的任务以及需要在培训中加以强调的知识、技能和行为方式，以帮助员工完成任务。

在培训需求分析中可以采用多种方法，其中包括现场观察员工工作、使用调查问卷、阅读技术手册和记录、采访特定项目专家、绩效考核等。表 10-4 对这几种方法的优缺点进行了比较。

表 10-4 培训需求分析技术的优缺点比较

技术	优点	缺点
观察法	● 得到有关工作环境的数据 ● 将评估活动对工作的干扰降至最低	● 需要水平高的观察者 ● 员工的行为方式有可能因为被观察而受影响
调查问卷	● 费用低廉 ● 可从大量人员那里收集到数据 ● 易于对数据进行归纳总结	● 时间长 ● 回收率可能会很低，有些答案不符合要求 ● 不够具体

续表

技术	优点	缺点
阅读技术手册和记录	● 有关工作程序的理想的信息来源 ● 目的性强 ● 有关新的工作和在生产过程中新产生的工作所包含任务的理想的信息来源	● 专业术语太多 ● 材料可能已经过时
采访特定项目专家	● 有利于发现培训需求的具体问题及问题的原因并解决问题	● 费时 ● 分析难度大 ● 需要水平高的访问者
绩效考核	● 有助于弄清楚导致绩效不佳的所有原因 ● 针对性强，可以形成一个书面的绩效辅导清单	● 达到方法有效性的条件十分苛刻

分析培训需求之后，需要制订培训计划。培训计划必须从企业战略出发，满足组织及员工两方面的要求，考虑企业资源条件与员工素质基础，考虑人才培养的超前性及培训效果的不确定性，选择培训内容与形式。培训计划是整个培训过程展开的源头，必须在一开始便获得各级员工直接主管的支持与认可，要让员工及其主管承担培训效果转化的最终责任。而企业培训中心的职责是提供基于人力资源开发目标的培训平台与相关资源，最终的实施与受益者是员工本人。因此，在制订员工培训计划时，要以来自人力资源其他业务板块或一线主管提供的信息为依据，培训的组织者要将这些信息转化为培训的内容，经过汇总后形成计划表。

（二）组织与实施有效的培训

1. 课程与教材的开发管理

企业在组织培训活动时应该编写培训教材，为了开发一套比较规范、适合企业实际情况的培训教材，首先要进行课程设计。

课程设计的主要目的是根据培训项目的目标确定培训课程大纲，为教材开发做准备。课程设计的主要成果是形成一份标准的、明晰的授课计划。授课计划描述了授课者将要讲授什么内容，打算如何讲授这些内容，但还不是真正要讲授的东西。教材是授课大纲的细化，是授课计划的具体展现。

企业在编写培训教材时，要注意以下几个细节问题。

（1）教材要力求符合企业的实际情况。这既涉及教材的具体内容，也涉及教材的难易程度以及授课方式。这一点对于外购教材和外部师资尤为重要。许多外部讲师接到企业的培训邀请后，着实花费了不少精力制作培训讲义，但是培训效果并不理想，主要原因可能在于培训者没有充分考虑企业的实际情况以及受训群体的接受能力。另外，那些在其他企业很有效的授课方式可能在这个企业不太合适。所以，人力资源部在组织内部人员进行教材开发或者协助外部讲师编写教材时，要注意量体裁衣。

（2）企业内训要尽可能多地运用本企业的实际案例和素材。在组织企业内训时，切忌和讲授公开课一样，举出众多企业的案例进行研讨，如果培训讲师能够挖掘企业自身的案例，进行讲解、剖析，不仅能引起受训者共鸣，而且能帮助他们解决具体问题，提高学以致用的能力，就能较好地实现知识与技能的迁移以及培训成果的转化。当然，这一工作需要培训师（尤其是外部培训讲师）多下功夫，所以，企业为外部讲师配备助手确实有必要。

（3）企业应逐步建立起教材编写与审核的机制。建立这一机制有助于加强对教材开发工作的监督，提高教材编写的质量，最主要的好处在于，通过这一机制可以促进教材开发工作的规范化、制度化，形成一致的模板，有利于构建企业培训教材数据库系统。

（4）根据企业实际情况，制定教材开发的酬劳制度，甚至可以尝试将教材开发与优秀教材评审结果同员工个人的绩效考核和薪酬挂钩，促进企业培训工作的整体进步。

2. 培训师资的开发与管理

担任企业培训活动的讲师主要有两类人，一类是从企业内部挑选出来并经过相应的培训而成为培训讲师的企业员工，另一类是直接从外部聘请的人员，其中包括大学老师、企业经理人员、专职培训讲师等。内部讲师和外部讲师各有所长，也都存在缺陷，孰优孰劣不能一概而论，应视具体的项目而定。

作为企业负责培训开发工作的专业人员，要建立一套行之有效的讲师遴选与培养计划，这样才能保证工作的有效性。内部讲师理应成为企业培训师资队伍的主体。内部讲师能够以员工欢迎的语言和熟悉的案例故事诠释培训的内容，能够总结、提炼并升华自身和周围同事有益的经验和成果，能够有效地传播和扩散企业真正需要的知识与技能，从而有效实现经验和成果的共享。同时，内部讲师制度也是对某些有着个人成就需求的员工进行激励的一种有效方式，为其职业生涯发展开辟了更广阔的道路。因此，企业应大力提倡和鼓励内部优秀员工担任培训讲师。企业人力资源部门在着力培育内部讲师队伍时，要特别重视选拔与培养工作。作为企业人力资源管理工作的专业职能部门，人力资源部应制定切实可行的内部讲师选拔与培养制度，其中需要明确内部讲师的选拔对象、选拔流程、选拔标准、上岗认证、任职资格管理、培训与开发以及激励与约束机制等，每一项工作都应具体、可操作。

3. 培训管理工作的职责层次

培训体系的构建与管理工作纷繁复杂，需要企业的高层领导、人力资源部门、业务部门、培训专业人员以及受训者的支持配合：高层提供政策、方向和支持，培训部门提供资源、方法、制度，各级管理者推动，讲师有效组织培训，员工积极参与，这样才能真正推动培训工作，提高培训的有效性。表 10-5 细分了培训管理工作的职责体系，并对各部门所承担的职责进行了分析。

表 10-5 培训管理职责层次与职责划分

战略管理（20%）	资源与建设管理（30%）	日常营运管理（30%）	基础行政管理（20%）
● 企业家培养 ● 中高层管理队伍培养 ● 组织变革推动 ● 企业文化推动 ● 核心能力培养 ● 培训政策制定等	● 技能体系建立与管理 ● 课程体系建立与管理 ● 讲师培养与管理 ● 培训信息体系建设与管理 ● 培训经费管理等	● 需求调查 ● 计划制订 ● 培训实施 ● 培训评估 ● 培训管理制度的监督与执行等	● 会务组织 ● 文档管理 ● 日常行政工作等
企业高层	人力资源部门	业务部门	培训师
● 制定或批准人力资源开发战略 ● 制定或批准培训政策 ● 审定、批准培训计划和培训预算 ● 制定或批准重点项目	● 拟订并执行培训战略 ● 拟订培训制度及工作流程 ● 培训资源建设与管理 ● 日常培训营运管理 ● 基础行政工作	● 配合支持人力资源部门的活动 ● 课程调研与课程开发 ● 进行培训 ● 培训辅导与跟踪 ● 学习研究	● 提供个人培训需求 ● 按要求参加培训 ● 在工作中不断应用，养成良好工作习惯 ● 担任辅导员，实施在岗培训

另外，企业可以成立临时或者长期的培训协调委员会负责协助人力资源部门开展培训需求的调查并推进培训实施，企业各级管理者对于员工在岗培训的有效实施、培训评估的开展以及推动培训成果的应用也要承担重要的责任。

（三）确保培训成果转化

培训成果的转化是指将在培训中学到的知识、技能和行为应用到实际工作中的过程。培训成果的转化在很大程度上受到工作环境的影响，包括转化的气氛、管理者的支持、同事的支持、运用所学能力的机会、信息技术支持系统以及受训者的自我管理能力等诸多方面。工作环境对培训成果转化起到了极其重要的作用。表 10-6 描述了有利于培训成果转化的工作环境特征以及工作环境中阻碍培训成果转化的主要因素。

表 10 - 6　影响培训成果转化的工作环境

项目	具体内容
有利于培训成果转化的工作环境特征	● 直接主管和同事鼓励：受训者使用培训中获得的新技能和行为方式 ● 工作任务安排：工作特点会提醒受训者应用在培训中获得的新技能，因此工作可以依照使用新技能的方式重新设计 ● 反馈结果：主管应关注那些应用培训内容的受过培训的管理者 ● 不轻易惩罚：对使用从培训中获得的新技能和行为方式的受训者不公开指责 ● 外部强化：受训者会因应用从培训中获得的新技能和行为方式而受到物质方面的奖励 ● 内部强化：受训者会因应用从培训中获得的新技能和行为方式而受到精神方面的奖励
阻碍培训成果转化的主要因素	● 与工作有关的因素（缺乏时间、资金，设备不合适，很少有机会使用新技能） ● 缺乏同事支持 ● 缺乏管理者支持

资料来源：诺伊. 雇员培训与开发：第 6 版. 北京：中国人民大学出版社，2015.

四、企业培训与开发系统的全景展示——学习地图

（一）学习地图的概念及重要性

学习地图（learning maps）是依据员工职业生涯发展而拟定的员工个性化的培训课程体系，是基于职位能力而设计的员工快速胜任职位的学习路径图，同时也是每一个员工实现其职业生涯发展的学习路径图和全员学习规划蓝图。它是以能力发展路径和职业规划为主轴设计的一系列学习活动，是员工在企业内学习发展路径的直接体现。在这些学习活动中，既有传统的课程培训，也包括其他新兴学习方式，诸如行动学习、在线学习等。

学习地图是组织内员工职业发展过程中的动力来源和方向指引，它将基于胜任力的核心课程表与能力模型、员工职业生涯发展有机对接，以促进员工培训向员工学习转型，有效牵引员工的学习发展和能力提升。对于企业自身而言，学习地图是培训管理的指南针，从统一的视角建立系统科学的培训规划，确定适合的学习方式，为员工提供相应的学习活动。对员工来说，学习地图能清晰地告知员工每个阶段的学习内容、努力的方向和目标。图 10 - 11 显示了员工职业发展路径。

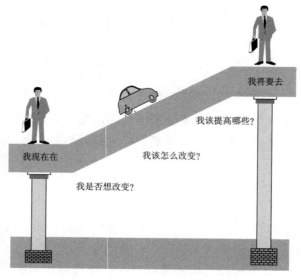

图 10 - 11　员工职业发展路径示意图

（二）学习地图建立的步骤

要建立学习地图，首先要利用工作分析中获得的信息梳理各职位工作职责，撰写或完善职位说明书；其次根据职责梳理，完成职类职种划分；然后结合公司业务流程和发展规划，设计不同类别、不同层级人员的能力素质标准，设计能力素质模型；之后根据能力素质标准，推导整理知识、技能和能力等方面的学习要点，建设学习资源库；最后绘制学习地图。

1. 工作分析

通过结构化访谈、工作流程分析、跟岗观察等方法，进行工作内容的汇总整理。通过鱼骨图分解法逐条分解工作模块和行为要项，获得职位的工作职责与工作标准要点。

图 10-12 显示的是如何通过鱼骨图分解法分解某财险公司报价岗的岗位职责。

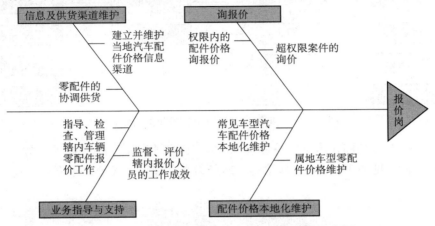

图 10-12　某财险公司报价岗岗位职责鱼骨图分解

2. 职类、职种划分

根据战略与经营模式划分业务功能模块，然后划分支撑各业务模块的子模块，分析现有职位，根据职业性质的相近性分类（即职类、职种），最后根据每个职种员工任职资格的不同，划分为不同的层级（见图 10-13）。

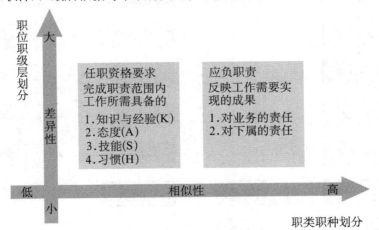

图 10-13　职类职种划分依据

职类职种划分的目的是在公司内部开辟多重员工职业生涯发展通道，明确员工职业发展的前景与目标，为构建分层分类的人力资源管理体系奠定基础。

以某财险公司车险条线职类职种划分为例。车险条线核心业务为承保和理赔，根据业务流程和风险管控的要求，应将这两类人员划分为不同的职类。管理类是有别于具体业务操作的另一类重要人员，这类人员在能力素质、专业要求和发展通道等方面都有别于承保、理赔人员，应划为单独职类。除承保、理赔及管理职类外，车险条线中的其他专业技术人员都承担辅助支持工作，应划为单独职类。图 10 - 14 显示了车险条线的职类划分。

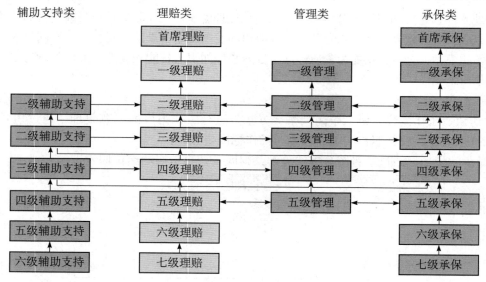

图 10 - 14　某财险公司车险条线职类划分总图

然后根据各岗位工作性质和岗位专业要求的不同，将职类划分为不同的职种。如承保类又划分为出单、核保和产品开发三个职种（见图 10 - 15）；理赔类又划分为查勘理算、报价、车损、人伤、诉讼、核赔等职种（见图 10 - 16）。

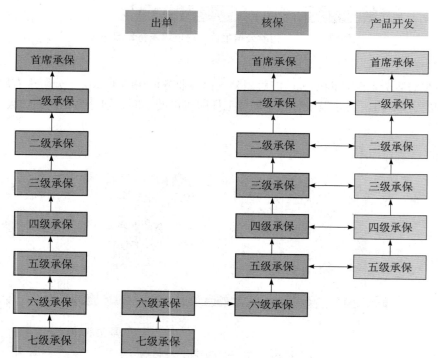

图 10 - 15　某财险公司承保类职种划分

员工并非只有一条职业发展通道。随着个体能力的提升，员工可以依据组织需要和能力差异在不同职业发展通道中进行选择。例如，在图 10 - 17 中，某承保类员工既可以在承保通道发展，又可以朝理赔和管理方向发展。

跨通道发展应遵循以下原则：

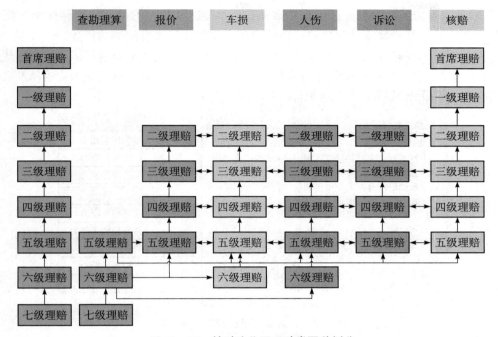

图 10 - 16 某财险公司理赔类职种划分

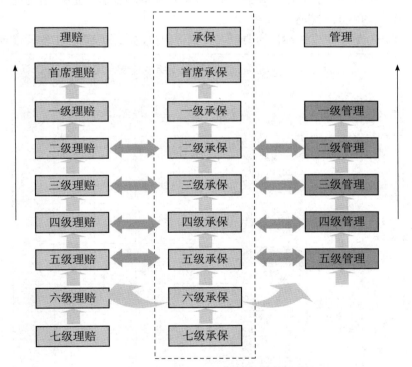

图 10 - 17 某财险公司跨通道发展示意图

- 跨通道发展要求专业和能力差距较小或具有可承接性；
- 跨通道发展要有利于组织发展；
- 跨通道发展员工要同时符合原通道和跨通道的能力素质标准要求。

3. 能力素质模型设计

能力素质模型是学习地图的关键支撑，以职类/职种和职级为基础，明确不同职类/职种的员工在不同成长阶段的能力要素和主要行为表现，反映职业发展不同阶段的能力要求。可以通过对公司中高层领导、各职类/职种高绩效任职者、专家的访谈及验证，运用多种分析手段建立胜任力模型，确保这个模型紧密围绕公司战略并具备以下四个特点：可衡量或可观察的、全面的、独立的并且具有清晰的描述。

关键事件访谈法（BEI）是能力素质模型设计常用的方法。它是指在特定的情景下，观察绩优人员和一般人员对特定情景的不同反应，找出其在处理具体问题背后能力素质的差异，从而确定能力素质标准（见图 10 - 18）。

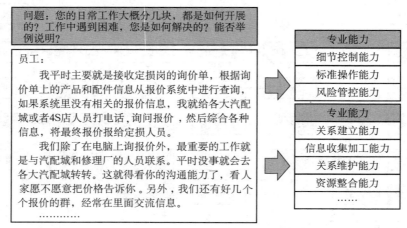

图 10 - 18 关键事件访谈法推导专业能力

下面以某财险公司报价职种能力素质模型建立的过程为例加以分析。通过结构化访谈、工作流程分析、跟岗观察等方法，进行工作内容的汇总整理工作。

通过鱼骨图分解法逐条分解工作模块和行为要项，可获得岗位的工作职责与工作标准要点（见图 10 - 19）。

行为要项分解			五级理赔	四级理赔	三级理赔	二级理赔
业务域	业务模块	责任要项	是否包含此责任要项	是否包含此责任要项	是否包含此责任要项	是否包含此责任要项
报价	询报价	及时接收下级机构的询价单，根据询价单上的产品和配件信息从报价系统中进行查询，完成零配件报价	是	是	否	否
		对于报价系统中没有包含的非常见配件,向上级机构或外部报价系统进行询价	是	是	否	否
	报价数据库建立与维护	协调和整合公司内部和外部报价信息资源，组织开展报价系统数据库建设	否	否	是	是
		定期获取、更新、整理配件市场价格变化信息	是	是	否	否
		负责车辆配件询报价系统的维护与更新	是	是	否	否
		及时向信息维护岗反馈扩充零配件价格信息的需求和数据质量问题	是	是	否	否
	信息及供货渠道维护	建立、维护当地汽车配件价格信息渠道和供货渠道	否	否	是	是
		零配件的协调供货	否	否	是	是
		维护与报价系统提供方及重要供应商的日常联系	是	是	是	否
		监督数据供应商提供的数据质量和数据更新的及时性	是	是	是	否

图 10 - 19 行为要项推导

通过对岗位工作职责的不断细化，找到岗位最小单元责任要项，然后采用关键事件访谈法并结合既往经验，汇总整理员工完成每个责任要项所需具备的能力素质要求（见图 10-20）。

业务域	业务模块	责任要项	对应能力要项
报价	询报价	及时接收下级机构的询价单，根据询价单上的产品和配件信息从报价系统中进行查询，完成零配件报价	信息收集加工能力
			标准作业能力
		对于报价系统中没有包含的非常见配件，向上级机构或外部报价系统进行询价	语言表达能力
			关系建立与维护能力
	报价数据库建立与维护	协调和整合公司内部和外部报价信息资源，组织开展报价系统数据库建设	资源整合能力
			组织协调能力
		定期获取、更新、整理配件市场价格变化信息	关系建立与维护能力
			信息收集加工能力
		负责车辆配件询报价系统的维护与更新	信息系统维护能力
		及时向信息维护岗反馈扩充零配件价格信息的需求和数据质量问题	信息收集加工能力
			归纳总结能力
			语言表达能力
	信息及供货渠道维护	建立、维护当地汽车配件价格信息渠道和供货渠道	关系建立与维护能力
		零配件的协调供货	组织协调能力
		维护与报价系统提供方及重要供应商的日常联系	客户关系维护能力
			供应商管理能力
		监督数据供应商提供的数据质量和数据更新的及时性	细节控制能力
			判断决策能力
			风险管理能力
			供应商管理能力

图 10-20 能力素质模型推导

通过分析行为要项和能力素质标准所对应的知识点，获得员工胜任某岗位所应具备的知识、技能、能力的知识点，进行学习地图推导（见图 10-21）。其中，专业技能课程是提升简单操作技能的课程；专业能力课程是提升潜在能力和素质的课程。

业务域	业务模块	专业技能课程
报价	询报价	
	报价审核与监管	理赔实务
	报价争议处理	报价操作规范课程
	信息及供货渠道维护	业务系统操作课程
	报价数据库建立与维护	信息系统建设课程
	报价体系及报价管理平台搭建	

图 10-21 学习地图推导

4. 基于能力的学习资源库建设

绘制员工学习地图的一个重要环节是，按照能力提升需求为员工确定和开发相应的学习课程与培养方案。针对不同职类/职种和职级，基于胜任力的匹配，从培训方法、培训内容和培训师资三个方面，明确每项能力及能力等级对应的学习内容、学习形式和受众群体，梳理建立适用于各职类/职种和胜任力的核心课程体系。图 10-22 显示了某财险公司报价职种基于能力的学习资源库。

学习要点开发				级别	五级理赔	四级理赔	三级理赔	二级理赔
课程分类	课程名称	培训方法	课程知识点		要求	要求	要求	要求
专业技能课程	理赔实务	授课讲解/现场观摩/自我学习	接报案及调度流程		了解	了解	掌握	熟悉
			查勘定损工作流程		了解	熟悉	熟悉	熟悉
			人伤调查工作流程		NA	NA	了解	了解
			报价工作流程		了解	熟悉	掌握	精通
			核价核损工作流程		了解	熟悉	熟悉	掌握
			医疗审核工作流程		NA	NA	了解	了解
			立案及理算缮制工作流程		了解	了解	了解	了解
			核赔工作流程		了解	了解	熟悉	熟悉
			特殊赔案处理		NA	了解	了解	了解
	报价操作规范课程	授课讲解/现场观摩/自我学习	报价岗工作内容		了解	熟悉	掌握	精通
			报价岗工作要求		了解	熟悉	掌握	精通
			报价岗操作流程		了解	熟悉	掌握	精通
			报价岗操作规范		了解	熟悉	掌握	精通
			报价岗考核要点		了解	熟悉	掌握	精通
			报价争议处理		了解	熟悉	掌握	精通

图 10-22　某财险公司报价职种基于能力的学习资源库

说明：图中"NA"表示不需要。

5. 绘制学习地图

根据不同职类/职种成长路径要求，将学习资源整理形成相应的晋级包，至此可形成清晰完整的企业学习地图，它展示了不同职类/职种、不同阶段素质要求及对应的学习资源。员工可以同时关注本专业族群和其他职类/职种的成长路径图、核心课程。通过学习地图，一名新员工可以找到自己从进入企业开始，直至成为公司内部专家的学习发展路径。学习地图是面对员工个人的，旨在让员工快速了解个人成长过程中的学习路径，以及个人成长与组织战略目标实现之间的关联，这就保证了学习地图不会被束之高阁。

如某财险公司根据能力素质模型针对报价职种绘制了四类知识的学习地图（见图 10-23 至图 10-26）。随着级别的上升，员工所需掌握的知识量与深度也有所增加。

（三）员工职业发展通道与学习地图

如果员工在某一条通道（职种）内向高级别发展，那么员工需要具备晋升上个级别的晋级包知识。如 6 级查勘理算晋升到 5 级，需要培训"晋级包 5"的课程。如果员工跨通道发展，那么需要具备相应的转岗包知识。如人伤 3 级晋升到车损 3 级，需要培训相应的"转岗包 A_1"知识。图 10-27 显示了某财险公司职业发展通道与学习地图的关系。

课程分类	专业技能																						
课程名称	理赔实务									报价操作规范课程					业务系统操作课程				信息系统建设课程				
培训方法	授课讲解/现场观摩/自我学习									授课讲解/现场观摩/自我学习					授课讲解/在岗学习/自我学习				授课讲解/导师辅导/座谈讨论				
课程知识点	接报案及调度工作流程	查勘定损工作流程	人伤调查工作流程	报价工作流程	核价核损工作流程	医疗审核工作流程	立案及理算缮制工作流程	核赔工作流程	特殊赔案处理	报价岗工作内容	报价岗工作要求	报价岗操作流程	报价岗操作规范	报价岗考核要点	系统简介	业务处理范围	系统操作流程	系统登录与退出	需求调查与分析	可行性研究	信息系统总体规划	信息系统设计	信息系统实施与测试
二级理赔	熟悉	熟悉	了解	精通	掌握	了解	了解	熟悉	了解	精通	精通	精通	精通	精通	精通	精通	精通	精通	熟悉	熟悉	熟悉	熟悉	熟悉
三级理赔	熟悉	熟悉	了解	掌握	熟悉	了解	了解	熟悉	了解	掌握	掌握	掌握	掌握	掌握	掌握	掌握	掌握	掌握	了解	了解	了解	了解	了解
四级理赔	了解	熟悉	NA	熟悉	熟悉	NA	了解	了解	了解	熟悉	熟悉	熟悉	熟悉	熟悉	熟悉	熟悉	熟悉	熟悉	NA	NA	NA	NA	NA
五级理赔	了解	了解	NA	了解	了解	NA	了解	了解	NA	了解	了解	了解	了解	了解	了解	了解	了解	了解	NA	NA	NA	NA	NA

图 10-23　某财险公司报价职种专业技能课程

说明：图中"NA"表示不需要。

课程分类	专业能力																
课程名称	管理能力课程								客户管理课程								
培训方法	授课讲解/现场观摩/案例研究/座谈讨论								授课讲解/案例研究/座谈讨论/现场观摩								
课程知识点	从技术走向管理的角色定位和角色转换	从技术走向管理必备的好习惯	研发管理者如何与领导沟通	目标与计划	组织与分派工作	控制与纠偏	领导与励激	成功实现从技术向管理转变的关键	客户管理的认识	如何建立客户关系	如何保持客户忠诚度	如何挽留流失的客户	管理客户生命周期	建设与管理客户信息库	渠道客户关系管理	大客户关系管理	客户关系管理与营销
二级理赔	掌握	掌握	掌握	掌握	掌握	掌握	掌握	掌握	精通	精通	精通	精通	精通	精通	精通	精通	精通
三级理赔	熟悉	熟悉	熟悉	熟悉	熟悉	熟悉	熟悉	熟悉	掌握	掌握	掌握	掌握	掌握	掌握	掌握	掌握	掌握
四级理赔	了解	了解	了解	了解	了解	了解	了解	了解	熟悉	熟悉	熟悉	熟悉	熟悉	熟悉	熟悉	熟悉	熟悉
五级理赔	NA	NA	NA	NA	NA	NA	NA	NA	了解	了解	了解	了解	了解	了解	了解	了解	了解

图 10-24　某财险公司报价职种专业能力课程

说明：图中"NA"表示不需要。

课程分类	基础能力																				
课程名称	人际沟通课程					团队合作课程					自我学习课程							服务意识课程			
培训方法	授课讲解/在岗学习/自我学习					授课讲解/在岗学习/自我学习					授课讲解/在岗学习/自我学习							授课讲解/在岗学习/自我学习			
课程知识点	沟通的基本内容	沟通的障碍	服务中的沟通技巧	职场沟通	客户沟通技巧	团队合作的重要性	如何融入团队	团队内沟通技巧	团队冲突解决方法	团队领导与激励	学习的必要性	树立学习目标	掌握正确的学习方法	学习目标与计划制定	学习的自我评价与调节	信息时代的学习	时间管理能力	什么是服务	服务的重要性	如何提高服务质量	案例分析
二级理赔	精通	精通	精通	精通	精通	精通	精通	精通	精通	精通	精通	精通	精通	精通	精通	精通	精通	精通	精通	精通	精通
三级理赔	掌握	掌握	掌握	掌握	掌握	掌握	掌握	掌握	掌握	掌握	掌握	掌握	掌握	掌握	掌握	掌握	掌握	掌握	掌握	掌握	掌握
四级理赔	熟悉	熟悉	熟悉	熟悉	熟悉	熟悉	熟悉	熟悉	熟悉	熟悉	熟悉	熟悉	熟悉	熟悉	熟悉	熟悉	熟悉	熟悉	熟悉	熟悉	熟悉
五级理赔	了解	了解	了解	了解	了解	了解	了解	了解	了解	了解	了解	了解	了解	了解	了解	了解	了解	了解	了解	了解	了解

（报价通道）

图 10-25　某财险公司报价职种基础能力课程

课程分类	基础知识																				
课程名称	保险知识课程							车辆知识课程													
培训方法	授课讲解/导师辅导/在岗学习/自我学习							授课讲解/导师辅导/在岗学习/自我学习													
课程知识点	保险与法的基本知识	保险法相关条款	保险合同相关知识	互动业务相关法规	公司承保政策	民事诉讼法、裁法、侵权责任法等相关法律、合同法、继承法、仲	道路交通安全法	汽车的组成	汽车的定义及分类	汽车配件	发动机原理	车辆电子、电器系统	汽车悬挂系统	汽车修理基础	铭牌	汽车的编号规则、汽车VIN代码解读汽车	汽车的功能构成	车身分类及构成	高端车、特殊车型与新车型相关知识	高档车辆外观易损件维修标准及工艺	承载式和车架式车身结构及板件
二级理赔	精通	精通	精通	精通	精通	精通	精通	精通	精通	精通	精通	精通	精通	精通	精通	精通	精通	精通	精通	精通	精通
三级理赔	掌握	掌握	掌握	掌握	掌握	掌握	掌握	掌握	掌握	掌握	掌握	掌握	掌握	掌握	掌握	掌握	掌握	掌握	掌握	掌握	掌握
四级理赔	熟悉	熟悉	熟悉	熟悉	熟悉	熟悉	熟悉	熟悉	熟悉	熟悉	熟悉	熟悉	熟悉	熟悉	熟悉	熟悉	熟悉	熟悉	熟悉	熟悉	熟悉
五级理赔	了解	了解	了解	了解	了解	了解	了解	了解	了解	了解	了解	了解	了解	了解	了解	了解	了解	了解	了解	了解	了解

（报价通道）

图 10-26　某财险公司报价职种基础知识课程

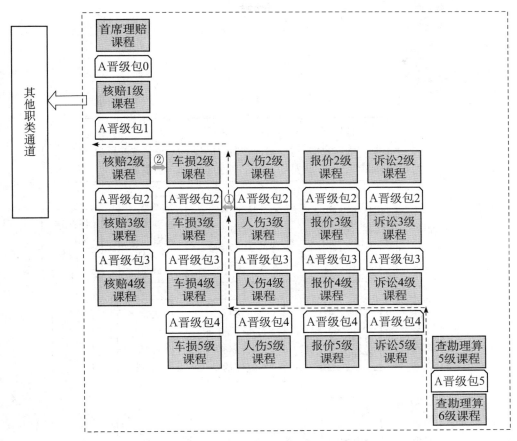

图 10 - 27 某财险公司职业发展通道与学习地图

说明：图中①为转岗包 A_1，②为转岗包 A_2。

第 4 节　培训效果评估

一、培训效果评估的程序与方法

　　培训效果评估是一个运用科学的理论、方法和程序，从培训结果中收集数据，并将其与整个组织的需求和目标联系起来，以确定培训项目的优势、价值和质量的过程，其实质是对培训信息进行效益评价的过程。

　　培训效果评估是一个完整的培训流程的最后环节，它是对整个培训活动实施成效的评价与总结，而评估结果又是以后培训活动的重要输入，为下一个培训活动的培训需求的确定提供了重要信息。培训效果评估要通过不同测量工具评价培训目标的达成度，并据此判断培训的有效性以作为未来举办类似培训活动的参考。它是一个系统地收集有关人力资源开发项目的描述性和评判性信息的过程，其目的是便于企业在选择、调整各种培训活动以及判断其价值时作出更明智的决策。图 10 - 28 显示了培训评估的实施流程。

　　培训评估的方法有多种，表 10 - 7 列出了一些方法。

　　值得注意的是，得到培训结果并不意味着工作的结束。在进行培训评估后，企业需要根据评估结果来审视整个培训过程，并判断培训目标是否已经有效达成。通常情况下需要对培训项目进行调整和改造，并与有关部门沟通调整的结果。

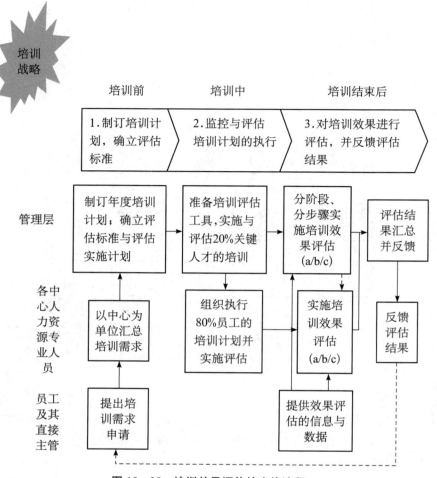

图 10 - 28　培训效果评估的实施流程

表 10 - 7　培训效果评估的方法

方法	具体的过程	优点	缺点
访谈	和一个或多个人进行交谈，以了解他们的信念、观点和观察到的东西	● 灵活 ● 可以进行解释和澄清 ● 能深入了解某些信息 ● 私人性质的接触	● 引发的反应在很大程度上是回应性的 ● 成本很高 ● 面对面的交流有障碍 ● 需要花费很多人力 ● 需要对观察者进行培训
问卷调查	用一系列标准化的问题去了解人们的观点和观察到的东西	● 成本低 ● 匿名的情况下可提高可信度 ● 可以在匿名的情况下完成 ● 填写问卷的人可以自己掌握速度 ● 有多种答案选项	● 数据的准确性可能不高 ● 如果是在工作中完成问卷填写，那么对这个过程很难进行控制 ● 不同的人填写问卷的速度不同 ● 无法保证问卷回收率
直接观察	对一项或多项任务的完成过程进行观察和记录	● 不会给人带来威胁感 ● 是测量行为改变的极好的途径	● 可能会打扰当事人 ● 可能会造成回应性的反应 ● 可能不可靠 ● 需要受过训练的观察者

续表

方法	具体的过程	优点	缺点
测验和模拟	在结构化的情景下分析个人的知识水平或完成某项任务的熟练程度	● 费用低 ● 容易记分 ● 可迅速批改 ● 容易施测 ● 可大面积采样	● 可能会带来威胁感 ● 也许与工作绩效不相关 ● 对模拟的依赖可能会歪曲个人的绩效 ● 可能有文化带来的偏差
档案记录分析	使用现有的信息，比如档案或报告	● 可靠 ● 客观 ● 与工作绩效关系密切	● 要花费大量的时间 ● 对现实进行模拟往往很困难 ● 开发成本很高

二、柯氏模型

柯氏四级培训评估模型即柯氏模型（Kirkpatrick Model），由国际著名学者威斯康星大学教授唐纳德·柯克帕特里克（Donald L. Kirkpatrick）于 1959 年提出，是世界上应用最广泛的培训评估工具，在培训评估领域具有难以撼动的地位。柯氏模型的应用包括以下四个阶段：

阶段一：对员工的培训反应进行评估

在培训结束时，向员工发放满意度调查表，征求员工对培训的反应和感受。主要包括：对讲师培训技巧的反应，对课程内容设计的反应，对教材挑选及质量的反应等。员工最了解他们完成工作所需要的是什么。如果员工对课程的反应是消极的，就应该分析是课程开发设计的问题还是实施带来的问题。这一阶段的评估还未涉及培训的效果。员工能否将学到的知识技能应用到工作中去还不确定。但这一阶段的评估是必要的。受训者的兴趣、受到的激励、对培训的关注对于任何培训项目都重要。同时，在对培训进行积极的回顾与评价时，员工能够更好地总结他们所学的内容。

阶段二：对员工的学习效果进行评估

确定员工在培训结束时，是否在知识、技能、态度等方面得到了提高。实际上要回答一个问题："受训者学到东西了吗？"这一阶段的评估要求对员工参加培训前和培训结束后知识技能测试的结果进行比较，以了解他们是否学到新的东西。这一评估的结果可用于对培训设计中设定的培训目标进行核对，也可用于评价讲师的工作是否有效。但此时仍无法确定参加培训的人员能否将他们学到的知识与技能应用到工作中去。

阶段三：对员工培训后行为的改变进行评估

这一阶段的评估要确定受训者在多大程度上通过培训而发生行为上的改进。可以对受训者进行正式的测评或采用非正式的方式（如观察）来评估。总之，要回答一个问题："人们在工作中使用他们所学到的知识、技能和态度了吗？"尽管这一阶段的评估数据较难获得，但意义重大。只有受训者真正将所学的东西应用到工作中，才达到了培训的目的。只有这样，才能为开展新的培训打下基础。需要注意的是，这一阶段的评估只有在员工回到工作中时才能实施，一般要求与受训者一同工作的人员如督导人员等参与进来。

阶段四：对培训后实际产生的成果进行评估

这一阶段的评估要考察的不是受训者的情况，而是从部门和组织的层面了解因培训而带来的改变，既可能是经济上的，也可能是精神上的。要回答："培训为企业带来了什么影响？"如产品质量得到了提高，生产效率得到了提高，客户的投诉减少，等等。这一阶段的评估费用高，用时长，难度大，但对企业的意义是最重要的。

综上，柯氏模型的主要内容如表 10－8 所示：

表 10-8　柯氏模型的主要内容

评估方面	主要内容
反应评估	评估受训者的满意程度。员工最清楚他们完成工作所需要的是什么。如果员工对课程的反应是消极的，就应该分析是课程开发设计的问题还是实施带来的问题
学习评估	测定受训者的学习获得程度。确定员工在培训结束时，是否在知识、技能、态度等方面得到了提高。实际上要回答一个问题："受训者学到东西了吗？"这一阶段的评估要求对员工参加培训前和培训结束后知识技能测试的结果进行比较，以了解他们是否学到新的东西
行为评估	考察受训者的知识运用程度。这一阶段的评估要确定受训者在多大程度上通过培训而发生行为上的改进。可以对参加者进行正式的测评或采用非正式的方式（如观察）来评估。总之，要回答一个问题："人们在工作中使用他们所学到的知识、技能和态度了吗？"
成果评估	计算培训带来的经济效益。这一阶段的评估要考察的不是受训者的情况，而是从部门和组织的层面了解因培训而带来的改变。即要回答"培训为企业带来了什么影响？"

三、培训效果评估的指标设计

培训效果评估的指标体系设计可以从定量和定性两方面进行。定量的结果可以通过对劳动生产率、人均利润贡献率、员工满意度、员工忠诚度（流失率）等相关数据的对比分析得到；定性的分析范围更广，可以从企业战略实施程度、新型企业文化的建立、企业对环境的适应性等方面加以分析。所有这些数据都可以归为硬数据和软数据两类（见表 10-9）。

表 10-9　评估指标体系设计

数据类型	项目	评估指标
硬数据	产量	生产的数量、制造的吨数、装配的件数、售出件数、销售额、窗体加工数量、贷款批准数量、存货的流动量、探视病人的数量、对申请的处理数量、毕业的学员数量、任务的完成数量、订货量、奖金、发货量、新建的账目数量
	质量	废品、次品、退货、出错比率、返工、缺货、与标准的差距、产品瑕疵、生产故障、存货的调整、工作顺利完成的比例、事故数量、客户投诉
	成本	预算的变化、单位成本、财务成本、流动成本、固定成本、营业间接成本、运营成本、延期成本、罚款、项目成本节约、事故成本、规划成本、销售费用、管理成本、平均成本节约
	时间	运转周期、对投诉的应答时间/次数、设备的停工时间/次数、加班时间、贷款的处理时间、管理时间、培训时间、开会时间、修理时间、效率（以时间为基础）、工作的中断时间、对订货的回应时间、晚报告时间、损失的时间（天数）
软数据	工作习惯	旷工、消极怠工、看病次数、违反安全规定、沟通破裂的次数、过多的休息
	新技能	决策、问题的解决、冲突的避免、成功提供咨询、倾听理解能力、阅读速度、对新技能的运用、对新技能的运用意图、对新技能的运用频率、新技能的重要性
	氛围	不满的人数、歧视次数、员工的投诉、工作满意度、组织的承诺、员工的离职率
	满意度	赞成性反应、工作满意度、态度的变化、对工作职责的理解、可观察到的业绩变化、员工的忠诚度、信心的增加、客户的满意度
	主动性	新想法的实施、项目的成功完成、对建议的实施量、设定目标

硬数据和软数据各有优缺点。硬数据比较客观，容易衡量和量化，更容易转化成货币价值，衡量管理业绩的可靠性很高，是衡量组织机构业绩的常用标准。相比之下，软数据在多数情况下是主观性的，有时很难衡量和量化，很难转化成货币价值，作为业绩的衡量标准可信度较差，而且往往是行为导向的。但软数据更具有弹性和动态性，弥补了硬数据单一、固化、抽象的缺点，同时运用两者可以使评估的效果更加真实可靠。在实际的评估工作中，我们还应该注意考察一些具有明显特征的指标（如表 10-10 所示）。

表 10-10 常见指标分类

等级	正向指标	负向指标
反应和既定活动	上课准时，课程中点头、微笑、参与度高、笑声多、精神集中、手机干扰少	打瞌睡、缺席、迟到、早退、借故不参加、无精打采、干扰多、私下讲话、抱怨连连
学习	课后对内容有清晰的记忆，能明确说出重点与收获，能说出主要的观念与技巧	记忆模糊，说不出所以然，观念不清晰，忘记重要内容，看教材依然说不出重点
行为	感觉课程很实用，与工作配套，很解渴，与行业或公司情况很类似，学到的东西可以立即使用	与现实脱节，与现状不符，无法运用，太抽象，缺乏必要的技巧与细节，案例不切实际
业务结果	回到工作现场后，改变工作态度、行为或工作方式	依然故我，我行我素，没有任何变化
投资回报率	培训带来的效果或解决的问题与所付出的直接与间接成本相比，回报大于投资	比较结果与成本，回报小于投资

即时案例 10-3

迪士尼的员工培训

全球有六个迪士尼乐园，其中位于美国佛罗里达州和加利福尼亚州的迪士尼乐园经营时间较长并创造了很好的业绩，不过不及日本东京迪士尼乐园。美国加利福尼亚州迪士尼营业了 20 多年，有 2 亿人参观；东京迪士尼的最高纪录是一年有 1 700 万人参观。

到东京迪士尼去游玩，人们不大可能碰到迪士尼的经理，门口卖票和剪票的也许只会碰到一次，碰到最多的还是扫地的清洁工。所以东京迪士尼对清洁员工非常重视，将更多的训练和教育大多集中在他们的身上。

从扫地的员工培训起

东京迪士尼扫地的有些员工是暑假打工的学生，虽然他们只扫两个月时间，但是培训他们扫地要花 3 天时间。

（1）学扫地。第一天上午要培训如何扫地。扫地有三种扫把：一种是用来扫树叶的，一种是用来刮纸屑的，一种是用来掸灰尘的，这三种扫把的形状都不一样。怎样扫树叶，才不会让树叶飞起来？怎样刮纸屑，才能把纸屑刮得干净？怎样掸灰尘，才不会让灰尘飘起来？这些看似简单的动作都会严格培训。在开门时、关门时、中午吃饭时、距离客人 15 米以内等情况下都不能扫地。

（2）学照相。第一天下午学照相。十几台世界最先进的数码相机摆在一起，有多种品牌，每台都要学，因为客人可能会叫员工帮忙照相。

（3）学换尿布。第二天上午学怎么给小孩换尿布。孩子的妈妈可能会叫员工帮忙抱一下小孩，如果员工不会抱小孩，动作不规范，就不能给顾客帮忙。员工不但要会抱小孩，还要会替小孩换尿布。

（4）学辨识方向。第二天下午学辨识方向。顾客会问各种各样的问题，每一名员工要把整个迪士尼的地图都熟记在脑子里，对迪士尼的每一个方向和位置都要非常清楚。

训练 3 天后，东京迪士尼会发给员工 3 把扫把，让他们开始扫地。

会计人员也要直接面对顾客

有一种员工是不太接触客户的，那就是会计人员。迪士尼规定：会计人员在入职前两三个月，每天早上上班时要站在大门口，对所有进来的客人鞠躬、道谢。顾客是员工的"衣食父母"，有了真切的感受后，会计人员会更了解顾客，更认真地投入工作。

东京迪士尼还重视以下方面的培训：游迪士尼的小孩很多，迪士尼的员工碰到小孩问话，都要蹲下，不让小孩抬着头去跟员工讲话。因为小孩是未来的顾客，会再回来的，所以要特别重视。

资料来源：http://www.hrsee.com/?id=1333.

第5节 人力资源培训与开发的对标管理

一、标杆管理的内涵与实施流程

标杆管理实践始于20世纪70年代末80年代初美国企业"学习日本经验"的运动，由施乐公司首开标杆管理先河，随后西方企业相继开展标杆管理，形成了"标杆管理浪潮"。标杆管理与企业再造、战略联盟一起并称为90年代三大管理方法。据统计，1996年世界500强企业中有近90％的企业运用了标杆管理，如施乐、AT&T、福特、IBM等行业领袖。此外，随着各国政府部门对其产业、企业和国家国际竞争力的重视，标杆管理在许多国家成为持续提高竞争力的一种制度工具，例如，在美国、欧洲各国、日本、加拿大等，已经建立了政府性质或准政府性质的标杆管理专门机构，来组织协调标杆管理工作。

标杆管理是指企业持续不断地将自己的产品、服务及管理实践活动与最强的竞争对手或那些被公认为行业领袖的企业的产品、服务及管理实践活动进行对比分析的过程。它实质上是一种为促进企业绩效的改进和提高而寻找、分析并研究优秀的产品、服务、设计、机器设备、流程及管理实践的系统方法和过程。

标杆管理的流程可归纳为6D模型。图10-29显示了华夏基石管理咨询集团的标杆管理6D模型。

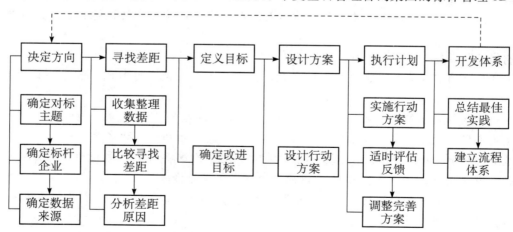

图10-29 华夏基石的标杆管理6D模型

关于标杆管理的实施条件、具体流程以及评估步骤，在本书第7章第3节已有详细介绍，本章不再赘述。

标杆管理是一个动态和长期渐进的过程，一个对标项目结束后，企业应该在实践中发现新的突破点，针对内外部需求确定新的对标主题，进入下一轮的对标管理。

二、建立对标模型

对标是指选取国内外标杆企业的培训与开发体系作为对标对象，从组织定位、运营管理、培训体系等模块入手进行对比分析的过程，目的是缩小与国际一流企业的差距，构建职业化、规范化、专业化的培训开发体系。

根据培训开发体系的评估因素，可区分对标的各个维度，建立培训开发体系对标模型，展开评估（见表 10-11）。

表 10-11　培训开发体系对标模型

评估因素	维度
组织定位与管理机制	发展规划与定位
	政策效度
能力模型与能力体系	能力体系
课程体系	系统结构
	自有课程开发
	课程引进
	课程认证
运营管理	教学/培训设计
	教学/培训管理
	教学/培训评估
支撑系统	IT 网络教学
	讲师体系
	学员管理

培训开发体系对标诊断结果如图 10-30 所示。

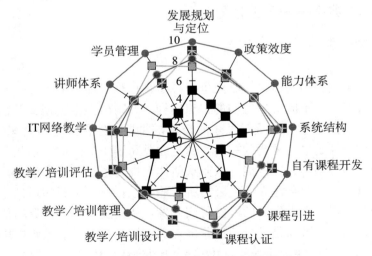

图 10-30　培训开发体系对标诊断结果

对标不是盲目模仿、完全照搬，而是遵从自身发展战略及企业文化，结合企业管理实践进行设计和改进。要避免以下几个误区：

（1）对标认识不到位。在对标实践中，如果没有深入分析企业现状，未对自身的现实情况进行认真调查分析，就不能准确发现自身的问题和不足，不能精准地找出与先进企业之间的差距，在此基础上确定的对标内容和对标方向就会发生偏差，造成盲目寻找标杆，一味模仿和照搬，只能学到形式上的东西。

企业培训对标是一个持续改进的动态管理过程，把对标看作短期行为，只会使企业在发展过程中故步自封，畏缩不前。

（2）重视指标，轻视理念和过程。在实际操作中，基层机构不仅要重视可视的结果，更要关注隐藏的理念。从精细化管理角度分析，对标的目的在于通过对标准、标杆、标兵的理性分析，学习和借鉴其经营管理理念，提升企业管理水准，其核心理念是"通过标杆找差距，通过差距找问题，通过问题挖潜力"，而"比成绩，比效果，比结果"的短期化理念将导致对标的结果充满异变。对标应成为一种常态。

对标要求从理念上寻求适宜自我发展的标准、标杆、标兵，从最基层、最基础的地方入手，从最薄弱、最迫切的环节入手。对标是一个相对值，而非绝对值。结合基层创优分析，通过思维模式的变革，在理念上不断追求进步，实现创新，才能取得实效。

（3）重视业绩，轻视实效。当对标和创优联姻时，企业既要注重业绩，更要注重实效，因此，在标准、标杆、标兵的确立方面，如果水平过低，伸手可得，就失去了实操意义；如果要求过高，望尘莫及，就变成了纸上谈兵，导致"寻标"时脱离实际。标杆过低或者过高，会导致企业培训对标失去实际意义。由此看来，选择风险系数和难度系数较小的标杆，"起点低，业态好，操作易，见效快"，可使企业在短期内快速达标甚至超标，但从长期发展战略来看，则会使企业失去活力。

（4）重视赶超速度，轻视发展质量。有的企业在未完全理解创优和企业培训对标的意义和程序之前，就急忙实施对标，急功近利的做法往往适得其反。企业培训对标是一个不断改进的 PDCA 循环过程，需要持久的推进、精细的运作，过分追求速度而轻视质量，只会拔苗助长。

（5）重视照搬模仿，忽视吸收创新。在企业培训对标过程中，把标杆企业的案例和指标视为法典的情况比比皆是，但对于找到适合自己的模仿对象研究不够。对标不是一味模仿，需要根据企业文化和成本收益等进行一定的调整优化。

三、最佳企业实践

（一）以人为本的标准典范——三星公司

三星公司有完善的培训体系，主要特色在于：

1. 以人为本的理念

三星的管理层很早就认识到公司发展的核心竞争力源于掌握核心能力的人才。当企业招聘到发展所需的人才后，要对人才进行合理经营，不断更新他们的知识结构，鼓励他们不断创新并超越自我，从而适应瞬息万变的企业生存环境。因此，三星十分注重对人才的经营，并且将经营人才与公司的中长期战略结合起来。在三星的经营战略中，人才经营是最为重要的一环，越是在公司困难的时候，越是利用更多的培训机会来武装员工，更新他们的知识，提升每个人的技能，从而从整体上提升组织的运营能力。三星用事实证明，通过系统的、战略性的培训，可以把一个普通人变成公司所需的人才；通过不断的培训，可以使公司现有的人力资源得到很好的利用，同时使现有人力资源的潜能得到开发，从而实现人力资源增值的目的。大量的事实证明了三星的人才经营哲学：人才是可以通过培训培养出来的。如三星电子前数码媒体网络事业部总经理陈大济，1985 年由大宇进入三星，1989 年担任理事，1992 年升为协理，1994 年成为专务，1996 年晋升为公司副总经理，是当时三星最年轻的副总经理，2000 年成为总经理。

三星的培训体系充分考虑了员工自我发展的需要和企业经营战略的需要。三星根据业务和工作的需要以及经营战略的需求，设计和开发相应的培训课程，培训内容都是针对实际业务设计的，专业性比较强。同时从纵向上看，三星开发出适合不同层级的培训课程，保证了员工随着职位的升迁而接受适合本职位的相关课程的培训。比如，人力资源部门的员工接受的培训是人力资源资源各个模块的相关知识；研发部门的员工需要接受专业技术的培训。如果一个员工晋升为部门经理，就会接受针对部门经理的课程培训，这有助于员工在新职位上快速完成角色转换，更好地行使职位所赋予的职权，因此有人把三星比喻成"培养人才的学校"。面对自己培训出来的人员跳槽到其他企业的情况，三星认为这对于社会是有意义的。在对公司内部员工进行培训的同时，三星还对其供应商给予无偿的现场指导。

2. 人力资源开发院

杰克·韦尔奇在参观三星设在韩国的人力资源开发院之后曾感慨：三星已经走在了全球人才培养的最前列。在三星的人才培育系统中，着重强调的就是领导能力教育。在三星人力资源开发院设有专门培训领导能力的小组。

另外，三星领导能力开发中心已经发展得非常完善，这个中心拥有"培养核心领导人的殿堂"之美誉。除此之外，针对不同职别、不同职位、不同水平的领导者所开发的领导能力培训程序也在运营中。三星领导能力开发中心是于 1998 年 1 月为培养和提高三星管理层的领导能力而组建的。三星为了调整组织结构并培养改革的领导者，启动了有关教育方案。三星领导能力开发中心的主要业务基本上可以分为领导力量开发和领导研究两大领域。对于领导能力的培养，三星有着系统的规划和布局。

公司还特别重视对负责决定战略方向的重大项目、资金管理的人员进行战略性的培训，以减少因为战略错误所导致的机会成本。同时，对公司的主要业务骨干进行有针对性和结构化的培训，以提高公司的系统化运作能力。

为了强化培训成果，三星还进行了领导论的研究和诊断、员工思想调查等研究活动，通过这种研究得到的各种信息和资料又反过来成为三星开展有效培训的重要依据。

三星根据每个员工的职位和职责进行不同的定位，比如，将理事级领导定位为企业家；团队负责人（部长级）定位为改革的主导者；一般负责人定位为业务专家；等等。每个级别的培训目标非常明确：理事级领导的培训目标是让他成为能够担负起某个商务领域任务的人；团队负责人的培训目标是让他成为能够领导某个组织的人；一般负责人的培训目标是让他成为自己所在领域的业务专家。

三星的最高管理者把培训放在很重要的位置，尽管他们都很忙，但是都会抽时间参与培训。三星领导能力开发中心的所有培训项目都会邀请最有经验和最有能力的经营者担任讲师，使学员们能够学到最高管理者的经营和管理理念。

（二）实用主义者的标准典范——波音公司

波音公司在培训开发中始终秉承快乐、幸福与安全的原则，其培训开发的四个法宝是：员工满意度调查；营造安全、健康、环保的工作环境；保证员工安全的突发事件和灾难预防计划；员工奖励和福利。

把经验与教训用书面、音像的形式加以记录、保留，以便后人借鉴；分析、总结、归纳最好的学习方法，并将其编成教材提供给学员；派少数人员学习新技术，学成归来后再将所学传授给其他员工；将员工"送"回大学进一步深造；相关委员会对一些员工感到困惑的问题进行研究讨论，问题解决之后再向所有人进行讲解，共享知识。这些都是波音公司对员工进行培训的方式。为了提高员工的技能，让他们能更好地适应岗位的变化，波音还建立了完备的员工培训体系。该体系具有培训形式多样化、受益面广等特点，波音公司从基层员工到高层领导都是员工培训体系的受益者，都有机会参与相应的培训项目。

1. 准员工培训项目——雇前培训

波音为那些还未被正式雇用的准员工制订了雇前培训计划。该培训的主要内容包括工程图纸的识图、复合材料的相关知识、电器常识、电器装配常识、检验的相关知识和装配安装的相关知识等。在雇前培训期间，波音不会为准员工支付工资，因为他们都是利用业余时间自愿参加培训的。准员工一旦被雇用，可减少培训的内容。

2. 个性化、全球化的员工培训

波音的员工培训体系为员工提供了个性化的培训项目。波音的员工可以根据自己的需求或者兴趣爱好选择相应的培训项目。如果这些培训要占用员工的工作时间，须经领导同意，但员工所参与培训的内容必须与工作有关。在培训期间，员工的工资待遇将不受影响。对于员工利用业余时间参加的培训，波音会为其支付全部学费，前提是员工的培训成绩必须合格。他们可选择的培训内容多样，可以与自己所从事的专业无关，只要能掌握一门技能即可。对需提前支付学费的培训，员工必须每季度向公司上报成绩，如成绩不及格，公司将会从他们的工资中扣除学费。

教育补助计划是波音个性化员工培训项目中大放异彩的一个。该计划让每一个波音员工都有继续深造的机会，他们可以申请大学，只要是被公认的大学录取，公司都会为他们支付包括学杂费、书费等在内的所有费用。此外，员工还有机会参加戴尔·卡耐基学院的培训项目。波音每年在员工教育上的花费高达近1亿美元。

波音员工培训全球化的特征主要体现在波音为其全球的驻场服务代表、采购销售人员等提供的培训项目上。为了使驻外人员与公司本部的人员享受同等的培训待遇，波音将原来由分部负责的驻外人员培训改为由公司本部统一负责，使培训内容统一、规范。

3. 领导培训项目

波音公司认为行政管理专业人才是波音全球员工队伍中的关键成员，他们奋战于波音的最前线，往往是波音的客户和股东首先见到或交谈的人员，他们的知识和技能对波音公司业务的发展和保持波音的竞争力至关重要。因此，对行政管理人员的培训也就成为波音公司的重要课题。

波音公司十分重视对领导者的培养，会让那些缺乏经验但极具潜力的领导者负责公司的重要项目，有时一些项目甚至关乎公司未来的发展。公司希望通过这种方式让领导者的能力得到快速提升，认为项目的失败只是公司为培养未来领导人付出的学费。

波音领导培训中心是专门为波音管理人员培训而设立的机构，它旨在帮助那些正处于职业生涯转型期的经理快速适应新的工作岗位。波音领导培训中心根据波音的经理和高级管理人员普遍反映的五大事业转折点开设了五个核心课程——基层管理培训、中层管理培训、战略领导研讨会、高级管理人员项目和全球领导人项目（见图10-31）。

图 10 - 31　波音领导培训中心的核心课程

波音的基层管理培训通过在线培训和现场培训两种方式进行。经理一上任就可在其办公室的计算机上学习有关"向经理层过渡"的网络课程，该课程包括四个部分，经理必须在上任后的30天内完成所有内容的学习。此外，波音领导培训中心的教员还会为这些初次担任管理职务的经理提供为期两天的现场培训，向他们教授"管理业绩"课程。该课程的内容如图10-32所示。

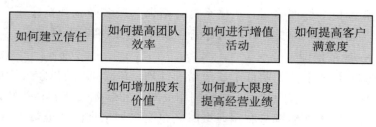

图 10 - 32　波音基层管理培训课程

波音领导培训中心的中层管理培训课程可以帮助那些准备担任中层管理职务的经理了解自己对航空航天、综合技术、管理理论以及商务活动等方面知识的掌握程度。

战略领导研讨会旨在帮助准备担任高级管理职务的经理从日常工作事务中摆脱出来，从战略的高度思考公司的未来。准备担任高级管理职务的经理可以通过该课程练习如何作出长期决策，学习如何成为战略家。该研讨会还为学员提供了商业模拟训练，在研讨会的最后几天进行。在训练中，学员将被分为若干小组，每个小组负责一家公司，它们要为自己负责的公司制定战略并予以实施（与企业主要股东沟通、进行股票交易、处理意外事件等）。之后，各小组将对比各自的商业战略和实施结果，最后每个小组都必须挑选出它们愿意投资的一家属于其他行业的公司（其他小组负责的公司）。

波音领导培训中心的高级管理人员项目采用听讲座、开专题研讨会、讨论、网络训练以及模拟训练等多种形式，为全公司的高级管理人员提供为期两周的集中培训。波音的首席执行官、总裁、首席运营官等都会为参与该项目的成员做讲座，向他们讲授波音的价值观、指导思想等内容。该项目的培训目标为：帮助高级管理人员理解波音的愿景以及其中包含的竞争力和价值观等内容，并要求落实到行动中；帮助高级管理人员了解要采取怎样的商业和财务措施才能达到世界一流的运营水平；激发高级管理人员团队合作的意识；鼓励高级管理人员积极主动地关注管理方面的发展。

全球领导人项目是一个为波音国际性高级管理人员（主要来自欧洲、亚洲和南美洲）提供的为期 27 天的培训项目。它主要培养波音高级管理人员将特定地区的历史、政治、文化等与商业规程相联系的意识，快速作出重大决策的能力，利用本地或异地资源的能力以及与他人协作的能力。该项目还为波音国际性高级管理人员提供了实地调研的机会，让他们与特定地区的同行进行交流。

（三）持续改进的标准典范——丰田公司

全球化是丰田在 21 世纪制定的核心战略，正如丰田推行的"造车先造人"的理念，企业全球化业务的发展必须先造就全球化的人才。

由于丰田海外业务迅速扩张，培养具有国际运营能力的人员日益重要。为了培训全球业务的管理人员，2002 年 1 月，丰田设立了一个内部的人力资源开发组织——丰田学院，其目标是培养全球化领导人，加强丰田全球业务的有机整合。在丰田学院，可分享和学习丰田生产方式的最佳实践，这促进了海外企业的本土化生产以及管理层的本土化。丰田学院是丰田全球人力资源开发的中心，它为丰田培养了一大批全球领导人，促进了丰田的全球化。

丰田学院的培训主要包括全球领导力培训和管理者开发培训（见表 10-12）。2002 年，丰田学院制订了针对丰田全球后选领导人和海外公司中层管理人员的培训计划，以增进他们对丰田价值观与理念的了解。丰田学院促使他们学习和分享最佳的丰田实践，成为丰田全球化的有力领导者。

为了加强丰田海外企业的组织建设并提高其生产效率，丰田于 2003 年 7 月在爱知县丰田市元町工厂建立全球生产中心，该中心的主要任务是传播丰田生产方式的技术与方法，帮助海外企业掌握丰田最先进的生产方法与技能，为海外企业输送大量的生产人才。

表 10-12 丰田的培训课程示例

全球领导力课程
目标：开发行政管理人员的潜能，培养他们具有全球视野的领导力
内容：提高基于丰田理念的领导力；丰富业务管理知识与技能；形成全球人力资源网络
授课对象：来自世界各地的未来全球领导人

管理者开发课程

目标：培训管理人员全面系统地理解与实施丰田的理念，并运用到各个业务领域（生产、销售等）

内容：生产——理解在丰田工厂中各个生产环节对丰田理念的运用

　　　销售——基于丰田理念中有关销售与营销的观点，理解最新的营销政策

授课对象：来自世界各地的中层管理者

（四）中国式培训典范——中粮集团

中粮集团在任用经理人时，知识和个性是前提，只有这两项符合经理人的要求才能够纳入候选人范围。为了使经理人重视能力和态度的培养，中粮集团还将二者的评价结果与年度奖金分配挂钩，年度奖金的发放根据业绩、能力和态度的评价结果，权重为7：2：1。优秀员工、良好员工和一般员工的薪酬差距较大。"评价不是为了惩罚过错，而是为了追求完美。"

1. 中粮集团的培训理念

● 培训是推进企业战略转型的切入点；
● 培训部是集团最受关注的一个部门；
● 培训是企业管理的一个重要工具和方法；
● 培训是集团每位经理人必须掌握的领导技能。

无论在理念还是方法方面，现在的企业培训都不是传统意义上的培训，不是老师或领导在台上讲，员工在台下听。培训实际上是一种工作方法，是团队决策的方法，是团队建设的方法，是推动人才发展和企业进步的方法。

中粮将培训视为集团日常的工作方法，希望把培训与团队建设、工作方法、决策形式逐步结合起来，形成一种科学、系统、注重参与和团队共同提高的工作态度和方法，努力打造学习型团队，从根本上改善组织的工作气氛和习惯。

2. 基于需求的培训

中粮集团的培训既重视培训结果，也重视培训流程。中粮集团各业务单元和经营中心提出培训需求之后，由培训部与业务单元一起设计培训日程和培训内容。对于初次参加培训的人员，首先会介绍一些关于研讨式学习的方法，比如头脑风暴、六顶思考帽、解决问题的六步法等。如果是跨业务单元的培训，会先安排一些拓展训练，使大家在很短的时间内相互了解，在开展讨论时增强团队意识。

3. 内刊和培训机构

中粮集团有一本非常出色的内刊——《企业忠良》，这本内刊也可以说是中粮集团的一种独特的培训资料。中粮集团的各种培训、员工的思想活动以及对企业发展的看法，都会在内刊上有所体现。依托这本刊物，中粮的培训取得了课堂培训达不到的效果。

中粮集团建立了自己的培训机构——忠良书院，建立了适合中粮经理人发展的课程体系、师资体系、评价体系和知识信息管理体系，这些体系主要是围绕员工的职业生涯和企业战略的发展要求而设立的。忠良书院已经成为中粮经理人的摇篮。

（五）东方管理智慧的典范——华为公司

华为的管理哲学是：管理者要通过管理下属使所管辖的组织取得绩效。通过关注员工的发展，帮助他们提高自身能力，建设高绩效的团队，来最终达成组织的绩效目标。为此，华为建立了自己的培训体系。

1. 企业文化培训

● 培训对象：所有由华为技术及子公司招聘的新员工。

● 培训目的：通过对新员工进行文化培训、工作基本常识培训、企业制度培训，使新员工了解和认可公司所倡导的文化导向、价值观，掌握必备的基本工作技能。新员工参加完培训之后，需通过心得总结、行为规范、知识考试三方面的考核，合格之后才有资格进入业务部门。

● 培训时长：2 周。

● 培训内容：

文化培训：服从组织规则、团结奋斗与集体合作、责任心与敬业精神、诚实守信、自我批判与不断进步、以客户为中心，这部分培训还结合课外活动、游戏等，逐渐使公司文化深入新员工内心。

基本工作常识培训：企业礼仪、公司产品与电信网络知识、成本意识与费用报销、IPD（集成产品开发）基本常识、办公软件常识、时间管理、质量管理基础知识、EHS（健康、安全与环境）知识、有效沟通、积极心态。

企业制度培训：人力资源管理制度、信息安全与保密意识、知识产权与专利。

2. 在职员工培训

在职员工培训分为部门内部学习与指导以及公司统一培训。

（1）部门内部学习与指导：

● 导师制：导师制是培养新员工特别有效的方式，通过一带一能直接快速地帮助新员工成长。

● 部门的业务研讨：是一种非正式的培训方式，可根据需要随时进行一些专题交流研讨。

● 部门专有技能培训：是部门内部的正式培训，请部门内的专家或其他部门的相关人员对本部门的成员进行专有技能的集中培训。

（2）公司统一培训：为了保障员工培训的质量，公司专门建立了培训机构，员工培训是其最主要的任务。随着公司的组织变革发展及国际化水平的不断提高，公司对每个员工职业化、规范化的要求越来越高。为了满足公司内不同层次的培训需求，华为培训机构开设了一系列管理、通用技能方面的培训课程，这些课程与公司各部门业务培训课程、专业和技术培训课程形成了有效的互补，搭建起为公司各部门员工提供公共课程培训的平台。华为培训机构还开设了网上的培训课程，供员工自学。

【小结】

人力资源培训与开发是人力资源管理的重要领域之一，本章分五节做了介绍。

第 1 节介绍了人力资源培训与开发的定义、地位、作用和模型。培训是企业向员工提供工作所必需的知识与技能的过程；开发是依据员工需求与组织发展要求对员工的潜能开发与职业发展进行系统设计与规划的过程。两者的最终目的都是通过提升员工的能力实现员工与企业的共同成长。

第 2 节介绍了人力资源培训开发中三大培训方法的内容、特征与选择方式。三大培训方法包括由课堂培训、自我指导学习、专家传授组成的传统培训方法，新培训方法与团队培训方法。在了解培训方法后，通过对各种培训方法的优缺点进行评价，考虑不同方法对学习和培训成果转化的有利程度、开发和使用不同方法的成本作出选择。

第 3 节主要介绍了企业培训与开发系统的构建和管理。其中重点阐述了企业培训与开发系统设计的出发点：依据企业发展战略确定培训开发策略，将员工职业发展的需要与组织发展的需要相结合。

第 4 节介绍了培训效果评估。培训评估的指标体系设计可以从定量和定性两方面进行。定量的结果可以通过对劳动生产率、人均利润贡献率、员工满意度、员工忠诚度（流失率）等相关数据的对比分析得到；定性的分析范围更广，可以从企业战略实施程度、新型企业文化的建立、企业对环境的适应性等方面加以分析。所有这些数据都可以归为硬数据和软数据两类。

第 5 节介绍了人力资源培训与开发对标管理。主要详细介绍了五个知名公司是如何进行培训的，有利于其他公司将其作为标杆，进而找到自身与标杆企业的差距，从而提升自身培训水平。

【关键词】

培训与开发　培训与开发系统　职业生涯管理　培训效果评估　培训中心　对标管理

【思考题】

1. 培训与开发的定义、地位及作用分别是什么？
2. 培训方法有哪些？如何选择？
3. 如何构建有效的培训与开发系统？
4. 培训效果评估的程序与方法是什么？
5. 标杆管理的内涵与实施流程有哪些？

案例分析

中粮集团——把培训作为一种方法

1999年以来，中粮集团顺应经济全球化发展趋势，在公司内部建立全球视野的资源配置体系、管理架构和运行机制，积极参与国际经济合作与竞争，以实现资本利润最大化。集团通过重组、改制，进一步强化核心业务和核心竞争力。

集团的变革也对人力资源管理提出了新的挑战。面对这些挑战，中粮人独辟蹊径，在人力资源领域，尤其是员工培训方面，做法颇具特色。中粮集团始终把培训当作一种工作方法，取得了很大的成绩。

培训理念

在竞争日趋激烈、社会飞速发展的时代背景下，中粮集团形成了自己独特的培训理念：培训实际上是一种工作方法，是团队决策的方法，是团队建设的方法，是推动人才发展和企业进步的方法。

培训的逻辑与结构

中粮把培训作为一种工作方法，贯穿业务、组织及个人三个层面（见图10-33）。

培训方法

中粮培训的主要方法是团队学习。团队学习是在统一的逻辑结构和思维框架下，通过激发团队成员的智慧，完成达成共识、解决团队发展的重大问题、团队融合、提升团队能力、塑造团队文化的过程。

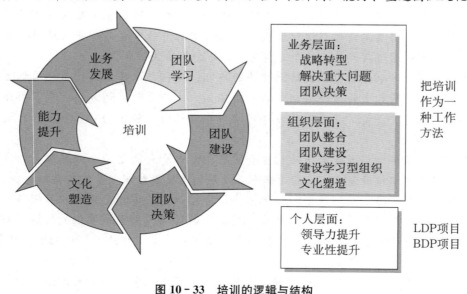

图10-33　培训的逻辑与结构

基于解决问题六步法（见图 10 - 34），中粮集团形成了一个结构化的培训研讨模式。每次培训研讨都从企业需要解决的实际问题入手，由企业内部专家担任培训师，按照导入理念和分析工具→集体研讨→引导催化→总结关闭四个环节，提出解决问题的方法，作出决策。

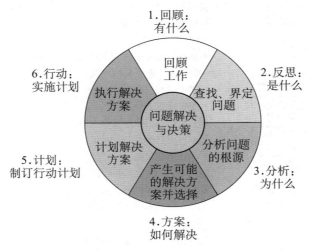

图 10 - 34　解决问题六步法

一把手是培训师

一个组织要有普遍的学习行动，首先就得有普遍的学习意识。而学习意识属于较高层次的企业文化范畴，其形成不是某一个部门可以做到的，需要高层乃至一把手的强力灌输、强力推进、强力塑造。在中粮集团，董事长是第一培训师，他的理念是培训真正的动力源泉和思想源泉。与此同时，各单位的一把手是各单位的第一培训师，负责传递集团的战略与文化，使得各个单位在集团的统一战略指引下能够协同作战。

培训的核心在于设计和提问

中粮的培训核心在于设计和提问，通过丰富多彩的拓展训练增强团队凝聚力。在研讨问题时，从研讨题目的挑选、研讨气氛的把握和控制、组长的选择、研讨过程中的引导/催化技巧都经过精心的准备。

培训的基本特点

经过多年来不懈的努力，中粮的培训在国内企业中已经形成了一道独特的风景：

● 直接服务战略：培训针对业务发展中的关键问题，直接服务于集团的战略，是战略转型的切入点。

● 普遍工作方法：集团各级经理人都把培训作为企业管理的一种工作方法，作为推进战略执行的重要管理工具。各类工作会议和工作研讨都是集团培训工作的组成部分，体现集团的培训理念，使用集团的培训工具。

● 重要工作技能：培训是经理人工作的重要组成部分，是必须掌握的领导技能，是经理人领导力的重要体现。经理人是各单位培训工作的第一责任人，是第一培训师。

● 激发团队智慧：培训重在激发团队智慧，通过组织的改变和组织能力的提升来提升个人能力。

● 改善团队氛围：培训注重改善团队氛围，体现集团企业文化。

● 质疑反思与系统思考：培训倡导质疑反思的精神，强调系统思考。

将培训作为推进战略的有效方法

对于中粮而言，培训已经超出了传统的定义范畴，是一种团队决策、团队建设的方法，是一种推动人才发展和企业进步的方法。从集团的培训会议到各经营单位的专业性培训会议已经成为中粮统一思想，达成集团愿景、使命和战略的一个载体。中粮人把培训作为推进战略的有效方法（见图 10 - 35）。

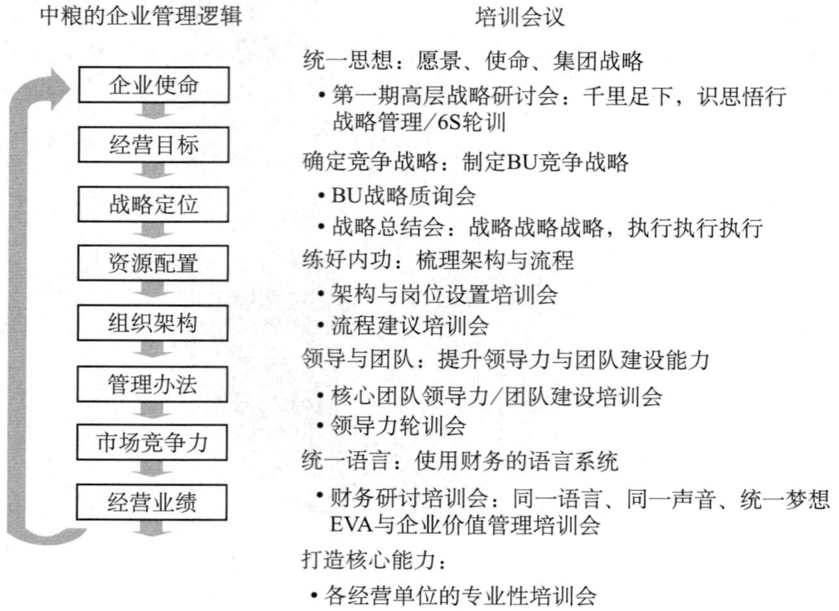

中粮的企业管理逻辑　　　　　　　　培训会议

企业使命

经营目标

战略定位

资源配置

组织架构

管理办法

市场竞争力

经营业绩

统一思想：愿景、使命、集团战略
- 第一期高层战略研讨会：千里足下，识思悟行
  战略管理/6S轮训

确定竞争战略：制定BU竞争战略
- BU战略质询会
- 战略总结会：战略战略战略，执行执行执行

练好内功：梳理架构与流程
- 架构与岗位设置培训会
- 流程建议培训会

领导与团队：提升领导力与团队建设能力
- 核心团队领导力/团队建设培训会
- 领导力轮训会

统一语言：使用财务的语言系统
- 财务研讨培训会：同一语言、同一声音、统一梦想
  EVA与企业价值管理培训会

打造核心能力：
- 各经营单位的专业性培训会

图 10 - 35　中粮将培训用于推进战略

问题：

1. 中粮的培训理念与传统的培训理念有何区别？

2. 中粮如何将培训与企业需要有效结合在一起？

3. 谈一谈你对中粮将培训作为一种工作方法的理解。

【参考文献】

［1］阿特金森，切尔斯 . 唤醒沉睡的天才 . 北京：科学技术文献出版社，2013.

［2］达特里奇，诺埃尔 . 行动学习：重塑企业领导力 . 北京：中国人民大学出版社，2011.

［3］戈尔茨坦，伏特 . 组织中的培训 . 北京：清华大学出版社，2002.

［4］格林豪斯，卡拉南，戈德谢克 . 职业生涯管理：第3版 . 北京：清华大学出版社，2006.

［5］何小波 . 公务员培训的一次有益尝试：行动学习法教学纪实 . 辽宁行政学院学报，2009（6）：167 - 168.

［6］惠特默 . 高绩效教练 . 北京：机械工业出版社，2013.

［7］莱文森 . 职业生涯的设计和管理 . 北京：商务印书馆，2010.

［8］刘建华 . 人力资源培训与开发 . 北京：中国电力出版社，2014.

［9］陆娟，杨洪常 . 行动学习：GE 培养领导者的途径 . 人才资源开发，2006（5）.

［10］诺伊 . 雇员培训与开发：第 6 版 . 北京：中国人民大学出版社，2015.

［11］佩勒林 . 4D 卓越团队：美国宇航局的管理法则 . 北京：中华工商联合出版社，2014.

［12］石金涛，颜世富 . 培训与开发 . 4 版 . 北京：中国人民大学出版社，2019.

［13］吴颖群，姜英来 . 人力资源培训与开发 . 2 版 . 北京：中国人民大学出版社，2019.

［14］谢晋宇 . 企业培训管理 . 成都：四川人民出版社，2008.

［15］袁锐锷，文金桃 . 美国企业大学现象透视 . 华南师范大学学报（社会科学版），2002（4）.

［16］郑大奇 . 用人不如发展人：西门子的综合员工发展计划 . 中国人才，2010（2）：74 - 76.

［17］仲田田，国赟 . 互联网时代下的企业员工培训 . 中外企业家，2016（3）.

［18］周平（山隐耕夫），范歆蓉 . 培训课程开发与设计 . 北京：北京联合出版公司，2015.

［19］Beardwell L，Holden L. Human resource management—a contemporary approach. London：Prentice Hall，2001：328.

第11章　员工关系管理

本章要点

通过本章内容的学习，应能回答如下问题：

- 什么是员工关系？员工关系管理主要包括哪些内容？
- 员工关系管理的职能和角色定位是什么？
- 当前员工关系管理有哪些新趋向？
- 劳动合同订立、续签、解除的依据和条件是什么？如何预防和处理劳动争议？
- 如何构建和谐的员工关系？怎样平衡企业所有者与经营者的关系？
- 如何评价员工关系管理？如何进行员工满意度调查？

引导案例

沃尔玛的员工关系管理

企业在管理实践中发现和谐的员工关系能够提高员工的工作效率、工作积极性、忠诚度、满意度等。怎样才能建立良好的员工关系呢？沃尔玛的员工关系管理案例也许能给人一些启发。

2019年，沃尔玛集团以高达5 144亿美元的营业收入再次获得《财富》世界500强排行榜的第一名。自2014年以来，沃尔玛已经六连冠。沃尔玛取得耀眼的成绩，离不开220万员工的辛勤工作和努力付出。从另一个角度来解读，这恰恰反映了沃尔玛出色的员工关系管理。

不同于其他零售商，沃尔玛创立之后就坚持一个独特的理念——员工就是合伙人。无独有偶，咖啡巨头星巴克也是基于这样的理念来管理员工。

沃尔玛集团创始人山姆·沃尔顿有句名言："沃尔玛业务75％是属于人力资源方面的，是那些非凡的员工肩负着关心顾客的使命。把员工视为最大的财富不仅是正确的，而且是自然的。"

为了贯彻创始人"把员工视为最大的财富"的主张，沃尔玛从管理制度的方方面面确保了管理者与员工之间的平等关系。

首先，在平时的工作中，沃尔玛力图让全体员工都养成平等相待的思维惯性。

每一位沃尔玛员工的工牌上都不标注职务名称，哪怕最高总裁也是如此。在山姆·沃尔顿看来，虽然存在管理与被管理的分工，但员工相当于合伙人，地位上是平等的。所以，大家见面时直呼其名，管理层不摆官架子，在日常交流中淡化等级观念，把彼此视为共同事业的合伙人。此外，在沃尔玛总部办公楼的停车场没有给任何人设置固定车位，无论是董事长、经理还是普通员工，都被平等相待。

其次，沃尔玛的沟通机制对基层员工高度开放。

沃尔玛认为"接触顾客的是第一线员工，而不是坐在办公室里的官僚"。所以，公司鼓励每一位员工直言进谏，上至区域经理下至商店小时工，所有人都可以用书面或谈话形式与高层管理者进行沟通，甚至可以申请到总部直接找董事长。无论是提出改进工作的建议，还是倾诉自己遭受的不公平待遇，公司都会提供机会让员工畅所欲言。

于是在沃尔玛集团经常出现这种现象——董事长在总部亲自接见来自各地的基层员工，并把他们的中肯意见下发给所有的沃尔玛分店经理，要求他们认真执行。这使得沃尔玛员工的主人翁意识比许多企业的员工更为强烈。

最后，沃尔玛在精神激励方面力求满足广大员工被尊重的需求。

沃尔玛总部与各分店都会定期在橱窗里展示优秀员工的照片，表现优异的管理者还将获得公司特别授予的"山姆·沃尔顿企业家"称号。沃尔玛的股东大会号称全美最大的股东大会，总部每次组织会议时，都尽量让更多的部门经理与普通员工参与其中，以便让他们充分了解公司的理念、制度、现状、目标。山姆·沃尔顿还经常在会后邀请与会人员到自己家里进行野餐活动，从高级管理者到普通员工，各个层次的人都有。这些活动的录像将被所有员工看到，公司内部刊物《沃尔玛世界》也会进行相关报道。

山姆·沃尔顿这样做是为了拉近与不同层次的员工的距离，增强凝聚力。

除了日常关系管理措施外，沃尔玛在人力资源管理制度，特别是薪酬制度上也体现了把员工当成合伙人来对待的思想。

沃尔玛员工的薪资结构是固定工资＋利润分享计划＋员工购股计划＋损耗奖励计划＋其他福利。单看固定工资，沃尔玛在行业内处于较低水平（为了压缩人工成本），但利润分享计划、员工购股计划、损耗奖励计划把员工的实际收入拔高了许多。

沃尔玛从1971年就开始实施利润分享计划，任何在公司工作一年以上或每年至少工作1 000个小时的员工都有分享公司红利的资格。公司有个计算利润增长分配百分比的公式，通常按照6％的比例来提留每一位满足条件的员工的薪酬，替员工买公司股票。他们退休或离职时能以现金或股票的方式获得这笔红利。有位 1972 年加入沃尔玛的货车司机，当他 1992 年离职时得到了 70.7 万美元的利润分享金。

员工持股计划是指员工可以通过扣除工资的方式以低于市值 15％的价格来购买公司的股票。由于利润分享计划与员工持股计划的大力推行，目前 80％以上的沃尔玛员工持有公司股票，可分享公司营业收入增加带来的红利。从沃尔玛连续六年的营业收入位居世界第一的成绩可知，受益的员工不在少数。

损耗奖励计划指的是沃尔玛总部会给那些有效减少损耗的分店发放奖金。沃尔玛的核心竞争力是"天天低价"，这是以强大的物流及信息体系与竭尽所能地减少损耗为基础的。公司不惜重奖激励各分店想办法控制损耗，回报员工的努力，也是"员工就是合伙人"理念的重要体现。这项政策使得沃尔玛的损耗率仅为零售业平均水平的一半，竞争优势非常明显。

其他福利计划主要包括员工疾病信托基金、员工子女奖学金、带薪休假、节日补助、医疗及人身保险等，这些福利计划从 1988 年就开始落实。以员工子女奖学金为例，沃尔玛集团每年会资助 100 名员工子女上大学，每人每年 6 000 美元，连续资助 4 年。

正是这种把员工当合伙人对待的人性化管理，让全球各地文化差异极大的沃尔玛员工都保持了较高的积极性。他们为了削减成本、降低损耗、吸引更多顾客而开动脑筋，提出了许多改善公司管理的合理建议。公司采纳这些合理建议后，运营效率进一步提升，盈利水平也随之上涨。而沃尔玛的利润分享计划又使得广大员工能按照贡献充分享受到公司发展带来的红利。

这种良性循环的公司内部人际关系，是沃尔玛能不断前进、连续六年占据世界 500 强榜首的重要原因。

沃尔玛的案例让我们明白，很多企业把客户摆在了第一位，可员工何尝不是企业的"内部客户"。善待员工、尊重员工，满足他们的需求，他们一定会给企业带来丰厚的回报。沃尔玛就是最好的例子。

资料来源：http://www.hrsee.com/？id＝1386。

在当前形势下，如何构建和谐的劳动关系？如何处理劳动纠纷？怎样建立员工正常的、有效的利益诉求机制？如何预防和处理劳动争议？如何提高员工满意度？这些问题在本章中都会有相应的解答。

第 1 节　员工关系管理概述

一、员工关系管理的内涵

（一）员工关系的概念

"员工关系"一词由西方人力资源管理中的劳资关系发展而来。19 世纪后期，由于工业的发展，劳动者与资本家的矛盾日益凸显。这种矛盾给企业的正常发展带来了极为不利的影响，劳资关系开始受到人们的重视。后来，随着管理理论的发展，对人性本质的认识深入，以及劳动法律体系的建立和完善，人们对组织中关系的关注不再局限于劳资关系，还强调加强内部沟通，提高员工参与程度，注重组织内部和谐与合作等方面。这就使组织中的关系演变成了既包括劳资关系又包括员工与管理者、员工与员工之间关系的更为宽泛的员工关系。其目的不仅在于缓和劳方与资方的冲突和矛盾，更在于培养和塑造组织中员工之间良好、融洽的关系，提升员工对组织的满意度和幸福感，最终提升员工和组织绩效。

目前对员工关系的研究更多的是从劳动关系的角度，侧重于法律层面的探讨，即以《中华人民共和国劳动法》（以下简称《劳动法》）、《中华人民共和国劳动合同法》（以下简称《劳动合同法》）等相关法律为依据对员工关系进行研究，其内容主要涉及员工关系的建立、劳动关系的保护、集体协商、劳动争议处理、劳动合同解除和终止等，主要目的是站在雇主的角度，保证组织能在法律框架下对员工关系进行处理，尽可能地保护组织利益。而本书是从人力资源管理角度对员工关系进行分析，主要内容既包含员工关系的建立和解除，也包括在此期间员工和组织间的互动参与，主要目的是从利益相关者平衡的角度，通过员工关系的管理，充分调动员工的积极性和主动性，从而提升员工对组织的满意度和幸福感，最终促使员工个人绩效和组织绩效的提升。因此，在本书中，员工关系管理像人力资源管理的其他职能模块一样，作为企业人力资源管理的一项基本职能和管理行为。

目前，学术界尚没有统一的"员工关系"概念，部分学者从劳动关系角度对员工关系的概念进行界定，主要有如下几种观点：

（1）程延园在《员工关系管理》中提出，员工关系又称雇员关系，是指管理方与员工及团体之间产生的，由双方利益引起的，表现为合作、冲突、力量和权利关系的总和，并受到一定社会中经济、技术、政策、法律制度和社会文化背景的影响。

（2）许云华在《探析基于组织承诺的员工关系管理》中提出，广义的员工关系是在企业内部以及与企业经营有密切关联的集体或个人之间的关系，甚至包含与企业外部特定团队（供应商、会员等）或个体的某种联系；狭义的员工关系是指企业与员工、员工与员工之间的相互联系和影响。

（3）李建新在《员工关系管理》中提出，员工关系是指员工与企业组织之间的一种相互影响和相互制约的工作关系，这种工作关系以雇佣契约为基础，以工作组织为纽带，主要表现为在组织既有的管理过程中的一种人际互动关系。这一关系的实质是企业组织中各利益群体之间的经济、法律和社会关系的特定形式。

本书从利益相关者平衡和人力资源管理的角度出发，认为员工关系至少包含以下几个方面：

一是企业所有者与经营者之间的关系。按照现代公司治理制度，企业所有者和经营者是两个相对独立的行为主体。所有者追求的是投资回报最大化，他的一切利益都来自企业的发展，而经营者的行为目标是多元的，除了个人的经济利益目标外，还有名誉、社会地位、权力、自我价值的实现等个人目标。经营者对经济利益及其他个人目标的追求有可能损害所有者的资本收益。因此，企业如何处理好所有者与经营者之间的关系，是关系企业长远发展的重要课题。

二是企业经营者与一般员工的关系。企业与员工的关系主要是指雇主与员工之间的关系。现代企业作为法人与在企业中就业的自然人（员工）之间的相互关系，是企业中各种关系的一个重要方面。应该说，企业与员工的关系是对等的，是相互选择的博弈。员工可以选择企业，包括员工作为出资人选择企业和员工作为就业者选择企业，也就是说，员工可以在企业之间充分流动。同时，企业也可以选择员工（包括出资人和就业者），也就是说，既可以辞退就业者，也可以放弃出资人。因此，企业与员工的关系具有流动性和动态性，而不应是固态的和僵化的。由于企业经营者和一般员工处于不同的地位，拥有不同的权利，承担着不同的责任，两者之间发生矛盾是不可避免的。例如，有的企业员工对高层领导的高薪很不理解，甚至反对，这反映出企业的共同价值观远未达到对两者利益的认识协调一致的程度。

三是企业内部员工与员工的关系。从纵向来看，主要是指企业内上下级之间的关系；从横向来看，主要是指同级职能部门、科室、班组之间和员工之间的关系。现代企业经营管理是一个相互联系、相互依存的开放系统，员工之间是否融洽、团结、目标一致，决定着组织能否充满生机，能否具有竞争优势和发展潜力。处理好员工与员工的关系，有利于团结稳定，端正风气，提高工作效率，促进企业经营管理工作的整体推进。一个企业的生产、管理、营销及研发等活动都是由各级员工完成的，他们之间的职责分工和相互依赖使他们常常会发生各种矛盾，例如，生产人员可能抱怨存货过多，营销人员则可能指责生产人员供应不足。搞好内部公关有助于对企业价值链重新认识和评估，从而协调各方利益，实现效率最大化。

四是员工个人的行为和心理之间的关系。和谐融洽的关系离不开积极、友好的行为互动，其基础是员工健康的心理。当个体的心理不健康时，就容易出现攻击性行为，导致建立和维持良好的关系非常困难。因此，员工关系管理的前提是组织中的个体都能保持积极、健康的心理。

基于此，本书对员工关系的定义是：员工关系（employee relations）是组织中以契约精神为基础，通过工作而产生的不同主体之间的各种经济、法律和工作关系的总和。在新时代，员工关系发生了新的变化。在个体与组织方面，由雇佣关系逐步转向合伙关系，事业合伙制在处理人力资本与货币资本关系方面发挥的作用日益凸显；由传统契约关系逐步转向泛契约关系，员工不再只是忠诚于企业，而是忠诚于职业，不再只为一家企业服务，而可能服务于多家企业。在个体与个体方面，人与人之间形成的是网状关系，去中介化、去边界化、去戒律化、去威权化、去中心化，每个人都可能成为焦点，成为亮点，个体的力量在如今的数字化时代空前增强，小人物也可能创造大奇迹。

（二）员工关系管理的概念

员工关系管理（employee relations management，ERM）兴起于 20 世纪 80 年代，是人力资源管理的一个特定领域。

一般来说，员工关系管理是指管理者，特别是人力资源职能管理人员，通过拟定和实施各项人力资源政策，采取各种管理行为，调节企业的所有者、经营者、群体、员工等之间的相互联系和影响，以实现企业发展目标。具体来说，主要体现为对企业所有者与经营者、企业与员工、管理者与被管理者，以及员工与员工之间的各种工作关系、利益冲突和社会关系进行协调和管理的制度、体系和行为。

员工关系管理的内涵体现了如下基本性质：

（1）员工关系管理是人力资源管理的一项重要的基本职能。员工关系贯穿员工管理的各个方面以及人力资源管理的各个环节，是人力资源管理的基础职能之一。有效的员工关系管理可以保证人力资源管理各环节工作的顺利开展，和谐的员工关系管理可为其他人力资源管理职能（比如招聘、培训、绩效、薪酬等）提供保障。员工关系管理提倡从员工角度出发制定和实施一系列人力资源管理策略和措施，强调运用非强制性的、柔性的、激励性的方法和手段实现员工的行为管理和绩效提升。

（2）员工关系管理是企业人才管理的有效手段。按照弗雷德里克·赫兹伯格的双因素理论，以具有竞争力的薪资吸引人和留住人，其效果未必能长久，创建和维护积极的员工关系环境则是员工的内在需求。在这样的工作环境中，员工的聪明才智得到充分发挥，自我实现的需要得到更大满足，更利于留住优秀员工。

（3）为了保证企业经营管理的正常运行，员工关系管理需要在既定的制度和规则下运行。在进行员工关系管理的过程中，一方面，要运用制度、规范、惩罚、争议和冲突处理等约束性手段，规制组织成员的行为；另一方面，要通过协调、沟通、帮助、关爱以及合作等激励性措施，激发员工的积极性和创造性。

在数字化时代，员工关系管理出现了以下特点：

（1）员工更加追求心理体验、工作场景体验。员工关系不再是以管控为主，而是以经营为主，领导更多的是赋能员工，为员工实现目标提供支持。在数字化时代，处理员工关系的重要原则就是：不求员工为我所有，但求员工为我所用。

（2）员工对组织的心理期望与组织对员工的心理期望之间达成一种"默契"，在企业与员工之间建立信任与承诺关系，使员工实现自主管理。沟通、共识、信任、承诺、尊重、自主、服务、支持、创新、学习、合作、支援、授权、赋能，将成为员工关系管理的新准则。

（3）数字化确实为员工管理提供了巨大便利，但是也在客观上导致了"唯数字是从"的弊端，员工被数字化所绑架，甚至造成了一定程度的数字泰勒主义。

（三）员工关系管理的主要内容

从人力资源管理职能来看，员工关系管理的主要内容包括：

（1）员工关系的建立与维护，主要包括劳动合同的订立、续签、终止和解除等。

（2）劳动争议的协调与处理，主要包括员工关系维护和发展过程中员工抱怨、员工申诉以及劳动争议的处理等。

（3）员工关系的诊断与管理评价，主要包括员工关系诊断、员工满意度调查等。

（4）员工参与和沟通管理，主要包括建立员工参与机制和管理制度，选择恰当的方式推动员工参与管理活动，保证沟通渠道的畅通，引导企业与员工之间及时沟通，完善员工建议制度。

（5）员工离职管理，包括员工离职的影响因素、员工离职的流程、离职面谈以及员工在离职过程中的其他事项。

（6）员工保护与帮助、员工的心理健康管理，主要包括通过实施员工帮助计划，帮助员工克服困难，解决工作与生活压力所造成的身体和心理不健康问题。

二、员工关系管理的职能与角色定位

（一）员工关系管理的职能定位

员工关系管理作为人力资源管理的一项基本职能，贯穿人力资源管理的各项职能工作（见图 11-1）。

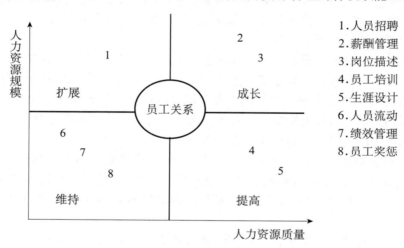

图 11-1　员工关系管理与人力资源管理职能之间的关系

根据图 11-1，可以从两个视角理解员工关系管理在人力资源管理中的地位，及其与人力资源管理各职能之间的关系。企业人力资源管理活动可以沿着纵横两个维度划分为四个类型，其中纵向代表企业人力资源规模的增长，横向代表企业人力资源质量的提升，依据两个维度的组合，员工关系管理贯穿四类基本管理方面。如果把人力资源管理职能作为一个流程，则员工关系管理渗透于人力资源管理的各个环节。

1. 人力资源吸纳中的员工关系管理

人力资源吸纳主要是指新员工的引进与安置。在这一环节中，员工关系管理的主要工作是劳动关系的建立、新员工价值观的培育以及试用期管理等。

（1）人员招聘结束后，企业通过与新员工订立书面的劳动合同，建立正式的劳动关系，这是员工关系管理的法律前提，主要是为了防范相关的风险等。

（2）试用期管理。试用期是企业与新录用的劳动者在劳动合同中约定的相互考察和了解的特定时间。在试用期，企业需要设定具体的录用条件，并根据这些条件对试用员工进行考察，与不符合企业期望的员工及时解除劳动合同。

（3）企业文化宣导和价值观培育。招聘的新员工需要认同企业的价值观，与企业价值观契合度越高，员工与组织的关系就会越和谐。因此，在招聘制度、候选人甄选流程和标准、岗位描述和评价标准等方面，企业需要制定明确的政策。

（4）新员工入职培训。通过入职培训，能够让员工更快地融入组织和团队，接受组织价值观，适应岗位要求，提高工作效率。

2. 人力资源开发中的员工关系管理

人力资源开发主要是通过员工培训和职业生涯开发促进员工的个人发展，实现员工和组织的共同成长，主要包括多层次的培训和开发体系，从岗位技能培训、产品和服务知识培训、管理培训、职业素养开发、企业文化培训到构建学习型组织。通过培训和职业生涯开发，最大限度地激发员工的工作动机、发展潜能，增强员工的归属感，强化员工的心理契约。

3. 人力资源使用中的员工关系管理

人力资源使用主要是借助薪酬管理、职位评价、绩效评估、人员流动、纪律与安全管理等方式，尽力发挥员工积极性，促进绩效提升。这些环节职能多、内容广，涉及的问题也比较敏感，容易产生人际关系紧张和员工抱怨等现象。其中，薪酬管理中的程序公平、人际公平问题，员工流动管理中的轮岗与离职问题，绩效管理中的结果反馈问题，以及职业卫生安全问题等都是员工管理中的重点。因此，加强这些环节的员工关系管理，可更好地防范可能出现的矛盾和冲突，提高员工满意度，改善管理效能。

4. 人力资源退出中的员工关系管理

企业人力资源退出主要是指根据企业发展战略需要，在持续实现人岗匹配、能效匹配、绩效与薪酬匹配等过程中产生的降职、调岗、离职培训、解雇和退休等人力资源管理活动；企业人力资源退出也包括辞职、离职管理等。人力资源退出中的员工关系比较复杂，争议和冲突时有发生。对于不同层次的人力资源退出，员工关系管理应该采取不同的策略、方式和方法。

（二）员工关系管理中的角色分工

良好的员工关系管理需要整合多方面的角色，主要包括高层管理者、员工关系管理者（或人力资源部经理）、直线经理、员工以及员工组织等。通过多角色的力量统合，构建伙伴关系，促进员工关系朝良性方向发展（如图 11 - 2 所示）。

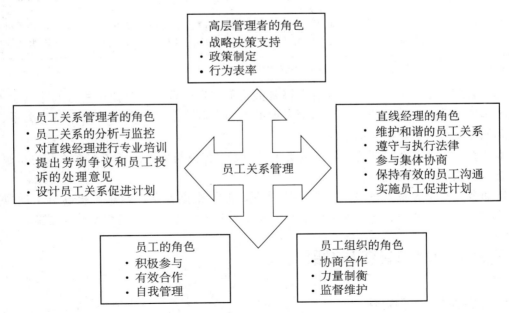

图 11 - 2　员工关系管理的角色分工

资料来源：李建新.员工关系管理.天津：南开大学出版社，2009：12.

（1）高层管理者的角色。在员工关系管理中，高层管理者主要承担战略决策支持、政策制定和行为表率的职责。

（2）员工关系管理者的角色。作为职能人员，员工关系管理者在员工关系管理中扮演着核心角色，主要负责员工关系的分析与监控、对直线经理进行专业培训、就劳动争议和员工投诉提出处理意见、设计员工关系促进计划等。

（3）直线经理的角色。直线经理是员工关系管理活动的实施者和员工关系的直接维护者，主要负责维护和谐的员工关系、遵守与执行相关法律法规、参与集体协商、保持有效沟通，以及实施员工关系促进计划等。

（4）员工的角色。员工是员工关系的主体之一，他们既是管理和服务的对象，同时也是主要参与者和自我管理者。员工的自我管理更是现代员工关系的一个重要特征。

（5）员工组织的角色。员工组织在管理中扮演合作者和员工利益维护者的角色，主要职责包括：帮助企业和管理者协调好企业、管理者、员工之间的关系，推动各种有利于员工关系发展的计划和方案等；当企业方出现无视或忽视员工利益或不利于员工关系协调的政策、制度和行为时，工会和职代会等员工组织应该站在员工一方，督促、协助和采取措施维护好员工的正当权益，处理好员工关系管理中各种可能出现的矛盾和冲突。

（三）员工关系管理者的角色与行为

要成为一名成功的员工关系管理者（通常指员工关系经理），关键要扮演好员工关系管理专家、员工服务者和变革推动者这三个角色（如表11-1所示）。

表11-1　员工关系管理者的角色、行为及其工作成果

角色	行为	工作成果
专家	运用法规、专业知识和技能研究开发企业人力资源产品和服务，对公司员工关系及相关方面进行诊断，为企业人力资源管理问题的解决提供咨询和建议	提升员工满意度 提升人力资源开发与管理的有效性
员工服务者	与员工沟通，及时了解员工需求，为员工提供支持	增强员工忠诚度
变革推动者	参与变革与创新、组织变革（并购与重组、组织裁员、业务流程再造等）过程中的人力资源管理实践	提高员工对组织变革的适应能力，妥善处理组织变革过程中的各种人力资源问题，推动组织变革进程

资料来源：徐恒熹. 员工关系管理. 北京：中国劳动社会保障出版社，2007：7.

作为员工关系管理专家，员工关系管理者掌握着公司最宝贵的资源，对公司所有人才信息了如指掌，应该全面把握员工满意度状况，开发适合公司健康发展的人力资源产品和服务，对公司员工关系的问题具有较高的敏感性，并能提出解决问题的咨询建议。

作为员工服务者，员工关系管理者要深入到员工当中去，保持与员工的深入沟通，及时了解他们的需求，为他们排忧解难，提供各方面的支持。

作为变革推动者，员工关系管理者最了解实际情况，能够根据变革的要求，提高员工适应变革的能力，激发员工积极参与变革与创新的意愿，提出稳妥、可操作的变革措施，推动组织变革与创新。

三、员工关系管理的演变与发展

（一）从劳资关系到员工关系

员工关系管理最早起源于西方的劳资问题，是劳资关系在组织中的内在化表现。18世纪中期，以蒸汽机的发明为标志的产业革命从英国开始，席卷欧美，西方主要国家逐步进入资本主义工业化时代。在这个

时代，雇主对工人的剥削很残酷，工人的反抗很激烈，劳资关系总体上处于不稳定和直接对立之中。19 世纪中期到 20 世纪初，工人运动蓬勃发展，工会组织广泛建立，工人的力量不断增强，资方在此情形下开始让步，改进管理，激励工人，增加对劳动者的工作保障；同时，政府采取立法、建立相应机构干预劳资关系的措施，使劳资关系总体上告别了直接对抗。这一时期，欧美纷纷出现改革雇佣关系的运动。以弗雷德里克·温斯洛·泰勒为代表的科学管理学派，强调运用科学手段处理劳资问题，通过劳资双方的分工与合作，科学地挑选、训练工人来改进管理，从而提高劳动生产率，并为工人提供更加公平合理的竞争环境。以约翰·康芒斯等为代表的制度学派认为，劳工问题的解决需要寻找其产生的经济根源和制度因素。康芒斯认为，工会是工人们联合起来的一种特殊力量，也是一项经济制度。通过集体谈判可使劳资双方平等地组织起来，平衡劳资双方的力量。他强调企业为工人提供工作保障是提高生产效率以及改善员工关系的最为重要的一个先决条件。同时，一些工业心理学家主张用心理学方法促进工作效率和员工满意度的提高。

(二) 现代人力资源管理的兴起与员工关系管理

人力资源管理与员工关系管理相伴相生。20 世纪 50 年代以来，随着人力资本理论的正式提出，行为科学的不断发展，以及人力资源会计学科的出现，人力资源管理运动开始兴起。现代人力资源管理突破了过去以工作为中心、让人去适应工作的人事管理模式，强调根据人的特点和特长来组织工作，从而使人力资源的能量得到最大限度的发挥。

20 世纪 80 年代以后，战略人力资源管理理论开始盛行。战略人力资源管理通常需要满足两个方面的基本要求：一是能够推动组织总体经营战略的实现；二是包括一整套相互补充并且具有内部一致性的人力资源管理实践，包括工作分析与工作设计、招聘与甄选、培训与开发、绩效管理、薪资结构、奖金与福利、劳动关系与员工关系等。

(三) 心理契约理论与员工关系管理

20 世纪 60 年代，阿吉里斯在《理解组织行为》一书中提出了"心理契约"的概念。他强调，在组织和员工的相互关系中，除了正式的经济契约规定的内容外，还存在隐含的、非正式的相互理解和预期。后来，沙因给出了心理契约的定义。广义的心理契约是雇佣双方基于各种形式的（书面的、口头的、组织制度和组织惯例约定的）承诺对交换关系中彼此义务的主观理解；狭义的心理契约是员工出于对组织政策、实践和文化的理解和各级组织管理者作出的各种承诺的感知而产生的，对其与组织之间的、并不一定被组织各级管理者所感知到的相互义务的一系列信念。心理契约理论被广泛应用于企业经营管理实践，对员工关系管理的影响巨大。心理契约理论关注员工的满意度，这与员工关系管理的目的非常一致。

在员工关系管理中，企业应该重视员工的心理契约问题。虽然心理契约只存在于员工的心中，但它的无形规约能使企业与员工在动态的条件下保持良好、稳定的关系，使员工视自己为人力资源开发的主体，将个体的发展充分整合到企业的发展之中。所以，只有充分把握心理契约，参与员工心理契约的构建过程，才能增强企业的发展活力。

(四) 人本的现代员工关系管理理念

从管理思想的发展演变看，人本管理思想的发展大致经历了 X 理论、社会人理论、Y 理论、Z 理论、复杂人理论等演变过程。现代人本管理倡导人既是管理的主体又是管理的客体，认为组织不仅要关心其成员的物质利益，更要关心其自我价值的实现。因此，现代员工关系管理要以尊重人、关心人和热爱人为出发点，强调弘扬人性，给人以尊严，提倡开发人的潜能、体现人的价值，最终达到员工自我实现的目的。

（五）员工关系管理发展的新趋向

1. 能力本位的员工关系管理

随着知识经济、信息经济的快速发展，员工关系管理在重视构建和谐劳动关系的基础上，更加重视员工的知识、能力、技能和创新能力的发挥、发展。基于能力发展的员工关系管理丰富了人力资源管理的知识体系，也扩展了人力资源管理的实践领域。以人为本，能力为先，高度重视员工在组织中的主体地位和主导作用，进而强调要围绕人的积极性、主动性和创造性构建积极合作的员工关系，推进企业人力资源管理向更高层次跨越。

2. 战略驱动的员工关系管理变革

企业战略既是企业生产经营活动的依据和出发点，也是人力资源管理实践的依据和出发点。不同的企业战略对企业人力资源管理提出了不同的要求，也对企业员工关系管理提出了不同的要求。如果企业实行低成本战略，就需要有效降低成本，特别是减少人工成本的管理方式。如果企业实行的是差异化战略，就会强调员工的创新意识和奉献精神，可能提倡更多的员工参与、自我管理等。企业战略影响企业生产经营管理的方方面面，不同的企业生经营战略形成不同的员工关系管理类型。

此外，员工关系管理需要时刻关注企业的战略及其变化，及时准备相应的制度、政策、策略、措施，为战略实现乃至战略变革提供支撑。不同发展阶段需要不同的战略导向，也就需要员工关系管理及时作出相应的调整并给予支持。员工关系管理事关企业发展，涉及广大员工的切身利益，影响每个部门的业绩与效益，是一项全局性和系统性的工作。高层管理者要从企业未来发展战略出发，主动承担员工关系管理的领导责任，成为和谐员工关系的倡导者和建设者。各级管理人员作为人力资源管理工作的直接执行者，要执行好企业的人力资源政策和制度，将下属员工的发展作为重要职责，营造宽松的工作氛围，加强人才培养，注重能力提升，努力实现团队的工作目标，建立良好的员工关系。人力资源部门作为员工关系管理政策的制定者与执行的监督者，要大力推进企业人力资源管理制度的优化，协助和指导各级管理者做好各项人力资源管理工作，从而实现员工关系的不断优化。

3. 员工关系管理推动企业文化建设

企业目标能否实现很大程度上取决于员工能否与企业达成共同愿景，让员工认同企业的愿景。形成共同的价值观是企业与员工共同成长的重要条件，企业文化建设则是实现这一重要条件的有力武器。如何宣传企业文化，把企业的愿景、价值观和理念转化为员工自己的愿景、价值观和习惯，通常缺乏适宜的介质来落实。而员工关系管理就是一个有效的介质。员工关系管理覆盖企业经营管理活动的方方面面，渗透到员工工作生活的点点滴滴。比如，对于一个大型集团公司来说，通常涉及若干不同产业或不同地域的分（子）公司，需要有效的员工关系政策和方法来贯彻落实集团公司的战略决策、核心价值观和经营理念。

4. 企业社会责任推动员工关系管理的发展

企业社会责任（corporate social responsibility, CSR）是当今各国政府、企业界、学术界和社会各界都十分关注的热点问题。企业社会责任是指企业在创造利润、对股东承担法律责任的同时，还要承担对员工、消费者、社区和环境的责任。20世纪80年代，企业社会责任运动开始在欧美国家兴起，它包括环保、劳工和人权等方面的内容，由此导致消费者的关注点由单一关心产品质量，转向关心产品质量、环境、职业健康和劳动保障等多个方面，也促使企业履行自己的社会责任，在谋求经济利益最大化的同时，充分考虑员工、消费者、环境等方面的利益。

企业社会责任运动直接推动了员工关系管理的发展，为员工关系管理打开了新的局面。履行企业社会责任，善待自己的员工，对企业获取核心竞争力具有重要意义。面对激烈的竞争，企业的生存和发展越来越依赖员工的主动性与创造性，员工的认同将使企业有更大的潜力。员工关系管理就是通过满足员工的需要，形成良好的员工关系，来发挥他们的主动性和创造性。那些能够很好履行社会责任、充分考虑员工利益和员工发展的企业，往往会获得其他企业难以超越的核心竞争力，建立起良好的员工关系和人力资源竞争优势。

5. 关注员工关系管理的风险及其防范

员工是财富，是企业发展的第一资源，但也可能给企业发展带来潜在的威胁和风险。比如招聘失败的风险、企业员工关系政策的风险、劳动关系方面的风险、核心员工离职的风险等，都会影响企业的正常运转。要高效地解决这些问题，规避员工关系管理的风险，不仅需要企业的员工关系管理职能人员有足够的人力资源专业知识以及丰富的从业经验，更需要对劳动法、劳动合同法等相关法律法规有深入的研究，并且熟悉仲裁和诉讼的处理程序。

6. 新网络媒体、员工社区时代对员工关系管理产生影响

随着互联网的迅猛发展、新网络媒体的出现，网站、博客、微博、微信层出无穷，从某种程度上讲，这些新的网络媒体形式改变了我们获取信息的方式，也给企业员工关系管理带来新的课题和挑战。同时，信息沟通的便捷和迅速，有助于人们对员工关系问题产生新的认识，从而使员工关系管理变被动为主动，营造良好的企业员工关系氛围。

作为员工关系管理的专业人员，应能够对可能出现的员工关系方面的风险加以识别和评估，并根据风险的性质、严重程度、紧迫性等采取有效措施进行化解。

7. 组织与人的关系重构与新型劳动关系的构建

在数字化时代，知识型员工成为企业价值创造主体这一特点更为突出。人力资本成为企业价值创造的主导要素，人力资本具有剩余价值索取权和企业经营参与权与知情权。这导致人与组织不再是单一的雇佣与被雇佣关系，而是一种多重的相互雇佣合作伙伴关系。这时候，就要重构组织和人之间的关系，相应的解决之道就是事业合伙制，将企业打造成为一个利益共同体、事业共同体、命运共同体。事业合伙是一种战略动力机制和企业成长与人才发展机制，是一个涉及企业战略创新（平台＋生态战略）、公司治理结构优化（股东价值最大化与利益相关者价值，共治共决）、组织与人的关系重构（雇佣关系与合作伙伴关系）的系统工程，是一种新的人才生态。中国人民大学教授彭剑锋指出，事业合伙制的 32 字方针是：志同道合，利他取势；共担共创，增量分享；相互赋能，自动协同；价值核算，动态进退。

随着共享经济与组织平台化的深入发展，很多个体知识劳动者不再受雇于一个组织，而同时为多家企业提供服务，具有多角色、多重契约关系等特点，如外卖送货员与平台组织之间不再是传统的正式契约劳动关系，而是泛契约的新型劳动关系。在这样的关系下，需要重新思考组织和人之间的关系。

此外，企业的用工形式走向多样化，灵活用工、盈余时间用工，在家上班，灵活上班，创新协同生态平台、数字化工作协同，业务外包等，都对传统的组织与人的契约与劳动关系提出了全新的挑战。这就要求人力资源在策略上作出系统的安排。

8. 人力资源管理者要树立经营者思维——以生命整体观认识人、经营人

（1）经营企业就是经营客户、经营人才，经营客户最终是经营人。要把人放到经营的层次去思考，这就意味着人是企业经营战略的核心要素，需要长期投入，要有长期价值主义导向，对人才的投入要追求长期回报，而不是短期获利。企业家就是企业的首席人才官，企业人力资源管理第一责任人是 CEO，是各级管理者。从人力资源部的角度来讲，这就要求人力资源管理者跳出专业层面，尤其是在数字化、智能化时代，人力资源管理不再局限于专业职责这一亩三分地，要有人才经营的思维。既要立足于专业知识层面又要跳出专业知识层面，像企业家一样去思考人的问题。人力资源管理的主要方法不是管控，而是激活人的价值创造。组织保持大方向正确，要激活核心，要保持活力。一个组织只有持续保持活力，才有真正的市场竞争力，才有真正的价值创造能力。人力资源管理的核心目标是实现成长与价值增值，促进经营增长与人才发展。

（2）人力资源管理对象是有情感和思想的人，是生命有机体，不能把人割裂开来研究，也不能脱离人文环境和工作群体来研究。人力资源管理要有整体性和系统的生命观，对人性的认识、对人的需求假设都应有新思维。过去的人力资源管理最大的问题是把人当成物，试图通过对物的标准化管理来实现对人的效能提升。但在以知识型员工为价值创造主体的时代，一定要将人作为生命有机体来看待。尤其是对人性的认识，对人的需求的认识，要有量子力学的"态叠加"思维以及灰度思维。对人性、人的发展规律要有敬畏感。对人的管理最终还是回归到对人性的洞悉，对人的需求的深层理解，其实就是要回归到简单、自然、极致、阳光。人力资源管理既是一门科学又是一门艺术，既要强调理性又要强调直觉的统一。人力资源管理的核心是激发人的生命价值创造活力，价值创新、持续激活组织、为客户创造价值是人力资源管理的核心命题，这是一盘永远下不完的棋。人才的激活，一方面是信任授权，另一方面是外部压力传递与以奋斗者为本。人力资源是一个内外能量交换的开放式系统，一定要开放才能吸收宇宙能量，组织文化的开放包容、人才系统的开放与生态也是未来人力资源管理所面临的核心问题。

（3）经营的核心是价值创造，实现价值增长，人力资源管理的核心是激发价值创造活力，实现组织与人的价值增值与增长。之所以要把人力资源管理放在经营层面来思考，就是要实现价值增长，人力资源管理的根本目的是让每一个人成为价值创造者，并有价值、有成效地工作。人力资源管理要为人才发展创造价值，为客户创造价值，为企业战略与业务增长创造价值，为社会和谐与进步创造价值。人力资源管理的核心内容是价值管理循环：全力创造价值，科学评价价值，合理分配。

四、员工关系管理的影响因素

组织是社会中的一个有机体，难免受到社会环境、政策、文化的影响，同时员工关系作为组织关系的一个方面，又难免受到组织内部结构、企业文化管理方式等的影响。根据组织所处的环境，我们把影响员工关系管理的因素分为两个方面，即外部环境因素和内部环境因素。

1. 外部环境因素

（1）经济环境。经济环境影响员工的工资福利水平、就业、工作转换，以及工人运动和工会的发展，乃至劳动关系的整体状况。经济环境能够改变员工关系主体双方的力量对比，同样，偶发的经济冲击以及有规律的经济周期也会影响组织内部的劳动关系调整机制。经济冲击往往会造成产量骤减，不同的企业会因为对未来的预期不同而制定不同的人力资源政策。在经济周期的影响下，组织内部的调整也会随着经济的起落而变化。一般来说，当经济繁荣时，员工的力量就会较强，管理方会做更多的让步；而当经济处于低谷时，管理方让步的空间很小，员工的力量相对较弱，在谈判和冲突中处于更为不利的地位。

（2）技术和政策。技术和政策影响劳动力市场以及组织中的员工关系。技术革新往往会增强相关岗位员工的力量，同时会影响劳动力市场上不同技术种类工人的供求状况。政策主要包括政府的就业政策、教育和培训政策等。教育和培训政策有利于提高劳动力的素质和技术水平，最终影响由雇主提供的工作种类，以及工资和工作条件。就业政策对于劳动力市场以及就业组织中的员工关系的影响最为直接。它往往通过对供求状况的调整来改变双方劳动力市场的力量，以经济激励和惩罚措施来改变双方在组织内部关系中的力量。例如，我国出台了促进残疾人就业的政策，对安置残疾人的比例达到一定标准的组织给予税收、费率等方面的优惠。这些政策从客观上促进了企业雇用更多的残疾人。

（3）相关法律法规。相关的法律法规的完善程度影响员工关系发展的水平。相关的法律法规旨在规范、协调员工关系，规定雇佣关系双方的权利义务，具有相对稳定性。建立和发展和谐的员工关系，离不开较完善的法律法规体系。比如，在我国，《劳动法》规定了集体协商中双方的权利义务、员工的最低工资、健康和安全保护等。法律要求雇主承认工会，并同工会进行集体协商，这一规定提高了工会有效代表其会员的能力，进而影响了工会会员的工资和工作条件。

（4）社会文化。社会文化通过习俗、习惯、价值观、信仰等影响员工关系。比如，在强工会文化背景下，政府和企业就要高度重视工会的作用，通过制定政策，加大工会的密度，扩大工会的影响力。在跨国公司的员工关系管理中，还要特别注意来自不同文化背景的员工的特点，制定相应的员工关系管理策略。

2. 内部环境因素

（1）组织结构。组织结构是指对于人员和工作任务进行分工、协调与合作的制度性安排，不同类型的组织结构决定了不同的员工关系管理模式和管理特点。比如，官僚式的组织结构主要强调等级化、层级分明、高效率。扁平化的组织结构主要通过减少组织层次来提高组织效率，强调组织更强的适应性，鼓励员工更多地参与组织事务。工作团队的组织结构主要是通过成员的合作产生积极的协同效应，注重成员之间的平等和协调、员工参与事务的充分程度和积极性。

（2）工作环境。工作环境分为物理环境和人文环境。这两方面的环境都可以对员工关系产生影响，并影响员工管理的实施和效果。比如，与封闭性的环境布局相比，开放式的办公环境布局更有利于组织员工之间的交流和沟通，有助于建立平等的关系，但也可能导致员工之间的摩擦、矛盾增多。除了物理环境外，组织的人员结构、规章制度、亚文化也可能影响员工之间的关系。

（3）管理方式。管理方式包括企业占主流的人性假设、管理者允许员工参与管理的程度，以及员工对企业的忠诚、信任、支持等。不同的管理方式会影响员工对组织和其他员工的相互认识，从而影响员工关系的管理。

（4）企业文化。企业文化是组织成员相互认可的一系列价值观和态度的总和。企业文化是企业在长期的发展过程中逐渐积累和沉淀下来的，不同的文化会影响员工之间的态度、价值和行为方式之间的差异，最终影响员工之间的行为和关系。

（5）个人需求。个人需求的变化倒逼员工关系管理变革，主要体现在以下四个方面：

第一，人才变了，知识型员工成为价值创造的主体，拥有更多剩余价值的索取权和话语权。人才一旦变成企业价值创造的主体，至少会发生两个变化：一是对组织的治理提出全新的要求，要参与企业的经营决策；二是对剩余价值的索取。现在，要通过人力资本的创新，要通过事业合伙制，实现人力资本和货币资本相互共治。事业合伙制特别火，其实就是适应了知识型员工已经成为企业价值的主体的现状，人力资本和货币资本之间不再是单一的雇佣关系，而是事业合作伙伴关系。

第二，个体力量崛起。有了互联网，个体的力量改变了组织和人之间的关系。企业的核心人才主要有三类：一是领军人才。在互联网时代，对人工智能有敏感性，对未来的趋势有洞见性，就是领军的经营人才或者经营天才。二是核心创新人才。一个技术创新天才可以点燃整个组织，可以颠覆整个组织。三是高潜质人才。这类人才学习能力、可塑性、执行能力都很强。这三种新型人才在互联网时代能够借助互联网、共享经济突出个体的价值。过去，组织大于个人；现在，从某种意义上讲，个人创新有时候会大于组织。组织强调无中心化、去中心化，就是因为一个个体的创新可能会点燃整个组织、引爆整个组织，那时，他就自动变成中心了。所以，中心不是确定的，组织的核心不再是确定的。

第三，万物连接创新人的组织与劳动价值创造方式，创新人的沟通与组织协同机制。数字化、大连接与人工智能，使人的劳动价值创造方式与协同方式发生了革命性的变化。现在企业可以实现"平台化＋分布式"的作用，原因就在于有了互联网、人工智能。

第四，人才需求层次和参与感提高，人才对个性的尊重、机会的提供、赋能与发展空间的需求越来越强烈。所以，企业尤其是创新企业提出了"四个更"：一是创造更宽松的环境，让员工能够更加自主地创造价值。二是赋予更激动人心的工作创造意义，让员工有使命感，觉得做这件事不单是为了钱，尤其是90后，更强调工作的价值、意义。三是让员工有更新的创造技能。很多员工的技能和知识结构已经不能满足新的商业模式的要求、客户价值的需求，所以，员工的知识结构、技能结构需要跨界融合，才能提高员工的综合作战能力。四是要为员工提供更好的工作场景体验。

第 2 节　员工关系的确立与终止

一、员工关系确立的基础——劳动关系的建立

员工关系源于劳动关系，没有劳动关系就没有员工关系。也就是说，特定企业与员工之间劳动关系的确

立是员工关系建立的基础，而劳动关系是通过劳动合同这种法律契约的签订来实现的，即劳动者与用人单位一旦订立了劳动合同，就确定了正式的劳动关系。如果用人单位与劳动者在用工前订立劳动合同，劳动关系则自用工之日起建立。

（一）劳动关系的概念

劳动关系是指劳动者与所在单位之间在劳动过程中发生的关系，具体而言是指由雇佣行为产生的关系。它是作为劳动力所有者的劳动者与作为生产资料所有者的企业或雇主之间，为进行生产和经营、实现劳动力与生产资料之间的结合而建立的一种社会交换关系。其内容主要包括：所有者与全体员工（包括经营管理者）的关系；经营管理者与普通员工的关系；经营管理者与工会组织的关系；工会与员工的关系。

劳动关系主要包括主体、客体和内容三个要素。主体是指劳动法律关系的参与者，包括劳动者、劳动者的组织（工会、职代会）和用人单位。客体是指主体的劳动权利和劳动义务共同指向的事物，如劳动时间、劳动报酬、安全卫生、劳动纪律、福利保险、教育培训、劳动环境等。内容是指主体双方依法享有的权利和承担的义务。

（二）劳动关系的特征

从形式上看，劳动关系具有两个主体之间进行交换的平等性特征。劳动力作为一种商品，是劳动关系双方买卖的对象。劳动者作为劳动力的所有者，有依法按照约定为用人单位提供劳动的义务，相应地，有获得劳动报酬的权利；用人单位有依法按照约定支付劳动者报酬的义务，相应地，有要求劳动者提供劳动的权利。

从实质上看，劳动关系具有从属性的特征。一方面，劳动力是一种商品，但不是普通商品。普通商品一经买卖，买方即取得该物的所有权，即占有、使用、收益、处分的权利。而劳动力这种商品是依附于人身的，与人身不可分割的属性决定了其特殊性。另一方面，尽管劳动者与用人单位之间的劳动关系建立在平等自愿、协商一致的基础上，但劳动关系一旦建立，双方在职责上就具有从属关系。

（三）劳动关系的分类

根据劳动者一方是个体还是集体，劳动关系可以分为集体劳动关系和个别劳动关系。前者是作为劳动者代表的工会或劳动者选举的代表与用人单位或用人单位组织之间的关系，后者是劳动者个人与用人单位之间的劳动关系。本章所涉及的劳动关系主要是指个别劳动关系。

按实现劳动过程的方式，劳动关系分为两类：一类是直接实现劳动过程的劳动关系，即用人单位与劳动者建立劳动关系后，由用人单位直接组织劳动者进行生产劳动的形式，当前这一类劳动关系占绝大多数；另一类是间接实现劳动过程的劳动关系，即劳动关系建立后，通过劳务输出或借调等方式由劳动者为其他单位服务实现劳动过程的形式。

按劳动关系的规范程度，可分为规范的劳动关系（即依法通过订立劳动合同建立的劳动关系），事实劳动关系（指未订立劳动合同，但劳动者事实上已成为企业、个体经济组织的成员，并为其提供有偿劳动的情形），以及非法劳动关系（例如，招用童工和无合法证件人员，无合法证、照的用人单位招用劳动者等情形）。

（四）劳动关系的载体——劳动合同

《劳动法》《劳动合同法》施行后，我国全面实行劳动合同制度，个别劳动关系的建立、解除和终止表现为劳动合同的订立、解除和终止。也就是说，劳动合同是劳动关系的载体。

1. 劳动合同的概念

劳动合同是指劳动者与用人单位之间确立劳动关系、明确双方权利和义务的协议。

根据《劳动法》和《劳动合同法》，员工进入企业工作，企业必须与员工签订劳动合同，从而对员工和企业双方当事人产生约束力。如果发生劳动争议，劳动合同是解决劳动争议的直接证据和依据。除了合同文本外，企业和员工双方还可以协商制定劳动合同的附件，进一步明确双方的权利、义务的具体内容，附件和合同文本具有同样的法律效力。

劳动者与用人单位一旦签订劳动合同，即确立了正式的劳动关系，劳动者成为用人单位的员工，用人单位承担对员工进行管理的权利与义务；个别或内部的劳动关系的协调机制在某种意义上也就部分地转换成了员工关系的管理机制。

员工与企业之间的劳动关系的确立和存续是员工关系存在的基础。劳动合同的订立是劳动关系得以确立的重要标志。

2. 劳动合同与其他相关文本文件的区别

（1）劳动合同与录用通知。很多用人单位在作出录用应聘者的决定后，会给应聘者发出录用通知、邀请函等。值得一提的是，一旦发出录用通知，就对用人单位产生了法律约束力。但是录用通知不等同于劳动合同，也不能代替劳动合同。在应聘者没有作出选择之前，它只对用人单位构成单方约束力，而劳动合同是用人单位和劳动者双方的协议。在劳动合同签订后，用人单位可以选择使录用通知失效，也可以把它作为劳动合同的附件，继续有效。但当录用通知和劳动合同有不一致的地方时，必须使录用通知失效。

（2）劳动合同与就业协议。就业协议是针对应届毕业生初次就业的协议，是由学校作为见证，毕业生与用人单位签订的一份意向性协议。就业协议与劳动合同在主体、内容、签订时间、目的、适用法律等方面都存在区别。

1）主体不同。就业协议适用于应届毕业生与用人单位、学校三方之间，学校是就业协议的见证方或签约方；而劳动合同只适用于劳动者与用人单位之间，与学校无关。

2）内容不同。毕业生就业协议的内容主要是：毕业生如实介绍自身情况，并表示愿意到用人单位就业；用人单位愿意接受毕业生；学校同意推荐毕业生并列入就业方案，而不涉及毕业生到用人单位报到后应享有的权利义务。劳动合同的内容涉及劳动报酬、工作内容、劳动纪律等方面，劳动的权利义务规定得具体、明确。

3）时间不同。就业协议是在毕业生就业之前签订的，而劳动合同是在毕业生到用人单位报到后签订的。

4）目的不同。就业协议是毕业生和用人单位关于将来就业意向的初步约定，是对双方的基本条件以及即将签订的劳动合同的部分基本内容的大体认可，是高校编制毕业生就业方案以及将来毕业生和用人单位双方订立劳动合同的依据。劳动合同旨在明确双方的权利和义务。

5）适用法律不同。就业协议发生争议，除根据协议本身的内容之外，主要依据现有的毕业生就业政策和法律对合同的一般规定来加以解决；劳动合同发生争议，依据《劳动合同法》来处理。

（3）劳动合同与员工手册。企业员工手册是用人单位将重要的规章制度向劳动者告知的形式之一。员工手册的内容一般包括劳动合同管理、工资管理、社会保险福利待遇、工时休假、劳动纪律，以及其他劳动管理规定和流程。

因为公司重要的规章制度是劳动合同的一部分，所以有的用人单位把公司员工手册作为劳动合同的附件。在这种情况下需要注意，员工手册或规章制度如有修订，应该公示并告知员工，以保证作为劳动合同附件的员工手册是修订后的有效版本。

二、员工关系终止的标志——劳动合同的终止和解除

员工关系建立的基础是劳动关系，而劳动关系的确立是以劳动合同的签署为依据的，因此，员工关系的终止也是以劳动合同的终止和解除为依据的。

（一）劳动合同的终止

劳动合同终止是指劳动合同期满或终止合同的条件出现时，用人单位依法与劳动者解除劳动关系的一种

法律行为。我国 1995 年开始实施的《劳动法》对劳动合同的终止只规定了两种情形：法定终止（即劳动合同期满终止）和约定终止（即当事人约定的终止条件出现）。为避免用人单位利用自己的不平等地位随意与劳动者约定劳动合同终止条件而损害劳动者权益，2008 年 1 月 1 日开始实施的《劳动合同法》取消了劳动合同的约定终止，规定劳动合同只能因法定情形出现而终止，并列举了劳动合同终止的情形，2008 年 9 月 18 日开始实施的《中华人民共和国劳动合同法实施条例》（以下简称《劳动合同法实施条例》）在此基础上又增加了四种可以终止劳动合同的情形。

根据《劳动合同法》及《劳动合同法实施条例》的相关规定，有下列情形之一的，劳动合同终止：(1) 劳动合同期满的；(2) 劳动者开始依法享受基本养老保险待遇的；(3) 劳动者死亡，或者被人民法院宣告死亡或者宣告失踪的；(4) 用人单位被依法宣告破产的；(5) 用人单位被吊销营业执照、责令关闭、撤销或者用人单位决定提前解散的；(6) 自用工之日起一个月内，经用人单位书面通知后，劳动者不与用人单位订立书面劳动合同的，用人单位应当书面通知劳动者终止劳动关系；(7) 用人单位自用工之日起超过一个月不满一年未与劳动者订立书面劳动合同，有证据证明是劳动者不与用人单位订立书面劳动合同的，用人单位应当书面通知劳动者终止劳动关系；(8) 劳动者达到法定退休年龄的；(9) 以完成一定工作任务为期限的劳动合同因任务完成而终止；(10) 法律、行政法规规定的其他情形。

同时，上述法律也规定了劳动合同到期不得终止的情形（即例外条款）：(1) 女员工在孕期、产期、哺乳期的；(2) 患病或者非因工负伤，在规定的医疗期内的；(3) 在本单位连续工作满 15 年，且距法定退休年龄不足 5 年的；(4) 从事接触职业病危害作业的劳动者未进行离岗前职业健康检查，或者疑似职业病病人在诊断或者医学观察期间的；(5) 在本单位患职业病或者因工负伤并被确认丧失或者部分丧失劳动能力的，但是，部分丧失劳动能力劳动者的劳动合同的终止，应当按照工伤保险的有关规定执行；(6) 基层工会专职主席、副主席或者委员自任职之日起，其劳动合同期限自动延长，延长期限相当于其任职期间；非专职主席、副主席或者委员自任职之日起，其尚未履行的劳动合同期限短于任职期限的，劳动合同期限自动延长至任期期满；(7) 法律、行政法规规定的其他情形。

（二）劳动合同的解除

劳动合同解除是指劳动合同履行过程中，劳动合同期限届满之前，因出现法定的或用人单位与劳动者约定的情形，一方单方通知或双方协商提前终止劳动关系的法律行为。劳动合同解除分为双方协商解除、用人单位单方解除、劳动者单方解除等几种情况。

1. 双方协商解除劳动合同

经劳动合同当事人协商一致，劳动合同可以解除。双方协商解除劳动合同的条件：一是双方自愿；二是平等协商；三是不得损害另一方利益；四是双方达成解除劳动合同的书面协议。

2. 用人单位单方解除劳动合同

具备法律规定的条件时，用人单位享有单方解除权，无须双方协商达成一致。用人单位单方解除劳动合同有三种情况：

(1) 随时解除，即因劳动者的过失，用人单位单方解除劳动合同。一般适用于因劳动者不符合录用条件或者严重违纪、违法的情形。根据《劳动法》第二十五条及有关规定，劳动者有下列情形之一的，用人单位可解除劳动合同：1) 在试用期间被证明不符合录用条件的。2) 严重违反劳动纪律或用人单位规章制度的。3) 严重失职，营私舞弊，对用人单位利益造成重大损害的。4) 被依法追究刑事责任的。5) 劳动者同时与其他用人单位建立劳动关系，对完成本单位工作任务造成严重影响，或经用人单位提出，拒不改正的。6) 劳动者违反《劳动合同法》相关规定致使劳动合同无效的。

(2) 须预告的解除，即用人单位应当提前 30 日以书面形式通知劳动者本人方可解除合同。根据《劳动法》第二十六条的规定，劳动者有下列情形之一的，用人单位可解除劳动合同：1) 劳动者患病或者非因工负伤，医疗期满后，不能从事原工作也不能从事由用人单位另行安排的工作的。2) 劳动者不能胜任工作，经过培训或者调整工作岗位，仍不能胜任工作的。3）劳动合同订立时所依据的客观情况发生变化，致使原劳动合同无法履行，经当事人协商不能就变更劳动合同达成协议的。

（3）经济性裁员，即用人单位濒临破产进行法定整顿期间或者生产经营状况发生严重困难，用人单位为改善生产经营状况而辞退成批人员。用人单位濒临破产进行法定整顿期间或者生产经营状况发生严重困难，确需裁员 20 人以上或者裁减人员不足 20 人但占企业员工总数的 10％以上的，应当提前 30 日向工会或者全体员工说明情况，听取工会或者员工的意见，经向劳动部门报告后，可以裁减人员。用人单位依照该规定裁减人员，又在 6 个月内录用人员的，应当优先录用被裁减的人员。

即时案例 11-1

医疗期内企业不能随意终止劳动合同

根据我国《企业职工患病或非因工负伤医疗期规定》，医疗期是指企业职工因患病或非因工负伤停止工作治病休息，不得解除劳动合同的时限。员工还处于医疗期时，单位终止劳动合同一定要慎重。

何波（化名）大学毕业后于 2010 年 6 月应聘到一家材料有限公司工作，与公司签订劳动合同至 2018 年 6 月 30 日。2018 年 3 月 20 日起他因病一直在家休息。2018 年 6 月初，公司书面通知何波，因劳动合同期满终止劳动合同关系。何波多次与公司交涉未果，遂向当地劳动人事争议仲裁委员会申请仲裁，要求撤销公司作出的终止劳动合同决定，与公司恢复劳动关系，继续履行劳动合同。

庭审时何波称，本人病假休息尚在医疗期内，按照国家规定，公司不可以终止劳动合同；公司则辩称，因何波的劳动合同期满，公司不再与其续订合同，按照有关规定合同期满即行终止，所以对何波提出的要求不予同意。

处理结果

仲裁委员会裁决撤销公司与何波终止劳动合同的决定，恢复双方劳动关系，继续履行劳动合同。

争议焦点

劳动合同到期时劳动者仍在医疗期内，用人单位是否可以与其终止劳动合同。

案例评析

《劳动合同法》第四十五条规定，劳动合同期满，有本法第四十二条规定情形之一的，劳动合同应当续延至相应的情形消失时终止；第四十二条规定，劳动者患病或者非因工负伤，在规定的医疗期内的，用人单位不得解除劳动合同。

本案中，何波大学毕业后于 2010 年 6 月进单位，2018 年 3 月 20 日起休病假，根据实际工作年限和在本单位工作年限，可享受 6 个月医疗期，因此，2018 年 6 月 30 日劳动合同期满时，何波尚在医疗期内，此时公司不能终止双方劳动合同，而应将合同期限延长至何波医疗期结束。因此公司终止劳动合同的行为属于违法终止，仲裁委员会依法作出了撤销公司与何波终止劳动合同的决定，恢复双方劳动关系，双方继续履行劳动合同。

风险提示

医疗期是指企业职工因患病或非因工负伤停止工作治病休息，不得解除劳动合同的时限，即当员工不存在严重违纪、失职等过错行为时，用人单位不得在该期限内终止或解除劳动合同。根据《企业职工患病或非因工负伤医疗期规定》第三条，企业职工因患病或非因工负伤，需要停止工作医疗时，根据本人实际参加工作年限和在本单位工作年限，给予三个月到二十四个月的医疗期。同时根据《劳动合同法》第四十二条、四十五条，当劳动合同期满，劳动者因病处于法定医疗期内的，用人单位不能终止劳动合同，而是自然续延（不是续签）至医疗期满为止。只有劳动者没有《劳动合同法》第四十二条规定的情形，劳动合同才可以因期满而自然终止。如果出现劳动合同应当续延而单位单方面违法终止，或者在劳动合同续延期间单位单方面违法解除劳动合同的情形，劳动者可以要求单位继续履行合同，也可以不要求单位继续履行合同，而要求单位支付违法解除终止劳动合同的赔偿金。

资料来源：http://www.hrsee.com/? id＝1502.

3. 劳动者单方解除劳动合同

具备法律规定的条件时，劳动者享有单方解除权，无须双方协商达成一致。劳动者单方解除劳动合同有两种情况：

（1）预告解除。劳动者应当提前30日以书面形式通知用人单位，方可解除劳动合同。劳动者无须说明任何法定事由，只需提前告知用人单位，超过30日，劳动者可以向用人单位提出办理解除劳动合同的手续，用人单位应予办理。同时为防止劳动者滥用这一权利而损害用人单位的利益，《劳动法》规定，劳动者违反该法规定的条件或者违反劳动合同的约定解除劳动合同，或违反劳动合同中应当遵守的保密义务，给用人单位造成经济损失的，应当依法承担赔偿责任。

（2）无须预告的解除。即劳动者无须提前告知用人单位，只要具备法律规定的正当理由，劳动者可随时通知用人单位解除劳动合同，还应对因用人单位的违约行为和侵权行为造成的损失要求用人单位予以赔偿，并有权提请有关机关追究用人单位的行政责任和刑事责任。适用的情形有：1）劳动者在试用期内；2）用人单位以暴力、威胁或者非法限制人身自由的手段强迫劳动；3）用人单位未按照劳动合同约定支付劳动报酬或者提供劳动条件。

当劳动合同解除和终止时，劳动关系就不复存在，同时员工关系也就终止了。

第3节　员工关系的处理

员工在组织中会面临各种各样的关系，这些关系会或多或少、或强或弱地影响员工对组织的认识，并以此影响员工的行为，最终影响员工和组织绩效。员工关系管理就是通过制定和实施各项人力资源政策以及采取管理行为，调节企业的所有者、经营者、群体、员工等因素之间的相互关系和影响，以实现企业发展目标。本节首先介绍对员工关系中心理因素的管理，因为良好关系的建立离不开积极、健康的心理。然后介绍几种主要的员工关系管理措施，包括员工参与管理、员工抱怨管理、员工申诉管理、员工争议管理和员工离职管理，通过这些方式在企业员工之间建立和谐关系，将促进组织目标的最终实现。

一、员工心理健康管理

（一）员工心理健康管理概述

员工心理健康是指员工在工作情景下的一种持续良好的心境。在这种状态下，员工的认知活动、情绪反应和意志行动处于积极状态，而且具有正常的和适当的调控能力，能充分发挥其身心的潜能。

员工心理健康按健康程度一般可分为正常、不平衡和不健康三种状态。一是正常状态，即常态，指员工个体在没有较大困扰的情况下，心理正常。个体的常态行为基本与个人价值观、道德水平和人格特征以及组织倡导的价值观相一致，这种状态一般称为心理健康。二是不平衡状态，也称偏态，在不平衡状态下，员工通常会表现出焦虑、压抑、担忧、矛盾、后悔、自责、倦怠等心理和行为。员工往往通过心理防御机制进行自我调节或借助外力进行疏导，以消除不平衡并回到正常状态。我们通常所说的员工心理健康问题一般是指员工处于这种状态中所表现出来的心理和行为反应。三是不健康状态，也称变态，包括神经症、人格障碍、性心理障碍、精神分裂症等。此时，员工已经不适合工作，需要辞退或休假，到医疗部门接受心理治疗和药物治疗。这种状态一般也称为心理疾病或精神疾病。

在数字化时代，员工的心理健康有了新的表现：由于长时间对着电脑办公而引起的孤独感显著增加，社交活动大幅度减少，工作倦怠随之提升。加之后疫情时期远程办公、灵活用工等需求的进一步提升，员工的活动圈子、活动范围随之减小，物理上以及心理上的隔离程度越来越高。员工基本上对着电脑工作，最多开个视频会议，除了见家人，很少与外界交流，由此引起的员工亚健康问题不在少数。

员工心理健康管理的目的是通过创造良好的工作环境，为员工提供愉悦的心理氛围，同时针对员工的心理亚健康和不健康的状态采取一定的保护措施，通过一些缓解和治疗手段，帮助员工从职业心理焦虑中解脱出来，减少因工作带来的心理伤害，提升心理健康的水平。

（二）影响员工心理健康的因素

心理健康问题的出现受一系列因素的影响，它是社会、组织和个人三个方面相互作用的结果。在社会经济转型期，社会贫富差距拉大，不平等和不和谐的现象日益显现，不断影响人们的价值观念和社会角色意识。中国经济的快速增长一方面给企业带来了发展机遇，另一方面也带来了压力。组织兼并、重组、裁员、新管理手段的运用等带来的冲击使员工长期处于亚健康状态，饱受工作不安全感、工作压力与工作倦怠的困扰。与此同时，企业为了保持竞争力不断开拓新的市场，扩大组织规模，进行组织变革，对员工提出了更多更高的要求。然而，企业并未改变僵化的企业文化、等级化的管理模式，员工不断重复工作任务和工作内容，长期超负荷工作，体力和精神严重透支，变得厌倦、易怒、紧张、焦虑、抑郁、情绪低落。企业对这些潜在的问题长期不予重视，最终导致员工出现心理健康方面的问题。此外，员工产生心理健康问题也和员工自身的特质有关。

1. 社会方面

社会和经济转型的大背景、经济危机、突发事件等社会因素都会影响人们的心理健康。中国的基尼系数从改革开放之初的 0.28 上升到近年的 0.466，贫富差距较为明显。近 10 年来，我国地区、城乡、行业、群体间的收入差距明显加大，由此带来的诸多问题成为社会各界关注的焦点。各种突发事件也对员工心理健康造成危害。

2. 组织方面

荀子云："木受绳则直，金就砺则利"，说的是环境对事物的影响不可低估，而人最容易受环境的影响。员工的心理健康状况也受到企业组织方面的影响。企业文化、管理模式、工作设计、工作中的人际关系都影响到员工的心理健康水平。

从企业劳动关系的情况看，影响员工心理健康的因素主要有：一是工作方面的压力，包括工作任务繁重、工作难度大、知识技能不能满足要求等；二是工资福利待遇方面的差异，表现为同工不同酬、个人能力业绩与报酬不相称、长时间不加薪等；三是人际关系方面的困惑，既有同事之间的也有上下级之间的，还有业务活动中遇到的等；四是安全卫生保护方面的担心，害怕工作岗位安全卫生环境、职业危害防护等存在隐患；五是职业不稳定的忧虑，害怕劳动合同期满后单位不续订，难以找到合适的工作等。

3. 个人方面

影响员工心理健康的因素还包括个人因素。社会因素和组织因素往往是针对大众的、多数人的，但是对于同一社会事件和组织现象，有的人心理受影响而有的人却不受影响，这说明决定因素在于员工的心理素质。个人因素主要包括先天遗传因素、身体状况、个人成长环境、个人经历、性格、能力、情绪等。

（三）员工心理健康管理措施

尽管影响员工心理健康的因素有很多，但本书侧重于讨论通过对组织因素的干预来提高员工的心理健康水平。从组织的角度来说，员工心理健康管理的措施主要有以下几种。

1. 认识和排除压力源以缓解压力

工作压力（job stress），也称工作紧张或工作应激，是指与工作相关的不良刺激对个体所引起的负面主观体验和心理、生理反应。紧张和压力是导致员工产生不良的心理反应和不正常精神状态的主要原因。例如，一种最常见的心理失衡现象——精力衰竭，就是过度紧张的工作所导致的生理反应。

工作中的不良刺激是引起工作压力的原因，称为"工作压力源"或"应激源"。当这种不良刺激使个体受到挫折或被感知具有潜在的危害时，就会引起负面情绪及其心理和生理反应，从而构成了工作压力的主要特征。当这些负面情绪能被个体适当缓解时，一般不会造成长期的心理与生理上的损害。但如果负面情绪持续时间太长，个体又无法应付，就会造成健康损害。

当工作的强度、复杂性以及竞争程度的增加给个体带来长期的压力，并得不到有效的缓解时，过高的工作要求、个体应对资源的长期不平衡或工作应激的延长，将导致心理和身体症状的适应过程出现问题，如个体逐渐产生心理、生理上的疲惫，工作能力下降，工作热情丧失，工作责任感消退，对他人日益冷漠等，这些都是过劳（burnout）的表现。过劳会严重损害个体健康和组织的竞争力。

克里斯蒂娜·马斯拉奇（Christina Maslach）和迈克尔·莱特（Michael P. Leiter）的研究表明，当今社会频繁出现的过劳现象主要源于人与工作间的六类矛盾冲突：工作负荷过大，对工作失去控制能力，工作回报过低，集体精神的瓦解，处事不公，以及价值观的冲突。对于过劳现象的消除和预防，克里斯蒂娜·马斯拉奇和迈克尔·莱特认为，需要从企业战略目标的方向着手，强调对企业工作环境的改造和提高，而不是对员工个人素质的改造，即致力于对影响企业日常经营管理的企业结构和生产服务流程进行改造，而非解决员工所遭遇的具体的过劳危机。

同时，生活方面的压力，比如丧偶、离婚、分居、亲友去世、被解雇、怀孕、性别差异、换工作等，都是一些重大的压力源。

员工的压力若长时间得不到缓解，会产生严重后果（如图 11－3 所示）。

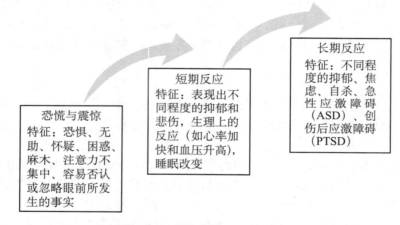

图 11－3　创伤影响三阶段示意图

企业领导者和人力资源管理者应充分关注、调查、分析员工感受到的压力源及其类型，在组织层面拟订并实施各种压力减轻计划，有效管理并减轻员工压力。具体的方案内容包括：

（1）改善组织的工作环境和条件，减轻或消除工作条件恶劣给员工带来的压力。领导者或管理者力求创造高效率的工作环境并严格控制对环境的干扰因素。如关注噪声、光线、舒适、整洁、装饰等方面，给员工提供一个赏心悦目的工作空间，有利于员工与工作环境相适应，提高员工的安全感和舒适感，减轻压力。另外，确保员工拥有做好工作所需的良好工具、设备，如及时更新陈旧的电脑、复印机、传真机等。

（2）营造良好的企业文化氛围，鼓励并帮助员工提高心理保健能力，学会缓解工作带来的压力，自我放松。企业应该向员工提供压力管理方面的信息、知识。企业可为员工订阅有关保持心理健康与卫生的报纸、杂志。这体现了企业对员工成长与健康的关心，会使员工感受到关怀与尊重，从而成为一种有效的激励手段，激发员工提高个人绩效进而提高整个组织的绩效。

企业可开设宣传专栏，普及心理健康知识，有条件的企业还可以开设有关心理健康管理的课程或定期邀请专家做讲座。可告知员工长期压力的严重后果、代价（如因疾病、工作中死亡、事故受伤、医疗花费、生产率下降而造成潜在损失等）；让员工了解压力的早期预警信号（生理症状、情绪症状、行为症状、精神症状）；让员工学习自我调适的方法（如健康食谱、有规律锻炼身体、学会自我放松、保证良好睡眠、发展个人兴趣爱好等），筑起"心理免疫"的堤坝，增强心理抗压能力。

向员工提供保健或健康项目，鼓励员工养成良好、健康的生活习惯。如有些企业建立了专门的保健室，向员工免费提供各种锻炼身体、放松身心的设备，为员工配备了专职的健康指导员。

另外，企业可聘请资深专业人士担任心理咨询员，免费向承受压力的员工提供心理咨询，帮助其提高社会适应能力，缓解心理压力，保持心理健康。

（3）将员工的心理健康管理与企业人力资源管理的各个环节有机结合在一起，在组织制度、程序上帮助员工减轻压力。

人力资源招聘方面：注意识别人力资源的特点，选拔与工作要求（个性要求、能力要求、智力要求等）相符合的人力资源，避免员工上岗后因无法胜任工作而产生巨大的心理压力，从选拔的源头上控制员工心理健康的水平。

人力资源配置方面：力求人与事的最佳匹配，并清楚地定义员工在岗位上的角色、职责、任务，从而减轻因角色模糊、角色冲突等引起的心理压力。

人力资源培训方面：第一，可培训员工提高处理工作的技能（如撰写公文或报告、工作陈述等），使员工工作起来更加得心应手，减轻工作压力；第二，可对员工进行时间管理培训（按各项任务的紧急性、重要性区分优先次序，计划好时间），消除时间压力源；第三，可培训员工的沟通技巧，消除人际关系压力源。

职业生涯规划方面：帮助员工抛弃不切实际的期望值和太高的目标，建立现实客观的发展目标，并给予相应的培训和指导，帮助其实现目标。

人力资源绩效管理方面：领导者或管理者应向员工提供与组织有关的信息，及时反馈绩效评估的结果，并让员工参与和自己息息相关的一些决策，使员工知道企业里正在发生什么事情，他们的工作完成得如何等，从而增强员工的控制感，减轻由于不可控、不确定性带来的压力；其次，各级主管应与下属积极沟通，真正关心下属，了解他们在生活中遇到的困难并尽可能给予安慰和帮助，减轻各种生活压力源给员工带来的不利影响和压力，并缩短与下属的心理距离。

薪酬福利制度方面：向员工提供有竞争力的薪酬，并保持企业内部晋升渠道的畅通，有利于帮助减轻或消除社会压力源给员工带来的压力；建立公平的报酬制度和奖励制度，尽力满足员工的经济性和非经济性需求，使员工体会到一种公平、民主的企业环境和文化氛围；完善员工的保障制度，向其提供社会保险、住房公积金以及多种形式的商业保险，增强员工的安全感，形成较为稳定的就业心理。

工作再设计方面：可以对员工的工作内容进行横向或纵向的再设计，增加员工工作内容的多样性，防止员工对工作感到倦怠；在可能的情况下采用弹性工作制，舒缓工作时间上的压力。

2. 员工援助计划

（1）员工援助计划概述。员工援助计划（employee assistance program，EAP）是美国 20 世纪 70 年代以来在企业界推行的一种帮助员工解决健康、心理、经济等方面问题的福利方案。员工援助计划有利于提高员工的工作绩效，也有助于管理人员提高管理效能，在一定程度上为组织改进和完善管理体制提供建议和帮助。

国外的员工援助计划服务发展较早，已经相当成熟。在欧美发达国家，一些企业为了保持和提高员工的心理健康程度，要求员工定期接受心理咨询，并将之作为制度化的福利措施；也有企业运用行为疗法等心理咨询治疗技术改善员工的不良行为。由于对提高组织综合效率、形成积极健康的组织文化具有重要作用，员工援助计划已成为世界知名企业进行人力资源管理的重要手段。

在《财富》世界 500 强企业中，75% 的企业聘请了员工援助计划专业服务机构，为管理者和员工服务，80% 以上的企业建立了员工援助计划项目。

国外员工援助计划的服务内容相当广泛，包括压力管理、职业心理健康、裁员心理危机乃至法律纠纷、理财问题等各个方面，力求帮助员工全面解决个人问题。例如，日本企业在应用员工援助计划时创造了一种名为"爱抚管理"的模式。一些企业采取了多种措施：设置放松室、发泄室、茶室等，来缓解员工的紧张情绪；制订员工健康计划和促进健康的方案，帮助员工克服身心疾病，提高健康程度；设置一系列课程，进行心理卫生的自律训练、性格分析和心理检查等。

员工援助计划走进中国还不到10年，所以国内一些员工援助计划机构提供的服务内容不够全面，国内各界对员工援助计划的认识也不够深入，对其具体运作尚处于探索阶段。

（2）员工援助计划的定义。它是由企业为员工设计的一套系统的、长期的福利与支持项目。通过专业人员对组织的诊断、建议和对员工及其直系亲属提供专业指导、培训和咨询，旨在帮助解决员工及其家庭成员的各种心理和行为问题，提高员工在企业中的工作绩效。

员工援助计划国际协会主席唐纳德·乔根森（Donald G. Jorgensen）认为，员工援助计划不仅仅是员工的福利，同时也是为管理层提供的福利。因为在行为科学的基础上，员工心理援助专家可以为员工和企业提供战略性的心理咨询、确认并解决问题，以创造一个有效、健康的工作环境。通过对员工的辅导、对组织环境的分析，他们帮助处理员工关系的死角，消除可能影响员工绩效的各方面因素，进而增强组织的凝聚力，提升组织形象；帮助识别员工所关心的问题，并且给予解答，这些问题会影响到员工的工作表现，同时影响到整个组织业绩目标的实现。

（3）员工援助计划的内容。员工援助计划的内容包括压力管理、职业心理健康、裁员心理危机、灾难性事件、职业生涯发展、健康生活方式、家庭问题、情感问题、法律纠纷、理财问题、饮食习惯、减肥等各个方面，帮助员工全面解决个人问题。员工援助计划提供以下七类服务：

1）管理员工问题、改进工作环境、提供咨询、帮助员工改进业绩、提供培训和帮助、将反馈信息传递给组织领导者，以及对员工及其家属进行有关员工援助计划服务的教育。

2）对员工隐私加以保密并提供及时的评估服务，以保证员工的个人问题不会对他们的业绩表现带来负面影响。

3）对那些有个人问题以致影响到业绩表现的员工，运用建设性的咨询、激励和短期的干涉方法，使其认识到个人问题和表现之间的关系。

4）为员工提供医学咨询、治疗、帮助、转介和跟踪等服务。

5）提供咨询，帮助他们与服务提供商建立和保持有效的工作关系。

6）针对相关的不良现象或行为，进行医学治疗。

7）确认员工援助计划在组织和个人表现中的有效性。

（4）员工援助计划的意义。通过改善员工的职业心理健康状况，员工援助计划能给企业带来巨大的经济效益，美国的一项研究表明，企业为员工援助计划每投入1美元，可为企业节省运营成本5～16美元。

企业员工若不具备良好的心理状态，便会情绪低下、失去工作热情，进而导致工作满意度、工作效率及工作质量下降。而员工援助计划可以通过帮助员工缓解工作压力、改善工作情绪、提高工作积极性、增强自信心、有效处理与客户的关系、迅速适应新的环境、克服不良嗜好等，使企业获得很大的收益。

因此，我们可以从两个方面归纳员工援助计划的作用和实施效果。

从员工个人层面来讲，员工援助计划有如下作用：

1）帮助员工获得健康心理。在现代企业竞争压力越来越大的背景下，企业员工因压力过大而产生心理问题的现象日益增多，如果不能得到及时有效的解决，就会使员工产生消极负面反应，影响员工的心理健康。员工援助计划通过一系列访谈、咨询，缓解员工的工作压力，消除员工的心理负担；通过对员工心理进行积极的正确引导，帮助员工增强自我调节能力，从而获得健康的心理。

2）帮助员工建立良好的人际关系。员工援助计划通过增进员工之间的交流，帮助员工发掘改善人际关系的途径和方法，化解员工之间的矛盾，为员工营造积极健康、和谐温馨的工作氛围。此外，它还能够帮助员工化解家庭危机，为员工建立良好的婚姻关系创造条件。

3）帮助员工获得职业生涯发展。员工援助计划服务能够根据员工的实际情况，为员工制订详细的职业生涯发展计划，明确奋斗目标，并定期检查员工个人的发展情况，及时调整员工职业生涯规划的内容，确保员工获得成功。

4）帮助员工在遇到重大变故时渡过难关。企业在发展过程中不可避免地会发生裁员、机构兼并、组织重组等情况，员工往往由于个人利益受到影响而产生情绪波动，甚至诱发心理危机。员工援助计划服务的及时介入，能够帮助员工调节由于企业变动、变革带来的压力，尽快调整心态，融入新的工作环境。此外，当员工本人或家庭遇到突发性灾难时，员工援助计划也可以通过心理治疗和咨询服务，帮助员工尽快走出阴影，开始新的生活。

从组织层面来讲，员工援助计划有如下作用：

1）提高生产效率。员工出现了心理问题，自然会影响工作热情，降低工作效率，进而影响组织绩效。员工援助计划通过为员工提供援助，帮助他们缓解压力、消除心理困扰、改善工作情绪，使组织的生产效益得到提高。

2）优化人力资源管理。员工的心理问题不解决，会导致缺勤率、事故率上升，影响组织的人力资源管理效率。员工援助计划的实施有助于降低缺勤率和事故率，达到优化组织人力资源配置和管理的目的。

3）降低人工成本和管理成本。员工由于心理问题容易出现离职、离岗等情况，导致组织不断补充空缺岗位，增大配置成本。招聘新员工需要支付管理和培训费用，频繁的人员流动不利于员工情绪的稳定。一些实践也证明，组织为解决员工心理问题，避免员工离职、离岗而引入员工援助计划所支付的费用要远远低于为招聘和培训新员工所支付的直接和间接成本。

4）增强组织凝聚力。员工一旦产生心理问题，必然会影响工作积极性，同时也会影响周围的同事和整体的工作氛围，导致组织内的人际关系紧张，不利于团结。员工援助计划在解决员工心理问题的同时，也有助于改善人际关系，增强组织的凝聚力和向心力。

一些企业的实践经验证明，员工援助计划的实施达到了上述目标。例如美国贝尔电话公司实施的酗酒复健方案，使该公司员工的复健率达到 77%，工作效率良好率由 10% 上升为 60%，工作事故减少 60%，工伤事故减少 42%，因请假率降低、生产力提升而节省了 127 万美元。通用汽车公司在北美洲的 130 家工厂中推行员工援助计划，有 44 000 余人参加，成果显著，工伤事故率降低一半以上，员工损失工时下降 40%，伤病医疗支出降低 60%，员工抱怨减少一半以上，投资回报率上升了 33 个百分点。纽约电话公司为 8 万名员工提供了员工援助计划，缺勤率下降，为公司节省了 600 万美元的成本支出。

（5）员工援助计划的运作模式。按照服务的来源，员工援助计划可分为以管理为基础的内部模式、以契约为基础的外部模式、专业化与灵活性相结合的混合模式、以资源共享为基础的联合模式和共同委托模式等五种模式。

1）内部模式。内部模式是指组织内部设置专门机构或在人力资源部等相关部门内新设职能，由内部专职人员负责援助项目的策划和组织实施。在这种模式下，需要内部专职人员具有社会工作、心理咨询等专业资格，他们可以直接帮助员工解决问题，也可以为本组织建立外部资源系统，推荐外部的专业服务。该模式员工援助计划的内容大多以短期咨询为主，如果需要长期咨询服务，一般会聘请外部咨询机构或专业人员。

内部模式有如下优点：第一，容易了解和掌握组织问题，使服务更具有针对性；第二，由于服务提供者主要是本企业人员，可以为服务对象创造信任和熟悉的环境，有助于服务的顺利开展；第三，成本较低；第四，项目设计和实施的弹性大，有利于在本企业推广。

该模式也有一些缺点，比如：专职人员因为身处同样的环境，在设计员工援助计划的过程中难免带有主观性；因为员工的个人隐私问题影响服务质量；组织需要消耗较多的人力、时间和精力来设计和执行服务计划。

2）外部模式。外部模式是指组织通过契约的方式将员工援助计划外包，由外部具有社会工作、心理咨询和治疗知识及经验的专业人员或机构提供员工援助服务。在这种模式下，企业所需的服务几乎全部由外部提供，企业内部人员的工作职责主要是发现员工的问题，根据问题的特点选择合适的外部服务机构，并对外部服务效果进行监控。

外部模式有如下优点：第一，组织不必设置专职服务人员，只需支付一定的费用就可以获得专业服务；第二，专职人员可以提供更专业化的服务，也可以借鉴和运用其他企业的经验；第三，提供的服务可以保持相对的独立性，因为服务提供者是组织外的第三方，更能保证员工在接受服务时不顾虑隐私保护问题。

该模式的缺点为：由于服务提供者对组织内部和员工了解不够，服务可能缺乏针对性；服务费用相对较高；服务提供商的选择存在风险。此外，一些研究表明，外部服务模式不适合规模小的企业，2 000人以上的企业采用外部模式比较经济。

3）混合模式。混合模式是指组织内部员工援助计划实施部门与外部专业机构联合，共同为员工提供服务项目。

混合模式有如下优点：第一，由于专业服务机构的参与，保证了该模式中员工援助计划服务人员的专业性，也提升了员工对员工援助计划项目的信任度；第二，有组织内部人员参与，可以协助推进整体服务项目的实施，并对项目实施质量有效监督；第三，采用该模式的费用支出比外部模式低，适合一般的中小型企业。但是，混合模式也容易存在内部人员和外部人员权限界定不清晰、人员调配不顺畅等问题，影响服务质量。

4）联合模式。联合模式是指几个组织联合成立一个专门为其员工提供援助的服务机构，该机构由专人管理，聘请具有社会工作、心理咨询等知识和经验的专业服务人员，为各企业的员工提供服务。

联合模式有如下优点：第一，通过联合若干组织，成立专门的员工援助计划服务机构，实现员工援助计划服务的共享，可以最大限度地节省费用；第二，有利于促进组织之间的沟通与合作。该模式的运行需要一定条件，目前在中国实施有难度，因为对员工援助计划有明确要求的组织并不多，很难形成规模。另外，在人员配置、职责权限、薪酬待遇等方面，组织之间如果协调不好，容易出现争端。

5）共同委托模式。共同委托模式是指几个企业共同委托具有专业能力的服务人员与机构，提供员工援助计划服务。

共同委托模式比较适合规模较小的企业，通过共享资源，为员工提供帮助。但在实施中，只有共同委托的企业具有相似的产业背景和员工特色，才能发挥这种方式的最大效益。此外，还需要相对专业、完善和有规模的服务提供商，方能满足多家企业的共同服务需求。

上述五种员工援助计划运作模式的特点的比较如表11-2所示。

表 11-2　员工援助计划运作模式的特点

模式	特色	优点
内部模式	企业自行设置负责员工援助计划的部门，聘请具有社会工作、心理咨询等专业资格的人来执行	● 了解企业内部组织文化 ● 能较好配合其他部门业务 ● 有弹性、量身定制企业内部所需的服务 ● 随时帮助员工解决及时性问题
外部模式	企业付费，由外部具有社会工作、心理咨询等专业资格的人员或机构，提供员工援助计划专业服务	● 具有较强的专业性 ● 保密性较好，员工较信任 ● 易获得最新专业信息与技术服务
混合模式	企业内部已设置员工援助计划部门，需要与外部专业机构合作，共同为员工提供服务	● 分担企业内部人员费用 ● 灵活满足员工需要
联合模式	几个企业联合成立一个专门提供各企业员工援助计划的联合服务中心，并由具有社会工作、心理咨询知识和经验的专业服务人员提供帮助	● 资源共享，比较经济 ● 具有全面且深入的专业性服务 ● 容易获得最新专业信息与技术服务
共同委托模式	几个企业共同委托具有专业能力的专业服务人员与机构，为员工提供服务	● 资源共享，比较经济 ● 整合企业意见，互相补充 ● 容易获得最新的专业信息与技术服务

（6）员工援助计划的实施流程。员工援助计划是一个全面、系统的服务过程，包括发现、预防和解决问题的整个过程。不同组织的员工援助计划模式并不完全相同，但实施过程都包括组织调研、宣传推广、教育培训、心理咨询四个环节。

1）组织调研。这一阶段是员工援助计划有效开展的前提，是有效实施员工援助计划的基础。员工援助计划咨询人员通过专业的心理学问卷测验、访谈等方法来考察组织成员的压力、心理健康、工作满意度、自我接纳、人际关系等方面的心理状况，以对员工的心理状况进行调查、研究和诊断，并建立员工心理档案，从而形成一个身心健康评估系统。与此同时，力求发现和诊断职业心理问题及其影响因素，帮助组织发现一些导致员工问题的管理因素，从而对各层级管理者提出建议，以减少或消除这些不良因素，并最终提高组织的管理效能。

2）宣传推广。宣传推广可使组织员工对心理知识有一定的认识和了解，可以认为是"面"上的培训工作。员工援助计划咨询人员运用海报、专题讲座、宣传栏等媒介宣传心理健康基础知识，提高员工的心理保健意识，鼓励员工遇到心理问题时积极寻求帮助等。这可在一定程度上提高组织成员对员工援助计划本身的关注和热情。

3）教育培训。教育培训是对具体的员工群体进行的极具针对性的心理知识培训工作，相对于宣传推广阶段"面"上的培训，可以将教育培训看作"线"上的培训。针对组织中不同的员工群体，根据群体的工作性质以及在组织调研中发现的问题，员工援助计划服务机构提供有针对性的教育培训课程：一方面是针对管理者的培训，旨在教会管理者从心理咨询的角度、运用心理学的方法看待和处理管理中的问题，使之了解一定的心理咨询理论和技巧，在工作中预防、辨识和解决员工的心理问题，并改变管理方式，使管理从命令、惩戒的方式转向支持、帮助的方式；另一方面是针对某一部分员工的培训，开展压力管理、保持积极情绪、工作与生活协调、自我成长等专题的培训或团体辅导，有条件的组织还可以开展心理旅游、团队拓展训练、员工体育比赛等活动，以提高员工自我管理、自我调节的技能，增强对心理问题的抵抗力，融洽上下级之间的关系。

4）心理咨询。这是员工援助计划中解决组织成员心理问题的最后步骤，员工可以主动到员工援助计划服务中心寻求心理辅导，当然也可以在管理者的鼓励下向专业心理咨询人员请教，这是对组织成员具体的"点"上的指导。在进行宣传推广和教育培训后，组织中仍然会有少数员工由于问题比较特殊或者涉及个人隐私等原因，需要更加专业和深入的心理咨询服务，这方面的具体工作就是建立有效的求助渠道和服务平台，如开通热线电话、开辟网上沟通渠道、建立心理咨询室等，以保证员工能够顺利、及时地获得心理咨询及治疗方面的帮助和服务。

（7）有效实施员工援助计划应该注意的要点。员工援助计划通过对引起员工心理问题的原因的调研、分析来帮助员工解决问题，以提高个人绩效，帮助管理者提高管理效能，实为一举两得之良策。但要成功实施员工援助计划，在认识和实际操作上还有一些值得注意的地方：

1）员工援助计划针对的主要是正常的员工而不是已经出了问题的员工，因而更多的是预防而不是救火；不能仅仅帮助员工解决具体的、现实的问题，而应帮助员工学会分析问题、解决问题的方法；不能仅仅停留在具体的个人问题上，而应重视引起这些问题的组织因素，并对组织管理提出改进建议，因而具体实施员工援助计划时要既全面又深入。

2）员工援助计划的有效实施需要一个高效的反馈体系。咨询人员将调查、培训、咨询中发现的与企业管理相关的问题反馈给管理者，并向管理者提供管理咨询服务，帮助预防员工心理问题的发生，从而帮助组织改进和完善管理效能。可见，有一个有效、顺畅的反馈体系十分重要。

3）组织如果采用员工援助计划内部模式，则专职人员应特别注意保持客观、中立的态度和立场；如果采用外部模式，那么服务人员需要广泛而深入地了解、熟悉企业的情况，这种模式在服务的主动性、细致程度和连续性等方面并没有内部模式好，因而组织在实际应用时最好将内部模式和外部模式结合起来。

4）在员工援助计划的实施过程中要特别注意保密性问题，组织必须建立相关的保密制度。组织在采用员工援助计划内部模式时尤其要注意这一点。保密工作的好坏，会直接影响到员工援助计划的成败。保密性得到保障，将有助于增强员工接受和参与员工援助计划的意愿。有些员工的问题涉及隐私，不论采用何种模式，咨询人员都必须严格遵守心理咨询的保密原则。

5）员工援助计划的实施能否成功很大程度上取决于组织员工有没有意愿接受这一计划，而要使员工接受这一计划，从根本上讲，要求管理者有一种新的管理理念，一种基于帮助、以人为本的管理理念，而不是传统的基于惩罚的管理理念。只有这样，员工才会有积极的自我认同感，从而产生自我发展的需求，而不再依赖组织和上级管理者的认同。

6）在实施员工援助计划的过程中，管理人员的角色定位非常重要，事实上，问题员工的上级在员工援助计划专业人员和员工之间起着非常重要的纽带作用。管理者在整个计划中并不是一个局外人，由于他比员工援助计划专业人员更加清楚问题员工的情况，特别是比他们更加熟悉问题员工所处的环境，这就要求管理者在计划的实施过程中主动协助员工援助计划专业人员开展工作，此时问题员工的上级最为重要的责任可能是敢于面对员工存在问题这一事实。

7）支持性的组织气氛对于成功实施员工援助计划也是非常重要的。组织高层决策者对于员工援助计划的支持尤为重要，这不仅仅指高层管理者对其他员工使用员工援助计划的鼓励和支持，还包括高层管理者有使用员工援助计划的意愿，包括认同这样的管理理念，即每一位员工都是对组织有价值的人力资源。

8）要成功实施员工援助计划，组织中的每一个成员都必须明确自己的责任，并主动承担这份责任：这一计划的管理责任通常是由人力资源管理部门承担的；由于组织主要关注员工的工作绩效，因而员工的直接上司在计划中扮演着重要的角色，他们在识别和证明绩效下降的员工，并将这些员工介绍到员工援助计划专业人员那里时承担重要责任；最后，每一个员工都应分担一部分责任，这部分责任就是将员工援助计划作为一种提高工作绩效的工具和途径，如果员工绩效欠佳，只能由本人来改进，当这些不足由上级管理人员指出时，员工就必须承担责任来校正自己的行为。组织成员在使用员工援助计划时应是自愿的而不是强制的，因而，员工必须跨出迈向员工援助计划的第一步，更加积极地参与到员工援助计划的实施过程中，以实现企业和员工的共同发展。

9）对员工援助计划的实施情况进行客观评价，对于改进、完善员工援助计划并使之更好地为组织服务是非常必要的。评价员工援助计划有效性不能仅仅测量满意度等指标，而应精心设计，开展调查研究，调查的内容包括：组织的哪些成员参加了员工援助计划？一些员工不接纳这个计划的原因是什么？有多少员工成功地解决了问题并提高了绩效？这些员工是不是还能保持可接受的工作绩效？员工援助计划与其他人事制度、组织程序的结合程度如何？引发员工问题的组织环境因素是什么，应如何改善？员工及管理人员是如何看待这个计划的，他们认为应怎样改进？这样的评价体系对于组织成功实施员工援助计划并使之不断完善是很有帮助的。

3. 远程办公下的员工激励

后疫情时期，远程办公成为员工的重要工作方式，对员工心理健康要重点关注。非常时期，需要非常之法，需要利用有限资源采取全面激励策略，以提高员工的积极性和主动性。

（1）善用关怀激励。疫情期间，员工关怀能够增强组织凝聚力，确保人不在一起的时候心在一起。人力资源管理者可协同工会组织，整合内外部资源，保障员工身心健康。具体做法包括：第一，集体采购口罩、酒精、防护服等预防及消杀物资，在员工线下办公时发放，并对无储备的员工给予帮助；第二，成立内部爱心基金，倡导内部互助，重点帮助感染员工及其家属、困难员工等；第三，优化工作环境，确保办公环境清洁安全；第四，设立员工紧急救助机制；第五，成立员工援助计划应急小组，关注员工心理健康；第六，针对距离较远的员工，给予一定的交通补助或提供企业班车服务。

（2）加强文化激励。文化激励要强化使命和责任意识，让员工明白工作的价值和意义，从"要我干"变为"我要干"。员工由于疫情往往情绪紧张，企业可将文化价值观细化为具体行为准则，包括正面行为及负面行为清单。针对正面行为设立荣誉激励机制，宣传内部典型事迹，树立榜样，鼓励"比学赶帮超"，倡导员工在特殊时期自我管理、自我驱动。同时加强对底线行为的监督，确保不逾矩、不触碰红线。此外，针对缺乏社会归属感的远程办公，采取 PK 赛、排行榜、虚拟币、社群官的游戏化激励手段，让工作变得更有趣味，让员工变得更有激情。

（3）设置专项奖励。为群策群力共渡难关，人力资源管理者可以通过设立专项奖的方式调动全员积极性。设立的奖项包括：1）成本节约奖：对有效降低成本的员工和团队，给予及时奖励。2）市场开拓奖：能够有效开拓市场，并形成订单和回款的员工，可在例行激励机制外，加大奖励力度。3）抗疫英雄奖：针对疫情中出现的典型事迹和标杆人物，给予精神及物质奖励。4）资金拓展奖：对能够有效寻找资金，解决企业发展燃眉之急的员工，也要及时奖励。5）模式创新奖：对发现机遇，成功带领企业摆脱困境的个人和团队，要大力嘉奖。当然，人力资源管理者也可针对企业特点，设置其他的专项奖励，但要遵循"存量以精神激励为主，增量精神物质双管齐下"的原则。非常时期，专项奖要简化评选程序，针对突出事迹与贡献即时奖励。

（4）优化薪酬结构，引入中长期激励。设计和实行更能体现以绩效为导向的奖金分配方法，即通过增大变动奖金的比例，调整固定现金的比例，有效控制企业的运营成本。困难是暂时的，为了避免关键人才流失，形成事业共同体，可引入合伙人机制或股权激励机制等中长期激励方式，或将短期兑现部分递延支付，一方面缓解当前现金流压力，另一方面形成企业与员工的利益正相关关系，深度捆绑。

二、员工参与管理

（一）员工参与管理的内涵

员工参与管理最早起源于 19 世纪末英国的集体谈判制度，内容包括参与所有、参与管理和参与分配，并在第二次世界大战后的工业民主化运动中逐步得到法律承认。员工参与是依据企业管理过程中的"分享管理"和"机会均等"原则发展而来的，其核心是员工有权参与涉及自身利益问题的决策和管理。

员工参与管理是指不具有管理职权的员工不同程度地参与组织经营决策及各级管理实践活动的制度、过程和行为，以激发员工的积极性，并最终提高员工工作效率和质量。通过参与管理，员工与企业的高层管理者基于平等的地位来研究和讨论组织中的重大问题，他们可以感受到上级主管的信任，因认识到自己的利益与组织发展密切相关而产生强烈的责任感。同时，参与管理为员工提供了一个受到别人重视的机会，从而给人一种成就感。员工因为能够参与商讨与自己有关的问题而受到激励。参与管理既对个人产生激励，又为组织目标的实现提供了保证。

员工参与管理是实现企业劳资双方合作的主要手段或形式。参与式管理强调通过员工参与组织的管理决策，改善人际关系，发挥员工的聪明才智，充分实现自我价值，同时达到提高组织效率、增加组织效益的目标。根据日本公司和美国公司的统计，实施参与管理可以大幅提高经济效益，一般可以提高 50% 以上，有的可以提高一倍至几倍。增加的效益一般有 1/3 作为奖励返还给员工，2/3 成为组织增加的资产。

（二）员工参与管理的形式

员工参与管理的形式主要包括目标管理、员工持股计划、质量圈、自我管理型团队、合理化建议制度、工人董事、员工代表大会、员工俱乐部等。

1. 目标管理

"目标管理"的概念是管理学家德鲁克率先提出的，其主要思想是强调员工参与目标制定的重要性，运用目标来激励而不是控制他人。企业在设定整体目标时，邀请员工尤其是老员工参与决策。最高管理层应认真听取他们的意见，因为员工处于企业的底层，他们反映的往往是最接近市场的信息，能够使高层有效避免脱离实际。员工参与目标的制定后，在实现目标时就会有很强的能动性，有利于目标的顺利实现。

中山佳能的员工关系管理

佳能于 2001 年在广东中山成立了佳能（中山）办公设备有限公司。公司主要以生产彩色、黑白激光打印机为主，产品出口至世界各地，是全球重要的激光打印机生产基地。整个公司拥有 3 000 多名员工，年产值约为 11 亿美元。相关统计调查数据表明，中山佳能入职 5 年以上的员工占比 44.08%，近几年员工稳定率年均 94% 以上。中山佳能为什么能在员工管理上有这么亮眼的数据？

平等而和谐的劳动关系

该企业成立至今，秉承佳能"共生"的企业理念，追求公司与员工共同发展，构建起一种平等而和谐的劳动关系。

在中山佳能成立之后的第三年，公司组建工会，发挥其在营造企业和谐氛围、协调劳动关系方面的重要作用。

中山佳能工会设有专门的员工意见箱，放在食堂、宿舍、更衣室等地方，员工有任何问题或建议，均可以畅所欲言。同时，每周三下午是员工接待日，员工可向工会委员反映生活工作等方面的问题。

此外，公司领导在每个月定期与工会举行"协议会"，相互沟通和交流情况，公司可以了解员工的状况，工会也能向公司提出意见，并获得有关公司决策的信息，向员工公布。

每年年底，工会就工资集体协商，针对公司经营情况、本地区物价水平和周边企业薪酬水平等进行商讨，制定下年度工资调整方案，将各工种分工、业绩考核、等级设置、等级晋升、奖罚条例、员工福利待遇等作为协商的重点内容。

更为重要的是，中山佳能工会设立了劳动法律部，与公司共同组建了劳动争议调解委员会，并配置了 11 名协调委员。在员工与公司产生争议后，协调委员与员工进行面谈，积极发挥劳动争议调解作用，把矛盾化解在源头。

人性化管理

人性化管理的实质就是"充分发掘员工的潜能，尊重员工，通过充分的沟通和激励，让员工在工作中找到自身的价值，最终实现企业与员工的双赢"。

中山佳能明白，如果企业不善待员工，员工就可能把不满发泄在产品上。

中山佳能实行工时制，而非计件工资制，同时结合业绩评价制度对员工的工作成果进行综合评价，以体现公平合理原则。

如果员工在工作中犯错，公司不会对员工进行罚款，而是让其部门班组长负责查找原因，如果是员工能力问题，其部门班组长负责培训该员工。公司管理层常说："学员没有学会，是指导者没有教好，没有学不好的员工，只有教不好的老师。"

另外，公司推行"报告、联络、商谈三步骤"的高效工作方式，在企业管理者与员工之间建立起良好的沟通机制，从而使员工充满工作动力，以最佳的精神状态全身心地投入到工作中，进而直接提高企业的生产效率。

注重人文关怀

公司非常重视员工的工作生活环境，每年组织员工健康检查，公司还设有健康管理室，对一般性疾病提供免费的就诊及药物。

公司为员工免费提供宿舍，并配有空调、电视机、洗衣机、饮水机等家电及沙发、茶几、床及床品。公司还设有家属房，以及健身房、图书室、篮球场、羽毛球场、足球场等，供员工免费使用。公司食堂每天推出不同菜品，川菜、粤菜、西北面食应有尽有，员工可根据自己的口味选择。

丰富的企业文化活动

中山佳能成立至今，每年举办"纳凉节"大型联欢会。联欢会从筹备到结束持续 5 个月左右。从节目的筛选到主持人、礼仪小姐的选拔，从模拟店的设置到水上运动嘉年华等活动，无一不别开生面。除了纳凉节，公司还会举办其他活动，比如春节、端午、中秋等重大节日主题活动，还有演讲比赛、合唱大赛、趣味运动会等，丰富多彩。

资料来源：http://www.hrsee.com/?id=1457.

2. 员工持股计划

员工持股计划的主要内容是：企业成立一个专门的员工持股信托基金会，基金会由企业全面担保，贷款认购企业的股票。企业每年按一定比例提取工资总额的一部分，投入员工持股信托基金会，偿还贷款。当贷款还清后，该基金会根据员工相应的工资水平或劳动贡献大小，把股票分配到每个员工的持股计划账户上。如果员工离开企业或退休，可将股票卖给员工持股信托基金会。

通过员工持股计划，员工与企业的利益融为一体，员工与企业风雨同舟。员工对企业前途充满信心，企业获得超常发展，员工也从持股中得到巨大利益。目前，我国有许多企业实施了员工持股计划。员工入股是员工参与在物质上满意的前提和保证，也是管理参与的物质基础。

3. 质量圈

质量圈，也叫质量改善小组，是指从事相关工作的志愿人员组成的小组，在训练有素的领导者领导下定期聚会讨论和提出改善工作的方法或安排。实施质量圈计划的目的是给予工人运用他们的经验和知识的更大的空间，给员工提供发挥他们智慧的机会，提高生产力和质量，改善员工关系，让员工对企业有责任心。员工有可能对管理者和团队领导不了解的工作问题了解得更多，通过参加质量圈计划，员工能够在提出建议与解决问题的过程中获得心理满足，这有助于增进劳资双方的沟通。因此，质量圈是员工参与管理、提高企业生产效率的一个重要手段。

质量圈最早是由美国管理学家设计的，但在美国长期被忽视，20 世纪 50 年代传到日本，被日本企业极其深入地研究实施，日本企业从而生产出了低成本、高质量的产品，并在与美国企业的竞争中获胜。80 年代以来，欧洲、北美、亚洲的企业都大力开展质量圈活动，倡导员工参与企业管理，激发员工的工作积极性。

4. 自我管理型团队

自我管理型团队模式最早起源于 20 世纪 50 年代的英国和瑞典。沃尔沃的管理模式非常先进，在其位于武德瓦拉的生产基地，完全由自我管理型团队进行整辆轿车的装配。

自我管理型团队通常由 10～16 人组成，他们承担着以前自己的上司所承担的一些责任。一般来说，他们的责任范围包括控制工作节奏、决定工作任务的分配、安排工间休息。彻底的自我管理型团队甚至可以挑选自己的成员，并让成员相互进行绩效评估。自我管理型团队强调员工参与决策和控制决策，其主要特点是团队成员自我管理、自我负责、自我领导、自我学习、自我评估。

5. 合理化建议制度

合理化建议制度是指企业征求和处理员工对于企业经营和管理的建议的一种制度，通过合理化建议来提高企业经营绩效。

合理化建议能否成功实施取决于企业所制定的有关制度和程序，包括对员工提交建议的接受渠道、评审及反馈程序，奖励机制，避免因方案未被采纳而使他们感觉受到挫折的一系列措施等。最常见的方式是意见箱、意见表、海报、小册子及公司内刊等。处理员工合理化建议需要人力资源部和直接上级同时做好沟通和反馈工作。

即时案例 11-3

丰田公司的合理化建议制度

在丰田公司，合理化建议被当作一项非常重要的制度，并被赋予更深层次的含义。公司领导认为员工是改进生产的原动力，他们会不断提高产品的质量和效率，因此丰田合理化建议制度面向全体员工，鼓励他们不断提出建议，改进生产流程，将自己提出的想法和建议付诸实践，创造更加安全和舒适的工作环境，生产出质量更高的产品。

在一般的公司，合理化建议制度的目的可能只是征求员工的意见和建议，增强大家的参与意识。但是丰田公司的合理化建议制度就像其"好主意，好产品"的口号一样，不仅充分调动全体人员共同思考和共同参与来改善生产活动及其效果，提高产品质量，降低生产成本，而且激励个人不断提高自身的能力，使生产现场充满生机和活力，增强全体人员对公司的忠诚感和归属感，最终为公司的发展壮大作出贡献。

丰田的合理化建议制度还使公司的高层有机会倾听底层的呼声，使高层的决策能够照顾到广大的基层员工，不至于忽视他们的存在，从而获得他们更广泛的支持。为此丰田专门出台了一项制度：低一级员工可以绕过直接上级面向更高级别的领导提出建议，而这些建议一旦被采用，建议者会获得表彰和奖励。公司通过这些措施形成了强大的向心力和凝聚力，在这种氛围下，丰田的每一个员工都积极地为企业的健康发展献计献策。他们每年会提出几百万条合理化建议，这些建议的实施和应用给丰田注入了强大的创造力，使企业以几何级数发展，成为全球汽车业的巨无霸。

6. 工人董事

20 世纪 70 年代董事会制度中开始出现工人董事的概念。工人董事是指由员工民主选举一定数量的员工代表进入公司董事会，代表员工参与决策、监督的制度。董事会中的员工代表称为工人董事。工人董事制度的意义体现在：使员工代表能够对公司决策进行监督，及时反映员工的意愿和要求；平衡员工与投资者、管理者的关系；把员工利益和公司利益结合在一起，共同承担风险、承担责任、共享利益；在促进公司发展、协调劳资关系方面起到重要作用。

7. 员工代表大会

员工代表大会，即企业民主管理制度，是我国国有企业实行企业民主的最基本形式，是员工行使民主管理权力的机构，它由民主选举的员工代表组成。员工代表大会制度对保障员工权益，充分发挥员工的积极性和主动性，提高劳动生产率，建立和谐的劳动关系，稳定社会秩序具有重大意义。员工代表大会的工作机构是企业工会，具有审议权、同意或否决权、决定权、监督权、选举权等职权。员工代表大会是组织员工参与企业管理，树立员工主人翁意识，发挥员工工作积极性的有效形式。

8. 员工俱乐部

员工俱乐部为员工提供了承担管理任务的机会，是一种非常好的激励手段和培训手段。让员工自己组建俱乐部，让他们尽情发挥个人所长，踊跃为俱乐部献计献策。通过参与管理，可以帮助员工提升管理技能，为其赢得晋升的机会，同时通过这种形式的内部沟通帮助员工进行一定的职业生涯规划。

三、员工抱怨管理

（一）员工抱怨的概念及特点

员工抱怨是指员工将在工作中感受到的不公平或不公正的待遇，以非正式的方式表达出来。

员工抱怨主要有以下几个特点：

（1）员工抱怨是一种正常的心理宣泄。这样的抱怨有助于缓解心中的不快，但是可能导致降低工作效率、拒绝执行工作任务，甚至破坏企业财物等过激行为。

（2）员工抱怨具有一定的传染性。个别员工的抱怨可能发展为群体抱怨。

（3）员工抱怨也是一种反馈。

（4）员工抱怨与员工的性格有关，与事件的相关性不大。

（二）员工抱怨的原因

员工可能会对很多事情产生抱怨，主要是因为薪酬与待遇、工作环境或工作条件、同事关系、部门关系、上下级关系等方面的问题。

（1）薪酬与待遇。这类问题主要涉及组织在员工薪酬的分配与支付方面的公平、公正和公开程度，以及员工职位的晋升、培训和嘉奖。如果员工发现与其他公司、公司内其他岗位或同事在这些方面存在差距，就容易产生抱怨情绪。

（2）工作环境或工作条件。这方面的抱怨几乎涉及工作的各个方面，小到公司信笺的质量，大到工作场所的地理位置等。

（3）同事关系。这方面的抱怨主要是由于工作分工协调不当、合作者之间性格不合以及沟通不畅，造成同事之间较难相处。工作交往密切的员工之间、部门或者团队内部员工之间的抱怨一般较多。

（4）部门关系。部门之间的利益冲突、部门之间工作衔接不畅，也会导致员工抱怨情绪的产生。

（5）上下级关系。员工对上级的管理方式或领导行为不满而产生抱怨。

（三）员工抱怨的处理

在处理员工抱怨时，不仅要依靠制度、规则和良好的沟通反馈机制，而且要靠耐心、诚心和娴熟的人际关系处理技巧。

（1）乐于接受抱怨，善于倾听抱怨。抱怨是一种情绪发泄，对于管理者来说，不带偏见地耐心倾听往往既能获得员工的信任，又能很好地平复员工的情绪，构建良好的员工关系。

（2）全面了解原因，积极沟通。要积极了解员工抱怨背后的原因，除了从抱怨者口中了解事件的原委以外，管理者还应该听听其他员工的意见。大多数抱怨是针对小事的抱怨或者不合理的抱怨，源于员工的习惯或敏感，对于这种抱怨，可以通过与抱怨者积极沟通来解决。管理者首先要认真听取抱怨者的抱怨和意见，其次对抱怨者提出的问题做认真、耐心的解答，并且对员工不合理的抱怨进行友善的批评。

（3）敢于面对，果断处理。有一些抱怨是因为公司的管理或某些员工的工作出现了问题。这时候要敢于面对，依据工作流程、岗位职责、规章制度等来处理。在规范管理制度时，应坚持民主、公开、公正的原则。如果是某些员工失职导致抱怨产生，要及时对当事人采取处罚措施，尽量做到公正严明。同时，在处理员工抱怨，特别是作为领导处理下属抱怨时，管理者要做到不忽视、不偏袒、不回避、不发火，保持积极、公正、冷静和担当的态度。

即时案例 11－4

麦当劳处理员工抱怨之策

麦当劳每年会举行一次不记名的"员工满意度调查"，让不同级别的员工都表达自己的看法与意见；也会在各分店设立"同仁意见箱"，让员工申诉或提出新点子。但是，不定期的绩效考核才是麦当劳解决员工抱怨的秘密武器。不定期考核的方式是：请员工与部门的主管一同参与，为员工评定绩效。首先，由员工给自己打分，然后借这个机会，请个别员工与其主管交谈，提出意见与建议。若员工抱怨很大，麦当劳会针对事件中的特定对象或目的，举办临时座谈会，跨越该员工的直属主管，而由第三者来主持座谈会，收集员工与主管双方的不满，在座谈会中求得当场解决。

四、员工申诉管理

（一）员工申诉概述

员工申诉是指员工以口头或书面等正式形式，表示对企业有关事项的不满。申诉是员工表达意见和发泄不满的重要渠道之一。建立企业内员工申诉制度，有利于劳资双方在不同层次上协商，确保员工问题得到及时有效的解决。

依据申诉主体，员工申诉可以分为个人申诉和集体申诉。个人申诉多是由于管理方对工人进行惩处引起纠纷，通常由个人或工会的代表提出。争议的焦点是管理方侵犯了集体协议中规定的个人和团体的权利，如违反有关资历的规定、违反工作规则、进行不合理的工作分类、确定的工资水平不合理等等。集体申诉是为了集体利益而提起的政策性申诉，通常是工会针对管理方（在某些情况下，也可能是管理方针对工会）违反协议条款的行为提出质疑，集体申诉虽不直接涉及个人权利，但影响整个谈判单位的团体利益，通常由工会委员会的成员代表工会提出。例如，管理方把协议中规定的本应在企业内部安排的工作任务外包给其他企业，这一做法可能并没有直接影响到某个工人，却意味着在谈判单位内部，雇用的工人会更少，工作岗位也会更少，因而工会可以以团体利益为基础提出申诉。

（二）员工申诉制度

一般而言，建立员工申诉制度可以从以下几个方面着手。

（1）明确员工的申诉责权。规定员工有申诉的权利和义务，鼓励员工通过企业内部申诉提出问题；同时说明员工必须对自己的申诉行为负责，如果申诉情况属实，员工将得到相应的补偿和奖励，如不属实则必须承担相应的责任。

（2）界定受理的申诉范围。界定员工可以提起申诉的事项范围，可以使组织和员工了解申诉的问题所在，从而使申诉制度运作方向更为明确。

（3）建立正式的申诉机构。建立正式的申诉机构，不仅能确保申诉渠道的畅通，而且能使管理者通过正式渠道了解员工的工作状况和心理反应。非正式的申诉运作，除了不利于企业处理申诉问题外，还容易产生直属主管刻意隐瞒事实的弊端。正式的申诉机构应由劳资双方代表共同组成，以确保申诉处理的客观、公正。

（4）设计合理的申诉程序。一个合理的申诉程序应具备以下特征：员工有机会表达意见；企业有接受及处理员工意见的机构或人员；申诉处理通过正式的渠道和程序进行；问题处理情况必须反馈给申诉者，明示申诉处理过程及结果；企业应定期整理并公布经申诉处理的事件及问题特征，让员工了解申诉问题的重点及处理情形。

（5）设定相应的保密条款。为保护当事人的权益，应当在员工提出申诉后和申诉调查期间对有关事项加以保密。

（三）员工申诉程序

员工申诉程序是由组织中雇佣双方共同确立的一种制度，用来处理和解决员工在人际关系等方面的不满并寻求管理层的公正裁决。员工申诉处理的主要程序有：受理员工申诉、查明事实、解决问题、申请仲裁、提起诉讼。处理申诉程序，因企业规模大小、事情严重性以及有无工会组织而有所不同，有的只有一两个阶段，有的则多达五六个阶段，申诉程序很可能因企业不同而不同。但一般而言，申诉之初由申诉者与管理者直接协商，然后由工会代表和工厂主管洽商，如争端仍未解决，最终通过仲裁，甚至是诉讼来解决。原则上，如果能在第一阶段解决问题，申诉就不再进入第二阶段。

即时案例 11-5

环星公司员工申诉管理规定

1　总则

1.1　为保护员工工作、学习、生活之合法权益，激励员工更好地为公司服务，及时发现和处理隐患问题，维护企业整体利益，特制定本规定。

1.2　本规定适用于公司所有正式员工。

2　申诉内容范围要求

2.1　员工申诉只有在以下情况下是合法的。

2.1.1　上级有贪污、受贿、盗窃、以权谋私等违法乱纪行为的；

2.1.2　上级有出卖、泄密等危害企业行为的；

2.1.3　上级滥用职权，对申诉者有重大不公正行为的；

2.1.4　上级违章指挥会造成严重事故隐患的；

2.1.5　企业行政处分侵犯员工合法权益的；

2.1.6　作业条件会危害员工身体健康的；

2.1.7　有其他严重不合理行为的。

2.2　员工对上述情况的申诉既是权利也是义务。

3　申诉方式与途径

3.1　申诉人可采取面谈、信函（署名）方式进行申诉。

3.2　申诉人可根据受理申诉的对象能否处理申诉的问题及其公正可信程度来选择受理申诉的对象。

3.3　申诉人可以越多级申诉或向有关行政部门进行申诉。企业内部无法处理的，可向政府有关执法部门或仲裁委员会申诉。

4　申诉处理

4.1　受理申诉人在调查取证过程中要本着迅捷、保密、客观的原则，相关部门必须积极配合。凡被调查的人员必须据实出证，并对调查事项保密。

4.2　隔级上级及有关部门负责人受理申诉应当在十五日之内作出裁决，申诉人如服从裁决则必须履行。

4.3　人力资源部受理申诉，有权为员工辩护，有权代表员工向其行政领导或有关行政部门了解有关细节，应当在十五日之内作出调解，申诉人服从调解则必须履行。

4.4　申诉人对调解不服的，可继续向政府有关执法部门或仲裁委员会申诉。

5　申诉及申诉处理的责任

5.1　申诉人必须对申诉内容的真实性负全责。经查不实，追究其法律责任。

5.2　受理申诉人必须对处理申诉的过程和结果负全责，经查有不公正或泄密行为的，公司可对直接受理人和受理部门领导从重处罚，情形严重的依法追究其法律责任。

5.3　凡涉及的被调查人员经查有出具伪证或有隐瞒、泄密行为的，追究法律责任。

5.4　任何人不得对员工合法申诉给予打击报复。一经发现，追究法律责任。

5.5　当事人对裁决或调解结果无异议但拒不履行的，公司可对其强制执行，必要情况下可对其进行处罚。

6　附则

6.1　本规定由人力资源部制定，报总经理批准后执行。

6.2　本规定自颁布之日起施行。

在无正式工会组织的企业，员工若有任何抱怨与不平，大多由申诉人与其主管直接协商，如果没有解决，则依序向上一级提出，直至最高主管来解决。在有工会组织的企业内部，员工申诉程序往往通过正式的流程来处理。处理员工申诉，不管企业内部是否有工会组织，其主要程序可以归纳为四个阶段：

第一阶段，受理员工申诉。由申诉者与监督者、管理者商谈，管理者在接受申诉的过程中，要心平气和地对待申诉者，用客气、关怀的态度接纳申诉者，并观察其态度，通过其态度和谈话分析产生抱怨的关键原因。

第二阶段，查明事实。管理者要查明争议事实，不得有偏袒，如果事情涉及双方，则对双方的事实都要进行调查了解。主要方法有：进行实地调查、广泛地与员工面谈；分析各项政策、规定和措施；检查员工资料；与有关人员研讨。

第三阶段，解决问题。管理者在了解员工申诉的内容之后，应设法加以解决，并说明事实真相，消除员工的误解。一般而言，解决员工申诉的方法主要有：提供与抱怨发生原因有关的信息、对各项事实真相迅速给出解释、对员工个人表示充分同情、提供必要的相关培训、帮助员工解决实际问题，等等。

第四阶段，申请仲裁。如果员工申诉的问题不能在组织内部获得解决，则双方都可以诉诸第三者或公权力来仲裁。在我国，劳动争议仲裁委员会对争议进行裁决之后，双方当事人如果不服，可以在规定的期限内向人民法院提起诉讼。在多数西方国家，员工申诉一经仲裁裁决，双方必须完全服从；但如果裁决被证明不实、不当、有重大错误或明显违反法律，则可以请求法院予以撤销。申诉仲裁大多属于自愿仲裁，当事人可以自由确定仲裁员。

五、劳动争议处理

（一）劳动争议概述

劳动争议是指劳动关系当事人之间因劳动的权利与义务发生分歧而引起的争议，又称劳动纠纷。其中，有的属于既定权利的争议，即因适用劳动法和劳动合同、集体合同的既定内容而发生的争议；有的属于要求新的权利而出现的争议，是因制定或变更劳动条件而发生的争议。各国对劳动争议的处理一般有专门立法，我国劳动争议处理的专门立法是 2007 年底颁布的《中华人民共和国劳动争议调解仲裁法》（以下简称《劳动争议调解仲裁法》）。

劳动争议的当事人是指劳动关系当事人双方——员工和用人单位（包括自然人、法人和拥有经营权的用人单位），即劳动法律关系中权利的享有者和义务的承担者。根据当事人的情况，可以将劳动争议分为个别争议和集体争议。个别争议是指雇主与员工个人之间的争议，集体争议是指雇主与员工团体之间的争议。

劳动争议的内容范围比较广，涉及劳动关系的方方面面。在我国，根据《劳动争议调解仲裁法》的规定，劳动争议的范围主要包括六个方面：（1）因确认劳动关系发生的争议；（2）因订立、履行、变更、解除和终止劳动合同发生的争议；（3）因除名、辞退和辞职、离职发生的争议；（4）因工作时间、休息休假、社会保险、福利、培训以及劳动保护发生的争议；（5）因劳动报酬、工伤医疗费、经济补偿或者赔偿金等发生的争议；（6）法律、法规规定的其他劳动争议。

（二）劳动争议的预防

员工关系管理专业人员和人力资源管理部门要不断提升企业的人力资源管理水平，建设积极和谐的员工关系，预防各种劳动争议。

第一，要根据《劳动法》《劳动合同法》《劳动争议调解仲裁法》《劳动合同法实施条例》等相关法律法规的要求，梳理企业现有的规章制度，特别是要对一些不完善甚至与国家法律法规冲突的管理制度进行修改、完善。

第二，在员工关系管理实践中，严格按照国家相关法律法规的规定执行，加强劳动合同管理，做好劳动合同的订立、续订、变更、终止和解除工作。

第三，积极构建和谐的员工关系。员工关系管理人员要清楚地了解员工的需求与愿望，与员工进行良好的沟通。这种沟通应更多地采用柔性的、激励性的、非强制的手段，提高员工满意度，支持组织其他管理目标的实现。提升员工关系诊断水平，强化日常员工管理，及时化解员工的抱怨和不满，构建良好的员工关系。在员工关系管理中，做好员工的心理疏导工作，促进劳动关系和谐，有助于预防劳动争议的发生。

第四，建立健全企业劳动争议调解委员会。通过推行企业内部的调解制度，尽最大可能将劳动争议的苗头扼杀在企业内部。企业劳动争议调解委员会的调解工作，往往可以使劳动争议不出企业就及时妥善地得到化解，把劳动争议消灭在萌芽状态。

（三）劳动争议的处理

根据《劳动争议调解仲裁法》，劳动争议的处理主要包括协商、调解、仲裁、诉讼。

1. 协商

协商是指劳动关系双方当事人采取自治的方法解决纠纷，根据劳动争议当事人的合意或者团体协议，双方进行磋商和讨论来解决争议。通过协商方式自行和解，是双方当事人应首先选择的解决争议的途径，也是解决争议过程中可以随时采用的途径。协商解决是以当事人自愿为基础的，不愿协商解决或经协商不能达成一致的，当事人可以选择其他方式。

2. 调解

调解是指由调解组织或法律规定的第三者调停争议，以帮助双方达成协议为目的，进行劝说和解决问题的过程。调解分为劳动争议调解委员会的调解和劳动争议仲裁委员会的调解两类。前者是自愿性的，即由当事人决定是否提请劳动争议调解委员会调解；后者是强制性的，即只要向劳动争议仲裁委员会申请仲裁，就必须先进行调解，这也是一项工作制度，一般经调解不成的，才进行裁决。

目前，劳动争议调解委员会设于企业，由企业的员工代表、行政代表和工会委员会代表组成，主任由各成员共同推举，委员会的工作受员工代表大会的领导。当事人一方提出申请，同时另一方表示愿意接受，劳动争议调解委员会才能进行调解。当事人任何一方不愿接受调解，或调解达不成协议，只能交付仲裁。应当注意的是，按规定因开除、除名、辞退违纪员工发生的争议必须直接提交劳动争议仲裁委员会，而不能向劳动争议调解委员会申请调解。另外，若发生劳动争议的员工一方人数为 10 名以上，并具有共同申请理由，可由当事人推举 1～3 名代表参加调解或仲裁活动。

实施调解的结果有两种：一是调解达成协议，这时要依法制作调解协议书。二是调解不成或调解达不成协议，这时要做好记录，并制作调解处理意见书，提出对争议的有关处理意见，建议争议双方当事人依照有关法规的规定，向劳动争议仲裁委员会提出仲裁申请。

调解协议由调解协议书具体体现。只要达成协议，争议双方当事人就要自觉执行调解协议；当然，双方当事人也有对调解协议反悔的权利。调解委员会对当事人的反悔只能说服、劝解，无权强制执行，但有建议仲裁的权利。只要一方当事人对协议反悔，或拒不执行协议，经调解委员会说服、劝解无效，就视为调解不成。

劳动争议调解委员会处理劳动争议，应当自当事人提出申诉之日起 30 日结案，到期未结案则视为调解不成。

3. 仲裁

仲裁是指劳动争议仲裁机构依法对争议双方当事人的争议案件进行居中公断的执法行为，其中包括对案件的依法审理和对争议的调解、裁决等一系列活动或行为。劳动争议仲裁委员会由劳动行政机关代表、工会代表和企业主管部门代表组成，三方代表应当人数相等，并且总数必须是单数，委员会主任由同级劳动行政机关负责人担任，其办事机构为劳动行政机关的劳动争议处理机构。

劳动争议仲裁委员会对于劳动争议双方来说是第三者，它的决定无须经双方同意，具有法律强制力，因而仲裁是比调解更为有效的解决方法。按规定，劳动争议的任何一方不愿调解、劳动争议经调解未达成协议时，均可向劳动争议仲裁委员会提出仲裁申请，并提交书面申请书。申请书应写明争议双方当事人的情况、申请仲裁的理由、要求解决的问题及有关的证明材料等。申请人应根据争议双方的人数提交申请书若干份。

当事人申请仲裁，因履行劳动合同而发生的争议，应自争议发生之日起 60 日内或从劳动争议调解委员会调解不成之日起 30 日内，向劳动争议仲裁委员会提出。因开除、除名、辞退违纪员工而发生的争议，当事人应于企业公布处理决定之日起 15 日内申请仲裁。因特殊原因，当事人可在其知道或应当知道权利被侵害之日起 1 年之内提起追诉。超过规定期限，仲裁机构不再受理。

仲裁委员会在收到仲裁申请后一段时间（一般为 7 天）内要作出受理或不受理的决定。决定受理的，仲裁委员会要及时通知申请人和被诉人，并组成仲裁庭；决定不受理的，要说明理由。

在受理申诉人的仲裁申请后，仲裁委员会就需要进行有针对性的调查取证工作，其中包括拟定调查提纲，根据调查提纲进行有针对性的调查取证，核实调查结果和有关证据等。调查取证的主要目的是收集有关证据和材料，查明争议事实，为下一步的调解或裁决做好准备工作。

劳动争议仲裁委员会在处理劳动争议时，应先行调解。调解成功，劳动争议仲裁委员会制作调解书，由双方当事人签字，劳动争议仲裁委员会成员签名，并加盖委员会印章，调解书一经送达当事人，即发生法律效力，当事人必须执行。一方不执行，另一方当事人可申请法院强制执行。如调解不成，则应及时仲裁，由劳动争议仲裁委员会召开会议，并根据少数服从多数的原则作出仲裁决定。仲裁决定作出后，应制作仲裁决定书。由劳动争议仲裁委员会成员签名，并加盖委员会印章，送达双方当事人。

4. 诉讼

劳动争议当事人不服仲裁，可以在收到仲裁决定书之日起 15 日内向法院起诉，由法院依民事诉讼程序进行审理及判决。法院审判劳动争议的最大特点在于它的处理形式的严肃性、权威性及其法律效力。企业劳动争议的法律诉讼一般包括五个阶段。

（1）起诉、受理阶段。起诉是指争议当事人向法院提出诉讼请求，要求法院行使审判权，依法保护自己的合法权益。诉讼请求要尽可能详细，明确被告，说明要求被告承担何种义务等；同时，要尽可能多地提供争议发生的时间、地点、争议经过等情况和有关事实根据以及相应的法律文书等。

受理是指法院接收争议案件并同意审理。法院在对原告的起诉进行审查以后决定是否受理。对决定受理的案件，法院要在规定的时间内通知原告和被告；对决定不受理的案件，法院也应在规定的时间内通知被告，并尽量说明理由。当然，对法院裁定为不受理的案件，原告可以上诉。

（2）调查取证阶段。法院的调查取证除了对原告提供的有关材料、证据或仲裁机构掌握的情况、证据等进行核实外，还要对争议的有关情况、事实进行重点调查，包括查明争议的时间、地点、原因、后果、焦点问题以及双方的责任和态度等。法院的调查取证要尽可能对各种证据进行仔细、认真的收集和核实。

（3）进行调解阶段。法院在审理企业劳动争议案件时，也要先行调解。法院的调解以双方当事人自愿为基础，不得强迫。法院调解成功的，要制作调解书。调解书要由审判人员、书记员签名，并加盖法院的印章；调解书在由双方当事人签收后即具备法律效力，当事人必须执行。法院调解不成或法院调解书送达前当事人反悔的，法院应当进行及时判决。

（4）开庭审理阶段。开庭审理是在法院调解失败的情况下进行的，这一阶段的活动主要有法庭调查、法庭辩论和法庭判决等。法庭调查主要是由争议当事人向法庭陈述争议事实，并向法庭提供有关证据；法庭辩论一般按照先原告后被告的顺序由双方当事人及其代理人对争议的焦点问题进行辩论；法庭判决是在辩论结束以后，由法庭依法作出判决。法庭判决要制作判决书，判决书要在规定的时间内送达当事人。

（5）判决执行阶段。判决书送达当事人以后，当事人在规定时间内不向上一级法院上诉的，判决书即行生效，双方当事人必须执行。当事人不服一审判决的，有权向上一级法院上诉。

六、员工离职管理

随着经济的发展和知识型员工的增多，员工流动成为一种普遍现象。虽然一定比例的人才流动对组织的发展是有好处的，但是过多的员工离职会给组织带来人力资源管理成本过高和核心人才流失等不利影响。因此，如何管理员工的离职行为是组织人力资源管理的一项重要工作，也是实现人力资源管理目标的必要条件。

(一) 员工离职的内涵

员工离职有广义和狭义之分。广义的员工离职指员工个体作为组织成员状态的改变，即反映员工从一种工作状态到另一种工作状态的改变，包括工作岗位、工作地点、职位职务、工作对象和工作性质的变化，也就是说，员工的工作出现状态的调整，员工与组织的雇佣关系依然存在。而狭义的员工离职是指从组织中获取物质利益的个体终止其组织成员关系的过程和行为，即员工终止了与组织的雇佣关系的状态。我们这里所讲的是狭义的员工离职，即员工与组织终止雇佣关系的离职行为。

(二) 员工离职的原因及影响因素

员工离职的原因是多方面的。根据国内外的研究，促成员工主动离职的因素可分为两个方面：一是员工离职意向的影响因素；二是员工离职决策的调节因素。

1. 员工离职意向的影响因素

员工离职意向的影响因素可以归为四个方面：

(1) 个体因素。包括人口学变量，与工作态度、工作激励和工作成就感等内部心理过程相关的变量。

第一，个体特征对员工的离职意向有较大的影响，例如年轻人比中年人、男性比女性有更强的流动倾向，受到干扰的因素更多。同时，自主意识强、喜欢挑战以及乐于追求新事物和新环境的人可能更容易受到外部因素的影响。

第二，随着文化素养和知识水平的提高，员工更加注重自我价值的实现，更希望获得成就感。缺乏激励、工作内容单调、无挑战性、才能得不到发挥以及无法实现职业期望的组织和工作，容易使员工产生离职倾向和行为。

(2) 组织因素。主要包括薪酬福利、晋升与培训、企业效益和前景、工作条件和环境等因素。在很多情况下，组织能否提供这些条件是影响员工离职的因素，管理水平、管理方式、领导风格和组织文化则是保留员工的关键。

第一，薪酬福利。企业的薪酬福利水平和管理公平是吸引和保留员工的关键因素。企业在薪酬管理过程中也涉及公平问题，包括薪酬内部公平、薪酬外部公平、薪酬与贡献相符以及福利制度满意程度等四个方面。按照亚当斯的公平理论，员工会将其所得与企业内其他成员、企业外同类员工以及自己所作的贡献进行比较，如果感觉自己受到不公平的对待，就可能产生离职倾向。

第二，晋升与培训。员工为了实现自己的职业生涯目标，希望在组织里得到培训、晋升和更好的发展机会，而当他们认为组织内晋升机会有限、得不到培训机会、机会不公平或对职业前景不满意时，就可能选择离开组织。

第三，企业效益和前景。企业当前和未来的经营状况是影响员工去留的重要因素之一。对员工而言，对职业的忠诚可能高于对组织的忠诚。当公司效益不好，行业无发展前景时，有可能对员工产生"推力"；对期望流入的公司而言，效益高和预期前景好等则是员工流动最大的"拉力"因素。

第四，工作条件和环境。员工的工作时间、工作环境，以及为追求工作-生活之间的平衡而选择能更好地照顾家庭的工作地点等，都是导致员工离职的原因。

(3) 个体与组织匹配性因素。主要指员工与工作氛围和组织氛围之间的匹配性。如果员工认为个人特征与组织特征之间不匹配，就有可能选择离开。这些因素包括：

第一，企业文化。每个人都有自己独特的性格和个人品质，组织也会有独特的经营宗旨、价值观念和道德行为准则，这些因素组合在一起，便形成与众不同的企业文化。如果员工个人价值观与企业文化不匹配或者无法融合，便会引起员工的离职情绪。

第二，组织支持。员工在组织中没有归属感，员工遇到困难难以得到组织支持和关心，企业或团队缺乏凝聚力与合作精神，企业过分重视论资排辈等，都会使企业失去优秀的员工。

第三，人际关系。不良人际关系是导致员工离开的重要因素，企业或团队人际关系复杂，与上级关系处理不好，与同事之间存在矛盾，以及缺乏群体归属感等，都会使员工离职。

（4）外部环境因素。包括劳动力市场状况、组织外工作机会、就业形势等外界因素。当本行业人员供不应求，就业形势相对比较好或组织外工作机会增多时，都会对员工流动产生拉力，并导致员工产生离职意向。

2. 员工离职决策的调节因素

员工产生离职意向之后并不一定立即产生离职行为。从离职意向到采取实际的离职行为还受到许多因素的调节。

（1）个体心理与环境支持因素。产生离职意向后，员工最终是否选择离开，首先会受到个体心理特征的影响。如果员工不自信（对自己再就业的能力）、心理承受能力不强以及有惰性而不愿改变现状，就可能改变离职决定。由于这些心理因素的存在，员工会寻找外部支持，这时，如果家庭和朋友均不支持其离开，同时外部也无更好的就业机会，员工离开的可能性就会很小。

（2）个体经济支持因素。员工产生离职意向后，最终是否离职还受其经济承受能力的影响。任何流动行为都会有成本，尽管引起员工流动的因素之一是对未来流动收益的预期，但是两者之间有一个时间差。当员工承受能力不强时，如果马上离职，可能给家庭或个人生活带来一定的困难。在没有找到另一份合适的工作或未来收益不确定的情况下，员工离开企业的可能性较小。

（3）组织支持因素。员工产生离职意向后，组织所做的努力和改变将会对员工最终的去留产生重要影响。如果组织努力挽留，并尽量满足员工的需求，同时给员工一些必要的承诺，会使得员工离职的阻力大大增加，甚至超过原来的推力和外部的拉力，唤起员工对组织的归属感，达到挽留员工的目的。

（三）员工离职的流程与管理

1. 员工离职的流程

虽然组织采用各种方法和手段规避主动离职行为的发生，但仍有部分员工的离职难以避免。人力资源管理部门应该建立相应的制度、规范和流程，把员工的离职给组织带来的损失降至最低。员工离职一般包括以下几个步骤（见图11-4）。

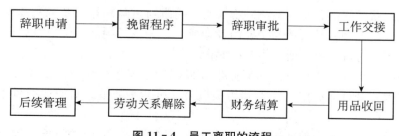

图 11-4　员工离职的流程

（1）辞职申请。组织要事先明文规定员工提前交辞职报告的时间、辞职报告接收人和辞职报告的基本内容等。

（2）挽留程序。提出辞职申请的直接主管应当与辞职员工进行沟通，对于工作称职、业绩良好的员工进行挽留，并了解其辞职的原因，寻找解决的方法，减少组织因员工流失而造成的损失。如果直接主管挽留无效，则可由再上一级主管人员决定是否需要挽留并根据情况进行挽留谈话，还可以在批准辞职前为员工提供收回辞呈的机会，最大限度地挽留人才。

（3）辞职审批。经挽留无效或没有必要挽留的员工，可以进入辞职审批流程，按照组织相关程序进行审批。完成审批流程后，应将有关书面文件交人力资源部门确认。

（4）工作交接。人力资源管理部门收到书面审批文件后，通知有关部门主管进行辞职员工的工作交接。交接工作完成后，应由有关交接人员和负责人书面确认，方可视为交接完成。

（5）用品收回。组织要收回工作证、名片，检查办公室桌椅是否完好，收回钥匙和非低值易耗办公用品等与组织相关、所有权为组织的物品。

（6）财务结算。组织应与离职员工做好借款、贷款等应收款项结算，工资、奖金、福利结算，违约金、补偿费用等结算事宜。

（7）劳动关系解除。组织应为离职员工出具工作证明，办理退工手续，转调人事关系、档案和保险关系等。

（8）后续管理。员工与组织解除劳动关系后，从法律角度而言，不再是组织的员工，组织对员工的管理可以结束了，但是离职的员工（尤其是主动离职的员工）对组织依然具有价值。因此，进行离职员工的后续管理不仅可在员工离职时规避许多风险，在社会上树立良好的组织形象，还可以让他们今后成为组织重要的社会资本。

2. 员工离职管理

（1）离职面谈的概念、流程及应注意的问题。

1）离职面谈的概念。离职面谈是指员工在离职之前，由企业的相关人员与递交了离职申请的人员面谈。从组织的角度讲，离职面谈可以使公司了解员工离职的原因，并促使公司对其管理进行改进。离职面谈也是企业将离职人员的知识和经验转移给其接任者的一次机会。离职人员往往比在职人员更加坦率、客观，他们的意见也更富有建设性。企业甚至可以通过离职面谈，请离职人员就现有团队如何完成当前项目、解决现有问题以及进行合作提供建议。

2）离职面谈的流程（见图 11-5）。

图 11-5　员工离职面谈流程

● 面谈准备。了解离职者的基本情况，包括姓名、年龄、部门、职称、入职时间等；根据离职者的情况，准备面谈的话题；安排面谈的时间、地点并布置环境，力求让离职者表达自己真实的想法。

● 面谈的过程安排。营造轻松的谈话氛围，并提出尽可能广泛的问题，给对方充分的表达空间，同时在面谈的过程中注意对方情绪的变化，站在对方的角度考虑问题。

● 做好面谈记录。面谈前征求对方的意见，如果对方同意做记录，应在面谈过程中及时做好记录，企业人力资源部门通常应设计好员工离职面谈记录表。

● 整理记录、提出建议。面谈结束后，应及时对面谈记录进行整理，总结出该员工离职的原因，提交分析报告，经审核后保存。同时，面谈人也要总结自己在此次面谈中的得失，以期下次面谈做得更好。

3）离职面谈应该注意的问题。

● 注重对离职员工信息的收集。凡事预则立，不预则废。要保证组织离职沟通的有效性，在进行离职沟通前应该进行必要的准备，收集与离职员工有关的信息，为高效、成功的沟通奠定基础。具体而言，收集的信息应该包括三类：第一类是与离职员工有关的个人信息，包括职位信息、心理状态信息、阅历与经验信息、家庭背景信息、生活状况信息。第二类是与员工有关的绩效和薪酬信息，包括所获得的荣誉和奖励信息、薪酬福利信息、绩效表现等。第三类是员工离职信息，包括离职原因、离职后的目标单位、目标岗位。相比较而言，第一、二类信息的获取较为简单，第三类信息的收集难度较大，但是此类信息的有效获得会有助于把握员工离职的核心原因，促进离职面谈的成功。

● 慎重选择面谈人。一般而言，离职面谈通常应由企业人力资源管理部门负责实施。对于核心员工，由于其所处地位在企业举足轻重，要选择高管主持面谈。选择离职面谈人有两种思路：一是选择人力资源部门相关人员；二是选择企业管理人力资源业务的副总裁或者分管离职员工所在部门的副总裁。对于最为稀缺的人才，有时甚至需要企业最高领导亲自出马，以表示企业对该员工的重视，以便尽最大努力挽留。

● 选择适当的面谈时机。人力资源部门只有把握好最佳面谈时机才能收到预期效果，应利用以下两个时间点与离职员工进行交流。第一个时间点是得到员工离职信息时，因为此时许多员工的离职意愿还不是非常明确、坚定，有时可能仅因为某件事情而萌生去意，如果及时沟通，化解其一时之冲动，往往能使员工收回辞职决定；第二个时间点是员工去意已决并办理完离职手续后，因为此时离职员工已无任何顾忌，最容易讲出心里话。

● 正确选择沟通策略。在员工离职前，对于面谈策略的恰当把握，会有助于降低离职率以及缓解员工的抱怨。通常面谈策略应根据面谈对象、面谈时机及面谈原因的不同有所差别。比如，对那些因为突发事件而产生离职意愿的员工和那些经过深思熟虑而产生离职意向的员工，就应该选择不同的沟通策略。

● 营造宽松的客观环境。在进行离职面谈时，首先要注意面谈的时间和地点的选择。由于离职面谈的特殊性，面谈地点应该具有一定的私密性，一方面不要让其他员工知晓，因为这毕竟不是普通的员工谈话；另一方面避免面谈被打断和干扰。好的面谈环境应该有利于离职员工自由地谈论问题。

● 积极地倾听。人力资源管理人员在面谈时不应该只是按照事先列出的问题逐一发问，走过场，而是应该积极地倾听员工的想法，同时要适时地保持沉默，让离职员工有足够的思考时间。人力资源管理部门应该在事先把握离职真实原因的基础上，充分了解面谈对象的性格特征，从细节之处捕捉面谈对象的心理状态，并预期其将产生的反应，以选择合适的面谈切入方式，避免面谈过程中出现冷场、情绪激化、失控并导致面谈不能继续和面谈失败的情形。

（2）重视离职员工的培育和维护。尽管员工一旦离职就结束了与组织的雇佣关系，但是如果组织能处理好与离职员工的关系，这些离职的员工仍然可以作为企业可利用的资源，使离职员工"流而不失"。

1）将离职员工作为企业再雇用的源泉。一些事例表明，与雇用新员工相比，企业再次雇用离职员工的成本要低，而且一旦重新雇用，离职员工为企业效力的时间往往比新人更长。在这方面比较成功的是摩托罗拉的回聘制度。摩托罗拉重视利用离职员工特别是离职顶尖人才这一资源，是因为他们已经熟悉企业文化和业务，能降低招聘和培养新员工的成本。为此，企业建立了一套非常科学完备的招募制度。

2）依靠离职员工为企业介绍合适的员工人选。离职员工了解企业的文化及需求，由离职员工介绍的应聘者可能比较适合企业，可以为企业减少招聘费用。

3）将离职员工作为企业的"外部资源"。由于离职员工具有相当丰富的知识素养和从业经验，能够帮助企业紧跟市场和技术潮流以抓住宝贵的投资机会，因此他们也是企业创新的智力源泉。很多企业都和离职员工保持联系，以利用他们的社会资源获取商业信息。例如，麦肯锡咨询公司不惜斥巨资维系与离职顶尖人才的关系，专门汇编了一本"麦肯锡校友录"，即离职员工的花名册，这一措施为公司带来了丰厚的知识资本回报。

4）维护在职员工的信心和士气。公司与离职员工保持良好关系，会给现有员工传递正面的信息，使他们感觉企业会善待所有员工，包括主动离职的员工和不得不辞退的员工，以增加现有员工对企业的认同感和忠诚度。

第4节　员工关系管理评价

一、员工关系管理评价概述

员工关系管理评价就是通过对企业的员工关系政策、管理制度、管理项目、管理行为的效果进行评定，为进一步改进员工关系提供决策参考。

员工关系管理评价一般有三种方法。

一是横向方法，就是把员工关系管理评价指标放在企业人力资源管理综合评价指标之下，这可以充分反映员工关系管理对人力资源管理、企业战略目标实现的支持程度。比如，美国弗雷德·舒斯特（Fred Schuster）教授提出了"人力资源指数"，该指数由报酬制度、信息沟通、组织效率、关心员工、组织目标、合作、内在满意度、组织结构、人际关系、员工参与管理、工作群体、群体间的协作能力、一线管理和管理质量等因素综合而成。其中，诸如内在满意度、人际关系、员工参与管理、群体间的协作能力等因素可以作为员工关系管理的评价指标。

二是纵向方法，就是采用专门的员工关系管理评价指标体系进行评价。这可以充分体现员工关系管理本身的职能及特点。针对员工关系管理的评价要素主要包括企业的员工关系价值取向、员工关系管理政策、员工关系管理体系、员工关系改进机制、员工关系管理项目、员工关系管理能力等。

三是替代方法，根据企业管理的需要，通过对一些单项指标的调查分析，推断员工关系整体状况或者某些方面的好与坏，以此反映企业员工关系管理的效果，比如员工满意度调查、员工忠诚度调查等。

员工关系管理评价是人力资源管理活动中的持续过程。它既是员工关系管理的终了环节，又是新一轮员工关系管理的起点环节。在起点环节，通常采用员工满意度调查和员工关系诊断的方式进行评价；在终了环节，除了进行员工满意度调查和员工关系诊断，还要对企业一定时期以来的员工关系进行综合评价，并提出未来的员工关系改进计划。

二、员工关系管理评价模型

员工关系管理贯穿人力资源管理实践的方方面面。员工关系管理的效益也是人力资源管理系统的协调、效率与效果以及员工满意度的综合体现。因此，可以从适应性、执行性、有效性三方面来构建员工关系管理评价的指标框架（见图 11-6）。

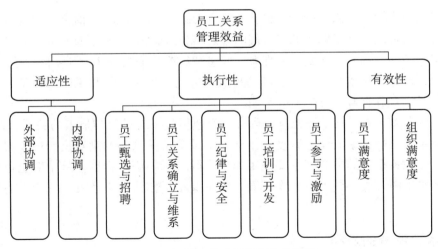

图 11-6　员工关系管理评价的模型

适应性是对员工关系管理系统内外部协调的反映。外部协调主要包括员工关系政策与相关法律的符合性，与企业发展战略、经营理念和企业文化的相容性，以及员工关系管理系统和企业其他子系统的协调与配合；内部协调主要是员工关系管理、人力资源管理各职能之间的协调，以及员工关系管理者、人力资源管理专业人员和一线管理人员之间的协调与配合。

执行性反映企业员工关系管理系统的内部运作情况。本书把内部运作中的协调纳入适应性加以评价，因此，这里的执行性主要是从时间、成本和质量角度反映员工关系管理活动的效率。

有效性反映员工关系管理活动的效果。员工对组织的满意度是人力资源管理系统满足员工个人目标的结果，部分地反映了员工关系管理的成效；而员工关系管理系统对组织目标实现的贡献程度主要通过员工参与管理、员工关系改进、提高劳动生产率、降低缺勤率等来反映，是组织满意度的体现。因此，满意度调查是员工关系管理评价的重要方面。

适应性、执行性和有效性的基本构架包含了员工关系管理系统的协调以及内部运作的效率和效果，能够比较系统全面地评价员工关系管理的效果。

三、员工满意度调查

（一）员工满意度调查的意义

员工满意度是指员工对在组织中所扮演的角色的感受或情感体验，是员工对其工作或工作经历评估的一种态度的反映，它与工作卷入程度、组织承诺和工作动机等有密切关系。员工满意度是企业经营管理的一项重要指标，是衡量员工关系管理的重要指标之一。

通过员工满意度调查，可以适时了解员工工作状态以及企业管理上的成绩和不足，捕捉员工思想动态和心理需求，从而采取有针对性的应对措施，如通过调查发现了人员流动的意向和原因，及时采取改进措施就能预防一些人才的流失；可以了解企业在哪些方面亟待改进、企业变革的成效及其对员工的影响，为企业人力资源管理决策提供重要依据；可以收集员工对改善企业经营管理的意见和要求，真实地了解员工在想什么、有什么意见与建议、有什么困难、对什么不满意，激发员工参与组织变革，提升员工对组织的认同感和忠诚度。

（二）员工满意度调查的内容

员工满意度的影响因素构成了满意度调查的内容。早期行为科学家赫兹伯格在研究人的满意度因素的基础上，提出了有名的双因素理论（激励因素、保健因素）。洛克认为员工满意度的构成因素包括工作本身、报酬、提升、认可、工作条件、福利、自我、管理者、同事和组织外成员等10个因素。阿莫德和菲德曼则认为影响员工满意度的因素包括工作本身、上司、经济报酬、升迁、工作环境和工作团体等6个因素。这些研究对员工满意度维度的科学划分有着十分重要的影响。

从员工关系管理的角度来看，员工满意度的内容主要包括员工对员工与员工的关系、员工与企业的关系，以及员工与工作的关系这三种关系的满意程度，由此便形成员工关系间的满意度、员工对企业的满意度和员工对工作的满意度。员工关系间的满意度主要是工作中人际关系的满意程度；员工对企业的满意度主要是组织认同满意度与管理水平满意度；员工对工作的满意度主要是工作回报满意度、工作内容满意度与工作环境满意度。

（三）员工满意度调查的流程

员工满意度调查一般包括以下五个步骤。

1. 明确调查目的，制订调查计划

员工满意度调查的目的是通过调查来了解企业中员工关系的现状和存在的问题，并对产生这些问题的原因进行分析，随后制定相应的对策。调查目的一般分为两类，一是每年一度的员工满意度调查，二是针对特殊情况或者突发事件的员工满意度调查。在确定调查目的的基础上，应该制订具体的调查计划，包括调查对象、调查内容、调查方法、实施人员、时间安排等。

2. 选择调查方法，实施调查方案

根据事先拟订的调查计划，为了完成规定的调查任务，管理者可以灵活地选择不同的调查方法，比如访谈法、问卷法、抽样法等。调查要在公司高层的支持下进行。

（1）访谈法。主要通过设计开放式、不断深入的题目对员工进行访谈，由此了解企业中存在问题的类型和员工的深切感受。这种方法应该给被调查者足够的表达空间，以挖掘问题的原因。访谈主要分为结构化访谈和非结构化访谈。结构化访谈需要事先精心设计调查表；非结构化访谈不需要问题提纲，可自由发问。访谈法适合于部门分散的公司和全体人员参与调查的情况。

（2）问卷法。用一系列成熟的量表或问卷对员工关系进行调查，这种调查的好处是可以在短期内同时对多名员工的关系进行调查。

（3）抽样法。从公司的全体员工中抽取部分员工，对其进行访谈或问卷调查以获取员工对员工关系的看法和观点。

学习资料 11-1

员工满意度调查量表举例

1. 明尼苏达满意度调查量表。本量表由韦斯、达维斯、英格兰和洛夫奎斯特编制。量表分为短式和长式两种。短式包括20道题目，可测量工作者的内在满意度、外在满意度及一般满意度；长式则有120道题目，可测量工作者对20个工作构面的满意度及一般满意度。20个大项中每项下有5个小项目。这20个大项分别是：个人能力的发挥、成就感、能动性、公司的培训和自我发展、权力、公司政策及实施、报酬、部门和同事的团队精神、创造力、独立性、道德标准、对员工的奖惩、本人责任、员工工作安全、员工所享受的社会服务、员工社会地位、员工关系管理和沟通交流、公司技术发展、公司的多样化发展、公司工作条件和环境。

2. 彼得需求满意调查表。本量表主要针对管理工作的具体问题，每个问题都有两问，如"你在当前的管理位置上个人成长和发展的机会如何？理想的状况应如何？"适用于管理人员。

3. 工作说明量表。本量表由史密斯、肯德尔和赫林编制。可衡量工作者对工作本身、薪资、升迁、上司和同事等五个构面的满意度，而这五个构面满意度分数的总和，即代表整体工作满意度的分数。该量表的特点是不需要受测者说出内心感受，只要从不同构面（题数不一定相同）的不同描述词中作出选择即可，因此，教育程度较低的受测者也可以回答。

4. SRA 员工调查表。本量表由芝加哥科学研究会于1973年编制，包括44个题目，可测量工作者对14个工作构面的满意度。

5. 工作诊断调查表。本量表由哈克曼和奥尔德姆编制，可测量工作者一般满意度、内在工作动机和特殊满意度（包括工作安全感、待遇、社会关系、督导及成长等构面），此外，可同时测量工作者的特性及个人成长需求强度。

6. 工作满足量表。本量表由哈克曼和劳勒编制，可测量受测者对自尊自重、成长与发展、受重视程度、主管态度、独立思考与行动、工作保障、工作待遇、工作贡献、制定工作目标与方式、友谊关系、升迁机会、顾客态度及工作权力等13项衡量满意度的因素。

7. 洛克、阿莫德和菲德曼量表。洛克认为满意度包括10个因素：工作本身、报酬、提升、认可、工作条件、福利、自我、管理者、同事和组织外成员。阿莫德和菲德曼提出，工作满意度的结构因素包括工作本身、上司、经济报酬、升迁、工作环境和工作团体。

---

3. 分析调查结果，提出改进措施

通过对问卷和调查报告进行检验、归类、统计，形成用文字、图表表达的调查结果，并对现存问题进行总体评价分析，提出改革的具体措施，最终提交综合报告。

改进措施要综合考虑问题的严重程度、关键程度、企业的承受能力、措施实施的可行性。在企业人、财、物有限的情况下，企业要衡量各种解决方法所需的成本和未来的效益，从中选择最优方案去改善最关键的问题。

4. 制订行动计划，实施改进措施

改进措施需要得到有效的执行，这样员工满意度调查才能充分发挥其应有的效用。在实施改进措施时，应该动员全体员工参与制订行动计划。行动计划必须完善、细致，具有可行性。通常包括以下关键信息：问题报告、目标、建议的行动、时间限制和跟踪的程序。管理人员的责任不仅包括制订计划，而且包括执行、指导、监督，这样才能将改进措施真正落实，从而满足员工的需求，提高满意度，改进员工关系，提升企业经营绩效。

5. 跟踪反馈效果

在提出改进措施并实施整改之后，应该进行阶段性的跟踪反馈调查，以评价改进措施的经济性和实用性，即是否对员工绩效提高和员工满意度提升有所促进。可对企业的销售收入、利润率和员工出勤率、离职率等指标进行考核。这有利于评价整个调查活动及改进措施的实施效果，也有利于发现新的问题，使员工满意度得到提高。

【小结】

员工关系是组织中由于雇佣行为而产生的关系，员工关系管理是人力资源管理的一个特定领域。良好的员工关系管理，有助于企业吸引和留住优秀员工，提高劳动生产率，降低缺勤率和离职率，减少劳动争议和劳资冲突，提升员工士气、满意度和对企业的忠诚度。

第1节对员工关系管理进行了概述。员工关系管理作为人力资源管理的一项基本职能，贯穿员工甄选录用、劳动合同管理、培训与开发、绩效考核、薪酬管理、离职与退出等各个职能。员工关系管理是劳动关系和人力资源管理发展的必然产物。当前，伴随着战略人力资源管理、人本管理、心理契约理论以及企业社会责任运动的发展，员工关系管理的实践领域得以不断拓展。

第2节对员工关系的确立和终止进行了介绍。劳动合同是劳动者与用工单位之间确立劳动关系，明确双方权利和义务的协议。劳动合同具有主体的特定性、管理关系的隶属性、内容的合法性等特征，其内容包括法定必备条款和约定条款，按期限可以分为无固定期限劳动合同和固定期限劳动合同。劳动合同管理包括劳动合同的订立、续签、变更、终止、解除等。

和谐的员工关系离不开员工积极、健康的心理氛围，因此第3节首先介绍员工的心理健康管理。员工心理健康管理是通过塑造良好的工作氛围或者采取一定的预防、治疗措施，为员工的心理健康提供保障。员工参与管理是指在不同程度上让员工参加组织的决策过程及各级管理工作，让下级和员工与企业的高层管理者处于平等的地位研究和讨论组织中的重大问题，其主要形式有目标管理、员工持股计划、质量圈、自我管理型团队、合理化建议制度、工人董事、员工代表大会、员工俱乐部等。员工抱怨是员工以非正式形式表达工作中的不满或者发泄情绪，而员工申诉是员工以正式方式表达意见和发泄不满。处理好员工的抱怨和申诉，有利于劳资双方多层面的沟通、协商，确保员工问题得到及时有效的解决。劳动争议及其处理是解决劳资冲突、协调员工关系的重要手段，必须按照相关的劳动法律法规进行，主要包括协商、调解、仲裁和诉讼。员工离职管理是员工与组织终止雇佣关系时，组织对其所进行的管理。

第4节介绍了对员工关系管理的评价。员工关系管理评价是人力资源管理活动中持续的过程，通过对企业的员工关系政策、管理制度、管理项目、管理行为的效果进行评定，为进一步改进员工关系提供决策参考。可以采用员工满意度调查进行员工关系管理效果评价。

【关键词】

员工关系　劳动关系　心理契约　企业社会责任　劳动合同　员工心理健康　员工申诉　劳动争议　劳动仲裁　劳动诉讼　员工参与　质量圈　工人董事　自我管理型团队　员工满意度

【思考题】

1. 什么是员工关系？员工关系管理主要包括哪些内容？
2. 员工关系管理的职能和角色定位是怎样的？
3. 简述员工关系管理的发展历程。当前员工关系管理有哪些新趋势？
4. 简述员工关系确立的基础。
5. 劳动合同订立、续签、解除的依据和条件是什么？如何预防和处理劳动争议？
6. 简述员工关系终止的形式。
7. 如何构建和谐的员工关系？有哪些方式？
8. 如何对员工的心理健康进行管理？
9. 怎样平衡企业所有者与经营者的关系？
10. 如何评价员工关系管理？
11. 如何进行员工满意度调查？

案例分析

办公室主任的苦恼

公司规定，员工生日可按政策休假一天，公司还可根据情况发放一份礼物。9 月 3 日是员工张某的生日，她事先按照规定向办公室主任请假，办公室主任批准了她的申请。张某计划在这一天第一次带男朋友回去见父母，并且准备了很多礼物。但是 9 月 2 日晚，张某忽然接到主任电话，通知她第二天上班。张某很生气，告诉主任，她 9 月 3 日不能上班。办公室主任听了张某的话，也很生气，说要是不来上班就别干了。

9 月 3 日张某并没有上班，9 月 4 日正当办公室主任想着怎么教育张某时，张某走进办公室要求主任在她的辞职申请书上签字。张某是公司的资深员工，在去年公司的技能比武中获得了一等奖。

问题：

1. 如果你是办公室主任，会怎么处理这件事情？
2. 对张某这样的员工，应该如何做好员工关系管理？

【参考文献】

[1] 马丽，马可逸. 知识型员工二元工作激情与工作幸福感关系：基于工作-家庭冲突的视角. 华东经济管理，2021，35（1）.

[2] 李新建，孙美佳，苏磊. 员工关系管理. 北京. 中国人民大学出版社，2020.

[3] 翁杰，毛日. 知识密集型组织的雇佣关系民主治理和员工创造力研究]. 应用心理学，2020，26（2）.

[4] 周卓华，宗平，江婷. 大数据和人工智能驱动人力资源管理创新研究. 当代经济，2020（10）.

[5] Abu Amuna Y M, Al Shobaki M J, Abu-Naser S S, et al. Understanding critical variables for customer relationship management in higher education institution from employees perspective. International Journal of Information Technology and Electrical Engineering, 2017, 6（1）.

[6] Ansah R H, Osei J, Sorooshian S, et al. Importance of employer-employee relationship towards the growth of a business. Quality-access to Success, 2018, 19（166）.

[7] Chen H, Wei J, Wang K, et al. Does employee relationship quality influence employee well-being? An empirical analysis based on manufacturing and service industries. Human Factors and Ergonomics in Manufacturing & Service Industries, 2016, 26（5）.

[8] John A. Employer branding: a decisive means of employee relationship management. International Journal of Knowledge-Based Organizations, 2020, 10（3）.

[9] Lee Y, Kim J. Authentic enterprise, organization-employee relationship, and employee-generated managerial assets. Journal of Communication Management, 2017, 21（3）.

［10］Diers-Lawson A，Collins L. Taking off the rose-colored glasses：the influence of crises on employee relationship management. Employee Relations：The International Journal，2022，44（4）．

［11］Akpan A P，Okwudu A A，Imagha O A. Exploring the link between employee relationship management and organisational citizenship behaviour. Saudi Journal of Economics and Finance，2021，5（4）．

［12］White L，Lockett A，Currie G. How does the availability and use of flexible leave influence the employer-employee relationship？. Human Resource Management，2020，59（5）．

第12章　管理者的人力资源管理

本章要点

通过本章内容的学习，应能回答如下问题：

- 管理者参与人力资源管理的原因、职责与主要问题分别是什么？
- 管理者需要掌握哪些人力资源管理技能？该如何平衡与人力资源部门的关系？
- PDCA 循环的定义与运用方法分别是什么？
- 管理者如何与下属有效沟通？
- 高效团队具有什么特征？管理者如何发展可信性？如何为下属提供反馈？
- 管理者如何管理团队冲突？如何创建学习型团队？
- 数字化时代如何进行人力资源能力建设？
- 管理者如何辅导、激励下属，对下属授权？

引导案例

京东管理者的人力资源管理创新

在VUCA时代，企业的人力资源管理受到了极大的挑战。人力资源管理如何更好地支撑企业的业务发展和战略目标落地，如何更有效地为员工赋能，成为摆在每位管理者面前的难题。

一、京东在组织管理上的创新

阿里巴巴提出了新零售的概念，京东则提出了自己的战略主张——无界零售。具体来讲，京东将从"零售商"向"服务全社会的零售基础设施服务商"转型。这一战略的制定，势必会带来京东在组织管理和架构上的调整与革新。

京东为了快速响应客户及市场的需求，提高内部的响应速度和效率，对京东商城研发的平台架构进行调整，建立了清晰的前、中、后三个层次，打造客户导向的平台架构，如图12-1所示。

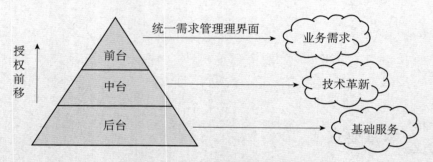

图 12-1 京东商城研发平台架构

调整后，京东商城研发平台结构最大的特点就是授权前移，将决策权向与客户业务需求直接对接的前台倾斜。这个改变将带来响应客户效率与客户满意度的双提升。

除了上述变化之外，京东在组织管理上的创新还涉及以下两点：

（1）参考HRBP（人力资源业务合作伙伴）建立TBP（技术业务伙伴）团队。TBP团队由前台抽调优秀的产品经理和项目经理组成，直接面对业务，深入理解业务需求，团队60%的考核都是由业务部门决定，考核的主要指标就是前台客户满意度。

（2）建立内部任务市场。京东将客户需求分解成一个个工作任务，然后将任务发布到统一的任务管理平台。公司中任何人都可以跨部门组成虚拟团队，在任务平台上认领并完成任务，从而获得评价和奖励。

二、绩效评价体系的改变

京东在组织管理上的革新，势必也会影响到企业对员工的绩效考核评价。以往京东员工只需对自己的直接上级负责，但是现在员工可能处于不同的虚拟团队中，接受多个上司的领导与考核。这就形成了一种网状的评价体系，取代了过去的传统线状评价体系。网状评价体系将会更复杂，评价标准如何建立，考核指标如何选取，权重如何进行衡量，考核信息怎样收集，都对京东的人力资源管理团队提出了挑战。同时，京东的员工将面临多头领导陷阱，如何避免带来管理上的混乱，京东需要做的事情还有很多。

三、人才培训及管理上的创新

京东为了打造无界零售，成为服务全社会的零售基础设施服务商，就需要对外界进行组织开放。如今，京东在人才培训及管理上已经迈出了坚实的一步。京东发起并创立了TELink人才生态联盟，联盟的成员可以交流工作与培训经验，甚至进行员工轮岗。联合利华、红星美凯龙、沃尔玛、宝洁、惠普等知名企业已经加入联盟。2017年，联合利华和京东的优秀骨干就到对方企业进行轮岗。

京东将进一步打破组织界限，通过人才生态联盟实现人才上的无界选用、无界招聘等创新举措。

资料来源：http://www.hrsee.com/? id=924.

　　人力资源管理是组织中的一项执行职能，是利用人力资源实现组织目标的手段。不管一家公司中是否有人力资源管理职能或部门，每一位经理都必须关注人的问题。[①] 因为专业的人力资源工作者更多的是工具型、顾问式、职能性的人才，他们为公司的人力资源管理提供专业的工具和建议，为公司的相关人力资源管理决策提供事实与数据依据。但是专业的人力资源工作者绝不是企业人力资源管理力量的唯一责任主体，管理者在企业的人力资源管理实践中也发挥着不可或缺的作用。管理者身在一线，他们作为企业人力资源管理制度和政策的践行者，决定着公司人力资源管理工作的成败。因此，管理者充分履行其人力资源管理职责，提升人力资源管理能力，对企业人力资源的管理与开发至关重要，也决定了能否实现企业战略目标和长期稳定发展。

第 1 节　管理者的人力资源管理概述

一、管理者承担人力资源管理职责的意义

　　管理者（或称经理人员，这里指非人力资源经理）承担人力资源管理职责越来越受重视，是由于管理工作大部分与人密不可分。亨利·法约尔认为，在企业管理中，关于（如何管理）人的问题占整个问题的一半以上。对彼得·德鲁克来说，90%的管理工作是一般化的和人打交道的工作，也是通过人来完成的工作。早在工业革命时期，工厂中的管理问题就主要是人的问题，其中一个是劳动力问题，涉及招募、培训和激励；另一个是寻找合格的管理者的问题。[②] 霍桑实验之后，管理者开始将工人视为人而非机器，这使如何对工人进行管理的问题进一步复杂化，如何激励有着感情和归属需要的工人去创造业绩成为管理者的一大任务。

　　在过去很长的一段时期里，管理者需要对招聘、甄选、培训、开发、计酬、业绩评估，以及吸引、任命、激励和挽留员工等相关工作亲力亲为。弗雷德里克·温斯洛·泰勒使用职能工长代替了这种做法，在雇用员工时由专业人员向直线经理提出建议。在企业建立专门的人力资源部之后，人力资源管理工作似乎完全变成了人力资源部的事情，只有极少数管理者会意识到这是自己的一项重要职责。即使有管理者认为自己应该参与人员的甄选、考核、付薪等工作，也不会认为自己应当对此负责任，但当企业的人力资源管理工作出现问题时，人力资源部总会成为第一个也可能是唯一一个被问责的部门。这对企业人力资源效能的提高非常不利。尤其是当人力资源管理从人事管理阶段发展到人力资源管理阶段之后，人力资源管理就不仅仅是如何对人进行管理的问题，还包括如何对人进行开发的问题，而后者在当前人力资源管理实践中的重要性和作用越来越大。开发企业的人力资源对管理者提出了新的要求，因为这项工作需要企业的人力资源工作者、企业高层及各级管理者的共同努力。人力资源工作者是企业制度的建立者、维护者、推动者和培训者，各级管理者才是这些制度的执行者和企业人力资源的使用者，他们身处一线，最了解企业人力资源的需求与不足，如果他们不能承担起企业人力资源管理职责，就会导致企业人事部门与用人部门脱节，并引起企业人力资源管理政策与实践的混乱与失效。

　　管理者要承担人力资源管理职责，就要具备相应的人力资源管理知识与技能。国际著名调查公司盖洛普公司研究发现，员工的离职率与直线经理的管理模式有非常大的关系，员工的满意度和工作效率的高低与中层管理者的人力资源管理技能息息相关。许多管理者可能曾经在计划、组织和控制等职能不健全的情况下成功地进行了管理，而他们之所以能够取得成功，恰恰是因为他们掌握了如何雇用恰当的人来承担工作并对他

---

①　伊万切维奇，赵曙明，程德俊．人力资源管理：第 11 版．北京：机械工业出版社，2011.

②　雷恩．管理思想史：第 5 版．北京：中国人民大学出版社，2009：50 - 57.

们进行激励、评价与能力开发的技巧。[①]

华为公司在总结过去 30 多年的发展历程时说，人力资源管理是公司商业成功与持续发展的关键驱动因素。人力资源管理不是仅仅是人力资源部门的事情，而是全体管理者的责任，人力资源管理第一责任人是 CEO，是各级管理者。每一位管理者都要承担两大绩效责任，一是率领团队完成目标任务绩效，二是维系团队实现人才发展绩效。企业的首席人才官要跳出专业职能层面，像企业家一样去思考人的问题，要对未来趋势有洞见力，对客户需求有洞察力，对人才需求有洞悉力。

二、管理者需要承担人力资源管理职责

对于管理者应当承担人力资源开发与管理的职责这一命题，很多管理大师做了阐述，并一致认为管理者对于人员的组织、开发、激励等负有责任。

（一）弗雷德里克·温斯洛·泰勒的观点

20 世纪初，工厂一般将甄选、培训和留用员工的职责交给生产线上的管理者（通常是一线监工）。虽然泰勒提出了职能工长制，认为需要一名人事专家（车间纪律管理员）来甄选和解雇员工，记录工作绩效，处理纪律问题，执行公司制度，以及充当一名秩序维持者，但在其科学管理体系中，泰勒仍然强调管理者的任务就是为工人找到最适合的工作，帮助他们成为一等工人，激励他们做到最好。管理层有一个明确的责任，即合理分配工作以期最大限度地提高生产率。[②]

（二）亨利·法约尔的观点

作为提出一般管理理论的第一人，法约尔的理论包括两个部分：（1）基本要素，它描述了管理者做什么，即计划、组织、命令、协调和控制。（2）管理原理，它是管理者如何进行管理的灯塔或指南。

法约尔指出组织这一要素包括提供各种活动、关系以及人员的招聘、评价和培训。在法约尔看来，对一家企业进行组织指的是"为企业提供有助于其行使职能的每件东西：原料、工具、资本、人员"，而管理者的任务就是"组织人力和材料，使其与企业的目标、资源和要求一致"。[③]

法约尔也将命令和指挥视为管理要素。法约尔认为，这是一门艺术，而且其中一些具体的品质、知识和经验必不可少：

（1）全面了解员工（与人有关）；
（2）淘汰不合格的员工（与人有关）；
（3）对约束企业及其员工的各种协议非常熟悉（与人有关）；
（4）树立良好的榜样（与人有关）；
（5）对组织进行定期审计，并使用概括化的图表来促进审计工作；
（6）通过会议方式将主要的助手聚集到一起，以实现统一指挥和集中努力（与人有关）；
（7）不要陷入琐碎事务的泥沼；
（8）力争使员工产生团结、积极、主动和忠诚的精神（与人有关）。[④]

上述八项内容中有六项是与人有关的，包括沟通、淘汰、约束、激励、团队建设和授权等。

法约尔的成果得到了卢瑟·古利克（Luther Gulick）的进一步推动，后者认为总经理的工作可以用

---

① 德斯勒. 人力资源管理：第 6 版. 北京：中国人民大学出版社，1999：3.
② 雷恩. 管理思想史：第 5 版. 北京：中国人民大学出版社，2009：355.
③ Fayol H，Gray I. General and industrial management. Institute of Electrical & Electronics Engineers，1984：48.
④ Fayol H，Gray I. General and industrial management. Institute of Electrical & Electronics Engineers，1984：97-98.

"POSDCORB"来回答。POSDCORB 是由一些词的首字母组成的，代表着以下一些活动：计划、组织、人事、指挥、协调、报告和预算。其中，人事指全部人事职能，包括引导和训练工作人员，以及维持良好的工作条件。[①]

（三）乔治·埃尔顿·梅奥的观点

经过一系列的研究，霍桑实验的研究者得出了这样的结论：管理者必须在确保经济目标的同时，"维持社会组织的平衡，并且使个体通过为这一目标贡献力量，获得使他们愿意合作的个人冲突"。管理者要竭力在组织的技术方面和人员方面达成一种平衡。

霍桑实验的结果就是倡导一种新型的综合的管理技能。这些技能在处理人与情境方面至关重要，包括：用来理解人类行为的诊断技能；用来和工人交流以及劝告、激励和领导工人的人际关系技能。[②]

（四）切斯特·巴纳德的观点

巴纳德提出的经理人员的职能中，"促进对个人努力的保护"使人们参与到协作关系当中，并使他们为组织作出贡献。这很大程度上是招聘和甄选人员方面的任务。另外，经理人员的职能中包括：（1）建立和维持信息交流系统；（2）获取必要的服务；（3）提出和制定目标。也就是说，经理人员要制定行动目标，发挥组织领导能力，善于应用组织机构，积极发挥全体组织成员的积极性。

（五）彼得·德鲁克的观点

德鲁克认为：管理的一项任务是使员工有所成就；作为经理，第一项任务就是要造就一个真正的集体，这个集体的成效要大于其各个组成部分工作成效的总和……为了完成这项任务，经理必须充分、有效地发挥所有资源的力量，特别是发挥人力资源的力量……还要求经理能平衡和协调好企业的三项职能：管理好企业，管理好管理人员，管理好工人及其工作。[③]

德鲁克还把经理的工作确定为五项基本活动：制定目标、组织工作、沟通和调动工作人员的积极性、绩效测定和培训人才。作为一名经理，如果能在所有五个方面提高技巧和绩效，那么他就能使自己更加称职。[④]

三、管理者的人力资源管理的问题分析

尽管前人一再强调管理者需要承担企业人力资源管理职责，但管理者通常对人力资源管理理论认识不够，认为人力资源管理是人力资源部门的事情，由于人员数量不足或者技能不匹配造成的工作问题都是人力资源部门的责任。各级管理者往往忙于部门业务而忽视了对下属的开发与管理，仅在部门出现职位空缺时才追着人力资源部门要人。此外，管理者对企业人力资源管理的制度与流程漠不关心，经常不自觉地作出有悖于人力资源管理规定的事情，甚至出现用人部门抛开人力资源部门自行招聘或者辞退员工的情况，这就造成了用人部门与人力资源部门之间的矛盾，对组织人力资源管理工作的开展极为不利。

在实践中主要有以下三个方面的问题：

（1）管理职能错位。在企业中，员工招聘是人力资源部门的本职工作，但用人的却是企业的各个部门，这就造成了"招人的不用人，用人的不招人"这种管理错位现象。这种管理错位源于企业内部的专业化分工，当人力资源部门对其他部门的业务不够了解，并且双方缺少密切沟通时，势必会影响人员招聘的效率及人员

① 明茨伯格.经理工作的性质.北京：中国社会科学出版社，1986：23.
② 雷恩.管理思想史：第5版.北京：中国人民大学出版社，2009：355.
③ 德鲁克.管理：任务、责任和实践：第一部.北京：华夏出版社，2008.
④ 德鲁克.管理的实践：珍藏版.北京：机械工业出版社，2009.

使用的效率，从而引起并激化人力资源部门与用人部门之间的矛盾。

（2）职责分工不清。许多企业未明确人力资源部门与非人力资源部门在人力资源管理上的职责划分，在二者的职责界定上存在交叉或者断裂，或者企业根本就没有在相关规定中确定非人力资源部门的经理对于企业人力资源管理的协助责任。这种职责不清的状况容易导致用人部门对人力资源部门过分依赖，加重了人力资源部门的责任，用人部门则对员工只用不管，没有承担起相应职责。

（3）管理者的人力资源管理技能欠佳。作为部门领导，管理者需要了解企业有关招聘选拔、培训开发、绩效改进和薪酬激励等人力资源管理模块的相应制度与流程规定，同时熟悉人才选、育、用、留、出的各项技术和方法。但现实中，管理者更多地关注本部门的业务与工作流程，而缺乏必要的人力资源管理知识和技能，管理者无法甄选出相关职位最合适的候选人，缺少激发员工积极工作的相应技巧，也不能深入了解员工的成长与发展需求，更无法创造部门内部的良好团队氛围。这使得企业的人力资源管理体系在管理中层出现了脱节，企业人力资源管理政策与目标无法有效向下传达和落实，员工的成长与发展诉求得不到管理者的支持。

所以说，目前管理者从事人力资源管理工作还是一种不太成熟的管理模式，需要经历相当长的一段时间，才能使人力资源管理工作成为每一位管理者的职责。在此之前，需要管理者首先转变意识，将人力资源管理工作视为自身工作的重要组成部分。

第 2 节　管理者的人力资源管理职责

一、管理者的人力资源管理职责回顾

（一）加里·德斯勒的观点

对于"为什么人力资源管理对于管理者如此重要"这一问题，加里·德斯勒的回答是，当管理者掌握了人力资源管理的概念和技术之后，可以帮助管理者避免以下错误：

- 雇用一个不恰当的人来从事工作；
- 出现高流动率；
- 属下员工工作不尽力；
- 在无效的面谈上浪费时间；
- 由于自己的歧视行为而使公司被诉诸法庭；
- 由于不安全的工作环境而使公司遭受法律的制裁；
- 属下员工感觉他们自己所得到的薪资与组织中的其他人相比是不公平或不公正的；
- 由于对员工缺乏培训而使本部门的效率受损；
- 触犯法律所禁止的不公正的劳资关系行为。

在描述管理者的人力资源职责时，德斯勒将管理者分为直线管理者（line managers）和职能管理者（staff managers）。直线管理者被授权指挥下属的工作——他们通常是某些人的上司，负责实现组织的基本目标。职能管理者则被授权以协助和建议的方式支持直线管理人员去实现这些基本目标。人力资源管理者是职能管理者，他们负责就招募、雇佣、报酬等方面的问题向直线管理者提出建议。负责生产和销售的管理人员是直线管理者，他们对于实现组织的基本目标负有直接的责任，并且有权指挥下属人员的工作。

在一家大公司中，直线管理者在以下人力资源管理方面负有责任：

（1）把合适的人配置到适当的工作岗位上；

（2）引导新员工进入组织（熟悉环境）；

（3）培训新员工适应新的工作岗位；

（4）提高每位新员工的工作绩效；

（5）争取实现创造性的合作并建立和谐的工作关系；

（6）解释公司政策和工作程序；

（7）控制劳动力成本；

（8）开发每位员工的工作技能；

（9）创造并维持部门内员工的士气；

（10）保证员工的健康以及改善工作的物质环境。

在小型组织中，直线管理者可以在不需要别人帮助的情况下，承担以上人力资源管理职责。但是，当组织成长起来之后，这些直线管理者就需要独立的人力资源管理参谋人员运用他们所掌握的专业知识来提供建议和帮助。

人力资源管理部门负责向直线管理部门提供专业的帮助，在工作过程中，人力资源管理者执行三种不同的功能：

（1）直线功能。在人力资源部门以及服务场所（比如工厂的餐厅），以直接指挥别人活动的形式执行直线管理职能。

（2）协调功能。此时人力资源主管以及人力资源部门负责确保既定的人力资源目标、政策以及程序确实被直线管理者认真、连续地加以执行。

（3）职能（服务）功能。这是人力资源管理者最基本的工作内容。例如，在雇佣、培训、评价、建议、晋升和解雇等方面提供帮助。

针对"直线管理者和职能管理者各自要完成哪些人力资源管理活动"这一问题，德斯勒认为并不存在通用的划分方法，但他依然给出了直线管理者和职能管理者在以下五个领域的人力资源管理职责的划分：招募与甄选、培训与开发、工资薪酬、员工关系、员工保障与工作安全（见表 12-1）。[①]

表 12-1　某些人力资源管理职责在直线管理者和职能管理者之间的划分

	部门主管人员（直线管理者）的活动	人力资源管理人员（职能管理者）的活动
招募与甄选	● 列出特定岗位的职责要求，以便协助进行工作分析 ● 向人力资源管理人员解释对未来员工的要求以及所要雇用的人员类型 ● 描述工作对员工胜任力的要求，以便人力资源管理人员能够设计出适当的甄选和测试方案 ● 同候选人进行面谈，作出最后的甄选决策	● 在部门主管人员所提供资料的基础上编写工作描述和工作说明书 ● 制订员工晋升人事计划 ● 开发潜在的合格求职者的来源并开展招募活动，力争为组织聚集一批高质量的求职者 ● 对候选人进行初步面试、筛选，然后将可用者推荐给部门主管人员
培训与开发	● 根据企业和工作的具体情况，将员工安排到不同的工作岗位上，并对新员工进行指导和培训 ● 对人力资源开发活动进行评价并向人力资源管理人员提出建议 ● 领导建立有效的工作小组，并进行适当的授权 ● 运用企业规定的评价形式对员工的工作绩效进行评价 ● 对下属的职业进步情况进行评估，然后就个人职业发展的可能性向他们提出建议	● 拟定培训文件，制订培训计划，准备培训用材料 ● 根据企业首席执行官所阐述的企业未来发展需求，为其提供管理人员开发方面的建议 ● 为制订和推行质量改善计划以及团队建设计划提供信息 ● 开发工作绩效评估工具并保存评价记录 ● 制订职业发展计划和晋升制度，其中包括按既定程序晋升的制度、职业发展咨询手段以及员工职业进步与追踪记录制度等

---

① 德斯勒.人力资源管理：第 6 版.北京：中国人民大学出版社，1999：4-9.

续表

	部门主管人员（直线管理者）的活动	人力资源管理人员（职能管理者）的活动
工资薪酬	● 向人力资源管理人员提供每项工作的性质和相对价值方面的信息，帮助他们确定工资水平 ● 评价员工的工作绩效，以便人力资源管理部门根据员工的工作绩效适当地调整他们的薪酬 ● 根据奖励的性质决定支付给员工的奖金数量 ● 制订企业福利计划和由企业提供的服务项目的总体方案	● 执行工作评价程序，以确定每一种工作在企业中的相对价值 ● 进行薪酬调查，以审查企业是否对与其他企业员工处于相似职位上的员工支付了相近的工资 ● 就奖励以及各种备选奖金分配方案和工资支付计划等向直线管理者提供建议 ● 在同直线管理者协商的基础上，制订包括健康保健和养老金在内的企业福利和服务项目的详细计划 ● 监督企业所缴纳的失业税税率的变化以及员工的薪酬绩效，就减少与这两个方面有关的成本的步骤向直线管理者提出建议
员工关系	● 根据维护健康的劳资关系的需要，建立一种互相尊重、互相信任的日常工作环境 ● 遵守劳资协议中各项条款的规定 ● 确保企业的不满申诉程序按照劳资协议所规定的方式发挥作用，并且确保在经过调查之后对员工的申诉加以妥善解决 ● 在就集体合同进行集体谈判时，与人力资源管理人员一起工作	● 密切注意那些有可能导致工会化倾向的情绪和问题，对可能导致劳动者不满的问题的根本原因进行研究和诊断 ● 为准备进行劳动合同谈判而展开调查，在调查中尤其要注意以下情况：企业如满足工会所提出的要求将付出多大的成本，工会所提出的各种要求在社会上有多大的普遍性，相关企业是怎么做的 ● 培训直线管理者如何解释劳动合同条款以及如何在工会发起组织活动时避免落入法律陷阱 ● 就如何处理员工的申诉对管理人员进行培训，协助有关各方就申诉事件达成协议 ● 同工会干部保持联系
员工保障与工作安全	● 使员工和管理者之间的信息沟通渠道保持畅通，以便员工能够随时了解企业的重大问题，可以通过各种渠道表达他们对企业问题的关注，及时同企业的命令指挥系统保持联系 ● 确保员工在纪律处罚、解雇以及工作保障方面得到公平待遇 ● 经常性地指导员工形成良好的安全工作习惯 ● 对员工的安全生产行为给予肯定和奖励 ● 及时准确地完成事故报告 ● 为了给各部门（包括人力资源部门）提供指导，就所要雇用的员工类型和数量以及各类报酬计划的适用性问题制订长期的战略性计划	● 向直线管理者提出建议，告诉他们哪些技术有利于促进和鼓励自下而上以及自上而下的信息沟通 ● 制定确保公平待遇的程序性规定并训练直线管理者运用它们 ● 对工作进行分析以制定安全操作规程，并就如何设计机器保护装置一类的安全保护设备提供意见 ● 及时调查发生的事故，分析事故原因，为事故防范提供建议，以及向职业安全与健康管理委员会提交某种形式的报告 ● 研究与员工薪酬有关的法律规定，同保险机构接触，在必要的时候同律师接触，以处理员工的工伤事件

（二）劳伦斯·克雷曼的观点

对于"谁负责人力资源管理实践"这一问题，劳伦斯·克雷曼的回答是，并非只由人力资源部门承担公司人力资源管理实践的责任。这一责任由人力资源专业人员和一线经理共同承担。错误地认为只有人力资源专业人员承担这个领域的责任，可能会导致严重的问题。一线经理在人力资源管理实践中所发挥的作用会因组织的规模不同而有所区别，在大型公司中会有一个相当规模的人力资源部；但在没有人力资源部门的小型公司中，一线经理必须在有效的人力资源管理实践中发挥更大的作用。

克雷曼也通过列举的方式对人力资源专业人员和一线经理的作用进行了区分。

人力资源专业人员一般承担以下四个方面的责任：建立人力资源管理的程序；开发/选择人力资源管理方法；监控/评价人力资源管理实践；在涉及人力资源管理的事务上劝告/协助经理。

一线经理指导员工的日常工作。从人力资源管理的角度看，一线经理是负责进行人力资源管理实践以及为人力资源专业人员开发有效实践而提供必要投入的主要人员。

（1）进行人力资源管理实践。经理们执行许多由人力资源专业人员设计的程序和方法。例如，一线经理可能会完成以下任务：对求职者进行面试；提供教练和在职培训；提供和传达工作绩效评估结果；建议提薪；执行惩戒程序；调查事故；解决投诉问题。

（2）为人力资源专业人员提供必要的投入。人力资源管理程序和方法的开发经常要求一线经理参与。例如，在做某项工作分析时，人力资源专业人员经常寻求来自经理的工作信息，并且要求经理评阅最后的书面结果。在人力资源专业人员确定某个组织的培训需求时，经理通常对需要哪种类型的培训以及谁需要培训提出建议。[①]

（三）彭剑锋的观点

中国人民大学教授彭剑锋认为，企业人力资源管理的主要责任主体分为高层管理者、直线管理人员、人力资源部门和公司员工四个层级，并详细介绍了各个层级主体的角色和职责担当（详见第 1 章第 2 节）。高层管理者与直线管理人员应承担的人力资源管理责任为：

（1）高层管理者的人力资源管理责任。主持或参与确立人力资源管理的理念并达成共识；主持或参与确定人力资源的发展战略与目标；主持或参与制定人力资源的政策与制度体系；主持或参与组织整体绩效目标与标准的确定；主持或参与绩效述职与绩效面谈，承担本部门或本系统的绩效责任；主持或参与组建各级领导管理团队及核心团队（人才的选拔、配置、使用、开发与激励）；对所属员工的成长和发展承担责任（培育、开发、约束、激励）；发现并推荐优秀人才；等等。

（2）直线管理人员的人力资源管理责任。参与人力资源管理理念与政策的确定；贯彻执行人力资源的理念与战略举措；依据部门业务发展提出部门用人计划；参与部门职位筹划与职位分析；制定本部门（团队）绩效目标与绩效计划，并对绩效的最终结果承担责任，主持本部门绩效考核面谈；当教练，辅导员工制订行动计划，对员工的绩效进行评估；与员工进行有效的沟通，对员工的行为进行指导、约束与激励；配合公司人力资源的各项举措提出本系统、本部门的解决方案；参与员工的招聘与人才选拔；营造良好的企业团队文化氛围；发现并推荐优秀人才。

二、管理者的人力资源管理职责与技能

管理者在组织中的位置决定了他们需要通过别人来完成工作，在达成目标的过程中，管理者要承担组织人力资源开发和管理职责，因而要具备一定的人力资源管理技能。

下面从人力资源管理的十个职能领域出发，对管理者需要承担的人力资源管理职责和应具备的人力资源管理技能进行详细的阐述（见表12-2）。其中，职责对应管理者应该做什么，技能对应管理者应知和应会的内容。

表 12-2　管理者的人力资源管理职责与技能

职能领域	职责	技能（应知、应会）
人力资源规划	● 根据公司战略发展要求，确定未来本部门人员在数量、结构和能力上应该达到的状态 ● 盘点部门人员的工作饱满度，在年龄、学历、专业、职称、任职资格等级等要素上的分布情况 ● 部门内的人员流动预测 ● 确定本部门人员在数量、结构和能力上存在的差距 ● 参与人力资源数量、结构与能力规划的讨论 ● 就本部门及各部门未来人才发展的状态提出建议 ● 参与制订并执行人员补充调配计划和胜任力提升计划 ● 对管理体制调整计划及退休解聘计划提出建议 ● 就这些计划的实施效果向高层进行反馈	● 人才的定义与人才分层分类标准，人力资源存量的静态描述（年龄结构、学历结构、专业结构等） ● 员工能力与员工心态分析 ● 基于战略的关键岗位分析，识别未来需求 ● 人员过剩及人员短缺问题的处理 ● 人才任职资格、胜任力模型及人才培养开发 ● 人才成长路径与培养速度分析

---

① 克雷曼. 人力资源管理：获取竞争优势的工具：第 2 版. 北京：机械工业出版社，2005：7-9.

续表

职能领域	职责	技能（应知、应会）
职位管理	● 提供本职工作和下属岗位工作的一些信息 ● 对工作分析的最终成果进行确认 ● 对工作分析的成果进行贯彻落实 ● 在公司的战略、组织、业务与管理发生变化时对工作说明书进行动态的修订	● 下属岗位的工作内容、工作要求等信息 ● 工作分析中收集信息的方法，如问卷法、观察法、访谈法等 ● 工作说明书的主要内容 ● 工作分析成果的应用
胜任力模型	● 协助选定标杆岗位 ● 区别绩优员工和一般员工 ● 协助确定绩效优秀的标准 ● 协助专家访谈 ● 确认胜任力模型或者任职资格体系成果 ● 协同人力资源部测评任职者的胜任力及任职资格等级 ● 根据测评结果对相应的人力资源决策（人力资源规划、聘用、晋升、加薪、培训等）提出建议 ● 根据形势变化，对胜任力模型或者任职资格体系进行调整	● 不同岗位对经验、能力、行为与工作成果的要求 ● 行为事件访谈的操作流程与要点 ● 胜任力测评的工具与方法，会运用评价中心的常用技术 ● 胜任力测评及任职资格评价的结果的应用
招募与甄选	● 根据部门内员工发展和流动情况，提前制订部门的人力资源计划 ● 根据部门的工作与人员匹配状况，提出并描述招聘需求 ● 根据岗位性质，对招聘渠道提出建议 ● 针对岗位要求，协同人力资源部开发面试流程与试题库 ● 面试求职者，并向理想的求职者推荐工作 ● 对员工的胜任力与能力进行科学的评价，提供员工的工作再配置建议	● 平等就业的法律法规 ● 空缺岗位的工作内容与任职资格要求 ● 不同岗位人员的招聘渠道和招聘周期，提前做好招聘规划 ● 应该向求职者提供哪些信息和提供信息的方式 ● 招聘的操作流程及要点 ● 人员测评的不同工具和技术 ● 履历分析的技巧 ● 面试的技巧与误区
绩效管理	● 从公司战略目标出发，参与开发本部门的工作目标，建立部门的绩效考核指标体系 ● 与下属沟通，共同确认下属在各个阶段的绩效目标、评价标准、行动计划等 ● 定期根据下属的业绩完成情况和外界环境变化，对其绩效目标进行动态调整 ● 追踪、记录下属的行为与业绩表现 ● 与下属沟通工作中存在的问题，为其提供资源支持，并指导员工获得良好的绩效 ● 定期向下属提供绩效反馈 ● 根据员工日常表现和目标完成情况，定期对员工的业绩和能力进行评价 ● 将绩效考核的结果反馈给员工，接受员工的绩效申诉 ● 定期召开绩效总结会议，对员工的业绩完成情况进行分析 ● 制定绩效改进措施，激励员工不断改进	● 目标管理 ● 绩效指标开发技术 ● 绩效辅导 ● 绩效评估工具 ● 绩效评估中容易出现的错误 ● 评估系统的合法性 ● 沟通与反馈的技巧 ● 如何进行绩效总结 ● 绩效考核结果在人力资源管理决策中的应用
薪酬管理	● 控制所在部门的薪酬总额 ● 参与职位评价 ● 与新员工协商起薪并向公司提出建议 ● 了解和掌握员工的期望和需求，为制订有效的员工激励计划提供依据 ● 参与制订员工薪酬计划 ● 根据员工的业绩和能力提出调薪建议 ● 了解员工的薪酬满意度和因薪酬问题引起的离职倾向 ● 协助处理员工离职时的薪酬争议	● 工资相关法律法规 ● 薪酬总额控制 ● 职位评价的技术 ● 职位评价结果的应用 ● 公司整体薪酬体系 ● 公司绩效激励方案

续表

职能领域	职责	技能（应知、应会）
培训与开发	● 评估并提出本部门的培训需求 ● 基于业务流程，对其他部门需要进行的培训提出建议 ● 参与本部门培训计划的制订 ● 对受训者、培训内容、培训教材和培训方式等提出建议 ● 合理安排任务和时间，确保员工有足够的时间和精力投入到培训中 ● 督促员工积极参与各项必要的培训 ● 新员工入职辅导与"企业化" ● 员工绩效辅导 ● 为员工将培训所得用于实践提供机会和支持 ● 追踪受训者在行为、态度、能力和业绩方面的改变，评估培训效果 ● 听取员工对相关培训的反馈，就下次培训如何改进提出建议 ● 与员工共同讨论未来职业发展规划 ● 为员工的职业发展提供指导，争取更多的资源和机会 ● 参与员工开发与继任计划等方案的设计与执行	● 培训需求分析模型 ● 岗位胜任力模型与任职资格要求 ● 工作分析与绩效分析 ● 培训技术 ● 如何营造将培训内容应用于实践的环境 ● 培训效果评估方法 ● 员工需求分析与职业生涯规划 ● 辅导下属的技巧
员工关系	● 营造相互尊重、相互信任的工作环境 ● 一贯遵守劳动合同中的各项约定 ● 基于公司规章制度，对员工进行公平奖惩 ● 确保员工的休息时间、劳动报酬、工作环境、安全与保障等落实到位 ● 与员工沟通公司相关规章制度，避免劳动争议的发生 ● 了解员工的心理状态，为员工提供支持与辅导 ● 创建员工参与管理的氛围 ● 避免不当的管理行为 ● 做好员工不端行为记录，为可能的劳动诉讼搜集证据 ● 确保员工申诉按照相关法规或者劳动合同执行，并在调查之后对员工的申诉进行妥善解决 ● 参与离职员工的面谈及辞退员工的沟通 ● 参与劳动争议谈判	● 劳动合同法 ● 关于养老保险、工伤保险、医疗保险和生育保险的政策规定 ● 公司相关管理规章制度 ● 沟通与辅导的技巧 ● 离职面谈的技巧 ● 谈判的技巧 ● 冲突管理的技巧
再配置与退出管理	● 进行员工离职情况分析 ● 针对人力资源规划情况制订再配置计划 ● 就员工流动与招聘情况建立退出机制 ● 制订有效的轮岗计划，尽可能找出员工的最佳匹配岗位 ● 建立对员工的重新评价机制 ● 建立人才流通机制 ● 建立动态人员调节机制 ● 加强青年骨干人才队伍建设，增加人才储备	● 优化人才选拔培养方案 ● 制定骨干员工成长与职业规划 ● 就绩效考核结果及时向员工进行反馈 ● 建立系统内及公司内部的招聘体系 ● 通过绩效考核、任职资格认定、员工与职位匹配度的调整变化，提高适岗率 ● 开展技术骨干人才轮岗交流，建立科学的考核及评价机制 ● 学习离职补偿的相关法律与文件

续表

职能领域	职责	技能（应知、应会）
知识与数字化管理系统	● 基于科学的数据收集方法，对各类数据进行分析，大规模深化数据挖掘 ● 根据数据分析的结果，进一步制定相关的决策 ● 树立科学地对待数据的态度，系统地掌握企业的信息流向 ● 实现知识管理的自运营，节省运营成本，提升运营效率 ● 促进知识快速传播和知识的价值转化，构建企业智能型知识地图，将知识价值最大化 ● 流程梳理重构 ● 实现知识个性化推荐 ● 建立员工行为库 ● 绘制个人学习画像	● 完善员工数据，实现人才发现 ● 实现数字化办公，实现企业流程的可观、可动、可测 ● 引导员工建立信息共享意识、工作流程数字化闭环意识 ● 公司相关规章制度 ● 实现员工知识的获取、收集、转化、共享

三、平衡管理者与人力资源部门之间的关系

虽然管理者和人力资源部门都对企业的人力资源管理负有责任，但是很少有企业将二者的责任进行明确的区分，事实上即使有区分也是徒劳。在实践中，管理者和人力资源工作者在作出人力资源决策时，对于谁有权或者谁有责任作出决策等问题会存在一些冲突，而这种冲突在很多时候都是功能失调的，对企业不利。所以，在管理者与人力资源部门之间实现平衡就显得非常重要。

首先，管理者是企业人力资源管理制度的建议者和执行者。在制定人力资源管理制度时，应充分征求管理者的意见。制度出台后，管理者应对部门员工进行讲解，并不折不扣地执行。其次，人力资源部门应与管理者进行经常性的沟通，及时得到他们的意见与反馈。对管理者反映的问题要及时解决，不能及时解决的要给出一个合理的解释或解决期限。最后，人力资源部门和直线经理都应该承担起自己的责任，不推诿、不扯皮，建立一种互相理解、互相信任的合作关系。

除此之外，平衡二者之间的关系对管理者提出了更高的要求。管理者需要熟悉现代企业人力资源管理的理念与体系框架，企业也应该提供相应的培训，主要内容包括：如何构建和有效运行人力资源规划体系；如何构建和有效运行岗位管理体系；如何构建和有效运行绩效考核体系；如何构建和有效运行薪酬管理体系；如何构建和有效运行培训体系；如何构建和有效运行员工职业发展体系；等等。

管理者还需要深入了解本企业人力资源管理的各项政策和制度，以确保人力资源管理活动在企业政策的框架内进行。

第3节　管理者的人力资源管理实践

在管理者的人力资源管理实践中，任务目标绩效与人才发展绩效是绩效考核最基本的两个组成部分。

在人才发展绩效的考核过程中，不仅要让员工知道做什么，而且要有助于员工知道怎么做（实施）。这一过程就是让员工"干中学"，如果不能把绩效管理看作人才发展的机制，仅仅看成对结果的威逼利诱，可能无法在企业中形成团队文化，这就涉及团队建设。团队建设包括为了实现团队绩效及产出最大化而进行的一系

列结构设计及人员激励等团队优化行为，在该过程中，参与者和推进者会增进信任、坦诚相对，愿意探索影响工作小组发挥出色作用的核心问题。

任务目标绩效的考核是相对一个人所承担的工作而言的，即依据员工的工作性质、完成工作的结果或履行职务的结果。在企业中，任务目标绩效具体表现为完成工作的数量、质量、成本费用以及为企业作出的其他贡献等。对任务目标绩效的考核通常会使用 PDCA 绩效管理循环作为工具。

一、PDCA 绩效管理循环

（一）PDCA 循环简介

PDCA 循环的研究起源于 20 世纪 20 年代，有"统计质量控制之父"之称的休哈特引入了"计划—执行—检查"（plan-do-see，PDS）的雏形，后来戴明将 PDS 进一步完善为"计划—执行—检查—处理"（plan-do-check-act，PDCA）这样一个质量持续改进模型。PDCA 循环又叫戴明环，其中，计划包括方针和目标的确定以及活动计划的制订；执行是指具体运作，实现计划中的内容；检查是指总结执行计划的结果，分清哪些对了，哪些错了，明确效果，找出问题；处理是指就检查的结果而言，对成功的经验加以肯定，并予以标准化，对于失败的教训也要总结，以免重犯。对于没有解决的问题，应提交给下一个 PDCA 循环去解决。

PDCA 循环有如下三个特点：

（1）大环带小环。如果把整个企业的工作作为一个大的循环，那么各个部门、小组还有各自小的循环，就像一个行星轮系一样，大环带动小环，一级带一级，有机地构成一个运转的体系。

（2）阶梯式上升。PDCA 循环不是在同一水平上循环，每循环一次，就解决一部分问题，取得一部分成果，工作就前进一步，水平就提高一步。到了下一次循环，又有了新的目标和内容，更上一层楼（见图 12-2）。

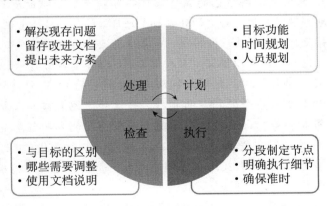

图 12-2　PDCA 循环过程

（3）科学管理方法的综合应用。PDCA 循环将以质量管理七种工具为主的统计处理方法以及工业工程中工作研究的方法，作为进行工作和发现、解决问题的工具。PDCA 循环的四个阶段又可细分为八个步骤，每个步骤的具体内容和所用的方法如表 12-3 所述。

表 12-3　PDCA 循环的步骤与方法

阶段	步骤	主要方法
P	1. 分析现状，找出问题	排列图、直方图、控制图
	2. 分析各种影响因素或原因	因果图
	3. 找出主要影响因素	鱼骨图分析法

续表

阶段	步骤	主要方法
P	4. 针对主要原因，制定措施计划	回答"5W2H"： 为什么制定该措施（why）？ 达到什么目标（what）？ 在何处执行（where）？ 由谁负责完成（who）？ 什么时间完成（when）？ 如何完成（how）？ 做到什么程度（how much）？
D	5. 执行、实施计划	目的-手段链
C	6. 检查计划执行结果	排列图、直方图、控制图
A	7. 总结成功经验，制定相应标准	制定或修改工作规程、检查规程及其他有关规章制度
	8. 把未解决或新出现的问题转入下一个 PDCA 循环	排列图、直方图、控制图

学习资料 12-1

海尔集团的 PDCA 管理法

海尔集团娴熟地采用 PDCA 管理法来实施销售任务的计划、组织和控制。每年年终，集团商流、各产品本部根据本年度的销售额完成情况，结合各产品的发展趋势及竞争对手分析等信息，制订下一年度的销售计划，然后将这一计划分解至全国 11 个销售事业部。销售事业部部长根据各工贸公司上年的完成情况、市场状况分析等信息，再将销售额计划分解至各工贸公司。工贸公司总经理将任务分解至各区域经理，由他们将任务下达至区域代表，区域代表将自己的销售额任务分解至所管辖的营销网络。同时，海尔还从时间维度上进行分解：年度计划分解至月度，月度计划分解至每日。这样，处于管理层的每位管理者都可以对下属每日的工作状况进行监督并及时纠偏，最终控制每一个具体网点。海尔集团在新产品开发、新品上市等所有方面都遵循 PDCA 管理方法。这种做法可以保证"人人都管事，事事有人管"，避免出现管理的真空。

PDCA 管理法应用于每日的事务管理，就形成了独具海尔特色的 OEC 日清体系。每个人均处于相应的岗位上，每一岗位均有不同的职责，并分配相应的指标，员工的激励直接与指标挂钩。指标又可分为主项指标、辅项指标以及临时任务指标等。每个人在当日晚上分析一天的各项任务完成情况，并找出差距原因及纠偏办法，以使今后的工作质量得到提高，由此构成了持续不断的改进过程。员工在做完当日总结后，对明日工作作出计划，然后将 OEC 日清表交给主管领导，由主管领导进行审核控制并对下属的当日工作进行评价和激励。

OEC 管理法的主要理念是"坚持两个原则，最大限度地对待两种人"，即坚持闭环原则，坚持优化原则，最大限度地关心员工的生活，最大限度地满足用户的需求。所谓闭环原则，指凡事要善始善终，都必须遵循 PDCA 循环，而且是螺旋上升。所谓优化原则，指根据木桶理论，找出薄弱项，及时整改，提高全系统的水平。在一个企业的运营过程中，必然存在着许多环节，只要找出制约企业经济效益提高的某一关键环节，把首要矛盾解决了，其他矛盾就可以迎刃而解。

张瑞敏说，海尔生产线每天要产出几万台家电产品，我们不能考虑出了问题如何处理，而要追求不出任何问题。OEC 管理法把质量互变规律作为基本思想，坚持日事日清，积沙成塔，使员工素养、企业素质与管理水平的提高寓于每日工作之中，通过日积月累的管理进步，使生产力诸要素的组合与运行达到合理优化的状态，不增加投入就可使现实生产力获得尽可能大的提高，从而令管理收到事半功倍的效果。

资料来源：https://wenku.baidu.com/view/36b19e2558fb770bf68a5505.html.

（二）PDCA 绩效管理循环与管理者的基本功

PDCA 循环是全面质量管理所应遵循的科学程序，但它同样适用于企业的绩效管理。绩效管理的过程从制订绩效计划开始到绩效改进结束，这本身就是一个 PDCA 循环。

1. PDCA 绩效管理循环

（1）制订绩效计划（P）。制订绩效计划的主要任务是由管理者与员工共同确定各个层级所要达到的绩效目标，以及衡量这些目标实现情况的标准。而这一切要有一个前提，那就是企业有清晰的战略和目标，这样管理者与下属才能基于企业的整体目标确定各个层级为实现这一目标所需作出的贡献。绩效计划的制订始于企业的最高层，他们依据企业的使命与战略提出公司级目标；然后最高层与部门主管一起将公司级目标分解到各个部门，形成部门级目标；部门主管再与下属主管和员工一起确定各个员工的目标。

在一些咨询公司为企业制订的绩效计划中，一般还会同时设置基本目标和挑战目标，基本目标是员工在正常的努力水平下可以实现的目标，员工完成基本目标就可以拿到基本的业绩奖励，完成挑战目标则相对较难，只有少数付出极大努力的员工能够做到，当然由此带来的奖励也更加丰厚。

制订绩效计划时，管理者必须与员工充分沟通，就其未来一段时间内应该履行的工作职责、各项任务的重要性等级和授权水平、关键绩效指标的衡量、可能遇到的障碍及解决的方法、需要提供的帮助等一系列问题进行交流，并达成共识。这一目标既不是人力资源部下达的任务，也不是直线经理的主观命令，而是基于员工的岗位，就公司对员工的绩效期望和员工个人的发展期望在管理者与员工之间达成的一致承诺。

管理者在为下属设定目标时需要注意遵循 SMART 原则。

（2）绩效沟通与辅导（D）。在绩效沟通与辅导阶段，管理者需要与下属经常沟通，对员工实现目标的过程进行辅导，与员工定期回顾进展，对员工的表现予以反馈，接受员工的询问与请求，并与员工一起分析现状与目标的差距，找到弥补差距、实现目标的具体措施。当出现严重影响目标实现的情况时，还需要管理者与下属通过协商修订当初设定的目标或标准。

绩效目标确定之后，管理者的主要任务就是与员工保持及时、有效的双向沟通，并对员工进行持续不断的绩效辅导，帮助员工提高工作能力，朝预期的方向前进。通过沟通，管理者可以帮助员工不断发现并及时解决工作中的问题，以便对员工完成目标的过程进行控制；能够适时地为员工提供必备的资源，帮助员工更加高效地工作；沟通也有利于员工表达对工作的想法，激发员工的创造性和主动性。持续沟通的另一个重要作用在于，当外部环境、公司经营或者员工个人在完成目标的过程中出现重大问题时，可以及时地调整绩效目标和标准，以减小员工的挫折感和工作压力，让员工始终保持工作激情。

管理者还需要对员工完成业绩的过程进行记录。记录员工绩效过程有利于在考核时做到"没有意外"。这里所称的没有意外，是指在考核反馈面谈时，管理者和员工对考核结果都不会感到意外，一切都在双方预料之中，所有被考核的内容都在沟通与辅导的过程中进行了认真细致的交流，并做了详细的记录，这使得绩效考核的结果更加公平、公正，更具说服力。此外，在进行绩效沟通时，管理者如果能够明确地阐述工作事项的具体信息，对于员工正确认识自己的绩效状态、深入理解绩效行为和认真做好绩效改进，都会有更加直接的帮助。

（3）绩效评估（C）。在目标任务结束时，管理者根据最初设定的目标及其标准对下属的工作进行总体评价，并将最终的评价结果反馈给下属，同时与下属一起就目标完成情况进行总结分析。如果没有完成目标，则与下属一起分析失败的原因；如果目标完成得超出预期，或者完成了当初看上去难以完成的目标，同样要分析成功的原因，并与整个团队分享成功经验。管理者只有通过这一反馈与分析的过程，才能实现下属与整个团队业绩的不断改进。管理者是绩效评估与反馈阶段的责任主体。在规定的绩效评估时间内，管理者应根据员工的业绩目标标准和目标完成情况，对员工的绩效进行公平、公正的评价，并确立员工的绩效等级。

（4）反馈与改进（A）。这是 PDCA 循环的关键，因为在此阶段要解决存在的问题，总结经验和吸取教训。该阶段的重点在于修订标准，包括技术标准和管理制度。没有标准化和制度化，就不可能使 PDCA 循环转动向前。将绩效考核结果反馈给员工也是管理者的主要任务，这要求管理者将员工的绩效评估结果通过绩效面谈和激励的形式反馈给员工。对已被证明的有成效的措施，要进行标准化，制定成工作标准，以便以后执行和推广。通过绩效反馈，管理者需要帮助员工更加清楚地认识自己的表现，并就员工在绩效方面存在的不足提出改进意见，与员工一起拟订相应的绩效改进计划、培训计划、晋升计划等，帮助员工合理地规划职业生涯，为进一步提升员工工作能力和业绩指明方向，确保员工在下一个绩效管理的 PDCA 循环中做得更好。

2. 管理者的基本功

人力资源管理体系是一个责、权、利、能四位一体的管理系统，管理者在绩效管理中应具备相应的技能。新奥集团从绩效管理的 PDCA 循环出发，将这些技能总结为管理者的 16 项基本功。

即时案例 12 - 1

新奥集团基于 PDCA 循环的管理者基本功

管理基本功是由新奥集团职业发展中心牵头，公司上下共同探索总结出的一套基础管理操作体系，其核心内容就是做好基础管理工作。新奥的管理基本功由 16 门课程构成，分别涵盖了管理 PDCA 四个阶段的 16 项内容（见图 12 - 3）。

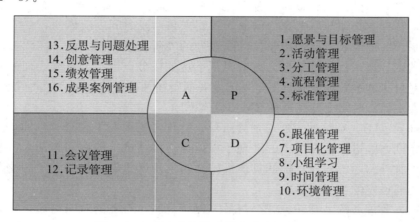

图 12 - 3 新奥集团管理基本功的 16 门课程

首先是 P 阶段的五项内容。"愿景与目标管理"是指在集团战略的大前提下，各企业和部门需要明确各自的分战略和努力的愿景，明确各阶段的工作目标。为了实现各阶段目标需要进行"活动管理"，活动一般分为例行活动和专项活动两种。例行活动是部门工作自主化的基础，专项活动则是例行工作之外的非周期性工作。"分工管理"则解决这些活动由谁来完成的问题。接下来，这些工作员工应该怎样做，做到什么程度，就需要"流程管理"和"标准管理"。

其次是 D 阶段的五项内容，即保证员工按照流程与标准完成各项活动，这就需要利用"小组学习"的方法，实现"从用人干工作到用工作育人"的转变。在各项工作实施过程中，保证工作效率和工作质量则需要"跟催管理""项目化管理""时间管理"。为了展现企业的良好形象，同时给员工提供良好的工作氛围，需要实施"环境管理"。

其次是 C 阶段的两项内容，即对工作进展的检查、沟通。工作过程中的决策讨论等需要采取会议形式，这就需要"会议管理"。执行过程中的工作成果等信息的收集记录需要"记录管理"。

最后是 A 阶段的四项内容，即对实施过程中发现的问题、反思中找出的问题、记录中分析出的问题要进行正确处置，这就需要"反思与问题处理"。为了使各项工作不断改进创新，需要"创意管理"。为了促进员工成长，保证企业的可持续发展，要求有规范的"绩效管理"。企业或部门要不断总结、积累与推广工作过程中的成果案例，需要"成果案例管理"。

在这 16 项管理基本功的实际推行过程中，新奥集团不断调整和完善课程体系，逐渐增加了团队建设、有效沟通、习惯管理、学习型组织等内容。

(三) PDCA 绩效管理循环中的沟通

绩效管理既是对绩效实现的结果进行管理，更是对绩效实现的过程进行管理，在这一过程中，沟通发挥着重要作用，并贯穿绩效管理的始终。从管理者与下属一起确定绩效目标开始，到目标实现过程中的绩效反馈与绩效差距分析，再到目标评价阶段的失败原因分析与成功经验分享，沟通无处不在。

在与下属进行沟通之前，管理者需要明白一点，那就是：沟通成功与否首先取决于下属对沟通信息的接受程度，这些信息是不是他们可以理解的，是否符合他们的价值观，以及是不是他们所期待的。基于此，管理者要想与下属进行有效沟通，就需要去了解下属，了解他们的工作现状、长处和短处、未发挥的潜力和极限以及他们的需要和希望，然后才能根据下属的期望与其进行交流。

信任也是下属接受管理者信息的一个原因。建立并维持与员工的相互信任，是一位成功的管理者所必须做到的。有许多方式可以建立信任，最直接明了的一种就是公平公正地对待下属，在下属完成目标后肯定其价值。此外，管理者应对下属表现出关心，做到言行一致，并对下属在企业中的发展表现出足够的重视。

选择合适的地点、合适的时间进行沟通尤为重要。在与下属进行沟通时，无论在何地，都要确保沟通环境适合交流，双方都有充足的时间，不会受到来自外界的干扰。如果沟通环境达不到以上条件，可以设法改变环境或者干脆先取消沟通安排。

沟通一定是双向的，所以管理者在沟通时不能只是说，还要倾听。管理者要鼓励下属说话，在倾听的过程中挖掘对方的想法以及感觉。在倾听时，管理者要注意表现出恰当而肯定的面部表情，通过自己的身体语言表明对下属谈话内容的兴趣。要经常性地点头，并辅以目光接触，避免出现看手表、翻报纸等隐含消极情绪的动作。在下属尚未说完之前，不要轻易打断，一定要鼓励他讲出问题所在。与下属核实你已掌握的信息，务必听清楚并准确理解员工反馈的所有信息。

除此之外，管理者在沟通中还需要注意两个关键事项：地位平等和信息对等。地位平等是指在沟通过程中，管理人员应该尊重员工，把员工当作该领域的专家，并注意倾听员工的看法。这样才能得到最全面的信息，沟通内容也才容易为员工接受。训斥、指责或者批评等沟通方式则是大忌。信息对等是指在沟通前，管理人员和员工对沟通事项要有清晰全面的了解，而且管理人员对员工个人以及其工作情况要非常熟悉，这样的沟通才会有效。

即时案例 12-2

新奥集团基于 PDCA 循环的绩效沟通

在新奥集团看来，绩效管理过程中的沟通可以改善及增进考核者与被考核者之间的关系，分析、揭示、确认被考核者的强项及弱点，帮助被考核者善用强项及改进弱点，明晰被考核者发展及培训的需要，反映被考核者现阶段的工作表现，为被考核者订立下阶段的目标，作为日后工作表现的标准。

在新奥集团，绩效管理 PDCA 各个阶段主要有以下沟通内容：

P 阶段的沟通。该阶段的沟通重点是目标与承诺，关键是让员工自我承诺，原则上要达成共识。沟通内容包括绩效目标本身、实施措施和实现目标所需的支持三个方面。

就目标制定进行沟通，防止了主管硬派任务、员工被动接受的情况，员工对工作目标作出承诺，对自己确定的目标的认可度就会大大提升。通过确定实施措施和实现目标所需的支持，可以让员工感受到主管的帮助，增强他对完成目标的信心。

D 阶段的沟通。该阶段的沟通重点是随时随地、随人随事的沟通和纠偏，关键是沟通要及时和有依据，其原则是"可以错在事上，不可错在心上"。沟通方式可以是例会、正式交流、非正式交流、例行检查、文件汇报等。沟通内容包括员工关键节点沟通、员工问题沟通和方法途径沟通。

● **员工关键节点沟通**：在决定目标完成的关键节点、关键路径上，主管需要适时进行监督和沟通，查看员工的进度和结果如何。

● 员工问题沟通：当下属在目标完成过程中出现问题、困难时，主管要帮助下属分析原因，解决困难和问题。

● 方法途径沟通：主管要对员工实现目标的手段进行监督，防止员工为达到目的不择手段，采取短视的甚至危害企业长远利益的行为。

新奥集团在这一阶段的沟通依据的是员工的表现，要求管理者做到及时、具体、真诚地表扬和提醒，并且要使用"表扬/提醒记录表"，随时记录相关的内容，为月底的综合评价和绩效面谈提供依据。

C阶段的沟通。该阶段的沟通重点是员工考核排序与绩效面谈，面谈的原则是以提问为主。沟通在主管对员工的绩效评估打分结束后进行。沟通内容包括三方面，一是本次评估结果说明，以及员工完成/未完成目标的原因分析；二是员工个人发展计划，只有得到个人发展的牵引，员工才有意愿持续改进工作；三是个性化问题，这方面主要体现为领导关心下属，并能够及时提供帮助或解决问题，最后形成工作改进计划。

A阶段的沟通。该阶段的沟通重点是改进计划的落实，关键是注重未来，原则是保证每天进步一点点。沟通方式为例会、正式/非正式交流、例行检查、文件汇报等，沟通时间贯穿目标完成的全过程。沟通内容侧重于员工的绩效改进情况。

对反馈面谈中员工自身欠缺的因素，或者不适当的目标完成方式，主管在绩效改进过程中要跟进监督，看看员工是否采取了措施予以纠正并创造性地提高。在一定的时间节点，对员工改进的情况进行评估，让员工看到自己存在的差距和不足。

二、团队建设

管理就是搭班子、定战略、带队伍。带队伍，就是从企业的文化、管理模式、激励方式等方面着手解决企业中基层团队的问题，解决企业战略落地、确保企业执行力的问题。管理者带队伍要做好三件事：一是充分调动员工积极性；二是提高员工的能力；三是使员工队伍有序、协调、效率高。从人力资源管理的角度来讲，带队伍就是建设高绩效的团队。

（一）高绩效团队的特征

（1）共同的愿景目标。高绩效的团队拥有一个大家公认的有意义的目标，它能够为团队成员指引前进的方向，并让团队成员作出承诺，积极为实现这一目标而努力，成员之间也因为有着共同的愿景而具有强烈的认同感、归属感和凝聚力。成功的团队还会把共同的目标分解为具体的、可以测量的和现实可行的绩效目标，这样就可以将团队的精力集中于如何取得成果上。

（2）优秀的团队领导。俗话说，"火车跑得快，全靠车头带"，团队成功的关键在于有优秀的领导者。该领导者一般具有高尚的品德、超强的能力或个人魅力，并因为不断带领大家成功而赢得所有人的信任。拥有良好品格的领导者可以提升员工的忠诚感与归属感，他在思想、能力或业绩上超越下属，让下属心服口服从而避免内讧或者内耗，让下属安心地工作。另外，优秀的领导者不是只依靠组织的正式职权，更要靠个人严于律己、率先垂范等人格魅力来影响下属。

（3）互补的成员类型。在高绩效的团队中，团队成员之间的技能和性格是异质的、互补的，他们在知识背景、思想方式、看问题的角度以及处理问题的方式等方面都存在差异，这可以激起团队内部一定程度的冲突水平，有利于团队发挥创造性和增强学习动力，从而有利于团队绩效的提高。另外，因为成员之间具有互补性，所以不同的成员可以承担团队的不同角色，分工合作，各展所长，创造出整体之和大于各部分之和的协同效应。从技能的角度来看，高绩效的团队需要具有三种不同类型技能的成员：具有技术专长的成员，具有解决问题和决策技能的成员，以及具有善于倾听、解决冲突及其他人际技能的成员。

（4）基于团队的考核激励。高绩效的团队更注重合作而不是竞争，注重集体而不是个人，所以在高绩效的团队内部，无论是考核还是激励，都是基于团队这个整体来进行的，这有利于培养团队成员之间的合作精神，提高团队的凝聚力。在团队内部，由于成员之间技能与分工的不同，无法精确地衡量每个人对团队所作的贡献，因此任何针对个人进行考核或者奖励的尝试都会让团队成员感到不满，甚至会引起团队内部的竞争，这会打击团队成员的积极性，并阻碍团队获得更大的成功。

（5）良好的团队氛围。高绩效的团队信息沟通快，信息交流频繁，民主气氛浓；团队成员之间尊重和鼓励个体差异，关系融洽，相互信任，相互支持；对团队的归属感强、向心力强，愿意参加团队活动和承担更多的工作任务；承认团队的存在价值，积极维护团队的利益和荣誉，并有维护团队继续存在的强烈愿望。

（二）领导团队

1. 发展可信性[①]

管理者建立有效团队的首要挑战是要获得团队成员的尊敬和承诺，这意味着建立团队成员对自己的信任。以下五种行为对于管理者建立和维持团队成员的信任非常关键：

（1）表现正直。表现正直意味着下属相信管理者是值得信赖的，他会受到公平和公正的对待，并且不会因为对管理者的信任而受到损害。这要求管理者做到言行一致，并确保自己的言行符合下属的价值观。

（2）决策（沟通）保持清晰和一致。管理者需要清楚地表达自己的希望和目的，并对此保持一定程度的一贯性而非朝令夕改，这有利于下属对管理者建立信心并降低下属的不确定性，从而让下属认为管理者是值得信赖的。

（3）创造积极能量。乐观的管理者更容易获得下属的赞同和承诺，当管理者能创造积极能量时，就会对团队成员有更高的可信性和影响力。创造积极能量要求管理者保持乐观，称赞员工、对员工的成功表示祝贺，以及承认他们的成绩。

（4）鼓励和指导。鼓励下属不仅意味着赞扬和支持性的话语，还包括指导和协助；既有积极强化的评论，也有帮助性的建议。

（5）分享信息。分享信息有利于管理者与下属之间相互理解。管理者可以通过经常询问问题和检查员工的工作来了解员工，还可通过分享从团队外部获得的信息、使所有人拥有相同的信息来让员工理解自己的行动。

2. 满足下属工作和情感的需要[②]

有效的团队必须能够保持团队成员的满意度并完成工作任务，这就要求管理者必须同时表现出以工作为本的行为和以人为本的行为。前者关注任务和生产，与高生产率有关；后者强调关心下属，与较高的员工满意度有关。表 12 - 4 列出了这两种类型的团队领导行为。

表 12 - 4　两种类型的团队领导行为

工作行为	情感行为
● 提出解决问题的方法和创造新思想 ● 评估完成任务的办法的有效性 ● 对别人的建议提供反馈 ● 查询有关任务的信息、责任和建议 ● 概括与手头问题有关的想法和依据 ● 激发他人的活力并激励团队采取行动	● 鼓励他人的贡献，并通过热情和肯定来吸取他人的想法 ● 排除队员之间的冲突，减少压力并帮助解决分歧 ● 赞成并支持他人，关心其需要和情感 ● 保持行为标准，提醒他人遵循事先确定的规范和标准 ● 寻求他人的理解

---

① 威坦，卡梅伦. 管理技能开发：第 5 版. 北京：清华大学出版社，2004：484 - 487.
② 林志颂，德特. 领导学：亚洲版. 北京：中国人民大学出版社，2007：353 - 354.

3. 提供反馈

提供积极的反馈或者给予赞扬是非常容易的，但帮助他人纠正负面行为比较困难。很多管理者因为害怕得罪人、与下属关系紧张等而不愿意提供负面反馈，以下原则可能会帮助管理者更好地向下属提供反馈。[①]

（1）反馈针对行为，而非针对个人。行为是容易改变的，但一些人格特征很难改变。管理者指出"你最近经常迟到"要比"你这个人缺乏责任心"更有效。

（2）反馈基于观察，而非推断。管理者提供的反馈是基于描述的事实和客观证据，而不是基于推断。"你本期的绩效考核结果比上期降了一个等级"要比"你最近是不是没有用心工作"更可信和易于接受。

（3）反馈要对接受者有价值，而非宣泄自己的情绪。管理者的反馈可以明确指出下属的不足之处，并提供一些建议，但绝不是冲下属发脾气或者责骂下属。

对于管理者如何更好地向下属提供反馈，佩珀代因大学商学院的查尔斯·克恩斯（Charles D. Kerns）博士提出了 DISC 绩效反馈工具。它包括以下四个步骤[②]：

（1）描述（describe）。用清楚的语言来解释需要对方改善行为，要直截了当，不能含糊不清。

（2）影响（impacts）。清楚地陈述当前情况对反馈提供者、反馈接受者和整个组织或部门造成的影响。

（3）细化（specify）。阐明需要对方作出的改变。可以采用单向式沟通，也可以采用对话式沟通。

（4）后果（consequences）。解释变或不变的后果。如果不改变，描述的情况或者行为的负面影响一定会带来相应的结果。在这个讨论中，将正面和负面的结果与所讨论的影响联系起来。

采用 DISC 工具进行非正式的绩效反馈会对绩效产生很大的影响。它不仅解释清楚了具体情况及其影响，给出了纠正计划，还阐明了达到期望值或失败会带来的后果。

4. 管理冲突

（1）冲突的类型和来源。冲突是指团队成员之间知觉到的矛盾或者差异引起的一种对立状态。一般来讲，冲突是功能失调的，会造成团队成员之间关系紧张，这主要表现为人际关系冲突；但冲突也可能是有利的，它可以促进团队成员之间的讨论，从而激发创新，这主要表现为工作任务冲突。

冲突的产生有很多原因，最常见的冲突来源主要有个体差异、信息匮乏、角色矛盾和环境压力。其中，个体差异引起的冲突主要是团队成员在成长过程中受文化、家庭、教育和经历等的影响所形成的不同于他人的价值观和期望；信息匮乏引起的冲突是团队成员之间由于信息不对称所引起的曲解，以及采用不同信息得出的不同结论；角色矛盾引起的冲突是团队成员因处于不同的工作岗位而引起工作职责与目标之间的差异甚至对立；环境压力引起的冲突是因资源匮乏和环境的不确定性所引起的团队成员之间的争夺。

（2）冲突管理的策略。管理冲突并不意味着要消除冲突，只有那些功能失调的冲突才需要消除，有时管理者不得不采取一些手段使得团队内部的冲突保持在一定的水平上。

管理者解决冲突的策略：

● 解决问题。管理者组织冲突的双方进行会谈，找出冲突产生的原因和实质，通过坦诚的沟通来解决冲突。

● 转移目标。管理者可以通过为冲突双方树立一个共同的竞争者从而将其注意力转移；也可以提出一个更高一级的目标来减少双方的利益冲突。转移目标能够增加团队成员间合作的机会，有利于双方重新审视自己的需求并改变工作态度。

● 拓宽资源。当冲突是因为资源缺乏而引起时，管理者就需要通过为团队争取更多的资源来满足不同成员的需求，从而化解团队内的冲突。

● 回避。当管理者认为成员的冲突并不重要或者不足以影响工作成果时，管理者可以采取回避态度，置身事外，并将冲突留给下属自己解决。

● 缓和/折中。管理者可以通过寻找冲突双方的共同利益将双方的冲突缓解，并力求双方各退一步，冲突

① 威坦，卡梅伦. 管理技能开发：第5版. 北京：清华大学出版社，2004：494-495.
② Kerns C D. Assertive performance feedback. Graziadio Business Report，2007，11（3）.

虽然没有得到最终解决，却可以为管理者以后解决双方的主要分歧争取时间。

● 权威命令。当冲突双方无法通过协商解决冲突时，管理者还可以利用自己的"上级权威"来强制双方妥协。权威命令只是压制了冲突，但并没有真正地解决问题。

● 改变个人或结构因素。管理者可以通过调整岗位与任务分配、团队协作方式、团队成员等改变团队内部的利益关系与员工关系，从而化解冲突。

管理者激发冲突的策略：

● 运用信息。管理者可以通过提供对团队具有威胁性的信息，改变团队成员的漠然态度，促使他们对现状进行更积极的反思和评价，从而提高冲突水平。

● 引进外人。从团队外部引进具有不同文化背景、工作经历、价值观的成员，从而给团队带来多样性的观点以提高冲突水平。

● 任命吹毛求疵者。管理者可以在团队内部挑选并任命一个与其他成员唱反调的角色，以此激发团队进行更深入广泛的讨论，让团队更全面地看待问题。

● 重新构建团队。管理者可以通过工作安排提高成员工作中的相互依赖性，重新分配决策和指挥的权限，以及改变规章制度等。这些设计的变更会在不同程度上使团队的现有运行方式发生改变，从而引发团队的结构性冲突。

（三）创建学习型团队[①]

学习型团队是指其成员能够有意识、系统和持续地获取知识、改善行为、优化团队体系，从而使整体在变化的环境中保持良好生存状态和健康和谐发展的团队。[②] 在学习型团队中，终身学习、在工作中学习、团队学习等有关学习的价值观和方法将融入团队成员的意识，融入团队的日常工作和团队的运行机制。

1. 学习型团队的特征

（1）人性化。在学习型团队中，员工在工作中学习，在学习中工作。学习型团队不仅能够满足员工的物质需要，更能满足员工的自尊和自我实现的需要；学习型团队能给予员工很大的自主性，有利于下属的创造性得到发挥；在人际关系上，学习型团队注重平等、向上和积极进取。

（2）创新性。学习型团队的成员受共同的愿景目标激励，愿意通过各种学习方式去适应工作，思考工作，并最终以更快、更好的方式去完成工作。

（3）主动性。在学习型团队中，员工可以参与工作的各个方面，并将工作视为学习和成长的途径，因此员工对工作怀有极大的热情。

（4）激励性。学习型团队为成员创造持续不断学习的机会，建立支持和鼓励个人和团队学习的激励机制。

（5）高效。在学习型团队中，员工由"要我学"变为"我要学"，员工的学习积极性得到极大的提高，工作能力也相应增强，从而创造出更高的绩效。

（6）长远性。学习型团队注重终身学习以及员工对于外界环境的开放性，这有利于员工洞察外部环境的变化并未雨绸缪。

2. 创建学习型团队的原则

（1）充分沟通。在学习型团队中，出于日常团队学习和知识共享的需要，成员之间必须充分沟通以交流思想，并增强团队的凝聚力。

（2）知识共享。团队学习要求员工将个人的隐性知识、显性知识转化为团队知识，通过知识的收集、整理和共享让每个团队成员都能了解和掌握相关知识，从而实现内部知识的增值。

（3）鼓励创新。鼓励创新要求激活组织和团队环境，让创新机会、资源、人才等能够在团队内部自由流

---

① 刘永中，金才兵．如何创建学习型团队．广州：广东经济出版社，2004.
② 陈国权．团队学习和学习型团队：概念、能力模型、测量及对团队绩效的影响．管理学报，2007（5）.

通，鼓励成员创新并给予资助，并将创新成果在团队内分享。

（4）适应变化。学习的本质是改变自己来提高应对变化的能力，面对变化的唯一策略就是接受变化的现实，然后通过学习、思考和分析等不断探讨应对变化的新策略。

3. 创建学习型团队的任务

创建学习型团队并不是一朝一夕的事情，它需要整个团队尤其是管理者付出大量的努力，并完成许多非常规的任务，这些任务包括营造学习型团队氛围、建立团队的共同愿景、创建学习型团队的机制及工具等。

（1）营造学习型团队氛围。一般来讲，管理者需要致力于建设拥有以下氛围的学习型团队：团队学习欲望强，且鼓励学习、奖励学习；每个人都有学习的责任；团队成员之间彼此信任；鼓励创新、试验和承担风险；持有持续改善产品和服务的理念；成员不用担心犯错；成员有言论自由，有提出建议和意见的热情；员工具有灵活应变的能力，喜欢变革，不因循守旧；管理者努力改善员工的工作环境；管理者致力于发挥员工潜能，给员工很大的发挥空间。

（2）建立团队的共同愿景。成为学习型团队的第一步是建立所有成员共享的愿景，这一愿景鼓励所有成员不断突破自己的能力上限，以团队学习与合作的方式全力实现共同的抱负。

建立共同的愿景有三个步骤：

第一，鼓励员工发展个人愿景。共同的愿景是所有成员个人愿景的汇集，如果员工只是去附和别人的愿景，结果就只会是顺从，而不会发自内心地赞同。管理者应该鼓励并指导员工明确团队在某一时期或某个阶段的状况、希望达到的目标，以及自己在该阶段的个人目标。

第二，将个人愿景与共同愿景相统一。管理者与员工一起讨论所有人关于团队未来发展的个人愿景，统一形成团队的共同愿景。

第三，在共同愿景确定后，管理者应对员工的支持程度进行测试。管理者应了解每位成员对共同愿景的态度，对这个愿景是否认同，应该如何修正其态度以适应共同愿景等。通过测试了解员工对共同愿景的支持程度并适时进行修改和调整，最终确立一个能够得到整体认同的、可发挥员工凝聚力和创造力的共同愿景。

（3）创建学习型团队的机制。学习型团队的建立需要一系列的机制的保障，以便将对学习的激励、评估和反馈以制度的形式固定下来，这些机制包括学习激励机制、知识传播机制、信息反馈机制、学习评估机制和自主管理机制。

● 学习激励机制。管理者通过将激励手段用于鼓励员工学习来推动学习型组织的建立。激励方式可以包括表彰和荣誉、物质奖励、庆祝聚会以及其他非正式的奖励等。管理者需要记住的是激励机制一旦建立，就要坚持下去，不断地给予员工激励。

● 知识传播机制。管理者可以通过知识库、培训、工作指导、文件、报告、会议和内部刊物等促进知识的传播；管理者也可以通过人际交流、兴趣小组、业务活动和聚会等方式促进员工之间的知识交流。

● 信息反馈机制。信息反馈机制保证了团队中信息的双向流动，它既包括团队内部的信息反馈，也包括团队外部的信息反馈。内部反馈要求团队成员将对学习制度等的意见反映给管理者，而管理者对于团队成员意见、建议和要求等要予以回应；外部反馈要求管理者对外界提供信息反馈或者将外界的反馈传递给团队。

● 学习评估机制。对于管理者来说，不仅要组织团队成员学习，而且要对团队的学习效果进行评价。

● 自主管理机制。管理者通过发展团队的自我管理能力，让团队成员在自主管理的过程中形成共同愿景，不断学习新知识，不断进行创新，从而增强团队快速应变、创造未来的能力。自主管理机制的形成要经过控制型管理、授权型管理和自主型管理三个阶段。

（4）创建学习型团队的工具。管理者在建立一个优秀的学习型团队的过程中，除了指明方向、确定步骤外，还要用好相关工具。

● 团队会议。团队定期召开会议，让所有成员了解彼此的工作进展。团队成员在日常工作中收集信息，发现问题，从而确定会议的主题。

● 讨论。当团队需要解决问题和作出决策时，讨论是一种比较常用的沟通、学习方式。自主发言是讨论的主要形式。当讨论形成了重要的目标和成果时，管理者要确保这一成果能得到运用和推广。

● 深度汇谈。深度汇谈指针对一个复杂的问题，每个人说出心中的假设，并自由地交换各自的想法。深度汇谈的目的是让每一个人都深入、自由地表达个人的观点，通过成员间的交互，促进团队学习。

● 培训。培训的目的在于缩小员工在知识、技能和态度方面与目标要求的差距，因此管理者在制订培训计划时，必须有针对性地确定明确、具体的培训目标。

● 知识库。知识库通过将无序的知识有序化、隐性的知识显性化，促进了知识在团队内部的流通和共享。

● 标杆学习。标杆学习以团队为单位，研究团队确定的行业内外的最佳实践案例，通过与最佳实践对比，找出自己的差距，并在借鉴最佳实践成功模式的基础上探索本团队的成功之路。

● 实验。学习型团队鼓励尝试、不担心失败，所以鼓励成员提出新想法，并将想法付诸实施和加以检验，以推动团队学习和进步是创建学习型团队的重要部分。

● 在线学习。在线学习通过建立网络化的教育平台，形成了一个高度集成的资源库。由于汇集了大量的学习资源并对所有成员开放，在线学习非常有利于团队内部的知识共享，并为有学习动力却无法参与培训的成员提供了学习机会。

（四）数字化时代人力资源能力建设

在数字化、智能化时代，企业需要转变认知，确立新思维，从战略、运营、组织、人才、文化等各个层面进行系统转型变革，但这些变革归根结底是人的变革，应确立数字化人力资源管理思维，培育人力资源数字化生存能力，打造数字化人才生态系统。

在数字化时代，如果企业管理者不能确立数字化的管理思维，就会看不懂未来企业的数字化运营图，也看不懂未来企业的组织管理结构，读不懂数字化时代的人性与人的需求。因此，企业提高数字化转型与数字化生存能力，首先要在以下十个方面确立人力资源管理数字化新思维，以与企业的数字化战略与数字化业务增长相契合，从而为企业数字化转型与变革提供有力的人才支撑。

一是构建数字化的人性与需求思维。未来，人才特征与人的需求都可以通过数字化来精准表达、呈现与画像，人与组织、人与岗位、人与人的协同合作可实现个性化、精准化、敏捷化、动态化的匹配。

二是要确立数字化的人才供应链思维。整个企业的人力资源管理要跟企业的战略和业务对接。战略和业务都是数字化的，人力资源管理的人才供应链也要契合企业的数字化战略和业务发展需要，建立企业战略、业务数字化与人才数字化的连接与交付。

三是要具备数字化能力发展思维。从管理者的角度来看，要有数字化经营与管理意识、数字化人才能力发展地图、数字化知识体系与任职资格、数字化应用与工作技能、数字化沟通与协同能力、人才数字化信用价值与数字化伦理道德约束，人力资源管理要助力人才实现数字化转型与数字化能力发展。

四是要确立数字化领导力。在数字化时代，企业需要的是愿景与赋能型领导。比如，在韩都衣舍的组织结构图中，中层管理者基本消失，员工在组织内部做什么、做到什么样，不再靠领导来指挥、命令、控制，而是靠数据驱动的数字化领导，领导者的职能是愿景牵引与赋能。

五是要打造数字化的人力资源平台与基于大数据的人才决策体系。传统的人力资源管理职能或将消失，通过集成化数据平台，实现分布式精准人才配置，构建基于大数据的人才决策机制与系统。

六是人才价值创造过程与成果全部实现数字化衡量、数字化表达、数字化呈现。除少量创新性工作外，大量的工作是数字化驱动，人的价值创造过程及成果可以精确计算到每一流程节点、每一分钟，人才的协同合作价值可积分、可虚拟货币交易。

七是加强数字化工作任务与数字化人才团队建设。消费者需求数字化形成工作任务数字化，工作任务数字化形成人才数字化需求与组合，再形成数字化工作合作团队；工作任务管理成为人力资源管理的核心内容。

八是实现组织与人的关系的数字化。具体包括：人与岗位的数字化动态匹配，人与人沟通与协同的数字化，组织雇佣关系与合伙关系的数字化连接，半契约与非雇佣合作员工的工作任务数字化连接与交付。

　　九是构建数字化的工作场景体验与数字化的员工激励。比如企业的很多激励可能变成积分制，人的价值创造报酬可能变成一种基于人才区块链的内部虚拟货币与内部任务市场化价值的交换。

　　十是构建模块化、组合化、插件化的赋能型人力资源专业职能，随时依据工作任务的组合、团队灵活的组合，来提供能为人员赋能的专业化职责和服务。

三、员工培养与激励

（一）员工辅导

1. 管理者的责任

　　除企业的正式培训体系外，管理者还需要经常性地对下属进行辅导。管理者对下属的辅导有利于开发企业的人力资本，并将隐性知识在企业内部进行传递。辅导还是一种"留心"工程，即通过提高下属对企业的认可度和满意度来留住合适的人。管理者对下属的辅导内容包括岗位职责、工作计划、工作的重点或难点，以及如何提升工作技能、改善工作关系等，管理者还需要关心员工的情绪与心理状态。

　　辅导下属是管理者需要掌握的一种技能，管理者需要投入一定的时间和精力，创建适于辅导的和谐氛围，区别评估者与辅导者这两种角色之间的内在冲突，并避免常见的辅导错误。首先，管理者需要了解何时应进行辅导、何时不应进行辅导，以及在可能的情况下将辅导工作委派给更专业的人来进行；其次，管理者需要将辅导与绩效评估作为不同的流程分开进行，管理者可以通过绩效评估来确定需要改进的问题，但要让被辅导者放心，在辅导过程中与管理者就错误和缺点进行坦诚交流不会影响到绩效评估的结果；再次，管理者要设身处地为员工着想，关心他们的长期发展，兑现对他们的承诺，让员工在接受辅导的过程中感受到管理者的信任、责任；最后，管理者应避免在辅导中高谈阔论、情绪激昂、不认真倾听，在向下属提出高绩效标准时要确保下属已经做好了应对新挑战的心理准备。

　　好的辅导者应该是积极、热情、提供支持、值得信赖和尊重他人的，但管理者仅有辅导下属的意愿与热情是不够的，还必须经常辅导下属，把辅导员工看成是一项经常性的工作。辅导可以是一个因需求或机会而随时开展的过程，当下属是个新手或者接手了一项新任务时，当下属不清楚怎么向上级寻求帮助时，当下属面临工作障碍或者异常艰巨的任务时，当下属经常出错或遇到挫折时，当下属业绩不佳时，都需要管理者出面对下属进行辅导。辅导可以很正式，由管理者召开有组织的会议，双方一起检查工作的进度，讨论工作中的问题；辅导也可以很随意，管理者可以在休息或者就餐时间与员工探讨工作进展、提出建议或者关心员工的生活与心理状况等。

　　除了辅导员工的工作，管理者还需要辅助员工的职业发展。管理者需要经常与员工就企业的业务方向和市场情况等进行对话，让员工明白自己需要发展哪些技能；管理者还需要不断关怀员工的成长，与下属探讨其职业发展，让他们有明确的发展方向，同时为下属提供晋升和培训的机会；在日常工作中，管理者要给下属较大的工作自主权，让他们能在工作中发挥自己的聪明才智，从工作中获得成长机会和成就感；管理者还要注意为下属提供在不同岗位轮岗的机会，这不仅能保持下属对于工作的新鲜感，有利于下属在工作轮换中找到最适合自己的工作，最重要的是能为下属的未来发展积累更多的技能和资历，并为企业储备人才。

2. 辅导下属的四项技能[①]

　　（1）倾听能力。倾听是管理者与下属沟通的一个日常的不间断的行为，它有助于管理者理解他人，建立相互信任关系，并避免只凭直觉作出判断。管理者可以借助以下行为成为一个好的倾听者：

　　● 细心观察。管理者在倾听时要保持真诚和专注，并细心观察员工的表情、神态、语调、情绪等，以有效把握员工的真实想法。

---

　　① 温亚其. 教练型领导：管理者赢的智慧. 北京：商务印书馆，2006：113 - 154.

● 提出问题。当管理者认为所听到的信息不完整或者认为自己不确定是否获得了真实的信息时，可以通过提问帮助员工理清思路，并引导员工说出真实想法。

● 运用同理心。管理者在倾听时要多站在员工的角度去考虑问题，设身处地地分析员工的想法，尊重并接纳他们的建议。

● 适当回应。管理者在倾听时要给员工一些肢体或者语言回应，表明自己真正听到了员工的心声并认同他们的感受。

（2）提问能力。管理者可以通过提出问题了解员工的工作态度、工作进展、存在的困难及所需的支持，还可以通过提问去征求员工的建议。提问也是引发员工思考、提升下属能力的有效方式。

管理者在提出问题前，首先要明确自己提问的目的，然后有针对性地提出问题。管理者要避免在自己没有方向和目的不明时向员工发问。

管理者提问时，要注意多提开放性问题，而少提封闭性问题。比如，管理者可以问员工"这个阶段的工作存在哪些问题"，而不要问"这个阶段的工作是否存在困难"。在后一种情形下，员工可能会因为自我防御而直接回答"没有"。

管理者还要注意提问时不要有倾向性，而要去发现员工的真实态度。比如，管理者可以问"你认为我们的培训工作还需要做哪些改进"，而不要问"我们在培训中增加沟通技能培训怎么样"。

管理者要多提启发性问题，当问题能够引起下属思考时，就能实现帮助下属成长和改变行为的目标。比如，管理者可以问下属"如果我们选择了这个方案，会有什么利弊"。

当然，管理者不能让员工在没有准备的情况下回答问题，要给员工思考的时间。

（3）区分能力。区分一方面是指管理者通过考察下属在工作能力和态度上的差异将员工进行分类，并采取最恰当的辅导方式；另一方面是指管理者通过发问、回应、比喻等方式帮助下属区分不同的任务情景，以便下属作出正确的决策。

绩效考核、员工测评等都是对员工进行区分的主要方式。而帮助下属进行区分主要通过提问来实现，常见的问题有：环境发生了什么变化？这种工作方法是否仍然适用？我们需要作出什么样的调整？哪种策略最有效？等等。

（4）回应能力。管理者有时需要充当下属的镜子，把自己看到、听到、感受到和想到的以一种客观中立的态度反馈给下属，让下属更清楚地看到真相，从而引起他们的警觉和思考，从而作出有效改变。

管理者在回应下属时应注意以一种真诚和善意的态度提供支持性的回应。回应应目标明确且具体，不能泛泛而谈；不能只回应不足之处，对下属的优点也要给予表扬；回应要及时作出，并注意避免情绪性的回应，尤其不要在公共场合回应下属的缺点。

3. 营造适宜辅导的环境

管理者仅为下属提供辅导还不够，还必须考虑下属的接受程度，这就需要管理者营造一种适宜辅导的环境。这种环境包括三个要素：信任、对结果的责任、学习和改进的动力。

（1）信任。下属只有在信任管理者时才会遵从管理者的指导，而信任来源于以下方面[①]：

● 能力。管理者拥有帮助下属完成工作任务的技能和资源，下属才会信任管理者，并遵从管理者的建议。

● 真诚。管理者真诚地关注下属的利益和成功。管理者具有同情心，会设身处地地替下属着想，并且关心所有行动的影响以及所有决策的结果。

● 言行一致。下属对管理者的信任建立在不断检验的基础上，这就要求管理者始终履行自己的承诺，并做到言行一致。

● 坚定不移。下属希望管理者能始终与他们站在一起，激励他们、支持他们，为他们提供完成任务所需的一切。

---

① 本尼斯，戈德史密斯. 领导力实践：第 3 版. 北京：中国人民大学出版社，2008：4.

（2）对结果的责任。对下属的辅导如果没有明确的责任要求，下属的行为就很难发生改变。管理者在为下属制订辅导计划时必须将责任量化并予以明确，在辅导计划结束以后，管理者还需要对下属在辅导前后的行为与结果的变化进行评估。

（3）学习和改进的动力。除了让下属明白他们对结果的责任之外，管理者还需要为下属提供学习和改进的动力。这包括让下属明白掌握新技能或者改进绩效与获得晋升的联系，将下属的工作效率反映到工资单上，让下属了解不做改进可能面临的降职或者辞退风险，以及激励员工不断挑战更高目标以实现自我等。

（二）员工激励

激励不是控制，而是对人的需要的满足。管理者通过满足员工的需要来调动员工的积极性并引导员工的行为。员工的需要是多样的，包括生理需要、安全需要、关系与情感需要、尊重需要、权力需要、成长与自我实现需要等等。管理者只有不断满足员工的各种需要，才能激励员工表现出期望的态度和行为，并提升绩效。

1. 激励的原则

（1）激励要因人而异。不同员工的需求是不同的，所以管理者在激励员工时不能一概而论，而是要通过调查了解员工当前的真实需要，从而制定相应的激励措施。

（2）激励要适度。员工会因为需要而产生的紧张状态，更加努力地工作，所以管理者应让员工始终处于一种紧张状态，不能因过度激励导致员工丧失工作积极性。当然，管理者也不能激励太少，当员工发现管理者提供的激励不能满足他的需要时，就会失去工作的动力。

（3）激励要公平。管理者在处理与员工有关的问题时，一定要有一种公平意识，不掺杂任何个人感情和偏见，不表现出任何不公平的语言和行为。

（4）只激励正确的人和事。管理者在激励员工时也要注意区分，不能搞普惠制，而是要激励员工对企业作出实际贡献，以及强化企业所期望的员工态度与行为。

（5）激励要及时。激励是有时效性的，当员工表现出管理者期望的态度和行为时，管理者对他的激励越及时，员工越可能会再次表现出同样的态度和行为。

2. 激励的方式

激励可以从物质和精神两个层面进行。物质层面的激励主要是指薪酬激励，也是目前使用最普遍的一种激励模式。加薪、升职、培训、奖金、分红、股权及福利等都是薪酬激励。但现实中容易被人们忽视的是：薪酬激励也是通过精神激励实现的。因为高工资本身就是对员工能力的一种认可，它不仅仅是金钱，还代表了身份、地位，以及在公司中的工作绩效，甚至个人的发展前景等。所以说薪酬激励还隐含着成就的激励、地位的激励等，这些都是精神层面的激励。另外，在企业中资源毕竟是有限的，加薪升职的机会并不是每个人都能得到，此时对员工的精神激励就显得更加重要。下面简要介绍几种常见的精神激励方式。

（1）创建良好的工作氛围。良好的工作氛围是指部门内部打破了职能与职级的障碍，存在一种开放的沟通环境，管理者与下属之间以及员工之间保持相互依赖、相互关心、相互信任的工作关系。在这种氛围下，员工会因满足了归属和关系需要而认同所在的组织，并因彼此间的信任与合作而保持高涨的工作热情。良好工作氛围的创建对管理者提出了一些要求，包括为其管理的团队建立所有成员认同的价值观、清楚界定每个成员的工作职责和责任、在工作中表现出正直和一致性、倾听并与下属对话、保持乐观、奖励团队而非个人等。

（2）为员工提供参与决策的机会。参与决策能充分满足下属的自尊心、荣誉感，使其潜在能力得到充分发挥，满足下属自我实现的需要。参与决策意味着管理者在布置工作时要听取下属的意见，充分发挥下属的积极性，激发下属的工作热情。当员工发表自己的见解时，管理者不一定要赞同，但一定要认真对待，认为好的就告诉他们，认为不好的也应告诉他们并指明原因。下属对于通过参与决策制定的目标和政策更容易接受，并更愿意为之付出努力。参与决策还可以使管理者与员工的关系得到改善，加强彼此间的沟通与信任，使员工对管理者和整个工作具有较高的满意度。

（3）与员工共享信息。信息包括企业的信息、工作的信息以及员工业绩的信息。企业层面的信息是指企业在做什么，包括企业的愿景、目标和战略。管理者要经常与员工沟通，告诉他们企业在做什么，企业要往哪里去。与员工共享这些信息容易使员工产生对于企业的归属感和认同感，对自己的将来更有信心，有努力工作的动力。工作层面的信息是指需要员工做什么以及如何做，包括为员工提供清晰明确的工作目标，以及在完成目标的过程中所需的各种支持，管理者要在与员工共享这些信息的同时让员工感受到领导的关心。员工业绩的信息是指员工做得怎么样，管理者需要及时给予员工反馈，让员工了解自己工作的实际进展，认可和表扬员工做得好的地方，指出员工做得不好的地方并帮助其改进。

（4）认可员工。认可员工能在满足员工获得尊重的需要的同时，让员工感受到管理者的关怀，让员工体会到自己工作的价值。更重要的是，经常表现出认可行为的管理者更容易得到员工的信任，员工不必担心自己的成绩得不到肯定与回报。员工倾向于为这样的组织和管理者服务，并在工作中发挥出最大的潜能。管理者可以多种方式并随时随处认可员工，比如，管理者可以向员工表示祝贺、感谢，给予表扬，举荐员工晋升或获得某种荣誉等，还可以将员工树立为学习榜样，让员工公开宣讲工作成果等。

有效的管理者要善于使用物质激励和精神激励两种方式，以提高员工对管理者的满意度，激励员工发挥最大潜力，实现最佳业绩。

即时案例 12-3

王副总需要学习人力资源管理技能吗？

2020 年 3 月，新冠肺炎疫情下有序推进复工复产的号角已吹响。不仅政府大力支持复工复产，员工也想尽快投入到工作中去，更为重要的是，公司迫切需要开工以恢复元气。

A 公司是典型的销售型公司，面临的最大问题是：如何把商品销出去？公司王副总决定利用抖音和快手打通线上渠道，为产品打开销路。一开始，他看到网红直播带货销量高，倍感振奋，也找了网红主播来带货，效果却不理想：坑位费很高，商品销量倒是还不错，但价格压得很低，再除去主播佣金，整场活动的利润微乎其微。对此，A 公司总经理很生气，严厉地批评了王副总：外聘兼职的网红主播欠佳，管理不到位。

既然此路不通，王副总转而聚焦公司内部人才直播带货。一方面，他组织大家集体学习并研究网络直播带货的技巧，另一方面，他又筹建了多个简易直播间，发动公司人员每天坚持直播带货，每天晚上下班前对当天直播带货的情况进行总结，并对次日直播带货工作进行部署。事与愿违，效果依然欠佳。

王副总没有注意到公司员工的特点，对于 90 后、00 后员工仍然采用"呼来喝去"的管理方式，以为"高压力、高绩效、高回报"对员工有激励作用。他有时独断专行，听不进反对意见，也没有给予员工充分的参与空间。对于直播带货，进行直播的员工才是主角，忽略了他们的感受，忽视了他们的想法，怎么能取得好的效果？年轻的员工对网络直播更敏感，比公司中高层领导更擅长，在此情况下，王副总有点"外行领导内行"的味道。

此外，对于如何评价员工，王副总也犯了难。是进行结果导向的评价，还是兼顾工作过程中态度和价值观等方面的表现，抑或将员工潜力也纳入其中？对于如何激励员工，王副总也不知所措。销售提成激励是基础，但也要考虑其他激励方式，比如认可激励、行为激励、关爱激励、成长激励、忠诚激励等，该如何结合呢？王副总需要学习如何进行人力资源管理吗？

（三）员工授权

汤姆·彼得斯（Tom Peters）提出，卓越并非源于报告体制或者其他控制体制，而是源于做事情的人，管理者需要放弃许多控制，以此让员工真正拥有工作并感到对工作负有责任。[①] 所以，对于真正有能力的下

---

① Peters T. Formula for supervisory excellence. Supervisory management，30，February，1985：2-3.

属，管理者要敢于授权。授权有利于管理者从繁杂的日常事务中解脱出来，专注于更重要的战略性问题。管理者也可以通过授权对下属进行培养和评价，为企业选拔真正有能力的后备人才。

对下属授权，授予的不仅仅是权力，还有压力和责任。在授权过程中，管理者对下属授予职权，并分配相应的职责和任务，同时被授权者对授权人负有完成工作的责任。通过授权，管理者不断提升下属能力，让他们达到更高的绩效水平。

根据下属的能力、经验和知识水平，管理者对下属的授权包括四个层次：

（1）制约授权。对于刚进入企业缺乏工作经验的新员工，可采用制约授权方式。管理者交给他们最基本的事务性工作，同时对他们的行为进行监督检查，促使他们尽快熟悉工作流程和技能。

（2）弹性授权。当下属有了一定工作经验但技能尚欠缺时，管理者可以采取弹性授权的方式。管理者可以不定期地为下属安排一些具有挑战性的工作，并给予他们一定的工作支持。

（3）不充分授权。当下属具有很多经验和技能时，管理者就可以将非常重要的工作交给他，如接待重要客户、制订区域工作计划、参与企业重要决策等，这类员工通常是企业的骨干成员，管理者不再是这类下属的指导者，而是最坚强的支持者。

（4）充分授权。充分授权的适用对象通常是企业的核心员工，他们是企业重点培养的未来领导者。针对这类员工，管理者只需要把握工作的整体方向，剩下的都可以交给他们去做。

管理者要做到有效授权，就需要注意授权的计划性，不能想到事情就安排；管理者需要建立一个工作清单，按轻重缓急确定哪些事情需要授权，由谁做最合适；需要确定工作的目标和期限，以及定期检查机制；需要给予下属必需的支持；等等。

具体而言，在授权时，管理者要做到以下三点：

（1）明确授权要求。必须为下属制定明确无误的任务目标，说明授权范围和限度、任务截止日期和验收标准，以及管理者期望的成果，目标要尽可能量化、切实可行。在授权时让下属参与目标制定，自主决定完成任务的方式可以极大地调动下属的工作热情，其效果要远远好于管理者命令式的授权。

（2）组织有效配合。授权意味着权力结构的转变和组织资源的重新整合，因此授权时管理者必须给予下属相应的调用人、财、物、信息等的权力。在弄清楚完成这项任务的条件是什么，涉及哪些部门、人员的基础上，管理者需要协助下属协调相关部门、人员予以配合。

（3）传授工作秘诀。对管理者而言驾轻就熟的工作，对于下属来说可能存在许多障碍，这就需要管理者在授权时与下属分享经验，介绍完成任务时采用的方法、程序及关键环节等。

管理者还需要记住，授权并不是工作的结束。很多管理者在授权之后没有界定明确的绩效标准，缺少对下属的资源支持，使得员工在得到授权之后屡屡受挫，心灰意冷。在授权过程中，管理者需要注意展现出以下行为特征：清晰地交流；详细说明职权；鼓励员工参与；审查结果而不是过程；表明信任；寻求建议；分享赞誉，而不是指责；给予支持；坚持不懈；了解自己的下属；培养自己的下属。

相应地，被授权的员工需要做到以下几点：发挥主动性；与管理者联系；确保授权的现实性；确定和反馈成果；定期向管理者汇报；有效地执行被授权的任务；发展自己，使自己可以处理更多的相关任务。[1]

（四）绩效沟通

绩效沟通是绩效管理过程中耗时最长、最关键、最能促进工作开展并产生效果的环节。绩效沟通是绩效管理的核心，是指考核者与被考核者就绩效考核反映出的问题以及考核机制本身存在的问题展开实质性的沟通，并着力于寻求应对之策，服务于后一阶段企业与员工改善和提高绩效的一种管理方法。绩效沟通在整个人力资源管理中占据着相当重要的地位。持续的绩效沟通对企业的发展有非常重要的意义。总的来说，绩效沟通的内容包括六个方面：

---

① McConkey D D. No-nonsense delegation. New York：AMACOM，1974：90-100.

（1）阶段工作目标、任务完成情况。应对照绩效考核表、岗位说明书和工作计划，就每项工作的完成情况进行沟通，上级主管可以就岗位职责、各项指标的完成情况进行逐项讨论。这主要是对员工过去一个阶段的绩效考核结果交换看法，以寻求达成共识。沟通的目的和侧重点是管理者就绩效目标和工作标准与员工讨论后达成一致。在此期间管理者要当好辅导员和教练员的角色，指导和帮助下属制订好计划。

（2）完成工作过程中的优良表现。主要是挖掘下属工作中的闪光点，最好列出具体事例加以证明。这项沟通要求主管注意观察和发现员工在日常工作中表现出的优秀方面，及时给予表扬和奖励，以扩大正面行为带来的积极影响。要做到这一点，主管首先要切实发现员工身上的闪光点，如员工主动去做职责范围外的事情，工作结果超出标准或预期。但不要表扬一些不值得表扬的行为，如员工应该做到的事情。表扬一定要具体，表扬的内容要以事实为依据，态度要明确。

（3）指出需要改进的地方。应针对具体问题，明确指出员工工作过程中哪些地方做得不到位，哪些地方还可以提高。请员工分析存在问题的原因，描述下一步该如何改进，同时提出自己的建议。沟通的目的主要有两个：一个是员工汇报工作进展或就工作中遇到的障碍向主管求助，寻求帮助和解决办法；另一个是主管对员工的工作与目标计划之间出现的偏差及时纠正。员工在完成计划的过程中可能会遇到外部障碍、能力缺陷或其他意想不到的情况，影响计划顺利完成。员工在遇到这些情况的时候应当及时与主管进行沟通，主管则要与员工共同分析问题产生的原因。如果属于外部障碍，在可能的情况下主管要尽量帮助下属排除。如果是员工本身存在技能缺陷，主管应该提供技能上的帮助或辅导，助力员工达成绩效目标。

（4）描述公司领导或他人对下属工作的看法和意见。对正面的反馈，一定要及时告知员工具体的表扬人和内容，并向员工为部门争得荣誉表示感谢。对于负面的反馈，可以转述反馈的内容，根据不同情况（事实严重程度、员工个性特点等）确定是否需要说明反馈部门或人员。询问员工对反馈意见的看法，帮助制订改进措施，或和员工一起向有关部门解释原因，通报解决方案等。

（5）协助下属制订改进工作的计划。帮助下属制定改进措施和行动计划，对实施过程中遇到的问题或需要的支持提供指导和帮助。在这一阶段，主管与员工进行沟通主要是为了对员工在考核期内的工作进行合理、公正和全面的评价，同时，跟踪了解整改措施的落实情况，并提供相关支持。持续关注员工的绩效，便于前后对比，发现偏差，及时纠正。

（6）下一阶段绩效工作目标、计划的制定和确认。要点在于和员工一起讨论、确定工作目标，完成进度表，检查考核计划，让员工对需要完成的总体目标、阶段性目标、何时反馈等有明确的认识。这一阶段，主管着重就员工出现问题的原因与员工进行沟通分析，并共同确定下一阶段改进的重点。

（五）员工发展计划

员工发展是指通过各方的信息加上员工的自我评估，使员工能更清楚客观地认识自身的业绩水平和优缺点，以便在将来的工作中进一步完善。随着企业日益发展壮大，如何吸引和留住优秀员工已经成为企业人力资源管理所关注的焦点。要使企业的每一位员工保持对工作的兴趣和动力，人尽其才，实现自我价值，帮他们制订满意并有针对性的员工发展计划至关重要。实施员工发展管理的必要性可以归纳为以下几个方面：

（1）员工发展计划有助于激发员工的工作积极性和创造性。无论企业组织还是员工个人，如果没有目标就会缺乏动力。职业生涯设计的突出特点就是目标性。员工发展计划对员工个人职业活动中一系列可能的发展趋势作出设想和规划，指明途径和方法，提供帮助和支持，促使员工自觉地把企业的发展和个人的成功联系起来，为实现目标而不断提升能力水平，充分发挥自己的聪明才智，克服职业活动中的各种困难和挫折，始终朝着职业生涯设计的目标发展。职业生涯设计往往针对员工深层次的职业需要和自身特点量身定制，为员工的未来发展绘制了一幅独特的蓝图，其激励作用是强烈而持久的。

（2）员工发展计划有助于员工增强对工作的把握能力和控制能力。员工发展计划建立在员工个人的兴趣、资质和技能的基础上，它可以使员工了解自身的长处和短处，养成对环境和工作目标进行分析的习惯，又可以使员工合理计划、分配时间和精力去完成既定工作任务，提高业务技能。

（3）员工发展计划有助于员工处理好职业生活和非职业生活的关系。科学的职业生涯设计可以帮助员工从更高的角度看待工作中的各种问题和选择，在服务于职业目标的前提下，把职业生活和非职业生活中的各个要素联系起来综合考虑，正确地处理职业生活同个人追求、家庭目标等非职业生活的关系，使职业生活更加充实和富有成效，有利于职业目标的达成。

（4）员工发展计划有助于员工自我价值的实现和超越。按照马斯洛的需求层次理论，人的需要是多方面的。员工的最初目标可能仅仅是为了生存而找一份工作，实现自己的较低层次的需要，进而可能追求财富、地位和名望，而最高需要是自我发展和自我实现的需要。企业将员工个人发展纳入企业发展的轨道，让员工在服务企业、推动企业战略目标实现的同时，也能按照明确的职业发展目标，通过参加相应层次的培训，实现个人的发展，获取个人成就。员工发展管理通过对职业目标的多次提炼，可以使工作目标超越财富和地位，驱动员工追求更高层次的需求，追求自我价值的实现，追求事业的成就感。

【小结】

本章主要从作为非人力资源经理的管理者的角度介绍了管理者需要承担的人力资源管理职责和应具备的技能，以及管理者如何在企业的人力资源管理实践中进行绩效管理和人员管理。本章共有三节。

第1节提出了管理者应该承担起人力资源管理职责这一观点，并简要论述了管理者承担人力资源管理职责的重要意义。管理者身在一线，作为企业人力资源管理制度和政策的践行者，决定着公司人力资源管理努力的成败。

第2节从人力资源管理的十个职能领域出发，对管理者需要承担的人力资源管理职责和应具备的人力资源管理技能进行了详细的阐述，强调了平衡管理者与人力资源部门之间关系的重要性。

第3节详细论述了管理者如何在人力资源管理的职能领域之外参与企业的人力资源开发与管理，包括基于PDCA循环进行绩效管理、团队建设、员工培养与激励、绩效沟通以及员工发展计划。

【关键词】

管理者的人力资源管理　PDCA循环　管理者基本功　沟通　团队建设　学习型团队　员工辅导　员工激励　员工授权　绩效沟通　员工发展计划

【思考题】

1. 为什么说管理者需要承担人力资源管理职责？
2. 当前管理者在承担人力资源管理职责方面存在哪些问题？
3. 管理者需要承担哪些人力资源管理职责？这和人力资源管理从业人员有什么差异？
4. 管理者应当具备哪些人力资源管理技能？
5. 管理者如何通过PDCA循环提升下属的绩效？
6. 管理者如何创建高绩效团队？
7. 管理者培养与激励员工的方式有哪些？

案例分析

M公司陷入困境

M公司是一家位于天津的家具制造企业，公司的产品定位于中高端市场，主要出口欧美。公司成立十多年来一直盈利，但到了2008年，由于全球金融危机的影响，国外的订单开始大幅减少，公司的产能持续过剩，在公司考虑是否要裁员时，却发现工人开始主动辞职了。经过一番了解，公司发现由于订单减少，工人的加班时数开始减少，超产奖等奖金也在减少，再加上家具生产环境充满了噪声和异味，很多员工选择跳槽，尤其是一些年轻人，跳到了附近生产环境较好的电子厂。很快公司就发现，最大的困境已经由订单不足变成了人手不足。公司满编时约有 1 万人，但不到半年就剩下不到 7 000 人。这让人力资源部十分头疼，人力资源经理每天亲自带领部门员工到劳务市场招人，由于是在经济下行时期，招聘相对容易，但不久公司就发现留不住人。因为公司对产品质量要求非常严格，不允许任何不合格的产品出厂，而家具制造中有几道工序对经验、技术的要求都比较高，由于人员缺口太大，公司根本没有足够的时间培训新人，结果导致生产的产品品质不过关，多次返修。在这种情况下，新人的收入没有保障，人员根本留不住，人力资源部只好一茬又一茬招人。但很快老人也开始流失，因为产品多次返修，生产的材料成本大幅上升，车间的生产成本指标一直完不成，老员工的收入明显下降，再加上其他家具制造厂也因为人员流失问题开始到 M 公司挖人，老员工经不起其他工厂高薪的诱惑便开始跳槽。

到了 2009 年，经济开始回暖，公司的订单逐渐增加，但是由于人手不足，产品的交付无法得到保证，这时公司内部也不再和谐。生产部门指责营销部门拿回来的订单利润空间太小，工厂没有利润，工人领不到奖金，并埋怨人力资源部门招人时没有严格把关，新员工来了不到半个月就流失一半。人力资源部门也很委屈，公司效益好的时候，招人还有学历、工作经验等要求，但现在由于订单增加、人手不够等原因，基本上是个人都往厂里拉了，即便这样也满足不了生产需要，哪里还敢再对工人提什么要求，再说人力资源部只负责招人，能不能留住人更多的还是用人部门的事情，生产上不能提高效益，工人收入上不去，人力资源部再怎么努力招人也不行啊。营销部门则对于生产部门的指责展开反击，说他们管理不善，不懂得如何激励培养员工，等等。在众多部门各执一词的争吵声中，公司的效益一直在下滑。直到 2010 年，M 公司员工的流失率始终居高不下，产能目标一直完不成，亏损严重，各部门之间还在相互扯皮。

问题：

1. M 公司面临的主要人力资源管理问题是什么？
2. 谁应该对 M 公司的人员流失负责？
3. 应该如何让 M 公司摆脱困境？

【参考文献】

[1] 本尼斯，戈德史密斯. 领导力实践：第 3 版. 北京：中国人民大学出版社，2008.

[2] 陈国权. 团队学习和学习型团队：概念、能力模型、测量及对团队绩效的影响. 管理学报，2007（5）.

[3] 陈辉. 直线经理的 HRM 职能. 知识经济，2009（14）.

[4] 德鲁克. 管理：任务、责任和实践：第一部. 北京：华夏出版社，2008.

[5] 德鲁克. 管理的实践：珍藏版. 北京：机械工业出版社，2009.

[6] 德斯勒. 人力资源管理：第 6 版. 北京：中国人民大学出版社，1999.

[7] 克雷曼. 人力资源管理：获取竞争优势的工具：第 2 版. 北京：机械工业出版社，2005.

[8] 雷恩. 管理思想史：第 5 版. 北京：中国人民大学出版社，2009.

[9] 李沛丰. 非人力资源经理如何管好人力资源. 人力资源管理，2009（1）.

[10] 梁荣成. 中国式管理：从"中体西用"到"中魂西制". 企业管理，2018（8）.

[11] 梁荣成. 中国式管理的制度逻辑. 企业管理，2019（3）.

[12] 林志颂，德特. 领导学：亚洲版. 北京：中国人民大学出版社，2007.

[13] 刘永中，金才兵. 如何创建学习型团队. 广州：广东经济出版社，2004.

[14] 吕守升. 培训员工，经理有责. IT 经理世界，2000（24）.

[15] 骆小萍. 直线经理在绩效管理中的责任. 技术与市场，2009（7）.

[16] 明茨伯格. 经理工作的性质. 北京：中国社会科学出版社，1986.

[17] 彭剑锋，等. 认知革命：数字生存时代的管理. 上海：复旦大学出版社，2018.

[18] 彭剑锋，饶征. 基于能力的人力资源开发与管理. 北京：中国人民大学出版社，2003.

［19］彭剑锋．人力资源管理概论．上海：复旦大学出版社，2003.

［20］孙利虎．非人力资源经理的人力资源管理．太原大学学报，2009（37）.

［21］威坦，卡梅伦．管理技能开发：第5版．北京：清华大学出版社，2004.

［22］温亚其．教练型领导：管理者赢的智慧．北京：商务印书馆，2006.

［23］伊万切维奇，赵曙明，程德俊．人力资源管理：第11版．北京：机械工业出版社，2011.

［24］张小峰，吴婷婷．干部管理：八步法打造能打胜仗的干部队伍．北京：中国人民大学出版社，2020.

［25］赵林，解艳华．非人力资源部门的人力资源管理．企业研究，2005（12）.

［26］钟孟光．李锦记：员工认可柔性激励．管理@人，2005（6）.

［27］Bakke E W. The human resource function. New Haven, Conn.：Yale Labor-Management Center, 1958.

［28］Darja Holátová，Monika Bezinová. Management of human resource in small and medium-sized enterprises：case study//Entrepreneurship-Development Tendencies and Empirical Approach，2018.

［29］Fayol H，Gray I. General and Industrial Management. Institute of Electrical & Electronics Enginee, 1984.

［30］Kerns C D. Assertive performance feedback. Graziadio Business Report，2007，11（3）.

［31］Lshammari W S，Alhazaimeh A S，Alzoubi M O. The impact of human resources management practices as an entry point in crisis management. Journal of Asian Scientific Research，2020，10.

［32］McConkey D D. No-nonsense delegation. New York：AMACOM，1974：90－100.

［33］Rafiei N，Davari F．The role of human resources management on enhancing the teaching skills of faculty members. Materia Socio Medica，2015，27（1）.

第13章 ●●●● 知识管理

本章要点

通过本章内容的学习，应能回答如下问题：

- 人力资源管理与知识管理的关系是怎样的？
- 知识管理对企业的影响有哪些？
- 知识管理对人力资源管理的影响有哪些？
- 知识管理的定义是什么？有哪些类型？
- 知识管理在企业中的价值定位是什么？
- 如何构建基于人力资源效能的知识管理系统模型？
- 知识管理的主要职能有哪些？组织知识创新的途径有哪些？
- 知识管理的影响因素有哪些？其在企业中的核心问题是什么？
- 实现知识管理的人力资源管理实践有哪些？

引导案例

短视频产业让隐性知识显性化

从口耳相传到文字书籍，从广播电视到移动互联网，知识的内涵与传承方式在不断演变。短视频的兴起，在拓展知识边界的同时，也让"知识普惠"的愿景逐渐接近现实。2019年1月8日，清华大学新闻与传播学院、中国科学报社与字节跳动联合发布《知识的普惠——短视频与知识传播研究报告》（简称《短视频与知识传播研究报告》），共同探讨短视频在助推知识普惠过程中发挥的作用和价值，探寻以新平台、新方式助力提升全民科学素质的新路径。

《短视频与知识传播研究报告》指出，短视频使日常生活知识化，使隐性知识显性化，拓展了知识的边界，给知识本身带来深远变化。短视频平台让知识回归本源，重新以"口语"的形式进行生产和传播，降低了知识生产的门槛，激发大众的知识传播热情，令普通人也能够参与到知识传播中来，分享自己的生活经验和知识，丰富知识传播的内容。例如，抖音上一条题为"现行世界地图有太多假象"的抖音短视频，共收获了185.4万个赞，播放量累计超过4 760万，获得用户普遍好评。该视频作者为抖音知名科普达人"地球村讲解员"，自2018年7月以来，他通过抖音平台科普天文地理知识，半年时间就吸引468.2万粉丝，作品累计获赞超过2 000万，累计播放量超过5亿。

另外，短视频打破了知识在传播和接收中存在的固有壁垒，以社交为纽带进行知识共享，将个体学习转化为大众分享和参与，让知识可以触达更多人。《短视频与知识传播研究报告》显示，短视频在内容与形式两个方面降低了知识接收的门槛，拉近了知识传播者和受众之间的距离，普通群众能够通过短视频，以新奇、有趣的形式接触到高深的专业知识。以中国自然科学最高学术机构之一中国科学院为例，目前，其旗下科普官方账号"中科院之声""中科院物理所""中国科普博览"已入驻抖音，普通用户能通过手机屏幕与国内最权威的科研机构"面对面"。中国科学院旗下抖音官方账号累计粉丝数已突破180万。

《短视频与知识传播研究报告》还指出，短视频对于知识沉淀与传播的最大价值，在于推动实现知识的"普及"和"惠及"——让知识覆盖更广泛的受众，提升知识的功能价值。2018年11月15日，字节跳动开展"抖音公开课"教育扶贫活动，邀请三位抖音知名"科普大V"——"大科学家来了""柴知道""地球村讲解员"——走访贵州省"益童乐园"站点，以抖音视频为"教具"，用寓教于乐的形式向当地学龄儿童讲授地理、生物、天文等学科的科普知识。对于大山深处的孩子们而言，抖音上妙趣横生的科普内容有助于激发他们的学习兴趣、拓宽视野，让他们能够"走出"深山，去探索外部世界。

此次《短视频与知识传播研究报告》的发布是对短视频知识沉淀与传播价值的一次系统梳理。此前，抖音已陆续开展"向日葵计划""我的科学之yeah""谁说科学不抖音"等活动，加大科学知识在平台上的传播力度，让这些有价值的内容能够触达更广泛的用户。字节跳动平台责任研究中心表示，未来，抖音将持续与更多的科研机构、科普专业人士建立合作，对知识传播内容进行倾斜和扶持，进一步推动"知识普惠"，让短视频内容不仅有趣，而且有用；让高深的科普知识源源不断地走出实验室、研究院，走进普通大众的视野。

资料来源：https://tech.huanqiu.com/article/9CaKrnKgMHa.

知识管理是企业人力资源管理的关键一招。在当今数字化、大连接、人工智能的时代，知识的创造、获取、分享、整合、记录、存档、更新已经成为企业的一项重要工作，在知识密集型企业显得尤为突出。知识管理涉及个人知识组织化、隐性知识和显性知识的相互转化、知识共享平台的建立、组织知识创新。通过知识管理，挖掘人才潜能，激活人才效能，形成组织优势，强化企业核心竞争力，这是新时代人力资源管理必须重视的一课。

第 1 节　知识管理概述

一、从人力资源管理到知识管理

人力资源管理经历了从人事管理、人力资源专业职能管理、战略人力资源管理到人力资源价值增值管理的发展阶段。早期的人事管理主要关注"事务"的管理，人力资源专业职能管理关注"人"以及"人与组织有效配置"，战略人力资源管理开启了企业人力资源管理的新时代，更加关注如何通过人力资源管理来打造企业核心竞争力。如今，全球已进入知识经济时代，知识已成为企业最重要的战略性资源，智力资本取代金融资本成为社会进步最主要的动力，人力资源管理不仅要解决人与组织之间关系的问题，还要解决组织中知识获取、共享、应用和再创新的问题，不仅是对员工行为的管理，更是对员工智慧的有效管理，要通过实现员工和组织的知识创造来提升企业的核心竞争优势。

康奈尔大学的斯奈尔教授提出了基于核心能力的战略人力资源管理模型，该模型表明，企业核心能力的培养要求整合企业内部的知识，同时提高企业为客户创造价值的能力，将二者相结合。首先，人力资本、社会资本和组织资本是人力资源管理的基础，通过整合三者以形成有价值的、稀缺的、难以模仿的和具有组织化特征的智力资本。其次，通过分层分类的战略人力资源管理实践促进企业内部知识管理，使知识得以有效的整合、转化、创新，从而帮助组织（尤其是知识创新组织）增强其核心能力。这一观点与上述人力资源管理发展四阶段论一脉相承，其核心在于知识创造、转化与整合是通过人力资本、社会资本和组织资本的整合来实现的，并最终形成企业的核心能力。因此，知识管理是人力资源管理发展新的阶段和更高层次，知识管理与人力资源管理之间的关系以及对企业核心能力的影响如图 13-1 所示。

图 13-1 表明，核心竞争力来源于组织独特的智力资本，智力资本的产生和发展主要来自企业内部知识的分享和创新，这一切都离不开知识管理平台的搭建。而员工是知识的载体，是知识管理的对象，只有通过文化建设、招聘配置、评价与激励等人力资源管理实践才能有效实现这一目标。因此，现代企业需要构建知识管理平台，将人力资源管理与知识管理相结合，并体现在人力资源管理者职能之中。

二、知识的基本概念

(一) 知识的定义

知识是一个内涵十分丰富、外延非常广泛的概念，同时也是一个发展的概念，在不同时期人们对知识的定义会有所不同，并且不同领域的学者对于知识的定义和理解也不同。对于知识的认识和理解是有效开展知识管理的基础，而对数据、信息、知识和智慧之间关系的梳理是深入理解知识特性的前提。

1. 数据

数据是有关事情的一些离散的、互不关联的客观事实。数据是原始的、离散的、互不关联的且没有明确目的。[①] 任何组织都需要数据，有些组织十分依赖数据，比如银行、咨询公司、统计局、公共事业单位等，数据对它们的工作非常关键，数据库是组织决策的关键依据，因为数据是产生信息的基本原始素材。尽管数据非常重要，但它只描述了事件的部分信息，不能告知组织的决策人员怎么去做。

---

① 达文波特，普鲁萨克. 运营知识：工商企业的知识管理. 南昌：江西教育出版社，1999：2.

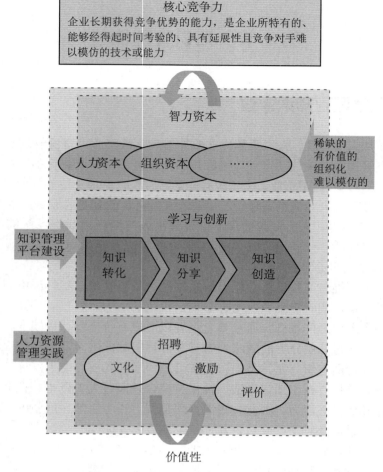

图 13-1　基于知识管理的人力资源管理框架

2. 信息

德鲁克认为，信息是被赋予相关性和目的性的数据。达文波特认为，信息是一系列离散的、客观真实的事件，通常被描述为一系列事物的结构化记录。信息是数据的有序排列，而且具有某种意义。信息与数据是不同的，比如，在企业中，数据通常是关于生产率、实时更新的存货等的客观事实，这些数据常用来为企业决策服务。尽管数据有助于企业制定决策，但数据仅是决策的一部分，而且变化非常快，故数据不可能保持永远的意义和价值。信息常被描述为发送者向接收者发送的一种信号，它通常以文件、可听见或可看见的形式存在。与数据不同的是，信息可以是真实的，也可以是虚假的。因此，由接收者来决定是否相信它或者接受它。

达文波特提出了将数据变成有价值的信息的五种方式：（1）情景化：知道为什么要收集数据。（2）分类：知道数据的关键成分并划分成可用来分析的单元。（3）计算：用统计或数学的方法对数据进行分析。（4）修正：将错误从数据中剔除。（5）压缩：用更简练的方式总结数据。

3. 知识

知识不同于信息，只有当人们通过体验、解释和沟通等方式对信息进行积累和加工时，才可以得到知识。[①] 野中郁次郎认为，知识与信念、承诺密切相关，它反映的是一种特定的立场、视角或意图，是关于行动的概念，为某种目的而存在。布朗（Brown）和杜吉德（Duguid）认为，信息和知识主要有以下三个方面的

---

① 廖开际．知识管理：原理与应用．北京：清华大学出版社，2007：7-8.

区别：（1）知识依附于知识拥有者；（2）知识比信息更难分离、转移和分享；（3）知识比信息更难复制和理解（1998）。达文波特认为，信息可以通过以下四种途径转化为知识：（1）一种情况与其他已知情况相比较产生的信息；（2）这种信息将产生怎样的决策和行为；（3）这些信息与其他信息构成什么关系；（4）其他人如何看待这些信息。可见，知识建立在复杂的学习过程的基础上，是高度个人化的思维活动的结果。

数据、信息、知识三者都是对事实的描述，被统一到了对事实的认识过程中。首先，由于人们认识能力的有限性，通过观察描述等对事实进行初步认识形成了数据，这时候可能存在错误认识；然后，借助人的思维或者信息技术对数据进行处理，进一步解释事物之间真实的关系，形成信息；最后，在人类不断实践的过程中，反复验证，事物之间的关系被正确揭示，形成知识。

当然，三者之间并不存在绝对的界限，从数据到信息再到知识是一个不断从无序变有序的过程，旨在揭示客观世界存在的逻辑规律。数据与信息、知识的区别在于它的原始性，彼此是分散孤立的，并未经过任何加工；而知识与信息的区别在于，它们回答不同层次的问题，信息可以用电脑处理来获取，知识却是在人们不断的实践中获得的经验。

4. 智慧

有学者将广义的知识划分为知识和智慧。智慧被认为是更持久更普遍的真理，是"来自经验的良好的判断能力"，类似于"事实不同方面之间的关系"。有两个词经常被学者用来描述知识和智慧，即知识和实践智慧。知识（episteme）是某种知识（knowledge）或者真理的发现；实践智慧（phronesis）是一种经验主义概念，与谨慎和智力有关，通过经验获得。

从数据到智慧是一个紧密关联的层级关系，下层经过加工、提炼和处理到达上层，从数据到智慧，价值越来越大，隐性程度越来越高，获取的难度也就越来越大（如图 13 - 2 所示）。

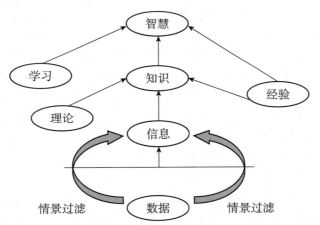

图 13 - 2　从数据到智慧的层级结构图

资料来源：Small C T，Sage A. Knowledge management and knowledge sharing: a review. Information Knowledge Systems Management，2005，5（3）：153 - 169.

在明确了知识与数据、信息及智慧的区别后，我们将一些学者关于知识的定义归纳如下：

柏拉图在《泰阿泰德篇》中提出，"知识是经过证实了的真的信念"，这是哲学史上有关知识的第一个定义。

德鲁克认为，"知识是一种能够改变某些人或某些事物的信息"，既包括信息成为行动的基础的方式，也包括通过对信息的运用使某个个体（或机构）有能力进行改变或进行更多有效活动的方式。

达文波特在《工作的知识》中提出："知识是一种像流体一样具有流动性的物质，其中混杂了已经结构化的经验、价值和有特定含义的信息及专家的洞察力。知识为评价、收集新经验和信息提供了一个框架。知识产生并被应用于有知识的人的头脑中。在机构组织中，知识不但经常包含在文档中或资料中，还体现在机构的日常工作、流程、实践和标准中。"

《辞海》对知识的定义是："相识见知的人；人对事物的认识；知识是人们在社会实践中积累起来的经验，从本质上说，知识属于认知的范畴。"

《现代汉语词典》对知识的定义是："人们在改造世界的实践中所获得的认识和经验的总和。"

《韦伯词典》对知识的定义是："（1）从研究、调查、观察和经验中获取的事实或想法；（2）有关人类本质的知识十分丰富；（3）学问，特别指通过正规学校教育，经常是通过高等教育获得的知识；（4）包含有大量学问的书籍。"

总之，无论从哪个角度给知识下定义，知识作为一种资源存在于个人和组织中，并与人类的社会活动相联系，人类活动所涉及的范围就是知识的范围。

（二）知识的分类

按照不同的标准，知识可以分为：

1. 个人知识和组织知识

从存储单位的角度，知识可以分为个人知识和组织知识：（1）个人知识是指员工自己所拥有的知识，包括技能、经验、习惯、自觉、价值观等，这些知识依附于员工自身，具有专有性、隐性和难以流通性等特征。（2）组织知识是指内含于组织中的知识，包括组织内部发展生成的知识和组织外部对组织生存发展有用的知识。例如组织的数据库、工作流程、信息系统、文化价值观及管理制度等。组织知识是组织生存与发展的基础，也是其核心竞争优势的重要来源之一，不会随着员工的离开而消失。

2. 事实知识、原理知识、技能知识与人力知识

联合国经济合作与发展组织在《以知识为基础的经济》这份报告中，从知识使用的角度将知识分为以下四类：（1）事实知识（know-what），即知道"是什么"的知识，主要是指关于历史事实、经验总结、统计数据等的知识，例如纽约有多少人口，滑铁卢战役发生于何时等。（2）原理知识（know-why），即知道"为什么"的知识，主要是指关于自然、社会和人的思维运动的法则和规律的科学知识。对某些领域的技术开发而言，这些知识和经济活动的联系并不是直接的，但在大多数产业中，需要它支持技术的发展与工艺的进步。（3）技能知识（know-how），即知道"如何做"的知识，是指做某些事情的技艺和能力。典型的技能知识是各个组织发展并保存于自己范围内的一类专门技术或诀窍。（4）人力知识（know-who），即知道"是谁"的知识，是指关于谁知道什么，以及谁知道怎样做某些事的信息。它与特定社会关系的形成有关，即有可能在需要的时候接触有关专家并有效地利用他们的知识。

3. 理论知识和实践知识

学者贝克曼（Beckman）把知识分为理论知识和实践知识：（1）理论知识是指利用科学、客观的方法收集资料证据，并加以归纳、分析及验证后所得到的一种概念性的知识。例如经济学的价格理论、组织行为学的领导理论等。它可以通过演绎、推理来解释、预测并了解社会现象。（2）实践知识是指个人通过某一特定事件、工作的实际经历，在实际工作中学到的程序性知识、经验法则、教训及因果关系等知识。实践知识是一种抽象化程度低（即没有归纳成几个简单的少数概念）、详细、复杂、隐性的知识（1997）。

4. 显性知识和隐性知识

学者波拉尼（Polani）和竹内（Takeuchi）从知识的共享成本角度将知识分为显性知识和隐性知识。目前在知识管理领域，这是最重要、为人们广泛接受的知识分类结构。（1）显性知识是指可以用文字、数字、图形或其他象征物清楚地表达出来，并以系统方式传达的规范化知识，如组织中存储的文档和报告等。（2）隐性知识是指难以用文字记录和传播，高度个体化，并难以与他人进行交流和共享的知识，主要来源于个人的经验、直觉和洞察力。日本著名的知识管理专家野中郁次郎认为，隐性知识不仅包括个人技术或技巧等技术层面的知识，而且包括个人的价值观、理想和信念等认知层面的内容，这一层面的内容对于组织的影响其实更为深远。隐性知识被认为是现代企业知识管理中最有价值的战略资源，能有效地提高企业的组织绩效。

相关资料表明，20%的人类知识是显性的，80%的人类知识都是隐性的，而且这80%的隐性知识隐藏在

人的头脑中，不易向他人传递和外化。显性知识和隐性知识共同构成了人类知识体系的"冰山"（如图 13-3
所示）。

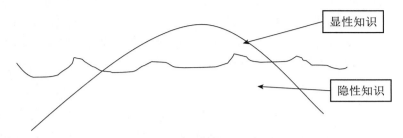

显性知识

隐性知识

图 13-3 人类知识体系的"冰山"示意图

资料来源：巢乃鹏．知识管理：概念，特性的分析．学术界，2000（5）：14-23.

学者蒂瓦纳（Tiwana）对隐性知识和显性知识的不同特性做了区分（2001）（见表 13-1）。

表 13-1 隐性知识与显性知识的区别

特性	隐性知识	显性知识
本质	个人的，特定语境的	可编码呈现，可清楚说明，较客观
形式化	难以形式化，难以记录，难以编码，难以用语言表达	可以编码，可以用语言、文字进行口头和书面表达
形成的过程	在实践和试验中不断学习和积累，在错误中不断尝试与改进	对于隐性知识的了解、说明、推理与分析
存储地点	人类的大脑	文件、数据库、电子邮件、书籍、图表和网页等
转化过程	通过比喻和类推等形象化方法将隐性知识转化成显性知识	通过理解、消化吸收，将显性知识转化成隐性知识
信息技术支持	难以通过信息技术进行传递、共享和转化	可以利用现有的信息技术支持
媒介需求	需要丰富的沟通媒介，例如面对面沟通或通过视频会议传递	可以利用常规的电子渠道传递，不需要太复杂的人际关系
重要运用	对于突发性新问题的预测、解决及创新	可以有效完成结构化的工作，例如工作手册的制定

对隐性知识的利用是知识转化和创造的基础，是实现组织创新的关键，其重要作用应受到知识管理实践者的特别重视。下面着重介绍隐性知识的特征和属性。

（1）隐性知识具有个体性和垄断性。隐性知识来自个人学习和实践过程的直接经验，也来自与有经验的人进行接触和思想交流，会因主体不同而有差异。这种知识"只可意会，不可言传"，难以表达，不易被编码。由于知识主体不会随意自动实现知识共享，因此隐性知识的垄断性就凸显出来，传播和共享会比较困难，成本较高。

（2）隐性知识具有情境性。隐性知识是主体在处理一定客观事件时所运用的知识、经验和能力。隐性知识具有转移的困难性、难以模拟性以及载体上的依附性，因为它嵌入个体的实践活动之中，并与实践的环境、对象等紧密联系。

（3）隐性知识主体的收益具有不确定性。一个组织经久不衰的重要原因是其个体的知识以及个体用他们的知识为组织作出有价值的贡献。组织内部显性知识的价值是可以度量的，而隐性知识是一种由个人拥有的深层次的知识，个体的专家地位和竞争优势均来自其所拥有的隐性知识的价值，这种价值难以明确衡量，一旦被他人共享，这种隐性知识的垄断性随之被打破，由隐性知识带来的超额利益以及个人内心成就感也会随之消失。

（4）隐性知识是组织创新的源泉。隐性知识并不是一开始就受到组织的重视，野中郁次郎认为，从泰勒到西蒙，西方传统管理体系一直把组织当作一种信息处理的机器；根据这一观点，只有正式的、系统化的东西才是唯一有用的知识，因此西方的管理者比较习惯于处理显性知识。但他发现，日本企业管理的核心是发掘员工头脑中潜在的想法、直觉和灵感，并综合起来加以运用。在这个过程中，关键是员工个人的责任感，以及员工对企业及企业使命的认同感。因此，隐性知识是一种非常重要的知识，它的不可模仿性和稀缺性是组织核心竞争力的重要来源，对组织知识创新发挥着重要的作用。

即时案例 13-1

知识管理促航天人才传承

在航天事业创建和发展过程中，第一代航天人创立了"两弹一星"伟大事业。而后，通过一代又一代的传承，加速了航天高端人才的快速成长。

航天工程重实践、重创新，也重知识管理，重人才继承。航天科技集团在这方面有以下三个经典做法。

1. 师徒传承与技术民主

航天科技集团有"导师制"的传统，新入门的技术人员，不论在研究所还是工厂，都要指定导师，研究所称之为老师，工厂称之为师傅。通过老带新、师带徒的师承关系，进行经验的分享和知识的传承，使科技人员能够在继承与创新中少走弯路，达到事半功倍的效果。

同时，通过培训、座谈等方式，组织前辈专家现身传授工程实践经验，帮助年轻人了解型号研制流程、岗位工作规范和质量技术要求，掌握分析和解决复杂技术问题的思路和方法，指导他们探索攻关路径，开拓研究思路。

在以老带新的同时，积极发扬技术民主，鼓励年轻科技人才在技术上保持质疑的精神，让不同的观点充分碰撞交流。在工程方案没有确定前，重视不同的技术意见，容纳不同的学术思想，鼓励有创意的新点子。

有这么个例子：1988年，中国签署第一份用长征火箭发射外国卫星的合同。休斯公司提出了苛刻的要求——卫星必须在起旋后脱离火箭，这是当时长征火箭所不具备的功能。

在论证会上，一位中国老专家提出了使火箭整体起旋，带动卫星旋转后再分离的方案，但需要论证卫星的入轨精度。可是，做试验的成本很高，周期也来不及，现场陷入了沉默。

这时，坐在后排的一位年轻人大胆地提出："可以用计算机先计算一下。"会议主持者立即问："你来干行不行？"这位年轻人爽快地答应了。他凭借自己在计算机辅助设计方面的过硬本领，很快推导出数学公式，编好程序，并在计算机上建立了仿真模型，完成了星箭起旋方案的分析。

次年4月，长征三号火箭发射这颗卫星一举成功，创造了休斯公司已发射的32颗同类卫星中入轨精度最高的纪录。

这位年轻人当年27岁，与会专家前辈并没有因为他年轻而轻视他的意见。他就是中国航天领军人张庆伟。

2. 显性知识系统化与隐性知识显性化

除了师徒传承以外，航天企业严格的档案信息管理也是非常重要的。产品图纸、技术条件、工艺规程，以及研制过程、成功失败的经验教训等，都要求及时归档，并通过档案编研，形成可供后来者学习借鉴的有价值的信息。在新型号研制起步阶段，这些既往研制资料、信息对于新人来讲至为珍贵。

很多航天企业通过知识共享平台的搭建，促进隐性知识显性化。有的航天企业还运用数字化协同工作平台和知识管理平台，把型号的历史数据和各专业的研究成果综合集成，把各型号的实践经验和发现的问题及时总结归纳，实现知识和经验的有效积累和共享，成为领军人才加速自身成长的有效工具。

3. 个人实践感悟与团队伴随成长

航天繁重的研制任务给科研人员提供了宝贵的工程实践机会。实践永远是人才汲取经验、提升能力的主要渠道。纸上得来终觉浅，绝知此事要躬行。有些东西只能意会，不可言传，换句话讲，隐性知识并不都是可以显性化的。航天系统工程的特点是团队协作，这也为人才提供了成长机会。在研制过程中，每个型号实际上是一个大项目组，既有任务的分工协作，也有技术攻关的提点与互动。团队协同与相互启迪，更快地点燃了技术创新的火花，也有效地发挥了航天工程促进人才快速成长的集群效应。

　　资料来源：杨德民. 一家企业 33 名院士！科技人才培养有什么秘籍？. 华夏基石 e 洞察.

三、知识管理的内涵

（一）知识管理的定义

　　"知识管理"这一概念是由卡尔·埃里克·斯威比博士于 1986 年首次提出的，他因此被称为"知识管理之父"。由于对知识的认识的多样性和知识管理本身的复杂性，知识管理至今尚未形成统一的概念。我们将目前有关知识管理的主流观点汇总如下（见表 13 - 2 和表 13 - 3）：

表 13 - 2　国外学者对知识管理的定义

国外学者	定义
丹尼尔·奥列阿里 （Daniel E. O, Leary, 1996）	知识管理是将组织可得到的各种来源的信息转化为知识，并将知识与人联系起来的过程。知识管理对知识进行正式的管理，以便于知识的产生、获取和重新利用。
威格（Wiig, 1997）	知识管理涉及四个方面：自上而下地监测、推动与知识有关的活动；创造和维护知识基础设施；更新组织和转化知识资产；使用知识以提高其价值。
斯威比（Sveiby, 1997）	从知识资本论视角出发，认为知识管理是一种从组织的无形资产中创造价值的艺术。
巴斯（Bassi, 1997）	知识管理是指为了提高组织的绩效而创造、获取和使用知识的过程。
奎塔斯（Quitas, 1997）	知识管理是一个管理各种知识的连续过程，以满足现在和将来出现的各种需要，确定和探索现存的和获得的知识资产，开发新的机会。
达文波特（Davenport, 1998）	知识管理分为两个重要类别：知识的创造和知识的利用。
奥德尔和格雷森（Odell and Grayson, 1998）	知识管理是"适时地将正确的知识给予所需的成员，以帮助成员采取正确行动来增进组织绩效的持续性过程"，该过程包括知识的创造、收集、分类存储、分享与存取、使用与改进及淘汰等步骤。
迈尔（Maier, 2003）	知识管理是一个存在大量的模型、框架和工具的多样而不连贯的领域。
海西希（Heisig, 2009）	知识管理要求组织在实践中更系统地处理知识，运营层面系统地处理知识是知识管理的核心。
舒亚哈特（Shujahat, 2017）	知识管理是培养创造、分享和应用知识以提高创新绩效、组织绩效和竞争优势的文化的过程、功能和学科。它由两个要素组成：知识管理基础设施和知识管理过程。

　　综上所述，国外学者对知识管理主要是从信息、知识和知识资本三个角度进行界定的。

表 13 - 3　国内学者对知识管理的定义

国内学者	定义
陈小让（1998）	知识管理就是为企业实现显性知识和隐性知识共享提供途径。通过对知识的识别、获取和利用，充分发挥其价值，从而提高企业的竞争力。
乌家培（1999）	知识管理是信息管理发展的新阶段，不同的是，知识管理要求把信息与信息、信息与活动、信息与人连接起来，在人际交流的互动过程中，通过信息与知识的共享，运用群体的智慧进行创新，以赢得竞争优势。
朱晓峰（2000）	知识管理是企业在不连续性、高度不确定性和未来的不可预测性日益加剧的背景下，以人为中心，以信息资源为基础，以技术为手段，以创新为目的，系统化、组织化地识别、获取、开发、使用、存储和交流企业所需知识，并将其转化为提高核心竞争力的思想和活动。
邱均平（2000）	狭义的知识管理是指对知识本身的管理，包括知识采集、加工、存储、积累、共享、应用和创新。广义的知识管理包括对于知识有关的各种资源和无形资产的管理，以及知识组织、知识设施、知识资产、知识活动和知识人员等的管理。
周玉泉（2003）	知识管理包括：知识管理活动、组织知识模型、影响知识管理的因素、知识管理的技术方面（包括网络技术、人工智能、数据挖掘、进化计算等）。
王广宇（2004）	知识管理是"K9知识链"体系。从流程上提出了"PSCA"闭环，并从广义外延上确立了知识管理辐射到企业各层次、以完成资源整合和价值实现为目标的"全流程"企业管理生态体系。
高飞（2008）	知识管理旨在有效和高效地管理现有的组织知识，并调动个人知识来实现组织目标。
赵征（2012）	知识管理是使公司知识相关的效能以及知识资产的盈利最大化，并且使它们得到持续的更新。
徐扬（2015）	知识管理是在正确状态下由正确的人处理合适的知识。因此，知识管理的核心任务是依据约束条件下的需求期望，求解知识与产品的映射关系。

综上所述，国内学者对知识管理的内涵进行了更加详细全面的描述，与国外学者相比，他们更多地把信息、知识和知识资本结合在一起。

本书对知识管理的定义是：知识管理是企业为了获取竞争优势，对组织中员工、团队的显性知识和隐性知识进行系统化的获取、转移、存储、共享和创新的动态、持续的过程。从这一定义出发，知识管理的内涵主要包括以下三个方面：

（1）知识管理的目标是获取竞争优势，为企业创造价值。在知识经济时代，知识是企业竞争的核心资源之一，知识管理是企业管理的职能之一，是企业实现其战略目标的重要手段，有效地实施知识管理能够帮助企业获取竞争优势，并为企业创造价值。

（2）知识管理的对象包括显性知识和隐性知识。知识管理不仅是对显性知识的传播、共享与应用，更多的是对员工头脑中隐性知识的开发、共享与应用。与显性知识相比，隐性知识对组织的创新更有价值，是企业创新的源泉与基础，能够有效地发掘员工头脑中潜在的想法、直觉和灵感，并综合起来加以运用，是提升企业核心竞争优势和创新能力的关键途径。

（3）知识管理是一个持续、动态的过程。知识管理包括知识获取、知识共享、知识转移和知识创新等四个阶段，知识管理就是对这四个阶段循序渐进的管理，最终实现一种螺旋式上升。

（二）知识管理的类型

不同组织向客户所提供的产品和服务方式不同，自身的战略和成本模式不同，决定了其运用知识的特征不同，因而所采用的知识管理策略也不相同。哈佛大学教授汉森（Hansen）和诺瑞亚（Nohria）将知识管理分为编码化管理模式（codification mode）和人物化管理模式（personalization mode）两种类型。

编码化管理模式是指通过技术把显性化的知识编码存储在信息系统（包括数据库、内部网或者专家系统等）中，公司的任何员工都可以通过计算机网络直接调用。编码化管理模式倾向于收集、编码和发散信息，有利于解决重复发生的问题和障碍，需要企业在信息技术方面有较多的投入。编码化模式较便利快捷，被编码的知识属于组织所有，并便于被员工携带、理解和使用，便于在企业中得到推广应用。

人物化管理模式是指知识与知识的所有人并未分离，知识通过人员直接相互交流、相互接触、相互学习得到传播与分享，这种模式特别适合隐性知识在员工与员工之间、员工与组织之间充分共享。这种模式不需要在信息技术方面有较大的投入，即使没有数据库也能够实现知识共享。但人物化管理模式需要有利于知识共享与创新的组织文化氛围的支持，并建立有利于员工之间交流与沟通的方式，比如讨论会、面对面交流、知识沙龙、视频会议等。总之，与编码化管理模式相比，人物化管理模式对于企业的软环境要求较高，管理更加困难和随意，但对于企业战略目标的支持价值更大。

知识的编码化管理和人物化管理具有明显不同的管理特点（见表 13-4）。

表 13-4　编码化管理和人物化管理的区别

项目	编码化管理	人物化管理
建设重点	结构化的数据库、内部网或专家系统	员工之间知识的交流与共享
战略目标	组织通过提供包括数据库或内部网在内的便利、可靠的信息系统对已编码知识加以应用，能够提供清晰的解决方案，但方案过于单一和标准化	通过人际联系的方式为员工解决遇到的问题，或者通过专家咨询获得有建设性的建议，虽然无法提供标准化的方案，但能够为特定问题提供有针对性的方案
管理目标	对文件信息系统的管理：将知识编码并加以存储，并对已编码的知识进行传播、分享与再应用	对员工之间的管理：建立并发展员工之间及员工与组织之间的社会网络平台，促进彼此之间隐性知识的共享与转化，最终促进知识创新
信息技术	大力投资于信息技术：追求便利、快速和高品质的信息系统	适度投资于信息技术：为员工之间交流共享提供一个联系的平台
知识类型	以显性知识为主	以隐性知识为主
产品/服务类型	提供标准化产品/服务	解决特定问题
案例	戴尔公司虽然耗巨资开发了有 40 000 种（竞争对手为 100 种）组装技术的知识管理系统，但电脑的销量很大，1997 年就达到 1 100 万台，这意味着，每种组合方式一年内平均使用 275 次，显然，每使用一次分摊的成本微不足道。该公司利润增长迅速	麦肯锡公司经常帮助客户进行业务的区域拓展和国际拓展，为了论证拓展方案的可行性，麦肯锡请到的都是一流的专家、学者，主要包括：经验丰富的生产线拓展专家；对相关行业的历史、现状和发展趋势非常熟悉、富有远见的资深人士；对拓展地文化、风俗、价值观念有深刻把握的人文学家；熟悉当地法律法规的律师；世界一流的区域经济学家；等等。有这些人的深思远虑、周密论证，极大地减少了拓展方案的风险

（三）知识管理的价值定位及作用

在知识经济时代，企业中人力资源战略性价值、人力资源效能的发挥与放大依赖于企业的知识资本，只有将知识资源转化为企业的资本优势，将知识管理融入企业业务和组织的协同过程，才能最终实现企业知识资本价值增值。知识管理在企业中的价值定位主要体现在以下四个方面：

（1）个体知识公司化。将存在于企业的业务、组织、员工个体中的知识、技能、经验等，通过企业知识管理过程，将零散的、个体的知识归结为企业知识，形成企业的知识资本，避免由于个体流失造成的企业知识资本流失。

（2）隐性知识显性化。通过对最优实践、最优行为、最佳业绩的总结与提炼，形成显性的、标准化的、规范化的知识结构和知识内容，强化知识的可复制性，提高知识在企业中的复用价值。

（3）封闭知识共享化。将存在于个体、封闭组织单元内的知识，通过共享机制建设，形成可供整个企业共享的知识资源，提高知识资本的使用效率与使用效果，放大知识资本的价值。

（4）静态知识动态协同化。通过对知识的协同管理，促进相对"静态"的知识变为"动态"的，提高组织及员工之间的相互协同，在协同过程中产生价值，提高人力资源效能和企业的整体效能。

知识管理是企业人力资源效能的放大器，通过一系列管理手段，促使企业显性或隐性知识由潜在生产力转变为现实生产力，进而促进人力资源效能的持续发挥与提升。其本质作用体现在三个方面：

（1）形成企业核心竞争力。将知识的载体由员工"个体"转化为企业"群体"，将知识价值的发挥由员工个体转换为员工群体，让企业所有员工均能充分分享企业知识在其工作中的指导和支持价值，促进员工能力提升，打造企业核心人力资源能力，进而逐步形成企业核心竞争力。

（2）提升人力资源效能。知识的复用、分享的基本作用是提高员工的工作效率，减少无谓的时间和成本损耗。同时，知识复用过程即对知识的沉淀、优化过程，能够持续提升员工专业技能和综合能力、培养高素质员工队伍、增强员工价值创造能力。

（3）构建企业标准化体系。知识管理体系构建是以企业显性与隐性知识的标准化为前提的。在知识管理的过程中，对企业现有知识内容与结构进行系统化梳理，形成企业知识地图和分享机制，逐步实现企业管理体系的规范化，有利于提高组织与业务的运作效率。

（四）知识管理的特点

知识管理作为一种独特的人力资源管理方式，具有以下五个特点：

（1）创造性。以原有的管理思想、方法和理论为基础，充分结合实际工作环境与特点，积极地吸取外界的各种思想、知识和观念，同时创造出新的管理思想、方法和理论。其重点在于突破原有的思维定式和框架，创造具有新属性的、增值的东西。

（2）长期性。管理创新是一项长期的、持续的、动态的工作过程。

（3）风险性。风险是无形的，对管理进行创新具有挑战性。管理创新并不总能获得成功。创新作为一种具有创造性的过程，包含许多可变因素、不可知因素和不可控因素，这种不确定性使得创新必然存在许多风险，这也就是创新的代价之所在。但是存在风险并不意味着要一味地冒险，去做无谓的牺牲，要理性地看待风险，要充分认识不确定因素，尽可能地规避风险，使成本付出最小化，成功概率最大化。

（4）效益性。创新是为了更好地实现组织的目标，提高效率，取得效益，不能为了创新而创新。通过技术创新可提高产品技术含量，获得技术竞争优势，获取更高利润。通过管理创新，建立新的管理制度，形成新的组织模式，实现新的资源整合，就能建立起企业效益增长的长效机制。

（5）艰巨性。管理创新因其综合性、前瞻性和深层性而颇为艰巨。人们的观念、知识、经验及组织目标、组织结构、组织制度，关系到人的意识、权力、地位、管理方式和资源的重新配置，这必然会牵涉各个层面的利益，使得管理创新在设计与实施中遇到诸多挑战。

（五）基于人力资源效能的知识管理系统模型

基于上述基本问题，华夏基石管理咨询集团构建了基于人力资源效能的知识管理系统模型（如图13-4所示）。

基于人力资源效能的知识管理系统模型包括以下内容：知识管理体系的构建、知识管理系统的效能发挥以及两个支撑点。

（1）知识管理体系的构建包括以下四个基本环节：

1）知识管理体系的构建以知识的分层分类为前提。知识采集是知识管理的起点，在分层分类的结构上，明确知识类型、知识来源，并完成知识汇总、归纳和知识库建设。

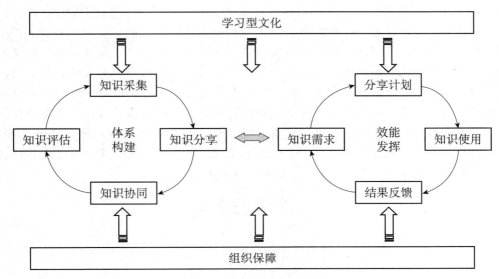

图 13 - 4　基于人力资源效能的知识管理系统模型

2）知识管理的核心在于知识分享，是知识管理在企业中发挥价值的关键环节。在实际应用过程中，知识分享与知识需求形成对接。

3）随着企业各项工作的推进，知识内容不断丰富，知识类别逐渐增加，知识在业务、组织、员工之间不断进行相互转化，通过知识协同，对企业知识库不断升级和完善，不断提升知识管理的价值。

4）知识评估是针对知识管理体系的构建、运行状况的综合评估，为知识管理体系的改进优化提供依据，由此形成知识管理系统的闭环。

（2）知识管理系统的效能发挥包括四个基本环节：

1）与实际工作的开展相结合，依托企业知识管理体系，采取分层分类原则，结合业务需求，明确知识需求。

2）依据知识需求，制订知识分享计划，确定知识分享对象、分享权限、分享内容。

3）知识使用是知识效能发挥的核心环节，明确知识使用方式，形成知识复用，发挥知识价值。

4）从使用者的角度，通过知识与人力资源之间的协同过程，对知识进行沉淀，对知识管理系统进行优化，不断增强知识管理对人力资源效能的支撑作用。

（3）在整个知识管理体系构建与效能发挥过程中，有两个支撑点：

1）企业学习型文化。必须在企业文化发展过程中导入学习型组织理论，高度重视人的因素，将员工能力素质提升作为建立人力资源核心竞争力的根本手段，通过打造学习型组织和学习型文化，鼓励员工自发学习、自主分享，培养系统思考和系统学习能力。

2）组织保障。从机制建设的角度，明确知识管理在企业管理中的价值定位，建立专职管理部门，落实"每一位员工都是知识贡献者和知识分享者"的基本理念，规范管理流程，明确管理制度，为知识管理体系的运行提供保障。

即时案例 13 - 2

腾讯公司创新导向的知识管理体系架构

腾讯公司之所以能够发展壮大，很大程度上得益于其创新导向的知识管理体系架构，公司对知识管理的考察主要从以下角度展开。

从知识管理的主体分析，知识管理包括个人知识与个人知识之间的管理、个人知识与组织知识之间的管理、组织知识与组织知识之间的管理等；从知识管理的主题分析，知识管理包括知识发现、知识聚集、知识创造、知识运用等。知识发现、知识聚集、知识创造和知识运用是知识管理的四大主题（如图13-5所示），与一般知识管理相比，以创新为导向的知识管理更加重视发现知识、聚集知识、创造知识和运用知识等过程在组织运营中的功能。知识发现是从企业内外海量的信息中识别出有效的、新颖的、潜在有用的知识，包括知识搜寻、辨识、过滤、抽取等过程。知识发现将信息变为知识，从数据矿山中找到蕴藏的知识金块，为知识创新和知识经济的发展作出贡献。知识聚集是在发现知识的基础上对有效知识进行分类整理系统化的过程，包括知识归类、存储、转移、整合等过程。知识创造是对现有知识进行再生产的过程，包括知识发酵、转化、内化、联合等过程。知识运用是在组织运营中有效配置、使用现有知识和新创知识创造价值的过程，包括知识配置、保护、共享、固化、开放等过程。

图 13-5　知识管理的四大主题

知识管理的实施首先应紧密结合企业的发展战略和战略实施步骤，企业知识管理的目标从属并支持企业发展战略目标；企业知识管理的流程必须嵌入企业的业务流程，即知识管理的四大主题服务于企业业务工作；而为了实现知识管理，完成企业业务目标，必须引入先进的管理理念，如以人为本的理念等，及时采用先进的管理技术，如较具代表性的数据仓库、数据挖掘、群件等。从腾讯公司业务创新实践可以洞悉其知识管理的基本体系，如图13-6所示。

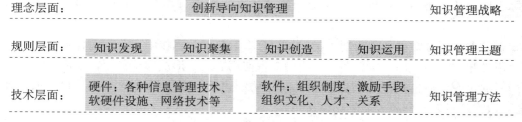

图 13-6　腾讯公司创新导向的知识管理体系

资料来源：https://www.docin.com/p-1716761234.html&isPay=1

第 2 节　知识管理的基本理论

20 世纪 60 年代，管理学大师德鲁克就提出这样的观点："21 世纪的组织，最具有价值的资产是组织内的知识工作者和他们的生产力。"而在今天，知识管理已经进入了生命周期的新阶段。在经历了技术上的兴奋和知识管理的大肆宣传，以及随之而来的幻灭之后，知识管理正朝着更好地理解其成功因素的方向前进（Heisig，2009）。人才是知识的载体，知识是企业价值创造的源泉，企业只有把经营知识和经营人才作为企业经营的基本命题，才能创造价值，才具有生存和发展的价值。知识管理已经在不同学科中普及，并且随着实践者广泛的实证研究发现其对组织绩效、创新以及由此带来的竞争优势起着重要作用（Shujahat，2017）。因此，对于成功的组织来说，知识管理成为重中之重。

要想对组织进行成功的知识管理，必须了解知识管理的理论基础以及关于知识管理不同流派的思想。

一、知识管理的理论基础

（一）哲学基础

哲学中的认识论和方法论是知识管理理论发展的哲学基础。

（1）认识论是关于认识及其发展规律的理论。柏拉图是第一位基于唯理主义观点建立缜密的知识思想体系结构的哲学家，他提出知识是"经过证实的真实信念"，他的弟子亚里士多德反驳了导师的观点，认为知识源于感觉。随后笛卡尔、洛克提出，经验才能提供理念。德国哲学家康德、黑格尔进一步发展了他们的理论，最终马克思提出，知识是认识活动的结果，是精神对现实的把握。认识论探讨了"知识是什么"这一核心问题，是知识管理的基础。

（2）方法论是关于认识世界和改造世界的方法理论系统。知识中的显性知识与隐性知识在知识管理活动中是辩证统一和相互依存的，二者通过相互转化可实现知识螺旋与知识创新，这充分体现了辩证的思想。现代的智能科学方法促进了知识分享和创新，数学方法论为测评知识管理提供了定量分析的工具和手段。总之，系统科学的方法论是知识管理实践的理论基础和指导。

（二）经济学基础

知识可以成为商品，能够产生经济效益，相对于土地、人力资本，知识已经成为企业最为重要的资源。知识管理的经济学基础主要体现在经济增长理论与知识资本理论两方面。

（1）经济增长理论认为，经济增长率不但取决于资本和劳动力的增长率，还取决于资本和劳动对产量增长相对作用的权数，取决于技术进步，这就强调了包括知识在内的技术因素的重要性。经济学家阿瑟·刘易斯（Arthur Lewis）在《经济增长理论》中指出，促进经济增长的因素是努力节约、知识积累和资本积累；经济的增长既取决于有关事物和生物的技术知识，也取决于有关人和人际关系的社会知识。这为知识管理奠定了经济理论基础。

（2）20 世纪 80 年代以后，随着人力资本理论的进一步发展、知识存量的急剧增加，在以知识经济为背景的前提下，理论界掀起了研究知识商品的资本属性的热潮。比如，把知识资本划分为人力资本、结构资本和关系资本，从这三类资本出发来阐述如何通过管理知识资本提升企业竞争优势，为知识管理提供了经济理论的支持。

（三）管理学基础

继哲学理论和经济学理论之后，管理学为知识管理提供了一个新的研究视角，其中的科学管理、组织行为学、战略管理、人力资源管理、信息资源管理等都为知识管理奠定了理论基础。

（1）泰勒提出了科学管理理论，虽然该理论没有明确提出知识管理概念，但它的思想强调了用科学知识代替个人的见解或个人的经验知识，要求管理者发现每一个工人的发展潜能，并逐步指导他们，帮助他们提升，强调企业要对知识进行有效的控制。

（2）组织行为学是系统地研究人在组织中所表现出来的行为和态度的学科。组织行为学中的组织结构理论强调要构建新的组织形式，比如知识型组织，重视知识分享、促进知识创造的支持性的组织文化等，这是知识管理实践中重要的组织支持。

（3）战略管理理论中的资源基础论、核心竞争力理论和知识基础论为知识管理奠定了重要的管理学理论基础。资源基础论强调企业的竞争优势来源于一系列独特资源的整合，知识资源是组织的重要资源，而获取这种资源需要通过知识管理来实现知识的转移、共享和创造；核心竞争力理论认为，企业的核心竞争力本质上是组织独特的知识与技能的组合而非单项具体的技能或技术，企业需要依靠核心竞争力获取竞争优势，其出发点是如何识别、利用和培育相关的核心竞争力，而整个过程离不开对知识的获取、共享、利用和创新等，强调通过提升人力资本和知识资本等来提高企业的核心竞争力；知识基础论明确提出企业的核心优势来源于其拥有的知识，应通过对知识进行配置、创新来提升企业的认知学习能力。

（4）人力资源管理理论越来越强调知识管理，因为知识依附于人的头脑，对人的管理就是对依附于人身的知识、理念等因素的管理，通过人力资源规划、评价、薪酬激励来实现组织学习、员工个人知识的转化、员工之间知识信息的交流与共享，最终实现组织创新绩效的提升。

（5）信息资源管理理论是围绕人类的信息资源管理活动而形成的知识体系，它与知识管理有着密切的关系，因为知识管理的基础是信息资源管理。马钱德（Marchand）和克雷斯莱因（Kresslein）认为，知识管理是信息资源管理的高一级发展阶段，信息资源管理的技术方法为知识管理的实践应用提供了技术支持，对知识管理的发展起到了重要的促进作用。

即时案例 13-3

广东移动：基于服务的知识管理应用模式

广东移动的全称是中国移动通信集团广东有限公司，1987 年 11 月 18 日在我国最早开通移动电话业务。广东移动是我国信息通信行业中规模最大的省级公司，也是广东省最大的通信运营商。

随着广东移动公司规模的扩大、业务的增长，每天都会产生大量的数据、信息、资料、文档等，同时一些新的自主创新的想法层出不穷，迫切需要寻找一套适合知识收集、整理、共享、利用的知识管理体系，并搭建一个适合各专业部门使用的知识管理平台，以满足企业持续发展的需要。

围绕"做世界一流企业，实现从优秀到卓越的新跨越"的发展战略目标，通过对"正德厚生，臻于至善"企业核心价值观的深刻理解，广东移动积极响应"一个中国移动"（One CM）的号召，开展了"以eTOM 模型为基础，从企业效率管理的角度，进行企业知识管理战略体系研究"的课题研究，希望以此促进企业知识的沉淀、分享、学习、应用和创新。

eTOM 模型从流程支持的角度，提出了企业效率管理的概念和六大主要内容（包括流程管理、质量管理、绩效管理、项目管理、设施管理和知识管理六大模块），见图 13-7。知识管理是提升企业核心竞争力、确保企业基业长青的重要举措，通过对文化、管理、技术三个层面的渗透，借助相应的办法、工具和手段，确保企业员工有足够的知识和技能以完成其工作，并确保工作过程中积累的知识经验得以保留和分享，从而确保企业持续、稳健的发展。

创新是企业可持续发展的动力，广东移动的企业战略目标为"创新企业运营模式，全面提升客户价值，争创世界一流移动信息运营公司"，明确指出了创新的重要性。知识管理是创新的重要基础，只有在知识资源有效整合的基础上，创新才不会成为无源之水。广东移动过去几年做了大量的资源整合工作，期望把各市公司、各专业部门的宝贵知识和经验进行有效的内部复制和转移。

因此，知识管理就成为现阶段进一步推进资源整合、提升公司核心竞争力、支撑企业可持续发展的重要的理念、方法和工具。

从现状来看，广东移动各部门、个人沉淀知识的意识较强，但还没有成为组织行为；显性知识共享不错，但隐性经验交流不佳；知识资源缺少整合，需要更加有序化；在知识运用和创新方面，广东移动的表现比较差，主要是在创新文化和 IT 支撑上相对较弱。

为有效推进知识管理建设，广东移动希望通过知识管理咨询软课题研究，在知识管理的发展方向及运作机制、知识管理的内涵和外延、知识管理的平台方案以及试点部门/线条的知识管理案例分析方面形成明确意见和落地成果。

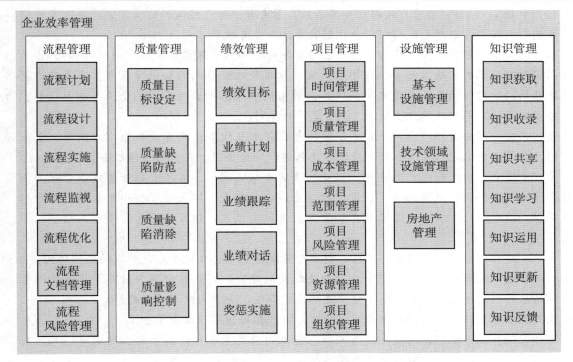

图 13 - 7 企业效率管理

● 知识管理的发展方向及运作机制：在倡导知识管理，开展知识管理平台立项、建设、管理、维护的过程中，必须确保大方向符合业界发展规律，尽可能取得大多数用户的认同。期望项目能够结合电信企业的行业特色，吸收业界成功经验，探索出一套适合广东移动的知识管理运作机制，确保项目后期影响力。

● 知识管理的内涵和外延：广东移动已经有包括在线考试系统、专业门户网站、档案综合管理系统等在内的众多具体应用系统，基于知识管理的研究内容，结合广东移动的实际情况，界定知识管理的内涵和外延，是确保知识管理取得阶段性成果的关键。

● 知识管理的平台方案：作为 IT 部门，在知识管理中的重点工作就是知识管理平台的开发建设和管理维护。期望通过本项目明确对知识管理平台的功能要求、性能要求等，为接下来的知识管理平台建设提供指导。

● 试点部门/线条知识管理的案例分析：考虑到知识管理项目事关重大，不仅包括管理平台等基础环境的建设和推广，而且包括专业线条具体业务知识、专业技能等的梳理和应用，因此，在进行大规模推广应用之前，需要结合知识管理平台现状，选择一个可控性相对较强的专业部门，按照知识管理运作体制实施知识管理项目。

为达到预期项目目标，蓝凌和广东移动一起提出了"三面两点"的研究思路。

● 知识管理发展战略设计（面）：结合广东移动规划文件等，通过开展调研分析等工作，明确知识管理的中长期发展规划，形成知识管理战略、知识管理方法论，并对知识管理的文化、IT 蓝图进行了阐述。

● 知识管理关键技术建议（面）：介绍知识管理领域关键的 IT 技术，如知识管理机制、搜索、即时通信、Web 2.0（Wiki/Blog）等，并对实现这些技术的相关产品进行对比分析。

● 门户数字化品牌规划（面）：帮助广东移动未来的门户建设在"表现层"形成相对统一的规范，以形成门户所代表的企业数字化品牌。

● 知识体系梳理（点）：基于广东移动业务实践，通过传递知识地图梳理方法，通过调研得出 ITC 部门知识体系和集团客户部知识体系。

● 部门门户规划（点）：基于广东移动业务实践，参考知识体系梳理的结果，进行集团客户部和ITC部门的门户规划，帮助广东移动形成部门门户规划的方法和参考规范。

在广东移动知识管理系统建设方面，提出了门户导向的知识管理建设思路，通过各部门/专业门户的建设，将知识管理的内容有效融入业务工作中，改变以往单纯功能导向的知识库、专家库等建设思路。具体来说，广东移动门户建设的蓝图是建立一个以广东移动统一信息平台为基础的企业级知识门户。为体现总体规划、分步实施的思想，从总体上提出"三步走"的规划：

第一步，以建立省公司部门门户为重点，同时考虑与专业线条门户建设和推广的衔接，重点满足省公司专业部门业务管理的需求，并建立省市两级信息传递和沟通渠道，保证省市两级业务信息通畅。

第二步，以建立专业线条门户为重点，真正打通省市两级架构，满足专业业务线条管理的需要，实现各专业线条间的相关知识和经验的共享。实现以专业线条为线索，建立以省公司专业部门为中心，支持省市两级管理模式的专业门户（以集团客户部和管理信息部为试点，建立集团客户管理与服务门户、管理信息门户等等）。

第三步，以建立省移动统一门户为目标，打通专业线条门户，实现全省范围内的工作协同、知识共享。

采用"三步走"的策略是基于知识管理在企业的实施风险，广东移动用户数多、业务知识量大，在明确最终目标的基础上清晰地定义分阶段、分步骤的建设策略，会带来以下明显的好处：

● 企业知识管理实施更加可控，避免盲目投资，真正体现出知识管理价值。

● 通过部门门户、专业门户的试点建设可以在短期内满足业务部门的实际工作需要，并在应用过程中不断丰富和完善应用需求，避免因应用需求的不确定性而造成资源的浪费。

● 通过部门门户、专业门户的试点建设可以积累大量的实施经验，最大限度地避免技术风险、工程实施风险与管理推进风险。

在知识管理应用落地中，虽然以往的门户建设给大家带来了很大的业务便利，但是随着应用的深入和业务的进一步提升，ITC部门发现了新的优化点，这些问题主要来源于以下方面：

● 部门门户缺少统一规划，部分门户定位不清，面向的用户群不统一，既有对内门户，也有内外统一应用的门户。

● 没有统一的框架，导致门户各自独立开发与实施，采用的技术平台不同。相同功能重复开发，导致重复投资，维护成本越来越高。

● 整合的应用越来越多，页面内容越来越多，用户体验差。

● 在满足业务需求的同时也增加信息孤岛。

一个公司的信息化运作环境，就如同我们的生活环境，需要整洁、干净和清爽，在优美舒适的环境中才有较高的工作激情和工作效率。因此需要对IT工作环境进行"绿化优化"。通过对IT应用环境问题的讨论，一个新的项目任务应运而生，那就是ITC着手启动的知识管理基础服务项目，其目的是改善IT应用环境，提升IT管控能力，加强已有应用系统之间的集成和信息交互。

面对现实的挑战，项目组采取了对应的策略（如表13-5所示）。

表13-5 项目组面对的挑战和采取的策略

挑战	策略
如何提供一致的用户体验	基于Web的用户界面规范，门户应用：绿化我们的视野
系统多，功能重复，应用环境复杂	梳理基础服务应用：清理IT应用，进行IT大瘦身
应用需求增长，整合的应用多	合理的应用开发策略：IT应用资源整合，节约资源，优势发挥
用户数量大带来的性能影响大	合理的分级部署策略：合理规划优化性能，优化应用效率

对技术、知识管理机制和服务机制进行优化，实现建设目标（如图13-8所示）。

技术	知识管理机制	服务机制
• 知识的多维度模型 • 自定义维度视图 • Wiki功能支持 • RSS订阅 • Web风格门户自适应 • 知识应用行为分析 • 门户集成:作为门户的基础服务	• 日志管理 • 任务服务 • 短信机制 • 附件机制 • 发布机制 • 点评机制 • 通知机制 • 阅读机制 • 关联机制 • 积分机制 • 版本机制 • RSS订阅	• 维度服务 • 收藏服务 • 推荐服务 • 积分服务（CKO工具箱）

图 13-8 优化技术、知识管理机制和服务机制

优化 IT 架构模式为后继良性的 IT 建设打下了坚实的基础。不仅实现了门户＋基础服务＋专业应用架构模式，还引入了 Web 2.0 系列技术，符合面向服务的 SOA 架构；通过本项目增强了开发模式，集中有效资源，节约高效应用。以前各业务部门提出需求都是从头开始，每个供应商的实现情况不一样，而且功能简单，未统筹规划。现在则由不同的专业开发商提供基础的专业服务，专业性强，个性化开发少，复用度高，可持续发展，集中开发模式在质量和功能优化上更有保障；通过本项目大大提升了 IT 输出能力，理清了应用，绿化了 IT 应用环境。以前是根据业务部门的需求由 IT 部门逐个实现，系统多而乱，而现在通过基础服务模式，可以使 IT 部门有能力快速输出，缩短业务部门需求响应时间，降低 IT 应用维护成本。业务系统需要的知识库和爱问功能无须重复开发，通过嵌入应用或接口调用可实现应用部署，实现门户的灵活应用，改善了用户体验。本项目对知识管理的应用进行优化更新，梳理有效知识资源，为知识应用提供了有序高效应用的空间。本项目构建了集团型企业的知识管理应用，数据集中，分散应用，进行知识沉淀，为下一步的知识梳理和再利用奠定了良好的基础。

资料来源：https://ishare.iask.sina.com.cn/f/31Q2CIrFthx.html.

二、知识管理的主要理论学派

知识管理的内容非常广泛，手段方法也多种多样。学者厄尔（Earl）将组织知识管理分为七大研究学派（2001），得到了广泛的认可。国内学者廖开际（2007）在厄尔七大研究学派的基础上增加了组织学习这一学派，得到了多数学者认可的是八大研究学派（见表13-6）。

表 13-6 知识管理各理论学派

比较项目	技术导向			经济导向	行为导向			
	系统学派	制图学派	工程学派	商用学派	组织学派	空间学派	战略学派	组织学习学派
重点	信息技术	知识地图	流程的知识管理	知识的价值收入	知识的学习网络	讨论知识的空间	组织核心能力	发现错误与行为改进
目标	知识库的建立	知识目录的建立	知识流的流畅	无形智力资产管理	知识收集和分享	交换知识的空间	知识能力	建立学习型组织

续表

比较项目	技术导向			经济导向	行为导向			
	系统学派	制图学派	工程学派	商用学派	组织学派	空间学派	战略学派	组织学习学派
研究对象	特殊领域的知识	组织集体的知识	知识管理流程的活动	知识专利权、产权	知识学习群体	提供资源和地点	组织竞争优势	学习过程
关键成功要素	知识内容的精确及鼓励分享机制	分享动机和人际关系完整	知识学习和知识的传递	正式的智力资产管理制度	互动文化和知识中介	鼓励参与有目的的知识讨论	知识化核心能力	单环学习、双环学习
信息技术的贡献	知识库专家系统	组织内部网络上的知识地图	分享知识库和资料库	智力资产管理系统	群体软件和组织内部网络	呈现和获取系统	促进知识的综合绩效产生	知识存储和交流
哲学观	知识编码	知识连接	知识能力	知识的商业价值	知识的协同合作	知识的接触	知识的意识	组织记忆

（1）系统学派崇尚技术系统，强调知识的显性化过程以及有效的存储，并鼓励员工分享知识。强调利用IT来存储有利于公司经营的各种领域的外显的知识，如知识库、专家系统等知识的存储要经过专家的验证，要设计良好的分类及搜寻机制。

（2）制图学派强调知识的对应与连接，注重知识地图的开发与利用，供同仁查阅寻找知识渠道，而非存储知识。强调知识的对应与联结，如员工需要的知识在哪里可以找到，哪些人是专家。对于企业内各种专家要利用相关的IT来建立专家名录（知识地图），以便员工通过企业内部网络找到所需的专家进行交流。这一学派注重隐性知识的共享以及人与人之间的互动，因此，企业必须建立知识目录，并通过企业内部网络来进行知识交流。

（3）工程学派强调学习组织内外最好的知识和最佳实践。主张共同的企业文化，提供有关工作的知识，以提高企业运营流程的整体效益。强调运用企业内外最好的知识与最佳实践，来提升企业内部的工作流程，尤其是核心流程。

系统学派强调知识内容、解决方案、文件等，为内容导向；工程学派则是流程导向，强调搜寻、获取及分享最佳流程设计的知识。

（4）商用学派注重知识的利用和知识价值的最大化，而非知识的开发或分享。通过建立良好的无形资产管理制度与管理系统来管理企业内部的专利、知识产权和商标等无形资产，以利用已有的知识实现利润创造和价值最大化。商用学派关注如何利用公司的知识产权，如专利、商标、著作权、技术去产生收益。由于企业内部存在许多专利、知识产权、商标等智力资产，而许多公司没有好好利用这些知识的商业价值来创造利润，因此商用学派学者主张设计良好的智力资产管理制度与管理系统，以寻求其价值最大化。

（5）组织学派强调通过建立组织内部网络构建组织的知识网络，推动各种学习型虚拟团队的建设。组织学派注重结合外显与内隐两种知识管理策略，强调建立企业内部虚拟知识社群，企业可依据自己的目标来推动各种相关的学习型虚拟团队，利用企业内部网络、视频会议、群组软件来连接这些知识工作者，以形成一个知识网，让知识的买方与卖方互动分享。

（6）空间学派强调组织内物理空间（包括咖啡室、茶水间或者聊天室等）的设计，减少传统封闭式办公模式对员工知识共享造成的障碍，增加员工见面沟通的机会，这种思想也被称为"知识建筑"。空间学派主张通过空间的利用与设计来促进知识交换。强调为员工提供互动的空间，以便经由自由闲谈而增进知识分享。目前许多办公室的隔间设计会妨碍知识分享，组织应通过有利于互动的建筑物设计，让员工常常与其他人"不期而遇"，从而使员工"打成一片"，并促进知识分享。

（7）战略学派强调知识是企业的核心竞争优势来源，知识管理战略是企业战略的重要组成部分，要在企业的流程、组织架构、人力资源管理、财务管理及文化建设等方面进行有效的整合，实现知识对企业的价值贡献。战略学派把知识管理视为公司的核心竞争战略，强调智力资产是企业的战略资产、核心竞争力，企业战略规划中要融入知识的管理战略，指导企业所有流程、组织结构、文化、制度的设计与资源的配置；无形的智力资产对于企业价值的贡献大于有形资产，企业要以知识整合各种资源而产生综合效能。

厄尔对知识管理七大学派的分类是一种诠释学的研究取向，对每一个学派的理论没有那么明确、严格的定义，认为知识管理理论可以是对团体的意义系统如何产生与维持的描述。这种分类的优点在于可以了解与描述行动的主观意义，并且重视事物的独特性，甚至以掌握此独特性为知识的重要旨趣。在七大学派的基础上，廖开际增加了组织学习学派。

（8）组织学习学派主要强调知识管理是组织学习的结果，鼓励组织中的成员共同成长，使组织常用的知识能够沉淀并传承下去。

2010 年国内学者仲秋雁和曲刚通过作者共被引分析的多元统计分析方法，对 SSCI 引文数据库中有关知识管理的论文进行分析，试图通过绘制知识地图来揭示知识管理学科的知识结构和划分知识管理流派。通过分析，他们将知识管理划分为战略流派、过程流派、组织变革流派、应用流派和系统模型流派。

（1）战略流派。战略是管理学研究的传统问题，在该领域出现很多在管理研究方面作出突出贡献的学者，因此本流派学者的被引次数最高；同时在因子分析中可以看出，本流派的一些学者在其他流派上也有很大的因子载荷，这表明本流派对其他流派的发展也起着重要的理论和应用指导作用。知识管理战略是战略管理与知识管理交叉整合的产物，主要研究如何通过知识管理来增强企业的竞争优势。如何有效整合资源，发挥企业的知识管理能力，以此来提高企业的竞争力，是本流派研究的重点。战略流派的理论基础主要是战略管理理论中的基于资源的企业理论（如资源基础理论）和基于能力的企业理论（如动态能力理论），研究领域包括创新能力、学习积累和知识传递、知识资源的整合等方面，研究目的是通过知识管理活动来获得持续的竞争优势。

（2）过程流派。本流派包含的作者数量最多，这主要是因为在知识管理领域，对知识创造、发现、转移、获取等知识管理过程的研究占了很大的比重。过程流派充分将心理学、社会学、哲学、经济学、行为科学、信息科学等理论学科，应用到知识的创造、转移、获取和共享过程中，研究知识管理的行为模式，识别知识管理过程的影响因素，并提出优化模型或改进建议。研究主要从学习型组织、知识管理流程以及知识管理对决策的支持等角度展开。

（3）组织变革流派。组织变革是应对新环境的变化而产生的，知识经济时代强调对人的管理和组织中的知识流动，原有的组织结构和所形成的组织文化阻碍了知识管理的发展，影响了企业的竞争力，因此需要改变现有的组织结构并形成新的组织文化。本流派主要研究组织形态对创新能力、市场竞争优势、组织学习的影响，尤其是在企业向网络化演进、产生新的组织形态时，研究在跨组织的条件下如何设置各个企业的组织形态和提高企业竞争力。例如，研究信息共享与组织结构、创新能力的关系，企业网络间的信息共享，跨国公司的组织和知识流的控制问题等。

（4）应用流派。知识管理的目的就是应用，应用流派的产生主要源于两个方面：一是理论方面，主要研究知识的重要性和知识的哲学内涵；二是知识的具体应用，这主要是由于知识管理逐渐成为一种新的管理思想，主要研究知识管理在各行业以及管理的各个具体领域中的应用，可能涉及各行各业，管理领域包括新产品开发、项目投资管理和公司绩效的评价、人力资源管理等。

（5）系统模型流派。此流派主要针对知识管理的流程，建立知识管理的系统模型，本学派的理论很大程度上源于过程学派，而与过程学派相比，它更侧重应用系统相关的理论，研究如何建立知识共享和转移等知识管理过程模型，目的是提高组织管理的绩效。本学派主要研究知识管理信息系统和如何构建提高企业绩效的知识管理行为模型。

零售企业的知识管理系统

今天，科技在企业中的应用更广泛，知识比以往任何时候都更低成本、更迅速地传播和繁衍，这意味着一旦竞争对手获得了相同的知识，企业自身的优势很快就会丧失殆尽。

为了使竞争优势能够持久，企业必须管理知识资源，挖掘优秀做法。知识管理可以令企业具有获取知识和运用知识两种能力。知识管理不仅涉及纯技术方面的知识，而且包括技术与整个组织（如生产、财务、市场营销等）的兼容能力。

沃尔玛曾经创造了一套零售知识系统，让企业在很长一段时间排在世界 500 强第一位。这套系统的特点体现在：第一，全球采购，成本比别人低一个点；第二，开架销售系统，在这以前所有的零售都不是开架销售；第三，早在 20 世纪 70 年代末，沃尔玛就建立了计算机配售体系，从计算机开出订单到商品上柜，比竞争对手快 3 天，节省成本 2.5%，在减少库存并保持货架充实率上领先于其他零售商。20 世纪 80 年代沃尔玛建立起自己的商用卫星系统，堪称世界上最大的民用数据库，以信息来驱动制造和零售之间最高效的运转。

创造了零售知识系统之后，沃尔玛成为当时全球最大的零售公司，几乎所有的零售企业都因为它从百货转向大型超市，我们称之为一次零售革命。现在，大家又从超市转向线上与线下融合。线上与线下融合这套知识系统由亚马逊和 7 - Eleven 提供。这两家零售企业改变了整个零售行业的战略性竞争态势。

今天，我们遇到的很大挑战就是，知识成了一个战略性的变量而不是生产性的变量。企业如果没有知识驱动的能力、知识与技术组合的能力，就没有新机会。

资料来源：为什么企业一定要拥有知识管理能力．华夏基石 e 洞察．

第 3 节　知识管理的主要内容

一、知识管理的内容

知识管理的目的在于，将存在于组织内外员工或群体的隐性的、私有的知识以最有效的方式转化为组织中最具价值的智力资产，进而提升组织的竞争优势。不同的学者提出了不同的知识管理内容，迪贝拉（DiBella）和内维斯（Nevis）认为，知识管理主要包括知识的获取、传播和利用（1998）；威格认为，知识管理主要包括知识创造与获取、编辑与转化、传播、利用与价值实现；安达信顾问公司和美国生产力与质量中心认为，知识管理主要包括知识的定义、收集、适应、组织、利用、分享和创造（1993）；贝克曼认为，知识管理主要包括知识的定义、获取、选择、存储、分享、利用、创造和销售（1997）；迈尔认为，知识管理是一个存在大量的模型、框架和工具的多样而不连贯的领域（2003）；海西希认为，知识管理要求组织在实践中更系统地处理知识，运营层面系统地处理知识是知识管理的核心（2009）；舒亚哈特认为，知识管理是培养创造、分享和应用知识以提高创新绩效、组织绩效和竞争优势的文化的过程、功能和学科，它由两个要素组成：知识管理基础设施和知识管理过程（2017）。2009 年发布的中国国家标准《知识管理第 1 部分：框架》提出，知识管理主要包括知识的识别、创造、获取、存储、共享和应用。综合以上几种观点，本书从知识的转移与转化、知识的共享与创造角度提出知识管理的内容，主要包括以下四个方面：个人知识组织化、隐性知识与显性知识的相互转化、知识共享平台的搭建和知识创新。这四者的关系如图 13 - 9 所示。

由图 13 - 9 可以看出，知识创新是知识管理的最高层面，也是其他三个职能的最终目标；知识共享是知识

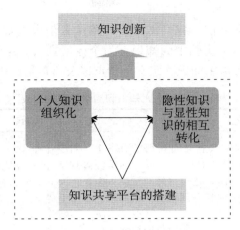

图 13-9　知识管理的主要内容

管理的基础职能，只有员工之间积极地进行知识共享互动，才可能更好地实现知识转化和知识创新；个人知识组织化及隐性知识与显性知识的相互转化则可以看作知识管理的过程职能，在知识共享平台之上，通过有效的管理来推动个人知识组织化及隐性知识与显性知识的相互转化等，最终推动组织的知识创新。因此，知识管理的主要内容并非在同一层面上，知识管理工作应该根据它们之间的关系有序开展。

（一）个人知识组织化

1. 个人知识组织化的含义

个人知识组织化是对知识管理过程的促进和加强（Bassi，1997）。"个人知识组织化"这一概念并非来自国外，而是由我国学者赵希雷（2004）率先提出的。他认为，知识组织化是捕捉、传递、分享、整合对组织有效的知识，使其被组织内其他成员所掌握和使用，以支持战略的实现。随后，杜跃平、路璇（2008）在此基础上正式提出个人知识组织化的概念，他们认为，个人知识组织化是个人捕捉、传递、分享、整合知识，有效转化为组织的知识和能力，使其被组织内其他成员所掌握和使用，以支持组织战略和提高核心能力的过程。胡远华（2009）对个人知识组织化问题进行了深入的研究，认为个人知识组织化是指个人拥有的知识通过一定的方式和途径在组织内不同主体间传递和分享，并被知识接收者吸收、整合和应用，以致最终转化成脱离具体个体的、能被或已被组织中其他成员运用的组织知识。由以上定义可见，个人知识组织化并非新提出的概念，它来自知识转移概念的提炼。霍尔瑟姆（Holtham）指出，知识转移是一种沟通的过程，知识不像商品那样可以自由交易，在学习过程中，知识发生了转移，学习者对接收到的知识进行重建并吸收，这样才完成转移的过程（2001）。达文波特和普鲁萨克（Prusak）认为，知识转移包括知识传递和知识吸收两个过程，即转移＝传递＋吸收和利用，知识转移是知识提供者将知识传递给潜在的接收者，并由接收者吸收、整合、应用、创新和外溢，并最终实现知识价值提升的过程（1998）。本书从知识转移的角度出发，在已有概念的基础上提出：个人知识组织化是个体知识向组织知识进行转化的一个动态过程，个体通过传递与共享的方式将自身知识转移给组织的其他个体，这些个体通过理解、吸收、整合的方式将新知识转化为自身知识，并再次运用到组织实践当中，组织则将已经转化的知识提炼并存储于知识库中供其他成员使用，最终实现个人知识向组织层面转化，扩大了原有知识的价值。

组织内部知识的获取依赖于组织中的个体，但并不是个体知识的简单加总，关键在于员工个人知识的有效转化。组织从员工身上吸取、整合知识形成组织知识，从而构成企业核心能力的基础，在员工拥有的最稀缺、最宝贵的知识资源和知识创新能力向组织转化的过程中，其显性知识和隐性知识将成为组织知识的一部分。个人知识一旦转化为组织知识，任何个体都无法独占，这种知识也不会消失，组织的显性知识和隐性知识也必然在这一过程中得到提升，促进组织能力的提高，并形成难以被竞争对手模仿的核心能力。

2. 个人知识和组织知识

在实现个人知识向组织知识转化之前，我们需要弄清楚什么是个人知识，什么是组织知识，二者之间的区别是什么。个人知识是仅存在于员工头脑中的知识，为个体所拥有；组织知识是体现在团队或部门层次上的知识。表13-7列出了个人知识和组织知识的定义、特点以及所包括的内容。

表13-7　个人知识和组织知识的比较

知识类型	定义	特点	所包括的内容
个人知识	个人知识是通过学习人类知识成果而获得的知识，是在实践中产生的知识混合体 ● 个体在学习人类知识成果时，通过将外在知识结构转换为个体内在逻辑结构和心理结构，从而真正掌握知识 ● 个人通过自己的实践活动，发生从动作向概念思维的转化，同时形成个体的技巧和能力，从而形成个人丰富多彩的知识世界	个人知识存在于个人头脑中，或表现为个人技能方面的知识，它为个人所拥有，可以独立应用于特定任务或问题的解决，并随着个体的移动而移动	专业知识、工作技巧、诀窍、个人专利发明、生活常识、社会关系和体验、价值观念、各种意识和各种能力
组织知识	对组织知识的内涵存在不同的理解，主要的分歧是与个人知识的关系 ● 一种观点认为，组织知识是组织内部全部知识的综合，个人知识是其中一部分 ● 另一种观点则强调，组织知识与个别成员或个别部门的特殊性无关，是由组织各部门和各成员共享的知识。实际上，这与分析、考虑问题的角度、范畴有关	组织知识是作用于组织的各个方面的知识，存在于组织中的个体、群体、整个组织和组织间，表现在组织的规则、程序、管理和文化中，并随着组织成员的相互交流而处于流动状态	规章制度、技术、流程、数据库、共同愿景、品牌、商标、专利、管理模式和组织文化

从表13-7可以看出，个人知识和组织知识之间存在差异，个人知识有效转化的前提是清楚个人知识的有关特点，这样才能针对这一特点采取相关措施，以帮助个人知识转化。个人知识具有专业性、积累性和局限性等特点，即个人知识集中于解决某一领域里产生的现象或问题，它对个人知识的精度要求较高，而且主体从事的活动越多，所获得的知识量也就越大，但是，个人知识又有一定的局限性，个人所能获得的有效信息是有限的，因而对研究对象的判断是不完美的；由于不同员工之间的知识存在差异，因此个人与个人之间的知识存在互补性。

个人知识和组织知识存在一定的差异，但知识本质上既是个人的也是集体的。个人知识的形成与升华是与社会过程相关的，离不开一定的组织环境。组织知识是个人知识在组织中产生、发展和转化的知识，当个人获得在组织中产生的以普遍规则的形式出现的一组一般化能力并作为行动依据时，知识就成为组织的了。组织知识来源于个人知识又超出个人知识，组织通过有效的知识协同产生1+1>2的协同效果，并嵌入组织产品和工作流程，实现知识价值。两者的这种相互依存、相互影响又互为补充的关系，为知识的转化提供了内在动力。

3. 个人知识与组织知识的转化机理

个人知识组织化是一个动态持续的过程，其理论基础来自野中郁次郎的SECI模型，知识的转移过程可用图13-10表示。个人之间通过知识共享这个社会化过程将自身知识转移给组织的其他个体，这些个体将接收到的知识进行学习和吸收，进而再次转化为个人知识，并运用于组织实践，然后，组织将把这些有效的知识进行整合，通过整理、编码和归类形成组织成员易于接受的形式，并存入组织的知识库，供组织成员使用。总之，组织中个体知识通过彼此之间的社会化、个体知识到群体知识的外在化以及群体知识到组织知识的整合化形成组织的新的知识，完成个人知识组织化的过程。有关内在化、外在化、社会化和整合化的概念稍后介绍。

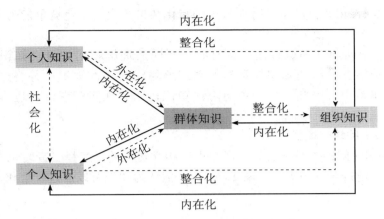

图 13 - 10　个人知识组织化的过程

由图 13 - 10 可见，个人知识和组织知识的转化并非单向的，而是双向的。在个人知识组织化的整个过程中，组织通过编码和分享等方式将个人知识转化为组织知识，然后将获得的组织知识进行整理组合，以便实现组织知识创新，与此同时，个人知识还可以转化为群体中其他人的个人知识，在这一过程中，通过持续不断的社会化、外在化以及整合化来实现个人知识转化为组织知识、隐性知识转化为新的隐性知识。在图 13 - 10 中，虚线代表的是个人知识组织化的过程，实线代表的是组织知识又作用于个人知识的过程，即个人通过学习和吸收等手段将组织知识转化为个人知识，最后个人将从组织中获取的显性知识内在化为自己的隐性知识，进而产生个人的知识创新，产生的新知识又被组织通过编码和整合等手段再次转化为组织知识，如此循环往复下去。

（二）隐性知识与显性知识的相互转化

隐性知识与显性知识的划分突破了过去人们对知识的认识，承认了未经系统化处理的经验类知识。隐性知识与显性知识的定义和区别前文已做介绍，我们在此基础上进一步探讨隐性知识和显性知识之间的关系。隐性知识与显性知识并不是孤立存在的，二者之间可以相互转化，而且隐性知识和显性知识只有在相互转化后，才能使得组织和个人获取各自需要的知识，提高能力。因此，隐性知识和显性知识不是静态不变的，而是一个持续、动态和相互转化的过程。

1. 显性知识和隐性知识的关系

显性知识和隐性知识并不是绝对的，有些知识既有显性的方面又有隐性的方面。日本知识管理专家野中郁次郎认为，隐性知识和显性知识之间可以相互补充、相互转化，运用一种类型的知识不可以没有另一种类型知识的帮助，它们彼此之间可以相互渗透。在组织的知识管理中，我们关注的是如何将隐性知识显性化，让员工学到更多的知识；显性知识隐性化则是将知识内化到员工个人身上，使员工个人得到提升，二者之间是一个循环提高的过程。

（1）隐性知识可以转化为显性知识。在工作中，员工通过彼此的交流，在一定程度上可以将自身拥有的隐性知识转化为显性知识，并将其传递给其他员工或整个团队。组织知识的积累正是来自隐性知识的不断显性化，显性化的知识则用来创造新的组织价值。

（2）隐性知识的隐性程度存在差异。隐性知识被意识和被表达的程度不同，有学者将其分为"无意识的""能够意识到但不能通过语言表达的""意识到且能够通过语言表达的"。前两种程度的隐性知识不容易被挖掘和提炼，最后一种较之前两者容易被挖掘和提炼。但这种程度的划分是相对的，与群体之间是否有共同经历有关，比如，相同专业背景的员工在交流经验和感受时，隐性知识就较容易被理解，但其他不具有此背景的人可能较难理解。

（3）隐性知识是显性知识增长的基础。显性知识的增长一方面依赖于组织内外显性知识的获取，另一方面依赖于组织内隐性知识的转化和再产生。隐性知识的转化和再产生是企业竞争能力提升的根本，这是竞争对手难以模仿的。

（4）显性知识在实践中向隐性知识转化是必要的。不同人理解相同的显性知识得到的结果有可能不同，因为个人在实践中是根据自己的知识体系框架来理解相同的显性知识，并将这些显性知识进行加工整合到个人的隐性知识体系中，因此显性知识向隐性知识转化是现实存在的，也是个人获取新知识的重要途径。

2. 显性知识和隐性知识的转化模式

从显性知识和隐性知识之间的关系来看，二者是可以相互转化的。解释二者转化机理的研究中，最具有代表性的是野中郁次郎提出的 SECI 模型（见图 13-11），他认为知识可以通过社会化、外在化、整合化、内在化四个过程相互转化。

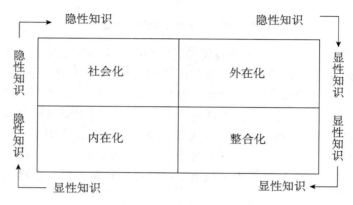

图 13-11　SECI 模型

资料来源：野中郁次郎，竹内弘高. 创选知识的企业：日美企业持续创新的动力. 北京：知识产权出版社，2006.

（1）社会化（socialization）。社会化是通过不同主体之间隐性知识到隐性知识的转化来实现隐性知识社会化的过程，是人类知识传播最古老也是最典型的方式。在工作中最典型的就是师傅带徒弟的过程，即徒弟通过观察、模仿、亲身实践来学习经验，形成与师傅共有的思维模式和技能，这是"边干边学"的过程，在此过程中实现了隐性知识从师傅到徒弟的转移。社会化过程中获取隐性知识的关键在于观察、模仿、思考和实践，而不是语言。

（2）外在化（externalization）。外在化是将部分隐性知识表达出来成为显性知识的过程，即将非编码的知识编码化。在这一过程中，主体将自己的经验、灵感、诀窍等进行归纳整合，使其转化为可用语言和文字表达的显性知识，比如富有经验的知识型员工将他们的技术诀窍用语言描述出来，让其他新员工学习和借鉴，表达的方式有类比、隐喻、假设、会谈等。这是一个将感性知识提升为理性知识、从想象上升到概念的过程。外在化在知识管理中难度最大，但最具决定性意义。

即时案例 13-5

佳能公司一次性墨粉盒的开发

佳能公司开发微型复印机是在产品开发中有效运用类比的范例。开发团队当时面临的最大问题是如何生产出低成本的一次性墨粉盒，以替代传统机器所必需的维护。因为这种复印机是为家庭或个人开发的，如果没有一次性墨粉盒，就不得不在各地配备维护人员。这意味着新产品必须可靠性高、不需要维护或者只需要最低限度的维护。据研究，90％以上的故障出在感光筒及其周围的部件上。为了降低维修成本，同时兼顾高可靠性，该团队开发了"一次性墨粉盒系统"的概念，即感光筒（复印机的"心脏"）使用一定时间之后可以换掉。但问题是，感光筒能否以低成本生产出来。一天，攻关小组负责人田中宏派人买了一些啤酒，在啤酒喝光后，他问："制造这样一个铝罐需要多少成本？"得益于这样的启发，他们开发出低成本生产铝制感光筒的工艺技术，一次性感光筒由此诞生。

　　资料来源：野中郁次郎，竹内弘高. 创造知识的企业：日美企业持续创新的动力. 北京：知识产权出版社，2006.

　　（3）整合化（combination）。整合化是将在外在化阶段形成的分散的显性知识转化为系统的显性知识的整合过程，这是一种把概念综合成知识体系的过程，经过这个过程，知识能够被更多的员工学习和分享。这一阶段的重点是对分散的显性知识的采集、分类、组织、管理、提炼、升华，可以通过文档管理、内容管理、数据仓库等手段来整合显性知识。员工个人可以通过会议、网络学习等手段来获取和组合这些显性知识。

　　（4）内在化（internalization）。内在化是显性知识到隐性知识的转化，它是一个将显性知识形象化和具体化的过程，通过"汇总组合"而产生的新的显性知识被组织内部员工吸收、消化，并升华成他们自己的隐性知识。在这一阶段，员工通过实践和对规则手册的学习揣摩，将显性知识内化为个人的隐性知识，有效改善其技能与知识。组织中的培训、竞赛和团队工作是促进显性知识内化为隐性知识的有效手段。此阶段完成以后，员工会创造出更多的隐性知识，从而以现阶段的隐性知识为新一轮的起点。

　　上述四个不同的知识转化模式是一个有机的整体，都是组织创造过程中不可或缺的组成部分。在这个过程中，高度个人化的隐性知识通过共享化、概念化和系统化实现了个人之间、个人与组织之间知识的传递，并最终产生新的隐性知识。知识的转化、传递和创造是一个动态的、递进的过程，当个人的隐性知识完成一次知识螺旋运动、转化成新的隐性知识后，新的知识螺旋运动又将开始。

　　3. 知识转化的"场"理论

　　经野中郁次郎不断深入研究，SECI 模型得到发展，后来野中郁次郎又提出了"知识转化的生成环境"——Ba（"场"）。他将"场"定义为"知识创造、共有、活用所共有的环境"。Ba 源于日语中的哲学词汇，既指物理的场所，如办公室、商务会馆等；也指虚拟的场所，如电子邮件、电话会议等；还可以指精神场所，如共享经历、观念和理想；甚至可以指某种人际关系或人们的共同目标等。

　　"场"与知识的四种转化模式相对应，存在创出场、对话场、系统场、实践场四种类型，其关系见表 13 - 8。

表 13 - 8　知识转化与场

社会化	隐性知识 → 隐性知识	创出场
外在化	隐性知识 → 显性知识	对话场
整合化	显性知识 → 显性知识	系统场
内在化	显性知识 → 隐性知识	实践场

　　（1）创出场对应 SECI 模型中的社会化过程。这是物理意义上的场，指员工通过自由轻松的交流，孕育出各种新想法和新思路的场所，如办公室、研究所、休息室等可以交流的场所。创出场是个人隐性知识相互碰撞的场所。

　　（2）对话场对应 SECI 模型中的外在化过程。这是将个人的想法和思路用文字、语言、符号等显性知识触发"对话和集体反思"的过程。对话场提供一种氛围，运用恰当的类比或隐喻促进和帮助员工将难以表达的个人隐性知识显性化，无形中增加了组织的知识存量，促进了新知识的生产。

　　（3）系统场对应 SECI 模型中的整合化过程。这是新创造的知识联结和整合的场所。利用计算机网络技术或人工智能等媒介将员工显性知识向组织显性知识进行放大的知识共享，形成了大量的新知识。

　　（4）实践场对应 SECI 模型中的内在化过程。实践场成为员工个人为主体的情景场所，经过创出场、对话场、系统场的经验和思维的交流、学习，员工检验、吸收并创造出新的知识，并将其内化为自己的隐性知识，之后再进入创出场，这是一个不断循环、提升的动态过程。

　　从 SECI 模型到知识转化的"场"，野中郁次郎详细阐述了显性知识与隐性知识之间的转化和生成过程，该理论为研究知识共享和知识创造奠定了基础。

目前，在所有关于知识转化的研究中，野中郁次郎的 SECI 模型和"场"理论是最深入、最详尽的，它们揭示了知识生产的起点和重点，即个人化的隐性知识，通过共享、概念化和系统化，最终升华为组织中所有人的隐性知识，同时阐释了知识的生产模式，描述了具体的过程和方法，这就为企业实施知识管理提供了科学的理论依据。但 SECI 模型也存在一定的不足，该模型仅仅描述了知识转化的过程，对于企业竞争战略并没有起到很好的支撑作用，而且企业的知识应用和创新过程相当复杂，该模型的四个阶段还不足以解释复杂的过程以及过程中的某些关键问题。在企业的知识管理实践中，我们可以以该模型为基础并将其进一步拓展，针对个人、团队、企业内部以及外部等不同层次开发企业自己的知识管理措施。

（三）知识共享平台的搭建

前文提到在个人知识组织化、隐性知识与显性知识相互转化的过程中，离不开知识的共享与交流，知识共享贯穿知识管理的整个阶段，也是其他三个知识管理职能的基础和必要条件，知识共享是知识管理中最重要但又最难的一个环节。知识共享行为并非自发自愿的行为，因为知识拥有者拥有"知识的权力"，员工在组织中的专家地位和竞争优势主要来自其所拥有的有价值的知识，而这些知识是通过自身体验习得且难以表达的隐性知识，很难被共享。因此，需要建立一个知识共享平台来促进知识的交流与共享。

1. 知识共享的内涵

基于不同的研究角度，学者们提出了知识共享的不同定义。达文波特和普鲁萨克从市场交换的视角提出，知识共享是组织内的知识参与到市场交换的过程（1998），这一定义的假设是：人们只有感知到收益大于付出，才愿意与人共享自己的知识。圣吉（Senge）从组织学习的角度提出，知识共享不仅仅是一方将信息传递给另一方，还包括愿意帮助另一方了解信息的内涵并从中学习，进而转化为另一方的信息内容，发展为个体新的行动能力（1998）。野中郁次郎从知识转化的角度提出，知识共享是员工个人的知识财富通过各种交流方式为组织内其他成员所共同分享，从而转变为组织知识和财富的过程（1995）。康奈利（Connelly）和凯洛韦（Kelloway）从组织公民行为角度提出，知识共享是一种组织公民行为和亲社会的组织行为，是一系列帮助他人实现信息交换和共享的行为（2003）。综合以上观点，我们认为知识共享是个人与个人、个人与组织或组织与组织之间相互作用形成的，借助一些技术支撑来实现，并在这一过程中实现知识创新和知识增值。

从知识共享的定义可以看出，知识共享的基础是知识具有非排斥性和边际收益递增性的特点。知识的非排斥性是指当他人使用某特定知识时并不会影响该知识拥有者对特定知识的使用；知识的边际收益递增性表明，知识区别于其他一般资源，不会因为被其他人使用而被消耗，反而会因为不断被使用而得到积累和增值。因此，在保证知识共享收益高于知识囤积收益的前提下，知识共享符合效用最大化原则。

2. 知识共享的主体和客体

知识共享的主体是知识共享的参与者，包括个人、团队和组织。知识共享的客体是复杂的、不同层次和类型的知识，即显性知识和隐性知识。知识共享者之间不仅会分享有形的、结构化的、可以用文字和图像等来表示的显性知识，也会分享包括技能、诀窍、个人心智模式等深藏于个体头脑中的难以系统表达的隐性知识。

3. 知识共享的机理

组织内的知识共享活动不仅发生在个人与个人之间，而且发生在个人与群体之间，以及个人与组织之间，知识在三者之间循环往复进行传递，其关系如图 13 - 12 所示。

知识共享也是在不同类型和不同层级的知识相互转化过程中实现的，这个过程主要分为三个阶段：第一阶段，员工个人在工作中通过个体之间交流将自身的隐性知识显性化，并被群体中的其他成员所分享，在该过程中，个人知识转化为群体知识，此时的群体知识一般表现为隐性知识，此阶段属于 SECI 模型的社会化过程；第二阶段，组织通过一定的方式将群体的隐性知识显性化，并系统化为组织知识，为组织所获取和存储，

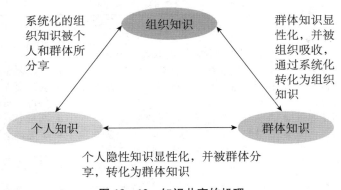

图 13 - 12　知识共享的机理

此阶段属于 SECI 模型的社会化和整合化过程；第三阶段，系统化的组织知识又可以被员工个人所获取和吸收，进一步提升员工个人的知识和技能水平，转化为个人新的隐性知识，此阶段属于 SECI 模型的内在化过程。整个过程的完成需要组织搭建知识共享平台，营造良好的学习分享氛围，促进个人学习积极性的提高，以及推动个人与群体和组织之间的交流与互动。

4. 知识共享的方式

（1）正式网络。正式网络是指组织自上而下传递、指示，或自下而上汇总、呈送与工作、任务相关的正式信息和知识的管理系统。例如，管理者通过部门会议将公司有关战略规划与相关政策传达给员工，或者员工以工作汇报或者报告的形式将有关信息上交给管理者。这种方式大多适合显性知识的共享。

（2）技术网络。技术网络是指包括互联网、万维网等在内的信息技术平台，为员工之间、团队之间以及部门之间的知识交流提供强大的信息技术支持，是目前企业中知识共享管理的主要手段之一。

（3）师徒制传承。在传统的制造型企业中存在的师徒制是指资深员工将自身的知识、经验、技能以讲解、示范的方式传递给资历较浅的员工。在现代企业，导师制是师徒制的另一种形式，导师是企业中富有经验的资深员工，对该领域有着深刻的认识和丰富的实践经验，有培养被指导人的责任和义务。这种方式有利于隐性知识的转移和共享。

（4）知识数据库的建立。对于知识型企业来说，建立共享的知识数据库尤为重要，它能够将组织内部和外部的知识以文字、图表的形式表现出来，员工可以在线获取和学习，这是一个显性知识隐性化的过程。

（5）实践社区。实践社区（communities of practice，COP）最早由布朗和杜吉德在对施乐公司的修理协会成员的研究中提出，指成员之间非正式的工作联系。韦格纳（Wegner）从过程和结构的角度界定实践社区，认为它是群体自愿学习的过程，其作用是为更好地完成任务而提供学习场合。实践社区有三个结构要素：知识领域、社区和实践。实践社区能够有效地管理组织的隐性知识，是组织中非正式学习的一种重要而卓有成效的形式。实践社区不是一个概念，也不是一个新的组织单元，而是一个基于知识的社会结构，实际上是指这样一群人，他们有着共同的关注点、同样的问题或者讨论同一个话题的热情，通过互相影响，加深在这一领域的知识和专业技术。因此，人们加入实践社区的目的是通过非正式的交换思想和分享知识来获得自己独自无法取得的价值，它是一个相互学习的组织，而不是汇报工作或完成任务的地方。

（6）最佳实践转移。这是知识管理中一个非常重要的研究领域。这种知识共享方式主要是由组织内执行某项任务获得成功的团队，把所获取的有价值的知识和经验转移给执行类似任务而绩效不佳的其他团队，以实现知识共享、价值呈指数增长的效果。奥德尔（Odell）和凯松（Cayson）对最佳实践的定义是某种在其他地方执行得非常成功且适合本单位、值得引进和采用的一些经验、知识或工作方式（1998）。

学者狄克逊（Dixon）根据决策树将最佳实践转移分为以下五种方式：连续性转移、相似性转移、差别性转移、战略性转移和专家性转移（2002）。具体描述见表 13 - 9。

表 13-9　不同类型的最佳实践转移

类型	定义	特性	指导原则
连续性转移	同一团队在某一背景下执行任务后将所获得的经验或教训予以存储和记录，以便下次在类似背景下执行任务时运用。	● 知识的来源者和接收者属于相同的团队，即由组织自行创造及利用； ● 虽然任务的背景不同，但任务类型相似； ● 任务是非例行的，但时常发生； ● 包括显性知识与隐性知识，主要知识是实践中的工作经验和教训。	● 会议要制度化； ● 会议要简短； ● 每位成员都要出席； ● 会议要有建设性、气氛融洽； ● 要强调会议的重要性。
相似性转移	某一执行例行性工作的团队，将其在工作中所获得的显性知识予以记录、存储，并转移给执行工作范围类似的另一个团队使用。	● 知识的提供者与接收者属于不同的团队； ● 任务、背景相似； ● 任务的特性是例行的； ● 共享知识的类型是显性知识。	● 由接收者主导，让接收者自行决定转移的内容与方式； ● 利用适当的媒介，充分利用信息技术和网络，以推的方式主动传送； ● 知识明确易懂； ● 要提高知识转移的成效。
差别性转移	某个团队将其处理某偶发性任务所获得的隐性知识，提供给组织另外的团队在不同背景下执行相似的偶发性任务时使用。	● 知识的提供者和接收者属于不同的团队； ● 任务相似，但执行的背景环境不相似； ● 任务不是例行的，但经常发生； ● 共享知识的类型是隐性知识。	● 注意双向互惠的交流； ● 原有的知识要经过适合当地特色的转移； ● 充分利用"活"的知识库； ● 知识共享互动要有合适的名称。
战略性转移	某些团队拥有战略性知识，可以影响整个组织经营的集体知识，由专家整理后提供给另外一个团队在不同背景下执行相似的战略性任务时使用。	● 知识的提供者与接收者属于不同的团队，并且知识由特别的专业团队编写； ● 背景不同，但任务相似； ● 任务的特性虽然足以影响整个组织，却是非例行的且不常发生； ● 共享知识中既有隐性知识，也有显性知识，但以隐性知识为主，且其属于战略层面而不是程序层面，范围较广且复杂度及模糊度更高。	● 高层管理者要定义所需收集与转移的战略性知识； ● 要由专家搜索和整理战略性知识； ● 资料的收集要即时而不是在事后； ● 以接收者的需求为焦点； ● 整合多元意见。
专家性转移	一个工作团队在执行例行工作面临一个超越其知识范围的问题时，主动寻求组织内的专家提供专业知识。	● 知识的提供者与接受者属于不同的团队； ● 知识背景相似，但任务形态不一定相同； ● 任务是例行的，但不经常发生； ● 共享知识的类型是显性知识。	● 善用信息技术，如 BBS 等； ● 电子论坛要有划分清楚的、明确的主题； ● 电子论坛要得到支持和监督； ● 鼓励不同程度的参与； ● 知识是需求拉动式的。

（7）微课/慕课。微课是运用信息技术，按照认知规律，呈现碎片化学习内容、过程及扩展素材的结构化数字资源。它规模较小，却是一个完整教学过程的浓缩。顺应互联网时代学习发展的新趋势，微课是实现随时随地快捷学习的必然结果，也是进一步固本强基、推进企业理念知识沉淀与传承、积极营造移动学习氛围的重要举措。微课展现了新时代知识共享的新方式，它能够促进信息技术与公司培训工作的创新、创效相结合，为员工打造一个共创、共享的工作和学习的新生态。

慕课（MOOC）即大规模开放在线课程，是"互联网＋教育"的产物。它包含 Massive（大规模）、Open（开放）、Online（在线）、Course（课程）四大元素，这类课程跟传统的大学课程一样循序渐进地让学生从初学者成长为高级人才。相比于微课，慕课的课程范围广、课程时间更长、课程内容更加丰富翔实。随着互联网的普及，很多公司开始着手开发应用型 App，促进对零碎时间的高度利用。比如，得到 App 就是利用读者的碎片化时间来促进有针对性的学习，从而推动知识的传播与管理。

（8）网络直播。网络媒体还没准确概括出网络直播的定义，为方便起见，不妨参照传播学及电视现场直播的概念给出简单的定义：网络直播是在现场随着事件的发生、发展进程同步制作和发布信息，具有双向流通过程的信息网络发布方式。相比于其他知识分享方式，网络直播具有突破空间限制、即时性、互动性的特点，大范围实现了知识的分享与传播。

学习资料 13 - 1

网络学习

网络的普及，跨越了地域的局限，为兴趣社群的发展提供了更多便利。

"蹭课"这个词对在校大学生来说并不陌生。每到选课的时候，受欢迎的课程往往"一课难求"，由此产生了"蹭课族"。他们穿梭于大大小小的教室，旁听自己感兴趣的课程。对于一个学校而言，优质的课程资源毕竟有限，不能满足所有人，为此，构建学习型社群就成为一种可能。

《中国青年报》有一篇题为《跨越 50 所高校的人文课堂》的新闻报道，介绍了"武汉蹭课联盟"这一公益组织。"上遍武汉所有大学，去蹭他们的每一场讲座和公开课"，不再是一句空话，而成为"蹭课联盟"成员的实践目标。年轻学子正在通过自我组织、自我管理，将创意变为现实。

类似"蹭课联盟"的公益团队近年来在各地陆续出现，如"北大清华讲座""沪宁杭讲座"等。他们收集高校优质的课程资源，通过微信、微博、QQ 群等形式发布信息，惠及广大学子与社会听众。

志愿者的热情与专注值得称赞，而其背后的科技与社会因素也需要关注。在这个互联网普及的时代，新媒体日益成为人们获取学习资源的平台。无论是"蹭课联盟"还是"北大清华讲座"，都将新媒体作为信息传播的重要渠道。有着共同兴趣的陌生人，往往可以通过新媒体平台相互认识，进而形成社群，共享学习资源。在社会学上，有所谓"弱连接"的概念，处在同一网络中的成员由于相似的态度、价值观，能够高效地传递信息，互联网的发展为这种信息传播方式提供了可能。

尽管网络学习具有开放性和自主性，但其所借助的载体毕竟是一个虚拟空间，线上互动容易使交流缺少深度与情感表达，线下的面对面沟通则可以弥补这一缺憾。对年轻人来说，线下的互动交流会更注重个人分享所带来的多元体验。近年来出现的城市青年空间，受到了不少年轻人的青睐。这其中有传统的读书分享会，也有影视沙龙、戏剧工作坊以及长期的公益图书馆项目。青年空间的活动，既强调群体的合作，又关注个体的分享体验，使参与者能够较深入地参与到社群活动中，进而创造和传播新的生活方式。

未来的学习型社群，离不开互联网，也离不开人，两者是相辅相成的关系。网络的普及，突破了地域的局限，为兴趣社群的发展提供了更多便利，而人与人的线下交流，则拉近了社群成员的心理距离，方便开展深入讨论，从而能营造公共空间的学习氛围。难能可贵的是，这些活动基本是由青年自发形成、自我管理的，这在一定程度上体现了当下青年的自主性和能动性。有理由相信，在未来的学习型社群中，他们将会扮演重要的角色。

资料来源：https://www.sohu.com/a/127032475 - 162758.

（四）知识创新

知识创新是知识管理的更高追求，也是知识管理的核心，知识管理过程就是实现知识创新的过程。知识转化、知识共享是知识创新的基础。知识创新是企业生存、参与市场竞争和获取竞争优势的内在动力，知识管理的最终目的是通过创新知识来实现企业的价值创新，增强企业的竞争优势。

1. 知识创新的含义

知识创新是一个复杂的系统及动态过程，涉及多方面的影响因素。不同的学者对知识创新给出了不同的定义，下面简要介绍其中具有代表性的定义。

阿米登（Amidon）提出，知识创新是指为了企业的成功、国民经济的活力和社会进步，创造、演化、交换和应用新思想，使其转变为市场化的产品和服务（1913）。在她的界定中，知识创新包括科学研究获得的新思想、新思想的传播和应用、新思想的商业化等。德鲁克将知识创新定义为：在参与者原有知识的基础上，由某种动议或创意引导，通过群体成员大量的个人思维活动，伴随着成员之间知识的交流，相互反复激发、评价、修正，逐步形成新的知识，达到新的知识状态（1993）。野中郁次郎认为，组织的知识创新来源于个体，没有个体，组织就无法实现知识创新（1998）。他同时强调，虽然知识形成于个体，但是个体间的知识交互在组织知识创新中扮演着极其重要的角色。个体间不断的知识交互，形成了知识创新螺旋模型循环往复运作的重要驱动力。国内学者路甬祥（1998）认为，知识创新是指通过科学研究获得新的自然科学和技术科学知识的过程。知识创新的目的是追求新发现、探索新规律、创立新学说、创造新方法、积累新知识。知识创新是技术创新的基础，是新技术和新发明的源泉，是促进科技进步和经济增长的革命性力量。知识创新为人类认识世界、改造世界提供新理论和新方法，为人类文明进步和社会发展提供不竭动力。总之，组织中的知识创新是个体知识交互的过程，通过个体之间以及个体与群体之间的交流来实现组织知识的创新。

2. 知识创新的方式

组织知识创新主要有两种方式：一种是对已有知识的充分利用；另一种是对新知识的探索。

（1）对已有知识的充分利用。组织应该对已有的知识资产加以有效利用，充分发挥它们的潜力。这种方式主要是通过"干中学"的途径来实现的，比较适合成熟稳定的产业，适合那些将提升效率和降低成本作为竞争的重点、产品生命周期较长、很少引进创新科技的企业。

（2）对新知识的探索。新知识的探索是组织不断追求自我超越的结果，组织期望能以具有突破性的、跳跃的方式快速成长，并希望在产品与技术创新方面不断领先对手、领导产业，形成对手难以跟上的竞争优势。这种方式主要是通过理论的演绎、归纳，并以"分析中学习"或直觉创意的形式寻求具有突破性、根本性的新知识与新方法，挑战既有的经营模式与工作流程上的基本假设、价值观与诠释框架。这种方式能给企业赢得竞争优势，但成本较高，风险相对较大，比较适合那些产品技术尚未成熟的新兴产业，适合组织外部环境快速变化、不确定性强的企业，以及在产品生命周期需要快速更新知识技术的企业。

两种知识创新方式的比较如表 13-10 所示。

表 13-10　两种知识创新方式的比较

特性	对已有知识的充分利用	对新知识的探索
战略目的	已有的知识资源的充分利用	创新，先占优势，领先对手
组织的学习方式	单环学习模式	双环学习模式
适合的情景	静态的稳定产业	动态的新兴产业
实施的重点	流畅的知识管理流程和弹性	喜欢冒险挑战的组织文化
优点	成本低，风险小，成效快	难以模仿的创新，先占优势
缺点	报酬低，进步有限，过时技术	风险大，成本高

资料来源：廖开际. 知识管理：原理与应用. 北京：清华大学出版社，2007：130.

3. 组织知识创新的机理

组织知识创新的机理如图 13-13 所示。可以看出，知识资产是知识创新的基础，组织内只有积累了足够的知识存量，才具有知识创新的资本。此外，搭建知识创新的平台也十分重要，员工只有在一定的环境下才会更好地进行知识交流与分享，碰撞出新的火花。知识创新是一个系统工程，需要组织有计划、科学地进行指导和管理。野中郁次郎和竹内弘高曾提出知识创新模型，包括三个层次：知识创新的过程（SECI）、"场"和知识资产。该模型类似于前述知识创新机理模型，"场"就是知识创新的平台，SECI 模型是知识创新的过程，这三个层次相互作用形成知识创新的螺旋上升运动。

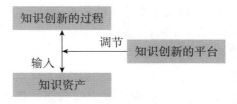

图 13 - 13　组织知识创新的机理

（1）知识资产是知识创新的基础。作为知识创新过程输入与输出的内容，知识资产是组织知识创新的基础。知识资产的概念最早是由野中郁次郎提出的，他将组织的知识资产分为经验性知识资产、概念性知识资产、系统性知识资产和常规性知识资产。知识资产的分类如表 13 - 11 所示。

表 13 - 11　知识资产的四种类型

经验性知识资产：通过经验传递而共享的隐性知识 ● 技能和个人诀窍 ● 关爱和信任 ● 能量、热情和耐心	概念性知识资产：用符号、语言等作为概念清楚表述的显性知识 ● 产品概念 ● 定义 ● 品牌资产
系统性知识资产：系统化、有序化的显性知识 ● 日常操作诀窍 ● 组织系统 ● 组织文化	常规性知识资产：融入组织的行为和日常工作实践的隐性知识 ● 组织文件、专业资料和操作手册 ● 数据库 ● 专利许可

经验性知识资产是通过组织成员之间、组织成员和客户及供应商之间共享的经验构成的，同时，它与经验拥有者个人的信念、情感相关，是其他企业难以模仿的，构成了企业竞争优势的一部分；概念性知识资产建立在组织成员和客户所拥有的概念基础上，是外化的显性知识，比经验性资产更容易把握；技术、专利、许可都是系统性知识资产，它们相对容易转化、可以买卖，因此需要保护，以防流失；常规性知识资产是组织行动和实践中的惯例，是一种实践性知识，它通过持续的联系、组织成员之间相似的思维和行为方式，在组织成员中得到普及而形成。员工共同体验公司的背景与发展历程，有助于形成常规性知识资产。

只有以充足的知识资产为基础，组织才有条件进行知识创新。由于知识资产是动态的，因此组织需要挖掘已有的知识资产，特别关注新产生的知识资产，并将之用于新一轮的知识创造。

即时案例 13 - 6

日立和索尼的知识资产

日立公司认为自己的系统性知识资产与其免费外流，不如出售。1998 年新上任的董事长宣布："我们的目标是成为知识型企业，我们有能力将自己的技术和智力综合起来。"这个电子巨人已经有了两项知识资产规划。一项是只用于内部的"系统知识"，例如，一个打好包的计算机辅助工程（CAE）软件，可从网上一个名为"i-engineering"的门户进去获取。另一项是品牌管理规划。公司提出要构建"品牌平台"，表明了日立品牌的发展方向。

索尼公司的目标是以知识为基础的制造公司。索尼有自己的知识资产规划，名为"未打烙印的小牛"（maverick）。索尼有统一的组织文化，每年高层领导会向 16 位未来的领导人灌输"索尼精神"（作为经验性知识资产），也要求这些未来的领导人向高层领导提出他们的战略计划（作为概念性知识资产）。有一年，这些未来的领导人提出了互联网时代的索尼的四项战略性计划，总裁一一认可并且要求他们立即组织实施。索尼还有一种传统：尊重年轻员工的新思想，并且想办法令它变得丰满。现任索尼计算机游戏部经理就曾提出开发家用电视游戏机 PlayStation，现在它主导了游戏机行业。
　　资料来源：顾基发，张玲玲. 知识管理. 北京：科学出版社，2009.

　　（2）搭建知识创新的平台。搭建知识创新的平台是知识管理的重点工作，有助于更好地激发员工个人的潜能，加强员工之间、团队之间的互动与交流，从而为知识创新创造良好的条件。知识创新平台可以用野中郁次郎的"场"来理解和构建，野中郁次郎以"场"的概念来具体说明情景、场所与知识创新的相互关系，"场"为推进个别知识转化及知识螺旋运动提供能量、质量及场所。"场"不仅包括物质空间，而且包括虚拟的超物质空间和精神空间，可以是这三类空间的任何组合。员工在"场"中与他人及环境进行互动，而且"场"是企业里一种有机的配置，表明企业应该和能够创造哪种类型的知识、哪些人是具备真正知识的"正确人选"，以及在不受现有组织架构约束的情况下，创造知识的人员之间需要怎样互动。同时，在知识创新平台上，领导人的作用不容忽视。领导人不仅要推动和促进员工在平台上互动，而且需要发现在哪里可以找到所需的知识和拥有这种知识的人才，尤其需要高层管理者参与到培养和充分利用那些能够看清形势的知识创造者的管理活动中。

　　（3）形成知识创新的过程。知识资产是知识创新的输入，在知识创新平台上产生新的知识，因此，产生新知识的过程就值得关注。我们可以用 SECI 模型来描述组织中知识创新的整个过程（见图13-14）。

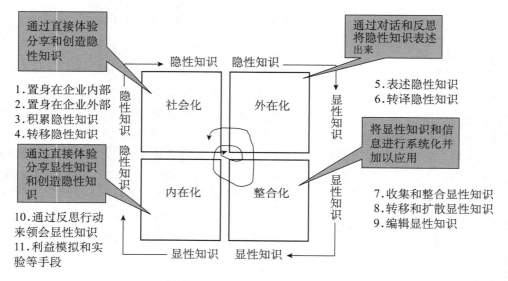

图13-14　知识创新的 SECI 模型

　　资料来源：野中郁次郎，竹内弘高. 创造知识的企业：日美企业持续创新的动力. 北京：知识产权出版社，2006.

　　上述模型可以描述知识创新的整个过程。知识创新始于社会化过程，通常在日常工作中共享各种经验，使新的隐性知识得以转化。由于隐性知识难以被显性化，并且往往具有时间和空间特殊性，因此只有通过共享直接经验的方式才能获得。隐性知识通过外在化过程表述为显性知识，得以明示化的隐性知识便可以与他人分享，成为以概念、形象和书面文件形式出现的新知识的基础。从组织内部或外部收集显性知识，通过整合化过程中的结合、编辑或加工程序，形成一套更加复杂和有条理的显性知识，然后，新的显性知识传递给组织的每个成员。组织所创新和分享的显性知识又可通过内在化过程转化为隐性知识。这个阶段可以理解为实践，在这个过程中，知识得到实际应用并成为新惯例的基础。因此，显性知识必须通过行动、实践和反思才能得以活用，并真正成为个人知识的一部分。

　　在这四个阶段中，隐性知识和显性知识通过转化被放大、增强，然后创造出新的知识。野中郁次郎指出，知识的放大在跨越部门、事业部乃至组织边界的互动社团中不断发展，它在横向和纵向上均得以扩展。知识可以转移到组织边界以外的地方，而且来自不同组织的知识在创新的过程中发生相互作用。

　　创新的知识一般是从个人知识层面往组织知识层面扩散的，它源自个人，并且随着互动社团的扩大，跨越小组、部门、事业部、组织的边界，不断向前推进，呈现一种螺旋上升的过程。具体过程如图 13-15 所示。

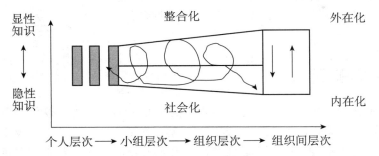

图 13-15　组织的知识创新螺旋

资料来源：野中郁次郎，竹内弘高. 创造知识的企业：日美企业持续创新的动力. 北京：知识产权出版社，2006.

　　图 13-15 是野中郁次郎对 SECI 模型的补充，他认为知识创新是一个动态的过程，模型本身在知识创新理论研究中具有开创意义。

即时案例 13-7

NTT 东部公司通信总部的场

　　日本提供通信服务的 NTT 东部公司通信总部在推行知识管理中设计了实际的场和虚拟的场。总部的牛尾田在设计时提出了教育的概念，其目的是让工作人员在新的办公环境和内部网的帮助下将人的能力发挥出来。牛尾田曾提出跨文化创造的概念，认为新知识的创造来自偶然的相遇和有着不同文化和信息的人与人之间的对话。他设计了新的办公室布局，形成很多实际的场，以利于有着不同背景的 1 600 名成员之间进行对话和交流。办公楼每一层有四个区：基本区、创造区、集中区和休整区。

　　基本区主要用于项目计划的制订，那里只有集体讨论用的大办公桌，每个人都带着一部手机、一台笔记本电脑和一个带有滑轮的小立箱，随意地坐在大办公桌边，这样可以很快组建一个项目小组，大家分享彼此的知识技术，经常有一些来自其他项目组的不速之客突然参加进来。因此，这个区相当于创出场和系统场。

　　创造区是项目小组通过对话创造新思想的地方，有无线连接的内部网，因此用个人电脑可以获取几乎所有必要的信息和知识。这个区一般靠窗并且用绿色植物分割开来，其大小可以按每次会议的规模来调节。这个区也可叫对话场。

　　集中区是为了便于个人将新的想法进一步开发而设立的。系统工程师可以在这里编程、设计系统或写建议。这个区的设计能让人们集中精力安心工作。因此这个区相当于系统场和实践场。

　　休整区有一个吸烟室，放置了自动售货机、阅报角等，主要用于休息放松或者不同背景的员工进行非正式的交流。这个区相当于创出场。

　　另外还设计了一个利用现有知识产生新知识的系统，将以内部网为基础的网页作为虚拟场。公司通信总部每个成员都有自己的网页，里面有四个组成部分："我的家""交友室""我的研究""辅助室"。

　　"我的家"提供网页制作者的自我介绍，有个人自传、照片或者活动视频，还有电话号码、电子邮件信箱等。

　　"交友室"提供个人信息，如爱好、家庭成员等有利于与陌生人交往的信息。

　　"我的研究"是个人每天的工作记录，如销售谈判记录，有的信息除了可以看之外，经过允许还可以复制。

　　"辅助室"提供自己的工作经验，如过去参加过的项目、经历等。

　　虚拟场原本只是想帮助大家提高上网、制作网页的技巧，现在已经变成同一项目组成员快速了解彼此业务信息的一个共享的虚拟的场。借助挖掘信息技术，大家可以找到任何所需的业务文件。另外，每一个部门也有自己的网页，里面保存了各种知识库。

资料来源：顾基发，张玲玲．知识管理．北京：科学出版社，2009.

二、知识管理的影响因素

组织的知识管理活动是一个系统的、复杂的和动态变化的过程，因为它既涉及知识载体——员工本人的行为动机和个人利益，也涉及知识本身可编码和可转化的难易程度，同时，还涉及组织自身吸收和整合知识的能力等多种因素。知识管理活动在这些因素的共同作用下进行，因此，我们需要理解哪些因素会影响组织的知识管理活动，以便提高知识管理的有效性。

1. 知识本身的因素

知识作为知识管理活动的客体，对组织内部知识转化、共享和创新活动具有一定的影响。知识具有可编码性、可表达性和复杂性的特点，而可编码性和可表达性能够显著地影响知识的传递和分享。在知识管理中，隐性知识是管理的重点和难点，因为隐性知识本身具有不可编码的属性，它往往以经验的方式存在，如员工的经验、阅历等，这样的知识很难形式化、模式化；隐性知识能被拥有者自如运用，但很难与他人交流，这种特性使得它在个体间的转移变得缓慢、成本高、不确定。在知识共享和转化的过程中，如果花费大量的时间去排除隐性知识传播所带来的障碍，可能会使知识转化和共享成为一个负担，最终影响组织创新的效率。另外，隐性知识的不可编码属性还会影响组织知识获取和积累的难易程度、知识被保留和存储的数量及方式，以及它在组织内部和组织间流动的难易程度。

2. 员工个体的因素

员工个人是知识管理活动的主体，也是知识传播、分享和创新的主要承载者，是我们需要重点关注的对象。从这个角度来看，个人的知识存量、个人知识分享的意愿和动机以及个人知识分享和创新能力等都是影响知识管理活动效果和效率的主要因素。

（1）个人的知识存量。个人的知识存量是指在特定时点个体所拥有的知识总量，是依附于组织中的知识型员工的专业知识与专业能力，是个人学习的结果。个人的知识存量越多，其工作效率与质量越高，不仅如此，个人知识存量状态越理想，对那些复杂的、不系统的、零乱的知识的控制能力也越强，这种能力可以对复杂的、不系统的、零乱的知识进行相应的解释，并进行合理的匹配与整合，将它们组织化与结构化。在个人学习过程中，个人知识存量增加，即后一时刻的个人知识积累存量较前一时刻的个人知识积累存量增加，这一量变的积累将促使个人将知识系统化，从而促进现有知识的转化。

（2）个人知识分享的意愿和动机。在对个人知识组织化管理的过程中，个人知识分享和交流是重点和难点，分享的结果直接影响到知识转换和知识创新的效果。这主要是受到个人的知识分享动机和个性特点的影响。知识分享的动机包括外部动机和内部动机，外部动机有经济动机和人际互惠动机，内部动机有自我价值动机和利他动机。外部动机追求外在激励，工作目的在于获取组织奖励，并能够根据外界激励因素积极调整自己的行为；内部动机则来自工作本身，工作目的在于体验工作本身带来的快乐和内在满足感。具体描述见表13-12。

表13-12 知识分享动机对分享意愿的影响

知识分享动机		对于知识分享意愿的影响
外部动机	经济动机	是当员工相信分享收益超过分享成本时才愿意知识分享的一种动机，因为知识代表权力，拥有知识才能保障工作安全和获取个人竞争优势，而分享知识可能导致这种权力的丧失。
	人际互惠动机	当员工相信通过知识分享能从他人那里获得互惠利益时，他们将表现出积极的知识分享态度和意愿，这主要发生在员工之间。

续表

知识分享动机		对于知识分享意愿的影响
内部动机	自我价值动机	是指员工相信自己的知识对组织绩效非常关键并期望为组织贡献知识的一种动机；自我效能感高的员工相信他们能为完成特殊任务提供有价值的知识，对自己可以为组织作出贡献的能力非常自信，期望为组织绩效作出贡献，并从中获得内在满足感。
	利他动机	是员工乐于帮助别人而分享知识，并从中感到内在满足的一种共享动机。有些员工会因为通过知识分享帮助别人解决问题而感到非常满足。

此外，人格对于知识分享也具有很大的影响作用，比如宜人性、自觉性和开放性高的人更倾向于进行知识分享，那些比较内向、开放性较低的人则往往对知识分享采取保守态度。

（3）个人知识分享和创新能力。个人知识分享和创新能力主要体现在沟通表达能力和思维能力上，由于个人拥有的大部分知识是隐性知识，因此在将这些知识与他人分享时，个体对这些知识的理解、组织、整理、表达及与他人交流、沟通、演示的能力就显得尤为重要。而创新能力对个人的思维创新要求较高，那些善于思考和动手能力强的员工在知识创新方面有较大的优势。

3. 组织的因素

企业组织作为知识分享和创新的主要场所，其自身特点会对知识分享和创新产生影响。这一层面的因素包括企业战略、组织结构、组织管理机制、组织文化等。

（1）企业战略因素。企业战略决定了企业的使命和行动领域，知识战略则决定了企业在知识管理方面的行动方向，即它决定了企业必须去创新何种知识。知识战略还培养了与知识创新有关的团队和个人的自觉性。从某种意义上看，知识战略是企业知识管理的目的和行动方针。

（2）组织结构因素。组织结构为企业提供了知识沟通渠道和知识创新平台，在 SECI 中，组织内各种层次的知识转化与知识创新正是通过组织结构这一知识流动的载体实现的。国内学者唐承林从权力层级、集权化与分权化、合作网络结构、规范化与标准化、复杂性等方面作出了具体说明，有较好的代表性（如表 13-13 所示）。

表 13-13　组织结构因素对知识分享与创新的影响

组织结构因素	概念	对知识分享和创新的影响
权力层级	包括组织层级和组织跨度。 ● 组织层级是指规定组织成员或机构之间隶属和领导关系的纵向层次； ● 组织跨度是指同一层次上不同的单位或部门之间的横向联系。	● 组织层级越多，知识与信息流动的环节就越多，组织运行效率和知识创新效率就会越低； ● 对于规模相同的组织来说，组织跨度越大，组织层级就越少，组织结构就越呈现扁平化，知识传播的速度也就越快； ● 非正式的团队组织和网络型组织模式对转移和分享隐性知识作用突出，因此，以知识创新为目的的企业需要在组织跨度和组织层级间寻找某种平衡，以兼顾知识转移的效率和知识分享的深度要求。
集权化与分权化	根据有权作出决策的层级来区分。 ● 当决策处在高层级上时，就是集权化； ● 当决策处于较低的组织层级上时，就是分权化。	● 适当的分权化有利于知识分享，因为在分权化的组织中，成员之间的信任程度较高，而信任在知识分享过程中的重要性甚至超过了正式的合作程序； ● 传统的金字塔式的等级制的组织结构中，知识与信息自上而下和自下而上经过层级垂直流动，组织内部的知识缺少横向交流，因此，这样的组织结构不利于知识的传播和分享，知识创新的效率低下。
合作网络结构	除了通过企业内部员工之间或上下级之间直接进行隐性知识的积累、传播和分享外，企业还可以通过与其他企业建立合作网络实现知识分享。	● 企业外部合作网络可以克服市场对知识交易的无效率和弥补企业内部知识转移的局限和不足； ● 外部网络结构中企业所处的位置将直接影响企业和网络中其他成员之间的知识传递和分享。网络中心位置提供了更多的分享学习、知识转移和信息交流的机会。企业在合作网络结构中越占据中心的位置，就越有可能接近其他组织的知识。

续表

组织结构因素	概念	对知识分享和创新的影响
规范化与标准化	● 规范化是指组织中书面文件的数量，这些文件包括工作程序、工作描述、规章和政策手册等； ● 标准化是指相似的工作活动以统一的方式来执行的程度。	● 企业组织结构规范化和标准化对于显性知识的传播和利用影响较大，组织结构规范化和标准化程度越高，显性知识传播的速度就越快，因为显性知识低成本多次重复利用，大大提高了知识的转移效率； ● 在高度规范化的组织中存在明确的规范和程序，这很可能会阻碍内部创新需求的自发性和灵活性，因为过于死板的工作环境和严格的工作流程会抑制人们思维的活跃性，从而减少组织内部的知识分享活动。
复杂性	复杂性主要是指组织中分工的专业化程度。	知识分享的难度将随着组织的复杂程度的加大而增加。因为组织结构的专业化在促进职责分工的同时，必然导致该组织结构变得越来越复杂，从而造成控制跨度的扩大。

（3）组织管理机制因素。建立知识管理的制度以及设置相关的知识管理岗位是为了将员工之间非正式的知识交流上升到组织的管理层面，一方面扩大知识共享和传播的范围，提高知识的质量和员工的积极性，另一方面将个人知识有效地组织化和系统化，推动组织知识的获取和积累，最终通过科学的知识管理活动来组织和激励员工开拓创新。因此，管理机制是组织实现知识分享和创新的保障。

知识管理机制主要体现在考核和激励机制上。企业设计一套富有成效的激励与约束机制，对表现出知识分享的员工给予奖励，并将是否有助于知识分享与创新作为员工绩效评估的重要指标，促使他们愿意贡献自己的知识，降低员工知识垄断的程度；同时，要能够识别并激励关键人员，使人与知识有机结合，这样才能有效地促进知识交流，达到知识创新的目的。

（4）组织文化因素。组织文化对员工的思想和行为具有导向、激励和融合的作用，能够让员工愿意奉献自己的知识并与他人一起交流，使个体在知识分享中产生心理共鸣，而且能够激发员工的创新潜能和创新动机，提高员工对挑战性目标的承诺。组织也会为员工提供充分的工作空间，对其工作给予反馈、理解和支持，加强员工之间的沟通与合作，鼓励他们勇于实践。

4. 其他因素

（1）技术因素。现代化信息技术的应用是为了实现知识的整合，加快知识的编码和存取，以便新知识在整个组织内部迅速扩散，从而加快调整组织内知识资源的配置，推动员工之间的知识分享，并促进组织内部的知识创新。

（2）非正式组织因素。非正式组织对于知识分享尤其是隐性知识的分享有重要作用。非正式组织在满足社会需求时遵循的是情感逻辑，是由于政治、友谊或共同兴趣等原因而形成的。非正式组织形式多样，成员可能来自多个部门，凝聚力比较强，可以相互帮助和顺畅交流，对于知识（尤其是隐性知识）的传播和分享具有一定的影响。这是因为非正式组织对于知识（尤其是隐性知识）的隐晦程度、分享主体的共享意愿和能力、接受主体的认知能力与接受意愿以及传递方和接收方之间的接触程度和关系都有一定的影响。比如，在非正式组织中，人与人之间的信任程度较高，促进了人与人之间在组织内外部的互动与沟通，这种信任关系改善了个体与他人沟通和吸收他人知识的意愿，从而导致更多的知识分享。

三、知识管理对企业的影响

知识管理是以知识为核心的管理，通过对企业经营中各种知识的获取、转移、利用、分享和创造等来实现企业的经营目标和企业价值的提升。不少实证研究表明，知识管理对企业绩效的提升有正向促进作用，知识管理不仅直接影响企业绩效，而且对其他能够影响企业效率和绩效的因素有显著影响。在中国企业中，知识管理受到很多企业家的重视。从最初的基于档案的管理，到围绕人力资源能力提升的培训资源体系建设，再到学习型文化和学习型组织的打造，知识管理对于组织非常重要，主要表现在以下方面：

（1）企业的竞争在于人才的竞争，人才的竞争在于知识的竞争；对于现代企业来讲，更多的是基于产业价值链的知识竞争。企业的核心竞争力来源于其拥有的人力资本，人力资本的价值取决于其自身的知识和技能，要通过整合单个人力资本的知识和技能形成企业独特、稀缺、有价值和难以模仿的核心能力。目前单个企业的竞争越来越表现为其产业价值链的竞争，知识的力量也在这一层面逐渐凸显，因此，企业的竞争更多的是产业价值链的知识竞争。

（2）学习型组织的建设通过知识管理得以实现。建立学习型组织对于现代企业（尤其是知识型企业）来说尤为重要，因为只有不断学习才能提升员工的知识和技能，不断分享才能促进知识的传播与转化，进而增强企业的核心竞争力。缺乏知识分享机制，知识资本价值无法发挥，人力资源价值的倍加效应无法发挥。只有通过知识分享方能产生知识资本价值。然而大多数企业的知识结构并非建立在对知识进行分层分类的基础之上，并且在实际工作中没有建立起与不同业务单元的关联性，没有形成合理的分享机制，企业的知识、经验、技能、成果等不能有效传递给员工用于指导实际工作，无法让知识对实际工作有所贡献，造成知识的复用价值没有得到体现；员工无法借助公司的知识管理提升个人能力，提高工作效率，放大企业的整体人力资源效能，人力资源的倍加效应也就无法充分发挥。因此建设学习型组织离不开知识的传播、分享和创新，只有通过科学的方法使得个人知识组织化、隐性知识显性化来实现企业内部知识体系的构建，再通过显性知识隐性化来提升员工个人的知识储备，通过不断的转化来实现知识的积累、增值和创新，才能实现企业价值的增值和竞争优势的提升。

（3）知识管理有助于保护核心知识资源。企业员工一旦离职，就会带走相应的知识和经验，从而造成知识的流失。很多企业知识管理效果不佳的主要原因就在于没有形成统一的、规范化的知识管理框架，不明白企业需要哪些重要知识，知识在哪里。知识存在于个体之中，核心人才的流失意味着知识的流失。如果无法留下这些员工的知识和经验，知识就会随着员工的离职而流失。知识管理就是要在员工积累知识经验的同时，通过有效的手段来实现个人知识组织化、隐性知识显性化，从而实现知识的获取、存储、交流和分享。即使员工不在企业任职，他的经验和知识也将留在企业，这样才能有效保护企业的核心知识资源，支撑企业的核心能力。

（4）知识管理有助于了解内外部竞争对手，学习行业内最优实践经验，这是企业获得核心能力的根本。学习内外部标杆，获得最优的实践经验，就是对知识的获取、创造和应用。企业不仅要努力提高员工的才能，利用现有的知识资源创造最大的价值，而且要能够运用经验知识，激发和挖掘员工的知识，只有这样才能最大程度发挥知识的作用，通过将企业内外部的知识进行整合，发挥知识的协同效应，通过管理这些知识来获得和提高企业的核心竞争力。

（5）知识管理平台能够帮助员工更好地发挥自身能力，实现人力资源效能的提高，支撑企业核心能力的发展。然而，很多企业错误地将知识管理等同于文档管理，无法起到支撑人力资源效能的作用。企业只关注那些文档本身，却缺乏对优秀经验、最佳实践等隐性知识的总结、归纳和采集，导致企业无法加以利用。知识管理是利用组织的无形资产创造价值的艺术。知识管理的目的在于知识的应用和创新，不断为企业赢得持续的竞争优势，而知识的应用和创新关键在于掌握了这些知识并有能力进行创新的员工。知识在员工中被正确地存储、传递、共享和创新，个人在这个过程中不再是单打独斗，不仅能够更加有效地发挥个人能力，而且能够帮助他人，从而使整个组织的能力得以放大，最终支撑企业核心能力的发展。

四、数字化时代的知识管理

在数字化时代，知识管理的重要性不言而喻。面对唾手可得的大量信息，如何进行有效的知识管理？企业面对的挑战主要与知识管理过程以及组织知识管理能力有关。[①]

---

① 樊垚秋. 数字化转型背景下的企业知识管理研究：基于欧洲知识管理框架. 中国商论，2020（10）：87-88.

（一）知识管理过程面临的挑战

（1）对于有用知识的识别更加困难。在数智化时代，信息来源、数量和类型都在不断增加，这给知识管理增加了难度。企业必须对信息进行有效识别，并且就企业所需的核心知识进行有效管理。

（2）有效知识的生成更加困难。从识别有效知识，到生成新的知识是一个需要权衡创新的过程。当组织吸收新的知识时，新知识可能与已有知识产生冲突，组织面临处理冲突的挑战。这就更加需要专业的知识管理人才来进行有效指导。

（3）知识创新更加困难。面对浩如烟海的信息或知识，需要个体对知识有所了解并进行创新，这对个体提出了更高的要求，需要综合型人才。

（4）知识的转化和应用更加困难。从收集到了解再到知识的转化和应用是一个连续的过程，如果无法形成对组织有帮助的核心能力来提高组织绩效，知识就是无用的。但是随着知识的增多，转化和应用将更加困难。

（二）组织管理能力面临的挑战

（1）组织结构导致组织需要超强的管理能力。组织结构越来越趋向于扁平化、团队化，导致知识管理体系容易流于形式，因为知识管理收效周期长，收益不易被衡量，知识管理体系容易被架空，无法与人力资源管理体系有机结合，无法发挥其作用；同时，知识管理与组织发展和架构不匹配，容易导致知识无法应用与转化。

（2）新生代员工管理难度大。新生代员工的需求越发多元化、个性化，他们接触到更广泛的信息，这对他们吸收有用信息造成了困难，也对知识的应用和转化增加了难度。这需要越来越多的专业人士参与到知识管理工作中来。同时，很多企业对内部知识的分享比较保守，很多成员无法获得有价值的知识，积极性不高，创造力受限。

在数字化时代，如何通过人力资源机制来推动知识的分享、创新、转化、应用，是所有管理者都应该思考的问题。

（三）企业如何推动有效的知识管理

通过对企业实践以及文献的整理，我们提出以下几个提高企业知识管理水平的策略，以供参考。

（1）重视组织知识文化建设。人力资源部门应该推动企业文化建设，形成一种开放包容的企业文化，鼓励员工进行新知识的应用与共享，并允许员工不断试错。知识管理中很重要的一点是确保员工愿意参与知识的分享和应用，通过学习新的知识改变传统的思维方式。从原本的知识自享向知识分享转变，营造良好的氛围是关键。应当将知识的价值、学习的价值根植于组织文化中，营造信任氛围，将分享作为衡量员工或者绩效考核的标准。此外，一把手或者高层领导的积极支持和认可也是有效的知识管理的核心。

（2）促进整个公司的协同合作，进而支撑企业战略的落地。人力资源部门应该身先士卒，同所有部门进行良好沟通，形成横向联动机制。知识管理战略要能够有效支撑企业战略，只有知识管理发挥作用，企业才能够快速面对变化作出反应。这就要求通过有效的机制来促进知识管理负责人和组织各部门负责人有效沟通。

（3）进行合理的人员配置来和组织架构保持匹配。在知识管理过程中，组织必须收集大量数据或信息，并进行分析与统计，这就需要专业的人员。为保证知识管理工作进展顺利，企业应制定政策和执行原则以及激励机制，确保工作开展更加规范，同时明确知识管理在企业中的重要地位，确保每个员工都清楚知识管理对自身以及组织的重要性，积极参与到知识管理工作当中。

（4）技术与人才配合，提高知识评估水平。受到互联网发展的影响，知识评估变得越来越困难。大数据时代对信息的获取、处理、管理等都提出了很大的挑战，组织需要改进评估分析大数据的方式，以便能够快速获取结果，从而为决策增加依据。在数智化时代背景下，重要的是考虑有效且适当的数据分析技术。但前提是，企业能够明确哪些数据或信息是值得分析的，因此知识评估本质上也是知识管理技能，而非纯粹的技术能力。

（5）积极参与新技术的探索。一般来说，知识管理更多地强调人的作用，而不仅仅是技术。但是在数智化时代，算力与算法至关重要，这些新技术确实能够为知识管理活动提供更大的空间，同时也能为组织有效运营提供机会。比如，腾讯会议让我们可以召开云会议，得到 App 可以让我们利用零碎时间进行学习，这些具有社交功能的平台，使得讨论、分享、学习变得更加方便。因此，为了让知识管理发挥最大价值，组织应该积极参与探索和使用新技术来促进知识管理。

第 4 节　基于知识管理的人力资源管理实践

知识管理的思想和理论为人力资源管理带来了新的视角和框架，丰富了人力资源管理的内容，扩大了人力资源管理的范围，人力资源部门应该在组织的知识管理中发挥重要的作用。

一、首席知识官

（一）首席知识官的概念

首席知识官（chief knowledge officer，CKO）是随着知识管理的发展而在企业内部出现的一个新的高级职位，代表的是高级的知识执行官。CKO 这一职位的设立，意味着知识管理已正式成为公司的一项重要管理任务，将为公司知识管理战略的实现与发展发挥重要的作用。

CKO 出现在 20 世纪 90 年代早期，其职能好像管道工一样，将各种信息通过不同的管道传递给适当的人员。与其他的管理者相比，CKO 可以采取更具战略性的视角进行观察，干预跨越正式的业务边界的事物。从某种意义上说，CKO 是知识经济的产物，一般要做如下工作：结合企业的业务发展战略，带领企业找到知识管理的愿景和目标；正确定义企业的知识体系并系统地表达；推动建立合适的 IT 系统工具以保障"知识之轮"的运转；将知识管理的流程与业务流程紧密融合为一体；建立合适的知识管理考核与激励机制；营造适合知识管理的信任、共享、创新的文化氛围。

CKO 不是像首席信息官那样对现有职位进行重新标记，也不是另一个职位的变体。正如卡普兰所言，CKO 是一个独特的、综合的或混合的管理者，处理技能包括从概念上思考、管理人员和项目、内部和外部有效沟通以及非常重要的说服和倡导的能力。随着知识管理的发展，对理解并努力实现知识实践的管理者的需求也在增长。此外，正如斯图勒（Stuller）所指出的：CKO 这一职位向组织发出了一个重要的信号，即知识是需要管理和共享的资产。

（二）首席知识官的职责

CKO 的工作内容往往包含监督以技术手段来实现对知识的获取和传播，CKO 必须将知识管理同影响知识利用的企业文化结合起来考虑，同时也要考虑定量评测及经济效益等问题。达文波特将 CKO 的关键职责概括为如下三个方面：创建知识管理基础设施；培育一个知识导向型文化；使上述两项产生效益。

珀恩伯顿（Michael J. Pernberton）进一步将 CKO 的职责归纳如下：CKO 应成为组织内第一号学习与知识发展的鼓吹者；CKO 负责设计和建立组织的知识基础设施，包括培训、知识库、图书馆、数据仓库、研究组，以及与外部学术组织的联系；CKO 应成为组织与外部知识供应者之间的联系人，这些知识供应者可能是咨询专家、出版商、信息供应商、数据库供应商等等；CKO 应帮助公司寻找从公司信息源中提取知识的途径，以使收藏在图书馆和文件柜中的文献最大限度地产出有用的知识；无论员工身在何处，CKO 应确保组织的计算机系统与网络能向员工提供全天候、不间断的有效服务，并确保输入系统的信息和知识是经过组织、编辑和标引过的，以保证日后最大限度地利用；CKO 应竭尽全力克服人们不愿分享知识的惰性，在组织内培育一种合作与团队精神。

厄尔（Michael Earl）和斯科特（Lan Scott）认为，CKO 应承担以下几种角色：（1）创业者。CKO 必须具有强烈的创业精神，尽全力去干成一些事情并使公司获得竞争优势。（2）咨询师。CKO 必须能够传播新观念，倾听他人有关知识管理的意见并给予大力支持。（3）技术专家。CKO 必须从战略的高度理解 IT 能力和机会，相信自己对 IT 的判断。（4）环境专家。CKO 必须能够设计和建立一种良好的人文环境，这种环境能够刺激和促进正式或非正式的人际交流，促进企业内部知识的创造与传播。

科莱曼认为 CKO 的主要职责包括：为所有的业务单位提供知识管理所需的支持、资源与咨询；确定所有的知识管理与合作项目，并将它们有机地联系起来以支持合作；支持知识管理，支持资源的更有效利用和知识共享；为客户、顾客、合作伙伴和其他对知识管理或知识合作感兴趣的个人或团体提供一个外向型界面（包括参加讨论，加入知识管理网络、新闻组和论坛），负责处理企业与新闻界和产业分析人士的关系。研究发现，一旦某家企业知识管理取得成功，其他企业便会纷纷前来取经，有的甚至会要求提供相应的知识管理服务。面向组织内部提供的服务如知识产品检测与推荐等，为知识管理试验项目提供了必要的资源支持（如专业人员、资金和方法等）。

（三）首席知识官的胜任力要求

由于知识管理涉及人员、流程和使能技术的整合，CKO 需要特定的技能组合——理解组织及其大环境的能力，并与组织的战略计划和成功衡量标准联系起来。

第一，人际交往技能被认为是最重要的能力。CKO 需要说服员工接受文化变革。CKO 相对于其他职位来说较新，他们需要在公司内树立起通过利用知识来创造价值的意识，需要不断向其他高级经理和整个公司宣传他们的工作。根据斯图勒的说法，CKO 是一个能把人们聚集在一起，让他们对帮助解决彼此的问题感兴趣，激励他们跨职能工作的人。

第二，富有激情和远见的领导被视为 CKO 的重要组成部分。由于需要围绕一个组织的概念精心设计愿景，CKO 需要展示一种站在某件事情的最前沿的态度，这有可能是一场革命的开端。他们需要建设有效的知识创造型组织以鼓励员工自我领导，将参与知识共享作为工作职责的一部分。

第三，CKO 需要有将知识管理运动与更大目标联系起来的战略思维技能与商业敏锐度，以便将知识管理运动与效率和可持续性联系起来。CKO 的核心地位是战略性的，毕竟，CKO 专注于智力资本这一新的战略杠杆。

第四，CKO 应具备成为变革者的能力。CKO 的设立是为了改变现状，为工作的完成带来新的视角和纪律。CKO 需要通过影响、说服和示范来运作。一位 CKO 称这个角色是"我做过的最有影响力的工作"。与此同时，CKO 应尝试了解公司对变革的兴趣，并理解如何与其他变革举措联系起来。CKO 必须克服的主要文化障碍是根深蒂固的信念，即"知识就是力量"，要将这一理念转变为"分享知识就是力量"。

第五，CKO 应具备与各部门协作的技能，并促进它们相互合作。跨主要职能和业务地理范围与人互动的能力是 CKO 在这个职位上取得成功的基础。这种能力隐含着建立团队的能力。然而，在组织中，有些人基本上是独行侠，有些人在有少数直接下属的情况下工作，有些人接受多人的汇报。大多数团队安排是通过非正式的同行影响或特定的知识管理项目来实现的。

第六，了解信息技术在知识管理取得成功方面的作用。达文波特和普鲁萨克认为，组织变革必然要求信息技术结构的变革，因为信息技术是利用智力资本的关键推动者。

二、知识管理背景下的人力资源管理

人力资源管理在现代企业中的重要程度不言而喻，传统的人事管理早已被战略人力资源管理所替代，越来越多的企业开始重视人力资源管理对于企业目标以及业务部门工作的支撑作用。但总体来说，现代企业的人力资源管理更多的还是例行事务方面的工作，与知识管理的联系并不大，也很难服务于企业知识战略目标的实现，因此，在知识管理背景的要求下，人力资源管理需要重新进行工作规划，需要着手进行基于知识管理的人力资源管理过程的改善，使企业人力资源战略和具体的人力资源管理工作更好地服务于知识转化、知识共享和知识创新等知识管理目标。

知识管理的实施从管理理念、管理重点、工作技能、工作方式等方面对人力资源管理产生影响（见图 13-16）。

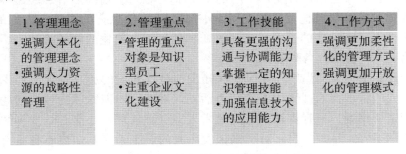

图 13-16　知识管理对人力资源管理的影响

（一）管理理念

（1）强调人本化的管理理念。知识管理把人视为企业发展的核心竞争力，强调对人的关心和重视，这就要求企业的人力资源管理要从事务性管理上升到人本化管理的高度，要重视企业经营目标与员工个人价值的结合，关注员工的个人发展和职业生涯的规划。换言之，要真正把人放在人力资源管理工作的核心地位。

（2）强调人力资源的战略性管理。知识管理随着知识经济时代的来临而兴起和发展，以日常事务为主要工作内容的传统人力资源管理已不再适应现代企业的要求，知识管理要求人力资源管理的职能发生深刻的变革，人力资源管理将越来越多地参与到企业的战略管理和业务活动中。

（二）管理重点

（1）管理的重点对象是知识型员工。知识管理的主要对象是企业的知识型员工，知识型员工将成为企业的核心资源，也是企业价值实现和提升的主要依靠者，如何做好知识型员工的人力资源管理工作将是摆在人力资源管理者面前的新课题。

（2）注重企业文化建设。知识管理要求组织建立一种企业文化来适应工作方式和组织结构的变化，企业需要培育出提倡共享、学习和创新的文化，以更好地发挥知识管理的作用，而对于人力资源管理者来说，需要担负起建立和维护企业文化的责任，来推动知识管理的有效应用和持续发展。

（三）工作技能

（1）具备更强的沟通与协调能力。由于工作重心的变化，对人力资源管理者的沟通与协调能力有了更高的要求，不仅要做好各方面的沟通和协调工作，而且要通过人力资源管理来促进组织内各方的交流与合作，在组织内创造良好的学习和沟通氛围，以帮助企业实现知识传递和分享。

（2）掌握一定的知识管理技能。有些企业可能会设置专职的知识管理岗位，有些企业可能将知识管理岗位与人力资源管理岗位合并，不管怎样，人力资源管理者都需要参与到企业的知识管理工作中，只有真正理解知识管理的内涵，具备一定的知识管理技能，才能更有效地发挥人力资源管理的作用，吸引和留住人才。

（3）加强信息技术的应用技能。知识管理对组织的信息化程度要求很高，这就需要人力资源管理者在高度信息化的条件下，能够熟练运用网络信息开展招聘、培训、薪酬管理等各个模块的工作。

（四）工作方式

（1）强调更加柔性化的管理方式。企业将越来越重视员工的自主性和创新性，并给予员工更多的授权和思考空间，促进知识的传递和共享，以实现员工个人能力的有效发挥；同时，企业将更加注重员工的个人利益。对于人力资源管理者来说，要改变以往刚性的工作方式，从制度执行者向合理制度的制定者、工作方式的设计者以及组织氛围的营造者等角色转变，采用更加人性、柔性的工作方式做好人力资源服务工作。

（2）强调更加开放化的管理模式。伴随着全球化、知识化、信息化的发展，人们的思想意识不断变化，传统的人事管理方式已经不适应时代的要求，必须改变那种封闭、僵化的管理模式，不断拓宽思路，使工作方式更人性化、更灵活，与外界加强各种联系。

如前所述，知识管理包括个人知识组织化、隐性知识与显性知识的相互转化、知识共享平台的搭建以及知识创新，这些都属于人的组织行为，属于人的智力活动，因此，知识管理的核心问题是人的管理问题。知识管理和人力资源管理密切相关，只有将知识管理融入人力资源管理，才能有效发挥知识管理对企业战略的支持作用。国内学者曹洲涛（2014）提出，对于知识发出方的员工来说，知识本身是有价值的，在知识的传递过程中还会产生成本，包括时间成本和分享后知识的贬值。所以在组织没有补偿机制的情况下，员工的知识转移意愿很低，表现为对知识的独占。有两种策略能够促使个体知识向组织转移和分享：一是激励员工进行人力资本的专用性投资，加大员工对组织的依赖程度；二是将知识从员工身上分离出来，减少组织对员工的依赖。这两种策略的实施都离不开人力资源管理实践。第一种策略可通过对员工进行培训和激励，为他们提供机会和奖励，同时用文化的力量去影响员工分享和创新知识的意愿；第二种策略可通过对组织结构的重新设计、调整员工的绩效考核和薪酬措施等，对那些不愿意进行知识分享的员工给予教育与激励，从而提高知识管理的效率和质量。

三、知识管理与人力资源管理实践的关系

在现代人力资源管理中知识管理起着越来越重要的作用，知识管理与人力资源管理实践的关系如下所述。

（一）建立起支撑知识管理目标实现的人力资源管理战略

人力资源管理者应该及时调整以往的工作内容，建立起能够支撑知识管理目标实现的人力资源管理新战略。人力资源管理需要改变以往传统职能服务型的工作模式，以战略支撑、企业文化培育、人员激励和知识管理指导等工作为重点，即以有效发掘和运用隐性知识为中心任务，调整人力资源部门的部分职能，注重信任、共享组织氛围的建设和维护，同时注重优秀人才的引进，加强培训和激励体系的建设，使人力资源管理的各个模块能够有效地为知识管理各个环节服务。更重要的是，人力资源管理要进一步重视发挥人的主观能动性，将企业的经营目标与员工的个人价值的实现结合在一起，满足员工的期望，让员工变得更加乐于分享和贡献，为知识管理的推行和实施创造良好的环境，并提供服务支持。

知识管理与人力资源管理得到一定的融合之后，就对人力资源部门的工作人员提出了新的要求，人力资源部门不仅要继续完成以往的各模块工作，还需要适应新的任务导向，即要营造有利于共享、贡献、合作、信任的组织文化，并在招聘、培训、考核和激励等方面作出一定的改变。比如，在招聘员工时，不仅要考虑员工个人的技能和经验，而且要看他是否乐于分享和合作；在组织激励方面，要加强对知识分享的考核和奖励，鼓励员工尤其是知识型员工主动贡献自己的知识，使这些知识可以转移和保留。总之，人力资源部门要

建立起能够为知识管理战略服务的任务导向，做好企业知识管理的服务工作。

（二）人力资源战略规划

人力资源规划应该根据企业的战略来制定和执行，基于知识管理的人力资源规划要求根据企业中长期的战略发展规划帮助组织领导分析、确认所需的知识资源，并且将这些资源进一步分为存在于组织内部的知识资源和存在于组织外部的知识资源，对这两种不同类型的资源采用不同的管理策略及渠道来获取。具体描述见表 13-14。

表 13-14　基于知识管理的人力资源规划实践

知识资源类型	人力资源规划实践
组织内部知识资源	● 分析和提出如何共享和运用这些知识资源进行知识分享和创新； ● 获取新的组织内部知识来支持技术创新、产品革新、管理创新等活动； ● 评价各种知识的掌握程度，并评估由此给组织带来的利润。
组织外部知识资源	● 对相关程度高的知识资源，通过培训、讲座或选派有相关知识背景的优秀员工进修等途径获取； ● 对相关程度低的知识资源，通过招聘、与外部组织合作或聘请专家等方式获得。

（三）职位管理系统

职位管理系统是人力资源管理系统构建的双轮驱动要素之一，主要是对企业内的职位进行管理，构建企业内部分层分类的职位管理体系。基于知识管理的职位管理系统主要是根据企业现有职位的工作内容，识别出对企业核心竞争力的形成具有关键作用的职位，从而对该职位的相关信息进行整理收集，并形成特定的知识信息库，有助于之后更好地进行职位管理。

职位管理系统主要包括任职资格以及职位描述。有效的知识管理可以帮助企业收集关于任职资格以及职位描述的更加详细充实的信息，在企业运行过程中，职位管理系统是不断变化的，因此职位描述也是不断变化的。通过知识管理，企业能够更好地作出适合企业的职位描述，更好地进行职位管理。

（四）胜任力系统

胜任力系统与职位管理系统构成了人力资源管理系统的双轮驱动要素。基于知识管理的胜任力系统能够更好地描述岗位所需的胜任力，从而更加准确地为组织寻找到合适的人才，同时也能够更加细化组织所需的各种胜任力。这样可以为人员的招聘、甄选提供用人方面的素质要求；为人力资源配置提供标准和依据；为薪酬体系设计提供最基础的标准、依据和框架。

（五）人力资源招聘与配置系统

员工招聘直接影响组织知识的获取、转移和创新的效率，因为不同类型员工对知识管理的态度不同，对知识的需求不同，组织不仅要在招聘过程中通过获取不同的员工来填补技术和知识方面的缺口，而且要保证这些员工积极参与知识管理，具备分享、合作精神和创新意识等。企业基于知识管理的人力资源招聘需要注意以下两个方面：

1. 考察应聘者的知识和能力是否与组织的知识需求相匹配

企业在招聘员工的过程中，首先应该考察员工的知识和能力类型是否符合企业发展的需求，既要考察显性知识，也要考察隐性知识，可通过不同的手段进行测试。

（1）考察应聘者的显性知识是否符合要求。应聘者个人拥有的显性知识因其受教育程度和工作年限不同而不同，同时不同企业所处行业的类型、企业经营方向以及战略各有不同，因此不能泛泛地对显性知识进行考察，应该根据企业特点组织相关的考试，可采用笔试的方式，考题的设计要尽可能在涵盖所需知识的同时有所侧重。

（2）重视对应聘者隐性知识的挖掘和考察。与显性知识相比，隐性知识往往带有很强的个人色彩，表现为个人的经验和工作思路以及诀窍等形式，故很难准确直接地对隐性知识加以测评。在招聘员工时，应着眼于组织的未来，考察招聘者的潜力，包括学习意愿和获取新知识的能力等。因此，组织可以采用情景模拟或者文件筐等方式来考察应聘者解决与工作有关问题的能力，情景模拟的情形越接近现实，就越容易客观地表现出应聘者的隐性知识。

2. 考察应聘者的价值观和素质特征是否与知识管理的需求相关

组织在选择人才时，要十分重视候选人的价值观和素质特征，看他是否具有学习能力、创新意识、知识分享意识、沟通技能、团队意识及开放的心态等，只有具备了这些特征，他才能为组织的知识创造作出贡献。因为乐于分享和具有开放心态的人会将自己的知识毫无保留地贡献出来，而具有创新意识和学习能力的人会勇于创新，敢于尝试，为组织带来更多的新想法，有利于组织的知识创新。对价值观和素质特征的考察可以采用面试、心理测试、评价中心以及背景调查等方式，尤其要重视深层次地挖掘候选人内在的素质特征。

（六）战略绩效管理系统

绩效管理在知识管理中的作用主要是评估员工在工作中参与知识分享和知识创新的程度，以此作为激励的依据。通过定期评价员工的知识技能水平、学习行为、分享行为、创新行为，以及员工运用知识和技能所取得的成绩及创新成果等，鼓励员工不断学习、分享以及创新知识。

以促进知识管理为目的的绩效考核系统的设计应该充分考虑员工知识分享、创新行为的质量和效果。因此，一方面，绩效考核应该注重对过程的考核，突破以工作结果为唯一标准的考核模式，比如将知识分享行为和知识分享意愿纳入考核体系指标，对分享行为和分享意愿可分配不同的权重，行为的权重可高于意愿的权重。不仅如此，考核的方式也应有所改变，可以采用全方位评估法，让每个人都参与进来，利用来自各方面的反馈，对分享行为进行考核。另一方面，绩效考核过程不仅要考虑个人的工作绩效，而且要考虑个人所在团队或部门的绩效，将个人绩效纳入所属团队的整体绩效，使个人与团队形成利益共同体。只有这样，才会有效促使隐性知识所有者将其知识显性化，并帮助团队成员加以学习应用，以提高团队的整体绩效。英国石油公司和惠普公司都成功导入了知识管理，并取得了一定成效，这些公司的经验表明，组织的人力资源部门如果制定双重晋升标准能激发组织成员参与知识共享的热情与积极性，就会对知识共享及创新产生一定的积极效应。双重晋升标准制度的制定和颁布，可以让组织成员知道即使某一成员的本职工作做得十分出色，如果他没有为与知识共享有关的工作作出贡献，也不会获得晋升的机会。

（七）薪酬设计与管理系统

个体知识源进行隐性知识转移会产生大量的成本，因此个体有通过转移隐性知识获取收益的需要，在得不到奖励和补偿的情况下，个体一般不愿意将知识转移给他人或转出自己所在的团队。基于此原因，组织有必要对员工实施一定的激励。这种激励包括物质激励和精神激励。

物质激励通常体现在组织的薪酬体系设计上。为了实现知识管理的目标，组织可以设计以知识、技能为基础的薪酬制度，促使员工提高个人的知识和技能水平，激发员工的学习热情，提高其创新和探索的积极性，以有利于隐性知识和显性知识转化为新的隐性知识。另外，可采取对团队的经济奖励方式，将之与整个部门或者团队的绩效挂钩，以降低员工知识垄断的程度，鼓励员工在团队和部门传播和交流隐性知识，加速知识的组织化和分享。此外，为了鼓励员工生产知识、创新知识、运用知识和分享知识，还可以采取知识产权化制度，对于某些重要的知识产权予以定价，这对于鼓励员工进行知识创新具有良好的推动作用。

除了物质激励以外，还要重视对员工的精神激励。因为员工尤其是知识型员工都有自我实现的需要，而这种内在动机正是个体隐性知识转移的重要影响因素。通过精神激励，可提高员工在知识转移和分享方面的成就感。精神激励的方式有：授予荣誉称号，评选优秀员工，为优秀的知识型员工提供更好的晋升机会和项目参与机会，并对其进行培养。另外，组织可以通过精神激励来促使员工建立良好的人际关系，为员工提供知识分享的条件和资源支持，比如各种联谊会、交流会，甚至外出旅游等。

(八) 培训与开发系统

知识管理涉及员工之间以及团队之间的知识转移、共享和创新，这对员工个人素质提出了更高的要求，比如，获取隐性知识的一种方式就是关注他人的行为方式，进行换位思考和反思式观察。然而大部分员工并不具备这样的能力，只有通过培训和能力开发，才能让他们更加有效地参与知识管理。因此，要通过培训让员工获得这种能力，以提高知识转移和创新的效率，从而提高个人和组织的绩效水平。

1. 重视导师制的建立

导师制对于隐性知识的转移和传播有较大的影响，知识转化中的社会化阶段主要是隐性知识与隐性知识之间的转移，因此，导师制的建立有利于组织内有经验的老员工或管理者为新员工提供有效的指导，使新员工避免以前的错误，提高生产效率和工作质量。

2. 加强岗位轮换

通过岗位轮换可以鼓励员工学习与工作相关的新知识与技能，这不仅有利于员工自身职业生涯的发展，还可以培养掌握多种技能的人才。员工在岗位轮换过程中进行经验交流，有利于不同岗位或部门员工之间的知识分享及相互合作，提升整个组织的知识流量。

3. 技能培训与道德素质培训并重

组织的培训往往以技能培训为主要内容，比如新知识培训、岗位技能培训和管理能力培训等，这些培训对于提升员工能力和生产效率具有重要影响，然而，员工的职业道德和个人素质对于组织发展也非常重要，比如敬业精神、乐于分享以及团队合作的意识等。可通过案例研究、研讨会、讲师授课、情景模拟、多媒体教学以及 e-learning 等方式进行组织培训。

4. 做好员工的职业生涯发展规划

员工尤其是知识型员工，对于自己的职业生涯发展十分重视。知识管理专家玛汉·坦普尔（MahanTemple）通过大量实证研究发现，对知识型员工而言，排在前四位的激励因素依次为个人成长、工作自主、业务成就和金钱财富。组织为员工做好职业生涯发展规划，一方面有利于组织绩效的提高，另一方面有利于员工自我价值的提升，高成就驱动的员工更愿意分享自己的知识以满足更高层次的心理需求。另外，职业发展也有利于员工在自己的工作岗位上进行更多的创新和探索，这对于组织的知识创新具有很大的推动作用。总之，知识的转移和创新都源于员工个人，只有让员工更好地发挥自己的潜能和提升自己的职业空间，他们作为知识管理主体才能更好地参与到组织的知识管理中去。

(九) 员工关系管理系统

员工关系管理系统是企业人力资源管理系统的组成部分，从人力资源管理系统角度看，员工关系管理系统的主要内容既包含员工关系的建立和解除，也包括员工和组织间的互动参与，主要目的是从利益相关者平衡的角度，通过员工关系的管理，充分调动员工的积极性和主动性，从而提升员工对组织的满意度和幸福感，最终促使员工个人绩效和组织绩效的提升。

通过知识管理，企业能够很好地维持与员工的关系，并且将隐藏于个体身上的隐性知识转化为组织的知识资产。对员工进行知识管理，能够使员工感受到组织对他的重视，从而有利于形成良好的关系，同时能够促进员工对自身知识的传播、共享与应用。有效的知识管理能够降低员工的离职率，并促进良好的组织与员工关系。

（十）人力资源再配置与退出系统

人力资源再配置与退出系统是组织根据在实际工作中员工与职位匹配程度或是员工个人因素，对员工重新评价、重新配置、退出的系统过程。通过知识管理，能够明确组织的需求或者岗位的要求，能够更加了解员工的胜任力素质，从而进行双向匹配，将优秀的人才进行合理的安排，把组织不需要的员工进行重新配置或者使其退出组织。

即时案例 13-8

3M 公司的知识创新管理

美国明尼苏达矿业制造公司（简称 3M 公司）以为员工提供创新的环境而著称，视革新为企业成长的方式，视新产品为生命。公司的目标是：每年销售量的 30% 来自前 4 年研制的产品。每年，3M 公司都要开发 200 多种新产品。注重创新已使 3M 公司连续多年进入《财富》杂志的排行榜，并且多年名列前 10 位。面对知识经济时代的挑战，3M 公司的知识创新实践为企业提供了不可多得的范例。

一、创新的文化

3M 公司的知识创新秘诀之一就是努力创造一个有助于创新的内部环境，不但包括硬性的研发投入（如公司通常将年销售额的 7% 用于产品研发，是一般公司的两倍），更重要的是建立有利于创新的企业文化。

公司文化突出表现为鼓励创新。3M 公司的核心价值观为：坚持不懈，从失败中学习，好奇心，耐心，事必躬亲的管理风格，个人主观能动性，合作小组。

3M 公司建立有利于创新的文化氛围的主要做法是：

看重个人的尊严和价值，鼓励员工各施所长，提供一个公平的、有挑战性的、没有偏见的、分工协作的工作环境。尊重个人权利，经常与员工进行坦率的交流。主管和经理要对手下员工的表现与发展负责，要鼓励员工发挥主观能动性，为其提供创新方面的指导与自由空间。冒险与创新是公司发展的必然要求，管理人员要在诚实与相互尊重的气氛中给予员工鼓励和支持。

知识交流在知识共享中相当重要，对于那些想从员工那里得到最大效益的 3M 管理人员来说，一种可靠的方法就是交流。3M 公司的集体协作气氛、经常性联络制度和员工们的主动性，意味着交流可以在不经意之间发生。人们会出乎意料地把信息和主张汇集在一起。与国内外同行间的长期友谊和组织关系成为关键信息来源的高速路径。公司每天都会产生各种新思想和新技术，让大家聚在一起通常会产生意想不到的效果。在公司规模还不大的时候，实验室主任便在每周五的下午召集员工，大家边喝咖啡边演示自己的研究计划。现在，3M 在世界各地设有上百家公司，让大家坐在一起进行交流已经不那么容易了。管理人员通过各种会议、跨学科小组、计算机网络和数据库等方式将大家聚集在一起。

技术论坛是 3M 创新活动的知识共享平台，是一个具有管理框架的大型志愿者组织，成员有数千人，每天都有各种活动。技术论坛的成立旨在鼓励信息的自由交流，为研究人员相互交流心得和解决疑难问题创造条件。技术论坛下设分会、委员会。分会主要讨论技术问题，包括物理分会、生活科学分会和产品设计分会等。委员会负责组织各种活动、处理教育和交流事务。公司对外委员会负责 3M 员工与其他公司人员的交流活动，通过公司内部的电视系统向全美各地的分部传送活动情况；交流委员会向技术论坛成员定期分发公司的业务通讯。在这种环境中，员工可以与其他部门的人员自由组合，同时每个人都愿意与他人共享自己所掌握的信息与知识。

二、创新的机制

3M 公司鼓励每一个人开发新产品，公司有名的"15% 规则"允许每个技术人员至多可用 15% 的时间来"干私活"，即开发个人感兴趣的工作方案，不管这些方案是否直接有利于公司。当产生一个有希望的构思时，3M 公司会组织一个由该构思的开发者以及来自生产、销售、营销和法律部门的志愿者组成的风险小组。该小组培育产品，并保护它免受公司苛刻的调查。小组成员直到产品成功或失败，才回到各自原先的岗位上。有些风险小组为一个构思尝试三四次，终获成功。每年，3M 公司都会把"进步奖"授予那些新产品开发后 3 年内在美国销售额达 200 万美元，或者在全世界销售额达 400 万美元的风险小组。

3M 公司在组织结构上采取不断分化出新分部的分散经营形式，而不沿用一般的矩阵型组织结构。新事业开拓组或项目工作组的人员来自各个专业，且全是自愿的。只要谁有新主意，就可以在公司任何一个分部请求资金支持。新产品开发出来后，他不仅可得到薪金，还能获得晋升。比如，一位基础工程师创新的产品进入市场，他就成为一位产品工程师，当产品销售额达到 100 万美元时，他的职务、薪金都变了。当销售额达到 2 000 万美元时，他成为"产品系列工程经理"。在销售额达到 5 000 万美元时，公司会成立一个独立产品部门，他便成为部门的开发经理。

3M 公司鼓励员工革新。只要是发明新产品，员工不会受到上级的任何干预。同时，公司允许有失败，鼓励员工坚持到底。公司宗旨中明确提出：决不可扼杀任何有关新产品的设想。

三、创新的管理

3M 致力于成为"世界上最具有创新力的公司"，它对创新的基本解释既醒目又简单：创新就是新思想＋能够带来改进或利润的行动。

3M 公司极有威望的研究带头人科因称，公司的管理哲学是一种"逆向战略计划法"。3M 公司不是将重点放在一个特定的工业部门、市场或产品应用上，然后开发已经成熟的相关技术，而是先从一个核心技术的分支开始，然后为这种技术寻找可以应用的市场，从而开创出一种新的产业。这是一种"先有解决问题的办法，后有问题"的创新模式。

3M 把创新分为三个主要阶段：涂鸦式创新、设计式创新和指导下的创新。在具体实施中，公司坚持以下管理策略。

（1）弹性目标原则。弹性目标是培养创新的一种管理工具，要求制定雄心勃勃的但切合实际的目标。3M 公司制定的目标数量并不多，其中有几个与财务收支状况有关，还有一个目标旨在推动创新，即每年的销售额中至少应有 30％ 来自过去 4 年中开发的产品。

（2）视而不见原则。3M 公司的管理人员必须有一定的容忍能力，因为即使你屡次想要取消明显不切实际的研究计划，研究人员也可能会固执己见。

（3）授权原则。公司在员工已做好创新的思想准备之后允许他们开始工作，但创新主要依靠他们自身的动力。

第 5 节　知识产权价值及其保护

知识经济方兴未艾，创新已然成为引领经济发展和推动社会进步的重要力量，发挥着越来越关键的作用。从全球竞争来看，知识经济本质上是知识产权主导的经济形态，谁拥有较多的知识产权，谁就能够在全球竞争中掌握主动权并拥有优势。同时，知识产权作为激励创新的基本保障、发展的重要资源和竞争力的核心要素，受到利益相关者的重视。

一、知识产权及其价值

现代知识产权制度发端于西方，迄今已有几百年的历史。在这几百年的发展过程中，西方不仅构筑了坚实的理论基础，也积累了丰富的实践经验。我国的知识产权制度起步相对较晚，但是我国知识产权事业发展较快，取得了巨大成效。

（一）知识产权的概念

知识产权的概念缘何而来在我国学界并未达成共识，出现了很多说法。但是经过多年的使用，一般从其内涵及范围上来界定。

知识产权是指在特定时间、地域范围内，某些知识只能被特定的人垄断使用，其他人未经许可并支付报酬不能使用这些知识产品。它主要包括占有权、使用权、处分权和收益权。各种智力创造比如发明、外观设计、文学和艺术作品，以及在商业中使用的标志、名称、图像，都可被认为是某一个人或组织所拥有的知识产权。知识产权从本质上说是一种无形财产权，它的客体是智力成果或是知识产品，是一种无形财产或者一种没有形体的精神财富，是创造性的智力劳动所创造的劳动成果。因此一般知识产品不能赋予某人以产权，否则每个人使用知识信息的时候就都需要许可。

一般来说，知识产权有狭义和广义之分。狭义的或者称为传统的知识产权包括专利、商标和版权三种，或者说将"专利权、商标权和著作权等一般结合在一起称之为知识产权"。而广义的知识产权包括著作权、邻接权、商标权、商号权、商业秘密权、专利权等。

（二）知识产权的特点

知识产权与其他产权不同，主要具有以下三大特点：

1. 无形性

知识产权的客体是人类的创造性智力劳动成果，这种智力劳动成果属于一种无形财产或无体财产，但是与属于物理产物的无体财产（如电力）以及属于权利的无形财产（如商标权）不同，它是人的智力活动（大脑思维或者思考）的直接产物。

2. 绝对性

知识产权在某些方面类似于物权中的所有权，例如对客体直接支配的权利，可以使用、收益、处分以及作为其他支配；具有排他性和可转移性等。

3. 法律性

从法律角度讲，知识产权具有地域性，一般只在本国或者某个地域范围内有效，在一定条件下又具有国际性；知识产权具有独占性，即只有权利人才能享有，他人不经权利人许可不得行使其权利；知识产权具有时间性，一般知识产权规定了一定期限，期满后则权利自动终止。

（三）知识产权的价值

知识产权的重要性不应被低估。企业应该明白，知识产权是公司价值的一个关键因素，而且在收购、处置、执行诉讼中价值日益增加。知识产权与房屋、汽车等有形财产一样，都受到国家法律的保护，都具有价值和使用价值。有些重大专利、驰名商标或作品的价值远远高于房屋、汽车等有形财产。知识产权的价值主要表现在以下方面：

1. 促进企业实现价值转化

作为企业核心竞争力，知识产权对助推初创企业的价值实现发挥了较大作用，一方面它是企业吸引外界投资的重要砝码；另一方面，在经营过程中，企业也可通过运营将这些无形资产转化为有形资产。知识产权有助于初创企业进行资本积累，特别是对技术依托型企业而言，知识产权的助力作用更为显著。核心技术是该类企业进入市场的敲门砖。由于技术创新需要资金支持，因此如何吸引投资已成为技术依托型企业创业成功的关键，知识产权的作用不容忽视。

2. 帮助企业增强防御能力

初创企业处于企业生命周期的初始阶段，既要在市场上立足，也要面对市场的激烈竞争。在初创时期企业发展战略尚不完善的情况下，知识产权不仅是重要的企业资本，也是重要的风险防御武器。与发展中企业及成熟企业在知识产权工作中更加注重专利运营和专利维权不同，初创企业更注重知识产权挖掘。知识产权挖掘是伴随技术研发进行的，因此在研发过程中及时对创新成果进行知识产权保护，对于初创企业尤为重要。

3. 推动企业完善经营机制

随着资产不断积累、技术研发不断推进，初创企业将会面对如何占据竞争优势地位以及如何优化企业运营机制的考验，在此过程中，知识产权对推进初创企业经营机制的完善发挥着重要作用，比如华为从一开始就重视知识价值，建立起完善的知识产权保护机制。此外，企业是直接促进知识产权转移转化的执行者。由于初创企业和高校、研究机构等对技术转移程度的需求不同，对知识产权的投入模式也有较大差别。一些生产和服务类企业运用其他机构的发明成果来开发自己的新产品和服务，这种模式一方面减少了企业的技术研发成本，另一方面可提高合作主体如高校、研究机构等的技术转移率。

二、知识产权的价值保护

由于知识产权具有很大的价值，对于企业的生存与发展起着重要的作用，因此企业必须加强知识产权的价值保护，并进行相应的知识产权价值管理。

（一）企业知识产权价值管理

价值管理实际上是一种管理思想，是企业一贯持有和指导管理实践的思想观念。同时它又是一种工具，一种管理方法、管理手段以及管理系统。因此，对于知识产权，企业应该运用战略定位、组织管理等手段，对知识产权的价值创造、价值评价、价值分配等加以管理，以实现知识产权价值最大化目标。知识产权价值既是知识产权价值管理的目标，也是知识产权价值管理的绩效。

一般来说，企业知识产权价值管理主要具有以下特点：

（1）知识产权价值管理是一种战略型管理。知识产权价值管理旨在确保企业形成总体战略优势，实质上是战略型管理。知识产权的所有管理活动都将围绕影响知识产权价值的关键性因素来进行，通过发现潜在的价值改善因素，如降低成本、增加差异化或提升核心竞争力的因素等，对这些因素进行决策，最终实现知识产权的价值最大化。

（2）知识产权价值管理是一种财务型管理。知识产权价值管理将知识产权作为无形资产进行运营，使知识产权被有效利用，成为企业价值增值的手段。将知识产权作为无形资产加以运营，一方面能够避免因知识产权资产的浪费造成的实际价值损失，另一方面能避免对知识产权资产的错误估价造成的账面价值损失。

（二）建立全面知识产权保护体系

技术作为创造性劳动的成果，是技术发明者智慧和劳动的结晶，它凝结着丰富的社会价值和经济价值。知识产权制度是对技术创新活动，从发明创造的构思开始，一直到研究、开发、实现产业化、走向市场这一全过程起激励、信息传播和市场保护作用的制度。知识产权保护法能够保护智力劳动者的创新劳动成果，加速科技成果转化为现实生产力，促进社会主义精神文明和物质文明建设，保护发明创造专利权，鼓励发明创造和推广应用。这有利于保持发明创造的积极性，使技术创新活动走向良性循环。建立全面的知识产权保护体系主要聚焦以下两个方面：

（1）加强知识产权的立法工作。首先，应明确立法思想，使我国知识产权法律制度更加健全，并使我国的知识产权法律与不断发展的新形势相适应，做到结合国情与时俱进。其次，应健全法律体系，使知识产权法律体系能够与时俱进。我国的知识产权法律体系目前跟不上新形势新技术的发展，对于一些新出现的知识产权，我国知识产权法律体系存在空白，应尽快把这些知识产权纳入法律保护的行列。

（2）加强知识产权的执法及司法工作。首先，应明确行政执法部门的职能，加强对知识产权的行政执法保护力度。要减少带经济利益性的行政行为，同时协调好不同职能部门之间的协作关系。其次，要加大司法打击力度，提高司法工作专业水平。由于涉及知识产权要件中的案件，专业技术性较强，因此对司法工作人员的要求比较高，司法机关应该配备专业的司法人员，借鉴先进的司法经验。最后，应提高司法工作效率，使知识产权法律得到及时的实施。

随着时代的发展，人类社会不断进步，有所发现，有所发明，有所创造，有所前进，技术创新永无止境。针对技术创新的挑战，知识产权制度作为一种保护智力创造成果的制度本身不能没有创造性。知识产权制度发展的历史就是不断创造、更新、发展和完善的历史。面对层出不穷的新技术挑战，知识产权法律保护将不断得到检验、丰富和发展，更加公平、合理和完善。

【小结】

本章主要从基于企业核心能力提升的角度来阐述知识管理，并介绍了如何通过人力资源管理实践来实现知识管理的目标。

第1节从人力资源管理到知识管理的发展历程出发，阐述了企业为什么需要知识管理，以及知识管理是如何提升企业的核心竞争力的；介绍了知识管理的基本理论，阐述了知识的基本概念，总结了国内外学者对于知识概念的理解，并介绍了隐性知识和显性知识的概念、特点和区别；然后提出了知识管理的基本含义，最后介绍了基于人力资源效能的知识管理系统模型。

第2节介绍了知识管理的基本理论，从知识管理的整个研究结果来介绍知识管理的研究发展历程和知识管理的主要学派及其观点。

第3节介绍了知识管理的主要内容，包括个人知识组织化、隐性知识与显性知识的相互转化、知识共享平台的搭建和知识创新，这四者的关系并不是平等的，而是以知识共享为基础，个人知识组织化及隐性知识与显性知识相互转化为过程，最终实现知识创新；另外，介绍了知识管理的方式与组织的知识创新；最后，介绍了影响知识管理的因素，包括知识本身、员工个体、组织和其他因素等。

第4节介绍了在知识管理的背景下，人力资源管理的新特点。首先介绍了首席知识官的概念、职责和胜任力要求，然后介绍了知识管理的实施从管理理念、管理重点、工作技能、工作方式等方面对人力资源管理产生的影响，最后介绍了知识管理与人力资源管理实践的关系。

第5节介绍了知识产权价值及其保护。包括知识产权的概念、特点及其价值，如何对知识产权进行保护与管理，从而建立起全面的知识产权保护体系。

【关键词】

知识管理 知识 隐性知识 显性知识 个人知识组织化 显性知识与隐性知识的相互转化 知识创新 知识共享 SECI模型 场 首席知识官（CKO） 知识产权 知识产权保护

【思考题】

1. 什么是知识？
2. 什么是知识管理？
3. 知识管理对人力资源管理的影响是什么？
4. 知识管理的理论基础是什么？有哪些理论学派？
5. 知识管理的主要职能是什么？
6. 简述 SECI 模型和"场"理论。
7. 知识管理的影响因素有哪些？

8. 基于知识管理的人力资源管理实践有哪些？

9. 知识产权的价值是什么？如何对其进行管理与保护？

案例分析

中航集团的知识化管控

深圳中航集团股份有限公司由中国航空技术进出口深圳公司发起成立，于 1997 年 9 月 29 日在香港联交所上市。作为一家多元化战略投资控股公司，中航集团主要通过附属公司从事电子元器件、高档消费品、商业地产以及资源业务，旗下拥有深圳天马微电子股份有限公司、深圳市深南电路有限公司、深圳市飞亚达（集团）股份有限公司、深圳中航资源有限公司等核心公司，并持有深圳中航地产股份有限公司的股权。

中航集团 2007 年投资总额超过上市十年来的总和，通过收购广东国际大厦控制性权益以及进一步增持中航地产的股权，成为其第一大股东，逐步将商业地产业务纳入集团业务组合。集团的重点投资项目第 4.5 代 TFT-LCD 生产线、高端印制电路板建设均进展顺利，上述项目的建成达产将奠定集团 LCD、PCB 业务在相关领域的国内领先地位，并将为集团带来持续的竞争优势。

中航集团通过内部重组及外部并购，已形成多元化业务结构。随着集团规模的扩张，涉足的行业众多，业务不断增加，集团领导者的管理半径与纵深加大。要建立怎样的管理体系去匹配多元化业务组合，以有效地对各业务层级实施战略规划及战略管理，实现战略、流程和知识的一体化管控，是中航集团迫切需要解决的问题。中航集团在快速发展的过程中也有一些困扰：

● 作为典型的集团化（多层级）、多元化的大型企业，中航集团下属企业众多，跨行业发展必然会带来沟通问题，因此集团总部与下属公司之间纵向的沟通与交互就显得尤为重要。如何让总部信息，包括总部战略决策、新闻公文、会议通知、KPI 等快速地传递给下属企业，总部有效获取下属公司经营信息，总部与分公司实现数据、知识、人才共享，是迫切需要解决的问题。

● 领导很关注信息的整合，但是各子公司、各业务部门的数据彼此独立，缺乏规范统一，就会给集团决策分析造成困难。由于没有知识信息共享平台，因此没有一个统一的信息出口为集团管理者提供经营决策方面的支持信息，而且管理层决策信息也无法快速传递给相关部门。

● 作为一个投资实业为主体的战略控股集团，总部对下属公司的财务、经营、市场等状况都十分关注，因此怎样从集团总部到分子公司、到各业务部门进行有效的经营监控也是领导层十分关注的问题。

● 在金融危机大背景下，费用管理不仅仅是财务部的事情，其他部门也应参与进来，因此费用流程的标准化显得尤为重要。

为了解决上述问题，中航集团引入了蓝凌基于知识管理的企业知识门户（EKP）解决方案。系统建设的总体目标是：建立一个支持集团型企业的协作办公管控模式的移动办公平台，让总部与各子公司双向信息得到共享，并提供及时、可靠的信息服务支持高层决策，提升总部战略管控能力。

根据中航集团制定 IT 战略的原则，项目实施采用 1+1+2 的组织架构，即基于"集团总部＋地产股份＋酒店管理和地产发展"部署标准统一的硬件和软件平台，实现数据互联。中航集团推进 EKP 三步走：

第一步：做精协同办公基础。首先让知识文档、重要流程上 EKP 系统，把协同办公中的公文流转、全程会议管理做精，把信息发布的整合以及特色专栏的建设做深。

第二步：深化业务管理协同门户。建设子公司专用协同功能，包括内控、合同管理、费用报销、项目考核等；完善集团知识管理体系建设；对流程进行效率统计分析，再逐步改善；同时孵化几个子公司作为代表性公司进行推广。

第三步：部署统一门户，将集团知识、流程、人员集成。加强子公司信息系统的整合，将总部和子公司的内容文档、流程、人才人员信息、数据报表等统一集成。

平台的建设让中航集团的业务数据和信息得以集成，知识得以共享，对纵向企业内部协同应用提供了帮助，使总部对子公司从战略、流程到知识进行一体化管控提供有力支撑。

● 建立了中航集团高管门户。门户建设的内容主要是高管关注的公司战略、业务规划、报表和报告、KPI、重大会议安排与决议、重大项目进展以及外部重要信息和情报，同时还支持高管们设置个性化的页面。高管门户建设是实用的"知识化"战略管控支撑平台实现方案，为高层决策提供了信息支持。同时高管作为整合战略文档管理、高层会议管理、经理人考核管理等功能实现一体化的应用场景，也促成公司战略结果的透明化管理和战略执行过程的务实落地。

● 建立了信息交换门户（即收发文组默认门户），实现集团信息交互。在信息交换门户下总部发布下属企业应知晓的公文及会议等信息，而下属企业在系统中注册企业收发文组，通过此账号登录总部系统，获取总部信息。同时门户还设定收发文组权限，收发文组成员只能看到权限内的信息。信息交换门户的建立使总部的决策、公文、会议通知等信息得以快速传递给下属企业。

● 集团财务费用得以管控。实现了费用预算明晰化，让各部门管理各自预算，并能准确看到各项预算的使用情况和预算的变更记录；实现了费用流程固化，其中报销及借款流程都固化在系统中，增强了流程的规范性及制度的严谨性。随着费用模块上线，财务部颁布解释细则和注意事项，并且加强了费用管理模块培训工作。

● 实现了集团型企业协同办公平台服务。建立以公文、会议、文档、流程、计划、任务、项目等为核心的协同办公平台，实现对集团总部和各分支机构的信息共享、流程管控、会议推动等。通过中航集团统一平台，为企业各部门之间、员工之间的流程式协同工作提供畅通的沟通机制，有助于实现集团型企业敏捷办公的需求。

资料来源：https://ishare.iask.sina.com.cn/f/31Q2CIrFthx.html.

问题：

1. 中航集团在知识管理方面面临哪些问题？
2. 中航集团是如何逐步实施知识管理的？
3. 中航集团的知识管理如何与人力资源管理相互协同促进公司发展？

【参考文献】

[1] 白洁，崔正浩 . 促进组织内部知识共享的对策研究 . 中北大学学报，2010（1）.

[2] 曹勇，黎仁惠，王晓东 . 技术转移中隐性知识转化效果测度模型及评价指标研究 . 科研管理，2010（1）.

[3] 曹洲涛，杨瑞 . 知识领地行为视角下个体知识向组织知识转移的研究 . 科学学与科学技术管理，2014，35（10）：35-42.

[4] 陈小让 . 知识管理：知识经济时代企业管理的新趋势 . 科技情报开发与经济，1998（6）.

[5] 樊垚秋 . 数字化转型背景下的企业知识管理研究：基于欧洲知识管理框架 . 中国商论，2020（10）：87-88.

[6] 顾基发，张玲玲 . 知识管理 . 北京：科学出版社，2009.

[7] 胡远华，郑凤莲 . 个人知识组织化研究述评 . 管理视角，2008（22）.

[8] 李志刚 . 知识管理原理、技术与应用 . 北京：电子工业出版社，2010.

[9] 梁林梅，孙俊华 . 知识管理 . 北京：北京大学出版社，2011.

[10] 廖际开 . 知识管理原理与应用 . 北京：清华大学出版社，2007.

[11] 林长遥，万迪昉 . 知识创新的组织内驱因素、关系模型及其作用机理研究 . 科学与管理，2009（4）.

[12] 路甬祥 . 知识经济创新体系与教育改革 . 教学与教材研究，1998（4）.

[13] 彭剑锋，等 . 激荡2019：从思想的云到实践的雨 . 上海：复旦大学出版社，2019.

[14] 彭剑锋，张建国 . 经营者思维：赢在战略人力资源管理 . 北京：中国人民大学出版社，2019.

[15] 秦世亮，万威武，朱莉欣 . 个人知识和企业知识创

造．研究与发展管理，2004（2）．

［16］邱均平，段宇锋．论知识管理与竞争情报．图书情报工作，2000（4）．

［17］盛小平，曾翠．知识管理的理论基础．中国图书馆学报，2010（5）．

［18］唐承林，顾新．影响组织创造的组织结构因素分析．科技管理研究，2010（4）．

［19］万希，杨萍．基于知识管理的人力资源管理环境改善．云南财经大学学报（社会科学版），2009（6）．

［20］汪慧玲，韩珠珠．知识管理中隐性知识显性化的路径分析．科技管理研究，2009（1）．

［21］温格，等．实践社团：学习型组织知识管理指南．北京：机械工业出版社，2003.

［22］乌家培．正确认识信息与知识及其相关问题的关系．情报理论与实践，1999（3）．

［23］徐扬．新产品开发中知识管理优化模型研究．科技进步与对策，2015，32（1）：12-17.

［24］野中郁次郎，胜见明．创新的本质：日本名企最新知识管理案例．北京：知识产权出版社，2006.

［25］野中郁次郎，竹内弘高．创造知识的企业：日美企业持续创新的动力．北京：知识产权出版社，2006.

［26］叶文娟．浅谈基于知识管理的人力资源管理．商场现代化，2009（5）．

［27］易凌峰，朱景琪．知识管理．上海：复旦大学出版社，2008.

［28］赵士英，洪晓楠．显性知识与隐性知识的辩证关系．自然辩证法研究，2001（10）．

［29］赵征，赵雪菊，徐艳．基于知识流程的企业知识管理层级模型研究——以信息技术外包企业为例．西北农林科技大学学报（社会科学版），2012，12（6）：112-117，129.

［30］周玉泉，李垣，谢恩．知识管理研究综述与展望（英文）．成组技术与生产现代化，2003（3）：36-41.

［31］朱晓峰，肖刚．知识管理的基本概念探讨．情报科学，2000（2）．

［32］竹内弘高，野中郁次郎．知识创造的螺旋：知识管理理论与案例研究．北京：知识产权出版社，2006.

［33］Bassi L. Harnessing the power of intellectual capital. Training & Development，1997，51（12）：6.

［34］Desouza K C，Awazu Y. Knowledge management at SMEs：five peculiarities. Journal of Knowledge Management，2015，10（1）：32-43.

［35］Drucker P. Post-capitalist society. London：Butterworth-Heinemann，1993：25-27.

［36］Edwards，John S. The essentials of knowledge management. Palgrave Macmillan UK，2015.

［37］Gao F，Li M，Clarke S. Knowledge，management，and knowledge management in business operations. Journal of Knowledge Management，2008，12（2）：3-17.

［38］Heisig P. Harmonisation of knowledge management-comparing 160 KM frameworks around the globe. Journal of Knowledge Management，2009，13（4）：4-31.

［39］Huber G P. Transfer of knowledge in knowledge management systems：unexplored issues and suggested studies//The Essentials of Knowledge Management. Palgrave Macmillan UK，2015.

［40］Inkinen H. Review of empirical research on knowledge management practices and firm performance. Journal of Knowledge Management，2016，20（2）：230-257.

［41］Liebowitz J. Key ingredients to the success of an organization's knowledge management strategy. Knowledge & Process Management，2015，6（1）：37-40.

［42］Maier R，Remus U. Implementing process-oriented knowledge management strategies. Journal of Knowledge Management，2003，7（4）：62-74.

［43］Pawlitzek G，Mikusch E. Knowledge management in software engineering//Seminar It 326 Der Carl-cranz-gesellschaft，Oberpfaffenhofen. DLR，2015.

［44］Shehadeh H K，Mansour M H. Role of knowledge processes as a mediator variable in relationship between strategic management of human resources and achieving competitive advantage in banks operating in Jordan. Academy of Strategic Management Journal，2019，18.

［45］Shujahat M，Sousa M J，Hussain S，et al. Translating the impact of knowledge management processes into knowledge-based innovation：the neglected and mediating role of knowledge-worker productivity. Journal of Business Research，2019，94（JAN）：442-450.

［46］Sverby K. The new organizational wealth. San Franeiseo：Berrett-Koehler，1997.

［47］Tang D，Zhu R，Tang J，et al. Product design knowledge management based on design structure matrix. Advanced Engineering Informatics，2018，24（2）：159-166.

［48］Wenger. Communities of practice：learning，meaning and identity. New York：Cambridge University Press，1998：16-23.

第14章　灵活用工与人力资源外包

本章要点

通过本章内容的学习，应能回答如下问题：

- 灵活用工的内涵与思维是什么？
- 人力资源外包的基本定义是什么？
- 人力资源外包的主要方式有哪些？
- 人力资源外包如何支持战略人力资源管理？
- 人力资源外包的基本流程是怎样的？关键技巧有哪些？
- 劳务派遣的基本流程是怎样的？
- 人力资源外包有何发展趋势？

引导案例

ADP 人力资源外包激活企业潜力

人力资源职能在每个企业中不可或缺，需要根据企业发展战略合理配置人员，通过一系列机制调动员工积极性，发挥员工潜能，以实现企业目标。

发展窘境：传统人力资源之困

人力资源市场正呈现出前所未有的变革趋势，尤其体现在人力资源外包上。互联网数据中心（IDC）指出，在过去六年里，人力资源职能的外包增长幅度已接近 70%。Global Industry Analysts 报告显示，全球人力资源外包市场规模将达到数千亿美元，包括全部的企业类型。

中国的人力资源外包市场一直处于探索开发期，有些企业还在采用 Excel 表格进行工资计算，有些企业则采取手工与软件结合的方式，还有些规模大的企业会建立共享服务中心（SSC）。

ADP（美国外包服务公司）研发部副总裁认为这只是现状，中国的变化可以说是一日千里，尤其是国际化的趋势越来越快，外国企业进入中国，中国企业走向国际。在这一过程中，中国企业将面临内部流程非标准化、合规问题、人力成本上升以及由此引发的各种潜在风险。

随着企业的国际化扩张，HR 系统增多，报表不统一、不规范，为人力资源管理带来了极大的困难。而 HR 部门可能会忙于日常事务性工作，难以有时间和精力为企业提供发展战略上的支持。

尽管人力资源外包可有效解决上述问题，但企业的传统思维又会带来很多忧虑，如人力资源外包之后 HR 是否会下岗，企业数据是否安全，外包成本是否过高。

破解之法 I：人力资源外包服务

人力资源外包不仅满足企业在成本控制、合规及流程标准化方面的多种发展诉求，重要的是，可以让 HR 部门从一个事务部门转变成战略部门，用更多时间去做战略方面的考虑，而不是忙于事务性的操作。第三方人力资源服务机构还可以给予更多政策支持，辅助进行正确的战略决策。

在美国平均每 6 个人中就有 1 个人是由 ADP 发放工资，在国外，人力资源外包是一件很平常的事情，中国的外包用户群多来自拥有跨国业务的公司。

ADP 2006 年进入中国市场，2009 年开始为中国市场提供更全面的本土化的解决方案。目前 ADP 在北京、上海、深圳共拥有 400 多名员工。ADP 提供基于云的人力资本（HCM）解决方案，包括人力资源、薪酬、人才管理、考勤管理、税务及福利管理解决方案。

针对不同规模的企业，ADP 可以提供不同的解决方案，Global View 适合大型跨国企业，Streamline 适合小型跨国公司，BOB 适合中国本地企业。根据客户的需要，ADP 还可以为企业提供薪资模板，这受到中小企业的推崇。

ADP 已完成了人力资源外包到人力资本管理的转型，这个转型从十几年前就开始了，当时技术与业务理念存在差距，现在则实现了同步。人力资源服务最新的趋势是移动化。

破解之法 II：快速交付的个性化定制

基于云的 SaaS 服务其实并不少见，在人力资源领域也已经不再局限于蓝海市场，ADP 可以提供更多增值服务。例如在 SaaS 模式中，企业需要自己在系统中进行设置以遵守法律法规，并为任何不合规的操作承担法律风险，ADP 的顾问会了解客户的需求，并承担这部分工作。

传统大型企业和集团型企业往往会请人力资源咨询公司帮助梳理流程。ADP 凭借当地专家帮助客户梳理现有流程，实现标准化以及合规。在前期销售阶段 ADP 就会明晰客户需求并与业务做匹配，在实施阶段顾问会全流程参与，以最快速度进行反馈。

现在企业越来越看重与人力资源相关的数据分析，ADP 向客户提供的不仅仅是报表，还能够提供一些有价值的数据分析报告，帮助客户发现问题和解决问题。

资料来源：https://www.pianshen.com/article/76361758486/。

专业的人干专业的事，把人力资源外包给专业的组织来做，不仅有利于企业迅速提高人才配置能力，而且有利于企业把有限的时间和精力投入最有价值的地方，从而专注于核心领域，打造核心专长，形成核心能力。人力资源管理外包和劳务派遣是人力资源外包的两种基本形式。尤其对于跨区域人力资源而言，人力资源外包成为企业发展的一种重要选择策略。

第1节　灵活用工

企业可通过外包的形式拥有人才，需要时用，不需要时将人才交给需要的人去用——这就是精准的配置，它解决了企业冗员和工作量不恒定的问题，降低了过去稳定用工的闲时人工成本，使企业能够用最经济、最有效的方式去使用人才，实现了企业价值的最大化和人力资本价值的最大化。建立灵活用工模式的核心就是：利用开放、破界、平台、共享的思维构建利他取势的生态价值平台。

一、灵活用工概况

《中国灵活用工发展报告（2021）》指出，灵活用工是雇佣组织（企业、平台型组织、公共服务组织等）以标准雇佣之外的方式进行人力资源配置用工安排。灵活用工有两种类型的关系：

（1）两方主体型：一是以非全日制用工、短期用工为特点的用工单位-劳动者关系；二是以在线、按工作成果计酬为特点的新业态的互联网平台-劳动者关系。

（2）三方主体型：一是以业务外包、人力资源外包为特点的用工单位-人力资源服务公司-劳动者关系；二是以在线接单、离线工作为特点的用工单位-互联网平台-劳动者关系。

就目前情况来看，我国已有55%以上的企业采用了灵活用工的形式，随着数字化技术的发展、市场环境的变化以及组织方式的创新与变革，灵活用工的范围、规模和强度都将进一步拓展。我国灵活用工发展的方向呈现三大趋势：第一，市场化用工，即雇佣组织直接与劳动者，或者与第三方人力资源服务机构建立短期合作关系，在整个社会范围内配置资源，以降低用工成本，最大化劳动产出。第二，专业化服务，即人力资源服务业的快速发展使得企业可以专注核心业务，而将部分职能交给外部团队打理。第三，数字化管理，即数字化在人力资源管理各职能板块中的作用愈加凸显，组织平台在实现劳动供需、管理众包等方面起到连接功能。

灵活用工的核心理念是：不求人才为我所有，但求人才为我所用。企业和人是灵活用工的两大关键驱动要素，对企业而言，灵活用工能够帮助企业降低用工成本，充分利用社会人才资源，转嫁用工风险，激发组织活力；对个人而言，新一代员工追求自我价值的实现以及工作中的自主性，尤其是随着分享经济时代的来临，他们更愿意选择灵活就业。正是因为这个两方面的因素，灵活用工成为企业和个人的重要选择。在灵活用工经济形态下，专门从事人力资源服务的外包公司应运而生，人力资源外包成为灵活用工趋势下企业的最优选择。

二、利他取势的生态价值平台

1. 人才管理之"活"的现实价值

未来人才管理的关键词，就是一个"活"字。"活"表现在以下几个方面。第一，人与组织、人与岗位要实现动态配置。第二，人才的价值创造方式更加灵活，每个人的内在潜能被释放出来，同时，组织价值创造的能力得到提升，活力得到激发，实现整个组织价值的最大化。第三，人与组织、人与岗位间的关系从单一的、僵化的走向灵活的、充满活力的。过去为什么要把人绑定在企业当中？因为人与组织的关系是以岗位为核心的，是固化和僵化的。但未来的组织不再以岗位为核心，而采取以工作任务为核心、分布式的组织形式。当平台拥有大数据，了解了双方的特点与需求时，就能够根据供给端与需求端的算例进行精准配置。这是平台化第三方最大的资产。第四，人才退出与再配置的机制更加灵活。

2. 灵活用工将成人才市场化的主流模式之一

在数字化、智能化时代，组织和人的关系发生了革命性的变化。组织和人的关系从单一的雇佣关系、人身依附关系转化为相互雇佣的关系或者说合作伙伴关系。这一背景为灵活用工方式带来了新的市场空间和广阔的市场前景。

为什么说灵活用工拥有广阔的市场前景？有以下几个方面的理由。

（1）未来的人力资源管理是从人才所有权思维到人才使用权思维的转变。对于企业来说，过去是雇佣关系，是劳动合同关系，人才只能为我服务，人才归我所有。但是在现在和未来，企业更多遵循的是人才使用权思维，不求人才为我所有，但求人才为我所用。

不仅如此，企业还要遵循不求资产为我所有，但求资产为我所用的思维。所以，企业要实现两个"淡化"。首先是淡化资产的拥有意识，关键在于资产的运用。比如小米通过平台化运作，连接了很多生态企业和创业型企业家，它只占有这些企业5％、10％或者不超过20％的股权。这些企业被纳入小米的平台体系之后，从产品设计、研发到渠道、品牌、资本，都能够在平台上运行，并接受平台管理。平台整合了资产和人才，实现了不求资产为我所有，但求资产为我所用这样一种理念，同时也顺应了时代的大趋势。第二就是淡化人才的拥有思维。

按照公司治理的理论，灵活用工不再单一追求股东价值的最大化，而要同时追求股东价值的最大化和人力资源价值的最大化。也就是说，企业通过外包的形式拥有人才——需要时用，不需时交给需要的人去用——解决了企业冗员和工作量不恒定的问题，降低了过去稳定用工的闲时人工成本，使企业能够以最经济、最有效的方式去使用人才，从而实现了企业价值的最大化和人力资本价值的最大化。同时，人才不会被闲置，也就可以实现他价值创造的最大化。

未来，外部世界的不确定性越来越大，组织的不确定性也就越来越明显。而应对这种不确定性的法宝之一，就是人与工作的精准配置。灵活用工服务能够精准地了解企业用人、用工的需求，精准地了解个体的忙闲状态，然后，通过精准配置实现供需双方的有效结合。所以，从公司治理的角度来看，灵活用工能实现股东、企业和人才的"三赢"。

（2）互联网、信息化和数字化为灵活用工提供了扎实的技术基础。互联网、信息化和数字化为灵活用工提供了扎实的技术基础，使互联网时代的人力资源管理可以实现跨界与破界。

人力资源管理的传统定义是组织内部人才的科学管理，而在互联网时代，人力资源管理已经延伸到组织外部。所以，当我们一再强调互联网思维时，人力资源管理的定义是滞后的。比如，企业的外包员工、第三方服务商所提供的人才，同样是人力资源的一种形态。他们虽然不归企业所有，但是能够为企业所用，因此应该被纳入企业人力资源的管理范畴。

如今，企业已经突破了组织的局限，实现了人力资源的跨越式管理。它包含"两个破界"：一种是像小米那样，视粉丝为人力资本，或者将员工视为客户，客户也可以视为员工，两者的身份是可以相互转换的。另一种是企业与人才之间不必是雇佣关系，企业看重的是，人才在这个平台上能否充分发挥能力与才华。比如一位中国人民大学的教授，虽然他的劳动关系在中国人民大学，但是他可以在清华大学、上海交通大学、厦门大学讲课。这时候，这位教授的劳动关系不再重要，他的能力能够在其他重要的平台上得到发挥。未来的人力资源管理体系是开放的，这样就能使内外部人才交融。

未来的人力资源管理体系也是连接的。人力资源外包服务公司构建了需求端与供给端最精准的连接和交互服务，实现了全球人才为我所用。这种模式对于那些地处偏远的企业更有价值，一些企业招聘不到优秀人才，但是如果薪酬合理，优秀人才也许会愿意前往工作一段时间。

现在，有了技术的支撑，完全可以构建一个全社会的人才价值创造网络，并在这个网络当中实现人与岗位、人与组织、人与任务的最佳配置。

（3）灵活用工提高了人才的使用效率，提高了人力资源的效能，使人力资源价值实现了最大化。从成本的角度来讲，灵活用工激活了内部人才，降低了企业的总成本。为什么降低的是总成本而不是成本呢？一般来说，外包服务、管理咨询服务的收费有可能不菲，短期内其成本必然较高。但是，优秀的外部人才为企业解决了问题，他所贡献的是智慧价值而非时间价值，而这是需要以远期效果来衡量的。因此，仅就个案来说，其单一成本未必低，但企业的总成本一定低。

灵活用工还降低了企业人才的摩擦成本、交易成本和退出成本。当前执行的劳动法律法规使企业面临人才退出成本过高的问题，也会让企业内部的交易成本居高不下。而灵活用工使企业实现了人才的退出成本、再配置成本最小化。

人才退出成本和再配置成本以及企业总成本的降低，使灵活用工不再局限于标准化工种以及临时工、闲杂人员等，而是延伸到整个人才价值链和人才生态，使高端的创新型人才、经营型人才、专业化人才均可被纳入灵活用工的范畴之内，都可以采用第三方服务的方式。因此，灵活用工不仅仅指人力资源外包，它实际上提供了一个解决人力资源供给和需求矛盾的第三方服务平台。

3. 灵活用工模式推动组织变革的三种思维

未来，企业会走向平台化、开放化，实现平台和平台之间的相互赋能，实现共生、共荣、共同发展，这是一种大的趋势。在这样的趋势之下，人力资源的第三方服务就不能采取过去打法律"擦边球"的做法，灵活用工也不能仅仅满足企业节约内部成本的诉求，而是应该基于以下三个基本思维来进行组织的经营管理变革。

（1）生态战略思维。未来的企业，不论形态是公司制还是平台化，最终都要构建生态战略思维。企业与利益相关者之间，企业与合作伙伴之间，不再是单一的二元对立关系，而是相互创造价值的关系。过去，企业与员工之间，随着雇佣关系的终结，由于各种各样的原因，可能突然形成对立的状态。但是现在，因为有第三方服务平台的支持，有了使人力资源价值最大化的连接，企业和员工不论是否合作，均可以找到价值最大化的方式，因此，二者就不会成为敌人。这种生态化的思维和布局，实际上解决了雇主与雇员之间的矛盾，实现了共生的生态，形成的是利他的趋势。

利他是指，生态战略思维既提供了供给与需求之间的解决方案，同时又构建了一个人才价值最大化和人才配置最优化的生态体系。从战略上看，灵活用工不再是零和博弈的竞争策略，而是企业、人才和第三方服务商甚至更多利益相关者的共享、共生、共赢、共创。

（2）组织的扁平化＋网状化思维。这是指未来人力资源管理的组织变革与创新。组织的网状结构与平台化管理是企业实现生态战略的基本模式。其中，网状结构打破了组织界限，实现了彼此的连接，是一种跨界方式。在网状结构下，企业之间的界限被打破，部门之间的"部门墙""流程筒"被拆除，一切围绕客户和生态提供服务。而网状结构必须有平台化管理的支持，其主流的模式在于组织。这时，第三方服务商所提供的平台化的服务体系和人才的分布式作业就能够帮助企业实现组织平台化＋分布式，这毫无疑问是未来的发展趋势。

（3）人才的合伙化思维。通过平台化的第三方服务商，原来停留在派遣层面的人才雇佣上升到组织和人才之间的相互雇佣，组织和人才之间形成了高度紧密的合作伙伴关系。过去，劳务派遣主要针对低技术用工，员工不会因此对企业产生归属感。但是现在，这种观念需要突破——灵活、自由，人才不隶属于任何组织，有能力就可以服务众多雇主，同时也拥有更多的选择权，而这种选择权是弥足珍贵的。

人才必须忠诚于人生的价值追求，忠诚于自己的专业技能。对于专业人才而言，第一，专业是个人安身立命的"法宝"，专业越强、越稀缺，需求越大，他的价值就越高；第二，人才的冗余时间能够被充分利用，他就有更多机会为自身创造价值；第三，人才追求的是多样化发展，需要有更多跨行业的经验。在同一企业当中，人才的十项技能往往只能用上两三项，久而久之，其他的技能就会因为得不到运用而受到抑制。但是，人才利用自身的专业能力，在企业之间有序流动时，就能够实现原有能力的持续巩固，同时也能够实现能力的学习和突破，提高自身的综合能力和复合能力。

所以，人才未必要追求归属于某一个企业。当人才拥有更多的选择权、更加自由的时候，一切工作行为都会是自发自愿的，而不像依附于企业的员工。因此，灵活用工模式更加彰显人才对自己专业的忠诚。

4. 生态化、科技型的人力资源外包服务平台

（1）现代组织的成长曲线对人力资源外包服务平台的要求。现代组织的成长曲线不是平滑的，很多互联网企业呈爆发式增长，因而，它们的增长曲线也是爆发式、突变式的，与之相对应的人力资源需求曲线也是不确定的。社会人才的供给无法满足该类企业颠覆式创新的商业模式、突变式的成长路径和爆发式的需求，只能依托更加了解社会需求与供给的第三方服务商。

专业的人力资源外包服务平台通过大数据和专业服务，能够解决各种不确定性带来的人与组织、人与岗位配置的不确定性，实现人才的精准配置。这也是第三方服务商有很大的成长空间的原因。它能够打破工业文明时期人与岗位的固化和僵化，能够打破组织的相对固化和僵化，可以实现因人设岗。

在新的组织成长曲线下，对灵活用工的理解和使用就要发生转变。人力资源外包服务公司要从过去的以节约成本为主要目标，向满足需求、精准配置、提高人才效能和增强人力资源价值创造的活力转化，实现人与岗位的灵活配置、人与组织的动态合作，以及提高企业应对外部不确定性的能力。这几点对很多互联网公司和颠覆式创新公司来说尤为重要。

过去，人力资源外包服务公司仅仅是人力资源的搬运工，但现在它们是职业能力的提升平台，是赋能的平台和快速适应组织的能力发展平台。过去针对低端人才，它们难以精准配置，未来，高端人才也会纳入它们的服务范畴，它们将会为人力资源提供就业前的技能培训。

从商业模式来看，人力资源外包服务和灵活用工将有非常广阔的市场，因为它们顺应了时代变化对组织和人力资源管理提出的新要求，符合互联网时代以价值实现为中心的大趋势。

专业的人力资源外包服务公司已经走出了一条道路，将来它们不仅会实现规模的进一步扩大，还能够带动人力资源管理的升级，包括观念、思维、技术和商业模式的升级。这是人力资源外包模式的发展趋势。

（2）人力资源外包服务平台应具有四个特征。未来的人力资源外包服务公司将完成从低端企业向高科技企业转变，这种转变是基于大数据、基于精准的算例、基于算法的。从本质上看，它们就是大数据公司，其核心竞争力是数字化、算例和算法。

未来的人力资源外包服务平台至少要具有以下四个特征。

第一，它是实现供给与需求最优精准配置的第三方平台化服务商。

第二，它是稀缺人才的经纪人，是稀缺人才、高端人才的共享平台，可以实现高端人才与需求方的对接。

第三，它是数字化驱动的高科技公司。平台化的人力资源外包服务公司须掌握供需两方面的信息，其核心技术能力包括海量的数据、独特的算例和自己的底层算法。

第四，实现人力资本价值最大化。人力资源外包服务公司不仅可以让社会资源得到有效利用，社会效率得到提高，而且能减少人才退出交易的成本与摩擦，有利于建立和谐的劳动关系，使组织变得更灵活、更有效率，充满活力。此外，它提升了人力资源的效能和效率，帮助企业和个人实现了价值的最大化。

三、灵活用工思维：共享、破界、开放、平台

1. 共享——灵活用工的价值内涵

过去，人们所理解的灵活用工是把一些非核心人员以灵活的方式配置起来，为企业服务。比如，临时工、基建工等，都是采用灵活用工的方式。一些企业在聘请劳务、服务人员时，有不同的用工方式，包括计时、计件等等。

虽然以上种种都是灵活用工的方式，但是仅仅这样理解是狭隘的。比如，很多企业的业务是有波峰和波

谷之分的，就像网络电商在"双十一"活动中需要大量短期的雇员。那么，短期雇员的劳动合同怎么签？为了降低成本，企业可以找人力资源外包服务公司，由它们来解决短期用工的问题。

此外，还存在企业核心经营人才的问题。如果他们对行业有深入理解，拥有前端的思维和极强的判断力，他们就可以成为灵活用工的对象。比如，企业外聘顾问或专家团队。事实证明，这样的用工模式非常有效，一方面可以发挥顾问、专家的积极性，另一方面也使企业获得了更高的价值回报。

以上对企业来说都是用人机制的问题，如果企业人力资源部门能够从经营的角度去思考，灵活用工就是一种柔性的快速响应方式，同时是适合不同人群的配置方式。

2. 破界——灵活用工的现实路径

灵活用工事实上打破了企业内部的局限性，是一种柔性的、面向社会劳动力市场的快速调节方式。它不是简单地从人力资源管理的角度出发，而更多地基于人力资源经营的理念去看问题。

一个企业该如何经营人才？首先，它的用人机制要突破组织界限，跳出企业，瞄准整个劳动力市场。其次，对企业人力资源部门来说，它要把人力资源的功能设置社会化，在大的平台上完成这样一个构想，把人力资源的服务职能平移到社会结构当中去。这时，人力资源外包服务公司就应该成为企业的第二人力资源部。但它的运营模式与企业人力资源部的运营模式是完全不同的，它有非常明确的目标考核体系和KPI指标，对每个服务环节都有相应的工作流程和人员配置，从组织体系上保证了更高的效率。所以它是一个更加社会化的人力资源部。它搭建了一个平台化的人力资源管理体系，构建了一个人才交易的生态链，以及人才的进入和退出机制，实现了从人才为我所有到人才为我所用的转变。

以发展的眼光看，一个企业的人力资源部要真正做好人力资源管理，就不能像以前那样，从一个职能部门的角度来思考问题，要从企业经营者的角度，在社会范围内经营人才，否则，企业的人力资源管理工作只能越做越窄。

3. 开放——灵活用工的发展基础

当前，中国企业对灵活用工、人力资源外包的认识还比较浅显。根据市场调研的结果，中国目前灵活用工的比例还不到1%，而日本达到5%，美国达到10%。为什么发达国家灵活用工的比例较高？这与其企业的经营理念、管理方法息息相关。

要实现灵活用工，需要中国企业有开放的用工思维，需要互联网技术的支撑，当然也需要专业水平高的人力资源外包服务公司通过自身的平台化、生态化思维来推动。未来，灵活用工在中国是有发展前途的，原因有以下几点：第一，越来越多的企业具有开放思维和创新能力。这类企业思维活跃，有创新意识，接受新事物快，对人力资源外包比较认可。第二，新经济模式的助推。比如共享经济带来多种可能性。第三，技术发展的支撑。第四，中国有独特的市场条件。

未来，随着技术的不断进步，经济运作方式的改变，劳动方式、雇佣方式会发生更加灵活的改变。

4. 平台——灵活用工的价值体现

（1）建立人力资源共享服务平台与人力资源外包服务体系，不求人才为我所有，但求人才为我所用。随着数字技术在管理领域的广泛应用，人力资源管理发展的一大趋势及人力资源效能提升的有效手段之一是：人力资源共享服务平台化，业务外包化。

所谓人力资源共享服务，是根据集团总部所制定的制度，根据各业务单元的制度与决策，直接面对各业务单元员工，为其集中提供事务性的服务。共享服务搭建起了为各业务单元服务的平台，是实现人力资源管理组织形式转变的重要方面。

共享服务可以实现以下三方面价值：1）规模效益。规模经济是共享服务的首要目标，通过规模经济，可实现人力资源成本的降低。比如，集团公司实现薪资集中发放，全集团员工的工资均通过财务共享中心与人力资源共享中心结算，减少了诸多环节，创造了效益。2）专业化。专业化程度取决于人员的稳定和持续发展，传统管理模式下，这两方面都无法达到很好的效果。共享服务模式能够很好地解决这一问题。随着服务的集中，人员也集中了。在同一组织中，既有具体操作人员，也有具备相当专业理论功底的中高层管理人员，这样容易建立起职业发展路径。而各业务单元及广大员工，也将享有更专业化的服务。3）透明化。实现共享服务后，人力资源决策与操作相分离，集团总部和各业务单元负责在各自权限下制定相关制度，而共享服务中心作为中立第三方，依据制度进行操作，减少了从决策到操作的环节，制度执行更为标准化、透明化，更有利于各业务单元聚焦于业务发展，也更有利于集团人力资源系统与制度的统一。

共享服务是现代企业人力资源发展的趋势，是人力资源组织变革的基础，是提高人力资源效能的助推器。

现代企业人力资源管理越来越聚焦于支撑企业的战略及核心业务发展，越来越专注于做自己最擅长的事情，而将非核心业务转交第三方人力资源专业机构处理，从而降低成本，提高效能，这就是人力资源外包，如招聘外包、培训外包、薪酬福利外包、领导力发展外包，乃至一站式人力资源整体解决方案等。外包是企业内部共享服务的延伸，是企业在实现共享服务前提下向着更经济、更专业的道路迈进的一步。

（2）专注于核心业务，以技术驱动服务。在人力资源管理发展的大趋势中，对于人力资源外包服务公司来说，非常重要的两点就是自身的专业服务能力和平台价值。

人力资源外包服务公司，不仅要从企业的需求出发，也要从人才的需求和自身的角色出发来看问题、找定位。它既应该是平台，也应该是桥梁。

人力资源外包服务公司的客户价值在于，在降低需求侧成本、保障利润的同时，还能最大化保障劳动者的权益。这是非常考验人力资源外包服务公司的专业水平的。

人力资源外包服务公司秉持的管理理念应是"1+1＞2"。人力资源外包服务公司专注于核心业务，致力于帮助企业解决用工问题，让企业专注于自身核心能力的发挥，两个企业发挥各自的优势，实现的价值必然更大。"1+1＞2"是人力资源外包服务公司的社会责任和价值所在。

（3）灵活使用，有序退出。人力资源外包服务公司的业务范围既包括招聘和考核，也包括人员的正常或非正常流动。

如果一家公司在快速发展阶段基于业务搭建自己的人力资源体系平台，有可能错失商机。而专业的人力资源体系平台经过多年实践的积累，把很多企业的好的经验沉淀了下来，变成了平台的服务和产品。这种积淀，能够使该类平台为企业提供人力资源战略服务，为企业降低裁员成本，为劳动者降低失业风险。同时，在处理工伤事故方面，该类平台也有更加专业的方法。这些都是人力资源外包服务公司的价值所在。

即时案例 14-1

某互联网公司的人才外包实践

一、项目背景

中国一家领先的互联网技术公司 Y 公司旗下有多个业务板块，业务持续增长并不断创新。Y 公司多年来一直采用传统的雇佣模式，未见明显的不足，员工队伍也较为稳定。但随着业务的变化，移动互联对传统的用工模式提出了新的挑战：业务迅速上线时快速批量完成招聘的压力、对新员工的培训和持续跟进的要求、业务调整或淡旺季用工给人力资源管理及用工成本带来的挑战、国家生育政策调整后传统雇佣模式用工风险的增加。与此同时，灵活用工受到越来越多大中型企业，尤其是互联网企业的欢迎，企业纷纷在使用灵活用工的过程中受益，通过企业管业务、人力资源外包服务公司管人的方式，实现管理效能的提升。

从 2015 年开始，Y 公司与 R 集团就开始合作 RPO（招聘流程外包）业务，委托 R 集团为其基础岗位批量招聘。经过一年的时间，双方在招聘合作上建立了良好的互信，取得了满意的结果。2016 年年初，双方开始就人力资源外包合作深入沟通，Y 公司人力资源管理团队及业务团队最关心的两个问题为：外包后如何保证业务的稳定性？外包后既有自有员工，又有外包员工，双方的薪酬福利不同、管理模式也不同，如何保证团队的稳定性？

针对客户关心的两个问题，R 集团团队提前调研，了解 Y 公司的业务现状，提供了详细的解决方案，并就方案与 Y 公司人力资源部和业务团队多轮深入交流，达成了共识。双方从 2016 年正式开始了人力资源外包的合作，半年时间从一个城市推广到三个城市，涉及八个事业部，一年时间外包员工在岗超过1 000人。

二、项目实施

1. 保证业务稳定

R集团在为Y公司提供外包服务的过程中，为确保业务的稳定性，坚持以下三点。

第一，招聘标准不变。虽然部分岗位外包了，但招聘的标准不变，R集团作为专业的人力资源外包服务公司，把招聘环节进行模块化分工，每一个环节的服务内容和关键KPI都同步给Y公司，确保过程可控，而最后的录用环节由Y公司亲自把关，所以并不会因为外包而降低人员的进入门槛和员工的质量。

第二，培训机制不变。R集团对员工进行入职培训，包括公司介绍、公司文化、员工手册、规章制度，以及职业素养、职业技能、团队管理等通用素质类培训；而Y公司负责对员工进行业务技能的培训。

第三，管理机制不变。Y公司对R集团的外包服务设定考核指标，R集团将项目考核指标转换为员工的绩效指标，原则上一脉相承，管理和考核机制不变。

2. 保证团队稳定

Y公司担心人力资源外包后团队中有两种不同的用工形式，新老员工之间需要融合，新员工可能会对比自己与老员工的薪资福利差异，老员工可能担心自己的岗位也被外包出去，从而互相影响，导致团队稳定性降低。针对此问题，R集团将其他项目在员工管理、团队融合方面的成功经验迅速嫁接到该项目，并持续创新改善。

（1）新员工（外包员工）：关注情感。从新员工入职第一天开始，R集团提供给新员工三重关爱：一是R集团驻场HR，提供入职引导和完善的后勤保障；二是Y公司的业务培训导师负责教授业务知识；三是为每位新员工安排一名资深员工作为师傅，以老带新，持续跟进新员工的业务提升。

为了更好地促进新员工的融入，弱化"外包员工"的身份差异，R集团与Y公司一起设计了各种小环节以更好地提升新员工的融入感，例如：

● 一场组长见面会。在新员工课堂培训期结束，即将入组时，宣传组长的优秀事迹，制造期待感。组长闪亮登场后与员工和谐沟通，消除其入组前的迷茫和担忧。

● 一场师徒午餐会。入组后，师傅提前邀约新员工共进午餐，畅谈未来，增进友谊。

● 一场班前会。新员工参加未来班组的班前会，了解即将共事的同事情况和班组氛围。

● 一份模拟绩效单。让每位新员工在入组前拿到一份模拟绩效单，了解在即将加入的班组的绩效竞争中自己的位置和短板。

（2）老员工（自有员工）：心态调整。Y公司引进人力资源外包用工模式后，针对可能出现的老员工担心自己的岗位被外包出去等团队不稳定因素，与R集团一起组织老员工沟通会，鼓励老员工说出自己的担心，通过官方的解答，打消老员工的疑惑；通过内部的意见领袖积极传递正能量，让老员工统一思想。主要从以下两方面进行正向宣导：

第一，外包的原因是业务激增，公司编制受限，需要增加人手缓解业务压力。

第二，一切如旧，并不会因为外包影响在职员工的绩效、奖金、福利等，一切由业绩说话。

3. 激发团队活力

通过持续的数据追踪并与Y公司紧密互动，R集团提出建议，对在岗一定周期（如一年以上）、绩效排名前10%的员工，提供择优竞聘转为正式编制的机会。Y公司对此也给予极大的支持，最后有约5%的员工通过Y公司的转编考核，从而打通了员工的职业发展通道。

与此同时，在Y公司自有员工团队中，由于有外包员工这一池活水，在淘汰不胜任者方面，做法更加规范。连续绩效不达标，经过培训或者转岗仍不能胜任的员工，将被淘汰，Y公司会持续补充新鲜血液。通过一年半的良性运作，Y公司实现了内外循环，建立了一个稳定的人才蓄水池，团队的竞争性日益增强。

三、项目服务价值

通过与人力资源外包服务公司合作，Y 公司在以下几方面收获明显。

（1）降低了综合用工成本。Y 公司的薪酬福利体系在市场上整体竞争力较强，因此基础岗位的综合用工成本也高于市场平均水平，主要体现在绩效和福利上。R 集团承接该项目后，对标当地同类型岗位的薪酬水平进行合理调整，使新招外包员工的薪酬水平在市场上也具有一定的竞争力；在员工福利方面，重点从创意策划入手，提高 90 后员工的参与感，从而使整体组织氛围融洽。

（2）激发了团队活力。自有和外包两种用工模式并行，更好地激发了员工的积极性，而且组织保障方面的奖优罚劣、鼓励优秀，让团队的士气、竞争力、稳定性都得到了较好的提升。

（3）探索了多种用工模式。随着 Y 公司业务的扩张，季节性用/退工、实习生、劳务报酬发放等都带来了新的挑战。R 集团利用全国性平台的优势，及对各地财税政策的深度理解，在合法用工的前提下，为 Y 公司设计出多种灵活用工新模式，极大地提升了 Y 公司业务的灵活性，帮助 Y 公司在激烈的市场竞争中站稳脚跟。由于人员补充到位、用工灵活，Y 公司无后顾之忧，多条业务线都在业界遥遥领先。

资料来源：冯喜良，等．灵活用工：人才为我所有到为我所用．北京：中国人民大学出版社，2018.

学习资料 14－1

灵活用工的全球发展历程与趋势

从发达国家所经历的历程看，随着劳动力市场发展成熟度不断提高，劳动力市场的灵活性不断上升。从全球范围看，劳动力市场中的雇佣合约期限呈现缩短的趋势，兼职、临时工、自我雇佣等灵活就业形式的比例提高。20 世纪 90 年代以来，发达国家不稳定雇佣关系增长快速；发展中国家经历了非正规就业平稳快速上升的过程；中东欧、中亚的转型国家也经历了劳动力市场灵活性增强和非正规化的过程。

从第二次世界大战结束直到 20 世纪 70 年代，主要发达国家的劳动者和企业享受了一段繁荣、稳定的时期，随着生产率的提高，工人的实际工资和个人收入不断上涨。雇佣稳定性的增加和收入水平的提高使雇员（尤其是白领、管理层和专业人员）的忠诚度提高，雇佣期限更长。许多雇员在内部劳动力市场中工作，这个市场具有一系列特征：长期受雇于一个雇主；沿着企业内部职位阶梯晋升；所规定的工作与确定的职业生涯相联系；个人薪酬基于价值、资历或者其他相关综合素质。

在内部劳动力市场，一般来说，雇主和雇员都不会向外部市场开放或者申请职位，这些空缺都依赖内部的受过专业训练、有才能的人晋升来填补。

在这一阶段，企业对人力资源主要采用刚性管理的方式。第一，企业的每个员工都是一定组织的成员，有固定的工作岗位和规定的工作任务。各级组织相对稳定，所属成员及其工作不得随意变动。第二，企业用严格的规章制度约束员工。每个员工都要严格遵守企业各项规章制度，按照规定完成工作任务，违反规章制度或未能完成工作任务要受到处罚。第三，企业高度集权。企业管理的各项大权均集中在企业最高领导层，实行集中领导、统一指挥，下级对上级的命令、指挥必须服从。

但是，企业人力资源队伍长期固定不变、劳动者和企业形成长期的雇佣关系的后果是难以根据市场需求进行及时调整。

20 世纪 90 年代初，随着市场竞争的日益激烈、信息技术的快速发展以及全球化的到来，科层体制存在的前提条件发生了根本性变化，外部环境由稳定变为极具变化性和不可预测性。

社会环境的不断变化，要求组织结构趋于灵活而富有弹性，以求信息畅通并行动敏捷，有很强的环境适应能力。组织设计中再造、重构成为讨论的焦点。扁平化组织、多功能团队、流程再造、学习型组织、虚拟企业、战略联盟、网络组织等概念纷至沓来。

在调整组织结构以适应外部竞争的同时，企业也开始采用灵活用工的方式及时调整劳动力队伍的规模、工作安排和工作时间。在 20 世纪 90 年代企业已经采用多种雇佣形式：临时工、兼职、工作分享、顾问、签约以及租赁等。很多雇员喜欢有这种选择权，因为能够拥有更加柔性的时间，能够选择工作地点、工作方式和最喜欢参与的项目。企业人力资源队伍的调整也变得更加灵活、有弹性，这既有利于发挥下属的专长和创造精神，又有利于企业领导把主要精力集中在战略决策问题上。

进入 21 世纪，灵活用工从企业微观的操作层面向战略层面转变。从微观来讲，企业的灵活用工主要关注对组织、个人的柔性管理，以提高员工满意度为核心，实施各种灵活的管理措施来缓解刚性管理带来的压力。企业越来越注重采用各种措施，帮助企业员工获得工作的灵活性，实现工作与生活平衡；也越来越注重提高组织柔性管理的程度，帮助组织增强应对内外部变化的灵活性。

从战略层面来讲，人力资源弹性是指在人力资源管理中，灵活调整人力资源结构、员工数量、工作内容、工作时间与员工薪资等因素，以满足企业对不同层次、不同水平、不同模式的人力资源的需求。当组织在面临内外部环境变动所产生的压力时，灵活用工战略能使组织有效地作出适当反应，而且不同的组织在遇到不同的环境冲击时，也会发展出不同的灵活用工战略。

随着人类社会整体上跨入移动互联网时代，市场交易成本急剧下降，在新技术、新业态、新模式的带动下，企业的外部竞争环境呈现复杂、动荡、不确定、不可测的新特点，企业的人力资源管理面临规模不经济、绩效不稳定、法律限制、就业习惯等诸多挑战。在移动互联网时代，企业希望能够实现与劳动者的快速、精准匹配，企业用工的时候能找到匹配的人，员工上岗以后不用培训就能产生绩效而且是持续的绩效，当业务发生变化的时候还可以很容易地结束雇佣关系。

资料来源：冯喜良，等 . 灵活用工：人才为我所有到为我所用 . 北京：中国人民大学出版社，2018.

第 2 节 人力资源外包概述

"外包"一词的英文为"outsourcing"，意思是"外部寻源"，指在组织外部寻找资源来完成组织内部的工作。外包最初应用于信息系统技术领域，后来扩大到生产、销售、研发、物流、人力资源等领域，才单独成为专业术语。人力资源外包就是将企业的某一项或几项人力资源管理工作或职能外包出去，交由其他企业或组织进行管理，以降低人力成本，实现效率最大化。人力资源管理外包将渗透到企业内部的所有人事业务。

人力资源外包不是人力资源含义与外包含义的简单组合，它有特定的丰富含义，旨在利用组织外部的资源，更经济、更有效地解决组织内部人力资源活动所涉及的工作。

一、人力资源外包的概念

（一）人力资源外包的定义

人力资源外包是指将原来由企业内部人力资源部承担的工作职能，包括人员招聘、工资发放、薪酬方案设计、保险福利管理、员工培训与开发、员工满意度调查、员工关系、劳动仲裁等，通过招标的方式，委托给专业从事相关服务的外包服务提供商的做法。

人力资源外包包括人力资源管理外包和劳务派遣两种形式。人力资源管理外包是由外部服务提供商通过合同关系执行企业内部的人力资源管理职能。劳务派遣又称人才派遣或人才租赁，是指劳务派遣单位与接受单位签订劳务派遣协议，由劳务派遣单位招用员工并派遣到接受单位工作，劳动者和派遣机构从中获得收入的一种特殊的人力资源外包活动。

1. 人力资源管理外包

用人单位将其人力资源管理中非核心部分的工作全部或部分委托专业机构管理，但被托管人员的劳动关系仍隶属于原委托企业。具体的服务项目和服务内容如表 14 - 1 所示。

表 14 - 1　人力资源管理外包的服务项目及内容

服务项目	具体服务内容
代收代付社会保险（含养老、医疗、工伤、失业、生育等保险，根据当地社会保险的相关规定缴纳），代收代付住房公积金	每月向企业收取费用，按时代企业缴纳社会保险，并统一代理开户或转移社保资料，按时代缴员工住房公积金
代发工资、代扣代缴个人所得税	每月按时、准确地向员工发放工资，代扣代缴个人所得税
员工档案管理	为员工提供统一的存档服务
代理企业的劳动争议案件	为客户进行风险防范，提前预防各种劳动争议风险，当出现劳动争议时，有强大的律师团为客户解决各种棘手的问题
劳动法咨询及为企业提供突发事件的处理建议	常年向企业提供专业的劳动法咨询业务并协助企业处理突发事件
代办各种人事手续	依据员工档案出具各类人事证明；提供职称评定/公证/工龄审定/退休等人事服务；办理毕业生接收/转正定级手续，留学归国人员/军转干部的接收手续
各种证件代办服务	办理出国护照/港澳通行证；为符合条件的员工办理工作居住证
员工补充医疗保险	员工本人门诊报销 100%、住院报销 100%
人身意外伤害保险	10 万元人身意外伤害保障
员工年度体检	员工可在每个公历年度的指定时间到指定医院享受综合体检服务一次

人力资源管理的各项职能均可以通过外包来实现。根据不同的分类标准，人力资源管理的外包模式可以分为多种类型，比如按照人力资源外包职能、企业的需求和范围、企业与外包方的合作方式划分（见表 14 - 2）。

表 14 - 2　人力资源管理外包模式分类

划分依据	外包模式	模式说明
外包的职能	事务型外包	企业内部传统的事务型工作外包
	职能型外包	企业内部招聘、薪酬、绩效考核等具体专业职能外包
	战略型外包	企业人力资源规划、企业文化等独特稀缺战略职能外包
企业的需求和范围	专项业务外包	企业将一项完整的人力资源管理职能工作中的一部分外包
	整体业务外包	企业将一项完整的人力资源管理职能工作整体外包
	一次性项目外包	对企业人力资源管理全部或部分问题委外诊断、分析并提出方案
企业与外包方的合作方式	专业雇主组织	负责员工劳动与社会保障工作，对招聘和员工关系有决定权
	行政服务组织	为员工租赁或专业雇主组织提供薪酬管理和社会保障等服务
	应用服务供应商	提供在线租赁服务，外包商根据委托方的实际技术给予更新
	中心人事代理	全面人力资源咨询服务
	人力资源业务外包	企业将业务流程以及相应的职能部门予以外包

资料来源：萧鸣政，等 . 中国人力资源服务业蓝皮书 2017. 北京：人民出版社，2018.

2. 劳务派遣

劳务派遣体系是由派遣单位、用工单位、劳动者三方组成的一种劳动和人事的共同体。简言之就是：派遣单位与用工单位签订《劳务派遣合同》，派遣单位与劳动者签订《劳动合同》并向用工单位派遣劳动者，劳动者为用工单位提供劳动，用工单位监督指导劳动者劳动。用工单位向派遣单位支付相关费用，派遣单位支付劳动者工资。劳务派遣关系图如图 14-1 所示。

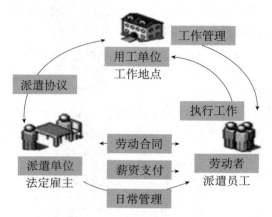

图 14-1 劳务派遣关系图

劳务派遣的具体服务内容包括：协助发布招聘信息和组织招聘；负责办理录用手续并与劳动者签订劳动合同或劳务合同；辅助用工单位对劳动者考勤与考核，落实用工单位的奖惩方案，协助用工单位做好劳动者的日常管理；负责发放或落实劳动者的工资和福利待遇；负责办理劳动者的社会保险和住房公积金缴存手续；负责处理劳动者的工伤、死亡事故，协助用工单位做好劳动者的劳动保护工作；负责解除与终止劳动或劳务合同，负责办理劳动者离职的相关手续。

人力资源管理外包和劳务派遣都属于人力资源外包的范畴，二者有交叉，但是从严格的意义上讲，人力资源管理外包是内部某种职能或业务流程的外包，但是劳务派遣并不属于严格意义上的业务流程外包，只是企业人力资源使用方式的一种变革。三者的关系如图 14-2 所示。

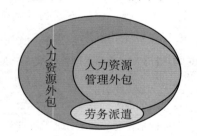

图 14-2 人力资源外包相关概念的关系

从广义上讲，任何以购买或付费的方式将企业内部人力资源活动交由企业外部机构或人员完成的做法，都可以视为人力资源外包。正式的人力资源外包过程应当包含以下要素：外包提出方有外包项目需求说明；外包承接方有外包项目计划书；外包双方经协商达成正式协议或签订合同；外包承接方根据协议或合同规定的绩效标准和工作方式完成所承接的活动，外包提出方按照协议或合同规定的收费标准和方式付费；外包双方中的任何一方违反协议或合同规定，外包关系即行终止；外包提出方如果对外包承接方的服务不满意并有相应事实证明，可以要求中止外包关系。

外包承接方即外包服务提供商，是按照外包双方签订的协议和项目计划书为外包方提供相应服务的机构或组织，主要包括大型会计师事务所、管理咨询顾问公司、人力资源服务机构、高级管理人才寻访机构等。目前，它们通常提供单项人力资源职能服务，也有少数服务提供商可以提供全套人力资源职能服务。

（二）人力资源外包的原因

（1）成本的压力。成本与效益，是企业生存和发展过程中不能忽视的两个关键点。在日趋激烈的竞争面前，在经历了各种与组织重构、企业并购有关的变革之后，企业的成本压力更大。正常运营的企业要紧缩开支，高速成长的企业也要控制成本，而那些经营不善的企业更迫切地想要降低成本。人力资源职能历来被视为重要的成本中心，在企业精简裁员、组织重构的风潮中，人力资源必然成为降低成本的焦点。虽然很多专家告诫，不要为节省成本而进行人力资源外包，但实际上，来自成本的压力还是成为大多数企业将人力资源外包的第一原因。由于人力资源专业服务机构能够同时为多家客户提供相同的服务，所产生的规模效益能在一定程度上降低单个客户支付的费用，因此，人力资源活动外包成为希望摆脱巨大成本压力的企业的必然选择。

即时案例 14-2

人力资源外包助力摩拜

2017 年 1 月底，共享单车风头正盛。摩拜刚拿到新一轮融资时，"迅速进行全面覆盖"的战略变得迫切：100 余个城市，需要 3 000 余名车辆运营人员。这批人要在一周内到岗，这对企业人力资源部来说是很大的压力。

当时，摩拜的人力资源部仅有 10 个人左右。这波大规模招人，摩拜选择外包，承接的企业是人瑞集团。该集团 2010 年成立，创始人张建国在年届不惑之际辞去中华英才网 CEO 后创业。

在摩拜提出需求后，人瑞集团于 2017 年 2 月新年后的第二个工作日组建工程专项小组，该小组成员人员独立、资源独立、费用独立，在全国范围内开始摩拜第一批次 14 个城市 200 余人的招聘。接下来的几个月里，摩拜月均人员需求在 300 人以上，此后，又陆陆续续地发出用人需求，最终人瑞集团给摩拜招到 1 万多人。这个项目执行完后，摩拜人力资源部给人瑞集团送来一面感谢锦旗。

人瑞集团在成立之初，就注重技术投入，形成四套核心的人力资源服务系统（招聘平台、招聘项目管理平台、外包系统、合同管理系统），投入费用 2 000 多万元。摩拜案例中，人瑞集团首先在线上后台系统里筛选简历，负责招聘的项目经理对人力的标签进行设定：年龄、学历、工作经验等，然后集中进行邀约面试。

线下执行过程中，100 多个城市的情况各不相同，总体制定出三种交付策略。

一类城市：为人瑞集团有分公司覆盖的城市，通过招聘 App（香草招聘）和微信公众号发布信息，以专场的形式进行宣讲、面试，平均每场到访 300～500 人，最终完成交付。

二类城市：为人瑞集团无分公司覆盖的省会城市或二线城市，数据运作部提前两个工作日储备简历，项目经理提前踩点，使用摩拜公司场地或者租赁面试场所，完成交付。

三类城市：一般指三四线城市，摩拜的需求通常在 20 人以内，人瑞集团通过下载简历精准电话邀约、开发中介渠道、H5 或微信小号运营等方式完成招聘。

人瑞集团根据摩拜的招聘需求，匹配合适的人员，这些人先与人瑞集团签订用工合同，人瑞集团再将他们派到摩拜城市运营岗位上。运营人员非坐班制，如何知道他们的工作状态呢？有两种方式：一种是固定打卡。派遣员工被要求到某个固定地点打卡，数据同步到人瑞集团的外包管理系统，后台可实时查看。另一种是移动打卡。派遣员工通过手机移动端打卡，实时记录日常工作轨迹，轨迹异常会有提醒，后台可以查看。

外包岗位考勤复杂多样，考勤不规范就会造成薪酬核算错漏，更严重的是造成真空管理，出现吃空饷的现象。考勤体系与薪酬核算体系结合，并与入职离职体系对接，加大了对派遣人员的管理。

对于摩拜的外包岗位，人瑞集团有"巡场 HR"维护入职离职信息；社保专员进行增员、减员的操作；薪酬专员根据系统中的基础数据、实时更新的考勤数据、绩效等完成月度薪酬核算。摩拜人力资源部门将员工薪酬转给人瑞集团，人瑞集团对员工发放薪酬。

后来，摩拜由于经营管理不善逐渐走下坡路，2018 年 4 月 3 日被美团以 27 亿美元收购。

资料来源：https://www.163.com/dy/article/DJG6325M0511DL00.html? referFrom＝baidu.

（2）对专家服务的需求。组织与人员的精简是过去多年来支配着人力资源活动的一个主导思想，也是人力资源职能活动所面对的一个严酷的现实。不少行业进行了重构，在人力资源领域，40～50岁、富有经验的人力资源专家，由于薪资较高而成为成本削减目标，他们中的不少人被裁减或办理提前退休，导致有关企业的人力资源专业知识的流失。与此同时，企业对人力资源服务的要求并没有因组织与人员精简而减少，反而有所增加。在这种情况下，为了在保持人员精干的同时适应企业人力资源活动的需要，很多企业对人力资源活动重新进行分析，将那些不是必须由企业内部完成的人力资源活动，以及企业不具备核心能力的活动外包出去，而只保留"必须花时间做并且擅长做的事情"。专业服务机构往往能够更广泛地整合专业人才资源，聚集富有专业经验的专业人员，而这在一般企业（尤其是中小型企业）中几乎是无法做到的。因此，专业服务机构通常能提供专业水平和工作效率更高的服务。

（3）人力资源信息技术的影响。随着信息技术的快速发展，人力资源信息技术也在不断创新，人力资源管理信息化浪潮已席卷西方企业界。许多人力资源服务提供商都安装了大型人力资源信息系统（HRIS）。这种系统能大大简化人力资源服务的事务性工作，提高人力资源活动效率，成为重构人力资源工作岗位、工作流程以及整个人力资源部门的推动力量之一。但是对于单个企业来说，配置人力资源信息系统不仅有成本上的困难，而且在信息系统的管理和维护方面也面临资源不足的问题。人力资源外包为企业提供了无须购买便能得到这种技术的途径。为获得技术能力而进行人力资源外包是一种工作需要，而且，提升HRIS有某种重要的战略意义。例如，在向新的人力资源信息平台转换的过程中，人力资源部门必须重新考虑和设计本部门乃至企业的工作流程。换一个角度看，人力资源外包提供了另一种获取人力资源信息技术利益的方式，特别是在强调成本控制的组织文化下。

（4）人力资源职能部门再造。长期以来，人力资源职能主要集中于事务性活动，无法发挥战略作用，虽然人事部更名为人力资源部的初衷在于改变角色以便为企业的发展战略服务。为了改变这种状况，必须彻底改造人力资源部的结构、流程以及资源配置方式。重新定义的人力资源角色为：变革的推动者、业务部门的合作伙伴、员工关系的维护者。为企业战略变革的实施提供行动方案并组织落实，深入到各个业务单元去提供人力资源咨询和支持，领导企业文化重建等，成为人力资源部的核心职能。在这种情况下，许多企业试图通过外包的方式将人力资源部从繁杂的事务中解脱出来，帮助其担当起新的角色。

（三）人力资源外包的作用

人力资源外包的作用体现在微观企业层面和宏观社会层面。

（1）人力资源外包使专业机构规模化运作，降低单个企业的成本。多个企业相同的工作集中由一家专业机构处理，除了技术熟练程度的优势外，专业机构可使三家企业三项相同的工作变成一家企业三项相同的工作，从而使人工、时间和流程的总成本大幅降低，也就降低了单个企业的成本。

（2）人力资源外包可使企业减少基础性工作，更多地关注提升企业竞争力的核心工作。根据"二八原则"，80%的企业利润是由20%的核心工作创造的，将一部分非核心的工作外包出去，可让企业人力资源管理人员有更多的时间和精力关注这20%的工作，从而有效保持和提升企业核心竞争力。

（3）人力资源外包促使社会分工进一步细化，有利于提高社会整体运作效率。分工的进一步细化必然促进技能的专门化和效率的提升，社会每个细胞组织的效率的提升也必然促进整个社会效率的提升。

（4）可大幅节省企业的运营成本，优化办事流程。人力资源管理发展的一大趋势及人力资源效能提升的手段之一就是人力资源共享服务平台化、业务外包化。现代企业人力资源管理聚焦于支撑企业的战略及其核心业务，专注于自己最擅长的事情，而将非核心业务转由第三方人力资源专业机构处理，从而降低成本，提高效能，优化结构和流程。外包是企业内部共享服务的延伸，使企业在实现共享服务的前提下，朝着更经济、更专业的方向前进。

（四）人力资源外包风险防范[①]

在外包服务的过程中，可从外包风险的来源角度，对外包风险进行识别，确定风险因子，通过构建风险矩阵，划分风险等级，并利用求根法对风险因子进行排序，从而最大限度规避风险。

（1）外包准备阶段的风险防范。在决定实行人力资源外包之前，一方面要通过科学划分人力资源管理外包职能及重视成本收益分析来明确外包的内容和目的，另一方面要建立健全沟通机制，做好沟通和安抚工作，消除员工抵触的情绪，降低风险。

（2）外包商选择阶段的风险防范。外包商的选择极其重要。首先，要扩大考察外包商的范围，不能仅在本地区范围内调查。要从外包商的信用、资质、从业年限、客户对其历史评价、收费标准等方面全面考察。其次，要确保参与投标和竞标的外包商之间没有合作关系，他们处于共同竞争的状态，这样才能以最低的价格得到最好的服务。最后，与外包商签订的合同要编制详尽，合同的各项内容合乎法律规定，一旦双方发生争执，外包合同是企业维护自身利益的唯一凭证。

（3）外包实施阶段的风险防范。原先负责人力资源管理工作的部门应当及时充当监管和评估的角色，在与外包商合作时注重反馈、沟通。在信息保障上，要建立文件管理和信息安全机制，避免商业机密外泄，给企业带来不可挽回的损失。

（4）外包退出阶段的风险防范。合同期满后，外包商和企业就进入外包退出阶段。企业根据外包商在外包服务过程中的表现、外包的结果等综合考虑是继续与原外包商合作，签订下一阶段的合同，是选择其他的外包商提供外包服务，还是终止外包业务，由原来负责人力资源管理的部门继续从事该工作。不论企业选择哪种退出机制，最大的风险就是泄露信息，如员工的个人信息、企业的经营状况、企业的发展战略等。为此，在外包实施之前，双方应签订保密协议，最大限度保障信息安全。

二、人力资源外包的选择

（一）人力资源外包内容的选择

1. 适合外包的人力资源活动

（1）人员配置方面，如寻找求职者信息，发布招聘广告，进行招聘面试、预筛选、测试、求职者背景审查及推荐人调查，开展人员租赁等。

（2）培训方面，如技能训练、基层管理人员培训、安全培训、团队建设、计算机培训等。

（3）薪酬管理方面，如职位说明书编写、职位评价、薪酬调查、薪酬方案设计、对管理人员做薪酬方案培训、薪酬发放等。

（4）人力资源信息系统方面，如建立系统和技术维护等。

（5）国际外派人员管理方面，如制作委派成本预算、委派信和有关文件资料，外派人员的薪酬和福利管理，对外派人员及其家属进行岗前引导培训等。

（6）组织发展方面，如管理人员继任计划设计、向外安置人员、新员工岗前引导培训等。

（7）遵守劳动法规方面，如向政府有关部门提供各种与雇佣及社会保障相关的数据和报告等。

2. 更适合企业内部运营的人力资源活动

（1）员工关系管理方面，如员工管理指导，仲裁与解决争端，劳动合同谈判（可以与律师一起进行），人员精简，沟通企业人力资源战略、政策和计划，员工职业发展管理，工作绩效评估等。

（2）人事管理方面，如人事记录保管、员工日常状态变化管理、非技术性人力资源信息系统维护、现场

---

① 苗蕊．SY 酒店人力资源管理外包风险与对策研究．西安：西安建筑科技大学，2020.

人事档案管理等。

（3）人力资源规划方面，如制订人员增长和扩展计划、制订人员精简计划、制订组织发展计划等。

（二）人力资源外包方式的选择

1. 全面人力资源外包

全面人力资源外包是指将企业的绝大部分人力资源职能包给服务提供商去完成的外包方式。这种方式对于中型和大型企业来说可能会有问题，因为它们的人力资源活动不仅规模大，而且非常复杂；同时企业内部员工的沟通、协调工作量会很大，要求服务提供商有很全面的系统管理能力。全面人力资源外包是发展的方向，但鉴于服务提供商的能力和企业对外包活动的控制力还不强，中型和大型企业实行全面人力资源外包还有待时日。而对于小型企业来说，全面外包人力资源职能则比较容易，因为它们的人力资源职能相对简单。事实上，目前实行全面人力资源外包的主要是小型企业。

2. 部分人力资源外包

这是目前最普遍采用的方式，企业根据自己的实际需要，将特定的人力资源管理活动（如人员配置、薪酬发放、福利管理等）外包出去，同时在企业内部保留一些人力资源管理职能。如果选择得当，能获得更好的成本效益。

3. 人力资源职能人员外包

人力资源职能人员外包是指企业保留所有人力资源职能，但让外部服务提供商提供维持企业内部人力资源职能运作的人员，这实际上是一种人员租赁方法。采用这类方法的企业常常要求外部服务提供商雇用他们现有的人力资源工作人员。

4. 分时外包

有些企业分时间段利用外部服务提供商，在这种情形下，由企业确定系统和设备的使用时间，由服务提供商提供技术人员，集中处理企业人力资源事务。这种做法比较经济，关键是要做好资源分配计划。

三、人力资源外包的意义

企业人力资源外包作为企业战略选择，有助于实现企业的人力资源管理战略。企业应当根据组织自身的特点和市场环境来选择组织战略。企业战略管理的核心在于有效配置企业内外部的各种资源，充分利用市场提供的机遇寻找企业发展的最佳路径。采用人力资源外包可以合理地运用外部资源，促使企业对内部资源进行最合理、最有效的配置，从而发挥企业外部资源和内部资源的协同作用，建立企业竞争优势。核心竞争力是企业竞争优势的根源，人力资源是企业核心竞争力的构成要素之一，通过人力资源外包方式，可以将人力资源管理的核心模块投入到对企业核心竞争力最有贡献的领域。

（一）支撑企业战略落地

（1）专注于人力资源管理战略职能。传统的人力资源部门由于忙于操作性事务而经常缺少清晰的战略方向。人力资源外包帮助人力资源部门从繁重的重复性事务中解脱出来，专注于核心的战略性工作，提升了人力资源管理的核心竞争力。人力资源事务处理工作的目标比较清晰，其结果也很容易直接评估，但往往会耗费时间与管理资源。企业从技术性人力资源管理向战略人力资源管理转型是一种必然趋势，较早实现成功转型会获得先发优势。战略人力资源管理的核心是将人力资源管理的职能转向战略角色，将有限的人力资源用到最合适的岗位上以创造更大的价值。人力资源外包成为企业战略流程变革的一个重要组成部分。

（2）增强企业的灵活性。通过人力资源管理外包可以减少部门和员工的数量，缩小企业规模，增强灵活性和适应市场的能力。同时通过外包专业化服务，把某些职能分解出去，可以让企业集中精力取得战略、业务上的突破。人力资源管理职能外包使高级经理能处理时间紧迫的问题和竞争要求，当人力资源高级经理没有时间组织招聘或培训时，常常选择外包招聘职能或培训职能，从而增强企业的灵活性，提高管理效率。

（3）支持组织变革与发展。通过人力资源外包可以减少组织的官僚主义和内部政治，推动组织的变革与发展。随着市场变化的加快，企业需要通过变革来适应，而人力资源外包是推动组织变革的一种有效方式。很多企业的组织变革、业务重组常常伴随着人力资源的再配置，人力资源部门难以胜任这项工作，外包给专业人力资源公司则可以快速高效地完成。反过来，组织的重组和变革又能够推动人力资源管理外包的实施。

（4）共享服务与流程整合。当企业考虑将分布在不同地区的人力资源职能集中起来管理，或者将各个在逻辑上分散的人力资源职能整合起来时，将服务外包也是一个不错的选择。外包服务提供了实现业务整合的另一种途径。在这种情况下，共享服务中心由外包服务提供商负责建立与掌控，企业不必再为诸如技术更新、培训与保留关键员工以及管理整个共享服务中心等问题担心，外包服务提供商会考虑这些问题。由于某些特殊原因，即使外包的共享服务中心不能将所有业务进行集中处理，但如果实现了将以前各自独立的（有些也许是多余的）流程集中到一个单独的外包单元进行处理，将极大地降低成本，提高运作效率，而 Web 技术也使得物理地点的分散不再是业务集中处理的障碍。

（5）改善人力资源服务质量。人力资源服务质量的改善不仅是一个良好的愿望，还需要企业付出高昂的管理成本，工具的采购、流程的优化、专家的培养、服务代表的增设等都将使企业增加额外开支。但是，如果寻求服务外包，由于外包服务提供商已形成规模服务效应，完成上述同样的工作的成本低得多。一般而言，一个合格的人力资源外包服务提供商可以在以下方面为组织提供人力资源服务：制订合理的管理计划，提供业务咨询与指导；为管理计划的执行提供有力的技术保障；为员工提供自助服务功能的 e‐HR 工具；为员工提供个性化的电话咨询服务。

（二）提升企业核心能力

通过人力资源外包，企业可以将投资和管理资源集中于人力资源管理职能有优势和有潜力的领域，并且充分利用人力资源外包商来提供非核心领域的技术与产品，使企业人力资源管理集中优势资源来培养自己的核心能力。因此，人力资源外包就成为企业培养核心能力和构建竞争优势的一种策略。

（1）通过人力资源外包支持企业核心能力提升。企业的发展主要依靠核心竞争力，要提高企业的竞争力，就必须集中资源发展企业的核心业务。一些非核心业务不仅对企业提升竞争力帮助不大，反而会耗费企业的资源。企业的人力资源管理会影响企业的竞争力，但是不同的管理职能对企业的价值和竞争力的影响不同，一些辅助性的人力资源管理业务对企业竞争力的影响不大，不属于企业的核心业务。这些非核心的人力资源管理业务可以通过外包的方式交给企业外部的机构，这样可以使人力资源部门集中资源开展对企业竞争力影响较大的核心人力资源管理业务，从而提升企业的核心能力。

（2）通过人力资源外包构建企业竞争优势。人力资源外包如果富有成效，可以转化为企业的一种竞争优势。因为人力资源活动具有日常性、连续性、一致性等特点，短期的人力资源外包项目虽然能满足企业一时的需要，暂时解决企业专业人员不够或专业能力不足的问题，但也会带来变动频繁、连续性或一致性不足等问题。而相对长期的人力资源外包项目如果能够有效推进，企业就可以比较放心地重构人力资源部门结构，减少人力资源职能人员，因此通常能够将低成本、高效率、高质量的人力资源服务转化为企业的一种竞争优势。同时，改造后的人力资源部可以利用外包所提供的时间资源，更多、更实在地关注对企业成功有直接贡献的领域。人力资源职能人员的专业知识和专业能力也会因此得到重新组合和再开发，进一步提高人力资源活动的效益，构建企业竞争优势。

四、人力资源外包在中国发展的三个时期

人力资源外包在中国可以追溯到改革开放初期，之后逐渐得到发展，可以简单归为以下几个阶段：

1. 萌芽期

从 20 世纪 80 年代初到 80 年代末，是中国人力资源外包行业的萌芽期。1980 年，国务院颁布了《关于管理外国企业常驻代表机构的暂行规定》，强制性规定了外国企业常驻代表机构应当委托政府指定的外事服务单位办理中方工作人员聘用手续，虽然这项被称为"向外国企业常驻代表机构提供中方员工"的服务是强制性政策催生出来的，并且与实际的人力资源派遣服务相去甚远，但可以从中看到人力资源派遣的影子。这为后来人力资源外包行业的起步和发展奠定了基础。如今中国人力资源外包服务领域的行业巨头北京外企人力资源服务公司和上海外服（集团）有限公司便是起步于此阶段的外事服务单位。

2. 起步期

从 20 世纪 90 年代初到 90 年代末，是中国人力资源外包行业的起步期。在此阶段，为外国企业提供中方员工的服务机构继续发展；随着改革开放步伐的加快，民营企业和外资企业日益增多，人才也开始小范围流动，各地人才交流中心和职业介绍中心开始为民营企业和外资企业提供基于人事档案的劳动用工手续的服务，人事事务外包终于揭开了它的面纱；此外，由于外资企业进入和西方人力资源管理理念的引进，我国部分企业从人事管理转向人力资源管理，特别是一些发展较快的高科技企业投入大量资金和精力打造自己的人力资源管理体系，造就了一批人力资源管理实践专家，这些人利用自己的专业知识和实践经验纷纷成立人力资源管理顾问公司，开始推动中国人力资源管理职能外包。从华为走出来的中华英才网总裁张建国便是典型的例子。在这一阶段的中后期，由于国有企业改革、员工下岗，出于员工就业的需要，真正市场化运作的人力资源派遣开始出现。

3. 发展期

从 21 世纪起，中国人力资源外包行业进入了发展期。人力资源管理职能外包先行一步，不但向规范化、专业化发展，还出现了市场细分，出现了许多专业招聘网站（例如中国人才热线）和各类专业机构（例如薪酬数据咨询顾问、人才测评机构等）。由于众多跨国企业在华业务有所发展，分支机构和人数增多，纷纷开始由其在华总部牵头，将人事事务外包出去，例如 IBM、微软、通用电气、西门子、西安杨森等。各专业人力资源派遣机构应运而生，官方和民间开始有组织地对人力资源派遣进行经验总结和理论研究，各地相继出台相关法规，行业协会的成立也开始提上议事日程。

第 3 节　人力资源外包的运作与维护

一、人力资源外部运作流程

人力资源外包不是一个简单的"包出去"工程。在人力资源外包决策和实施过程中，企业要考虑一系列战略问题，采取有效手段，保证合理决策和正确执行。图 14-3 总结了有效的人力资源外包过程通常包括的步骤。

1. 成立决策机构

成功的人力资源外包方案始于清晰的短期和长期目标。为了保证决策的正确性，企业应当委任一个由来自企业内部不同职能部门（如人力资源、财务、税务或法律等部门）的 4～5 名员工组成的人力资源外包工作委员会，负责审议所有的外包决定。由高级人力资源经理担任该委员会主席，负责主持有关外包问题的研究，寻找有关信息、资料，起草外包项目计划书要求等。该委员会应当研究本企业的业务、特点及文化，确定外包方案如何适应这种特点和文化。

在确定当前以及预期服务需求及人员能力的基础上，企业能够确定哪些人力资源职能适合外包，从而作出最终决策。

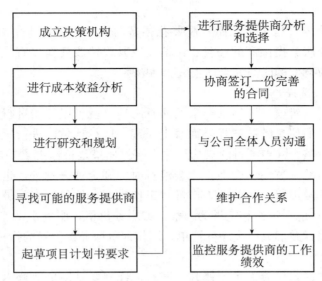

图 14 - 3　人力资源外包工作流程图

2. 进行成本效益分析

在作出人力资源外包决策时，企业会非常关注外包的成本以及可能的投资回报，期望有完整的成本效益分析，因为企业最关心的总是利润，在人力资源外包问题上最关注提高人力资源效益、降低管理成本。在人力资源职能外包方面，比较常见的一种成本效益衡量方式是，核算现有工作人员完成某特定活动的成本（包括薪酬、福利以及办公场所、电话、计算机等方面的费用），再将此成本与该活动外包的成本进行比较。

但是，这种分析可能不准确。例如，通过外包腾出了办公空间、设备和物品，但如果不能立即卖掉或转租出去，企业就可能看不到即时的成本节约。而且，成本只是一个因素，还有很多需要考虑的问题。企业必须考虑员工和管理人员对以外包方式完成此项工作的满意度、现有职能人员的能力发展、企业技术现状等。人力资源外包决策者必须考虑，什么会带来最高的回报率和最小的组织问题。

总之，关于外包的成本效益分析方法还需探讨。大体上看，外包传统的人力资源职能（如福利、培训或人员配置）使企业有机会精简职能。在大多数情况下，会降低运营成本，避免为自购设备及其长期维护付出高昂的费用。随着外包活动相关经验的积累，企业对人力资源外包成本效益的判断和分析也会日臻准确。

3. 进行研究和规划

透彻地研究拟外包的人力资源职能领域非常重要，因为每个领域都有其特有的一些机遇和风险。企业要研究的三个重要因素是：企业内部能力、外部服务提供商的可获得性，以及成本效益分析。在着手实施外包之前，要仔细调查潜在的服务提供商市场，认清外包既不是一种产品，也不是一种流程。企业人力资源活动中的任何问题都不会因为这些活动委托给了第三方而消失。在提供服务的过程中，服务提供商的问题就是企业自己的问题，反之亦然。外包是一种合伙关系，它要求双方保持沟通和配合。因此，从产生外包念头开始，到外包项目实施过程的各个环节，企业都应当进行深入的研究和完善的规划。

接下来，企业可以确定外包计划各阶段的时间表。这种时间表为企业设定了一个时间线路，引导人力资源外包工作达到目标。它也可以随着企业计划的变化而修改。为了保证外包职能的顺利交接，所有参与制订和执行这个时间计划的人都应当提出意见。

4. 寻找可能的服务提供商

最好是请熟悉的或过去曾经提供有效服务的服务提供商提出计划书。企业如果从未用过服务提供商，可以与其他一些最近正在做人力资源外包的人力资源专业人员沟通，以获取他们的服务提供商名单和信息。

无论决定与哪一家服务提供商洽谈，都要在至少询问三个证明人之后再采取进一步行动。一种有效的做法是联系至少三家服务提供商，以便充分了解他们的收费标准以及能够提供的每一类服务。

5. 起草项目计划书要求

起草项目计划书要求很重要，也很难，而且需要花很多时间。关键在于要确定必须询问的最重要问题，以便获得必要的信息，对每个服务提供商的经验、可信度及其以往成就作出有充分根据的判断。在这方面如果草率作出决定，可能会造成巨大的时间和金钱损失。

6. 进行服务提供商分析和选择

当得到所联系的服务提供商对项目计划书要求的回复之后，就可以开始进行筛选，最后将注意力集中到两三家提供了最符合企业要求的信息的服务提供商身上，逐一进行评估。进行服务提供商分析是一件细致而艰难的事情，但这种分析对于整个外包项目的成功至关重要。如果是在作出了外包决定、选定了服务提供商、启动了项目之后，发现该项目的某方面不合适，就会浪费时间和金钱去弥补，也会影响工作进展，同时，还要保证外包出去的职能活动正常进行，会增大工作量和工作难度。外包工作委员会可以对每项将外包的人力资源活动确定 10～15 个指标，包括定性和定量的因素，如服务价格，服务水平，以往合作情况，服务提供商的规模、位置等，权衡每个因素并形成一个序列清单，用作评价服务提供商的指标体系。

7. 协商签订一份完善的合同

外包工作委员会应派最佳谈判代表去主持谈判。同时，谈判要采用最适合本企业的方式，一定不要在没有专家参与的情况下进行谈判。合同对于签约双方来说必须是一种双赢的结果，在努力达成最佳交易的过程中，每一方都必须慎重，因为这将是一种不断发展的合作伙伴关系，合作双方都希望有良好的开端。

这种合同的重要内容之一是费用构成，因此，必须仔细审查相关内容。必须弄清：在合同执行过程中是否会增加费用？如果会，在何时增加、增加多少？最重要的是，将如何作出这些决定？此外，还要弄清隐含的费用。

在正式签订合同前，必须请有经验的律师对合同的所有条款进行审查。

8. 与公司全体人员沟通

沟通是使外包项目取得成功的至关重要的因素之一。在开始设计外包方案时，内部人力资源职能人员若知道企业在考虑将某些人力资源职能外包出去，必然会为自己的工作而担心。

另外，由于人力资源活动往往会涉及公司全体员工，因此，外包的成功需要全体员工的理解和配合。尽早让员工了解有关外包信息，尤其是与他们切身利益紧密相关的服务方式等的变化。在外包工作时间表上应当明确各个必要的沟通时点，在这些时点上，企业有关负责人要与人力资源职能人员以及公司全体员工沟通。同时，还必须设计沟通的方法，诸如面对面的沟通、书面的沟通、全体大会等都是有效的沟通方式，要根据沟通的对象和内容的特点确定沟通的方式、范围等。在必要时，应要求服务提供商一起参与沟通。

9. 维护合作关系

在与一个服务提供商进行讨论的初期，企业要得到代表该服务提供商开展工作的人员的名单及简历和证明材料，并让公司内部人力资源职能人员及其他相关人员与之接触。还要通过定期安排会议、确立保持沟通的原则，与服务提供商的代表建立一种积极的关系。为了使人力资源外包项目取得成功，在整个合同执行期间，外包双方都必须花时间去建立和维护良好的关系。

10. 监控服务提供商的工作绩效

外包合同应当确定所期望的特定绩效标准和服务水准。这种标准应详细说明需要提供什么服务、由谁提供、在何处提供以及谁作为提供者代表；还要确定企业将如何监控和评价每个人力资源职能领域的服务质量。

监控服务的方式之一是建立一种双方认同的定期报告制度。此外，还可以确立对不合格绩效的处罚手段。

二、外包合作关系的建立与维护

选择合适的服务提供商和维护外包双方的合作关系，是人力资源外包取得成功的最关键因素。在这方面，企业需要借助一些工具和手段，以保证结果的有效性。

1. 项目计划书要求

项目计划书要求是企业提交给服务提供商的一种正式函件，内容主要包括所有需要服务提供商回答的问题和提交资料、证明的要求。项目计划书要求是企业让潜在的外包合作对象充分了解自己的需求的手段，它在很大程度上能够决定投标服务提供商的范围，以及进行服务提供商筛选和分析的工作量，因此，起草项目计划书要求的过程受到高度重视，并且形成了一些原则和技巧。

（1）项目计划书要求应当由熟悉和理解人力资源外包过程以及所要外包职能的人来起草，否则难以准确表达真正的要求。

（2）所提出的问题和要求提供的信息应当与所要外包的职能相关，并且非常明确具体。

（3）项目计划书要求应当包括以下要点：

● 介绍。介绍本企业的背景、所在行业、员工数量、地点等。

● 要求与期望。说明打算外包的人力资源活动的类型，例如薪酬发放或人员配置。

● 对服务提供商的基本条件要求，即要求提供有关服务提供商的详细信息。

● 人员信息。要求服务提供商提供被指定作为服务提供商代表的人员的信息：指派他们的原因、他们本人的背景、证明材料以及服务绩效。

● 沟通能力信息。要求服务提供商说明所具备的沟通能力，就拟召开的员工会议提出问题。

● 技术要求。要求服务提供商说明所具备的计算机、信息、网络技术能力。

● 转换与执行。要求服务提供商说明人力资源外包启动初期的过渡转换如何实现。

● 咨询服务。询问将提供什么类型的咨询建议以及计划或方案设计帮助。

● 提交报告。询问将提供什么定期报告。

● 有关财务细节。询问收费标准，索要一份服务提供商的服务合同样本。

● 客户信息。要求服务提供商提供至少三个可用于参考的客户企业的名称、电话号码及联系人。

● 服务提供商筛选工作时间表。说明服务提供商提交项目计划书及回复项目计划书要求函的截止时间，与入选服务提供商面谈的时间，以及最终宣布结果的时间。

2. 关于成本报价的协议

在评估服务提供商所提供的反馈时，企业要对每个服务提供商所提出的成本报价进行审定。各服务提供商所提供的成本报价可能有很大差异，因此，根据成本报价去进行挑选是很困难的。企业应当将此交给由财务、信息系统、会计以及人力资源等方面的专家组成的外包工作委员会去审议，尤其是要确定各种隐含成本。然后将各服务提供商的详细报价列在一张表上进行比较，找出真正的报价差异。

报价总是有谈判空间的。投标过程中所有服务提供商的报价都会高于他们为得到外包项目而最终愿意接受的成交价。一旦成为最后一轮筛选的对象，服务提供商的竞争会进一步集中在价格上，这时进行价格谈判往往能收到更好的效果。

3. 关于工作成效与收费的协议

降低价格、节约成本并不是人力资源外包活动的宗旨，成功的人力资源外包活动所追求的主要是预期的绩效。因此，对服务提供商的绩效提出明确的要求并确保实现是最重要的。实行人力资源活动外包的企业必须用一种正规的手段对服务提供商的工作成效和收费进行监控，以确保服务质量。服务提供商大都为许多客户提供同类的服务，因此，他们的工作成效没有太大风险或不确定性。他们知道如何做事，也知道客户的期望是什么。但是，在外包协议或合同中，还是要详细地说明企业付这个代价想要得到什么，以及企业会怎样监督服务提供商的工作成效。

在相对长期的外包项目上，服务提供商通常希望协议或合同中有一个条款说明提高收费的时间和方式。处理这个问题要考虑双方的利益，一种常见的并对双方都有利的商议提高收费问题的方式是，将收费的提高与一定时期（比如两三年）的消费物价指数（CPI）联系起来。如果公司与服务提供商都没有某种监控成本和收费的措施，那么双方都可能有风险。在协议或合同中，企业应当详细说明将如何处理成本增加的问题，以及要遵循什么程序。企业还应当要求服务提供商保证至少两年内不提高服务收费标准。因为有些服务提供商会出一个低报价以便揽到项目，然后很快就提出要大幅提高收费标准。

4. 有关质量标准的协议

在人力资源外包合作过程中，沟通不善也可能导致灾难性的结果。要保证服务提供商提供高标准和卓有成效的服务，企业就必须与其进行全面透彻、持续不断的沟通。在仔细评估服务提供商的答复时，企业要弄清服务提供商是否准确地了解了企业所提出的质量要求，并且弄清楚自己是否准确地理解了服务提供商所讲的内容。在最初接触的时候，双方都应要求对方提供所使用的关键术语的明确定义，还应就工作成效标准进行反复讨论直至双方完全确认理解一致。因为企业或服务提供商任何一方如果对工作成效标准有不明确和不理解的问题，都可能导致对合同条款和条件（也许还包括收费）重新做解释，从而增加企业的成本。

5. 管理和维护服务提供商关系

完成了审议并最后选定了一家服务提供商之后，企业应当选用一位服务提供商关系经理，负责与服务提供商联系和协调。这名经理最好由外包工作委员会的成员或人力资源职能人员担任。无论谁担任关系经理，都应当致力于建立一种合作伙伴关系。

在与服务提供商建立关系的过程中，企业应当经常举行会议，与服务提供商代表共同讨论项目执行层面的问题，阐明外包工作的各种细节问题。通过这种沟通和讨论，外包双方应当完全明白各自应承担的具体职责。

企业应当明确，在必须具有连续性的人力资源活动领域一定要与服务提供商发展长期关系，因为要对这种人力资源活动实行外包，要求服务提供商对客户企业的文化有深刻的了解和高度的尊重，否则外包可能带来严重的后果。例如，在高级人才寻访活动方面，如果存在长期关系并且与人才寻访公司签约避免利益冲突，那么人才寻访公司可能愿意提供某些猎取来的人才，并且真正做到不披露双方合作的核心信息。

当然，建立长期服务提供商关系并不是说不做新的选择。在人力资源活动外包方面，任何时候都不应当有无限期合同。企业应当选择以合理的价格提供合适服务的服务提供商。即使对需要保持长期关系的人力资源活动，企业也应当考虑周期性，比如每三年进行一次外包竞标活动。

6. 对服务提供商工作绩效的监控与评价

外包项目从一开始就应建立绩效衡量标准，并同时说明工作绩效评估方式和报告程序。企业应当坚持要求服务提供商诚实报告、经常报告，出现问题及时告知。对服务提供商的绩效评估标准应当是明确、具体、可衡量的。例如，在人员配置方面，对服务提供商工作绩效的评价标准可以是每雇用一人的成本、人员流动率等。确定绩效标准有利于提高服务提供商的工作绩效。企业出于得到更好服务的动机实行人力资源外包，因此，要坚持对服务提供商的工作成果进行严格管理和评价，在评价时可利用内部客户调查来进行，充分重视员工的反馈。服务提供商只有在提供了合同所约定质量标准的服务之后才能得到报酬。

学习资料 14-2

企业人力资源外包的风险管控

尽管人力资源外包是社会化分工的一个重要环节，也是组织发展的一大趋势，符合"专业人干专业事"的底层逻辑，但是，人力资源外包并不是"一包就灵"，也不是"一包就好"，更不意味着"一包了之"。在人力资源外包的过程中，也要注意风险的管控。尤其是近几年滴滴等平台发生的不良事件，更提醒我们要注意平台经济对人力资源外包的冲击。下面从人力资源服务现状、外包机构选择、企业外包适应、信息安全等方面详细剖析人力资源外包的风险防控问题。

1. 人力资源服务现状

国内众多企业正经历由传统的人事管理向现代人力资源管理转变的过程，在这个过程中，将人力资源的部分业务外包，成为一些企业的选择。选择人力资源外包，不但可以利用服务机构的专业优势在较短时期内提高企业内部人力资源管理水平，更重要的是可以提高管理效率，降低管理成本，使企业专注于自己的核心业务。

但是，对于国内多数企业来讲，外包还是一个新生事物，特别是目前国内缺乏针对外包服务质量及价格的规范和标准，服务机构水平良莠不齐，在这种情况下，如何规避在外包项目实施前、中、后可能产生的各种风险，保证人力资源外包项目实施的效果，就成为正在进行或有计划进行人力资源外包的企业必须深入思考的一个问题。

人力资源外包风险包括两个方面：其一，企业投入了人力、物力、时间，如果不能够达到预期的效果，不但会造成资源的浪费，更重要的是可能错失获取竞争优势的机会。其二，在外包项目过程中可能引发对企业经营的负面影响，如造成企业自身人力资源管理能力薄弱，以及企业信息外泄等。

2. 外包机构选择

国内市场上人力资源外包服务商众多，由于行业进入门槛低，人力资源管理咨询公司、猎头公司等如雨后春笋般涌现。这些机构的水平参差不齐，既有世界顶级服务提供商，也有一个人一台电脑的独立顾问，由于行业存在信息不对称，企业很难对服务商的背景、资质有准确了解。人力资源外包服务的质量和效果与服务提供商的优劣有直接关系，因此选择服务商的决策风险不可忽视。

3. 企业外包适应

这里所讲的适应，是指企业与外包服务本身及外包服务商的适应。许多关于人力资源外包风险的研究都把这种适应归结为企业文化问题，即服务提供商是否能够深刻理解、适应企业文化的特点，并对服务进行相应的客户化。实际上这种适应还应当包括企业对外包服务本身的适应，比如现有的组织机构设置、制度、相关人力资源流程、企业执行力等是否能够保证外包服务的效果，因为外包的成果最终还是要通过企业自身的应用和实施发挥效用。

在实际的人力资源服务外包中，这种双方的适应磨合是普遍存在的，而适应的程度对服务的效果有很大影响。例如，某大型国有企业在实施人力资源招聘、薪酬考核、职业生涯设计外包方案时，遇到几个问题：（1）按照设计方案，招聘工作应当从人员的能力素质与岗位要求的匹配程度出发，而国企的背景、人际关系的影响造成在招聘的过程中方案难以得到严格执行；（2）薪酬体系的方案设计科学合理，打破了原有的平均主义，但是员工多年处于原有的体制下，对收入差距的接受程度极小，方案推行的难度很大；（3）职业生涯的设计将企业现有岗位划分了职系，梳理了清晰的晋升通道，但是在实际干部升迁时，由于旧体制的影响，职系往往被忽视，跨职系升迁调动十分普遍。这些问题使得设计方案的实施效果大打折扣，原因就是企业自身还没有准备好项目实施的平台，而设计方案本身对企业现状的考虑也存在不足。

4. 信息安全

企业在外包合作过程中必须向服务商披露大量信息，例如，企业战略、经营方案、经营指标、人员结构、人力资源管理现状，在一些项目，如人力资源规划中，往往会涉及人力资源以外的市场、技术等方面的信息。虽然目前国内的服务机构在合作时都会与企业签订保密协议，提供了一定的信息安全保障，但是由于我国尚无完善的法律法规去规范外包行业的运作，一些运作不规范的外包商有可能泄露企业经营管理方面的机密信息，特别是如果外包商因经营不善而倒闭，那么企业的合法权益将得不到保护。如何在保证服务商为外包服务的顺利开展获得足够的企业信息的同时，保护企业信息安全，是外包过程中必须妥善处理的问题。

5. 外包与自身人力资源职能的关系

企业选择人力资源外包，就会产生企业对自身人力资源职能的定位问题，这里包含了两层含义：

第一，怎样应对企业自身人力资源职能边缘化。随着人力资源外包在国内的不断发展，外包服务的内容逐渐涵盖人力资源的主要职能，从简单的档案管理、薪酬福利发放到具有战略意义的人员招聘、人力资源规划。在这种趋势下，选择外包的企业自身的人力资源管理人员从实际工作中获得的经验、知识、技能可能会越来越少，企业可能对外包产生依赖性，逐渐使自身的人力资源管理能力削弱，久而久之造成对外包服务的评估能力下降或者无法准确认识企业不断变化的人力资源需求，而且一旦与外包机构的合作终止或出现问题，将给企业带来管理风险。

第二，怎样明确人力资源管理者定位。随着人力资源外包的不断普及发展，很多人力资源从业者都产生了一种担忧，那就是随着人力资源职能外包的范围越来越大，企业内部人力资源管理者的责权是否逐渐被削弱而最终使人力资源部失去存在的意义。这种人力资源管理者自身的潜在风险实际上也会给企业带来风险，即原有的人力资源部门在定位模糊的情况下很容易产生人员流失。

6. 外包内容的选择

企业必须明确人力资源管理职能中，哪些是可以外包的，哪些是不适合外包的。这就涉及对外包的定位：人力资源外包一个很重要的作用就是使企业的人力资源管理人员从日常琐碎的工作中解放出来，释放更多的时间和精力来从事战略性的工作。试图把人力资源的所有职能，特别是战略性职能外包是不现实的，尚且不谈成本，这样做一是会增大重要经营信息泄露的风险，二是会使人力资源部门陷入无事可做的窘境。理性的做法应当是将事务性的工作，如工资发放、档案管理等外包出去，而将人力资源管理人员的精力更多地投入到具有战略意义的核心职能，如人力资源战略制定、人力资源规划等工作中，既规避了风险，又无形中提升了人力资源部门的地位，减少了人力资源管理人员在外包过程中的危机感。

另外，外包内容应当根据企业的实际情况进行选择，切忌跟风。

7. 外包准备

外包之前，企业应当做好以下准备：第一，做好对员工的宣贯工作，营造变革的气氛，保证服务实施的效果；第二，优化内部管理流程，为外包服务的实施提供顺畅的通道。这就要求企业高层管理人员在作出外包的决策之后，完善内部管理，转变员工的思想观念，并从领导者层面提供保障。

8. 选择服务商

选择服务商，除了考虑价格，还应当了解公司实力、客户群体、专业背景、客户口碑等方面的情况。特别是客户口碑，作为传统的信息渠道的补充非常有帮助：通过曾与服务商合作过的客户的反馈，可以更加客观地了解该服务商的水平。企业的项目负责人（通常是人力资源部专人负责）应尽量选择实力雄厚、公司历史较长、有丰富的本行业企业服务经验、在合作的内容上具有专长、客户评价良好的服务商。

在与服务商签订合同时，要考虑来自服务商的风险问题，外包项目预期效果、阶段考核、信息安全、损失赔偿等方面的条款应当明确详细。

9. 过程参与监控

明确人力资源部门在外包过程中的职责和定位，保证其参与和监控整个过程。

虽然外包可以把人力资源部门从日常事务中解放出来，但是企业人力资源管理人员在外包过程中的参与和监控也绝不可以忽视。不断的参与，可以保持和提升企业自身的人力资源管理能力，使人力资源管理者从与外部专业机构的交流中提高自身的业务水平，避免人力资源职能的边缘化，同时更好地行使其战略方面的职责，这种学习的机会也可以提高人力资源部门员工的满意度，减少人员流失。更重要的是，作为与外包服务机构接触最密切的部门，人力资源部门要承担起对服务的监控和评估职能。要建立起服务商的评估机制，在过程中不断地进行评审、反馈和沟通。由于大多数信息资料都是由人力资源部门披露给服务商，在信息安全的保障方面，人力资源部门应当与相关部门进行协作，建立起文件管理和信息安全保障机制，避免机密信息外泄。

资料来源：百度百科.

第 4 节　劳务派遣

一、劳务派遣的概念

1. 劳务派遣的内涵

我国在 2008 年 1 月生效的《劳动合同法》中首次以法律的形式对劳务派遣这种用工方式做了规定。在这种用工方式下，用人单位只负责人才的使用，不负责人才的招聘、薪酬、劳动保护等方面的管理，只是根据劳动力的价格和使用期限向劳务派遣机构支付一定的费用，劳务派遣人员的主要人力资源管理由租赁机构来负责，其中也有部分人力资源管理职能由用工单位和租赁机构合作完成，如人员的考评、培训等。在用工单位支付的费用中，一部分是劳务派遣机构向劳动者支付的薪酬和各种福利，另一部分是作为劳务派遣机构的管理费用和利润。

劳务派遣的形式主要有两种：一是按一定使用期限租赁人员；二是以完成某个工作项目为目的的租赁人员。用工单位根据实际需要，向劳务派遣机构提出需聘人员的标准、条件、工资、福利、待遇，由劳务派遣机构在自己的人才库中筛选出符合条件的人员或发布需求信息直接招聘人员，派往客户单位。派遣员工的劳动关系在人员派遣机构，其应得的工资、福利和保险费用由劳务派遣机构向用工单位收取后直接支付（也可由用工单位按劳务形式直接支付）。用工单位不必与派遣人员签订法定劳动合同，但需要与劳务派遣机构签订人员派遣（租赁）协议，形成劳务关系。人员派遣方面的人力资源事务不涉及企业内部的人力资源管理流程，而服务提供商的收费也是以所服务的员工数量为基数计算的。

劳务派遣机构与用工单位和派遣人员分别签订人员派遣协定、人员派遣合同，以规范三方在派遣期间的权利和义务，在派遣期间用工单位与派遣人员不发生人事隶属关系，用工单位对所租赁的人员只负责使用和使用过程中的管理与考核，其余工作（以协议约定项目为准）由劳务派遣机构负责。用工单位与劳务派遣机构的关系是劳务关系；派遣人员与劳务派遣机构的关系是劳动关系，与用工单位的关系是有偿使用关系。

2. 劳务派遣的性质

劳务派遣是一种组合劳动关系，涉及三个主体，包括劳务派遣机构、用工单位、派遣人员；涉及三重关系，即劳务派遣机构与派遣人员通过签订劳动合同形成的有劳动关系但没有劳动行为的形式劳动关系；劳务派遣机构与用工单位间通过签订劳务派遣协议形成的有劳动行为但没有劳动关系的实际劳动关系；用工单位与派遣人员通过签订劳务协议形成的组合劳动行为关系。因此，劳务派遣的本质特征是劳动关系（雇用）和劳动行为（使用）相分离，表 14-3 显示了劳务派遣各主体关系。

表 14-3　劳务派遣各主体关系

主体	特征	与派遣人员的关系
劳务派遣机构	● 形式上的雇主； ● 不为劳动者提供真正的岗位和劳动条件； ● 不是劳动者实际劳动给付的对象。	与派遣人员的关系属于有劳动关系但没有劳动行为的形式劳动关系。
派遣人员	● 为劳动关系当事人以外的第三人"用工单位"服务； ● 成为用工单位的成员； ● 服从用工单位的指挥命令； ● 遵守用工单位的内部劳动规则，并实际给付劳动。	
用工单位	● 为派遣人员提供工作岗位和其他劳动条件； ● 进行劳动组织和监督管理； ● 劳动安全卫生教育； ● 承担向派遣机构支付派遣费用的义务。	与派遣人员的关系属于有劳动行为但没有劳动关系的实际劳动关系。

二、劳务派遣的特点

1. 形式劳动关系的运行

劳务派遣机构是形式劳动关系的主体之一，其职责是派遣人员的招聘、甄选、考核和录用，将劳务派遣到用工单位，支付工资、提供福利待遇、为派遣人员缴纳社会保险、督促派遣人员的用工单位执行国家劳动标准和劳动条件。

派遣人员拥有劳动合同约定的权利和义务，以及劳务派遣协议约定的应由本人享有的权利和承担的义务。

2. 实际劳动关系的运行

派遣人员的接收单位是实际劳动关系的主体之一，是获得派遣人员实际劳动给付的用工单位。

3. 劳动争议处理

（1）劳务派遣机构与用工单位之间发生的争议虽然也会涉及派遣人员的利益，但不属于劳动争议，而是属于民事纠纷。

（2）在形式劳动关系与实际劳动关系的运行中发生的劳动争议，应当依照一般劳动争议的处理原则与程序进行处理。

（3）在形式用人主体和实际用人主体合谋共同侵害劳动者合法权益时，形式用人单位和实际用人单位都应当作为被诉人。

（4）在组合劳动关系的任一用人单位单独承担法律责任的争议中，如果争议处理结果与另一用人单位有直接的利害关系，前者作为被诉人，后者作为第三人。

（5）处理异地劳动争议：派遣人员与派遣机构的劳动争议，由派遣机构所在地管辖；派遣人员与用工单位的劳动争议，由用工单位所在地管辖；派遣人员与派遣机构和用工单位的劳动争议，可由劳动合同或劳务派遣协议约定，由当事人选择派遣机构所在地或用工单位所在地管辖。

三、劳务派遣的成因

1. 降低劳动管理成本

劳务派遣机构的出现是劳动管理体制专业化分工的必然结果。专业化的劳务派遣机构将实际用人单位内部的"非生产性"劳动管理事务剥离出去，极大地降低一般劳动管理成本，并使之专注于生产性劳动服务管理事务，从而提高自身的效益。

2. 促进就业与再就业

劳务派遣可以一定程度上满足以下人员的就业需求：人力资本存量比较少、自身就业能力比较弱、短期难以找到稳定就业岗位的人员；人力资本存量比较多、就业能力较强、劳动力市场相对比较稀缺，但不满足于固定在某一个用人单位的人员；有一定人力资本存量，但其内部结构不均衡，通过劳务派遣形式积累工作经验的人员。

3. 为强化劳动法制提供条件

在现代社会，劳动关系的复杂化使得劳动法获得极大的发展，劳动标准日益增多，劳动关系的法律调整受到整个社会的普遍关注，中小企业内部制度的某些空白、相关劳动法律法规素养的某些缺陷以及节约管理成本的要求，使其没有足够的能力处理劳动法律事务，需要专业的机构协作管理等。如果完善劳务派遣的制度设计，有劳务派遣机构的专业操作，就可以为强化劳动法制提供条件。

四、劳务派遣管理

劳务派遣管理涉及劳务派遣机构的管理和派遣人员的管理，在劳务派遣被法律正式明确的基础上，劳务派遣管理需要走向法制化、规范化。

1. 劳务派遣机构的管理

（1）资格条件。劳务派遣机构必须具备企业法人设立的条件，依法设立法人治理机关，并具有一定数量的专业从业人员，有健全的管理制度。

（2）设立程序。劳务派遣机构的设立应当实行许可制度。具体包括：营业服务范围在一地的，由当地政府劳动保障部门特许；从事异地劳务派遣业务的，应当由派遣机构所在地和接收单位所在地政府的劳动保障部门双重特许。取得劳务派遣许可证后，经行政管理部门登记注册，方可营业服务。

（3）合同体系。一是形式用人主体与派遣人员的劳动合同；二是派遣机构与用工单位的劳务派遣协议。

即时案例 14-3

平台经济下人力资源外包的不确定性

2018 年 5 月，一则"空姐乘坐滴滴顺风车遇害"的消息令人痛心不已。但仅仅三个月后，温州女孩乘滴滴顺风车遇害的恶性事件再次发生。一时间，滴滴成为众矢之的。不仅仅是滴滴，其他外卖、快递公司也有快递员犯罪案件被媒体报道。这样的新闻让平台经济下的人力资源管理问题摆在了企业面前，成为企业不可回避的重大责任。

同时，这些事件也让众多人对方兴未艾的业务外包模式产生了质疑。近年随着新经济的发展，人力资源外包业务从劳务外包向业务外包转变，而且发展速度惊人。传统的制造型企业采用的多是劳务外包模式，新的平台化公司更多地采用业务外包的模式，比如滴滴就把整个呼叫中心业务外包，诸如外卖平台、银行、通信、旅游、互联网等领域也更多地从劳务外包转向业务外包。前述事件告诉我们，业务外包模式可以满足基本的业务要求，却很难满足客户对服务的高质量需求。9 月 5 日，滴滴出行创始人兼 CEO 程维表示，公司将下决心摒弃客服外包模式，在年底前将自建的客服中心扩展至 8 000 席。

不良事件加大了人力资源外包业务发展的不确定性。但业务外包并不是产生恶性后果的最主要原因，管理上的疏忽才是。不管是劳务外包还是业务分包，公司均需要对分包商的资质条件进行严格审核，加强日常考核管理。

新经济条件下对人力资源管理的全新挑战是我们接下来必须解决的重大课题。

资料来源：李直 . 华夏基石 e 洞察（ID：chnstonewx）.

2. 派遣人员的管理

（1）派遣人员与正式员工享有平等的法定劳动权利，如参加工会、民主参与、提请劳动争议处理等，实际用工单位的集体合同规定的工作时间、休息休假、劳动安全卫生等劳动条件标准同样适用于派遣人员。

（2）同岗同酬原则。用工单位的内部劳动规则，包括劳动定额标准、劳动纪律、绩效评估等对派遣人员一律平等。

（3）派遣人员的派遣期限到期，应提前告知，并应协同派遣机构办理劳动合同的终止手续和工作交接。用工单位继续使用的，由用工单位与劳动者订立劳动合同。不继续使用的，该岗位不得以劳务派遣方式使用其他劳动者。

五、劳务派遣各方的义务

（一）劳务派遣单位的义务

1. 劳务派遣单位须具有合法资格

《劳动合同法》第五十七条规定："经营劳务派遣业务应当具备下列条件：（一）注册资本不得少于人民币二百万元；（二）有与开展业务相适应的固定的经营场所和设施；（三）有符合法律、行政法规规定的劳务派遣管理制度；（四）法律、行政法规规定的其他条件。经营劳务派遣业务，应当向劳动行政部门依法申请行政许可；经许可的，依法办理相应的公司登记。未经许可，任何单位和个人不得经营劳务派遣业务。"这一规定明确了劳务派遣单位的资质，劳务派遣机构具备合法资质是保障派遣规范运作的基础。

2. 明确劳务派遣单位的地位和角色

《劳动合同法》第五十八条规定："劳务派遣单位是本法所称用人单位，应当履行用人单位对劳动者的义务。劳务派遣单位与被派遣劳动者订立的劳动合同，除应当载明本法第十七条规定的事项外，还应当载明被派遣劳动者的用工单位以及派遣期限、工作岗位等情况。劳务派遣单位应当与被派遣劳动者订立二年以上的固定期限劳动合同，按月支付劳动报酬；被派遣劳动者在无工作期间，劳务派遣单位应当按照所在地人民政府规定的最低工资标准，向其按月支付报酬。"这一规定明确了劳务派遣单位在劳务派遣中的地位和角色。

3. 劳务派遣单位应履行如实告知义务，不得克扣被派遣劳动者的劳动报酬

《劳动合同法》第六十条规定："劳务派遣单位应当将劳务派遣协议的内容告知被派遣劳动者。劳务派遣单位不得克扣用工单位按照劳务派遣协议支付给被派遣劳动者的劳动报酬。劳务派遣单位和用工单位不得向被派遣劳动者收取费用。"这一规定明确了劳务派遣单位在履行合同中的义务。

（二）用工单位在劳务派遣中的义务

1. 用工单位应当严格执行劳动标准和条件

《劳动合同法》第六十二条规定："用工单位应当履行下列义务：（一）执行国家劳动标准，提供相应的劳动条件和劳动保护；（二）告知被派遣劳动者的工作要求和劳动报酬；（三）支付加班费、绩效奖金，提供与工作岗位相关的福利待遇；（四）对在岗被派遣劳动者进行工作岗位所必需的培训；（五）连续用工的，实行正常的工资调整机制。用工单位不得将被派遣劳动者再派到其他用人单位。"《劳动合同法实施条例》第二十九条对用工单位所需履行的相关义务做了强调："用工单位应当履行劳动合同法第六十二条规定的义务，维护被派遣劳动者的合法权益。"

《劳动合同法》明确规定用工单位的义务，避免被派遣劳动者权益受到侵犯时，用工单位和派遣单位相互推诿责任。

2. 用人单位不得自设劳务派遣单位，进行自我派遣

《劳动合同法》第六十七条规定："用人单位不得设立劳务派遣单位向本单位或者所属单位派遣劳动者。"法律明确规定禁止自行劳务派遣，但在实践中对于"用人单位自设劳务派遣单位"仍然没有定论。对此，《劳动合同法实施条例》第二十八条规定："用人单位或者其所属单位出资或者合伙设立的劳务派遣单位，向本单位或者所属单位派遣劳动者的，属于劳动合同法第六十七条规定的不得设立的劳务派遣单位。"

劳务派遣的典型特征是将传统的雇主、员工的双方劳动关系引入第三方主体，实行雇用劳动者与使用劳动者相分离，从而形成劳务派遣单位、用工单位、被派遣劳动者三者关系。

3. 跨地区劳务派遣的劳动者的劳动报酬和劳动条件规定

《劳动合同法》第六十一条规定："劳务派遣单位跨地区派遣劳动者的，被派遣劳动者享有的劳动报酬和劳动条件，按照用工单位所在地的标准执行。"这一规定明确了跨地区派遣的劳动者的劳动报酬和劳动条件标准。

六、被派遣劳动者在劳务派遣中的权利

1. 享有同工同酬的权利

《劳动合同法》第六十三条规定："被派遣劳动者享有与用工单位的劳动者同工同酬的权力。用工单位应当按照同工同酬原则，对被派遣劳动者与本单位同类岗位的劳动者实行相同的劳动报酬分配办法。用工单位无同类岗位劳动者的，参照用工单位所在地相同或者相近岗位劳动者的劳动报酬确定。"这一规定确认了被派遣的劳动者与用工单位劳动者享有同工同酬的权利，具体体现了劳动合同法的公平原则，同时可以防止用工单位借机压低被派遣劳动者的劳动报酬。

2. 有权依法参加或组织工会

《劳动合同法》第六十四条规定："被派遣劳动者有权在劳务派遣单位或者用工单位依法参加或者组织工会，维护自身的合法权益。"《中华人民共和国工会法》第三条规定："在中国境内的企业、事业单位、机关、社会组织（以下统称用人单位）中以工资收入为主要生活来源的劳动者，不分民族、种族、性别、职业、宗

教信仰、教育程度，都有依法参加和组织工会的权利。"《劳动法》第七条规定："劳动者有权依法参加和组织。工会代表和维护劳动者的合法权益，依法独立自主地开展活动。"

3. 依法享有解除合同的权利

《劳动合同法》第六十五条规定："被派遣劳动者可以依照本法第三十六条、第三十八条的规定与劳务派遣单位解除劳动合同。被派遣劳动者有本法第三十九条和第四十条第一项、第二项规定情形的，用工单位可以将劳动者退回劳务派遣单位，劳务派遣单位依照本法有关规定，可以与劳者解除劳动合同。"这一规定明确了被派遣劳动者与劳务派遣单位解除劳动合同的情形。

七、劳务派遣的一般性规定

1. 规定劳务派遣工作岗位的范围

《劳动合同法》第六十六条规定："劳动合同用工是我国的企业基本用工形式。劳务派遣用工是补充形式，只能在临时性、辅助性或者替代性的工作岗位上实施。前款规定的临时性工作岗位是指存续时间不超过六个月的岗位；辅助性工作岗位是指为主营业务岗位提供服务的非主营业务岗位；替代性工作岗位是指用工单位的劳动者因脱产学习、休假等原因无法工作的一定期间内，可以由其他劳动者替代工作的岗位。用工单位应当严格控制劳务派遣用工数量，不得超过其用工总量的一定比例，具体比例由国务院劳动行政部门规定。"

2. 劳务派遣单位与用工单位应当订立劳务派遣协议

《劳动合同法》第五十九条规定："劳务派遣单位派遣劳动者应当与接受以劳务派遣形式用工的单位订立劳务派遣协议。劳务派遣协议应当约定派遣岗位和人员数量、派遣期限、劳务报酬和社会保险费的数额与支付方式以及违反协议的责任。"

3. 强化用工单位责任，明确劳务派遣单位与用工单位承担连带赔偿责任

为了规范劳务派遣活动，保护劳动者的合法权益，明确劳务派遣单位与用工单位的权利和义务，《劳动合同法》第九十二条规定："违反本法规定，未经许可，擅自经营劳务派遣业务的，由劳动行政部门责令停止违法行为，没收违法所得，并处违法所得一倍以上五倍以下的罚款；没有违法所得的，可以处五万元以下的罚款。劳务派遣单位、用工单位违反本法有关劳务派遣规定的，由劳动行政部门责令限期改正；逾期不改正的，以每人五千元以上一万元以下的标准处以罚款，对劳务派遣单位，吊销其劳务派遣业务经营许可证。用工单位给被派遣劳动者造成损害的，劳务派遣单位与用工单位承担连带赔偿责任。"

《中华人民共和国民法典》（以下简称《民法典》）2020 年 5 月 28 日由第十三届全国人民代表大会第三次会议通过，于 2021 年 1 月 1 日起实施。根据《民法典》第一千一百九十一条："用人单位的工作人员因执行工作任务造成他人损害的，由用人单位承担侵权责任。用人单位承担侵权责任后，可以向有故意或者重大过失的工作人员追偿。劳务派遣期间，被派遣的工作人员因执行工作任务造成他人损害的，由接受劳务派遣的用工单位承担侵权责任；劳务派遣单位有过错的，承担相应的责任。"

第 5 节　人力资源外包的发展趋势

随着中国企业对外包服务的认识提高，外包服务的需求将大幅增加，目前人力资源外包市场的平均增长速度已经超过了中国 GDP 平均增长速度，发展前景广阔。

一、人力资源外包领域逐渐扩展

实行人力资源外包的企业，在开始时通常只外包一两项人力资源职能或某一职能中的一两项活动。但在与外部服务提供商合作的过程中，企业的成本效益得到提高，在精简人员、控制成本的压力下，企业往往愿意将更多的人力资源外包出去。同时，随着人力资源外包服务提供商的服务能力的提升，服务项目增加，服务范围不断扩大。在两方面原因的共同作用下，人力资源外包从最初的单项培训活动、福利管理活动外包，发展到今天的人员招聘、工资发放、薪酬方案设计、国际外派人员服务、人员重置、人才租赁、保险福利管理、员工培训与开发、继任计划、员工援助计划等更多方面的人力资源活动外包。

二、外包的发展形式

1. 企业利用外包顾问进行外包工作

人力资源外包的市场需求增加，越来越多的服务提供商应运而生，而且大多数服务提供商都能以合理的价格来提供相应的服务。面对广泛的选择，企业常常感到难以判断和抉择。企业内部一般没有人力资源外包方面的专家，而这种专家对于有效处理外包项目又是必需的。企业往往再一次向外部寻求帮助，利用拥有特定职能外包专业知识的外部专家来进行外包项目的分析、谈判和决策，以及部分外包过程的管理。这可称为外包之外包。于是，许多著名的人力资源外包服务提供商又有了新的人力资源外包业务方向。

2. 人力资源外包服务提供商结成联盟

人力资源外包领域最明显的趋势之一就是大型福利咨询公司和大型会计师事务所不断联合。原因在于：人力资源外包服务长期被分割，众多顾问和小型咨询服务公司都在提供一定范围的人力资源职能外包服务。过去，想将多个或全部人力资源职能外包出去的中型或大型企业需要好几个服务提供商。这往往会使其人力资源职能外包过程变得复杂、低效。于是，某些大型咨询公司调整业务焦点，在人力资源服务技术上投入巨资，准备在人力资源外包这个具有广阔前景的业务领域大力发展。

20世纪90年代，企业人力资源外包的领域集中在福利保险管理职能；到90年代末，企业对福利保险管理外包服务的需求迅速增加，给福利咨询领域带来了一场重大的并购。例如，美国ADP（Automatic Data Processing，Inc.）雇主服务集团1994年收购了应用软件集团，1995年又收购了威廉姆斯-撒切尔与兰德-美国健康福利公司、威廉·默克公司的管理外包服务业务，以及欧洲最大的人力资源服务提供商GIS。这使ADP成为美国最大的外包服务公司。又如，1998年，库珀斯-利布兰德公司与普华公司这两个大量涉足人力资源外包服务业务的大型会计师事务所合并为普华永道公司，这些并购对人力资源外包服务领域具有重大影响。

即时案例 14 - 4

新媒体独角兽企业的人力资源外包

今日头条公司是一家独角兽企业。这家企业与人瑞集团合作，在济南、成都、西安设立了信息审核人员岗。因为国家对信息审核的要求非常严格，很多信息除了应用技术手段、AI手段识别，还要有人工辅助审查。今日头条大概有5 000人是外包招聘和管理的。如果是企业自己来管，人力资源部要有150人左右，还要配套相应的行政人员，响应速度也未必能跟上。人力资源管理合作模式给企业带来的是快速响应市场的能力，能够支持业务发展。机会对一个企业来说是最根本的成长动力，经营人才和抓住机会经营业务，两者密不可分。

资料来源：张建国. 华夏基石 e 洞察（ID：chnstonewx）.

---

3. 人力资源外包服务朝全球化方向发展

经过大规模重组并购而产生的大型人力资源服务提供商致力于开拓全球范围的全面人力资源外包市场，将其服务对象确定为国际型、全球性大企业，为此它们在全球范围内广泛设立分支机构，密切关注国际型企业的战略规划与人力资源管理体制改革，积极开发全球人力资源解决方案。例如，重组后的普华永道公司推出了全球人力资源解决方案。专家认为，人力资源外包全球化是当前人力资源领域最大的发展趋势，它将对企业人力资源职能活动产生巨大影响。

三、外包是一种竞争战略

今天，竞争优势成为企业高层管理人员最关注的问题。为了获取竞争优势，企业不断进行战略创新，力图使有限的资源聚焦于核心优势。人力资源外包也是这种创新的产物之一，其目的同样是让企业内部的人力资源人员聚焦于直接创造价值的战略活动，提高人力资源服务的附加价值。

人力资源外包与内部人力资源职能人员担当业务合作伙伴角色的方向是一致的。人力资源外包需要业务管理人员以及全体员工共同参与。企业高级人力资源管理人员和专业人员正在接受挑战，要重建核心能力，帮助制定和实施解决企业战略问题的人力资源解决方案。人力资源部也在接受挑战，要改变其官僚主义的文化，成为以客户为导向的部门，提供更有价值的服务。在企业与人力资源服务提供商形成良好合作伙伴关系的情况下，人力资源外包成为企业内部人力资源工作适应挑战的核心能力。因此，它正在成为企业的一种竞争战略。

四、人力资源外包的六大趋势

1. 专业化与精细化水平不断提升

随着中国经济的不断发展，国内企业对人力资源外包的需求也越来越高、越来越专业，业务广泛而专业程度较低的人力资源外包服务商将很难再满足客户的需求。业务单一的人力资源外包服务商可能一定程度上被认为更能确保服务的质量、效率和成本的控制。为了更好地对外包服务内容进行管理和操作，并且更能够体现规模效应，同时在花费、服务质量等方面都更有保障，达到企业想要的效果，从而更受企业的欢迎，人力资源外包服务商的专业化程度不断提高。

随着人力资源专业化程度的提高，人力资源的服务对象开始分化，各企业对其服务的要求将更加个性化。人力资源供应商的专业分工体系也将不断细致及完善，更加侧重为客户提供有针对性、差异性的产品满足不同企业的需求。未来的人力资源企业将充分了解客户的特点和需求，依据自身核心竞争力和服务特色，提供适配有效的服务。

2. 更多中小企业使用人力资源外包

随着人力资源外包服务逐渐向商品化发展，人力资源外包行业的竞争将不断加大，有可能促使人力资源外包服务商降低服务的价格，进入薄利多销的时代，这将使更多的中小企业有采购人力资源外包服务的能力，开始寻求并尝试人力资源外包服务。

中小型企业为了减少一些重复的、费时的工作，集中精力和资源，以应对快速变化的经济形势，将会对人力资源外包产生明显的需求，但是这些中小型企业在人力资源外包服务商的选择上是非常谨慎的，服务商必须能够确保企业的信息资料、数据的完整和安全，以及员工个人资料的保密，所以大型的、专业的、知名度高的人力资源外包服务商更能得到它们的信任。

3. 薪酬与社保外包将成为行业第二增长极

人力资源管理外包服务中频率最高、涉及人数最多、员工最关心的就是薪酬服务。在美国，根据薪酬、社保和纳税制度的要求，企业人力资源管理人员需要耗费大量时间精力填报资料，因此很多企业都会把这些工作外包给第三方。美国最大的外包服务机构当属 ADP，它在创办之初便开始推广薪酬外包，发展人力资源相关业务。如今，ADP 已成为世界 500 强企业之一。

随着我国信息技术的发展和税收制度的不断改革，薪酬外包及类似的金融服务产品将成为越来越多企业的需求，也将得到更多人力资源服务机构的重视。近年来，各大人力资源公司纷纷推出了自己的薪酬社保类产品，比如薪税大师、薪福快线、蓝呗、薪税智能中心等。未来将会有更多企业进入这一竞争领域。

4. 外包服务商重视打造自身品牌

随着人力资源外包服务商的不断增多和经济环境的变化，行业竞争日益激烈，如何在众多企业中脱颖而出，得到服务对象的青睐，就需要人力资源外包服务企业更注重自身品牌的打造，利用品牌效应为公司增值。

品牌的打造不单单是指各种各样的推广营销手段，更重要的是以优质的服务树立起良好的品牌形象。企业诚信自律建设是品牌打造的关键一环。很多企业制定了自己的行为准则，比如全球人力资源跨国公司万宝盛华的《商业行为和道德准则》、任仕达的《商业原则》和德科的《行为规范》等，这些行为准则不仅成为企业文化重要的组成部分，还大力提升了企业知名度、可信赖度和服务质量，树立了良好的服务品牌形象，也为企业赢得了更多的市场份额。

5. 外包服务商将成为企业战略伙伴

20世纪90年代，由于外包服务和信息技术在人力资源管理中的应用，人力资源管理者摆脱了大量烦琐的行政事务。在外包服务的支持下，很多美国公司将大量的人力资源行政事务，例如薪金发放、福利管理、招聘选拔的前期工作和日常培训，外包给专业的人力资源公司。此时，人力资源外包服务商更多的是给予企业行政支持。

大量行政事务的外包和信息技术的使用，不仅提高了人力资源服务效率，更为人力资源部门参与商业管理，充当直线经理的商业伙伴提供了条件。商业伙伴通过与直线经理合作，能直接降低商业运行成本，提高商业价值，促使企业成功。

如今，在美国人力资源管理已经上升到战略地位，实现行政支持、商业伙伴和战略伙伴三者并存的局面。在中国人力资源外包服务更多地体现在行政支持和商业伙伴层面，战略伙伴的意义并不凸显。随着企业决策层对人力资源日益重视，人力资源外包服务的合作对象将从直接经理的运营层面上升到企业的决策层面。人力资源外包商的作用将更多的是参与到企业发展战略的制定和实践中去，提供关于人力资源的获得、保有和开发的信息，为最佳战略的选择和制定提供帮助。在战略实施过程中，面对各部门对高素质人才的需求，人力资源外包商要通过各种人力资源职能的发展和应用，为企业的战略实践提供有效的人力资源，同时从人力资源角度提出帮助公司提高绩效的建议。

6. 外包服务企业加快走出去，全球化外包服务成为趋势

2007年国务院在《关于加快服务业的若干意见》中首次纳入人力资源服务业后，各类促进人力资源服务业发展的政策规范相继出台。

2014年12月25日，人力资源社会保障部与国家发展改革委、财政部联合下发《关于加快发展人力资源服务业的意见》（人社部发〔2014〕104号），明确提出在2020年从业人员达到50万人、产业规模超过2万亿元、形成20家左右的龙头企业和行业领军企业等目标。为了达到以上目标，相关扶持政策陆续出台。《人力资源市场暂行条例》突出规范人力资源市场活动，促进人力资源自由有序流动，细化了就业促进等规定，明确了市场监管措施，为提升我国人力资源服务业发展水平、有效增加优质高效的人力资源服务供给提供了法制保障，为中国人力资源服务企业的全球化发展提供了充分的政策支持。

随着中国在全球生产、贸易和投资领域所占的份额快速增长，中国企业全球化过程中遇到的困难增加，其中最主要的是人才短缺。大部分企业管理人员认为，他们在全球化过程中遇到的最主要的困难是缺乏合适的、具备跨文化理解能力和管理知识的人才，而国外的人力资源服务商对中国企业文化和管理方式不了解，很难为企业寻到合适的人才。国内很多人力资源服务商看到了这一点，利用自身在长期合作中对企业文化、管理方式充分了解的优势，制定全球化发展战略，有些企业已经进入前期探索阶段。

【小结】

人力资源外包是企业人力资源管理活动发生的变化，本章分五节对此做了介绍。

第1节为灵活用工。雇佣组织（企业、平台型组织、公共服务组织等）以标准雇佣之外的方式进行人力资源配置用工安排，包括四种思维：共享、破界、开放、平台。其中，共享是价值内涵，破界是现实路径，开放是发展基础，平台是价值体现。灵活用工将成为人才市场化的主流模式之一，它推动组织变革走向生态化、扁平化＋网状化、合伙化。

第 2 节为人力资源外包概述。采用人力资源外包，可以通过合理地运用外部资源，促使企业对内部资源进行最合理、最有效的配置，从而发挥企业外部资源和内部资源的协同作用，构建企业核心竞争力，形成企业持久竞争优势。人力资源管理外包、劳务派遣均属于人力资源外包范畴。薪酬管理等活动适合人力资源外包，员工关系管理等活动更适合内部运营。人力资源外包的方式包括全面人力资源外包、部分人力资源外包、人力资源职能人员外包和分时外包。

第 3 节为人力资源外包的运作与维护。人力资源外包管理流程包括成立决策机构、进行成本效益分析、进行研究和规划、寻找可能的服务提供商、起草项目计划书要求、进行服务提供商分析和选择、协商签订一份完善的合同、与公司全体人员沟通、维护合作关系和监控服务提供商的工作绩效等 10 个步骤。外包合作关系的建立与维护需要注意项目计划书要求、关于成本报价的协议、关于工作成效与收费的协议、有关质量标准的协议、管理和维护服务提供商关系以及对服务提供商工作绩效的监控与评价等活动。

第 4 节为劳务派遣。劳务派遣作为一种灵活的用工方式已经在《劳动合同法》中明确规定。劳务派遣是一种组合劳动关系，涉及劳务派遣机构、用工单位、派遣人员三个主体；涉及形式劳动关系、实际劳动关系和劳务关系三重关系。劳务派遣的本质特征是劳动关系（雇用）和劳动行为（使用）相分离。从企业角度降低劳动成本、从社会角度促进就业和强化法制是劳务派遣的主要原因，劳务派遣机构和派遣人员的管理要规范化、法制化。

第 5 节为人力资源外包的发展趋势。人力资源外包的领域在逐渐扩展，人力资源外包服务提供商正结成联盟以提升整体素质，关注于专业化服务。许多企业开始利用人力资源外包顾问进行外包工作，人力资源外包成为企业的一种竞争战略。从整体趋势来看，人力资源外包服务正朝全球化方向发展。

【关键词】

灵活用工　人力资源外包　人力资源管理外包　劳务派遣　人力资源外包流程　人力资源外包商　劳务派遣管理　人力资源外包趋势

【思考题】

1. 灵活用工的基本思维是什么？
2. 人力资源外包的基本定义是什么？
3. 人力资源外包的主要特点和价值是什么？
4. 通过人力资源外包如何支持战略人力资源管理？
5. 人力资源外包的基本流程是怎样的？关键技巧有哪些？
6. 劳务派遣的基本流程是怎样的？
7. 人力资源外包有何发展趋势？

案例分析

A 公司的人力资源外包

A 公司是国内成立较早的专业人才公司。近年来，公司通过资本收购不断扩大市场规模，目前旗下已拥有四家人才市场，为数百万人提供人才服务，成为中国最大的民营人才市场。

随着公司业务与规模的不断扩大，公司人力资源管理面临的挑战与压力也越来越大。各业务部门总是抱怨人手不够，同时部分员工抱怨工作不够饱和，薪资偏低，年终奖金分配不合理，随意性太大。公司经营者没有办法了解到人均产值，也很难考察每个人是否尽力工作。各业务部门经常大规模招聘，却看不到业绩的大幅上升。尤其明显的一个现象是：与公司一起成长起来的许多老员工，常常以功臣自居，人浮于事、效率低下。公司管理层经过认真分析，认为这种现象源于长期以来公司没有一套合理的绩效考核体系，薪资不能很好地与绩效挂钩。

  A公司的优势在于整合网络、传统招聘会、移动通信、平面媒体等多种媒介资源，打造求职招聘的互动平台，为企业招聘与人才求职提供更多的解决之道。公司管理层经过分析认为，设计绩效考核体系不是自己的优势，决定实行外包。

  问题：

  1.A公司应该如何找到合适的人力资源外包商？

  2.A公司的人力资源外包方案应包括哪些要点和内容？

  3.人力资源外包商在推进其方案的过程中可能会遇到哪些问题？

  4.绩效考核体系实施后，A公司人力资源部将面临什么样的挑战？

【参考文献】

[1] 马海刚，彭剑锋，西楠. HR＋三支柱：人力资源管理转型升级与实践创新. 北京：中国人民大学出版社，2017.

[2] 彭剑锋. 穿越周期：向企业的自发趋势说不. 上海：东方出版中心，2020.

[3] Barrett B. Should human resources consider outsourcing human resource development competencies based on past performance？. DEStech Transactions on Social Science Education and Human Science，2020.

[4] Hiean T K，Samah I H，Abashah A，et al. Factor of vendor selection and employees' morale towards human resource outsourcing decision in organization. Matec Web of Conferences，2018，150：05019.

[5] Kang X U，Department M. Risk and prevention of hospital human resource outsourcing service under the situation of new medical reform. China Continuing Medical Education，2019.

[6] Lili R，Hao R，Runyu Q，et al. Human resource outsourcing：literature review and future research. Human Resources Development of China，2015.

[7] Nikabadi，Shafie M，Hoseini D. A dynamic model of strategic outsourcing with emphasis on human resources and work experience in power industry of Iran. Kybernetes，2000，49（9）.

[8] Xu M，Tang W，Zhao R. Equilibrium strategy for human resource management with limited effort：in-house versus outsourcing. Soft Computing，2020，24（2）.

[9] Zhao C，Cooke F L，Wang Z. Human resource management in China：what are the key issues confronting organizations and how can research help？. Asia Pacific Journal of Human Resources，2021，59（3）.

第15章 跨文化人力资源管理

本章要点

通过本章内容的学习，应能回答如下问题：

- 跨文化人力资源管理的背景有哪些？
- 文化的差异对人力资源管理具有什么影响？
- 跨文化人力资源管理模式有哪些？分别具有什么特点？
- 跨国企业如何选择跨文化人力资源管理模式？
- 人才本土化经营的实现路径是什么？
- 如何进行有效的跨文化沟通？
- 在跨文化背景下，人力资源管理的职能如何实现？
- 在跨国并购中，如何进行跨文化整合？
- 外国公司在中国市场及中国公司在海外市场的人力资源管理职能如何实现？

引导案例

成熟组织为什么都要求管理者有跨文化经历？

多数大中型公司的中层管理者往往要在海外工作一段时间，才能获得晋升至高级领导层的机会。为何越是管理成熟的组织，越是强调管理者必须有跨文化管理的经验呢？英国伦敦商学院教授罗伯·高菲（Rob Goffee）及其合作伙伴加雷斯·琼斯（Gareth Jones）在有关领导力的研究中指出，多数卓越的领导者都有复杂的认知和观察技能组合，而这种"情商"完全可以通过后天努力习得。

他们发现，如果一个人在早年生涯中曾频繁迁徙，那么观察和认知技能会强于只在一个地方居住过的人。如果管理者在成长阶段有大量工作生活体验，这有助于提高他们理解不同人群和场合的能力，进而更有效地管理员工，并寻求个人和组织的发展机会。

但具体来看，跨文化体验会在哪些方面给人启发？《哈佛商业评论》中文版采访了启德教育集团留学事业部副总裁、《胜任未来》一书的作者郭蓓。郭蓓在高中赴日本留学，东京大学毕业后，先后进入顶尖的华尔街证券公司和投资银行。2008年，她再次扬帆远航，前往哈佛大学攻读MBA，毕业后回到中国发展。她分享了在不同文化中的观察思考，以及对教育和管理的反思。

采访者：你在中学时期就选择到日本留学，这段经历对你后来的性格和事业发展有哪些影响？

郭蓓：我在上海复旦附中读高一时接待过海外交换生，他们超强的自信心和能力激发了我出国留学的念头。正好那一年日本的中学来附中招生，并提供奖学金，但前提是参加日本高考并且考上当时亚洲排名第一的东京大学。初生牛犊不怕虎，我16岁第一次走出国门。

从日语零基础到参加日本高考，那段两年多的高中岁月，是对我的意志力最大的历练。我每天早上五点半起床去拿《朝日新闻》报纸逐字查字典阅读，用坏了几部电子词典。我在新书《胜任未来》中提到，意志力是每个人的根源能力，也是最难锻造的。

在东京大学的那四年，我对日本文化有了真正深入的体验。我当时师从日本研究丰田生产方式的第一人藤本隆宏教授。他20世纪80年代在哈佛大学的博士论文研究的就是当时震动美国商业界的丰田汽车的生产管理体系。老教授毕生跑了各行各业1 000多个工厂，他教会我研究永远要到现场去勘探了解。直到现在我每年跑30多个城市去了解当地的客户和团队。在跟着藤本教授的研究小组跑工厂的过程中，我也亲眼见识了日本的匠人精神，日本企业将设计理念转化为产生附加价值的流程，以及他们对于传承和文化的极度重视。

采访者：你在日本的职业发展比较顺利，出于什么契机，又选择到美国哈佛大学读MBA呢？

郭蓓：受日本文化的影响，我的工作方式带有明显的日本印记，比如协作精神、谦虚保守等。当然，这些都是很好的品质，但在这种环境中，你的个性和创造力难免会有所压抑。

因此在日本工作到第四年时，我的英国老板鼓励我跳出现在的金融圈子，再次感受跨文化经历可能带给我的冲击和改变，他说的那句"你是属于世界舞台的"给了我很大震动，让我下定决心漂洋过海二次求学。

采访者：在美国的文化中，你又得到哪些收获？

郭蓓：日本讲究求同，而美国恰恰相反，求异。哈佛商学院最著名的就是案例教学法——每个人上课前提前阅读案例，然后在课堂上针锋相对地讨论。最初我完全不能适应这种教学方式，不会表达，但课堂表现占到总成绩的50%，所以我开始学习展示自我，并在这个过程中影响他人，其实这也是哈佛对领导力的要求。

在哈佛的两年，我有意识地发掘自己的独特性，比如中国人、在日本待过十年、亚洲女性等等，利用这些标签建立并提升自己的特征。换句话说，这些"不同"综合起来是我展示独立灵魂和差异性的优势。

我感觉到一种不同的自信。

采访者：在进行深刻的自我定位后，你选择回到了中国。

郭蓓：对的。有一点我想得很清楚：我需要回到阔别 12 年的祖国，重新整合自己的人脉以及对中国行业的了解。哈佛毕业后我加入启明创投，中国前十的风险投资基金。通过两年多与教育、互联网和消费品行业中最有创新性的企业家的交流，我发现教育行业对我的吸引力最大，因为我就是通过教育改变了自己的人生，而且在育人的过程中，我能收获最大的成就感。因此，在向实业转型的过程中，我选择了人生第一家民营企业，进入启德教育担任高管。

采访者：现在主要的工作和业务理念是怎样的？

郭蓓：我现在做国际教育，为留学生打造个性化的全套解决方案。我们希望以此为契机，弥补当前教育的缺口，并为学生提供有针对性且实用的培训和建议。

大多数学生和家长可能最迷茫的就是对于孩子未来的定位。有人看重学校的排名，有人看重专业的热度，但学生本人的意愿和成长需求并没有得到充分重视。针对这种情况，我们会与大数据公司合作，开发专业的测评工具，从多个维度了解学生，比如性格、兴趣、能力等，然后判断学生未来可能适合的职业方向，最后倒推出他们的专业该是什么。我们对能力的诠释也不一样。根据我的个人经历，加上这些年的教育经验，以及与大量学生及家长的沟通，我总结出中国年轻一代需要真正关注的核心能力和思维，如最基础的认知能力和意志力，更上层的人生设计能力和思维能力等——这些能力已经不仅限于做一份工作或学一个专业需要的能力，而是胜任自己的人生所需的能力与思维。我们希望能在这个层面上给学生启迪和帮助，而这也是当前教育系统，包括家庭教育中缺失的一环。

采访者：从银行证券和咨询行业进入实业并担任高管，你有哪些改变和成功经验？

郭蓓：我现在是产品部门的高管，所以每次我在整合资源时都会从产品或者战略发展的角度进行决策，而此前我可能只从财务的角度去思考如何支持业务。我在管理企业的过程中，能够感受到过去在日本培养的匠人精神、对于一线现场的关注、团队精神、跨部门合作意识，在美国学到的如何利用个人影响力引领他人，以及从中国民营企业学到的脚踏实地，这些都是我做好这份事业的基石，或者说成就了我今天的领导力。

另外，我对自己的管理方式颇为自豪——其中的核心理念是成就他人。我愿意担当给予者的角色，无私地带领身边的人共同成长。每个人都能在自己的岗位做得更出色，所以我会帮助和指引员工突破自我，不断提升。如果他们有进步，我会毫不吝惜溢美之词；如果他们犯错误，我会主动承担责任。

更重要的是，我会无私分享我的所得，不会害怕被超越，因为只有你的团队中每一个人在他们的细分领域里比你更强，整个团队实力才会最强，我们的决策和执行能力才会最强大。成就他人就是成就自己。当我分享了自己的知识和心得，就会越发努力地不断充实自己，希望补充新的观点和能力，实现自己的进一步成长。我也鼓励其他人分享自己的想法，不要困在自己的专业里，因为只有倾听其他声音，才能对公司业务有全面的认识并形成综合能力。我觉得这种将所有人都凝聚在一起的能力，或者说亲和力，是女性领导者的强项，同时也是非常值得借鉴的管理风格。

资料来源：刘筱薇，哈佛商业评论（ID：hbrchinese）.

文化管理是人力资源管理的最高境界。人力资源管理的有效性必须契合当地的文化背景，符合当地人的文化通性。不论是一个企业在不同国家的人力资源管理，还是一个企业在同一国家不同地区的人力资源管理，都存在文化差异，这势必会影响到跨文化沟通的效果，进而影响到人力资源管理的有效性。因此，在人力资源管理的过程中，注意并重视跨文化这一特性，才能使人力资源管理更好地落地。

第 1 节　跨文化人力资源管理概述

　　全球化已经成为我们这个时代最明显的特征之一，经济全球化使人才的竞争与流动超越了国界，原来局限于某一个国家的人才市场变成了全球性的人才市场。经济全球化也必然要求人力资源管理战略的全球化，要求企业在全球范围内利用资源，即将自己所拥有的资本、技术、管理方法、市场开拓、研究与开发等与东道国当地所拥有的各方面资源（主要指人力资源、自然资源）及市场规模等优势结合起来，利用跨地域的优势，展开跨国经营，在全球范围内实现优势互补——全球化强调的是分工，通过规模效应提高生产力；在这一过程中，难免会发生由国家角色分工定位而导致的利益冲突，进而产生逆全球化现象。然而，人类早已是一个命运共同体，全球化势不可挡，全球化是人类共同的未来。在跨国经营中产生的跨国企业，面临不同的文化背景、地域环境，机遇与挑战并存。如何有效地进行跨文化的人力资源管理，是跨国企业在全球化背景下成功运营的保障。

一、文化差异与文化冲突

　　经济全球化使得企业可以在世界范围内寻找资源最优配置的机会，国际分工已经渗透到世界的每一个角落。在全球化浪潮的冲击下，随着社会经济的发展，企业为了更加充分地利用国外的资源优势，必然选择对外直接投资，在国外建立子公司或分支机构，并以此为基础开展跨国界的以盈利为目的的生产经营活动，这便形成了跨国公司。

　　目前跨国公司已成为世界上最活跃的经济主体，是一个国家竞争力的代表和一个国家利益在全球存在的象征。2020 年全球跨国公司排行榜显示：沃尔玛、中国国家电网、中国石化集团、中国石油天然气集团有限公司、苹果公司、大众汽车、微软、联邦快递、金佰利、丰田是全球十佳著名跨国公司，它们能够从国内走向国际，一个非常重要的原因就是文化管理做到位了。反观有些公司在当地做得风生水起，但是在把最优管理实践复制到另一个国家或地区时，就没有那么灵验了。究其原因，很重要的一点就是忽视了文化差异，文化冲突稀释了管理的效力。文化差异与冲突的管理成为人力资源管理的重要组成部分。

（一）文化与文化差异

1. 文化与文化差异的概念

　　从广义上讲，文化是人类社会实践过程中所创造的物质财富和精神财富的总和；从狭义上说，文化是指社会的意识形态以及与之相适应的制度和组织机构。霍夫斯泰德认为，文化不是一种个体特征，而是具有相同的教育和生活经验的许多人所共有的心理程序。

　　不同文化背景下的群体、组织和个人所呈现的思维方式、价值观、宗教信仰等方面的不同称为文化差异，这是跨文化存在的基本前提。所以跨文化就是一种跨越不同的行为规范、价值观、隐含的信念和基本假设的过程，也是不同文化背景（不同地域、民族、政体、国体）的群体之间交互作用和影响的过程。跨文化包括三个层面的文化差异，一是宏观层面的差异，即双方母国或民族的文化背景差异；二是中观层面的差异，即双方企业或部门自身特有的风格差异；三是微观层面的差异，即个体文化差异，也就是员工之间的文化差异。图 15 - 1 显示了文化与跨文化的差异。

　　当下流行的"躺平"，在不同的文化认知情境下就有不同的内涵。躺平是指无论外部环境如何变化，我自岿然不动、毫无波澜的顺从状态。首先，这是消极厌世的悲观表现，无进取心，无昂扬向上的奋斗意志；其次，这也是超脱"加班、升职、赚钱"等世俗路径的反叛，是对人生意义的再次拷问——人生的目的是追求

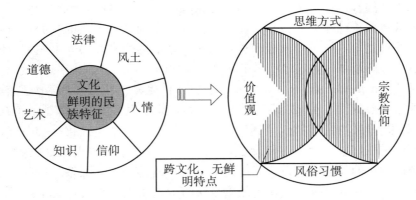

图 15-1 文化与跨文化的差异

幸福，幸福的标准又有所不同，"躺平"的人或许是幸福的；再者，一些人本身就拥有"躺平"的资本。当然，大部分人还是要奋斗进取的，否则，无法过上幸福的美好生活。延伸来说，这个世界也不是平的，不是我们随便想躺平就能躺平的，在全球化的今天更是如此。

内卷是一种非理性的内部竞争现象，同行之间为了争夺有限资源，竞相付出更多的努力，进而导致个体的收益与努力之比下降——自身努力方面的"通货膨胀"。个体如此，群体、组织也是如此，在这种情况下，根本没有"平"的空间，更没有"躺"的余地。

2. 文化差异的测量

不同国家的文化差异涉及方方面面，霍夫斯泰德从其调查数据的分析中得出了描述各种文化差异的五个指标。

（1）权力距离（power distance）。权力距离即在一个组织中权力的集中程度和领导的独裁程度，以及一个社会在多大程度上可以接受这种权力分配的不平等，在企业中可以理解为员工和管理者之间的社会距离。一种文化究竟是大的权力距离还是小的权力距离，必然会从该社会内权力大小不等的成员的价值观中反映出来。因此研究社会成员的价值观，就可以判定一个社会对权力距离的接受程度。例如，美国是权力距离相对较小的国家，美国员工倾向于不接受管理特权的观念，下级通常认为上级是"和我一样的人"。所以在美国，员工与管理者之间更平等，关系更融洽，员工也更善于学习、进步和超越自我，实现个人价值。相对而言，印度和巴西等是权力距离较大的国家，地位象征非常重要，上级所拥有的特权被认为是理所应当的，这种特权有助于上级对下属实施权力，但可能不利于员工与管理者之间和谐关系的创造以及员工在企业中不断地学习和进步。

（2）不确定性规避（uncertainty avoidance）。在任何一个社会中，人们对于不确定的、含糊的、前途未卜的情境，都会感到是一种威胁，从而总是试图加以防范。防范的方法很多，例如提供更大的职业稳定性，订立更多的正规条令，不允许出现越轨的思想和行为，追求绝对真实的东西，努力获得专门的知识，等等。不同民族、国家或地区，防范不确定性的迫切程度是不同的。相对而言，在不确定性规避程度低的社会中，人们普遍有一种安全感，倾向于放松的生活态度和鼓励冒险的倾向。而在不确定性规避程度高的社会中，人们则普遍有一种高度的紧迫感和进取心，因而易形成一种努力工作的内心冲动。例如，日本是不确定性规避程度较高的国家，全面质量管理这一员工广泛参与的管理形式取得了极大的成功，终身雇佣制也得到了很好的推行。与此相反，美国的不确定性规避程度低，在日本推行良好的全面质量管理在美国却几乎没有成效。此外，在不确定性规避程度低的社会，人们较容易接受生活中固有的不确定性，能够接受更多的意见，上级对下属的授权被执行得更为彻底，员工倾向于自主管理和独立工作。而在不确定性规避程度高的社会，上级倾向于对下属进行严格的控制和清晰的指示。

（3）个人主义与集体主义（individualism versus collectivism）。个人主义是指一种结合松散的社会组织结构，其中的每个人都重视自身的价值与需要，依靠个人的努力来为自己谋取利益。集体主义则指一种结合紧密的社会组织，其中的人往往以"在群体之内"和"在群体之外"来区分，他们期望得到群体之内的人员的照顾，但同时也以对该群体保持绝对的忠诚作为回报。美国是崇尚个人主义的社会，强调个性自由及个人的成就，倾向于员工之间开展竞争，并对个人表现进行奖励，采取的是有效的人本主义激励政策。日本崇尚集体主义，员工对组织有一种感情依赖，容易在员工和管理者之间构建和谐的关系。

（4）男性化与女性化（masculine versus feminine）。这个维度是指社会中两性角色差别的清晰程度。男人表现得自信、坚强，注重物质成就，女人表现得谦逊、温柔，关注生活质量。如果一个社会的男性倾向明显，我们称为"男性化"，如果女性的特征明显，我们称为"女性化"。对于男性化社会而言，居于统治地位的是男性气概，如自信武断，进取好胜，看重对于金钱的索取，他们的文化注重的是收入、认可、升迁、挑战。而女性化社会中居于统治地位的是温和、宽容，他们的文化注重的是人际关系、生活质量和服务及决策的群体性。比如，美国是男性化较强的国家，企业中的重大决策通常由高层作出，员工频繁地变换工作，对企业缺乏认同感，因而通常不会积极地参与管理。而挪威和瑞典是女性化相对明显的国家。

（5）长期导向与短期导向（long versus short term orientation）。长期导向、短期导向表明一个文化和社会对长远利益和近期利益的价值观。具有长期导向的文化和社会主要面向未来，较注重对未来的考虑，对待事物以动态的观点去考察；注重节约、节俭和储备；做任何事均留有余地。短期导向的文化与社会则面向过去与现在，看重眼前的利益，注重对传统的尊重，注重承担社会责任；在管理上最看重的是此时的利润，上级对下级的考绩周期较短，要求立见功效，急功近利，不容拖延。

3. 文化差异的表现形式

文化差异主要表现在经济法律环境、价值观、传统文化、宗教信仰、种族优越感，以及语言和沟通障碍几个方面。

（1）环境的差异。环境主要指所在地域的政治经济法律等情况，对于人力资源管理，法律环境主要体现在有关劳动就业的规定上。各国的劳动关系有很大的差别，这些差异是跨国公司管理者重点考虑的因素。劳动关系的区别主要是由各国的劳工法律不同造成的。有些国家和地区的劳工法律对劳动关系没有什么限制，对工会和雇主之间的关系干预不多。但有些国家和地区的劳工法律已经在很大程度上确立了劳动关系，劳动关系影响着资方对员工的控制力，从而决定着公司采取何种人力资源管理政策。

（2）价值观的差异。不同国家的人们在价值观上存在差异，因此导致不同国家或不同民族的管理人员在经营管理、决策方式上有所不同。价值观在组织中必然反映到人际关系和工作关系上，同时影响和制约着这些关系。对一个组织的管理者（尤其是人力资源管理者）而言，其管理思想和方法必须与当时、当地的价值观相兼容。

价值观贯穿人力资源管理的全过程，它对人们的职业选择过程，企业的招聘活动、薪酬给付方式、培训和考核的方法，以及劳动关系等方面都将产生很大的影响。跨国企业还必须考虑不同民族的价值观，因为它们可能会制约企业在各国的分公司的业务发展。同样，一种文化在某一个国家可能会提高企业工作流程效率，却不能简单地移植到另一个国家，否则会对企业生产力起阻碍作用。例如，个人本位主义的价值观体系具有强烈的功利主义色彩，金钱是衡量一切的标准，人与人之间强调理性，"唯我独尊"、"能力主义"和"现实主义"贯穿人力资源管理的全过程，所以人力资源管理实践体现出较频繁的人员流动、职位分工明确、晋升快等特征。但这些人力资源管理实践活动在其他文化中实施就未必合适。

（3）传统文化的差异。不同的国家有着不同的传统文化，有的强调冒险精神、致富理念、形式逻辑、理性思维、契约精神，有的则凸显多元、开放、包容、灰度、天人合一、感性与理性的交融。如果说西方文明适应了工业时代的需求，那么，东方文化则契合后工业时代、智能化时代的要求。

（4）宗教信仰的差异。宗教在当今世界中对组织生活和管理仍然存在一定的影响，还有很多人信仰宗教，因此管理者在自己的领导活动中就需要考虑宗教信仰的因素。

（5）种族优越感。种族优越感的一种情况是认定某一种族优越于其他种族，认为自己的文化价值体系较其他的优越。如果一位跨国公司的管理者以此种观点对待东道国的人，他的行为将可能被当地人所耻，还可能遭到抵制，引发冲突，造成管理失败。种族优越感的另一种情况是依托经济优势达到了文化强势，表现为对母国文化价值体系很高程度的认可。如果一位跨国公司的管理者以此种观点在东道国传播，也会造成传播的失败。

（6）语言和沟通障碍。由于语言、价值观、风俗习惯、礼仪、社会规范的不同，语言的表达方式不同，造成了沟通障碍。同样一句话，同样一个动作，不同的国家或者不同的人的感觉不同。

即时案例 15-1

跨国并购并"器"更并"魂"

近年，越来越多的中国企业走出国门，开拓海外市场，但 70%～80% 的收购以失败告终。这一数据令人沮丧，海外并购还有希望成功吗？

答案是肯定的。只是需要一种全新的收购思路，即不再视攫取被并购方价值为理所应当，而是将被并购方当作伙伴，通过为他们提供价值来一起为客户创造价值，进而实现双方的共同愿景。中国万丰科技开发股份有限公司收购全球顶尖的弧焊机器人应用系统服务商美国派斯林公司（Paslin）就是这样一个案例。

万丰最早生产低压铸造机，而后进入工业机器人本体制造领域，很快成为国内这个行业细分市场的领先者。在智能制造大趋势的推动下，公司决定向上下游进发，进军机器人零部件和系统集成领域，为客户提供基于机器人的整条生产线设计、运行和维护的全过程服务。为了获取新能力，万丰采取了海外并购策略。

1. 为什么选择派斯林

万丰有五个明确的收购标准：（1）被购企业与自己战略相符；（2）被购项目有较高市场占有率，有品牌，有技术开发能力，是全球细分领域的领跑企业；（3）被购企业的管理团队要与自己契合，理念可以有差异，但价值观必须一致；（4）被购企业必须是盈利的，这样才可能产生"1+1>2"的溢出效应；（5）价值和价格相符，价格是可控的，没有严重偏离价值。

2015 年，万丰并购团队在全球范围搜寻合适目标，最后锁定美国派斯林公司，因为这家公司与万丰有一致的市场，技术重合度也比较高，与这五条标准的符合度最高。

2. 并购整合：和而不同

经过艰苦卓绝的谈判和竞标过程，万丰最后在 20 多个买家中胜出，与派斯林签订了并购协议，从对接项目、尽调、谈判到交割只用了五个月。

完成并购后，真正的考验才正式开始。

美国并购专家总结出一个海外并购的"七七定律"，即 70% 的并购未能增加股东价值，其中 70% 的原因与并购后的整合有关，由此可见整合对于并购成功的重要性。

传统的海外并购都是发达国家成熟企业并购发展中国家的新兴企业，并购后，为减少浪费往往集中运营资源，并购方的高管也常常取代被并购方高管，而且强势推进文化。万丰采用的是"伙伴策略"模式，强调双方的伙伴关系，并且主张为双方共同增加价值。这种伙伴策略型并购整合与传统并购整合在组织架构、商业活动、高管层、自主运营和愿景战略方面都有显著区别。

比如万丰就允许派斯林完整保留原有的组织架构，同时也保留了原来的高管团队，给予其自主的运营空间。在并购后，万丰启动了全球供应链采购计划，有效地为被购企业降低了成本。在赋权方面，万丰没有安排任何高管到派斯林，只是定期派人去了解对方需要何种支持。此外，万丰还想方设法扩展被并购企业管理层的格局和视野，激发他们的上进心来实现共同的战略目标。

让有经验的人更有激情，让有激情的人更有经验。为了让这支"历史悠久"的管理团队更有激情，万丰还为他们注入了新鲜血液，让新人发挥鲶鱼效应，激发团队活力。例如，在传统并购中，知识通常是从作为并购方的老牌企业流向被并购的新兴企业。然而，在新式并购中，并购方新兴企业采用的策略是——

择善而从，谁强就向谁学。派斯林在弧焊领域的知识和技术是万丰最为看重的，并购后公司就有计划地从中国派出技术人员前去学习，请派斯林的技术人员手把手教他们。另外，派斯林一直是北美的家族企业，缺少外部压力，对精益生产和精细化管理缺乏概念，也没有KPI考核指标，万丰在与派斯林沟通时，也将自己多年积累的管理技术和管控体系反向输出。万丰会给派斯林一定的自主制定战略和预算的空间，但要求它采用和母公司一致的规划模板和预算日程。

万丰董事长吴锦华说："美国人尊重契约精神，那我们就相信他们，我们共同制定KPI，制定董事会年度预算，谈好相应的人财物编制，每个月我们检视一次，确保执行到位即可。"

3. 文化融合：求同存异

有了一致的市场、一致的愿景、一致的战略，并购是否就可以成功了呢？不尽然。德鲁克说：多元化管理要想取得成功，还有一个充分必要条件，即"气质"的统一性。

在中国的民营企业中，如果用颜色来形容气质，万丰的气质毫无疑问是红色的，"听党话，跟党走，全面推进生产力发展"是万丰坚定不移的信念。而拥有80年历史的派斯林却崇尚带有合作精神的个人主义。这样两种文化如何融合？

万丰的做法是求同存异，比如两家企业都有一种"家文化"，还有一种"制造文化"，就大力弘扬。

1995年，刚创立不久的万丰，一批赶工生产出的价值60万元的轮毂，虽然达到行业的一般标准，但离万丰自己的要求仍有差距，万丰创始人陈爱莲率领团队成员不顾创业资金紧张，毫不犹豫全部砸掉，重新回炉。由此可见，制造文化渗透到万丰的骨子里了。

万丰认为要想赢得被并购伙伴的信任，就必须为对方带来价值，所以在制定经营战略和目标时，也会基于对方的利益，并及时给予各种支持。

如今美国派斯林的员工都认为自己是跨国公司万丰的一员，并深以为豪，工作热情高涨。

尽管如此，吴锦华认为现在就说派斯林是个成功的并购项目为时尚早，他说一个项目只有经历过行业下行期，才能算小成功，而这至少也要三五年的验证。

资料来源：刘雪慰．商业评论（ID：shangyepinglun）．

（二）文化冲突及其表现

文化冲突是指不同形态的文化要素之间相互对立、相互排斥的过程，它既指跨国企业在他国经营时与东道国的价值观念不同而产生的冲突，又包括在一个企业内部由于员工来自不同文化背景的国家而产生的冲突。跨国公司的经营活动遍布全球各地，作为一种"多文化的机构"，必然会面临来自不同的文化体系的文化域的摩擦与碰撞。不同文化背景的人在一起工作，或者在某一种文化环境里成长起来的管理人员到国外另一种完全不同的文化环境中去担任管理职务，都会遇到一些意想不到的困难和障碍。不同的文化环境，以及不同的经济、社会和政治等因素，必然导致较大的文化差异以及跨文化冲突。主要表现在以下几个方面。

1. 管理决策的冲突

文化差异影响管理者的决策行为，进而影响其工作效率。不同的经营思想导致不同的决策机制，有的企业习惯于集体决策和集团管理，有的企业强调分层决策、独立决断和个人负责。管理决策方面虽然有冲突，但是没有成文规定哪一种做法就是正确的，适合企业实际的做法就是最好的。

2. 经营理念的冲突

对于一个企业来说，经营理念至关重要，经营理念展现的是企业形象，概括的是企业精神，提炼的是企业特色，昭示的是企业方向。从某种意义上讲，有什么样的经营理念，就有什么样的企业；有什么样的企业，就有什么样的经营理念。优秀企业往往着眼长远，制定适宜的远景战略规划；也有些企业只注重短期利益，忽视长期发展。因此，企业并购后可能在经营理念上产生冲突。

3. 价值观的冲突

共同的价值观是企业文化的核心。价值观的冲突往往表现为更深层次、更广范围的矛盾。不同国家和社会的价值观有着很大的差异，表现在对待自然、人性、人与人、人与社会的态度上，跨国公司必须高度重视这些差异对企业的运营管理带来的影响。企业并购时，企业文化冲突首先集中反映在员工个体不同的价值观上。具有差异的价值观必然会相互摩擦、相互碰撞。每个个体出于本能，都会极力维护自己长期形成的价值观，轻视别人的价值观，因而难以形成统一的行为准则。

4. 劳动关系的冲突

每个国家都有不同的劳工结构和劳工成本构成，对于跨国公司来说，这既提供了机会，也提出了挑战。有些企业习惯于强调政治素质、个人历史、人际关系等，有些企业更强调能力素质及贡献等，这些都会给双方管理者造成较大的压力。如果企业在从事业务活动的国家不能聘用到合格的人员，企业的经营目标与战略就会受到影响。

即时案例 15-2

迪士尼公司在法国的挫败之旅

法国迪士尼是"米老鼠"海外传播的第二站。之前采用美国迪士尼的标准化的经营模式建成的日本迪士尼乐园，连年创下该公司收入新高。于是，雄心勃勃的迪士尼公司借鉴日本迪士尼的经验，1992 年 4 月在法国巴黎建造了另一个海外乐园——欧洲迪士尼，然而这项投资却未能取得预期的成功。当年只有 40％ 的法国游客来此参观，更让人惊讶的是，其中很大一部分是到欧洲旅行的日本人。到 1994 年底，欧洲迪士尼乐园共亏损 20 亿美元。

为什么在美国和日本如此成功的经营模式在法国却行不通呢？忽视欧洲与美国的文化差异，对营销策略没有做适应性的本土化调整是失败的根本原因。法国人具有极强的民族自豪感和优越感，他们为本国文化感到骄傲并且竭力维护和发扬。法国人鄙视美国文化，认为同法国的悠久历史相比，美国的历史非常短暂，几乎没有什么本土文化，即使有，也只是一种快餐文化或商业文化，丝毫没有艺术美感和哲学沉淀。他们认为欧洲迪士尼是一种文化帝国主义，害怕美国文化从此对他们的文化形成过大的冲击甚至取而代之，于是产生了排斥心理，这是失败的关键。另外，迪士尼公司采取了与日本相同的全球标准化的经营模式，即将美国文化原汁原味地移植到法国，产生了严重的文化冲突。迪士尼公司在开发与经营中采取了许多与当地文化相背离的措施，如项目开发中农民土地的征用方式、谈判过程中的律师代理方式及风格、园区内设备设施的安装及使用、餐饮服务方式、语言使用方式、员工管理方式等，使当地游客及居民对美国文化产生抵触情绪，影响了欧洲市场的开发。

资料来源：郑兴山. 跨文化管理. 北京：中国人民大学出版社，2010：39.

(三) 文化冲突的结果

跨文化冲突如果处理不好，可能产生的后果是：员工产生非理性心理而导致工作低效，丧失市场机会，更可能导致全球战略的实施陷入困境（见图 15-2）。

1. 员工产生非理性心理而导致工作低效

文化冲突影响了管理者和员工之间的和谐关系，造成对规章制度墨守成规，企业员工丧失激情，不思进取，工作效率低；影响管理人员与员工之间的有效沟通；造成双方不能正确理解文化差异，产生非理性思想和行为；使双方加深对对方的误解，甚至可能产生怀恨心理。同时，文化差异会造成管理者的期望目标和企业的品质追求与员工对企业目标管理系统接受程度之间的差距，使员工对企业使命产生质疑和反感，进而影响工作效率。

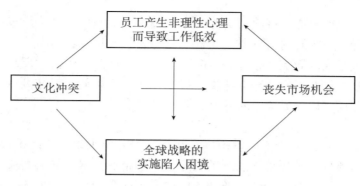

图 15-2 文化冲突导致的结果

2. 丧失市场机会

对于跨国公司的管理者来说，需要面对的是来自不同国家、不同民族的员工，他们具有不同的价值观、宗教信仰及行为准则，并伴随着不同的需求、期望和工作动机。在工作中，要有效激励员工使其具有较高的工作实效，必须满足其不同的需要和期望，这就增加了工作的不明确性和复杂性。如果对文化冲突处理不当，会导致企业经营管理出现混乱和冲突。同时，文化冲突使企业决策制定缓慢，执行不力，对市场变化反应迟钝，往往会丧失大量有利的市场机会，从而增加经营风险，使企业在竞争中处于不利地位，不能以积极高效的企业形象去迎接市场竞争。

3. 全球战略的实施陷入困境

不同的文化有着不同的道德标准和行为规范，企业管理者在制定决策时会因各自的认知标准和价值准则不同，从各自的立场和角度分析问题，使沟通难以达成一致，最终影响根据企业内外部环境的变化制定决策的有效性和及时性。同时，由于不同的文化背景，企业成员对决策的理解往往不同，造成决策实施的不一致，使决策目标难以达成一致，进而影响全球战略的实现。

二、跨文化背景下的人力资源管理

随着经济全球化的发展，企业跨国经营已经成为企业发展的必然趋势。而不同的国家和地区之间存在文化差异以及由此带来的管理中的文化冲突，这是每个跨国经营的管理者必须面对的问题。国际企业的多国员工是跨国公司最重要的生产要素，对其进行有效的人力资源管理构成跨国经营的关键。

（一）跨文化对人力资源管理的影响

在跨文化人力资源管理中，由于企业是由两国或多国公司合伙在东道国组成的跨地域、跨民族、跨政体、跨国体的跨文化经营管理的经济实体，因此文化因素对人力资源管理的影响是全方位、全系统、全过程的，具体来说包括以下几个方面。

1. 对人力资源管理理念的影响

所有实施全球化战略的跨国公司都必须选择一种最能支持这种战略的人力资源管理政策，然而相同的政策在不同的文化环境中会产生不同的效果。因此，人力资源管理在很大程度上受一个国家环境和文化的影响，这也就产生了人力资源管理理念的差异。

欧洲和美国的人力资源管理的不同途径来自不同的信条、心理学和社会学理论，它们对个人和组织之间关系的特点具有不同的假设。在美国，人力资源根植于心理学，它关心的首要问题是如何激发工人的工作动力。这导致对个人的关注，分析员工的需要、回报体系和工作的乐趣。劳务合同被认为是契约式的，它基于公平交换的思想。例如，双方都会捍卫自己的利益，保持自治和独立。在欧洲，人力资源管理更多的是从社会学原理中演化来的，因而会更关注社会体系、经济和政治环境以及政府、工会和管理等关键因素之间的关系。劳务合同的许多内容都不是由公司制定的。员工的权利不仅受到法律的保护，而且受到工会的积极维护。劳务合同被看作一种基于道德标准的社会合同，长期的劳务关系换来的是忠诚和国家提供的社会福利。

2. 对组织结构的影响

霍夫斯泰德的研究表明，文化差异对企业管理产生影响是必然的，例如个人主义与集体主义、权力距离和不确定性规避等维度，会影响企业如何在直线制、职能制、直线职能制、事业部制和矩阵制等组织结构中作出选择。比如在权力距离大的文化中，等级比较明显，人们倾向于适应层级比较陡峭的组织结构（如直线制）；相反，在权力距离小的文化中，注重平等，人们更喜欢比较扁平的组织结构（如职能制）。

3. 对人力资源甄选和录用的影响

企业人力资源的甄选和录用涉及确定招聘需求、选择招聘来源、制订招聘计划、选择招聘方式方法、选拔录用、面试等内容，不同的文化背景下，跨文化对以上因素的影响也是不同的。

在不确定性规避程度高的国家，对新加入者的选聘主要依据他们适应组织并忠诚于组织的潜力、资历的深浅、对组织的长期承诺及管理专长等，跳槽过于频繁者可能不会被选中；在不确定性规避程度低的国家，关注应聘者的个人能力和过去的工作表现，频繁跳槽者可能被视为个性十足的象征。集体主义导向的组织倾向于从其喜爱的群体中选聘员工，其喜爱的群体通常是庞大系统或庞大家族的朋友，这比一个人其他方面的能力更重要；相比之下，在个人主义导向的社会中，人们通常认为对家庭和朋友的偏袒是不公平的，也是不合法的。在这种社会，大多数人相信人员的选聘应依据公平的条件。公平的条件意味着相同的条件普遍适用于所有的候选人。在男性化较强的社会，工作有明显的性别区分，不同的工作对男性和女性的侧重点是不同的，工作是人们生活中非常重要的核心，人们常常能接受到其他城市或到其他国家任职一年以上；在男性化较弱的社会，工作与性别无关，工作并非人们生活的核心，人们要求更多的闲暇时间和较长的休假时间。

4. 对人力资源培训与开发的影响

人力资源培训与开发涉及培训方式、培训媒介、培训需求分析、培训项目、培训效果评估、职业生涯发展等内容。在集体主义、男性化导向和长期导向的文化背景下，员工对于培训和职业发展可能都是被动的，服从企业的安排，抛开个人的兴趣爱好；员工希望通过培训获得新知识和新技能，从而获得升迁、提高收入；企业根据长远目标对员工进行培训，为他们进行职业生涯规划，期待他们能够服从企业管理，提高他们对企业的忠诚度，降低流动率。在个人主义、女性化导向和短期导向的文化环境中，培训的内容和方法可能因人而异，着重发挥个人的特殊才能，培养他们享受生活带来的乐趣，鼓励员工关心他人，重视周围的和谐的人际关系；企业希望通过培训员工产生立竿见影的效果，在尽可能短的时间里挖掘他们的潜能，实现企业的目标。

5. 对人力资源激励的影响

文化因素也会影响有关人力资源激励的理论、原则、方式方法和技巧等内容。在不确定性规避程度高的文化中，主要根据资历和专长来确定薪酬；在不确定性规避程度低的文化中，则主要根据个人表现来确定薪酬。在个人主义导向的社会中，薪酬体系应强调奖励个人的工作成就；在集体主义导向的文化中，薪酬体系的建立应以员工的集体业绩或员工资历为基础。在长期导向的国家，对当前薪酬的重视程度次于个人和公司的长期目标，人们更注重工作保障；在短期导向的文化中，员工期望直接的、快速的与技能相挂钩的薪酬。

6. 对人力资源考评的影响

在权力距离大的社会中，下属认为应该等待上司给自己布置工作任务，如果自己参与考核目标的制定过程无异于越俎代庖，因此下属很少参与考评指标的设定。而主管如果试图与员工一起制定考评指标，则会被看成是没有完成任务。在权力距离小的文化中则相反，由主管和下属一起制定考评指标及工作任务，考评方式可以是 360 度考评。在不确定性规避程度比较高的社会中，由于员工规避风险的倾向高，他们不愿意承担有挑战性的工作，这也为考评指标的设定带来了困难，通常根据资历专长与忠诚度来考评；在不确定性规避程度比较低的社会中，则主要根据个人表现来设定指标。

在个人主义导向的社会中，主要是针对员工个人的工作绩效进行评价，业绩评价体系是正式的、公开的；但在集体主义导向的社会中，强调个人的绩效评估方法则试图将员工与集体分离开来，无论是对员工个人进行奖励还是批评都隐藏着深层次的危险。在这种文化中，对员工集体的考评比对员工个人的评价更重要。而且，它的业绩评价体系倾向于非正式和较为秘密的方式。在长期导向的文化中，评价体系的核心在于评价和开发符合公司长远利益的"整个人"，在评价工作业绩的同时评价诚实、忠诚度和工作态度；而在短期导向的文化中，则只评价近期的工作业绩。不同的文化对绩效评估的指标（如能力）也有不同的看法。美国经理会认为影响他人、建立关系、听取他人意见和适应能力是最重要的；而欧洲的经理会认为，为了结果而激励员工的能力更重要，那些"软"技能（比如团队建设和听取他人意见）与绩效相关性较小。

（二）跨文化人力资源管理的概念与特征

1. 跨文化人力资源管理的概念

跨文化人力资源管理实际上就是跨文化企业的人力资源管理。跨文化企业是指由来自不同文化背景的、存在文化差异的员工所组成的企业，主要是指跨国公司。跨国公司在全球环境中通过影响人力资源的管理过程去增强包括投资者、客户、员工、合作伙伴、供应商、环境和社会在内的利益相关者的体验和价值。归根结底，跨文化人力资源管理是一门关于人的管理如何适应文化特征的科学。所以，跨文化人力资源管理就是跨国公司开展的以实现公司的战略目标、提高员工的工作绩效和工作生活质量为目的，对来自不同文化背景下的人力资源进行获取、保持、评价、发展和调整等一系列管理的过程。根据摩根（Morgan）提出的跨国公司人力资源战略构成模型（如图15-3所示），跨文化人力资源是人力资源管理活动、员工类型和国家三个维度

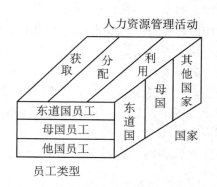

图 15-3 跨国公司人力资源战略构成

的互动组合，其概念必然涉及：第一，三种人力资源管理活动，包括人力资源的获取、分配和利用，这三大活动可以扩展为人力资源战略规划、人力资源招募与配置、人力资源绩效评估、人力资源培训与开发、人力资源激励等人力资源管理的职能。第二，三种国家类型：东道国，即公司所在地国家；母国，即公司总部所在国家；其他国家，其劳动力或者资金来源于以上两类国家之外。第三，三种员工类型，即东道国员工、母国员工和他国员工，例如联想（日本）公司的中国籍员工是母国员工，日本籍员工为东道国员工，日本籍和中国籍以外的员工为他国员工。此外，跨文化人力资源管理是依据企业国际化经营战略而实施的，是企业国际化战略的重要组成部分。因此，结合摩根提出的跨国公司人力资源战略构成模型、企业国际化战略经营理论，我们在管理咨询经验的基础上提出了如图15-4所示的跨文化人力资源管理模型。由这个模型不难看出，跨文化人力资源管理的主要内容包括跨文化人力资源模式的选择、对三类员工的人力资源管理以及贯穿人力资源管理各职能的跨文化沟通管理。

外派人员是指由跨国公司总部外派到海外公司工作并生活在东道国的非东道国人员，大致包括两类，一类是由公司总部派驻子公司的母国人员，另一类是母公司派驻子公司的他国人员。可见，跨文化人力资源管理的对象主要包括外派人员和东道国人员，与东道国人员相比，外派人员面临更大的文化差异与文化冲突，所以外派人员的人力资源管理成为跨文化人力资源管理的重点。此外，随着经济全球化步伐的进一步加快，企业的跨国并购活动也日趋活跃，规模逐渐扩大。尤其突出的表现是中国企业以更加积极的姿态参与跨国并购。但是，要成功进行跨国并购，跨文化整合是其中难度最大的任务之一，因此，跨国并购中的跨文化整合也构成跨文化人力资源管理的重要内容。

本章稍后将详细阐述跨文化人力资源管理的以下内容：跨文化人力资源管理模式的选择；外派人员的人

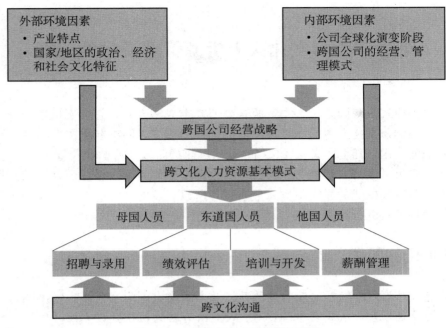

图 15 - 4　跨文化人力资源管理模型

力资源管理；跨文化沟通；跨国并购中的跨文化整合。

2. 跨文化人力资源管理的特征

当企业跨出国界进行经营时，会面临种种文化风险，传统的人力资源活动将发生变化，使得跨文化人力资源管理具有与单一文化下的人力资源管理不同的特点。

（1）跨文化人力资源管理的范围更宽。跨文化人力资源管理活动是在两个或两个以上有着不同文化的国家实施的，除了跨国企业总部所在的母国以外，有关的人力资源管理活动必须在东道国或其他国家实施，比如母公司外派人员的薪酬福利计划、招聘东道国或他国员工等。另外，跨文化人力资源管理所涉及的多文化背景的员工类型比较多，除了母国员工以外，跨国企业人力资源管理者还必须对来自东道国和其他国家的员工进行管理。

（2）对跨文化人力资源管理者的要求更高。跨文化人力资源管理者必须承担更多的职能。与国内人力资源管理者相比，跨文化人力资源管理者的职能中增加了许多额外的内容，比如，对那些来自他国或即将派往他国的员工进行重新安置和职前引导；提供语言方面的翻译、培训服务；加强对东道国员工的培训，以实现管理的本土化。跨文化人力资源管理还必须关心外派员工的生活。人力资源部门需要确保驻外人员了解住房安排、医疗以及出国任职的待遇等各个方面。许多公司建立了"国际人力资源服务部门"，为任职中的母国员工和他国员工提供诸如办理银行业务、投资、租房之类的服务。

跨文化人力资源管理者还必须具有更多的专业知识。比如，了解东道国的风土人情和工作习惯，东道国在人力资源管理方面的实践和相关的法律知识等。另外，人力资源管理者还必须了解母国和东道国在这些方面的差异，以及这些差异对外派人员的工作绩效所产生的影响等。只有对这一切做到心中有数，才能顺利高效地履行跨国人力资源管理职能。

（3）跨文化人力资源管理的风险更大。随着跨国公司海外经营业务的不断增长，母公司需要外派的员工数量也将不断增加。选派管理人员或技术人员到海外分公司工作，是一项成本高、风险大的任务。这些外派人员工作绩效的高低，将直接影响海外分公司的经营业绩。因此，为确保外派员工的工作效率，对这些人员的甄选、职前培训和监控就显得非常重要。另外，为确保这些员工很好地适应外派工作，还必须为他们的旅途、住房、子女的教育、签证的获得等诸多方面做好安排。同时，还要高度警惕恐怖主义，人力资源部门有必要为高度动荡的任职地设计紧急撤离预案。

第 2 节　跨文化人力资源管理模式的选择

跨文化人力资源管理模式是跨国公司人力资源管理的基本战略方向，它会直接影响跨文化人力资源管理各项职能活动的开展。影响跨文化人力资源管理模式的因素有很多，归纳起来主要包括内部环境因素、外部环境因素和公司经营战略。内部环境因素主要包括企业国际化的阶段、跨国经营管理模式、组织结构特征等，外部环境因素主要包括政治、经济、社会文化、技术、教育水平等因素。企业国际化的阶段、经营战略和管理模式对跨文化人力资源管理模式的影响最大、最直接，所以，下面先对这三个方面的知识进行介绍，然后对跨文化人力资源管理的模式进行阐述。

一、企业国际化的阶段

企业国际化是指企业从事国际经营的外向型活动以及不断增大国际经营涉入程度的过程，有广义和狭义之分。广义的企业国际化是指企业从开展出口贸易、设立海外贸易机构到设立海外生产基地和研发中心的逐步深化过程；狭义的企业国际化仅仅是指企业在注册地（母国）之外的国家（地区）从事经营活动，即认为对外直接投资是企业国际化的显著特征。目前，国内外对企业国际化的研究多是从广义角度出发的。从广义的角度看，企业从走出国门开始，其国际化过程大致经历以下四个阶段。

1. 国内运作阶段

在这一阶段，企业经营的地点全部在国内，具有明显的生产导向。生产技术和工艺是管理者关注的重点，产品销售主要在高度专业化和有限的国内市场范围内进行。由于国际市场很小、产品有独特性及市场上缺乏竞争者，企业采用民族中心模式，即使有产品出口，企业通常也完全忽视文化差异。母国人员对国外代理商只是偶尔进行商务访问，基本不使用外派人员。

2. 国际化阶段

由于竞争者的加入，企业的重心转向扩大市场和产量，企业通常在这一阶段开始国际化经营。企业开始通过出口输出产品，把市场扩大到其他国家，但是生产线和重要的研发设施仍然留在国内。随着市场培育成熟，企业逐渐将生产职能向消费市场转移，开始在国外设立子（分）公司或者合资经营公司，母公司开始把部分物质资产转移到国外。在这一阶段，改进生产手段和开拓国际市场成为企业突出的管理任务。企业出于一般管理、技术转移和控制的目的大量使用外派人员。同时由于生产与营销均需考虑文化差异因素，来自东道国的管理人员往往被招聘安置到销售、营销或人事部门，人员本土化初显端倪。

3. 多国公司阶段

此时产品市场的发展已进入成熟期，产品标准化使生产成本大幅下降，市场竞争的加剧则要求企业将生产转移到要素价格低廉的国家。总公司或母公司把生产线和其他设施分别放在几个国家和地区进行生产经营。文化差异在企业经营中的重要性下降，价格、生产成本取代市场，成为决定厂商选址的重要因素。因此，企业出于成本控制的目的减少外派人员，尽量使用东道国人员，从而出现管理本土化的高潮，但这并不是说没必要继续使用外派人员，只是其比例和重要性相对下降。

4. 跨国公司阶段

在这一阶段，海外子公司可以称为跨国公司或全球公司，因为公司与母公司之间的联系不再是最重要的事情。母公司的经营决策权已经高度分散化，各个子（分）公司都有人事任免权。这一阶段的产品既要满足全球成本竞争的需要，又要区分当地市场的偏好和特定要求。"思维全球化，行动本土化"成为这一阶段的典型写照。在这一阶段，企业将同时在生产、市场和价格等多个方面进行全球化竞争，而经营中对差异性和全球化的共同关注，使得文化差异因素引起管理者的注意。企业在全球范围内获得产品创意、要素进行生产，但在最终产品的生产和建立客户联系方面强调对当地市场的了解。与此同时，企业强调为有潜质的管理人员提供成长和积累经验的机会，并在企业中建立持续学习的环境。这时，跨国公司海外分支机构的高层管理人员配置将以全球为导向，注重选择最合适的人才担任最合适的职务，管理人员的国籍则逐步淡化。

随着中国改革开放的不断推进，有很多外国企业进入中国市场，如沃尔玛、苹果、福特等，也有越来越多中国企业走出国门，如华为、中兴、联想等。2015 年 3 月 28 日，国家发展改革委、外交部、商务部联合发布了《推动共建丝绸之路经济带和 21 世纪海上丝绸之路的愿景与行动》。2015 年，中国企业对"一带一路"相关的 49 个国家进行了直接投资，同比增幅高达 18.2% 。截至 2021 年 1 月 30 日，中国与 171 个国家和国际组织签署了 205 份共建"一带一路"合作文件。

二、跨国公司的基本经营战略

从大多数跨国公司国际经营的实践看，其经营战略大致可以分为三种：全球标准化经营、地方适应化经营和标准化-适应化综合经营。

1. 全球标准化经营

这种经营战略是指跨国公司在全球范围内不加区别地提供完全相同的产品或者服务。这种经营方式可以使跨国公司最大限度地扩大经营规模，降低成本，提高利润，并在短时间内将其产品推广到世界各地，迅速占领市场。实行全球产品战略首先要考虑的问题是全球产品的设计，即企业必须明确为全球市场提供的产品所具备的基本要求以及影响产品设计的跨国经营环境因素。企业实行全球标准化经营战略，除了体现在全球产品战略上，对市场营销的所有活动也必须实行全球战略管理，如全球品牌战略、全球广告战略、全球市场细分战略、全球定价战略等。

2. 地方适应化经营

这是与全球标准化经营相反的经营战略，即跨国公司根据世界各国（地区）不同的顾客需求、不同的文化习俗、不同的政策法规等提供有区别或有所改变的产品和服务。其经营规模可能较小、成本可能较高，但由于产品和服务能满足各国（地区）顾客的独特需要，比全球标准化产品更容易打入市场，增强其产品在当地的竞争力。根据这种经营战略，跨国公司在各国（地区）的管理部门承担了较多的经营职责，它们根据当地的情况决定不同的生产经营方式，跨国跨地区的协调运行较少。

不过，随着世界各国间交往的日益频繁和信息通信技术的飞速发展，各国（地区）间尽管在文化习俗、政策法规、经济生活等方面还存在较大的差异，但社会需求越来越多地呈现出趋同的倾向。因此，采用以上两种较极端经营战略的跨国公司也越来越少，它们更多地采取介于两者之间的经营战略，即标准化-适应化综合经营。

3. 标准化-适应化综合经营

这是介于全球标准化经营和地方适应化经营之间的经营战略，更确切地说，是这两种经营战略的综合，即跨国公司在生产经营其产品和服务时，一些方面是全球标准化的，而另一些方面是地方适应化的（如图 15-5 所示）。

从图 15-5 可以看出，采取标准化-适应化综合经营战略的跨国公司，在产品的技术、设计、品牌和质量等方面采用了较偏向于全球标准化的方式；在包装、促销和分销渠道等方面采用了较偏向于针对各国不同市场的地方适应化方式；在市场定位和广告与公关方面却采用了跨若干国家的区域性方式，即在该区域内是标准化的，但相对于其他区域又是适应化的。

这种经营战略避免了前两种经营战略的弱点，同时保留了前两种战略的优点，因而为越来越多的跨国公司采用。例如，宝洁公司的帮宝适纸尿裤在全球各地销售，但其促销策略却因国家、地区不同而有所变化。苹果公司在全球销售完全标准化的产品，但市场定位、促销方法、分销渠道在不同的国家采用了不同的策略。

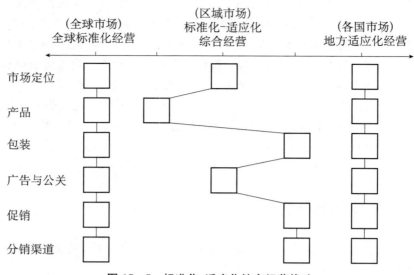

图15-5　标准化-适应化综合经营战略

三、跨国公司的管理模式

美国宾夕法尼亚大学沃顿商学院的资深教授霍华德·伯尔姆特（Howard Bormte）经过多年潜心研究，提出了有影响的 EPRG 分析模式，认为大多数跨国公司的管理模式主要分为以下四种：

1. 单一中心体制

单一中心体制（ethnocentrism）即整个公司在全球的经营活动都是以母公司的价值和利益为指导来进行战略决策，主要考虑公司在世界范围内的生存和在本国的合法地位。在这种管理模式下，公司倾向于让母公司人员担任关键职务，认为本国人员更有能力且更值得信赖。公司的管理权限主要集中在公司的总部，各国的子公司均听从总部的指挥，并将母公司的经营方式和管理方法照搬到各国和地区。在这种体制中，人们习惯于熟悉的做法，对任何改变都较反感。

2. 多中心体制

多中心体制（polycentrism）即公司的经营战略及管理决策以符合公司投资经营所在的各个国家的不同文化为前提，主要考虑的是公司在投资经营所在国的合法地位，即使可能导致利润有所减少。公司在各国经营中倾向于聘用当地管理人员，公司对这些当地管理人员并不熟悉了解，因此较少对他们发号施令，主要让他们发挥能力，只要他们能创造利润，公司就不会给予过多干预。在这种管理体制下，公司的经营管理权限主要分散在各国的子公司；而母公司更像一个控股公司，总部的管理人员尽可能地避免对各国子公司的干预。

3. 地区中心体制

地区中心体制（regiocentrism）即将母公司的利益与分散在各国的子公司的利益在地区范围内结合起来，这种体制既照顾到公司的生存，又考虑到在所在地区的合法地位。在这种管理体制下，公司人员的招聘、培训、评估和晋升等都以地区为基础，政策和经营决策的制定都是在跨国家的地区范围内进行。例如，向整个欧洲地区提供的产品可能来自设在欧洲的同一生产基地；在欧洲开展的一次广告宣传攻势可能由意大利、法国、英国和德国子公司的经理同时操控。欧洲各国子公司经理人选来自欧洲，他们出于对欧洲共同市场的关注而组成了统一的欧洲工作团队。

4. 全球中心体制

全球中心体制（geocentrism）即将分散在各国和各地区的子公司结合成为一个全球性的系统来进行经营和决策，这种体制在全球范围内兼顾整个公司的生存与合法地位。公司总部和所有子公司都将自己看成是一个全球性有机体的组成部分。公司的各级执行主管都一致认识到跨国公司的竞争力取决于最大限度优化公司内部的所有资源。一个好的主意或一个好的经验，不管来自哪一个国家，都会迅速地推广到公司所在的全部国家和地区。

在现实中，很少有跨国公司采用的是以上四种管理体制的纯粹形式，或多或少偏向于某一种管理模式。可以用 EPRG 分析表来比较这四种跨国公司管理模式在经营战略、组织结构、控制系统、公司文化等方面的异同（如表 15-1 所示）。

表 15-1　跨国公司 EPRG 分析表

		单一中心（E）	多中心（P）	地区中心（R）	全球中心（G）
公司宗旨		利润（生存）	公众接受性（合法地位）	兼顾利润和公众接受性（生存和合法地位）	兼顾利润和公众接受性（生存和合法地位）
管理系统	目标制定	自上而下	自下而上（子公司制定当地目标）	地区总部与各子公司协商	公司各级相互协商
	沟通机制	直线层级式，主要由总部发指令	总部与子公司间的沟通较少	在地区内既有横向也有纵向的沟通	在整个公司内有横向和纵向的沟通
	资源分配	总部决定投资机会	子公司自主决定子公司之间无交流	地区根据总部的指导分配	地方经理和总部在全球范围内分配
生产方式		大批量生产	分批生产	灵活制造	灵活制造
市场营销	产品计划	主要根据本国需要设计产品（标准化）	根据当地需要设计产品（非标准化）	地区内标准化	全球性产品，但根据各地情况而有不同
	营销组合	总部决定	在各所在国决定	地区内决定	总部与各子公司共同决定
财务控制	目标	将利润交回本国	利润留在各所在国	利润在地区内分配	利润在全球分配
	财务关系	本国机构	所在国机构	地区机构	全球性机构
人力资源管理实践：关键人员		本国培养并送往各所在国	在各所在国培养并使用	在地区内培养并使用	在世界各地培养并在世界各地使用
工作评价与控制		本国的标准用于世界各地	各所在国的标准自定	各地区的标准自定	全球性标准，但根据各地情况不同而有所改变
组织结构		官僚层级式，产品分部制	官僚层级式，但各国子公司具有自治权	以矩阵结构将产品组织与地区组织结合在一起	形成全球性的组织网络
公司文化		以本国文化为主	以所在国文化为主	以地区文化为主	以全球文化为主
公司战略		全球集成性战略	各国家反应性战略	地区集成性战略和各国家反应性战略	全球集成性战略和各国家反应性战略

资料来源：赵昌文，陈维政. 跨国公司基本经营战略和管理模式分析. 经济体制改革，2000（2）.

通过以上对比分析，可以看出跨国公司采用的四种管理模式有较大的区别。那么跨国公司如何决定选择何种管理模式呢？显然，这主要取决于公司的基本经营战略。任何跨国公司都不得不考虑如何选择才有利于公司经营战略与管理模式的匹配。如果两者相匹配，关系协调，公司可能提高竞争力；反之，公司的竞争力可能变弱。不少跨国公司的成败兴衰和经验教训都证明了这一点。一般来说，采用全球标准化经营战略的企业适合采用单一中心体制和全球中心体制的管理模式；采用地方适应化经营战略的企业适合采用多中心体制和地区中心体制的管理模式；而采用标准化-适应化综合经营战略的企业适合采用全球中心体制和地区中心体制。

四、跨文化人力资源管理模式

跨文化人力资源管理的基本模式反映了跨国公司战略的指导思想、经营理念和态度，是跨文化人力资源管理的重要内容。从各国跨国公司管理的实践来看，处理跨文化人力资源管理问题主要有三种基本模式：民族中心模式、多元中心模式和全球中心模式。

（一）三种基本模式

1. 民族中心模式

民族中心模式也称母国中心模式，母公司员工认为自己的科学技术最发达，管理方法最先进，管理经验最丰富，有将母国管理方式在国外照搬的倾向。其人事政策的核心是：各子公司的中上层管理岗位都由母公司员工担任；东道国员工处于低层次的和辅助性的岗位；在人事考核上，一般以母公司的标准作为子公司员工评价和晋升的标准；在员工薪酬上，对外派人员支付额外的报酬和奖励而不是按照东道国的薪酬标准来支付；等等。以美国公司为例，很多美国跨国公司愿意任用母公司员工担任分公司的总经理或总会计师，特别是在企业国际化经营的早期阶段，使用母公司员工作为分公司的高级管理人员被认为是最有效的人事安排。

子公司经理与母公司不存在文化差异，便于子公司与母公司之间沟通信息。坚持民族中心模式的跨国公司通过两种方式实施对子公司的管理：一种是激进式，即通过母公司外派人员担任东道国的高级职务，把母公司的文化习惯全盘移植到东道国的子公司中，让东道国的员工逐渐适应并接受外来文化，并按母公司文化背景下的工作模式来运行日常业务。另一种是渐进式，即虽然也由母公司外派人员担任东道国的高级职务，但并不试图在短时间内迫使当地的员工服从母国的人力资源管理模式，而是凭借母国强大的经济实力所形成的文化优势，对东道国员工逐步进行文化渗透，使母国文化在不知不觉中深入人心，让东道国员工逐渐适应并最终成为该文化的执行者和维持者。当母国和东道国之间的文化差异较小时，适宜采用激进的方式。

可见，采取民族中心模式的跨国公司事实上有"民族文化优越感"，即认为在本国文化中形成的管理模式比在东道国文化中形成的管理模式先进，它们用母公司的管理模式、规章制度完全代替子公司的管理模式、规章制度，并由此来克服文化差异带来的文化冲突。通常，该模式被认为有以下优缺点。优点：（1）母公司对子公司拥有很大的控制权，两者在决策上能够保持高度一致，母公司的政策和决议在分公司较易贯彻执行；（2）由于东道国员工只能处于较低层次的职位，因此对东道国员工的要求不高，容易在当地招聘到合适的员工；（3）由于子公司采取与母公司完全相同的管理模式和规章制度，因此对母公司外派人员不需要进行额外的培训。缺点：（1）由于东道国和母国存在文化差异，在子公司内仍然会存在文化冲突，从而可能无法与母公司保持一致；（2）东道国员工的职业生涯发展受到很大的限制，很难晋升到高级管理岗位，不利于调动东道国员工的积极性，甚至可能造成人才的浪费；（3）由于重要的决策都在母公司作出，可能使外派人员的职业生涯发展受到很大的限制，常常难以吸引最优秀的人才到海外任职。

2. 多元中心模式

多元中心模式也称东道国中心模式，其基本思路是承认文化有差别，认为本国的管理模式未必适合东道国，因此主张入乡随俗。该模式核心的人事政策是：不以母公司的人事政策为标准，各海外子公司遵循东道国的人力资源管理习惯；在人事安排上，除了少数高层管理职务和技术职务由母公司人员担任以外，其他岗位一般倾向于在东道国招聘和甄选合适的人选，在招聘和甄选的过程中，一般也遵循东道国当地人才的甄选标准；在人事考核上，子公司有自己的一套考核指标；在人员薪酬上，对外派人员按照母公司的标准支付额外的报酬和奖励，对东道国员工执行当地补偿标准。

采用多元中心模式，可以使跨国公司在生产、销售等方面更好地适应东道国市场的要求，也能够减少母国和东道国文化之间的冲突，有效利用东道国的人力资源。该模式具有以下优缺点。优点：（1）东道国员工熟悉本国法律制度，深知本地的市场需求和本地劳动力的供给情况，有多年形成的人际关系，能够增强公司与东道国政府打交道的能力，提高在东道国经营管理的效率；（2）允许东道国员工担任子公司的较高层职务，能够调动当地员工的积极性，吸引优秀的人才加盟；（3）大量使用东道国员工，可以降低公司的工资成本；（4）有利于东道国经济安全、增加就业机会、加速与国际接轨，从而得到东道国当地政府的大力支持。缺点：（1）母公司对子公司的控制力较弱，有时母公司和子公司的利益会产生冲突；（2）尽管东道国员工能够担任一些中高层职务，但是高层的职务还是由母公司的外派人员担任，东道国员工的职业生涯发展机会仍然有限；（3）对东道国当地员工的要求较高，随着跨国公司的发展，本地国际化人才可能不足以满足跨国公司的需求。

3. 全球中心模式

该模式认为最佳管理方式、最佳管理人才应该是没有国籍色彩的，主张在选择海外子公司的管理模式时，根据实际情况确定。该模式核心的人事政策是：在人事安排上，倾向于在全球范围内挑选优秀的员工，只要能力出众，就有可能成为最高领导；在人事考核上，按对企业的贡献大小这一全球标准来衡量员工的业绩，并决定其能否获得提升；在员工薪酬上，采用全球相似的标准，只是根据地域差别进行必要的调整。这类企业的组织结构往往非常复杂，通常采用因地制宜的全球化标准，根据本地和全球的目标来设立激励机制，在跨国公司总部和子公司之间或各子公司之间有着良好的沟通渠道。

全球中心模式是一种理想的模式，但在实践中，由于管理非常复杂，所需的信息量极大，成本实在太高，加之一些国家的政策和法律规定跨国公司的管理人员必须本地化，该模式的实施在政治上有一定的风险。全球中心模式也有优缺点。优点：（1）由于人才的甄选是在世界范围内进行，因此甄选面更广，也更易找到更好的人选；（2）因地制宜地选择企业的人力资源管理模式，有利于吸收两种模式之长处，取长补短，更好地适应东道国的需求。缺点：（1）由于一些国家制定了相关的法律规定，要求跨国公司管理人员本地化，因此在实施中有一定的政治风险；（2）对人才的要求较高，有时很难在世界范围内找到真正合适的人才；（3）由于实行全球相似的薪酬标准，加之培训费用大幅增加，企业的管理费用居高不下。

（二）跨文化人力资源管理模式的比较和选择

三种不同的跨文化人力资源管理模式的特征体现在企业文化、人力资源决策者、沟通与协调、人力资源招聘与甄选等方面（如表 15-2）。

表 15-2　三种跨文化人力资源管理模式的比较

	民族中心模式	多元中心模式	全球中心模式
企业文化	母国文化	当地文化	全球文化
人力资源决策者	母公司	当地子公司	母公司和子公司合作
沟通协调	母公司与当地子公司沟通较多	子公司与母公司之间沟通较少	子公司之间完全通过总公司的网络系统联络
招聘与甄选	母公司的标准适用于所有人员	随地区而定	标准既适用于全球又考虑了当地特色
人员配置	主要主管由母国人员担任	主要主管由当地人员担任	用人唯才，不分国籍
绩效评估	母国标准（按对公司贡献大小）	当地标准（按对公司贡献大小）	全球统一的标准
员工管理	母国经理管理员工	当地经理管理员工	最佳的人选分配到能产生最佳效益的地方
激励制度	对人员的奖惩在总部的执行水平高于在子公司的	子公司自己决定并执行	以全球目标任务为导向的奖惩制度

一般来说，跨国公司会根据不同的发展阶段、经营战略和管理模式，采用不同的跨文化人力资源管理模式。在国内运作阶段和国际化阶段，跨国公司多采用全球标准化经营战略和单一中心体制的管理模式，在跨

文化人力资源管理模式上多选择民族中心模式。随着跨国公司国际化程度的加深，对东道国需求的关注越来越多，面临的本土化压力越来越大，经营战略逐步向适应化战略过渡，而管理模式也慢慢开始采用多元中心体制和地区中心体制，在跨文化人力资源管理模式上开始采用多元中心模式。最后，跨国公司发展到全球化经营阶段，管理模式就会采用全球中心体制，跨文化人力资源管理模式也会演变为全球中心模式。

实际上，跨文化人力资源管理模式的划分并不是绝对的，跨国公司在选择跨文化人力资源管理模式时也不是完全依据每个模式的特征，在实践中具体选择哪种跨文化人力资源管理模式由多个因素决定，除了上述跨国公司的国际化阶段、经营战略和管理模式外，还涉及跨国公司所处的环境、跨国公司本身的特性以及跨国公司母公司的特性等。

首先，东道国的政策、管理、教育和技术水平以及文化差异等因素会影响跨文化人力资源管理模式的选择。许多发展中国家严重缺乏管理人才和专业技术人才，它们鼓励跨国公司到本国投资的一个重要目的就是发挥跨国公司培训本国人才的作用，因此在政策上引导跨国企业大量招聘、培训和开发本国人力资源。在这种情况下，跨国公司就需要采取民族中心模式，并派出本国员工管理子公司和担任子公司的重要职务。跨国公司如果在经济发达的地区和国家开展业务，在这些国家和地区存在大量的素质良好的管理和技术人才，跨国公司就可以采用多元中心模式或者全球中心模式。由国别差异引起的文化差异对跨国公司的人力资源管理模式也有重要的影响。如果跨国公司面对的文化差异大，那么跨国公司很难在所有业务单元中采取协调一致的人力资源管理政策。一项对来自美国、中国的管理人员的调查结果显示，美国管理人员最关注的问题是工作是否完成，而中国的管理人员最关心维持良好和谐的人际关系。文化差异还可能反映在不同国家的人们的生活习惯上。荷兰人在职业生涯中不习惯迁徙，因此员工的工作调动很困难。因此，跨国公司在选择跨文化人力资源管理时应充分考虑文化差异的影响。

其次，子公司的特性也会影响跨文化人力资源管理模式的选择。这包括所属母公司的国籍、在海外设立的时间长短、子公司规模、子公司对母公司的影响程度以及母公司的控股程度等。国籍差异对跨国公司跨文化人力资源管理模式的选择有影响，例如，与欧美跨国公司相比，日本的跨国公司更倾向于用本国的员工来填补海外子公司的管理职位空缺，也更倾向于沿用原有的管理方式，因此日本公司更多地选择民族中心模式去进行跨文化人力资源管理。一般来说，子公司在海外设立的时间越长，对东道国就越了解，越倾向于选择多元中心模式，反之则越倾向于选择民族中心模式。例如，美国通用汽车公司在华经营 20 多年，其人力资源管理模式体现出典型的多元中心模式。子公司规模对跨文化人力资源管理模式的选择也有一定的影响。一般而言，子公司规模越大，母公司越会采取授权的管理方式，其人力资源管理模式越倾向于多元中心模式。在母公司集团化发展过程中，每个子公司在母公司的战略发展地位是不同的，因此母公司为了保持其核心竞争力和扩大核心产业的市场优势，对下属子公司的人事管理方式也相应采取不同的管理模式。一般而言，如果子公司对母公司的影响程度大，那么母公司对子公司将采用高度集权的管理模式，其人力资源管理模式就倾向于民族中心模式。反之，对于那些与母公司发展战略、核心能力、核心业务以及可预见的未来发展关系一般、影响不大的子公司，则采取分权式管理模式，也就倾向于采用多元中心模式。股权结构体现和决定了各投资方的权利、权益和责任划分比例，而且直接影响该投资企业的法人治理结构和管理结构及其效能，从而影响该投资企业的人力资源管理活动。一般而言，母公司控股比例越高，越有决策权和话语权，这时人力资源管理模式将由母公司根据自身情况决定。反之，母公司控股比例越小，决策权越小，其人力资源管理模式就倾向于多元中心模式，例如，上海大众、上海通用由于母公司是参股性质，因此选择的人力资源管理模式是典型的多元中心模式。

最后，母公司的特性（如母公司的战略定位、竞争战略、管理态度、管理能力等因素）会影响跨文化人力资源管理模式的选择。为了提高市场竞争力，持续稳步地发展，母公司根据内外部竞争能力和相对资源优势，采取不同的发展战略和行动纲领，而企业在不同的发展战略时期，所对应的人力资源管理模式是不同的。如果母公司采用紧缩型战略，对子公司将采取高度集权制管理，那么其子公司的人力资源管理模式倾向于民族中心模式；如果采用扩张型战略，那么应积极鼓励子公司开拓外部市场，形成集团公司多个经济和利润增长点，这时子公司应采取多元中心模式或全球中心模式。母公司对子公司管理与控制的目的就是更有效地实现母公司的经营战略，因此母公司的经营战略对其选择人力资源管理模式会有一定的影响。例如，母公司采用集中型战略，在某一行业中只选择一个特定的细分市场，这个特定的细分市场可以是某个特定的顾客群、某产品系列的一个细分区段或某一个地区市场，企业将所有资源集中在这一特定细分市场上从事生产、服务与经营，而母公司及其子公司的所有业务活动均围绕单一细分市场来组织开展，与这种战略相适应的人力资源管理模式倾向于民族中心模式。反之，母公司采用差异化战略，在同一产业中根据企业自身能力同时选择多个细分市场，为不同的细分市场提供差异化或独特的产品和服务，母公司的生产经营活动在各细分市场同时铺开，以占领各自领域的市场份额。在这种战略下，跨国公司更倾向于选择多元中心模式。母公司的管理态度各有不同，例如有些公司倾向于给子公司更多自主性，而有些公司倾向于集权控制。倾向于给子公司更多自主性时，跨国公司的人力资源管理模式倾向于多元中心模式，反之则倾向于民族中心模式。随着企业规模的扩大，管理层次的不断增加，企业内部的交易成本更大、信息传递的时间更长、反应的速度更慢，因而在企业做大之后，必须适当授权以提高企业的运行效率。因此，母公司的管理能力也会影响其跨文化人力资源管理模式的选择，如果母公司的管理能力相对较弱，那么跨国公司倾向于选择多元中心模式，反之则倾向于选择民族中心模式。

五、人才本土化经营

（一）基本含义

帕拉哈拉德认为，本土化指的是跨国公司为了融入子公司所在地的环境，而在海外子公司作出的经营决策，以形成自己的市场竞争优势。经营本土化是跨国公司为了在东道国落地生根、适应地方环境所采取的一系列决策手段。人才本土化经营是指跨国公司的子公司在落实本土化战略的过程中尽可能多地雇用当地员工，而减少派出本国员工，并给予当地员工一定权限，激发他们在公司干事创业的积极性。人才本土化经营主要有两种形式：一是初始人才本土化；二是扩展人才本土化。

人才本土化是权力配置的问题，是当地员工逐渐替代外派人员的过程，但这一替代过程又是相对的，是以确保公司平稳发展为基础的。自改革开放以来，中国企业纷纷走出国门，拓展国外市场，由此开辟了一条国际化经营的道路，学术界和企业界纷纷关注跨国经营中的本土化问题。万向集团、华为集团、中兴通讯、福耀玻璃等公司都是人才本地化经营的典范。

（二）重要意义①

1. 获取东道国信任

跨国集团在国际化进程中都是围绕提高自身收益来运营的，企业的发展与外部环境密切相关。对于跨国企业而言，要成功进入东道国，得到当地消费者的信任，就要时刻关注东道国政治、经济以及社会领域的最新发展，并且进行角色转换，成为企业公民，积极为东道国社会作出应有贡献。另外，东道国人员通过激烈的竞争，进入外企管理岗位，由于民族情结，致力于维护本国人民的利益，这些因素都有利于减少损害利益的情况发生。此外，东道国政府为了解决部分社会问题，比如就业，往往会对相关企业给予政策倾斜，鼓励企业招聘和任用本国员工。跨国集团有效推动人力资源管理实现本土化，会得到东道国支持，并且加深企业与东道国民众之间的联系，树立良好企业形象。

2. 避免文化差异

文化差异因素影响企业经营管理决策，主要体现在以下两个方面：第一，决策者基于自身文化意识对根

---

① 董一鸣 . 跨国公司人才本土化的必要性研究 . 大经贸 . 2018（7）.

据不同文化背景整理的信息作出判断与决策，这类决策往往脱离实际情况，存在失误。集团公司选派工作人员去国外拓展业务，工作人员会因为文化差异在生活和工作中出现各种不适应的状况，甚至给集团公司带来损失。第二，在组织内部，不同文化背景的个体会因为意见不统一，客观上拖延决策时限，导致企业无法在规定的时间内进行决策，影响企业内部和谐人际关系的构建，甚至会引发内部冲突，使企业发展偏离组织目标。因此，正确对待文化差异，利用人力资源管理本土化解决文化差异带来的问题，有利于提升在东道国开展国际经营的针对性，构建适用于东道国的管理模式。

跨国集团推动人才本土化战略，在一定程度上能够减少甚至消除文化领域上的误区，提高与东道国进行谈判和合作的能力。东道国人才具有以下几个特点，第一，语言相同，消除沟通障碍。第二，对本国法律较为熟悉，比较了解本国市场需求以及劳动力情况。所以，促进分公司对当地合作伙伴的了解，在开展商业活动时更加便捷。

3. 降低劳动力成本

跨国集团提升自身竞争实力，往往也是通过控制劳务开销实现的。推动人力资源管理本土化，有利于降低相应的成本支出，这是因为本地人才相对于外籍员工具有较高的性价比。跨国集团的人才本地化能够明显降低成本支出。一般而言，集团会投入一定经费对外派工作人员进行相关背景知识的培训，提供相应的津贴，并且可报销差旅费用。人力资源管理本土化策略带来的效益较为可观，除了降低相关管理费用，还能利用报酬的优势吸引高端人才加入。

4. 确保公司人员稳定

外派管理人员的心理波动也应该成为人力资源管理研究的重点，文化差异容易导致管理者在心态上发生变化，造成决策失误，甚至与研究规划背道而驰。此外，有的人被选派到分支机构开展工作，与其在国内无法实现职位升迁有关，他们容易对现有岗位产生不满，甚至产生离职的想法。在东道国对相关岗位发布招聘需求，有利于增强组织个体的稳定性。

（三）实现路径[①]

1. 建立本土化的管理理念

国际业务的发展和企业在海外的生存都离不开人力资源本土化的管理。本土化的管理就是指企业结合当地的特殊文化背景和当地其他本土企业的管理制度，构建属于自己的管理体系，强化管理人员对当地工作者的管理方式，主要体现在聘用有经验有能力的人员加入管理层，共同研讨和制定一系列合适的管理方法，设定有利于企业发展的管理目标，并且根据实际情况随时对管理方式作出调整。

2. 加强员工培训

为了让企业在海外市场更具有竞争力和发展前途，企业必须提升员工的职业素质，其中包括企业的外派人员和当地人员。对于当地人员，要加强他们对企业的了解，增强他们对企业文化的适应力以及对企业的归属感，并且培养他们的工作能力，让他们能够尽快胜任工作岗位。对于本国的外派人员，要加强他们的专业能力和管理能力，还需要结合当地的文化对他们进行培训，让他们在了解当地文化和风俗习惯的基础上更好地和当地员工沟通交流。构建一个完整的培训体系，建立优秀的企业员工团队，是企业在海外顺利发展的关键。

3. 加强管理体系的建设

为了让海外企业更好地加强人力资源本土化管理，应该建立合适的管理体系，重点就在于国内外的文化交流和沟通。这需要企业管理层对当地文化有深入了解，建立起跨国文化管理制度。企业通过文化交流活动，及时了解当地员工的心理状况，及时对员工进行心理疏导，让所有员工理解并且认同企业的文化，才能实现人力资源本土化的更好管理。

---

① 彭定武．浅谈实现国际人力资源本土化的有效途径．人力资源，2019（12）：38.

4. 提供本土化产品和服务

为了在国外更好地发展，企业应该在海外提供具有本国特色的产品和服务，让当地人了解本土文化，进一步开展两国之间的文化交融与经济合作，做好本土化的经营。

即时案例 15-3

华为员工的本土化经营

努力奋斗的优秀人才是实现可持续发展的主体力量，是企业保持竞争力和持续领先的重要因素。多年来，华为坚持"积极、多元、开放"的人才观，构建公司与人才同创共赢的人才管理机制。华为关注员工的职业发展，持续牵引全体员工提升岗位需要的专业能力，并为员工提供多种价值实现通道；注重员工多元化，强化本地人才队伍建设，让本地人才成为公司在当地业务发展的重要力量；坚持不拘一格用人所长、在实战中持续识别、在机会中不断磨炼优秀人才的梯队建设机制，对优秀员工破格提拔，激发员工创造力与组织活力。

1. 员工多元化

华为的业务遍及全球 170 多个国家和地区，在海外坚持优先聘用本地员工，持续构建多元化、多样性的员工队伍，无论员工的性别、种族、民族或宗教信仰等，都拥有同样的工作、学习和发展机会。

华为始终坚持为员工创造一个和谐发展的、包容性的工作环境，给予不同员工足够的发展空间，创造高效轻松的工作氛围，让每名员工都可以在组织中发挥出最大潜力。作为一家国际化公司，华为一直以积极的态度推动海外员工本地化进程。员工的本地化有利于公司深入了解各地迥然各异的文化，促进当地人口的就业，为当地经济的发展提供帮助。2019 年，华为在海外聘用的员工总数超过 3.7 万人，海外员工平均本地化率约 67%。

华为围绕业务战略，以全球视野、用世界级课题持续吸纳"顶尖人才"和"天才少年"，高度重视本地人才队伍建设，营造开放包容、鼓励试错、尊重专业的氛围，激发员工的创造力。

华为通过清晰的职业发展牵引、良好的平台优势、有竞争力的薪酬吸引优秀人才，实现优秀人才的获取、融入和价值发挥。华为始终秉持"以奋斗者为本"的理念，充分鼓励员工发挥个人专长，帮助员工实现个人价值，同时也注重物质与非物质并行的激励方式，提高员工的幸福感。

华为始终坚持全球化与本地化战略，在运营所在国家和地区雇用本地员工、投资采购、设立研究机构等，促进当地就业与经济发展。以欧洲为例，2020 年 11 月牛津经济研究院发布《华为对欧洲经济影响力报告》指出，2019 年华为在欧洲的经营活动创造了 164 亿欧元的经济收益，支撑了 22.43 万个工作岗位和 66 亿欧元纳税。在法国，华为启动建立无线产品制造工厂，计划投资 2 亿欧元，创造 500 个直接就业机会。

2. 提供广阔的发展平台

作为一个全球化公司，华为的全球价值链将本地能力带到世界各地，使其发挥更大价值。秉持"积极、多元、开放"的人才观，坚持"在当地、为当地"的原则，为当地培养和发展人才。

华为为员工提供充分且平等的培训和晋升机会，帮助员工成长，实现自身价值。公司为本地人才配置导师，并提供系统性的培训赋能；利用 iLearning 等在线平台提供超过 4 000 门在线网课，涵盖英文及其他语种；通过本地员工入职培训、外籍管理者培训、各领域高级技术专家培训等，持续加强对员工技能水平、专业知识和管理能力的提升。每年，华为为本地员工提供超过 38 000 人次的培训机会。

华为注重加强本地化运作，在同等条件下优先选拔本地人才；公司不仅在全球吸纳精英，而且积极为各路精英提供适合其价值发挥的平台和土壤，因人制宜地形成多样化的价值发挥模式。

资料来源：华为 2019 年可持续发展报告、2020 年年报.

第3节　外派人员的人力资源管理

一、外派人员的招聘与甄选

（一）影响人员外派的主要因素

影响跨国公司使用外派人员的因素有很多，主要包括：

1. 企业国际化的阶段

在企业的不同国际化阶段，文化因素对企业管理特别是跨文化人力资源管理会有不同程度的影响。企业会在国际化经营的不同阶段采取不同的人员配置策略和外派战略。

企业在国际化经营的初级阶段（即国内运作阶段和国际化阶段），一般采取的是跨文化人力资源管理的民族中心模式。出于公司内部协调和控制、组织内部知识转移、开发和培养国际管理者的需要，企业使用母国人员作为外派人员，原因在于：第一，东道国员工的技术和管理水平可能没有达到跨国企业的要求，因此需要派出本国的员工来承担重要的工作任务；第二，跨国公司派出的管理人员更能够不折不扣地执行跨国公司总部的指令，有助于总部加强对子公司的控制，保证母公司的经营战略可以在海外得到很好的执行。但是大量使用外派人员存在外派费用高昂、外派失败率高、外派人员归国安置难度大等问题。所以随着跨国公司在海外经营的不断发展，企业将更多地使用当地人才，这样做的好处在于：大大降低外派成本；树立企业在东道国的形象；符合东道国的相关政策；保持子公司经营的连续性和稳定性；消除语言障碍，避免文化冲突；等等。但这样做也有一些缺点：东道国员工获得国际经验的机会很少，很难晋升到公司的管理层，容易产生不满情绪；更重要的是，东道国子公司和母公司总部之间可能因各自的关注点不同而产生隔阂，导致二者之间缺乏足够的交流等。企业在全球经营业务之后，将会采取人才全球化模式，在全球范围内选择和配置人力资源，而不考虑其国籍。

2. 跨文化人力资源管理模式

跨文化人力资源管理模式有三种：民族中心模式、多元中心模式和全球中心模式，每一种模式都决定着人力资源的来源选择。民族中心模式意味着对经理和技术人员的管理遵循母公司的管理方法。母公司和分支机构的中高层职务由母国公民担任。在采用多元中心模式的公司中，其分支机构的中高层职务由东道国公民出任。采用全球中心模式的公司在整个组织内配置最优秀的人员，而国籍并不是决定因素，这是一种真正具有全球眼光的人力资源管理导向。跨国公司采取何种人力资源管理模式与其国际化进程是相联系的。

3. 各国文化因素

各国的文化会影响各国公司选择跨文化人力资源管理模式的偏好。如日本公司倾向于采用民族中心模式，使用外派经理来管理国外的经营活动。美国公司则倾向于多元中心模式，更多地使用当地人员。欧洲公司往往介于两者之间。

4. 东道国的相关政策

东道国对管理人员本土化的要求以及相关立法会影响跨国公司的人力资源政策。例如，许多发展中国家要求跨国公司培训当地员工，使管理人员本土化。跨国公司的人力资源政策很有可能会与东道国的政策或立法冲突，造成与政府的关系紧张，以及引起东道国公民的对立和抵触情绪。

5. 外派的成本

外派人员的培训费用、安置费用、高薪收入等高昂的成本是跨国公司作出外派决策时要考虑的重要因素，而较高的外派失败率无疑为管理者作出外派决策增加了很大的压力。外派失败是指外派人员在驻外过程中没有达到预期的绩效目标，过早返回，或者虽任满返回，但是其业绩水平下降，严重影响了公司在东道国的经营状况。对于跨国公司来说，平均每次外派失败的直接成本（薪资、培训费、旅行与迁移支出）可能是母公司国内薪资加迁移费用的三倍，而间接成本更是无法估量，如丢失市场份额、损害与海外客户和政府官员的关系、对外派人员本身造成打击等等。

（二）外派人员的选拔标准

一项针对美国跨国公司的统计显示，大约有 30％ 的外派任命是错误的；另一项研究发现，外派人员的失败率为 30％～70％，其中派往发展中国家和文化差异较大的国家的失败率更高。外派人员的失败率居高不下的重要原因是许多企业在外派时没有选好人。实践表明，使用恰当的流程和方法甄选出合适的外派人员是保证外派成功的最关键因素。赵曙明等指出，对那些负责甄选外派人员的人来说，面临的最大挑战就是确定合适的甄选标准。因此，外派人员的甄选标准引起了很多研究者的重视，不同的研究者给出了不同的标准，下面介绍一些比较有代表性的研究。

1. 通的四类说

通（Tung）将促使外派成功的变量划分为四组：工作技术能力、个性及交际能力、环境因素和家庭状况，并指出针对不同类型的外派任命，应使用不同的标准（1981）。如跨国公司在选择分支机构的首席执行官时，使用最多的标准依次为交流技能、管理技能、成熟性和情感稳定性、对新环境的适应能力；选择职能性领导的标准为成熟性和情感稳定性、商务的技术知识；选择问题解决者的标准为高超的技术知识、主动性和创造性；选择执行人员时要考虑成熟性和情感稳定性、对东道国法律和公众的尊重。

2. 门登霍尔和奥都的四类说

门登霍尔（Mendenhall）和奥都（Oddou）认为，外派人员的选择有四个关键因素：自我导向、他人导向、文化移情和文化刚性（1985）。自我导向包括文化替代、减少压力和技术能力三方面，它能使外派人员拥有很强的自尊心、自信心和良好的精神状态，从而使外派人员在海外任职成功的可能性增大；他人导向是指外派人员与东道国公民有效互动的行为和态度，包括发展人际关系和沟通意愿；文化移情是指通过对情感的知觉，外派人员产生与他人的情感相接近的情感体验；文化刚性是指外派人员对外派任务的适应程度，这主要与外派任职的国家有关，被派往的国家与母国的政治、经济、文化、法律、宗教差异越大，外派人员的调整就越困难。例如，美国外派人员被派往英国就比较容易适应，而被派往韩国适应难度更大。

3. 罗内恩的五类说

罗内恩（Ronen）在总结前人研究的基础上，将外派人员的选择标准分为五类，即工作因素、关系尺度、激励状态、家庭情况和语言技巧（1990）。

（1）工作因素。工作因素传统上一直被看作外派选择中的重要因素，很多公司将外派选择建立在候选人的专业技术的基础上。罗内恩指出，虽然商业领域方面的能力应当被看作外派选择的起码要求，其他工作因素（例如管理技巧，尤其是行政方面的能力）在选择外派员工时也应该列入考虑因素。

（2）关系尺度。罗内恩认为，关系尺度在类别上包括一些特性，从根深蒂固的个性特征（例如，外向或情绪稳定），到社会价值体系（例如，民族优越感），再到个体和周围环境相互作用而产生的行为（礼仪、主动性，对当地居民的兴趣）。如果外派人员需要与东道国公民有相当多的联系，关系尺度就显得更加重要。

（3）激励状态。罗内恩将激励状态界定为对任务完成的确信，与个人职业发展保持一致，对海外经历有兴趣，对特定东道国的文化感兴趣，并且愿意建立新的行为模式和态度。考虑到外派通常并没有完全纳入组织的职业管理体系，跨国企业的很多员工对于接受外派任务可能非常不情愿。高成就激励和对外派任务的积极定位可以增大外派成功的可能性。

（4）家庭情况。基于配偶和子女不具备在异国文化中生活的适应能力会导致外派任职失败，罗内恩指出第四种选择标准是外派人员的家庭情况。除了要评估配偶和子女在国外生活的意愿以外，需要考虑的其他因素包括配偶的个性特征、职业情况以及子女的教育需求。配偶和子女的有效适应对外派人员的工作能起到支持的作用，因为这会让外派人员更好地面对日常工作生活中的压力和挑战。

（5）语言技巧。用东道国的语言流利表达是有效沟通进而认知不同文化的有效条件。外派人员与东道国公民的交往越密切，外派期限越长，语言技能就越重要。

4. 赵曙明等的六类说

赵曙明等认为，外派人员甄选过程中涉及的因素有两大类，即个人因素和环境因素，具体来说有六个方面（如图 15-6 所示）。

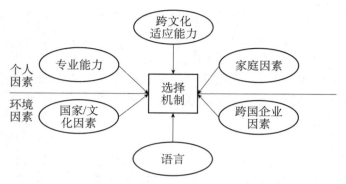

图 15-6 外派人员甄选因素

资料来源：赵曙明，等. 国际人力资源管理. 北京：中国人民大学出版社，2012：107.

（1）专业能力。工作的相关能力是各国跨国公司要考虑的重要因素，如果因为专业能力而导致员工工作表现不佳，那么外派失败的风险是相当大的。研究结果一致表明，跨国公司甄选外派人员时应把相关专业能力作为重要的考虑因素。

（2）跨文化适应能力。专业能力并不能帮助个人适应新环境，处理新问题。如果员工理解、尊重异文化，处事灵活，愿意接触、学习异文化，认知能力强，能觉察不同文化的差异，保持敏锐性，更容易在新环境下工作，则他们的工作意愿会更强烈。因此，在选择外派人员时需要考察员工的文化移情能力（以当地人的思维方式思考）、适应性、外交能力、乐观的生活态度、情绪的稳定性以及是否成熟。

（3）家庭因素。家庭尤其是配偶的适应性与外派人员的适应性密切相关。重视家庭的关键作用，提高家属对外派前的安排和外派后早期生活的满意度，将有利于外派人员更好地适应外派生活。

（4）国家/文化因素。子公司所在国是一个重要的决定因素，不同国家的文化特征会对外派人员造成很大的影响。另外，外派人员会争相要求被派遣到待遇优厚的地方，而不愿意去那些被认为待遇缺乏吸引力的国家或地区。

（5）跨国企业因素。跨国公司在甄选外派人员前可能需要考虑母公司所在国员工、他国员工、子公司所在国员工的比例。此外，还要考虑其他的环境因素，例如相关的运行方式、工作的持续时间、外派工作中所需的知识等等。

（6）语言。语言能力不仅与跨文化适应能力相联系，而且与通用工作语言所起的作用相关。子公司所在国的语言知识对于行政领导和管理工作非常重要，语言差异是进行有效的跨文化沟通的主要障碍。此外，公司内部采用一种通用工作语言将使得报告体系和程序规范化。因此，外派所在地的语言以及公司内部的通用工作语言都是要考虑的重要因素。

综上可知，虽然不同的人对外派人员的甄选标准提出了不同的看法，但是均要求员工掌握专业或技术方面的技能，具备跨文化沟通交际的能力，有良好的个性特征，掌握必要的语言技能，同时得到家庭的支持。虽然不同的外派环境对外派人员的要求各不相同，但是以上五种要素缺一不可。

（三）基于胜任力模型的外派人员甄选与测评系统

如果跨国公司缺少连续的规范的选拔程序，当它面临外派人员职位更替或空缺时，会造成一种恐慌混乱的局面，并且由于甄选过程不够严谨和周密、甄选方法不够完善导致选出的结果不理想，从而影响跨国公司全球化战略的实施。要规范外派人员的甄选和测评过程，需要建立一套循序渐进的甄选流程。胜任力理论在本书前文已有阐述，基于胜任力的人力资源管理已经成为人力资源管理的重要发展趋势，将胜任力理论应用于外派人员的甄选也许是解决当前外派人员招聘与甄选中的难题的重要思路。国内学者黄勋敬结合自己的经验提出了一个基于胜任力模型的外派人员的甄选与测评系统。

（1）成立甄选委员会或人才测评中心，确定甄选的阶段性目标。成立甄选委员会，确定谁将参与甄选是这一步骤的关键。理想的甄选委员会成员需要具有丰富的国际工作经历，以帮助候选人把握取得外派成功所需的关键素质，并确保对这些素质给予足够的重视。许多先进的跨国企业成立了国际人才测评中心，组建了一个由国际人力资源专家、心理学专家、跨国公司中具有丰富国际工作经验的高层管理者和人力资源经理等专业人士组成的人才测评团队。在此基础上，要清楚表达甄选的每个阶段性目标，以确保满足全球外派的需要并按时按质按量完成甄选任务。

（2）计划与预测。为保证甄选过程的严谨性和周密性，对外派人员职位更替和空缺出现的时间应有所预期和准备。最好的准备方法是进行外派人员的计划与预测。有价值的外派人员计划应当既具有外部一致性又具有内部一致性。外部一致性是指外派人员计划应当同企业的整体战略计划相配合。例如，在南美地区建立研发中心或因政治局势不稳定而撤资等，都会对跨国公司内部人事变动有很大的影响。内部一致性是指外派人员计划应与其他的人力资源计划（如招聘、培训、考核等计划）相一致或相互协调。

外派人员需求计划一般包括三套预测：外派人员需求预测、外部候选人供给预测、内部候选人供给预测。要强调的是外部候选人预测中候选人来源的发掘。由于大多数跨国公司都倾向于从内部挑选外派人员，最容易忽视的就是任职于海外的外部候选人。然而，在众多案例中，任职于海外的外部候选人在外派中都有不俗的表现。外部候选人的招募有多种渠道，可以通过广告、猎头公司和内部人员推荐等。

（3）明晰岗位职责和要求。这是外派人员甄选流程中最关键的一步。为避免"国内干得好，国外必然也会干得好"的习惯思维及只重视"硬"素质而忽视"软"素质的现象，企业在甄选时必须构建适合自己的外派人员胜任力模型，尤其是要明确外派人员所必须具备的"软"素质。之后，需要进一步明确外派岗位的任职要求。指派任务的不同会直接导致对外派人员素质要求的不同；母国和东道国环境的差异、东道国子/分公司内部环境特征也会对外派人员的素质要求有影响。

（4）甄选与测评。候选人素质和国际任职动力测评是外派人员甄选的主体部分，它包括测评方法的选择以及综合评价方法的使用。一般地，企业外派人员胜任力模型有五个测评标准：工作因素、交际能力、国际动机、家庭状况以及语言技巧。在甄选和测评过程中，广泛使用面谈、标准化测试、评估中心、简历、工作试用、推荐等方法。其中，面谈是使用最广泛且最有效的方法。在实际甄选过程中，甄选委员会或人才测评中心应以本企业的外派人员胜任力模型为基础，根据每一测评指标的特性和具体的甄选需要，对测试内容做必要修改并选择合适的甄选技术。

（5）确定外派人选。经过测评后，可以敲定外派人选。然后根据测评结果为外派人员量身定制相应的培训计划。对外派人员的全面培训，尤其是文化培训，是外派成功的根本保证。许多成功的跨国公司非常重视外派人员的培训，在外派员工的行前指导与培训上投入很大，更有不少企业在外派人员上任前一年就作出外派决定，从而有充足的时间对其进行全面培训。

即时案例 15-4

TCL 公司外派人员的选拔

TCL 集团股份有限公司创立于 1981 年，是目前中国全球化经营的消费类电子企业集团之一，在多个国家和地区设有研发总部和制造加工基地。TCL 公司的国际化经营始于 1999 年。2006 年，TCL 公司的海外营业收入超过中国本土市场营业收入，成为真正意义上的跨国公司。作为 TCL 海外事业拓展的领军人物，TCL 海外事业本部总裁易春雨曾亲手拿下了 TCL 的第一个海外市场——越南。

越南是 TCL 海外事业的起点，在进入越南市场之前，易春雨花了几个月的时间做市场调研，同时了解什么样的人才能在那里扎根。他在从公司内部选拔人员进入海外市场时，注重四个方面的标准。一是在国内有丰富的阅历和经验，实战经验丰富。二是做事很踏实，能够吃苦。在易春雨看来，这一点很重要，因为越南的环境比国内任何一个销售区域都艰苦，销售人员必须能吃苦。三是在遭遇困难的情况下仍抱有希望。四是独立开展工作的能力比较强。之后几年，易春雨在外派人员选拔标准中加入了有关销售人员学习能力的内容，如果没有学习能力，外派人员很难适应新的环境。与很多中国企业在选拔外派员工时注重语言能力不同，TCL 在选人时本着业务优先的原则，就是将综合素质较强的人才派驻目标市场，迫使其在外国市场中迅速学习掌握当地语言，如派驻越南的员工，在一年后大部分都学会了越南话。

易春雨看中的能力中，三成是专业能力，七成是精神和个人综合素质。事实证明，他的眼光非常准，他最初带去越南的十几个人大多成为各地独当一面的经理，如 TCL 在俄罗斯、印度、中东、印度尼西亚和墨西哥等海外分公司的总经理。

资料来源：程莹仪. 探析跨国企业外派人员管理. 上海：同济大学，2008.

二、外派人员的绩效评估

外派人员的绩效评估，是指跨国公司对照工作目标或绩效标准，采用科学合理的评估方法，评定外派人员的工作目标完成情况、工作职责履行程度、个人发展情况等方面，并将上述评定结果进行管理应用的过程。外派人员绩效评估是提高组织管理效率及改进工作的重要手段，有助于公司全球战略目标的实现和竞争优势的形成，有利于跨国公司领导者的培养；同时，外派人员绩效评估也是外派人员改进工作以及谋求发展的重要途径，可以使外派人员更好地完成任务，获得更多的职业发展机会。

与国内企业一样，跨国企业的绩效评估体系是企业对其战略目标实现过程进行控制的一种重要机制。外派人员的工作绩效将直接影响海外分公司的子目标与分战略任务的实现；同样，分公司的子目标和分任务的完成，又会影响跨国企业战略目标和战略任务的实现。

（一）外派人员的绩效评估系统

与国内企业对员工的绩效评估一样，跨国企业对外派人员的绩效评估也包括设定评估标准、实施绩效评估以及评估结果的反馈等过程。绩效评估的结果决定了对外派人员的薪酬、奖励以及培训与开发计划。

1. 绩效评估标准的确定

跨国企业为外派人员制定的绩效评估标准一般可以分为硬指标、软指标和情境指标三类。硬指标是指客观的、定量的、可以直接测量的标准，比如投资回报率、市场份额等。软指标是指以关系或品质为基础的标准，比如领导风格或人际关系处理技巧等。情境指标是指那些与周围环境密切相关的绩效标准。

一般来说，仅仅依靠财务数据等硬指标来评价外派管理人员的绩效是不够的，因为这不足以反映外派人员是如何取得这些工作成果的，以及获得这些成果的行为有什么特点。这时就需要用软指标来弥补硬指标的不足。但是软指标很难量化，比如对外派人员领导技能等方面的评价可能比较主观。另外，由于文化环境的变换和冲突，这种评估也比较复杂，因此就需要用情境指标来辅助考察环境对外派人员绩效的影响。总之，在使用由硬指标、软指标和情境指标组成的评价指标体系进行外派人员的绩效评估时，必须注意各种指标的长处和短处。要尽量扬长避短，以确保对外派人员的绩效评估客观公正。

2. 实施绩效评估的主体

对外派人员的绩效评估一般由分公司的总经理、该员工在东道国的直接主管或总公司的管理人员进行，这要视该员工的职位性质及层次高低而定。总的来说，由东道国管理人员对外派人员进行绩效评估的优点是，东道国的管理人员对于外派人员的绩效状况比较了解，而且能够考虑造成这些绩效的环境因素。但是，他们与这些外派员工之间存在文化上的隔阂，同时很难从整个跨国企业的角度来考察员工的绩效，这些因素都会阻碍东道国管理人员对外派员工进行有效的绩效评估。

对于外派人员来说，由于未来职业生涯的发展有赖于每一次绩效评估的结果，因此，有些人更愿意由母公司的管理人员来评估其工作绩效。但是母公司管理人员在远离分公司的总部工作，对外派人员的日常工作情况和特点并不了解，绩效评估的准确性会受到影响。

值得注意的是，如果分公司的经理是母公司员工或第三国员工，那么他们有可能会在制定决策或执行战略时，只注重分公司的短期利益，甚至不惜因此损害分公司的长期利益，因为只有分公司短期的经营绩效会影响到对他们的绩效评估。作为外派人员的绩效评估者，必须充分考虑这些因素，不同的评估主体对应着不同的评估周期和评估标准。

3. 绩效评估的反馈

有效的绩效管理系统中一个重要的组成部分是绩效评估结果的定期反馈。这些反馈对于员工不断改进和提高工作绩效有重要意义，同时也是激励员工努力工作的有效手段。对于那些外派人员来说，如果评估是由身处母国总公司的管理人员进行的，那么定期反馈就尤其必要。

（二）外派人员工作绩效的影响因素

跨国企业在对外派人员进行绩效评估时，除了采用合适的绩效指标体系，安排合适的人员实施考评，并将评估结果及时反馈给被评估者以外，还必须重视下列因素对外派人员绩效的影响，以确保绩效评估公正顺利地进行。

（1）工作任务。对外派人员来说，最困难的一点是：对工作任务的要求是在母国制定的，但他们必须在另外一个国家执行这些任务。两个国家文化习俗上的差异可能会导致外派人员在执行这些工作任务时，遇到很多在母公司时所无法预料的麻烦。比如，外派人员的东道国主管或同事会向他们传递如何做好工作的期望，这种期望与总部对外派人员的要求可能会存在跨文化的冲突。如果外派人员的工作绩效最终由母公司评估，那么当他试图按照东道国的工作习惯调整自己的工作行为时，必然会影响到母公司对他的绩效评估。尤其是当外派人员理解了东道国的文化，并且意识到根据总公司的要求来行使职权会导致低效率的管理时，这种影响尤其明显。

工作任务对外派人员绩效评估的影响还体现在：外派人员在分公司的工作任务主要是行使管理职能，而这往往无法独立完成。如果跨国企业把对任务的完成情况作为绩效评估的重要标准，那么对外派人员来说，与东道国的同事全面合作才是保证任务顺利完成的关键，因此，对这些外派人员的绩效评估必须以东道国的环境为前提。

在绩效评估中还必须考虑的是，外派人员所从事的工作与他在国内从事的工作有无相似性。有些任务要求个人只能在特定的框架中完成，而某些类型的任务却要求跳出这些框架，更有创造性地完成。某些跨国企业在外派人员方面失败的原因就在于，简单地认为一个在国内公司现有结构（比如营销体系）中绩效突出的员工，一定也能在海外分公司建立一套新的框架，并取得良好的绩效。

（2）总部的支持。外派人员的工作任命不同于国内的工作调动，因为这将涉及员工本人及其家庭成员在一个完全陌生的环境中工作和生活。在适应海外不同的工作环境、生活环境的过程中，来自公司总部的支持对外派人员的绩效至关重要。如果外派人员感觉母公司没有提供原先许诺的支持，比如不能兑现协助其家属找工作、帮助其孩子接受适当教育等承诺，那么该员工对组织的忠诚度和责任感无疑会下降，进而影响其工作绩效。

（3）东道国环境。东道国的环境对于外派人员的管理工作影响很大，东道国截然不同的社会、法律、经济及技术环境都是影响外派人员绩效的因素。因此，对他们的绩效评估应该以分公司的具体工作环境为前提。分公司的经营方式对于外派人员的工作绩效也有很大影响。一般来说，在全资子公司开展工作比在合资企业更容易。在合资企业中，跨文化冲突很常见，对于外派人员来说，既要服从母公司的安排，又要考虑东道国合资方的意见，因此遇到困难是难免的。

（4）文化适应。文化适应的过程对于外派人员的工作绩效也有很大影响。外派人员在海外分公司的文化适应过程一般分为以下几个阶段：第一阶段开始于员工首次听到任命时的心理反应——激动、焦虑、对未知的恐惧、冒险的感觉等等。这种情绪将伴随外派人员上任直到进入新的工作环境。然后，由于对新的工作环境不适应，尤其是日常生活不习惯，外派人员的情绪开始低落，这是第二阶段的开始。在这一阶段，外派人员对环境的评价都是消极的。这是一个关键时期，如何调整自己的心态来适应新环境，对于外派人员今后工作的成败有重要的影响。一旦过了这个时期，外派人员对新环境日益熟悉，心情开始好转，这是第三阶段。随着他们开始调整自己以适应新环境，就进入了第四阶段。

（5）外派人员的人格特征。外派人员的人格特征决定着他们的心理特点和基本的行为倾向。研究表明，大五人格的外向性、开放性、宜人性、情感稳定性和责任心等都是跨文化适应和沟通的有效预测因素。外向性、宜人性和情绪稳定性与外派者的离职负相关，而责任心与外派者的工作绩效正相关。当然，大五人格中的各个维度与外派人员绩效、离职等行为的这种相关性是在一定程度范围内的，超过一定限度都可能产生反作用，正所谓：过犹不及，物极必衰，胜极必反。

三、外派人员的薪酬管理

外派人员的薪酬可以理解为外派人员因履行跨国公司外派任务而获得的各种形式的物质回报与酬劳。外派人员的薪酬反映了个体和组织之间的一种交换关系，即外派人员提供劳动力和知识来交换组织所提供的直接和间接的货币收入。

（一）外派人员薪酬的特殊影响因素

公司薪酬的一般性影响因素大致可以分为公司外部因素和内部因素两大类。公司外部因素主要包括人力资源市场的供需关系、地区及行业的特点与惯例、当地生活水平以及国家的相关法律法规等；内部因素则主要包括公司的发展阶段、经营状况与支付能力、公司文化等。下面主要从外派任务（包括外派工作期限、地点、方式）和外派人员本身对外派人员薪酬的特殊影响进行分析，但这并不意味着薪酬的一般性影响因素不重要。

（1）外派工作期限。外派工作期限是决定外派人员薪酬的一个中心问题。较短的外派期限（通常是1年以下）往往并不要求对外派人员的薪酬做太大的调整，一般保持其在母国总部的薪酬结构和水平。如果外派期限较长，特别是超过5年以上，外派人员的薪酬就应参照东道国的薪酬水平。当然，实际情况还要复杂得多。例如，外派人员所在东道国的薪酬水平远远低于其母国总部的水平，那么无论外派期限多长，都应该避免简单地将其薪酬当地化。

（2）外派方式。跨国公司的外派方式多种多样，最常见的成功外派方式就是外派人员在规定的外派期限内完成外派任务后直接返回母国，大多数跨国公司的外派薪酬制度主要是以该方式为基础的。但是，如果外派人员在规定的外派期限内完成外派任务后不返回母国，而是接受一项新的外派任务，那么对这种外派人员的薪酬就应考虑到其特殊性。

（3）外派地点。外派人员从母国总部转移到东道国子公司，如从美国总部外派到韩国子公司，这种工作地点的跨国转移会给外派人员及其家庭带来种种不利的影响，如配偶职业的中断、孩子教育的中断以及照顾父母的不便等。因此，跨国公司需要在制定薪酬政策时考虑这一因素，以弥补外派人员的损失，并为其工作地点的跨国变动做好相关的安排。

（4）外派人员类型。对不同类型的外派人员应采用不同的薪酬制度。例如，管理类外派人员和技术类外派人员的薪酬制度就应有所不同，前者可以采用岗位结构工资制，后者可以采用技能工资制，以体现对不同员工的要求以及不同的外派工作性质。

（5）公平性。公平性是任何组织（不论是国内公司还是跨国公司）在设计薪酬体系时均应考虑的共同因素，此处将它归入影响外派人员薪酬的特殊因素之一，是因为该理论建立在西方个人价值观的基础上，要防止此理论在非西方国家的过度推广和应用。大量证据表明，许多非西方国家的人们对资源分配更多的是基于集体主义，而不是基于个人主义，他们更强调平均，而不是差距。因此，跨国公司在确定外派人员的薪酬政策时应充分认识到母国和东道国的文化距离以及东道国对公平标准的认可。

（6）其他因素。跨国公司外派人员的薪酬政策还必须考虑其他一些特殊因素，如币种的选择、东道国的外汇管制、国家税收政策等。币种的选择会直接影响外派人员的实际收入水平，以币值坚挺的货币计酬对外派人员较为有利；外派人员到一个实行外汇管制的国家任职，会给公司的薪酬管理带来不便；不同国家对个人收入所得税的政策不尽相同。

（二）外派人员薪酬设计体系

外派人员的薪酬设计要考虑两个必要因素：第一，无论外派人员在何处工作，都应将他们的薪酬与在母国时的薪酬结合起来考虑，这有助于减少驻外人员任满回国后所受的冲击；第二，采用模块法将完整的薪酬依其性质划分成不同的模块，以适应不同国家的法律政策，并保证海外子公司员工整体薪酬的公平性，让外派人员在海外拥有和在母国时相同的购买力。基于这两个因素，有三种薪酬设计体系。

（1）以母国为基准的薪酬体系。这有利于保障员工驻外期间的收入，也有利于员工归国后适应薪酬较外派期间减少的现实。对组织来说，这种薪酬体系增强了员工在海外各子公司间调整的机动性。然而此计算方式给组织带来较大的负担，且不易使外派人员融入当地的薪资体系，过于复杂的薪酬管理也将造成组织管理上的困难。

（2）以东道国为基准的薪酬体系。按照东道国子公司的薪酬水平来确定外派人员的薪水，优点在于薪酬计算相对容易，对外派人员而言，只需负担东道国税负，但在员工归国时，薪酬计算趋于复杂，劳资双方皆须承担汇兑风险，而在东道国享有的某些福利也可能不再适用。更重要的是，这种计算方式通常只在员工从经济水平较低的国家到经济水平较高的国家任职时使用。

（3）混合体系。即结合上述两种薪酬设计体系的优点，其适用对象通常仅限于少数高层管理者。

（三）外派人员的薪酬构成

在薪酬管理乃至整个人力资源管理领域中，外派人员的管理及薪酬支付都是一个难度较大的问题。而在各种可能的约束条件下，外派人员对公平性的要求是外派人员薪酬管理中的一个关键性因素。具体来说，这种公平性包括外派人员与国内同事之间的公平、外派人员与东道国同事之间的公平，以及母国外派人员与第三国外派人员之间的公平，等等。在实际的薪酬管理中，外派人员的薪酬构成一般包括以下几个部分：

（1）基本工资。基本工资，也称基薪，指外派人员的薪酬中固定的部分，主要与外派人员的岗位、东道国的法律、外派人员及其家庭的海外生活成本、当地物价水平、住房成本等因素有关，与员工的业绩没有直接的联系。由于本国和东道国的工作环境不同，工作内容往往缺乏可比性，加上对外派人员的工作进行有效监管的难度很大，因此，在确定基本工资时会遇到很多障碍。此外，对同一薪酬等级的国内员工和外派人员的薪酬水平进行常规调整，应该在同一时间段里按照同样的幅度进行。如果组织无法就这一点作出承诺，外派人员很可能会担心自己会在加薪时被遗忘，进而降低自身对组织的承诺水平。确定基本工资是确定外派人员薪酬的首要工作，因为它通常是确定激励报酬、津贴的基础。

（2）激励性报酬。激励性报酬可分为短期激励报酬和长期激励报酬。短期激励报酬主要包括绩效奖金和海外任职奖金两种。绩效奖金一般是以分支机构的经营业绩及个人的绩效评估结果为依据来计发，是薪酬中浮动较大的部分；海外任职奖金是跨国公司为鼓励外派人员接受海外任职而发放的额外报酬，一般为基薪的一个固定百分比，并且仅在海外工作期间支付。长期激励报酬是指通过股权方式，使外派人员的薪酬与企业的股票价格和长期的经营业绩密切相关，从而避免外派人员的短期行为，一般包括赠送股份、虚拟股票、股票期权等方式。

（3）津贴。由于外派工作的特殊性，公司需要向外派人员支付一定的津贴来弥补由于外派所受的经济损失，或者为激励公司人员乐于接受外派任务而给予额外补贴。在不同的外派工作环境下，津贴有许多种，一般可以分为外派激励型津贴和生活补偿型津贴。外派激励型津贴主要用于激励外派人员接受外派任务，提高其在海外任职的积极性。生活补偿型津贴用于弥补外派人员到外地生活而可能受到的损失。具体来说，津贴主要包括商品与服务津贴、住房津贴、教育津贴等。简而言之，跨国企业为外派人员提供一系列津贴是为了鼓励他们接受任命，并尽量使他们在接受任命后保持与国内相同的生活水平。

一般而言，外派人员的补贴数额为基本工资的 $5\%\sim49\%$，具体的数额往往因职位的高低、任职时间的长短以及税收政策不同而不同。

（4）福利。由于不同国家之间存在很大差异，因此外派人员的福利管理比较复杂，医疗保险、养老金计划以及社会保险等很难有统一的标准。一般来说，跨国企业在考虑外派人员的福利时，首先要解决以下问题：外派人员维持国内的福利方案还是执行东道国的福利方案？外派人员是否愿意接受母国或东道国的社会保障福利？

大多数的美国跨国企业外派人员愿意保有国内的福利计划。在某些国家，外派人员也无法脱离本国的福利计划。除了一般的养老保险等福利措施以外，许多跨国企业还为外派人员提供带薪休假、探亲费用等福利项目。

（四）外派人员薪酬的制定方法

1. 传统方法——平衡表模式

平衡表模式从 20 世纪 50 年代开始使用，最早应用于美国石油公司的外派人员。平衡表模式使用了从会计学中借鉴而来的方法——借贷平衡法，将外派人员的基本工资根据母国的工资结构确定，跨国企业通过各种经济补偿手段使外派人员维持国内的生活水平。平衡表模式旨在将外派人员的收入与在母国的收入相联系，并且尽力平衡外派人员在母国和东道国之间的购买力。其逻辑基础是使在国外工作的外派人员在东道国的购买力与其在母国购买力相等或者相当，也就是说，外派人员不应当因接受海外任职而在经济上受损。

2. 一笔总付模式

鉴于平衡表模式过多地介入外派人员的个人经济状况，一些跨国公司开始采用一笔总付模式。通常是将按照原平衡表典型模式支付的各项津贴和福利汇总后与基薪、激励性报酬一起按月发放。由于商品和服务、住房、福利和税收等费用没有区分开，因此外派人员可以自由决定怎么花钱。在这种模式下，只要公司确保总额不会削减，公司和外派人员之间就容易形成高度信任。另一种形式的一笔总付模式是指在外派任务之前或者之后支付基薪以外所有费用的部分或全部，这一形式也开始被企业界广泛接受。

3. 自助模式

此模式类似于自助餐，公司提供菜单式的薪酬项目，供外派人员根据自己的情况和偏好进行自由选择，并且各种选项可根据各国的征税情况而作出相应的调整。有不少公司（尤其是专业服务业的公司）开始对该模式产生兴趣。总体上讲，此模式对于薪酬水平很高的外派人员更合适。

4. 当地化模式

此模式认为，如果将外派薪酬与当地工资结构相联系，会比单纯采取平衡表模式更有效。在此模式下，外派人员能够得到与东道国国民平等的待遇，既可能节约薪酬成本，也克服了传统模式的不足，但是，当地化模式使得每一个外派地点对外派人员的经济吸引力各不相同，会导致外派人员争相要求被派往待遇优厚的地方，而不愿意去那些被认为待遇缺乏吸引力的国家或地区，从而影响了流动性。另外，如果东道国的工资水平高于母国，会对外派人员回国造成一定的麻烦。

5. 当地化附加模式

此模式也称"半当地化"，跨国公司除了向外派人员提供与东道国员工同样的薪酬水平外，还会额外支付补贴和奖励作为对外派人员额外生活开支的补偿以及对外派人员给公司创造价值的认可。这种补贴和奖励可以每月随工资一起支付，也可以在外派初期或结束时一次性支付。

6. 谈判模式

谈判模式是指公司和外派人员就薪酬水平通过沟通和协商达成一致协议的薪酬支付方式。这种模式简单、灵活，易于操作，但是研究表明，这种模式非常耗时，而且当公司派出的外派人员达到 20 人左右时，就会出现太多前后不一致的薪酬政策规定。

7. 全球支付法

随着经济全球化的发展，为了解决全球任职的报酬问题，一些跨国企业开始采用全球支付法。它采用全球范围内的工作评价和业绩考核方法，目的在于评价工作对跨国公司的价值并公平地给国际员工支付报酬。它与平衡表模式在某些方面具有相似性，仍然保留了补贴，以弥补海外生活、税收、定居和住宅方面的费用差别。但是全球支付法并没有对报酬加以平衡以保证外派人员在母国的生活水平。公司采用全球范围内的报酬基准，对这一基准只进行必要的调整，其目的是减少对外派人员额外的补贴造成的浪费，消除造成接受任职前后报酬差异的因素，从而促进外派人员的报酬平等，使他们在跨国流动时受到的影响最小。

四、外派人员的培训与开发

（一）外派人员的培训方式

跨文化培训是指具有跨文化背景的组织或群体出于一定的国际化经营战略目标或跨文化交际的需要，对工作人员提供的旨在增强其对异文化环境的理解和适应能力，培养其跨文化沟通与交际能力，改进其在跨文化环境中的工作效率，从而提高组织绩效的一系列有计划的、系统的学习活动。对外派人员的培训主要是跨文化培训。派往国不同、企业对外派人员跨文化技能要求的差异、外派人员跨文化认知和跨文化敏感性的差异等因素，都决定了企业在对外派人员的跨文化培训中应采用不同的培训方式。

1. 事实法

事实法是指向受训者提供有关东道国国家概况知识的跨文化培训方式，其目的是提高受训者的跨文化认知水平，以培训者直接授课为主，主要包括讲座和区域学习两种方式。

2. 分析法

分析法是指由专家与受训者通过分析影像资料或书面材料，对文化差异引发的冲突事件进行分析，以提高受训者认知文化差异和接受异文化行为的能力的培训方式。分析法主要包括文化同化法、案例研究、文化比较培训、敏感性培训等方法。其中，文化同化法是指通过对关键事件的学习来进行培训的方法。关键事件学习由描述跨文化冲突事件和解释可能的原因两部分组成。培训者先让受训者阅读材料并选出答案，然后对各项答案进行评判，分析受训者的回答是否恰当，直到受训者选出正确的答案为止。案例研究是指为了培养外派人员处理东道国生活和工作问题的能力，通过培训者对典型案例和事件的描述来提高受训者跨文化技能的培训方法。敏感性培训采用的方法是 T 小组培训和角色扮演。T 小组是美国心理学家勒温于 1964 年提出的一种改善人际关系和消除文化障碍的方法。它主要是把不同文化背景的受训者集中在一起进行多文化培训，从而加强受训者的自我认知能力和对异文化环境的调适技能，并促进不同文化背景员工之间的有效沟通和理解。

3. 体验法

体验法是指通过培训者与受训者的互动或受训者的实地体验，来培养受训者的跨文化认知技能和行为方式的方法。体验法主要包括体验式培训、实地观摩、文化模拟、角色扮演、实地体验、互动式学习和行为修正等方法，下面简要介绍其中三种。体验式培训也称积极参与式培训，它包括区域模拟和模拟游戏。区域模拟是指让受训者在模拟东道国的环境下接受培训，此种培训以解决具体问题为目标，要求受训者对自己的学习过程负责。区域模拟的局限性在于异文化环境不能被完全复制，因此受训者在真实环境下的适应性较差。文化模拟将以前对东道国环境的简单模拟发展成采用游戏方式对不同文化间的冲突进行模拟。文化模拟在跨文化培训的初期十分有效，而且较适合短期培训。角色扮演是指让受训者在特定的跨文化情景下扮演分配给他们的角色，从而提高受训者对东道国文化的实际感知程度，它注重对跨文化人际交往技能的培养，例如安排受训者扮演具有不同文化背景的人，亲身体验在异文化背景下与当地人的交流。行为修正是一种基于社会观察学习理论的培训方式，受训者通过观察和练习来掌握跨文化行为规范，以避免实施不符合东道国文化习惯的行为。对于习惯性行为，尤其是那些母国文化接受而他国文化却认为具有冒犯性的行为，这种方法的训练效果明显。

（二）外派人员培训的内容体系

外派人员培训的主要内容有对文化的认识、对文化的敏感性训练、语言学习、跨文化沟通及冲突处理、地区环境模拟等。基于现代人力资源培训与开发的知识、技能与能力体系，跨文化培训的内容体系构建如表 15-3 所示。

表 15-3　外派人员跨文化培训的内容体系

知识	东道国基本情况 公司海外机构经营情况 外派岗位需要 国际商务知识 跨文化知识 语言知识
技能	跨文化沟通技能 冲突管理技能 知识转换技能 业务操作技能
能力	跨文化适应能力 知识获取能力 知识传递能力 跨文化学习能力

资料来源：邱源．跨国公司跨文化培训中的知识转移影响因素及仿真研究．青岛：山东科技大学，2017.

（三）外派人员培训的流程

大多数组织在对外派人员提供跨文化培训时采用的是一种"四点"培训方法，即外派前培训、到任后培训、归国前培训和归国后培训。在这四点以及各点之间的任何时间点上，组织可以对所有的成员提供从课堂培训到在线培训，再到以现场指导为基础的支持、评估和咨询等活动。相关调查发现，许多组织在提供跨文化培训时往往忽略归国前培训和归国后培训，尤其是归国后培训，它们没有意识到，外派人员在国外工作很长一段时间之后，由于与母国失去了联系，再次回到母国的公司和生活社区时，同样会有文化上的逆冲击，仍然需要进行跨文化培训。

（1）外派前培训。外派前培训的主要目的是使外派的管理人员对海外委派有所准备，熟悉东道国，以减少将来在东道国可能遇到的文化冲突，同时增强对母公司的使命感，以便有更好的工作绩效。外派人员需要接受语言培训以及对所到国家的文化以及风俗习惯的适应性训练。在这个阶段，培训计划应该将外派人员的家人也包括进来。因为家人的意见对外派人员工作绩效有很大的影响。外派人员和他们的家人需要了解东道国各方面的信息，如宗教信仰、文化习俗以及地理和气候等。他们还需要了解自己即将居住地区的住房、学校、娱乐、购物、医疗保健设施等信息，以便更快更好地适应新的生活方式。

为了进一步激励外派人员，外派人员的上级管理人员还必须为外派人员制订一份职业发展计划，将外派工作与外派人员个人的职业生涯匹配起来，并明确外派人员回国以后有可能会担任何种职务，等等。外派前培训的方法主要包括讲授法和实际体验法。讲授法主要是指举办培训讲座，由专家为外派人员及其家人讲解所到国家的风俗习惯和宗教文化等方面的知识。实际体验法是指将员工及其家人带到本国的某些具有文化多样性的社区去进行生活体验，有时甚至可以先派往东道国去体验一段时间。例如，外派人员及其家人可以到他们即将前往的国家，和当地人共同生活一段时间，以真实地感受当地的情况。

（2）到任后培训。在国外工作期间的培训多以建立导师关系的培训为主。外派人员到达东道国后，应该有一位当地员工作为其适应培训的导师。导师可以帮助外派人员了解东道国的风俗习惯和政治经济法律制度、新的工作环境以及所居住的社区等，以解决他们工作和生活上的困难。这种辅助性质的导师制度效果十分明显，可以帮助外派人员迅速熟悉新的环境，使其更快地投入当地的工作，因而颇受跨国公司青睐。另外，许多专家建议，帮助外派管理人员适应新文化的一种最好的方法是，让他尽快在日常生活中融入当地。

（3）归国前培训。外派人员归国前的培训同样不可忽视，否则，公司极有可能失去优秀的员工。造成这种情况的原因主要有两种，一种是外派员工在待遇和感觉上的落差，另一种是外派员工对回国后的工作压力以及人际关系的焦虑。

一般而言，出于补偿的考虑，外派人员在外国期间所享受的待遇会比在本国工作的同级员工略高。在外国，他们可能享受特殊津贴，受当地物价水平或者汇率的影响而过着豪华的生活。这种情况在那些从发达国家到发展中国家工作的员工身上体现得最为明显。但是当他们回国后，所享受的这些待遇都将失去，这无疑会产生物质和精神上的落差。而且，外派人员归国后所从事的工作往往比他们在外国所从事的工作差，这会进一步造成心理上的不平衡。因此，在外派之前对外派员工进行职业规划就显得非常重要。预先与员工商讨他们的职业发展计划，确定他们各个阶段的工作、薪酬、福利等都有助于减少这种回国后的落差感。

（4）归国后培训。调查表明，只有 39％ 的外派管理人员相信海外工作可能增加他们在公司内的晋升机会。更多的外派管理人员认为自己在职业发展上已经失去了和国内同事相同的基础，公司在他们回国后并没有提供事业发展的空间。

为了缓解他们的压力，公司应通过各种手段给他们提供一个缓冲期，帮助他们尽快适应国内的工作和生活。当然，除了跨文化培训外，其他技能和心理调适方面的培训也很重要。

五、对外派人员的管理——以华为为例

华为公司在国际化初期，绝大部分国际市场的拓展人员都是外派员工。即使在今天，华为在大部分发展中国家的市场开拓任务还是依靠中方人员。1996 年，华为外派人员只有 2 人，到 2016 年时高达 18 000 人。一方面，华为公司将大量员工派到海外去历练，充实人才梯队；另一方面，人才要想得到更好发展，必须要有海外经历。下面就华为公司对外派人员管理的总体导向和具体方略进行深入剖析。①

（一）总体导向

1. 推进全球人才本土化
虽然华为在国际化扩张过程中向海外代表处派遣了数量众多的员工，但其整体的国际化导向依旧强调不断推进全球本地化运营。华为国际化开始起步时主要以中方员工输出为主，当时的外派人员属于摸着石头过

---

① 何蓓婷 . 跨国企业中方外派人员的跨文化适应研究 . 广州：华南理工大学，2019.

河。企业"硬赶"着员工踏出国门，走向海外开疆辟土。然而依靠大量派遣中方员工并非长久之计，短期内可能有助于国际市场的迅速扩张，但长期来看是一种成本高且不稳定的模式。

公司在推行本地化的过程中也在不断摸索，试图找到一个较为合适的平衡点，并非像西方跨国公司那样只是派遣几个高管，华为的本地化率仅为70%，低于发达国家90%的水平。中方外派员工相对容易调动，这也成为公司本地化的阻碍之一。在推进本地化的过程中，公司总部为确保一定的控制权，中方外派人员仍将保持一定的比例。华为于2016年10月集结2 000多名高级专家级干部奔赴"战场"，巩固防线，任正非就此专门发表了讲话，鼓励高级专家级干部常驻海外一线，为了企业的国际化打拼。

2. 鼓励员工去海外历练

华为公司虽强调推行全球本土化，却在战略导向上鼓励员工多去海外一线历练。这两者并不冲突，后者实质上是为了实现前者的宏伟目标。2001—2011年间，任正非多次在公司内部讲话中强调华为管理人员必须要有海外一线工作经历，鼓励并督促大量员工常驻海外工作，在实践中学习并提升自己。任正非强调，"我们的干部是在走出去的过程中培养起来的"，"机关干部必须到海外去锻炼，要长期身先士卒待在国外，完成全项目的工作"，"机关一把手，原则上从前线的将军中直接选派，不允许从机关副职中晋升，而且实行任期制，定期返回前线，不断轮流循环"。华为很早就制定了成为世界领先企业的目标，这意味着它必须拥有一支强大的国际人才队伍。如何让员工成为国际人才？华为选择将他们"赶"到海外市场前线去学习、历练。尤其要促使想上进、有理想的人去外派，以晋升、加薪等吸引他们去海外学习。华为明确提出在职务、待遇和晋升机会上向一线倾斜，鼓励中方人员奔赴海外。

3. 强调员工的自我赋能

"开放、妥协与灰度"的核心是倡导员工以积极心态学习不同文化的优势，为我所用、充实自我。华为公司强调自我培训、在岗培训，尤其强调自我主动学习、在实践中锻炼。公司内部文件从1999年起就在强调自我学习、主动赋能的重要性，并以精神/道德激励的方式督促员工提升自我，例如"要靠自我培训，灌输性培训不是长久之计"。华为倡导以自学为主，引导干部不断进步，向着自己的目标逐步迈进。同时，华为在战略导向上鼓励员工在一线实践中边工作边学习。

（二）具体方略

1. 严格的选拔

华为外派人员的筛选基本考察三个主要方面：（1）员工的自我意愿是首要条件，虽然公司给予员工选择权，但他们一般还是听从公司安排；（2）基本业务能力必须达标，确保能胜任海外工作；（3）有一定英语听说能力，华为外派对英语要求不是非常高，成绩达标即可。员工满足这三项条件即可申请外派，用人部门会进行面试考察。考察的重点是员工对陌生环境的适应力和对压力的承受力。如果条件允许，公司也可通过安排短期出差的方式进行人员筛选。

2. 跨文化培训

首次被派遣到海外之前，公司会进行跨文化培训。外派培训主要结合两种方式：线下＋线上。一方面，公司通过面授形式对外派人员集中进行现场培训；另一方面，公司通过网络课程对即将外派的员工进行培训，利用公司的内部平台，由外派人员自己进行网络远程学习。不管是哪种方式，培训内容以通识知识为主，例如文化习俗、跨文化沟通技巧、外派案例、商务礼仪等。

外派人员也可以发挥自己的主观能动性，寻找已在海外常驻的同事咨询相关事宜，或通过公司平台了解派驻地情况，例如在"心声社区"发帖求助或从"华为人在全球"平台获取信息来了解海外的基本情况和注意事项。

总体上，华为外派人员培训以线上自主学习为主，公司现场培训为辅。公司会根据外派培训结束后的在线考试，即所谓的外派考核/外派认证来最终筛选外派人员。

3. 薪酬管理

华为外派员工遍布全球，不同地区外派人员的薪酬制度有所差异。最开始的外派薪酬制度是：外派补助＋安家费。在外工作满三年的员工一次性获得公司发放的 15 万元人民币作为安家费；工作满两年者，安家费只发一半。截至目前，华为的外派补助政策共发生了两次变更。

第一次变更：2007 年采用新的外派补助制度。取消安家费，代之以离家补助，而且增加了"艰苦补助"。外派补助＝离家补助＋艰苦补助＋伙食补助。其中艰苦补助根据不同国家的艰苦程度划分为四类：一类无补助，二类一般补助 25 美元/天，三类艰苦地区补助 40 美元/天，四类特别艰苦地区补助 50 美元/天。外派伙食补助以"员工吃多少，公司付一半"的方式实施，个别高消费地区的上限为 25 美元/餐，其余均为 15 美元/餐。

第二次变更：2015 年 7 月再次更新了外派政策，进一步向艰苦地区倾斜。外派补助的组成要素不变，但更新之后艰苦补助由四类变为六类。其中一类无补助，二类艰苦地区补助 25 美元/天，三类 40 美元/天，四类 50 美元/天，五类 70 美元/天，六类 100 美元/天。非洲除了北非，大部分属于五六类艰苦地区。

除了几项补助之外，外派人员每年还有三套往返机票配额，既可用于回家省亲，也可让家属旅游探亲使用。如果员工在派遣期间有家属"随军出行"，家属也能享受一定的伙食补助。总而言之，更改之后的外派补助政策在整体导向上鼓励员工在海外常驻，而且进一步鼓励员工到艰苦地区工作。

4. 后勤管理

华为在外派人员管理的平台建设方面已相对完善。如在艰苦地区华为会为员工租用当地最安全、最好的公寓；在海外分代表处配备食堂，聘请中国厨师，让员工免受饮食不适的困扰；对于已婚员工，公司允许家属随行陪同，协助办理陪伴签证，在住房方面有所优待。

外派人员管理的平台建设在不同地区有所差异。在发达国家不会集中提供住宿，而是发放住房津贴让员工自己解决。在艰苦地区、治安不好的地方，平台建设相对完善，员工在公司提供的相对封闭的环境中完全可以自如生活。在公司战略导向上，任正非多次强调要持续改善艰苦地区工作和生活环境，所有的目的就是要聚焦作战。

5. 回流问题

华为海外代表处一直是"铁打的营盘流水的兵"，一批又一批的中方外派人员去了又离开，他们要么回流到国内机关总部，要么调岗到其他国家。华为公司不鼓励外派人员长久待在同一个代表处，因此推行如"3＋5"政策，即在一个国家最多待 3 年就调到另外的国家再待 5 年。其中的原因比较复杂，如公司担心员工懈怠、杜绝山头主义、避免移民倾向，因为地区发展不均衡，在不同地区之间轮换对员工更公正等。绝大部分人都会选择外派结束之后回流国内。

做好外派员工回流的职业发展规划，外派人员目标会更明确，会更有干劲，这样就能避免优秀的国际人才的流失。

第 4 节　跨文化沟通

在跨国经营中，企业所处的不再是单一稳定的本土化经营环境，而是不同地域、不同文化主体和多种文化背景的环境。跨国发展给企业带来了良好的发展前景和机遇，但同时也面临前所未有的巨大挑战，这就需要有效地进行跨文化沟通与管理。

一、跨文化沟通概述

1. 沟通的概念与过程

沟通是指为了实现设定的目标，凭借一定的符号载体，在人与人、人与组织以及组织与组织之间传达思想、交流情感或互通信息的过程。其本质或者基本功能就是交换信息。

沟通的过程如图15-7所示。从图中可以看出，发送者发出的信息大多数情况下不同于接收者接收到的信息。因为沟通具有间接性，即信息不能直接交流，它们在沟通前必须被外部化和符号化，这就要通过编码来实现。编码使意义、信息变成可以传递的符号，解码过程则使接收到的符号转化为意义和信息。信息的发送者必须将其"意思"以接收者能够认识的方式编码，形成特定的语言或行为。接收者将这些语言或行为解译成符号，了解对方发送的信息的含义。在沟通的过程中，会伴有噪声的干扰，导致沟通不畅或者沟通失真。

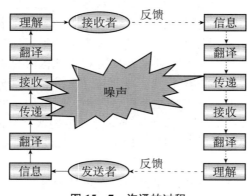

图 15-7 沟通的过程

2. 跨文化沟通的概念与阶段

在一种文化中编码的信息（包括语言、手势和表情等）在某一特定文化单元中有特定的含义，当它传递到另一文化单元中时，要经过解码和破译，才能被对方接收、感知和理解。当信息的发送者和接收者不属于一个文化单元时，就存在跨文化沟通，也就是说，跨文化沟通（inter-cultural communication）是指不同文化背景的成员、群体及组织之间的沟通，又称交叉文化沟通（cross-cultural communication）或超越文化沟通（transcultural communication）。

跨文化沟通的过程还会受到文化因素的干扰，如图15-8所示。所以跨文化沟通要避免或减少不同文化群体在相互影响的过程中出现矛盾和冲突，以便在跨文化的背景下开展企业管理活动。

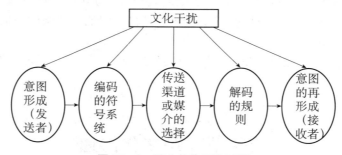

图 15-8 跨文化沟通的过程

从跨文化沟通的过程可知，从信息接收者的角度来看，跨文化沟通分为三个阶段：

（1）感知阶段。感知是个体对外部世界的刺激进行选择、评价和组织的过程。感知与文化有很密切的关系，一方面，人们对外部刺激的反应、对外部环境的倾向性、接收的优先次序，是由文化决定的；另一方面，当知觉形成后，它又会对文化的发展及跨文化的沟通产生影响。在跨文化沟通过程中，研究感知对沟通的影响具有十分重要的意义。人们在沟通过程中存在的种种障碍和差异，主要是由感知方式的差异造成的。要进行有效的沟通，我们必须了解来自异文化背景的人们感知世界的不同方式。

（2）解释阶段。解释指一个人对观察物及其联系作出的说明，它是对感知的理解过程，是基于自己的经验，对知觉的对象作出假设或判断。解释有两种形式：归类和成见。归类指的是由于我们常为太多刺激物所困扰，感知的仅仅是那些我们认为有意义的映像。我们将感知的映像分组归类，以解释我们所处的环境，这便成为解释的基础，并使之在其他十分复杂的环境中发挥作用。成见也是一种分类形式，只不过它描述的是某一特定群体中成员的行为准则，带有成见的人在与其他种族或民族群体进行沟通与交往时，仍然用以往的经验来引导其行为。

（3）评价阶段。评价指判断人或事是好是坏。文化环境对评价的影响较之感知和解释更大。我们不知不觉中就会将自己的文化当作一种参照系，来判定类似我们文化的行为是正常的、好的，而不同的行为是不正常的、坏的。

感知、解释和评价是跨文化沟通的三个阶段。错误感知必然导致错误解释，建立在错误解释基础之上的评价自然也不可能是正确的。在试图理解外国同事时，有影响力的国际经理强调描述，观察其实际的言行，而不是解释与评价。收集信息的最好方法是描述环境，解释和评价更多地依赖于观察者的文化背景，而不是所观察的文化环境。从这个意义上讲，我们的解释和评价更多地揭示有关我们自己的情况而不是环境本身的情况，有影响力的经理往往不急于下结论，直到他们有足够的时间从文化的各个方面观察和解释环境。

二、跨文化沟通障碍分析

1. 认知错误

来自不同文化背景的管理者和员工在沟通时，常常以自己的认知为基础，正是这些看似合理的认知导致了跨文化沟通障碍。（1）类我效应。从沟通的角度来看，人们不管文化、情景如何，总是假定他人与自己有相似的思维与行为。这种以自己的文化规范和标准作为参照系去评估另一种文化中的人的思维方式与行为习惯的做法非常普遍。然而人与人之间存在差异。（2）首因效应。第一印象固然重要，但在跨文化背景下会成为导致知觉障碍的主要因素。人们之所以重视第一印象，是因为在自己熟悉的环境中，经验的重复出现及人们具有某些规则性的行为表现，为人们的判断提供了可借鉴的先例。但是，在跨文化环境中，如果仍然相信自己的第一印象，就会导致先入为主的错觉。

2. 语言和非语言的差异

不同的语言源于不同的文化，每种语言都有独特的文化内涵。在跨文化沟通中，语言的多样性与复杂性常常是造成沟通障碍的主要原因。（1）语义方面。我国一家生产"白象"牌电池的企业在进军国际市场时，将品牌直接翻译为"white elephant"，致使该产品在国际市场上无人问津。因为"white elephant"在英语中是"无用"的意思。这一例子告诉我们，同一词语，在不同的文化中可能有不同的语义。（2）语用方面。不同的语言有不同的语用规则，忽视规则的差异性，在企业中同样会引起沟通障碍，产生不必要的误会和矛盾。

除了语言之外，在跨文化沟通中，人们更多地采用非语言沟通形式。在人们的沟通过程中，语言的使用率仅占 7%。不同文化背景的国家对非语言的使用偏好不同。在高情境文化的国家，沟通双方非常重视非语言沟通，而在低情境文化的国家，人们较多地使用直接的沟通方式，运用大量明确清晰的语言传递信息。不同文化背景的个人对相同的非语言表达形式的理解也存在差异。如果双方缺乏对对方文化背景的了解，就会造成沟通障碍。例如掌心向下的招手动作，在中国主要是招呼别人过来，在美国是叫狗过来；"OK"手势在美国表示"同意"、"顺利"或"很好"的意思，而在法国表示"零"或"毫无价值"，在日本表示"钱"，在泰国表示"没问题"，在巴西则表示粗俗下流。

3. 沟通风格的差异

虽然人们的沟通过程基本相同，但不同文化背景的人的沟通风格有很大差异。沟通风格是指人们在沟通过程中将自己展现给对方的方式，包括自己喜欢谈论的话题、最喜欢的交往方式（如礼仪、应答方式、辩论、自我表白），以及沟通过程中双方希望达到的深度等。它还包括双方对同一沟通渠道的依赖程度，即表达信息主要是靠声音、词汇，还是身体语言，以及对相同意思的理解主要是依靠信息还是情感。跨文化沟通是一个互动的过程，如果相互之间的沟通风格不同，就可能带来沟通问题。

4. 价值观与思维方式的差异

价值观代表着基本的信仰：个人或社会接受一种特定的行为或终极存在方式，而摒弃与其相反的行为或终极存在方式。价值观是文化的重要内容，它既是反映民族性格的基础，也是一个民族的文化核心。价值观对人的沟通产生深刻影响，不同文化背景的人具有不同的价值观，即使在同一文化内，人的价值观也不尽相同。不了解对方的价值观，势必造成跨文化沟通障碍。以霍夫斯泰德提出的权力距离大和权力距离小的文化价值观为例，在权力距离大的社会，常常是情景性的沟通风格，沟通双方根据对方的地位、身份、社会角色来确定语言使用方式。而在权力距离小的国家，常常是私人性的沟通风格，人们不考虑对方的地位和身份，只关注是否清楚表达了自己的想法与意思。

不同国家和民族的人们的思维方式存在很大不同，会导致人们在问题的认知和处理方法上出现差异，在跨文化的沟通和交际中可能产生误会，导致组织效率降低。比如，美国人往往讲究务实，将注意力放在程序的细节和外部因素上，对原则不太感兴趣。

5. 民族优越感

当人们相信本国的各项条件最优时，就出现了民族优越感的倾向。在每一种文化中，大多数人都会无意识地形成自己的民族优越感。民族优越感之所以对跨文化人际沟通造成障碍，主要是因为：首先，对自己文化的民族优越感会形成一种狭隘的和防御性的社会认同感；其次，民族优越感会以一种定式观念来感知其他文化；最后，民族优越感会使沟通者在将自己的文化与其他文化对比时，总是吹捧自己的文化而贬低别的文化。

三、有效跨文化沟通的措施

1. 端正态度，避免武断

东西方文化差异比较大，比如，西方追求卓越，东方追求和谐；西方崇尚个人主义，东方崇尚集体主义。正确认识文化差异并不容易，即使是西方国家，相互之间也存在较大文化差异。霍夫斯泰德提到：在德国，除非获得允许，否则什么事都不准做；在英国，除非受到禁止，否则什么事都准做；在法国，即使受到禁止，什么事都准做。由此可见，文化差异是普遍存在的。实际上不仅不同国家有着不同文化，同一国家的不同民族和不同地区的文化也不尽相同。

即时案例 15-5

"关心"与"不信任"

在中国某集团收购的一家研发中心里，由一名美国人丹尼斯负责一项核心技术的研发，中方经理为了表示对其工作的重视，每隔两天就给他发一封电子邮件，询问工作进展。然而没过 10 天，丹尼斯就向中方经理提交了辞职报告。

这位经理对此大惑不解："我如此关心你，你为什么还提出辞职？"丹尼斯说："你每隔两天就发封邮件给我，说明你对我不信任；如果信任我，我会按时完成任务；如有问题，我自然会向你报告。"经过再三解释，中方经理终于与这位员工消除了误解。此后，双方调整了沟通方式，中方经理不再发邮件，丹尼斯定期向中方经理做汇报。

管理者首先要在思想上树立文化差异的概念，并且要接受这种差异，尊重不同国家、不同民族和不同地区的文化，不要以自身的文化标准来判断他人的行为。其次，管理者必须认真地学习所在国家的文化，包括语言、风俗和沟通规则等。

2. 消除文化成见，强化文化敏感性

在跨文化沟通中，消除文化成见是减少沟通障碍的重要方法。在沟通过程中，切忌先入为主，要认真了解对方的信息，再作出判断。不要假设别人会与自己有相同的认知与感受。此外，要有目的、有意识地进行

文化背景、文化特征及文化本质培训，培养管理者和员工对异文化的敏感性，提高其对对方文化属性及环境的自觉和自知，同时提高其对对方文化属性在知识和情感上的反应能力，正确管理与其文化背景相联系的价值观、行为模式等，这样就可减少甚至避免因跨文化知识而造成的沟通误会。

3. 改善倾听技能

良好的倾听技能是有效沟通的前提。不同文化背景的人进行沟通时，认真倾听对方的意见，不仅能够表现出对对方的尊重，而且有助于准确把握和了解对方的想法与态度。可以使用多种方法改善国际管理者的倾听技能。沟通双方要彼此尊重，特别是尊重对方的文化及特殊的思想与情感表达方式；沟通过程中要有耐心，以一种友好、坦诚的方式向对方提出问题，并充分考虑对方的文化特点；合理地使用各种非语言的表达形式；沟通过程应当注重信息的描述，而不是解释与评价。

4. 掌握不同的沟通风格

有效的跨文化沟通必须了解对方的沟通风格，因为当两个人的沟通风格不同时，沟通活动就难以形成互动。一般来说，可以分为以下几种跨文化的语言沟通风格，即直接性与间接性、详尽性与简明性、情景性与私人性、情感性与工具性。直接性沟通风格是指沟通过程中发送和接收的信息是准确的、清晰的和直接的；间接性沟通风格是指信息是含蓄的、模糊的和间接的。在高情境文化中，人们往往使用详尽性沟通风格，用大量的时间进行交谈，详细解释各种细节。在不确定性回避程度高的文化中，人们习惯于简明性沟通风格，在正式沟通中尽量使用较少的词句，以减小不熟悉的环境带来的风险并保全面子。情景性沟通风格是指沟通过程中关注的是说话者和角色关系，而私人性沟通风格在沟通过程中关注的是说话者个人。情感性沟通风格是指在沟通过程中信息的发送者在信息中加入了许多情感的成分，而工具性沟通风格是指沟通过程中所使用的语言是目标取向的，以发送者为中心。

第 5 节　跨国并购中的文化整合

并购重组已成为有效配置全球资源的主要方法之一，更是中国企业走向世界的有效途径。回顾中国企业海外并购历程，2016 年是火爆期，2017 年是强化监管期，2018 年是回归理性期，2019 年达到相对理性期，2020 年海外并购步伐受新冠肺炎疫情影响而有所放缓——交易数量仅有 403 宗，交易金额跌至 420 亿美元。随着全球经济的发展，中国企业海外并购将重振雄风。在并购进程中，企业战略、业务整合、企业内外部沟通等都会直接影响企业并购成功与否，而跨文化整合是最艰巨的任务。

一、跨国并购与跨文化整合

在跨国并购中，并购双方来自不同的国家或地区，面临很大的文化差异。因此，跨文化整合就是企业在跨国并购的过程中将相异或矛盾的文化特质在相互适应、认同后形成一种和谐、协调的文化体系。整合不是联合，更不是混合，而是摒弃自己文化的弱点，吸取其他文化的优点。并购双方的企业在长期的经营实践中都形成了具有企业特色的共同价值体系，具有个性化、一贯性和隐含的控制性等特征。因此，跨文化整合比企业其他方面的整合更加软性，同时也是一个涉及面更广、更复杂的过程，它不仅体现在企业的发展战略、经营思想、管理哲学等方面，也深深渗透到企业员工的精神风貌、行为准则、对企业的认同感等方面。

二、跨文化整合的内容

美国人类学家爱德华·霍尔把文化分为正式规范、非正式规范和技术规范三个层次。他认为，文化在不同结构层次上引起的冲突大小、强弱及易变程度不同，即不同层次的文化规范引起的文化冲突强弱不同。正式规范是人的基本价值观和判断是非的标准，会抵抗来自外部的企图改变它的力量，因此，正式规范引起的文化冲突不易改变；非正式规范主要是人们的风俗习惯，所引起的文化冲突可以通过较长时间的文化沟通和交流加以克服；技术规范是可以通过技术知识的学习获得的，所引起的文化冲突容易解决。根据以上分析，跨文化整合的内容可划分为四个部分：

（1）价值观念的整合。企业的核心价值观是企业文化的核心，也是企业在长期而独特的经营过程中形成的对生产经营行为的选择标准、判别标准和评价标准，属于正式规范层。要把原来不同文化背景下员工的不同价值取向、处世哲理统一在一个价值观体系中，并给员工以心理上的约束和行为上的规范，是企业跨文化整合中最大的难点。

（2）制度文化的整合。企业的制度规范是一种约束企业及员工行为的规范性文化，包括领导体制、组织结构、企业管理制度三个方面。它属于文化的非正式规范，是企业文化的介质层，相对较易改变。在企业整合中，需要对原来各自的经营管理制度和规范，根据新企业的特点进行调整或重新制定，形成新的制度文化。

（3）行为文化的整合。行为文化是指企业员工在生产经营、宣传教育、学习娱乐中产生的活动文化，它是企业精神、企业价值观的动态反映，是企业文化的外显层，所引发的冲突比较容易改变。行为文化所包括的诸如员工的着装打扮和言谈举止、习俗和利益、工作风格和工作技巧等都是可以通过学习、教育、训练加以改变的。

（4）物质文化的整合。它是由企业员工所创造的产品和各种物质设施等构成的器物文化，处于企业文化的最表层，是企业文化最直接的外在体现，所引起的冲突较少，也最容易协调和整合。

三、跨文化整合的模式

从企业并购后战略方向和并购双方的战略性文化差异度两个角度出发，有四种跨文化整合模式可供选择：覆盖式、交叉式、并存式、新设式（如图 15-9 所示）。

图 15-9 跨文化整合模式矩阵图

资料来源：刘媛媛. 企业并购后的跨文化整合研究. 北京：对外经济贸易大学，2006.

1. 覆盖式

这是指弱势文化一方被强势文化一方完全吸收并融入其文化的合并方式。弱势文化方完全放弃原有的价值理念和行为假设，全盘接受强势文化方的企业文化（如图 15-10 所示）。

这种模式运用的情形是：并购方的企业文化非常强大且优秀，能赢得被并购企业部分员工的认可，同时

图 15 - 10 覆盖式跨文化整合模型

被并购企业的原有文化比较弱势或相对落后。覆盖式整合模式的优势在于可以直接将既有的企业文化移植到被并购企业中去，文化整合速度较快，管理效率也较高。对于采取全球标准化经营方式的企业，采取以"强势文化"压倒"弱势文化"的文化转移方式，提高各类人员对企业文化的认同感，最终使这种企业文化在被并购企业中成长起来，成本最低，成功率也较高。被并购方与并购方统一的经营理念和管理风格能够保证企业的策略和各方面准则得到有效的推广。比如，2002 年 TCL 以 820 万欧元收购了德国三大民族品牌之一的施耐德。TCL 采取收购措施时，施耐德由于公司财务问题已经正式清盘，其大部分员工在清盘时已经被解雇，因此当 TCL 重新聘请部分施耐德员工时没有遇到大的文化阻力。与此同时，TCL 还发挥施耐德传统电器的品牌优势并向 TCL 的文化转移。TCL 因此成功突破欧盟市场壁垒而获得成功。

当然，使用这种覆盖式跨文化整合的跨国公司在得到各方面认同时也会面临挑战。如果被并购方的文化比较强势和优秀，极可能出现不兼容的风险。另外，在实际运作过程中，这种管理可能缺乏灵活性，不利于博采众长，容易引起被并购企业更大的不信任。比如，美国艾默生公司 2001 年兼并安圣电气（原华为电气），就遭遇到始料未及的人事危机，原艾默生旗下的利波特（中国）公司将近 70% 的员工集体辞职。原因在于，并购后安圣电气的企业文化彻底延伸到了艾默生网络，而原艾默生的企业文化正在消失。就资本而言，安圣电气被艾默生并购；但就企业文化而言，安圣电气的精神领导者仍是华为。这个案例充分说明，在决定以覆盖式整合模式进行整合之前，必须详细了解被并购方的文化体系，进行充分的沟通和交流；分析和预测各种冲突风险及其严重程度和解决方案。

2. 交叉式

交叉式也称融合式或协同式，是指并购双方企业文化都很优秀且双方文化势均力敌，双方文化有共同之处，战略性文化差异也不太大，也就是说双方在一些关键性文化维度上可以达成共识。当企业并购后，两种文化双向渗透，将两者的共同之处相融合并发展创新，形成双方都认可且包容双方优秀文化特质的一种混合的、超越个别组织的新文化（如图 15 - 11 所示）。

图 15 - 11 交叉式跨文化整合模型

从理论上讲，被并购企业在法律和财务上已成为母公司的一部分，但应允许被并购企业保持一定的自主权和独立性，以保持其文化个性。这种模式的一个重要特征就是并购双方组织间会出现某些文化要素的相互渗透和共享，也就是并购双方都会改变自己的部分文化，同时从对方吸取一定的文化要素，因此在整合过程中，并购双方都要承担一定的风险。在这种情况下，双方应在共同认可的文化的基础上，相互理解并作出让步，为建立能够跨越文化差异的新企业文化而努力。在文化创新的过程中，不是一种文化支配另一种文化，而是融合双方的文化，共同创造新文化。不同文化之间的相似性和可融合性为文化创新奠定了基础。交叉式整合模式也是以文化差异的存在为前提的，因此企业面临的多元文化可以成为企业经营的资源和优势，从而促进文化冲突的解决，为企业的竞争带来优势。当然，这种模式也有风险，新的公司通常会遇到很大的阻力，部门之间容易产生摩擦。因为双方的文化都十分优秀，有时会为了占据主导位置或不愿让步而出现矛盾。这就要求双方本着求同存异的原则，尊重对方的文化基础和行事准则，尝试改变自己的部分文化，同时从对方吸取一定的文化要素。

一般的强强联合型的企业并购适合选择交叉式跨文化整合模式。比如，2001年震惊业界的惠普与康柏公司的并购采用的就是典型的交叉式跨文化整合模式。对于该并购案，最大的挑战不是来自技术层面，而是来自企业文化层面，因为它们代表着两种不同的文化——华尔街文化和硅谷文化。惠普在长期的发展过程中积累了深厚的文化底蕴，其著名的"惠普之道"（如客户至上，追求卓越，重视团队精神等）早已深入人心。而康柏还是一个非常年轻的计算机制造商，其企业文化注重以创新为精髓，以业务为导向，强调灵活快速的决策。在整合这两个截然不同的企业文化系统时，惠普试图吸收康柏文化的精华，使二者互相补充、充分融合，从而建立起一种更加强劲的新文化。这种新文化既秉承"惠普之道"的核心价值观，同时也发扬了康柏灵活机动、决策迅速的优点。

3. 并存式

并存式是指并购方并不把自己的文化模式强加于被并购方，而允许被并购方通过保留其所有的文化要素和实践而保持它的独立性和企业个性，并购后双方原有企业文化基本没有变化，保持各自文化平行共存和独立性的一种文化整合模式，即两个公司在并购后仍可以比较独立地运作（如图15-12所示）。

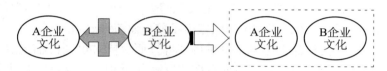

图 15-12　并存式跨文化整合模型

这种模式在跨国企业采用多元化并购战略或地方化战略时最为典型。并存式主要适用于并购双方战略性文化差异很大的情况，即双方的文化背景和企业文化风格是迥然不同甚至相互排斥对立的。在文化整合的难度太大和成本太高的情况下，如果能够保持彼此的文化独立，模糊文化差异，隐去文化中最容易导致冲突的主体文化，减少文化冲突发生的机会，反而有利于企业的发展。并存式可以使不同文化背景的人在同一公司中共处，即使发生分歧也容易通过双方的努力让不同的文化共存。因为两种文化并存的模式给予子公司更大的权力与决策空间，可以形成地区差异，使得公司对地方市场的变化更加敏感并能作出快速及时的反应。选择并存式模式时，并购企业可能难以对被收购企业进行最有效的控制，有时成本较高，错失可能的协作，同时许多工作带有重复性，出现地方割据的局面，这将不利于跨国公司制定相应的政策，因此并存式对于并购方来说是一种具有高风险的选择。当然，并存式对于被并购方来说可能是最容易接受的一种文化整合模式，被并购方的文化变化较少，对于组织的震荡最小，在短期内稳定性更高。比如美国通用汽车公司控股日本五十铃公司后，并没有向日本五十铃公司输出或渗透美国式文化，而是采用了完全独立的并存式跨文化整合模式。

4. 新设式

新设式是指并购双方的战略性文化差异极大，而双方的企业文化都比较弱势，不存在一方可以同化或统领另一方的能力，在这种情况下，双方都想改变原有企业文化，但又不愿接受对方文化，于是在并购后引入其他优秀企业文化的基础上形成一种全新的企业文化，从而使双方原有企业文化完全消失的跨文化整合模式，因此也可称为"消亡式"（如图15-13所示）。

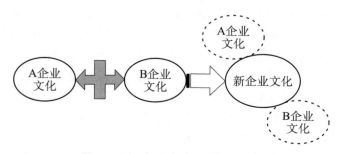

图 15-13　新设式跨文化整合模型

如果一个企业拥有浓厚的文化氛围，它的大多数成员都共同拥有某些强有力的、明确的价值观念和假设，那么它可能不愿意放弃其文化或作出实质性改变。然而，如果组织中的成员不拥有共同的文化要素，或价值观念混乱不清，或成员认为自身的文化要素无助于企业的成功，那么他们很有可能愿意改变自身的文化甚至接纳一种全新的文化。因此，新设式整合模式大多在两个弱势企业并购时采用。应当引起注意的是，新设式可能会在新文化形成之前对既有文化造成破坏，令集体和个人感到混乱、孤立，可能导致最大的风险。在实际的并购活动中，文化破坏会因为双方不能就并购的方式达成一致且又没有能力创造性地解决冲突而发生，给双方造成巨大的损失。当然，如果经过详尽的分析和周密的计划，并强有力地执行，新设式也可能为企业引入更加优秀的企业文化，从而使文化整合的效果非常显著。

四、跨文化整合的基本步骤

第一步：文化分析。

不同的文化背景决定了人们持有不同的价值观念、行为准则。要管理好具有不同文化背景的员工，就必须了解他们的需求、价值观和行为模式。因此，跨文化整合的第一步就是对企业中存在的两种或多种文化进行分析，找出文化特质，以便在管理中有针对性地采取措施，减少文化冲突和矛盾，推进文化融合。文化分析的工具可以采用霍夫斯泰德的文化分维系统，它有利于从各个层面把握文化的特点，从而找出解决文化冲突和矛盾的有效方法。

第二步：文化特质对管理各项职能的影响分析。

文化特质决定了企业管理者的价值观体系，从而决定了他们的经营理念和管理模式。这种经营理念和管理模式必然渗透到管理的各项职能中。同时，不同的文化背景导致员工对待企业管理各项职能的态度不同。因此，有效跨文化整合的第二步就是分析不同文化特质对企业管理各项职能的影响，从而有针对性地减少企业管理者在行使这些职能时可能引发的文化冲突和矛盾，为企业寻找有效的跨文化管理途径打下坚实的基础。

第三步：找出双方文化中的共同点（交叉点）作为文化整合的基础。

实现文化融合的首要条件就是达成共识。只有在某一方面达成共识，跨文化沟通双方才能在此基础之上互相容忍对方。因此，进行有效的跨文化整合的第三步就是要找出双方文化的共同点，作为跨文化沟通和文化整合的基点。企业管理模式作为企业文化的一部分，比一般文化形式更容易找到共同点，这是因为无论在哪一种文化氛围中，企业的终极目的都是盈利。在这种终极目的下，企业的经营理念和管理模式必然有一些相同之处。因此，找到这些相同之处，并以此为契机发展文化冲突双方都能接受的、高效的企业经营理念和管理模式是进行跨文化管理的有效途径。

第四步：调查不同文化背景的员工对于外来文化的容忍度。

在跨文化企业管理中，员工拥有不同的文化背景。他们对某些方面（如需求层次、权力距离等）可能容忍度比较高，容易接受外来文化的新做法；但在另一些方面可能对外来文化持排斥态度。因此，跨文化整合的第四步就是调查员工对不同于自己的文化的容忍度。只有调查了员工对异文化的容忍度，在制定企业管理的各项规范时，才可能避免越过员工的文化容忍界限而引起文化的冲突和矛盾。

第五步：根据企业特点决定跨文化整合模式。

不同企业的跨文化冲突和矛盾各有特点，因此整合应因地制宜，选择最符合企业实际和所处文化环境的模式。影响文化整合模式的因素很多，最重要的是文化特质的差异大小和文化特质所代表的管理模式高效与否。如果文化特质差异大，则应减少文化冲突。整合初期采取并存式跨文化整合方式，当企业运作一段时间后，再转向其他跨文化整合方式。如果文化特质差异小，则必须考察哪种文化特质所代表的管理模式在市场经济中更高效。

第六步：确定跨文化整合的目标。

在文化融合之后，跨文化企业应确定以哪一种文化特质所代表的经营理念和管理模式为主。根据双方文化的共同点及员工对对方文化的容忍度，确定双方都能接受的企业经营理念和管理模式。

第七步：将经营理念和管理模式融入企业管理的各项职能。

融合了双方文化特质优点的经营理念和管理模式，只有贯彻到企业管理的各项职能和管理方法中，才能检验它是否有利于减少企业跨文化冲突和矛盾，能否提高企业管理的效率。文化整合后的企业经营理念不仅要从制度上成为企业运作的准则，而且应该通过各种激励、约束手段，使之内化为员工的价值观念和行为准则，这样企业才会形成独特的企业文化，实现对员工的软管理。

第八步：构建反馈系统。

检验文化整合后的企业经营理念和管理模式是否高效，能否提高企业竞争力，并提出修改意见。并购中的文化整合及新文化的建立，是为了更有效地进行企业管理，提高企业的运行效率。减少文化冲突和矛盾是实现企业高效运作的手段，所以，在跨文化整合过程中必须构建一套反馈系统。宏观的反馈系统可以通过对新企业文化的认同感的测量和评价来进行，微观的反馈系统可以通过员工对跨文化整合的满意度的测量和评价来进行。通过反馈不断地修正文化整合的具体实施环节来促进文化融合。

【小结】

在全球化的背景下，如何有效地进行跨文化的人力资源管理，是跨国企业成功运营的关键。

第1节从文化差异和文化冲突入手，分析了在跨文化背景下，文化的差异对人力资源管理的影响，阐述了跨文化人力资源管理的概念和特征。

第2节介绍了跨文化人力资源管理的三种主要模式（民族中心模式、多元中心模式和全球中心模式）的特征、优缺点，模式选择的依据（主要包括企业国际化阶段、经营战略和管理模式），以及人才本土化经营的含义、意义和实现路径。

外派人员是跨文化人力资源管理的主要对象，所以第3节对外派人员的招聘与甄选、绩效考核、薪酬管理以及培训与开发等内容做了介绍。

第4节主要介绍了跨文化沟通的概念、过程，并对跨文化沟通中存在的主要障碍进行了分析，最后提出了有效进行跨文化沟通的主要措施。

第5节主要讲述了跨国并购中的文化整合，主要包括跨文化整合的主要内容、跨文化整合的模式和基本步骤。

【关键词】

经济全球化　文化差异　文化冲突　跨文化人力资源管理模式　民族中心模式　多元中心模式　全球中心模式　人才本土化经营　外派人员招聘与选拔　外派人员绩效评估　外派人员薪酬管理　外派人员培训与开发　跨文化沟通　跨文化整合

【思考题】

1. 文化差异如何测量？其主要表现形式有哪些？
2. 文化差异对人力资源的影响有哪些？
3. 简述文化冲突及带来的后果。
4. 跨文化背景下人力资源管理发展有何特点？
5. 跨文化人力资源管理模式有哪些？分别具有什么特点？
6. 企业应该如何选择跨文化人力资源管理模式？
7. 如何实现人才的本土化经营？
8. 外派人员的甄选标准有哪些？
9. 如何对外派人员进行有效的绩效评估？

10. 如何对外派人员进行有效的薪酬管理？

11. 如何对外派人员进行培训与开发？

12. 企业应该如何开展有效的跨文化整合？

案例分析

"跨墙" 还是 "拆墙"？

福耀作为一个大型跨国工业集团，已在中国、美国、俄罗斯、德国、日本、韩国等 9 个国家和地区建设产销基地。多元文化背景下，跨国企业员工在交流合作中碰撞、融合进而激发创新力。2018 年 5—8 月，福清汽车玻璃三包装厂长张功锋被外派至德国支援欧洲项目，回国后，他将这段跨文化经历付诸笔端。

2018 年中，我获得一次前往福耀欧洲公司支援的机会。办签证、踏出国门、到达德国、支援工作……三个月的时间一晃而过。德国工厂搬迁结束后，我又回到国内，马不停蹄地投入到紧张忙碌的工作中。

回想起在德国的三个月，一切仿如昨日。中国人和德国人不同的沟通方法、工作风格、思维方式，令人印象深刻。

一、沟通方法不一样

出门遇到的第一个问题是语言。一到德国，我就后悔当年在英语课上偷偷看的是漫画而不是英文书。记得第一次跟老外打招呼，我憋了半天，只吐出一个词，Hello。工作时间长了，我发现，蹩脚的语言并不是阻碍交流的最大"杀手"，缺乏表达意愿才是阻碍交流的"元凶"。在德国，有好的语言能力，不等于有好的沟通能力。

对比来说，在国内，即便语言没有障碍，也不见得沟通起来无障碍。信息可以通过手势、眼神甚至翻译软件来传递，但中国人长久以来习惯于埋头做事，羞于分享经验。针对这一点，福耀欧洲公司副总经理刘瑞对我说，在德国，沟通了不一定有效果，但不沟通一定会有误会。对此，我信以为然。在德国的三个月，别的技能不敢说，我自己倒是健谈了许多，也更愿意主动与别人交流。

二、工作风格不一样

在德国工作了三个月，发现中国人和德国人的工作风格有很大区别。譬如，中国人在马路中央遇到矮墙，第一反应是选择跨过去。德国人遇到同样的情况，则是掉头回家，画一个星期的图纸，花一个星期准备材料工具，最后再回来把矮墙拆了。这样既方便人通行，也方便车通行。

再譬如，中国人和德国人坐在一起开会，中国人觉得德国人"磨叨"，德国人觉得中国人"猴急"，其本质是中国人办事喜欢着眼当下，快速响应，高效解决。德国人则放眼未来，看重计划研究，喜欢刨根问底。因此，如果在工作中，你找不到你的德国同事，他们不一定是去喝咖啡了，说不定是又去造"拆墙"的设备了。

三、思维方式不一样

新生的德国工厂，还在成长阶段，它既需要有人给它规划成长的蓝图，也需要时刻有人保证它的"温饱"。在德国的三个月，我听到最多的是 "In the future，we want…" "Now，we need to do…"

有一次，我跟德国的生产经理聊天。他说德国人干半个小时的活，就要停下来开两个小时的会，他不能理解为什么中国人开 10 分钟的会，就能干一天的活，而且在没有指导的情况下，大家还都知道该做什么。

我说，中国人做事不会计划到 100％才行动，60％就可以了，小步快走，迭代更新，这是互联网思维；德国人要有 200％的计划，才可以 100％地行动，避免过程中产生的错误与缺漏，这是制造业思维。

这两种思维各有优劣。项目建设初期，时间成本高，试错成本低，快速改进有利于完成项目；项目完成量产后，作业规范和标准更能保证产品的稳定性，避免质量事故的发生。

四、后记

德国同事给我留下最深刻的印象是严肃谨慎、长于计划。现场的布局设计细微处，包含了他们对安全性、便捷性、维护性的思考。

举一个简单的例子，他们的现场电路安装中，接线工整有序，颜色分类一目了然，每一个线头都标识说明，极大地便利了生产维护、改造翻新。这是国内实用主义为上的接线方法所无法比拟的，也是我们应该深入学习的。

资料来源：张功锋，福耀集团（ID：fuyaojituan）.

问题：

1. 如果派你到其他国家（比如德国）工作，你在工作过程中可能遇到哪些问题？

2. 你认为跨文化人力资源管理中最大的障碍是什么？为什么？

【参考文献】

［1］陈晓萍.跨文化管理.2版.北京：清华大学出版社，2009.

［2］德雷斯基.国际管理：跨国与跨文化管理：第7版.北京：清华大学出版社，2011.

［3］华夏基石管理咨询集团.洞察：华夏基石管理评论.北京：中国财富出版社，2019.

［4］林新奇.国际人力资源管理.2版.上海：复旦大学出版社，2011.

［5］彭剑锋.人力资源管理概论.上海：复旦大学出版社，2018.

［6］赵曙明，等.国际人力资源管理.北京：中国人民大学出版社，2012.

［7］赵晓霞.跨国企业人力资源管理.北京：社会科学文献出版社，2011.

［8］郑兴山.跨文化管理.北京：中国人民大学出版社，2010.

［9］Giorgi G，Lecca L I，Ariza-Montes A，et al. The dark and the light side of the expatriate's cross-cultural adjustment：a novel framework including perceived organizational support，work related stress and innovation. Sustainability，2020，12.

［10］Jing Z，Dan W，Hua W. Build the ability of cross-cultural human resource management—a case of Alibaba. Human Resources Development of China，2015.

［11］Rode J C，Huang X，Flynn B. A cross-cultural examination of the relationships among human resource management practices and organisational commitment：an institutional collectivism perspective. Human Resource Management Journal，2016，26（4）：471 - 489.

［12］Ruzagiriza A U. Does cross-culture human resource management affect performance of international organizations? evidence from Rwanda. International Journal of Innovation & Economic Development，2017，2.

［13］Simonovic Z. Role of business ethics in management of human resources. Ekonomika Journal for Economic Theory & Practice & Social Issues，2015，61（1）：85 - 96.

［14］Tenhiala A，Giluk T L，Kepes S，et al. The research-practice gap in human resource management：a cross-cultural study. Human Resource Management，2016，55（2）：179 - 200.

［15］Yang，Inju. Cross-cultural perceptions of clan control in Korean multinational companies：a conceptual investigation of employees' fairness monitoring based on cultural values. International Journal of Human Resource Management，2015，26（8）：1076 - 1097.

图书在版编目（CIP）数据

战略人力资源管理：理论、实践与前沿 / 彭剑锋主编；孙利虎副主编. -- 2 版. -- 北京：中国人民大学出版社，2022.10

ISBN 978-7-300-30804-3

Ⅰ.①战… Ⅱ.①彭… ②孙… Ⅲ.①人力资源管理 Ⅳ.①F243

中国版本图书馆 CIP 数据核字（2022）第 120933 号

战略人力资源管理：理论、实践与前沿（第 2 版）
主　编　彭剑锋
副主编　孙利虎
Zhanlüe Renliziyuan Guanli：Lilun、Shijian yu Qianyan

出版发行	中国人民大学出版社			
社　　址	北京中关村大街 31 号		邮政编码	100080
电　　话	010 - 62511242（总编室）		010 - 62511770（质管部）	
	010 - 82501766（邮购部）		010 - 62514148（门市部）	
	010 - 62511173（发行公司）		010 - 62515275（盗版举报）	
网　　址	http：//www.crup.com.cn			
经　　销	新华书店			
印　　刷	涿州市星河印刷有限公司		版　次	2014 年 1 月第 1 版
开　　本	890 mm×1240 mm　1/16			2022 年 10 月第 2 版
印　　张	49.25 插页 3		印　次	2025 年 8 月第 3 次印刷
字　　数	1 544 000		定　价	168.00 元